NOUVEAU
CODE ANNOTÉ DE LA PRESSE

POUR LA FRANCE, L'ALGÉRIE ET LES COLONIES.

Impr. de COSSE et J. DUMAINE, rue Christine, n° 2.

NOUVEAU
CODE ANNOTÉ DE LA PRESSE

POUR LA FRANCE, L'ALGÉRIE ET LES COLONIES,

OU

CONCORDANCE SYNOPTIQUE ET ANNOTÉE

DE

TOUTES LES LOIS

SUR

L'IMPRIMERIE, LA LIBRAIRIE, LA PROPRIÉTÉ LITTÉRAIRE, LA PRESSE PÉRIODIQUE,
LE COLPORTAGE, L'AFFICHAGE, LE CRIAGE, LES THÉATRES,

ET TOUS AUTRES MOYENS DE PUBLICATION,

DEPUIS 1789 JUSQU'A 1856,

SUIVIE

1° des Circulaires ministérielles importantes sur la matière; 2° du Catalogue
des Ouvrages condamnés depuis 1814 jusqu'à 1850; 3° d'une Table analytique alphabétique des crimes, délits et contraventions de la parole,
de l'écriture, de la presse, etc., y compris les délits d'audience;
4° d'un Recueil chronologique des Lois dites de la presse,
avec des renvois aux tableaux de concordance;

Par Gustave ROUSSET,

ANCIEN MAGISTRAT.

PARIS

IMPRIMERIE ET LIBRAIRIE GÉNÉRALE DE JURISPRUDENCE.

COSSE, IMPRIMEUR-ÉDITEUR,

LIBRAIRE DE LA COUR DE CASSATION
ET DE L'ORDRE DES AVOCATS A LA MÊME COUR ET AU CONSEIL D'ÉTAT,

PLACE DAUPHINE, 27.

1856

PRÉFACE.

§ Ier. **Nécessité d'une codification générale des lois sur la Presse**.

Il n'est pas un magistrat, pas un jurisconsulte en France, qui ne déplore la malheureuse incohérence et l'étrange confusion de nos lois sur la presse. C'est un dédale où les plus habiles s'égarent, un désordre d'où chacun demande à sortir par une CODIFICATION GÉNÉ-RALE de cette partie si embarrassante et si embarrassée de notre législation.

Écoutons les auteurs :

« Autour de nous on répète chaque jour, disait, en « 1837, un magistrat du parquet, M. Pégat, que les « lois sur la presse forment un chaos inextricable, et « que ce serait un ouvrage utile à faire que d'embrasser « toutes ces lois dans leur ensemble et dans leurs détails « les plus intimes, de les classer, de les rendre intelligi- « bles à tous (1). » — Ce qui était vrai en 1837, l'est *a fortiori* en 1855 : Les lois rendues depuis lors n'ont fait qu'ajouter aux ténèbres, et M. Berriat-Saint-Prix adresse à son tour un reproche mérité aux législateurs et un appel intelligent aux jurisconsultes, lorsqu'il dit, en 1855, dans une savante synopsie du Code pénal : « Les législateurs de 1832 ont oublié de mettre le « Code pénal en harmonie avec les lois antérieures. « Ceux de 1835 et de 1852 ont mérité le même re- « proche, aussi est-il difficile de dire en quoi les articles « 283 à 290 du Code pénal demeurent obligatoires ; « le plus sûr est de promulguer enfin UN CODE DE LA « PRESSE. Il est temps que les écrivains et tous ceux qui « les secondent par leur industrie sachent précisément « quelle limitation la loi apporte, à tort ou à raison, à « l'exercice de leurs droits » (page 24, note 1.) (2).

L'étude de la législation sur la presse, en théorie comme en pratique, présente de nombreux embarras, non pas que les recueils de lois soient incomplets, ou que nous manquions de savants commentaires, mais par-ce que les uns et les autres ne fixent pas suffisamment l'esprit sur l'existence et la portée réciproque des dis-positions législatives. — Nous avons tour à tour con-sulté les ouvrages divers qu'ont élaborés avec tant de conscience et de talent les divers auteurs qui ont écrit sur la matière. Partout la science a scruté la loi, mais ne l'a point simplifiée ; loin de là, des difficultés ont été soulevées, des divergences d'opinions se sont manifes-tées entre les Cours et les tribunaux, des solutions ont été présentées, tantôt dans un sens, tantôt dans un au-tre, et la controverse a tant et si bien, comme tou-jours, abusé de l'évidence démonstrative, en ajoutant à la confusion, qu'après avoir interrogé la loi et *les prophètes*, il nous a semblé que pour appeler la lumière sur le ténébreux chaos, il y avait, en 1856 comme en 1837, un *ouvrage utile à faire* et d'autant plus utile qu'un brusque changement de front dans la législation avait rendu insuffisants bien des commentaires de la veille, et qu'il importait de déterminer les modifications suc-cessives que la République de 1848 et le nouvel Em-pire ont fait subir aux dispositions antérieures.

---

(1) Avant-propos d'un ouvrage in-4° en 100 pages, inti-tulé : *Code de la presse...* etc..., publié, en 1837, par M. Pe-gat, substitut à Montpellier. Ce travail, que nous avons con-sulté avec fruit et dans lequel les crimes, les délits et les con-traventions de la presse, sont alphabétiquement disposés par tableaux, n'a répondu que d'une manière incomplète au but que s'était proposé l'auteur. De ces tableaux de péna-lités nous avons toutefois accepté le cadre pour faire une ta-ble analytique des infractions de la parole, de l'écriture et de la presse, destinée à faciliter le travail de l'audience. Mais nous avons compris ce travail autrement que l'auteur qui nous a servi de modèle, puisque là où M. Pegat avait seulement relevé et disposé 103 infractions en 100 pages, nous en avons indiqué 243 en moins de 40 pages.

(2) Cet ouvrage, intitulé : *Analyse du Code pénal*, est un chef-d'œuvre de classification, le Code pénal y est présenté en partie double; dans l'une, les peines sont disposées comme sanction des principes conservateurs de la morale et de la so-ciété, et, dans l'autre, classées d'après leur nature et leur degré de gravité, ce qui permet d'apprécier les réformes et les criti-ques dont est susceptible le Code pénal. Véritable manuel du magistrat, du jurisconsulte et du publiciste, ce travail est in-contestablement supérieur à tout ce qui a été tenté dans ce genre et prouve, une fois de plus, que tout ce qui sort de la plume de M. Berriat-Saint-Prix, est toujours frappé au coin d'une intelligence observatrice qui prépare les esprits à la science et la science aux améliorations par une méthode rai-sonnée, d'une logique pour ainsi dire mathématique.

A

Les traités et les recueils ne manquent pas, avons-nous dit, mais ce n'est pas tout que d'entasser chronologiquement les lois, de les relier avec plus ou moins d'intelligence et de bonheur par des notes et des renvois pour intituler : *Code complet de la presse*, ces fouillis plus ou moins complets de toutes nos lois sur la presse. — Codifier, n'est pas simplement réunir, c'est coordonner, c'est présenter suivant un plan scientifique les textes en vigueur, c'est classer par ordre de matières, de dates et de transformations, ces lois d'âges divers, d'un caractère si complexe et d'une si grande variété ; pour atteindre un but si compliqué il fallait une méthode nouvelle et nous n'avons pas craint de sortir des voies ordinaires pour arriver à *cette codification générale*, objet de tous les vœux des hommes compétents.

Nous avons une multitude de dispositions législatives qui, de près ou de loin, se rattachent à cette partie du *Corpus juris* français qui forme le Code de la presse « Ces lois, composées à bâtons rompus, dit M. Chas-« san, (1) par des hommes peu au fait de la législation « antérieure, présentent à chaque instant des dispa-« rates et des anomalies qu'il eût été facile d'éviter en « se pénétrant mieux des lois précédentes et des déci-« sions de la jurisprudence : » aussi nombreuses que mal coordonnées, elles heurtent d'inconciliables prescriptions au milieu d'articles divers qui, suivant les cas et les espèces, se modifient, se complètent ou s'abrogent sur un point pour ressusciter ailleurs. De telle sorte que l'étude de ces textes à double fond n'est le plus souvent qu'une laborieuse confrontation qui montre la vérité éparpillée dans tous les articles. Qu'en résulte-t-il ? C'est qu'en fin d'une analyse trop subtile, l'esprit de la loi s'atténue et se perd à force d'être divisé, et qu'il ne reste plus sous l'attention du jurisconsulte qu'une lettre indécise, sur la portée de laquelle les plus savants n'osent se prononcer.—Vice profond de l'entassement irréfléchi dès lors au gré des prétendues nécessités qui les provoquent ; et vice funeste, car lorsqu'elles cessent d'être une parole entendue de tous, les lois ne sont plus que des hiéroglyphes usés, qui entravent la marche des peuples. (2).

Si les lois sur la presse se signalent entre toutes par leur incohérence, il ne faut pas en être étonné : œuvre incorrecte et précipitée des événements politiques, répondant, au jour le jour, aux besoins du moment, elles n'ont pu être liées entre elles par une pensée unique; aussi les modifications réciproques qu'elles se sont implicitement ou explicitement imposées, font élever à chaque instant des doutes sur le maintien de leurs dispositions. — Comment dissiper ces incertitudes et suppléer à l'unité qui manque à ces lois ? — Nous l'avons déjà dit, *par une codification générale et comparée*. C'est ce travail que nous avons osé entreprendre, et que nous livrons aujourd'hui à la publicité (3).

§ II. Avantage d'une codification générale et comparée.

« Il faut le reconnaître, dit la circulaire ministérielle « du 27 mars 1852, l'inconvénient de la législation « sur la presse résulte de la dissémination des lois et « d'articles de lois maintenus à la suite de changements « successifs. Des recherches faites avec soin sont souvent « indispensables pour réunir les éléments d'une déci-« sion juridique, aussi la question très-complexe que « l'on pose généralement est-elle de savoir quelles sont « les dispositions en vigueur, quelles sont les disposi-« tions abrogées. » C'est à cette question surtout que nous avons voulu répondre en fournissant le moyen pratique de vérifier le certificat de vie, pour ainsi dire, de chaque prescription de la loi.

Ce qui ajoute, ou plutôt ce qui perpétue à cet égard les embarras de la doctrine, c'est surtout cette formule qui dit trop ou trop peu et laisse tout à la décision de la jurisprudence : *Les lois contraires sont abrogées. Celles qui ne sont pas contraires à la présente loi continueront à être exécutées. — In caudâ venenum*, cette disposition finale,

---

(1) Le Traité des délits de la parole et de la presse, de M. Chassan, est l'ouvrage le plus complet et le plus savant qui ait été, à notre avis, publié sur la matière. Elégance de style, élévation de pensée, gravité, vivacité dans la forme : ce livre aurait tout pour lui, si la législation depuis 1845 ne l'avait pas rendu insuffisant. Dire qu'il a été notre guide, que ce sont ses solutions que nous avons toujours préférées, est pour nous un devoir d'autant plus agréable à remplir, qu'il nous a presque seul initié à l'esprit de cette difficile législation, et que c'est à la suite de cette lecture que nous est venue l'idée de ce livre.

(2) Ce vice des législations imprévoyantes et mal rédigées se rencontre ailleurs que dans les lois dites de la presse. — L'auteur réunit en ce moment les éléments d'un travail qu'il se propose de publier sur *La rédaction logique et scientifique des lois*, embrassant d'un point de vue très-élevé le caractère propre de chaque ordre de loi; il a déterminé *La formule grammaticale* suivant laquelle le législateur devra rédiger ses ordres ou ses prohibitions. Uniformes dans chaque code, bien que différentes d'un code à l'autre, ces formules, comme un moule dont la lettre législative sortirait nette et claire, ne permettront aucun doute sur la portée de son esprit, et leur application substituera à l'ambiguïté qui place si souvent la loi dans la jurisprudence, la clarté qui tiendra la jurisprudence dans la loi. (*Note de l'éditeur.*)

(3) Nous nous proposons de faire le même travail pour toutes les législations de l'Europe sur la presse, en les comparant aux lois françaises.

toujours inutile, est souvent dangereuse; car faute de connaître ces lois contraires, elles sont parfois exécutées, mais à la façon d'un criminel qu'on décapite, en tranchant par des solutions arbitraires les difficultés que cette formule soulève toujours, — et qu'il eût été si facile au législateur de prévenir. Qui mieux que lui pouvait le faire ? ne devait-il pas fermer tout accès au doute sur l'esprit qui l'avait inspiré, au lieu de livrer ainsi les lois aux disputes d'elles-mêmes, *disceptationibus earum*, et d'élever sans cesse le niveau de leur volumineuse inutilité.

Les lois contraires sont abrogées, — par quel procédé mettre en relief leur inconciliabilité ? — Le plus simple sera le meilleur, — pour reconnaître cette contrariété, il faut les rapprocher, les embrasser d'un seul regard, *synopsis*, les peser, les analyser dans une même entrevue de pensées. — Les *comparer* : mais on n'a pas toujours les textes sous les yeux, ouverts à l'endroit et au moment voulus, et les eût-on, ils sont tellement nombreux, si divers, que dans ce rapprochement matériellement très-difficile, j'allais dire impossible, on risquera toujours de s'égarer en présence des rapports apparents et complexes de ces lois trop multipliées ; — quel parti prendre? — Renoncer à tout droit d'examen, et se confier de guerre lasse à la logique plus ou moins sincère du premier commentateur venu : la conscience qui juge s'y prêtera toujours à regret. — Mais la loi est un chaos au milieu duquel il faut du temps pour faire la lumière, — et le défenseur prend pour la dernière fois la parole. — Quelle sera la loi dont vous allez prononcer l'application, voici dix volumes du *Bulletin des lois*, — le jugement est attendu. — La perplexité vous saisit : — encore si l'on avait TOUS *les textes en regards !* — N'y aurait-il pas à appliquer une disposition méconnue, oubliée ? — Cette législation est si embrouillée, disons le mot, qu'il faut pour acquérir une opinion, renvoyer le jugement à huitaine et le prévenu dans sa prison.

§ III. — Méthode. — Concordance synoptique. — Plan du livre.

Cet embarras des magistrats, des avocats, des auteurs même, nous a frappé : il nous a suggéré la pensée de satisfaire ce besoin naturel de juger par soi-même, en présentant, dans un cadre précis, dans un même champ visuel et intellectuel, toutes les lois ignorées ou disséminées qui ont entre elles une affinité quelconque, toutes les dispositions dont le rapprochement peut devenir un commentaire afin de préparer et rassembler ainsi pour chacun les éléments éloignés ou ignorés des solutions pratiques. — Plus de doutes alors : — Voici toutes les pièces du procès, il n'en est pas d'autres; elles sont classées, juxta-posées, articles par articles, phrases par phrases, mots par mots; lisez la loi et jugez.

De toutes les méthodes celle qui nous a semblé convenir le mieux à la réalisation de notre projet a été sans contredit la méthode DE LA CONCORDANCE SYNOPTIQUE ; c'était la seule qui pût répondre d'une manière satisfaisante aux nécessités juridiques d'un classement complet. — Créer l'unité dans la multiplicité, coordonner les membres épars, *disjecti membra*, de cette législation confuse, les grouper dans des tableaux qu'un même regard pût embrasser, faire toucher de l'œil et du doigt les similitudes ou les dissemblances qu'une juxta-position raisonnée devait mettre en saillie, offrir en même temps à l'esprit l'historique des transformations que les textes ont tour à tour subies, en lui permettant de remonter à la loi mère afin de découvrir les véritables motifs et la portée exacte de chaque modification, tel nous a paru devoir être le procédé à suivre pour arriver à *une codification générale et comparée de toutes les lois dites de la presse*.

Nous avons donc entrepris LA CONCORDANCE SYNOPTIQUE, 1° de toutes les dispositions légales qui, depuis 1789 jusqu'en 1855, ont été rendues sur l'imprimerie, la librairie, la propriété littéraire, la presse périodique et non périodique, le colportage, l'affichage, le criage, la distribution des imprimés, des dessins, gravures, médailles, emblèmes, sur les représentations dramatiques, etc. ; 2° de toutes les lois répressives des crimes, délits et contraventions que la pensée pouvait commettre par les moyens variés de publication que la nature, l'art et l'industrie, ont tour à tour mis à sa disposition.

1789 a été comme notre mur d'enceinte, il fallait se borner ; toutefois, comme le passé est l'enseignement de l'avenir, et que les vieilles lois sont le secret des lois nouvelles, nous avons fait quelques excursions au delà de cette époque, lorsque nous les avons jugées utiles, et que le cadre tracé pouvait le permettre. — Abrogés ou non, nous avons dû accueillir tous les textes avec un égal intérêt. — Prenant pour base d'opération la loi principale dans chaque partie, nous avons groupé autour d'elle les articles propres à l'expliquer ou à la modifier ; — relevant ensuite avec soin leur similitude ou leur différence, ils ont été disposés sur un même plan horizontal, dans des colonnes chronologiques, de manière à faciliter leur examen comparatif au double point de vue de l'exégèse et de l'histoire ; ce rapprochement offre ainsi le triple avantage de dérouler aux yeux du législateur, du jurisconsulte et du magistrat, l'ensemble toujours complet de la législation dans chacune de ses parties, de bannir le doute et l'ennui des longues recherches et de permettre à l'intelligence de remonter à l'origine de chaque disposition légale, en suivant à travers le temps leurs modifications successives. — C'est le bulletin des lois de toutes les époques, toujours ouvert à l'endroit voulu, dans lequel le ministère public, les défenseurs et les juges trouveront les textes dont il y aura lieu de réquérir ou de prononcer l'application, d'invoquer le bénéfice ou d'établir l'abrogation.

Les meilleurs commentaires des lois sont les lois elles-mêmes ; on en saisit plus facilement *l'esprit* lorsqu'on ne sort jamais de sa *lettre* ; mais en l'état des habitudes reçues, la lettre et l'esprit de la loi ne sont pas tout, principalement pour les intelligences disposées à ne céder qu'à l'évidence du raisonnement ; pour elles, la synopsie parle une langue trop absolue, elle décide sans motif comme un arrêt du Parlement. — D'un autre côté, il est des lacunes qui ont échappé à la sagesse du législateur, car la prévoyance a ses limites. Nous avons en conséquence annoté notre travail des arrêts les plus récents et des solutions les plus accréditées de la doctrine et de la jurisprudence ; vocabulaire ou interprètes de la loi, leurs décisions étaient indispensables à connaître : nous les avons données au bas de chaque tableau autant que l'espace a pu nous le permettre.

La loi et la jurisprudence, que faut-il de plus à l'homme de droit ?

En rapprochant les différents textes législatifs de la doctrine et de la jurisprudence, nous n'avons pas oublié qu'il y avait un enseignement utile à tirer de l'ordre officiel des articles dans chaque loi, pour en saisir la pensée générale et l'étudier dans son ensemble. — Nous avons donc réuni dans un recueil chronologique, à la fin du volume, les textes officiels des lois principales dont les articles sont dispersés dans les tableaux de concordance : il semblait dès lors qu'à l'aide de tables chronologiques et alphabétiques, notre but était complétement atteint, mais nous avons pensé au travail du magistrat à l'audience et facilité ses recherches par la confection de tableaux analytiques, où il trouvera simultanément, et par ordre alphabétique, *la qualification des infractions, la compétence du tribunal qui doit en connaître, la peine, et l'atténuation dont elle est susceptible par l'application de l'art.* 463, le tout avec des renvois aux pages de la concordance, où il pourra lire et commenter les divers articles de la loi.

Tels ont été la méthode et le plan suivis pour répondre aux désirs des jurisconsultes et des magistrats. — C'était une œuvre ingrate et longue, un travail pénible; s'il pouvait être utile, nous serions largement récompensé de nos efforts, — *prodesse juvabit…*

INTRODUCTION HISTORIQUE.

De la Liberté de la pensée et de la presse. — Principes généraux. — Historique de la législation.

I.

Le développement le plus naturel, la vie propre et intime de l'esprit humain, c'est *la Pensée*, — son besoin le plus énergique, c'est *la Liberté*.

Si la Pensée, ce milieu entre deux infinis, comme dit Pascal, qui a été pour Descartes la preuve immédiate de notre existence (1), qui est pour tous le privilége de notre nature intelligente, EST, elle *a le droit d'être*, et *d'être libre*, comme la *Liberté* qu'elle seule peut comprendre, et qui n'est un *droit* que parce que l'homme pense et peut dire : *Je suis et je veux.*

Mais la Pensée ne serait qu'un acte confus et mystérieux, un rayonnement perdu, et la raison un bienfait illusoire si elle ne pouvait franchir la matière qu'elle anime et se faire jour.

La volonté révèle son empire par la puissance des forces organiques sur les êtres organisés; — l'émotion des sens, l'agitation du cœur, l'expression du regard, la vivacité du geste, accusent à des degrés divers les soulèvements intérieurs des passions, et la Pensée, ce travail sublime du principe intelligent, aurait-elle été condamnée aux opérations obscures et cellulaires du cerveau? Non, la Providence a été logique : elle a pourvu l'intelligence comme les autres facultés ; la raison infinie prononça *le fiat lux* de la raison finie, et *la Parole FUT.*

LA PAROLE c'est la forme, le véhicule et le retentissement de la Pensée, son trait d'union entre les intelligences ; mais la parole est fugitive avec le temps qui fuit; elle est un point dans l'espace qu'elle agite à peine, lorsque la raison franchit, mesure et domine l'espace et le temps; le moyen ne répond pas encore à sa fin, la Pensée étouffe dans la parole. Laissez écouler quelques siècles, le génie et le hasard vont y pourvoir, — tout arrive.

Puissance, la Pensée comme toute puissance est ambitieuse de laisser des traces. — Les souvenirs excèdent la tradition, et voilà que la tradition confie son précieux fardeau à la pierre. — L'art élève ses monuments de bronze et de granit, l'histoire y grave ses hiéroglyphes vénérés, et la Pensée a vaincu le temps, car elle a trouvé l'ÉCRITURE pour raconter aux générations qui viennent les actes des générations qui s'en vont.

(1) Le *cogito, ergo sum*, ne doit cependant pas être considéré comme une démonstration de l'existence du moi : car dire *je pense*, c'est dire *je* EST *pensant*, c'est affirmer sans démonstration l'existence du moi et de la pensée, pour qu'il en eût été autrement, Descartes aurait dû établir que la Pensée impliquait l'être et le *igitur ergo sum* eut alors été la déduction logique d'une preuve faite.—Mais, dire *je pense, donc je suis, je* PENSE donc *je* EST.—C'est une équation du *moi*=*je*.

Toutefois, le mot de Descartes restera comme l'attestation et le cri sublimes de la conscience affirmant son existence en présence de la pensée.

La parole avait des bornes, l'écriture les a reculées.—L'écriture, à son tour, rencontre ses limites. — La Pensée a triomphé du temps, il lui reste à vaincre l'espace; le cercle de son retentissement est étroit, elle a besoin de se communiquer à tous et partout à la fois; comme l'immortalité, l'ubiquité tente son audace, le style d'airain ne suffit plus, il lui faut la plume aux mille becs, la parole aux cent voix, la voix aux échos innombrables : elle les trouvera.

En 1440, le génie sort vainqueur de la lutte; à la parole *écrite* succède la parole *imprimée ;* après les lettres de pierre les lettres de plomb, et la Pensée désormais souveraine ne connaît plus d'autres barrières que l'infini dont elle cherche en vain à mesurer l'idée. — *Guttemberg* IMPRIME la première Bible.—L'homme rendait hommage à Dieu, la Pensée saluait son principe.

L'invention de l'imprimerie est un des plus grands événements de l'histoire ; il ne fallait pas moins que cette irruption de la pensée pour relever l'Europe abattue depuis l'invasion des barbares. — Le *composteur* de Guttemberg changea la face du monde. — Avant,—la civilisation se traînait dans l'ornière des coutumes et languissait en présence des progrès isolés des peuples divisés : l'imagination s'exaltant dans le casque des chevaliers souriait à l'ambition de la lance, et ne comprenait que la conquête. Aux plus forts la gloire et le droit : c'était le temps où le corps seul grandissait dans les batailles des armures, où la science demeurait stérile dans les méditations des érudits, à côté de l'art qui se cachait dans l'ombre des cloîtres. — La raison n'était rien, la vaillance était tout lorsque le premier livre parut.

A l'esprit humain, comme aux athlètes, il fallait la lutte et la mêlée des idées pour saisir l'empire, elles ne lui manquèrent point ; l'imprimerie n'assura pas seulement l'affranchissement de la Pensée, mais l'intronisation et le sacre de sa souveraineté.— Dès lors le droit de la force s'évanouit devant le droit de la raison, et pour elle la PRESSE devenait le point d'appui et le levier dont elle allait se servir pour remuer le monde.

La PAROLE, l'ÉCRITURE et la PRESSE, tel est l'ordre du développement de l'esprit humain dans ses manifestations extérieures.—Ce sont les trois moyens de la Pensée pour aborder les intelligences.

II.

La LIBERTÉ n'est pas seulement le besoin le plus impérieux de notre nature volontaire, elle est une faculté de l'âme : elle est un *droit*, un droit absolu comme la vie.—La PENSÉE est un acte de l'intelligence.— Elle est un *fait* moral. — La LIBERTÉ DE LA PENSÉE est donc à la fois un *fait* qu'on ne peut supprimer, *un droit* qu'on ne peut méconnaître, vérité philosophique et politique qui s'énonce et ne se démontre plus, elle est dans toutes les constitutions et mieux encore dans toutes les consciences.

Libre dans son principe, la Pensée doit l'être dans les moyens, c'est-à-dire, dans la parole qui la communique, dans l'écriture qui l'éternise, ainsi que dans la presse qui la répand. *Liberté de la pensée, de la parole et de la presse*, voilà les trois côtés différents d'une seule et même liberté : LA LIBERTÉ DE L'HOMME.

Parler c'est penser, penser c'est agir, agir est le droit naturel de l'activité humaine; est-ce à dire que son exercice ne doive être assujetti qu'à la *volonté seule?* — Loin de là : — L'activité *volontaire* et libre dans ses manifestations n'existe, suivant la nature raisonnable de l'homme, qu'à la condition d'être selon la RAISON DE TOUS, qui est la LOI de chacun; l'homme ne peut, en conséquence, revendiquer pour la Pensée plus de liberté que pour ses autres actes; elle ne peut être un droit que lorsqu'elle est légitime, elle n'est légitime qu'en s'accordant avec *la loi* et *la raison*; hors *la loi*, hors *la raison*, c'est-à-dire à la merci des passions, la *Liberté de la pensée* serait une impossibilité sociale, qui aboutirait à la tyrannie individuelle par le mépris des droits d'autrui, au désordre moral par la discussion de tous les principes, et à l'anarchie par la négation de toute autorité.

Alors donc qu'elle entre dans le domaine des faits sociaux et qu'elle sort du sanctuaire inviolable où la méditation l'élaborait, la Pensée doit soumettre sa libre manifestation aux nécessités de la loi positive, prétendre le contraire, proclamer sa *Liberté illimitée*, contester à la société le droit de veiller à sa conservation, de préparer son amélioration morale et matérielle, de désarmer la pensée ennemie de l'ordre social, de son bien-être et de sa moralité, de prévenir ses attentats ou ses intrigues : ce serait lui refuser les moyens de la fin qu'on lui impose, lui donner une puissance sans pouvoir, un empire sans force et la condamner à l'immobilisme en l'obligeant au progrès. — De telles prétentions sont absurdes et inadmissibles. — Veiller et veiller sans cesse à ce que la presse soit un flambeau de civilisation et jamais une torche incendiaire, l'enlever à la liberté des indignes ou des incapables pour ne la confier qu'aux bons citoyens qui, s'inspirant d'une conscience éclairée et de l'amour du bien public, avertiront le pouvoir sans attaques, parleront à la foule sans passion et signaleront du haut de la raison les abus existants et les réformes possibles :— Voilà le devoir général, voilà à quelle condition la Liberté de la presse sera un véritable bienfait. — Garde qui veille autour de l'inviolabilité des droits publics, ou sentinelle avancée à l'affût des améliorations et des lumières, qu'elle reste *le Droit*, — *la Liberté vraie*, la *Liberté-raison*, et la loi protégera et encouragera son développement à égale distance de l'abus et de l'arbitraire, de la licence et de la tyrannie.

La Liberté illimitée et sans frein est une impossibilité sociale, on ne peut le nier; servie par la puissance de la presse, elle serait le renversement de tous les pouvoirs. — La Liberté de l'homme doit donc être gouvernée par des lois qui la rendent compatible avec l'ordre public et les droits des individus. — Ainsi s'expliquent à la fois la légitime *Liberté de la presse* et la légitime nécessité d'en réglementer l'exercice pour en prévenir les écarts et les excès.— Ce sont là deux principes de droit public incontestables. Tous les partis sont d'accord sur ces points, et la discussion n'est plus ouverte que sur l'importance des sacrifices, que, suivant les temps et les lieux, réclame la sûreté publique.

En nous abstenant d'aborder ici de si grands et de si difficiles problèmes, nous nous bornerons à les indiquer et à reconnaître en nous résumant : qu'une Liberté sans lois comme une société sans Pouvoir, sont des impossibilités que reconnaît la raison publique; que le Pouvoir seul responsable de la direction du Gouvernement, et de la satisfaction à donner aux droits et besoins sociaux, n'a point à rendre compte aux individualités turbulentes, des mesures que lui commandent l'ordre public et la sûreté générale, alors surtout que la masse est heureuse et calme;—et que la dictature est un bienfait, lorsqu'il faut sauver un peuple et sa liberté, de la guerre civile et de la tyrannie des factions. — Alors il est une loi qui parle plus haut que toutes les autres, devant laquelle s'efface la légalité des temps pacifiques, c'est la loi du salut public, la loi du *Caveant consules ne respublica pereat*. — La grande loi de nécessité.

III.

La difficulté de garder un sage milieu entre une limitation trop absolue et un respect exagéré de la Liberté de la presse a grossi outre mesure le volume des lois faites pour la réglementer. Il n'y a là rien de surprenant, nous l'avons déjà dit.—Avant d'aborder en conséquence, la codification et la concordance des lois sur la presse, il nous a semblé nécessaire ou tout au moins utile de dire ce que nous entendions par *Lois de la presse* et d'en demander l'origine à l'histoire, de telle façon qu'un exposé historique vient logiquement ici précéder leur exposition synoptique.

Nous entendons par *Lois de la presse :* les lois, les décrets, les ordonnances, qui, directement ou indirectement, par des formalités, des prohibitions et des pénalités, ont limité la Liberté d'exprimer et de publier sa Pensée, ou soumis à une surveillance politique ses manifestations publiques depuis le geste jusqu'à la photographie.

Les lois qui déterminent ce que la Pensée peut ou doit se permettre, les prescriptions réglementaires sur l'imprimerie, la presse ordinaire ou périodique, l'affichage, le criage, la distribution, la vente, la mise en vente ou exposition des imprimés, des dessins, gravures, médailles, emblèmes, etc., sur la librairie, la gravure, la lithographie, sur les théâtres et les représentations scéniques, de même que les dispositions légales qui répriment les crimes, délits et contraventions commis par un moyen quelconque de publication ou de manifestation même non publique de la pensée, aussi bien que les crimes et délits d'audience sont comprises sous cette dénonciation générale de *Lois sur la presse*.

HISTORIQUE. — L'histoire de la législation de la presse se présente sous trois grandes divisions ou périodes.

La première commence à l'introduction en France de l'imprimerie, et finit à la révolution française de 1789. — Dans cette période rudimentaire, la législation hésitante oscille au gré des circonstances. — La Liberté de la presse naît à peine, elle se creuse un lit divisé à travers les corporations et les maîtrises, et la police de l'imprimerie est tour à tour confiée au clergé, à l'Université ou à l'autorité souveraine.— Le monument législatif d'alors fut le règlement du 28 février 1723, œuvre du savant chancelier d'Aguesseau, qui résuma et compléta le système répressif et préventif des ordonnances antérieures.—Le côté saillant de cette législation, c'est le *privilége*, la *censure*, l'*autorisation* ; la Liberté de la presse étouffe dans la main royale, elle n'existe pas.

La deuxième période débute par l'affranchissement désordonné de la presse et finit par sa discipline sous l'Empire. — L'explosion révolutionnaire de 1790 brisa les digues, mais les débordements de la liberté sans frein firent renaître des entraves. Une pénalité rigoureuse, une inquisition sévère vint resserrer plus que jamais le torrent fangeux d'un journalisme sans pudeur ; les lois deviennent violentes afin de n'être pas insuffisantes, et ce n'est qu'après des fluctuations et des alternatives d'indépendance et de compression que la Liberté de la presse finit par marquer le pas dans la législation impériale. — Les lois principales de cette période sont : le décret du 17 mars 1791 la déclaration *des Droits de l'homme* en 1789, qui proclamèrent la double Liberté de la pensée et de l'industrie ; le décret du 5 février 1810 et la loi du 21 octobre 1814 qui réorganisèrent la *Censure* et la police de l'imprimerie et de la librairie.

La presse émancipée avant d'avoir mérité la Liberté, a commis des excès ; elle retombe en tutelle royale.

La troisième période commence en 1819.—Un ministre libéral de Louis XVIII, M. de Serres, a compris les besoins de l'époque.—La Charte la reconnu la Liberté de la presse, mais au nom du salut public, la loi de 1814 a transitoirement méconnu les droits de la Pensée ; il est temps de lever l'interdit et de donner à la presse une juste satisfaction.—La nécessité d'un *cautionnement* préalable et la responsabilité *des gérants* furent substituées pour la presse périodique au régime prohibitif de la *censure* et de l'*autorisation ;* pendant cette période, qui se termine en 1852, la Liberté de la presse est plus d'une fois solennellement proclamée et difficilement contenue par les onéreuses garanties du *cautionnement* et les conditions de la *signature*.

Des excès avaient provoqué des mesures plus sévères.—La Presse suffoquait sous les lois de septembre, lorsque 1848 brisa de nouveau les liens. — Nous n'avons à rappeler à personne le souvenir douloureux de nos jours néfastes. Leur histoire est consignée dans l'exposé des motifs du décret de 1852.—Que la presse expie ses excès, c'est justice, qu'elle se rende digne de la liberté par la modération, et le Pouvoir saura lui restituer toutes ses franchises (1). Les principales lois de cette période sont celles du 17 mai, 26 mai, 9 juin 1819 ; du 25 mars 1822, du 18 juillet 1828, de 1830, du 9 septembre 1835 ; viennent ensuite le décret du 11 août 1848, les lois du 27 juillet 1849 et 16 juillet 1850, enfin le décret organique sur la presse du 17 février 1852.

IV.

Une analyse rapide de l'objet et du caractère particulier des lois rendues pendant ces trois périodes est le développement forcé du plan d'exposition historique, dont nous venons d'esquisser à grands traits les lignes essentielles. —Nous serons court.

(1) « Forts des traditions du premier Empire vous élaborez les lois qui, tout en consacrant les grands principes de la Révolution pacifient le pays, consolident le Pouvoir, domptent les partis et préparent le règne paisible d'*une sage liberté*. » — Paroles de l'Empereur aux membres du conseil d'État, le 16 mars 1856, à l'occasion de la naissance du prince impérial. — (V. dans le même sens le préambule de la Constitution du 14 janvier 1852.

Ire **PÉRIODE.** (1540-1789). — DEUX ÉPOQUES.

Liberté méconnue ou opprimée.

Avant d'imprimer on écrivait ; l'art du copiste exigeait si peu d'appareil, ses moyens d'action étaient si bornés, que Rome et le moyen âge n'eurent ni à craindre, ni à réglementer le libre développement de cette tranquille industrie. —Le scribe solitaire ainsi que le bénédictin cloîtré auraient échappé d'ailleurs à toute surveillance que les écarts de la Pensée limitée par la plume n'auraient pas eu de dangereuses portées.

Mais lorsque Guttemberg eut livré au vent de la publicité la parole écrite, lorsque ce patient clicheur (1) eut fait retentir ainsi la pensée au milieu des nations, la parole religieuse s'émut, elle était alors toute puissante, elle avait l'oreille des rois. — Aussi l'Université, exclusivement composée d'ecclésiastiques, fut-elle, dès le principe, chargée de la surveillance et de la police de l'imprimerie : « Les libraires et les imprimeurs furent censés et réputés du corps et des suppôts de l'Université de Paris. » — V. *Règlement de 1723.*

Cette première période est divisée en deux époques par le célèbre règlement du 28 février 1723.

1re ÉPOQUE (1540-1723).

Elle s'ouvre par l'introduction de l'imprimerie à Paris, en 1469.—Trois Allemands, associés apprentis imprimeurs, de Mayence, Ulric Gering, Martin Crantz et Michel Friburger, appelés par le docteur Guillaume Fichet, installèrent une presse dans une des salles du collège de la Sorbonne, et imprimèrent in-4° les *Epistolæ Gasparini Pergamensis.* — Cet art nouveau se naturalisa rapidement en France. En 1475, Louis XI accorda, par lettres-patentes, le droit d'aubaine aux inventeurs de l'imprimerie.

1488, *mars. — Charles VIII* admit l'imprimerie, qui s'était formée en corporation suivant l'usage du temps, à participer aux priviléges et prérogatives de l'Université. — Ces priviléges furent successivement confirmés par François Ier, en 1535, et Charles IX en 1560. —Mais cette bienveillance du Pouvoir ne dura que jusqu'au moment où l'imprimerie mit son action puissante au service des idées que l'autorité tenait alors pour dangereuses.

1535. — *Ordonnance de François Ier.* — Suppression des imprimeries sous peine de la hart. — Sur les remontrances du parlement, cette ordonnance fut révoquée, et la censure établie (2), ou plutôt étendue aux livres imprimés.

1539, 17 *mars.* —*Ordonnance de François Ier.* —L'imprimerie est soumise à des mesures préventives de la plus grande rigueur ; les imprimeurs ne pourront imprimer, vendre, ni distribuer, sous peine de mort, aucun livre nouveau sans privilége ou autorisation du roi.

(1) Il imprimait avec des caractères en bois qu'il taillait lui-même.

(2) La censure précéda, en France, l'introduction de l'imprimerie, en ce qui touche les livres de théologie (V. Michelet, *Précis, histoire moderne*, chap. 7, p. 98, et M. Chassan, t. 1, p. 504, note 6). Le parlement avait, à ce qu'il paraît, précédemment déclaré qu'il appartenait à la faculté de théologie de l'Université de juger les livres nouveaux sous le rapport de l'*orthodoxie.* — En vertu de ce droit, cette faculté publia, en 1544, le catalogue des livres qu'elle avait prohibés, et dont le Gouvernement devait empêcher la circulation. — Presque tous les livres de théologie imprimés à cette époque contiennent l'approbation de deux docteurs (V. Rapporteur de la loi de 1814).

1551, 27 *juin*. — *Édit de Henri II*. — Sont réputés faussaires et comme tels punis de la confiscation de corps et de biens les imprimeurs qui, sur les imprimés, supposeront le nom d'autrui.

1558. — *Édit*. — La peine de mort est prononcée contre tous libraires, imprimeurs et particuliers qui imprimeraient, vendraient ou distribueraient sans autorisation formelle, un ouvrage traitant de la religion.

1565, 10 *sept*. — *Ordonnance de Charles IX*. — Il est défendu aux imprimeurs et libraires, à peine d'être pendus et étranglés, de publier aucun livre, de quelque nature qu'il soit, sans avoir été soumis à la censure, sans permission du Roi et lettres de priviléges expédiées sous le grand sceau.

1566. — *Ordonnance de Moulins*. — L'autorité royale retire définitivement à l'autorité ecclésiastique la surveillance de l'imprimerie; les priviléges seront accordés par le Roi.— La permission préalable suffit pour que l'impression de l'ouvrage soit régulière; elle doit être insérée dans l'ouvrage avec indication des nom et demeure de l'imprimeur, à peine de perdition de biens et de punition corporelle. La peine de mort, comme moyen de répression des infractions de l'imprimerie, est supprimée. — Ces dispositions furent renouvelées et confirmées par la déclaration du 16 avril 1571.

1572. — *Édit de Charles IX*. — Il est défendu de faire imprimer des livres de priviléges en pays étrangers, sous peine de la confiscation de ces livres et de l'amende arbitraire contre les imprimeurs, libraires et marchands. — Il est également prohibé d'introduire en France des livres imprimés à l'étranger, sans autorisation et censure préalables.

1626. — *Ordonnance*. — La peine de mort, supprimée en 1566, est rétablie contre les auteurs de libelles qui attaqueraient la religion et le gouvernement de l'Etat.

1629. — *Ordonnance*. — La censure, ou examen préalable, est une condition forcée de l'octroi du privilége. — Cet examen est confié au chancelier et au garde des sceaux.

1659, 10 *juin*. — *Édit*. — 1686, *août*. — *Édit*. — *Déclarations des* 2 *oct*. 1701 *et* 12 *mai* 1712. — Les précédentes déclarations et ordonnances sont confirmées. — L'édit de Louis XIV de 1686, reproduit en grande partie par le règlement de 1723, est surtout à remarquer. — Il prononce une amende de 1,500 liv. et la confiscation contre les vendeurs d'ouvrages de priviléges, imprimés à l'étranger; celle de 3,000 liv. contre les détenteurs de presses sans autorisation; les ordonnances qui suivirent ajoutèrent à la pénalité des infractions des imprimeurs et libraires la privation de la maîtrise et même le carcan, ou autres punitions corporelles suivant le cas.

Loin de tempérer cette législation, les parlements ne firent qu'ajouter à sa rigueur; des arrêts de règlements allèrent jusqu'à déclarer que les livres suspects et imprimés en contravention seraient brûlés en place publique par la main du bourreau.

Mais l'imprimerie prenait à cette époque un tel essor dans la capitale, une si grande importance partout, qu'il devint nécessaire d'organiser un ensemble mieux compris de mesures de police et de répression ; — le chancelier d'Aguesseau, fut en conséquence, chargé d'introduire de l'ordre et de l'unité dans cette partie de la législation, et l'œuvre si remarquable du 28 février 1723 vint pourvoir à tous les besoins : —en donnant un Code à l'imprimerie et à la librairie, elle assurait à ces deux professions une destinée nouvelle.

2ᵉ ÉPOQUE (1723-1789).

1723, 28 *février*.— *Règlement du conseil sur la librairie et l'imprimerie de Paris*.— Ce règlement appelé : *le Code de l'imprimerie*, fut fait sous le ministère du duc d'Orléans, il se divise en seize titres et se compose de 123 articles.—L'imprimerie et la librairie sont placées au-dessus des arts mécaniques; les imprimeurs et libraires censés réputés du corps et des suppôts de l'Université, jouiront de toutes les prérogatives attachées à ce titre. Un syndicat est organisé comme pour toutes les corporations. — Les conditions d'épreuves et d'admission à l'apprentissage sont déterminées. — Les droits des maîtres, les devoirs des compagnons, les obligations des fondeurs de caractères y sont nettement tracés. — On ne peut être reçu maître ou apprenti si l'on n'est *congru* en langue latine, si l'on ne sait lire le grec, art. 20 et 48, et si l'on ne présente pas un certificat de religiosité. — Il faut être catholique. — Les titres X et XI sont consacrés, aux colporteurs, afficheurs et libraires forains ; le titre XIII est relatif à la vente des imprimeries et librairies et à celle des livres venant du dehors. — Le titre XIV traite des libelles diffamatoires et autres livres prohibés ; le suivant est intitulé : *des Priviléges et continuation d'iceux*..... Il rend obligatoire pour les libraires, imprimeurs et graveurs, la permission par lettres scellées du grand sceau, laquelle ne pourra être, ni demandée, ni accordée qu'après la remise d'un manuscrit à la chancellerie du garde des sceaux, sous peine de confiscation des exemplaires, déchéance des priviléges, clôture de boutique, amendes et autres plus grandes peines s'il y échet, c'était la *censure*. — Dispenses de cette formalité pour l'impression des édits, lettres-patentes, arrêts des Cours, mémoires, placets, requêtes sur procès signées d'un avocat ou procureur. L'art. 2 de la loi de 1814 reproduisit cette exception.—L'art. 109 garantit le privilége des auteurs, et punit la contrefaçon.—Le titre XVI et dernier s'occupe de la vente, de l'inventaire et prisée des bibliothèques des imprimeurs et des fonds de librairie.

1723, 9 *mai*. — *Arrêt du conseil* qui interdit d'imprimer les requêtes, mémoires et factums dans les affaires relatives au conseil du Roi, sans l'autorisation par écrit d'un avocat du conseil.

1723, 9 *juin*. — *Arrêt du conseil*. — Tous les ouvrages seront soumis à la censure ou approbation préalable du garde des sceaux.

1728, 10 *oct*. — *Ordonnance*. — Les imprimeries privées sont prohibées, à peine de 3,000 liv. d'amende contre le propriétaire et le locataire de la maison, art. 12. — Défense à tout imprimeur breveté, de travailler ailleurs que dans la maison portant enseigne de l'imprimerie, et d'avoir une porte dérobée derrière la maison, art. 7, sous peine d'interdiction de six mois et de 500 liv. d'amende.

1732, 29 *oct*. — *Ordonnance* qui soumet les colporteurs et crieurs dans les rues de la ville et faubourgs de Paris à l'autorisation préalable et détermine le mode de criage.

1735, 10 *sept*.— *Arrêt du conseil* qui fait défense à toutes personnes autres que les libraires de faire le commerce de livres, livrets et almanachs imprimés à Paris.

1742, 25 *sept*. — *Ordonnance* portant défense de faire des étalages de livres sans autorisation préalable.

1744, 24 *mars*; — 1759, 12 *mai*. — *Arrêts du conseil* dont l'un étend à toute la France le règlement du 28 fév. 1723, et l'autre fixe le nombre des imprimeurs dans chaque généralité et les lieux qui en dépendent.

1777, 30 août. — Arrêt du conseil. — La durée du privilége accordé aux auteurs est fixée à 10 ans; c'est le premier acte législatif qui reconnaît le droit de propriété littéraire : il fut sanctionné par l'arrêt du même jour sur la *contrefaçon.*

1778, 1785. — Déclarations par lesquelles le règlement de 1723 est confirmé, expliqué et commenté.

La législation qui avait tenu la liberté de la presse captive ou courbée sous le poids du monopole et de la censure s'écroule devant l'ébranlement de 1789. La pensée, affranchie des entraves de l'ancien régime, applaudit à la GRANDE RÉVOLUTION qui proclamait les *droits de l'homme* et de la nation. Mais, trop tôt libre et pas assez tôt sage, la presse par ses écarts et ses excès fit bientôt sentir la nécessité de la réglementer de nouveau.

II° PÉRIODE. — (1789 à 1819.)

Lutte et affranchissement. — Licence et compression.

Cette période peut se diviser également en deux époques, dont la première commence avec la Révolution de 1789, et la seconde avec le 1er Empire en 1804.

I° ÉPOQUE.—(1789-1804.)— LA RÉPUBLIQUE ET LE CONSULAT.

La presse est libre; la déclaration des Droits en 1791 a proclamé que la libre communication des pensées et des opinions était un des droits les plus sacrés des hommes. — « Tout citoyen, dit-elle, peut parler, écrire, imprimer librement, sauf à répondre de l'abus de cette liberté dans les cas déterminés par la loi. » Et la constitution du 8 juin 1793 va jusqu'à reconnaître en présence de l'Être suprême « que le droit de manifester sa pensée et ses opinions, soit par la presse, soit par toute autre manière, ne peut être interdit, et que la nécessité d'énoncer ces droits suppose la présence ou le souvenir récent du despotisme. » Art. 7. Voilà le principe, voilà l'œuvre des constitutions; examinons l'œuvre du temps, des excès et des abus.

1791, 17 mars. — Décret d'affranchissement du commerce et de l'industrie; il abolit les priviléges, les maîtrises et les jurandes, et proclame la liberté des professions en se conformant aux règlements de police faits ou à faire (art. 7, 11).

1791, 19 janv. — Décret sur les théâtres. — L'ouverture des théâtres est soumise à une déclaration préalable à la municipalité. — Le droit des auteurs dramatiques est reconnu, on ne doit pas représenter leurs pièces sans leur consentement par écrit. — La surveillance des théâtres est confiée à l'autorité municipale.

1791, 19 juill; — 1792, 12 janv. et 16 janv. — Décrets relatifs aux droits des auteurs dramatiques ainsi qu'à la libre représentation des pièces de théâtre sous leur responsabilité.

1793, 19 mars. — Les débordements de la presse sont devenus si dangereux, qu'un décret punit de mort la provocation aux crimes politiques (c'est le règne de la terreur); la presse est bâillonnée par une législation plus dure que la censure, plus odieuse que l'inquisition.

1793, 24 juill.— Décret qui proclame, suivant les expres-

sions de son rapporteur, le représentant Lakanal, les *droits du génie.* — La propriété des auteurs est garantie sous les conditions d'un dépôt de 2 exemplaires de chaque ouvrage à la Bibliothèque nationale, et ce droit est conservé aux héritiers pendant 10 ans, après la mort des auteurs.

1793, 3 août et 14 août. — Décrets ordonnant la fermeture de tous théâtres sur lesquels on représenterait des pièces tendant à dépraver l'esprit public, et confiant aux conseils des communes la direction des théâtres.

An III. — Constitution. — La liberté de la presse est reconnue : nul ne peut être empêché de dire, écrire, imprimer et publier ses pensées. Les écrits ne peuvent être soumis à aucune censure avant leur publication. Nul ne peut être responsable de ce qu'il a écrit ou publié que dans les cas prévus par la loi, art. 353. — Il n'y a ni privilége, ni maîtrise, ni jurande, ni limitation à la liberté de la presse, art. 355.

An IV, 4 thermidor;—9 vendém.—Décrets fixant les droits de timbre et port des journaux.

An IV, 25 pluviôse. — Arrêté enjoignant aux officiers municipaux de s'opposer à la représentation des pièces de théâtre pouvant troubler l'ordre public, et de faire fermer les théâtres.

An IV, 27 germinal. — Le Directoire obtient de la Législative une loi qui punit de mort les provocations, par discours ou écrits publics, à la dissolution du Gouvernement, au meurtre, au rétablissement de la royauté, au pillage, etc.

An IV, 28 germinal. — Loi contenant des mesures répressives des délits qui peuvent être commis par la voie de la presse. Les imprimeurs sont soumis à la formalité de l'indication de leur nom et demeure sur les imprimés. — Les articles des journaux devront être signés par leurs auteurs, sous la responsabilité du publicateur. — Les imprimeurs et distributeurs d'écrits provocateurs sont complices des provocations, on peut les arrêter et les juger en attendant l'arrestation de l'auteur principal.

An V, 5 nivôse. — Défense d'annoncer publiquement les journaux et actes des autorités autrement que par leur titre.

An V, 19 fructidor.— Loi relative à des mesures de salut public au sujet de la conspiration royale.—Les journaux et les presses qui les impriment sont mis pendant un an sous l'inspection de la police qui pourra les prohiber, aux termes de l'art. 355 de l'acte constitutionnel.

An IV, 9 vend.; — 13 vend.; — 3 brumaire.— Lois sur le timbre des journaux et autres imprimés. — *Id. L.* des 2 floréa lan VI, 6 prairial et 14 thermidor an VII.

An VIII, 27 nivôse. — Arrêté qui soumet la création des journaux à l'autorisation préalable du Gouvernement.

An XI, 17 germinal. — Ordonnance de police portant que, pour exercer le métier de colporteur, il faut savoir lire et écrire, être autorisé et muni d'une plaque.

An XIII, 7 germinal. — Décret touchant les livres d'églises : ils ne pourront être imprimés et réimprimés qu'avec la permission de l'évêque diocésain, qui devra être insérée en tête du livre.

A partir du Consulat, un mouvement de réaction commence en faveur du principe d'autorité. — Ce retour vers les idées de conservation devient plus sensible à mesure qu'on approche de la Législation impériale.

IIe ÉPOQUE. — (1804-1819.) — L'EMPIRE.

Sur le champ des institutions comme sur les champs de bataille, l'Empereur ne laissera aucune chance au hasard ; en tacticien habile il va tracer autour de son autorité des lignes de défenses contre les attaques de la presse. Les désastres de la République ont été pour la France une mémorable leçon, *trop de liberté avait fondé la licence*, le législateur guerrier saura en profiter pour désarmer l'esprit d'indépendance que l'avénement de l'Empire a surpris, mais n'a pas entièrement subjugué.

1806, 8 *juin*.— *Décret réglementaire de la police des théâtres.* — L'autorisation du Gouvernement doit précéder leur établissement. — La déclaration prescrite par la loi du 19 janv. 1791 reste obligatoire.—Les troupes ambulantes, l'ouverture des théâtres des départements, comme les représentations scéniques, sont également soumises à l'autorisation préalable de l'administration.

1809, 20 *fév.* — *Décret* portant que les manuscrits des bibliothèques et des archives des ministères ainsi que ceux des autres établissements publics ne pourront être imprimés sans autorisation des ministres.

1810, 5 *fév.*—Le Consulat avait ménagé la presse, l'Empire la disciplina.—Le décret de 1810 réglemente à nouveau l'imprimerie et la librairie. — Une direction générale est instituée au ministère de l'intérieur.—Le nombre des imprimeurs et celui des presses qu'ils doivent posséder est fixé : les imprimeurs et les libraires, obligés à l'avenir de se munir d'un brevet, prêteront serment de ne rien imprimer contre le souverain et les intérêts de l'État ; — ils auront à se conformer en outre avant, pendant et après l'impression des ouvrages, aux formalités de la déclaration et du dépôt renouvelées de la législation antérieure. —Enfin, comme sanction générale, la censure est instituée. — Ce décret de 1810 n'a été *formellement abrogé* par aucunes lois postérieures ; toutefois, à part quelques dispositions, il a cessé d'être appliqué comme inconciliable avec les constitutions et l'ensemble des mesures de police qui régissent aujourd'hui la librairie et l'imprimerie.

Le Code pénal de 1810 vint compléter le système répressif de cette législation en édictant des peines contre les délits de la parole, de l'écriture et de la presse, qui n'avaient pu trouver leur place dans le décret de 1810.

1810, 6 *juillet.* — *Décret* portant défense d'imprimer les lois, décrets et actes officiels avant leur insertion au *Bulletin des Lois.*

1810, 3 *août.* — *Décret* qui soumet temporairement les journaux des départements à l'approbation des préfets.

1818, 18 *nov.* — *Décret* par lequel les détenteurs et possesseurs non brevetés de presses, cylindres et autres ustensiles d'imprimerie, qui, dans le mois, n'en feront pas la déclaration à l'autorité, seront punis de 6 jours à 6 mois de prison.

1811, 2 *et* 11 *fév.* —*Décret* qui élève à 80 le nombre des imprimeurs de Paris précédemment réduit à 60, et fixe l'indemnité à payer aux imprimeurs supprimés par ceux qui ont été conservés.

1811, 13 *août.*—*Décret* fixant les droits de redevance que certains théâtres du second ordre devront payer à l'Académie impériale de musique.

1811, 14 *oct.*— Création du *Journal de la librairie.*

1812, 11 *juillet.* — *Décret* qui déclare communes aux libraires les dispositions relatives à la délivrance des brevets d'imprimeurs.

Ire RESTAURATION EN 1814.

La Charte constitutionnelle replace la liberté de la presse au nombre des droits fondamentaux des Français, avec une restriction, dans l'art. 8, qui fait présager des lois nouvelles pour réprimer les abus de cette liberté.

1814, 21 *oct.* — Le Gouvernement fait présenter à la Chambre des députés, par M. l'abbé de Montesquiou, une loi en 2 titres et 22 articles sur la liberté de la presse. — Le rapporteur de la commission, M. le chevalier Raynouard, combat cette loi comme portant, par le rétablissement de la censure, une grave atteinte à la liberté de la presse consacrée par l'art. 8 de la Charte.— Cette loi, qui fut également attaquée dans la Chambre des pairs comme entachée d'inconstitutionnalité, reproduisait les principales dispositions du décret de 1810. —Les imprimeurs, astreints à indiquer leurs noms et demeures sur tous les imprimés, continuaient d'être soumis à la déclaration et au dépôt de tous ouvrages d'imprimerie. — Le titre Ier, qui, sous la rubrique de *publication des ouvrages,* organisait la censure, a été aboli par les constitutions postérieures qui ont consacré les droits de la pensée, mais le titre II, sur la police de la presse, est encore aujourd'hui, avec quelques articles du décret de 1810, le Code de l'imprimerie et de la librairie.

1814, 21 *oct.* — *Ordonnance* rendue en exécution de la loi précédente.

LES CENT-JOURS.

Le plus grand capitaine du siècle, l'Empereur Napoléon revient de l'île d'Elbe ; la faveur du peuple et l'enthousiasme des soldats lui ont préparé un triomphe de cent jours dont le dernier devait être, à Waterloo, la défaite du génie et de l'héroïsme par la trahison.

La liberté de la presse, sagement limitée, est un droit auquel il ne faut pas refuser sans motif une satisfaction légitime, l'Empereur l'a compris ; l'art. 64 de l'acte additionnel aux constitutions de l'Empire reconnaît la liberté de la pensée et en défère les abus à la justice du jury.

1815, 15 *et* 28 *mai.*— *Décrets* qui suppriment la direction et les inspecteurs de la librairie et les remplacent par neuf commissaires spéciaux.

IIme RESTAURATION EN 1815.

1815, 22 *juillet.* — *Ordonnance* qui suspend l'exécution des dispositions de la loi de 1814, relatives à la censure.

1815. — Les regrets et les espérances des partisans de l'Empereur ont inspiré des craintes et créé des embarras au Gouvernement pour la seconde fois restauré par les efforts réunis de l'Europe en armes.—Une loi du 9 nov. édicte des peines très-sévères contre les manifestations des partis vaincus et des mécontents factieux, elle est intitulée : *Cris séditieux et provocation à la révolte.* La réaction continue son œuvre, et les Cours prévôtales sont instituées le 27 décembre suivant, pour juger les crimes et délits prévus et punis par cette loi du 9 novembre.

1816, 28 *avril;* — 1er *mai;* — 1817, 25 *mars;* — 1818, 15 *mars.* — *Lois* relatives au timbre des journaux et imprimés ainsi qu'au recouvrement des droits et amendes.

1817, 28 *fév.* — Deux lois, l'une qui soumet à l'autorisation royale la publication des journaux, et l'autre qui règle la procédure à suivre dans la saisie des écrits en contravention avec la loi de 1814. — Ici finit la 2e période.

IIIe PÉRIODE. — (1819 à 1856.)

Liberté constitutionnelle de la presse.

Une ère nouvelle s'ouvre pour la presse. — Le calme a succédé aux agitations politiques. — Le Gouvernement affermi a plus à craindre un excès de compression qu'une satisfaction modérée des droits qu'elle a reconnus sur les premières marches d'un trône reconquis.—Le pouvoir est assis, il peut être libéral, il le doit même, s'il veut agrandir autour de lui le cercle de ses sympathies.—La distinction entre la presse ordinaire et périodique se prononce dans la législation: —à l'une, liberté complète sous la responsabilité de ses abus; — à l'autre, dont les moyens d'influence et d'action sur l'opinion sont incessants et énergiques, on va demander des garanties contre ses écarts ou ses abus. — Au régime prohibitif, M. de Serres substitue le système des garanties réelles et personnelles par la soumission au versement préalable d'un *cautionnement* par les propriétaires des journaux politiques et par l'institution des *éditeurs responsables.* — La liberté de la presse existe, le pouvoir a seulement pris ses précautions pour assurer la répression de ses excès. — Trois lois furent successivement présentées pour la mise en pratique de ce régime nouveau.

1819, *loi du 17 mai.*—Ce fut la première.—Elle a pour titre : *De la répression des crimes et délits commis par la voie de la presse ou tous autres moyens de publication.*—Elle se compose de 28 articles en 6 chapitres, dont la plupart sont encore aujourd'hui maintenus. — L'art. 1er de cette loi détermine les moyens spéciaux de publication de la pensée. Les autres articles édictent des peines plus ou moins sévères contre les provocations coupables; les outrages à la morale publique, ou aux bonnes mœurs; les offenses contre le chef de l'État, sa famille, les Chambres et les souverains étrangers, la diffamation et l'injure. — Dans les dispositions communes du chapitre dernier, le législateur indique les circonstances exceptionnelles d'immunités pour les libertés de la tribune politique et de la défense des parties devant les tribunaux.

1819, 26 *mai.* — Cette loi forme un chapitre séparé de la précédente : elle organise *la procédure* à suivre, pour la répression des crimes et délits de la parole et de la presse, qu'elle confie à la justice du pays, à quelques exceptions près.—Le caractère de cette loi était libéral, trop, peut-être, en regard de l'extrême indulgence du jury et de sa tendance à l'acquittement. — Dès 1822, on en reconnut les inconvénients : l'art. 17 de la loi du 25 mars 1822, qui abrogea en partie la loi du 26 mai 1819, en est la preuve. Remise en vigueur par la loi du 8 oct. 1830, cette loi du 26 mai est aujourd'hui abrogée par l'art. 25 du décret du 17 fév. 1852, qui est revenu au système de l'art. 17 de la loi de 1822, en attribuant de nouveau aux tribunaux correctionnels les délits de presse, dont la loi du 8 oct. 1830, en exécution de la Charte jurée le 8 août, avait déféré la connaissance aux Cours d'assises.

1819, *loi du 9 juin.* — C'est la troisième, elle organise le système de garantie tel que l'a compris l'esprit modéré de M. de Serres, inspiré par celui de M. de Châteaubriand : la presse périodique politique est soumise à des formalités qui n'enlèvent rien à la liberté de faire le bien, mais qui fournissent au Pouvoir des garanties contre la liberté de mal faire. Les propriétaires des journaux politiques devront : 1° fournir un *cautionnement* plus ou moins élevé, suivant les lieux et les intervalles de leur publication; 2° avertir l'autorité de la création du journal par une *déclaration* dont l'art. 1er, § 1er, détermine les conditions et la nature; 3° être *éditeurs responsables* du journal, tenus en outre d'en *déposer* un exemplaire *signé* en minute entre les mains de l'administration. — Les lois postérieures sur le cautionnement, ainsi que la loi de 1828, qui substitua la responsabilité des *gérants* à celle des éditeurs responsables, ont abrogé et remplacé par des modifications successives une grande partie de cette loi. — Une ordonnance du même jour régla les formes à suivre pour le versement et le complément des cautionnements.

1820, 31 *mars.* — L'assassinat du duc de Berry, attribué aux déclamations de la presse, provoque une réaction ; la libre publication des journaux est provisoirement suspendue, elle est derechef soumise à l'autorisation préalable, et la *censure* est rétablie. — La loi du 31 mars fut prorogée jusqu'en 1822 par celle du 26 juillet 1821.

1822, 18 *mars.*— A mesure que les entraves augmentent, la presse devient plus habile pour s'y soustraire. — L'opposition déguise ses doctrines, elles n'apparaissent plus que sous une vague tendance à favoriser l'esprit d'indépendance et de révolte dont cette époque était sourdement agitée.—Le Gouvernement, pour mettre un terme aux attaques violentes non moins qu'ingénieuses dont il était sans cesse l'objet, provoque la célèbre loi dite *des tendances.* — La publication des journaux politiques est de nouveau soumise à l'autorisation préalable de l'administration. La police du journalisme est confiée aux parquets. — C'est là, qu'à l'avenir, le *dépôt* devra se faire. — Les tendances sont incriminées, et sur les poursuites, qu'à ce sujet le procureur général intentera devant la Cour royale, le journal pourra être supprimé, si son esprit est hostile au Gouvernement, à la paix ou à la religion. C'était une nouvelle loi contre les suspects.—Elle fut abrogée en 1828.

1822, L. du 25 *mars.*—Cette loi, par de nouvelles dispositions pénales, vient compléter et modifier la loi du 17 mai 1819, et, par ses art. 17 et 18, abroge et remplace en partie la loi du 26 mars 1819, relativement à la poursuite des délits de presse.—Comme loi pénale, elle transforme en délits directs d'attaques les attaques qui, dans la loi de 1819, ne constituaient que des provocations aux crimes ou aux délits; comme loi de procédure, elle investit les tribunaux correctionnels de la connaissance des délits de presse dont elle dépouille le jury, tout en laissant en réserve les délits spéciaux d'injures et d'offenses contre la Chambre et les tribunaux, dont elle maintient la compétence exceptionnelle.

1822, 20 *nov.* — *Ordonnance* qui, en réglementant l'exercice de la profession d'avocat, prévoit et punit les attaques auxquelles, dans leurs plaidoiries, ils pourraient se livrer contre la religion, les autorités, la Charte et le Roi.

1824, 15 *août.* — *Ordonnance* qui remet pour quelques mois en vigueur les lois des 21 mars et 26 juill. 1821, relatives à la censure.

1827, 9 *janv.* — *Ordonnance* relative au dépôt des livres imprimés et planches gravées, qui modifie celle de 1814.

1825, 20 *avril*.— *Loi éphémère* contre le sacrilége, abrogée par la loi du 11 oct. 1830.

1827, 15 *mars*. — *Loi* qui règle le port des journaux par la poste.

1827, L. du 24 *mars*. — Rétablissement temporaire de la censure.

1828, 9 *janv*. — Ordonnance qui réduit le nombre des exemplaires d'ouvrages à déposer par les imprimeurs.

1828, 18 *juill*. — Le Pouvoir, cédant à la pression des partis et à la voix de la nation, abolit la formalité de l'autorisation préalable, à laquelle étaient encore soumis les journaux politiques par la loi du 18 mars 1822, et reconnaît à tous les Français majeurs et jouissant des droits civils celui de publier et d'établir un journal en se conformant aux conditions préalables du *cautionnement*, de la *déclaration* et de l'institution de 1 à 3 *gérants* dont la responsabilité, pour être sérieuse, devra reposer sur la propriété d'une part du cautionnement, et qui, en remplaçant les éditeurs responsables, seront soumis à la formalité du *dépôt* et de la *signature* du journal. — Cette loi modifiait et remplaçait celle du 9 juin, et, par son art. 18, abrogeait expressément la loi des tendances du 18 mars 1822.

Une ordonnance du 29 juillet, rendue en exécution de la loi du 18, même mois, réglait les formalités du versement et du complément du cautionnement.

1828, 13 *sept*. — *Ordonnance* qui supprime les 4 inspecteurs de la librairie créés par les décrets de 1810, les lois et ordonnance de 1814, et les remplace par des commissaires de police.

1830, 10 *janv*. — *Loi* relative à la taxe des journaux par la poste.

1830, 26 *juill*. — *2 ordonnances* suspendent la liberté de la presse périodique et semi-périodique. — La censure est rétablie et toute publication sans exception est suspendue ou soumise à l'autorisation préalable. — A ces actes inattendus du Pouvoir, l'esprit du libéralisme répondit par la Révolution de 1830.

RÉVOLUTION DE 1830.

Une Charte nouvelle, jurée par un Roi nouveau, proclame la liberté de la presse en se conformant aux lois, et pour jamais abolit la censure. — Le premier acte du Gouvernement fut d'abroger les célèbres ordonnances du roi Charles X.

1830, 8 *oct*. — Il faut faire tenir parole à la Charte, qui attribue au jury la connaissance des délits de presse. — Les lois de 1819 reprennent leur empire, et les art. 17 et 18 de celle du 25 mars 1822, qui en avaient paralysé l'exécution, sont formellement abrogés par l'art. 5 de la loi du 8 oct.

1830, 11 *oct*. — *Loi* portant abrogation de celle du 20 avril 1825 sur les sacriléges.

1830, 29 *nov*.—Mais la presse des partis extrêmes, aveuglée par son importance, rêve une autre révolution; ses attaques ne connaissent point de bornes, ses publications scandaleuses insultent à la nouvelle monarchie. — Le législateur, en abrogeant l'art. 2 de la loi de 1822, approprie ses dispositions au régime nouveau pour protéger la majesté royale, ses droits et son autorité.

1830, 10 *déc*. — La profession des crieurs, afficheurs et distributeurs sur la voie publique, est à son tour réglementée. Ils sont soumis à la déclaration de leur domicile et des objets de publication devant l'autorité municipale. — Les affiches politiques sont interdites, ainsi que la distribution des faux extraits de journaux et actes de l'autorité, et les imprimés devront être annoncés sous leur véritable titre. — Les infractions à cette loi sont déférées, les unes au jury, les autres aux tribunaux correctionnels, suivant leur caractère délictueux ou contraventionnel.

1830, 14 *déc*. — *Loi* qui rend moins onéreuses les conditions du cautionnement des journaux en réduisant à 2,400 francs de rente le chiffre de 6,000 francs fixé par la loi de 1828.

1831, 8 *avril*. — *Loi* qui simplifie la procédure en matière de délits de presse, en permettant la *citation directe* devant le jury.

1832, 11 *oct*. — *Ordonnance* qui met dans les attributions du ministère de l'instruction publique le dépôt légal des imprimés à la bibliothèque Sainte-Geneviève.

1834, L. du 16 *fév*. —L'autorisation préalable de l'autorité municipale devient une condition de la profession de crieur, vendeur et distributeur.—Les afficheurs par oubli ne furent pas compris dans la rédaction de cette loi, cette omission a été en partie réparée par un décret du 25 août 1852.

1835, L. du 9 *sept*.—L'attentat de Fieschi a révélé l'insuffisance de la législation. « La société, disait le garde des « sceaux lors de la discussion de la loi, vit au milieu de la « plus épouvantable anarchie ; on dirait, en lisant les pa- « piers publics, que la France est déchirée par une multi- « tude de gouvernements qui se disputent le pouvoir à l'aide « de l'injure, de la calomnie, de la confusion de tous les « principes politiques. Nous savons maintenant où mènent « ces audacieuses provocations ; la guerre civile et l'assas- « sinat en sont le terme. Faisons en sorte, après la triste « expérience du 28 juillet, que cet état de choses ne se « perpétue pas. Plus de censure, la Charte le dit ; il faut « franchement exécuter sa disposition en ne recourant à « aucune mesure préventive ; mais peines sévères contre « les délits, peines immenses contre les crimes qui s'a- « dressent à la personne du Roi, au principe ou à la forme « de son gouvernement. C'est la condition sans laquelle il « ne peut plus y avoir de liberté de presse, autrement cette « liberté dégénère en licence, et la licence de la presse fi- « nit par devenir funeste aux gouvernements les plus for- « tement constitués. » — La loi souleva des clameurs ; elle fut accusée d'inconstitutionnalité par le président Sauzet, mais elle fut votée. — La provocation aux attentats contre la personne du Roi devint un attentat à la sûreté de l'Etat, justiciable de la Cour des pairs ; il en fut de même de l'offense au Roi et des attaques contre le Gouvernement. — De nouveaux délits y sont prévus et punis. — Pour arrêter l'augmentation toujours croissante du nombre des journaux, le taux du cautionnement est élevé ; au lieu d'être en rentes, il devra être en numéraire ; les obligations des gérants sont rendues plus onéreuses, et la publication des dessins, gravures, emblèmes, médailles, etc., est soumise à l'autorisation préalable et révocable de l'autorité, de même que l'ouverture des théâtres et les représentations dramatiques.—Le titre 5 confirma, en y ajoutant, la procédure devant le jury, et régla la formalité du pourvoi. Cette loi, qui rencontra tant d'opposition, a été abrogée en 1848 par un trait de plume et de vendetta du journalisme au pouvoir. « Cette loi, a dit **M.** Chassan (*supplément*), a été un acte inintelligent et sans nécessité. « Les dispositions qui avaient excité les plus violentes attaques avaient en effet été emportées par le fait même de la Révolution. Il eût été prudent de conserver les autres et d'éviter ainsi à la législation postérieure de reproduire et relever tour à tour de l'abrogation des dispositions répressives d'une incontestable sagesse. »

Une ordonnance du 9 sept. régla les détails d'exécution. 1836, 21 *mai*; 1837, 4 *juill.*; 1844, 5 *juill.*; 1845, 15 *juill.* — *Lois* qui interdisent la publication des loteries, et les anciennes dénominations des poids et mesures dans les affiches.

RÉVOLUTION DE 1848.

Une liberté extrême entraîne, vers une licence violente et sans pudeur, le journalisme surpris de l'avénement inattendu de la République. — L'anarchie est partout, dans les idées, dans le Gouvernement, dans les lois. — Cette révolution, qui éclata comme une catastrophe, suivant le mot d'un ministre, M. Rouher, fut une époque de saturnales pour la pensée et de déchirements pour la patrie. — Elle en gémit encore, et nous expions les débordements du passé.

1848, 6 *mars*. — Le premier acte de la Révolution relativement à la presse fut d'abolir l'impôt du timbre et de décréter l'abrogation de la loi du 9 sept. 1835. — Les membres du Gouvernement provisoire, se souvenant trop des journalistes de la veille, satisfirent ainsi leurs vieilles rancunes dès le lendemain de leur arrivée au pouvoir.

1848, 22-29 *mars*. — *Décret* qui proclame l'incompétence absolue des tribunaux civils en matière de réparation civile, pour diffamation, injures et autres attaques contre les fonctionnaires, et confond, quant à la poursuite et à la durée, l'exercice de l'action civile avec l'action publique. — Ce décret résolvait dans le sens du journalisme les difficultés et les vives controverses que la compétence des tribunaux civils admise par la jurisprudence à l'exclusion du jury, avait soulevées dans les revues.

1848, 2 *mai*.—*Décret* qui rend exécutoires aux colonies les lois et ordonnances concernant la police de la presse de l'imprimerie, la répression et la poursuite des délits de presse.

1848, 9, 12 *août*. — *Décret* qui abaisse le chiffre des cautionnements des journaux périodiques politiques, et permet la cession des cautionnements, avec celle de l'entreprise.

1848, *L. des* 11, 12 *août*.—Cette loi, dont le seul but a été de mettre en harmonie avec le nouvel ordre de choses les expressions des lois antérieures, modifie à un point de vue tout grammatical et républicanise, pour ainsi dire, les lois de 1819 et 1822. — Toutes les parties non modifiées et respectées par le décret sont en conséquence maintenues en vigueur, car le législateur du 11 août n'opérant qu'un changement de mots, ne procède pas suivant la règle *inclusio unius exclusio alterius*; — *qui dicit de uno negat de altero*, ce qu'il ne revise pas est conservé. — L'art. 463 a été, par l'art. 8, étendu comme droit commun à tous les délits de presse.

1848. — *Constitution.* A l'exemple de celles qui l'ont précédées, cette constitution reconnaît en présence de l'Etre suprême à tous les citoyens le droit de manifester leur pensée par la voie de la presse ou autrement. — L'exercice de ce droit n'a pour limite que ceux d'autrui et la sécurité publique; elle déclare qu'en aucun cas la presse ne peut être

soumise à la censure, art. 8. La connaissance de tous les délits de presse est attribuée au jury (art. 83), qui statuera seul sur les dommages-intérêts réclamés pour faits ou délits de presse (art. 84).

1849, 21 *avril*. — Loi qui proroge celle du 9 août 1848 et qui autorise la libre publication des imprimés signés, autres que les journaux, pendant les quarante-cinq jours précédant les élections générales. Cette mesure, destinée à favoriser la sincérité des élections, était inséparable de graves abus; elle a été abrogée par la loi du 16 juill. 1850.

1849, 27 *juillet*. — Cette loi sur la presse se compose de 23 articles, et traite en trois chapitres des délits et des cautionnements. Les chap. Ier et II reproduisent et étendent diverses dispositions antérieures relativement aux attaques, aux provocations coupables et aux publications interdites; l'art. 6 soumet à l'autorisation préfectorale les colporteurs et les distributeurs, et l'art. 8 proroge la loi du 9 août 1848.

Le chap. III est consacré à la poursuite, et règle la procédure devant le jury. C'est un retour marqué vers les lois anciennes, et surtout vers la loi du 9 sept. 1835, à laquelle sont empruntées presque toutes les dispositions du chap. II.

1850, 16 *juillet*. — Cette loi est divisée en deux titres. — Le premier est consacré à déterminer le chiffre des cautionnements, et remplace la loi temporaire du 9 août 1848. — Il rétablit, sous des conditions nouvelles de responsabilité, la loi du 28 germinal an IV, l'obligation de la signature pour les auteurs des articles de journaux; il détermine les règles à suivre pour l'acquittement des condamnations pécuniaires pour les crimes et délits encourus par la presse et, en abrogeant l'art. 2 de la loi de 1849, 21 avril, il restreint aux circulaires et professions des candidats la libre circulation des imprimés pendant les vingt-cinq jours qui précéderont les élections. — Le titre II soumet de nouveau au timbre dont ils avaient été affranchis par le décret du 6 mars 1848 tous les journaux périodiques, sauf quelques exceptions, et en fixe les droits et les cumule avec ceux de poste, en les transformant en timbre d'affranchissement. Le décret de 1852, ayant à cet égard adopté d'autres bases, a implicitement abrogé en outre le titre II de la loi de 1850. — Une ordonnance du même jour en avait réglé l'application.

1850, 7-13 *août*. — Une loi règle *à nouveau* la liberté de la presse pour les colonies.

2 DÉCEMBRE 1851, IIe EMPIRE.

Un coup d'Etat a sauvé la France des entreprises des Catilina des sociétés secrètes. — L'autorité, jusqu'alors combattue par les tiraillements qui l'avaient rendue impuissante, a repris ses droits. — Il faut reconstituer le pouvoir trop longtemps affaibli. — La presse, qui avait sans pudeur égaré l'opinion publique et battu en brèche le gouvernement de Napoléon, président de la République, ne pouvait rester sous les armes après la défaite du parti dont elle avait été le puissant instrument. — En reconnaissant et confirmant les grands principes de 1789, la constitution de 1852 n'a pas compris, dans l'article 86, la liberté de la presse au nombre de celles qui sont au-dessus des lois et que le Sénat doit protéger contre toute atteinte; elle n'a pas reproduit non plus, à l'exemple des précédentes constitutions, la disposition légale abolitive de la censure. — Pour faire face aux événements, le législateur a jugé nécessaire de réserver, à cet égard, toute sa liberté d'action pour l'avenir.

D

1852, 17 *février.* — Le président de la République a fait appel à la nation qui lui a répondu par une adhésion de sept millions de suffrages. — Il est au 17 février César et pontife, législateur et Pouvoir exécutif ; ses décrets ont force de lois, il complète donc son œuvre de régénération sociale en organisant la presse suivant les nécessités qui lui ont commandé l'acte de salut public du 2 décembre 1851. — Le Pouvoir doit être fort pour être respecté , la presse aura la liberté de faire le bien , d'éclairer l'opinion publique, et de discuter sans haine et sans passion les actes du Pouvoir, mais elle n'aura pas la puissance de l'attaquer au gré de ses ennemis politiques.— Tel a été le but du législateur du 17 février, et voici l'ensemble des dispositions qu'il a introduites dans le Code de la presse ou renouvelées de l'ancienne législation, dont il a du reste accepté toutes les mesures propres à rendre sérieuse la responsabilité des publicateurs de journaux :

1° La publication des journaux politiques est soumise à l'autorisation du Gouvernement, aussi bien que leur circulation en France lorsqu'ils viennent de l'étranger ;

2° En cas de crimes, délits ou contraventions, comme mesure administrative ou de sûreté générale , les journaux peuvent être, suivant les circonstances, suspendus ou supprimés ; ce droit de suspension ou de suppression administrative et ministérielle n'est pas nouveau dans la législation ;

3° Interdiction de rendre compte de tous les débats pour délits de presse ;

4° Défense pour les plumes notées d'infamies par des condamnations afflictives ou infamantes, de concourir à la rédaction des journaux politiques ;

5° Changement de juridiction ; la connaissance des délits de la presse attribuée aux Cours d'assises , est restituée aux tribunaux correctionnels à l'exemple de la loi du 25 mars 1822, art. 17, avec retour pour la procédure aux règles du Code d'instruction criminelle.

Tels sont, en peu de mots, les principales modifications par lesquelles le décret du 17 février a réglementé la presse périodique.

1852, 28 *mars,* 19 *avril.* — Le législateur continue son œuvre ; ce qu'il a exécuté pour la France, il va le faire pour l'Algérie, le même esprit qui a inspiré le décret du 17 février va dicter celui du 19 avril, en tenant compte toutefois des exigences relatives à la situation exceptionnelle d'un pays conquis, à peine colonisé et civilisé. — A part cette différence, le décret du 19 avril reproduit une grande partie des dispositions du décret du 17 février dont il devient tantôt le commentaire authentique, et tantôt la continuation. — Les mêmes règles de procédure, de poursuite et de compétence, ont été appliquées aux deux pays, les droits de timbre sont communs, — ainsi que l'obligation du cautionnement pour la presse périodique ; mais là s'arrête l'assimilation, car les journaux, outre l'autorisation du gouverneur général, à laquelle leur création est soumise, sont encore assujettis au *visa préalable* de l'autorité pour la publication de chacun de leur numéro. — Ce régime, qui se rapproche de la censure et met la liberté de la presse entre les mains du gouverneur général, était là, comme dans les autres colonies, commandé par la force des choses.

1852, 30 *avril.* — Décret qui remet en vigueur, pour les colonies, la loi du 7 août 1850 momentanément abrogée par un décret du 20 février 1852.

1852, 1-20 *mars.* — *Décret* réglementaire relatif au timbre des journaux étrangers importés en France.

1852, 22 *mars.* — *Décret* qui soumet au brevet et au serment les imprimeurs en taille-douce, prescrit certaines mesures de police pour remédier aux abus des publications émanées des presses clandestines.

1852, 22 *mars.* — *Décret* sur la délivrance des brevets d'imprimeurs et libraires.

1852, 28 *mars.* — *Décret* qui punit la contrefaçon des ouvrages étrangers et les place sous le droit commun qui garantit en France la propriété littéraire.

1852, 28 *mars.* — *Décret* qui exempte du timbre les journaux consacrés aux sciences, aux arts et à l'agriculture.

1852, 25 *août.* — *Règlement* sur l'affichage.

1852, 30 *déc.* — *Décret* qui soumet à l'autorisation préalable et révocable du ministre de l'intérieur les représentations dramatiques.

1852, 3 *janv.* — *Décret* qui règle le mode de paiement des amendes encourues pour délits de presse.

1853, 6 *juill.* — *Décret* relatif à l'autorisation préalable pour les représentations dramatiques , qui sera délivrée par le ministre d'Etat.

1854, 8 *avril.* — *Loi* qui garantit le droit de propriété des œuvres d'esprit pendant 30 ans aux veuves et aux enfants des auteurs, compositeurs, et artistes décédés.

Tels sont les dates et l'objet des principales lois, des décrets et ordonnances qui ont tour à tour réglementé la police de la presse en France et dans les colonies.

Nous ne pouvons mieux clore cette longue énumération des dispositions législatives qui, de près ou de loin, se rapportent aux droits de la pensée dans ses diverses et multiples manifestations, qu'en donnant le relevé des Etats avec lesquels la France a conclu des traités pour la garantie réciproque de la propriété littéraire.

Des traités internationaux, pour la garantie des droits d'auteur des œuvres d'esprit, de littérature ou d'art, ont été conclus par la France :

1° en 1850, 30 déc. avec la SARDAIGNE.
2° — 1851, 4 juill. — le PORTUGAL.
3° — 1852, 22 janv. — le HANOVRE.
4° — 1852, 27 janv. — l'ANGLETERRE.
5° — Id. 22 oct. — le BRUNSWICK.
6° — Id. 3 déc. — le Duché de HESSE.
7° — 1852, 3 déc. — le Landgraviat de HESSE.
8° — 1853, 4 fév. — l'ESPAGNE.
9° — 1853, 7 mai. — le Duché de NASSAU.
10° — 1853, 26 sept. — l'Électorat de HESSE.
11° — 1853, 10 mai. — la Principauté de REUSSE.
12° — 1853, 2 juill. — le Duché SAXE-WEYMAR-EYSENAC.
13° — 1853, 7 déc. — le Duché d'OLDEMBOURG.
14° — 1854, 13 avril. — la BELGIQUE.

On trouvera le texte de ces différents traités dans le recueil chronologique des lois, décrets et ordonnances, *in fine,* à leur date.

PLAN DE L'OUVRAGE. — EXPOSITION ET DIVISION.

Cet ouvrage se compose de trois parties distinctes :

La **1re** comprend **la concordance synoptique et annotée** de toutes les lois sur la presse, depuis 1789 jusqu'en 1856, pour la France, l'Algérie et les colonies. — Avec un **appendice** contenant : 1° des développements sur l'art. 6 de la loi du 27 juillet 1849, relativement à l'autorisation préfectorale dans ses rapports avec la liberté électorale et la propriété littéraire ; — 2° les circulaires ministérielles des 28 et 30 mars 1852, sur la loi organique de la presse ; — 3° le catalogue des ouvrages condamnés depuis 1814 jusqu'en 1850.

La **2me** partie est **une table analytique alphabétique** des crimes, délits et contraventions de la parole, de l'écriture, de la presse et de tous autres moyens de publication, indiquant dans des colonnes séparées, la qualification des infractions, — la juridiction qui doit en connaître la peine encourue et l'atténuation dont elle peut être susceptible par l'application de l'art. 463, le tout avec des renvois aux tableaux de la concordance.

La **3me** partie est formée par le **Recueil chronologique** de toutes les lois, ordonnances et décrets sur la matière depuis 1723 jusqu'à 1856, avec des renvois aux tableaux de la concordance de manière à former une **table chronologique.**

Un mot d'explication sur la première partie :

A la suite de l'exposition chronologique des matières qui a fait l'objet de l'introduction historique, il est indispensable de faire connaître les principales lignes du plan de **codification** adopté pour le classement logique de ces mêmes matières dans les tableaux de concordance.

Elles se distribueront naturellement en quatre livres :

LIVRE Ier. — DU DROIT. — *Reconnaissance de la liberté de la pensée et de la presse comme principe constitutionnel.*

LIVRE II. — DE L'EXERCICE DU DROIT. — *Moyens d'expression et de transmission de la pensée.*

LIVRE III. — DE L'ABUS DE L'EXERCICE DU DROIT. — *Crimes, délits, contraventions. — Pénalité.*

LIVRE IV. — DE LA POURSUITE ET DU JUGEMENT. *Des crimes, délits et contraventions. — Juridiction, compétence, etc., prescription.*

Chacune de ces parties se divise en titres, chapitres, sections et paragraphes, suivant l'exigence de la matière. — Ainsi le premier livre *du droit* se subdivise en quatre chapitres sous le titre unique *de la Reconnaissance de la liberté de la pensée* :

CHAP. Ier. Reconnaissance du droit.

CHAP. II. Négations temporaires du droit. — Censure. — Communication préalable et *visa.*

CHAP. III. Restriction du droit. — Autorisations préalables.

CHAP. IV. Exceptions aux restrictions. — Retour à la liberté, immunités.

LE LIVRE deuxième, intitulé *des Moyens d'expression et de transmission de la pensée,* se décompose d'abord en deux parties suivant la nature des moyens.

1re PARTIE. *Moyens d'expression de la pensée.* — Police.

TITRE Ier. — De la presse ordinaire (imprimerie).

TITRE II. — De la presse périodique.

TITRE III. — De la presse appliquée aux dessins, lithographies, estampes, gravures, et à la fabrication des médailles.

2e PARTIE. *Moyens de transmission de la pensée.* — Police.

TITRE UNIQUE. — *Des agents de publication.*

CHAP. Ier. Des libraires.

CHAP. II. Des colporteurs, afficheurs, distributeurs, crieurs.

CHAP. III. Des théâtres et des représentations dramatiques.

LE LIVRE troisième traite *des crimes, délits et contraventions et des peines,* sous quatre titres.

TITRE Ier. — Des crimes et délits contre la chose publique.

TITRE II. — Des crimes et délits contre les personnes.

TITRE III. — Des contraventions.

TITRE IV. — De l'aggravation et de l'atténuation des peines.

LE LIVRE quatrième *de la poursuite et du jugement* expose en six titres les règles concernant :

TITRE Ier. — L'exercice de l'action publique et de l'action civile. — Compétence et juridiction.

TITRE II. — L'exercice de l'action publique. — Poursuite et instruction.

TITRE III. — La procédure. — Jugement et arrêt.

TITRE IV. — La procédure. — Appels et pourvois.

TITRE V. — L'exécution des jugements et arrêts.

TITRE VI. — L'extinction de l'action publique et de l'action civile. — Prescription.

Un tableau supplémentaire sur la presse aux colonies terminera la concordance synoptique.

Tel est l'ordre général de codification qui a été adopté pour l'exposition des lois dans les tableaux de la concordance synoptique. — Voir la table pour les détails.

AVERTISSEMENT

Sur la manière de consulter et de lire les tableaux de concordance.

D'après notre premier plan, tous les articles de lois, ordonnances ou décrets ayant entre eux quelque chose de commun ou d'analogue devaient être rapportés horizontalement sur la même ligne, dans des colonnes différentes, mais cette disposition a dû fléchir devant les exigences typographiques, en ce sens que, lorsque tous les articles à présenter en concordance n'ont pu tenir sur la même ligne, dans des colonnes différentes, ils ont été réunis sous des accolades reliées par des lignes de points indiquant la relation des divers textes à consulter. — On devra, en conséquence, lire de droite à gauche en suivant les lignes de points, lorsqu'on voudra de la loi actuelle remonter à la loi originaire.

Nous avions, dans le principe, consacré une colonne particulière à chacune des années marquées par une loi importante sur la presse, c'est-à-dire aux années 1810, 1814, 1815, 1819, 1822, 1828, 1830, 1835, 1848, 1849, 1850 et 1852. — Mais cette disposition, qui aurait agrandi outre mesure le format de ce livre sans ajouter à son utilité, a dû être modifiée. — Visant par-dessus tout à faire un ouvrage *portatif et commode pour le service des audiences*, nous avons restreint le nombre de nos colonnes, en ayant soin toutefois de les rattacher le plus possible à une période historique. C'est ainsi que la 1re colonne comprend de 1789 à 1814, la République et le 1er Empire; — les 2me et 3me, de 1815 à 1825, le règne de Louis XVIII; — la 4me, le règne de Charles X, de 1825 à 1830; — la 5me, de 1830 à 1848, le règne de Louis-Philippe Ier; — la 6me, la République de 1848; — la 7me, la présidence et l'Empire, de 1850 à 1856.

Les lois ainsi que les décrets et ordonnances en vigueur que l'on peut assimiler aux lois ont été imprimés en caractère romain ordinaire dans les tableaux.

Les décrets et ordonnances réglementaires en vigueur rendues pour l'exécution des lois ont été imprimés dans les tableaux en caractère romain, mais plus petit que le précédent.

Les textes abrogés ont été dans les tableaux imprimés en italique.

SIGNES ET ABRÉVIATIONS.

Ce qui dans les textes des tableaux est compris entre le signe [ ] est une addition explicative de l'auteur.

J. P. signifie Journal du Palais, 5e édition, où tous les arrêts sont rapportés par ordre chronologique jusqu'en 1837.

D. P. signifie Recueil périodique des arrêts par M. Dalloz.

Sir. ou S. ou S-V. ou S. Devill. signifie Recueil périodique des arrêts par MM. Sirey, Carette et Devilleneuve.

Coll. nouv. signifie Collection nouvelle dudit Recueil, où tous les arrêts ont été rapportés par ordre chronologique jusqu'en 1830.

J. Crim. ou J. C signifie Journal criminel par M. Achille Morin.

Bull. Crim. signifie Bulletin criminel officiel des arrêts criminels de la Cour de cassation.

G. T.	signifie	Gazette des Tribunaux.
L. D.	id.	Le Droit, journal.
Décr.	id.	Décret.
Ord.	id.	Ordonnance.
T.	id.	Tome.
L.	id.	Loi.
P.	id.	Page.
C. p. ou C. pén.	id.	Code pénal.
C. Nap.	id.	Code Napoléon.
C. d'inst. crim.	id.	Code d'instruction criminelle.
Art.	id.	Article.
Cass.	id.	Cour de cassation.
C. d'assises	id.	Cour d'assises.

Quant au titre des ouvrages dont les noms des auteurs seuls sont rapportés aux cours de l'ouvrage, — V. les catalogues publiés par la maison Cosse.

CONCORDANCE SYNOPTIQUE ET ANNOTÉE

DE TOUTES LES LOIS DITES DE LA PRESSE,

depuis 1789 jusqu'à 1856,

POUR LA FRANCE, L'ALGÉRIE ET LES COLONIES.

LIVRE Ier.

DU DROIT DE LA PENSÉE A SE MANIFESTER LIBREMENT.

LIBERTÉ DE LA PENSÉE ET DE LA PRESSE.

DE LA LIBERTÉ DE LA PENSÉE ET DE LA PRESSE

COMME PRINCIPE CONSTITUTIONNEL.

RECONNAISSANCE ET NÉGATION. — HISTORIQUE.

La Liberté de la presse est, avons-nous dit, un droit individuel, dont les éléments sont la liberté humaine et la faculté de penser. Essentielle à la nature d'un État libre, elle consiste, suivant Blackstone, dans l'affranchissement de tout obstacle avant la publication et non dans l'absence de toute répression de la faute après sa manifestation. — La volonté de l'individu reste ainsi libre, l'abus seul de cette liberté est soumis aux coups de la loi.

Il y a abus, lorsque, oubliant le respect qui est dû aux droits égaux d'autrui ou à la sécurité générale, la liberté individuelle entreprend des actes que chacun ne pourrait se permettre sans exposer la paix, le progrès ou l'existence de l'état social.

Dans l'intérêt de sa conservation formelle et morale, dans la nécessité de son but, la société puise donc le droit de prévenir les attaques et de les punir, de se précautionner par des actes de restriction, et de se défendre par des actes de répression. — Ce droit de l'être collectif contre le droit des individualités turbulentes ou coupables se traduit d'ordinaire par des *lois de police* réglementaires de la liberté.

Moins que toute autre, la liberté de la presse ne pouvait rester insoumise à l'action du pouvoir social, mais si l'abus de cette liberté est à craindre, les révolutions ne nous ont que trop appris que les excès arbitraires du Pouvoir contre elle ont aussi de graves dangers.—Le droit qu'a le pouvoir de réglementer la liberté ne peut donc avoir pour effet son anéantissement absolu. — La supprimer, ce n'est pas lui donner des règles, puisque lui donner des règles, c'est en consacrer la légitimité, c'est respecter son existence utile; mais la reconnaître, ce n'est pas non plus lui donner le droit à l'abus.

La supprimer, ce n'est pas lui donner des règles, c'est pourtant ce qui est parfois arrivé en ces matières, où la sagesse du Pouvoir n'a pas pu toujours se garder indépendante des circonstances politiques. — De part et d'autre, d'ailleurs, on a touché aux extrêmes; aussi la liberté de la presse a-t-elle passé par des alternatives de licence et de compression, de faveur et d'abaissement, dont il est à propos de faire, à ce point de vue spécial, un rapide et court historique :

Instrument d'émancipation et de discussion, la liberté d'écrire a été d'abord l'objet d'une inquiète surveillance de la part des gouvernements ombrageux et absolus.—La censure a précédé, en France, la naissance même de l'imprimerie (*Journal du Palais*, Répert. général, v° *Censure*).

Plus tard, les ordonnances de l'université, des parlements et des rois, défendirent aux libraires et aux imprimeurs de publier aucun livre sans *permission* du roi, sans *lettres de privilége* et sans qu'il fût *examiné*, sous peine, porte l'ordonnance de Charles IX, du 10 septembre 1565 « *d'estre penduz et estranglez.* »

C'est à l'ordonnance de 1629 que remonte l'origine de la censure dans le sens vrai du mot.—L'expédition des lettres du grand sceau ou de privilége fut subordonnée à l'*examen du manuscrit* : « par telle personne qu'ils verront être à faire (le chancellier ou le garde des sceaux), selon le sujet et la matière du livre.»Ce n'est toutefois qu'en 1741 que les *censeurs royaux* furent institués avec un titre permanent.

Cet état de choses dura jusqu'en 1789. La liberté de la presse, consacrée solennellement par l'art. 16 de la déclaration du 23 juin 1789, fut proclamée dans la Constitution de 1791.—La déclaration de 1793 alla même jusqu'à reconnaître qu'elle ne pouvait être ni *suspendue, ni restreinte ;* à cette exagération du principe la presse répondit par l'exagération du droit, par la licence.

Aux peuples, comme aux rois, il faut des leçons. — La loi du 19 fructidor an v plaça les journaux sous l'inspection de la police. — Les consuls de l'an xiii, par un arrêté du 28 pluviôse, en fixèrent le nombre, et conférèrent au Pouvoir le droit de les supprimer dans certains cas, par mesure de sûreté générale. — L'arrêté du 4 vendémiaire an vii fut encore plus loin : « il décida qu'aucun libraire ne pourrait vendre un ouvrage sans l'avoir présenté à une commission de *révision*, laquelle le rendrait s'il n'y avait pas lieu à *censure.* » C'était un pas résolu vers le décret du 5 février 1810.

Instruit par les fautes de la République, Napoléon Ier réagit énergiquement contre les folliculaires, on sait qu'il ne les aimait pas.

Les droits de l'Empire absorbèrent les Droits de l'homme qu'avec plus de générosité que de prudence, avaient si fastueusement reconnus les précédentes constitutions. — La liberté de la presse passée sous silence dans l'acte de l'an viii fut réglementée, et la censure fortement organisée par le célèbre décret du 5 février 1810.

Dans l'intervalle, un décret de 1806 avait soumis la représentation des ouvrages dramatiques à l'autorisation censoriale du Gouvernement.

On tombe toujours du côté où l'on penche. — Le glorieux soldat de 1804 devait tomber sur un champ de bataille, le frein qui bridait les factions se brisa trop tendu sur les droits de la liberté individuelle, l'excès de l'autorité et plus encore l'Europe liguée firent comprendre à l'Empereur trahi, mais non vaincu, abandonné, mais non abattu, qu'il n'avait peut-être pas fait une part assez large à la liberté de la pensée, l'article 64 de l'acte additionnel aux constitutions de l'Empire, en 1815, en est la preuve.

La censure fut supprimée, et, concession immense en regard du décret de 1810, la répression des délits de presse fut confiée au jury.

La Restauration accepta, sous bénéfice d'inventaire, la grande législation de l'Empereur. — En octroyant d'une main la liberté de la presse dans la Charte de 1814, elle releva de l'autre la censure du décret de 1810, avec cette différence que, au lieu d'être exercée par les agents du Pouvoir, l'action censoriale fut contrôlée par une commission composée de trois pairs, trois députés et trois commissaires du roi. Cette couleur de libéralisme n'était qu'apparente, car les élus des chambres furent souvent plus difficiles que les agents du Pouvoir (Loi du 21 oct. 1814).

Mais c'était au mépris de l'art. 7 de la Charte que la censure avait été rétablie : — ou la Charte était un mensonge, ou le titre I de la loi du 21 octobre était sa flagrante violation.—Les réclamations étaient fondées, le Pouvoir céda.

La loi du 28 juillet 1817 substitua, pour les journaux, l'autorisation préalable du Gouvernement à la censure. — La concession ne fut pas grande, car cette autorisation n'était, au demeurant, que la censure préalable et déguisée des opinions du journaliste. — Au lieu de mettre la main sur le papier, le Gouvernement mettait la main sur la plume, et dispensateur politique de la liberté de la presse périodique, il n'en confia l'usage qu'à ses adhérents.

En 1819, sur l'initiative d'un ministre aussi libéral qu'intelligent, la presse périodique fut enfin affranchie de l'autorisation préalable, à la condition par elle de fournir des garanties personnelles et réelles contre ses propres écarts. Les lois de 1819 soumirent alors les journaux politiques à des mesures de police, qui respectaient leur libre publication. Ces mesures étaient le versement d'un *cautionnement* et la *déclaration préalable de la fondation du journal.*

Mais, comme s'il était dans la nature de la Liberté de penser de toujours pousser jusqu'à la licence, pour s'assurer de l'étendue ou de la réalité de ses droits, la presse se montra bientôt indigne de son affranchissement ; la violence des partis vaincus et non convaincus, et surtout l'assassinat malheureux du duc de Berry, provoquèrent, en 1820, le rétablissement de la censure, que la loi du 28 juillet 1821 prorogea jusqu'en 1822.

La loi du 28 juillet 1828 délivra enfin la presse de toutes les entraves qui plaçaient sa liberté entre les mains du Pouvoir. La célèbre loi du 17 mars 1822 dite *des tendances* fut abrogée, et l'on substitua définitivement à l'autorisation préalable la responsabilité mieux définie des *gérants.*

La France était depuis 2 ans à peine habituée à l'usage modéré de la presse libre, lorsque la révolution de 1830 fit explosion sous les tentatives inconstitutionnelles de Charles X.—La Charte nouvelle reconnut à son tour la Liberté de la presse, et déclara que la *Censure* ne pourrait jamais être rétablie.

Le Gouvernement de Juillet favorisa d'abord l'émancipation de la presse, au point que, pour ne pas mentir trop tôt à son origine, il toléra jusqu'à des excès. Mais la loi du 7 septembre 1835, que le président Sauzet signala comme inconstitutionnelle, vint à propos organiser une répression énergique contre les infractions de la presse et de tous autres moyens de publication.

Cette loi établissait, entre autres mesures, la Censure des ouvrages dramatiques, en remettant en vigueur et reproduisant l'art. 14 du décret de 1806 sur la constitutionnalité duquel 1830 avait élevé des doutes, et que sa Charte pourtant n'avait pas abrogé.—Elle soumettait ensuite à l'autorisation du Gouvernement l'exposition et la publication des dessins, gravures, lithographies, médailles, emblèmes.—La loi de 1834 avait, l'année précédente, soumis à l'autorisation municipale la profession de distributeur, crieur et vendeur sur la voie publique d'écrits, imprimés, lithographiés, etc.

Endormie dans une fausse sécurité, la monarchie de juillet se réveilla le 24 février 1848, pour fuir devant une révolution inattendue. — La République s'ouvrait comme un abîme aux yeux de la nation troublée. Elle brisa les barrières qui retenaient la presse factieuse avide d'indépendance et de pouvoir.

Le premier acte du Gouvernement de 1848 fut de décréter la liberté illimitée du journalisme, et d'abroger la loi de 1835, les derniers actes de l'Assemblée nationale en 1849 et 1850 furent de la remettre en vigueur.

Les débordements de la presse socialiste et surtout les sanglantes journées de juin n'avaient que trop fait sentir les dangers d'une trop rapide et trop large émancipation.—La réaction ouvrit par la loi du 29 juillet 1849 et continua par celle du 16 juillet 1850. La loi de 1835 fut restaurée dans tout ce qui n'était pas incompatible avec le nouvel ordre de nom et de choses. On fut même plus loin, en soumettant à l'autorisation préfectorale toute distribution et tout colportage de livres, écrits, gravures, etc., sans exception (art. 6, L. du 27 juillet 1849). — V. sur cet article nos développements, p. 160.—*Appendice.*

La Charte de 1830 avait proclamé la liberté de la presse et nettement formulé l'abolition de la censure, la Constitution du 4 novembre 1848 avait reproduit dans les mêmes termes cette reconnaissance et cette abolition. La Constitution de 1852 a été moins explicite.

Elle a bien reconnu et virtuellement accepté le glorieux dépôt des conquêtes de 1789, mais elle n'a point cru devoir comprendre la Liberté de la presse au nombre des libertés que le Sénat devait défendre contre les lois à venir, et elle a été muette sur le rétablissement de la censure (art. 1 et 26). Elle a bien reconnu l'inviolabilité de la tribune politique, la liberté de la parole des élus du suffrage universel, mais elle n'en a pas déduit comme conséquence le prétendu droit du journalisme de la reproduire sans contrôle dans des comptes rendus incomplets ou partiaux (Art. 22).

Le législateur de cette mémorable transition qui prépara la France à l'Empire avait depuis longtemps compris que le journalisme n'était plus que l'embauchage organisé de l'opinion publique, et qu'il était indispensable à l'affermissement du Pouvoir de prendre contre lui des sûretés nouvelles pour le ramener au sentiment vrai de sa grande mission, c'est-à-dire à la propagation de la moralité et des lumières. — La presse politique était devenue une école de tirailleurs contre l'autorité, il fallait en faire une école d'initiation à la liberté amie de l'ordre et des lois. C'est dans cette double pensée que fut rédigé le décret du 17 février 1852.

Comme les lois précédentes, le décret du 17 février a fortement distingué entre la presse périodique politique et la presse ordinaire ; à celle-ci, il a laissé sa liberté complète sous la responsabilité de ses abus, c'était la conséquence de l'art. 1er de la Constitution qui acceptait les principes de 1789. Mais il a de nouveau soumis l'autre à *l'autorisation* du Gouvernement.

Pour fortifier le pouvoir ébranlé, il fallait désarmer ses ennemis, ou tout au moins leur refuser la direction politique de l'opinion, et pour refaire l'éducation morale du pays, perverti par de fausses doctrines, il était logique d'exiger de la presse politique des garanties plus étroites de capacité et de moralité. Loin de répudier les lois anciennes les formalités qui pouvaient rendre sérieuse la responsabilité de la presse, le décret du 17 février y a en conséquence ajouté :

1º La nécessité de se pourvoir de l'autorisation préalable du Gouvernement pour la création et la publication d'un journal politique ou d'économie sociale, ainsi que pour la circulation et l'introduction en France des journaux de même nature imprimés à l'étranger (Art. 1, 2 et 5).

2º L'indignité politique des plumes notées d'infamie par des condamnations afflictives et infamantes (Art. 21).

3º Le droit de suspension et de suppression administrative ou ministérielle, ou par mesure de sûreté générale, des journaux, renouvelé de l'arrêté de ventôse an VIII, et de la loi du 31 mars 1821 (Art. 32).

Telles sont, avec l'interdiction de rendre compte des délits de presse et de se conformer au procès-verbal officiel des séances législatives pour le compte rendu de leurs débats, les modifications principales du décret de 1852 au point de vue spécial qui nous occupe.

Que l'autorisation préalable soit l'examen préalable de la moralité des fondateurs du journal, la vérification de leur but et de leurs intentions, que le droit de suppression, de suspension et le droit d'avertissement soient, du plus au moins, la censure publique, et non préalable du journal, qui donc aurait le droit de se plaindre après les excès de 1848 ; qui donc aurait le droit de dire ces mesures superflues ? pour mériter la liberté, ne faut-il pas en être digne ?

« La presse politique, dit à ce sujet M. Lafferrière, dans son « *Droit administratif,* déclarée libre en 1789, organisée en 1819, « comme la sauvegarde des autres libertés, expie aujourd'hui les « excès de 1848. L'usage a péri par l'abus, mais l'esprit de « 1819 est trop en rapport avec le véritable esprit du Gouver- « nement représentatif, pour que l'usage, selon la loi, ne re- « vienne pas se placer un jour sur la base affermie du Gouver- « nement français, t. 2, p. 420. »

« Car *la Liberté,* ajoute le préambule de la constitution de « 1852, doit être le couronnement de l'édifice social. »

Emané de la même pensée, un nouveau décret suivit de près celui du 17 février. Les 28 mars et 19 avril, le futur empereur organisait l'usage de publication en Algérie. On comprend que dans un pays tout entier encore sous l'occupation militaire, la libre publication des journaux eût été une faute politique et d'une mauvaise stratégie. Nous nous sommes déjà expliqué sur le caractère de cette loi dans le préambule historique, elle soumet la liberté de la pensée à la surveillance du gouverneur général, qui donne les autorisations et les révoque en cas d'abus, et, par le visa préalable, assujettit la presse *périodique à un régime exceptionnel, mais nécessaire.*

Ce n'est pas ici le moment d'entrer dans des détails au sujet de l'origine, de la nature et des effets des autorisations auxquelles ont été soumis divers moyens de publication, nous ne les avons mentionnées que pour mémoire et pour ordre dans le deuxième tableau, en nous réservant d'être plus explicite à l'occasion des chapitres spéciaux où ces autorisations seront de nouveau exposées.

Exceptions aux mesures restrictives de la liberté de la pensée.

La loi de 1814, organisatrice de la censure, ainsi que celles qui ont plus tard soumis la liberté de la pensée à l'accomplissment de formalités plus ou moins restrictives, ont tour à tour reconnu des exceptions en faveur de certains écrits, dont les auteurs, le volume ou la nature étaient d'avance des garanties aux yeux du législateur.

Ces exceptions ou retour à la liberté se traduisirent sous les lois libérales de 1819 en immunités, en ce sens que certains écrits, tels que les mémoires sur procès, les opinions des membres des deux Chambres, qui, affranchis de la censure, pouvaient être publiés librement, furent sous les lois postérieures affranchis de toute responsabilité dans une certaine mesure, et ne donnèrent lieu à *aucune action.*

Le décret du 28 mars 1852 qui, pour l'Algérie, assujettit la liberté de publication à l'obtention préalable d'une autorisation du gouverneur général ou d'un visa de l'autorité déléguée, a également admis des exceptions en faveur de certains écrits, sous l'empire des mêmes considérations. — Ainsi les mandements, lettres pastorales, cathécismes et livres de prières, qui pouvaient être librement publiés sous le régime de la censure, sont affranchis de toute autorisation, sous le régime étroit de la presse algérienne.

La liberté de la tribune avait été respectée par la censure de 1814, jusque dans la publication et la manifestation extérieure des opinions qu'elle avait inspirées. La loi de 1819 avait déclaré que les discours et les écrits parlementaires ne donneraient lieu à aucune action; elle avait été même plus loin en étendant cette immunité aux comptes rendus fidèles des séances publiques de la Chambre des députés. C'était là peut-être la conséquence forcée de la représentation nationale. — Le décret du 17 février n'a pas entouré d'une pareille protection les comptes rendus parlementaires; on en avait tant abusé, que le Gouvernement a cru devoir réglementer les échos de la tribune politique pour obvier à leur funeste retentissement. La tribune était, en effet, devenue un tréteau politique, d'où les passions factieuses et les fausses doctrines s'élançaient plus émouvantes et avec plus de poids dans le sein agité du pays; il était indispensable à sa tranquillité de mettre un terme à de pareilles manœuvres. — Le compte rendu des séances législatives n'est plus aujourd'hui abandonné à la libre rédaction des journalistes; il ne peut, aux termes de l'art. 42 de la Constitution, consister que dans la reproduction du procès-verbal officiel, dressé par les soins du président du Corps législatif : ou des articles insérés au journal officiel, quant aux séances du Sénat.

Une autre exception aux mesures restrictives dont les lois de 1834 avaient entouré la distribution des écrits ou imprimés fut créée par la loi du 21 avril 1849, dans le but d'assurer la sincérité des élections; pendant les quarante-cinq jours qui précédaient l'ouverture du scrutin, tous les écrits ou imprimés électoraux pouvaient être librement distribués, criés et affichés. Mais les lois postérieures n'ont pas consacré un retour aussi large à la libre publication; la liberté des distributions électorales a été réduite par l'art. 10 de la loi du 16 juillet 1850 aux circulaires et professions de foi des candidats pendant les vingt jours précédant les élections, sous la condition du dépôt au parquet, et de la signature de leurs auteurs. Voy. à ce sujet nos *Développements,* Appendice, *in fine.*

Telles sont, en présence des restrictions auxquelles les lois ont assujetti la liberté de la pensée dans ses manifestations extérieures, les exceptions qu'elles ont dû admettre, et que nous devions signaler comme justification préliminaire de la division du troisième tableau.

EN RÉSUMÉ.

La liberté de la pensée, comme principe générateur d'un droit reconnu par la Constitution, c'est le travail intérieur de l'intelligence humaine dans la perception de ses idées et la conscience de ses jugements; comme principe constitutionnel, c'est le droit d'exprimer et de communiquer librement sa pensée par un moyen quelconque de publication, en se conformant aux lois qui doivent réglementer l'exercice de cette liberté.

Par la liberté de la presse, on doit entendre l'usage légitime de la presse, c'est-à-dire, suivant les lois de l'imprimerie, comme moyen de manifester sa pensée.

La liberté de la presse, à ce point de vue, peut avoir un double résultat : le livre et le journal; dans le premier cas, l'usage de la presse est *ordinaire,* et dans le second, il est *périodique;* de là, la liberté *de la presse ordinaire* et *de la presse périodique.*

Ces définitions étaient nécessaires pour l'intelligence des lois qui feront l'objet du livre premier.

1789 à 1814.   **1815 à 1819.**

1.   2.

TITRE UNIQUE. — RECONNAISSANCE DU DROIT DE LA PENSÉE A SE MANIFESTER LIBREMENT,

CHAPITRE Iᵉʳ. — RECONNAISSANCE DE LA LIBERTÉ DE LA PENSÉE.

1791. — 14 septembre. - Constitution. — Déclaration des droits de l'homme.

Art. 11. **La libre communication des pensées et des opinions est un des droits les plus précieux pour l'homme.** — Tout citoyen peut donc parler, écrire, imprimer **librement,** sauf à répondre de l'abus de cette liberté dans les cas déterminés par les lois.

1793. — 24 juin. — Acte constitutionnel. — Déclaration d esdroits de l'homme.

Art. 7. *Le droit de manifester sa pensée et ses opinions, soit par la presse, soit autrement, ne peut être interdite. — La nécessité d'énoncer ce droit suppose la présence ou le souvenir récent du despotisme.* (Abrogé par le fait des constitutions postérieures.)

1814. — 14 juin. — Charte constitutionnelle.

Art. 8. *Les Français ont le droit de publier et de faire imprimer leurs opinions en se conformant aux lois qui doivent réprimer les abus de cette liberté.* (Abrogé par le fait des constitutions postérieures.)

1815 (23 avril). Acte additionnel aux Constitutions de l'Empire.

Art. 64. *Tout citoyen a le droit d'imprimer et de publier ses pensées en les signant ....V. suite, infrà.*

CHAP. II. — NÉGATION TEMPORAIRE DE LA LIBERTÉ DE LA PRESSE.

DÉCR. du 5 février 1810.

TITRE III. — De la police de l'imprimerie. — Sect. 1. Garantie de l'administration.

Art. 10. *Il est défendu de rien imprimer ou faire imprimer qui puisse porter atteinte aux devoirs des sujets envers le souverain et les intérêts de l'État. — Les contrevenants seront traduits devant nos tribunaux et punis conformément au Code pénal, sans préjudice du droit qu'aura notre ministre de l'intérieur, sur le rapport du directeur général de la librairie, de retirer le brevet à tout imprimeur qui aura été pris en contravention.* (Abrogé par la constitution de 1815 et remplacé par la loi de 1814.)

Art. 11 et 12 (relatifs à la déclaration des impressions et à la tenue d'un registre. — *V.* page 11.)

Art. 13. *Le directeur général pourra ordonner, si bon lui semble, la communication et l'examen de l'ouvrage et surseoir à l'impression.* (Abrogé comme ci-dessus.)

Art. 14. *Lorsque le directeur général aura sursis à l'impression d'un ouvrage, il l'enverra à un censeur choisi parmi ceux que nous nommerons pour remplir cette fonction, sur l'avis du directeur général et la proposition du ministre de l'intérieur.* (Abrogé.)

Art. 15. *Notre ministre de la police générale et les préfets dans les départements feront surseoir à l'impression de tous ouvrages qui leur paraîtraient en contravention à l'art. 10 : en ce cas, le manuscrit sera envoyé, dans les vingt-quatre heures, au directeur général qui agira ainsi qu'il est dit en l'art. 14.* (Abrogé.)

Art. 16. *Sur le rapport du censeur, le directeur général pourra indiquer à l'auteur les changements ou suppressions jugés convenables, et sur son refus de les faire, défendre la vente de l'ouvrage, faire rompre les formes et saisir les feuilles ou exemplaires déjà imprimés.* (Abrogé.)

Art. 17. *En cas de réclamation de l'auteur adressée au ministre de l'intérieur, il sera procédé à un nouvel examen.* (Abrogé.)

Art. 18. *Un nouveau censeur en sera chargé : il rendra compte au directeur général, lequel, assisté du nombre de censeurs qu'il jugera à propos de s'adjoindre, jugera définitivement.* (Abrogé.)

Art. 19. *Lorsque le directeur général jugera qu'un ouvrage qu'on se propose d'imprimer intéresse quelque partie du service public, il en préviendra le ministre au département duquel l'objet de cet ouvrage sera relatif, et sur la demande de ce ministre, il en ordonnera l'examen.* (Abrogé.)

Art. 20. *Si nos ministres sont informés autrement que par le directeur général qu'un auteur ou un imprimeur se propose d'imprimer un ouvrage qui intéresse quelque partie de leurs attributions, et qui doive être soumis à l'examen, ils requerront le directeur général d'ordonner qu'il soit examiné. — Le résultat de cet examen sera communiqué au ministre du département ; et, en cas de diversité d'opinion, il nous en sera rendu compte par notre ministre de l'intérieur.* (Abrogé.)

Art. 21. *Tout auteur ou imprimeur pourra, avant l'impression, soumettre à l'examen l'ouvrage qu'il veut imprimer ou faire imprimer : il lui en sera donné récépissé, à Paris, au secrétariat du directeur général, et, dans les départements, au secrétariat de la préfecture.* (Abrogé.)

Art. 22. *Il en sera usé dans ce cas comme il est dit aux art. 14, 15, 16, 17 et 18.* (Abrogé.)

Cette section ainsi que la suivante, relatives à la censure, ont été abrogées par la constitution de 1815. Art. additionnel, 64... — *V.* ci-dessus, et remplacées par le Titre I de la loi de 1814.

L. 21 octobre 1814,
Relative à la liberté de la presse.

TITRE I. — De la publication des ouvrages.

Art. 1. *Tout écrit de plus de vingt feuilles d'impression pourra être publié sans examen ou censure préalable.* (Abrogé. — *V.* art. 22 ci-dessous.)

Art. 2. *Il en sera de même pour...* (*V. infrà,* page 5.)

Art. 3. *A l'égard des écrits de vingt feuilles et au-dessous non désignés en l'art. 2, le directeur général de la librairie et les préfets pourront ordonner selon les circonstances qu'ils soient communiqués avant l'impression.* (Abrogé. — *V.* art. 22 ci-dessous.)

Art. 4. *Le directeur général fera examiner par un ou plusieurs censeurs choisis entre ceux nommés par le Roi les écrits dont il aura requis la communication et ceux que les préfets lui auront adressés.* (Abrogé. — *V.* art. 22 ci-dessous.)

Art. 5. *Si deux censeurs au moins jugent que l'écrit est un libelle diffamatoire, ou qu'il peut troubler la tranquillité publique, ou qu'il est contraire à la charte, ou qu'il blesse les bonnes mœurs, le directeur général pourra ordonner qu'il sera sursis à l'impression de l'ouvrage.* (Abrogé. — *V.* art. 22 ci-dessous.)

Art. 6. *Il sera formé au commencement de chaque session des Chambres une commission composée de trois pairs, trois députés des départements élus par leur chambre respective, et trois commissaires du Roi.* (Abrogé. — *V.* art. 22 ci-dessous.)

Art. 7. *Le directeur général rendra compte à cette commission des sursis qu'il aura ordonnés et mettra sous ses yeux l'avis des censeurs.* (Abrogé. — *V.* art. 22 ci-dessous.)

Art. 8. *Si la commission estime que les motifs du sursis sont insuffisants ou n'existent plus, il sera levé par le directeur général de la librairie.* (Abrogé. — *V.* art. 22 ci-dessous.)

Art. 9. *Les journaux et écrits périodiques ne pourront paraître qu'avec l'autorisation du Roi. — V.* p. 33 (Abrogé. — *V.* art. 22 ci-dessous.)

Art. 10. *Les auteurs et les imprimeurs pourront requérir avant la publication d'un écrit qu'il soit examiné en la forme de l'art. 4 ; s'il est approuvé, l'auteur et l'imprimeur seront déchargés de toute responsabilité, si ce n'est envers les particuliers lésés.* (Abrogé. — *V.* art. 22 ci-dessous.)

FIN DU TITRE Iᵉʳ.

Art. 22. Les dispositions du Titre Iᵉʳ cesseront d'avoir leur effet à la fin de la session de 1816, à moins qu'elles n'aient été renouvelées par une loi, si les circonstances le faisaient juger nécessaire.

1815 (23 avril) Même acte.

Voir ci-dessus commencement... en le signant sans aucune censure préalable, sauf la responsabilité légale après la publication par jugement par jury quand même il n'y aura lieu qu'à une peine correctionnelle. — (Abrogé par le fait des Constitutions postérieures.)

—

DÉCR. IMP. du 24 mars 1815.

Art. 1ᵉʳ. Les censeurs sont supprimés.

ORDONN. 22 juillet 1815.

Art. 1ᵉʳ. Notre directeur général de la librairie et nos préfets dans les départements n'useront point de la liberté qui leur est laissée par les art. 3, 4, 5 de la loi du 21 octobre 1814. (Abrogé avec la censure.)

Art. 2. Les autres dispositions de cette loi seront exécutées.

—

DOCTRINE ET JURISPRUDENCE. — 1. La liberté de la presse consiste dans l'affranchissement de tout obstacle, de toute restriction *avant* la publication et non de toute répression après la publication si l'objet en est criminel. — Elle est essentielle à la nature d'un État libre. Tout homme libre a le droit incontestable de publier telles opinions qu'il lui plaît. Le lui défendre, ce serait détruire la liberté de la presse ; mais si ce qu'il publie est inconvenant, nuisible ou illégal, il doit supporter les conséquences de sa propre témérité. Ainsi la volonté de l'individu reste libre ; l'abus seul de cette liberté est l'objet d'une punition légale. — Blackstone, liv. 4, ch. 11, nᵒ 15.

2. Explicitement ou implicitement toutes nos constitutions ont reconnu la liberté de presse, car cette liberté est un des grands principes proclamés en 1789 comme la base du droit public des Français et comme un des plus précieux droits de l'homme. — L'art. 11 de la déclaration des droits de la constitution du 14 septembre 1791, étant l'expression plus exacte et la plus modérée de ce principe de droit public, a été presque remis en vigueur par l'art. 1ᵉʳ de la constitution de 1852. — Les constitutions précédentes avaient formellement reconnu ce droit en 1814, 1815, 1830 et 1848. Ces constitutions sont aujourd'hui abrogées par le fait de la Constitution de 1852 qui les a remplacées.

1820 à 1825. 3.	1825 à 1830. 4.	1831 à 1848. 5.	1848 à 1849. 6.	1850 à 1856. 7.	LA PRESSE en ALGÉRIE. 8.	1856 à 18... NOTES. 9.

D'UNE MANIÈRE COMPATIBLE AVEC LES DROITS DE TOUS. — NÉGATION, RESTRICTIONS, EXCEPTIONS.

ET DE LA PRESSE COMME PRINCIPE CONSTITUTIONNEL (1).

1820 à 1825.	1825 à 1830.	1831 à 1848.	1848 à 1849.	1850 à 1856.	LA PRESSE en ALGÉRIE.	NOTES.
		CHARTE 1830. Art. 8. *Les citoyens ont le droit de publier et de faire imprimer leurs opinions en se conformant aux lois.* — V. suite, infrà.	**Constitution 1848.** Art. 8. *Tous les citoyens ont le droit de manifester leur pensée par la voie de la presse ou autrement.*— V. suite, infrà.	**Constitution 1852.** Art. 1ᵉʳ. La Constitution confirme et garantit les **grands principes proclamés en 89, et qui sont la base du droit public des Français** (4).		

CENSURE, EXAMEN PRÉALABLE, COMMUNICATION DU JOURNAL, VISA PRÉALABLE.

1820 à 1825.	1825 à 1830.	1831 à 1848.	1848 à 1849.	1850 à 1856.	LA PRESSE en ALGÉRIE.	NOTES.
L. 31 mars 1820. Suspension de la libre publication des journaux. Art. 1ᵉʳ. *La libre publication des journaux et écrits périodiques consacrés, en tout ou en partie, aux nouvelles et aux matières politiques, paraissant soit à jour fixe, soit irrégulièrement et par livraison, est suspendue jusqu'au terme ci-après fixé.* (Abrogé.—V. art. 10 ci-dessous.) Art. 2. *Aucun desdits journaux ne pourra paraître qu'avec l'autorisation du Roi.* (Abrogé.—V. art. 10 ci-dessous.) Art. 3. *L'autorisation ne pourra être accordée qu'à ceux qui justifieront s'être conformés aux conditions prescrites par l'art. 1ᵉʳ de la loi du 9 juin 1819.* (Abrogé. — V. art. 10 ci-dessous.) Art. 4. *Avant la publication de toute feuille ou livraison, le manuscrit devra être soumis, par le propriétaire ou l'éditeur responsable, à un examen préalable.* (Abrogé. — V art. 10 ci-dessous.) Art. 5. *Tout propriétaire ou éditeur responsable qui aurait fait imprimer et distribuer une feuille ou une livraison d'un journal ou écrit périodique, sans l'avoir communiquée au censeur avant l'impression, ou qui aurait inséré dans une desdites feuilles ou livraisons un article non communiqué ou non approuvé, sera puni correctionnellement de 1 mois à 6 mois de prison et d'une amende de 200 à 1200 fr., sans préjudice des poursuites auxquelles pourrait donner lieu le contenu de ces feuilles, livraisons ou articles.* (Abrogé.—V. art. 10 ci-dessous.) Art. 6. (*Tout journal poursuivi pourra être suspendu jusqu'au jugement.* — V. p.134.(Abrogé.—V.art.10. ci-dessous) Art. 7. *La suspension pourra être prolongée de 6 mois après le jugement : en cas de récidive, suppression.*—V. p. 134. Art. 8 (Dessins, autorisat.—V.p.59.) Art. 9.(Disposition génér.—V.p.156.) Art. 10. (**La présente loi cessera, de plein droit, d'avoir son effet à la fin de la session de 1820**]. (Prorogée jusqu'en 1822. L. du 21 juillet 1821.)		**CHARTE de 1830.** Art. 8 (V. ci-dessus.) *La censure ne pourra jamais être rétablie.* — N. B. Abrogé par le fait de la Constitution de 1848.	**Constitution de 1848.** Art. 8. — V. ci-dessus. *La presse en aucun cas ne pourra être soumise à la censure.* — N. B. Abrogé par le fait de la Constitution de 1852.	**Constitution 1852.** Art. 1ᵉʳ.—*V.* ci-dessus. Art. 26. Le Sénat s'oppose à la promulgation : 1° Des lois qui seraient contraires ou qui porteraient atteinte à la religion, à la morale, à la liberté du culte, à la liberté individuelle, à l'égalité des citoyens devant la loi, à l'inviolabilité de la propriété, au principe de l'inamovibilité de la magistrature; 2° De celles qui pourraient compromettre la défense du territoire. — N. B. La Constitution de 1852 reconnaissant implicitement la liberté de la presse dans l'art. 1ᵉʳ, garde le silence sur le rétablissement de la censure auquel, suivant l'art. 26, le Sénat ne pourrait pas s'opposer (5).	**DÉCR. du 28 mars 1852.** Sur la presse en Algérie. Art. 1ᵉʳ. Le gouverneur général de l'Algérie surveille l'usage de la presse, donne des autorisations de publier les journaux et révoque ces autorisations en cas d'abus. Art. 2. **Aucun numéro de journal ne pourra paraître sans le visa préalable de l'autorité déléguée à cette fin par le gouverneur général** (5). Art. 3. **Aucun écrit autre** que les jugements, arrêts et actes publiés par autorité de justice, ou émané de l'autorité militaire ou de l'évêque diocésain, ne peut être imprimé sans **la permission du gouverneur général** ou de celle du **préfet délégué** à cet effet. Art. 5. Toute publication de journal ou d'écrit périodique ou non périodique, sans cautionnement régulier, **ou sans le visa exigé** par l'art. 2 du présent décret, ou qui paraîtra après que le gouverneur général aura révoqué l'autorisation précédemment accordée, sera puni d'une amende de **100 à 2000 fr.** pour chaque numéro, livraison ou édition publiés en contraven-	

3. La censure et l'examen préalable avant la publication de la pensée sont des mesures qui s'écartent du droit qu'a le pouvoir d'en réglementer la libre manifestation.—La censure préalable est la négation de la liberté de la presse. — La pensée du censeur se substitue à la pensée de l'écrivain : en un mot, c'est la mise en état de siège de l'intelligence.

4... La censure organisée par le titre Iᵉʳ de la loi de 1814, abolie par l'art. 22 de la même loi à partir de la fin de la session de 1816, fut rétablie en 1820 (31 mars) à l'occasion de l'assassinat du duc de Berry.— Des ordonnances postérieures la rétablirent ensuite en 1824 et 1827.— V. l'historique.— Une dernière tentative de rétablissement fut faite en 1830 par les célèbres ordonnances des 25 et 26 juillet ; mais la révolution qui emporta la monarchie de la branche aînée rendit à la presse toute sa liberté constitutionnelle.

5. La Constitution de 1852 n'a pas interdit le rétablissement de la censure; son silence à cet égard est une réserve prudente de toute liberté d'action pour faire face aux nécessités de l'avenir. D'autant que le visa préalable auquel sont soumis les journaux en Algérie est presque la censure, moins les formalités des lois de 1810 et 1814. — Mais on comprend que dans un pays exceptionnel, à demi conquis, à peine civilisé, la législation doive être en tout et pour tout exceptionnelle.—V. à ce sujet l'exposition historique.

1789 à 1814.	**1815 à 1819.**	**1820 à 1825.**
1.	2.	3.

1789 à 1814.

SECTION III. — Des dispositions relatives à l'exécution des sections précédentes.

ART. 23. *Lorsque le directeur général pensera qu'il n'y a pas lieu à examiner un ouvrage et qu'aucun de nos ministres n'en aura provoqué l'examen, le directeur général enverra un récépissé de la feuille de transcription des registres de l'imprimeur, et il pourra alors être donné suite à l'impression.* (Abrogé par les Constitutions postérieures).

ART. 24. *Lorsque l'ouvrage que l'imprimeur aura déclaré vouloir imprimer aura été examiné d'office, soit sur la demande d'un de nos ministres, soit d'après un sursis ordonné par le ministre de la police et les préfets dans les départements, soit enfin sur la demande de l'auteur, et qu'il n'y aura rien été trouvé de contraire à l'art. 10, il en sera dressé procès-verbal par le censeur qui parafera l'ouvrage, et copie du procès-verbal visée par le directeur général sera transmise, selon les cas, à l'auteur ou à l'imprimeur.* (Abrogé par les Constitutions postérieures.)

ART. 25. *Si le directeur général, sur l'avis du censeur, a décidé qu'il y a lieu à des changements ou suppressions, il en sera fait mention au procès-verbal et l'auteur, ou l'imprimeur seront tenus de s'y conformer.* (Abrogé par les Constitutions postérieures.)

ART. 26. *La vente et la circulation de tout ouvrage dont l'auteur ou l'éditeur ne pourra représenter le procès-verbal de l'art. 24 et 25, pourront être suspendues ou prohibées en vertu d'une décision de notre ministre de la police ou de notre directeur de l'imprimerie ou des préfets, chacun dans son département, et en ce cas les éditions ou exemplaires pourront être saisis et confisqués entre les mains de tout imprimeur ou libraire.* (Abrogé par les Constitutions postérieures.)

ART. 27. *La vente et la circulation de tout ouvrage dont l'auteur ou l'éditeur pourra représenter le procès-verbal de l'art. 24 ne pourront être suspendues, et les exemplaires provisoirement être mis sous le séquestre que par notre ministre de la police. Et, en ce cas et dans les vingt-quatre heures, notre ministre de la police transmettra à la commission du contentieux de notre conseil d'État un exemplaire dudit ouvrage avec l'exposé des motifs qui l'ont déterminé à en ordonner la suspension.* (Abrogé par les Constitutions postérieures.)

ART. 28. *Le rapport et l'avis de la commission du contentieux seront renvoyés au conseil d'État pour être statué définitivement.* (Abrogé par les constitutions postérieures.)

TITRE VII. — SECTION Ire. — Des délits en matière de librairie et du mode de les punir.

ART. 44. *Il y a lieu à confiscation et amende au profit de l'État dans les cas suivants : 1° et 2°, voy. pages 11, 15;*
3° Si l'ouvrage ayant été demandé pour être examiné, on n'a pas suspendu l'impression ou la publication;
4° Si l'ouvrage ayant été examiné, l'auteur ou l'imprimeur se permet de le publier malgré la défense prononcée par le directeur général;
5° Si l'ouvrage est publié malgré la défense du ministre de la police, lorsque l'auteur ou l'éditeur n'a pu représenter le procès-verbal de l'art. 24;
6° Si, l'ouvrage étant imprimé à l'étranger, il est présenté sans permission ou circule sans être estampillé. — V. page 57.
(Abrogé par les Constitutions postérieures.)

CHAP. III. — RESTRICTION DE LA LIBERTÉ DE LA PRESSE, AUTORISATION PRÉALABLE POUR

ARRÊTÉ du 25 nivôse an 8.

ART. 1er. *Le ministre de la police ne laissera, pendant toute la durée de la guerre, imprimer, publier et distribuer que les journaux ci-après désignés, et ceux qui s'occupent exclusivement de littérature, sciences, commerce et arts (8).*
ART. 2. (Suit la désignation des journaux autorisés ou conservé.)
ART. 3. *Il veillera à ce qu'il ne s'imprime aucun autre journal.* — V. page 33.

L. 21 octobre 1814.
Sur la police de la presse. — TITRE Ier. Publication des ouvrages.

ART. 9. *Les journaux ou écrits périodiques ne pourront paraître qu'avec l'autorisation du Roi.* (Abrogé par l'art. 22, L. 1814.—(V. ci-devant page 1.)

DÉCR. du 8 juin 1806.
Sur les théâtres.

ART. 1er et 7. L'établissement et l'ouverture d'un théâtre sont soumis à l'autorisation préalable du Gouvernement. — V. page 77.
ART. 14. Aucune pièce ne pourra être jouée sans l'autorisation du ministre de la police. — V. page 77.

CODE PÉNAL.

ART. 290. *Tout individu qui, sans y avoir été autorisé par la police, fera le métier de crieur ou d'afficheur d'écrits imprimés, dessins ou gravures, même munis du nom d'auteur, sera puni de 6 jours à 2 mois de prison.* (Abrogé par la L. de 1830, déc., art. 9.)

1815 à 1819.

DÉCR. IMP. du 24 mars 1815.
ART. 1er. Les censeurs sont supprimés.

1815 (23 avril).
Acte additionnel aux Constitutions de l'Empire.

ART. 64. *Tout citoyen a le droit d'imprimer et de publier ses pensées en les signant sans aucune censure préalable, sauf la responsabilité légale après la publication par jugement par jury, quand même il n'y aurait lieu qu'à une peine correctionnelle.*

N. B. Abrogé par le fait des Constitutions postérieures.

L. 28 février 1817.

ART. 1er. *Les journaux et écrits périodiques ne pourront paraître qu'avec l'autorisation du Roi.* — V. page 33.

ART. 2. *La présente loi cessera son effet le 1er janvier 1818.*

L. 25 mars 1822.
Poursuite et répression des délits de presse.

ART. 12. L'autorisation préalable est exigée pour la vente, exposition et distribution des dessins... (Abrogé par l'art. 5, L. 8 octobre 1830).

1820 à 1825.

L. 18 mars 1822.
Suspension de la libre publication.

ART. 1er. *Nul journal ou écrit périodique consacré, en tout ou en partie, aux nouvelles politiques, et paraissant soit régulièrement et à jour fixe, soit par livraison et à époque indéterminée, ne pourra être établi sans l'autorisation du Roi.* — V. page 33. (Abrogé par l'art. 18 de la loi du 1 juillet 1828.)

N. B. Des autorisations spéciales sont en outre nécessaires pour certaines publications, telles que l'autorisation des auteurs pour les ouvrages qui ne sont pas encore tombés dans le domaine public (V. p. 13); celle du Gouvernement pour la fabrication des médailles; celle de la régie pour la fabrication des cartes à jouer. V. p. 15, 61 etc.

En dehors de ces limitations de la libre publication, il en est d'autres spéciales à la liberté de la presse périodique. — V. Publications interdites et obligées, p. 123, 125, 127 et suivantes.

---

6. Il ne faut pas confondre avec la censure l'autorisation préalable à l'obtention de laquelle a été soumise la création des journaux politiques par l'art. 1 du décret de 1852. — La censure empêchait la libre publication de tous écrits, de tout journal et de toute feuille du journal, avant qu'ils n'eussent été approuvés par le censeur..., tandis que l'autorisation du décret de 1852 n'empêche que les libres fondation et publication d'un journal nouveau; la permission résultant de la censure était donnée à l'écrit, celle de la loi de 1852 est donnée à l'entreprise; l'une était une négation de la liberté de la presse, l'autre est une restriction de la liberté de l'industrie.

7. Il n'en est pas de même du visa exigé pour la publication des journaux en Algérie, non plus que de l'autorisation préalable à l'impression de tous écrits prescrite par l'art. ? de la loi du 19 avril 1852. V. ci-dessus, col. 8 et note 5. V. aussi le préambule historique sur cette loi.

8. L'origine de l'autorisation préalable se trouve dans l'arrêté directorial du 25 nivôse an VIII. Les journaux conservés à cette époque n'étaient autres que des journaux autorisés.

9. L'art. 20 de la loi du 9 septembre 1835, qui soumettait à l'autorisation préalable la publication des dessins, ainsi que l'art. 21 qui l'exigeait pour les représentations dra-

25 à 1830.	1831 à 1848.	1848 à 1849.	1850 à 1856.	LA PRESSE en ALGÉRIE.	1856à18... NOTES.
4.	5.	6.	7.	8.	9.
RTE de 1830. ART. 8, § 2 *La censure ne pourra jamais être réta-* — *V.* ci-devant, p. 2. — 3. Abrogé par le fait de la Constitution de 848.		**Constitution de 1848.** ART. 8. *La presse, en aucun cas, ne pourra être soumise à la censure.* — *V.* ci-devant, p. 2. N. B. Abrogé implicitement par le fait de la Constitution de 1852. — *V.* art. 26, Constitution de 1852, p. 2, col. 7, et la note		tion, et d'un emprisonnement de **1 mois à 2 ans.** Celui qui aura publié le journal ou l'écrit, et l'imprimeur, seront **solidairement responsables. — Le journal cessera de paraître.** ART. 6. Les numéros du journal et les exemplaires de tout écrit quelconque publiés en contravention aux dispositions des art. 2, 3, 4 et 5 du présent décret seront saisis, et ne pourront être ni exposés en vente, ni vendus, ni distribués, sous les peines portées en l'article précédent. —	

A PUBLICATION DES JOURNAUX, DESSINS, MÉDAILLES, ETC., — REPRÉSENTATIONS DRAMAT., ETC.

25 à 1830.	1831 à 1848.	1848 à 1849.	1850 à 1856.	LA PRESSE en ALGÉRIE.	1856à18... NOTES.
18 juillet 1828. des journaux périodiques ART. 1er. Tout [fr]ançais jouissant de droits civils pourra, sans autorisation [pré]alable, publier un [jou]rnal... etc. *V.* page 34. ART. 28. La loi du [18] mars 1822 est abrogée. **8 octobre 1830.** ART. 5. L'art. 42, 25 mars 1822, est abrogé. **L. 10 décembre 1830.** ART. 9. L'art. 290, pén., est abrogé. —	**L. 9 septembre 1835.** *Crimes.* — *Délits.* — *Contraventions de presse.* ART. 20 .. *Aucuns dessins, aucunes gravures, lithographies, médailles, estampes, emblèmes, ne peuvent être publiés sans l'autorisation préalable du Gouvernement.* — V. page 59. ART. 21. *L'autorisation préalable est exigée pour les représentations dramatiques.* — V. page 77. (Abrogé par Décr. du 6 mars 1848.) **L. 16 février 1834.** ART. 1er. Autorisation municipale exigée pour les crieurs, vendeurs ou distributeurs sur la voie publique. — *V.* p. 65 (10). —	**DÉCR. du 6 mars 1848.** ART. 1er. La loi du 9 septembre 1835, sur les crimes, délits et contraventions de la presse est abrogée. — **L. 27 juillet 1849.** ART. 6. Autorisation du préfet pour le colportage et distributions d'écrits., etc. — *V.* p. 15 (10). —	**DÉCRET ORGANIQUE du 17 février 1852** Sur la presse. ART. 1er. Aucun journal ou écrit périodique traitant de matières politiques ou d'économie sociale, et paraissant soit régulièrement et à jour fixe, soit par livraison et irrégulièrement, ne pourra être créé ou publié sans l'autorisation préalable du Gouvernement. — *V.* suite page 34 (6, 8). — ART. 22. Aucuns dessins, aucunes gravures, lithographies, médailles, estampes, emblèmes..., ne peuvent être publiés... sans l'autorisation préalable. — *V.* page 59. — **DÉCR. du 30 décembre 1852.** ART. 1er L'autorisation préalable est exigée pour les représentations dramatiques. — *V.* p. 77. — **DÉCR. du 22 mars 1852.** ART. 74. **L'autorisation du corps législatif** est exigée pour l'impression et la distribution d'un discours prononcé à la chambre par un député. — *V.* p. 6 (11).	**DÉCR. du 28 mars 1852.** ART. 2. Aucun numéro du journal ne pourra paraître sans le visa préalable de l'autorité.... etc. (7) — *V.* ci-devant, p. 2. ART. 3. — *V.* page 2. ART. 7. Reproduction de l'art. 22 du décret du 17 février 1852. — *V.* ci-contre et p. 59. —	

iques, avaient été accusés d'inconstitutionnalité, alors que le droit constitutionnel se [tr]ouvait à cet égard dans l'art. 8 de la charte de 1830. — On ne pourrait pas aujourd'hui [adr]esser le même reproche à l'art. 22 du décret de 1852, qui a textuellement reproduit [l'art]. 20 de la loi abrogée de 1835, non plus qu'à l'art. 1er du décret du 30 décembre 1852, [qui] a maintenu comme nécessaire l'autorisation préalable pour les représentations drama[ti]ques, puisque la constitution de 1852, n'a pas déclaré comme la charte de 1830, que la *[cen]sure ne pourrait jamais être rétablie.* V. pages 60 et 78.

10. Nous ne mentionnons que pour mémoires, les autorisations exigées par les lois de 1834 et 1849, pour l'exercice des professions de crieur, vendeur, afficheur et colporteur. Ce n'est pas ici le lieu d'entrer dans des détails à ce sujet, nous ferons toutefois observer que ces autorisations sont moins des restrictions apportées à la liberté de la presse, qu'au libre exercice de ces différentes professions. V. pages 66 et suiv.

11. Quant au caractère de l'autorisation prescrite par l'art. 74 du décret du 22 mars 1852, il n'a rien de restrictif pour la liberté de la tribune et de la presse. — On peut assimiler jusqu'à un certain point cette autorisation à celle des auteurs, en considérant la chambre comme propriétaire des discours prononcés dans son sein. V. page 15.

1789 à 1814.	1815 à 1819.	1820 à 1825.	1825 à 1830	1830 à 1848
1.	2.	3.	4.	5.

CHAP. IV. — EXCEPTIONS A LA RÈGLE QUI SOUMETTAIT LES IMPRIMÉS

1789 à 1814.	1815 à 1819.	1820 à 1825.	1825 à 1830	1830 à 1848
L. 21 octobre 1814 Relative à la liberté de la presse. TITRE Ier. — Publication des ouvrages. *ART. 1er. Tout écrit de plus de vingt feuilles d'impression pourra être publié librement sans examen ou censure préalable.* Abrogé. V. art. 22, p. 1. *ART. 2. Il en sera de même, quel que soit le nombre de feuilles :* *1° Des écrits en langues mortes ou étrangères ;* *2° Des mandements, lettres pastorales, catéchismes et lettres de prières ;* *3° Des mémoires sur procès signés d'un avocat ou avoué près les cours ou les tribunaux* (15, 16) ; *4° Des mémoires des sociétés littéraires et savantes établies et reconnues par le Roi ;* *5° Des opinions des membres des deux Chambres.* Abrogé par son art. 22 qui limite l'exécution du titre Ier à la fin de la session de 1816 (V. ci-dessus, p. 1, col. 1.	**L. 17 mai 1819** Sur les crimes et délits de la presse. ART. 23. Ne donneront lieu à **aucune action en diffamation ou injures** les discours prononcés ou les écrits produits devant les tribunaux (15, 16). Pourront néanmoins les juges saisis de la cause, en statuant sur le fond, prononcer la suppression des écrits injurieux ou diffamatoires, et condamner qui il appartiendra à des dommages-intérêts.... (*V.* suite, p. 107). ART. 24. Ne donneront ouverture à **aucune action** les discours tenus dans le sein de l'une des deux chambres, ainsi que tous les rapports ou toutes autres pièces imprimés par ordre de l'une des deux chambres (17). ART. 22. Ne donnera lieu à **aucune action** [pour crimes ou délit résultant du contenu] le compte rendu fidèle des séances publiques de la chambre des députés rendu de bonne foi par les journaux (18, 19, 20). Modifié par l'art. 42 de la Constitution de 1852 (19, 20).			
		L. 25 mars 1822. Répression et poursuites des délits de presse. ART. 7. L'infidélité et la mauvaise foi dans le compte que rendent les journaux..... des séances des chambres..... seront punies d'une amende de **1000 fr. à 6000 fr**... etc. (*V.* p. 125 (18) (19) (20).		

12. « En opposant quelques barrières à la liberté de la presse pour la sauver de ses propres excès, disait M. l'abbé de Montesquiou, lors de la présentation de la loi de 1814, la loi ne doit pas étendre ces barrières au delà des dangers qui menaceraient la liberté même.» La censure admettait en conséquence des exceptions, et ces exceptions étaient des retours à la libre publication, en faveur de certains écrits que leur volume, leurs auteurs ou leur portée, recommandaient suffisamment aux yeux de la loi. Les art. 1 et 2 énumèrent ces écrits.

13. La censure de la loi du 28 mars 1852, qui par le visa préalable pèse sur la presse algérienne, admet aussi des exceptions comme la loi de 1814, mais elles sont moins étendues. L'art. 3 n'autorise, en effet, que la libre publication des écrits émanés des autorités judiciaire, militaire ou religieuse ; cette dernière nature d'écrits était également l'objet d'une exception dans l'art. 2 de la loi de 1814.

14. En comparant la loi de 1814 avec celle du 28 mars 1852, au point de vue de la barrière opposée à la libre publication des écrits, il faut remarquer une différence dans leur sanction ; en 1814, on n'avait accordé à la censure qu'un droit de suspension ou de sursis. V. art. 5. Le législateur de 1852 a cru devoir accorder à la tranquillité publique une plus sérieuse garantie, il a donc édicté contre le publicateur et l'imprimeur de l'écrit non autorisé ou du journal publié sans visa, un emprisonnement de deux mois à deux ans, et une amende de 100 fr. à 2000 fr. par chaque numéro, livraison ou édition, publié en contravention. V. art. 5, page 2.

14. La censure ayant été abolie en France, les exceptions admises par les art. 1 et 2 de la loi de 1814 sont rentrées dans la règle générale. La libre publication de ces divers écrits, malgré l'abrogation des art. 1 et 2, n'est aujourd'hui soumise qu'à l'accomplissement des formalités prescrites pour l'impression et la publication de tous autres écrits. V. au livre II, pages 11 et suiv., ces formalités.

15. Le droit de défense a toujours été respecté par la loi. En 1814, on ne pouvait donc, sans méconnaître ce droit sacré, ne pas admettre une exception à la censure, en faveur des écrits publiés pour la défense des parties. Mais en consacrant ce principe, l'article 2, 3° avait exigé la garantie de la signature des avocats ou avoués, ce n'est qu'à cette condition qu'il accordait aux mémoires sur procès la liberté de publication. L'art. 23 de la loi du 17 mai 1819, reproduit de l'art. 377 du C. pénal de 1810, est aussi une conséquence du même principe. Si chacun peut publier librement les écrits destinés à justifier ses actes et à protéger ses intérêts, la liberté de la défense exige la plus grande latitude dans le choix des moyens, mais comme dans l'exercice de ce droit, l'abus est facile, la loi n'a point permis qu'il pût devenir l'occasion ou le prétexte d'une attaque injuste, d'une agression délictueuse, ici, comme partout, l'intérêt a dû être la mesure des actions, en conséquence, l'immunité dont la loi protège les écrits produits et les discours prononcés devant les tribunaux est une faveur qui a ses limites et ses règles, mais ce n'est pas ici le moment de les examiner. V. page 167 et notes.

16. La loi de 1814, qui exemptait de la censure les mémoires sur procès, ne leur reconnaissait ce caractère que lorsqu'ils étaient signés par les avocats ou les avoués. L'art. 23 de la loi du 17 mai 1819 n'a pas exigé la même formalité pour les écrits produits devant les tribunaux. La signature est une circonstance indifférente, l'important est d'établir que l'écrit émane d'une des parties en cause ou de ceux qui sont chargés de leurs intérêts. Il n'est donc pas nécessaire que l'écrit ou mémoire imprimé soit signé ou non par un avocat ou un avoué, pour qu'il soit réputé produit. Cass., 3 juin 1826, S.

17. La liberté de la tribune et le caractère inviolable des députés et des pairs de France concouraient à faire admettre en faveur de la libre émission de leurs opinions une exception à la censure. Les membres des deux chambres pouvaient, aux termes du 4e art., publier librement leurs écrits. La loi du 17 mai 1819, à un autre point de vue, a consacré ce même principe. Le député représente le pays, il défend ses intérêts, ce mandat, il doit le remplir sans contrainte et sans entrave, à la tribune du parlement comme à la tribune de la presse ; là son inviolabilité et le principe du gouvernement représentatif le protègent, ici son caractère est une garantie suffisante aux yeux de la loi. Sous le régime de la censure, le député pourra, comme écrivain, remplir librement son mandat, en éclairant le pays, et défendre encore ses intérêts par la voie de la presse. Sous le régime de la liberté il jouira à *fortiori* des mêmes prérogatives ; il pourra plus encore, les discours qu'il prononcera dans le sein de la chambre ne donneront ouverture à aucune action. C'est ainsi que sous les deux législations, les députés, comme écrivains et comme orateurs, étaient l'objet d'une protection et d'une faveur spéciales.

18. La loi de 1819, en accordant l'immunité aux discours parlementaires, l'avaient également accordée à la publicité de ces discours par la voie de la presse, à la condition que le compte rendu des séances publiques de la chambre des députés serait fidèle et de bonne foi. Mais l'art. 22, en affranchissant de toute action les comptes rendus fidèles et de bonne foi, n'édictait aucune peine contre leur infidélité ou leur mauvaise foi ; l'art. 7 de la loi du 25 mars 1822, combla cette lacune, sans définir mieux que la précédente *la fidélité et bonne foi* dans les comptes rendus, l'art. 42 de la constitution de 1852 a réparé cet oubli.

Depuis 1848, la liberté de la tribune avait poussé la licence si loin que le récit des séances législatives était devenu dangereux par sa fidélité même, en portant avec exactitude dans le sein agité du pays, les discours passionnés et les doctrines subversives de certains représentants. S'il était en conséquence nécessaire de déterminer en quoi devait consister, en général, l'infidélité et la mauvaise foi des comptes rendus, punies comme délit par l'art. 7 de la loi de 1822, il ne l'était pas moins de mettre un terme aux abus d'une publicité imprudente des séances législatives. L'art. 42 de la constitution a atteint ce double but en confiant au président du corps législatif la rédaction du compte rendu officiel des séances, type dont on ne pourra s'écarter sans délit, au point de vue du compte rendu envisagé comme tel.

19. L'art. 22 de la loi du 17 mai 1819 est en partie abrogé par l'art. 42 de la constitution, puisque le compte même fidèle et de bonne foi rendu par les journaux des séances publiques du corps législatif serait punissable, dès qu'il ne serait pas la reproduction textuelle, exacte du procès-verbal officiel dressé aux termes de l'art. 42 de la constitution par les soins du président, et communiqué aux journaux suivant l'arrêté rendu par lui en exécution de l'art. 73 du décret du 22 mars 1852. V. page 126, note 621, p. 108, n° 56 ci p. 92, n° 419, *infra*.

20. Mais si l'immunité de l'art. 22 de la loi de 1819 ne protège pas les comptes rendus *fidèles* et de *bonne foi* des séances législatives, contre l'application de l'art. 14 du décret du 17 février 1852, du procès-verbal officiel, est-il de même contre l'action civile, ou contre toute action publique à raison du contenu …

A LA CENSURE EN 1814, RETOUR A LA LIBERTÉ DE PUBLICATION, IMMUNITÉS.

1848 à 1849.	1850 à 1856.	LA PRESSE en ALGÉRIE.	1856 à... NOTES.
6.	7.	8.	9.
		DÉCR. 28 mars 1852. ART. 3. Aucun écrit autre que les jugements, arrêts etactespubliés par autorité de justice ou émanés de l'autorité militaire ou de l'évêque diocésain, ne peut être imprimé sans la permission du gouverneur général ou sans celle du préfet délégué à cet effet (13, 14). ART. 5. (*V.* ci-dessus, sanction, p. 2.	
	Constitution de 1852. ART. 42. Le compte rendu des séances du corps législatif par les journaux ou par tout autre moyen de publication ne consistera que dans la *reproduction du procès-verbal* dressé à l'issue de chaque séance par les soins du président (19, 20). — **DÉCR. du 17 février 1852** Organique sur la presse. ART. 14. La contravention à l'art. 42 de la Constitution sur la publication des comptes rendus officiels des séances du corps législatif sera punie de **1000 fr. à 3000 fr.** d'amende.	**DÉCR. du 22 mars 1852.** ART. 73. Le président du corps législatif règle, par un arrêté spécial, le mode de communication du *procès-verbal aux journaux* conformément à l'art. 42 de la Constitution. ART. 74. Tout membre peut, après en avoir obtenu l'autorisation de l'Assemblée, faire imprimer et distribuer à ses frais le discours qu'il a prononcé. — *L'impression et la distribution non autorisées* seront punies de 100 fr. à 5000 *fr.* d'amende contre l'imprimeur et de 5 *fr.* à 500 *fr.* contre le distributeur (*V.* page 74). (Confirmés par décret du 31 décembre 1852, art. 74 à 79).	
L. 21 avril 1849. Journaux, affiches, crieurs et distributions. ART. 2. *Pendant les quarante-cinq jours qui précéderont les élections générales, tout citoyen pourra sans avoir besoin d'aucune autorisation municipale, afficher, crier, distribuer, vendre tous journaux, feuilles quotidiennes ou périodiques ou tous autres écrits ou imprimés relatifs aux élections.—Ces écrits ou imprimés, autres que les journaux doivent être signés de leurs auteurs. — Ces écrits ou imprimés, autres que les journaux, devront être déposés, dans chaque arrondissement, au parquet du procureur de la République, avant qu'on puisse les afficher, crier, vendre ou distribuer... etc.* (V. p. 66). Abrogé par l'art. 11 de la loi du 6 juillet 1850.	**L. 16 juillet 1850.** Cautionnement et timbre des journaux. ART. 10. Pendant les **vingt jours** qui précèderont les élections, les circulaires et les **professions de foi** des candidats pourront, après dépôt au parquet du procureur de la République, **être affichées et distribuées sans autorisation municipale** (*V.* p. 65). ART. 11. La loi du 21 avril 1849 est abrogée..........		

discours parlementaires reproduits avec fidélité et bonne foi ? Nous ne le pensons pás. En conséquence, si les discours prononcés à la chambre *et fidèlement* reproduits par les journaux dans un compte rendu de *bonne foi*, contiennent des délits d'attaques, d'offenses, d'outrages ou diffamation, le journal ne pourra pas être poursuivi à raison de ces délits; car à ce point de vue, l'art. 21 de la loi de 1819, n'étant pas inconciliable avec l'art. 42 de la constitution, le protége encore. *Le compte rendu fidèle et de bonne foi ne donne lieu à aucune action ;* toutefois comme ce compte rendu n'est pas la reproduction du procès-verbal officiel, il y aura lieu à l'application de l'art. 14 du décret du 17 février 1852. Objecterait-on qu'il ne peut y avoir de comptes rendus *fidèles* en dehors de la reproduction du procès-verbal officiel ? Mais si l'on admettait cette interprétation de l'art. 42, il faudrait aller plus loin et reconnaître qu'il n'y aura jamais lieu à appliquer l'art. 14 du décret du 17 février 1852, puisque les comptes-rendus étant alors dans tous les cas *infidèles et de mauvaise foi,* on se trouverait toujours sous l'application de l'art. 7 de la loi de 1852, dont la pénalité est plus forte que celle de l'art. 14 du décret de 1852. Le législateur n'a pas, à notre point de vue, édicté une peine inutile par l'art. 14 ; il n'a pas prévu une situation impossible, et, dans son esprit comme dans le nôtre, il existe, ou du moins il pourra se présenter des cas où le compte rendu législatif, en dehors de la reproduction exacte du procès-verbal officiel, sera fidèle, et d'autres où il sera entaché d'infidélité : dans le premier cas on appliquera l'art. 14 de la loi du 17 février 1852, dans le second on prononcera la peine de l'art. 7 de la loi du 25 mars 1822 ; mais dans le premier cas aussi, puisque le compte rendu est fidèle, il sera protégé par l'immunité de l'art. 22 de la loi du 17 mai 1829.

21. Sur l'immunité des discours et écrits produits devant les tribunaux et des discours et écrits des députés, V. page 107, et pour la publication des circulaires électorales, comme moyen d'assurer la libre expression du suffrage universel, *V.* page 65 et *Appendice.*

TRANSITION ET DIVISION.

Du moment où elle entre dans le domaine des faits extérieurs, la pensée, comme la liberté, rencontre des droits égaux qu'elle doit respecter, avec lesquels il faut composer et se mettre en équilibre. — L'équilibre des droits, c'est l'ordre. — L'ordre, c'est la vie des Etats.

Maintenir l'ordre par l'équilibre des droits et des libertés est donc, pour un Gouvernement juste, plus qu'un droit : c'est un devoir dont l'inobservation pourrait compromettre son existence.

Si la libre manifestation de la pensée, pour être légitime, doit être suivant la loi positive, la loi, pour être à son tour suivant le droit, ne peut être que la règle égale des droits en vue de leur développement naturel et de la prospérité morale et matérielle de la société.

Voilà les principes; abordons leurs conséquences dans leurs systèmes d'application :

Pour diriger ou contenir le plus utilement possible les forces de la pensée dans la ligne sociale, le Gouvernement doit d'abord se préoccuper des *moyens* par lesquels la pensée sort du sanctuaire de la méditation pour entrer dans la sphère de la loi positive; puis, en vue d'en prévenir l'abus, subordonner l'usage de ces *moyens* extérieurs à l'accomplissement de certaines formalités de police, pour faire ensuite de l'accomplissement de ces formalités, la condition de sa puissante protection.

Ces *moyens* sont variés; — il est indispensable de les connaître avant de les réglementer. — Pour les étudier en conséquence d'une manière méthodique, il faut avant toute chose distinguer entre eux les moyens *d'exprimer* la pensée et ceux de *transmettre* à d'autres l'expression de la pensée; c'est-à-dire les modes *d'émission* et de *transmission*.

Le geste et la parole sont les moyens *primitifs et directs*, que la nature a mis au service de la pensée pour s'exprimer et se transmettre dans une action indivisée. — *L'écriture*, ce geste conventionnel et comme lui figuratif de l'idée est un moyen *direct* aussi *d'exprimer la pensée;* mais n'est pas comme lui un procédé *direct* pour la *transmettre*, puisque l'écriture ne va pas d'elle-même se placer sous les yeux du public.

Modes confondus d'émission et de transmission, la parole et le geste échappent ainsi, par leur nature même, à toute réglementation préalable. La loi, n'ayant pu introduire sa surveillance entre la pensée qui va prendre la parole, et la parole qui va frapper l'auditeur, a dû se borner à punir lorsque la pensée transmise serait criminelle.

Mais si le geste et la parole se trouvaient, par la force des choses, insoumis à toute surveillance préventive dans leur action *isolée*, il n'en pouvait être ainsi de leur émission *publique*, que si une circonstance fortuite avait formé autour d'eux un rassemblement inattendu; hors ce cas qui, au point de vue de la répression, devait naturellement aggraver la faute de la pensée coupable, l'autorité a dû intervenir et surveiller l'emploi des moyens de lui préparer la *publicité*.

Suivant le rithme, la parole à la foule assemblée, c'est le discours ou le chant. — Le geste par le comédien Roscius devient une mimique aussi éloquente que les harangues de Cicéron. —Discours, chants et drames, tels sont les modes principaux *de la parole* et *du geste* dont l'autorité doit réglementer l'usage, depuis la place publique et le club, jusque dans les théâtres et sous la voûte des temples consacrés à la religion.

Quant à *l'écriture*, cet organe muet de la pensée, ayant besoin d'un intermédiaire pour aborder l'intelligence, le Pouvoir a pu étendre sur elle une surveillance plus facile, en lui demandant des garanties ou en la soumettant à des formalités à raison du procédé qu'elle emploirait pour arriver à la publicité.

Ces procédés sont la plume, le pinceau et la presse; leurs produits : les écrits, les dessins, les imprimés.

L'écriture peinte, depuis les hiéroglyphes et les merveilles graphiques des scribes enlumineurs du moyen âge; depuis les dessins de la plume ou du burin jusqu'aux pages d'histoire qui ornent nos musées, est un moyen puissant de donner un corps à la pensée.

L'écriture imprimée, la presse enfin, est le plus étendu de tous pour la propager. — L'un et l'autre ont été, à des degrés différents, l'objet de l'attention du législateur.

En conséquence :

Les écrits, les dessins, les gravures, les lithographies, ont été comme le livre, les affiches et les journaux, soumis à des conditions particulières de surveillance, avant, pendant et après leur confection; et leur publication a été subordonnée à des formalités de police.

Mais, à la différence des moyens *directs et primitifs* de transmettre l'expression de la pensée, les produits graphiques et typographiques seraient d'avance mort-nés s'ils ne trouvaient un agent spécial pour les soumettre à l'attention publique. Les tableaux inconnus tomberaient en poussière s'ils n'étaient exposés à l'admiration ou à la critique de la foule. — Les livres seraient dévorés par les vers s'il ne se trouvait des libraires et des colporteurs pour les vendre; l'affiche et le journal seraient enfin d'inutiles tentatives de propagation des idées, sans les afficheurs, les crieurs et les distributeurs.

Libraires, colporteurs, afficheurs, expositeurs, crieurs, vendeurs et distributeurs, tels sont les *agents de transmission* de la pensée exprimée par l'écriture, la peinture, la presse et les autres procédés que les arts et l'industrie ont mis au service de l'intelligence humaine.

L'ordre suivant lequel nous allons entreprendre l'exposition synoptique des lois qui ont réglementé la liberté de la pensée dans ses divers *moyens de publication* doit donc se déduire logiquement de la nature des choses, et suivre les progrès de la législation dans ses moyens de police, de surveillance et de répression.

La division adoptée répond à cette double nécessité historique et logique, en même temps qu'elle a suivi pour la procédure de la poursuite et la pénalité, l'ordre du Code pénal et du Code d'instruction criminelle. —En voici le résumé succinct:

Le livre II se décomposera donc en deux parties, suivant les *moyens d'expression* et de *publication de la pensée*.

La Ire partie, intitulée : *des Modes d'expression de la pensée*, présentera, sous trois titres différents, les lois réglementaires de l'imprimerie et de la librairie (presse ordinaire); de la presse périodique et de la presse appliquée à la reproduction des dessins, gravures, estampes, images, lithographies, emblèmes, et à la fabrication des médailles.

La IIe partie comprendra, sous la rubrique : *des Moyens de transmission de la pensée et des agents de publication*, les lois réglementaires du colportage, de l'affichage, du criage, de la vente, exposition et distribution des écrits, dessins et imprimés, titre 1er: — Et le titre 2, les lois concernant les théâtres et les représentations dramatiques (1).

Le livre III sera ensuite consacré à la législation répressive des crimes, délits et contraventions; et le livre IV contiendra les textes relatifs à la poursuite, à la procédure, au jugement, à l'exécution et à la prescription.

---

(1) Si la législation sur les clubs n'a pas trouvé ici sa place, c'est qu'elle a disparu et ne pouvait être d'aucun intérêt dans une publication qui a visé à être essentiellement pratique, dont le volume et le format ont été calculés de manière à en faire un livre portatif et commode pour le service des audiences et qui, à cet effet, a repoussé tout ce qui pourrait augmenter son volume sans ajouter à son utilité.

LIVRE II.

MOYENS D'EXPRESSION ET DE TRANSMISSION DE LA PENSÉE.

Ire PARTIE. — MOYENS D'EXPRESSION.

DE L'IMPRIMERIE ET DE LA LIBRAIRIE.

L'imprimerie et la librairie, comme presque toutes les industries, étaient avant 1791 organisées en corporations ou communautés. Le côté saillant du régime réglementaire de ces deux professions était alors, avons-nous dit, le privilége et le monopole, et son monument législatif, appelé le *Code des libraires*, fut l'arrêt du conseil du 23 février 1723.

Le décret des 2-17 mars 1791, en abolissant les priviléges des communautés industrielles, en proclamant *la liberté du commerce et de l'industrie*, affranchit les libraires et les imprimeurs des entraves de l'ancien régime, et l'exercice de leurs professions ne fut plus soumis qu'à l'obligation de se pourvoir d'une patente et de se conformer aux règlements de police *faits* ou *à faire*... Voir art. 7, décret 17 mars 1791, p. 9.

La constitution de 1791 et celle de l'an III confirmèrent ces principes en déclarant qu'il n'y avait « *ni privilége, ni maîtrise, ni jurande*, ni *limitation à la liberté de la presse*, art. 355. »

Mais cette abolition des anciens règlements eut-elle pour effet d'affranchir ces professions même des formalités de police auxquelles elles avaient été assujetties? Nous ne le pensons pas. Le texte du décret de 1791 est d'ailleurs formel. Ce qu'ont voulu les législateurs de 1791, ainsi que ceux de l'an III, c'était de proscrire le privilége et d'ouvrir à tous l'accès de toutes les professions, mais ils n'ont pu avoir un seul instant l'idée d'affranchir leur exercice de toute surveillance; on doit en conséquence considérer comme maintenues les dispositions, purement de police, de l'ancienne législation, lorsqu'elles sont compatibles avec les principes de notre droit public, acceptés et garantis par toutes les constitutions.

L'abus, ou plutôt les abus qu'entraînait à sa suite la liberté illimitée de la presse, les dangers qu'il y avait à abandonner au libre arbitre de chacun la faculté d'imprimer, firent bientôt sentir la nécessité de réglementer de nouveau ces deux branches de l'industrie.—Des lois nouvelles vinrent donc successivement les soumettre à des conditions de plus en plus sévères de moralité et de capacité.

La loi du 28 germinal an IV fut la première ; elle rendit les imprimeurs responsables des ouvrages qui sortiraient de leurs presses, et les obligea à indiquer leurs noms et leur demeure sur tous les livres qu'ils imprimeraient. Mais les plus importantes furent sans contredit le décret du 5 février 1810, et la loi du 21 octobre 1814. Le titre II de cette dernière loi, qui a reproduit et abrogé en grande partie les dispositions des lois antérieures, forme encore aujourd'hui avec les articles maintenus du décret de 1810 et quelques ordonnances postérieures, *le Code de la librairie et de l'imprimerie.*

L'accès et l'exercice de la profession d'imprimeur lithographe, typographe et en taille-douce ne sont pas libres : les décrets des 5 février et 28 novembre 1810, la loi du 21 octobre 1814, celle du 28 février 1817, l'ordonnance du 8 octobre ﾠsuivant, l'art. 7 de la loi du 27 juillet 1849, le décret du 2 mars 1852, quelques dispositions des lois de 1819 et du décret du 17 février 1852, ont tour à tour soumis les imprimeurs à l'accomplissement de nombreuses formalités relatives, les unes, à la collation du titre, et les autres, à son exploitation.

La collation du titre par l'obtention du *brevet* est subordonnée à la justification de certaines conditions de moralité et de capacité et son exploitation est soumise à la prestation préalable d'un *serment* professionnel.

Quant à l'exercice de la profession, les principales obligations imposées aux imprimeurs, outre la nécessité de se pourvoir d'une patente et de tenir des livres comme les commerçants, peuvent se distinguer en formalités avant, pendant et après l'impression :

Avant, les imprimeurs doivent *inscrire* les impressions dont ils se chargent sur un registre spécial, tenu conformément à l'ordonnance de 1814; *déclarer* leur intention d'imprimer l'ouvrage et se munir des *autorisations* des intéressés, auteurs ou propriétaires, ou du Gouvernement lorsqu'il y a lieu ;

Pendant, les imprimeurs doivent *indiquer* sur chaque exemplaire des ouvrages qu'ils impriment leurs vrais *nom et demeure;* ils doivent aussi, en certain cas, les soumettre à la formalité du *timbre* et observer la loi quant à la *couleur du papier* à employer dans le tirage des affiches.

Après l'impression et avant la publication de tout ouvrage, les imprimeurs sont soumis au *dépôt* d'un nombre déterminé d'exemplaires à la *préfecture*, et en outre *au parquet*, pour les écrits politiques autres que les journaux, si ces écrits ont moins de 10 feuilles d'impression, art. 7, L. 27 juillet 1849.

On a plus d'une fois, mais inutilement, tenté de modifier la législation qui régit l'imprimerie pour affranchir cette profession de la tutelle administrative. — Ainsi : en 1829, un projet de loi fut à cet effet présenté à la Chambre des pairs ; — en 1830, M. Benjamin Constant saisit la Chambre des députés d'une proposition tendant à l'indépendance des imprimeurs ; — en 1848, un amendement fut présenté contre le monopole de l'imprimerie ; — en 1850, une proposition semblable, proclamant la liberté des imprimeurs, fut ajournée, parce que les circonstances ne permettaient pas d'énerver l'action du Pouvoir sur la police de la presse. — Il ne faut pas toutefois se le dissimuler, c'est là une question des plus graves, car la liberté de l'imprimerie rencontrera toujours, comme difficulté principale, l'impossibilité d'indemniser d'une manière convenable les titulaires qui ont acheté leur brevet.

Librairie. — L'invention de l'imprimerie donna à la librairie une importance qu'elle n'avait jamais eue. — Les libraires furent, comme les imprimeurs, *du corps et des suppôts de l'Université*, et jouirent des mêmes *franchises, priviléges et immunités.*

« Nul ne pouvait se dire libraire, ni jouir des priviléges ajoutés à cet état, qu'après avoir obtenu ses lettres d'immatriculation à l'Université. » Arrêt du conseil du 10 décembre 1725.

Comme les imprimeurs, les libraires étaient tenus de faire mettre leurs noms et leur demeure au commencement ou à la fin des livres dont ils faisaient faire l'impression pour leur compte et à leurs dépens (Règlement, 28 février 1723, art. 9), et l'imprimeur était non-seulement tenu d'imprimer ses propres nom et demeure sur ses ouvrages, mais encore « ceux du libraire, à peine de confiscation et d'amende, et de plus grande peine, s'il y échet. » (Même règlement, art. 9).

Ces obligations ne restent plus, privées qu'elles sont de peines aujourd'hui abolies, que comme d'utiles prescriptions à suivre, qui s'observent toujours du reste, dans l'intérêt du libraire-éditeur.

Les libraires, avant d'entrer en fonctions, sont, comme les imprimeurs, assujettis à l'obtention *d'un brevet* et à la prestation *du serment*. Mais leurs obligations sont plus restreintes dans l'exercice de leur profession ; elles se réduisent principalement à ne point vendre de livres *sans indication des noms d'imprimeur*, à tenir les *registres prescrits*, à avoir une *enseigne* et à ne pas *concourir à la publication* des imprimés criminels ou délictueux.

A ce dernier point de vue, les dispositions législatives concernant les vendeurs et expositeurs d'écrits, imprimés, dessins, gravures, emblèmes, etc., leur sont en partie applicables ; aussi l'ordre logique des matières nous aurait presque forcé de rejeter plus loin le chapitre qui leur est relatif, si un même décret, celui du 5 février 1810, n'avait pas réglementé, dans des dispositions suivies et communes, la police de la librairie et de l'imprimerie, et ça été pour ne pas nuire à l'intelligence et à l'unité de cette législation que nous avons réuni dans le même titre ce qui concerne ces deux professions.

AVANT 1789.	1789 à 1814.
	1.

TITRE Iᵉʳ. — DE L'IMPRIMERIE TYPOGRAPHIQUE, LITHOGRAPHIQUE ET EN TAILLE-DOUCE. — POLICE.

SECT. Iʳᵉ. — Conditions d'admission et autres.

AVANT 1789.

Règlement pour la librairie et l'imprimerie de Paris.

Arrêté au conseil d'État du Roi, Sa Majesté y étant, le **28 février 1723**, non registré; étendu à toute la France, par ordonnance non registrée du 24 mars 1744.

Art. 1ᵉʳ. *Les libraires et les imprimeurs sont censés et réputés du corps et suppôts de l'Université de Paris, distingués et séparés des arts mécaniques : maintenus, gardés et confirmés en la jouissance de tous les droits, franchises, immunités prérogatives et privilèges attribués à ladite Université et auxdits libraires et imprimeurs,.....,* etc. (*V* au recueil *in fine.*)

Art. 4. *Défenses sont faites à toutes personnes de quelque qualité et condition qu'elles soient, autres que les libraires et imprimeurs, de faire le commerce des livres, en vendre et débiter aucuns...,* etc., à peine de 500 livres d'amende, confiscation et de peine exemplaire... ... (*V.* la suite, p. 11.)

TITRE IV. — De la réception des libraires et imprimeurs.

Art 43. *Aucun ne pourra tenir imprimerie ou librairie s'il n'a été reçu maître..... à laquelle maîtrise il ne pourra être admis qu'après avoir été apprenti 4 ans et compagnon de maîtres 3 ans; « qu'il n'ait au moins 20 ans accomplis, qu'il ne soit congru en langue latine et qu'il ne sache lire le grec, dont il rapportera certificat du recteur de l'Université. » V.* recueil *in fine.*

Art 44. *Les aspirants libraires devront en outre subir un examen de capacité devant les syndics et adjoints assistés de huit imprimeurs et libraires ayant au moins dix ans de réception.* (*V.* texte, au recueil *in fine.*)

Art. 45. *Les aspirants devront encore présenter un certificat de bonnes vie et mœurs et de catholicité émané de quatre maîtres de la communauté, et verser, l'aspirant imprimeur, 1000 livres et l'aspirant libraire 1500 livres pour être employées aux affaires de la communauté....* (*V.* texte, au recueil *in fine.*)

Art. 47. *Les nouveaux maîtres prêteront serment devant le lieutenant général de police, sans aucun frais, en présence des syndics et adjoints qui en feront mention sur les lettres de maîtrise.* (*V.* au recueil *in fine.*)

Art. 48. *Ceux qui auront été reçus maîtres à Paris pourront exercer la librairie en toutes villes du royaume sans être tenus de faire apprentissage et nouveau serment audit lieu, mais seulement de faire apparoir de leurs lettres de maîtrise et réception, et de les faire enregistrer au greffe de la justice dudit lieu.* (*V.* recueil *in fine.*)

Art. 54. *L'aspirant imprimeur sera tenu d'avoir une imprimerie composée de quatre presses au moins et de neuf sortes de caractères avec leurs italiques.* (*V.* recueil *in fine.*)

Art. 55. *Les veuves des imprimeurs .. pourront continuer le travail dans leur imprimerie... jusqu'à leur remariage.* (*V.* recueil, *in fine.*)

Déclaration du 10 mai 1728.

Art. 7. Défendons aux imprimeurs de faire travailler ailleurs que dans les maisons où ils demeurent, ou dans celles à la porte desquelles sera posée une enseigne publique d'imprimerie.... La porte de leur imprimerie ne sera fermée, pendant le temps de leur travail, que par un simple loquet. — Leur défendons d'avoir dans les maisons où ils impriment aucunes portes de derrière par lesquelles ils puissent faire sortir clandestinement aucuns imprimés, le tout à peine *d'interdiction pendant six mois* et de 500 livres d'amende qui ne pourra être remise ni modérée, même de déchéance *de la maîtrise...* (12).

1789 à 1814.

DÉCR. du 17 mars 1791 (confirmé par toutes les Constitutions).

Art. 1ᵉʳ. A compter du 1ᵉʳ avril prochain, les offices.. .., les brevets, lettres de maîtrises.... et tous privilèges de profession, sous quelque dénomination que ce soit, sont supprimés.

Art. 7. A compter du 1ᵉʳ avril prochain, il sera libre à toute personne de faire tel négoce, d'exercer telle profession, art ou métier qu'elle trouvera bon, mais elle sera tenue de se pourvoir d'une patente et de se conformer aux règlements de police **qui sont ou pourront être faits.**

DÉCR. du 5 février 1810. (Règlement sur l'imprimerie et la librairie.)

TITRE Iᵉʳ. — De la direction de l'imprimerie et de la librairie.

Art. 1ᵉʳ. *Il y aura un directeur général chargé, sous les ordres du ministre de l'intérieur, de tout ce qui est relatif à l'imprimerie et à la librairie.* (Abrogé par le décret de 1815.)

Art. 2. *Six auditeurs seront placés auprès du directeur général.* (Abrogé par le décret de 1815.)

TITRE II. — De la profession d'imprimeur.

Art. 3. A dater du 1ᵉʳ janvier 1811 le nombre des imprimeurs dans les départements sera fixé. — *Celui des imprimeurs à Paris sera réduit à soixante.* Modifié par décret de 1811 (1).

Art. 4. *La réduction dans le nombre des imprimeurs ne pourra être effectuée sans qu'on ait préalablement pourvu à ce que les imprimeurs actuels qui sont supprimés reçoivent une indemnité de ceux qui seront conservés.* (Transitoire)

Art. 5. *Les imprimeurs seront brevetés et assermentés.* (Remplacé par l'art. 11, L. 1814.)

Art. 6, 7 et 8 (*V. infrà.*)

Art. 9. Le brevet d'imprimeur sera délivré par le *directeur général de l'imprimerie et soumis à l'approbation du ministre de l'intérieur* (*V.* décret 1852). Il sera **enregistré** au tribunal de la résidence de l'impétrant qui y prêtera **serment** de ne rien imprimer de contraire envers le souverain et les intérêts de l'Etat. (*V.* art. 47 et 48, régl. 1723.)

Art. 6. Ils seront tenus (les imprimeurs) d'avoir à Paris **quatre** presses, et dans les départements **deux**. (*V.* art. 54, régl. 1723.) (14)

Art. 7. Lorsqu'il viendra à vaquer des places d'imprimeur, soit par décès, soit autrement, ceux qui leur succéderont ne pourront recevoir leur brevet et être admis au serment qu'après avoir justifié de leur capacité, de leurs bonne vie et mœurs (*et de leur attachement à la patrie et au souverain*). (*V.* art. 44 et 45, règlement 1723 ci-contre.) (3)

Art. 8. On aura des égards particuliers lors des remplacements, pour les familles des imprimeurs décédés... (*V.* art. 55, régl. 1723.) (6)

. . . .

DÉCR. du 17 mars 1791.

Art. 7... A compter du 1ᵉʳ avril prochain, il sera libre à toute personne de faire tel négoce ou d'exercer telle profession, art ou métier qu'elle trouvera bon, mais elle sera tenue.... (*V.* ci-dessus) de se conformer aux règlements de police qui **sont ou pourront être faits** (12).

DÉCR. 11 février 1811.

Art. 1ᵉʳ. Le nombre des imprimeurs pour Paris est porté à quatre-vingts.

—

.......Transitoire, cette indemnité fut réglée par le décret du 2 février 1811.

—

L. 21 octobre 1814. (Liberté de la presse.)

TITRE II. — Police.

Art. 11. Nul ne sera imprimeur ni libraire s'il n'est **breveté** par le Roi et **assermenté.** — (Sanction, art. 13, p. 11.) (*V.* décr. 1852 (1, 2, 4, 7, 8, 9, 10, 11).

DÉCR. 2 février 1815.

Art. 1ᵉʳ. Les *brevets* d'imprimeurs seront délivrés sur parchemin par le *directeur général de l'imprimerie*, en la forme voulue par l'art. 9 du décret du 5 fév. 1810.

Art. 2. Les frais d'expédition sont de 50 fr. pour Paris et de 25 fr. pour les autres villes de l'empire.

Art. 3. Les brevets ne sont remis aux impétrants que sur le vu de la quittance des frais d'expédition.

IMPRIMERIE, BREVET, SERMENT. — I. Affranchis des entraves de l'ancienne législation par le décret du 17 mars 1791, les imprimeurs ont été replacés dès 1810, sous la surveillance de l'administration : leur nombre fut limité (porté à 80 pour Paris, en 1811, il est, dans les départements, fixé par des décisions ministérielles suivant les besoins et l'importance des localités), et l'accès de la profession fut subordonné à la prestation d'un *serment professionnel* et à l'obtention d'un *brevet*, sous des conditions particulières de capacité et de moralité.

Le brevet a remplacé jusqu'à un certain point les anciennes lettres de maîtrises.

2. Un brevet ne couvre qu'une seule imprimerie, et ne donne qualité qu'à un seul imprimeur. Cass. 24 sept. 1841 (J. P. 1841, 2. 543). Mais rien ne s'oppose à ce qu'un associé du titulaire prenne part sans brevet à la gestion de l'imprimerie. Même arrêt.

3. Les exigences de l'art. 7 du décret de 1810 n'ont point passé dans la loi de 1814, qui a réglé à nouveau la police de l'imprimerie; toutefois, l'administration ayant conservé le droit de régler les conditions d'aptitude et le mode de la constater, est dans l'usage d'exiger des aspirants au titre d'imprimeur ou de libraire, 1° un certificat de moralité délivré par le maire de la ville où l'impétrant a son domicile ; 2° un certificat de capacité professionnelle signé par 1, 2, 3 ou 4 imprimeurs ou libraires, suivant l'importance des localités ; 3° un acte de naissance constatant la majorité ou un acte d'émancipation ; 4° le mineur émancipé qui veut entreprendre le commerce de l'imprimerie doit en outre remplir les conditions prescrites par l'art. 2 du Code de commerce.

4. Le brevet est *local*, c'est-à-dire pour un lieu déterminé. L'exercice de la profession dans un lieu autre que celui désigné dans le brevet constituerait le délit de clandestinité, puni par l'art. 13, l. 21 oct. 1814. *V.* p. 11. — Parant, p. 36, Chassan, p. 429.

5. Il est *personnel* et à vie quoique révocable. Mais la loi ayant déterminé les cas dans lesquels il peut être retiré, si le titulaire ne s'expose pas à ce retrait, son brevet est irrévocable. Chassan, 1, p. 428... *Personnel et subordonné*, quant à sa délivrance, à l'accomplissement de conditions de moralité et de capacité individuelles, un brevet ne peut être ni cédé, ni succédé, parce qu'on ne peut céder sa capacité et sa moralité, et qu'on ne succède pas aux qualités et au serment de son auteur. Les héritiers d'un imprimeur doivent donc se munir d'un nouveau brevet et prêter un nouveau serment pour continuer sa profession ; ils

1815 à 1819 [2.]	1820 à 1825 [3.]	1825 à 1830 [4.]	1831 à 1848. [5.]	1848 à 1849 [6.]	1850 à 1856. [7.]	La presse en Algérie [8.]	1856 à 18... NOTES. [9]

CHAPITRE I. — CONDITIONS DE L'EXERCICE DE LA PROFESSION.

Idonéité, Serment, Brevet, enseigne d'imprimerie.

Colonne 1815 à 1819 :

DÉCR imp 24 mars 1815.

ART. 1. *La direction de la librairie et de l'imprimerie et les censeurs sont supprimés.*

ART. 2. La librairie et l'imprimerie sont remises au ministère de la police générale.

—

ORD. 8 oct. 1817.

ART. 1ᵉʳ. Nul ne sera imprimeur lithographe s'il n'est breveté et assermenté (13).

N.B. V. décret 22 mars 1852 col. 7...

Colonne 1831 à 1848 :

ORD. 6 avril 1834.

ART. 1ᵉʳ. Les attributions du ministère de l'intérieur sont réglées ainsi qu'il suit :

La police générale du royaume.

L'application des règlements relatifs à l'**imprimerie** et à la **librairie**, etc.

—

Colonne 1850 à 1856 :

Constitution de 1852.

ART. 1ᵉʳ. La Constitution confirme et garantit les grands principes proclamés en 1789, et qui sont la base du droit public des Français. [La liberté du commerce et de l'industrie est un de ces grands principes.]

—

DÉCR. 22 janvier 1852.

N. B Ce décret rétablissait le ministère de la police générale, mais ce ministère a été de nouveau supprimé par décret du 21 juin 1853, et ses attributions ont fait retour au ministère de l'intérieur. Il existe dans ce ministère un bureau de la librairie et de l'imprimerie qui remplace l'ancienne direction.

DÉCR. 22 mars 1852.

ART. 1ᵉʳ. Nul ne sera imprimeur en taille-douce s'il n'est breveté et assermenté.

ART. 3. Les contrevenants seront punis des peines édictées par l'art. 43, L. 21 oct. 1814. (*V.* ci-derrière la suite.)

DÉCR. 22 mars 1852.

ART. 1ᵉʳ. A l'avenir les **brevets** d'imprimeurs en lettres, d'imprimeur-lithographe et de libraire seront conférés par le ministre de la police générale. [Supprimé par décret du 22 juin 1853. Ses attributions ont été restituées au ministre de l'intérieur.]

---

peuvent cependant continuer provisoirement l'exploitation jusqu'à son remplacement, à condition de donner de suite avis au préfet du décès du titulaire. Circ. 16 juin 1830.

6 Jugé que la veuve d'un imprimeur ou d'un libraire pouvait pendant sa viduité, continuer l'industrie de son mari. Cass., 2 juin 1827. (3, 27 1, 466) L'art. 8 du décret de 1810, n'établit cependant *aucun droit au profit des familles.* Il ne prescrit que des *égards.* Cette décision ne paraît pas en conséquence très juridique en l'état de l'abrogation de l'art. 55, règl. de 1723, et des termes du décret de 1810.

7. Un brevet ne peut couvrir qu'une imprimerie, cependant une lettre du Ministre, de 1822, autorise à titre de tolérance, l'exploitation d'une seconde imprimerie par le titulaire d'un seul brevet : « On a accordé dans le temps aux imprimeurs d'une moralité éprouvée, « d'avoir une seconde imprimerie à titre de succursale, sous la condition qu'elle sera toujours ouverte comme les autres aux agents de l'administration. » Circ. du ministre de l'intérieur.

8. Le fait d'avoir et d'exploiter dans le même local qu'un imprimeur breveté des presses sous-louées par lui, est un fait de clandestinité, puisque l'imprimeur breveté n'est pas responsable des produits de l'imprimerie qu'il a sous-louée. Cass. 26 sept. 1841. (J. P. 1843, 2, 346.) (Comparez les arrêts cités aux nᵒˢ 10, 11 19.)

9. Le ministère de l'imprimeur est facultatif, il a le droit d'examiner l'ouvrage, puisqu'en cas de délit il est responsable comme complice, Poitiers, 30 déc. 1829. Paris, 27 mars 1830; mais ce droit n'a rien d'arbitraire, et en cas de différends entre l'auteur et l'imprimeur, les tribunaux peuvent être saisis et prononcer. Moulins, 18 mars 1830. Dijon, 16 janvier 1839 (S. 1839, 2, 90, Collect. nouv., 9. 2, 365 et 423). Un imprimeur qui s'est engagé à imprimer un écrit ou un journal, peut-il s'y refuser si l'écrit est délictueux? Oui, dit M. Chassan, car la convention d'imprimer un délit est nulle comme contraire à l'ordre public, t. II, p. 518. On pourrait toutefois observer ici avec quelque raison que d'après le système du Code pénal : l'écrit n'étant point légalement *délictueux* avant d'avoir été condamné comme tel, il n'y a jamais eu convention d'imprimer un *délit*, et que le tribunal civil appelé à statuer devrait prononcer la nullité de la convention en se fondant, non point sur le caractère délictueux de l'écrit, car il serait incompétent pour l'apprécier à ce point de vue, mais sur ce que, aux termes de l'art. 7, Cod. Nap., l'exécution de la convention pourrait aboutir à une dérogation aux lois qui intéressent l'ordre public et les bonnes mœurs. (*V.* sur cette question, MM. Bories et Bonnassie, vº Imprimeur, nᵒˢ 77, 78. 79, 80 et 81.)

10. Il y a clandestinité dans le fait de possession par un individu non breveté, d'une presse, alors même que cet individu aurait chargé un imprimeur breveté de la direction et de l'exploitation de cette presse. Cass., 21 mai 1853. V. Bull. crim. (Comp. nᵒˢ 8, 11 et 19.)

11. Il y a lieu d'appliquer l'art. 13 de la loi de 1814 à celui qui, sans être breveté, fait imprimer son journal avec des presses à lui appartenant, encore bien que ces presses soient placées dans un local attenant aux ateliers d'un imprimeur breveté, et que ce dernier se soit engagé à faire profiter le gérant du journal du bénéfice de son privilège. Cass. 14 nov. 1850. Bull. cass. nº 583. (Comparez les arrêts cités aux nᵒˢ 8, 10 et 19.)

12. Le décret de 1791 qui proclama la liberté du commerce et de l'industrie, n'affranchit les diverses professions des entraves de l'ancienne législation que sous la condition formelle de les maintenir sous les règlements de police *faits* ou à faire. L'art. 7 de la déclaration du 10 mai 1728, est en conséquence une disposition de police qui n'a point été abrogée par le décret de 1791. Mais si cet article est encore en vigueur, la peine de l'interdiction n'étant plus une peine applicable, ne doit plus être prononcée, et la déchéance de la maîtrise est remplacée par le retrait du brevet. (*V.* art. 11, L. 21 oct. 1814, p. 21 et 29.)

13. La profession d'imprimeur lithographe est régie par la loi de 1814, et non par l'ordonnance du 8 oct. 1817. (Paris, 18 mars 1842, 11 juillet et 9 nov. 1849.)

14 L'art. 6 du décret de 1810 est dépourvu de sanction V. ci-dessus, nº 16.

AVANT **1789**.	**1789 à 1814.**
	ι.

TITRE Iᵉʳ. CHAPITRE Iᵉʳ. — DE L'IMPRIMERIE, POLICE.

Déclaration du 10 mai 1728.

Art. 12 *Défendons très-expressément à toutes personnes, de quelque état et condition qu'elles soient, et à toutes communautés ecclésiastiques ou laïques, séculières ou régulières, d'avoir dans leurs maisons à la ville ou à la campagne des imprimeries privées, soit avec presses, rouleaux ou autrement, le tout à peine, savoir : contre les particuliers, de 3,000 livres d'amende, dont les propriétaires, s'ils habitent dans la maison, ou les principaux locataires des maisons seront responsables, et contre les communautés, de la même peine de 3,000 livres, et d'être, en outre, déchues de tous les priviléges et immunités à elles accordées tant par nous que par nos prédécesseurs.* (Abrogé.)

Règlement de 1723 non registré.

Art. 4 in fine. *Défend aussi Sa Majesté aux auteurs et à toutes autres personnes que les imprimeurs d'avoir et tenir en quelque lieu que ce soit, et sous quelque prétexte que ce puisse être, aucune presse, caractères et ustensiles d'imprimerie à peine de punition exemplaire, de confiscat on des presses et caractères et de 3000 livres d'amende...* V. le commencement, p. 9. Cet art. 4 est reproduit de l'art. 6 du règlement de 1686.

Art. 104. *Aucuns libraires ou autres ne pourront faire imprimer ou réimprimer aucun livre sans en avoir obtenu la permission par lettres scellées du grand sceau, lesquelles ne pourront être demandées ni expédiées qu'après qu'ils auront remis au chancelier ou garde des sceaux, une copie manuscrite ou imprimée du livre pour l'impression duquel lesdites lettres seront demandées.* (Abrogé.)

Art. 105. *A peine contre les contrevenants aux quatre articles ci-dessus de demeurer déchus de tous les droits portés par les permissions ou priviléges, et d'être procédé contre eux par confiscation d'exemplaires, amende, clôture de boutiques et autres peines, s'il y échoit.* (Abrogé.)

Dans le règlement de 1723 ne se trouve aucune trace de la déclaration des impressions.

DÉCR. 18 novembre 1810.

Possesseurs non brevetés de presses et autres ustensiles d'imprimerie.

Art. 1ᵉʳ. A dater du 1ᵉʳ janvier 1811, ceux de nos sujets qui cesseront d'exercer la profession d'imprimeur, et généralement tous ceux qui, n'exerçant pas ladite profession, se trouveront propriétaires, possesseurs ou détenteurs de presses, fontes, caractéres, ou autres ustensiles d'imprimerie, devront, dans le premier mois, faire la déclaration desdits objets, dans le département de la Seine, au préfet de police, et dans les autres départements aux préfets. Sont exceptées de cette disposition les presses à cylindre servant à tirer des copies.

Art. 2. Le préfet de police à Paris et les préfets dans les départements transmettront au (*directeur général de l'imprimerie*) [ministre], lesdites déclarations avec leur avis, sur les demandes d'être **autorisés** à conserver lesdites presses et ustensiles pour continuer d'en faire usage, qui pourront être jointes aux déclarations.

Art. 3. *Notre directeur général* rendra compte de tout à nos ministres de l'intérieur (et *de la police* supprimé, V. tableau précédent, col. 2 et 7) sur le rapport desquels il sera par nous statué.

Art. 4. Sont sujets aux dispositions de l'art. 1ᵉʳ : les imagiers, dominotiers et tapissiers.

Art 5. Les contraventions au présent décret seront punies de **6 jours à 6 mois de prison** et poursuivies conformément aux dispositions de la section II, titre 7, du décret de 1810 (art. 45, 46, 47. — V. ci-dessus, page 29)

CHAP. II. — EXERCICE DE LA PROFESSION, POLICE, OBLIGATIONS.

DÉCR. 5 février 1810.
Règlement sur l'imprimerie et la librairie.

Art. 11. *Chaque imprimeur sera tenu d'avoir un livre coté et parafé par le préfet, du département où il inscrira par ordre de dates le titre de chaque ouvrage qu'il voudra imprimer et le nom de l'auteur, s'il lui est connu. Ce livre sera représenté à toute réquisition et visé, s'il est jugé convenable par tout officier de police.*

(Abrogé comme faisant partie du titre qui organisait la censure, et remplacé par l'art. 2 de l'ordonnance du 24 oct. 1814. — V. ci-devant, p. 1.)

Art. 12. *L'imprimeur adressera sur-le-champ au directeur général et, en outre, au préfet une copie de la transcription faite sur son livre, et la déclaration qu'il a l'intention d'imprimer l'ouvrage. — Il lui en sera donné récépissé. — Les préfets donneront connaissance de chacune de ces déclarations au ministre de la police.* (Abrogé.)

Art. 14. *Il y aura lieu à confiscation et amende au profit de l'État dans les cas suivants : 1° (V. p. 3.)*
2° Si l'auteur ou l'imprimeur n'a pas fait avant l'impression de l'ouvrage la déclaration et l'enregistrement prescrits par les art. 11 et 12.

(Abrogé comme faisant partie du système de la censure. V. ci devant, p. 1 et 5.)

ORD. du 24 oct. 1814.
Impression, dépôt et publication des ouvrages.

Art. 2. Chaque imprimeur sera tenu, conformément aux règlements, d'avoir un livre coté et parafé par le maire de la ville où il réside, où il inscrira par ordre de dates et par numéros, le titre littéral de tous les ouvrages qu'il se propose d'imprimer, le nombre de feuilles, de volumes et des exemplaires, et le format de l'édition. — Ce livre sera représenté à toute réquisition aux inspecteurs de la librairie et aux commissaires de police et visé par eux s'ils le jugent convenable.
La déclaration prescrite par l'art. 14 (V. ci-dessous) de la loi du 21 oct. 1814 sera conforme à l'inscription portée au livre.

Art. 3. Les dispositions dudit article s'appliquent aux estampes et aux planches gravées accompagnées d'un texte.

L. 21 oct. 1814.
Liberté de la presse et police.

Art. 43. Les imprimeries clandestines seront détruites et les **possesseurs et dépositaires** punis de **1,000 fr. d'amende et 6 mois de prison.**

Sera réputée clandestine toute imprimerie non **déclarée** et pour laquelle il n'aura point été obtenu de permission.

L. 21 oct. 1814.
Liberté de la presse et police.

Art 14. Nul imprimeur ne pourra imprimer un écrit avant d'avoir déclaré qu'il se propose de l'imprimer, ni le mettre en vente ou publier de quelque manière que ce soit avant d'avoir déposé le nombre prescrit d'exemplaires, savoir : à Paris, au *secrétariat de la direction* (au ministère de l'intérieur aujourd'hui), et dans les départements, au secrétariat de la préfecture. (V. page 15.)

Art. 15 Il y a lieu à saisie et séquestre de l'ouvrage :
1° Si l'imprimeur ne présente pas les récépissés de la déclaration et du dépôt ordonné en l'art. 14; 2°... (V. page 29, la suite.)

Art. 16. Le défaut de déclaration avant l'impression et le défaut de dépôt avant la publication constatés comme il est dit en l'art. 15, seront punis chacun d'une amende de 1,000 fr. pour la première fois, et de 2000 fr. pour la deuxième.

Art. 48. Les exemplaires saisis par simple contravention à la présente loi seront restitués après le paiement des amendes.

DÉCLARATIONS. — **15.** La clandestinité est de fait et de droit ; de *fait*, lorsque l'imprimerie n'est pas autorisée ou lorsque l'exploitant n'est ni breveté ni assermenté ; de *droit*, quand un matériel d'imprimerie est tenu dans un lieu secret sans être *déclaré*.

16. Par *imprimerie*, on doit entendre non-seulement un matériel complet de deux ou quatre presses, suivant l'art. 6 du décret de 1810 (V. p. 9), mais encore celui d'une seule presse capable de fonctionner; si elle était incomplète, elle serait considérée comme *ustensile d'imprimerie*, dont la simple possession, si elle n'était pas *déclarée*, constituerait la contravention prévue et punie par les art. 1 et 5 du décret du 18 novembre 1810, et non point celle de l'art. 13 de la loi du 21 octobre 1814. Chassan, l. 1, p. 43.

17. Le décret du 18 nov. 1810 n'a pas été abrogé par le système général de législation adopté en 1814 (Paris, 12 oct. 1837. *Contrà, Bordeaux*, 22 mars 1832, Chassan, p. 115), puisqu'il existe des cas où le décret de 1810 est applicable, lorsque la loi de 1814 ne l'est pas, V. n° 16. On doit d'autant plus aujourd'hui préférer cette opinion, que le décret du 22 mars 1852, est venu presque la consacrer, en punissant la simple détention des petites presses, dont l'usage avait pourtant été autorisé par une circulaire ministérielle du 16 juin 1830.

18. Si le brevet couvre la marchandise imprimée qui a été déclarée et déposée, il ne couvre pas l'instrument qui imprime, s'il n'appartient pas au breveté, et dans ce cas, le propriétaire qui ne l'a point déclaré est passible des peines de l'art. 5 du décret du 18 nov. 1810. Cass., 29 avril 1842. (V. arrêts cités aux n°ˢ 8, 10 et 11.)

19. Jugé cependant que le propriétaire sans brevet d'une presse, l'exploitant dans son intérêt, sous le nom d'un imprimeur breveté *resté titulaire et responsable*, ne peut être considéré ni comme exerçant la profession d'imprimeur sans brevet, ni comme détenteur d'une imprimerie clandestine. Cass., 3 août 1838 (S. 1838, 1, 601.) V. n°ˢ 8, 10, 11 et 19.)

20. Bien que muni d'un brevet, l'imprimeur qui tiendrait cachée une imprimerie non déclarée, pour en faire un usage contraire aux lois, serait considéré comme détenteur d'une imprimerie clandestine. De Grattier, 1, 69, Trib. Seine, 14 déc. 1837.

21. Le *marronage* ou l'exploitation par des tiers d'une imprimerie, sous le nom du titulaire, ou de plusieurs imprimeries avec un seul brevet, est un fait de clandestinité. Cass., 29 avril 1842 (S. V. 1842, 1, 450). V. *suprà*, n°ˢ 10 et 11.

22. Pour donner lieu à l'application de l'art. 13, loi 1814, il n'est pas nécessaire qu'il y ait détention d'une imprimerie clandestine au moment de la saisie, il suffit qu'il soit constaté que le prévenu en a été possesseur, qu'il l'a mise en œuvre en son domicile, bien qu'elle ait été trouvée chez un tiers dépositaire. L'art. 20, loi 1814, en prescrivant la constatation des contraventions par les commissaires de police, est purement énonciatif, et n'exclut pas à défaut de cette constatation les preuves du droit commun. Cass., 29 mars 1827. 17 mai 1828. 2 avril 1830. 2 fév. 1841. 16 août 1851. 17 juin 1854. *Bull. crim.*, n° 198.

INSCRIPTION, DÉCLARATION. — **23.** Le livre prescrit par l'art. 2, ordonnance de 1814, doit être sur papier timbré de 0 fr. 05 c., ou de 0 fr. 10 c., suivant le format. Avis du comité de législation du 3 oct. 1816. L'obligation de le tenir n'est sanctionnée par aucune peine. Bories et Bonnassies, v° Déclaration, n° 34. Goujet, Merger, v° Imprimeur, 54. *Contrà*, Cass., 19 déc. 1823 (S. Col. nouv., 7, 1, 355.). Chassan.

24. Le but de la déclaration et du dépôt (V. p. 17 et 18) et de l'indication des noms et demeure de l'imprimeur (V. p. 15 et 16), est de fournir à l'autorité les moyens de prévenir ou poursuivre les publications dangereuses.

1815 à 1819. 2.	1820 à 1825 3.	1825 à 1830 4.	1831 à 1848 5.	1848 à 1849 6.	1850 à 1856. 7.	La Presse en Algérie 8.	1856 à… NOTES. 9.

SECTION II. — Déclaration de presses, Clandestinité.

DÉCR. du 22 mars 1852.

ART. 2. Nul ne pourra pour des impressions privées être **possesseur** ou **faire usage** de presses de petite dimension, de quelque nature qu'elles soient, **sans l'autorisation du ministre de l'intérieur, à Paris, et du préfet** dans les départements.

ART. 3. Les contrevenants seront punis des peines édictées par l'art. 13 de la loi du 21 oct. 1814.

ART. 4. V. ci-dessous.

ART. 5. Les maires et les commissaires inspecteurs de la librairie et les commissaires de police constateront les contraventions par des **procès-verbaux.**

DÉCR. du 24 mars 1815.

ART. 1. La direction de la librairie et de imprimerie est supprimée. — V. au tableau précédent.

SECT. Ire. — Formalités avant l'impression, § Ier. — *Registre, Inscription, déclaration.*

Même Décret.

ART. 4. Les fondeurs de caractères, les clicheurs ou stéréotypeurs, les fabricants de presses de tout genre, les marchands d'ustensiles d'imprimerie **seront tenus d'avoir un livre coté et parafé par le maire,** sur lequel ils inscriront, par ordre de date, la vente par eux effectuée, avec les qualités et domicile des acquéreurs au fur et à mesure de chaque livraison; ils auront à transmettre sous forme **de déclaration,** au ministre de la police à Paris, à la préfecture dans les départements, copie de l'inscription faite au registre. — Chaque infraction à l'une de ces dispositions sera punie d'une amende de 50 fr. à 200 fr. (V. ord. de police de 1780, p. 23.)

ART. 5. Constatation des contraventions. V. ci-dessus.

.B. Les inspecteurs de la librairie ont été supprimés par ordonnance du 13 sept. 1829. V. p. 30.

ORD. 8 août 1817.

Impressions lithographiques.

ART. 2. Toutes les impressions lithographiques seront soumises à la **déclaration** et au dépôt comme tous les autres ouvrages d'imprimerie.

L. 28 février 1817.

ARTICLE UNIQUE. Lorsqu'un écrit aura été saisi, en vertu de l'art. 11, L. de 1814, l'ordre de saisie et le procès-verbal seront, sous peine de nullité, notifiés dans les vingt-quatre heures à la partie saisie qui pourra y former opposition. — En cas d'opposition, le procureur du Roi fera toute diligence pour que dans la huitaine, à dater du jour de ladite opposition, il soit statué sur la saisie; — le délai de huitaine expiré, la saisie, si elle n'est maintenue par le tribunal, sera de plein droit périmée et sans effet, et tous dépositaires de l'ouvrage seront tenus de le remettre au propriétaire (70, 71, 126).

(Abrogé par l'art. 31, L. 26 mai 1819, maintenu par la jurisprudence.)

N. B. L'abrogation de la loi du 28 fév. 1817 a été prononcée en termes exprès et d'une manière générale par l'art. 31 de la loi du 26 mai 1819. — La Cour de cassation a cependant jugé (22 août 1823) que l'art. 11 de la loi du 26 mai 1819 s'appliquait seulement aux saisies pour le contenu de l'ouvrage, c'est-à-dire en cas de *crimes ou délits*, et non à celles qui sont faites pour l'une des causes énoncées aux nos 1 et 2 de l'art. 15 de la loi de 1814, et que dans ces derniers cas, c'est-à-dire pour *contraventions*, la saisie était réglée par la loi de 1817, non *abrogée quant à ce.* (V. p. 144, n° 698.)

---

25. Circul. minist. 16 juin 1830. Déclaration. — Dépôt. « Il n'y a d'exception (à l'obligation de la déclaration et du dépôt des imprimés) que pour les ouvrages dits de *ville* ou *bilboquets*, c'est-à-dire ceux qui, imprimés pour le *compte* de l'administration ou destinés à des usages privés, ne sont pas susceptibles d'être répandus dans le commerce. »
« On assimile encore aux ouvrages dits de ville les factum, mémoires ou requêtes sur procès, lorsqu'ils sont signés par un avocat ou un officier ministériel; cette exception est fondée sur la garantie que présentent le nom et la signature dont ils sont revêtus; hors de là, tout doit être déclaré et déposé. Ainsi on ne pourrait se dispenser de remplir cette formalité pour les almanachs, annuaires, recueils de contes, d'anecdotes, de prédictions, etc., les alphabets et autres livres élémentaires de petite école, des pièces de circonstance en vers et en prose, des récits d'événements, chansons populaires et complaintes, catalogues, extraits de journaux, actes administratifs, etc., etc., et enfin de tous ouvrages qui peuvent intéresser l'ordre public.» Il appartient à l'administration de déclarer les écrits qui ont le caractère de bilboquet, et l'on a regardé comme tels : les lettres de faire part, les affiches pour ventes ou locations d'intérêt privé. Cass., 3 juin 1826 (S. 1826, 1, 352, Coll. nouv.)

26. On doit déclarer une impression première ainsi qu'une réimpression, même celle d'un article de journal qui a été déposé. Cass., 18 juill. 1833. (S. 1833, 1, 833). 6 juill. 1832. 5 août 1834. Paris, 25 nov. 1837. (S. 1832, 1, 608), (1833, 1, 876), (1834, 1, 842), (1838, 2, 52).

27. Le ministère public peut poursuivre d'office nonobstant l'art. 21, loi 21 oct. 1814.

28. La bonne foi ne peut être une excuse en matière de contravention à l'art. 14, l. 1814. Cass., 4 mai 1822 (J. P. 1832, 1, 237. Bull. offic., 37, p. 336.)

29. L'art. 8 du décret du 11 août 1848, qui admet les circonstances atténuantes pour les délits de presse, ne peut être étendu aux infractions commises en matière de librairie et d'imprimerie. Cass., 31 août 1850, Bull. crim., n° 288, 9 nov. 1849. Bull. crim.

30. Le ministère public prouve suffisamment la contravention de l'imprimeur, si celui-ci ne représente pas sur les poursuites les récépissés de déclaration et de dépôt. Cass., 3 av. 1830. (D. P. 30. 1, 193.) L'imprimeur dans ce cas ne pourrait-il pas prouver la déclaration ou le dépôt par un moyen de preuve équivalent, un acte extrajudiciaire, p. ex.? V. p. 29, 30.)

31. La prescription de ces contraventions s'accomplit suivant le Cod. d'inst. crim.

AVANT **1789**.	**1789** à **1814**.

1.

CHAP. II (SUITE). — OBLIGATIONS DES IMPRIMEURS. — SECT. Iʳᵉ. Avant l'impressio

Sous le règlement de 1723. ART. 101. Nul ne pouvait imprimer, faire imprimer ou réimprimer un ouvrage sans en avoir préalable reçu la permission par lettres scellées du grand sceau, et encore sans avoir obtenu celle du lieutenant général de police, qui ne l'accordait q l'approbation des personnes capables choisies pour l'examen de l'ouvrage. — (Art. 102.) Sous l'empire du décret de 1810, il y avait lieu confiscation et amende au profit de l'État. — Art. 41. Lorsqu'un ouvrage était publié sans avoir été *autorisé*, c'est-à-dire malgré la défense d directeur général. — Sous la loi de 1814. Un ouvrage de plus de 20 feuilles, s'il était publié sans *autorisation*, était saisi... c'était l'époque d *la censure*. V. pages 1, 2, 3 et 4, mais *la censure étant abolie*, les ouvrages ne sont plus soumis avant leur impression qu'à l'obtent certaines autorisations spéciales qui n'ont aucun caractère censorial, à l'exception d'une seule, celle du gouverneur général de l'Algéri ci-contre *F*. Pour les écrits imprimés en Algérie (*V*. p. 4, note 7 ci-devant.

A. De la propriété littéraire ou artistique des auteurs (32), contrefaçon (33).

AVANT 1789.

Arrêt du conseil du 30 août 1777.
Sur la durée du privilége et de la propriété des auteurs.

ART. 1ᵉʳ. *Aucuns libraires et imprimeurs ne pourront imprimer ou faire imprimer aucuns livres nouveaux sans en avoir obtenu préalablement le privilége ou lettres scellées du grand sceau.*

ART. 2 (*Continuation du privilége V. in fine, recueil.*)

ART. 3. *Les priviléges qui seront accordés à l'avenir pour imprimer des livres nouveaux, ne pourront être d'une moindre durée que de 10 ans.*

ART. 4. *Ceux qui auront obtenu des priviléges, en jouiront non-seulement pendant tout le temps qui y sera porté, mais encore pendant la vie des auteurs, en cas que ceux-ci survivent à l'expiration des priviléges.*

ART. 5. *Tout auteur qui obtiendra, en son nom, le privilége de son ouvrage aura le droit de le vendre chez lui, sans qu'il puisse, sous aucun prétexte, vendre ou négocier d'autres livres, et jouira de son privilége pour lui et ses héritiers à perpétuité, pourvu qu'il ne le cède à aucun libraire, auquel cas la durée du privilége sera, par le fait seul de la cession, réduite à celle de la vie de l'auteur.*

Arrêt du même jour sur les contrefaçons.

ART. 1ᵉʳ. *Defend Sa Majesté à tous imprimeurs-libraires de contrefaire les livres pour lesquels il aura été accordé des priviléges, pendant la durée desdits priviléges, ou même de les imprimer sans permission après leur expiration, à peine de 6,000 francs d'amende pour la première fois, de pareille amende et déchéance d'état en cas de récidive.* (Abrogé. — V. art. 2, 3, 4, pour la saisie et l'action en dommage, recueil, in fine.)

Le règlement de 1723, art. 109, punissait aussi la contrefaçon des ouvrages privilégiés.

1789 à 1814.

DÉCR. 19-21 juill. 1793.
Droit de propriété des auteurs, compositeurs, etc.

ART. 1ᵉʳ. Les auteurs d'écrits en tout genre, les compositeurs de musique, les peintres et dessinateurs qui feront graver des tableaux ou dessins jouiront durant **leur vie entière du droit** exclusif de **vendre, faire vendre, distribuer** leurs ouvrages dans le territoire de la République, ou **d'en céder la propriété** en tout ou en partie (34, 36, 37).

ART. 2 Leurs **héritiers** ou cessionnaires jouiront du même droit durant *l'espace de 10 ans* après la mort des auteurs. — *V. L. du 8 avril 1854.*

ART. 7. Les héritiers de l'auteur d'un ouvrage de littérature ou de gravure, ou de toute autre production de l'esprit ou du génie qui appartiendront aux beaux-arts, en auront **la propriété exclusive pendant 10 années.** — *V. L. du 8 avril 1854* (37).

ART. 3. Les officiers de paix seront tenus de faire **confisquer** à la réquisition et au profit des auteurs, compositeurs, peintres ou dessinateurs et autres, leurs héritiers ou cessionnaires, tous les exemplaires des éditions imprimées ou gravées sans la **permission formelle et par écrit** des auteurs. (34, 39)

ART. 4. *Tout contrefacteur sera tenu de payer au véritable propriétaire une somme équivalente au prix de 3,000 exemplaires de l'édition originale* (38).
(Abrogé par le C. pénal et le décret de 1810, art. 42, 43.)

ART. 5. *Tout débitant d'édition contrefaite, s'il n'est pas reconnu contrefacteur, sera tenu de payer au véritable propriétaire une somme équivalente au prix de 500 exemplaires de l'édition originale* (38).
(Abrogé par le C. pénal et le décret de 1810, art. 42 et 43.)

Dépôt préalable par l'auteur.

ART. 6. Tout citoyen qui mettra au jour un ouvrage, soit de littérature ou de gravure, dans quelque genre que ce soit, sera obligé **d'en déposer deux exemplaires** à la Bibliothèque nationale, ou au cabinet des estampes de la République, dont il recevra un reçu signé : faute de quoi, il ne pourra être admis en justice pour la poursuite des **contrefacteurs** (40).
(*V.* pour le dépôt, p. 45 et 16.)

DÉCR. 1ᵉʳ germ. an 13.
(22 mars 1805.)
Propriété des ouvrages posthumes.

ART. UNIQUE. Les propriétaires par succession ou à autre titre d'un ouvrage posthume **ont les mêmes droits** que l'auteur, et les dispositions des lois sur la propriété exclusive des auteurs et sur sa durée leur sont applicables, toutefois à la charge d'imprimer séparément les œuvres posthumes et sans les joindre à une nouvelle édition des ouvrages déjà publiés et devenus propriété publique (34, 5°).

DÉCR. 5 février 1810.
TITRE VI. — De la propriété des auteurs.

ART. 39. **Le droit de propriété est garanti à l'auteu et à sa veuve pendant leur vie,** *si les conventions ma trimoniales de celle-ci lui en donnent le droit et à leu enfants pendant 20 ans.* — *V.* décret 1854.

N. B. Pour la propriété des auteurs dramatiques. — *V.* p et 50.

ART. 40. Les auteurs, soit nationaux, soit étranger de tout ouvrage imprimé ou gravé **peuvent céder leu droits** à un imprimeur ou libraire ou à toute autre per sonne qui est alors substituée en leurs lieu et place pou eux et leurs ayants cause, comme il est dit en l'articl précédent (37).

TITRE VII. — Des délits et de la manière de les punir.

ART. 41. Il y aura lieu à confiscation et amende a profit de l'État sans préjudice des dispositions du Cod pénal, dans les cas suivants : 1°, 2°, 3°, 4°, 5°, 6°... page 3.)
7° Si c'est une **contrefaçon**, c'est-à-dire si c'est u **ouvrage imprimé sans le consentement** et au préju dice de l'auteur ou éditeur ou de leurs ayants caus (31, 53, 41).

ART. 42. Dans ce dernier cas, il y aura lieu en out à des **dommages-intérêts** envers l'auteur ou l'éditeu et leurs ayants cause, et l'édition et les exemplaires se ront **confisqués** à leur profit (38).

ART. 43. Les peines seront prononcées et les **dom mages-intérêts arbitrés** par le tribunal correctionn ou criminel suivant les cas et d'après les lois (38,. 39

Dépôt préalable par l'auteur.

B. — Livres d'églises. — Permission de l'évêque diocésain (42).

Décret, 7 germ. an XIII. ART. 1ᵉʳ. Les livres d'églises, les heures et prières, ne pourront être imprimés ou réimp que d'après la permission donnée par l'évêque diocésain ; laquelle permission sera textuellement rapportée et imprimée e tête de chaque exemplaire.
ART. 2. Les imprimeurs, libraires qui feront imprimer ou réimprimer des livres d'églises, des heures ou prières, sans avo obtenu cette permission, seront poursuivis conformément à la loi du 19 juillet 1793. (Modifié par le Code pénal. *V.* ci-de

C. — Manuscrits des bibliothèques et autres établissements publics. — Autorisation ministérielle.

Décret 1809, 20 fév.. ART. 1ᵉʳ. *Les manuscrits des archives de notre ministre des relations extérieures et ceux des bibliothèques impéria* partementales et communales ou des autres établissements de notre empire, soit que ces manuscrits existent dans les dépôts auxquels ils appart

---

AUTORISATION. — 32. La propriété littéraire est le droit personnel, exclusif, mais temporaire, d'exploiter les produits vénaux des conceptions de l'esprit.

33. La contrefaçon pourrait se définir : une expropriation frauduleuse et coupable du droit des auteurs par le débit ou l'impression non autorisée de leur ouvrage.

34. On ne peut contrefaire que les ouvrages susceptibles de propriété, c'est-à-dire ceux obtenus à la suite d'un travail sérieux, se présentant avec un cachet particulier et d'une valeur appréciable, au point de vue, soit commercial, soit littéraire, scientifique ou artistique, Rouen, 1822 (S. V. 43, 2, 85), Paris, 23 (août 1844 (S. V. 45, 1, 177) Ont été considérés comme tels : — 1° les traductions. Rouen, 7 nov. 1845 (S. V. 46, 2, 321). Paris, 14 janv. 1830 (D. P. 33, 1, 133); — 2° les ouvrages en langues étrangères, Renouard, Blanc ; — 3° les ouvrages anonymes, Gastambide, n° 32 ; — 4° les publications pseudonymes, Renouard, 2, 108 ; — 5° les œuvres posthumes (D., 1 germ. an XIII.); — 6° les leçons orales des professeurs, Paris, 18 juin 1840. (S. V. 40, 2, 254.) ; — 7° les discours de solennité, Gastambide, 26 ; — 8° les discours ou sermons religieux, Lyon, 17 juillet 1845, (S. V. 45 2, 469.) ; — 9° les réquisitoires, les plaidoyers publics, Gastambide, 27 ; — 10° les articles de journaux déposés. Cass., 29 oct. 18 V. 31, 1, 368.) Rouen, 15 déc. 1859 (S. V. 40, 2, 74 et 76.); — 11° les lettres particulières, Gastambide, 14 ; — 12° les abrégés, Trib. Seine, 22 mars 1834. Chauveau-Hélie, p. 46 ;—13° les additions, suppléments, annotations ou commentaires d'un ouvr tombé dans le domaine public. Cass., 27 fév. 1845. (S. V. 45, 1, 177.) Dalloz, v° P littér. : — 14° le tableau figuratif de la chambre avec l'indication de la place des dépu Le tableau synoptique du budget. Paris, 21 déc. 1831 et 22 mars 1830. — 15° un notice, Trib. Seine, 29 janvier 1856 ;—16° le titre d'un ouvrage, s'il porte avec lui un ca particulier et qu'il ne puisse s'appliquer qu'à l'ouvrage auquel il est destiné, c'es s'il n'est pas un titre vulgaire. Paris, 8 oct. 1835. (S. V. 35, 2, 557.) Cass., 1855. (S. V. 33, 1, 545.) *Sic* le titre d'un journal. Paris, 1824, 15 avril. (S. V. 2, 257.) ; — 17° mettre en contredanse une composition musicale est une contr Paris, 1855.

35. La contrefaçon doit, comme tous les délits, résulter du fait matériel et de l'inten de nuire. Paris, 14 juillet 1838. (J. P. 1838, 2, *contrà*, arrêt de Cass. du 15 jui

1789 à 1814 (Suite). 1.	1815 à 1819 2.	1820 à 1825 3.	1825 à 1830 4.	1831 à 1848. 5.	1848 à 1849 6.	1850 à 1856. 7.	La Presse en Algérie 8.	1856 à.. NOTES. 9.

(SUITE).—§ II. *Autorisations des auteurs, des évêques, des ministres, de la régie, etc.*

es autorisations dont les imprimeurs ou éditeurs doivent se munir avant l'impression d'un ouvrage sont :
.—L'autorisation des auteurs, de leurs héritiers ou cessionnaires, pour les œuvres d'esprit non tombées dans le domaine public.
.—La permission de l'évêque diocésain pour l'impression et réimpression des livres d'églises.
.— L'autorisation des ministres des aff. étrang. ou de l'int. pour l'impression des manuscrits des minist. ou établissements publ.
.—L'autorisation de la régie pour l'impression ou la fabrication des cartes à jouer.
.—L'autorisation du Corps législatif pour l'impression des discours prononcés dans le sein de la Chambre.
.—L'autorisation du gouverneur général de l'Algérie pour l'impression de tous écrits en Algérie.

Autorisations des auteurs, héritiers ou cessionnaires, — B. des évêques, — C. des ministres.

Colonne 5 (1831 à 1848) :

L. 3 août 1844.
Relative au droit des auteurs dramatiques.— *V.* p. 80.

Colonne 7 (1850 à 1856) :

L. 8 avril 1854.
Sur le droit de propriété garanti aux veuves et aux enfants des auteurs, compositeurs et artistes.

ART. UNIQUE. Les veuves des auteurs, des compositeurs et des artistes jouiront pendant toute leur vie des droits garantis par les lois des 13 janv. 1791 (OEuv. dram., *V.* p. 80), 19 juill. 1793, le décret du 5 fév. 1810, la loi du 3 août 1844 (OEuv. dram., *V.* p. 80), et les autres lois et décrets sur la matière (32).

La durée de la jouissance accordée aux enfants par ces mêmes lois et décrets est portée à 30 ans, à partir, soit du décès de l'auteur, compositeur ou artiste, soit de l'extinction des droits de la veuve.

DÉCR. 28-31 mars 1852.
Sur la contrefaçon d'ouvrages étrangers.

ART. 1er. La contrefaçon sur le territoire français d'ouvrages publiés à l'étranger et mentionnés en l'art. 425 du C. pénal constitue un délit (34, 35, 44).

ART. 2. Il en est de même du débit de l'exportation et de l'expédition des ouvrages contrefaits. — L'exportation et l'expédition de ces ouvrages sont un délit de la même espèce que l'introduction sur le territoire français d'ouvrages qui, après avoir été imprimés en France, ont été contrefaits chez l'étranger.

ART. 3. Les délits prévus par les articles précédents seront réprimés conformément aux art. 427 et 429 du Code pénal. — L'art. 463 du même Code pourra être appliqué.

ART. 4. Néanmoins, la poursuite ne sera admise que sous l'accomplissement des conditions exigées relativement aux ouvrages publiés en France, notamment par l'art. 6 de la loi du 19 juill. 1793 (40).

N. B. La France a contracté des traités internationaux pour la garantie réciproque des productions de l'esprit avec la Sardaigne (1845 et 1852), le Portugal (1851), l'Angleterre (1852), l'Espagne (1853), la Belgique (1854), et divers duchés et principautés de l'Allemagne, tels que Brunswick, Hanovre, Saxe-Veymard, Hesse, etc. *V.* Introd. historique et Recueil des lois *in fine.*

Colonne 1 (1789 à 1814, suite) :

CODE PÉNAL,
Liv. III, tit. II, ch. II, sect. II, § V.
...lation des règlements relatifs au commerce et aux arts.

ART. 425. Toute édition d'écrits, de composition musicale, de dessin, de peinture, ou de toute autre production, imprimée ou gravée en entier ou en partie, au mépris des lois et règlements relatifs à la propriété des auteurs est une contrefaçon ; et toute contrefaçon est un délit. (34, 35, 44).

ART. 426. Le débit d'ouvrages contrefaits, l'introduction sur le territoire français d'ouvrages qui, après avoir été imprimés en France, ont été contrefaits à l'étranger, sont un délit de même espèce.

ART. 427. La peine contre le contrefacteur ou contre l'introducteur sera... amende de 100 f. à 2,000 f. au plus, contre le débitant une amende de 25 au moins et 500 f. au plus. — La confiscation de l'édition contrefaite sera prononcée tant contre le contrefacteur que contre l'introducteur et le débitant... les planches, moules ou matrices des objets contrefaits seront confisqués.

ART. 428. (OEuv. dramat., p. 80.)

ART. 429. Dans les cas prévus par les articles précédents, le produit des confiscations... (*V.* p. 80) sera remis au propriétaire pour l'indemniser d'au... du préjudice souffert ; le surplus de son indemnité ou l'indemnité entière s'il n'y a eu ni vente d'objets confisqués, ni.... (*V.* p. 80), sera réglé par les voies ordinaires (38).

---

dernier arrêt décide que la bonne foi ne saurait excuser le contrefacteur). Dans les cas où l'absence de toute intention criminelle enlèverait au fait le caractère du délit, il y aurait cependant à des dommages-intérêts civils, pour le préjudice causé. Paris, 7 nov. 1835.
36. Le juge est souverain pour décider où finit le droit de citation, et à quel point la contrefaçon commence. Renouard, Paris, 1er mars 1830 (S. 30, 2, 162, Coll. nouv. 9). ...in, 13 juillet 1830 (S. 30, 2, 162, 211).
37. L'auteur devient contrefacteur lorsqu'ayant cédé son droit de propriété sur un ouvrage, il autorise d'autres publications. Mais la cession d'une édition ne lui interdit pas la cession de seconde (Paris, 4 juin 1845). — Jugé qu'un éditeur co-propriétaire d'un ouvrage qui fait tirer un nombre d'exemplaires plus grand que celui convenu avec l'auteur n'est pas contrefacteur, mais que ce fait peut donner lieu à une action civile en dommages-intérêts. Paris, oct. 1843 (S. V. 44, 2, 13).
38. L'indemnité des art. 4 et 5 de la loi de 1793 a été remplacée par les dommages-intérêts accordés par le Cod. pén., et qui doivent être calculés par le tribunal correctionnel d'après le dommage causé. Ces art. 4 et 5 sont en conséquence abrogés.
39. Le ministère public a qualité pour agir d'office en matière de contrefaçon, lorsque... ...out l'ouvrage appartient à l'État. (*V.* n. 43.) — Le délit se prescrit par trois ans.

40. Le dépôt prescrit par l'art. 6 se confond aujourd'hui avec celui que l'imprimeur est tenu de faire, en vertu de la loi du 21 oct. 1814. Cass., 20 juin 1832. (*V.* p. 17, n. 67.)
41. La contrefaçon se prouve même par témoins ; et des poursuites peuvent être commencées, encore qu'il n'existe point de saisie de l'ouvrage contrefait. Cass., 27 mars 1835.
42. Livres d'église. — Les évêques ont-ils sur les livres d'église dont ils ne sont pas les auteurs un droit de propriété, et l'infraction au décret du 1er germinal an XIII est-elle un délit de contrefaçon ? Question controversée. Voici l'opinion du conseil d'État et de la Cour de cassation. Sur un recours du ministre des cultes, le conseil d'État disait en 1843 : « Les évêques, responsables de la doctrine et de la liturgie dans leur diocèse, ont reçu un droit de haute police religieuse qui ne doit être confondu ni transformé en un droit de propriété, ni sacrifié à l'intérêt d'une concurrence industrielle sans contrôle, au péril d'intérêts d'un ordre supérieur et de la sécurité des consciences catholiques. » Dans son arrêt du 5 juin 1847, la Cour suprême décidait qu'il n'était pas nécessaire de déterminer la nature de ce droit pour se conformer aux termes impératifs du décret du 7 germinal, et que attendu que la permission de l'évêque est personnelle, nul ne peut imprimer des livres d'églises sans permission de l'évêque diocésain qui peut l'accorder à un imprimeur de son choix et le refuser à tout autre. L'impression faite contrairement à cette prohibition légale

AVANT 1789.	1789 à 1814.

1.

soit qu'ils en aient été soustraits ou que leurs minutes n'y ayant pas été déposées aux termes des anciens règlements, **sont la propriété** de l'État et ne p vent être imprimés et publiés sans **son autorisation**. (*V.* pour sanction les art. 425 à 429, C. pénal, au tableau précédent.) (43)

ART. 2. Cette autorisation sera donnée par notre ministre des relations étrangères pour la publication des ouvrages dans lesquels se trouveront des cop extraits ou citations des manuscrits qui appartiennent aux archives de son ministère, et par notre ministre de l'intérieur pour celle des ouvrages dans lesq se trouveront des copies , extraits ou citations des manuscrits qui appartiennent à l'un des établissements publics mentionnés en l'article précédent. (Sanct C. pénal, art. 427. *V.* au tableau précédent.) (43).

D. Autorisation de la régie pour les cartes à jouer, - E. du corps législatif pour l'impression

NOTA. Pour l'autorisation préalable et nécessaire à la création et publication des journaux politiques ou d'écono sociale. — *V.* p. 33 et 34.

CHAP. II (SUITE). — **OBLIGATIONS DES IMPRIMEURS**. — SECT. II. Formalités penda

AVANT 1789.	L. 28 germ. an IV.	CODE PÉNAL.	DÉCR. 5 fév. 1810.	L. 21 octobre 1824.
Indication des noms et demeure de l'imprimeur.	Délits de presse. Répression.	SECT. VI. Imprimé sans nom d'auteur ou d'imprim.	Sur l'imprimerie et la librairie.	Liberté de la presse et police.

Indication des noms et demeure de l'imprimeur.

—

Règlement de 1723 non registré.

ART. 9. *Tous les imprimeurs et libraires..... seront tenus de mettre leurs noms et demeures au commencement ou à la fin desdits livres, écrits et mémoires, etc..... à peine de confiscation et d'amende ..* Sera tenu, l'imprimeur qui aura fait une impression pour le compte du libraire, de mettre son nom seulement à la fin du livre, outre le nom et la demeure du libraire qui seront au commencement, à peine de confiscation et d'amende (58).

ART. 10. *Défenses sont faites à tous imprimeurs et à tous libraires de supposer aucun autre nom d'imprimeur ou de libraire... à peine d'être punis comme faussaires de 3,000 livres d'amende et de confiscation.* (*V.* au recueil, in fine, le texte.)

—

Déclaration du 10 mai 1728.

ART. 9. Enjoignons à tous imprimeurs de marquer au bas de leurs ouvrages le nom de la ville dans laquelle ils les auront imprimés, et la date de l'année où l'impression en aura été faite, à peine de 500 livres d'amende pour chaque contravention ; leur faisons très-expresse inhibition et défense de supposer le nom d'une autre ville ni aucune date fausse à peine d'être poursuivis extraordinairement et punis comme faussaires (58).

—

L. 28 germ. an IV.

Délits de presse. Répression.

ART. 1ᵉʳ. *Il ne doit être imprimé aucuns journaux, gazettes ou autres feuilles périodiques que ce soit, distribué aucun avis dans le public, imprimé ou placardé aucune affiche qu'ils ne portent le nom de l'auteur ou des auteurs, le nom et la demeure de l'imprimeur.*

ART. 2. *La contravention à cette disposition, soit par le défaut de mention du nom et de la demeure de l'imprimeur, soit par l'expression d'un faux nom ou d'une fausse demeure sera poursuivie par les officiers de police, et punie, indépendamment de ce qui pourrait donner lieu aux poursuites dont il sera parlé ci-après, d'un emprisonnement par forme de police correctionnelle, du temps de 6 mois pour la première fois, en cas de récidive, du temps de 2 années.*

(Abrogé par l'ensemble de la législation postérieure. — *V.* suite, p. 47 et 19.)

CODE PÉNAL.

ART. 283. Toute publication ou distribution d'ouvrages, écrits, avis, bulletins, affiches, journaux, feuilles périodiques ou autres imprimés dans lesquels ne se trouvera pas l'indication **vraie** des nom, profession et demeure de *l'auteur* ou de *l'imprimeur* sera pour ce seul fait punie d'un emprisonnement de 6 jours à 6 mois contre toute personne qui aura sciemment contribué à la publication ou à la distribution (47, 48, 55).

ART. 284. Cette disposition sera réduite à des peines de simple police. — *V.* art. 475, C pénal.

4° A l'égard des crieurs, vendeurs..., etc. — *V.* p. 25, 69;

2° A l'égard de quiconque aura fait connaître l'imprimeur ;

3° *A l'égard même de l'imprimeur qui aura fait connaître l'auteur.* — Abrogé. *V.* n° 48.

ART. 285. Publication coupable. — *V.* ci-dessus, p. 25.

ART. 286. Dans tous les cas ci-dessus il y aura **confiscation** d'objets saisis (54).

—

DÉCR. 5 fév. 1810.

Sur l'imprimerie et la librairie.

ART. 44. Il y aura lieu à confiscation et amende au profit de l'Etat, dans les cas suivants, sans préjudice des dispositions du C. pénal, *V.* p. 3 et 4.

4° Si l'ouvrage est **sans** nom *d'auteur* ou *d'imprimeur* ;

CODE PÉNAL.

ART. 475. Sont punis d'une amende de 6 fr. à 40 fr., 13° Les personnes mentionnées aux art. 284 et 288 du présent Code.

—

L. 21 octobre 1824.

Liberté de la presse et police.

ART. 17. Le défaut d'indicat de la part de l'imprimeur de nom et de sa demeure sera pu de **3,000 fr. d'amende** (48, 50, 51, 52, 53).

L'indication d'un **faux** nom d'une fausse demeure sera pu de **6,000 fr. d'amende**, sans p judice de la peine de l'empris nement prononcée par le C. p

ART. 45. Il y a lieu à saisie séquestre d'un ouvrage : 1° *V.* p.

2° Si chaque exemplaire ne po pas le **vrai nom** et la **vraie** meure de l'imprimeur ;

3° Si l'ouvrage est déféré tribunaux pour son contenu.

ART. 48. Les exemplaires sa par simple contravention à présente loi seront restitués ap le payement des amendes.

---

entraîne confiscation, quoique les produits de la confiscation ne doivent pas être attribués à l'évêque diocésain, lorsqu'il n'est pas personnellement l'auteur du livre. L'imprimeur ou libraire autorisé est recevable à se porter partie civile contre l'auteur de la contravention ; à raison du préjudice que lui fait éprouver la publication non autorisée de ces livres, mais il ne doit pas profiter du recours en cassation formé par le ministère public. Cass. 9 juin 1843 (S.V. 43, 1, 721), 3 juin 1847 (S.V. 47, 1, 170); Paris, 25 nov. 1842 (S.V. 42, 2, 539); Paris, 6 février 1847. (S.V. 47, 2, 171) *V.* Bories et Bonnassies, v⁰ *Livres d'église*.

43. Les manuscrits et ouvrages qui font l'objet des art. 1 et 2 du décret du 20 février 1809, sont, aux termes mêmes de l'art. 1, la propriété de l'Etat, en conséquence, toute impression et publication de ces manuscrits sans l'autorisation de l'Etat, constituerait un fait de contrefaçon punissable par les art. 425 à 429 du Code pénal. *V.* n. 39.

44. L'art. 167 de la loi du 28 avril 1816 considère comme complices et partant responsables de la même contravention, les propriétaires des cabarets, cafés et autres lieux publics, dans lesquels on jouerait avec des cartes fraudées, alors même que les joueurs eux-mêmes les auraient apportées.

45. Nous avons déjà fait observer au sujet de l'art. 74 du décret du 22 mars 1852, page 4, n° 11, que le caractère de cette autorisation n'avait rien de restrictif pour la liberté des publications. Pour en déterminer la véritable nature, on peut considérer le Corps législatif comme un être moral, auquel appartiennent les discours qui sont prononcés dans son sein, il a sur eux un droit de propriété analogue à celui des auteurs. Il faut, en consé-

quence obtenir son autorisation pour les publier. Toutefois, la publication non autorisé constitue pas un délit de contrefaçon, mais une simple contravention. *V.* p. 6, notes.

46. Cet article manque de sanction, l'art. 5 qui suit, punit *la publication des écrits* primés sans autorisation, la publication seulement ; en conséquence, l'impression non a risée, non suivie de publication, n'est passible d'aucune peine. *V.* art. 1, p. 2 et suiv.

NOM ET DEMEURE. 47. Le défaut d'indication des nom et demeure l'imprimeur est puni par l'art. 17, loi 1814, qui remplace quant à ce l'art. 283 du pénal. Mais cet article est maintenu et doit être appliqué concurremment avec le 2° l'art. 17, loi 1814, lorsqu'il s'agit du défaut d'indication *vraie*, c'est-à-dire qu'il y a i cation d'un faux nom et d'une fausse demeure, l'on appliquera dans ce cas l'amende de l de 1814, et l'emprisonnement du Code pénal.

48. L'indication du nom de l'auteur n'est plus obligatoire, l'art. 283 du Code pénal donc abrogé quant à ce par le système général de la loi de 1814, le nom de l'imprim suffit seul et seul est exigé ; en conséquence, la révélation du nom de l'auteur par l primeur en contravention n'aurait aucune influence atténuante sur la peine encourue par en vertu de l'art. 17. L. 1814. Le § 3 de l'art. 284, Code pénal, est donc abrogé.

49. La contravention à l'art. 17, loi 1814, est consommée dès que le dépôt prescrit l'art. 14 de la même loi, *V.* ci-devant, page 17, a été effectué, et que les exemplaires on envoyés à la librairie, bien qu'il n'en ait été vendu aucun. Cass. Ch. réun., 8 août 18 *Bull. crim.*, 33, page 709. *V.* ci-dessous, n° 51.

1815 à 1819. (2.)	1820 à 1825 (3.)	1825 à 1830 (4.)	1831 à 1848 (5.)	1848 à 1849 (6.)	1850 à 1855. (7.)	LA PRESSE en ALGÉRIE. (8.)	1856 à... NOTES. (9.)
des discours de la tribune, — F. du gouverneur général en Algérie pour l'impression de tous les écrits.							
D. — L. 26 avril 1816. (Cartes à jouer.) ART. 466. Tout individu qui fabriquera les cartes à jouer, ou qui en introduira en France, ou qui en distribuera, vendra, colportera, sans l'autorisation de la régie, sera puni de la confiscation des objets de fraude, l'une amende de **1,000 fr.** à **3,000 fr.** et d'un mois de prison. En cas de récidive, l'amende sera toujours de **3,000 fr.** (44).					**E.—DÉCR. 22 mars 1852.** (Corps législatif.) ART. 74. Tout membre du Corps législatif peut, après en avoir obtenu l'autorisation de l'assemblée, faire imprimer et distribuer à ses frais le discours qu'il a prononcé. — L'impression et la distribution non autorisées seront punies de **500** à **5,000 fr.** d'amende contre l'imprimeur, et de **5** à **500 fr.** contre le distributeur (45) V. p. 6.	**F.—DÉC. 28 mars 1852.** ART. 3. Aucun écrit autre que les jugements, arrêts et actes publiés par autorité de justice ou émanés de l'autorité militaire, ou de l'évêque diocésain, ne peut être imprimé sans la permission du gouverneur ou du préfet délégué. V. p. 2. (46)	

*l'impression,—§ Ier. **Indication des nom et demeure. § II. Timbre, couleur de papier pour affiches.***

1815 à 1819. (2.)	1820 à 1825 (3.)	1825 à 1830 (4.)	1831 à 1848 (5.)	1848 à 1849 (6.)	1850 à 1855. (7.)	LA PRESSE en ALGÉRIE. (8.)	1856 à... NOTES. (9.)
L. 25 mars 1817. (Finances.) ART. 77. *in fine.* V. p. 73. L'imprimeur... qui sera tenu d'indiquer son nom et sa demeure au bas de l'affiche (57). **L. 28 février 1817.** Saisie des écrits en vertu de la loi de 1814. ART. UNIQUE. Lorsqu'un écrit aura été saisi en vertu de l'art. 15 de la loi de 1814, l'ordre de saisie et le procès-verbal seront notifiés, sous peine de nullité dans les 24 heures à la partie saisie qui pourra y former opposition. — En cas d'opposition le procureur du Roi fera toute diligence pour que dans la huitaine à dater du jour de ladite opposition il soit statué sur la saisie. Le délai de huitaine expiré, la saisie, si elle n'est maintenue par le tribunal, sera de plein droit périmée et sans effet, et tous dépositaires de l'ouvrage saisi seront tenus de le remettre au propriétaire (70, 74, 126, 698).					N. B. Abrogé en termes généraux par l'art. 31 de la loi du 26 mai 1819, cet article a été maintenu par la jurisprudence, parce que l'art. 11 de la loi de 1819, qui, devait la remplacer, ne s'appliquant qu'aux saisies pour le contenu, c'est-à-dire pour crimes et délits, l'a laissé en vigueur pour les contraventions de la loi de 1814.		

§ II. Timbre. — Quant à la formalité du timbre prescrite avant l'impression de certains écrits, — *V.* au chapitre du timbre, p. 51 à 54.
Couleur du papier pour affiches. — Et pour la couleur du papier à employer pour les affiches, — *V.* p. 73, 74.

50. Lorsqu'une pétition est imprimée sur la même feuille qu'un journal, et qu'il résulte du mode d'impression et de la disposition typographique qu'elle était destinée à en être séparée pour former un écrit particulier, elle constitue une œuvre distincte du journal, soumise aux prescriptions de la loi de 1814. (déclaration, indication et dépôt.) Cass., 24 janvier, 22 fév. 1851. *Bull. crim.*, n°s 53, 75.

51. L'omission des noms et de la demeure de l'imprimeur sur chacun des exemplaires imprimés constitue une contravention aux art. 15 et 17, loi 1814, exclusive de bonne foi et d'erreur, et qui existe du moment où il a laissé sortir de ses ateliers un seul exemplaire défectueux. Cass. 12 déc. 1844, 9 nov. 1849, 21 fév. 1844 et 8 août 1849, arrêts cités dans le *Bull. crim.* 1854, n° 15.

—Spécialement viole la loi de 1814, l'arrêt qui, après avoir constaté la contravention, renvoie néanmoins le prévenu de la prévention sous le double prétexte qu'il y avait une simple erreur commise par voie d'omission, et que le dépôt irrégulier n'aurait été suivi d'aucune publication, distribution ou mise en vente. Cet arrêt, en créant des excuses non autorisées par la loi, viole les art. 15 et 17 de la loi précitée. Cass., 21 janvier 1854. *Bull. crim*, n° 15.

52. Les bilboquets, dispensés de dépôt et de la déclaration, ne sont dispensés de l'indication des noms que lorsque la nature de l'écrit ne comporte pas cette indication, ainsi les adresses, les cartes de visites. Tous les autres y sont soumis, les factures signées, les annonces, les prospectus, etc.;—mais non les bulletins électoraux. Jug. du trib. de Moulins du 14 nov. 1855 : un pourvoi a été formé contre cette décision.

53. Les écrits lithographiques ayant été assimilés aux *autres ouvrages d'imprimerie,* par l'ordonnance de 1817, *V.* p. 12, sont soumis à l'indication des nom et demeure, le silence de la loi de 1817 ne vaut pas dispense en présence de la loi de 1814, qui comprend d'une manière générale et sans exceptions tous les imprimés. — *Id.* pour les affiches, Paris, 31 août 1844. — *Id.* les circulaires, les libelles autographiés, les gravures faisant partie d'un ouvrage, les journaux et leurs suppléments. Paris, 8 avril 1836. Montpellier, 1er février 1847. Paris, 28 juin 1850. Trib. Seine, 18 janvier 1851. Rennes, 28 août 1850.

54. L'application simultanée de l'art. 286 du Code pénal et de l'art. 18, loi 1814, est souvent impossible dans la pratique, puisque l'un confisque ce que l'autre doit restituer. C'est aux juges à ne pas ordonner des exécutions impraticables et à prévoir ces cas.

55. Le ministère public, qui doit prouver que les vendeurs et distributeurs d'un imprimé sans nom d'auteur ont agi *sciemment,* aux termes de l'art. 283, Code pénal, n'est pas obligé à faire cette preuve lorsque l'écrit est sans nom d'imprimeur. Il y a alors présomption contre les publicateurs. *V.* p. 84, n° 369.

56. L'art. 463 n'est pas applicable aux contraventions d'imprimerie. Toutefois, lorsqu'il y aura lieu de prononcer la peine de l'art. 283 du Code pénal, on pourra appliquer cet art. 463, puisqu'il est applicable à tous les délits du Code pénal. *V.* n° 29, *suprà.*

57. Pour la place que doit occuper cette indication, la loi ne la détermine que pour les affiches, *V.* art. 77, loi 25 mars 1817, p. 73 ; l'usage est de la mettre à la fin du livre.

58. Les prescriptions des art. 9 du règlement de 1723 et de la déclaration du 10 mai 1728, n'ont été abrogées par aucune disposition ultérieure; mais les peines portées en l'art. 9 du règlement de 1723, comme celles de l'art. 9 de la déclaration de 1728, ayant été abolies, les obligations qu'elles portent ne valent plus que comme simples recommandations qui sont du reste toujours observées dans l'intérêt des imprimeurs et des libraires.

1789 à 1814.	**1815 à 1819.**
1.	2.

CHAP. II (SUITE). — OBLIGATIONS DES IMPRIMEURS. — SECT. III.

DÉCR. 19 juillet 1793.
Propriété des auteurs.

ART. 6. Tout citoyen qui mettra au jour un ouvrage, soit de littérature ou de gravure, dans quelque genre que ce soit, sera obligé d'en déposer **deux exemplaires à la Bibliothèque nationale ou au Cabinet des estampes de la République**, dont il recevra un reçu signé du bibliothécaire : faute de quoi il ne pourra être admis en justice pour la poursuite des contrefacteurs (67). (*V.* ci-devant le décret en entier, p. 44, et ci-dessous art. 9, ordonnance du 24 octobre 1814.) (n. 67.)

Arrêt du conseil de 1785.

ART. 1ᵉʳ.... *Tous auteurs, libraires, imprimeurs, graveurs, marchands d'estampes et de cartes, compositeurs ou éditeurs, et marchands de musique ou autres personnes, de quelque qualité et condition qu'elles soient, même les archevêques..... les académies....., etc., qui obtiendront des privilèges, permissions du sceau ou des juges de police et autres pour l'impression ou réimpression ou gravure des livres, estampes, musique, cartes ..., etc .., remettront ou feront remettre à la Chambre syndicale de Paris neuf exemplaires, brochés et complets, desdits livres, estampes, musique, cartes, pour lesquels ils auront reçu privilège ou permission quelconque (60).*

ART. 2. *Lesdits neuf exemplaires dont : 3 pour la bibliothèque du Roi ; 1 pour celle de M. le garde des sceaux ; 1 pour celle de M. le chancelier ; 1 pour le censeur qui aura examiné l'ouvrage et les 3 autres pour la chambre syndicale, seront remis sans frais à ladite chambre huit jours après l'impression finie, à peine de déchéance de privilège ou de la permission, de confiscation de l'édition entière et de 300 livres d'amende.*

Règlement de 1723 non registré.

ART. 108. *Tous libraires, graveurs et autres... étaient tenus... avant publication... de remettre, sans frais, entre les mains des syndics et adjoints huit exemplaires brochés des livres, feuilles, estampes... pour être par eux remis : 2 au garde de la Bibliothèque publique de Sa Majesté ; 1 au garde du Cabinet du château du Louvre ; 1 en la bibliothèque du garde des sceaux, 1 au censeur qui aura examiné l'ouvrage, et les 3 autres pour la communauté des libraires. (V. Recueil in fine)*

DÉCR. 10 fév. 1810
Règlement de l'imprimerie et de la librairie.

ART. 48. Chaque imprimeur sera tenu **de déposer à la préfecture** de son département, *et à Paris, à la préfecture de police cinq exemplaires de chaque ouvrage, savoir : V.* ci-dessous la suite.

Même déc. de 1810.
(*V.* ci-dessus.)

ART. 48. (suite.) *2 pour la Bibliothèque impériale. 1 pour le ministre de l'intérieur, 1 pour le conseil d'État, 1 pour le directeur de la librairie,* (remplacé, *V.* art. 4, L. 1814.)

L. 21 octobre 1814.
Liberté de la presse et police.

ART. 14. Nul imprimeur ne pourra imprimer un écrit avant d'avoir déclaré qu'il se propose de l'imprimer (*V.* Sect. Iʳᵉ, ci-devant p. 14), ni le **mettre en vente ou publier** de quelque manière que ce soit, **avant d'avoir déposé le** nombre prescrit d'exemplaires, savoir : à Paris, au secrétariat de la *direction générale* (aujourd'hui au Ministère de l'intérieur), et dans les départements, au secrétariat de la préfecture. (53, 64, 64, 65, 66, 67, 68 et 69).

ART. 16. Le défaut de déclaration avant l'impression et le défaut de **dépôt avant la publication** constatés, comme il est dit en l'art. 15 (ci-dessous), seront punis chacun d'une **amende de 1000 fr.** pour la première fois et **2000 fr.** pour la seconde fois (73, 74 et 75).

ART. 15. Il y a lieu à saisie et séquestre d'un ouvrage :
1° Si l'imprimeur ne présente pas les récépissés de la déclaration (*V.* 41, 42), et du **dépôt** ordonné en l'art. précédent (64, 74) ;
2° et 3° (*V.* p. 43, 29).

ART. 18. Les exemplaires **saisis** par simple contravention à la présente loi seront restitués après le paiement des amendes.

ART. 13. (Retrait facultatif du brevet.) *V.* p. 18, 29.

Ordonnance du 24 octobre 1814.
Impression, dépôt, publication des ouvrages.

ART. 4. Le nombre d'exemplaires qui devront être déposés, ainsi qu'il est dit en l'art. 14 *reste fixé à cinq, lesquels seront répartis ainsi qu'il suit : 1 pour la bibliothèque, 1 pour le chancelier de France, 1 pour le ministre de l'intérieur, 1 pour le directeur général de la librairie, 1 pour le censeur qui aura été chargé d'examiner l'ouvrage.* (Modifié par l'art. 1ᵉʳ, ordonnance du 9 janv. 1828.)

Même ordonnance du 24 octobre 1814.

Art. 3. *Les dispositions de l'art. 14, L. 21 oct. 1814, s'appliquent aux estampes et aux planches gravées accompagnées d'un texte (62, 65).*

Art. 10. *Toute estampe ou planche gravée publiée ou mise en vente avant le* **dépôt** *des 3 épreuves constaté par le récépissé sera saisie par les inspecteurs de la librairie (ils sont supprimés) et les commissaires de police qui en dresseront procès-verbal.*

Art. 8. *Le nombre d'épreuves des estampes et planches gravées sans texte qui doivent être* **déposées** *pour notre bibliothèque reste fixé à 2 dont 1 avant la lettre ou en couleur, s'il en a été tiré ou imprimé de cette espèce.*

Il en sera en outre tiré 3 épreuves dont 1 pour le chancelier, 1 pour le directeur de la librairie et 1 pour le ministre, de l'intérieur. (Modifié par l'art. 1 de l'ordonnance du 9 janvier 1828.)

Art. 9. *Le* **dépôt** *ordonné en l'art. 8 sera fait, à Paris, au secrétariat de la direction générale* (au Ministère de l'intérieur), *et dans les départements au secrétariat de la préfecture. — Le récépissé détaillé qui en sera délivré à l'auteur formera son titre de propriété, conformément à la loi du 19 juillet 1793. — V.* p. 13 et ci-dessus col. 1 (67)

L. 8 oct. 1817.
Impressions lithographiques

ART. 2. Toutes les impressions lithographiques seront soumises à la déclaration (*V.* p. 44-42) et au **dépôt avant la publication** comme tout autre ouvrage d'imprimerie.

—

L. 28 février 1817.
Saisie des écrits en vertu de la loi de 1814.

ART. UNIQUE. Lorsqu'un écrit aura été saisi en vertu de l'art. 15 de la loi de 1814, l'ordre de saisie et le procès-verbal seront, sous peine de nullité, notifiés dans les 24 heures à la partie saisie qui pourra y former opposition. — En cas d'opposition, le procureur du Roi fera toute diligence pour que dans la huitaine, à dater du jour de ladite opposition il soit statué sur la saisie. Le délai de huitaine expiré, la saisie, si elle n'est maintenue par le tribunal, demeurera de plein droit périmée et sans effet, et tous dépositaires de l'ouvrage saisi seront tenus de le remettre au propriétaire (70, 74).

(Abrogé par l'art. 31 de la loi du 26 mai 1819, maintenu par la jurisprudence.)

L. 9 juin 1819.
Journaux.— Publicatio

. . . .

ART. 5. *Au moment de la publication de chaque feuille d'un journal (cautionné), il en sera remis à la préfecture,... sous-préfecture,... ou mairie un exemplaire signé, et* — *V.* p. 49.
N. B. *Quid pour les journaux non cautionnés* (59)

. . . .

Pour la procédure en cas de saisie, — *V.* ci-dessus la loi du 28 février 1817.

DÉPOT — 59. *Aucun écrit...* par cette expression générale, l'art. 14 de la loi de 1814 comprenait les journaux sans distinction ; mais les lois de 1819 et 1828 ayant soumis à un dépôt particulier, par les gérants, les journaux *cautionnés* (ce sont les seuls qui sont obligés à avoir des gérants. *V.* p. 43), le dépôt des journaux *non cautionnés* est seul resté à la charge des imprimeurs. — Comp. art. 7, L. 1849. Les journaux non cautionnés n'ayant pas forcément de gérants, leur dépôt ne pourrait être fait par des gérants (Bordeaux, 17 nov. 1843; Cass. 17 fév. 1844; 3 avril 1846). *V.* Morin, vᵒ *Imprimeur.*

60. La formalité du dépôt admet, comme celle de la déclaration, la distinction entre les imprimés ordinaires et ceux dits labeurs ou bilboquet, indiquée par la circulaire de 1830 que nous avons rapportée p. 12, nᵒ 25, en ce qui est relatif à la déclaration et au dépôt.

61. Est passible des peines correctionnelles l'imprimeur qui a fait simultanément, le même jour, la déclaration d'imprimer un écrit et le dépôt de l'écrit imprimé. — La déclaration de l'imprimeur faite à la sous-préfecture de son arrondissement est insuffisante. *V.* art. 9, ord. 1814. — Il n'est pas nécessaire que les contraventions prévues par l'art. 16, L. 1814, soient constatées par des procès-verbaux : elles sont suffisamment prouvées par le défaut de représentation des récépissés de la déclaration et du dépôt par l'imprimeur, sur les poursuites. Cass. 16 août 1851 (*Bull. crim.* nᵒ 34). *V.* n. 30 *supra.*

62. Les estampes et la musique accompagnées d'un texte sont soumises au dépôt. Cass. 5 nov. 1826. L'ord. du 21 oct. 1814 n'ayant pas ressuscité l'arrêt du conseil de 1785, abrogé par l'ensemble des lois postérieures, en ce qui touche le dépôt des estampes, planches et musiques gravées sans texte, ces objets ne sont pas soumis au dépôt de l'art. 14, L. 1814 ; mais les lithographies, gravures et dessins, avec ou sans texte sont assujettis à un dépôt particulier afin d'obtenir l'autorisation préalable exigée par l'art. 20 du décret du 17 fév. 1852, comme nécessaire à leur publication.

63. Le dépôt prescrit par la loi et l'ord. de 1814 pour les estampes et les gravures est indépendant de celui prescrit par l'art. 20 du décret de 1852 pour la publication de ce sortes d'ouvrages ; l'un est à la charge de l'imprimeur, l'autre à celle du publicateur, auteur, éditeur ou autre. Art. 1, § 2, ord. 1833.

64. Le dépôt ne dispense pas de la déclaration *et vice versâ.* Cass. 16 juin 1826.

65. Les ouvrages réimprimés sont, comme les autres, soumis à la double formalité de la déclaration et du dépôt. Cass. 18 juill. 1833. — *Id.* Le numéro d'un journal réimprimé en supplément et hors périodicité, alors même que le numéro aurait été déposé au parquet. — Même arrêt. *Contrà.* Toulouse, 4 avril 1854. *V.* Chassan 1, p. 343.

66. L'obligation de la déclaration et du dépôt ne saurait être exigée pour les ouvrages imprimés à l'étranger; mais, au moment de leur importation en France, l'autorité a droit d'exiger l'accomplissement de ces formalités, *V.* Pic, p. 243; dans ce cas elles pourraient avoir lieu simultanément.

67. Le dépôt prescrit par l'art. 6 de la loi du 19 juill. 1793 se confond avec le dépôt exigé par l'art. 14 de la loi de 1814 (Cass. 20 juin 1852). En conséquence, le dépôt fait par l'imprimeur empêche l'ouvrage de tomber dans le domaine public; mais le dépôt qu

Formalités après l'impression et avant la publication—Dépôt des imprimés et estampes.

1820 à 1825	1825 à 1830	1831 à 1848.	1848 à 1849.	1850 à 1856.	La Presse en Algérie	1856 à... NOTES.
3.	4.	5.	6.	7.	8.	9.
	L. 18 juillet 1828 Sur les journaux périodiques. ART. 8, § 2. L'exemplaire signé pour minute (du journal cautionné) sera au moment de la publication déposé au parquet du procureur du roi... ou à la mairie... sous peine de 500 fr. d'amende contre les gérants. — *V.* le texte, p. 49. N. B. Quid pour les journaux non cautionnés? Leur dépôt est à la charge des imprimeurs (59). **Circ. min. 16 juin 1830. Dépôt.** Il n'y a d'autre exception à la formalité du dépôt que pour les ouvrages dits de ville ou bilboquets. — *V.* p. 10, n° 25, la suite (60). **ORD. du 9 janvier 1828,** Modifiant celle de 1814 sur le dépôt. Art 4. Le nombre des exemplaires des écrits imprimés et des épreuves des planches et estampes dont **le dépôt est exigé** par la loi, et qui avait été fixé à 5 par les art. 4 et 8 de l'ordonnance du 24 oct. 1814, est réduit, outre l'exemplaire et les deux épreuves destinés à notre bibliothèque, conformément à la même ordonnance, à un seul exemplaire et à une seule épreuve pour la bibliothèque du *ministère de l'intérieur.* (Modifiée par ordonnance du 27 mars 1828.) **ORD. 27 mars 1828.** Dépôt des ouvrages destinés au ministre de l'intér. ART. 1er. Il sera formé à la bibliothèque Sainte-Geneviève un **dépôt** particulier pour y recevoir l'exemplaire des livres **du dépôt** légal qui, en vertu de l'ordonnance du 9 janvier dernier, est destiné à la bibliothèque du ministère de l'intérieur. *V.* ord du 30 juillet 1835.	N. B. Une ordonnance du 11 octobre 1832 place le **dépôt légal** de Sainte Geneviève dans les attributions du ministère de **l'instruction** publique. **ORD. du 30 juillet 1835.** ART. 1er. L'exemplaire des livres **du dépôt légal** qui, en vertu des ordonnances des 9 janvier 1828 et 11 octobre 1832, doit être remis au ministre de l'instruction publique, restera désormais déposé audit ministère. **ORD. 9 septembre 1835.** Publication des dessins. ART. 1er, § 2. Lorsqu'il s'agira de gravures, lithographies, estampes, emblèmes, se multipliant par le tirage, l'auteur ou l'éditeur, en recevant l'autorisation (exigée par *l'art. 20 de la loi du 9 sept. 1835*), **déposera** au ministère de l'intérieur, à Paris, ou au secrétariat de la préfecture, dans les départements, une épreuve destinée à servir de pièce de comparaison; il certifiera la conformité de cette épreuve avec celles qu'il se proposera de publier.— *V.*p.60(62).	**L. 27 juillet 1849** Sur la presse. ART. 7. Indépendamment **du dépôt** prescrit par la loi du 21 octobre 1814, tous écrits traitant de matières politiques ou d'économie sociale et ayant moins de dix feuilles d'impression, autres que les journaux et écrits périodiques, devront **être déposés par l'imprimeur au parquet**,.. du lieu de l'impression 24 heures avant toute publication ou distribution. L'imprimeur devra déclarer au moment du dépôt le nombre d'exemplaires qu'il a tirés. — Il lui sera donné récépissé de la déclaration. Toute contravention aux dispositions du présent article sera punie par le tribunal correctionnel d'une amende de 100 fr. à 500 fr. (68, 72, 73, 74, 218, 219, 224). — *V.* p. 50. N. B. Si le décret du 6 mars 1848 a abrogé la loi du 9 sept. 1835, le décret du 17 février 1852, en reproduisant l'art. 20 de la loi du 9 sept., a maintenu implicitement l'ordonnance de 1835, art. 1er, rendu en exécution dudit art. 20 (62).	**DÉC. 17 fév. 1852** L'art. 22 reproduit l'art. 20 de la loi du 9 sept. 1835 (*V.* p. 60).		

---

ferait l'auteur pour conserver son droit de propriété ne dispenserait pas l'imprimeur de celui que la loi a mis spécialement à sa charge.

68. Une lettre portant convocation d'une réunion politique doit être soumise à la formalité du dépôt particulier au parquet, mise à la charge de l'imprimeur par l'art. 7 de la loi du 29 juillet 1849, en même temps qu'elle devra être déposée et déclarée à la préfecture, conformément à l'art. 14, loi 1814. Son caractère politique la soumet à ce double dépôt.— *V.* art. 7, L. 27 juillet 1849.

69. Si tous les exemplaires d'un écrit non déposé peuvent être représentés, il n'y a pas publication dans le sens de la loi. — La preuve de leur non-déplacement peut être proposée par le prévenu, et le tribunal est libre d'ordonner la constatation du fait et peut, pour cette opération, commettre un commissaire de police. Trib. correct. Seine, 26 déc. 1838; Cass., 9 nov. 1849.

70. La loi du 28 fév. 1817 a été abrogée d'une manière générale et en termes exprès par l'art. 31 de la loi du 26 mai 1819, qui devait la remplacer par son art. 11; mais l'art. 11 ne s'appliquant qu'aux saisies motivées sur le *contenu* de l'ouvrage, c'est-à-dire en cas de délits ou de crimes, la Cour suprême a décidé, le 22 août 1823, que cette loi n'était pas abrogée lorsque la saisie aurait lieu pour contraventions à la loi de 1814, énoncées aux deux premiers numéros de l'art. 15. — *V.* p. 12 et p. 144, n° 698, et n° 126 *suprà.*

71. Si un commissaire de police s'est présenté chez un imprimeur pour saisir un ouvrage qui n'a été ni déclaré ni déposé, et si, ne trouvant rien, il s'est contenté de dresser procès-verbal des dires de l'imprimeur, il n'est nullement exigé, à peine de nullité, que ce procès-verbal soit signifié conformément à la loi du 28 fév. 1817. — La signification ne doit avoir lieu qu'en cas de saisie. — En cas de non-saisie et de non-représentation d'un exemplaire de l'imprimé publié sans déclaration ni dépôt préalable, la preuve de ces contraventions peut avoir lieu conformément à l'art. 189, C. d'inst. crim., c'est-à-dire, suivant le droit commun. — Cass., 2 avril 1850 (S. 31.1.537).

72. En cas de saisie pour contravention à l'art. 7, L. 29 juill. 1849, doit-on suivre la procédure de la L. de 1817? Non. — Abrogée par un texte formel, ne vivant que par une distinction de la jurisprudence, cette loi ne doit pas être étendue par l'analogie. — On devra suivre en conséquence les règles du C. d'inst. crim. qui sont exécutées en cas de saisie d'écrits délictueux depuis l'abrogation de la loi de 1819, par l'art. 27 du décret de 1852. — *V.* p. 146.

73. Les peines prononcées par le C. pénal en cas de fausse indication de nom.—(*V.* p. 13, 14); celles de la L. de 1814 et de la L. de 1849, art. 7, peuvent être cumulées, car le principe du non-cumul des peines est inapplicable aux contraventions matérielles, si la loi spéciale ne le dit pas.—Cass., 14 août 1846; Paris, 24 juill. 1850; Rennes, 28 août 1850.

74. La bonne foi n'est pas une excuse en cas de contravention à la loi de 1814. — Cass., 6 juill. 1832.—*V.* p. 13, n° 28, les arrêts cités.

75. L'art. 463 n'est pas applicable aux contraventions d'imprimerie. — Cass., 9 nov. 1849.—*V.* n°s 56 et 29, *suprà*, mais il est applicable à la contravention de l'art. 7, L. 1849. — *V.* art. 23, p. 154, n° 672.

AVANT 1789.	1789 à 1814.

CHAP. III. — ABUS DE L'EXERCICE DE LA PROFESSION D'IMPRIMEUR. RÉPRESSION.

DÉCR. 5 février 1820. — Règlement de l'imprimerie et librairie.

Art. 10. Il est défendu de rien imprimer ou faire imprimer qui puisse porter atteinte aux devoirs des sujets envers le souverain et les intérêts de l'État. — Les contrevenants seront traduits devant nos tribunaux et punis conformément au Code pénal, sans préjudice du droit qu'aura notre ministre de l'intérieur, sur le rapport du directeur général, de retirer le brevet à tout imprimeur pris en contravention. (Abrogé avec le titre de la censure. — V. p. 1) (76).

—

CODE PÉNAL. — LIVRE II, Chap. I. — Complicité.

Art. 59. Les complices d'un crime ou d'un délit seront punis de la même peine que les auteurs mêmes de ce crime ou de ce délit, sauf les cas où la loi en aurait disposé autrement.

Art. 60. Seront punis comme complices d'une action qualifiée crime ou délit :…
§ 3. Ceux qui auront avec connaissance aidé ou assisté l'auteur ou les auteurs de l'action dans les faits qui l'auront préparée ou facilitée, ou dans ceux qui l'auront consommée, sans préjudice des peines qui seront spécialement portées par le présent Code contre les auteurs de complots ou de provocations attentatoires à la sûreté intérieure ou extérieure de l'État, même dans le cas où le crime, objet des conspirateurs, n'aurait pas été commis.

—

LIVRE III, TITRE II, Sect. VI. — Délits commis par la voie d'écrits, images, gravures distribués sans nom d'auteur, d'imprimeur ou de graveur.

Art. 285. Si l'écrit imprimé [sans indication vraie des noms, profession et demeure de l'auteur, graveur ou imprimeur] contient quelques provocations à des crimes ou délits, les crieurs, afficheurs, vendeurs et distributeurs, seront punis comme complices des provocateurs, à moins qu'ils n'aient fait connaître ceux dont ils tiennent l'écrit contenant la provocation. (Conforme, art. 1ᵉʳ, L. 1819, 17 mai.)
En cas de révélation, ils n'encourront qu'un emprisonnement de 6 jours à trois mois, et la peine de complicité ne restera applicable qu'à ceux qui n'auront point fait connaître les personnes dont ils auront reçu l'écrit imprimé, et à l'imprimeur s'il est connu (81).

Art. 286. Dans tous les cas ci-dessus il y aura confiscation des exemplaires saisis. — V. art. 26, L. 17 mai 1849.

Art. 289. Dans tous les cas exprimés en la présente section, et où l'auteur sera connu, il subira le maximum de la peine attachée à l'espèce de délit (83).

Art. 287. Toute exposition ou distribution de chansons, pamphlets, figures ou images [sans indication vraie des noms, profession et demeure des auteurs, imprimeurs ou graveurs] contraires aux bonnes mœurs sera punie de 1 mois à 1 an de prison, de 16 fr. à 500 fr. d'amende et de la confiscation des planches et des exemplaires imprimés ou gravés, de chansons, figures ou autres objets du délit. — V. art. 477, ci-dessous. (Comparez aussi art. 26, L. 17 mai 1849.) (82). . . . .

Art. 289. V. ci-dessus.

Art. 288. La peine de l'emprisonnement et l'amende seront réduites à des peines de simple police — (art. 475….. C. Pén.)
1° À l'égard des crieurs, vendeurs ou distributeurs, qui auront fait connaître la personne qui leur a remis l'objet du délit ;
2° À l'égard de quiconque aura fait connaître l'imprimeur ou le graveur ;
3° À l'égard même de l'imprimeur ou du graveur qui auront fait connaître l'auteur ou la personne qui les aura chargés de l'impression ou de la gravure (82).

Art. 475. Seront punis de 6 fr. à 10 fr. d'amende…13° Les personnes mentionnées aux art. 283 et 288.

Art. 477. Seront saisis et confisqués…: 3° les écrits ou gravures contraires aux bonnes mœurs, ces objets seront mis sous le pilon. (Cp. art. 26, L. 26 mai 1849.)

Art. 425, 426, 427, 429. Impression non autorisée d'ouvrages d'esprit non tombés dans le domaine public. — Délit de contrefaçon. — Pénalités — Amende. — Confiscation. — Dommages-intérêts. — V. p. 13 et 14.

DÉCR. 6 juillet 1810.

Art. 1ᵉʳ. Il est défendu à toutes personnes d'imprimer et débiter les sénatus-consultes, Codes, Lois et règlements d'administration publique avant leur insertion et publication par la voie du Bulletin au chef lieu du département.

Art. 2. Les éditions faites en contravention de l'article précédent seront saisies à la requête de nos procureurs généraux, et la confiscation en sera prononcée par le tribunal correctionnel (Abrogé par l'art. 5 de l'ordonnance du 12 janvier 1820.)

L. 28 germ. an IV.
Mesures contre les délits de la presse.

Art. 5. Les auteurs qui se permettraient de composer, et généralement toutes personnes qui imprimeraient, distribueraient, vendraient, colporteraient, afficheraient des écrits contenant les provocations déclarées criminelles par la loi du 27 germinal (V. in fine au recueil), seront poursuivis de la manière qu'il est porté par ladite loi contre les auteurs de ces provocations.

Art. 6. Ceux qui seront trouvés vendant, distribuant, colportant, affichant aucuns desdits écrits, seront arrêtés et conduits devant le jury d'accusation ; ils seront tenus de nommer les personnes qui leur auront remis lesdits écrits… (V. recueil in fine).

Art. 8. En cas de non-révélation du nom de l'auteur, les imprimeurs, vendeurs, distributeurs, afficheurs, colporteurs, et dans le cas de fausses indications, seront punis de deux années de fer, en cas de récidive, de la déportation. (V. le texte au recueil in fine).

—

Règlement de 1723, non registré.

Art. 99. Ceux qui imprimeront ou feront imprimer, vendront ou exposeront, distribueront ou colporteront des livres ou libelles contre la religion, le service du roi, le bien de l'État, la pureté des mœurs, l'honneur et la réputation des familles et des particuliers, seront punis suivant la rigueur des ordonnances, et à l'égard des imprimeurs, libraires, relieurs ou colporteurs, ils seront déchus de leurs privilèges et immunités et déclarés incapables d'exercer leur profession, sans pouvoir y être jamais rétablis.

—

Arrêt du conseil du 26 août 1785.

Art. 1ᵉʳ. Portant défense à tous libraires et imprimeurs autres que ceux choisis et avoués par le directeur de l'imprimerie royale d'imprimer, vendre et débiter aucun ouvrage, édit ou ordonnance qui auront été remis à ladite imprimerie pour y être imprimés, à peine d'amende, de confiscation et de plus grande peine, s'il y échoit. (Abrogé.)

L. 21 oct. 1814.
Liberté de la presse et police.
. . . .
Art. 42. Le brevet pourra être retiré à tout imprimeur ou libraire convaincu par un jugement de contraventions aux lois et règlements (80).

—

L. 21 oct. 1814.
TITRE II. — Liberté de la presse et police.
. . . .
Art. 47. Le défaut d'indication de la part de l'imprimeur de son nom et de sa demeure sera puni d'une amende de 3,000 fr. — V. ci-dessous.

ORD. 24 oct. 1814.
Impression, publication, dépôt.
Art. 11. Il est défendu de publier aucune estampe ou gravure diffamatoire ou contraire aux bonnes mœurs, sous les peines prononcées par le C. pénal.
. . . .

L. 21 oct. 1814.
TITRE II. — Liberté de la presse et police.
Art. 47. Le défaut d'indication de la part de l'imprimeur de son nom et de sa demeure sera puni d'une amende de 3,000 fr. — L'indication d'un faux nom et d'une fausse demeure sera punie d'une amende de 6,000 fr. sans préjudice de l'emprisonnement prononcé par le C. pénal. — V. p. 15 (82).

ORD. 28 déc. 1814,
Relative à l'imprimerie royale.
Art. 8. L'imprimerie royale reste exclusivement chargée : 1° 2° 3° de l'impression, distribution et débit des lois, ordonnances, règlements et actes quelconques de l'autorité royale, renouvelant, à cet effet et en tant que de besoin, les dispositions des arrêts du conseil d'août 1717 et 26 août 1785. (Abrogé, ordonnance 12 janvier 1820.)

---

76. La sanction de l'art. 10 du décret du 5 fév. 1810 se trouvait dans le système de la censure aujourd'hui abrogé. Mais cet article, également abrogé comme le titre dont il était l'article dominant, reste comme une maxime utile à suivre.

77. L'art. 1 de la loi du 17 mai 1819 rentre dans l'esprit de l'art. 60 du Code pénal, en ce qu'il considère la provocation comme constituant la complicité, mais l'art. 1 diffère de l'art. 60 en ce que la provocation qu'il prévoit est une complicité légale, pourvu qu'elle ait eu lieu par des moyens de publicité : la publicité et l'intention sont ses deux éléments essentiels.

78. Relativement aux délits contenus dans les imprimés, les imprimeurs et associés ne sont complices et leur responsabilité n'est engagée que s'il y a eu de leur part connaissance de la criminalité de l'écrit ou coopération coupable à sa publication et distribution (Cp., 59, 60, C. P., et art. 24, L. 17 mai 1819). Cass. 31 août 1832. Morin, Dict. pén., vᵒ Imprimerie.

79. Lorsque l'imprimeur d'un écrit incriminé a rempli pour son contenu toutes les obligations prescrites par le titre II de la loi de 1814, c'est-à-dire qu'il est breveté, assermenté, qu'il a déclaré et déposé l'imprimé avec l'indication régulière de son nom et de sa demeure, il est présumé n'être pas complice, et c'est au ministère public qui veut établir la

SECTION UNIQUE. — Crimes, délits et contraventions des imprimeurs. Peines.

1815 à 1819.	1820 à 1825.	1825 à 1830.	1831 à 1848.	1848 à 1849.	1850 à 1856.	La Presse en Algérie.
2.	3.	4.	5.	6.	7.	8.
L. 17 mai 1819. *Répression des crimes et délits de la presse et autres moyens de publication.* ART. 7. Il n'est point dérogé aux lois qui punissent **la provocation** et la complicité résultant de tous **actes autres** que les faits de publication prévus par la présente loi. ART. 24. Les imprimeurs d'écrits dont les auteurs seraient mis en jugement, en vertu de la présente loi, et qui auraient rempli les obligations prescrites par le titre II, L. 24 oct. 1814 (brevet, serment, déclarat., indicat. des noms et demeures, dépôt, — *V.* p. 7, à 16), ne pourront être recherchés sur le simple fait d'impression de ces écrits, à moins qu'ils n'aient **agi sciemment**, ainsi qu'il est dit en l'art. 60 du C. pén. qui définit **la complicité** (78, 79). ART. 1er. Quiconque, soit par des discours, des cris ou menaces proférés dans des lieux ou réunions publics, soit par des écrits, des imprimés, des dessins, des gravures, des peintures ou emblèmes, vendus ou distribués, mis en vente ou exposés dans des lieux ou réunions publics, soit par des placards ou affiches exposés aux regards du public, **aura provoqué** l'auteur ou les auteurs de toute action qualifiée **crime ou délit** à la commettre, sera réputé **complice et puni comme tel** (84, 77). ART. 2. Quiconque aura, par l'un des moyens énoncés en l'art. 1er, provoqué à commettre un ou plusieurs crimes sans que ladite provocation ait été suivie d'aucun effet, sera puni de 3 mois à 5 ans de prison et d'une amende de **50 fr. à 6,000 francs** (84). ART. 3. Quiconque, par les mêmes moyens, **aura provoqué** à commettre un ou plusieurs **délits**, sans que ladite provocation ait été suivie d'aucun effet, sera puni de 3 jours à 2 ans de prison et de **30 fr. à 4,000 fr. d'amende**, ou de l'une de ces deux peines seulement, selon les circonstances, **sauf les** cas dans lesquels la loi prononcerait une **peine moins grave** contre l'auteur du délit, **laquelle** sera alors appliquée au provocateur. (84) ART. 8. **Tout outrage** à la morale publique et religieuse ou **aux bonnes mœurs**, par l'un des moyens énoncés en l'art. 1er, **sera puni de 1 mois à un** an de prison et de **16 fr. à 500 fr. d'amende** (82). — **L. du 26 mai 1819.** — *Poursuite et jugement.* ART. 26. Tout arrêt de condamnation contre les auteurs ou **complices** des crimes et délits commis par voie de publication ordonnera la **suppression** ou **destruction** des objets saisis ou de tous ceux qui pourront être ultérieurement en tout ou en partie, suivant qu'il y aura lieu pour l'effet des condamnations... impression... affiche, etc. — *V.* p. 24 et 437.	. . .	*V.* ART. 14. L. 18 juillet 1828, art. 9, L. 9 juin 1819, pour le double- ment des amen- des en cas de dé- lit par les jour- naux, p. 131. *V.* aussi art. 26, L. 26 mai 1819, pour les peines accessoires, — ci-dessus col. 2.	. . .	. . .	*V.* art. 22 du décr. 17 févr. 1852. — La pu- blication des dessins, moraux ou immoraux, doit être au- torisée, p. 60.	*V.* art. 7, décr. 19 av. 1852 re- produit de l'art. 22, décr. du 17 févr. 1852, p. 60.
B. L. 17 mai 1819. — ART. 24 (rédigé a contrario). Les imprimeurs d'écrits dont les auteurs seraient mis en jugement et qui n'auraient pas rempli les obligations du titre II, L. 1814 — (*V.* art. 17, en omettant leur nom et leur demeure sur l'écrit imprimé, par exemple), seront présumés avoir agi sciemment et recherchés comme complices. à moins qu'ils ne prouvent ne pas avoir agi sciemment, et dans ce cas, il y aura toujours à leur charge la contravention à l'art. 17 de la loi de 1814.						
	ORD. 12 jan. 1820 ART. 3. Il est permis à tout imprimeur ou li- braire d'imprimer et dé- biter les lois et ordon- nances du royaume aus- sitôt après leur publica- tion officielle au *Bulletin des Lois.*					

mplicité à prouver qu'il a agi sciemment, art. 24 L. 17 mai 1819, et le juge à cet égard la libre appréciation des circonstances qui peuvent établir cette complicité.

80. Le retrait du brevet est une conséquence facultative pour le Gouvernement de toutes condamnations prononcées contre les imprimeurs et libraires ; pour mettre le Gouvernement à mesure d'exercer ce droit, une circulaire ministérielle du 5 oct. 1822 prescrit à tous les parquets l'envoi mensuel d'un état des jugements correctionnels intervenus en matière d'imprimerie ou de librairie. — V. une exception au retrait, art. 8, l. 1828, page 20.

81. Lorsqu'un écrit sans nom d'auteur ou d'imprimeur est publié, contenant des provocations à des crimes ou à des délits, sa publication constitue plusieurs infractions, suivant la qualité des publicateurs et les effets de sa publicité, en conséquence :

1° A l'égard de toutes personnes ayant agi sciemment, il y a complicité et deux cas :

A. Si la provocation a été suivie d'effet, on appliquera l'art. 285 du Cod. pénal qui se trouve dans ce cas confirmé par l'art. 1, l. 17 mai 1819, et la peine pourra être abaissée en cas de révélation, conformément au § 2.

B. Si la provocation n'a pas été suivie d'effet, on appliquera les art. 2 ou 3 de la loi du 17 mai 1819, suivant qu'il y a provocation à crime ou à délit, et la révélation du nom de l'auteur ne produira aucun abaissement de la peine. Anomalie qui peut s'expliquer par l'intérêt qu'il y a, lorsque l'effet a été plus grave et que la peine doit être plus lourde à connaître l'auteur réel.

1789 à 1814. 1	1815 à 1819. 2	1820 à 1825. 3	1825 à 1830. 4
	L. 28 avril 1816. — Finances. **Art. 166. Impression ou fabrication non autorisées par la régie des cartes à jouer. Peines :** —Confiscation—prison, **1 mois**—amende, **1000 à 3000 fr.**—*V.* p. 16. **L. 26 mai 1819.** Poursuite et jugement des crimes et délits de presse. **Art. 27.** Quiconque, après que la condamnation d'un écrit, de dessins ou gravures sera réputée connue par la publication dans les formes prescrites par l'art. 26, les **réimprimera**, vendra ou distribuera, subira le **maximum de la peine** qu'aurait pu encourir l'auteur (84, 85). **Art. 26.** Tout arrêt de condamnation contre les auteurs ou complices des crimes et délits commis par voie de publication, ordonnera la suppression ou la destruction des objets saisis ou de tous ceux qui pourront l'être ultérieurement, en tout ou en partie, suivant qu'il y aura lieu, pour l'effet de la condamnation. L'impression ou l'affiche de l'arrêt pourront être ordonnées aux frais du condamné.—Ces arrêts seront rendus publics dans la même forme que les jugements portant déclaration d'absence. — C. Nap., 148. N. B. *V.* art. 10, L. 9 juin 1819, art. 13, L. 25 mars 1822, et art. 14, L. 18 juillet 1828, pour le doublement des amendes en cas de délits par la voie des journaux. — *V.* p. 131, ch. aggravation de peine — et ci-dessus art. 26, L. 26 mai 1819, pour les peines accessoires.		
Code Napoléon. Déclaration d'absence. **Art. 148.** Le procureur impérial enverra, aussitôt qu'ils seront rendus, les jugements tant préparatoires que définitifs au ministre de la justice qui les rendra publics (par insertion en extrait au *Moniteur*).			**L. 18 juillet 1828,** Sur les journaux. **Art. 8, § 3.** La signature (du gérant) sera **imprimée** au bas de tous les exemplaires du journal, à peine de **500 francs d'amende contre l'imprimeur**, sans que la révocation du brevet puisse s'ensuivre.
L. 21 octobre 1814. Liberté de la presse, police. **Art. 12.** Le brevet pourra être retiré à tout imprimeur ou libraire convaincu, par un jugement, de contravention aux lois et règlements.			**L. 10 déc. 1830.** Afficheurs et crieurs publics. **Art. 4.** La vente ou distribution de faux extraits de journaux, jugements et actes de l'autorité publique est défendue et sera punie des peines ci-après (86). **Art. 5.** L'infraction aux dispositions de l'art. 4 sera punie d'une amende de **25 fr. à 500 fr.** et de **6 jours à un mois de prison**, cumulativement ou séparément. — L'auteur ou l'imprimeur des faux extraits défendus en l'art. 4, sera puni du **double de la peine** infligée au crieur, vendeur ou distributeur des faux extraits. — Ces peines seront appliquées sans préjudice des autres peines qui pourraient être encourues par suite des crimes et délits résultant de la nature même de l'écrit (86).
N. B. Disposition aggravante de la peine qui s'applique à toutes les contraventions des imprimeurs, sauf une seule exception édictée par l'art. 8, L. 18 juillet 1828. — C'est le ministre de l'intérieur qui prononce la révocation du brevet.— Pour le mettre à même d'exercer ce droit, une circulaire ministérielle prescrit à tous les parquets de tenir le ministre au courant des condamnations encourues par les imprimeurs et libraires, par l'envoi mensuel d'un état des jugements correctionnels rendus en matière de presse et de librairie, Circ. minist. du 5 oct. 1822.			
Art. 123... Concert de mesures illégales pratiqué par les dépositaires de l'autorité réunis ou correspondant entre eux... **peines de 2 mois à 6 mois de prison. — Interdiction des droits civiques et de tout emploi public pendant 10 ans au plus.**			

N. B. Pour les **contraventions** à la police de l'imprimerie relativement au brevet, au serment, aux déclarations, aux autorisations, à l'indication des noms et demeure, au dépôt, *V.* p. 7 à 16 ci-dessus.

2° A l'égard de l'imprimeur, il sera dans tous les cas puni comme complice, puisqu'aux termes de l'art. 24, l. 17 mai 1819, il est réputé avoir agi sciemment par le fait seul de n'avoir pas rempli les obligations prescrites par le titre II de la loi de 1814, en omettant son nom et sa demeure sur l'imprimé, et l'on appliquera :
A. Si la provocation a été suivie d'effet, l'art. 1 de la loi du 17 mai 1819, puisque c'est par l'application de l'art. 24 de cette loi qu'il est réputé complice, et la peine ne pourra pas être abaissée par la révélation de l'auteur.
B. Si la provocation n'a pas été suivie d'effet, les art. 2 et 3 de la même loi suivant les cas de provocation au crime ou au délit.
L'art. 285 du Cod. pénal se trouve ainsi à l'égard des imprimeurs absorbé par la loi de 1819.
82. Dans l'infraction prévue et punie par l'art. 287 se présentent aussi des situations diverses qu'il faut distinguer.—Nous avons 1° un écrit sans nom vis-à-vis de toutes personnes autres que les imprimeurs et libraires ;

2° Un écrit sans nom d'imprimeur, vis-à-vis des libraires et imprimeurs;
3° Un outrage aux bonnes mœurs pour toute personne.
Comme outrage aux bonnes mœurs, le délit étant plus largement spécifié dans l'art. 8 de la loi de 1819, l'art. 287, Cod. pénal, se trouve absorbé — mais ici l'outrage aux bonnes mœurs n'est pas isolé, il est aggravé par la contravention de l'omission du nom de l'imprimeur ou de l'auteur sur l'écrit délictueux ; dans ce cas, les art. 287 et 288 sont en partie maintenus, et voici en quoi :
A. A l'égard des publicateurs, autres que les imprimeurs ou libraires, la peine, en cas de révélation, peut être réduite conformément à l'art. 288.
B. A l'égard du libraire, l'art. 288 a été remplacé par l'art. 19, l. 1814, ainsi que nous le verrons page 23, et la révélation de sa part, en faisant connaître l'imprimeur, fera réduire à 1,000 fr. l'amende de 2,000 fr. prononcée contre la détention d'un imprimé sans nom d'imprimeur, par l'art. 19, l. 1814.
C. Quant à l'imprimeur, par le fait de n'avoir pas rempli les obligations prescrites par le

1848 à 1849. 6.	1850 à 1856. 7.	LA PRESSE en ALGÉRIE. 8.	1856 à 18... NOTES. 9.
	DÉCR. organique sur la presse du 17 février 1852. **ART. 5.** Toute publication de journal ou écrit périodique sans autorisation préalable, sans cautionnement, sera punie de **100 fr. à 2,000 fr.** d'amende pour chaque numéro ou livraison publié en contravention, et de **1 mois à 2 ans** de prison. — Celui qui aura publié le journal et l'imprimeur seront solidairement responsables, etc. — *V.* p. 34. **ART. 20.** Si la publication d'un journal ou écrit périodique frappé de suppression ou de suspension administrative ou judiciaire est continuée sous le même titre ou sous un titre déguisé, les auteurs, gérants et **imprimeurs**, seront condamnés à la peine de **1 mois à 2 ans de prison** et solidairement à une amende de **500 francs à 3,000 fr.** par chaque numéro ou feuille publié en contravention. **ART. 21.** La publication de tout article traitant de matières politiques ou d'économie sociale, et émanant d'un individu condamné à une peine afflictive et infamante ou infamante seulement est interdite. Les éditeurs, gérants, **imprimeurs** qui auront concouru à cette publication seront condamnés solidairement à une amende de **1,000 fr. à 5,000 fr.** (*V.* p. 128) **DÉCR.** 22 mai 1852. **ART.** 74 qui prononce pour l'impression non autorisée d'un discours parlementaire la peine de **500 fr. à 5,000 fr.** d'amende contre l'imprimeur (*V.* p. 16). **L.** municipale du 5 mai 1855. **ART. 27.** Tout éditeur, imprimeur, journaliste ou autre qui rendra publics les actes interdits aux conseils municipaux par les art. 25 et 26 seront passibles des peines portées en l'art. 123 du C. pénal. **ART. 25.** Délibération du conseil municipal hors réunion légale. — *V.* p. 74. **ART. 26.** Correspondances des conseils municipaux, proclamations, adresses. — *V.* p. 74.	**DÉCR. 28 mars 1852.** **ART. 5.** Toute publication de journal ou d'écrit périodique ou non périodique faite sans autorisation préalable ou sans cautionnement régulier ou sans le visa exigé par l'art. 2 du présent décret, ou qui paraîtra après que le gouverneur général aura révoqué l'autorisation précédemment accordée, sera punie d'une amende de **100 fr. à 2000 fr.** par chaque numéro, livraison ou édition publié en contravention et d'un emprisonnement de **1 mois à 2 ans.** Celui qui aura publié le journal ou l'écrit et l'imprimeur seront solidairement responsables. Le journal ou écrit périodique cessera de paraître (*V.* p. 34). **ART. 9.** Est interdite la publication de tout article traitant de matières politiques ou d'économie sociale et émanant d'un individu privé ou suspendu de ses droits civiques par arrêt ou jugement définitif. Les éditeurs, gérants, **imprimeurs**, qui auront sciemment concouru à cette publication seront condamnés solidairement à une amende de **25 fr. à 2000 fr.**; en tous cas les exemplaires de l'écrit seront saisis et confisqués (*V.* p. 128).	

titre II. de la loi de 1814, il est réputé complice de l'outrage, — et en second lieu, en admettant qu'une révélation de sa part du nom de l'auteur fit disparaître sa complicité, il resterait toujours à sa charge la contravention matérielle à l'art. 17, l. 1814, qui n'admet aucune excuse. — En résumé, l'art. 287 a été absorbé par l'art. 8, l. 1819, en cas d'outrages aux bonnes mœurs; — et l'art. 288, maintenu pour les crieurs, vendeurs, afficheurs distributeurs et autres, est abrogé dans son § 3 pour les imprimeurs et libraires à cause de son inconciliabilité avec les art. 17, 19, l. 1814, et art. 8 et 24. l. 1819.

83. L'art. 289 est en contradiction avec toutes les lois sur la matière. MM Carnot, Parant, Chassan, Chauveau et Faustin Hélie se prononcent pour son abrogation, sauf son application dans le cas de l'art. 283, suivant ces derniers.

84. Un écrit poursuivi et acquitté peut devenir l'objet d'une nouvelle poursuite s'il est réimprimé, revendu ou distribué de nouveau. Les arrêts ne sont bons que pour ceux qui les obtiennent, Chassan, p. 132 : toutefois, il faut admettre que le prévenu acquitté aura le droit de vendre et distribuer l'édition à propos de laquelle il a été poursuivi : — mais s'il en faisait une nouvelle, à fait nouveau, nouvel examen et poursuite nouvelle; ce n'est pas le cas de la règle non *bis in idem*, l'arrêt précédent ne serait pas chose jugée pour le fait nouveau. *V.* Chassan. — *V.* à *l'appendice* le catalogue des écrits condamnés depuis 1814 jusqu'au 1er janvier 1850.

85. Le fait de réimpression d'un écrit condamné constitue un délit ou un crime suivant la nature du contenu, mais non une contravention, puisque c'est à raison de la gravité du contenu que la loi prononce la peine; il suivra donc comme tel la juridiction compétente pour apprécier le délit ou le crime de l'écrit poursuivi. Cass. 13 oct. 1837 deux arrêts (J. P. 1837, I. 3531.) 8 oct. 1837. (J.P. 1835. 1. 615.) 12 janv. 1839. (J.P. 1845. 1. 615.)

86. La publication des faux extraits défendus par l'art. 4, L. 1820, est un délit et non une contravention, et comme pour tous les délits, il faut que le prévenu ait agi sciemment et en connaissance de la fausseté des extraits publiés. — L'art. 465 est applicable à ce délit *V.* art. 8, p. 86

86 bis. Quant aux contraventions aux art. 5, 20, 21 du décr. de 1852 *V.* p. 33 et 34. 134, 128.

1789 à 1814.

1.

CHAP. IV. — DE LA LIBRAIRIE, CONDITION ET EXERCICE DE LA PROFESSION, POLICE.

Règlement pour la librairie et l'imprimerie de Paris,
Arrêté au conseil d'État du Roy, Sa Majesté y étant, le 28 février 1723, non registré au parlement, étendu à toute la France par ord. du 24 mars 1744 (aussi non registrée, (89).

ART. 7. *Défenses sont faites à tous libraires d'acheter aucuns livres des enfants ou serviteurs des autres libraires, des enfants de famille, des écoliers, des serviteurs, des domestiques et de toutes personnes inconnues, s'ils ne sont certifiés par d'autres personnes domiciliées et capables d'en répondre, ce qui sera pareillement observé à l'égard des vieux papiers et parchemins, même de ceux qui sont apportés de province pour être vendus à Paris.* (Abrogé) (89).

ART. 8. *Ceux qui auront fait achat desdits livres, papiers et parchemins, feront mention de leur nom et qualité sur leur registre comme aussi de la qualité, nom et demeure des particuliers qui les auront vendus; enjoint, Sa Majesté, auxdits libraires et à tous autres de retenir les livres qui leur seraient présentés par des personnes inconnues ou suspectes... et d'en avertir le lieutenant général de police, le tout à peine contre les libraires d'être civilement responsables des livres volés ou détournés qui se trouveraient chez eux, d'amende arbitraire et d'interdiction pendant 3 mois, pour la première fois, et même de punition corporelle, en cas de récidive, et contre les autres personnes que les libraires, de punition corporelle, dès la première fois...* (Abrogé—Pénalité inapplicable sous le régime actuel.)

ART. 15. Ne pourront, les libraires, avoir plus d'une boutique ou d'un magasin ouvert pour la vente de leurs livres, laquelle ne sera faite en aucuns autres lieux. Veut Sa Majesté qu'au devant de leur boutique ou magasin ouvert, ils soient tenus de mettre un écriteau ou tableau portant le nom du libraire ou de l'imprimeur ou autre indication qui désigne qu'il s'y vend des livres.... à peine de confiscation d'amende arbitraire et de punition exemplaire... (Disposition de police non abrogée par le décret du 19 mars 1791, mars dont la pénalité est inapplicable sous le régime actuel) (89).

ARRÊT du conseil d'État du 30 septembre 1735. — ART. 10. Fait, Sa Majesté, expresse inhibition et défense à tous marchands merciers, grossiers, joailliers, de vendre, ni débiter à l'avenir, aucuns livres imprimés, à l'exception néanmoins des A, B, C, des almanachs, des petits livres d'heures et de prières imprimés hors la ville de leur résidence ordinaire, qui n'excéderont pas deux feuilles d'impression de caractère cicéro, *sous peine de confiscation et 500 livres d'amende,* conformément à l'art. 4 du règl. de 1723, *V.* p. 9 (90).

1780, 8 novembre.
Extrait de l'ord. du lieuten. gén. de police de Paris, concernant la sûreté publique.(89)

ART. 1ᵉʳ. Faisons inhibition et défense à tous marchands et artisans de cette ville et faubourgs d'acheter.... livres des enfants de famille et domestique, sans un consentement exprès ou avis de leur père, mère, tuteur, maître, maîtresse, ni d'aucune personne dont les nom et demeure sont inconnus, le tout à peine de 400 livres d'amende et de répondre en leur propre et privé nom des choses volées et même d'être poursuivies extraordinairement s'il y échoit (89).

ART. 2. Enjoignons à tous marchands et artisans... d'avoir et tenir chacun registre sur lequel ils inscriront, jour par jour, de suite, sans rature ni blanc, les nom, surnoms, qualités, demeure de ceux à qui ils achèteront.... lequel registre sera coté et parafé.... et ils seront tenus de le montrer une fois par mois,... le tout à peine contre les contrevenants ou refusants de 400 livres d'amende, et même de plus grande peine (89).

DÉCRET du 19 mars 1791.

Ce décret abolit les priviléges des communautés industrielles, maîtrises et jurandes, proclame la liberté du commerce et de l'industrie, sous la condition de se pourvoir d'une patente et de se conformer aux règlements de police faits ou à faire. — La librairie fut accessible à tous dès cette époque jusqu'en 1810. — V. le texte du décret, art. 7 et 11, p. 9, col. 1ʳᵉ.

Arrêt du conseil, 30 août 1777.

ART. 5. *Tout auteur qui obtiendra en son nom le privilége de son ouvrage aura le droit de le vendre chez lui sans qu'il puisse, sous aucun prétexte, vendre ou négocier d'autres livres, et jouira de son privilége pour lui et ses hoirs à perpétuité, pourvu qu'il ne le rétrocède à aucun libraire, auquel cas la durée du privilége sera, par le fait seul de la cession, réduite à celle de la vie de l'auteur.*

N. B. Dans l'ancienne législation la profession des libraires absorbait un peu celle des imprimeurs. Ce qui y est dit des uns s'applique aux autres; ainsi, dans le règlement de 1723 :
ART. 1ᵉʳ, les libraires font partie du corps de l'Université... etc. (*V.* p. 9).
ART. 4. Nul ne peut vendre des livres que les imprimeurs et libraires à peine de 500 livres d'amende. Les art. 45 et 51 traitent de leur réception, des des conditions d'idonéité, de capacité, du serment et des lettres de maîtrises, etc. — V. p. 9.

Règlement du 28 fév. 1723.

ART. 55. *Les veuves des imprimeurs et celles des libraires pourront continuer le travail de leur imprimerie et tenir leur boutique de librairie... jusqu'à leur remariage...* (Abrogé par le système général de la législation postérieure.)(99)

Décret 19-21 juillet 1793. — Droit de propriété des auteurs.

ART. 1ᵉʳ. **Les auteurs d'écrits** en tout genre, les compositeurs de musique, les peintres et dessinateurs, qui feront graver des tableaux ou dessins, jouiront, durant leur vie entière, du droit exclusif **de vendre, faire vendre, distri-**buer leurs ouvrages dans le territoire de la République ou d'en céder la propriété en tout ou en partie.
(Comparez art. 6, L. 27 juillet 1849, *V.* p. 65 et aussi § 2, art. 12, du 19 avril 1852.) (98)

DÉCR. 3 février 1810. — **Règlement sur l'imprimerie et la librairie.**
TITRE IV. — Des libraires (87, 88).

ART. 29. *À dater du 1ᵉʳ janvier 1811 les libraires seront brevetés et assermentés.* (Remplacé.)

ART. 30. Les brevets de libraires seront délivrés par *notre directeur général de l'imprimerie* (supprimé par décret du 24 mars 1815, *V.* p. 40, col. 2), et soumis à l'approbation du ministre de l'intérieur, ils seront enregistrés au tribunal de la résidence de l'impétrant qui y prêtera serment de ne vendre et distribuer aucun ouvrage contraire au devoir des sujets envers le souverain et à l'intérêt de l'État (95, 97).

ART. 9. Le brevet d'imprimeur sera délivré par *notre directeur général de l'imprimerie* (supprimé) et soumis à l'approbation de notre ministre de l'intérieur.
Il sera enregistré au tribunal civil du lieu de la résidence de l'impétrant qui y prêtera serment de ne rien imprimer de contraire au devoir de sujets envers le souverain et à l'intérêt de l'État.

DÉCR. 2 février 1811.

ART. 1ᵉʳ. Les brevets d'imprimeur seront délivrés sur parchemin par *le directeur général de l'imprimerie,* en la forme voulue par l'art. 9 du décret du 5 février 1810.

ART. 2. Les frais d'expédition sont de 50 fr. pour Paris et de 25 fr. partout ailleurs.

ART. 3. Les brevets ne seront remis aux impétrants que sur le vu de la quittance des frais d'expédition.

ART. 8. On aura lors des remplacements des égards particuliers pour les familles des imprimeurs décédés.
(Cette disposition de faveur n'est pas reproduite au titre IV, des libraires.) (99)

L. 21 oct. 1814.
Liberté de la presse et police.

ART. 11. Nul ne sera imprimeur ni libraire s'il n'est breveté *par le roi* et assermenté (91, 92, 95, 97).

ART. 12. **Le brevet** pourra être retiré à tout imprimeur ou libraire convaincu par un jugement de contravention aux lois et règlements (91).

DÉCR. 11 juillet 1812.

ART. 1ᵉʳ. Les dispositions de notre décret du 2 février 1811, relatives au brevet des imprimeurs sont déclarées applicables aux libraires.

ART. 2. Ne sont pas compris dans ces dispositions, les libraires étaleurs et bouquinistes (100).
. . . .

LIBRAIRIE. — **87.** Le libraire est un commerçant qui vend, achète, échange et loue des livres ou autres ouvrages d'imprimerie.

88. Sont réputés libraires : les bouquinistes vendant en magasins, Cass. 8 déc. 1826 ; les colporteurs lorsqu'ils vendent des livres proprement dits, Cass. 5 mars 1827 ; les loueurs de livres et les personnes tenant des cabinets de lecture où l'on donne des livres à lire, Cass. 25 fév. et 7 nov. 1836. Paris, 30 sept. 1842.

89. L'ordonnance de police de 1780, 8 nov., n'est abrogée ni par le décret du 3 fév. 1810, ni par la loi de 1814. Paris, 8 mars 1838. D. P. 38. 2. 94. — Mais les art. 7 et 8 du règlement de 1723 comme sanctionnés par une pénalité inapplicable sous le Code pénal (confiscation, amende arbitraire) ont été abrogés, ainsi du reste que le règlement lui-même dont le système de monopole était inconciliable avec le régime de liberté de l'industrie proclamé par le décret du 19 mars 1791. — Jugé dans ce sens par la Cour de cassation, que le règlement de 1723 a été virtuellement abrogé par le décret du 19 mars 1791. Cass. 15 fév. 1836. — Si nous considérons l'art. 15 comme non abrogé, c'est moins comme disposition légale obligatoire, que comme un usage de police qui se pratique généralement à cause de l'intérêt que chaque libraire trouve à l'exécuter.

90. L'arrêt du conseil du 10 sept. 1755 n'est pas abrogé. — C'est un règlement de police dans l'intérêt général de chaque profession, qu'a respecté le décret du 19 mars 1791. La vente des A, B, C, almanachs, et petits livres d'heures, est permise sans brevets. Cass. 26 juin 1824, V. le *nota bene* ci-dessus, col. 7.

91. Ce qui a été dit précédemment pour les brevets des imprimeurs est applicable aux libraires dont le brevet est également local, personnel, spécial, incessible et à vie, quoique révocable. V. p. 9 et suivantes et nᵒˢ 4, 5 et suivants.

92-93. Le brevet et le serment ne sont pas exigés des marchands de gravures et d'estampes, Cass. 5 mars 1827, ni des personnes donnant en location des journaux et brochures périodiques seulement. (Décision ministérielle de 1823.)

1815 à 1819 2.	1820 à 1825 3.	1825 à 1830 4.	1831 à 1848 5.	1848 à 1849 6.	1850 à 1856 7.	LA PRESSE en ALGÉRIE 8.	1856 à... NOTES 9.

SECTION Ire. — Conditions, Brevets, Serments, Enseignes, etc.

1815 à 1819	1820 à 1825	1825 à 1830	1831 à 1848	1848 à 1849	1850 à 1856	LA PRESSE en ALGÉRIE	NOTES
		Avis du cons. d'Etat 1er sept. 1827. ART. 1er. *La peine de la contravention à l'art. 11, L. 1814, en ce qui concerne le commerce de la librairie est celle de 500 fr. portée en l'art. 4 du règlement du 28 fév. 1723. V. p. 9.* Cet avis fut ensuite converti en ordonnance le 13 sept. suiv. (94) —		**L. 17 juillet 1849.** Sur la presse. ART. 6. Tous distributeurs ou colporteurs de livres, écrits, brochures, gravures et lithographies, devront être pourvus d'une autorisation.—V. p. 65 (68). —	N. B. *V.* comme analogie le décret du 22 avril 1852, qui astreint les fondeurs, clicheurs, les fabricants de presses et marchands d'ustensiles d'imprimerie à la tenue d'un registre de vente, p. 12, col. 7. N. B. La vente des livres autres que les A, B, C, constituera le fait puni par l'art. 24, décret du 17 février 1852, dont la pénalité abroge celle de l'art. 10 de l'arrêt de 1733. — *V.* ci-dessous art. 24. **DÉCR. du 17 février 1852.** Sur la presse. ART. 24. Tout individu qui exerce le commerce de la librairie sans avoir obtenu le brevet exigé par l'art. 11 de la loi du 24 octobre 1814, sera puni de 4 mois à 2 ans d'emprisonnement et d'une amende de 100 fr. à 2,000 fr. L'établissement sera fermé (94). — **DÉCR. du 22 mars 1852.** ART. 1er. A l'avenir, les brevets de libraires seront délivrés par le ministre de la police générale. (Ce ministère institué par décret du 22 janvier 1852 a été supprimé par décret du 21 juin suivant; ses attributions ont fait retour au ministère de l'intérieur, *V* p. 10, col. 7.)	**DÉCR. 28 mars 1852.** ART.12, § 2. Sont considérés comme faisant le commerce de la librairie, les éditeurs autres que les auteurs des publications,— *V.* ci-dessous. — ART. 12. Tout individu qui exerce le commerce de la librairie sans avoir obtenu le brevet exigé par l'art. 11 de la loi du 24 oct. 1814, sera puni de 4 mois à 2 ans d'emprisonnement et d'une amende de 100 fr. à 2000 fr. — L'établissement sera en outre fermé. Sont considérés comme faisant le commerce de la librairie, les éditeurs autres que les auteurs de la publication.	

94. La question si controversée de savoir si le commerce de la librairie sans brevet était ou non puni de l'amende de 500 livres édictée par l'art. 4 du règlement de 1723, et si l'ordonnance inconstitutionnelle sur l'avis du conseil d'État du 13 sept. 1827 avait eu la puissance de faire revivre ce règlement abrogé en 1791 a pris fin par suite de l'art. 24 du décret de 1852 qui a enfin donné une sanction formelle à l'art. 11 de la loi du 21 oct. 1814.

95. Un brevet de libraire ne permet pas de colporter des livres sans autorisation. Cass. 10 nov. 1826 (S. Coll. Nouv. 8.1.447). Le brevet est local : néanmoins, une circulaire du 16 juin 1830 leur permet de fréquenter les foires, soit par eux, soit par leurs commis, pourvu qu'ils ne dépassent pas le terme fixé. V. Bories et Bonassies, v° *librairie.*

96. Un libraire peut faire gérer son établissement par un mandataire ou des commis sous sa responsabilité personnelle. Cass. 24 sept. 1841. J. P. 1841. 2. 343. — 3 août 1838 (J.P. 1838. 2. 186).

97. Un libraire qui vend ou fait vendre des livres même aux enchères publiques par un commissaire-priseur dans une ville non comprise dans son brevet est en contravention, Cass. 28 avril 1827. (S. Coll. Nouv. 8. 1. 584.)

98. L'auteur qui vend lui-même son livre n'exerce pas la profession de libraire, non plus que ses héritiers, ils ne font point acte de commerce, mais acte de propriété.— Parant, Chassan, t. 4. p. 456. Paris, 5 fév. 1836 (D. P. 36. I. 172).—Conforme, art. 12, décret du 19 avril 1852. Il n'en saurait être de même du cessionnaire des droits d'auteur qui achète pour revendre, il devra être breveté, sic Chassan. Mais l'auteur qui fait acte de propriété en vendant et colportant son livre (art. 1. décr. 1793) est-il soumis à se pourvoir d'une autorisation préfectorale, conformément à l'art. 6 de la loi du 27 juillet 1849? La Cour de cass., par un arrêt du 6 juin 1850, a semblé se prononcer pour l'affirmative, mais nous pensons que la négative doit être adoptée, *V.* p. 65 et l'*appendice* 1, p. 160.

99. L'art. 55 du règlement de 1723 est abrogé.—*Contra,* Cass., 2 juillet 1827. — La décision de cet arrêt est peu juridique, *V.* ce qui a été dit à ce sujet, p. 11. n° 6; la veuve et les héritiers peuvent obtenir de l'administration une autorisation temporaire jusqu'à ce qu'ils aient obtenu un brevet, le décret de 1810 n'ait pas reproduit l'art. 8 ainsi qu'il est dit, Col. 1.

100. Les étaleurs et bouquinistes en plein vent sont soumis à l'autorisation municipale chargée de la police de la petite voirie. — Ils ne peuvent vendre des livres neufs sans brevet. (De Grattier, 4, p. 46.)

1789 à 1814.

ART. 31. La profession de libraire peut être exercée concurremment avec celle d'imprimeur.

ART. 32. L'imprimeur qui voudra réunir la profession de libraire sera tenu de remplir les formalités qui sont imposées aux libraires.

Le libraire qui voudra réunir la profession d'imprimeur sera tenu de remplir les formalités qui sont imposées aux imprimeurs.

ART. 33. Les brevets ne pourront être accordés aux libraires qui voudront s'établir à l'avenir qu'après qu'ils auront justifié de leurs bonne vie et mœurs et *de leur attachement à la patrie et au souverain* (101).

L. 21 octobre 1814.
Liberté de la presse et police.

ART. 12. Le brevet pourra être retiré à tout imprimeur ou libraire qui aura été convaincu par jugement de contravention aux lois et règlements.

CHAP. IV. — DES LIBRAIRES. — SECT. II. — Abus dans l'exercice de la profession.

L. 28 germ. an IV.
Mesures contre les délits de presse.

ART. 1ᵉʳ. *Il ne doit être… distribué aucun avis dans le public…* (V. p.15), *qu'ils ne portent le nom de l'auteur ou des auteurs, le nom et la demeure de l'imprimeur.* — V. le texte entier, p. 15.

ART. 2. *La contravention à cette disposition, soit par défaut de mention du nom, soit par l'expression d'un faux nom, sera punie de 6 mois de prison pour la première fois, et en cas de récidive de 2 ans.* V., texte entier, p. 15, 69.

ART. 5… *Toutes personnes qui vendraient, distribueraient, colporteraient des écrits contenant des provocations… criminelles, seront poursuivies,… comme les auteurs des provocations.* — V. p. 19, 69.

ART. 6… *Ils seront tenus de nommer les personnes qui leur auront remis lesdits écrits.* — V. p. 19.

ART. 8. *En cas de non-révélation du nom de l'auteur, les imprimeurs, vendeurs, distributeurs, colporteurs… seront punis de 2 ans de fer; en cas de récidive, de la déportation.* — V. p. 19, 69.

Règlement 1723.

ART. 99. *Ceux qui vendront, exposeront, distribueront, colporteront des livres ou libelles contre la religion, le service du Roi, la pureté des mœurs et la réputation des familles et des particuliers, seront poursuivis… ; les libraires seront déchus de leurs priviléges et déclarés incapables d'exercer leur profession sans pouvoir y être rétablis.* — V. p. 19 et 69.

Arrêt du conseil du 26 août 1785. — V. p. 19.

CODE PÉNAL. LIVRE III. TITRE II. SECT. IV.
Délits commis par la voie d'écrits, images ou gravures distribués sans noms d'auteur, imprimeur ou graveur.

ART. 283. Toute publication ou distribution d'ouvrages, écrits, avis, bulletins, affiches, journaux, feuilles périodiques ou autres imprimés, dans lesquels ne se trouvera pas l'indication vraie des noms, profession et demeure de l'auteur ou de l'imprimeur, sera, par ce seul fait, punie d'un emprisonnement de 6 jours à 6 mois contre toute personne qui aura sciemment contribué à la publication ou la distribution (104).

ART. 284. Cette disposition sera réduite à des peines de simple police (V. art. 475, C.P.) :

1° A l'égard des crieurs, afficheurs, vendeurs ou distributeurs qui auront fait connaître la personne qui leur tiennent l'écrit imprimé;

2° A l'égard de quiconque aura fait connaître l'imprimeur;

3° (*A l'égard même de l'imprimeur qui aura fait connaître l'auteur.* — Abrogé. V. p. 19 et 21 (81,82 et suiv.).

CODE PÉNAL.

ART. 475. Seront punis d'une amende de 6 à 10 fr.… 13° Les personnes mentionnées aux art. 284 et 288 du Code pénal.

—

ART. 286. Dans tous les cas ci-dessus (art. 283, 284, 285), il y aura confiscation des exemplaires saisis (103).

ART. 285. Si l'écrit imprimé contient quelques provocations à des crimes ou délits, les crieurs, afficheurs, vendeurs et distributeurs seront punis comme complices des provocateurs, à moins qu'ils n'aient fait connaître ceux dont ils tiennent l'écrit, contenant la provocation.

En cas de révélation ils n'encourront qu'un emprisonnement de 6 jours à 3 mois; et la peine de complicité ne restera applicable qu'à ceux qui n'auront point fait connaître les personnes dont ils auront reçu l'écrit imprimé et à l'imprimeur s'il est connu. — V. p. 19, (104, 106.)

CODE PÉNAL.

ART. 59. Les complices d'un crime ou d'un délit sont punis de la même peine que les auteurs mêmes de ce crime ou de ce délit, sauf les cas ou la loi en aurait disposé autrement.

ART. 287. Toute exposition ou distribution de chansons, pamphlets, figures ou images contraires aux bonnes mœurs, sera punie d'une amende de 16 fr. à 500 fr. et d'un emprisonnement de 1 mois à 1 an et de la confiscation des planches et des exemplaires imprimés ou gravés de chansons, figures ou autres objets du délit. — V. p. 19. (Cp. art. 26, L. 26 mai 1819) (104, 107). — V. p. 64.

CODE PÉNAL.

ART. 475. Seront punies d'une amende de 6 fr. à 10 fr.… 13° Les personnes mentionnées aux art. 284 et 288.

ART. 477. Seront saisis et confisqués les écrits ou gravures contraires aux bonnes mœurs; ces objets seront mis sous le pilon.

ART. 288. La peine de l'emprisonnement et l'amende prononcées par l'article précédent seront réduites à des peines de simple police. — V. art. 475.

1° A l'égard des crieurs, vendeurs ou distributeurs qui auront fait connaître la personne qui leur aura remis l'objet du délit;

2° A l'égard de quiconque aura fait connaître l'imprimeur ou le graveur.

3° *A l'égard de l'imprimeur…* — V. p. 19, nᵒˢ 81, 82.

ART. 289. Dans tous les cas exprimés en la présente section et où l'auteur sera connu, il subira le maximum de la peine attachée à l'espèce de délit. — V. p. 19, n° 83.

DÉCR. du 6 juillet 1810.

ART. 1. *Il est défendu à toute personne d'imprimer et débiter les sénatus-consultes, codes, lois et règlements d'administration publique avant leur insertion et publication par la voie du bulletin au chef-lieu du département.* — Abrogé.

ART. 2. *Les éditions faites en contravention de l'article précédent seront saisies à la requête de nos procureurs généraux et la confiscation en sera prononcée par le tribunal correctionnel.* — Abrogé.

L. 21 octobre 1814.
Liberté de la presse et police.

ART. 19. Tout libraire chez qui il sera trouvé, ou qui sera convaincu d'avoir mis en vente ou distribué un ouvrage sans nom d'imprimeur, sera condamné à 2,000 fr. d'amende, à moins qu'il ne prouve qu'il a été imprimé avant la promulgation de la présente loi (102, 105).

L'amende sera réduite à 1,000 fr. si le libraire fait connaître l'imprimeur.

ART. 15. Il y a lieu à saisie et séquestre d'un ouvrage: 1°… V. p. 11, col. 1.

2° Si chaque exemplaire ne porte pas le vrai nom et la vraie demeure de l'imprimeur; 3°… (p. 29) (103)

ART. 18. Les exemplaires saisis pour simple contravention à la présente loi seront restitués après le paiement des amendes.

ORD. du 24 oct. 1814.

ART. 44. Il est défendu de publier aucune estampe ou gravure diffamatoire ou contraire aux bonnes mœurs sous les peines prononcées par le Code pénal.

L. 21 octobre 1814.

ART. 19. Tout libraire chez qui il sera trouvé… un ouvrage sans nom d'imprimeur, sera condamné à 2000 fr. d'amende. — L'amende sera réduite à 1,000 francs si le libraire fait connaître l'imprimeur. — V. ci-dessus l'art.

ORD. 28 déc. 1814, sur l'imp. royale.

ART. 8. *L'imprimerie royale reste exclusivement chargée : 1°, 2°, 3°, de l'impression, distribution et débit des lois et ordonnances, règlements et actes quelconques de l'autorité royale, renouvelant, quant à ce et en tant que de besoin, les dispositions des arrêts du conseil d'août 1717 et 26 août 1785. (Abrogé.)*

---

101. La justification de civisme, prescrite par l'art. 33 du décret de 1810 pour l'obtention du brevet de libraire, n'est plus exigée; cette formalité, contraire à la liberté politique, est d'ailleurs abrogée comme se rattachant au système de la censure (V. p. 1 et suiv.).

101 bis. Les éléments du délit de publication prévu et puni par l'art. 283 du C. pén. sont :
1° L'absence du nom sur l'imprimé ou l'indication d'un faux nom, etc.
2° Le concours en connaissance de cause prêté à la publication.
L'élément de la contravention punie par l'art. 19., loi 21 oct. 1814, est le fait seul et dégagé de toute intention coupable, d'avoir détenu ou distribué un écrit sans nom d'imprimeur. L'art. 19 n'a donc pas abrogé l'art. 283. Il en a détaché le cas spécial de la vente ou détention par les libraires d'un écrit sans nom d'imprimeur et voilà tout. — Sous le C. pén., le ministère public devait prouver contre le libraire comme contre toute personne qu'il y avait eu publication ou concours prêté sciemment, cela n'est plus nécessaire par suite de l'art. 19 de la loi de 1814, qui atteint le fait matériel de la détention. — V. suprà, n° 47, 48.

102. L'art. 283 du Cod. pénal est encore par conséquent en vigueur, même à l'égard du libraire. Lorsque l'indication des nom, profession ou demeure est *fausse*, et contre lui ainsi que contre toute personne, le ministère public devra prouver que le concours prêté par le libraire à la publication a eu lieu en connaissance de la fausseté de l'indication. — La simple *détention* dans ce cas ne suffira pas pour constituer le libraire en délit, à moins que cette détention ne pût équivaloir à une publication : car l'on ne se trouverait plus alors en présence de l'art. 19 de la loi de 1814, mais sous l'empire exclusif de l'art. 283 du C. pén., et, par suite, on appliquera l'art. 684 et non le deuxième § de l'art. 19, s'il y a eu révélation de la part du libraire. Encore faudra-t-il cependant que cette révélation du nom de l'imprimeur ait été sérieuse, formelle et positive. Cass. 1ᵉʳ août 1823.

103. On doit aussi appliquer l'art. 286 lorsqu'il y a lieu d'appliquer l'art. 283, sic.

1815 à 1819.	1820 à 1825.	1825 à 1830.	1831 à 1848.	1848 à 1849.	1850 à 1856.	La Presse en Algérie.	1856 à.... NOTES.
2.	3.	4.	5.	6.	7.	8.	9.

Répression. — Crimes, délits et contraventions des libraires. — Pénalités.

1815 à 1819.	1820 à 1825.	1825 à 1830.	1831 à 1848.	1848 à 1849.	1850 à 1856.	La Presse en Algérie.	1856 à.... NOTES.
L. 28 février 1817. Saisie des écrits en vertu de la loi de 1814. ART. UNIQUE. Lorsqu'un écrit aura été saisi en vertu de l'art. ...e la loi du 21 oct. 1814, l'ordre de saisie et le procès-verbal ...nt notifiés sous peine de nullité, dans les 24 heures, à la ...tie saisie qui pourra y former opposition. — En cas d'oppo-...on, le procureur du Roi fera toutes diligences pour que dans ...uitaine, à dater du jour de ladite opposition, il soit statué ...la saisie. — Ce délai expiré, la saisie, si elle n'est maintenue ...le tribunal, demeurera de plein droit périmée et sans effet, ...ous dépositaires de l'ouvrage saisi seront tenus de le re-...tre au propriétaire. . Abrogée par l'art. 31 de la loi du 26 mai 1819, la loi du 28 fév. 1817 est maintenue en certains cas par la jurisprudence (98, 126).							
L. 17 mai 1819. Répression des crimes et délits de la presse. ART. 1er. Quiconque aura (par un des moyens de publication ...ntionnés. — *V.* p. 20) provoque l'auteur ou les auteurs de ...te action qualifiée crime ou délit à la commettre, sera ré-...é complice et puni comme tel. — *V.* p. 20 (81, 82). . 2 et 3. Si la provocation au crime ou au délit n'a pas été suivie d'effet, ...a peine sera de 3 mois à 5 ans de prison et de 50 fr. à 6000 fr. ...l'amende dans un cas, et de 3 jours à 2 ans de prison et de ...30 fr. à 4000 fr. d'amende dans l'autre. — *V.* p. 20 (61, 82, 106)							
ART. 8. Tout outrage à la morale publique ou aux bonnes ...eurs, par un des moyens énoncés en l'art. 4er (*V.* p. 20), sera ...ni de un mois à un an de prison et de 16 fr. à 500 fr. ...mende. .Ce délit d'outrage se trouvant en l'art. 8 plus largement spécifié que dans .., pénal, l'art. 287 se trouve absorbé par cet article. — *V.* n° 82.		*V.* art. 14, L. 18 juillet 1828, art. 9, L. 9 juin 1819, pour le double-ment des amendes en cas de délit par les jour-naux, p. 131. *V.* aussi art. 26, L. 26 mai 1819, ci-dessus, col. 2.			*V.* art. 22, décr. 17 févr 1852. La publica-tion des des-sins moraux ou immo-raux doit être autori-sée. *V.* p. 60.	*V.* art. 7, décret 19 avril 1852, p. 60.	
L. 26 mai 1819. Poursuite et jugement des crimes et délits de presse. ART. 26. Tout arrêt de condamnation contre les auteurs ou ...mplices de crimes ou délits commis par voie de publica-...tion, ordonnera la suppression ou la destruction des objets ...sis ou de tous ceux qui pourront l'être ultérieurement... ...t ou en partie, suivant qu'il y aura lieu pour l'effet des con-...mnations... impression... affiches. — *V.* p. 20, 24 et 131.	**ORD. 12 janvier 1820.** ART. 3. Il est per-mis à tous les impri-meurs et libraires d'im-primer et débiter les lois et ordonnan-ces du royaume aussitôt après leur publication officielle dans le *Bulle-tin des Lois.*						

...uveau, Hélie. *Contrà,* Chassan. Mais dans le cas de l'art 19, L. 1814, il ne doit jamais l'être, ...qu'en vertu de l'art. 18, il y aurait lieu à restitution des objets saisis après le paiement ...l'amende. C'est aux juges alors à ne pas ordonner des exécutions impraticables.

.04. Les libraires n'encourent aucune responsabilité à raison du *contenu* des ouvrages ...qu'ils portent l'indication vraie des nom et demeure de l'auteur ou de l'imprimeur. — Mais ...lication seule du nom de l'*auteur* qui les couvre en cas de délit et de crime ne les couvre ...en cas de contravention contre l'application de l'art. 19, L. 1819. — Comme le nom de ...primeur est seul exigé, il ne peut être suppléé par le nom de l'*auteur.* — 48.

.05. Quoique l'art. 19 de la loi de 1814 n'exige que *le nom de l'imprimeur* sur les ...es détenus par les libraires, la contravention existe également lorsque le nom de l'impri-...r n'est pas suivi de l'indication de sa *demeure;* l'art. 19 doit s'expliquer par l'art. 17 ...p. 15) et le libraire doit ne pas exécuter la loi à demi, pour être à l'abri de l'amende et de la saisie. Paris, 28 juin 1850. Cass. 31 août 1850. (*V* p. 15 les notes sur l'art. 17, L. 1814.)

106. Sur l'art. 283, v. ce que nous avons dit nos 81, 82. — En cas de provocation suivie d'effet, les art. 2 et 3 de la loi de 1819 ont abrogé l'art. 283 du Cod. pén.

107. L'outrage aux bonnes mœurs par un écrit sans nom est puni par l'art. 8 de la loi de 1819 ou par l'art. 285 *ad libitum* ; la peine est la même, mais en cas de révélation par le libraire du nom de l'imprimeur, ce ne sera pas l'art. 288 qui devra être appliqué, mais le 2e § de l'art. 19. Il en serait autrement, si l'écrit, au lieu d'être *sans nom,* portait une indication *fausse* : on rentrerait alors dans le cas de l'art. 287, qui, par sa relation avec l'art. 285, prévoit spécialement la publication par voie d'imprimés avec *indication fausse* du nom ou sans nom, suivant la rubrique de la section dont il fait partie, et comme conséquence il y aurait lieu au bénéfice de l'art. 288 (n° 102).

108. En matière de contravention matérielle, la bonne foi ne peut être une excuse (n° 74).

1789 à 1814.	1815 à 1819	1820 à 1825	1825 à 1830.
1.	2.	3.	4.
CODE PÉNAL. Art. 425. Toute édition d'écrits, de composition musicale, de dessin, de peinture ou de toute autre production imprimée ou gravée en entier ou en partie, au mépris des lois et réglements relatifs à la propriété des auteurs, est une contrefaçon et toute contrefaçon est un délit. Art. 426. Le débit d'ouvrages contrefaits, l'introduction sur le territoire français d'ouvrages qui, après avoir été imprimés en France, ont été contrefaits à l'étranger, est un délit de la même espèce (409, 410, 411, 414). Art. 427. La peine contre le contrefacteur ou contre l'introducteur sera une amende de **100 fr. à 2,000 fr.** et contre le débitant une amende **de 25 fr. au moins et de 500 fr. au plus. — La confiscation** de l'édition contrefaite sera prononcée tant contre le contrefacteur et l'introducteur que contre le débitant. — Les planches, moules ou matrices des objets contrefaits **seront confisqués** (442, 443). Art. 429. **Dans les cas prévus par les art. ci-dessus, le** produit des confiscations... (V p. 80) sera remis aux propriétaires pour les **indemniser** d'autant du préjudice souffert, le **surplus de son indemnité** ou l'entière indemnité, s'il n'y a eu ni vente d'objets saisis... (V. p. 80)... sera réglé par les voies ordinaires (445). (V. p. 14, propriété des auteurs). — **CODE NAPOLÉON. — Déclaration d'absence.** Art. 118. Le procureur impérial enverra aussitôt qu'ils seront rendus les jugements tant préparatoires que définitifs au ministre de la justice qui les rendra publics (par l'insertion au *Moniteur* ou extrait). —			
Loi 21 oct. 1814. Liberté de la presse et police. Art. 12. Le brevet pourra être retiré à tout imprimeur ou libraire convaincu par un jugement de contravention aux lois et réglements. N. B. La révocation de brevet peut être une suite de toute condamnation contre les libraires, mais il est facultatif au ministre de l'intérieur de l'ordonner ou de ne pas l'ordonner ; pour le mettre à même d'exercer ce droit, une circulaire ministérielle du 5 oct. 1822 prescrit à tous les parquets l'envoi mensuel d'un état des jugements correctionnels rendus en matière de presse et de librairie.	**L. 26 mai 1819.** Poursuite et jugement des crimes et délits de presse. Art. 27. Quiconque après que la condamnation d'un écrit, de dessins ou gravures, sera réputée connue par la publication faite dans les formes prescrites par l'art. 26 (ci-dessous), les réimprimera, **vendra ou distribuera, subira le maximum** de la peine qu'aurait pu encourir l'auteur (446). Art. 26. Tout arrêt de condamnation, contre les auteurs ou complices des crimes et délits commis par voie de publication... (V. la suite p. 21 et p. 431). — Ces arrêts seront rendus publics dans la même forme que les jugements portant déclaration d'absence (V. art. 118, C. Nap.). —		**L. 10 déc. 1830.** Afficheurs et crieurs publics. Art. 4. **La vente ou distribution** de faux extraits de jugements et actes de l'autorité publique est défendue et sera punie des peines ci-après. Art. 5. L'infraction aux dispositions de l'art. 4 sera punie d'une amende **de 25 fr. à 500 francs et de 6 jours à 1 mois** de prison, cumulativement ou séparément... (118). N. B. (V. la suite relativement à la peine encourue par les auteurs et imprimeurs des faux extraits, p. 21.) —
CODE PÉNAL. Art. 123. Concert de mesures illégales pratiquées par les dépositaires de l'autorité réunis ou correspondant entre eux. — **Peine :** emprisonnement **de 2 mois au moins et 6 mois au plus,** contre chaque coupable, qui pourra de plus être condamné à l'interdiction civique et de tout emploi public pendant **10 ans au plus.**			

N. B. Les libraires, comme publicateurs, sont exposés à commettre les mêmes infractions que les colporteurs, vendeurs et distributeurs.—V. p. 65 à 74.

109. Le délit de contrefaçon par les libraires ne pouvant, aux termes de l'art. 426, résulter que du débit, n'existe pas par le fait seul d'annoncer dans un catalogue l'ouvrage contrefait. Cass. 8 déc. 1808 (S. 10. 1. 235). *Contrà,* Chauveau et Hélie, 1. 68. — Mais il n'est pas nécessaire qu'il y ait eu vente consommée, l'exposition ou mise en vente dans le magasin suffirait. Toulouse, 3, 17 juillet 1835 (S. V. 36.2. 39). Chauveau, Hélie, *loc. cit. Contrà,* Carnot.

110. D'un autre côté, le délit n'existant point sans une intention coupable, la vente d'un exemplaire contrefait que le libraire ne s'est procuré qu'à la demande de l'acheteur et pour l'obliger ne constituerait pas le délit de contrefaçon (Cass. 2 déc. 1808. S. 10. 1. 255. Coll. Nouv. 3).

111. La contrefaçon et le débit étant deux faits distincts, il suit que le débit d'ouvrages contrefait peut être poursuivi après même que le délit de contrefaçon est couvert par la prescription. Paris, 26 juill. 1828. (C. S. 29. 2. 219. Coll. nouv. 9).

112. L'introducteur n'est pas seulement celui qui importe les ouvrages contrefaits, mais aussi celui qui se les fait expédier par un libraire étranger. — Paris, 20 fév. 1833. Cité par Gastambide, n° 83. Décision applicable aux journaux étrangers introduits sans autorisation. art. 2. Décret 17 février 1852 et aux cartes à jouer. Art. 166, loi 1816. V. p. 16 et 71.

113. La bonne foi du prévenu le met à l'abri de toute peine ; mais la confiscation de l'objet contrefait n'en doit pas moins être prononcée. Gastambide, n° 11.

114. Le libraire qui a acheté d'un autre que l'auteur les exemplaires trouvés en son magasin est présumé avoir agi dans une intention frauduleuse : c'est à lui à rapporter la preuve de sa bonne foi. Cass. 18 juin 1847 (S. V. 47. 1. 682).

1831 à 1848. (5.)	1848 à 1849. (6.)	1850 à 1856. (7.)	LA PRESSE en ALGÉRIE. (8.)	1856 à.... NOTES. (9.)
		DÉCR. du 28 mars 1852. — (Contrefaçon d'ouvrages étrangers.) ART. 1er. La **contrefaçon** sur le territoire français d'ouvrages publiés à l'étranger et mentionnés en l'art. 425 du C. pénal constitue un délit. ART. 2. Il en est de même du **débit**, de l'**exportation** et de l'**expédition** des ouvrages contrefaits. — L'exportation et l'expédition des ouvrages contrefaits sont un délit de la même espèce que l'introduction sur le territoire français d'ouvrages qui après avoir été imprimés en France ont été contrefaits à l'étranger. ART. 3. Les délits prévus par les articles précédents seront réprimés conformément aux art. 427 et 429 du C. pénal. L'art. 463 du même Code pourra être appliqué. ART. 4. Néanmoins la poursuite ne sera admise que sous l'accomplissement des conditions exigées relativement aux ouvrages publiés en France, notamment par l'art. 6 de la L. du 19 juill. 1793 (relatif au dépôt, *V*. p. 13).		
			DÉCR. 28 mars 1852. Sur la presse en Algérie. ART. 6. Les numéros du journal ou les exemplaires de tout écrit quelconque publiés en contravention aux dispositions des art. 2, 3, 4 et 5 du présent décret (*V*. p. 2 et 34), seront saisis et ne pourront être ni exposés en vente, ni vendus, ni distribués, sous les peines de l'art. 5. — *V*. p. 2 et ci-dessous.	
		DÉCR. organique sur la presse, du 17 février 1852. ART. 2, § 2. Les introducteurs ou **distributeurs** d'un journal étranger (politique ou d'économie sociale) dont la circulation n'aura pas été autorisée, seront punis d'un emprisonnement de **1 mois à 1 an** et d'une amende de **100 fr. à 5,000 fr.** (412, 420). ART. 5. **Toute publication** de journal sans autorisation préalable, sans cautionnement ou sans que le cautionnement soit complété, sera punie d'une amende de **100 fr. à 2,000 fr.** pour chaque numéro publié en contravention, et de **1 mois à 2 ans de prison**...—*V*. la suite, p. 34 (120).	**Même décret de 1852.** ART. 8, § 2. Les introducteurs ou **distributeurs** d'un journal ou écrit étranger (politique ou d'économie sociale) dont la circulation n'aura pas été autorisée, seront punis d'un emprisonnement de **un mois à un an** et d'une amende de **100 fr. à 5,000 fr.** ART. 5. **Toute publication** de journal ou d'écrit périodique ou non périodique sans autorisation préalable, sans cautionnement régulier ou sans le visa exigé par l'art. 2, ou... après que... l'autorisation accordée aura été révoquée... sera punie d'une amende de **100 fr. à 2,000 fr.** pour chaque numéro publié en contravention et de **un mois à 2 ans de prison**.	
V. art. 20 de la loi abrogée du 6 sept. 1835. L'art. 22 du décret du 17 février 1852 la reproduit textuellement.— *V*. p. 58.		ART. 22. Aucuns dessins, aucunes gravures, lithographies, médailles, estampes ou emblèmes, de quelque nature ou espèce qu'ils soient, ne pourront être publiés, exposés ou mis en vente sans l'autorisation préalable du ministre de l'intérieur à Paris, ou des préfets dans les départements. — En cas de contravention les dessins, gravures, lithographies, etc., pourront être confisqués, et ceux qui les auront publiés seront condamnés à un emprisonnement de **1 mois à 1 an** et à une amende de **100 fr. à 1,000 fr.**—*V*. p. 59(422).	ART. 7. A l'avenir aucuns dessins, aucunes gravures, lithographies, médailles, estampes ou emblèmes, quelle qu'en soit la nature, ne pourront être publiés, exposés, mis en vente ou distribués sans l'autorisation préalable des préfets dans les départements, alors même que la publication ou l'impression serait antérieure au présent décret. — En cas de contravention, les dessins, gravures, lithographies..., etc., seront saisis et confisqués, et ceux qui les auront publiés, distribués ou exposés en vente, seront condamnés à un emprisonnement de **un mois à un an** et à une amende de **100 fr. à 1,000 fr.**	
		DÉCR. 22 mars 1852. — (Confirmé par décret du 31 déc. 1852.) ART. 74. Tout membre du Corps législatif peut, après en avoir obtenu l'autorisation de l'Assemblée, faire imprimer et distribuer à ses frais le discours qu'il a prononcé. — L'impression et la distribution non autorisées seront punies de **500 fr. à 5,000 fr.** d'amende contre l'imprimeur et de **5 fr. à 500 fr.** contre le distributeur (421).		
		L. municipale du 5 mai 1855. ART. 27. **Tout éditeur**, imprimeur, journaliste **ou autre** qui rendra **publics** les actes interdits aux conseils municipaux par les art. 25 et 26, sera passible des peines de l'art. **123 du C.** pénal. ART. 25 (Délib. du conseil municipal hors réunion légale. — *V*. p. 74). ART. 26 (Corresp. des conseils munic., proclam., adresses.—*V*. p. 74).		

115. L'indemnité prononcée par la loi en faveur de l'auteur ou du propriétaire de l'ouvrage contrefait peut ne consister que dans la remise des exemplaires trouvés chez le contrefacteur. Toulouse, 5 juill. 1835 (S.V. 36. 2. 59).

116. Les peines prononcées par l'art. 27, loi 26 mai 1819, contre celui qui vend ou distribue un écrit condamné, s'appliquent à celui qui l'expose dans son magasin. Cass. 11 oct. 1851. Bull. crim. n° 448. La mise en vente est une promesse de vente faite au public, qui vaut vente. — Voir dans l'Appendice le catalogue des ouvrages condamnés depuis 1814.

117. Le fait de débit d'un ouvrage condamné réimprimé constitue un délit ou un crime, suivant la nature du contenu de l'écrit, mais non une contravention. V. n° 85.— *Suprà*.

118. V., sur la vente des faux extraits punis par l'art. 5, loi 10 déc. 1830, suprà 86.

119. Les libraires peuvent aussi se rendre coupables de vente ou distribution de billets de loteries prohibées. V. p. 71, et encourir les peines des art. 411 et 410 du Cod. pénal, conformément à l'art. 4 et 5 de la loi du 21 mai 1854, et cette peine peut être de 15 jours à 5 mois de prison et de 1,000 à 2,000 fr. d'amende.

120. V., relativement aux distributions et ventes irrégulières des journaux, p. 72.

121. Et quant à la publication non autorisée d'un discours parlementaire, v. p. 15, n° 45.

122. V. p. 59 pour la publication non autorisée des dessins et autres objets énumérés en l'art. 22, décret 17 février 1852.

1789 à 1814.

1.

DÉCR. 5 février 1810.
Règlement de l'imprimerie et de la librairie.

ART. 45. Les délits et les contraventions seront constatés *par les inspecteurs de la librairie et de l'imprimerie*, les officiers de police et, en outre, par les préposés aux douanes pour les livres venant de l'étranger. — Chacun dressera procès-verbal de la nature du délit et contravention, des circonstances et dépendances, et le remettra au préfet de son arrondissement pour être adressé *au directeur général* (le directeur général a été supprimé.— *V*. p. 9) (124).

DÉCR. 19-21 juillet 1793.
Propriété des auteurs.

ART. 3. *Les officiers de paix* (aujourd'hui les commissaires de police et les juges de paix, loi 25 prairial an III), seront tenus de faire confisquer à la réquisition et au profit des auteurs, compositeurs, peintres, dessinateurs et autres, leurs héritiers ou cessionnaires, tous les exemplaires des éditions imprimées ou gravées sans la permission formelle et par écrit des auteurs.

DÉCR. 5 février 1810 (suite).

ART. 46. Les objets saisis seront déposés provisoirement au secrétariat de la mairie ou au commissariat général de la sous-préfecture ou de la préfecture la plus voisine du lieu où le délit ou la contravention sont constatés, sauf l'envoi ultérieur à qui de droit.

ART. 47. Nos procureurs généraux ou impériaux seront tenus de poursuivre d'office dans tous les cas prévus à la section précédente (art. 44 à 44.— *V*. p. 3, 44, 43 et 45) sur la simple remise qui leur sera faite des procès-verbaux **duement affirmés** (123, 129).

Arrêt du conseil de 1785.

ART. 12. *Et en même temps Sa Majesté voulant prévenir plus efficacement que par le passé la publicité des ouvrages prohibés ou non permis, a défendu et défend à tous auteurs et éditeurs, directeurs et rédacteurs de gazettes, journaux, affiches, feuilles périodiques et autres papiers publics, tant à Paris que dans les provinces, même de ceux étrangers, dont la distribution est permise dans le royaume, d'annoncer, sous tel prétexte que ce puisse être, aucun ouvrage imprimé ou gravé, national ou étranger, si ce n'est après qu'il aura été annoncé par le journal des Savants, ou subsidiairement par celui de Paris, à peine de 100 livres d'amende, pour la première fois, de 300 livres, pour la seconde, et d'amende arbitraire, ainsi que de déchéance de leurs priviléges ou permission, pour la troisième, même de telle autre peine qu'il appartiendrait, s'il s'agissait de livres non permis ou prohibés.*

CHAP. V. — DISPOSITIONS COMMUNES. — SECT. I.

L. 21 oct. 1814 — Sur la liberté de la presse. — TITRE II. Police de la presse.

ART. 20. Les contraventions [en matière de librairie et d'imprimerie], seront constatées par les procès-verbaux *des inspecteurs de la librairie* et des commissaires de police (123, 124).

ORD. du 24 oct. 1814. — (Impression, dépôt, publication des ouvrages.)

ART. 7. En exécution de la loi du 21 oct. 1814, art. 20, les commissaires de police rechercheront et constateront d'office toutes les contraventions; et ils seront tenus aussi de déférer à toutes réquisitions qui leur seront adressées, à cet effet, par les préfets, sous-préfets, maires, et par *les inspecteurs de la librairie*; ils enverront dans les 24 heures tous les procès-verbaux qu'ils auront dressés, à Paris *au directeur général de la librairie* (supprimé, *V*. p. 9), et dans les départements aux préfets qui les feront pas serrur-le-champ *au directeur général* seul chargé, par l'art. 21, de dénoncer les contrevenants aux tribunaux (124).

SAISIE — MAINMISE (125). — POURSUITES.

L. 21 octobre 1814 — Sur la liberté de la presse. — TITRE II. Police de la presse.

ART. 45. Il y a lieu à **saisie** et séquestre d'un ouvrage ;
1° Si l'imprimeur ne représente pas les récépissés de déclaration et de dépôt ordonné en l'art. 14. — *V*. p. 44, 42, 17, 48;
2° Si chaque exemplaire ne porte pas le vrai nom et la vraie demeure de l'imprimeur. — *V*. p. 45, 46;
3° Si l'ouvrage est déféré aux tribunaux pour son contenu. — *V*. p. 143 et suiv.

ART. 48. Les exemplaires saisis pour simple contravention à la présente loi seront restitués après le paiement des amendes.

. . . .

Même loi de 1814 (suite).

ART. 21. Le ministère public poursuivra d'office les contrevenants par-devant les tribunaux correctionnels, sur *la dénonciation du directeur général de la librairie* (supprimé. — *V*. p. 9), et la remise d'une copie des procès-verbaux (129).

SECT. II. — Création du Journal de la Librairie.

DÉCR. 14 octobre 1811.
Création du Journal de la librairie.

Napoléon voulant prévenir plus efficacement que par le passé la publication des ouvrages prohibés ou non permis, donner aux libraires le moyen de distinguer les livres défendus de ceux dont le débit est autorisé, et empêcher qu'ils ne soient inquiétés pour le débit et la vente de ces derniers ouvrages, décrète :

ART. 1er. *Le directeur de l'imprimerie et de la librairie est autorisé à publier un journal dans lequel seront annoncées toutes les éditions d'ouvrages imprimés ou gravés qui seront faites à l'avenir, avec le nom de l'éditeur et des auteurs, si ces derniers sont connus, et le prix de l'ouvrage. — Le directeur y fera aussi insérer, avant la publication des ouvrages, les déclarations qui auront été faites par les libraires pour la réimpression des ouvrages du domaine public.*

ART 2. (Dispositions financières quant à l'établissement dudit journal).

ART. 3. *Conformément aux dispositions de l'art. 12 de l'arrêt du conseil du 16 avril 1785, il est défendu à tous auteurs et éditeurs, directeurs et rédacteurs de gazettes, journaux et affiches, feuilles périodiques et autres papiers publics, tant à Paris que dans les départements, même ceux étrangers dont la distribution est permise dans l'Empire, d'annoncer, sous tel prétexte que ce soit, aucun ouvrage imprimé ou gravé, national ou étranger, si ce n'est après qu'il aura été indiqué dans le journal, à peine* **de 200 fr.** *d'amende, pour la première fois, et d'amende arbitraire ainsi que de déchéance de leur permission, en cas de récidive, même de telle autre peine qu'il appartiendra, s'il s'agissait de livres non permis ou prohibés.* —Remplacé par l'art. 12 de l'ord. du 24 oct. 1814.

DISPOSITIONS COMMUNES. — 123. Les procès-verbaux des commissaires de police pour contraventions à la loi de 1814 ne sont point soumis à l'affirmation. —De Grattier, t. 1, 102. Mais, dans les cas prévus et punis par les articles non abrogés du décret du 5 février 1810, ils devront être affirmés (art. 47), pour contrefaçon, par exemple. — De Grattier, t. 1. 102, et circulaire du 1er déc. 1814.

124. De ce que la publication des journaux assujettis au *dépôt* par la loi de 1828 n'est pas subordonnée à la *délivrance préalable* d'un certificat de *dépôt* (*V*. p. 49), on peut conclure à pari que l'impression ou la publication des ouvrages *déclarés* et *déposés* n'est pas subordonnée à la *délivrance préalable* des certificats de déclaration ou de dépôt exigés par l'art. 15 de la loi de 1814, et que la preuve de l'accomplissement de ces deux formalités peut résulter soit des registres de l'imprimeur, soit de l'attestation des employés de la préfecture, soit des circonstances de la cause. Cass. 10 fév. 1826.—Parant, p. 49.—De Grattier, p. 86. — Décider le contraire, ce serait faire sortir la censure d'un titre qui n'a été maintenu que parce qu'il était étranger à la censure, car le refus ou le retard de l'administration à délivrer les certificats équivaudrait à un véritable *sursis censorial* moins les garanties et les voies de recours organisées par le système de la censure.—*V*. p. 1, 5.

125. Par *saisie* (proprement dite) on doit entendre l'acte par lequel un officier public ou de police judiciaire, en vertu d'un mandat émané du juge, place sous la main de la justice, soit le corps du délit, soit les instruments qui ont servi à le commettre ; dans ce cas la saisie est véritable et réelle. — La *mainmise* au contraire est pour ainsi dire une mesure de précaution qui a pour but d'empêcher la destruction ou la disparition des objets pouvant servir à prouver la contravention, elle est toujours provisoire et presque toujours aussi pratiquée *d'office*, soit par le commissaire de police, soit par tout autre agent auxiliaire de l'autorité judiciaire : car le droit d'opérer ou pratiquer une mainmise résulte pour les

1815 à 1819.	1820 à 1825.	1823 à 1830.	1831 à 1848.	1848 à 1849.	1850 à 1856.	La presse en Algérie.	1856 à... NOTES.
2.	3.	4.	5.	6.	7.	8.	9.

Constatation des infractions, Saisie, Poursuite, Compétence.

1815 à 1819.	1820 à 1825.	1823 à 1830.	1831 à 1848.	1848 à 1849.	1850 à 1856.	La presse en Algérie.	1856 à... NOTES.
PROCÉDURE. — **L. 28 février 1817.** Saisie des écrits en vertu de la loi de 1814. ART. UNIQUE. Lorsqu'un écrit aura été saisi en vertu de l'art. 15 de la loi du 21 oct. 1814, l'ordre de saisie et le procès-verbal seront sous peine de nullité notifiés dans les 24 heures à la partie saisie qui pourra y former opposition. — En cas d'opposition le procureur du Roi fera toute diligence pour que dans la huitaine à dater du jour de ladite opposition, il soit statué sur la saisie. Le délai de huitaine expiré, la saisie, si elle n'est maintenue par le tribunal, demeurera de plein droit périmée et sans effet, et tous dépositaires de l'ouvrage saisi seront tenus de le remettre au propriétaire (426, 427, 428, 698). **L. 26 mai 1819.** ART. 26. La loi du 28 fév. 1817 est abrogée (698).		**ORD. 10 sept. 1828.** ART. 1er. **Les quatre inspecteurs de la librairie** actuellement existants à Paris sont supprimés. ART. 2. Les commissaires de police dans toute l'étendue du royaume sont investis des attributions légales que les inspecteurs de la librairie avaient reçues de l'art. 45 du décret du 5 février 1810, de l'art. 20 de la loi du 21 oct. 1814 et de l'art. 7 de l'ord. du 24 oct. 1814. — Une circulaire du 16 juin 1830 recommande aux officiers de police de visiter souvent les ateliers d'imprimerie et de constater d'office les contraventions.			**DÉCR. 2 av. 1852.** Imprimeurs en taille douce ART. 5. Les maires, les commissaires inspecteurs de la librairie et les commissaires de police, constateront les contraventions par des procès-verbaux [en matière d'imprimerie en taille douce sans brevet, etc., de détention non autorisée de presse de petite dimension, etc. — *V.* décret entier, p. 42].		

Annonces préalables dans le Journal de la Librairie. — Suppression.

1815 à 1819.	1820 à 1825.	1823 à 1830.	1831 à 1848.	1848 à 1849.	1850 à 1856.	La presse en Algérie.	1856 à... NOTES.
ORD. 24 oct. 1814. Impression, dépôt, publication des ouvrages. ART. 12. *Conformément aux dispositions de l'art. 12 de l'arrêt du conseil du 16 avril 1785, et à l'art. 3. décret 14 oct. 1811, il est défendu à tous auteurs et éditeurs de journaux, affiches, feuilles périodiques, tant à Paris que dans les départements, sous peine de déchéance* **de l'autorisation** *qu'ils auraient obtenue, d'annoncer aucun ouvrage imprimé ou gravé, si ce n'est après qu'il aura été annoncé par le Journal de la librairie.* Abrogé par suite de la loi du 18 juillet 1828, qui affranchissait les journaux de l'autorisation, et par l'art. 7 de la charte de 1830, qui a proclamé la liberté des publications (130). —		**L. 18 juillet 1828.** Journaux périodiques. ART. 1er. Tout Français majeur, jouissant de ses droits civils, pourra sans **autorisation publier un journal.** — *V.* p. 33. (La révocation de l'autorisation était la sanction de l'art. 12 de l'ord. de 1814 ; l'art. 1er, L. 1828 affranchissant les journaux de l'autorisation, a privé de sanction l'art. 12 qui est aussi tombé en désuétude (130).			N. B. Le décret du 17 fév. 1852, bien qu'il ait de nouveau soumis les journaux à l'**autorisation**, n'a pas remis en vigueur l'art 12 de l'ord. de 1814. — *Le Journal de la librairie* n'est plus, du reste, qu'une entreprise particulière (130). —		

officiers publics des règles du droit commun. MM. Boris et Bonnassies, v° Saisie, n°s 3 et 4. Cass. 13 fév. 1835. S. V. 35. 1. 351. — V. Chassan, 2, p. 239.

126. L'abrogation de la loi du 28 février 1817 a été prononcée en termes exprès et d'une manière générale par l'art. 31 de la loi du 26 mai 1819 ; il semblerait dès lors que son application ne dût plus être possible : mais, attendu que la loi de 1819 ne l'a abrogée que pour la remplacer par un autre système de procédure en cas de saisie des ouvrages poursuivis à raison des *crimes et délits* de leur *contenu* ; — que ce n'est donc que lorsque l'ouvrage est déféré aux tribunaux *pour son contenu* que la loi de 1817 est remplacée et abrogée, la Cour de cassation a décidé qu'elle continuerait à être appliquée aux saisies motivées pour les deux premières causes énoncées aux n°s 1 et 2 de l'art. 15 de 1814, c'est-à-dire pour contraventions à cette loi. — Cette décision puise une nouvelle force dans l'abrogation de la loi de 1819 par le décret du 17 février 1852, qui replace la loi de 1817 à peu près dans les mêmes conditions où elle se trouvait lorsqu'elle a été promulguée, avec cette différence qu'ayant été abrogée pour les cas de saisie en raison du *contenu*, ces cas sont aujourd'hui réglés par le Code d'instruction criminelle, qui a remplacé à son tour la loi de 1819. — V. Cass. 22 août 1823. 27 mars 1828. — Mais, si la loi de 1817 a été maintenue pour les saisies motivées par des contraventions, il ne faut pas l'étendre aux contraventions autres que celles prévues par la loi de 1814, aux saisies pour contrefaçons, par exemple. — Parant, p. 287 et 64. Elles restent réglées par le droit commun.

127. C'est le procureur impérial qui doit donner l'ordre de saisir. C'est à lui que l'opposition doit être signifiée par voie de notification et non de déclaration au greffe. Chassan.

128. A la différence du § 3 de la loi de 1817, qui prononce la nullité de plein droit, son § 2 ne la prononce pas de plein droit pour défaut de notification dans les 24 heures. Cette nullité devra donc être prononcée par le tribunal correctionnel. Chassan, 2, 524.

129. Le ministère public peut poursuivre d'office, sans dénonciation, *non obstat* art. 21 l. 1814. Cass. 29 mars 1829. 17 mai 1828. Chassan, 2, p 41. Mangin, t. 1, p. 339.

130. Le Journal de la librairie était publié par le directeur de la librairie. La liberté de publication proclamée en 1830 a abrogé l'art. 12 de l'ord. de 1814. Parant, p. 62.

DE LA PRESSE PÉRIODIQUE.

Le mot PRESSE a des sens divers qu'il ne faut pas confondre : il signifie d'abord l'instrument, le mécanisme destiné à reproduire la pensée manuscrite ou *manu*-peinte; il exprime ensuite, par dérivation ou transposition d'idée, le droit de se servir de l'instrument, c'est-à-dire la liberté (professionnelle ou accidentelle) d'imprimer ou de faire imprimer ses pensées et ses opinions. — C'est ainsi que l'on doit entendre, *lato sensu*, les expressions générales de *liberté de la presse*.

Ce n'est pas tout :

L'usage de la presse à ce dernier point de vue peut avoir, avons-nous déjà dit, un double résultat : *le livre* et *le journal*.

L'un est le produit *ordinaire* de la presse, l'autre est son produit *périodique* : de là une distinction importante à faire entre *la presse ordinaire* (imprimerie) et *la presse périodique*, et d'autant plus importante que, par suite de l'extension qu'a prise le journalisme de nos jours, le terme de *presse* est presque devenu dans l'usage le synonyme de *journal*.

Le livre est un fait isolé, il répond de lui-même, sa puissance sur la masse est bornée.—Nous venons de voir d'ailleurs les mesures de surveillance auxquelles son impression et sa publication ont été soumises (*V*. p. 11 à 18).

Le journal est un fait successif et collectif dont la puissance, plus considérable par l'énergie de son action quotidienne et périodique sur l'esprit public, doit être nécessairement assujettie à une réglementation spéciale, mais non d'exception, ainsi que l'observe avec raison M. Chassan.

Le législateur a donc sagement distingué entre *la presse ordinaire* et la *presse périodique*, entre la chaire de l'école et la tribune des *premiers Paris* : l'une a été laissée librement responsable de ses écarts, mais l'autre, dont la liberté était plus à craindre, a été placée dans des conditions particulières de surveillance par les garanties réelles et personnelles qui lui ont été successivement demandées à diverses époques dans le triple intérêt de l'ordre, de la morale et de la liberté.

Le journal n'est pas une création aussi moderne qu'on pourrait le supposer.— Les Romains eurent des journaux ou actes diurnaux, *acta publica, diurna, diaria*, qui répandaient dans les provinces les nouvelles de la grande cité, et la *Gazetta* de Venise circulait manuscrite avant l'invention de l'imprimerie. — Mais ce que l'on peut hardiment affirmer à ce sujet, c'est que nos feuilles périodiques diffèrent des *acta publica* des Romains, autant au moins que nos caractères d'imprimerie diffèrent de leurs *sigles*, et nos rédacteurs-gérants de leurs *diurnarii* et de leur *logographi* (1), et que, d'un autre côté, jamais à aucune époque le journalisme n'avait eu sur l'opinion publique l'empire qu'il a pris de nos jours (2).

Le premier journal qui parut en France fut le *journal des Savants*, en 1665; « il fut inventé, suivant l'*Encyclopédie*, pour le soulagement de ceux qui sont trop occupés ou trop paresseux pour lire les livres entiers. C'est un moyen de satisfaire sa curiosité et de devenir savant à peu de frais. Comme ce dessein a paru très-commode et très-utile, il a été imité dans la plupart des autres pays sous une infinité de titres différents. »

Avant 1789 l'action du journalisme était, comme on le voit, trop restreinte, et son domaine trop circonscrit, pour qu'il eût paru nécessaire de lui tracer des règles spéciales. — Nous ne reviendrons pas sur l'exposé historique que nous avons déja présenté ; qu'il nous suffise de dire ici que la législation ne se préoccupa des moyens qui devaient contenir l'action de la presse dans de justes limites qu'en mesure et en proportion de l'accroissement de son énergie et de son influence sur l'esprit public, par l'extension donnée à la publication des feuilles périodiques, et que, si la liberté de la presse fut dans le principe poussée jusqu'à la licence, sa réglementation fut, par contre, quelquefois poussée jusqu'à la négation du droit.

Placés sous l'inspection de la police par la loi du 19 fructidor an V, décimés par le droit de suppression administrative du décret directorial du 28 pluviôse an VIII, assujettis à la censure par le décret du 5 février 1810, les journaux, par un décret du 9 août 1810 (*V*. p. 33, col. 1), furent pour ainsi dire supprimés. La presse périodique se trouva d'une manière absolue dans la main du Gouvernement ; c'était une époque de crise et de lutte européenne : les indiscrétions du journalisme eussent pu contrarier l'action extérieure du pouvoir.

A la chute de l'Empire, la presse retrouva un moment de liberté, mais il fut court, — le temps d'effacer l'article 8 de la charte de 1814 par le titre I de la loi du 21 octobre 1814, qui réorganisa la censure. A la censure succéda la nécessité de l'*autorisation préalable* du Roi (1817 à 1828). A l'autorisation, les garanties réelles et personnelles du *cautionnement*, de la *déclaration préalable* et de la *gérance* (1828); enfin la législation actuelle a de nouveau soumis la presse à l'*autorisation préalable*, en continuant d'exiger d'elle les précédentes garanties.

La presse périodique *politique* (3), si différente de la presse périodique *ordinaire*, par sa portée, son but et son dire, a été avec raison soumise à l'accomplissement de formalités particulières; elles consistent aujourd'hui dans :

1° L'obtention préalable de l'autorisation du Gouvernement (*garantie morale et politique*). Art. 1, décret 17 février 1852 ;

2° Le versement préalable au Trésor d'un cautionnement en numéraire (*garantie réelle*). Art. 3 et 4, décret 17 février 1852;

3° La déclaration préalable de la fondation du journal, de son administration et des conditions de sa publication (*mesure de police*). Art. 6, loi du 18 juillet 1828 ;

4° L'institution des gérants responsables de la rédaction du journal (*garantie personnelle*), et soumis à *déposer* un exemplaire *signé* pour minute de chaque numéro du journal au parquet (*mesure de police*). Art. 8, loi du 18 juillet 1828.

Tel est l'ordre suivant lequel nous allons présenter la concordance de la législation en cette matière :

Le titre II se divisera donc naturellement en trois chapitres.

Chapitre I. Formalités *avant* la publication du journal.
  Sect. I. De l'autorisation préalable. — P. 33-34.
  Sect. II. Du cautionnement. — P. 35-40.
  Sect. III. De la déclaration préalable.—P. 41-42.
Chapitre II. Formalités *avant et pendant* la publication du journal.
  Sect. I. *Des gérants responsables.* — P. 43-46.
  Sect. II. De leurs obligations. — P. 47-48.
  Signature et *dépôt* du journal.
Chapitre III. Dispositions communes à la presse périodique et non périodique ; *du timbre et port* des imprimés. — P. 51-57.

---

(1) Sur l'origine du journalisme, on ne lira pas sans intérêt l'ouvrage de M. J.-V. Leclerc, *Des Journaux chez les Romains*. — D'après le savant auteur, les *acta publica* ne publiaient pas seulement les nouvelles locales, mais faisaient connaître aussi les nouvelles officielles et politiques, les délibérations du peuple et du sénat, les débats judiciaires, le gain des batailles et jusqu'au nom des personnes reçues à la Cour. Au dire de Suétone, César fut le premier qui rendit publiques les délibérations et les décisions du sénat par leur insertion sans doute dans les actes diurnaux : *inito honore, primus omnium instituit, ut tam senatus quam populi acta diurna confiterentur et publicarentur* (Cæsar, c. 20, Suétone). — Aux lupercales il fit insérer dans les *actes* que la royauté lui avait été offerte et qu'il l'avait refusée. — V. aussi M. de Grattier, t. 2, p. 6 et 7.

(2) Les auteurs de l'*Encyclopédie* attribuent à Photius l'invention des journaux, « mais sa *bibliothèque*, disent-ils, n'était pourtant pas tout à fait ce que sont nos journaux, ni son plan le même. » D'Alembert et Diderot écrivaient cela vers le milieu du dernier siècle.

(3) De 1815 à 1819 commença d'apparaître dans la législation la distinction importante de la presse périodique, *politique* et *non politique*, cette distinction s'est depuis continuée dans toutes nos lois. En 1849, pour mettre un terme aux hésitations de la jurisprudence, le législateur a ajouté et d'*économie sociale* à la dénomination des *journaux politiques*.

1789 à 1814.	1815 à 1819.	1819 à 1825.
1.	2.	3.

TITRE II. — DE LA PRESSE PÉRIODIQUE. — CHAP. Iᵉʳ. FORMALITÉS AVANT LA PUBLICATION

1789 à 1814.

Arrêté du 27 nivôse an VIII (2 janv. 1800).

ART. 1ᵉʳ. *Le ministre de la police ne laissera, pendant toute la durée de la guerre, imprimer, publier et distribuer que les journaux ci-après désignés et ceux qui s'occupent exclusivement de science, de littérature, commerce et avis* (154).

ART. 2. *(Suit la désignation des journaux conservés ou autorisés.)*

ART. 3. *Il veillera à ce qu'il ne s'imprime aucun autre journal.*

ART. 4. *Les propriétaires et rédacteurs des journaux conservés se présenteront au ministre pour justifier de leur qualité de citoyen, de leur demeure et signature, et promettront fidélité à la Constitution.*

ART. 5. *Seront supprimés sur-le-champ tous les journaux qui inséreront des articles contraires au respect dû au pacte social, à la souveraineté du peuple, à la gloire des armées, ou qui publieront des invectives contre les Gouvernements et les nations amies ou alliées de la République, lors même que ces articles seraient extraits de journaux étrangers.*

DÉCR. 3 août 1810.
Relatif aux journaux des départements.

ART. 1ᵉʳ. *Il n'y aura qu'un seul journal dans chacun des départements autres que celui de la Seine.*

ART. 2. *Ce journal sera sous l'autorité du préfet et ne pourra paraître que sous son approbation.*

ART. 3. *Néanmoins les préfets pourront autoriser provisoirement dans nos grandes villes, la publication des feuilles d'affiches ou d'annonces pour les mouvements des marchandises, pour ventes d'immeubles ; les journaux qui traitent exclusivement de littérature, sciences et arts ou agriculture.... Lesdites feuilles ne pourront contenir aucun article étranger à leur objet.*

(Abrogé par l'ensemble de la législation postérieure.)

L. 21 octobre 1814.
Liberté de la presse et police.

ART. 9. *Les journaux ou écrits périodiques ne pourront paraître qu'avec l'autorisation du Roi.*
(Abrogé par l'art. 29, même loi.)

ART. 22. Les dispositions du Titre 1ᵉʳ (art. 1 à 10, *V.* p. 1) cesseront d'avoir leur effet à la fin de la session de 1816, à moins qu'elles n'aient été renouvelées par une loi, si les circonstances le faisaient juger nécessaire.

1815 à 1819.

L. 28 février 1817.

ART. 1ᵉʳ. *Les journaux et écrits périodiques ne pourront paraître qu'avec l'autorisation du Roi.*

ART. 2. *La présente loi cessera son effet le 1ᵉʳ janvier 1818.*

L. 9 juin 1819.
Publication des journaux.

ART. 1ᵉʳ. *Les propriétaires, rédacteurs de journaux... en tout ou en partie aux nouvelles ou matières politiques... seront tenus...* (*V.* p. 32).
1° *De faire une déclaration....* (*V.* p. 41).
2° *De fournir un cautionnement..* (*V.* p. 35).

1819 à 1825.

L. 31 mars 1820.
Publication des journaux.

ART. 2. *Aucuns desdits journaux ou écrits périodiques [consacrés aux nouvelles et aux matières politiques] ne pourra être publié qu'avec l'autorisation du Roi.*
Toutefois, les journaux et écrits périodiques actuellement existants continueront de paraître en se conformant à la présente loi (*V.* art. 1, p. 2).(Abrogé, *V.* art. 10 ci-dessous.)

ART. 3. *L'autorisation exigée par l'art. 2 ne pourra être accordée qu'à ceux qui justifieront s'être conformés à l'art. 1ᵉʳ de la loi du 9 juin 1819.* (Abrogé par l'effet de l'art. 10.)

ART. 10. La présente loi cessera de plein droit d'avoir son effet à la fin de la session de 1820.
(Prorogée jusqu'en 1822 par la loi du 28 juill. 1821) (*V.* p. 2, col. 2).

L. 17 mars 1822.
Dite loi des tendances.

ART. 1ᵉʳ. *Nul journal ou écrit périodique consacré en tout ou en partie aux nouvelles ou matières politiques paraissant soit régulièrement et à jour fixe, soit irrégulièrement et par livraisons... pourra être établi et publié sans l'autorisation du Roi.*

(Abrogé par l'art. 18 de la loi du 18 juill. 1828.)

Pour les **autorisations** spéciales et préalables à l'impression des écrits autres que les journaux, — *V.* p. 13, 14, 15 et 16, et pour celles nécessaires avant la publication, exposition ou mise en vente de certaines publications, — *V.* p. 60, 66 et suivantes.

PRESSE PÉRIODIQUE. 131. Qu'est-ce qu'un journal ? « Un journal, dit M. Chassan, peut être considéré sous trois points de vue différents : 1° comme un écrit périodique ; 2° comme établissement industriel ; 3° et comme établissement de publicité. »

Comme écrit périodique, le journal est une série de publications successives dont le titre, l'esprit et le plan, forment un ensemble, un tout tendant vers un but déterminé. — A ce point de vue, il est ou non quotidien. — Il paraît soit à jours fixes, soit par livraisons, régulièrement ou irrégulièrement, à des intervalles inégaux, sous le même titre ou sous des titres différents, à des époques successives déterminées ou indéterminées, même sans abonnés ni listes d'abonnements, en vers ou en prose. — C'est là une question de fait laissée à l'appréciation des magistrats. Chassan, t. 1, p. 480. — De Grattier, 2, p. 12. Cass. 1 mars 1836 (S. 1836. 1). Paris, 2 août 1833 (*Gaz. des Trib.* Trib. Seine; 19 mars 1842). Cass. 29 déc. 1831.

Comme établissement industriel, lorsqu'il est fondé par d'autres que par les rédacteurs, le journal est régi par la loi des entreprises et sociétés commerciales. — Seine, 20 oct. 1844 (G. T. du 25 oct.). — V. Chassan, *loc. cit.*

Comme établissement de publicité, le journal est une association ou une entreprise soumise à des mesures de précaution et de surveillance dans l'intérêt général. — V. Chassan.

132. La périodicité est le caractère distinctif et particulier des journaux, *apparente* par une émission successive de feuilles qui par leur titre se rattachent à la même publication, ou *déguisée* sous les titres changeants de divers écrits paraissant à des intervalles variés. C'est elle qui assujettit l'écrit aux prescriptions qui régissent les journaux, et les tribunaux sont souverains pour apprécier le fait qui la constitue; toutefois leur appréciation à cet égard n'a pas toujours échappé au contrôle de la Cour suprême. Cass. 29 déc. 1831. V. Chassan, 1, p. 481, et les arrêts qu'il cite.

AUTORISATIONS PRÉALABLES. 133. Le droit de publier et fonder un journal repose sur la liberté de la presse et de l'industrie, mais son exercice a été, dans l'intérêt public, lorsqu'il s'agit d'un journal politique, soumis à des conditions de police, dont la première dans l'ordre du décret de 1852 est l'*autorisation préalable*.

134. « L'autorisation, dit encore M. Chassan, établie par un arrêté dictatorial du pouvoir consulaire, le 27 nivôse an 8, et abolie en 1828, n'était autre chose qu'une violation directe et formelle du droit de libre publication. Sous ce rapport elle ne pouvait être inscrite que dans une loi d'exception, temporaire par sa nature même. » T. 1, p. 363, 364. Mais Turgot a dit : « Donnez-moi cinq ans de despotisme, et je fonderais la liberté. » « La liberté, ajoute le préambule de la constitution de 1852, ne doit être que le couronnement de l'édifice social. » — Ce mot de Turgot, cette pensée du préambule constitutionnel et les circonstances critiques qu'à subies la sécurité publique dans ces derniers temps, suffi[sent] pour expliquer la nature et le rétablissement de l'autorisation préalable imposée au journalisme par le décret de 1852. C'est un moyen d'exception qui a répondu à une mesure exceptionnelle, — une mesure temporaire de légitime défense contre les attaques incessantes et systématiques dont le pouvoir était l'objet. — *V.* p. 3, nᵒˢ 6 et suiv.

135. « La pensée du décret organique ne saurait être méconnue. Le Gouvernement, en réservant une liberté légitime à l'expression des opinions et aux manifestations de l'intelligence, a voulu sauvegarder la société contre les abus et les excès qui tant de fois l'avaient mise en péril. — Il a fait la part du droit et celle de l'ordre ; il a considéré la mission de la presse comme une haute fonction qui ne devait s'exercer qu'au profit des intérêts sérieux, et qui, si on voulait en abuser pour soulever les passions et réveiller les mauvais instincts, devrait rencontrer dans la loi des obstacles insurmontables. En agissant ainsi, le Gouvernement a donné satisfaction aux réclamations des honnêtes gens, et il a paru sévère qu'à ceux qui de la presse voulaient se faire une arme destructive des éléments de l'organisation sociale. L'opinion publique lui a su gré de n'avoir pas reculé devant les difficultés de cette tâche, et de s'être mis au-dessus des traditions et des préjugés d'un libéralisme. » Circ. de la police à MM. les préfets. Du 30 mars 1852.

136. L'autorisation préalable n'a pas affranchi les journaux des formalités qui leur avaient été imposées par les lois antérieures. — « Cette autorisation, dit M. le garde-des sceaux dans sa circulaire du 27 mars 1852, est une garantie puissante que la loi a voulu ajouter à d'autres garanties reconnues trop peu efficaces, et qu'il s'agissait non d'abandonner, mais de compléter. Comme la responsabilité de la presse est maintenue devant la juridiction répressive, il est évident que tout ce qui a été établi pour rendre cette responsabilité sérieuse est également maintenu. Au surplus, dans le dernier § de l'art. 1 du décret de 1852, la nécessité de l'autorisation est imposée à raison de tous changements opérés dans le personnel des *gérants, rédacteurs en chef, propriétaires ou administrateurs d'un journal*; ces énonciations confirment la législation antérieure à laquelle elles se rapportent d'une manière plus qu'implicite. »

137. « Toutes les demandes d'autorisation devront être adressées au ministre de police générale (aujourd'hui au ministre de l'intérieur. — *V.* p. 10, col. 8). — Le Gouvernement veut user du droit de refus que dans l'intérêt de la société, de l'ordre et de la morale. Son intention est de refuser l'autorisation chaque fois que, sous prétexte de journaux, il s'agit de créer des tribunes politiques soi-disant sociales dans un but de mauvaise propagan[de.]

1825 à 1830.	1831 à 1848	1848 à 1849	1850 à 1856.	LA PRESSE EN ALGÉRIE.	1856 à... NOTES.
4.	5.	6.	7.	8.	9.

OBLIGATIONS DES PROPRIÉTAIRES DES JOURNAUX (131-132-133). — Sᴇᴄᴛ. Iʳᵉ. Autorisations préalables.

Colonne 4 (1825 à 1830) :

L. 18 juillet 1828.
Journaux périodiques.

Aʀᴛ. 1ᵉʳ. Tout Français majeur - jouissant des droits civils pourra, sans autorisation préalable, publier un journal ou écrit périodique en se conformant aux dispositions de la présente loi (133).

(Abrogé virtuellement quant aux journaux politiques ou d'économie sociale par l'art. 1 du décret du 17 février 1852.)

Aʀᴛ. 18... La loi du 17 mars 1822 est abrogée.

—

Colonnes 5 et 6 : . . . .

Colonne 7 (1850 à 1856) :

N. B. Dans l'arrêté directorial de l'an VIII, on trouve l'origine de l'autorisation préalable et du droit de suppression des journaux par mesure de sûreté générale, qui font l'objet des art. 1 et 32, § 4, du décret du 17 février 1852 (*V.* p 134 et ci-dessus).

—

DÉCR. organique sur la presse,
du 17 février 1852.

Aʀᴛ. 1ᵉʳ. Aucun journal ou écrit périodique traitant de matières politiques ou d'économie sociale et paraissant soit régulièrement et à jour fixe, soit par livraisons et irrégulièrement, ne pourra être créé ou publié sans l'autorisation préalable du Gouvernement (434, 436, 437, 439, 440).

Cette autorisation ne pourra être accordée qu'à un Français majeur jouissant de ses droits civils et politiques (436).

L'autorisation préalable du Gouvernement sera pareillement nécessaire à raison de tous changements opérés dans le personnel des gérants, rédacteurs en chef, propriétaires ou administrateurs d'un journal.

Aʀᴛ. 2. Les journaux politiques ou d'économie sociale publiés à l'étranger ne pourront circuler en France qu'en vertu d'une autorisation du Gouvernement.

Les introducteurs ou distributeurs d'un journal étranger dont la circulation n'aura pas été **autorisée**, seront punis d'un emprisonnement de **1 mois à 1 an** et d'une amende de **100 fr. à 5,000** (138).

Aʀᴛ. 5. Toute publication d'un journal ou écrit périodique sans **autorisation** préalable, sans cautionnement ou sans que le cautionnement soit complété, sera punie d'une amende de **100 fr. à 2,000 fr.** pour chaque numéro ou livraison publié en contravention et d'un emprisonnement de **1 mois à 2 ans.**

Celui qui aura publié le journal ou écrit périodique et l'imprimeur seront solidairement responsables.

Le journal ou écrit périodique cessera de paraître.

Aʀᴛ. 20. Si la publication d'un journal ou écrit périodique, frappé de **suppression** ou de **suspension** administrative ou judiciaire, est continuée sous le même titre ou sous un titre déguisé, les auteurs, gérants ou imprimeurs seront condamnés à la peine de **1 mois à 2 ans de prison** et solidairement à une amende de **500 fr. à 3,000 fr.** par chaque numéro ou feuille publié en contravention.

Colonne 8 (LA PRESSE EN ALGÉRIE) :

DÉCR. 28 mars, 19 avril 1852,
Sur la presse en Algérie.

Aʀᴛ. 1ᵉʳ. Le gouverneur général de l'Algérie surveille l'usage de la presse, donne les **autorisations de publier les journaux, et révoque ces autorisations** en cas d'abus.

Aʀᴛ. 2. **Aucun numéro** de journal ne pourra paraître sans le **visa préalable** de l'autorité déléguée à cette fin par le Gouverneur général (*V.* p. 2).

Aʀᴛ. 3. (L'autorisation est également nécessaire pour l'impression de tout écrit privé.—*V.* p. 2.)

Aʀᴛ. 8. Les journaux et **écrits politiques** ou d'économie sociale publiés à l'étranger ne pourront être introduits ni circuler en Algérie qu'en vertu d'une **autorisation** du gouverneur général. — Les introducteurs, vendeurs ou distributeurs d'un journal ou écrit étranger dont l'introduction ou la circulation n'aura pas été **autorisée** seront punis de l'emprisonnement de **1 mois à 1 an** et d'une **amende de 100 fr. à 5,000 fr.** (138, 139, 140).

En tous cas les exemplaires introduits, vendus ou distribués, seront **saisis** et **confisqués.**

Aʀᴛ. 5. Toute publication de journal ou d'écrit périodique ou non **périodique** faite sans **autorisation** préalable ou sans cautionnement régulier, ou sans le **visa** exigé par l'art. 2 du présent décret, ou qui paraîtra après que le gouverneur général aura révoqué l'autorisation précédemment accordée, sera punie d'une amende de **100 fr. à 2,000 fr.** pour chaque numéro, livraison ou édition publié en contravention, et d'un **emprisonnement de 1 mois à 2 ans.** — Celui qui aura publié le journal ou l'écrit et l'imprimeur seront solidairement responsables. Le journal ou écrit périodique cessera de paraître.

Aʀᴛ. 6. Les numéros du journal ou les **exemplaires de tout écrit quelconque** publiés en contravention aux dispositions des art. 2, 3, 4 et 5... seront **saisis** et ne pourront être ni exposés en vente, ni vendus, ni distribués sous les peines portées en l'article précédent.

. . . .

N. B. Le décret du 17 février 1852 n'est pas applicable à l'Algérie et aux colonies (*V.* art. 36 dudit décret, p. 156).

Vous aurez donc, M. le préfet, à vous enquérir des antécédents et de la moralité des écrivains et des gérants responsables qui réclament l'autorisation. » — « C'est également au ministre (de l'intérieur) qu'il appartient de donner ou de refuser l'autorisation de laisser circuler en France les journaux politiques ou d'économie sociale publiés à l'étranger.» — « La loi ne fait aucune distinction entre les journaux publiés en français ou en langue étrangère. » — Circul. du ministre de la police du 30 mars 1852.

138. L'infraction à l'art. 2 du décret de 1852, 17 fév., qui prohibe l'introduction en France, sans autorisation, des journaux politiques publiés à l'étranger ne constitue, bien que punie de peines correctionnelles, qu'une simple contravention, en ce sens qu'elle ne comporte ni les excuses de bonne foi ni celles tirées de l'innocuité des publications, ni les circonstances atténuantes dont l'application ne peut être faite qu'aux seuls délits du C. pénal, et par extension aux délits prévus par des lois spéciales lorsque ces lois l'ont expressément permis. Cass. 15 sept. 1854 (D. P. 1. 375) et (54 Bull. crim., n° 284) Douai, 26 avril 1853 (D. P. 53. 2. 153).—Contrà, Cass. 2 mai 1850 (D. P. 50. 1. 95).

139. « Les journaux qui ne traitent pas de matières politiques, ajoute la circulaire du 30 mars, sont dispensés de l'autorisation préalable et du cautionnement. » Mais que doit-on entendre par ces mots : *matière politiques* ou *d'économie sociale* ?

Les expressions de matières politiques comprennent les nouvelles et tout ce qui touche à la politique. Cass. 27 sept. 1841 (J. P. 1844. 1. 337). —Sont politiques les articles sur la police générale, sur la science du gouvernement, sur l'administration locale, sur les élections municipales, sur les intérêts de la commune et de l'arrondissement, sur les actes de l'autorité locale et municipale, qui n'est qu'un démembrement de l'autorité centrale. Cass. 1840, 3 juillet (J. P. 1840. 2. 567). Cass. 21 sept. 1840.— Sur la légalité de l'arrestation d'un citoyen, sur la critique à ce sujet des actes et de la conduite des agents de l'autorité. Cass. 6 juin 1840 (J. P. 1840. 2. 599). La critique ou même la simple annonce des élections de la garde nationale, ainsi que sur les matières d'économie politique, et la politique des Gouvernements étrangers.— Chassan, 1. 593.

1789 à 1814. 1.	1815 à 1819. 2.	1820 à 1825. 3.	1828 à 1830. 4.	1831 à 1848. 5.

TITRE II. DE LA PRESSE PÉRIODIQUE. — CHAP. Iᵉʳ (SUITE). FORMALITÉS AVANT LA PUBLICATION.

§ Iᵉʳ. *Soumission au cautionnement.*

L. 9 juin 1819.
Publication des journaux.

ART. 1ᵉʳ. *Les propriétaires ou éditeurs de tout journal ou écrit périodique, consacré en tout ou en partie aux nouvelles ou matières politiques et paraissant, soit à jour fixe, soit par livraison et irrégulièrement, mais plus d'une fois par mois, seront tenus:*
1° De faire une déclaration; — V. p. 41 ce qui est relatif à la déclaration.
2° De fournir un cautionnement qui sera, dans les départements de la Seine, de Seine-et-Marne et de Seine-et-Oise, de 10,000 fr. de rentes pour les journaux quotidiens, et de 5,000 fr. de rentes pour les journaux paraissant à des termes moins rapprochés;
3° Et dans les autres départements, le cautionnement relatif aux journaux quotidiens sera de 2,500 fr. de rentes dans les villes de 50,000 âmes et au-dessus; de 1,500 fr. de rentes dans les villes au-dessous, et de la moitié de ces rentes pour les journaux ou écrits périodiques qui paraissent à des termes rapprochés.
V. la suite au recueil, *in fine.*
Abrogé et remplacé. — *V. L.* 1830 et 1835.
ART. 6. *Quiconque publiera un journal, sans avoir satisfait aux conditions prescrites par les art. 1, 4 et 5 de la présente loi, sera puni correctionnellement de 1 mois à 6 mois de prison et d'une amende de 200 fr. à 1200 fr.*
Remplacé. — *V.* décret 1852.

L. du 18 juillet 1828.
Sur les journaux ou écrits périodiques.

ART. 2. Le propriétaire ou les propriétaires de tout journal ou écrit périodique seront tenus, avant sa publication (442), de fournir un cautionnement.
N. B. Comme prescrivant le versement du cautionnement avant la publication du journal, le § 1 de l'art. 2, énonce une règle acceptée ou reproduite par toutes les lois postérieures d'où dépend l'utilité même du cautionnement (42).
Si le journal ou écrit périodique paraît plus de 2 fois par semaine, soit à jour fixe, soit par livraison et irrégulièrement, le cautionnement sera de 6,000 fr. de rentes.
Le cautionnement sera égal aux trois quarts du taux fixé si le journal ou écrit périodique ne paraît que 2 fois par semaine.
Il sera égal à la moitié du cautionnement si le journal ou écrit périodique ne paraît qu'1 fois par semaine.
Il sera égal au quart si le journal ou écrit périodique paraît seulement plus de 1 fois par mois.
Le cautionnement des journaux quotidiens, publiés dans les départements autres que ceux de la Seine, de Seine-et-Oise et de Seine-et-Marne, sera de 2,000 fr. de rentes dans les villes de 50,000 âmes et au-dessus, de 1,200 fr. de rentes dans les autres villes et de la moitié de ces rentes pour les journaux qui paraissent à des termes moins rapprochés.
(Abrogé et remplacé. — *V. L.* 1830.)

— . . . .

ART. 3, § 5. *Toute contravention aux dispositions du précédent article, sera punie conformément à l'art. 6 de la loi du 9 juin 1819.* (Abrogé. — *V.* ci-dessous.)

—

L. 14 déc. 1830.
Cautionnement, timbre et port des journaux ou écrits périodiques.

N. B. Le paragraphe Iᵉʳ de cette loi fut modifié par la loi du 8 avril 1831 qui rectifia une erreur de moi.
ART. 1ᵉʳ. *Si un journal ou écrit périodique paraît plus de 2 fois par semaine, soit à jour fixe, soit par livraison* (si régulièrement, le mot fut changé par la loi du 8 avril en celui de) *et irrégulièrement le cautionnement sera de 2,400 fr. de rentes.*
Le cautionnement sera égal aux trois quarts du taux fixé si le journal ne paraît que 2 fois par semaine.
Il sera égal à la moitié si le journal ne paraît que 1 fois par semaine; il sera égal au quart si le journal paraît seulement plus de 1 fois par mois.
Le cautionnement des journaux quotidiens, publiés dans les départements autres que ceux de la Seine, de Seine-et-Oise et de Seine-et-Marne, sera de 800 fr. de rentes dans les villes de 50,000 âmes et au-dessus, de 500 fr. de rentes dans les autres villes, et de la moitié de ces rentes pour les journaux qui paraissent à des termes moins rapprochés.
(Abrogé et remplacé. — *V. L.* 1835.)

L. 9 sep. 1835.
Crimes, délits et contrav. de presse. TITRE II. — Des journaux périodiques.

ART. 13. *Le cautionnement que les propriétaires de tout journal ou écrit périodique sont tenus de fournir, sera versé en numéraire au Trésor qui en paiera l'intérêt au taux réglé pour les cautionnements.*
Le taux de ce cautionnement est fixé ainsi qu'il suit:
Si le journal paraît plus de 2 fois par semaine, soit à jour fixe, soit par livraison et irrégulièrement, le cautionnement sera de 100,000 fr;
Le cautionnement sera de 75,000 fr. si le journal ne paraît que 2 fois par semaine.
Il sera de 50,000 fr. si le journal ne paraît que 1 fois par semaine.
Il sera de 25,000 fr. si le journal paraît seulement plus de 1 fois par mois.
Le cautionnement des journaux quotidiens, publiés dans les départements autres que ceux de la Seine, de Seine-et-Oise et Seine-et-Marne, sera de 25,000 fr. dans les villes de 50,000 âmes et au-dessus, il sera de 15,800 fr. dans les autres villes, et de la moitié de ces deux sommes pour les journaux qui paraissent à des termes moins rapprochés.
(Abrogé et remplacé. — *V.* déc. 1848.)

N. B. L'art. 1 de la loi du 9 juin 1819, en ne soumettant au cautionnement que les journaux politiques qui paraissaient plus d'une fois par mois, en exemptait par voie de conséquence tous les autres — *Qui dicit de uno negat de altero.* Dans le système de cette loi, la soumission au cautionnement était l'exception, et l'affranchissement, la règle générale. — La loi de 1828 adopta le système contraire. — *Tout journal...* dit l'art. 2, § 1, ci-dessus, col. 2.

—

L. 9 juin 1819.

ART. 6. *Quiconque publiera un journal sans... cautionnement.* — V. ci-dessus l'art. 6, qui se trouve abrogé et remplacé, quant au cautionnement, par l'art. 5. du décret de 1852.

Même loi de 1828.

ART. 3. *Seront exempts de tout cautionnement:*
1° Les journaux ne paraissant que 1 fois par mois ou plus rarement; — 2° Les journaux ou écrits périodiques exclusivement consacrés aux sciences mathématiques, physiques et naturelles, soit aux travaux et recherches d'érudition, soit aux arts mécaniques et libéraux, c'est-à-dire aux sciences et aux arts dont s'occupent les trois académies des sciences, des inscriptions et des beaux arts de l'Institut; — 3° Les journaux ou écrits périodiques étrangers aux matières politiques, et exclusivement consacrés aux lettres ou à d'autres branches de connaissances non spécifiées précédemment, pourvu qu'ils ne paraissent pas plus de 2 fois par semaine;
4° Tous les écrits périodiques étrangers aux matières politiques qui seront publiés dans une autre langue que la langue française;
5° Les feuilles périodiques exclusivement consacrées aux avis, annonces, affiches judiciaires, arrivages maritimes, mercuriales et prix courants.
Toute contravention aux dispositions du présent article et du précédent, sera punie conformément à l'art. 6 de la loi du 9 juin 1819.
(Abrogé et remplacé par le décret de 1852, qui a adopté des bases différentes.

§ II. *Exemption du cautionnement,*

N. B. La loi du 14 déc. 1830, en acceptant le système de la loi de 1828, consacrait implicitement ses exceptions et confirmait son art. 3.

—

. . . .

Dans la loi de 1828, la soumission au cautionnement est la règle générale, et l'exemption, la règle exceptionnelle. — Les lois de 1830 et le décret de 1852 n'ont pas accepté ce système et en revenant à celui de 1819, ont virtuellement abrogé l'art. 1ᵉʳ de la loi de 1828 et ses conséquences, dans l'art. 5.

Même loi de 1835.

ART. 14. *Continueront à être dispensés de tout cautionnement, les journaux et écrits mentionnés en l'art. 3 de la loi du 18 juillet 1820.*
Abrogé par le décret du 6 mars 1848.

—

---

140. La simple reproduction des lois et décrets déjà promulgués et légalement publiés, sans commentaires ni appréciations ou rapprochement d'autres textes, ne rentre pas dans les dispositions prohibitives et préventives de l'art. 5 du décret du 17 févr. 1852.
On doit entendre par *matières d'économie sociale,* tombant sous l'application de l'art. 1 du décret de 1852, tout article de discussion touchant aux richesses sociales, et s'occupant de l'agriculture, de l'industrie ou du commerce, non au point de vue purement technique ou pratique, et se rattachant uniquement à l'économie rurale, mais au point de vue de ces diverses sciences considérées dans leur rapport avec l'utilité générale, ou avec les intérêts d'une partie des citoyens pris collectivement, ou avec les autres éléments de richesse du pays. Cass. 1 juill. 1854 (*Bull. crim.* n° 213). V. p. 49 n° 219.

CAUTIONNEMENTS. 141. Le cautionnement est une somme d'argent que sont tenus de fournir les propriétaires ou gérants d'un journal politique, et de déposer (en numéraire depuis la loi de 1835) au Trésor avant toute publication, pour garantir l'exécution des condamnations, ou le payement des dommages-intérêts qui pourront être prononcés contre le journal.
142. « Circul. minist. du 27 mars 1852. § 2. **Cautionnement.** — En ce qui touche le cautionnement, la loi nouvelle contient des dispositions formelles, sur l'obligation, sur la responsabilité; et si la condition du versement préalable à la publication n'est pas écrite dans la loi du 17 févr., elle subsiste dans toute sa force en vertu des lois antérieures (*V. L.* 1828, art. 2 § 1.), qui n'ont fait du reste que consacrer cette règle essentielle d'où dépend l'utilité même du cautionnement. — Une question particulière a été sou-

1848 à 1849.	1850 à 1856.	LA PRESSE en ALGÉRIE.	1856 à.. NOTES.
6.	7.	8.	9.

OBLIGATIONS DES PROPRIÉTAIRES. — SECT. II. Du cautionnement des journaux (141).

Conditions et quotités des cautionnements.

1848 à 1849.

DÉCR. 9 août 1848.
Modifiant les lois existantes sur les cautionnements.

ART. 1er. Le cautionnement que les propriétaires de tout journal ou écrit périodique sont tenus de fournir, sera versé en numéraire au Trésor qui en paiera l'intérêt au taux réglé pour les cautionnements.

Le taux de ce cautionnement pour les départements de la Seine, de Seine-et-Oise et de Seine-et-Marne, est fixé comme il suit :

Si le journal paraît plus de 2 fois par semaine, soit à jour fixe, soit par livraison et irrégulièrement, le cautionnement sera de 24,000 fr.

Le cautionnement sera de 18,000 fr. si le journal ne paraît que 2 fois par semaine.

Il sera de 12,000 fr. si le journal ne paraît que 1 fois par semaine.

Il sera de 6,000 fr. si le journal paraît seulement plus de 1 fois par mois.

Le cautionnement des journaux quotidiens, publiés dans les départements autres que ceux de la Seine, Seine-et-Oise et Seine et-Marne, sera de 6,000 fr. dans les villes de 50,000 âmes et au-dessus, il sera de 3,600 fr. dans les autres villes et de la moitié de ces deux sommes pour les journaux qui paraissent à des termes moins rapprochés.

(Abrogé et remplacé —V. L. 1850.)

1850 à 1856.

L. 16 juillet 1850.
Cautionnement et timbre des journaux.

ART. 1er. Les propriétaires de journaux ou écrits périodiques **politiques** seront tenus de verser au Trésor un cautionnement en numéraire dont l'intérêt sera payé au taux réglé pour les cautionnements. (Maintenu pour l'Algérie.) —V. col. 8 (144).

Pour les départements de la Seine, de Seine-et-Oise, de Seine-et-Marne et du Rhône, le cautionnement des journaux est fixé comme suit :

Si le journal ou écrit périodique paraît plus de 3 fois par semaine, soit à jour fixe, soit par livraisons irrégulières, le cautionnement sera de 24,000 fr.

Le cautionnement sera de **18000 fr.** si le journal ne paraît que **3 fois** par semaine ou à des **intervalles plus** éloignés.

Dans les villes de 50,000 âmes et au-dessus, le cautionnement des journaux paraissant plus de **5 fois** par semaine sera de 6,000 fr.; il sera de **3,600 fr.** dans les autres départements et respectivement de la moitié de ces deux sommes pour les journaux ou écrits périodiques paraissant **5 fois** par semaine ou à des intervalles plus éloignés (144).

(Abrogé pour la France, maintenu en partie pour l'Algérie. — V. décret 28 mars 1852, col. 8.)

DÉCR. 17 fév. 1852 (142).
Organique sur la presse.

ART. 3. Les propriétaires de tout journal ou écrit périodique, traitant de **matière politique ou d'économie sociale**, sont tenus avant sa publication de verser au Trésor un cautionnement en numéraire dont l'intérêt sera payé au taux réglé pour les cautionnements (143, 144, 150, et suiv.).

ART. 4. Pour les départements de la Seine, de Seine-et-Oise, de Seine-et-Marne et du Rhône, le cautionnement des journaux est fixé ainsi qu'il suit :

Si le journal ou écrit périodique paraît **plus de 3 fois par semaine** soit, à jour fixe, soit par livraisons irrégulières, le cautionnement sera de **50,000 fr.**

Si la publication n'a lieu que **3 fois par semaine** ou à des **intervalles plus éloignés**, le cautionnement sera de **30,000 fr.** (142).

Dans les villes de 50,000 âmes et au-dessus le cautionnement des journaux ou écrits périodiques, paraissant plus de **3 fois** par semaine, sera de **25,000 fr.**; il sera de **15,000 fr** dans les autres villes, et respectivement de la moitié de ces deux sommes pour les journaux ou écrits périodiques paraissant **3 fois** par semaine ou à des intervalles plus éloignés.

ART. 5. Toute publication de journal ou écrit périodique sans autorisation préalable, sans cautionnement ou sans que le cautionnement soit complété, sera punie d'une amende de **100 à 2,000 fr.** pour chaque numéro ou livraison publié en contravention, et d'un emprisonnement de **1 mois à 2 ans.**—Celui qui aura publié le journal ou écrit périodique, et l'imprimeur seront solidairement responsables. Le journal ou écrit pér. cessera de paraître (451,452).

LA PRESSE en ALGÉRIE.

DÉCR. 28 mars 1852.

ART. 4. Les cautionnements et les droits de timbre des journaux ou écrits périodiques ou non périodiques, sont maintenus tels qu'ils sont fixés par la loi du 16 juill. 1850 (144).

N. B. Le décret du 17 févr. 1852 n'est applicable ni à l'Algérie, ni aux colonies: — V. art. 36 dudit décret, p. 156 (144).

ART. 5. Toute publication de journal ou d'écrit périodique ou non périodique faite... sans cautionnement régulier...—(V. p.32, col. 9,) sera punie d'une amende de **100 fr.** à **2,000 fr.** pour chaque numéro ou livraison... publié en contravention, et d'un emprisonnement de **1 mois** à **2 ans.** Celui qui aura publié le journal ou écrit périodique et l'imprimeur seront solidairement responsables.

Le journal ou l'écrit périodique cessera de paraître.

Journaux non politiques.

DÉCR. du 6 mars 1848.

ART. 1. La loi du 9 sept. 1835, sur les crimes, délits et contraventions de la presse est abrogée. —V. p. 156, le texte entier.

N. B. Dans la loi de 1850, comme dans celle du 9 juin 1819, l'affranchissement du cautionnement étant de droit commun, les journaux non politiques se trouvaient exempts du cautionnement.

L. 16 juillet 1850 (Suite).

ART. 28. Sont affranchis du cautionnement et du timbre tous les journaux ou publications imprimés en France en langue étrangère, mais destinés à être publiés et distribués en pays étranger (le décret de 1852 a maintenu implicitement cette exception).—V. note ci à côté.

N. B. Le décret du 17 février 1852 a accepté le principe de la loi de 1850.—V. note, col. 1850.—L'art. 3 est général; tous les journaux politiques ou d'économie sociale sont soumis au cautionnement avant leur publication en **France**; donc et par *a contrario* : « Les journaux qui ne traitent pas les matières politiques sont dispensés de cautionnement, » dit la circulaire aux préfets du 30 mars 1852, et ceux qui ne se publient pas en France en sont également dispensés.—V. art. 28, L. 1850.

N. B. Le décret du 28 mars 1852, art. 4, se référant à la loi du 16-juill. 1850, quant aux cautionnements, le § 1er de cette loi, ainsi que le paragraphe dernier sont donc maintenus.—V. la note, col. de la loi de 1850.— En Algérie comme en France, les journaux non politiques sont exempts de cautionnements.

---

mise sur le sens de l'art. 1.—On a demandé si le journal assujetti au cautionnement à raison de la nature de ses publications, qui paraît régulièrement de deux jours l'un, doit verser un cautionnement de 50,000 fr. comme paraissant plus de trois fois par semaine, ou celui de 30,000 fr. déterminé pour les journaux qui ne paraissent que trois fois. L'affirmative quant au cautionnement de 50,000 fr. ne me paraît pas douteuse. En effet, la périodicité semi-quotidienne entraîne nécessairement pour une semaine sur deux, la publication de quatre numéros lorsque le journal paraît le dimanche, le mardi, le jeudi et le samedi. »

143. Pour la portée des expressions *matières politiques, économie sociale,* V. no 140, 159, et sur la signification du mot *journal,* V. no 151.

144. Les §§ 2, 3, 4 et une partie du § 5 de l'art. I. L. 16 juill. 1850, ne pouvant s'appliquer à l'Algérie, puisqu'ils sont spéciaux aux départements de la Seine, S.-et-Oise, S.-et-Marne et du Rhône, sont abrogés. Quant aux autres parties, elles sont conservées par l'art. 4 du décret du 28 mars 1852 pour l'Algérie seulement, à l'exclusion du décret du 17 fév. 1852, qui n'est point applicable à l'Algérie, en vertu de son propre art. 36.—V. les N. B. de la col. 8.

145. Le supplément à un journal est une addition accidentelle faite sans augmentation de prix. — Si le supplément paraît tous les jours ou à des jours fixes et n'est adressé qu'à certains abonnés qui payent un prix différent, il y a journal distinct. Paris, 26 déc. 1833 (D. P. 1834. 1. 147), Chassan, p. 571 et note.

146. La deuxième édition d'un journal, c'est la reproduction principale de la première avec de légères additions et modifications; mais si les matières ne sont pas les mêmes, cette seconde addition est un journal distinct, Chassan, p. 571.

147. La publication d'une feuille spéciale par le gérant d'un journal politique, forme un journal particulier si elle a un titre particulier et une spécialité de matières la destinant à des abonnés particuliers, quoique imprimée sur le même papier que le journal principal, et provenant de la même entreprise, si elle peut parvenir à ces abonnés détachée du journal principal. Cass. 18 mars et 27 mai 1843 (J. crim. 5309, 5363).

148. Et l'on ne peut considérer comme simple supplément ni comme deuxième et troisième édition du journal, soit la feuille dont la publication est annoncée à l'avance, pour paraître isolément et à jour fixe, soit celle qui est annoncée en remplacement d'une autre cessant de paraître, soit celle qui change le prix d'abonnement et paraît à des époques différentes avec des changements importants. Cass. 24 avril 1851 (J. crim. 4980).

SECT. II.—Du cautionnement des journaux (SUITE). § III. — *Versement, propriété du…*

1789 à 1814. — 1.	1815 à 1819. — 2.	1820 à 1825. — 3.	1825 à 1830. — 4.	1831 à 1848. — 5.
	ORD. du 9 juin 1819. *Journaux périodiques.* ART. 3. Lorsque le cautionnement aura été, soit versé à la caisse des consignations, soit fourni en rentes, l'éditeur ou propriétaire fera, devant le préfet du département, ou à Paris devant le préfet de police, la déclaration prescrite par le n° 1 de l'art. 1er de la loi de 1819 (*V.* ci-dessus p. 41); il représentera, en même temps, soit le reçu de la caisse des consignations, soit l'acte constatant qu'il a fourni son cautionnement en rentes. Le préfet donnera sur-le-champ acte de la déclaration et de la justification du cautionnement. **La publication** du journal ou de l'écrit périodique pourra **commencer** immédiatement **après.** — *V.* p. 41 (159). **L. 9 juin 1819.** *Journaux, publication.* ART. 6. *Quiconque publiera un journal sans avoir satisfait aux conditions prescrites par les art. 1, 4 et 5 de la présente loi, sera puni correctionnellement de 1 mois à 6 mois de prison et d'une amende de 200 fr. à 1200 francs.* (Abrogé et remplacé, quant aux cautionnements, par l'art. 5 du décret de 1852.)	…..	**L. 18 juillet 1828.** *Journaux périodiques.* ART. 2. Le propriétaire ou les propriétaires de *tout journal ou écrit périodique*, sont tenus **avant sa publication de fournir** un cautionnement. (Confirmé par les lois postérieures, le reste de cet article est abrogé (*V.* p. 33). ART. 5, § 2. Chacun des gérants responsables doit… (*V.* p. 44…) être **propriétaire au moins d'une part ou action dans l'entreprise,** *et posséder en son propre et privé nom un quart au moins du cautionnement.* (Cette dernière partie est abrogée et remplacée par l'art. 1er, L. 1830.) **ORD. du 29 juill. 1828.** *En exécution de la loi du 18 juillet.* ART. 1er. **Avant toute publication** d'un journal ou écrit périodique soumis au cautionnement, par la loi du 18 *juillet* 1828, il sera **justifié** au procureur du Roi du lieu de l'impression, **du versement** du cautionnement auquel ce journal ou écrit périodique est soumis, et de la déclaration prescrite par l'art. 6 de ladite loi. — Le procureur du Roi donnera acte sur-le-champ de cette justification et en tiendra registre (156). **L. 14 déc. 1830.** *Cautionnement, port et timbre.* ART. 1er, § 2. Le gérant responsable devra **posséder en son propre et privé nom la totalité du** cautionnement. S'il y a plusieurs gérants responsables ils devront posséder en leur propre et privé nom et par portions égales la totalité du cautionnement.	**L. 9 sept. 1835.** *Crimes, délits, contraventions de presse.* ART. 13. *Le cautionnement que les propriétaires de tout journal ou écrit périodique sont tenus de fournir, sera versé en numéraire au Trésor qui en paiera l'intérêt au taux fixé pour les cautionnements.* (*V.* la loi au tableau précéd. (157). Abrogé par le décr. du 6 mars 1848 (*V.* col. 6). **ORD. 18 nov. 1835.** *Cautionnem. des journaux.* ART. 2. Les cautionnements que les propriétaire de journaux ou écrits périodiques doivent fournir en numéraire, conformément à la loi de 1835, seront versés à la caisse du caissier central du Trésor à Paris; ou à la caisse des receveurs des finances dans les départements (156). **L. 9 septembre 1835.** *Crimes, délits et contraventions de la presse.* TITRE II. — *Des gérants des journaux et écrits périodiques.* ART. 15, § 1er. *Chaque gérant responsable d'un journal ou écrit périodique devra posséder, en son propre et privé nom, le tiers du cautionnement.* § 2. *Dans le cas où des cessions partielles ou totales de la portion du cautionnement appartenant à un gérant, soit des jugements passés en force de chose jugée, prononçant la validité de saisies-arrêts formées sur ce cautionnement seraient signifiés au Trésor, le gérant sera tenu de rapporter, dans les 15 jours de la notification qui lui en sera faite, soit la rétractation, soit la mainlevée de la saisie-arrêt, faute de quoi le journal devra cesser de paraître sous les peines portées en l'art. 6, L. 9 juin 1819.* (Abrogé par décret du 6 mars 1848.) **ORD. 18 nov. 1835.** ART. 6. *Il ne pourra être admis aucune déclaration de privilège de deuxième ordre sur le tiers du cautionnement que chaque gérant doit posséder en son propre et privé nom, aux termes de l'art. 15, L. 9 sept. 1835 (162).* (Abrogé comme la loi en exécution de laquelle il était rendu.)

148 *bis.* On doit considérer comme un journal nouveau et soumis au versement d'un nouveau cautionnement, la seconde édition de ce journal publié trois fois par semaine, et qui ne contient pas en réalité la reproduction de la première édition. Cass., rejet., 26 juill. 1851 (*Bull. crim.*, n° 313).

149. Id… La seconde édition d'un journal qui, par son ordre de périodicité et son prix d'abonnement, et surtout par la division des matières et la rédaction des articles qui le composent, ne contient pas en réalité la reproduction des numéros de l'édition première. Cass., 13 avril 1852 (*Bull. crim.*, n° 122). — 24 avril, 18 juil. 1852 (*Bull. crim.*, n°ˢ 151 et 313). — 5 décembre 1850 (*Bull. crim.*, n° 150).

150. Un journal, quoique contenant des articles étrangers aux lettres, aux sciences, aux arts, à l'agriculture, ne peut être considéré comme un journal politique, soumis aux formalités des art. 1 et 2 du décret du 17 février 1852, lorsque les articles qu'il renferme n'ont pas par eux-mêmes le caractère d'une discussion politique ou d'économie sociale, bien qu'à raison de ces mêmes articles étrangers aux lettres, sciences, arts et agriculture, il puisse être soumis au droit de timbre. Cass. rejet, 1852 (*Bull. crim.*, n° 367). — 11 juillet 1851 (*Bull. crim.*, n° 278).

151. Les publications réitérées d'un journal sans cautionnement constituent une pluralité d'infractions, la publication ayant surtout continué après le commencement des poursuites; mais ces contraventions successives ne comportent qu'une seule peine au maximum. —Paris, 27 juin 1835. Cass., 3 sept. 1835, 23 janv. 1836 (*J. crim.*, n° 1551 et 1755). — Chaque numéro publié sans cautionnement forme une contravention distincte qui exige dans le jugement une condamnation distincte, sauf à ne prononcer qu'une peine sur le tout. — Chassan, p. 597. — Tel était l'état de la jurisprudence à ce sujet avant 1852, le décret du 17 février s'est prononcé contre cette opinion en admettant un autre système. Chaque numéro de journal politique publié sans cautionnement forme une contravention, et l'amende sera prononcée contre chaque numéro en contravention suivant l'art. 5.

152. Les dispositions de l'art. 365 du Cod. d'instruction criminelle relatives au non-cumul des peines ne sont pas applicables aux infractions à la loi sur le cautionnement des journaux politiques. — Cass., 14 août 1844 (*Bull. crim.*, n° 214). 9 août 1852 (*Bull. crim.*, n° 335). — 8 mai 1852 (D. P. 52, v. table n° 52).

153. Étranger ou mineur, c'est le publicateur d'un journal paraissant sans cautionnement avec des articles politiques, qui doit être poursuivi. — Paris, trib. correct., 31 mai 1837, puisque c'est le *fait matériel de la publication* qui constitue la contravention.

154. Pour déterminer le caractère d'un journal, les juges ne doivent pas borner leur examen au numéro incriminé, ils peuvent apprécier ceux qui ont précédé ou suivi, alors surtout que le ministère public en désigne plusieurs, soit devant le tribunal de première instance, soit en appel. — Cass., 17 fév. 1844.

155. « Si la condition du versement préalable à la publication n'est pas inscrite dans la loi du 17 février 1852, elle subsiste dans toute sa force en vertu des lois antérieures qui n'ont fait du reste, que consacrer cette règle essentielle d'où dépend l'utilité du cautionnement. » Circulaire du 27 mars 1852. — L'art. 3 du décret du 17 février 1852, ne me paraît pas mériter cette observation de la circulaire, puisqu'il y est dit en termes formels *que les propriétaires seront tenus de verser un cautionnement avant la publication…*

155 *bis.* La disposition de l'art. 5 du décret du 17 février 1852, portant que le journal cessera de paraître, est une véritable peine accessoire dont la prononciation est obligatoire pour le juge. Mais cette peine ne doit pas être prononcée à raison des contraventions en matière de timbre. Cass., 26 juill. 1855 (D. P. 1855. 1. 380).

156. Pour les formalités à remplir à l'occasion du versement du cautionnement, on pourra consulter avec fruit les ordonnances de 1819 et 1835, 18 novembre, qui ont d'applicable au cautionnement en numéraire, malgré leur abrogation, car elles ont suivi le sort des lois dont elles étaient l'accessoire; mais comme d'autres ordonnances ne sont pas venues les remplacer, l'administration continue à suivre les anciens errements. — *V.* ces ordonnances au recueil *in fine.* Il en est de même de l'ordonnance du 18 juillet 1828. Pour éviter qu'une saisie ne vienne mal à propos retarder la publication du journal, il est toujours prudent de suivre les dispositions de l'art. 1er de ladite ordonnance en justifiant auprès de l'autorité compétente de l'existence légale et régulière du journal.

1848 à 1849. 6.	1850 à 1856. 7.	LA PRESSE en ALGÉRIE. 8.	NOTES. 9.

cautionnement, ses Altérations par suite de condamnations, complétement, etc.

1848 à 1849.	1850 à 1856.	LA PRESSE en ALGÉRIE.	NOTES.
DÉCR. 9 août 1848. ART. 1ᵉʳ. *Le cautionnement que les propriétaires de tout journal ou écrit périodique sont tenus de fournir, sera versé numéraire au Trésor qui en paiera l'intérêt au taux fixé pour les cautionnements.* Abrogé et remplacé par la loi de 1850. — **DÉCR. 6 mars 1848.** ART. 1ᵉʳ. La loi du 9 sept. 1835, relative à la presse, est abrogée. (*V.* ci-dessous.) —	**L. 16 juillet 1850.** Sur le cautionnement des journaux. ART. 1ᵉʳ. Les propriétaires des journaux ou écrits périodiques politiques seront tenus de verser au Trésor un cautionnement **en numéraire** dont l'intérêt sera payé au taux réglé pour les cautionnements... N. B. Remplacé pour la France par l'art. 3 du décret du 17 février 1852. Le § 1ᵉʳ de l'art. 1ᵉʳ de la loi du 16 juillet 1850 est maintenu pour l'Algérie. (*V.* tableau précédent.) —	**DÉCR. du 17 février 1852.** Organique sur la presse. ART. 3. Les propriétaires de tout journal ou écrit périodique, traitant de matières politiques ou d'économie sociale, seront tenus **avant sa publication** de verser au Trésor un cautionnement **en numéraire** dont l'intérêt sera payé au taux réglé pour les cautionnements (455, 456, 457, 457 *bis*, 459). —	. . . . N. B. *V.* au tableau précédent le décret du 28 mars 1852, art. 4 et 3, col. 8.
DÉCR. du mars 1848. ART. 1ᵉʳ. La loi du 9 sept. 1835, sur les crimes, délits et contraventions de la presse est abrogée. *V.* suite, p. 156.			

DÉCR. organique sur la presse, du 17 février 1852.

ART. 5. **Toute publication** d'un journal ou écrit périodique sans **autorisation** préalable, sans cautionnement ou sans que le cautionnement soit complété, sera punie d'une amende de **100 fr.** à **2,000 fr.** pour chaque numéro ou livraison publié en contravention, et d'un emprisonnement de **1 mois à 2 ans** (158, 460). **Celui qui aura publié** le journal ou écrit périodique et l'imprimeur seront solidairement responsables.—Le journal ou écrit périodique cessera de paraître (158).

     (Note, col. 9 :) N. B. *V.* art. 5 du décret du 28 mars 1852, col. 8 du tableau précédent.

—

L. 16 juillet 1850. — (Cautionnement et timbre.)

ART. 5. Lorsque le gérant d'un journal ou écrit périodique paraissant dans les départements autres que ceux de la Seine, de Seine-et-Oise, de Seine-et-Marne et du Rhône, aura été renvoyé devant la Cour d'assises, par un arrêt de mise en accusation pour crime *ou délit* de presse, si un nouvel arrêt de mise en accusation intervient **contre les gérants** de la même publication avant la décision définitive de la Cour d'assises, une somme égale à la moitié du maximum des amendes édictées par la loi, pour le fait nouvellement incriminé **devra être consignée** dans les **3 jours** de la notification de chaque arrêt, et nonobstant tout pourvoi en cassation. En aucun cas, le montant des consignations ne pourra dépasser un chiffre égal à celui du **cautionnement.** (Sans application pour les délits par suite de changement de juridiction.—*V.* p. 138) (161).

     (Note, col. 9 :) N. B. Le décret du 17 févr. 1852 n'est pas applicable à l'Algérie et aux colonies. — *V.* art. 36 dudit décret, p. 156.

On justifiera du versement du cautionnement par la production des récépissés soit du caissier central du Trésor, soit des receveurs des finances; il en est donné acte aux parties, art. 3, ordonnance 18 nov. 1835. — *V.* au recueil, *in fine.* — Les récépissés sont ensuite adressés au ministre des finances pour être convertis conformément à l'arrêté du Gouvernement du 24 germinal an VIII, en certificats d'inscriptions sur les livres du Trésor, et c'est au moyen de ces certificats d'inscriptions que les propriétaires des journaux touchent les intérêts de leurs cautionnements qui courent du jour des versements. — Même ordonnance, art. 4, *V.* au recueil, *in fine.*— Après le versement, les propriétaires doivent faire la *déclaration* prescrite par l'art. 6 de la loi du 18 juillet 1828 dont il sera question plus loin. (*V.* p. 41 et 42.) Alors seulement, le journal peut régulièrement commencer sa publication.

156 (*bis*). Si par le fait de quelques mutations dans la propriété ou la gérance du journal, ou pour toute autre cause, il y a lieu de compléter le cautionnement ou de le remplacer, on remplit les mêmes formalités que pour le cautionnement primitif. Ord. 1835.

157. Le journal qui, après avoir suspendu ses publications pendant trois mois, en reprend le cours avec un gérant de plus, n'est pas soumis au dépôt d'un nouveau cautionnement ni aux autres formalités d'une entreprise nouvelle. Cass., 30 nov. 1855 (J. P. 55, 1009. Mais aux termes du § 3 de l'art. 1ᵉʳ du décr. du 17 fév. 1852, il devra se pourvoir d'une autorisation nouvelle du Gouvernement. (*V.* p. 31, l'art. 1ᵉʳ dudit décret.)

157 *bis.* Le cautionnement lorsqu'il était fourni en rentes sur l'État, ne pouvait pas être saisi par les créanciers; il en est autrement depuis la loi de 1835 qui a exigé qu'il fût fourni en numéraire.

158. Le fait de publication résulte non-seulement de la distribution du journal aux abonnés, mais encore du dépôt opéré au bureau de la poste ou de la remise aux porteurs chargés de le distribuer, à la condition qu'ils soient sortis des bureaux.—De Grattier, 2, p.24.

159. La publication d'un journal cautionné ne peut avoir lieu après le versement que lorsque l'inscription du cautionnement a été faite au Trésor. Montpellier, 11 juin 1835 (J. P. 1838. 2. 431). Toulouse, 1ᵉʳ juin 1837.—Riom, 28 déc. 1838 (J. P. 1838. 2. 62).

160. La contravention pour publication sans cautionnement d'un journal soumis à cette formalité ne pourrait être excusée même par sa bonne foi, ni par la tolérance de l'administration pendant un certain temps; car la tolérance ne saurait constituer un droit acquis pour le gérant. Rennes, 24 déc. 1835. Toulouse, 1 juin 1837 (J. P. 1837. 2. 377).

161. L'art. 25 du décret de 1852 ayant attribué aux tribunaux correctionnels les délits de presse dont la connaissance appartenait à la Cour d'assises, l'art. 5 de la loi du 16 juill. 1850 est sans application pour les délits de presse.

1789 à 1814. 1.	1815 à 1819. 2.	1820 à 1825. 3.	1825 à 1830. 4.	1831 à 1848. 5.
C. PÉNAL. ART. 55. Tous les individus condamnés pour **un même crime** ou pour **un même délit** seront tenus solidairement des amendes, restitutions, et des dommages-intérêts et frais. —	**L. 9 juin 1819.** Publication des journaux. ART. 3. Le cautionnement sera affecté par privilège aux dépens, dommages-intérêts et amendes, auxquels les *propriétaires ou éditeurs* [aujourd'hui les gérants] pourront être condamnés. Le prélèvement s'opérera dans l'ordre indiqué au présent article. En cas d'insuffisance, il y aura lieu à recours solidaire sur les **biens des propriétaires ou éditeurs déclarés responsables** du journal ou écrit périodique, et des auteurs et rédacteurs des articles condamnés. ART. 4. *Les condamnations encourues devront être acquittées et le cautionnement libéré ou complété dans les 15 jours de la notification de l'arrêt : les 15 jours révolus sans que la libération ou le complétement ait été opéré, et jusqu'à ce qu'il le soit, le journal ou écrit périodique cessera de paraître.* (Abrogé par les lois de 1850 et 1852.)		**L. 18 juillet 1828.** Journaux périodiques. ART. 13. Les condamnations pécuniaires prononcées, soit contre les signataires responsables, soit contre l'auteur ou les auteurs des passages incriminés, seront **prélevées** : 1° sur la portion du cautionnement appartenant en propre aux **signataires responsables**; 2° Sur le reste du cautionnement, dans le cas où celle-ci serait **insuffisante**, sans préjudice, pour le surplus, des règles établies par les art. 3 et 4, L. du 9 juin 1819. (Maintenu dans certains cas et modifié par les lois de 1850 et 1852.) (163, 164, 165)	
	L. 9 juin 1819. ART. 6. *Quiconque publiera un journal ou écrit périodique sans avoir satisfait aux conditions prescrites par les art. 1 (relatif au cautionnement), 4 et 5 sera puni correctionnellement de 1 à 6 mois de prison et d'une amende de 200 fr. à 1,200 fr.* (Abrogé et remplacé, quant au cautionnement, par l'art. 5 du décret du 17 fév. 1852.)		**Même loi de 1828.** (*V.* ci-dessus.) ART. 12, § 4. Le cautionnement du propriétaire décédé reste affecté à la gestion [du rédacteur responsable que dans les 10 jours du décès la veuve et ses héritiers sont admis à présenter jusqu'à l'acceptation d'un nouveau gérant] (*V.* art. 12, p. 43). ART. 13. Pendant le temps [de la suspension judiciaire prononcée contre un journal (*V.* art. 45, p. 433), le cautionnement **continuera à rester** en dépôt à la caisse des dépôts et consignations et ne pourra recevoir aucune **autre destination.**	**L. 9 septembre 1835,** Sur les crimes, délits et contraventions de la presse. ART. 19. [*Faute de gérant et provisoirement les propriétaires seront tenus de désigner un rédacteur responsable. Le cautionnement entier restera affecté à cette responsabilité.* (*V.* p. 43.) (Abrogé par décret du 6 mars 1848 et remplacé l'art. 14, L. 1849.) ART. 12. *V.* cas de suspension, p. 134. (Abrogé remplacé par l'art. 15, L. 1849, 27 juillet.)
	ORD. du 9 juin 1819. Exécution de la loi du 9 juin. ART. 7. *Le propriétaire ou éditeur du journal ou écrit périodique qui voudra cesser son entreprise, en fera la déclaration au préfet du département, ou à Paris au préfet de police. Le préfet lui donnera acte de ladite déclaration : sur le vu de cette pièce et après un délai de 5 mois, son cautionnement sera remboursé ou libéré, à moins que par suite de condamnations ou de poursuites commencées, des oppositions n'aient été faites, soit à la caisse des consignations, soit entre les mains de l'agent judiciaire ou du directeur de l'enregistrement.* Abrogé et remplacé par l'art. 8, ord. de 1835.			**§ IV. Remboursement** ORD. 18 nov. 1835. Cautionnement des journaux. ART. 8. Les gérants qui **renonceront à leurs fonctions** et les propriétaires qui cesseront leur entreprise, en feront la déclaration à la direction de la librairie à Paris, et, dans les départements, au secrétariat de préfecture; il leur sera donné acte de cette déclaration. Après un délai de **3 mois**, à partir du jour où il aura eu réellement cessation, soit des fonctions du gérant, soit de la publication du journal, sur le vu de déclaration préindiquée et de la demande spéciale lui sera adressée par l'ayant droit, le ministre des finances ordonnera le **remboursement** dudit cautionnement, à moins que, par suite de condamnations ou poursuites commencées, des oppositions n'aient été faites au Trésor (168).

---

162. Le cautionnement est affecté par privilège aux dépens, dommages-intérêts et amendes, dans l'ordre énoncé en l'art. 3 de la loi du 9 juin 1819. L'effet de ce privilège est de frapper le cautionnement par préférence à toutes autres créances antérieures, alors même qu'il y aurait des saisies pratiquées sur ce cautionnement. V. Bories et Bonassies, v° cautionnement. Toutefois, d'après M. de Grattier, les créances privilégiées de l'art. 2101, Cod. Nap., c'est-à-dire les frais de justice, les frais funéraires, ceux de dernière maladie, les salaires des gens de service pour l'année échue, les fournitures de subsistances, etc., etc... devraient primer celles spécifiées plus haut. T. 2, p. 9.

163. L'art. 6 de la loi du 16 juillet 1850, en soumettant le gérant à acquitter le montant de toute condamnation qu'il aura personnellement encourue, n'a pas abrogé les dispositions des lois des 9 juin 1815 et 18 juillet 1828, qui affectent le cautionnement au paiement des condamnations qui ne portent pas personnellement et nominativement celui Cass., 3 avril 1851 (*Bull. crim.* n° 127).

164. L'art. 5 de la loi du 9 juin 1819 sur le cautionnement ne fait aucune différence entre les amendes prononcées par la Cour de cassation dans le cours d'une poursuite, en de rejet d'un pourvoi, et celles qui seraient prononcées pour le fait même du délit par juridictions ordinaires (Cass., 21 mars 1851). (*Bull. crim.* n° 113).

165. Le nouveau système d'exécution des jugements prononcés contre les gérants le paiement des amendes, par les lois de 1850 et 1852, a abrogé le système du paiement amendes par prélèvement sur le cautionnement, des lois de 1819, art. 3 et 4, et de la loi…

1848 à 1849. 6.	1850 à 1856. 7.		LA PRESSE en ALGÉRIE. 8.	NOTES. 9.
	AMENDES POUR CRIMES OU DÉLITS. — **L. 16 juillet 1850.** Cautionnement et timbre.	— AMENDES POUR CONTRAVENTIONS. **DÉCR.** du 17 février 1852 Sur la presse.		
	Art. 6 Dans les 3 jours de tout arrêt de condamnation **pour crime ou délit de presse,** le gérant du journal devra acquitter le montant des condamnations qu'il aura encourues. En cas de pourvoi en cassation, le montant des condamnations sera consigné dans le même délai (166).	Art. 29. Dans les 3 jours de tout jugement ou arrêt définitif **de contravention de presse,** le gérant du journal devra acquitter le montant des condamnations qu'il aura encourues et dont il sera responsable. En cas de pourvoi en cassation, le montant des condamnations sera consigné dans le même délai (166).	N. B. Le décr. du 17 fév. 1852, n'est pas applicable à l'Algérie et aux colonies. — *V.* art. 30 dudit décret p. 156.	
	Art. 7. La consignation ou le paiement prescrit par les articles précédents (*V.* l'art. 5, p 36 ci-devant), sera constaté par une quittance délivrée en duplicata par le receveur des domaines. Cette quittance sera, le 4ᵉ jour au plus tard, soit de l'arrêt rendu par la Cour d'assises, soit de la notification de l'arrêt de la chambre des mises en accusation (*V.* art. 5 au tableau précédent), remise au procureur de la République qui en donnera récépissé.	Art. 30. La consignation ou le paiement prescrit par l'article précédent sera constaté par une quittance délivrée en duplicata par le receveur des domaines. Cette quittance sera, le 4ᵉ jour au plus tard, remise au procureur de la République qui en donnera récépissé.		
	Art. 8. Faute par le **gérant** d'avoir remis la quittance dans les délais ci-dessus fixés, le journal cessera de paraître, sous les **peines portées** contre tout journal publié sans cautionnement (en l'art. 6, L. 9 juin 1849). — *V.* p. 152 (167).	Art. 31. Faute par le **gérant** d'avoir remis la quittance dans les délais ci-dessus fixés, le journal cessera de paraître, sous **les peines portées** en l'art. 5 de la présente loi. Art. 5 Toute publication de journal ou écrit périodique, sans autorisation préalable ou sans cautionnement, ou sans que le cautionnement soit complété, sera punie d'une amende de **100 à 2,000 fr.** pour chaque numéro ou livraison publié en contravention, et d'un emprisonnement de **1 mois à 2 ans.** (*V.* suite, p. 36, inapplicable ici).		
L. 27 juillet 1849 Sur la presse. Art. 14. [Faute de gérant, et provisoirement, les propriétaires du journal sont tenus de désigner un rédacteur responsable.] Le cautionnement entier restera **affecté à cette responsabilité.** (*V.* p. 43 l'article entier.) Art. 15. *V.* cas de suspension, p. 134. (Abrogé par l'art. 32 du décret du 17 fév. 1852.) —		Art. 32. *V.* les cas de suspension et leur durée, p. 134. —		
des cautionnements.				
L. 9 août 1848. *Art. 2. Les propriétaires de journaux qui ont versé des cautionnements pourront, en cédant tout ou partie de leur entreprise, céder tout ou partie de leur cautionnement, et les cessionnaires, par la notification de la cession au Trésor, seront dispensés du versement d'un nouveau cautionnement, sauf le privilège et le droit des tiers et sous toutes réserves, à raison des délits commis antérieurement à la signification de la cession.* *(Abrogé par la loi du 16 juill. 1850.)*	**L. 16 juillet 1850.** Art. 11. La loi du 9 août 1848 est abrogée. —			

1828, art. 13. — Toutefois l'art. 13 n'est pas tellement sans objet, qu'il ne puisse encore être utilement exécuté ainsi que l'art. 3 de la loi de 1819, dans le cas où le gérant condamné disparaîtrait en abandonnant sa part de cautionnement.

166. La consignation de l'amende en cas de pourvoi paraissait contraire aux effets suspensifs du pourvoi. il fut répondu dans la commission que cette consignation était la mise en état de l'amende, et que l'on se conformait au droit existant qui veut la mise en état de la personne avant le pourvoi, aux termes de l'art. 421 du Cod. d'instruction criminelle (*Moniteur,* 11 juill. 1850, V. supplément)

167. Relativement à l'anomalie qui existe entre la pénalité de l'art. 8, L. 1850, et celle de l'art. 31, décr. 1852 (*V.* au chap. de l'exécution des jugements, p. 152, n° 722.)

168. Aujourd'hui, comme sous l'ordonnance du 18 nov. 1835, le gérant qui voudra cesser ses fonctions, et les propriétaires qui céderont leur entreprise, seront obligés de laisser leur cautionnement pendant trois mois au Trésor, et le journaliste nouveau, malgré la cession à lui faite, devra verser un nouveau cautionnement. — Le système contraire adopté par la loi du 9 août 1848 abrogée par l'art. 11 de la loi de 1850 n'avait qu'une apparence d'équité, V. Chassan, t. 1, n° 852 et note.

169. La publication d'un journal sans cautionnement est une infraction qui ne se prescrit que par trois ans à compter du jour de la dernière publication irrégulière. Cass., 3 sept 1842 (S. V. 42. 1. 772). Paris, 17 août 1843. Amiens, 13 mars 1843 (S. 44. 2. 161. 43. 2. 213).

1789 à 1814.	1815 à 1820.	1820 à 1825	1825 à 1830.
1.	2.	3.	4

TIT. II. — DE LA PRESSE PÉRIODIQUE. — CHAP. Iᵉʳ (SUITE). — **FORMALITÉS AVANT LA PUBLICATION,**

§ Iᵉʳ. *Des Journaux soumis*

Arrêté du 27 nivôse an VIII.

ART. 4. *Les propriétaires et rédacteurs des journaux conservés se présenteront au ministère de la police pour justifier de leur qualité de citoyen, de leur demeure et signature, et promettront fidélité à la Constitution.* (*V.* l'arrêté entier, p. 33.)

N. B. Il ne faut pas confondre la **déclaration** prescrite par l'art. 6 de la loi de 1828 avec celle exigée par l'art. 14 de la loi du 21 oct. 1814 : l'une est à la charge des propriétaires fondateurs du journal et l'autre à celle des imprimeurs avant l'impression de tout ouvrage d'imprimerie autre que les journaux.

—

Pour les écrits autres que les journaux, la loi du 21 oct. 1814 (ART. 14) prescrit : à tous imprimeurs une déclaration avant l'impression, portant qu'il se propose d'imprimer tel écrit, en tel format, à tant de feuilles, exemplaires et volumes, *V.* p. 11 et ordonnance du 24 oct., art. 2, sous peine :
(ART. 15) d'abord, de la saisie et du séquestre de l'ouvrage non déclaré, et ensuite :
(ART. 16) d'une amende de 1000 fr. pour la première fois et 2000 fr. pour la deuxième. *V.* p. 11.

Pour tous écrits imprimés périodiques ou non périodiques, la loi du 21 octobre 1814 (ART. 17) prescrit : en outre à tous les imprimeurs d'indiquer sur chaque exemplaire de l'imprimé leurs noms et leur demeure à peine de 3000 fr. d'amende et de 6000 fr. si l'indication des noms ou de la demeure est fausse. — Sans préjudice, ajoute l'article, de l'emprisonnement prononcé par le Code pénal, art. 283 (*V.* p. 11).

—

Ordonnance du 9 juin 1819.

ART. 3. Lorsque le cautionnement aura été soit versé à *la Caisse des consignations, soit fourni en rentes,* l'éditeur ou propriétaire fera devant le préfet du département ou, à Paris, devant le préfet de police, la **déclaration prescrite** par le nº 1, art. 1ᵉʳ, de la loi de 1819, il représentera en même temps le reçu de la *Caisse des consignations* constatant qu'il a fourni son cautionnement.

—

L. 9 juin 1819.

Publication des journaux périodiques.

ART. 1ᵉʳ. *Les propriétaires ou éditeurs de tout journal ou écrit périodique, consacré en tout ou en partie aux nouvelles ou matières politiques, et paraissant soit à jour fixe, soit par livraison et irrégulièrement, mais plus d'une fois par mois, seront tenus :*
1° *De faire une déclaration indiquant le nom au moins d'un propriétaire ou éditeur responsable, sa demeure et l'imprimerie, dûment autorisée, dans laquelle le journal ou l'écrit périodique doit être imprimé.* (*V.* suite, p. 35.)
(Abrogé et remplacé par l'art. 6, L. 1828.)

ART. 2. *La responsabilité des auteurs ou éditeurs indiqués dans la déclaration s'étendra à tous les articles insérés dans le journal ou écrit périodique, sans préjudice de la solidarité des auteurs ou rédacteurs desdits articles.* (Abrogé, *V.* p. 47.)

—

§ III. *Dispositions communes aux déclarations ci-dessus. — Pièces*

Ordonnance du 9 juin 1819.

ART. 3. (*V.* ci-dessus le commencement)... Il représentera en même temps le reçu de la *Caisse des consignations*... Le préfet donnera sur-le-champ acte de la déclaration et de la justification du cautionnement. — La publication du journal ou écrit périodique pourra commencer immédiatement après.

—

L. 9 juin 1819.

ART. 6. Quiconque publiera un journal ou écrit périodique sans avoir satisfait aux **conditions prescrites par les art. 1, 4 et 5** de la présente loi sera puni correctionnellement de **1 mois à 6 mois** de prison et de **200 fr. à 1200 fr.** d'amende (175).

N. B. Cet art. 6 de la loi de 1819, abrogé et remplacé quant aux cautionnements par l'art. 5 du décret du 17 février 1852 (*V.* p. 37 et 39), est maintenu comme sanction de l'art. 6 de la loi du 18 juillet 1828 (175).

—

§ Iᵉʳ. *Des Journaux soumis*

L. 18 juillet 1828

Sur les journaux et écrits périodiques.

ART. 6. Aucun journal ou écrit périodique, soumis au cautionnement (*par les dispositions de la présente loi,* — Abrogé, *V.* art. 2, p. 33) pourra être publié s'il n'a été fait préalablement une **déclaration** contenant (170, 171, 173, 175) :
1° Le titre du journal et les époques auxquelles il doit paraître ;
2° Le nom de tous les propriétaires autres que les commanditaires, leur demeure, leur part dans l'entreprise (172) ;
3° Le nom et la demeure des gérants responsables ;
4° L'affirmation que ces propriétaires et gérants réunissent les conditions de capacité prescrites par la loi ;
5° L'indication de l'imprimerie dans laquelle le journal ou écrit périodique doit être imprimé.

Toutes les fois qu'il surviendra quelque mutation, soit dans le titre du journal ou dans les conditions de sa périodicité, soit parmi les **propriétaires ou les gérants** responsables, il en sera fait **déclaration** devant l'autorité compétente dans les 15 jours qui suivront la mutation à la diligence des **gérants responsables**. — En cas de négligence, ils seront punis d'une amende de 500 fr. (176).

Il en sera de même si le journal ou écrit périodique venait à être imprimé dans une autre imprimerie que celle qui a été originairement déclarée (176). *V.* §§ 4ᵉ et 5ᵉ, § 6ᵉ *infra.*

—

§ II. *Des Journaux affranchis*

Même loi.

ART. 6, § 6. Les journaux exceptés du cautionnement seront tenus de faire la **déclaration préalable** prescrite par les nᵒˢ 1, 2 et 5 du § 1 du présent article. *V.* ci-dessus (175).

—

Même loi.

ART. 7. Ces **déclarations** seront accompagnées du dépôt des pièces justificatives : elles seront signées par chacun des propriétaires du journal ou écrit périodique, ou par le fondé de pouvoir de chacun d'eux, elles seront reçues, à Paris, à la *direction* (au bureau) de la librairie, et dans les départements au secrétariat de la préfecture (174).

N. B. La publication, sans déclaration préalable, d'un journal soumis au cautionnement est passible des peines portées en l'art. 6 de la loi du 9 juin 1819 ; mais la même publication par un journal non cautionné n'est passible d'aucune peine (175).

—

Même loi.

ART. 10. En cas de contestation sur la **régularité** ou la **sincérité de la déclaration** prescrite par l'art. 6 et des pièces à l'appui, il sera statué par les tribunaux à la diligence du préfet, sur mémoire, sommairement et sans frais, la partie ou son défenseur et le ministère public entendus. Si le journal n'a pas encore paru, il sera **sursis** à la publication jusqu'au jugement à intervenir, lequel sera exécutoire nonobstant appel (177, 178 et suivantes).

ART. 11. Si la **déclaration prescrite par l'art. 6** est reconnue **fausse** et **frauduleuse** en quelqu'une de ses parties, le journal cessera de paraître. Les auteurs de la **déclaration** seront punis d'une amende dont le minimum sera d'une somme égale au **10ᵉ**, et le **maximum** d'une somme égale à la moitié du cautionnement (179, 180 et suivantes).

DÉCLARATIONS. 170. « Sont encore en vigueur toutes les dispositions législatives qui existaient avant le 17 février, relativement à la création et à la publication des journaux, et par conséquent celles qui régissent les déclarations préalables à faire par les parties intéressées, la régularité et la sincérité de ces déclarations. » Circ. minist. du 28 mars 1852. « Quant aux journaux qui ne traitent pas les matières politiques (ajoute la circulaire ministérielle du 30 mars, à MM. les préfets), ils sont dispensés du cautionnement et de l'autorisation, conformément aux dispositions de la loi du 16 juillet 1850 ; mais les propriétaires restent soumis, comme par le passé, à faire la déclaration prescrite par l'art. 6 de la loi du 18 juillet 1828, § 6.

171. La déclaration doit être faite avant toute publication ; mais l'ordre des idées semble indiquer qu'elle doit être précédée du versement du cautionnement pour les journaux cautionnés. Arg. art. 6, L. 1828, art. 3. ord. 1855.— De Grattier, 2, p. 157.

172. Lorsqu'une société anonyme a été fondée pour l'exploitation d'un journal, les noms de ses membres doivent être compris dans la déclaration ; la loi n'excepte que les commanditaires. De Grattier, p. 158. — Mais *quid* si les actions sont au porteurs ? ne sera-t-il pas impossible dans ce cas de faire connaître les mutations, conformément au § 2 de l'art. 6 ? *V.* Duvergier, *Coll. des lois,* 28, p. 226, nº 3. — En cas de société en participation, pas n'est besoin de déclarer les noms des participants ; celui du chef de l'entreprise suffit. — De Grattier, p. 158.

173. N'est pas soumis à la déclaration préalable et au dépôt, l'écrit par lequel le gérant d'un journal annonce à ses abonnés la suspension du journal lorsque cet écrit n'est, en réalité, que le dernier numéro du journal. Cass., 30 août 1851 (*Bull. crim.* 365).

174. Les pièces à fournir pour la déclaration, sont pour les journaux cautionnés : 1° le reçu du caissier central du Trésor, du versement, du cautionnement, ordonnance 1855, 18

1825 à 1830 (SUITE). 5.	1831 à 1848. 6.	1848 à 1849. 6.	1850 à 1856. 7.	La Presse en Algérie. 8.	1856 à 18... NOTES. 9.
OBLIGATIONS DES PROPRIÉTAIRES. — SECT. III. — **Déclarations préalables** (170).					
au cautionnement.					
Ordonnance du 29 juillet 1828. ART. 1er. Avant toute publication d'un journal ou écrit périodique soumis au cautionnement... il sera justifié au procureur du Roi du lieu de l'impression, du versement du cautionnement auquel ce journal est soumis, et de la déclaration prescrite par l'art. 6, L. 1828.—*V. suite, infrà* (171).	**Ordonnance du 18 nov. 1835.** ART. 3. Lorsque le cautionnement aura été versé, les propriétaires feront à la *direction* [au bureau] de la librairie à Paris, et dans les départements, au secrétariat de la préfecture, la déclaration prescrite par l'art. 6 de la loi de 1828. Il sera justifié du versement des cautionnements par la production des récépissés, soit du caissier central du Trésor, soit des receveurs des finances (171).		**Circulaire ministérielle du 27 mars 1852.** « Sont encore en vigueur les dispositions qui régissent les déclarations préalables à faire par les parties intéressées, la régularité et la sincérité de ces déclarations (170). » — **DÉCR. du 17 fév. 1852.** Sur la presse. ART. 1, §3. L'autorisation préalable du Gouvernement sera pareillement nécessaire à raison de tout changement opéré dans le personnel des gérants, rédacteurs en chef, propriétaires ou administrateurs du journal (470, 476). V. p. 34, art. 5 pour la sanction.		N. B. L'art. 4 de la loi du 27 niv. an VIII est un document historique dans lequel on trouve l'origine de la déclaration préalable des journaux.
du cautionnement.					
à produire. — *Pénalité.* — *Déclarations irrégulières, fausses, etc.*					
Ordonnance du 29 juillet 1828. ART. 1er. (*V.* ci-dessus le commencement)... Le procureur du Roi donnera acte sur-le-champ de cette justification et en tiendra registre.	**Ordonnance du 18 nov. 1835.** ART. 3. Il sera justifié du versement du cautionnement par la production des récépissés, soit du caissier central du Trésor, soit des receveurs des finances. Dès que la déclaration ci-dessus rappelée aura été faite... Il en sera donné acte aux parties intéressées (174).				

nov art. 3; 2° l'expédition de l'acte de société; 3° l'acte de naissance des gérants; 4° leur acte de nomination, 5° leur acte de naturalisation s'il y a lieu. V. art. 3. L. 1828, p. 41; 6° la justification de la part des gérants dans la propriété du journal, si cela ne résulte pas de l'acte de société.

175. Un journal cautionné ou non cautionné qui paraît sans déclaration préalable n'est point passible des peines de l'art. 6, L. 9 juin 1819, parce que la loi de 1828 a absorbé cette loi, dit M. Parant, et cette loi n'ayant point édicté d'autres peines, l'art. 6 manque de sanction.—M. Chassan est loin de partager cette opinion; d'ailleurs, il faut distinguer :— Pour les *journaux cautionnés*, la décision de M. Parant n'est pas juridique, car si la loi de 1828 n'a édicté aucune peine en étendant les formalités de la déclaration prescrite par la loi-mère de 1819, c'est qu'elle a entendu s'en référer à l'art. 6 pour la sanction de la déclaration qu'elle complétait. Pourrait-on en effet supposer que le législateur, qui punit de 500 fr. d'amende les gérants pour négligence à déclarer les mutations qui surviennent dans le titre, la périodicité ou le personnel de l'entreprise, et qui, en cas de déclarations fausses et frauduleuses, prononce une amende considérable, v. art. 11, ait voulu accorder l'impunité à la publication d'un journal sans déclaration, c'est-à-dire rendre inutile une formalité dont il s'applique avec tant de soin à énumérer et à compléter les détails. — Au lieu d'appliquer ici la règle : *inclusio unius exclusio alterius* comme M. Parant, nous préférons appliquer la règle de l'art. 1157 du Cod. Nap.: lorsqu'une clause est susceptible de deux sens, il faut préférer celui avec lequel elle peut avoir un effet, et non celui qui la rendrait inutile. — V. Chassan, t. 1,

Quant aux *journaux non cautionnés*, ils ne sont passibles d'aucune peine s'ils paraissent sans déclaration; car l'art. 6 de la loi de 1819 n'a jamais été applicable qu'aux journaux soumis au cautionnement. — Ils ne sont pas astreints non plus à déclarer les mutations qui surviennent dans leur titre, leur périodicité; car cette déclaration n'est imposée qu'aux gérants responsables; or, les journaux non cautionnés ne sont point obligés d'avoir des gérants responsables :— Dijon, 13 mai 1831 (D. p. 31. 2. 255). Saint-Lô 17 déc. 1844 (G. T. du 22). Seine, trib. corr., 6 janv. 1836. *Contrà*, De Grattier, n° 22, p. 162.

176. En même temps qu'ils sont obligés de déclarer les mutations qui surviennent dans le personnel du journal, les propriétaires sont en outre (et non les gérants) astreints à obtenir une autorisation du Gouvernement suivant l'art. 1. § 2 du décret de 1852, mais ce renouvellement de l'autorisation n'est pas nécessaire pour les changements d'imprimerie, ou pour les mutations dans le titre; — elle se borne aux mutations du personnel.

1789 à 1814.	1815 à 1819.	1820 à 1825.	1825 à 1830.
1	*2.*	*3.*	*4.*

TITRE II. DE LA PRESSE PÉRIODIQUE. — CHAP. II. **FORMALITÉS AVANT ET PENDANT**

C. DE COMMERCE.

Art. 19. La loi reconnaît trois espèces de sociétés commerciales;
1° La société en nom collectif. Art. 22;
2° La société en commandite. Art. 24;
3° La société anonyme. Art. 47. Indépendamment des trois espèces de sociétés ci-dessus, la loi reconnaît les associations commerciales en participation.

CODE NAPOLÉON.

Art. 980. Les témoins devront être mâles, majeurs, sujets du Roi, et jouissant des droits civils

—

L. 18 juillet 1828.

Sur les journaux et écrits périodiques.

Art. 4. En cas d'association (pour la fondation d'un journal), la société devra être l'une de celles qui sont définies et régies par le **Code de commerce**.—Hors le cas où le journal serait publié par une société anonyme, les associés **seront tenus** de choisir entre eux 1, 2 ou 3 **gérants** qui, aux termes du Code de commerce, art. 22 et 24, auront chacun individuellement la **signature** (183).

Si l'un des gérants responsables vient à décéder ou à cesser ses fonctions par une cause quelconque, les propriétaires seront tenus, dans le délai de 2 mois, de le remplacer ou de réduire, par un acte revêtu des mêmes formalités que celui de société, le nombre de leurs gérants; ils auront aussi, dans les limites ci-dessus déterminées, le droit d'augmenter ce nombre en remplissant les mêmes formalités.

S'ils n'en avaient constitué qu'un seul, ils seront **tenus** de le remplacer dans les **15 jours** qui suivront son décès; faute par eux de le faire, le journal ou écrit périodique cessera de paraître à peine de **1,000 fr.** d'amende pour chaque feuille ou livraison qui serait publiée après l'expiration de ce délai.

Art. 5, § 2. chacun des gérants responsables devra avoir les qualités requises par l'art. 980, C. Nap.— *V. la suite infrà.*

Art 4 (*V.* ci-dessus §§ 1 et 2), § 3. Si l'un des gérants vient à... **cesser ses fonctions par une cause quelconque**, les propriétaires seront tenus, dans le délai de **2 mois**, de le remplacer.... *V.* ci-dessus
S'ils n'en avaient constitué qu'un seul, ils seront tenus de le remplacer dans les **15 jours** qui suivront son décès (ou la cessation de ses fonctions); faute par eux de le faire, le journal ou écrit périodique cessera de paraître à peine de **1,000 fr** d'amende pour chaque feuille ou livraison qui serait publiée après ce délai (190, 191).

RÉDACTION. — INTÉRÊT DANS L'ENTREPRISE. — OBLIGATIONS.

Art. 5. **Les gérants responsables**, ou l'un d'eux ou deux d'entre eux, **surveilleront** et **dirigeront** par eux-mêmes la **rédaction** du journal ou écrit périodique (188 bis et suiv.).

Chacun des gérants responsables devra avoir les qualités requises par l'art. 980, C. Nap., être proprié-*taire au moins d'une part ou action dans l'entreprise, et posséder en son propre et privé nom un quart au moins du cautionnement.*

(Cette dernière partie est remplacée par l'art. 1ᵉʳ, L. 14 de 1830.)

L. 14 décembre 1830.
Cautionnement et timbre.

Art. 1ᵉʳ. Le gérant responsable devra **posséder** en son propre et privé nom la **totalité** du cautionnement. S'il y a plusieurs gérants responsables, ils devront **posséder** en leur propre et privé nom et par égale part la **totalité** du cautionnement.

Art. 6. Aucun journal ou écrit périodique soumis au cautionnement ne pourra être publié s'il n'a été fait préalablement une **déclaration** contenant : *V.* tableau précédent, p. 44 (Obligations des propriétaires).

Toutes les fois qu'il surviendra quelque mutation, soit dans le titre du journal ou dans les conditions de sa périodicité, soit parmi les propriétaires ou les gérants responsables, il en sera fait **déclaration** devant l'autorité compétente (*V.* ci-devant, tableau précédent), dans les **15 jours** qui suivront la mutation, à la diligence des **gérants responsables**; en cas de négligence, ils seront punis de **500 fr.** d'amende (192).

Il en sera de même si le journal ou écrit périodique venait à être imprimé dans une autre imprimerie que celle qui a été originairement déclarée.

Dans le cas où l'entreprise aurait été formée par une seule personne, le propriétaire, s'il réunit les conditions requises par le § 2 de l'art. 5, sera en même temps le **gérant responsable** du journal.

Dans le cas contraire, il sera tenu de présenter un **gérant** conformément à l'art. 5.

Art. 7. Ces déclarations seront accompagnées du dépôt des pièces justificatives; elles seront signées par les propriétaires. — *V.* tableau précédent.

Art. 9. Transitoire.

Art. 40. En cas de contestation sur la régularité ou la sincérité de la déclaration prescrite par l'art. 6. — *V.* tableau précédent (177, 178).

Art. 41. Si la déclaration prescrite par l'art. 6 est reconnue fausse et frauduleuse. — *V.* tableau précédent (179, 480).

Art. 8. Chaque numéro de l'écrit périodique sera **signé en minute** par le propriétaire, s'il est unique, par l'un des gérants responsables, si l'écrit périodique est publié par une société en nom collectif ou en commandite, et par l'un des administrateurs, s'il est publié par une société anonyme. — L'exemplaire signé pour minute sera, **au moment** de sa publication, **déposé** au parquet du procureur du Roi, du lieu de l'impression, ou à la mairie... (*V.* tableau, p. 47, 48, pour les développements et la suite).

Art. 42. Dans le cas où un journal ou écrit périodique est établi et publié par un seul propriétaire, si ce propriétaire vient à mourir, sa veuve ou ses héritiers auront un **délai de 3 mois** pour **présenter un gérant responsable**; ce gérant devra être propriétaire d'immeubles libres de toute hypothèque et payant au moins 500 fr. de contributions directes si le journal est publié dans les départements de la Seine, de

177. C'est à l'autorité administrative seule qu'il appartient d'apprécier la sincérité et la régularité des déclarations qui lui sont faites par les propriétaires ou gérants des journaux, et notamment de celles qui lui seraient faites suivant l'art. 14 de la loi du 27 juillet 1849, qui veut que le propriétaire d'un journal condamné pour délit de presse cesse de signer le journal et se fasse suppléer par un rédacteur responsable; dans tous les cas, les contestations qui peuvent s'élever à ce sujet sont de la compétence des tribunaux civils et non correctionnels. Cass., 23 mai 1850 (*Bull. crim.*, n° 173).

178. En cas de contestation sur la régularité ou la sincérité de la déclaration prescrite par l'art. 6, L. de 1828, (p. 41), il doit être, aux termes de l'art. 10, statué par le tribunal civil à la diligence du préfet, les tribunaux correctionnels sont incompétents pour en connaître. Cass., 31 janv. 1851 (*Bull. crim.*, 42).

179. Lorsque le ministère public n'a pas exercé contre les auteurs de la déclaration prescrite par l'art. 6, L. 1828, l'action ouverte par l'art. 11 pour délit de déclaration frauduleuse, c'est au tribunal civil qu'il appartient de statuer à la diligence du préfet, quand la déclaration est constituée pour défaut de sincérité et de régularité. Cass., 17 janv. 1851. (*Bull. crim.*, n° 25).

180. Dans une poursuite pour publication d'un journal sur déclaration fausse et frauduleuse, le juge correctionnel, compétent pour apprécier la sincérité de la déclaration, ne l'est pas également pour statuer sur la question de régularité : par exemple sur la validité d'une transmission de cautionnement; cette question étant réservée au tribunal civil, le juge correctionnel doit surseoir jusqu'à ce qu'elle soit résolue au civil. Cass., 30 août 1850. (*Bull. crim.*, art. 4906).

181. Quand le juge correctionnel est saisi en même temps que la juridiction civile d'une question relative à la capacité du gérant et au taux du cautionnement, il doit non pas se déclarer incompétent, mais surseoir et fixer un délai pour qu'il soit statué sur la contestation civile. Cass., 29 août 1850 (*Bull. crim.*, 4970).

LA PUBLICATION. — Sect. Ire. Des Gérants et Rédacteurs, Idonéité, Obligation, Surveillance, Rédaction.

1831 à 1848.	1848 à 1849.	1850 à 1856.	La Presse en Algérie.	1856 à… NOTES.
5.	6.	7.	8.	9.
ORD. du 18 nov. 1835. Art. 8. Les gérants qui renonceront à leurs fonctions et les propriétaires qui cesseront leur entreprise en feront la déclaration à *la direction* de la librairie à Paris, et dans les départements, au secrétariat général de préfecture, il leur sera donné acte de cette déclaration. — *V.* suite, p. 45. **L. 9 sept. 1835.** sur les crimes, délits et contraventions de la presse. Art. 19. *En cas de condamnation contre un gérant pour crime, délit ou contravention de la presse, la publication du journal ne pourra avoir lieu pendant toute la durée des peines d'emprisonnement et d'interdiction des droits civils que par un autre gérant remplissant toutes les conditions exigées par la loi. Si le journal n'a qu'un gérant, les propriétaires auront un mois pour en présenter un nouveau, et, dans l'intervalle, ils seront tenus de désigner un rédacteur responsable. cautionnement entier demeurera affecté à cette responsabilité.* (Abr. et remp. par art.14, L. 1849.) **Même Loi.** Art. 45. *Chaque gérant responsable devra posséder en son propre et privé nom le tiers du cautionnement.* (Abrogé par l'art.1er du décr. du 6 mars 1848.) **Même loi.** Art. 46. *Conformément à l'art. 8 de la loi du 8 juillet 1828, le gérant sera tenu de signer la minute chaque numéro de son journal.* — *V.* ci-devant la suite et le développement. (Abrogé par l'art. 1er, décr. du 6 mars 1848.)	**L. 27 juillet 1849.** Sur la presse. Art. 44. En cas de condamnation du gérant pour crime, délit ou contravention de la presse, la publication du journal ne pourra avoir lieu pendant toute la durée des peines d'emprisonnement et d'interdiction des droits civils et civiques que par un autre gérant remplissant toutes les conditions exigées par la loi. Si le journal n'a qu'un gérant, les propriétaires auront un mois pour en présenter un nouveau, et, dans l'intervalle, ils seront tenus de désigner un rédacteur responsable. Le cautionnement entier demeurera affecté à cette responsabilité. (Abrogé par l'art. 1er du décr. du 6 mars 1848.) **DÉCR. 6 mars 1848.** Art. 1er. La loi du 9 septembre sur les crimes, délits et contraventions de la presse est abrogée. Art. 2 Les lois antérieures (*V.* p. 436) seront exécutées.	**DÉCR. du 17 février 1852.** Sur la presse. Art. 4er, §2. (*V.* p. 34.) Cette autorisation ne pourra être accordée qu'à un Français majeur, jouissant de ses droits civils et politiques. L'autorisation préalable sera pareillement nécessaire à raison de tous changements opérés dans le personnel des gérants rédacteurs en chef…; du journal. (*V.* art. 5, p. 33.) **Circulaire du 27 mars 1852.** « Comme la responsabilité de la presse est maintenue devant la justice répressive, il est évident que tout ce qui a été établi pour rendre cette responsabilité sérieuse est également maintenu; au surplus, dans le dernier paragraphe de l'art. 1er, la nécessité de l'autorisation est imposée à raison de tous changements opérés dans le personnel des gérants, rédacteurs en chef, propriétaires ou administrateurs d'un journal; ces énonciations confirment la législation antérieure d'une manière plus qu'implicite. « Ainsi, sont encore en vigueur toutes les dispositions qui existaient avant le 17 février, relativement à la création et à la publication d'un journal, et par conséquent celles qui régissent la capacité et la responsabilité des gérants. »		

182. Lorsque la déclaration faite par le gérant d'un journal nouveau est refusée par le préfet ou par le secrétaire général, ou par son délégué, en ce que la sincérité est contestée le gérant ne peut publier le journal avant jugement par le tribunal civil, sans commettre le délit prévu par l'art. 6, L. 1828, si le jugement décide que la déclaration était irrégulière; la publication, dans ce cas, n'a jamais été légale.— Chassan, p. 585.

DES GÉRANTS. 183. Le gérant responsable d'un journal est l'individu que, d'après le choix des cointéressés, la loi a proposé et qu'elle reconnaît pour le représentant de l'entreprise lorsque le journal est soumis au cautionnement. Chassan, 1; p. 606.

184. Les journaux non cautionnés ne sont pas en conséquence soumis à l'obligation être représentés par des gérants ou éditeurs responsables.

185. « Le gérant, dit le rapporteur de l'exposé des motifs, *V. Moniteur*, 15 avril 1828. est une sorte de censeur que la loi impose aux propriétaires de journaux, dans le double intérêt de l'État et de l'association .. En acceptant cette espèce de magistrature, dont la volonté de ses associés l'investit, et que la loi accepte, il s'oblige à en remplir les devoirs. »

186. L'institution des gérants dérive de ce principe que le journal est une personne morale dont la responsabilité doit être nettement arrêtée pour faciliter la répression des infractions qu'elle pourra commettre, et que si les délits sont personnels, il faut, pour garantir la poursuite, qu'un mandataire légal ou conventionnel représente le journal, et par sa participation ou sa négligence réponde des infractions que le journal ne se serait pas permises sans sa volonté. — Ce n'est point là une fiction qui viole les principes, car le journal ne commet des délits que par la publication, la publication est le fait du publicateur, le publicateur ne peut être que le gérant: donc le gérant est responsable de la publication sans préjudice de la complicité de l'auteur s'il a participé à la publication. V. Chassan, p. 125.

187. Le gérant représente légalement l'entreprise dans ses intérêts politiques à l'égard du ministère public, et dans ses intérêts privés à l'égard des tiers, il doit être sérieusement et solidairement intéressé à l'entreprise, être un véritable associé. — Chassan.

188. Le gérant est un coupable et un accusé de droit dont la loi a voulu s'assurer en cas de délit (Chassan, 125), sans préjudice de la poursuite contre l'auteur de l'article incriminé, s'il y a lieu; mais comme le gérant, libre de publier ou non l'écrit, l'accepte librement, il n'aura aucun recours contre l'auteur. Riom, 24 mars 1836. J. P. 1838. 2. 451.

1789 à 1814. 1.	1815 à 1819. 2.	1820 à 1825. 3.	1825 à 1850. 4.	1831 à 1848. 5.
CODE NAP. **Art.** 980. Les témoins devront être mâles, majeurs, sujets du Roi, et jouissant des droits civils.	. . . .	. . . .	Seine-et-Oise et de Seine-et-Marne, et de 150 fr. dans les autres départements. Le gérant que la veuve ou les héritiers seront admis à présenter, devra réunir les **conditions requises par l'art. 980**, C. Nap. Dans les **10 jours** du décès, la veuve ou les héritiers seront tenus de présenter un rédacteur qui sera **responsable** du journal jusqu'à ce que le gérant soit accepté. Le cautionnement du propriétaire demeurera affecté à **la gestion** (190, 191).	**L. 9 septembre 1835.** *Crimes, délits et contraventions de press[e]* **Art.** 19. *Si le journal n'a qu'[un] gérant [et si par suite d'une conda[m]nation à l'emprisonnement ou à l'[in]terdiction des droits civils, il devi[ent] incapable d'être gérant, V. p. 4[.] les propriétaires auront 1 mois po[ur] en présenter un nouveau, et dans l'[in]tervalle ils seront tenus de désig[ner] un rédacteur responsable.* *Le cautionnement entier demeure[ra] affecté à cette responsabilité.* ([A]brogé et remplacé par l'art. 14, L. [1er] juillet 1849.)
	L. 9 juin 1819. **Art.** 3, Art. 3.—*V.* p. 39. Cet article établit en principe que le cautionnement est affecté par privilège au paiement des dépens, dommages-intérêts et amendes, dont le paiement s'opérera par voie de prélèvement. — *V.* n° 165, p. 39. **Art.** 4. L'art. 4 fixait un délai de 15 jours pour l'acquittement des condamnations judiciaires et le complétement du cautionnement. Cet article est abrogé par les art. 6, L. 1850, et 30, décret du 17 février 1852. — *V.* p. 39.		**L. 18 juillet 1828.** **Art.** 13. *V.* p. 39. Suivant cet article, les condamnations pécuniaires s'exécutaient par voie de prélèvement sur le cautionnement. Ce système a été remplacé par le paiement direct par le gérant, dans le délai de 3 jours.— *V.* toutefois n° 165, p. 39.	. . . .
	L. 9 juin 1819. *Journaux périodiques.* **Art.** 6. *Quiconque publiera un journal ou écrit périodique sans avoir satisfait aux conditions prescrites par les art. 1er (relatif au cautionnement), 4 et 5, sera puni correctionnellement de 1 mois à 6 mois de prison si d'une amende de 200 fr. à 1,200 fr.* (Abrogé et remplacé, quant au cautionnement, par l'art. 5 du décret du 17 février 1852.)		. . . .	

188 bis. Le gérant ne peut pour excuse invoquer son ignorance de l'écrit, car il doit surveiller la rédaction, art. 5, L. 1828, ou ne doit pas signer. — Non signé, il est responsable du journal comme rédacteur ; signé, il est responsable de la publication. Cass., 22 août 1824, Sir. 24. 1. 329 ; — cet arrêt ajoutait : « et complice du délit de l'écrit, mais il peut à cet égard prouver qu'il n'a pas agi sciemment » : cela n'est pas exact sous la loi de 1828, comme sous la loi du 9 juin 1819 ; sous l'empire de cette dernière loi le délit consistait dans la rédaction d'un écrit coupable, tandis que la loi de 1828 le fait consister dans la publication dont le gérant est toujours l'auteur principal et responsable. V. Chassan.

188 ter. Étant responsable du contenu du journal, art. 8, L. 1828, le gérant peut être poursuivi à raison d'un article déjà publié dans un autre journal, et qui n'a été cependant l'objet d'aucune poursuite. Cass., 21 oct. 1831 (*Bull. crim.*, n° 268).

188 quater. Il n'y a aucune contradiction dans les termes d'une déclaration faite par la C. d'assises portant qu'un individu est coupable comme auteur principal en qualité de gérant d'un journal, et comme complice, en qualité d'imprimeur dudit journal, du même délit d'excitation à la haine et au mépris du Gouvernement. Cass., 20 juin 1851 (*Bull. crim.*, n° 240).

188 quinque. Les déclarations pour être fausses et frauduleuses aux termes de l'art. 11, doivent être faites dans l'intention d'induire l'autorité en erreur sur la propriété du cautionnement par les gérants, sur leur intérêt dans l'entreprise comme actionnaires, ou sur leur capacité en les déclarant majeurs, bien que mineurs.

189 La responsabilité des journaux non cautionnés tombe sur leur propriétaire ou leur signataire ; mais lorsque le signataire-rédacteur ne présente aucune garantie, elle doit remonter jusqu'au propriétaire qui l'a choisi. Paris, 25 avril 1844. Cass., 29 juin 1844.

190. L'art. 14 de la loi du 27 juillet 1849 ne porte aucune sanction pénale.—Doit-on en conséquence se borner à saisir le journal qui continue à paraître sans gérant ni rédacteur responsable après le délai fixé, ou poursuivre les propriétaires conformément à l'art. 4 de la loi du 18 juillet 1828? Les propriétaires, aux termes de cet article, alinéa 3, sont seuls, en cas de cessation des fonctions du gérant unique pour une cause quelconque, à le remplacer dans les quinze jours, à peine de 1,000 fr. d'amende par chaque numéro pu[blié] après ce délai. — Le délai de un mois, qui leur est accordé extraordinairement par l'art. de la loi de 1849, est un bénéfice qui semble ne devoir leur être acquis qu'à la charge eux d'en remplir les conditions par le choix provisoire d'un rédacteur responsable. — s'il ne l'ont pas fait, ils doivent être censés y avoir renoncé, et s'être volontairement mis sous le droit commun de l'art. 4. — Dira-t-on que cet art. 4 de la loi de 1828 n'est applicable que pour le cas de cessation des fonctions de gérant par décès. — Cette distinction est plutôt dans les mots que dans les choses : car ce qui est vrai de la retraite forcée décès doit l'être également pour la retraite forcée par suite d'une condamnation qui en[lève] au gérant sa capacité civile. Que peut ajouter la mort à cette cessation de fonctions ; q[ue] les perde on non avec la vie, la conséquence est la même ; *ubi eadem ratio, ibi idem jus.* lorsque, d'ailleurs, le §1 parle d'une *cause quelconque* de retraite ou de cessation de foncti[ons] ne doit-il pas être entendu que le § 3 se rapporte à ce qui le précède, et que l'oubli d[u] mot ne doit pas altérer le sens général : si donc le dernier § de l'art. 4 a oublié de répé[ter] les expressions de *cessation de fonctions pour une cause quelconque*, il faut y suppléer, que nous avons fait, en les ajoutant entre parenthèses dans le corps de l'article. V. p. 4 Tableau précédent.

191. Même décision pour le cas de l'art. 12, L. 1828 : faute par les héritiers ou veuve d'avoir choisi un rédacteur responsable dans les délais, ils sont déchus du bénéfice cet article, et doivent être censés y avoir renoncé. Il y aura en conséquence lieu d'appli[quer] l'art. 4 de la loi de 1828 si, un mois après le décès du propriétaire, le journal continu[e] paraître sans rédacteur ni gérant responsable.

192. Lorsque le gérant d'un journal a été condamné à l'emprisonnement, le versem[ent] effectué pour constituer un nouveau cautionnement pour un nouveau gérant (art. 14, L. juillet 1849) ne peut servir à acquitter les condamnations encourues. Cass., 30 nov. 18[..] (*J. crim.* 4980).

193. « L'art. 5 de la loi du 16 juillet 1850 ordonne des consignations qui doi[vent]

1848 à 1849.	1850 à 1856.	La Presse en Algérie.	1856 à...
6.	7.	8.	NOTES. 9.

1848 à 1849.

L. 16 juillet 1849.
Sur la presse.

Art. 44. Si le journal n'a qu'un gérant et [si, par suite d'une condamnation à l'emprisonnement ou à l'interdiction des droits civils, il devient incapable d'être gérant, *V.* p. 44], les propriétaires auront 4 mois pour en présenter un nouveau, et dans l'intervalle ils seront tenus de désigner un rédacteur responsable.

Le cautionnement entier demeurera affecté à cette responsabilité.— *V.* p. 44. (490, 491, 492.)

1850 à 1856.

DÉCR. organique du 17 février 1852.
Sur la presse.

Art. 1er, § 2 L'autorisation de créer et publier un journal ne pourra être accordée qu'à un Français, majeur, jouissant de ses droits civils et politiques.

L'autorisation préalable sera pareillement nécessaire à raison de tous **changements opérés** dans le personnel des gérants, rédacteurs en chef, propriétaires ou administrateurs du journal.

—

L. 16 juillet 1850. — (Cautionnement et timbre.)

Art. 5. Lorsque le gérant d'un journal ou écrit périodique, paraissant dans les départements autres que ceux de la Seine, de Seine-et-Oise, de Seine-et-Marne et du Rhône, aura été renvoyé devant la Cour d'assises, par un arrêt de mise en accusation, pour crime ou *délit* de presse, si un nouvel arrêt de mise en accusation intervient contre **les gérants de la même publication**, avant la décision définitive de la Cour d'assises, **une somme égale à la moitié du maximum** des amendes édictées par la loi, pour le fait nouvellement incriminé, devra **être consignée dans les 3 jours** de la notification de chaque arrêt et nonobstant tout pourvoi en cassation.

En aucun cas le montant de la consignation ne pourra dépasser un chiffre égal à celui du cautionnement.

(Sans application pour les délits depuis leur changement de juridiction par l'art. 25, décr. 1852, *V.* p. 137) (193.)

AMENDES POUR CRIMES OU DÉLITS.	AMENDES POUR CONTRAVENTIONS.
Même loi du 16 juillet 1850.	**DÉCR. sur la presse du 17 février 1852.**
Art. 6. Dans les 3 jours de tout arrêt de condamnation pour crime ou délit de presse, le gérant du journal devra acquitter le montant des condamnations qu'il aura encourues.	Art. 29. Dans les 3 jours de tout jugement ou arrêt définitif de contravention de presse, le gérant du journal devra acquitter le montant des condamnations qu'il aura encourues ou dont il sera responsable.
En cas de pourvoi en cassation, le montant des condamnations sera consigné dans le même délai. (496.)	En cas de pourvoi en cassation, le montant des condamnations sera consigné dans le même délai. (496, 497.)
Art. 7. La consignation ou le paiement prescrit par les articles précédents sera constaté par une quittance délivrée en duplicata par le receveur des domaines. (495.)	Art. 30. La consignation ou le paiement prescrit par l'article précédent sera constaté par une quittance délivrée en duplicata par le receveur des domaines. (495.)
Cette quittance sera, le 4e jour au plus tard, soit de l'arrêt rendu par la Cour d'assises, soit de la notification de l'arrêt de la Chambre des mises en accusation, remise au procureur de la République qui en donnera récépissé.	Cette quittance sera, le 4e jour au plus tard, remise au procureur de la République qui en donnera récépissé (497.)
Art. 8. Faute par le gérant d'avoir remis la quittance dans les délais, ci-dessus fixés, le journal cessera de paraître sous les peines portées contre tout journal **publié sans cautionnement** (en l'art. 6, L. 9 juin 1849).	Art. 31. Faute par le gérant d'avoir remis la quittance dans les délais ci-dessus fixés, le journal cessera de paraître sous les peines portées en l'art. 5 de la présente loi. (497.)
	Art 5. Toute publication de journal ou écrit périodique, sans autorisation préalable ou sans cautionnement, ou sans que le cautionnement soit complété, sera punie d'une amende de 100 fr à 2,000 fr., pour chaque numéro ou livraison publié en contravention, et de 1 mois à 2 ans de prison. — *V.* suite, p. 36.
	Art. 36. La présente loi n'est pas applicable à l'Algérie. — *V.* p. 156.

La Presse en Algérie.

N. B. Le décret du 1er février 1852 n'est pas applicable à l'Algérie et aux colonies. — *V.* art. 56 décret du 17 février 1852, page 156.

N. B. Les formalités de la fondation du journal sont à la charge des propriétaires ; elles viennent d'être indiquées, ce sont : l'obtention de **l'autorisation préalable,** le versement d'un **cautionnement, la déclaration** préalable et la nomination **des gérants ;** quant aux formalités de la publication, elles sont à la charge de ces derniers. — Après avoir indiqué les conditions de leur responsabilité et leurs principales obligations au sujet de l'administration du journal, il nous reste à donner des détails sur deux formalités particulières à la publication, en consacrant deux chapitres à **la signature** et **au dépôt.**

---

suivre les arrêts de la chambre des mises en accusation : le changement de juridiction de l'art. 25, loi 17 fév. 1852, laisse désormais sans application des mesures en harmonie seulement avec la procédure qui aboutissait à la Cour d'assises; cet article est donc abrogé par voie de conséquence. » (Circ. minist 27 mars 1852). Abrogé seulement quant aux délits, mais non pour les crimes de la presse dont la procédure doit aboutir à la Cour d'assises.

194. L'acquittement du gérant poursuivi comme auteur principal du délit n'empêche pas le rédacteur en chef du journal d'être condamné comme complice. Cass., 7 sept. 1850. J. *Le Droit* du 8.

195. La quittance seule des receveurs des domaines fait preuve du paiement du montant des condamnations, la loi n'admet aucun équipollent : tel, par exemple, que le versement d'un cautionnement pour la création d'un nouveau journal à la place de l'ancien, et l'abandon indirect du premier cautionnement pour le paiement des condamnations. Orléans, 19 nov. 1850 D. P. 1850. 2. 510.

196. V. ci-devant nos 166, 164, sur la nature de la consignation de l'amende en cas de pourvoi.

197. Les art. 29, 30 et 31; décret 1852, ne sont point les inutiles duplicata des art. 6, 7 et 8 de la loi du 16 juill. 1850; les uns s'appliquent aux contraventions, et les autres aux crimes et délits, *V.* pages 40 et 52, et le décret rendu pour l'exécution de ces articles, page 152.

198. Aucune excuse n'est admissible pour omission des déclarations prescrites soit aux gérants, soit aux propriétaires par l'art 6 de la loi de 1828, et l'art 463 n'est pas applicable à ces sortes de contraventions. Par analogie, Cass., 5 déc. 1850 et juill. 1851.

199. La loi du 18 juillet 1828 a autorisé le cumul des peines pour les infractions successives de publication d'un journal sans gérant légal (v. art. 4), mais non pour les autres délits de la presse périodique. Cass., 2 août 1833 et 16 oct. 1835. — Il en est autrement pour la plupart des infractions prévues par le décret de 1852. Voir ci-devant vo Autorisation.

1789 à 1814.	1815 à 1819	1820 à 1825	1825 à 1830.
1.	2.	3.	4.

TITRE II. DE LA PRESSE PÉRIODIQUE. — CHAP. II. FORMALITÉS AVANT ET PENDANT LA PUBLICATION.

L. 28 germinal an IV.
Mesures contre les délits de la presse

Art. 1er. *Il ne doit être imprimé aucuns journaux, gazettes ou autres feuilles périodiques que ce soit (V. p. 15)... qu'ils ne portent le nom des auteurs, le nom et l'indication de la demeure des imprimeurs (V. p. 15).*

(Abrogé et remplacé par les art. 283 du C. pénal et par les dispositions de la loi de 1814, art. 17, quant à l'indication des noms et demeure de l'imprimeur sur les imprimés, journaux ou autres.)

Art. 3. *S'il est inséré dans les écrits mentionnés en l'art. 1er, quelque article non signé, ou extrait ou supposé extrait de papiers étrangers, celui qui fait publier le journal ou autre écrit sous son nom en sera responsable.* —

(Abrogé et remplacé par les lois postérieures qui ont admis le principe de la responsabilité du publicateur.)

—

DÉCR. du 9 mars 1793.
Concernant les députés feuillistes.

Art. 1er. *Les membres de la Convention qui rédigent des journaux seront tenus d'opter entre les fonctions de député et celles de rédacteur de journal. (Rapporté le 14 avril suivant.)*

—

L. 21 oct. 1814.
Liberté de la presse et police.

Art. 12. **Le brevet** pourra être retiré à tout imprimeur ou libraire qui aura été convaincu par un jugement de contravention aux lois ou aux règlements.

(L'art. 8 de la loi du 18 juillet 1828 est la seule exception que comporte l'art. 12.)

—

Nota. Les journaux comme tous les imprimés doivent porter l'indication des noms et demeure de l'imprimeur. *V.* p. 15.

L. 9 juin 1819.
Publication des journaux périodiques.

Art. 5. *Au moment de la publication de chaque feuille ou livraison du journal ou écrit périodique, (consacré en tout ou en partie aux nouvelles et matières politiques et soumis au cautionnement), il en sera remis à la préfecture pour les chef-lieux du département, à la sous préfecture pour ceux d'arrondissement, et dans les autres villes à la mairie, un exemplaire signé d'un propriétaire ou éditeur responsable. (Abrogé et remplacé.)*

Cette formalité ne pourra ni retarder ni suspendre le départ ou la distribution du journal ou écrit périodique.

Art. 2. *La responsabilité des propriétaires ou éditeurs indiqués dans la déclaration s'étendra à tous les articles insérés dans le journal ou écrit périodique, sans préjudice de la solidarité des auteurs ou rédacteurs desdits articles.*

Abrogé et remplacé par l'art. 4 de la loi du 18 juillet 1828, qui à la responsabilité des propriétaires ou éditeurs a substitué la responsabilité mieux définie des gérants signataires du journal.)

Art. 6. *Quiconque publiera un journal ou écrit périodique sans avoir satisfait aux conditions prescrites par les art. 4 et 5 de la présente loi, sera puni correctionnellement d'un emprisonnement de 1 mois à 6 mois et de 200 fr. à 1,200 fr d'amende. (Abrogé et remplacé par l'art. 16. L. 1855, quant à la signature des journaux.) (203).*

23 avril 1815. — Actes additionnels aux constitutions de l'Empire.

Art. 64. *Tout citoyen aura le droit d'imprimer et de publier ses pensées en les signant, sans aucune censure préalable... (etc V. p. 2, la suite).*
Abrogé par le fait des constitutions postérieures.

—

L. 18 juillet 1828.
Journaux et écrits périodiques.

Art. 4, § 2. Hors le cas où le journal serait publié par une société anonyme, les associés seront tenus de choisir entre eux, un, deux ou trois gérants qui, aux termes des art. 22 et 27, du C. du commerce, auront chacun individuellement **la signature.**

Art 8, § 1er. Chaque numéro de l'écrit périodique (soumis au cautionnement) **sera signé** en minute par le propriétaire, s'il est unique ; **par l'un des gérants** responsables, si l'écrit périodique est publié par une société en nom collectif ou en commandite : et **par l'un des administrateurs**, s'il est publié par une société anonyme (204, 203, 204). (Le § 2 est relatif au dépôt. — *V.* tableau suivant.)

§ 4. **Les signataires** de chaque feuille ou livraison seront **responsables** de son contenu, et passibles de toutes les peines portées par la loi, à raison de **la publication** des articles ou passages incriminés, sans préjudice de la poursuite contre l'auteur ou les auteurs desdits articles ou passages comme **complices.** En conséquence, les poursuites judiciaires pourront être dirigées tant contre **les signataires** des feuilles ou livraisons que contre **l'auteur** ou les auteurs des passages incriminés, si ces auteurs peuvent être connus ou mis en cause. — (Nos 488 et suivants au tableau précédent.)

Art. 8, § 3. **La signature** sera imprimée au bas de tous les exemplaires à peine de **500 fr.** d'amende contre l'imprimeur, sans que la révocation **du brevet** puisse s'ensuivre.

—

SIGNATURE. 200. Les formalités du dépôt et de la signature sont deux obligations que la loi a mises à la charge des gérants, et dont l'inexécution constitue deux infractions bien distinctes. — Bories et Bonnassies, Contrà, Chassan, 1, p. 311.

201. Ces deux formalités étant imposées aux gérants, les journaux cautionnés y sont seuls soumis, puisque seuls ils sont astreints à avoir des gérants. Contrà, Chassan, qui pense que l'art. 5 de la loi du 9 juin 1819 étant conçu en termes généraux, n'a pas été abrogé qu'à l'égard des journaux cautionnés par l'art. 8 de la loi du 18 juillet 1828, conçu en termes restrictifs, et que, par conséquent, les journaux non cautionnés restent soumis à la formalité du dépôt prescrit par l'art. 5 de la loi de 1819, et à la signature par leur propriétaire ou éditeur responsable.

Cette opinion ne paraît pas acceptable et avec raison à M. de Grattier, qui fait remarquer que l'art. 5 de la loi de 1819 n'est pas plus général que l'art. 8 de la loi de 1828, et que, loin de comprendre dans ses termes les journaux non cautionnés, il les excluait dans l'enchaînement des quatre articles qui précèdent l'art. 5. En effet :

L'art. 1 est relatif aux journaux politiques *soumis au cautionnement et à la déclaration. (V.* p. 35, col. 2.)

L'art. 2 fixe la responsabilité des *propriétaires et éditeurs désignés dans la déclaration* desdits journaux cautionnés.

L'art. 3 ordonne que leur cautionnement sera affecté par privilège *aux condamnations.*

L'art. 4 détermine le délai dans lequel *les condamnations devront être acquittées et le cautionnement libéré. (V.* p. 39, col. 2.)

Vient ensuite l'art. 5 qui dit que : « au moment de la publication, chaque feuille *du journal* sera remis... » ; n'est donc du *journal dont il est parlé* dans les art. 1, 2, 3 et 4 qu'il s'agit, c'est-à-dire du journal politique soumis au cautionnement, et non des journaux en général, sans distinction des cautionnés et des non cautionnés.

MM. Bories et Bonnassies font à ce sujet une observation fort juste pour établir que l'art. 5 est entièrement abrogé : c'est que, disent-ils, s'il n'en était pas ainsi, « le dépôt des journaux non cautionnés devrait au moment de la publication être fait à la préfecture, à la sous-préfecture ou à la mairie, lorsque, d'après l'art. 8 de la loi de 1828, celui des journaux cautionnés doit être fait au parquet du procureur du Roi ; une telle anomalie n'indique-t-elle pas une abrogation complète de la disposition première » Il faut donc considérer comme constant que les journaux non cautionnés sont dispensés du dépôt et de la signature. — Bories et Bonnassies, v° Cautionnement, n° 110. Dijon, 13 mai 1831. J. P. 53. 1578. *Contrà*, Chassan, 1. 511.

202. Mais si les journaux non cautionnés ne sont soumis ni à la formalité du dépôt ni à celle de la signature de l'art. 8, L. 1828, ils restent soumis à la formalité générale du dépôt par *l'imprimeur*, et à celle de l'indication de ses noms et demeure, prescrites par la loi de 1814 art. 14 et 19. V. p. 15.

203. La loi du 18 juillet 1828 n'avait prononcé aucune peine contre le gérant qui n'avait pas signé en minute chaque numéro du journal : la loi du 9 sept. 1835 vint combler cette lacune ; mais le décret du 6 mars 1848 ayant abrogé cette dernière loi, la disposition de l'art. 8 de la loi de 1828 manque-t-elle encore de sanction pénale ? Nous ne le pensons pas, et sans aller, comme avant la loi de 1835, rechercher la pénalité de l'art. 6 de la loi du 9 juin 1819 pour l'ajuster et l'enchâsser tant bien que mal dans la loi de 1828, il y a peut-être quelque raison de penser, et l'on peut admettre, que l'art. 9 de la loi du 27 juillet 1849 a fait jusqu'à un certain point revivre l'art. 16 de la loi abrogée du 9 sept. 1835, auquel l'art. 9 semble se rapporter, puisqu'il dit que : en cas de la signature d'un journal par un Représentant du peuple, le journal sera considéré comme *non signé*, et comme tel puni de *la peine de 500 fr. à 3,000 fr ... de la peine* portée contre les journaux non signés, et cette peine est juste celle de l'art. 16 de la loi du 9 septembre 1835. On peut objecter que

1831 à 1848.	1848 à 1849.	1850 à 1856.	LA PRESSE en ALGÉRIE.	1856 à...
5.	6.	7.	8.	NOTES. 9.

Sect. II. — Obligations des Gérants (200). — § Ier. *De la signature ; 1° du gérant ; 2° des auteurs.*

[Col. 1831 à 1848]

L. 9 sept. 1835.
Crimes, délits et contraventions de presse.

Art. 16. *Conformément à l'art. 8 de la loi du 18 juillet 1828, le gérant du journal ou écrit périodique (soumis au cautionnement) sera tenu de signer en minute chaque numéro du journal* (suite, infrà) Abrogé. — V. déc. 6 mars 1848.

L. 9 sept. 1835.

Art. 16. (*V. ci-dessus le commencement*). *Toute infraction à cette disposition sera poursuivie devant les tribunaux correctionnels et punie de 500 fr. à 5,000 fr. d'amende.* (Abr. par décr. du 6 mars 1848.)

[Col. 1848 à 1849]

DÉCR. 6 mars 1848.

Art. 1er. La loi du 9 sept. 1835 sur les crimes, délits et contraventions de la presse est abrogée.

Art. 2. Les lois antérieures seront exécutées dans celles de leurs dispositions auxquelles il n'a pas été dérogé. — V. p 456.

L. 27 juillet 1849.
Sur la presse.

Art. 9. Aucun journal ou écrit périodique (soumis au cautionnement) ne pourra être signé par un Représentant du peuple, en qualité de gérant responsable.

En cas de contravention, le journal sera considéré comme **non signé**, et la peine de **500 fr. à 3,000 fr. d'amende**, sera prononcée contre les imprimeurs et les propriétaires (203).

(*V. ci-dessus décret du 6 mars 1848.*)

[Col. 1850 à 1856]

Circulaire du 27 mars 1852.

« Comme la responsabilité de la presse est maintenue devant la justice répressive, il est évident que tout ce qui tend à rendre cette responsabilité sérieuse est également maintenu. » « Ainsi sont encore en vigueur les dispositions législatives qui existaient avant le 17 février, relativement à la publication d'un journal et par conséquent celles qui régissent la capacité et la responsabilité des gérants, en signature : la signature des auteurs de tout article rentrant dans la spécification des art. 3 et 4 de la loi du 16 juillet 1850. »

DE LA SIGNATURE DES AUTEURS (205).

L. 16 juillet 1850.
Cautionnement et timbre.

Art. 3. Tout article de discussion **politique, philosophique ou religieuse**, inséré dans un journal devra être **signé par son auteur**, sous peine d'une amende de **500 fr.** pour la première contravention et **1,000 fr.** en cas de récidive.

Toute fausse signature sera punie d'une amende de **1,000 fr.** et d'un emprisonnement de 6 mois, tant contre l'auteur de la fausse **signature** que contre l'auteur de l'article et l'éditeur responsable du journal (206, 207, 208)

Art. 4. Les dispositions de l'article précédent seront applicables à tous les articles, quelle que soit leur étendue, publiés dans les feuilles politiques ou non politiques, dans lesquels seront discutés des actes ou opinions des citoyens et des intérêts individuels ou collectifs.

[Col. LA PRESSE en ALGÉRIE]

DÉCR. 28 mars 1852.
Sur la presse en Algérie.

Art 4, § 2. Sont également maintenus (pour l'Algérie) les art. 3 et 4 de la loi du 16 juillet 1850 sur la signature des articles par leur auteur.

---

l'art. 9 de la loi de 1849 est abrogé comme s'appliquant à un régime qui n'existe plus : cette objection n'est que spécieuse, car si le nom a changé pour désigner les élus du suffrage universel, l'institution est conservée avec ses prérogatives et son inviolabilité. Aujourd'hui, comme en 1849, on doit considérer comme non signé le journal signé par un député au Corps législatif, et si, comme non signé, le journal, dans la personne du gérant, est passible de la peine de l'art. 16, L. du 9 sept. 1835, c'est-à-dire de 500 fr. à 3,000 fr. d'amende, il en faut conclure que la peine édictée contre un gérant pour n'avoir pas signé en minute les numéros du journal, est celle de 500 à 3,000 fr.

204. Le gérant qui n'a pas signé en minute le numéro du journal ne peut exciper de sa bonne foi alors même qu'il alléguerait un oubli imputable à la négligence de l'employé, ou l'emprisonnement de son co-gérant survenu pendant son absence. Trib. corr. Paris, 9 août 1844, 7 sept. 1836 ; le cas de force majeure est le seul qui puisse excuser le gérant, et ne serait pas considérée comme telle la perte de l'exemplaire signé. Cass., 16 avril 1841, 24 juin 1841. J. P. 1842. 1. 480, puisque le gérant aurait toujours pu en signer un autre.

— SIGNATURE DES AUTEURS. — **205.** L'obligation de la signature des auteurs avait été proposée lors du décret du 9 août 1848, par MM. Pascal Duprat et Ledru Rollin, dans le but de substituer la responsabilité individuelle à la responsabilité collective du journal, en supprimant le cautionnement. — Duvergier, 1848, p. 433. — La responsabilité individuelle de l'écrivain et celle collective du journal se trouvent aujourd'hui réunies par les art. 3 et 4 de la loi du 16 juillet 1850.

206. La signature de l'auteur doit être en toutes lettres ; les initiales ne suffiraient pas. V. discussion de la loi.

207. Le gérant qui signe comme gérant ne peut signer comme auteur (discussion, Moniteur du 11 juillet). Lorsqu'un article paraît sans signature, c'est le gérant qui est responsable, à moins qu'il ne prouve que cette omission est l'effet d'un accident typographique.

208. Une lettre qui se borne à un simple récit de faits, sans discussion, n'a pas besoin d'être signée de l'auteur, alors même qu'elle traite d'objets politiques, philosophiques, ou religieux. Seine, Trib. corr., 18 oct. 1850 ; et si le journaliste, au lieu de reproduire textuellement une lettre contenant des discussions politiques, philosophiques ou religieuses, n'en a donné que le résumé ou l'analyse, il doit signer ce résumé (même jugement).

1789 à 1814. 1.	1815 à 1819. 2.	1820 à 1825. 3.	1825 à 1830, 4.

TITRE II.—DE LA PRESSE PÉRIODIQUE. — CHAP. II. FORMALITÉS AU MOMENT…

1789 à 1814.	1815 à 1819.	1820 à 1825.	1825 à 1830.
Dépôt des journaux non soumis au cautionnement. N. B. Le mot **écrit**, dans l'art. 14 de la loi du 21 oct. 1814, est général et comprenait, avant les lois de 1819, tous les journaux sans distinction. — Les journaux politiques ou non politiques étaient en conséquence soumis au dépôt par l'imprimeur avant l'institution du cautionnement. — Depuis, les lois de 1819 et 1828 ayant mis à la charge des propriétaires ou gérants responsables le dépôt **spécial des journaux cautionnés**, les imprimeurs ne sont plus restés chargés que du dépôt des **journaux non cautionnés**. — N'étant pas astreints à avoir des gérants, ces journaux n'auraient pu, en effet, être déposés par des gérants, aux termes de l'art. 8, L. 18 juillet 1828. — Ce dépôt se fera donc conformément à l'art. 14 de la loi du 21 oct. 1814 (214). Bordeaux, 17 nov. 1843; Cass. 17 fév. 1844; 3 avril 1846. Morin, v° *Imprimeurs* (59). — **L. 21 octobre 1814.** Liberté de la presse et police. Art. 14. Nul imprimeur ne pourra… *V.* p. 47, mettre en vente ou publier un écrit, de quelque manière que ce soit, avant d'avoir déposé le nombre prescrit d'exemplaires, savoir : à Paris, *au secrétariat de la Direction générale de la librairie* (remplacé par un bureau du ministère de l'intérieur), et dans les départements, au secrétariat de la préfecture. Art. 15. **Saisie** et séquestre des écrits non déposés. Art. 16. Peine : **1000 fr.** la première fois, **2000 fr.** la seconde. *V.* pag. 17.	**L. 9 juin 1819,** Publication des journaux périodiques. Art. 5. *Au moment de la publication de chaque feuille ou livraison du journal ou écrit périodique (politique et soumis au cautionnement), il en sera remis à la préfecture pour le chef-lieu du département, à la sous-préfecture pour les chef-lieux d'arrondissement, et dans les autres villes, à la mairie, un exemplaire signé d'un propriétaire ou éditeur responsable.* (Abrogé et remplacé par les lois de 1822 et 1828). Cette formalité ne pourra retarder ni suspendre le départ ou la distribution du journal ou écrit périodique (213). Art. 6. *Quiconque publiera un journal ou écrit périodique, sans avoir satisfait aux conditions prescrites par les art. 1, 4 et 5 de la présente loi, sera puni correctionnellement de 1 mois à 6 mois de prison, et de 200 fr. à 1200 fr. d'amende.* (Abrogé et remplacé, quant au dépôt, par l'art. 8, L. 1828). **ORD. du 9 juin 1819.** Art. 4. *La remise au moment de la publication de chaque feuille ou livraison du journal ou écrit périodique, exigée par l'art. 5, L. 6 juin 1819, sera faite, à Paris, à la préfecture de police.* (Abrogé et remplacé par les lois postérieures).	**L. 17 mars 1822.** Dite des tendances. Art. 2. *Le premier exemplaire de chaque feuille ou livraison des écrits périodiques et journaux sera, à l'instant même de son tirage, remis et déposé au parquet du procureur du Roi du lieu de l'impression. Cette remise tiendra lieu de celle prescrite par l'art. 5 de la loi du 9 juin 1819.* (Abrogé par l'art. 18 de la loi du 18 juill. 1828) . . . . **L. 17 mars 1822.** Art. 2. *Le premier exemplaire de chaque feuille ou livraison des journaux ou écrits périodiques, sera remis et déposé au parquet du procureur impérial du lieu de l'impression… (V. ci-dessus le reste.)* (Abrogé par l'art. 18, L. 1828).	**L. 18 juillet 1828.** Journaux périodiques. Art. 8. § 2. L'exemplaire signé pour minute (*V.* tabl. préced.) sera, au moment de la publication, déposé au parquet du procureur du Roi du lieu de l'impression, ou à la mairie dans les villes où il n'y a pas de tribunal de première instance, à peine de **500 fr.** d'amende contre les gérants. — Il sera donné récépissé du dépôt. (212, 213, 214, 215 et suivants). Art. 18. La loi du 17 mars 1822 est abrogée. Art. 8, § 2. (*V.* ci-dessus). L'exemplaire… sera, au moment de la publication, déposé au parquet… ou à la mairie…, à peine de **500 fr.** d'amende contre le gérant. Art. 8, § 2 (*V.* ci-dessus). L'exemplaire… sera, au moment de la publication, déposé au parquet du procureur du Roi du lieu de l'impression, ou à la mairie dans les villes où il n'y a pas de tribunal de première instance…

CHAP. III. — SECTION UNIQUE. — Cessation…

1789 à 1814.	1815 à 1819.	1820 à 1825.	1825 à 1830.
	ORD. du 9 juin 1819. Art. 7. *Le propriétaire ou éditeur du journal ou écrit périodique qui voudra cesser son entreprise, en fera la déclaration au préfet du département, ou, à Paris, au préfet de police. Le préfet lui donnera acte de ladite déclaration.* (V. la suite pour le remboursement du cautionnement, pag. 30).	. . . .	

---

209. Le gérant qui reçoit un article signé doit s'assurer, avant de l'insérer, si la signature n'est pas fausse, car en cas de fausse signature il est responsable de l'insertion. Nancy, 19 juin 1831.

210. Les petites nouvelles et entre-filets ne sont pas soumis à la signature, *secùs* s'ils forment un article d'ensemble, ou si, séparés par de petites étoiles, ils traitent des objets distincts dans leurs alinéas, chaque alinéa doit alors être signé. Paris, 12 mai 1831, *Le Droit* du 21 juin. — Cass., 10 mai 1831, *J. crim.* 4982. Paris, 18 janvier 1831, *Le Droit* du 19. Seine, trib. corr., 20 nov. 1850, *Le Droit* du 21. — Les articles nécrologiques peuvent être publiés sans signature. Cass., 14 juill. 1854. D. P. 54. 1. 501.

211. Les infractions à l'art. 5 de la loi du 16 juill. 1850 sont de simples contraventions auxquelles ne s'applique pas la règle du non-cumul des peines. Cass. 9 août 1851, 17 mai 1850, 14 août 1846 (*Bull. crim.*, nᵒˢ 335, 186, 187 et 214) dans leurs années respectives. *Contrà*, Cass., 26 juillet 1855, S. Devill. 1855. 1. 849.

DÉPÔT. — 212. Ce que nous avons déjà dit de la signature s'applique en grande partie au dépôt. — Ce sont deux formalités distinctes qui peuvent donner lieu à deux contraventions distinctes aussi; mais leur accomplissement ayant lieu simultanément, en ce sens qu'il ne peut y avoir dépôt aux termes de la loi sans signature préalable, il s'ensuit que les principes qui gouvernent les deux obligations sont communs, et que les conséquences seront les mêmes.

213. Il doit être donné récépissé du dépôt, art. 8, § 2, L. 1828. Néanmoins, la preuve du dépôt, à défaut de récépissé, pourrait être faite de toute autre manière par les voies de droit. Il dépendrait sans cela du maire ou du parquet d'empêcher le journal de paraître. — D. Grattier, t. 2, p. 171. — V. pour la preuve du dépôt des imprimés, p. 29, n° 124.

214. Ainsi le dépôt comme la signature étant une obligation imposée aux gérants, ce ne sont que les journaux à gérants, autrement dit *cautionnés*, qui sont soumis, au moment de la publication, au dépôt au parquet; les journaux non cautionnés sont laissés à la charge de l'imprimeur pour être déposés avant publication, conformément à l'art. 14, L. 1814 (59).

215. Le dépôt et la publication pour les journaux cautionnés peuvent être simultanés. Le dépôt vaut publication : à ce moment, l'action est ouverte. Chassan. — Un journal doit être considéré comme publié, par cela qu'un certain nombre d'exemplaires a été remis au ballot à un entrepreneur de transport; en conséquence, est tardif le dépôt fait ultérieurement de ce journal au parquet, bien qu'il n'y ait aucun autre fait de distribution ou mise en vente. Cass., 29 janv. 1850. — De même la remise des numéros d'un journal à l'administration chargée de les transporter et de les distribuer constitue une publication du journal dans le sens de la loi de 1828, et le dépôt fait postérieurement à cette remise rend le gérant passible des peines de l'art. 8. Cass. 29 janv. 1851 (*Bull. crim.*, n° 35).

216. On doit déposer à mesure qu'elles sont publiées, les éditions successives du journal déjà déposé conformes ou non entre elles et avec la première édition publiée. Cass. 18 avr…

1831 à 1848.	1848 à 1849.	1850 à 1856	LA PRESSE EN ALGÉRIE.	1856 à... NOTES.
5.	6.	7.	8.	9.

DE LA PUBLICATION. — SECT. **II** (SUITE). — **Obligations du Gérant.** — § II. **Dépôt.**

1831 à 1848.	1848 à 1849.	1850 à 1856	LA PRESSE EN ALGÉRIE.	1856 à... NOTES.
		Circulaire ministérielle du 27 mars 1852. « Ainsi sont encore « en vigueur... (*V.* « ci-devant p. 42, « 44, 48); le dé- « pôt au parquet « d'un exemplaire- « minute; — enfin, « et en dernière ana- « lyse, les diverses « obligations rela- « tives à la publica- « tion d'un jour- « nal..., etc., etc. »		

DÉPOT SPÉCIAL DES ÉCRITS POLITIQUES AUTRES QUE LES JOURNAUX.

1831 à 1848.	1848 à 1849.	1850 à 1856	LA PRESSE EN ALGÉRIE.	1856 à... NOTES.
	L. 27 juillet 1849 (sur la presse) (249). ART. 7. Indépendamment du dépôt prescrit par l'art. 14 de la loi du 21 oct. 1814, tous écrits traitant de matières politiques ou d'économie sociale, et ayant moins de **10 feuilles** d'impression, autres que les journaux ou écrits périodiques, devront être **déposés** par l'imprimeur **au parquet du procureur** de la République du lieu de l'impression, **24 heures** avant **toute** publication et distribution (248, 249, 220, 221). L'imprimeur devra **déclarer**, au moment du **dépôt**, le nombre d'exemplaires qu'il aura tirés. — Il sera donné ré-cépissé de la déclaration. Toute contravention aux dispositions du présent article sera punie, par le tribunal de police correctionnelle, de **100** à **500 fr. d'amende.**	**L. 16 juillet 1850.** L'Art. 10. prescrit aussi un dépôt au parquet des circulaires et professions de foi électorales. *V.* pag. 66.	**DÉCR. 28 mars 1852.** ART. 5. Les écrits spécifiés en l'art. 5 et en l'art. 7, et tous autres écrits, ne peuvent être imprimés et dis-tribués en Algérie, sans l'autorisation du gouverneur. *V* pag. 34 et 2.	

des fonctions de Gérant.

1831 à 1848.	1848 à 1849.	1850 à 1856	LA PRESSE EN ALGÉRIE.	1856 à... NOTES.
ORD. du **18 nov. 1835.** ART. 8. Les gérants qui **renonceront** à leurs fonctions, et les propriétaires **qui cesseront** leur entreprise, en feront **la déclaration** à la Direction de la librairie à Paris, ou au secrétariat général de la préfecture dans les départements. — Il leur serà donné **acte de cette déclaration.** (*V.* la suite pour le rembourse-ment du cautionnement, p. 39).				

1839. J.P. 1839.1.473. Rouen, 10 fév. 1842. J.P. 1842. 1. 516. De Grattier, 2, p. 170. toute équivoque et rendre faciles l'intelligence et l'application de l'art. 7, qu'il convenait d'ajouter aux mots : « traitant de *matières politiques* » ceux-ci : « et *d'économie sociale.* » Chassan, supplément, p. 101. « Le sens des mots *matières politiques* a été fixé par la doc-trine et la jurisprudence, il me suffit de renvoyer à ce que j'ai dit à cet égard dans mon tome I, p. 593, 594, n° 701. mais je dois faire observer, continue M. Chassan, qu'on a con-sidéré comme un écrit traitant de matières politiques, et conséquemment comme devant être déposé au parquet, l'impression d'une comédie représentée au Gymnase, à Paris, sous le titre de *Bourgeois de Paris.* Trib. correct., Seine, 19 juill. 1850. » *Loc. cit.*

217. Il y a lieu à dépôt préalable d'une pétition imprimée à la suite d'un journal, de manière à pouvoir en être détachée; car alors elle constitue une œuvre distincte et séparée de ce journal. — Cass., 22 février 1851. Rennes, 28 août 1850. Cass. 28 novembre 1850.

218. Le dépôt spécial exigé par l'art. 7, L. 27 juill. 1849, doit être fait vingt-quatre heures avant toute publication; tandis que celui prescrit par la loi de 1814 doit être fait seulement avant la publication. Chassan, Supplément de 1851, p. 101.

219. « Le projet de l'art. 7 (loi de 1849), du Gouvernement ne s'appliquait qu'aux écrits traitant de *matières politiques.* Ces mots comprennent bien évidemment les matières d'écono-ie sociale; mais la commission, pour lever toute espèce de doute, a ajouté ces derniers mots au projet du Gouvernement : « que faut-il entendre, a dit le rapporteur, par ces mots ma-tières *politiques?* dans leur sens légal et judiciaire, ces mots s'appliquent-ils aux écrits où sans qu'il soit question du Gouvernement, on nie, on bouleverse les bases de la société sous prétexte de science sociale, soit pour le développement de tel système politique ou de telle théorie prétendue religieuse...., quoique dans son acception originelle, le mot *politique* em-rasse l'ensemble des affaires d'un pays, celles de la société aussi bien que celles du Gouver-ement dont l'existence suppose une société à régir; la Commission a pensé, pour éviter

220. L'art. 365 du Code d'inst. crim., qui défend le cumul des peines, n'est pas appli-cable aux contraventions d'imprimerie, particulièrement au dépôt au parquet conformément à l'art. 7; dès lors les tribunaux doivent prononcer la peine édictée par cet article et celle édictée par la loi de 1814, art. 17, si l'imprimeur a omis de mettre son nom et sa demeure sur l'imprimé. Paris, 24 juill. 1850. Cass., 9 nov. 1849. Chassan, Supplément 1851, p. 102.

221. *V.* p. 18, n°s 68, 72, 73, 74, sur le dépôt des imprimés autres que les journaux.

222. La bonne foi n'excuse pas le défaut de dépôt; il en serait autrement de la force majeure; mais ce serait au gérant à la prouver. — L'art. 463 n'est pas applicable aux con-traventions lorsque la loi ne l'a pas spécialement prescrit.

1789 à 1814.	1815 à 1819.	1820 à 1825.	1825 à 1830.	1831 à 1847.	1848 à 1849.
1.	2.	3.	4.	5.	6.

TITRE II. DE LA PRESSE PÉRIODIQUE ET NON PÉRIODIQUE. — CHAP. III. FORMALITÉS AVANT

§ Ier. Imprimés soumis au droit de Timbre, Cartes à jouer,

1789 à 1814.	1815 à 1819.	1820 à 1825.	1825 à 1830.	1831 à 1847.	1848 à 1849.
L. 9 vendém. an VI. *Cartes à jouer. — Affiches.* ART. 58.... *Les cartes à jouer, les journaux, gazettes, feuilles périodiques, les papiers-nouvelles. — Les feuilles de papier musique.* (Abrogé par décret de 1848) (237). Toutes les affiches autres que celles d'actes émanés d'autorités publiques, quels que soient leur nature ou leur objet, seront assujetties au timbre fixe ou de dimension. (Pour les livres étrangers, V. page 57.)	**L. 6 prairial an VII.** *Avis et annonces à l'exception des adresses.* ART. 1. Les avis imprimés, quel qu'en soit l'objet, qui se crient et se distribuent dans les rues et lieux publics, et que l'on fait circuler de toute autre manière, seront assujettis au timbre, à l'exception des adresses contenant la simple indication du domicile ou le simple avis du changement.	**L. 16 avril 1816. — Finances.** *Affiches. — Avis. — Annonces.* ART. 70, § 2. *(Les dispositions des lois qui concernent) le timbre des journaux s'appliquent à tout ouvrage, de quelque étendue qu'il soit, qui paraîtrait, soit régulièrement, soit irrégulièrement, par mois, par semaine, soit par numéro, quand même le service n'en serait pas régulier.* (Abrogé par le décret du 6 mars 1848.) ART. 65. Toutes les affiches, quel qu'en soit l'objet, seront sur papier timbré... Ce papier ne pourra être de couleur blanche... (V. pag. 73.) ART. 66. Les avis et autres annonces, de quelque nature et espèce qu'ils soient, assujettis au timbre par la loi du 6 prairial an VII, qui ne sont pas destinés à être affichés, pourront être imprimés sur papier blanc... (La suite ci-dessous.)	**L. 14 décembre 1830.** *Journaux périodiques.* ART. 2. *Le droit de timbre fixe ou de dimension sur les journaux ou écrits périodiques sera de...* La suite ci-dessous. — (Abrogé par le décret du 6 mars 1848.)	**L. 16 juill. 1840.** *Journ. music.* ART. 3, § 2. *L'article 2 de la loi du 14 décembre 1830 continuera d'être appliqué aux journaux ou écrits périodiques consacrés à l'art musical.* (Abrogé par décret du 6 mars 1848 (237).)	**DÉC. 6 mars 1848.** ART. 1er. *L'impôt du timbre sur le journaux ou écrits périodiques est supprimé.* (Abrogé par les lois de 1850 et 1852 qui ont rétabli l'impôt du timbre sur les écrits périodiques.)

§ II. Quotité des droits du Timbre.

1789 à 1814.	1815 à 1819.	1820 à 1825.	1825 à 1830.	1831 à 1847.	1848 à 1849.
Même loi (suite). *Cartes à jouer. — Affiches.* ART. 58. *Le droit de timbre fixe ou de dimension pour les journaux et affiches sera de 5 centimes pour chaque feuille de 24 centimètres sur 38 décimètres, feuille ouverte ou environ; et pour chaque demi-feuille de cette dimension, de 3 centimes.* (Abrogé et remplacé par la loi de 1816.) (V. page 57. — Pour les écrits imprimés à l'étranger, décret du 5 février 1810, art. 34 et suivant.)	**Même loi** (suite). *Avis et annonces.* ART. 2. *Le droit établi par l'article précédent sera de 5 centimes pour la feuille d'impression ordinaire, au-dessous de 30 décimètres carrés; de 3 centimes pour la demi-feuille et au-dessus; de 8 centimes pour la feuille de 30 décimètres carrés et au-dessus; et de 4 centimes pour la demi-feuille, sans qu'en aucun cas, le droit puisse être moindre de 3 centimes pour chaque annonce ou avis.* (Abrogé et remplacé par la loi de 1816, art. 66.) ART. 3. *Les feuilles de supplément jointes aux journaux et papiers-nouvelles paieront le droit du timbre comme les journaux mêmes, et selon le tarif porté en la loi du 9 vendémiaire an VI.* (Abrogé par le § 5 de l'art. 2 de la loi du 14 déc. 1830.)	**Même loi** (suite). *Avis. — Affiches. — Annonces.* ART. 65. Toutes affiches, quel qu'en soit l'objet, seront sur papier timbré... (V. pag. 73.) Conformément à la loi du 28 juillet 1791, ce papier ne pourra être de couleur blanche, et portera le même filigrane que les autres papiers timbrés. (V. pag. 73.) Le prix de la feuille de 25 décimètres carrés de superficie sera de 10 centimes, celui de la demi-feuille de 5 centimes. ART. 66. Pour les avis et autres annonces, de quelque nature et espèce qu'ils soient, assujettis au timbre par la loi du 6 prairial an VII ..: (V. ci-dessus.) Le prix de la feuille sera de 10 centimes, celui de la demi-feuille de 5 centimes, celui du quart de feuille de 2 centimes et demi, celui du demi-quart, cartes et autres de plus petite dimension, sera de 1 centime.	**Même loi** (suite). *Journaux périodiques.* ART. 2, § 1er. *Le droit de timbre fixe ou de dimension pour les journaux et écrits périodiques sera de 6 centimes pour chaque feuille de 30 décimètres carrés et au-dessus, et de 3 centimes pour chaque demi-feuille de 15 décimètres carrés et au-dessous.* § 2. *Tout journal ou écrit périodique imprimé sur une demi-feuille de plus de 15 décimètres carrés et de moins de 30 décimètres carrés, paiera 1 centime en sus pour chaque 5 décimètres carrés; il ne sera perçu aucune augmentation de droit pour fractions au-dessous de 5 décimètres carrés.* § 3. *Il ne sera perçu aucun droit pour un supplément qui n'excédera pas 30 décimètres carrés publié par les journaux imprimés sur une feuille de 30 décimètres carrés et au-dessus.* § 5 La loi du 6 prairial an VII est abrogée en ce qui concerne le droit de timbre sur les journaux ou feuilles périodiques. V. art. 3.	**Même loi** (suite). *Journ. music.* ART. 3, § 2. *L'article 2 de la loi du 14 décembre 1830 continuera d'être appliqué aux journaux et écrits consacrés à l'art musical.* (Abrogé, ainsi que les paragraphes 1, 2 et 3 de la loi du 14 décembre 1840, par le décret du 6 mars 1848.)	**DÉC. 6 mars 1848.** ART. 1er. *L'impôt du timbre sur le journaux ou écrits périodiques est supprimé.* (Abrogé par les lois de 1850 et 1852 qui ont rétabli l'impôt du timbre sur les écrits périodiques.)

DU TIMBRE. 223. « Le timbre est l'empreinte appliquée sur les papiers et parchemins à employer aux actes, affiches, annonces, avis, journaux et autres imprimés ou écrits, etc. L'obligation de faire usage du papier revêtu de cette empreinte dans les cas indiqués par la loi a donné naissance à la perception d'un impôt indirect. » Fessard, *Dict. d'enreg.* v° Timbre, p. 475.

224. Le décret de 1848, 6 mars, avait abrogé toutes les lois antérieures qui assujettissaient au timbre les écrits périodiques, quel que fût le caractère de leur publication, artistique ou politique; mais ce droit, qui avait alors été supprimé comme impôt, a été rétabli comme impôt par la loi de 1850, que le décret du 17 fév. 1852 a reproduite à peu près dans les mêmes termes. Il n'y a pas à se méprendre sur le caractère *fiscal* de ces deux lois. La discussion de la loi de 1850 ne laisse aucun doute à cet égard, le décret de 1852, en la reproduisant textuellement, a donc aussi conservé ce caractère.

224 bis. Ce ne sont pas en conséquence les journaux périodiques et les écrits politiques qui devront être seuls soumis au timbre, mais encore tous ceux qui ne sont pas compris dans les exceptions de l'art. 1 de la loi du 28 mars 1852. (V. au tableau suivant.)

Affiches. 225. Lorsqu'un placard est formé de plusieurs feuilles collées ensemble, il est dû autant de droits de timbre qu'il y a de fragments. Solut. 19 mars 1855. Bories et Bonnassies, v° Affiche, n° 11.

226. On peut, sans contravention, imprimer plusieurs annonces sur une même affiche. Ainsi les annonces de quatre théâtres affichés sur une même feuille timbrée à 10 c. ne peuvent donner lieu à des poursuites. Trib. Seine, 2 fév. 1842 (S. V. 42. 2. 352).

227. Jugé que les affiches manuscrites apposées par un notaire dans des lieux publics et annonçant la vente d'immeubles dans son étude sont passibles de timbre. Cass., 18 janv. 1842. S. V. 1842. 1. 248.

228. Sont affranchies du timbre : les affiches de l'autorité, art. 56, L. 9 vend. an 9 ; — Celles pour location des biens et domaines de l'État ; — Celles relatives [aux biens] communaux. Décis. 5 janv. 1832 ; Celles concernant la location des biens affectés aux haras. Décis. 1 juil. 1830 ; Celles annonçant les foires et fêtes patronales, et généralement celles qui ont pour objet l'intérêt public et dont les frais restent à la charge des mairies, préfectures et sous-préfectures (Décis. 28 mai 1819), ainsi que celles apposées par les particuliers sur leur demeure pour annoncer une location, un genre de commerce ou d'industrie ou la vente de la maison même où l'affiche est apposée. Décis. min. 7 brum. an 6, 7 déc. 1813, du 24 sept. 1819 et du 24 juill. 1820.

229. Les jugements rendus et affichés à la poursuite d'un particulier et dans son seul intérêt doivent être timbrés.

Avis, annonces. 230. L'avis ou annonce ou prospectus d'objets relatifs à la science et aux arts seront exempts de timbre si, dans l'intention de l'auteur de l'annonce et dans les conséquences de sa publicité, il existe un intérêt de science ou d'art, encore qu'un intérêt pécuniaire ou mercantile s'y fasse jour, pourvu qu'il n'y apparaisse qu'en seconde ligne. Analyse de l'instruction générale. 12540. Bories et Bonnassies, v° Avis.

1850 à 1856.		LA PRESSE en ALGÉRIE.	1856 à. NOTES.
7.		8.	9.

L'IMPRESSION ET LA PUBLICATION. — SECT. Iʳᵉ. Du Timbre des journaux et autres imprimés.

Affiches, Avis, Annonces, Journaux et Écrits politiques, etc., etc.

L. 16 juill. 1850.
TITRE II. — Du timbre.

ART. 12. *A partir du 1ᵉʳ août 1850, les journaux et écrits périodiques, et les recueils de gravures ou lithographies politiques de moins de 10 feuilles de 25 à 32 décimètres carrés, ou de moins de 5 feuilles de 50 à 72 décimètres carrés, seront soumis à un droit de timbre (V., infrà, la suite et la note).*
(Abrogé et remplacé par l'art. 6, décr. 1852.)

ART. 13. *Les écrits non périodiques traitant de matières politiques ou d'économie sociale, qui ne sont pas actuellement en cours de publication, ou qui, antérieurement à la présente loi, ne sont pas tombés dans le domaine public, s'ils sont publiés en une ou deux livraisons, ayant moins de 3 feuilles d'impression de 25 à 32 décimètres carrés, seront soumis à un droit de timbre... (V., infrà, suite et la note).*
(Abrogé et remplacé par l'art. 9, décr. 1852.)

ART. 14. *Tout roman, feuilleton, publié dans un journal ou dans son supplément, sera soumis à un timbre de... (V., infrà, suite,.*
(Abrogé par l'art. 36, décret 1852.)

DÉCR. 17 février 1852.
CHAP. II. — Du timbre des journaux périodiques et écrits politiques.

ART. 6. Les journaux ou écrits périodiques et les recueils de gravures ou lithographies politiques, de moins de 10 feuilles de 25 à 32 décimètres carrés, ou de moins de 5 feuilles de 50 à 72 décimètres carrés, seront soumis à un droit de timbre... (V. infrà, la suite.)

ART. 9. Les écrits non périodiques, traitant de matières politiques ou d'économie sociale, qui ne sont pas actuellement en cours de publication, ou qui, antérieurement à la présente loi, ne sont pas tombés dans le domaine public, s'ils sont publiés en une ou plusieurs livraisons, ayant moins de 10 feuilles d'impression de 25 à 32 décimètres carrés, seront soumis à un droit de timbre... (V. infrà, la suite) (236).

ART. 36. Sont abrogés... les articles 14 et 18 de la loi du 16 juillet 1850.

N. B. Les écrits périodiques ou non périodiques de la nature de ceux qui sont spécifiés dans les art. 9 et 8, décret du 17 février 1852, publiés à l'étranger, sont également soumis au timbre. — Nous leur avons consacré un chapitre particulier (p. 57).

DÉCR. 28 mars 1852.
Sur la presse en Algérie

ART. 4... Les droits de timbre des journaux et écrits périodiques ou non périodiques sont maintenus tels qu'ils sont fixés par la loi du 16 juillet 1850.
Néanmoins, les journaux et écrits venant de France ou de l'étranger ne pourront circuler en Algérie qu'après le paiement des droits de timbre et autres qui leur sont imposés par les art. 6, 7, 8, 9, 10, 11, 12 et 13 du décr. du 17 fév. 1852, lesquels, à cet effet seulement sont rendus exécutoires en Algérie, sous les peines édictées audit décret.
(V. ci-derrière les art. 40, 44, 42 et 43.)

§ II. *Quotité des droits du Timbre.*

Même loi (suite).

ART. 12... (Suite). **(Pour les écrits périodiques et journaux ou recueils de grav., ou lithographies politiques.)**
Ce droit sera de 5 centimes par feuille de 72 décimètres carrés et au-dessous, dans les départements de la Seine et de Seine-et-Oise, et de 2 centimes pour les journaux, gravures ou écrits périodiques publiés partout ailleurs.
(Abrogé et remplacé par le décret 1852.)

ART. 13. **(Pour les écrits non périodiques politiques ou d'économie sociale, — V. ci-dessus, art. 13), ils seront** *soumis à un droit de timbre de 5 centimes :*
Par chaque 10 décimètres carrés ou fraction en sus, il sera perçu 1 centime et demi.
Cette disposition est applicable aux écrits non périodiques publiés à l'étranger, lesquels seront à l'importation, soumis au droit de timbre fixé pour ceux publiés en France.
(Remplacé et abrogé par le décret de 1852.)

N. B. La loi du 16 juillet 1850, abrogée pour la France, a été maintenue en partie pour l'Algérie. (V. col. 8, décr. du 28 mars 1848, V. aussi p. 36, col. 7.)

ART. 14. *Tout roman-feuilleton, publié dans un journal ou dans son supplément, sera soumis à un droit de timbre de 1 centime par numéro. — Ce droit ne sera que de 1/2 centime pour les journaux des départements autres que ceux de la Seine et de Seine-et-Oise.*
(Abrogé par l'art. 36, décr. 1852.)

Même décret (suite).

ART. 6. (Suite). **Pour les journaux ou écrits périodiques ou recueils de gravures ou lithographies politiques (V. ci-dessus).**
Ce droit sera de 6 centimes par feuille de 72 décimètres carrés et au-dessous, dans les départements de la Seine et de S.-et-Oise, et de 3 centimes pour les journaux, gravures ou écrits périodiques publiés partout ailleurs. — Pour chaque fraction en sus de 10 décimètres carrés et au-dessous, il sera perçu 1 centime 1/2 dans les départements de la Seine et de S.-et-Oise, et 1 centime partout ailleurs.

ART. 9. **(Pour les écrits non périodiques politiques ou d'économie sociale mentionnés ci-dessus, art. 9),** ils seront soumis à un droit de timbre de 5 centimes par feuille.
Il sera perçu 1 centime et demi par chaque fraction en sus de 10 décimètres carrés et au-dessous.
Cette disposition est applicable aux écrits non **périodiques publiés à l'étranger,** lesquels seront, à l'importation, soumis au droit de timbre fixé pour ceux publiés en France.

ART. 8. **Les droits de timbre imposés par la présente loi seront applicables aux journaux et écrits périodiques publiés à l'étranger,** sauf les conventions diplomatiques contraires.
Un règlement d'administration publique déterminera le mode de perception de ce droit.

ART. 36. Sont abrogés... les art. 14 et 18 de la loi du 16 juillet 1850.

ART. 7. Une remise de 1 pour 0/0, sur le timbre, sera accordée aux éditeurs de journaux et écrits périodiques pour déchet de maculature.

DÉCR. réglementaire; du 1ᵉʳ mars 1852.
En exécution des art. 8 et 9 du décret du 17 février.

ART. 1ᵉʳ. Les journaux et écrits périodiques et les écrits non périodiques... (désignés dans les art. 8 et 9 du décret du 17 février 1852) publiés à l'étranger et importés en France par la voie de la poste seront frappés d'un timbre spécial à date... (V. p. 57).... Les droits de timbre exigibles seront payés par addition des droits de poste, sauf conventions diplomatiques contraires.

ART. 2 (V. p. 57. pour les formalités de l'introduction par une autre voie que celle de la poste et la déclaration à faire à la douane). Les écrits ainsi importés seront, après acquittement ou consignation des droits de douane, dirigés sous plomb et par acquit-à-caution aux frais des déclarants sur le chef-lieu du département le plus voisin... que les redevables auront indiqué pour y recevoir l'**application du timbre** moyennant le paiement **des droits dus.**

ART. 3. V. p. 57.

N. B. Le décret du 17 fév. 1852, n'est applicable ni à l'Algérie ni aux colonies. V. l'art. 36 dudit décret, p. 151.

---

231. Les prospectus des collèges royaux, communaux et écoles secondaires ecclésiastiques, sont exempts de timbre, et non ceux des institutions particulières. Décis. 9 janvier 1846, parce que ces institutions ont plus pour but un intérêt privé qu'un intérêt scientifique.
232. Sont sujets au timbre : les prospectus d'un libraire annonçant un perfectionnement de registres qu'il vend à prix déterminé ; l'annonce d'une fête, d'un spectacle, d'une nouvelle méthode curative, inst. gén. 326. Metz, trib. 18 mars 1841 ; les statuts d'une société formée pour l'exploitation d'un objet d'art. Seine, trib. 17 déc. 1840 ; les guides ou indicateurs des chemins de fer, pour les heures de départ, le prix des places. Cons. d'État, 23 août 1842, et 7 sept. 1842 ; les bulletins des cours de changes et de prix des marchandises circulant de la main à la main ou par lettres cachetées. — Les feuilles de prix-courant des arrivages maritimes, inst. gén., l'annonce d'une souscription pour une médaille d'honneur, ou une épée d'honneur à offrir à un citoyen (Seine, trib. 16 janv. 1840), les bulletins annonçant le cours de la Bourse (Cass. 15 mars 1854. D. P. 54. 1. 326.), Id., ceux contenant le cours des denrées, des actions industrielles (Décis. min. des 9 mai 1854, 5 avril 1852 (27144), Id., les prospectus annonçant la publication périodique non encore commencée d'un journal, ne jouissent pas de l'exemption de timbre que le décret du 4 mars 1848, aujourd'hui abrogé par la loi de 1850, accordait aux écrits périodiques. Cass., 3 juill. 1854, D. P. 54. 1. 326.
232 bis. Sont affranchis du timbre : les ordon. de police, les mandements et lettres pastorales des évêques. Décision min. 1822, 6 déc. ; les circulaires imprimées par lesquelles un notaire fait connaître sa nomination et son entrée en fonctions, et sa demeure. Décis. min. 19 juin 1822. Inst. gén. 1051 ; les billets de faire-part de naissance et de décès, etc. ; les prospectus contenant l'indication de la nature et du prix d'instruments d'agriculture fabriqués par l'auteur de l'annonce. Solution 3 déc. 1843 ; les avis et catalogues concernant le prix-courant des arbres et plantes livrés au commerce, se rattachant aux sciences de l'histoire naturelle et de la botanique. Délib. 3 avril 1833.

1789 à 1814.		1815 à 1819.		1820 à 1825.	1825 à 1830.
1.		2.		3.	4.

§ III. *Exemption des droits de Timbre. — Écrits périodiques*

1789 à 1814		1815 à 1819		1820-1825	1825 à 1830
	L. 6 prairial an VII. *ART. 5. Les feuilles de supplément jointes aux journaux et papiers-nouvelles paieront le droit de timbre comme les journaux mêmes et selon le tarif porté en la loi du 9 vendémiaire an VII. (V. au tableau précédent.)* (Abrogé par la loi du 14 décembre 1840, art. 2, § 5.) —				**L. 14 décembre 1830.** *ART. 2, § 3. Il ne sera perçu aucun droit pour un supplément qui n'excédera pas 50 décimètres carrés, publié par les journaux imprimés sur une feuille de 52 décimètres.* § 4. V. ci-dessous. § 5. La loi du 6 prairial an VII est abrogée en ce qui concerne le droit de timbre sur les journaux et les feuilles périodiques. **Même loi.** § 4. La loi du 13 vendémiaire an VI et l'art. 83 de la loi du 15 mai 1818 sont et demeurent abrogés. —
L. 9 vendémiaire an VI. *ART. 57. Sont exemptés du timbre les ouvrages périodiques relatifs aux sciences et aux arts, ne paraissant qu'une fois par mois et contenant moins de 2 feuilles d'impression* (257). (Remplacé par l'art. 76, L. 25 mars 1817). **L. 2 floréal an VI.** *ART. 1er. L'art. 57 de la loi du 9 vendémiaire an VI n'est applicable qu'aux feuilles périodiques de musique, quelle que soit leur étendue, et à toute œuvre de musique qui n'excède pas 2 feuilles d'impression.* (Abrogé, par la loi du 16 juillet 1840, et remplacé comme l'art. 57 de la loi du 9 vendémiaire an VI, par l'art. 76 de la loi du 25 mars 1817, et par le décret du 28 mars 1852) (237).		**L. 25 mars 1817.** *ART. 76. Les ouvrages périodiques relatifs aux sciences et aux arts, ne paraissant qu'une fois par mois ou à des intervalles plus éloignés, et contenant au moins 2 feuilles d'impression, seront exemptés de timbre.* (Absorbé et remplacé par le décret du 28 mars 1852, art. 1er (237). Seront également exempts de timbre les annonces, les prospectus et catalogues de librairie.	**L. 15 mai 1818.** *ART. 83. L'exemption du timbre portée en l'art. 76 de la loi du 25 mars 1817, en faveur des annonces, prospectus et catalogues de librairie, est étendue aux annonces, prospectus et catalogues d'objets relatifs aux sciences et aux arts.* (Abrogé par la loi du 14 déc. 1830, § 4.) —		

§ IV. *Contraventions, Peines, Prescriptions.*

1789 à 1814		1815 à 1819		1820-1825	1825 à 1830
L. 9 vendémiaire an VI. Journaux. — Affiches. *ART. 60. Ceux qui auront répandu des journaux ou papiers-nouvelles et autres objets compris dans l'art. 56 (ci-devant), et apposé ou fait apposer des affiches, sans avoir fait timbrer leur papier, seront condamnés à une amende de 100 fr. par chaque contravention. — Les objets soustraits aux droits seront lacérés.* (Abrogé et remplacé par le § 2 de l'art. 69 de la loi du 18 avril 1816.) ART. 61. Les auteurs, afficheurs, distributeurs et imprimeurs desdits journaux et affiches seront solidairement tenus de l'amende, sauf leur recours les uns contre les autres.	**L. 6 prairial an VII.** Avis et annonces. *ART. 4. Les contraventions seront punies, outre la restitution des droits fraudés, d'une amende de 25 fr. la première fois, de 50 fr. la seconde, et de 100 fr. pour chacune des autres récidives.* (Abrogé par voie de conséquence de l'abrogation des articles que cet art. 4 sanctionnait... et remplacé par l'art. 69 de la loi du 18 avril 1816. — V. au tableau précédent, les art. 1, 2 et 3.) — **CODE PÉNAL.** ART. 474. La peine de la prison aura toujours lieu en cas de récidive, pendant 3 jours au plus.	**L. 18 avril 1816.** Avis. Affiches. Annonces. ART. 68. Il est défendu aux imprimeurs de tirer aucun exemplaire desdites annonces, affiches ou avis sur papier non timbré, sous prétexte de le faire frapper d'un timbre extraordinaire. ART. 69. La contravention d'un imprimeur à ces dispositions sera punie de 500 fr. d'amende, sans préjudice du droit de Sa Majesté de lui retirer sa commission. Ceux qui seront convaincus d'avoir fait afficher et distribuer des imprimés non timbrés seront condamnés à une amende de 100 fr. Les afficheurs et distributeurs seront, en outre, condamnés aux peines de simple police de l'art. 474 du Code pénal. — L'amende sera solidaire et entraînera contrainte par corps.	**L. 25 mars 1817.** Affiches non timbrées et sur papier blanc. ART. 77, § 2. La contravention à l'art. 65 de la loi du 28 avril 1816 (V. au tabl. précédent, art. 65), qui défend de se servir, pour les affiches, de papier de couleur blanche, sera punie de 100 fr. d'amende à la charge de l'imprimeur, qui sera tenu d'indiquer son nom et sa demeure au bas de l'affiche.., (V. p. 73).		**L. 16 juin 1824.** Réduction des amendes. ART. 40, § 2. Toutes les amendes fixes prononcées par la loi sur le timbre... seront réduites, savoir : Celles de 500 fr. à 50 fr. de 100 fr. à 20 fr. de 50 fr. à 10 fr. Celles au-dessous de 50 fr. à 5 fr.

Journaux et écrits périodiques sujets aux timbres à raison de leur périodicité, lorsqu'ils ne rentrent pas dans les cas d'exemption spécifiés par le décret de 1852, 28 mars.

233. Il a été admis qu'un journal exempt de timbre par la nature de ses publications pouvait sans contravention insérer un avis ou annonce relative à une publication également affranchie du timbre. Décis. minist. 10 juin 1854; mais il a été aussi reconnu que toute annonce, qui, prise isolément, serait sujette au timbre, ne pourrait en être affranchie par son insertion dans un journal, exempt du timbre, et que, loin de partager son exemption, l'insertion de l'annonce suffisait pour la lui faire perdre. Ainsi ont été déclarés sujets au timbre à raison de leurs annonces : un journal d'agriculture annonçant le commerce des produits relatifs à l'agriculture. Décis. minist., 10 avril 1852, 27 mai 1852. Décis. 30,835 — et (27222). Inst. gén. (27089; — un journal littéraire de théâtre contenant des annonces et le programme des spectacles. Décis. 12 juill. 1852. (28106); un journal artistique (*Le Ménestrel*) comme contenant des annonces qui, distribuées isolément, sont sujettes au timbre. Déc. 10 juill. 1853 (30403); — le journal ou bulletin des contributions indirectes, s'il continuait à faire connaître les mutations d'emploi sur la couverture. Décis. 21 mars 1854 (31877); — un journal littéraire, comme s'occupant d'actualité et de nouvelles concernant les bals masqués et toutes choses étrangères aux sciences et aux arts. Id. pour ses nouvelles. Décis. 1 mai 1854 (31,905); — un journal scientifique avec couverture contenant des annonces. Délib. 19 juill. 1855, décis. (30347); — un journal de mode comme plus près, par ses matières du commerce et de l'industrie que des arts et des lettres.

233 bis. Jugé cependant qu'un recueil périodique publiant des dessins ou lithographies pour

1831 à 1848. [5]	1848 à 1849 [6]	1850 à 1856. [7]	La Presse en Algérie. [8]	1856 à… NOTES. [9]

et non périodiques consacrés aux lettres, arts et agriculture, etc.

1850 à 1856.

L. 16 juillet 1850.

TITRE II. — Timbre des journaux périodiques, etc.

ART. 18. *Un supplément qui n'excédera pas 72 décimètres carrés, publié par les journaux qui paraissent plus de 2 fois par semaine, sera exempt de timbre, sous la condition qu'il sera uniquement consacré aux nouvelles politiques, aux débats de l'Assemblée nationale et des tribunaux, à la reproduction et à la discussion des actes du Gouvernement.*

Les suppléments du Moniteur Universel, quel que soit leur nombre, seront dispensés de timbre.

ART. 28. Sont affranchis du cautionnement et du timbre, les journaux et publications imprimés en France, en langue étrangère, mais destinés à être publiés à l'étranger (235).

ART. 22. *Les recueils et écrits périodiques qui étaient dispensés de timbre avant le décret du 4 mars 1848 continueront à jouir de cette exemption (237).* (Abrogé et remplacé par le décret du 28 mars 1852.)

DÉCRET organique du 17 février 1852. Sur la presse.

ART. 5. Toute publication de journal ou écrit périodique (politique ou d'économie sociale), sans autorisation préalable, ou sans cautionnement, ou sans que ce cautionnement soit complété, sera punie d'une amende de 100 fr. à 2,000 fr. par chaque numéro ou livraison publié en contravention, et d'un emprisonnement de 1 mois à 2 ans de prison. — Celui qui aura publié le journal et l'imprimeur seront solidairement responsables; — le journal cessera de paraître. (V. p. 37, n° 455 bis).

DÉCRET organique du 17 février 1852. Sur la presse.

ART. 36… Sont abrogés… notamment les art. 14 et 18 de la loi du 16 juillet 1850.

ART. 6, § dernier. Les suppléments du Journal officiel, quel que soit leur nombre, sont exempts de timbre.

DÉCRET du 28 mars 1852.

ART. 1er. Sont exempts du droit de timbre les journaux et écrits périodiques et non périodiques exclusivement relatifs aux lettres, aux sciences, aux arts et à l'agriculture (233), (234), (233 bis, 233 ter).

ART. 2. Ceux de ces journaux et écrits qui, même accidentellement, s'occuperaient de matières politiques ou d'économie sociale, seront considérés comme étant en contravention aux dispositions du décret du 17 février 1852, et seront passibles des peines établies par les art. 5 et 11 de ce décret. — (Comme publiés sans timbre, sans autorisation et sans cautionnement.)

(V. ci-dessous art. 11 du même décret.)

1831 à 1848.

L. 16 juillet 1840.

ART. 4. *Le timbre cessera d'être exigé des écrits consacrés à l'agriculture, lors même qu'ils paraîtraient plus d'une fois par mois, pourvu qu'ils restent étrangers à la politique.* (Abrogé et remplacé par le déc. du 28 mars 1852.)

ART. 3. Sont et demeurent abrogés l'art. 56 de la loi du 9 vendémiaire an vi et l'art 1, L. du 2 floréal an vi, qui assujettissaient au timbre les œuvres de musique.

L'art. 76 de la loi du 28 mars 1817 et l'art. 2, de la loi du 14 déc. 1830, continueront d'être appliqués aux écrits périodiques consacrés à l'art. musical (237). (Abrogé. V. tableau précédent.)

La Presse en Algérie.

DÉCRET du 28 mars 1852. Sur la presse en Algérie.

ART. 4… Les droits de timbre des journaux et écrits périodiques ou non périodiques, sont maintenus tels qu'ils sont fixés par la loi du 16 juill. 1850. Néanmoins, les journaux et écrits venant de France ou de l'étranger, ne pourront circuler en Algérie qu'après le paiement des droits de timbre et autres qui leur sont imposés par les art. 6, 7, 8, 9, 10, 11, 12 et 13 du décret du 17 février 1852, lesquels sont à cet effet seulement rendus exécutoires en Algérie, sous les peines édictées audit décret.

(V., au tableau précédent, le *nota benè* de la colonne 8 et les art. 6, 7, 8 et 9 du décret du 17 février 1852, et les art. 10 et 12 du même décret au tableau suivant).

Poursuites et Recouvrement des droits.

L. 16 juillet 1850.

TITRE II. — Timbre des journaux périodiques, etc.

ART. 24. *Pour les journaux, gravures ou écrits périodiques, chaque contravention aux dispositions de la présente loi sera punie, indépendamment de la restitution des droits frustrés, d'une amende de 50 fr. pour chaque feuille ou fraction de feuille non timbrée. — L'amende sera de 100 fr, en cas de récidive.*

§ 2. *Pour les autres écrits, chaque contravention sera punie, indépendamment de la restitution des droits frustrés, d'une amende égale au double desdits droits, sans que, dans aucun cas, cette amende puisse être moindre de celle de 200 fr.*

§ 3. Les auteurs, éditeurs, gérants, imprimeurs et distributeurs desdits journaux ou écrits soumis au timbre, seront solidairement tenus de l'amende, sauf leur recours les uns contre les autres (238, 239). (V. art. 61 de la loi de vendémiaire an vi.)

DÉCRET du 17 février 1852.

CHAP. II. — Du timbre des journaux périodiques.

ART. 11. Chaque contravention aux dispositions de la présente loi, pour les journaux, gravures ou écrits périodiques, sera punie, indépendamment de la restitution des droits frustrés, d'une amende de 50 fr. pour chaque feuille ou fraction de feuille non timbrée. — L'amende sera de 100 fr. en cas de récidive. L'amende ne pourra au total dépasser le chiffre du cautionnement.

§ 2. Pour les autres écrits, chaque contravention sera punie, indépendamment de la restitution des droits frustrés, d'une amende égale au double desdits droits. Cette amende ne pourra en aucun cas être inférieure à 200 fr., ni dépasser au total 50,000 fr.

---

patrons, ou modèles de vêtements, même avec légende explicative, doit être considéré comme non politique et exempt de timbre. Cass., 5 juill. 1854. D. P. 54. 1. 226.

233 ter. L'art. 1er du décret du 28 mars 1852, qui exempte du timbre les journaux relatifs aux lettres, n'est pas restreint aux belles-lettres; il doit être étendu à toute œuvre d'esprit, d'imagination, morale, critique, satirique, sous forme sérieuse, légère ou burlesque, et spécialement au journal pour rire. Cass., 21 juin 1854. D. P. 54. 1. 240.

234. Ont été considérés comme exempts de timbre par la nature de leurs publications, conformément à l'art. 1 du décret du 28 mars 1852 : les journaux de jurisprudence, à la condition de ne publier aucun avis ni annonces touchant à l'intérêt privé, sauf les annonces de librairie qui sont exemptées du timbre, par l'art.76, L.25 mars 1817; — le journal de la Gendarmerie, malgré l'annonce des promotions, mais à la condition de se renfermer dans ces matières d'un intérêt général. Décis. 1er juill. 1852 (27593); — un journal exclusivement religieux. Solut. 26 juil. 1855 (32,157); — les comptes rendus des séances des académies. Décis. 15 janv. 1856, 8 janv. 1857. — (5759.)

235. Les journaux en langue étrangère non publiés en France sont exempts de timbre. L'art. 28 de la loi du 16 juil. 1850 n'est pas abrogé. Décis. 29 juin 1852 (27496. Solut.) 5 juil. 1852 (50876).

Écrits non périodiques, politiques de moins de 10 feuilles de 32 déc. carrés. 236. Ont été considérés comme écrits politiques ou d'économie sociale : une adresse au Sénat, opuscule en vers. Décis. (51682); — une brochure sur l'organisation du notariat. Jugement correct. Seine, 5 juill. 1854; — les lettres et documents imprimés et publiés par la Chambre de commerce comme matières d'économie sociale. Décis. 11 juill. 1851 (23491). Ont été considérés comme affranchis du timbre : les documents diplomatiques publiés par le Gouvernement. Solut., 20 fév. 1854; — un mémoire judiciaire touchant dans la mesure de la défense, et très-accessoirement, à l'économie sociale ou politique pour l'explication de la loi. Solut., 2 mai 1854. (30,016); — les papiers nouvelles autorisés par la police. Sol. 4 août 1852 et oct. 1855. (28,493); — les actes intéressant les sociétés de secours mutuels, comme traitant d'objets généraux. Décis. 30625.

1789 à 1814.	1815 à 1819.	1820 à 1825	1825 à 1830.
1.	2.	3.	4.

L. 22 frimaire an VII.

ART. 63. La poursuite appartient à la régie.

ART. 64. Le premier acte est une contrainte dont l'exécution n'est arrêtée que par une opposition avec assignation à jour fixe devant le tribunal civil.

ART. 65. Les tribunaux civils sont seuls compétents. L'instruction se fait devant eux par simples mémoires. Les seuls frais à supporter sont ceux de papier timbré, de signification et enregistrement du jugement. Le jugement sera rendu dans les 3 mois sur les conclusions du ministère public. — Il est sans appel.

ART. 61. Il y a prescription pour la demande de droits, savoir :

1° Après 2 ans, à compter du jour de l'enregistrement, s'il s'agit d'un droit perçu sur un acte, etc.

—

L. 28 avril 1816.

ART. 76. Le recouvrement des droits de timbre et des amendes de contravention y relatives sera poursuivi par voie de contrainte ; et en cas d'opposition, les instances seront instruites et jugées selon les formes prescrites par les lois du 22 frim. an VII, et 27 vent. an IX, sur l'enregistrement.

En cas de décès des contrevenants, lesdits droits et amendes seront dus par leurs successeurs, et jouiront, soit dans les successions, soit dans les faillites ou tous autres cas, du privilége des contributions directes (*V.* p. 451).

L. 16 juin 1824.

ART. 44. La prescription de 2 ans, établie par la loi du 22 frimaire an VII, art. 64, s'applique tant aux amendes pour contravention à ladite loi qu'aux amendes pour contravention aux lois sur le timbre.

—

TIT. II. — DE LA PRESSE PÉRIODIQUE ET NON PÉRIODIQUE. — CHAP. III (SUITE). — FORMALITÉS AVANT

L. 13 mars 1827.

Droits de poste. — *Journaux.* — *Avis de naissance,* etc.

ART. 8. Le port des journaux, gazettes et ouvrages périodiques transportés hors des limites du département où ils sont publiés, et quelle que soit la distance parcourue dans le royaume, est fixé à 5 *centimes* pour chaque feuille de la dimension de **30 décimètres** carrés et au-dessous.

Ce port sera augmenté de 5 *centimes* par chaque 30 décimètres ou fractions de **30 décimètres** excédant (243, 246.)

Les mêmes feuilles ne paieront que la moitié des prix fixés ci-dessus, toutes les fois qu'elles seront destinées pour l'intérieur du département où elles auront été publiées.

Dans tous les cas, le port devra être payé d'avance.

Il n'est rien changé au prix du transport fixé par les lois précédentes pour les recueils, annales, mémoires, bulletins périodiques, uniquement consacrés aux arts, à l'industrie et aux sciences, et pour les livres brochés, catalogues, prospectus, musique, annonces et avis de toute nature.

ART. 9. Les imprimés ne pourront être expédiés que sous bande, et les bandes ne devront pas couvrir plus du tiers de la surface du paquet.

Ils ne devront contenir ni chiffres ni aucune espèce d'écriture à la main, si ce n'est la date et la signature. — Toutefois les avis, imprimés de naissance, mariage ou décès, pourront être présentés à l'affranchissement sous forme de lettres, mais de manière qu'ils soient facilement vérifiés et pourvu qu'ils ne contiennent point d'écriture à la main (244).

Il sera perçu sur chacun de ces avis 1 décime, quelle que soit la distance à parcourir dans l'étendue du royaume, et 5 centimes seulement lorsqu'ils seront destinés pour l'arrondissement du bureau où ils auront été présentés à l'affranchissement.

La dimension de la feuille d'impression ne pourra excéder 44 décimètres carrés, le port sera double pour les feuilles qui dépasseront cette dimension (245).

L. 14 décemb. 1830.

Port des journaux.

ART. 3. Le droit de **5 centimes**, fixé par l'art. 8 de la loi du 13 mars 1827, pour le port des **journaux** et autres feuilles transportées hors des limites du département dans lequel ils sont publiés, sera réduit à **4 centimes.**

Les mêmes feuilles ne paieront que **2 centimes**, toutes les fois qu'elles seront destinées pour l'intérieur du département où elles auront été publiées.

ART. 4. Les journaux imprimés en langues étrangères et ceux venant du pays d'outre-mer seront taxés au **maximum du tarif établi pour les journaux français.**

(*V.* tableau suivant pour les écrits étrangers.)

—

L. 4 therm. an IV (240).

Livres brochés, catalogues et prospectus.

ART. 1er. Les art. 6 et 9 de la loi du 6 messidor an IV, sur le tableau des postes, sont rapportés.

ART. 2. Il sera payé, à compter de ce jour, d'avance et en numéraire métallique, pour chaque *feuille d'ouvrages périodiques ou journal,* 4 *centimes ; pour chaque demi-feuille,* 2 *centimes,* et pour les livres brochés, catalogues ou prospectus, remis sous bande, 5 centimes pour chaque feuille, et la moitié de cette somme pour chaque demi-feuille, et le quart pour quart de feuille (240, 242).

N. B. Les lois postérieures ayant réglé, pour les journaux et non pour les brochures, ce qui concerne la dimension des feuilles, l'art. 2 est encore, à cet égard, en vigueur pour les brochures, etc. (Instruction générale du 29 mars 1832).

—

237. L'administration considère comme abrogées toutes les lois postérieures relatives aux exemptions de timbre pour les objets compris dans le décret du 28 mars 1852, et qui faisaient des distinctions à raison du mode et de la dimension de leur publication. Ces écrits en sont exempts, qu'ils soient ou non périodiques, et qu'ils aient plus ou moins de dix feuilles d'impression.

238 L'art. 24 de la loi du 16 juill. 1850, dans son dernier paragraphe, soumet à la solidarité de l'amende encourue pour contravention au timbre les auteurs, les éditeurs, gérants, imprimeurs et distributeurs. « On comprend, dit à ce sujet M. Chassan, cette rigueur contre le gérant du journal ou l'éditeur de l'écrit ; ils doivent surveiller. Tous, de même que l'imprimeur, ils sont là, sur les lieux, ils agissent par eux-mêmes ou font agir les autres, la responsabilité peut et doit leur incomber. Quant au distributeur, il est averti ; il a dans les mains les exemplaires de l'écrit ou du journal ; avant de faire la distribution, il peut s'assurer qu'ils sont timbrés. Mais l'auteur qui n'est pas là pour surveiller, qui n'a aucun exemplaire à sa disposition, qui ignore le jour où son article paraîtra dans le journal, qui ne sait pas le moment où son écrit sera mis sous presse, où l'impression sera achevée, qui est peut-être à 200 lieues de la ville où s'imprime l'écrit, le journal ou le recueil périodique, on le rend responsable d'un fait qui n'est pas le sien, d'un acte qu'il n'a pas commis, auquel il est étranger, qu'il n'a pu empêcher, qu'il n'était pas chargé de surveiller et de vérifier, qu'il ne peut presque jamais vérifier ni surveiller : C'est exorbitant, c'est inouï ! comment a-t-on pu laisser une pareille disposition passer dans la loi ? enfin c'est écrit, c'est pro-

sont abrogés).

1831 à 1848. 5.	1848 à 1849. 6.	1850 à 1856. 7.	LA PRESSE en ALGÉRIE. 8.	1856 à NOTES. 9.

L. 16 juillet 1850 (Suite).

ART. 23. *Les préposés de l'enregistrement, les officiers de police judiciaire, les agents de la force publique, sont autorisés à saisir ceux de ces journaux ou écrits qui seraient en contravention, sauf à constater cette saisie par des procès-verbaux dont la signification sera faite aux contrevenants dans de délai de 3 jours.*
(Abrogé et remplacé par l'art. 10, décret 1852.)

ART. 25. *Le recouvrement des droits de timbre et des amendes de contravention sera poursuivi, et les instances seront instruites et jugées, conformément à l'art. 76 de la loi du 28 avril 1816.*
(Abrogé et remplacé par l'art. 12, décret 1852.)

DÉCR. 17 février (Suite).

ART. 10. Les **préposés de** l'enregistrement, les officiers **de police judiciaire et les agents de la force publique,** sont autorisés à saisir les journaux ou écrits qui seraient en contravention aux présentes dispositions **sur le timbre.**
Ils devront constater cette saisie par des procès-verbaux qui seront signifiés aux contrevenants dans les **3 jours.**

ART. 12. Le recouvrement des droits de timbre et des amendes de contravention sera poursuivi et les instances serontinstruites et jugées conformément à l'art. 76 de la loi du 28 avril 1816.

DÉCR. 28 mars 1852.

ART.4(Suite). Les art. 10, 11 et 13 du décret du17févr. 1852, sont, à cet effet seulement, rendus exécutoires pour l'Algérie.
(*V.* l'article entier au tableau précédent.)

LA PUBLICATION. — SECTION II. — **Transport des Journaux et autres imprimés** (248). **Droits de poste.**

L. 16 juillet 1850.

Cautionnement des journaux et timbre des écrits périodiques et non périodiques (241).

ART. 15. *Le timbre servira d'affranchissement au profit des éditeurs de journaux et écrits, savoir :*
Celui de 5 centimes pour le transport et la distribution sur tout le territoire de la République.
Celui de 2 centimes pour le transport des journaux et écrits périodiques dans l'intérieur du département, autre que ceux de la Seine et Seine-et-Oise où ils sont publiés, et des départements limitrophes. — *Les journaux ou écrits seront transportés et distribués par le service ordinaire de l'administration des postes.*

ART. 16. *Les journaux ou écrits périodiques, frappés du timbre de 2 centimes, devront, pour être transportés et distribués hors des limites déterminées par le § 3 de l'article précédent, payer un supplément de prix de 3 centimes. Ce supplément de prix sera acquitté au bureau de poste du départ, et le journal sera frappé d'un timbre constatant l'acquittement de ce droit.*

ART. 17. *L'affranchissement résultant du timbre ne sera valable, pour les journaux et écrits périodiques, que pour le jour et pour le départ du lieu de leur publication.*
Pour les autres écrits il ne sera également valable que pour un seul transport, et le timbre sera maculé au départ par les soins de l'administration.
Toutefois, les éditeurs des journaux ou écrits périodiques auront le droit d'envoyer en franchise à tout abonné, avec la feuille du jour, les numéros publiés depuis moins de 3 mois.

ART. 18. *Supplément des journaux.* (*V.* au tableau précédent.)

ART. 19. *Quiconque, autre que l'éditeur, voudra faire transporter un journal ou écrit par la poste, sera tenu d'en payer l'affranchissement à raison de 5 centimes ou de 2 centimes par feuille, selon les cas prévus par la présente loi. — Le journal sera frappé au départ d'un timbre indiquant cet affranchissement, à défaut de cet affranchissement, le journal sera, à l'arrivée, taxé comme lettre simple.*

ART. 20. *Une remise de 1 pour 0/0 sur le timbre sera accordée aux éditeurs de journaux et d'écrits périodiques pour déchet de maculature.* — *Il sera fait remise de 1 centime par feuille de journal qui sera transportée et distribuée aux frais de l'éditeur dans l'intérieur de la ville, et, en outre, à Paris dans l'intérieur de la petite banlieue.* — *Les conditions à observer, pour jouir de cette remise, seront fixées par un arrêté du ministre des finances.*

ART. 21. *Un règlement déterminera le mode d'apposition du timbre sur les journaux ou écrits, la place où devra être indiqué le jour de leur publication, le mode de pliage, enfin les conditions à observer pour la remise à la poste des journaux ou écrits, par les éditeurs qui voudront profiter de l'affranchissement.*
Ce règlement est en date du 27-29 juillet 1850, mais il serait sans intérêt ni utilité de le reproduireici.

Même décret (Suite).
Journaux et autres écrits.

ART. 13. En outre des droits de timbre, fixés par la présente loi, les tarifs, existants antérieurement à la loi du 16 juill. 1850, pour le **transport par la poste,** des journaux et autres écrits, sont **remis en vigueur** (241, 248).

N. B. En adoptant des bases autres que celles de la loi du 16 juillet 1850, l'art. 13 du décret du 17 février a abrogé implicitement les art. 15 à 20 de ladite loi.

DÉCR. du 28 mars 1852.

ART.4(Suite). Les art. 10, 11 et 13 du décret du 17 févr. 1852 sont, à cet effet seulement, rendus exécutoires pour l'Algérie.
(*V.* ci-dessus.)

N. B. Voir au recueil des lois in fine, l'extrait de l'instruction générale sur le service des postes du mois de mai 1832. Cette instruction est utile à consulter comme commentaire officiel des lois sur la matière ; elle était trop longue pour être donnée dans les tableaux.

---

malgré, il faut se soumettre, *dura lex, sed lex.*» Chassan, supplément de 1851, p. 152,153.
Eh bien! cette disposition inouïe, exorbitante, est-elle ou non abrogée? Nous ne le pensons pas.— L'art. 14 du décret du 17 février, en reproduisant les deux premiers paragraphes de l'art. 21, à l'exclusion du troisième et dernier, aurait implicitement abrogé ce dernier § si la reproduction des deux autres avait été faite sans modification aucune. On pourrait dire alors que cette omission du § 3 ainsi rejeté de la loi équivaut à une abrogation, mais ce n'est point pour exclure le § 3 que le décret du 17 février a accepté les §§ 1 et 2, ça été pour les présenter avec des modifications, et l'on ne peut dire dès lors : *inclusio unius, exclusio alterius.*

239. Mais cette solidarité ne peut avoir lieu de plein droit sans jugement, sans mise en cause. Il n'y a que ceux qui seront poursuivis et condamnés, qui seront tenus de l'amende. Ceux-là seuls sont présumés avoir concouru à la contravention. Chassan, *loc. cit.*

Transport des journaux et imprimés. 240. La loi du 4 thermidor an 4, art. 2 : est encore en vigueur, et n'a été modifié qu'en ce qui concerne les journaux par les lois de 1827 et 1850. En conséquence, les imprimés, pour être affranchis, doivent payer 5 centimes par feuille de 11 décimètres carrés. (*V.* n° 242 ci-dessous.)

241. La loi de 1850 avait cumulé le droit de timbre et le droit de poste en un seul droit et timbre d'affranchissement. On avait en conséquence implicitement abrogé les lois antérieures, le décret de 1852 a remis ces lois en vigueur en adoptant des bases différentes de celles de la loi de 1850 qui se trouve ainsi abrogée.

242. La loi du 4 thermidor an 4, n'ayant pas fixé la dimension des feuilles des imprimés autres que les journaux, il faut pour cela se reporter à la loi de 1827, dont le dernier § de l'art. 9 est une disposition générale qui explique ce qu'on doit entendre par feuille. De Grattier, 2, p. 258 et note.

243. La loi de 1827 ayant assimilé la fraction de feuille à la feuille de 30 décimètres carrés, le droit de 5 cent. n'en est pas moins dû pour chaque feuille au-dessous de 30 décimètres carrés pour les livres brochés. Trib. Seine, 18 mars 1836.

244. Les imprimés ne devront contenir ni chiffres, ni aucune autre espèce d'écriture à la main, si ce n'est la date et la signature, et par *date* il faut comprendre le jour, le mois, l'année, le quantième et le lieu.

1789 à 1814.	1815 à 1819	1820 à 1830	1830 à 1848	1848 à 1849	1850 à 1856.	LA PRESSE en ALGÉRIE.	1856 NOTE
1.	2.	3.	4.	5.	6.	7.	8.

TITRE II. — CHAP. III (SUITE). — SECT. III. — Transport des imprimés, livres et journaux étrangers.

Colonne 1 — 1789 à 1814.

DÉCR. 5 fév. 1810.

Règlement de la librairie et de l'imprimerie.

CHAP. V. — *Des livres imprimés à l'étranger.*

ART. 34. Aucun livre en langue française ou latine imprimé à l'étranger ne pourra entrer en France sans payer un droit d'entrée.

ART. 35. *Ce droit ne pourra être au-dessous de 30 p. 0/0 de la valeur de l'ouvrage...* — V. au recueil.

ART. 36. Indépendamment des dispositions de l'art. 34, aucun livre *imprimé ou réimprimé hors de France ne pourra être introduit en France sans une permission du directeur général de la librairie* annonçant le bureau de douane par lequel il entrera.

ART. 37. En conséquence, tout ballot de livres venant de l'étranger sera mis sous corde et sous plomb, et envoyé à la préfecture la plus voisine.

ART. 38. *Si les livres sont conformes à la permission ....., ils seront estampillés...et remis au propriétaire.*

(*V.* le texte au recueil).

ART. 44. Il y aura lieu à confiscation et à amende au profit de l'État dans le cas suivant, sans préjudice des dispositions du C. pénal.

(1°, 2°, 3°, 4°, 5°, *V.* p. 3.)

6° *Si l'ouvrage étant imprimé à l'étranger, il est présenté à l'entrée ou circule sans être estampillé.*

N. B. Les art. 36, 38, ainsi que le § 6 de l'art. 44 sont abrogés comme se rattachant au système aboli de la censure (*V.* p. 2 et suivantes).

Colonne 2 — 1815 à 1819.

L. 25 mars 1817.

ART. 1ᵉʳ. Qui étend les dispositions de l'art. 34 du décret de 1810, à tous livres, écrits en langue morte ou étrangère, soit qu'ils aient été imprimés à l'étranger, soit qu'ayant été imprimés en France, ils y soient réimportés.

—

V. L. 28 avril 1816, art. 166, pour l'introduction des cartes à jouer, p. 16.

Colonne 4 — 1830 à 1848.

L. 14 déc. 1830.

ART. 4. Les journaux imprimés en langue étrangère et ceux venant des pays d'outre-mer, seront taxés au maximum du tarif (des droits de postes) établi pour les journaux français.

(*V.* au tableau précédent le tarif des droits des postes établis pour le transport des journaux français.)

Colonne 6 — 1850 à 1856.

DÉCR. du 17 février 1852.

Sur la presse.

ART. 8. Les droits de timbre imposés par la présente loi (*V.* p. 52) seront applicables aux journaux et écrits périodiques publiés à l'étranger, sauf les conventions diplomatiques contraires.

Un règlement d'administration publique déterminera le mode de **perception de ce droit.** — *V.* p 52.

ART. 9. § 3. Cette disposition (qui soumet au timbre les écrits non périodiques, politiques ou d'économie sociale, *V.* p. 52) est applicable aux écrits non périodiques publiés à l'étranger; ils seront, à l'importation, soumis aux droits de timbre fixés pour ceux publiés en France.

—

DÉCR. du 1ᵉʳ mars 1852.

Timbre des journaux et écrits non périodiques étrangers.

ART. 4. Les journaux et écrits périodiques et les écrits non périodiques, traitant de matières politiques ou d'économie sociale, désignés dans les art. 8 et 9 du décret du 17 fév. 1852 (ci-dessus), publiés à l'étranger et importés en France, par la voie de la poste, seront frappés, par les agents de l'administration des postes, d'un timbre spécial à date, portant à l'encre rouge le nom du bureau de poste par lequel ils sont entrés sur le territoire français.

Les droits de timbre exigibles, sauf les conventions diplomatiques contraires, seront perçus par addition aux droits de poste.

ART. 2. Les expéditeurs, introducteurs ou destinataires d'écrits de ces catégories, adressés en France par une autre voie que celle de la poste, devront faire à un des bureaux de douanes désignés pour l'importation des livres et écrits publiés à l'étranger, une déclaration des quantités et dimensions des écrits assujettis au timbre. L'exactitude de cette déclaration sera vérifiée par les vérificateurs, inspecteurs de la librairie, ou à défaut de ces agents, par les employés délégués à cet effet par les préfets. Les écrits ainsi importés seront, après acquittement ou consignation des droits de douane, dirigés sous plomb et par acquit-à-caution, aux frais des déclarants, sur le chef-lieu de département le plus voisin ou sur tout autre chef-lieu de département que les redevables auront indiqué, pour y recevoir l'application du timbre, moyennant le paiement des droits dus.

ART. 3. A défaut de la déclaration exigée par l'article précédent, les écrits et imprimés passibles du timbre qui seront importés en France seront retenus, selon le cas, au bureau des douanes ou à la préfecture; la saisie en sera opérée, conformément à l'art. 10, du décret du 17 février 1852 (*V.* au tableau précédent), par les préposés de l'administration de l'enregistrement, et des poursuites seront exercées pour le recouvrement des droits de timbre et, s'il y a lieu, des droits de douanes, ainsi que des amendes contre les introducteurs ou distributeurs. — Les mêmes pénalités seront encourues, à défaut de décharge régulière et du rapport, dans les délais fixés, des acquits-à-caution délivrés en vertu de l'article précédent; le tout sans préjudice de l'action qui pourrait être intentée en vertu de l'art. 2 du décret du 17 février 1852, (*V.* p. 34 contre les introductions non autorisées de journaux politiques étrangers).

—

Colonne 7 — LA PRESSE en ALGÉRIE.

DÉCRET 28 mars 1852.

ART. 4 (Suite). .... Les art. 8, 9, du décr. du 17 fév. 1852, lesquels, à cet effet seulement, sont rendus exécutoires en Algérie.

V. l'article en entier, p. 52.

ART. 8. Les journaux et écrits politiques ou d'économie sociale, publiés à l'étranger ne pourront être introduits ni circuler en Algérie, qu'en vertu d'une autorisation du gouverneur général.

Les introducteurs, vendeurs ou distributeurs, d'un journal ou écrit étranger, dont l'introduction ou la circulation n'aura pas été autorisée, seront punis de 1 mois à 1 an de prison et d'une amende de 100 fr. à 5000 fr.

En tous cas, les exemplaires introduits, vendus ou distribués, seront saisis et confisqués.

[L'introduction et la circulation des journaux politiques étrangers en France sont soumises à l'autorisation préalable du Gouvernement. — *V.* p. 34.]

245-246. La taxe proportionnelle, établie par le § 2 de l'art. 8 de la loi du 15 mars 1827, n'a pas été abolie par l'art. 3 de la loi du 14 décembre 1830 qui réduit à 4 cent. le droit que la première fixait à 5 cent. Paris, 8 juill. 1836. S.V. 36. 2. 93. Cass., 10 mai 1837. S. V. 37. 1. 385.

247. Un seul supplément qui n'excédera pas 30 décimètres carrés, publié par un journal imprimé sur une feuille de 30 décimètres carrés et au-dessus, est admis exempt de port (Inst. gén., 29 mars 1823); mais il faut, pour cela, que le journal ait acquitté un droit de timbre de 6 cent. Inst. gén.

248. Aucun imprimé soumis au timbre ne peut être admis à circuler par la poste sans timbre ou sans visa pour timbre. Les journaux et imprimés sans timbre trouvés à la boîte, seront taxés comme lettres simples. Instr. gén.

249. Le privilége établi en faveur de la poste ne comprend pas le transport ni la distribution dans Paris des journaux ou autres imprimés. Cass., 15 janvier 1856. S. 3 ... 1. 429.

250. Si l'arrêté de prairial an 9 permet de fouiller les messagers piétons, les voitures des messageries, pour constater les contraventions aux lois sur le transport des dépêches imprimés périodiques, il n'autorise pas à pratiquer des fouilles sur les personnes de simples voyageurs ni même dans leurs effets et bagages. Cass., 24 avril 1828, 17 mai 1832, 13 avril 1835, 11 juin 1843. Sir. (52. 1. 718) (55. 1. 718) (43. 1. 584).

251. Le port des journaux étrangers qui traversent la France pour aller à l'étranger et réciproquement, est réglé jusqu'aux frontières des divers pays par des traités internationaux ou conventions postales dont les plus récentes ont été contractées par la France avec l'Angleterre, en 1843, l'Espagne, la Belgique et la Suisse, en 1849, la Sardaigne, la Toscane, en 1850, les Pays-Bas, le grand-duché de Luxembourg, en 1852. *V.* au Recueil, *in fine*.

DE LA PRESSE APPLIQUÉE A LA REPRODUCTION DES DESSINS, ETC.

. . . . Cet art ingénieux
De peindre la parole et de parler aux yeux,

fut d'abord la peinture, le dessin, la gravure, car avant de convenir d'un nom pour chaque chose, et d'un signe pour chaque nom, il était naturel que la pensée empruntât, pour les dessiner, la forme représentative des objets. Les hiéroglyphes ne sont que les caractères perfectionnés de cet alphabet figuratif qui débuta par la lettre peinte avant d'arriver à l'écriture imprimée.

Le dessin, la gravure et la peinture sont plus que l'écriture conventionnelle des moyens puissants et directs d'exprimer notre pensée. « C'est, qu'en effet, la plus mauvaise page d'un « mauvais livre, dit la circulaire du 30 mars 1852, a besoin de « temps pour être lue, et d'un certain degré d'intelligence « pour être comprise, tandis que la gravure offre une sorte de « personnification de la pensée, elle lui donne du relief, elle « lui communique, en quelque façon, le mouvement et la vie, « présentant ainsi spontanément dans une traduction à la « portée de tous les esprits, la plus dangereuse de toutes les « séductions, celle de l'exemple. »

A ce point de vue, le législateur ne pouvait abandonner au libre arbitre de chacun l'action sur les masses d'un procédé aussi énergique de communiquer sa pensée, et de même qu'il a dû dans l'intérêt de la sécurité publique et de la direction morale des citoyens réglementer la presse, il a subordonné à des formalités préventives et de surveillance la publication des dessins, gravures, estampes, images et emblèmes.

Des Imagiers. — Dans la législation ancienne, les imagiers, les dominotiers et graveurs étaient soumis à la surveillance des syndics et adjoints de la librairie (règlement de 1723) :

Art. 97. Il est adjoint aux syndics et adjoints de visiter les tapissiers, dominotiers et imagiers à ce qu'ils n'aient que des presses uniquement propres à imprimer des planches gravées en bois ou en cuivre,..... et afin que ceux qui feront profession de dominoterie et d'imagerie, soient connus par lesdits syndics et adjoints, veut, Sa Majesté, que tous lesdits tapissiers, imagiers et dominotiers, soient tenus de faire inscrire, sans frais, sur les registres de la communauté, leurs nom et demeure, à peine de 100 liv. d'amende. — Ils devaient se pourvoir en outre d'un privilége et d'une autorisation avant la publication.

Art. 112. Défend, Sa Majesté, à tous graveurs, imagiers ou dominotiers, d'imprimer ou faire imprimer, vendre ou débiter aucune carte de géographie et autres planches ni explications au bas d'icelles, sans privilége du grand sceau ou permission du lieutenant général de police.

Ces dispositions ont été abrogées par le décret de 1791 qui proclama la liberté des industries. V. p. 9, col. 1.

Des Graveurs. — Quant à l'art du graveur plus encouragé que réglementé par l'ancienne législation, il attend encore la réalisation des promesses de l'art. 49 du décr. du 5 fév. 1810. V. p. 60.

Des Lithographes. — L'écriture avait trouvé, en 1450, les *lettres mobiles* de l'imprimerie pour se propager ; le hasard et le génie, ces deux infatigables investigateurs des améliorations possibles, inventèrent la lithographie en 1800 (1), mais ce n'a été qu'à partir de 1807 qu'elle fut introduite en France.

En 1816 elle avait déjà pris un si grand développement, que l'attention du législateur se préoccupa de la réglementation de cet art nouveau. La lithographie étant aux dessins ce que l'imprimerie était à l'écriture, et pouvant d'un autre côté imprimer et reproduire les caractères à la main, l'ordonnance du 8 octobre 1817 soumit d'abord les lithographes à la législation qui régissait les imprimeurs, en assujettissant les impressions lithographiques aux formalités de la *déclaration* préalable et du *dépôt.*

En 1820, la loi temporaire du 31 mars subordonna la publication des dessins, gravures et lithographies à l'*autorisation* préalable du Gouvernement, art. 8. — La loi du 25 mars 1822 conserva cette disposition, qui ne fut abrogée qu'en 1830, non par l'art. 8 de la Charte, car l'autorisation n'était pas la censure, mais par l'art. 5 de la loi du 8 octobre 1830.

De 1830 à 1835, l'opposition et les attaques contre le Gouvernement, par la plume et par le crayon, avaient été si violentes, qu'il devint nécessaire de soumettre à des formalités plus rigoureuses de police la publication des dessins, gravures, lithographies, etc., etc. — La loi du 9 sept. 1835, malgré les vives attaques dont elle fut l'objet de la part du journalisme et dans le sein de la Chambre des députés, vint en conséquence assujettir de nouveau leurs trop libres exposition et mise en vente à l'*autorisation* préalable du Gouvernement (art. 20). Abrogé par le décret du 6 mars 1848 ; cet art. 20 a été textuellement reproduit par le décret du 17 mars 1852 ; il ne sera donc pas tout à fait inutile de citer ici les paroles du garde des sceaux qui expliquèrent, en 1835, son introduction dans la législation, malgré les reproches d'inconstitutionnalité qui lui furent adressés.

« Depuis longtemps, disait à la Chambre des députés le chef de la magistrature, la pudeur publique est blessée par le spectacle offert dans nos rues des gravures obscènes ; des images qui font la honte de nos mœurs, en même temps qu'elles offensent la morale la plus vulgaire ; des caricatures qui attaquent les citoyens jusque dans la vie privée, ou appellent la dérision, le ridicule et le mépris sur la personne et l'autorité du Souverain et de sa famille ; tous ces écarts accusent l'insuffisance de notre législation. »

L'article 20, ajoute-t-il, ne viole point la disposition de la Charte qui abolit la censure :

« Quand la Charte a déclaré que la censure ne pourrait jamais être rétablie, elle a pris soin d'expliquer que ce grand principe ne s'appliquait qu'à la presse ; en effet, ce n'est pas d'une manière vague et indéfinie que la Charte parle de censure ; elle ne s'en explique que par rapport au droit de *publier* et de faire *imprimer ses opinions*, ce qui laisse en dehors toute autre manifestation, tout autre acte qu'une *opinion*, qui, par son importance, par ses conséquences sur la vie publique ou privée, sur les mœurs générales du pays, peut exiger des précautions et des garanties... C'est la presse qui est placée sous la garantie de la constitution ; c'est la libre manifestation de ses opinions qui ne pourra être comprimée par des mesures préventives, mais là s'arrête la sollicitude de la Charte... »

Après l'abrogation de la loi de 1835, par le décret du 6 mars 1848, les abus du colportage firent bientôt sentir la nécessité de soumettre à l'*autorisation* préfectorale la distribution, non-seulement des livres, écrits et brochures, mais encore celle des gravures et des lithographies. C'est ce que fit la loi du 27 juillet 1849 dont l'art. 6 vint mettre un terme aux excès de la propagation toujours croissante des livres factieux et immoraux, et des gravures obscènes : — ce n'était point assez ; d'immoralité pouvait abuser encore, car l'art. 6 de la loi du 27 juillet, en réglementant le *colportage* et la *distribution*, n'avait soumis à aucune mesure préventive de surveillance la *liberté d'exposition* des gravures et lithographies. — L'art. 22 du décret du 17 février 1852 et l'art. 7 du décret du 19 avril suivant réparèrent cette lacune pour la France et pour l'Algérie en revenant au système de la loi de 1835. — L'*exposition* des dessins, des gravures, des lithographies, médailles, estampes ou emblèmes, se trouve, en conséquence, aujourd'hui comme en 1835, soumise à l'*autorisation* préalable du ministre de l'intérieur, à Paris, et des préfets dans les départements.

---

(1) C'est à Munich qu'un artiste dramatique, Aloys Schefelder, cherchant un procédé pour imprimer lui-même et à peu de frais ses ouvrages découvrit par hasard la lithographie ; elle fut importée en France, en 1807, par deux de ses élèves, MM. André et d'Offenbach.

1789 à 1814	1815 à 1819	1820 à 1825.	1825 à 1830.	1831 à 1848.
1.	2.	3.	4.	5.

TITRE III. DE LA PRESSE APPLIQUÉE A L'IMPRESSION DES DESSINS, GRAVURES,

CHAP. Iᵉʳ. IMPRESSION, POLICE DE LA PROFESSION : 1° DES IMAGIERS ; 2° DES GRAVEURS ;

OBSERVATIONS.

Si la législation actuelle, à la différence de l'ancienne législation, ne contient rien de spécial sur l'exercice et la police de la profession des **imagiers**, **graveurs** et **imprimeurs lithographes**; si nous devons donc, pour ne pas retracer en duplicata des tableaux précédents, nous borner à renvoyer ici aux chapitres I et II de l'imprimerie, en ce qui touche l'**impression** des *dessins, images, gravures, estampes,* et *emblèmes*, il n'en est pas de même de leur **publication:** — dans l'intérêt de l'ordre public et de la conservation des bonnes mœurs, elle a été soumise à l'*autorisation préalable* du Gouvernement, par des dispositions nouvelles et particulières qui vont être présentées au chapitre suivant.

Quant aux *médailles*, non-seulement leur **publication** a été soumise à la même *autorisation*, mais leur **fabrication** touchait de trop près celle des monnaies, pour qu'elle pût être abandonnée à la liberté de l'industrie et du commerce; elle a donc été l'objet de règlements particuliers dont l'exposition viendra plus heureusement pour la distribution de nos tableaux après le chapitre de la publication des dessins, gravures, etc., auquel, en conséquence, on nous permettra de donner le pas.

CHAP. II. — PUBLICATION DES DESSINS, DES GRAVURES, LITHOGRAPHIES, ESTAMPES,

CODE PÉNAL.		**L. 31 mars 1820.**	**L. 25 mars 1822.**	**L. 10 déc. 1830.**	**L. 9 septembre 1835.**
ART. 290. *Tout individu qui, sans y avoir été autorisé par la police, fera le métier de crieur ou d'afficheur d'écrits imprimés, de dessins ou gravures, même munis des noms d'imprimeur, d'auteur, de graveur ou dessinateur, sera puni de 8 jours à 2 mois de prison.* (Abrogé par l'art. 9 de la loi du 10 déc. 1830.)	. . . . .	*Journaux périodiques.* . . . . . . ART. 8. *Nul dessin imprimé, gravé ou lithographié, ne pourra être publié, exposé, distribué ou mis en vente, sans l'autorisation préalable du Gouvernement. Les contrevenants seront punis conformément à l'art. 5...* (de 1 mois à 6 mois de prison et de 200 fr. à 1,200 fr. d'amende, sans préjudice des autres peines pour le sujet du dessin). (V. pag. 2, col. 3.) (Abrogé et remplacé par l'article 12, L. 1822.)	*Poursuite et répression des délits de presse.* . . . . . . ART. 12. *Toute publication, vente ou mise en vente, exposition, distribution, sans autorisation préalable du Gouvernement, de dessins gravés ou lithographiés, sera, par ce seul fait, punie de 3 jours à 6 mois de prison et d'une amende de 10 fr. à 500 fr., sans préjudice des poursuites auxquelles pourrait donner lieu le sujet du dessin.* (Abrogé par l'art. 5 de la loi du 8 octobre 1830.)	ART. 9... *L'article 290 du Cod. pénal est abrogé.* — **L. 8 oct. 1830.** ART. 5. *Les art. 12, 17 et 18 de la loi du 25 mars 1822 sont abrogés.*	*Crimes, délits et contraventions de la presse.* ART. 20. *Aucuns dessins, aucunes gravures, lithographies, médailles, estampes, aucun emblème, de quelque nature qu'ils soient, ne pourront être publiés, exposés ou mis en vente, sans l'autorisation préalable du ministre de l'intérieur à Paris, et des préfets dans les départements. En cas de contravention, les dessins, gravures, lithographies, médailles, estampes ou emblèmes, pourront être confisqués, et le publicateur sera condamné, par les tribunaux correctionnels, à un emprisonnement de 1 mois à 1 an, et à une amende de 100 fr. à 1,000 fr., sans préjudice des poursuites auxquelles pourraient donner lieu la publication, l'exposition et la mise en vente desdits objets.* (Abrogé par le décret du 6 mars 1848.)
—		**ORD. du 1ᵉʳ mai 1822.** ART. 1ᵉʳ. *Dans les cas prévus par l'art. 12 de la loi du 25 mars 1822, l'autorisation du Gouvernement sera délivrée à Paris, au bureau de la librairie, et dans les départements au secrétariat de chaque préfecture, en exécution de la loi de 1814 et de l'ordonnance du même mois.* (Art. 9. V. pag. 17, 18.) *Cette autorisation contiendra la désignation sommaire du dessin, gravure, lithographie, et du titre qui lui aura été donné, elle sera inscrite sur une épreuve qui demeurera au pouvoir de l'auteur ou de l'éditeur, et qu'il sera tenu de représenter à toute réquisition. L'auteur ou l'éditeur, en recevant l'autorisation, déposera au bureau de la librairie ou au secrétariat de la préfecture une épreuve destinée à servir de pièce de comparaison ; il certifiera, par une déclaration inscrite sur cette épreuve, la conformité avec le reste de l'édition pour laquelle l'autorisation est accordée.* (Abrogé par suite de l'abrogation de l'art. 12 de la loi du 25 mars 1822.)		. . . . . .	**ORD. du 9 septembre 1835.** ART. 1ᵉʳ. *L'autorisation préalable* exigée par l'art. 20, L. du 9 septembre 1835 (remplacé par l'art. 22 du décret de 1852), contiendra la désignation sommaire du dessin, de la gravure, de la lithographie, médaille, estampe, ou emblème qu'on voudra publier, et le titre qui lui aura été donné. — L'auteur ou l'éditeur sera tenu de la représenter à toute réquisition. Lorsqu'il s'agira de gravures, lithographies, estampes ou emblèmes se multipliant par le tirage, l'auteur ou l'éditeur, en recevant l'autorisation, déposera au ministère de l'intérieur à Paris, ou au secrétariat de la préfecture dans les départements, une épreuve destinée à servir de pièce de comparaison. Il certifiera la conformité de cette épreuve avec celle qu'il se propose de publier (254). ART. 3. Les **autorisations.....** seront insérées dans le *Journal de la Librairie.* (*V.* au Recueil le texte.) Voir au tableau suivant, l'art. 2 pour les médailles.

DESSINS, LITHOGRAPHIES, GRAVURES, AUTORISATION. — **251** *bis.* Les imprimeurs lithographes sont tenus d'indiquer sur les ouvrages qu'ils impriment leur nom et leur demeure. Cass., 5 novembre 1845 et 18 mars 1842. S.V. 42. I. 796, *V.* p. 16, *suprà,* n° 53.

251 *ter.* L'art. 22 du décret du 17 février 1852 est la reproduction exacte de l'art. 20 de la loi du 9 sept. 1835 abrogée en 1848. « J'appelle toute votre attention, M. le préfet, dit, au sujet de l'art. 22, la circulaire ministérielle du 30 mars 1852, sur l'exercice de ce droit d'autorisation préalable : depuis longtemps la morale publique s'est offensée de la reproduction incessante, progressive, des gravures indécentes ou obscènes qui chaque jour sont exposées publiquement chez les marchands étalagistes,.... Il faut, M. le préfet, faire disparaître ces provocations au vice, au désordre, à la débauche, et vous en avez le moyen dans la faculté que vous donne l'art. 22 du décret, non-seulement vous pouvez exercer votre action protectrice à l'occasion de toutes les gravures qui vous seront présentées avant leur publication, mais vous pouvez encore atteindre celles qui ont été publiées antérieurement.

1848 à 1849.	1850 à 1856.	LA PRESSE EN ALGÉRIE.	1856 à...
6.	7.	8.	NOTES. 9.

LITHOGRAPHIES, IMAGES, ESTAMPES, EMBLÈMES et MÉDAILLES.

3° DES IMPRIMEURS LITHOGRAPHES; 4° FABRICATION DES MÉDAILLES.

Section Ire. — Des Imagiers, des Tapissiers et Dominotiers. — Ces professions ne sont point aujourd'hui réglementées d'une manière particulière. — Astreints cependant, comme tous détenteurs de presses ou autres ustensiles d'imprimerie, à la déclaration prescrite par l'art. 1er du décret du 18 nov. 1840, les imagiers, tapissiers et dominotiers sont passibles des peines de l'art 5, en cas de contraventions. (*V.* art. 4, p. 44, col. 1.)

Section II. — Des Graveurs. — L'art. 49 du décret du 5 février 1810 porte : « Il sera statué par des règlements particuliers sur ce qui concerne les graveurs. » — Ces règlements sont encore à faire. — Voyez cependant l'art. 3 de l'ordonnance du 24 octobre 1814 qui soumet à la formalité de la déclaration préalable et du dépôt, conformément à l'art. 14 de la loi du 21 octobre 1814, les estampes et planches gravées, suivies d'un texte ; — et les art. 8, 9 et 10 de la même ordonnance qui règlent le dépôt des épreuves, des estampes et planches gravées, avec ou sans texte, ainsi que les ordonnances postérieures de 1828, relatives à ce même dépôt. — Pages 17 et 18.

Section III. — Des Imprimeurs lithographes. — Assimilée à l'imprimerie ordinaire par l'ordonnance du 8 octobre 1817, l'imprimerie lithographique est aujourd'hui soumise aux mêmes conditions et formalités de police. L'exercice de ces deux professions est régi par la même législation, dont les principales dispositions obligent les imprimeurs :

    1° De se pourvoir d'un brevet et de prêter serment avant leur entrée en fonctions. (Art. 1er, ord. 8 oct. 1817. *V.* p. 1.)

    2° De déclarer leurs presses et autres ustensiles d'imprimerie. (*V.* Décret 18 nov. 1840, et art. 13, L. de 1814, p. 3.)

    3° D'accomplir toutes les formalités prescrites par les lois **avant, pendant et après** l'impression, et relatives aux :

Les imprimeurs lithographes sont en conséquence tenus, comme les imprimeurs typographes :

    A. **Autorisations préalables** des auteurs, de l'évêque diocésain, des ministres, de l'administration, du Gouvernement suivant les cas. (*V.* p. 43, 44, 45 et 46.)

    B. **Déclarations préalables** de leur intention d'imprimer (Art. 2, ord. du 24 octobre 1814 ; et art. 14, L. 21 octobre, même année), conformément à la loi et aux instructions sur le registre prescrit par l'ordonnance.

    C. **Indication de leur nom** et de leur demeure sur les ouvrages qu'ils impriment. (Par voie de conséquence de leur assimilation aux imprimeurs ordinaires. — Arg., art. 2, ord. 8 octobre 1817.) (254 *bis*.)

    D. **Dépôts des imprimés, estampes et planches lithographiques.** (Art. 2, ord. 1817. *V.* p. 47 et 48.)

    E. **Timbre** des recueils périodiques de gravures ou de lithographies politiques, suivant le nombre et le format des feuilles du recueil. (Décret du 17 février 1852, art. 6. *V.* p. 51 et 52.)

Section IV. — Quant aux **imprimeurs en taille-douce**, *V.* le décret du 22 mars 1854, qui les soumet au brevet et au serment. (*V.* p. 12, col. 7.)

Section V. — Médailles ; Fabrication. — Voir au tableau suivant la législation relative aux médailles ; elles ne peuvent être frappées qu'à l'Hôtel des Monnaies, par l'intermédiaire et l'agrément de l'administration.

MÉDAILLES ET EMBLÈMES. — AUTORISATION PRÉALABLE. — DÉLITS ET CONTRAVENTIONS.

	DÉCR. organique du 17 février 1852. Sur la presse.	**DÉCR. 28 mars 1852.** La presse en Algérie.
DÉCR. 6 mars 1848. ART. 1er. La loi du 9 septem. 1835, relative aux crimes, délits et contraventions de la presse, est abrogée.	ART. 22. Aucuns dessins, aucunes gravures, lithographies, médailles, estampes ou emblèmes, de quelque nature ou espèce qu'ils soient, ne pourront être publiés, exposés ou mis en vente, sans l'autorisation préalable du ministre de l'intérieur à Paris, et des préfets dans les départements. En cas de contravention, les dessins, gravures, lithographies, médailles, estampes ou emblèmes, pourront être confisqués, et ceux qui les auront publiés seront condamnés à un emprisonnement de 1 mois à 1 an et à une amende de 100 fr. à 1,000 fr. (250 *bis*, 254 *quater*, 252, 253, 255, 256, 257, 258, 259, 260, 261). N. B. *V.* p. 66, art. 6, loi du 27 juillet 1847, pour l'autorisation dont tout colporteur ou distributeur de dessins ou gravures doit en outre être pourvu.	ART. 7. À l'avenir, aucuns dessins, gravures, lithographies, médailles, estampes ou emblèmes, quelle qu'en soit la nature, ne pourront être publiés, exposés ou mis en vente sans l'autorisation préalable du préfet du département, alors même que l'impression ou la publication serait antérieure au présent décret. En cas de contravention, les dessins, gravures, lithographies, médailles, estampes ou emblèmes, seront saisis et confisqués, et ceux qui les auront publiés, distribués ou exposés en vente, seront condamnés par les tribunaux correctionnels, à un emprisonnement de 1 mois à 1 an, et à une amende de 100 fr. à 1,000 fr.

La Cour de cassation, par arrêt du 9 décembre 1856 (S. 56. 1. 903), a fixé la jurisprudence sur ce point, en décidant que l'art. 20 de la loi de 1835 était applicable aux publications antérieures à la loi. Toutefois, cette jurisprudence ne doit pas s'appliquer aux anciens dessins et gravures qui ne présentent aucun inconvénient au triple point de vue politique, moral ou religieux. » Circ. minist., 30 mars 1852. Le décret du 28 mars sur l'Algérie a consacré l'opinion de la circulaire.

251 *quater.* Les dessins de fabriques imprimés sur étoffes doivent être soumis à l'autorisation préalable. *V.* discussion de la loi de 1835. Duvergier, Lois, t. 35, p. 282.

252. L'autorisation donnée par le ministre a effet pour toute la France, Cass., 10 mars 1837 (S. 57. 1. 315), et celle donnée par les préfets n'est valable que dans son département (Même arrêt).

253. La vente des dessins gravés et lithographiés est punissable si elle n'a pas été autorisée, lors même que ces dessins n'auraient aucune importance et qu'ils auraient été déposés, Cass., 28 déc. 1827, S., Coll. nouv. 8. 1. 754. Toulouse, 14 mai 1846.

254. En reproduisant textuellement l'art. 20 de la loi de 1835, l'art. 22 du décret du 17 février a eu implicitement pour effet de maintenir en vigueur l'art. 1er de l'ordonnance de 1835, rendue en exécution de l'art. 20. On doit en conséquence continuer à procéder suivant ses dispositions pour obtenir l'autorisation exigée par l'art. 22 du décret de 1852.

255. Le mot emblème comprend les bustes, les statuettes accompagnés ou non d'écrits contenant des allusions ou des sentences. Douai, 12 août 1844. — *Sic*, les médaillons en plâtre.

256. Toute publication, exposition ou mise en vente ou distribution de dessins, gravures, emblèmes etc., sans autorisation, constitue une contravention à l'art. 22 du décret du 17 février, exclusive de bonne foi, et que les tribunaux ne peuvent se dispenser de réprimer. Cass., 28 déc. 1827, 1er fév. 1828, 22 avril 1854 (*Bull. crim.*, n° 120).

257. L'art. 22 du décret du 17 février, comme l'art. 20 de la loi de 1835, se réfère à l'ensemble des lois qui règlent les caractères de la publicité, et notamment à l'art. 1 de la loi du 17 mai 1819, v. p. 82. En conséquence, la distribution n'est punissable que si elle a été publique. Cass., 2 janv. 1844. Poitiers, 6 déc. 1844. *Contrà*, Cass., 16 août 1833.

258. La publication non autorisée d'une lithographie dans un journal cautionné, constitue une contravention dont la responsabilité entière pèse sur le gérant, qui seul doit être condamné. Ainsi jugé par le tribunal de la Seine. (*V.* Borie et Bonassies, *Code de la Presse*, v° *dessin*, n° 29.)

259. Les objets énumérés par l'art. 22 du décret de 1852, bien que fabriqués à l'étranger, doivent obtenir l'autorisation pour être publiés en France. (Arg. circ. minist. du 22 mai 1823.)

260. Ce n'est pas l'imprimeur lithographe, c'est le publicateur, auteur ou éditeur qui doit se pourvoir de l'autorisation, puisque ce n'est pas l'impression qui est soumise à l'autorisation, mais la publication. (*V.* art. 1er de l'ord. 1835. § 2.)

1789 à 1814.	1815 à 1819.
1.	2.

DÉLITS ET CONTRAVENTIONS.

CODE PÉNAL.

Sect. VI. — *Délits commis par la voie d'écrits, images ou gravures distribués sans nom d'auteur, d'imprimeur ou graveur.*

Art. 287. **Toute exposition ou distribution de chansons, pamphlets, figures ou images contraires aux bonnes mœurs, sera punie d'une amende de 16 fr. à 500 fr.**, d'un emprisonnement de **1 mois à 1 an et de la confiscation des planches et des exemplaires imprimés ou gravés de chansons, figures ou autres objets du délit.**

(Absorbé par les art. 8 et 26, des lois des 17 et 26 mai 1819, et maintenu comme enchaînement avec l'art. 288.) (264)

Art. 288. La peine de l'emprisonnement et de l'amende prononcée par l'article précédent sera réduite à des peines de simple police, art. 475 :

1° À l'égard des crieurs, vendeurs ou distributeurs qui auront fait connaître la personne qui leur a remis l'objet du délit ;

2° À l'égard de quiconque aura fait connaître l'imprimeur ou le graveur ;

3° A l'égard même *de l'imprimeur* ou du graveur qui auront fait connaître l'auteur ou la personne qui les aura chargés de *l'impression* ou de la gravure.

(Abrogé en partie par la législation de 1814 et de 1819. V. p. 19 et 22.)

Art. 425. (Contrefaçon de dessins. — V. p. 11 et 12.)

ORD. du 24 octobre 1814.
Impression, publication, dépôt.

Art. 11. Il est défendu de publier aucune estampe ou gravure diffamatoire ou contraire aux **bonnes mœurs** sous les peines prononcées par le C. pénal.

CODE PÉNAL.

Art. 475. Seront punis d'une amende de 6 à 10 fr.

43°.... Les personnes mentionnées aux art. 283 et 228.

Art. 477. Seront saisis et confisqués les écrits contraires aux bonnes mœurs ; ces objets seront mis sous le pilon.

L. 17 mai 1819.
Répression des crimes et délits de presse.

Art. 1. **Quiconque, soit par...** (*V.* p. 20).. **des dessins, des gravures, des peintures ou emblèmes vendus ou distribués, mis en vente ou exposés dans des lieux ou réunions publics...** (moyens de publication. — *V.* la suite, p. 20).

. . . .

Art. 8. **Tout outrage** à la morale publique ou religieuse ou aux bonnes mœurs, par l'un des moyens énoncés en l'art. 1ᵉʳ (ci-dessus), sera puni de **1 mois à 1 an de prison** et de **16 fr. à 500 fr. d'amende** (262).

L. 26 mai 1819.
Poursuite et jugement des crimes et délits de presse.

Art. 26. Tout arrêt de condamnation contre les auteurs ou complices des crimes ou délits commis par voie de **publication**, ordonnera la **suppression ou destruction des objets saisis ou de tous ceux qui pourront l'être** ultérieurement en tout ou en partie, suivant qu'il y aura lieu pour l'effet de la condamnation.

L'impression ou l'affiche de l'arrêt pourront être ordonnées aux frais du condamné. Ces arrêts seront rendus publics dans la même forme que les jugements portant déclaration d'absence.

Art. 27. Quiconque, après que la condamnation d'un écrit, d'**un dessin ou gravure**, sera réputée connue par la publication dans les formes prescrites par l'art. 26 (ci-dessus), **les réimprimera, vendra ou distribuera**, subira le **maximum** de la peine qu'aurait pu encourir l'auteur.

V. à l'appendice le catalogue des dessins condamnés.

L. 28 avril 1816. — Finances.

Art. 166. **Tout individu qui fabriquera des cartes à jouer** ou qui en **introduira en France** ou qui en **vendra, distribuera, colportera**, sans y être **autorisé** par la régie, sera puni de la confiscation des objets de fraude et d'une amende de **1,000 fr. à 3,000 fr.**, et de **1 mois de prison**. En cas de récidive, l'amende sera toujours de **3000 f.** (265).

CHAP. III. — FABRICATION DES MÉDAILLES.

ARRÊTÉ du 5 germinal an XII (26 mars 1804).

Art. 1ᵉʳ. Il est expressément défendu à toutes personnes, quelles que soient les professions qu'elles exercent, de **frapper ou faire frapper des médailles**, jetons ou pièces de plaisir d'or, d'argent ou d'autres métaux, ailleurs que dans les ateliers destinés à cet effet dans les galeries du Louvre à Paris, à moins d'être **munies d'une autorisation spéciale du** Gouvernement.

Art. 2. Néanmoins, tout dessinateur ou graveur, ou autre individu, pourra dessiner, graver, faire dessiner ou graver des médailles, et elles seront frappées avec le coin qu'ils remettront à la Monnaie des Médailles. Les frais de fabrication seront réglés par le ministre de l'intérieur.

Il sera déposé **2 exemplaires de chaque médaille en bronze à la Monnaie du Louvre**, et **2 à la Bibliothèque Nationale.**

Art. 3... Chacun des contrevenants sera condamné à une amende de **1,000 fr.** et au **double en cas de récidive.**

Art. 4. Les particuliers qui feront frapper des médailles ou jetons et pièces de plaisir, seront au surplus **assujettis** aux lois et règlements de police qui concernent les arts et l'imprimerie.

. . . .

---

261. Le refus d'autorisation par le préfet n'est susceptible de recours qu'au ministre et du ministre à l'Empereur par voie de supplique.

262. Si le dessin est publié dans un journal, c'est le publicateur qui est responsable (gérant ou propriétaire); l'imprimeur, s'il a agi sciemment, peut être poursuivi comme complice (Chassan); — à la différence d'un délit d'outrage aux bonnes mœurs commis par la publication d'un dessin dans un journal, la publication non autorisée d'un dessin non immoral ne peut donner lieu à l'application de l'art. 14 de la loi du 18 juillet 1828, qui permet de doubler les amendes en cas de délit commis par la voie d'un journal, puisque ce fait de publication ne constitue qu'une simple contravention.

262 bis. L'autorisation ne saurait avoir pour effet d'affranchir de toutes poursuites ultérieures la publication d'un dessin par lui-même délictueux. Car, s'il est à ce sujet certain que l'autorisation ne sera jamais accordée à un dessin contraire aux bonnes mœurs, il n'en est pas de même pour les dessins politiques dont la publication, inoffensive sous une forme de Gouvernement, peut constituer un délit sous un autre. Ainsi tel dessin autorisé en 1847, pourrait être poursuivi si sa publication constituait un délit d'attaque pour le Gouvernement nouvellement établi.

263. Le ministère public doit poursuivre d'office; mais lorsqu'un tiers est lésé par la publication d'un dessin non autorisé, ce tiers peut aussi poursuivre le publicateur devant le tribunal correctionnel. Rouen, 21 oct. 1842, implicitement résolu.

264. L'art 287 du Cod. pénal a été absorbé par l'art. 8 de la loi du 17 mai 1819; mais la substitution de l'art. 8 à l'art. 287 n'a point eu pour effet d'abroger l'art. 238. Cet article est maintenue pour les personnes y mentionnées excepté pour l'imprimeur. V. p. 19. (Le graveur n'est pas, comme l'imprimeur, tenu d'indiquer son nom et sa demeure sur la gravure.) L'art. 287 doit être néanmoins maintenu comme en vigueur pour l'enchaînement et la liaison de l'art. 8, L. 1819, avec l'art. 288, Cod. pénal.

265. En cas de délits par publication de dessins dans des journaux ou des recueils

1820 à 1825. 3.	1825 à 1830. 4.	1831 à 1848. 5.	1848 à 1849. 6.	1850 à 1856. 7.	LA PRESSE en ALGÉRIE. 8.	1856 à... NOTES. 9.
	N. B. *V.* art. 14, L. 1828, art. 10, L. 9 juin 1819 et art. 13, L. 25 mars 1822, pour le doublement des amendes en cas de délits par les journaux, p. 131 (265) et l'art. 26 de la loi du 26 mai 1819 pour les peines accessoires ci-dessus, col. 2.					

Observation. Voir en outre le titre III pour les crimes qui peuvent être commis par la vente, la distribution, la mise en vente ou l'exposition dans des lieux ou réunions publics, de dessins, de gravures, de peintures ou emblèmes délictueux.

AUTORISATION. — DÉPOT.

ORD. du 24 mars 1832. Art. 1er. La monnaie des médailles est réunie à la commission des monnaies dans les attributions du ministre des finances; néanmoins, il ne sera procédé à la fabrication des médailles, jetons ou pièces de plaisir, que sur la remise qui devra être faite à la commission des monnaies d'une **autorisation** du ministre du commerce et des travaux publics. —	**ORD. du 9 septembre 1835.** Art. 2. L'autorisation dont tout dessinateur, graveur ou autre individu, est obligé de se pourvoir, d'après l'arrêté du 26 mars 1804 et l'ordonnance du 24 mars 1832, pour faire frapper dans les ateliers du Gouvernement les médailles de sa composition, **tiendra lieu de celle qui lui est imposée** par l'art. 20 de la loi du 9 *sept.* 1835 (remplacée par l'art. 25 du décr. du 17 février 1852), pour les médailles dont un exemplaire **devra être** préalablement **déposé** au ministère de l'intérieur. (*V.* au tableau précédent, les art. 1 et 3.) —			

...iodiques de gravures ou dessins (art. 8, L. 17 mai 1819 et art. 27, L. 26 mai 1819). il y a lieu à l'élévation de l'amende au double par application de l'art. 14 de la loi du 18 juillet 1828. — *V.* p. 131.

265 *bis.* Les cartes à jouer sont des *dessins* particuliers, dont la fabrication et la distribution doivent, dans un intérêt purement fiscal, être autorisées par la régie. L'infraction art. 166 de la loi de finances du 28 avril 1816, constituerait une contravention matérielle qui ne serait susceptible ni du bénéfice des excuses ni de celui des circonstances atténuantes. — *V.* p. 16, n° 44.

MÉDAILLES. 266. Une médaille est une pièce de métal frappée pour conserver le souvenir d'une personne ou d'un fait.

266 *bis.* Le décret du 25 germinal an 12 n'a pas été abrogé par la charte comme contraire à la liberté du travail et à la libre publication de la pensée.

267. Les médailles à *bélières,* c'est-à-dire celles qui sont surmontées d'un anneau qui les rend propres à être suspendues et en fait des bijoux, sont soumises aux prescriptions du décret du 25 germinal an 12. Cass., 8 déc. 1832. S. 33. 1. 811. J. P. 24, p. 1632. Cass., 25 mars 1836. S. 36. 1. 624.

268. Un individu peut tout à la fois être poursuivi et puni pour émission de médailles séditieuses, et pour fabrication de médailles hors des ateliers du Gouvernement. Cass., 13 déc. 1832. S. 33. 1. 811.

269. La saisie et la destruction des médailles frappées hors des ateliers du Gouvernement ne sauraient être regardées comme une confiscation. Cass., 13 déc. 1832. S. 33. 1. 811.

LIVRE II.

MOYENS D'EXPRESSION ET DE TRANSMISSION DE LA PENSÉE.

IIe PARTIE. — MOYENS DE TRANSMISSION.

DES AGENTS DE PUBLICATION.

Nous avons vu suivant quelles conditions la presse typographique ou lithographique doit se mettre au service de la pensée, et suivant quelles formalités la pensée doit préparer les éléments périodiques ou non périodiques de ses manifestations. —Nous avons fait observer à ce sujet que ces éléments, tels que les livres, les journaux, les affiches, les dessins, les gravures, les peintures, etc., ne se propageaient pas seuls. Inertes par eux-mêmes ils resteraient enfouis dans les magasins des imprimeurs ou dans les cartons des auteurs à l'état de tentative avortée, si entre l'intelligence qui écrit et l'intelligence qui lit ou veut lire ne se plaçaient pas des intermédiaires pour accomplir la publication.—Ces *agents propagateurs*, nous les avons déjà nommés, sont les *libraires*, les *colporteurs*, les *crieurs*, les *afficheurs* et les *distributeurs*, etc. — Nous ne reviendrons pas sur les libraires, ils ont été l'objet d'un chapitre particulier.

Après avoir soumis à des mesures préventives la libre émission de la pensée, la loi aurait manqué de logique et de prévoyance en abandonnant à la raison individuelle le règlement de la publication de la pensée exprimée. — Elle a donc surveillé *sa transmission* en subordonnant à l'accomplissement de certaines formalités l'exercice des diverses professions que nous avons énumérées.

Livrés à eux-mêmes, les colporteurs, les crieurs et les afficheurs, eussent été les moyens les plus dangereux du désordre et de l'immoralité. Complices des publications irréligieuses, propagateurs des mauvais livres, instruments des contrefacteurs, agitateurs et démoralisateurs politiques, aussi habiles à se soustraire à toute surveillance qu'ingénieux à flatter et à surexciter par une satisfaction immodérée les mauvaises passions de la jeunesse, commis voyageurs des sociétés secrètes, tels ont été, tels seraient encore ces agents de publication au service des mécontents, des coupables ou des factieux. — Il était en conséquence du devoir de la loi de prévenir les abus et les dangers qui auraient été les suites inévitables de la libre pratique de ces diverses professions. — Il est inutile d'insister ; ils ne sont pas encore assez éloignés de nous les temps malheureux où ces funestes propagateurs inondaient de brochures licencieuses et anarchiques les villes et les campagnes troublées.

L'ancienne législation avait senti, comme la nouvelle, la nécessité de réprimer et de prévenir les abus du colportage en exigeant, des colporteurs, des garanties de moralité et de capacité, et en soumettant l'exercice de la profession à des mesures particulières de surveillance dans le règlement de 1723.

ART. 69. Aucun ne pourra faire le métier de colporteur s'il ne sait lire et écrire, et qu'après avoir été présenté par les syndics et adjoints des libraires et imprimeurs au lieutenant général de police et par lui reçu sur les conclusions du procureur de Sa Majesté au Châtelet.

ART. 71. Le nombre des colporteurs, dans Paris, demeure réduit et fixé à 120....

ART. 72. Fait Sa Majesté défense auxdits colporteurs, de colporter, de débiter et vendre aucuns livres, factums, mémoires, feuilles ou libelles sur quelque matière ou volume que ce soit, à l'exception des édits, déclarations, ordonnances, arrêts, ou autres mandements de justice, dont la publication aura été ordonnée, des almanachs et des tarifs, comme aussi des petits livres qui ne passeront pas huit feuilles, brochés ou reliés à la corde, imprimés avec privilége ou permission, par les seuls imprimeurs de Paris, avec le nom du libraire, le tout à peine de confiscation et de punition corporelle, suivant l'exigence des cas.

ART. 74. Seront tenus iceux colporteurs de porter une marque ou écusson de cuivre au devant de leurs habits où sera écrit : *colporteur.*

V. aussi l'art. 3 de l'ordonnance du 29 oct. 1732, p. 67.

Cette législation disparut en 1791 avec le régime des maîtrises et des jurandes.

Sous le régime de la liberté sans frein de la première République, une seule loi, du 5 nivôse an v, fut rendue relativement aux crieurs publics ; elle régla le mode d'annonce de certains écrits. Cette loi, aujourd'hui abrogée, a été remplacée par les lois postérieures, qui, suivant les besoins et les abus sont venues successivement, par des formalités nouvelles, suppléer à l'insuffisance de l'ancienne législation et dont les plus importantes sont celles du 10 décembre 1830, du 16 février 1834 et l'art. 6 de la loi du 27 juillet 1849.

La loi du 10 décembre 1830 assujettit les crieurs, vendeurs, afficheurs et distributeurs sur la voie publique à la *déclaration*

préalable devant l'autorité municipale de l'écrit à publier, à *l'indication* de leur domicile, fixa des règles pour l'annonce de certains écrits, et prohiba les affiches politiques.

La loi du 16 février 1834 soumit ces professions, moins les afficheurs, à *l'autorisation préalable* de l'autorité municipale. —Mais l'omission involontaire des afficheurs dans l'art. 1er de la loi de 1834 ayant été réparée par le décret du 25 août 1852, art. 1er, — ces diverses professions sont toutes soumises à la formalité de la *déclaration* suivant la loi de 1830 et à *l'autorisation préalable* suivant celle de 1834 et le décret de 1852.

Ce n'était que des crieurs, vendeurs et distributeurs *sur la voie publique*, dont la loi de 1834 avait réglementé la *profession*, la loi de 1849, art. 6, a fait plus, elle a soumis à l'autorisation préalable du préfet les *distributeurs* qui exercent *sur la voie publique* et ailleurs, dans les villes et les campagnes, ainsi que les colporteurs, et, pour mettre un terme à la propagation toujours croissante des mauvais livres, cet art. 6 de la loi de 1849 a été rédigé de manière à comprendre dans la généralité de ses termes les distributions habituelles ou accidentelles de toute espèce d'écrits ou imprimés, quelles que pussent être leur forme, leur nature, leur étendue ou leur brièveté. - V. sur cet article nos développements dans *l'appendice*.

La loi du 27 juillet 1849, en soumettant en même temps à l'autorisation préfectorale la distribution et le colportage des dessins, des gravures et des lithographies, avait eu pour but de remplacer, dans une certaine mesure, l'art. 20 de la loi du 9 septembre 1835, qu'avait abrogé le décret du 6 mars 1848 ; aussi, fut-il vivement attaqué et combattu lors de la discussion dans le sein de l'Assemblée législative. — On avait accusé, en 1835, l'art. 20 de la loi du 9 septembre d'être entaché d'inconstitutionnalité ; le même reproche fut adressé à l'art. 6 de la loi de 1849.—En subordonnant la libre publication des écrits, des imprimés et des dessins, à l'action discrétionnaire des préfets ; ne rétablissait-on pas indirectement la censure ? Mais les abus que cet article 6 devait prévenir étaient si considérables que l'Assemblée ne crut pas devoir hésiter : elle accepta la mesure malgré son apparence d'inconstitutionnalité.

Voici d'ailleurs quelle fut à ce point de vue l'appréciation du ministre qui devait en procurer l'exécution.

« Dans sa circulaire aux préfets, du 1er août 1849, le mi-
« nistre de l'intérieur reconnaît que , dans l'esprit de la loi,
« l'autorité administrative supérieure se trouve investie d'un
« pouvoir, en quelque sorte, discrétionnaire, et qui doit lui per-
« mettre de réprimer les abus du colportage.—Ce ne serait pas
« comprendre le sens de la loi et le vœu du législateur que
« d'interdire seulement le colportage des écrits ou des em-
« blèmes séditieux ou immoraux, que les tribunaux auraient
« déjà condamnés. Pour en venir là, il n'était pas besoin d'une
« loi nouvelle, le droit ordinaire suffisait.—Vous reconnaîtrez
« que des écrits dangereux peuvent échapper à l'action de la
« loi au moyen de certains artifices de rédaction, et cependant
« produire les plus pernicieux effets sur l'esprit des habitants
« de la campagne, s'ils sont colportés et distribués à vil prix.
« Selon la loi, la faculté de colporter ne s'exerce pas comme
« un droit, mais comme une concession. L'autorité, responsa-
« ble de l'ordre et protectrice de la morale, ne peut accorder
« de telles concessions aux dépens de l'ordre et de la morale. »

Telles sont les lois principales qui régissent les professions de colporteur, distributeur, crieur et afficheur ; il est en outre des textes particuliers, des dispositions éparses dans le Code pénal, les lois de 1819 et le décr. de 1852, qui règlent de certains cas de distributions et de publications, mais ils ne sont pas assez importants pour que l'historique de leur introduction dans la législation soit indispensable dans ce préambule.

Le titre suivant sera divisé en trois chapitres. — Les chapitres Ier et IIe seront consacrés aux *agents proprement dits de publications* (afficheurs, colporteurs, crieurs, chanteurs, distributeurs, expositeurs), et le chapitre IIIe à la police des *théâtres*, comme *moyen de publication*, et c'est au préambule qui précèdera ce chapitre que se trouvera l'historique de sa législation.

AVANT 1789.	1789 à 1814.	1815 à 1819.	1820 à 1825.	1825 à 1[...]
	1.	2.	3.	4.

TITRE UNIQUE. — AGENTS DE PUBLICATION. — PROFESSION, POLICE.

V. p. 23, le chapitre spécial à la librairie. . . . .

CHAPITRE II. — DES COLPORTEURS, DISTRIBUTEURS, CRIEURS, CHANTEURS, AFFICHEURS, ET[C.

Règlement du 28 fév. 1723.

ART. 4. *Défenses sont faites à toutes personnes, de quelque qualité et condition qu'elles soient, autres que les libraires et imprimeurs, de faire le commerce de livres, en vendre et débiter aucuns, les faire afficher pour les vendre en leur nom, soit qu'ils s'en disent les auteurs ou autrement… à peine de 500 livres d'amende, de confiscation et punition exemplaire.* — (Voilà la règle.) *V. infrà.*

ORD. du 29 octobre 1732.

ART. 1er. *Sa Majesté fait très-expresses inhibitions et défenses à tous colporteurs de la ville et des faubourgs de Paris, de crier dans les rues, ni d'y vendre et débiter aucuns imprimés dont les permissions seront de plus anciennes dates que d'un mois, à moins que ladite permission n'ait été renouvelée, et ce, sous peine d'emprisonnement de leur personne et de 50 livres d'amende.*

ART. 2. *Leur défend Sa Majesté, sous les mêmes peines, de crier, vendre, ni débiter aucun ouvrage, de quelque espèce et nature qu'ils soient, même aucune sentence rendue par des juges hors du ressort de ladite ville de Paris, ni aucun arrêt de conseil que préalablement ils n'en aient obtenu la permission du lieutenant général de police, et ne pourront, sous les mêmes peines, publier et crier lesdites sentences et arrêts, plus de 8 jours après ladite permission.*

(Abrogé par l'ensemble des lois postérieures.)

Arr. du cons. de 1777.

ART. 5. *Tout auteur qui obtiendra, en son nom, le privilége de son ouvrage aura le droit de le vendre chez lui, sans qu'il puisse, sous aucun prétexte, vendre ou négocier d'autres livres.* — *V.* p. 13.

(Voici l'exception.)

DÉCR. 19-24 juillet 1793. — (Propriété des auteurs.)

ART. 1er. Les **auteurs** d'écrits en tous genres, les compositeurs de musique, les peintres et les dessinateurs, qui feront graver des tableaux ou **dessins,** jouiront durant leur vie entière du droit exclusif de **vendre, faire vendre, distribuer leurs ouvrages dans tout** le territoire de la République et d'en céder la propriété en tout ou en partie. — *V. infrà.*

N. B. Le droit des auteurs, de vendre et distribuer, est-il soumis à l'autorisation préfectorale de l'art. 6, L. 27 juill. 1849? (278)

CODE PÉNAL.

ART. 290. *Tout individu qui, sans y avoir été autorisé par la police, fera le métier de crieur ou d'afficheur d'écrits imprimés, de dessins ou gravures, même munis des noms d'imprimeur, d'auteur, dessinateur ou graveur, sera puni de 8 jours à 2 mois de prison.*

ART 464. Les peines de police sont : **l'emprisonnement, l'amende et la confiscation de certains objets saisis.**

ART. 435. L'emprisonnement pour contraventions de police ne pourra être moindre de **1 jour** ni excéder **5 jours** selon les classes, distinctions et cas ci-après spécifiés.

L. 10 déc. 183[...]
Afficheurs et crieu[rs]

ART. 5. La loi 5 niv. an V (*V.* tableau suiv.), [...] lative aux crieu[rs] publics, et l'a[rt.] 290 du C. pén[.] sont abrogés.

Exceptions. — Exemption d'autorisation en faveur de la propriété

Règlement du 28 février 1723.

ART. 4. *Défenses sont faites à toutes personnes, de quelque qualité et condition qu'elles soient, autres que les libraires et imprimeurs de faire le commerce des livres, vendre et débiter aucuns, les faire afficher pour les vendre en leur nom, soit qu'ils s'en disent les auteurs ou autrement.. à peine de 500 livres d'amende, de confiscation et punition exemplaire.* — *V.* p. 13.

N. B. Voilà la règle : nul ne peut vendre des livres que les imprimeurs et libraires. — Exception, *V.* arrêt du conseil de 1777, ci à côté.

Arr. du cons. de 1777.

ART. 5. *Tout auteur qui obtiendra, en son nom, le privilége de son ouvrage aura le droit de le vendre chez lui, sans qu'il puisse, sous aucun prétexte, vendre et négocier d'autres livres.* —*V.* p. 13.

N. B. Cette exception, en faveur des auteurs, a été étendue à la distribution dans tout le territoire, par la loi de 1793.

DÉCR. 19-24 juillet 1793. — (Propriété des auteurs.)

ART. 1er. Les auteurs d'écrits en tout genre, les compositeurs de musique, les peintres et les dessinateurs, qui feront graver des tableaux ou dessins, jouiront, durant leur vie entière, du droit exclusif de vendre, faire vendre, distribuer leurs ouvrages dans tout le territoire de la République et d'en céder la propriété en tout ou en partie.

N. B. Ce droit des auteurs de vendre et distribuer leurs ouvrages est-il soumis à l'autorisation de l'art. 6, L. du 27 juill. de 1849 ? — Rien, dans la discussion de la loi du 27 juillet, n'autorise à le penser, — et lorsque la loi n'a pas formellement imposé une aussi grave limitation aux droits de la propriété, on ne peut l'induire de la généralité vague de ses termes. (278)

AGENTS DE PUBLICATION. — AUTORISATIONS. — 270. L'*affichage* est l'application dans un lieu public d'un écrit ou imprimé destiné au public. L'afficheur est celui qui pose les affiches.

271. Le *colporteur-libraire* est celui qui, sans résidence fixe, sans établissement stable et permanent, fait le commerce des livres, gravures, dessins, images etc., c'est en un mot un libraire ambulant. — Le *colporteur* en général est celui qui porte en tous lieux des livres, etc.

272. Le *colportage* de livres est un acte de commerce de la librairie qui ne peut être exercé sans brevet. — Un libraire breveté ne peut d'ailleurs sans autorisation préalable colporter les livres dont il fait le commerce, parce que le brevet est local. Cass., 10 nov. 1826. S. 1826. 1. 449. *V. suprà*, p. 9, n° 4, et p. 24, n° 94.

273. On nomme *crieurs, vendeurs, distributeurs,* ceux qui annoncent à haute voix, distribuent ou vendent dans les rues, places et autres lieux publics, des écrits, des imprimés, dessins, emblèmes, médailles, journaux ou autres publications. Bories et Bonnassies, v° *Crieur.*

274. La loi du 10 décembre 1830 (art. 2), *V.* p. 67, avait soumis à une *déclaration* préalable les afficheurs, crieurs, vendeurs et distributeurs, la loi du 16 février 1834, en assujettissant les *crieurs, vendeurs et distributeurs,* à l'autorisation préalable, omit par oubli les afficheurs ; la jurisprudence avait par induction remédié à cette omission, lorsque le décret du 25 août 1852 a relevé en partie cette lacune d'une manière expresse en soumettant l'affichage à l'autorisation municipale, mais sous des peines autres que celles de l'art. 2 de la loi du 16 fév. 1834.

275. La loi de 1834 est relative aux *crieurs, vendeurs et distributeurs de profession sur la voie publique.* L'art. 6 de la loi du 27 juillet 1849 comprend sans distinction *les colporteurs et les distributeurs dans les villes, dans les campagnes et à domicile comme dans les* réunions publiques. Cass., 25 avril 1850. Mais, les lois générales même postérieures ne dérogeant point aux lois spéciales (Cass., 19 fév. 1815. J. P. 11.152), il suit que l'art [...] de la loi de 1834, spéciale aux distributeurs *de profession sur la voie publique,* n'a pas [été] abrogé par l'art. 6 de la loi de 1849, qui est relatif aux distributeurs en général ; [en] conséquence les distributeurs *de profession* dans les villes et sur la voie publique ne [sont] soumis qu'à l'autorisation municipale.

276. Le colportage de livres sans brevet n'est puni par aucune peine. Cass , 13 fév. 18[...] S. 45. 1. 687. Cet arrêt n'est point contraire à celui rapporté *suprà*, n° 272. En 1826 [la] Cour suprême avait cru trouver une sanction à l'art. 11 de la loi de 1814, 21 oct., dans l'a[r]rêt de règlement de 1723, en ce qui touche l'exercice de la librairie sans brevet, mais [elle est] revenue sur cette jurisprudence en décidant que l'arrêt du règlement de 1723 était abro[gé,] elle a dû juger que l'exercice de la librairie comme celui du colportage sans brevet n'étai[t] pas punis. Aujourd'hui que le décret du 17 fév. 1852 a réparé les lacunes à cet égard de [la] loi antérieure, si la Cour assimilait encore la profession de colporteur à celle de librai[re] elle trouverait dans l'art. 24 du décret précité la peine qu'elle ne trouvait pas dans [la loi] de 1814 contre les libraires sans brevets, fixes ou ambulants. (*V.* p. 24, n° 94.)

277. L'art. 6 de la loi de 1849 ne s'applique pas aux libraires qui vendent à [leur] propre domicile, le rapporteur de la commission l'a expressément déclaré ; mais il s'appli[que] à ceux qui, sans être libraires, exposent ou vendent des brochures et autres imprimés d[e] leur domicile, et notamment à un limonadier qui exposait des écrits de ce genre aux vi[tres] de son magasin , alors même qu'il serait établi qu'il n'en avait vendu aucun. Exposit[ion] en vente vaut vente. Paris, 16 janv, 1850. Chassan, supplément, p. 96.

278. Par *écrits* dans l'art. 6, L. 1849, il faut comprendre les écrits périodiques [et] non périodiques, à la main ou imprimés, quelle que soit leur étendue ou leur brièveté, ainsi ju[...]

1831 à 1848.	1848 à 1849.	1850 à 1856.	LA PRESSE en ALGÉRIE.	1856 à... NOTES.
5.	6.	7.	8.	9.

CHAP. Ier. DES LIBRAIRES BREVETÉS ET ASSERMENTÉS, ET DES LIBRAIRES ÉTALAGISTES.

En réglementant par des dispositions communes les professions d'imprimeur et de libraire, le décret du 5 fév. 1810 nous a obligé de faire suivre le chapitre relatif aux imprimeurs de celui qui concernait les libraires. — Nous n'aurions pu sans nuire à l'intelligence comme à l'unité de la législation à ce sujet séparer ces chapitres qui avaient tant de points de relation.... — *V.*, en conséquence, au chap. IV, p. 23.

SECT. Ire. Conditions de la profession. — Autorisation préalable.

[Col. 1831 à 1848]

L. 16 fév. 1834. — (Crieurs publics.)

Art. 1er. Nul ne pourra, même temporairement, exercer la profession de crieur, de vendeur, ou de distributeur, sur la voie publique, d'écrits, dessins ou emblèmes, imprimés, lithographiés, autographiés, moulés, gravés ou à la main, sans autorisation préalable de l'autorité municipale. — Cette autorisation pourra toujours être retirée.

Les dispositions ci-dessus sont applicables aux chanteurs sur la voie publique (293, 274, 275).

Art. 2. Toute contravention à la disposition ci-dessus sera punie de 6 jours à 2 mois de prison, pour la première fois, et de 2 mois à 1 an en cas de récidive.

Les contrevenants seront traduits devant les tribunaux correctionnels qui pourront, dans tous les cas, appliquer l'art. 463 du C. pénal.

(*V.* art. 1er, L. 10 déc. 1830... tableau suivant.)

[Col. 1848 à 1849]

L. 27 juillet 1849. (Sur la presse.)

Art. 6. Tous distributeurs ou colporteurs de livres, écrits, brochures, gravures et lithographies, devront être pourvus d'une autorisation qui leur sera délivrée, pour le département de la Seine, par le préfet de police, et par les préfets pour les autres départements (277, 278, 278 bis, 279, 280, 281, 282, 283, 284, 285 et suiv.).

Cette autorisation pourra toujours être retirée.

Les contrevenants seront condamnés par les tribunaux correctionnels de 1 à 6 mois de prison et de 25 fr. à 500 fr. d'amende, sans préjudice des poursuites qui pourraient être dirigées pour crimes ou délits, soit contre les auteurs ou éditeurs de ces écrits, soit contre les distributeurs ou colporteurs eux-mêmes.

[Col. 1850 à 1856]

DÉCR. 25 août 1852. — (Affichage.)

Art. 1er. Tout individu qui voudra... inscrire des affiches dans un lieu public... sera tenu préalablement... d'obtenir de l'autorité municipale dans les départements, et du préfet de police à Paris, l'autorisation ou permis d'afficher... V. p. 74, le texte entier. (273, 291)

Art. 8. Les contraventions à l'art. 1er seront passibles des peines de l'art. 30 de la loi du 8 juillet 1852 (274).

L. 8 juillet 1852.

Art. 30, § 2. Toute infraction à la présente loi et toute contravention au règlement à intervenir, pourront être punies de 100 fr. à 500 fr. d'amende, ainsi que des peines portées en l'art. 464 du C. pénal (294).

Observation. — Quant aux **autorisations** spéciales nécessaires pour certaines publications, expositions, distributions ou ventes, telles que celles des ouvrages non encore tombés dans le domaine public, des journaux politiques français ou étrangers, **des dessins et gravures**, des discours parlementaires, etc. etc., *V.* p. 13, 14, 15, 16, 33, 34, 60.

littéraire et de la publication de certains écrits électoraux.

[Col. 1831 à 1848]

(*V.* art. 1er, L. du 16 février 1834, ci-dessus, et art. 1er, L. 10 déc. 1830, au tableau suivant.)

N. B. Au 21 avril 1849 les **crieurs, vendeurs et distributeurs**, et par voie d'induction les **afficheurs** (274), n'étaient soumis qu'à l'autorisation municipale... *V.* art. 1er de la loi du 16 février 1834...; exemptés de cette autorisation par la loi du 21 avril, ils n'étaient, pendant la période de libre publication électorale, soumis à aucune autre espèce d'**autorisation**. — Les mots de **sans autorisation municipale** dans l'art. 2 de la loi du 21 avril étaient alors synonymes de sans aucune autorisation administrative, municipale ou préfectorale. — Quelle a été sur la portée de ces expressions, reproduites par l'art. 10 de la loi du 16 juillet 1850, l'influence de l'art. 6 de la loi du 27 juillet 1849? (278, 278 bis).

[Col. 1848 à 1849]

L. 21 avril 1849.
Journaux, affiches, crieurs distributeurs.

Art. 2. Pendant les 45 jours précédant les élections générales, tout citoyen pourra, sans avoir besoin d'aucune autorisation municipale, afficher, crier, vendre, distribuer tous journaux feuilles quotidiennes ou périodiques, ou tous autres écrits ou imprimés, relatifs aux élections; ces écrits ou imprimés autres que les journaux doivent être signés de leurs auteurs.

Les écrits ou imprimés autres que les journaux devront être déposés dans chaque arrondissement, au parquet du procureur de la République avant qu'on puisse les afficher, crier, vendre ou distribuer.

Les afficheurs, crieurs, vendeurs et distributeurs feront connaître leurs noms, profession et domicile aux maires des communes où la publication aura lieu.

L'infraction aux dispositions des deux précédents paragraphes sera punie de 16 fr. à 200 fr. d'amende et de 10 jours à 1 an de prison.

Dans tous les cas il pourra être fait application de l'art. 463 du C. pénal.

Art. 3. Les afficheurs, crieurs, vendeurs et distributeurs, devront préalablement remettre au maire de la commune dans laquelle ils voudront afficher, crier, vendre et distribuer des journaux, écrits ou imprimés, un exemplaire de chacun desdits journaux, écrits ou imprimés. (Abr., art. 11, L. 16 juill. 1850.)

[Col. 1850 à 1856]

L. 16 juillet 1850.
Sur la presse.

Art. 10. Pendant les 20 jours qui précéderont les élections, les circulaires, et professions de foi signées des candidats, pourront, après dépôt au parquet du procureur de la République, être affichées et distribuées sans autorisation de l'autorité municipale (278).

N. B. Point de sanction autre que celle des art. 1er de la loi de 1834, 16 février, art. 6, L. 27 juillet 1849, 1er et 8, décret 2 août 1852, et 1er, L. du 10 déc. 1830, suivant les espèces, en cas de distribution et d'affichage d'écrits autres que ceux spécifiés dans l'art. 10, ou d'écrits de cette nature, mais n'ayant point rempli les conditions de la loi.

Art. 11. La loi du 21 avril 1849 est abrogée.

[Col. LA PRESSE en ALGÉRIE]

DÉCRET 28 mars 1852.
Art. 42, § 2. Sont considérés comme faisant le commerce de la librairie, les éditeurs autres que les auteurs des publications. *V.* p. 24.

O. P. 1849 et 1850, table, v° *Colportage*, v. à l'*appendice*, développements sur l'art. 6, p. 160.

278 bis. L'art. 6 de la loi du 27 juill. 1849, dans ses rapports avec la propriété littéraire et la liberté électorale, fait naître diverses questions dont l'examen demande quelques développements. On trouvera ces développements, p. 160, dans l'appendice.

279 Jugé que l'art. 6 de la loi de 1849 est général et absolu, qu'il s'applique en conséquence aussi bien aux colporteurs et distributeurs de profession qu'aux distributions accidentelles. Caen, 15 fév. 1850. Paris, 28 fév. 1849. Bourges, 21 mai 1850, D. P. 2. 211 et 212. Cass., 30 janv. 1850, D. P. 50. 2. 204. *Contrà*, Chartres, 20 déc. 49. G. J. n° 29.

279 bis. L'autorisation n'est pas spéciale à la personne et à la profession. En conséquence, le préfet a le droit de spécifier les écrits dont il autorise le colportage, et le colportage d'autres écrits que ceux compris dans le catalogue au sujet duquel l'autorisation a été donnée, est une contravention à l'art. 6. Saint-Omer, 9 janv. 1850. « Chaque exemplaire des ouvrages dont la vente aura été autorisée par le préfet, sera frappé d'un timbre spécial ou estampille apposé dans les bureaux de chaque préfecture, et dont l'empreinte devra être envoyée à tous les parquets et à toutes les mairies. Le permis de distribution sera toujours nécessaire (Circ. minist., 28 juill. 1852). L'estampille ne dispense pas de l'autorisation (Circ. minist., 12 sept. 1852).

280. L'envoi par la poste d'un écrit autographié (manifeste politique) sous enveloppe cachetée n'est pas soumis à l'autorisation et ne constitue pas un fait de colportage ni de distribution. C'est le fait personnel et direct du colporteur et du distributeur que la loi a voulu atteindre. Cass., 8 avril 1855, D. P. 55. 1. 231. *V.* néanmoins l'arrêt indiqué à la note 290.

1789 à 1814.	1815 à 1819.
1.	2.

Sect. II. — Exercice de la Profession d'Afficheurs, Crieurs, Vendeurs et Distributeu

ORD. 29 octobre 1732.

Art 3. *Leur fait, Sa Majesté, très-expresse défense (aux colporteurs de la ville de Paris) — (V.ci-devant au tableau précédent), d'annoncer au public les différents imprimés qu'ils auront la permission de crier et débiter dans ladite ville, sous d'autres titres et dénominations que ceux qui sont mis en tête des impressions, et ce, sous les mêmes peines d'emprisonnement de leurs personnes et de 50 livres d'amende.*

(Abrogé par l'ensemble de la législation postérieure.)

—

L. 3 nivôse an V. (Crieurs publics.)

Art. 1ᵉʳ. *Il est défendu à tout individu d'annoncer dans les rues, carrefours et autres lieux publics, aucun journal ou écrit périodique, autrement que par le titre général et habituel qui le distingue des autres journaux.*

Art. 2. *Il est également défendu d'annoncer aucune loi, aucun jugement et autres actes d'une autorité constituée, autrement que par le titre donné auxdits actes, soit par l'autorité de laquelle ils émanent, soit par celle qui a le droit de les publier.*

Art. 3. *La contravention aux deux précédents articles sera punie par voie correctionnelle de 2 mois de prison la première fois, et de 6 mois en cas de récidive.*

(Abrogé par l'art. 9 de la loi du 10 décembre 1830). . . . .

—

Sect. III. — Abus dans l'exercice de la Professi

CODE PÉNAL.

L. III, TIT. II, CH. II, Sect. II. — Violation des règlements relatifs aux manufactures, au commerce et aux arts.

Art. 449. Tous ceux qui, par des **faits faux ou calomnieux, semés à dessein dans le public**… ou qui, par des voies ou moyens frauduleux quelconques, auront opéré la hausse ou la baisse du prix des denrées ou marchandises, ou des papiers et effets publics au-dessus et au-dessous des prix qu'aurait déterminés la concurrence naturelle et libre du commerce, seront punis d'un emprisonnement de **1 mois** au moins, de **1 an** au plus et d'une amende de **500 fr. à 10,000 fr.**, les coupables pourront de plus être mis, par l'arrêt ou le jugement, sous la surveillance de la haute police pendant **2 ans** au moins et **5 ans** au plus (295).

Art. 420. La peine sera d'un emprisonnement de **2 mois** au moins et de **2 ans** au plus et d'une amende de **1,000 fr. à 20,000 fr**, si ces manœuvres ont été pratiquées sur grains, grenailles, farines, substances farineuses, pain, vin ou toute autre boisson. — La mise en surveillance qui pourra être prononcée sera de **5 ans** au moins et de **10 ans** au plus. (259)

———

L. 9 novembre 1815.
Cris séditieux et provocation à la révolte.

Art. 8. *Sont coupables d'actes séditieux toutes personnes qui répandraient ou accréditeraient, soit des alarmes touchant l'inviolabilité des propriétés qu'on appelle nationales, soit des bruits d'un prétendu rétablissement des dîmes ou des droits féodaux, soit des nouvelles tendant à alarmer les citoyens sur le maintien de l'autorité légitime, et à ébranler leur fidélité…* (*V*. p. 95. — *V*. aussi l'art. 8, p. 95.)

(Abrogé par l'art. 26 de la loi du 17 mai 1819.)

Art. 3. *Seront punis de la déportation tous coupables d'actes séditieux…* (*V*. p. 95.)
(Abrogé par l'art. 26, L. 18 mai 1819.)
(295, 296.)

---

281. La distribution non autorisée faite par l'auteur d'un écrit est passible des peines de l'art. 6, L. 27 juill. 1849. Cass., 6 juin 1850. (D. P. 50. 1. 211. 212.) Mais la distribution manuelle faite par l'auteur de l'écrit ne constitue pas une distribution illicite, bien que non autorisée, dès lors qu'elle n'est que la continuation de la distribution par la voie de la poste. Cass., 17 août 1850, (D. P. 51. 1. 301.) *V.* sur cette décision, qui ne paraît pas juridique, nos observations dans l'*appendice*, page 160.

282. La distribution d'une liste portant sans commentaire le nom des candidats au conseil des prud'hommes, faite sans l'autorisation préalable du préfet, tombe sous l'application de l'art. 6 de la loi du 27 juill. 1849. Cass., 20 mai 1854 (*Bull. crim.*, nº 168.) *V.* également à ce sujet nos observations dans l'*appendice*, p. 160.

283. Lorsque l'autorisation préfectorale détermine l'heure de la distribution, il y a contravention à l'art. 6, de la loi du 27 juillet 1849, si la vente ou la distribution a lieu à une autre heure. Trib. Seine, 23 avril 1850.

284. Jugé que la remise faite à titre d'hommage ou d'envoi en communication à titre d'amitié ou par déférence par l'auteur ne constituait pas un fait de distribution soumis à l'autorisation préfectorale. Cass., 1849. D. P. 1849. 1. 121.

285. La remise gratuite ou onéreuse de l'écrit est un élément essentiel du fait de colportage prévu par l'art. 6 de la loi de 1849. Cass., 9 août 1850, D. P. 1. 231. Il s'a-

gissait dans l'espèce du colportage d'une pétition à faire signer, et qui était présent être remise et laissée à celui qui devait la signer.

286. L'art. 6 n'est pas limitatif, le colportage non autorisé de médailles est et puni par cet art. Cass., 6 sept. 1851. D. P. vº *Colportage*, année 1851. table. — colportage de statuettes ou emblèmes? Nous pensons que l'art. 6 ne doit pas être jusque-là, et qu'il y a un texte plus spécial à ces faits d'exposition et de mise en médailles et emblèmes dans le décret du 17 février 1852, art. 22. *V.* p. 60, *supra*

287. L'autorisation donnée pour le colportage ne contient pas celle de crier su publique les journaux et les imprimés. Caen, 13 mars 1851, D. P. 51. 2. 41.

288. Le juge qui déclare l'existence d'un fait de distribution non autorisé, n' tenu de spécifier la preuve sur laquelle se fonde sa conviction. Cass., 25 juin 1852 52. 1. 190.

289. L'art. 6 de la loi du 27 juill. 1849, relatif au colportage, n'est pas applie commissionnaire en librairie non muni de brevet; l'exercice de cette profession san n'est puni par aucune peine. Cass., 13 fév. 1845, 28 mars 1851, 21 août 185 crim., nᵒˢ 47, 124, 345 dans les années respectives. (Il n'en est plus ainsi depu 24 du décret du 17 fév. 1852, qui punit l'exercice de la librairie sans brevet. *V.* suprà.)

1825 à 1830. (4)	1831 à 1848 (5)	1848 à 1849. (6)	1850 à 1856. (7)	La Presse en Algérie. (8)	1856 à... NOTES. (9)

Déclaration de profession. — Indication du domicile. — Mode d'annonce, Dépôt.

1825 à 1830 (col. 4) :

L. 10 décembre 1830. (Afficheurs et crieurs publics.)

ART. 2. Quiconque voudra, même temporairement, exercer la profession d'afficheur ou crieur, de vendeur ou distributeur sur la voie publique d'écrits imprimés, lithographiés, gravés ou à la main, sera tenu d'en faire préalablement la déclaration devant l'autorité municipale et d'indiquer son domicile.

Le crieur ou afficheur devra renouveler cette déclaration chaque fois qu'il changera de domicile (294).

ART. 7. Toute infraction aux art. 2 et 3 de la présente loi sera punie, par la voie ordinaire de police correctionnelle, d'une amende de 25 fr. à 200 fr. et d'un emprisonnement de 6 jours à 1 mois, cumulativement ou séparément (294).

(V. pour la déclaration spéciale des affiches privées, l'art 2, déc. du 25 août 1852, p.74.)

Publication. — Mode d'annonce. — Dépôt.

ART. 3. Les journaux, feuilles quotidiennes ou périodiques, les jugements et autres actes d'une autorité constituée ne pourront être annoncés dans les rues, places et autres lieux publics autrement que par leur titre.

Aucun autre écrit imprimé, gravé ou lithographié, ne pourra être crié sur la voie publique qu'après que le crieur ou distributeur aura fait connaître à l'autorité municipale le titre sous lequel il veut l'annoncer, et qu'après avoir remis à cette autorité un exemplaire de cet écrit (295).

ART. 7. Toute infraction aux art. 2 et 3 de la présente loi sera punie. (*V.* ci-dessus.)

ART. 9. La loi du 5 nivôse an v... relative aux crieurs publics est abrogée.

1850 à 1856 (col. 7) :

DÉCR. 25 août 1852.
Règlement sur l'affichage.

ART. 1er. Tout individu qui voudra... inscrire des affiches dans un lieu public... sera tenu d'obtenir l'autorisation... et de payer le droit d'affichage établi par l'art. 30 de la loi du 8 juillet 1852. (*V.* p. 74.)

ART. 2. Le droit sera perçu sur la présentation, pour chaque commune, d'une déclaration en double minute, datée et signée, contenant le texte de l'affiche, ses dimensions, le nombre des exemplaires, les lieux d'apposition, etc. (*V.* la suite p. 74.)

(ART. 3. Le numéro du permis doit être lisible au bas de l'affiche. — *V.* p.74. ART. 4. Aucun exemplaire ne sera d'une dimension autre que celle déclarée. — *V.* p. 74 le texte. ART. 8. Et ne devra être placé dans un emplacement autre.) *V.* le texte de ces divers articles, p. 74.

Crimes, Délits et Contraventions. — Pénalités.

1825 à 1830 (col. 4) — Même Loi.

ART. 1er. Aucun écrit, soit à la main, soit imprimé, gravé ou lithographié, contenant des nouvelles politiques ou traitant d'objets politiques, ne pourra être affiché ou placardé dans les rues, places ou autres lieux publics. — Sont exceptés de la présente disposition les actes de l'autorité publique.

ART. 4. La vente ou distribution de faux extraits de journaux, jugements et actes de l'autorité publique, est défendue, et sera punie des peines ci-après.

ART. 5. L'infraction aux dispositions des art. 1er et 4 de la présente loi sera punie d'une amende de 25 fr. à 500 fr. et d'un emprisonnement de 6 jours à 1 mois, cumulativement ou séparément.

L'auteur ou l'imprimeur de faux extraits défendus par l'article ci-dessus sera puni du double de la peine infligée au crieur, vendeur ou distributeur de faux extraits. — Les peines prononcées par le présent article seront appliquées sans préjudice des autres peines qui pourraient être encourues par suite des crimes et délits résultant de la nature même de l'écrit.

ART 6. Abrogé. *V.* p. 138, relatif à la juridiction.

ART. 8. Dans les cas prévus par la présente loi, les *Cours d'assises* et les tribunaux correctionnels pourront appliquer l'art. 463 du Code pénal, si les circonstances leur paraissent atténuantes, et si le préjudice causé n'excède pas 25 fr.

(Modifié par le changement de juridiction. — Les délits de presse ont été attribués aux tribunaux correctionnels, art. 25, décret du 17 fév. 1852.) *V.* p. 138.

1848 à 1849 (col. 6) :

L. 27 juillet 1849.
Sur la presse.

ART. 4. *La publication ou reproduction faite de mauvaise foi de nouvelles fausses, de pièces fabriquées falsifiées, ou mensongèrement attribuées à des tiers, lorsque ces nouvelles ou pièces seront de nature à troubler la paix publique, sera punie de 1 mois à 1 an de prison et de 50 fr. à 1,000 fr. d'amende.*

(Abrogé et remplacé par l'art. 15 du décret du 17 février 1852.)

1850 à 1856 (col. 7) :

DÉCR. 17 février 1852.
Sur la presse.

ART. 15. La publication ou reproduction de fausses nouvelles, de pièces fabriquées, falsifiées ou mensongèrement attribuées à des tiers, sera punie de 50 fr. à 1,000 fr. d'amende.

Si la publication ou reproduction est faite de mauvaise foi, ou si elle est de nature à troubler la paix publique, la peine sera de 1 mois à 1 an de prison et l'amende de 500 fr. à 1,000 fr.

Le maximum de la peine sera appliqué si la publication ou reproduction est tout à la fois de nature à troubler la paix publique et faite de mauvaise foi. (296, 295.)

(Pour faux bruits et fausses nouvelles répandus pendant les élections. *V.*p.100, art. 40, décret électoral du 2 février 1852.)

La Presse en Algérie (col. 8) :

V. pag. 158, l'art 3, § 6 de la loi du 7 août 1850, sur la presse aux colonies.

Le décret du 17 février 1852 n'est pas applicable à l'Algérie. *V.* art. 36, p. 156.

---

290. La distribution même accidentelle d'un écrit qualifié défense faite, sans autorisation par l'intermédiaire de l'administration des postes et antérieurement à toute instance engagée, constitue suffisamment une distribution illicite. — Est suffisamment motivé l'arrêt qui déclare que cette distribution illicite a été faite par la personne inculpée de contravention. Cass. rejet, 25 juin 1852 (*Bull. crim.*, n° 208, 25 avril 1850); *Bull. crim*, n°s 60 et 136). *V.*n° 280.

291. Des portraits renfermés dans un cadre mobile attaché à un mur donnant sur un lieu public, avec l'indication du prix, des noms et demeure de l'artiste, ne constituent pas des affiches dans le sens de l'art. 30 du décret du 8 juill. 1852, mais doivent être considérés comme enseignes à l'égard desquelles aucun permis d'exposition de l'autorité municipale n'était nécessaire. Cass., 2 sept. 1853 (*Bull. crim.*, n°446).

292. La loi ne s'occupe point du caractère, de la nature de l'écrit; le fait de l'avoir distribué sans autorisation constitue la contravention punissable, quel que soit son contenu; dans l'espèce, c'étaient de simples adresses. Paris, 13 juin 1835, J. P. 1835, p.1255.

293. Les chanteurs sur la voie publique sont assimilés aux crieurs. — Quant aux cafés chantants, ils sont régis par la police municipale, et l'autorisation est nécessaire non aux chanteurs individuellement, mais au maître de l'établissement, et toute contravention entraînera pour lui des peines de simple police. Cass.. 12 juin et 5 déc 1846 (*J. crim.*, 4058).

294. En l'absence de formes tracées par la loi, le crieur peut prouver par tous les moyens de droit qu'il a fait la déclaration et la remise prescrites par l'art. 3 de la loi du 10 déc. 1830 Cass., 22 nov. 1833. J. P., 1833. 1.963.

295. Nous avons rapproché les art. 419 du Cod. pénal, 8 de la loi de 1815, 4 de la loi de 1830 et 15 du décret de 1852, parce que ce sont tous des articles prévoyant la même nature d'infraction dans des conditions différentes, c'est-à-dire une publication de faits faux de nature à troubler la tranquillité ou la bonne foi publiques.

296. Le délit prévu par l'art. 15, du décret du 17 février 1852, reproduit de la loi de 1849, n'est pas entièrement nouveau; l'idée en a été empruntée à l'art. 8 de la loi de 1815.

AVANT 1789.

1789 à 1814.

I.

DÉCR. des 19-22 mai 1791. (Lieux pour les affiches de l'autorité. — Affiches prohibées.)

ART. 43. Dans les villes et dans chaque municipalité, il sera, par les officiers municipaux, désigné des lieux exclusivement destinés à recevoir les **affiches des lois** et des actes de l'autorité publique. Aucun citoyen ne pourra faire des affiches particulières dans lesdits lieux, à peine d'une amende de **100 livres**, dont la condamnation sera prononcée par voie de police.

ART. 44. Aucun citoyen et aucune réunion de citoyens ne pourront **rien afficher** sous le titre d'**arrêté, de délibération**, ni sous aucune **autre forme impérative** ou obligatoire.—Aucune affiche ne pourra être faite sous un nom collectif; tous les citoyens qui auraient coopéré à une affiche seront tenus de la signer.

ART. 45. Les contraventions à l'article précédent seront punies d'une amende de **100 livres**, laquelle ne pourra être modérée, et dont la condamnation sera prononcée par voie de police.

L. 21 germinal an x (11 avril 1802). — Remèdes secrets, annonces.

ART. 36. **Toute annonce et affiche imprimée** qui indiquerait des **remèdes secrets**, sous quelque dénomination qu'ils soient présentés, sont sévèrement prohibée.

L. du 29 pluviôse an XIII (19 février 1804) (interprétative de la loi du 21 germinal an x).

ART. 1er. Ceux qui contreviendront aux dispositions de l'art. 36 de la loi du 21 germ. an x seront poursuivis par mesure de police correctionnelle et punis d'une amende de **25 fr.** à **600 fr.**, et, en cas de récidive, en outre, d'une détention, de **3 jours à 10 jours**.

CODE PÉNAL.

L. III. TIT. II. CH. III. SECT. VI. — Délits commis par voie d'écrits, d'images, gravures, distribués sans nom d'auteur, d'imprimeur ou de graveur.

ART. 283. **Toute publication ou distribution d'ouvrages**, écrits, avis, bulletins, affiches, journaux, feuilles périodiques ou autres écrits, dans lesquels ne se trouvera pas l'**indication vraie** des noms, profession et demeure de l'auteur ou de l'imprimeur, sera par ce seul fait punie d'un emprisonnement de **6 jours à 6 mois**, contre toute personne qui aura **sciemment contribué** à la **publication ou distribution**.

ART. 284. Cette disposition sera réduite à des peines de simple police, — V. art. 475.
1° A l'égard des **crieurs, vendeurs, afficheurs ou distributeurs**, qui auront fait connaître la personne de qui ils tiennent l'écrit imprimé;
2° A l'égard de quiconque aura fait connaître l'imprimeur;
3° A l'égard même de *l'imprimeur qui aura fait connaître l'auteur*, V. p. 19,21, n°s 81,82,s.

ART. 285. Si l'écrit imprimé (et **distribué** sans indication vraie des noms d'auteur, d'imprimeur ou de graveur) contient **quelques provocations** à des crimes ou délits, les crieurs, **afficheurs, vendeurs ou distributeurs**, seront punis comme **complices des provocateurs**, à moins qu'ils n'aient fait connaître ceux dont ils tiennent l'écrit contenant provocation.
En cas de révélation ils n'encourront qu'un emprisonnement de **6 jours à 3 mois**, et la peine de la **complicité** ne restera applicable qu'à ceux qui n'auront point fait connaître la personne dont ils auront reçu l'écrit imprimé, et à l'imprimeur s'il est connu.— V. p. 19.

ART. 286. Dans tous les cas ci-dessus', il y aura lieu à la **confiscation** des exemplaires saisis (302).

ART. 287. **Toute exposition ou distribution de chansons**, pamphlets, figures ou images, **contraires aux bonnes mœurs**, sera punie d'une amende de **16 fr.** à **500 fr.** et d'un emprisonnement de **1 mois à 1 an**, et de la **confiscation** des planches et des exemplaires imprimés ou gravés. — V. chansons, figures ou autres objets de délit.
(Absorbé et remplacé par les art. 8 et 26, L. de 1819, mais maintenu pour l'enchaînement de l'art. 288.)

ART. 288. La peine de l'emprisonnement et de l'amende prononcée par l'art. précédent sera réduite à des peines de simple police, — V. art. 475.
1° A l'égard des crieurs, vendeurs ou distributeurs qui auront fait connaître la personne qui leur aura remis l'objet du délit;
2° A l'égard de quiconque aura fait connaître l'imprimeur ou le graveur;
3° A l'égard même de *l'imprimeur* ou du graveur, etc. V. p. 19, n°s 81, 82 et p. 64, n° 264.

ART. 289. Dans tous les cas exprimés à la présente section, et où l'auteur sera connu, il subira le maximum de la peine attachée à l'espèce de délit (302).

L. III. TIT. II. CH. II. SECT. VII. — Des associations ou réunions illicites.

ART. 293. Si par des discours, des exhortations, invocations ou prières en quelque langue que ce soit, ou lecture, **affiches, publication ou distribution d'écrits quelconques**, il a été fait dans ces assemblées (non autorisées de plus de 20 personnes), quelques **provocations** à des **crimes ou à des délits**, la peine sera de **100 fr.** à **300 fr.** d'amende, et de **3 mois à 2 ans** d'emprisonnement, contre les chefs, directeurs et administrateurs de ces associations, sans préjudice des peines plus fortes qui seraient portées par la loi contre les individus personnellement coupables de la provocation, lesquels en aucun cas, ne pourront être punis d'une peine moindre que celle infligée aux chefs, directeurs et administrateurs de l'association.

(Colonne AVANT 1789)

L. 28 germinal an IV.
Mesures contre les délits de la presse.
(Abrogée).

ART. 1er. Il ne doit être imprimé aucuns journaux, gazettes ou autres feuilles périodiques que ce soit, distribué aucuns avis dans le public, imprimé ou placardé aucune affiche, qu'ils ne portent le nom de l'auteur ou des auteurs, le nom et l'indiation de la demeure de l'imprimeur.

ART. 2. *V.* p. 25, 3 et 4, p. 47.

ART. 5. Les auteurs qui se permettraient de composer, et généralement toutes les personnes qui imprimeraient, distribueraient, vendraient, colporteraient, afficheraient des écrits, contenant des provocations déclarées criminelles par la loi du 27 germinal, présent mois, seront poursuivis de la manière qu'il est porté en ladite loi contre les auteurs de ces provocations. — V. recueil in fine.

ART. 6. Ceux qui seront trouvés vendant, distribuant, colportant ou affichant aucun desdits écrits, seront arrêtés et conduits devant le directeur du jury d'accusation; ils seront tenus de nommer les personnes qui leur auront remis lesdits écrits... — V. recueil, in fine.

ART. 8. Dans le cas où l'auteur ne serait point indiqué par les imprimeurs, vendeurs, distributeurs, colporteurs ou afficheurs, ainsi que dans le cas où les indications qu'ils auraient données se trouveraient fausses.. , ils seront punis de 2 années de fer; en cas de récidive, de la déportation.—V. au recueil, in fine.

Règlement de 1723.
(Abrogé.)

ART. 99. Ceux qui imprimeront ou feront imprimer, vendront, exposeront, distribueront ou colporteront des livres ou libelles contre la religion, le service du Roi, le bien de l'État, la pureté des mœurs, l'honneur et la réputation des familles et des particuliers, seront punis suivant la rigueur des ordonnances, et à l'égard des imprimeurs, libraires, relieurs ou colporteurs, ils seront, en outre, privés et déchus de leurs priviléges et immunités et déclarés incapables d'exercer leur profession, sans pouvoir jamais y être rétablis.—V. recueil, in fine.

(Colonne de droite)

ART. 475. Seront punis d'une amende de **6 fr.** à **10 fr.**
43°.... Les personnes mentionnées aux art. 284 et 388 du C. p.

ART. 59. Les complices d'un crime ou d'un délit sont punis de la même peine que les auteurs mêmes de ce crime ou de ce délit, sauf les cas où la loi en aurait disposé autrement.

ORD. 21 oct. 1814.

ART. 11. Il est défendu de publier aucune estampe ou gravure diffamatoire ou contraire **aux bonnes mœurs**, sous les peines prononcées par le C. pénal.

CODE PÉNAL.

ART. 475. Seront punis d'une amende de **6 fr.** à **10 fr.**
43°.... Les personnes mentionnées aux art. 284 et 288.

ART. 477. Seront **saisis** et **confisqués** les écrits et les gravures contraires **aux bonnes mœurs;** ces objets seront mis sous le pilon.

---

297. La loi des 19, 22 juill. 1791 sur la police municipale n'est pas abrogée par la loi du 10 déc. 1830; ainsi, l'arrêté du maire, portant défense à tout particulier de faire publier et afficher aucuns placards sans la permission de l'autorité municipale et sans avoir déposé à la mairie un exemplaire de chaque affiche, est légal et obligatoire, tant qu'il n'a pas été réformé par l'administration supérieure. Cass., 13 fév. 1834. D. P. 34. 1. 171. —Depuis le décret du 25 août 1852, V. aux tableaux précédents l'art. 1 de ce décret, il n'est plus besoin d'arrêts spéciaux pour soumettre les affiches à l'autorisation municipale.

298. On doit entendre par remèdes secrets, les préparations pharmaceutiques qui ne sont ni conformes aux formulaires ou codex légalement rédigés et publiés, ni achetés et rendus publics par le Gouvernement, suivant le décret du 18 août 1810, ni compris chaque particulier sur la prescription du médecin ou de l'officier de santé. Cass., 17 déc. 1837, J. P. 1838. 1. 282.

299. Jugé cependant que les remèdes secrets dont la composition non portée au codex médicamentaire a été divulguée par différents ouvrages et formulaires, ne peuvent être con

1815 à 1819. 2.	1820 à 1825 3.	1825 à 1830 4.	1831 à 1848 5.	1848 à 1849 6.	1850 à 1856. 7.	LA PRESSE en ALGÉRIE. 8.	1856 à... NOTES. 9.
L. 17 mai 1819. Crimes et délits de la presse.							
ART. 1er. Quiconque... soit par des écrits, des imprimés, des dessins, des gravures, des peintures ou emblèmes **vendus ou distribués**, mis en **vente ou exposés** dans des lieux ou réunions publics, soit par des **placards et affiches** exposés aux regards du public, aura provoqué l'auteur ou les auteurs d'une action qualifiée crime ou délit à la commettre sera **réputé complice et puni comme tel.**							
ART. 2 et 3. Abrogeant l'art. 285 du C. pénal, lorsque la provocation au crime ou au délit par un des moyens de l'art. 1er, n'a pas été suivie d'effet. — *V.* le texte de ces articles, p. 20, *suprà*, et notes 81 et 82.							
ART. 8. **Tout outrage** à la morale publique et religieuse, ou **aux bonnes mœurs**, par un des moyens énoncés en l'art. 1er, sera puni d'un emprisonnement de **1 mois** à **1 an** et d'une amende de **16 fr.** à **500 fr.**					La publication des dessins moraux ou immoraux doit être autorisée. —*V.*art. 22 du décr. du 17 fév, 1852, p. 60.	L'art. 7 du décr. du 19 av. 1852 reproduit l'art. 22 du décr. du 17 fév. 1852. — *V.* p. 60.	
L. 16 mai 1819. Poursuite et jugement des crimes et délits de presse, etc.							
ART. 26. Tout arrêt de condamnation contre les auteurs ou **complices** de crimes ou délits commis par voie de publication, ordonnera la **suppression ou la destruction des objets saisis** ou de tous ceux qui pourront l'être ultérieurement, en tout ou en partie, suivant qu'il y aura lieu pour l'effet des condamnations, *V.* p. 434. Ces arrêts seront rendus publics dans la même forme que les jugements portant déclaration d'absence (par insertion d'un extrait au *Moniteur*, art. 118, C. Nap.).							
ART. 27. Quiconque, après que la **condamnation d'un écrit, de dessins ou gravures**, sera réputée connue par la publication dans les formes prescrites par l'article précédent, les réimprimera, **vendra ou distribuera**, subira le **maximum** de la peine qu'aurait pu encourir l'auteur. (*V.* l'appendice et le catalogue des ouvrages condamnés.)						*V.* art. 6, décr. 28 mars 1852, p.28 sur la publication des écrits saisis	

sidérés comme des remèdes secrets dont la vente et l'annonce sont prohibées par la loi du 21 germinal an 11, spécialement la médecine Leroy. Rouen, 27 janv. 1842, J. P. 1842. 1. 596.— Cassé le 11 nov. 1842.

300. Nous avons déjà dit que les dispositions des art. 283 et 284 du Cod. pénal étaient abrogées et remplacées en partie dans certains cas par l'art. 17 de la loi du 21 oct. 1814, et qu'elles étaient maintenues à l'égard de tous autres que les imprimeurs et les libraires. Voir les distinctions établies, p. 15 et 25.

301. Les art. 285, 286, sont également maintenus ; quant à l'art. 287, nous avons déjà vu qu'il avait été absorbé et remplacé par des dispositions plus larges et plus complètes des lois de 1819. L. 17 et 26 mai. S'il est maintenu au texte c'est tout simplement pour servir d'enchaînement entre l'art. 288 du Cod. pénal et l'art. 8 de la loi du 17 mai 1819. Mais l'art. 288 est maintenu quant aux afficheurs, crieurs, vendeurs et distributeurs, il n'est abrogé que pour les imprimeurs et les libraires (*V.* p. 20 et 25.), à cause de son inconciliabilité avec les art. 17 et 19 de la loi du 21 oct. 1814.—*V.* n° 82.

302. Nous avons eu déjà occasion de dire que l'art. 289 était en contradiction avec toutes les lois sur la matière, et que MM. Parant, Carnot et Chassan, se prononçaient pour son abrogation, *sic* MM. Chauveau et Hélie, sauf son application dans le cas de l'art 285.

303. La vente d'un ouvrage condamné constitue un délit spécial dont la prescription ne commence à courir qu'à dater de cette vente. Cass., 23 avril 1830, J. P. 1830. 1. 518. *V. in fine*, le catalogue des ouvrages condamnés, et *suprà*, pages 21, 22, 29 et 28.

304. Les réunions dans un cabaret où plus de vingt personnes sont à boire et à chanter, soit habituellement soit accidentellement, et que l'administration a le droit et le devoir de surveiller, aux termes de la loi sur la police municipale, ne présentent pas les caractères d'une association illicite. Paris, 14 fév. 1835.

1789 à 1814. 1.	1815 à 1819. 2.	1820 à 1825. 2.	1825 à 1830. 3.	1831 à 1848. 6.
CODE PÉNAL. Art. 423, 426, 427, 429. *V.* p. 13, 14, 27, 28, sur le délit de contrefaçon par débit (305). — **CODE PÉNAL.** Art. 410. Ceux qui auront tenu des loteries non autorisées seront punis de **2 à 6 mois de prison et de 100 à 600 fr.** d'amende. — (**Interdiction des droits civiques de 5 à 10 ans.**) Art. 411. (Peine contre les prêteurs sur gages...) prison, **15 jours à 3 mois,** amende: **100 fr. à 2,000 f.** — **CODE PÉNAL.** Art. 290. *Tout individu qui, sans y avoir été autorisé par la police, fera le métier de crieur ou d'afficheur d'écrits imprimés, de dessins ou gravures, même munis des noms d'imprimeur, d'auteur, de graveur ou dessinateur, sera puni de 8 jours à 2 mois de prison.* — (Abrogé par l'art. 9 de la loi du 10 déc. 1830.) —	**L. 28 avril 1816.** — (Finances.) Art. 166. Tout individu qui fabriquera des cartes à jouer, ou qui en introduira en France ou qui en distribuera, **vendra ou colportera,** sans l'autorisation de la régie. sera puni de la confiscation des objets de fraude, et d'une amende de **1,000 à 3,000 fr.,** et de **1 mois de prison;** en cas de récidive l'amende sera toujours de **3,000 fr.** (306.) —	*V.* art. 12, L. du 25 mars 1822, et art. 8, L. du 31 mars 1820, comme origine de l'art. 20 de la loi de 1835 (p.59, *supra*).	**L. 10 décembre 1830.** Art. 9. L'art. 290 du C. pénal est abrogé. —	**L. 21 mai 1836.** — (Loteries.) Art. 1er. **Les loteries de toutes espèces sont prohibées.** Art. 2. Sont réputées loteries.. (sans utilité ici. *V.* au recueil, *in fine*). Art. 3. La contravention à ces prohibitions sera punie des peines portées en l'art. 410 du C. pénal..., etc. — § 3. En cas de seconde et ultérieure condamnation, l'emprisonnement et l'amende, portés en l'art. 410, pourront être élevés au double du maximum. — § 4. Il pourra dans tous les cas être fait application de l'art. 463 du C. pénal. Art. 4, § 2. Ceux qui auront colporté ou distribué les billets, ceux qui, par des avis, annonces, affiches, ou par tout autre moyen de publication, auront fait connaître l'existence de ces loteries ou facilité l'émission des billets, seront punis des peines portées en l'art. 444 du C. pénal : il sera fait application, s'il y a lieu, des deux dernières dispositions de l'article précédent. (307, 307 *bis*.) --- **L. 9 septembre 1835.** — (Crimes, délits, contraventions de presse.) *Art. 11. Il est interdit d'ouvrir ou d'annoncer publiquement des souscriptions ayant pour objet d'indemniser des amendes, frais, et dommages-intérêts prononcés par des condamnations judiciaires.* *Cette infraction sera jugée et punie comme il est dit en l'art. 10 (devant les tribunaux correctionnels de 1 mois à 5 mois de prison et de 500 fr. à 5,000 fr. d'amende* (309. (Abrogé par l'art. 1er du décret du 6 mars 1848 et remplacé par l'art. 5 de la loi de 1849.) --- *Art. 20. Aucuns dessins, aucunes gravures, lithographies, médailles, estampes, aucun emblèmes, de quelque nature qu'ils soient, ne pourront être publiés, exposés ou mis en vente sans l'autorisation préalable du ministre de l'intérieur à Paris, et des préfets dans les départements.* *En cas de contravention, les dessins, gravures, lithographies, médailles, estampes, emblèmes, pourront être confisqués et le publicateur sera condamné, par les tribunaux correctionnels à un emprisonnement de 1 mois à 1 an et à une amende de 100 fr. à 1,000 fr., sans préjudice des poursuites auxquelles pourraient donner lieu la publication, l'exposition ou la mise en vente desdits objets (V. p. 59, supra) (34).* (Abrogé par l'art. 1er du décr. du 6 mars 1848 et remplacé par l'art. 2 du décr. 1852). --- **L. 4 juillet 1837.** — (Poids et mesures.) Art. 5 Toute **dénomination** de poids et mesures autre que celle portée dans le tableau annexé à la présente loi, est interdite **dans les affiches et annonces à peine de 10 fr.** --- **L. 5 juillet 1844.** — (Brevets.) Art. 33. Quiconque, dans des enseignes, **annonces, prospectus, affiches, marques** ou **estampilles,** prendra le nom de breveté sans posséder un brevet, conformément aux lois ou après l'expiration d'**un brevet** antérieur ou qui étant **breveté,** mentionnera sa qualité sans ajouter ces mots : « **sans garantie du Gouvernement** », sera puni d'une amende de **50 fr. à 1,000 fr.** — En cas de récidive, l'amende pourra être portée au double. --- **L. 15 juillet 1845.** — (Chemins de fer.) Art. 43. **Toute publication** quelconque de la **valeur des actions** des chemins de fer avant l'homologation de l'adjudication des chemins de fer, sera punie d'une amende de **500 à 3,000 fr.**

Colportage d'ouvrages contrefaits. — 305. La contrefaçon a été traitée d'une manière spéciale aux chapitres concernant les imprimeurs et les libraires. Nous nous bornons en conséquence, pour éviter des duplicata, à renvoyer aux annotations que nous avons données aux pages 13, 14, 27 et 28.

Colportage de cartes à jouer. 306. Il est à remarquer, au sujet de l'art. 166 de la loi du 28 avril 1816, que la loi, dans l'art. 167 suivant, considère comme complices les propriétaires de cabarets ou autres lieux publics dans lesquels on se sert de cartes contrefaites ou introduites en fraude, alors même que les joueurs les auraient apportées.

Annonces de Loteries. 307. L'arrêt du conseil du Roi du 20 sept. 1776, qui défend de publier ou afficher dans le royaume aucunes loteries étrangères, est encore en vigueur comme règlement légalement fait par l'autorité administrative, et s'applique à l'annonce de loteries étrangères faites par les journaux. Cass., 5 déc. 1835, S. 35. 1. 914.

307 bis. L'annonce des loteries étrangères, à défaut de peines spéciales prononcées par l'arrêt du conseil du 20 sept. 1776, tombe sous l'application des peines de simple police de l'art. 471, n° 15 du Cod. pénal, édictées contre ceux qui violent les règlements légalement faits par l'autorité administrative. Orléans, 15 janv. 1836. (S. 36. 2. 81.) (D.P. 36. 2. 28.)

Annonces de souscriptions. — 308. L'annonce publique d'une souscription prévue par l'art. 11 de la loi du 27 juill. 1849, est punissable aussi bien lorsqu'elle est indirecte que lorsqu'elle est directe, elle fait de publication par la voie d'un journal de la souscription d'un ouvrage dont le prix serait destiné à indemniser d'une condamnation judiciaire subie par le gérant de ce journal, peut être considérée comme une annonce déguisée ou indirecte. A cet égard du moins, l'appréciation des circonstances constitutives du délit est laissée à la sagesse des juges. Cass., 20 août, 1er sept. 1836, (S. 1837. 1. 210. 213). (*V.* p. 127.)

309. On devrait également considérer comme annonce publique d'une souscription interdite, le fait par un individu de colporter de maison en maison ou d'individu à individu une liste de souscription dont l'objet serait d'indemniser des condamnations judiciaires. Mais la Cour de Paris a jugé que l'art. 11 ne s'appliquait qu'aux journaux. *V.* n° 648, v. cependant n° 650, p. 127.

310. Le délit d'annonce de souscriptions illicites ne doit pas être passible de l'aggravation de l'amende prononcée par l'art. 11 de la loi du 18 juill. 1828, portant que

1848 à 1849. 6.	1850 à 1856. 7.	LA PRESSE en ALGÉRIE. 8.	1856 à.... NOTES. 9.
	V. décret du 28 mars 1852. — Contrefaçon des livres étrangers (*V.* p. 13, 14, 27, 28). N. B. Nous mentionnons ici pour ordre et pour mémoire le délit de contrefaçon que les colporteurs et distributeurs peuvent commettre comme les libraires par le débit d'ouvrages contrefaits, mais le délit n'ayant, quant à eux, rien de spécial, nous renvoyons aux p. 13, 14 et 27, 28, où la contrefaçon a trouvé une place plus naturelle et reçu un développement nécessaire à la suite des lois sur la propriété littéraire et les obligations du commerce de la librairie (305).		
L. 27 juillet 1849. Art 11. Il est interdit d'ouvrir ou d'annoncer publiquement des souscriptions, ayant ur objet d'indemniser des ...endes, frais et dommages-...érêts, prononcés par des ...ndamnations judiciaires. Toute contravention sera ...ursuivie devant le tribunal ...rrectionnel, et punie de 1 ...ois à 1 an de prison, et de ...0 fr. à **5,000 fr.** d'amende ...09-310).			
DÉCR. du 6 mars 1848. Art. 1er. La loi du 9 septembre 1835, relative aux crimes, ...lits et contraventions de la ...esse est abrogée. —	**DÉCR.** organique sur la presse du 17 fév. 1852. Art. 22. Aucuns dessins, aucunes gravures, lithographies, médailles, estampes ou emblèmes, de quelque nature ou espèce qu'ils soient, ne **pourront être publiés, exposés** ou mis en **vente** sans l'**autorisation** préalable du ministre (de l'intérieur) à Paris, et des préfets dans les départements. (*V.* p. 59 *suprà*.) (311). En cas de contravention, les dessins, gravures, lithographies, médailles, estampes ou emblèmes, pourront être **confisqués**, et ceux qui les auront publiés seront condamnés à un emprisonnement **de 1 mois à 1 an** et à une amende de **100 fr. à 1,000 fr.** —	**DÉCR. 28 mars 1852.** Art. 7. A l'avenir, aucuns dessins, gravures, lithographies, médailles, estampes ou emblèmes, quelle qu'en soit la nature, ne **pourront être publiés, exposés** ou mis en **vente** sans l'autorisation préalable du préfet du département, alors même que l'impression ou la publication serait antérieure au présent décret. En cas de contravention, les dessins, gravures, lithographies, médailles, estampes ou emblèmes, seront saisis et confisqués, et ceux qui les auront publiés, distribués ou exposés en vente, seront condamnés à un emprisonnement de **1 mois à 1** an et à une amende de **100 à 1,000 fr.** (311).	
	Même décret. Art. 2. Les journaux politiques ou d'économie sociale publiés à l'étranger ne pourront circuler en **France** qu'en vertu d'une autorisation du Gouvernement. Les **introducteurs ou distributeurs** d'un journal étranger, dont la circulation n'aura pas été autorisée, seront punis d'un emprisonnement **de 1 mois à 1** an et d'une amende de **100 fr. à 5,000 fr.** (312). —	**Même décret.** Art. 8. Les journaux et écrits politiques ou d'économie sociale publiés à l'étranger ne pourront être **introduits ni circuler en Algérie** qu'en vertu d'une **autorisation** du gouverneur général. Les **introducteurs, vendeurs ou distributeurs** d'un journal ou écrit étranger, dont l'introduction ou la circulation n'aura pas été autorisée, seront punis d'un emprisonnement de **1 mois à 1 an** et d'une amende de **100 fr. à 5,000 fr.** En tous cas, les exemplaires introduits, vendus ou distribués seront saisis et confisqués (312.) *V.* art. 6. p. 33, 34.	

...ndes encourues pour délits de la presse périodique (lorsqu'ils peuvent être également ...mis par tout autre moyen de publication), ne seront jamais moindres du minimum fixé ...les lois relatives à la répression du délit de presse. Paris, 14 juill. 1836 (S.37.1.219) ; ...squ'il est admis que le délit d'annonce de souscriptions prohibées ne peut pas être commis ...un autre moyen de publication que par la voie d'un journal.

311. Pour la publication, la distribution, le criage et la vente de dessins non autorisés, voir le chapitre spécial des dessins et gravures, p. 59, et pour le colportage non autorisé de dessins et autres objets, v. l'art. 6 de la loi du 27 juill. 1849, *suprà*, pages 65, 66.

312. En ce qui concerne la vente et la distribution de journaux politiques étrangers dont l'introduction et la circulation ne sont pas autorisées, v. p. 33, 34.

1789 à 1814.	1815 à 1819.	1820 à 1825.
1.	2.	3.

1789 à 1814.

CODE PÉNAL.

ART. 123... Concert de mesures illégales pratiquées par des dépositaires de l'autorité, réunis ou correspondant entre eux ; **emprisonnement, 2 à 6 mois; interdiction des droits civiques et d'emplois publics pendant 10 ans au plus.**

—

1815 à 1819.

Voir, en outre, le livre III pour les crimes, délits et contraventions qui peuvent être commis par la vente, la distribution, la mise en vente ou l'exposition des écrits, des imprimés, des gravures, peintures ou emblèmes, ou par le moyen de placards ou affiches exposés aux regards du public.

—

SECT. IV. — Dispositions spéciales aux Affiches

Timbre et couleur des affiches.

L. 9 vendémiaire an VI.

ART. 56... **Toutes les affiches autres** que celles d'actes émanés de l'autorité publique, quels que soient leur nature ou leur objet, sont assujetties au **timbre fixe ou de dimension.**

ART. 58. *Le droit de timbre fixe ou de dimension pour les journaux et affiches sera de 5 centimes pour chaque feuille de 24 centimètres sur 38 centimètres, feuilles ouvertes ou environ; et pour chaque demi-feuille de cette dimension, de 3 centimes.*

N. B. La loi de vendémiaire an VI a été en grande partie abrogée et remplacée par la loi du 28 avril 1816.

ART. 60. *Ceux qui auront... apposé ou fait apposer des affiches sans avoir fait timbrer leur papier, seront condamnés à une amende de 100 fr. pour chaque contravention; les objets soustraits aux droits seront lacérés.*

ART. 61. Les auteurs, afficheurs, distributeurs et imprimeurs desdits journaux et affiches seront solidairement tenus de l'amende, sauf leur recours les uns contre les autres.

DÉCR. 28 juillet 1791.

ART. 1er. Les affiches des actes émanés de l'autorité publique seront seules imprimées **sur papier blanc ordinaire**, et celles faites par les particuliers ne pourront l'être que sur papier de couleur, *sous peine de l'amende ordinaire de police municipale (qui était de 10 francs).*
Modifié par la loi de 1817, art. 77, § 2.

—

L. 28 avril 1816. (Budget.)

ART. 65 § 1. Toutes les **affiches**, quel qu'en soit l'objet, seront **sur papier timbré** *qui sera fourni par la régie, et dont le débit sera soumis aux mêmes règles que celui du papier timbré destiné aux actes...* (*V.* plus bas la suite, § 2.)

§ 3. Le prix de la feuille portant **25** décimètres carrés de superficie sera de **10** centimes; et celui de la demi-feuille de **5** centimes.

ART. 67. La subvention du dixième ne sera point ajoutée au droit de timbre énoncé aux articles précédents.

ART. 68. Il est défendu aux imprimeurs de tirer aucun exemplaire desdites annonces, affiches ou avis, sur papier non timbré, sous prétexte de le faire frapper d'un timbre extraordinaire.

ART. 69. La contravention d'un imprimeur à ces dispositions sera punie d'une **amende de 500 fr.**, sans préjudice du droit de Sa Majesté de lui retirer sa commission.
Ceux qui seront convaincus d'avoir fait ainsi afficher et distribuer des imprimés non timbrés seront condamnés à une amende de **100 fr.**
Les **afficheurs et distributeurs** seront en outre condamnés aux **peines** de simple police déterminées par l'art. 474 du Code pénal (pendant **3** jours au plus).
L'amende sera **solidaire** et emportera contrainte par corps. (348.)

—

COULEUR DU PAPIER D'AFFICHE.

ART. 65, § 2. Conformément à la loi des 22-28 juillet 1791, le papier des affiches ne pourra être de **couleur blanche**; il portera le même filigrane que les autres papiers timbrés. (*V. suprà* la suite.)

ART. 66. Les avis et autres annonces... qui ne sont pas destinés à être affichés, pourront être imprimés **sur papier blanc**. (*V.* la suite pages (51, 52) (53, 54) pour le droit.)

ART. 69. En cas de contravention... (*V. suprà*... § 2.)

—

L. 25 mars 1817.

. . . .
ART. 77. *Les particuliers qui voudront se servir pour affiches, avis ou annonces, d'autre papier que celui de l'administration de l'enregistrement, seront admis à le faire timbrer avant l'impression.* (*V.* la suite ci-dessous.)

. . . .

Même loi.
ART. 77, § 2. La contravention à la disposition de l'art. 65, L. 28 avril 1816, qui défend de se servir, pour les affiches, de **papier de couleur blanche**, sera punie d'une amende de **100 fr.** à la charge de l'imprimeur, qui sera toujours tenu d'indiquer son nom et sa demeure au bas de l'affiche. (*V.* art. 69, **L.** de 1816.)

—

L. 15 mai 1818.

ART. 76. **A partir du 1er juillet prochain, le papier pour affiches, avis ou annonces**, ne sera plus fourni par la régie de l'enregistrement...

Conformément à l'art. 58 de la loi du 9 vendémiaire an VI, les particuliers feront **timbrer** le papier dont ils voudront faire usage, et ils acquitteront le **droit réglé** par l'art. 65 de la loi du 28 avril 1816. (*V.* la suite ci-dessous.)

—

Même loi.
ART. 76, § 3. Néanmoins, la disposition de l'art. 77 de la loi du 25 mars 1817, qui défend de se servir, pour les affiches, de papier de **couleur blanche**, et qui prononce une amende de **100 fr.** contre l'imprimeur, en cas de contravention, est et demeure maintenue. (347.)

—

L. 16 ju[illet] 1824.
Réduction amendes contraven[tion] au timbre

ART. [—] § 2. Tou[tes] les amen[des] fixes, pr[o]noncées [par] les lois su[r le] timbre... [se]ront ré[dui]tes, savo[ir] celles [de] 500 à 50[...] 100 à 20[...] 50 à 10[...] celles a[u-]dessous [de] 50 fr. à 5[...]

—

V. pour le **recouvrement** des droits et des amendes de contraventions au timbre, — pour la poursuite et la prescription, pag. 55 et 56.

TIMBRE ET PAPIER DES AFFICHES 313.— Les affiches ont déjà fait l'objet de diverses annotations comme imprimés soumis au droit de timbre (p. 51 à 54) *V.* en conséquence, les décisions qui les concernent, *suprà*, nᵒˢ 225 à 229, et *passim*, chap. IV.
314. Les affiches en placards, dites *judiciaires*, qui doivent être apposées aux lieux déterminés par l'art. 699 du Cod. de procédure (l. 2 juin 1841, ventes des biens immeubles), sont assujetties au timbre de dimension. — Fessard, vᵒ *Affiche*, p. 81, nᵒ 21.—Mais les affiches en sus du nombre fixé par la loi sur les ventes judiciaires sont seulement sujettes au timbre spécial des affiches. — Fessard, *ibid*, 81, nᵒ 5, délibération du 24 juin 1842 (Inst. gén., 1667, § 4).
315. *Id.* pour les placards faits pour parvenir à une vente de biens immeubles, ils doivent être sur du papier de dimension. Cass., 2 avril 1818; ce ne sont pas là de simples affiches dans le sens de l'art. 65, L. 1816, qui peuvent être faites sur du papier de 5 à [...]
316. Les affiches qui ont pour objet de donner connaissance d'une faillite, conformé[ment] à l'art. 437, Cod. de comm., rentrent dans la classe des affiches apposées par mesure d'o[rdre] public et comme telles exemptées du timbre. Décis. minist., 15 mars 1841.
317. La prohibition du papier blanc pour les affiches privées ne s'applique pas [aux] simples imprimés annonçant un ouvrage, et apposé dans l'intérieur ou à la devanture [d'un] magasin ou d'une boutique. Paris, 1er fév. 1845, S. V. 45. 2. 110.
318. La disposition de l'art. 69, § dernier, doit être entendue en ce sens que [les] imprimeurs et auteurs sont passibles solidairement des amendes de 50 fr. et de 20 fr. [(ré]duite suivant la loi de 1824), et les afficheurs, des peines déterminées par l'art. 474, [Code] pénal; et cette solidarité ne peut exister que lorsque l'imprimeur reste inconnu par sui[te...]

1825 à 1830. 1.	1831 à 1848. 5.	1848 à 1849. 6.	1850 à 1856. 7.	LA PRESSE en ALGÉRIE. 8.	1856 à... NOTES. 9.

DÉCR. 22 mars 1852. (Règlement sur le Corps législatif.)

ART. 74. Tout membre du Corps législatif peut, après en avoir obtenu l'autorisation de l'Assemblée, faire imprimer et distribuer à ses frais le discours qu'il a prononcé.

L'impression et la **distribution non autorisées** seront punies de **500 à 1,000 fr.** d'amende contre l'imprimeur, et de **5 fr. à 500 fr.** contre le distributeur. (Confirmé par le décret du 31 déc. 1852.)

Loi municipale du 5 mai 1855.

ART. 27. Tout éditeur, imprimeur, journaliste **ou autre**, qui rendra publics les actes interdits aux conseils municipaux par les art. 25 et 26, sera passible des peines portées en l'art. 123 du Code pénal.

ART. 25. Sont également nulles toutes délibérations prises par un conseil municipal hors sa réunion légale.

ART. 26. Tout conseil municipal qui se mettrait en correspondance avec un ou plusieurs autres conseils, ou qui publierait des proclamations ou adresses sera immédiatement suspendu par le préfet.

Droit de Timbre, couleur du Papier. — Droit d'Affichage.

Droit d'affichage.

L. 8 juillet 1852. (Budget.)

ART. 30. A partir du 1er août 1852, toute affiche inscrite dans un lieu public, sur les murs, sur une construction quelconque ou même sur toile, au moyen de la peinture ou de tout autre procédé, donnera lieu à un droit d'affichage fixé, à **0 fr. 50 c.** pour les **affiches de 1 mètre carré et de 1 fr.** pour celles d'une dimension supérieure (324).

Un règlement d'administration publique déterminera le mode d'exécution du présent article. (*V.* décret du 25 août 1853 ci-dessous.)

Toute infraction à la présente disposition et toute contravention au règlement à intervenir pourront être punies d'une amende de **100 fr. à 500 fr.**, ainsi que des peines portées en l'art. **464** du Code pénal (**prison 1 à 5 jours**).

DÉCR. réglementaire sur l'affichage du 25 août 1852.

ART. 1. Tout individu qui voudra, au moyen de la peinture ou de tout autre procédé, inscrire des affiches dans un lieu public, sur les murs, sur une construction quelconque, et même sur toile, sera tenu préalablement de payer le droit d'affichage établi par l'art. 30 de la loi du 8 juillet 1852, et d'obtenir de l'autorité municipale dans les départements et à Paris du préfet de police, l'autorisation ou permis d'afficher; le paiement du droit se fera au bureau de l'enregistrement, dans l'arrondissement duquel se trouvent les communes où les affiches devront être placées.—Dans le départ. de la Seine il se fera à un ou plusieurs bureaux d'enregistrement désignés à cet effet.

ART. 2. Le droit sera perçu sur la présentation, pour chaque commune, d'une déclaration en double minute, datée et signée contenant : 1° le texte de l'affiche; 2° les nom, prénoms, profession et domicile de ceux dans l'intérêt desquels l'affiche doit être inscrite, et de l'entrepreneur de l'affichage; 3° la dimension de l'affiche; 4° le nombre total des exemplaires à inscrire; 5° la désignation précise des rues et places où chaque exemplaire devra être inscrit; 6° et le nombre d'exemplaires à inscrire dans chacun de ces emplacements. Un double de la déclaration restera au bureau pour servir de contrôle à la perception; l'autre, revêtu de la quittance du receveur de l'enregistrement, sera rendu au déclarant.— Les droits régulièrement perçus ne seront point restituables, lors même que, par le fait des tiers, l'affichage ne pourrait avoir lieu; mais ces droits seront restitués si l'autorisation d'afficher est refusée par l'administration.

ART. 3. L'autorité municipale ou le préfet de police ne délivrera le permis d'affichage qu'au vu, et sur le dépôt de la déclaration portant quittance dont il est parlé en l'art. 2, et sans préjudice du droit des tiers. — Chaque permis sera enregistré sur un registre spécial, par ordre de date et de numéro : le numéro du permis devra être lisiblement indiqué au bas de chaque exemplaire de l'affiche qui devra porter en outre son numéro d'ordre.

ART. 4. Aucun exemplaire de l'affiche ne pourra être d'une dimension supérieure à celle pour laquelle le droit aura été payé.

ART. 5. Les contraventions à l'art. 30 de la loi du 8 juillet 1852 et aux dispositions du présent règlement, seront constatées par des procès-verbaux rapportés, soit par les préposés de l'administration de l'enregistrement, et des domaines, soit par les commissaires, gendarmes, gardes-champêtres, et tous autres agents de la force publique.

ART. 6. Il sera accordé, à titre d'indemnité, aux gendarmes, gardes-champêtres et autres agents de la force publique, qui auront constaté les contraventions, un quart des amendes payées par les contrevenants.

ART. 7. Les poursuites seront faites à la requête du ministère public, et portées devant le tribunal de police correctionnelle dans l'arrondissement duquel la contravention aura été commise.

ART. 8. Les contraventions à l'art. 1er, au dernier alinéa de l'art. 5, et à l'art. 4 du précédent règlement, seront passibles des peines portées par l'art. 30 de la loi du 8 juillet 1852. Il sera dû une amende pour chaque exemplaire d'affiche inscrit sans paiement du droit, ou d'une dimension supérieure à celle pour laquelle le droit aura été payé, et pour chaque exemplaire posé dans un emplacement autre que celui indiqué par la déclaration. — Dans tous les cas, les contrevenants devront rembourser les droits dont le Trésor aura été frustré.

ART. 9. Ces droits, amendes et frais, seront recouvrés par l'administration de l'enregistrement et des domaines.

---

défaut d'indication de son nom sur l'imprimé. Décis. minist., 13 mai 1843. Cass., 16 avril 1809.

319. Il n'est dû qu'une seule amende de 50 fr. par l'imprimeur, quel que soit le nombre d'exemplaires non timbrés d'une affiche provenant d'un seul et même tirage, et reconnus pour tels notamment, par la rédaction, les caractères employés à l'impression et le format du papier; et l'afficheur d'une annonce non timbrée n'est passible que d'une seule amende de 20 f., quel que soit le nombre d'exemplaires affichés. Décis. minist. 17 juin 1842.

320. Indépendamment des amendes prononcées par la loi, les droits de timbre sont répétés par le fisc pour toutes les affiches placardées non timbrées.

321. L'imprimeur d'une affiche non timbrée et placardée demeure passible de l'amende résultant de cette contravention, bien qu'il prétende que l'affiche a été apposée à son insu, sauf son recours contre qui de droit. Cass., 23 ventôse an X.

322. Ceux qui déchirent méchamment les affiches de l'autorité sont passibles des peines de police de 11 fr. à 15 fr., C. pénal, art. 479, n° 9. Cass., 14 juill. 1838, D. P. 38.1.578.

323. La prescription de deux ans s'applique aux amendes de contravention aux lois sur le timbre; elle doit courir du jour où les préposés auront été mis à portée de constater la contravention, c'est-à-dire à partir du jour de l'affichage. (*V.* p 55, col. 4. L. 16 juin 1824.)

324. Des portraits renfermés dans un cadre mobile attaché à un mur donnant sur un lieu public, avec l'indication du prix, du nom et de la demeure de l'artiste, ne constituent pas des affiches dans le sens de l'art. 30 de la loi du 8 juill. 1852, mais doivent être considérés comme des enseignes à l'égard desquelles il n'est dû aucun droit d'affichage. Arg. Cass., 3 sept. 1853 (*Bull.* crim., n° 446). *V. Suprà,* n° 291.

DU THÉATRE ET DES REPRÉSENTATIONS DRAMATIQUES.

Le **Théâtre**, c'est la foule assemblée, c'est la passion émue en présence du jeu émouvant des passions. Là ou est la foule, et la foule impressionnable, là doit être l'autorité, car là peut être le désordre.

Le théâtre comme moyen d'action sur les masses, comme source d'émotions pour les sens, comme *publication de la pensée*, en un mot, ne pouvait demeurer sans surveillance.

La loi n'est point restée indifférente à cette institution, et de même qu'elle avait soumis à des *mesures préventives* les autres modes connus de publication et de transmission de la pensée, elle a subordonné à l'accomplissement de formalités spéciales l'ouverture et la tenue des théâtres publics. — Ici comme ailleurs, l'intervention du pouvoir a commencé par la *censure*.

On peut sans anachronisme rechercher l'origine du théâtre autour du tombereau de Thespis (1),

> Qui barbouillé de lie
> Promenait dans les bourgs son heureuse folie.

Car les spectacles, les spectateurs assemblés sur la place publique, autour d'un mime quelconque *auteur* et *acteur* à la fois, ont précédé la mise en scène de la pensée du *poëte* par *l'acteur*.

En France comme partout la *farce* donc a devancé le *drame*. Les *mystères*, les *sotties*, les *moralités* (2), et les ponts-neufs des *Tabarin* ont été les précurseurs des chefs-d'œuvres de Corneille, des Racine et des Molière. — Ce n'est point ici le lieu de suivre et d'étudier les phases progressives de l'art dramatique et des théâtres; qu'il nous suffise de dire, comme préambule historique de l'exposé rapide de leur législation, que, dès l'origine, la liberté des théâtres a trouvé ses limites dans l'action du pouvoir, et que l'on rencontre à cet égard le principe de la *censure dramatique* dans les arrêts du Parlement de Paris.

Son premier acte à ce sujet fut de restreindre la liberté absolue que Louis XI et Louis XII avaient laissée au *théâtre de la basoche* en ordonnant que ses pièces, avant d'être jouées, seraient examinées par un membre du Parlement, et censurées.—Puis un arrêt du 23 janvier 1538 accorda aux basochiens la permission de faire jouer leurs pièces à *la Table de marbre, ainsi qu'il est accoutumé, en observant d'en* retrancher les choses *rayées*. — Ledru-Rollin, *Rép. gén.*, v° *Censure dramatique*.

Une ordonnance de police du lieutenant civil du 12 novembre 1609 défendit aux comédiens de représenter aucune comédies ou *farces* qu'ils ne les eussent *communiquées* au procureur du Roi. — Ledru-Rollin, *Rép. gén.*, v° *Censure dramatique*. —

Ce pouvoir fut, après 1741, délégué à des censeurs royaux.

La révolution de 1789 rendit au théâtre sa liberté. — La loi du 19 janvier 1791 abolit la censure (art. 6) et ne soumet qu'à la *déclaration*, à la municipalité du lieu, l'ouverture d'un théâtre public (Art. 1).—Les 12 et 19 janvier 1793, décrets qui déclarent que les pièces de théâtre ne peuvent pas être *censurées*, et que leur représentation ne peut être interdite; mais, le 3 août 1793, un décret ordonne la fermeture des théâtres où seraient représentées des pièces tendant à dépraver l'esprit public. C'était un retour vers la censure qui ne fut plus tard réellement rétablie que par le décret du 8 jui 1 1806 (Art. 14).

Ce décret, sur le maintien duquel s'étaient élevés des doutes en 1830, et qu'on avait cru abrogé par l'art. 7 de la Charte abolissant la censure, est aujourd'hui encore en vigueur. La loi du 9 septembre 1835, qui avait temporairement remplacé et sanctionné cet art. 14 dudit décret, ne lui a rien enlevé de son empire.

En 1835, lors de la discussion de la loi du 9 septembre, l'art. 21, qui soumettait à *l'autorisation préalable* du Gouvernement la représentation des ouvrages dramatiques, fut vivement attaqué comme violant les dispositions de l'art. 7 de la Charte. — Voici comment M. le garde des sceaux repoussa ce reproche d'inconstitutionnalité :

« Quand la Charte, dans son art. 7, a déclaré que la censure ne pourrait jamais être rétablie, elle a pris soin d'expliquer que ce grand principe ne s'appliquerait qu'à la presse. En effet, ce n'est pas d'une manière vague et indéfinie que la Charte parle de la censure; elle ne s'en explique que par rapport au droit de publier et de faire imprimer ses opinions... C'est la presse qui est placée sous la garantie de la Constitution; c'est la libre manifestation de ses opinions qui ne pourra être comprimée par des mesures préventives ; là s'arrête la sollicitude de la Charte. Elle serait allée évidemment au delà de ce but si elle avait accordé la même protection aux opinions converties en actes. Qu'un auteur se contente de faire imprimer sa pièce, il ne pourra être assujetti à aucune mesure préventive; il ne rencontrera aucun obstacle. C'est dans ce sens qu'on dit que la censure ne pourra jamais être rétablie. Mais lorsque les opinions sont converties en actes, lorsque par la représentation d'une pièce on s'adresse aux hommes réunis, il y a plus que la manifestation d'une opinion, il y a un *fait*, une *mise en action*, une *vie* dont ne s'occupe pas l'art. 7 de la Charte, et qu'il confie par cela même à la haute direction des pouvoirs établis. » *Moniteur* du 5 août 1835.

Cette distinction, qui après tout n'est autre que celle du fait de la publication, *de l'action* intermédiaire entre l'homme pensant, le poëte, *l'auteur*, et l'homme comprenant, *le spectateur*, par l'agent de la publication, l'interprète de la pensée dramatique, *l'acteur*, avait frappé déjà MM. Edmond Blanc et Vivien.

« Peut-on confondre, disaient-ils, le lecteur qui parcourt un livre dans le silence de son cabinet, avec les masses tout entières si promptes à une communication électrique et toutes prêtes à s'enflammer à l'approche d'une étincelle ? évidemment il n'existe aucune ressemblance, et les précautions, superflues à l'égard du public disséminé dans les villes, deviennent indispensables en présence de la foule assemblée... » *Législation sur les théâtres*, n° 140.

Par suite de l'abrogation de la loi du 9 septembre 1835, le décret du 8 juin 1806 se trouve donc remis en vigueur, et l'ouverture d'un théâtre est en conséquence soumise à la *déclaration*, à la municipalité du lieu, et à l'obtention préalable de l'*autorisation* par le Gouvernement.

Les représentations dramatiques sont soumises à *l'autorisation* du ministre de l'intérieur ; mais ce n'est pas la seule autorisation dont les directeurs des théâtres doivent se pourvoir : la législation, qui protège le droit de propriété littéraire et dramatique, punit des peines de la contrefaçon la représentation d'un ouvrage dramatique non autorisée par l'auteur. — Le chapitre III, relatif aux lois sur la police des théâtres et des représentations dramatiques, se trouvera donc naturellement divisé en deux parties : l'une concernant *l'autorisation du Gouvernement*, et l'autre *l'autorisation des auteurs*.

---

(1) On fait communément remonter à Thespis l'origine de la comédie chez les Grecs. — On doit cependant n'admettre qu'avec une certaine réserve, que les Grecs aient été d'une manière absolue les inventeurs de l'art théâtral ; il serait en effet difficile de croire que les Perses, les Égyptiens et les Babyloniens, dont l'esprit, avide d'émotions, était si fécond pour s'en créer d'artificielles par la majesté de leurs fêtes nationales et religieuses, aient ignoré l'art de mettre en scène les faits historiques et le jeu des passions.

(2) Sous l'empire des sentiments ou des habitudes religieuses et mystiques du moyen âge, l'art dramatique débuta, en France, par l'exposition scénique de la passion de Jésus-Christ, de la vie des apôtres et des martyrs, dans la représentation des *Mystères* qui furent si longtemps le divertissement de nos pères et l'accompagnement obligé de leurs fêtes publiques.—Plus tard, c'est-à-dire à la fin du xiie siècle, une littérature nouvelle, *le Fabliau, « cette aigre voix de la dérision populaire, »* comme dit M. Michelet, qui s'éleva à la place de la *poésie héroïque*, des *chansons de gestes* et romans d'aventures, dont l'ère avait ouvert par la fameuse *chanson de Roland*, eut son théâtre sous le nom de *farces et sotties*, c'est le côté critique du génie français, ce fut le germe de la Comédie Française.—Puis sous Philippe le Bel, le genre allégorique envahit tout à la suite des célèbres auteurs du *Roman de la Rose*, Guillaume de Lorris et Jean de Meung, et se produisit sur le théâtre populaire sous le titre de *Moralité*. — *V. Histoire de France de M. Henri Martin, t. IV, p. 367.*

1789 à 1814.	1815 à 1819 2.	1820 à 1825 3.	182… à 183… 4.
I.			

CHAP. III.—THÉÂTRES.—ŒUVRES ET REPRÉSENTATIONS DRAMATIQUES.—Sect. UNIQUE.

Loi des 16-24 août 1790. Art. 4. Les spectacles publics ne pourront être permis et autorisés que par les officiers municipaux.

DÉCR. du 12 janvier 1793. Portant qu'il n'y a point de lois qui autorisent la censure des pièces de théâtre.

DÉCR. du 16 janvier 1793. Portant que la représentation d'une pièce de théâtre ne peut être défendue, sauf la responsabilité des auteurs et comédiens.

DÉCR. des 2-3 août 1793. Ordonnant la fermeture de tous théâtres où seraient représentées des pièces tendant à dépraver l'esprit public.

DÉCR. 21 frimaire an XIV. Art. 1er. Les commissaires généraux de police sont chargés de la police des théâtres, en ce qui concerne les ouvrages qui y sont représentés.
Art. 2. Les maires sont chargés, sous tous les autres rapports, de la police des théâtres et du maintien de l'ordre et de la sûreté.

L. 13-19 janvier 1791

Relative aux spectacles.

Art. 1er. Tout citoyen pourra élever un théâtre public et y faire représenter des pièces de *tous les genres* (*V.* art. 5, décret de 1806), en faisant, préalablement à l'établissement de son théâtre, *sa déclaration à la municipalité du lieu* (327-328).

Art. 6. Les entrepreneurs ou les membres des différents théâtres seront, à raison de leur état, sous *l'inspection des municipalités*; ils ne recevront des ordres que des officiers municipaux, *qui ne pourront ni arrêter ni défendre la représentation d'une pièce, sauf la responsabilité des auteurs et des comédiens, et qui ne pourront rien enjoindre aux comédiens que conformément aux lois et aux règlements de police…* (*V.* la suite au recueil, *in fine.*)

DÉCR. 8 juin 1806. (340.)

CHAP. Ier. — Théâtres de Paris.

Art. 1er. **Aucun théâtre ne pourra s'établir dans la capitale, sans notre autorisation spéciale,** sur le rapport qui nous en sera fait par notre ministre de l'intérieur (329, 330, 333, 335, 336).
N. B. La sanction se trouve dans l'art. 12 du décret du 15 août 1811.

Art. 2. Tout entrepreneur qui voudra obtenir cette autorisation, sera tenu de faire la déclaration prescrite par la loi, et de justifier, devant notre ministre de l'intérieur, des moyens qu'il aura pour assurer l'exécution de ses engagements (328).

CODE PÉNAL.

Art. 410. [*Ouverture non autorisée de maisons de jeu et de loteries prohibées.*] Peine : **2 mois** au moins et de **6 mois** au plus de prison; amende de **100 f.** à **1,000 fr.; interdiction facultative des droits de** l'art. **42,** de **5 ans à 10 ans au plus; confiscation** des meubles et effets mobiliers garnissant et décorant les lieux.

DÉCR. du 13 août 1811.

Théâtres. — Redevances.

Art. 12. Toute contravention, en ce qui touche l'**ouverture d'un théâtre** ou spectacle, **sans déclaration ou permission,** sera poursuivie devant nos Cours et tribunaux, par voie de police correctionnelle, et **punie des peines** de l'art. 440 du Code pénal (337).

Art. 13. Nos procureurs près nos Cours et tribunaux sont chargés d'y tenir la main, et de faire, même d'office, toutes poursuites nécessaires, selon les cas.

Art. 14. Aucune pièce ne pourra être jouée sans l'**autorisation** du ministre de la police générale.

Art. 3 et 4… (Relatifs à l'Odéon, à l'Opéra, l'Opéra-Comique et au théâtre de la Montansier. Transitoires et sans intérêts.)

Art. 5. Le ministre de l'intérieur pourra assigner à chaque théâtre **un genre de spectacle** dans lequel il sera tenu de se renfermer.

Art. 6. L'Opéra pourra seul donner des ballets ayant les caractères qui sont propres à ce théâtre, et qui seront déterminés par le ministre de l'intérieur. Il sera le seul théâtre qui donnera des bals masqués.

CHAP. II. — Théâtres des Départements.

Art. 7. Dans les grandes villes de l'Empire, les théâtres seront réduits au nombre de deux; dans les autres villes, il n'en pourra subsister qu'un. — Tous devront être munis de l'**autorisation du préfet,** qui rendra compte de leur situation au ministre de l'intérieur.

Art. 8. Aucune troupe ambulante ne pourra subsister **sans l'autorisation des ministres** de l'intérieur et de la police. — Le ministre de l'intérieur désignera les arrondissements qui leur seront déterminés, et en préviendra les préfets.

Art. 9. Dans chaque chef-lieu de département, le théâtre principal jouira seul du droit de donner des bals masqués.

CHAP. III. — Des Auteurs.

Art. 13. Tout entrepreneur qui aurait fait faillite ne pourra plus rouvrir des théâtres.

Art. 15. Les **spectacles de curiosité** seront soumis à **des règlements particuliers,** et ne porteront plus le titre de **théâtres.**

THÉÂTRES. 325. Il ne faut pas confondre le mot *spectacle* avec celui de *théâtre.* Spectacle est le mot générique; théâtre est la spécialité. Ainsi le titre de théâtre n'appartient qu'aux entreprises consacrées au chant, à la déclamation et à la danse, et qui ont reçu l'autorisation de se former et de porter ce titre à l'exclusion des autres spectacles.

326. Le mot *spectacle* embrasse tous les genres d'établissement de curiosité où le public est admis en payant.

327. L'art. 1 de la loi des 13-19 janvier 1791 n'est pas abrogé; *la déclaration préalable* qu'il exige est encore obligatoire, ainsi du reste qu'on peut l'observer dans l'art. 2 du décret de 1806.

328. Cette déclaration à la municipalité du lieu est indispensable de la part de celui qui, dans un café dont il est propriétaire, établit un théâtre et y fait représenter des pièces annoncées par des affiches, encore bien que les spectateurs ne paient d'autre rétribution que leur consommation en liqueur, bière ou café. Grenoble, 6 juill. 1830.

329. L'autorisation ne concerne et n'est exigible que pour les spectacles publics. Le fait de réunir des spectateurs choisis, ne payant pas, les acteurs se cotisant entre eux pour les frais, devant un théâtre où le prévenu est professeur dramatique, ne constitue pas spectacle public. Paris, 5 mai 1843.

330. Mais une représentation gratuite dans un local séparé, dépendant d'une guinguette, est réputé spectacle public si les habitués de la guinguette y sont admis, et le propriétaire, qui a loué le local aux amateurs pour leur représentation, a dû se munir de l'autorisation du préfet. Cass., 22 juill. 1837, D. P. 38. 1. 96, ou 196.

331. Les troupes ambulantes ont toujours besoin de l'autorisation du ministre de l'intérieur; Vivien et Blanc, *Législation des théâtres,* n° 6.

332. L'autorisation spéciale du préfet pour le genre de spectacle à établir, et pour les pièces du jour, est tout à fait distincte et indépendante de la permission municipale qui ne saurait en tenir lieu (Lyon, 11 mars 1832); alors même qu'à cette dernière serait jointe l'autorisation du sous-préfet. Cass., 1er mars 1844.

333. L'expression de *spectacle* dans la loi du 9 sept. 1835 était générale et comprenait les spectacles de curiosité. — Aujourd'hui, que l'abrogation de cette loi laisse seules en vigueur les dispositions du décret de 1806, il y a lieu de se demander si l'expression…

1831 à 1847. 5.	1848 à 1849 6.	1850 à 1856. 7.	La PRESSE en ALGÉRIE 8.	1856 à... NOTES. 9.

Ouverture du Théâtre, Représentations, Déclaration. — § Ier. *Autorisation administrative*.

1831 à 1847.	1848 à 1849	1850 à 1856.	La PRESSE en ALGÉRIE	1856 à... NOTES.
L. 9 septembre 1835. CHAP. IV. — Des Théâtres. ART. 21 § 1er. — *Il ne pourra être établi, soit à Paris, soit dans les départements, aucun théâtre ni spectacle, de quelque nature qu'ils soient, sans l'autorisation préalable du ministre de l'intérieur, à Paris, et des préfets dans les départements. V. la sanction au § 3 ci-dessous.* § 2. — *La même autorisation sera exigée pour les pièces qui y seront représentées.* § 3. — *Toute contravention au présent article sera punie, par les tribunaux correctionnels, de 1 mois à 1 an de prison et de 1,000 fr. à 5,000 fr. d'amende, sans préjudice contre les contrevenants des poursuites auxquelles pourront donner lieu les pièces représentées.* ART. 22. *L'autorité pourra toujours, pour des motifs d'ordre public, suspendre la représentation d'une pièce et même ordonner la clôture provisoire du théâtre.* (Abrogé; décret du 6 mars 1848.) ART. 23. *Il sera pourvu, par un règlement d'administration publique, au mode d'exécution de ces dispositions, qui en seront pas moins exécutoires à compter de la promulgation de la présente loi.* (Abrogé; décret du 6 mars 1848.)	**DÉCR. 6 mars 1848.** ART. 1. La loi du 9 sept. 1835, sur les crimes, délits et contraventions de la presse est abrogée. —	**L. 30 juillet 1850.** Sur la police des théâtres. ART. 1er. Jusqu'à ce qu'une loi générale, qui devra être présentée dans le délai d'une année, ait définitivement statué sur la police des théâtres, **aucun ouvrage dramatique ne pourra être représenté sans l'autorisation préalable du ministre de l'intérieur**, à Paris, et des préfets dans les départements... § 2, *infrà*. § 3. Toute contravention à l'article 1er sera punie par les tribunaux correctionnels, de **100 fr.** à **1,000 fr.** d'amende, sans préjudice des poursuites auxquelles pourrait donner lieu la pièce représentée. § 2. Cette autorisation pourra toujours **être retirée** pour des motifs d'ordre public. — **DÉCR. 30 déc. 1852.** Représentations dramatiques. ART. 1er. **Les ouvrages dramatiques** continueront à être soumis, avant leur représentation, **à l'autorisation du ministre de l'intérieur, à Paris, et des préfets dans les départements.** ART. 2. Cette autorisation pourra toujours être **retirée** pour des motifs d'ordre public. — **DÉCR. réglementaire du 14 juillet 1853.** ART. 1er. **L'autorisation préalable**, sans laquelle aucun ouvrage dramatique ne peut être représenté, aux termes de la loi du 30 juillet 1850 et du décret du 30 décembre 1852, sera désormais délivrée par le ministre d'Etat pour les ouvrages destinés aux théâtres subventionnés. ART. 2. La commission chargée d'**examiner les ouvrages dramatiques** sera désormais saisie par le ministre d'Etat de l'examen des pièces à représenter sur les théâtres impériaux subventionnés, et lui adressera directement les rapports et observations auxquels cet examen donnera lieu.		

...éâtre de l'art. 1 de ce décret comprend les théâtres en plein vent. Ces théâtres doivent, aujourd'hui comme sous la loi de 1835, être soumis à l'autorisation du préfet, à l'exception toutefois de ces théâtres ambulants des foires, pour lesquels l'autorisation municipale doit suffire. Duvergier, 35, p. 285.

334. Les pièces dont la représentation a été autorisée à Paris par le ministre de l'intérieur peuvent être jouées dans les départements sans l'autorisation des préfets. — Mais le préfet peut en suspendre la représentation par un arrêté particulier pour des motifs d'ordre public. Cass., 31 mars 1838, D. P. 38. 1. 241, J. P. 1838. 1. 599.

335. L'autorisation est nécessaire pour un simple changement de local du théâtre; elle est révocable. (Arg. art. 15, décret 1806); elle n'est soumise à aucune redevance. Vivien et lane, n° 19, 24 et 64.

336. L'arrêté par lequel le ministre concède le privilége d'un théâtre et détermine les conditions de cette concession est un acte purement administratif non susceptible d'être attaqué par voie contentieuse. Conseil d'Etat, 8 avril 1846. Journal le *Droit* du 15 avril.

337. Un règlement du 25 avril 1807 fait défense aux théâtres d'annoncer les pièces sous un titre autre que celui qui leur appartient.

338. Les tribunaux ont le droit de prononcer la clôture d'un théâtre ouvert sans autorisation. Cass., 24 janv. 1834, D. P. 34. 1. 181.

339. L'autorité municipale et, à Paris, le préfet, sont investis du droit d'ordonner la fermeture de tout théâtre ou spectacle non autorisé, sauf recours au ministre, la décision ministérielle qui interviendra approuvant la fermeture, ne pourra être déférée au conseil d'Etat par voie contentieuse. Arrêt du conseil d'Etat du 26 mai 1842, S. V. 42. 2. 380.

340. Le décret du 8 juin 1806 est encore en vigueur. — La censure établie par son art. 10 n'a pas été abrogée par la Charte de 1830. Les doutes qui s'étaient élevés à ce sujet ont disparu depuis la loi du 9 sept. 1835; son art. 21, reproduit par les lois de 1850 et le décret de 1852, avait confirmé et organisé le droit du Gouvernement de faire examiner les pièces de théâtre avant d'autoriser leur représentation.

341. La censure dramatique atteint la publication scénique, mais non la publication

1789 à 1814.

1.

CHAP. III.—THÉÂTRES.—ŒUVRES ET REPRÉSENTATIONS DRAMATIQUES.—SECT. UNIQUE (SUITE).

L. 13-19 janvier 1791.

ART. 2. **Les ouvrages dramatiques** des auteurs morts depuis 5 *ans* sont une **propriété publique** et pourront être représentés, nonobstant tous anciens priviléges qui sont abolis, sur tous les théâtres indistinctement. (Modifié par la loi de 1793.)

ART. 5. Les héritiers ou les cessionnaires des auteurs seront propriétaires de leurs ouvrages *pendant 5 ans* après la mort des auteurs. (Modifié par la loi de 1793.) (345)

Même loi.

ART. 3. Les ouvrages des auteurs vivants ne pourront **être représentés sur aucun théâtre** public dans toute l'étendue de la France **sans le consentement formel** et par **écrit des auteurs**, sous peine de confiscation du produit total des représentations au profit des auteurs (344, 347, 348, 349, 349 *bis* 350).

ART. 4. Transitoire. (*V. au recueil, in fine.*)

L. 19-21 juill. 1793.
(*Propriété littéraire.*)

ART. 1er. Les auteurs d'écrits en tout genre, les compositeurs de musique, etc. (*V.* p. 13), jouiront, durant leur vie entière, du droit exclusif de vendre, faire vendre et distribuer leurs ouvrages dans tout le territoire de la République et d'en céder la propriété en tout ou en partie (*V.* p. 13, 14).

ART. 2. Leurs héritiers ou cessionnaires jouiront du même droit durant l'*espace de 10 ans*, après la mort des auteurs. (Modifié par l'art. 39 du déc. de 1810.)

ART. 7. Les héritiers de l'auteur d'un ouvrage de littérature ou de gravure ou de toute autre production de l'esprit ou du génie qui appartiennent aux beaux-arts, en auront la **propriété exclusive** *pendant 10 années.* (Modifié par le décret de 1810 art. 39.)

L. du 19-21 juill. 1793 (suite).

ART. 3. *Les officiers de police* [les commissaires de police et les juges de paix, depuis la loi du 25 prairial an III] seront tenus de faire **confisquer**, à la **réquisition** et au **profit des auteurs**, compositeurs, peintres, dessinateurs et autres, leurs héritiers ou cessionnaires, tous les **exemplaires** des éditions imprimées ou gravées sans la **permission formelle** et par écrit des auteurs.

ART. 4 et 5. Abrogés, ils n'ont d'ailleurs jamais été applicables aux représentations non autorisées. — *V.* p. 13, 14.

Dépôt préalable.

ART. 6. Tout citoyen qui mettra au jour un ouvrage soit de littérature ou de gravure, dans quelque genre que ce soit, sera obligé **d'en déposer 2 exemplaires** à la **Bibliothèque nationale** ou au cabinet des estampes de la République, dont il recevra un reçu signé par le bibliothécaire, faute de quoi il ne pourra être admis en justice pour la poursuite des **contrefacteurs** (346).

DÉCR. du 1er sept. 1793.

ART. 1er. Les lois des 13-19 janv. 1791 et 19-21 juill. 1793, sont applicables dans toutes leurs dispositions **aux ouvrages dramatiques.**

DÉCR. 1er germinal an XIII.
Propriété des ouvrages posthumes.

ART. 1er. Les propriétaires, par succession, ou à un autre titre, d'un ouvrage posthume, ont les mêmes droits que l'auteur, et les dispositions des lois sur la propriété exclusive des auteurs et sur sa durée leur sont applicables ; toutefois à la charge d'imprimer séparément les œuvres posthumes, et sans les joindre à une nouvelle édition des ouvrages déjà publiés et devenus propriété publique.

DÉC. du 8 juin 1806.
CHAP. III. Des auteurs (suite).

ART. 40. Les **auteurs** et les **entrepreneurs** seront libres de déterminer entre eux, par des conventions mutuelles, les rétributions dues aux premiers par sommes fixes ou autrement.

ART. 41. Les autorités locales veilleront strictement à l'exécution de ces conventions.

ART. 42. Les propriétés d'**ouvrages dramatiques posthumes** ont les mêmes droits que l'auteur ; les dispositions sur la propriété des auteurs et sur sa durée, leur seront applicables, ainsi qu'il est dit au décret du 1er germinal an XIII.

Même décret.

ART. 41. Les autorités locales veilleront strictement à l'exécution de ces conventions [intervenues entre les auteurs et les entrepreneurs pour déterminer les rétributions dues aux premiers, suivant l'art. 40 ci-dessus].

N. B. *V.* aux p. 17, 18, ce qui est relatif au dépôt des ouvrages pour la conservation des droits d'auteur, et p. 14, l'art. 4 du décret du 28-31 mars 1852, qui confirme l'art. 6 de la loi du 19 juillet 1793, en s'y référant.

DÉCR. 1er fév. 1810.
TITRE VI. De la propriété des auteurs.

ART. 39. Le droit de propriété est garanti à l'auteur et à sa veuve pendant leur [vie], *si les conventions matrimoniales de celle-ci lui en donnent le droit, et à leurs enfants pendant 20 ans.* (Modifié par le décret du 8 [...] 1854. — *V.* col. 7.)

ART. 40. **Les auteurs** nationaux, soit étrangers, tout ouvrage imprimé ou gravé, peuvent **céder leurs droits** à un imprimeur ou libraire, ou à toute autre personne qui [est] alors substituée en leur lieu et place, pour eux et leurs ayants cause, comme il est dit en l'article précédent.

Représentations illicites.

TITRE VII. — Des délits et peines.

ART. 41. Il y aura lieu à **confiscation et amende au profit** de l'État dans les cas suivants, sans préjudice des dispositions du Code pénal : 1° 2°, etc., p. 13.
7° Si c'est une **contrefaçon**, c'est-à-dire, si c'est un ouvrage imprimé sans le consentement et au **préjudice de l'auteur**, éditeur ou de leurs ayants cause (*V.* p. 13) (348-349).

ART. 42. Dans ce dernier cas, il y aura lieu en outre à des **dommages-intérêts** envers l'auteur ou éditeur ou leurs ayants cause, et l'édition et les exemplaires contrefaits ront confisqués à leur profit.

ART. 43. **Les peines** seront prononcées et les **dommages-intérêts** seront arbitrés par le tribunal correctionnel ou criminel, suivant le cas et d'après les lois.

---

ordinaire par la voie de la presse ; les pièces de théâtre peuvent donc être imprimées sans autorisation et ne peuvent être recherchées qu'après leur publication, et à raison des délits qu'elles contiennent ; elles peuvent être publiées même après que la censure a défendu leur représentation. Bories et Bonnassies, v° *Ouvrages dramatiques*, n°s 3, 4 et 5.

342. Une pièce autorisée peut être représentée, imprimée et mise en vente sans qu'il y ait lieu à poursuite de la part du ministère public, à moins que la représentation ou l'impression de l'ouvrage autorisé ne préjudicie aux tiers ; car, en autorisant la pièce, les censeurs ne sont plus préoccupés de l'intérêt général que de l'intérêt privé. La partie publique, comme la partie civile peuvent donc poursuivre le directeur comme le publicateur d'une pièce diffamatoire, injurieuse ou outrageante. Trib. Seine, 29 janv. 1845, G. T. n° du 30.

Police. 343. La police et la surveillance des théâtres sont confiées aux maires dans les départements et au préfet de police à Paris, et leurs arrêtés afin d'assurer l'ordre et la sûreté, lorsqu'ils portent sur des objets soumis à leur surveillance, sont obligatoires pour les tribunaux. — L'autorité municipale à ce point de vue prescrit les mesures pour assurer la solidité des salles, la libre circulation, pour prévenir les incendies, fixe les heures d'ouverture et de fermeture, règle la distribution des billets et des places, et peut même en déterminer le prix. Un commissaire de police en costume est chargé du bon ordre, et seul, en cas de trouble, il peut requérir la force armée. Vivion et Blanc, *Lég. des théâtres*,

n°s 83, 96, 101, 115, 123 et suiv. (*V.* l'art. 7 de la loi des 13-19 janv. 1791, au recueil, in [fine].)
DROIT DES AUTEURS, AUTORISATIONS. 344. Un ouvrage dramatique étant ou pouvant être aussi une propriété privée, sa publication par représentation scénique est soumise à une double autorisation, à celle d'abord de l'autorité chargée de veiller à ce que rien de contraire à l'ordre public et aux mœurs ne soit publié, et ensuite à l'autorisation des auteurs propriétaires de la pièce.

345. La loi du 19 janv. 1791, art. 2 et 5, a-t-elle été abrogée par la loi du 17 juillet 1793 relativement à *la durée des droits d'auteurs* des ouvrages dramatiques ? La négative, *V.* M. Renouard, t. 2, n° 116, Blanc, 498, et Gastambide, 220 ; pour l'affirmative, la Cour de cassation. Mais cette question a perdu tout son intérêt depuis la loi du 1854 qui abrogent, quant à ce, et la loi de 1791 et celle de 1793.

346. Le droit exclusif de représentation n'est pas subordonné à la formalité du dépôt. Cass.. 17 nov. 1814. Paris, 11 janv. 1828, Gastambide, n° 219. En faisant représenter sa pièce sans dépôt préalable, l'auteur n'est pas réputé avoir abandonné son droit exclusif d'impression. Paris, 15 janv. 1838, et 18 fév. 1836.

347. Les théâtres des départements ne peuvent, sans obtenir le consentement des auteurs et leur payer une rétribution, exploiter les ouvrages de ces derniers joués sur les théâtres de Paris. Trib. Seine, 28 avril 1832, *Gaz. Trib.* n° du 29 avril,

1789 à 1814 (suite).	1815 à 1819. 2.	1820 à 1825. 3.	1825 à 1830. 4.	1831 à 1848. 5.	1848 à 1849. 6.	1850 à 1856. 7.	La Presse en Algérie. 8.	1856 à 18... NOTES. 9.

§ II. *Autorisations des Auteurs.* — *Propriété dramatique* (V. p. 13 et 14).

1789 à 1814 (suite).	1815 à 1819.	1820 à 1825.	1825 à 1830.	1831 à 1848.	1848 à 1849.	1850 à 1856.	La Presse en Algérie.	1856 à 18... NOTES.
				L. 3 août 1844. Ouvrages dramatiques. ART. 1ᵉʳ. Les veuves et les enfants des auteur d'ouvrages dramatiques auront à l'avenir le droit d'en autoriser la représentation et d'en conférer la jouissance pendant 20 *ans*, conformément aux dispositions du décret du 5 février 1810, art. 39 et 40. (Modifié par le décret de 1854.)		**L. 8 avril 1854.** Propriété d'auteur garantie aux veuves et aux enfants. ART. UNIQUE. Les veuves des auteurs, des compositeurs et des artistes, jouiront pendant toute leur vie des droits garantis par les lois des 19 janv. 1791, 19 juill. 1793, le décret du 5 fév. 1810, et la loi du 3 août 1844, et les autres lois et décrets sur la matière. La durée de la jouissance accordée aux enfants par ces mêmes lois et décrets est portée à **30 ans**, à partir, soit du décès de l'auteur, compositeur ou artiste, soit de l'extinction **des droits de la veuve** (344).		

ou non autorisées. — *Peines.*

CODE PÉNAL.

1789 à 1814 (suite).	1815 à 1819.	1820 à 1825.	1825 à 1830.	1831 à 1848.	1848 à 1849.	1850 à 1856.	La Presse en Algérie.	1856 à 18... NOTES.
ART. 428. Tout directeur, tout entrepreneur de spectacle, toute association d'artistes qui aura fait **représenter** sur son théâtre des ouvrages dramatiques, au **mépris des lois et règlements** relatifs à la **propriété** des auteurs, sera puni d'une amende de **50 fr.** au moins et de **500 fr.** au plus, et de la **confiscation** des recettes (348).						N. B. (Voir, sur la propriété littéraire et la contrefaçon des ouvrages étrangers le décret du 28 mars 1852 et les annotations des p. 13, 14 et suivantes.)		
ART. 429. Dans les cas prévus par les articles précédents (*V.* p. 13), le **produit des confiscations**, ou les **recettes confisquées**, seront remis au propriétaire pour l'**indemniser** d'autant du préjudice qu'il aura souffert; le surplus de son indemnité ou l'**entière indemnité**, s'il n'y a eu ni vente d'objets **confisqués**, ni saisie de recettes, sera réglé par les voies ordinaires.								

---

348. La représentation non autorisée par l'auteur, ses héritiers ou les cessionnaires d'un ouvrage dramatique non encore tombé dans le domaine public est une *représentation illicite*, une espèce de contrefaçon, et l'art. 428, C. pén., qui la punit, s'applique aussi bien à la représentation partielle qu'à la représentation intégrale, à une imitation comme à une reproduction exacte. Paris, 5 nov. 1842, alors même que le genre de la pièce reproduite eût été déjà transformé en un autre genre : Par exemple, un opéra tiré d'un drame (même arrêt); alors encore que l'opéra ne serait que la traduction d'un opéra étranger ayant le premier reproduit la pièce originale. Même arrêt, *id.* Gastambide, 225, c. 228. — Jugé dans ce cas que l'auteur serait non recevable dans la poursuite d'une représentation illicite de ses œuvres, si le libretto contrefait était resté impoursuivi pendant 3 ans (délai de la prescription). — Paris, 13 nov. 1855, le directeur des Italiens, C. V. Hugo. Cette décision nous paraît critiquable. — être autorisée par les auteurs, leurs héritiers ou cessionnaires, conformément à l'art. 3 de la loi des 13, 19 janv. 1791, et 41 du décret du 5 fév. 1810. Paris, 12 juill. 1855, S. Devill. 1855. 2. 395. Paris, 11 avril 1853, S. Devill. 53. 2. 237. Cass., 21 juin 1852, S. Devill. 52. 1. 465.

349. Le délit de l'art. 428, C. pén., n'a lieu que si la représentation est publique; et le théâtre est public lorsqu'il est ouvert moyennant une rétribution, ou que l'entrée étant gratuite, quelques billets néanmoins ont été vendus à la porte. Paris, 17 mai 1832.

349 bis. L'exécution dans une salle de danse ou autre théâtre public, notamment pour les bals de l'Opéra, de morceaux de musique empruntés à une œuvre musicale, constitue une *représentation* dans le sens de la loi protectrice du droit des auteurs, et cette exécution, pour ne pas être passible des peines édictées par les art. 428 et 429 du Code pénal, doit

350. Il n'y a pas de délit de représentation illicite de la part du directeur qui, ayant obtenu d'un des co-auteurs d'une pièce, la permission de la représenter, a usé de cette permission de bonne foi. Paris, 22 mars 1838, D. P. 38. 2. 166, quand bien même il eût fait représenter sur un théâtre autre que celui qu'il dirigeait au moment où il a demandé et obtenu la permission.

351. Nous n'avons à nous occuper des théâtres qu'au point de vue de la publication de la pensée, nous laissons en conséquence aux ouvrages spéciaux ce qui est relatif à leur administration intérieure, aux attributions du directeur dans ses rapports avec les auteurs, le public et l'autorité; aux redevances au droit des pauvres. *V.* MM. Vivien et Blanc déjà cités. Nous nous bornerons à ajouter que les directeurs sont nommés par le ministre de l'intérieur qui peut les révoquer. Ord. 8 déc. 1824 ; que le droit des pauvres, établi en 1699, supprimé en 1789, rétabli le 7 frimaire an 5, et maintenu le 9 déc. 1809, est d'un décime par franc sur le prix de chaque billet et des places louées. Ordonn. 10 fév. 1817, 31 août 1828, et que cette taxe figure annuellement au budget depuis 1816.

LIVRE III.

ABUS DU DROIT ET DES MOYENS DE PUBLICATION DE LA PENSÉE.

CRIMES, DÉLITS ET CONTRAVENTIONS. — PEINES.

AVERTISSEMENT.

Les abus du droit qu'a la pensée de se manifester, en d'autres termes, les infractions qui peuvent se commettre par la voie de la parole, de l'écriture, de la presse ou de tout autre moyen de publication, doivent d'abord se classer, en suivant la méthode du Code pénal, en *crimes, délits et contraventions.*

Cette division, qui dans le droit commun repose sur la nature de la peine applicable, en ce sens qu'une infraction est qualifiée *crime, délit* ou *contravention,* selon que la peine édictée par la loi est *criminelle* (1), *correctionnelle* ou *de simple police,* cette division, disons-nous, présente dans la législation spéciale de la presse une anomalie qu'il importe de remarquer et d'expliquer.

Le législateur en cette matière n'a pas accepté aveuglément le système du Code de 1810.—Ce système, à tort critiqué comme étant l'expression d'une théorie trop matérialiste (2), a dû nécessairement fléchir ici devant les exigences pratiques d'une bonne police. En effet :

Pour contenir d'une manière efficace l'action si énergique et si grosse de débordements de la liberté de la presse, les lois, au risque d'être impuissantes, ont dû lui opposer des moyens non moins énergiques de répression. Les *peines de simple police* eussent été évidemment insuffisantes, et voilà pourquoi les violations matérielles de la plupart des lois réglementaires de la presse, et des autres moyens de publications, ont été frappées de *la peine des délits,* alors que ces violations n'ont point cessé d'être qualifiées par la loi elle-même de simples *contraventions* aux lois de police (3).

En conséquence, toutes les fois que le législateur n'aura point spécifié par une expression formelle la nature de l'infraction, elle a été considérée comme *une contravention,* sans égard pour la nature de la peine applicable, lorsque le fait n'était que la violation *matérielle* d'une formalité ou d'une interdiction prescrite par la loi comme une mesure de police.

Mais, lorsque indépendamment de toute loi de police, l'acte était en lui-même l'expression agressive ou frauduleuse d'une pensée *méchante ou nuisible* au double point de vue des intérêts individuels et sociaux, la théorie du droit commun a repris son empire, et l'infraction a été classée dans la catégorie des *crimes* ou des *délits,* d'après la nature *criminelle* ou *correctionnelle* de la peine encourue.

Ces explications étaient nécessaires pour justifier l'adoption de la division méthodique du Code pénal dans l'exposition des lois répressives des abus de la liberté de la presse, et de tous autres moyens de publication.

Une division non moins rationnelle et tirée aussi du Code pénal peut également être appliquée à la classification particulière des *crimes et délits* de la presse et des autres moyens de publication.

En effet, si l'on considère l'acte punissable au point de vue du *sujet passif* du crime ou du délit, on trouvera que le *patient du délit,* comme dit l'Ecole, ne peut être que l'homme indivi-duel ou l'homme collectif : *les personnes* ou *la société,* et de là, forcément cette distinction communément admise :

1° Des crimes et délits contre *la chose publique,* que la loi distribue, ensuite, d'après la nature de l'acte incriminé en trois catégories :

Les provocations au crime ou au délit ;

Les attaques et les offenses { contre les principes, l'ordre et les pouvoirs constitutifs de l'Etat ;

2° Des crimes et délits contre *les personnes,* qui se distribuent également, d'après la nature de l'acte en lui-même en différentes catégories dont les principales, sont :

Les faux témoignages ;
Les outrages ;
Les diffamations ;
Les dénonciations calomnieuses ;
Les injures ;
Et les révélations de secrets.

Voici d'ailleurs les détails de la classification adoptée pour l'exposition et la concordance des dispositions législatives en cette matière :

Le livre III, précédé de deux tableaux préliminaires consacrés à des généralités, se divise naturellement en trois titres, dont les deux premiers traitent des *crimes et délits* contre la chose publique et les personnes, et le titre III, des *contraventions.*

Le titre I intitulé : *crimes et délits contre la chose publique,* se compose de deux chapitres ayant pour objet :

    Chap. I. Les provocations aux crimes ou aux délits ;

    Chap. II. Les attaques et les offenses :

        Sect. I. Contre le Souverain, sa famille, le pouvoir législatif et les souverains étrangers ;

        Sect. II. Contre le Gouvernement, son principe, sa forme, son autorité ;

        Sect. III. Contre la paix publique (cris séditieux, excitations, fausses nouvelles) ;

        Sect. IV. Contre les institutions constitutionnelles, la souveraineté du peuple, la liberté électorale, la liberté du culte, etc.;

        Sect. V. Contre la morale publique, la religion, les mœurs (par voie d'outrages);

        Sect. VI. Contre les lois, la propriété, la famille, la discipline militaire.

Le titre II intitulé des *crimes et délits contre les personnes* se divise en cinq chapitres qui traitent :

    Chap. I. Des diffamations, des injures, des outrages. Généralités, immunités ;

    Chap. II. Des diffamations, des injures, des outrages :

        Sect. I. Contre les fonctionnaires ou individus chargés d'un service public, tels que :

            § I. —Les Cours, tribunaux, corps constitués, administrations, autorités ;

            § II. —Les magistrats et les fonctionnaires proprement dits ;

            § III.—Les dépositaires et agents de l'autorité, les officiers ministériels ;

            § IV.—Les jurés, témoins, prêtres, bureau électoral, membres de l'Université :

        Sect. II. Contre les non-fonctionnaires et simples particuliers.

            § I. Ambassadeurs et agents diplomatiques :

            § II. Simples particuliers.

    Chap. III. De la Dénonciation calomnieuse ;

    Chap. IV. Des Faux témoignages et des Révélations de secrets ;

    Chap. V. Des Délits d'audience,—troubles, tumultes, outrages.

Le titre III relatif aux *contraventions* est divisé en sept chapitres dont le premier est consacré aux *publications obligées* et aux *publications interdites,* et les 6 autres concernant les infractions de police figurent pour mémoire par leur titre seulement avec des renvois aux chapitres spéciaux de la matière.

Tel a été l'ordre suivi pour l'exposition des lois qui vont faire l'objet du livre III.

---

(1) Nous nous écartons ici de la terminologie du Code pénal, pour ne pas embarrasser la phrase des dénominations trop longues de la loi. Nous entendons par peines criminelles les peines infamantes ou afflictives et infamantes de l'art. 6 du Code pénal.

(2) On a vu, dans l'art. 1 du Code pénal, l'expression matérialiste d'un système insultant pour l'homme (Rossi et Guilot). La théorie militaire a bien, il est vrai, pour une bonne part, influé sur la rédaction du Code, mais à ne voir que le Code pratique de cet art. 1, il est facile de se convaincre que le législateur a eu plutôt en vue d'indiquer la compétence d'après la nature de la peine, que de définir la gravité morale des infractions. C'est une règle de méthode et non la formule d'une théorie. — *V.* les auteurs de *la Théorie du Code pénal,* t. I.

(3) *Sic* Chassan, t. I, p. 500, et de Grattier, t. I, p. 14. Cités dans l'avertissement qui précède la table analytique des crimes, délits et contraventions. *V.* p. 196.

LIVRE III.

CRIMES, DÉLITS ET CONTRAVENTIONS PAR LA VOIE DE LA PRESSE ET AUTRES MOYENS DE PUBLICATION.

1789 à 1814. (1)	1815 à 1819. (2)	1819 à 1825. (3)	1825 à 1855 (4)
Généralités. — Moyens de Publications. — Publicité.			
DÉCR. 18 juillet 1791. Sur les séditions. ART. 1er. Toute personne qui aurait provoqué...., *V.* p. 87, soit par des placards ou affiches, soit par des écrits publiés ou colportés, soit par des discours tenus dans des lieux ou assemblées publics, seront..... (*V.* la suite . 87.) **CODE PÉNAL.** ART. 102. *Seront punis comme coupables de...* (V. p. 87) *ceux qui, par des discours tenus dans des lieux ou réunions publics, soit par des placards ou affiches, soit par des écrits imprimés, auraient...* (V. p. 87). ART. 247. *Sera puni comme coupable de....* (V. p. 87) *quiconque aura provoqué, soit par des discours tenus dans des lieux ou réunions publics, soit par des placards affichés, soit par des écrits imprimés ....* ART. 293. Si par discours, exhortations, invocations ou prières en quelque langue que ce soit, ou par lecture, affiche, publication ou distribution d'écrits quelconques... dans des assemblées illicites... *V.* p.87. ART. 267. *Sera coupable du délit de calomnie, celui qui, soit dans des lieux ou réunions publics, soit dans un écrit imprimé ou non, qui aura été affiché, vendu ou distribué, soit dans un écrit authentique ou public, aura...* (V. la suite p. 107.) ART. 222. Lorsqu'un (ou plusieurs) magistrat aura reçu quelque outrage [public ou non public, suivant la rubrique] **par parole**... (*V.* p 109.) ART. 223. L'outrage [public ou non public] **par gestes ou menaces** a... (*V.*p.109.) ART. 224. L'outrage [public ou non public] **par paroles, gestes ou menaces**.... (*V.* p. 111.) ART. 262. Toute personne qui aura, **par paroles ou gestes**, outragé les objets d'un culte dans les lieux destinés ou servant au culte... (*V.* p. 99.)	**L. 9 novembre 1815.** Cris séditieux; provocation à la révolte. ART. 1er. *Seront poursuivies et punies..*(V.p.87-95) *toutes personnes coupables d'avoir imprimé, ou affiché, ou vendu, ou livré à l'impression des écrits; d'avoir, dans des lieux publics ou destinés à des réunions habituelles de citoyens, fait entendre des cris, proféré des discours, toutes les fois que ces cris, ces discours, ces écrits auront exprimé...* (V. p. 87.)	**L. 17 mai 1819.** Sur la répression des crimes et délits commis par la voie de la presse ou par tout autre moyen de publication. ART. 1er. Quiconque, soit par des discours, des cris ou menaces proférés dans des lieux ou réunions publics; Soit par des écrits, des imprimés, des dessins, des gravures, des peintures ou emblèmes vendus ou distribués, mis en vente ou exposés dans des lieux ou réunions publics; Soit par des placards et affiches exposés aux regards du public, aura... (*V.* p. 83, 87, la suite.) (352, 353, 354, 355, 356, 357, 358, 359, 360, 361.) N. B.—Presque toutes les lois postérieures sur la presse se sont référées à l'art. 1er de la loi du 17 mai 1819, quant à l'énonciation des moyens de publication. **L. 25 mars 1822.** Relative à la répression et à la poursuite des délits commis par la voie de la presse ou par tout autre moyen de publication. ART. 6. L'outrage fait publiquement, et d'une **manière quelconque**... (*V.* p.92, 108, la suite.)	

PUBLICATION. PUBLICITÉ. — **352.** Il ne faut pas confondre la *publication* avec la *publicité*. La publication est un acte individuel, la publicité en est le résultat dans ses rapports avec l'être collectif, le public. L'un est le point de départ, l'autre est le but.

353. Dégagé de toute idée de publicité, le fait de la publication est la condition de la plupart des contraventions aux lois de la police de la presse.—La publicité est l'élément essentiel des crimes et délits de la parole, de l'écriture et de la presse et des autres moyens d'exprimer sa pensée, sauf, dans certains cas, les outrages et les injures que la loi punit, quoique non publics. Art. 222, 223 et 224 du Code pénal, et 262.

354. S'il ne peut jamais y avoir de publicité sans publication, il peut y avoir publication sans publicité.—Ainsi, le dépôt des journaux cautionnés, fait conformément à l'art. 8 de la loi du 18 juill. 1828, constitue le fait de publication légale, Orléans, 7 juill. 1838, . P. 1838.2.199, ou du moins une présomption *juris* qui n'admet pas la preuve contraire si les journaux ont été envoyés à la poste, alors même qu'ils y auraient été saisis, et qu'aucun n'ait été *répandu dans le public.* Cass., 30 avril 1832. Le dépôt des autres écrits ne s'accomplissant pas dans les mêmes conditions, n'a pas le même effet, l'un doit être fait avant la publication, L. 1814, 21 oct., art. 14, tandis que l'autre doit avoir lieu *au moment de la publication* : c'est le dépôt qui fixe et commence alors la publication. V.p.49, n° 215.

355. Ainsi la mise en vente dans un lieu public, bien que la vente ne se soit pas effectuée, c'est-à-dire que le public n'ait pas pris connaissance de l'écrit, est encore un fait de publication sans publicité réelle. Il y a de même publication légale à l'égard d'un expéditeur de livres à un libraire, bien que ces livres soient trouvés renfermés dans des caisses non ouvertes chez le libraire. Chassan, t 1, p.57. De Grattier, 1. 127. —La distribution d'un seul exemplaire d'un écrit suffit pour constituer le fait de sa publication. Chassan, 1, p. 41.

356. Le projet de l'art. 1 de la loi du 17 mai 1819 portait : « Quiconque soit par des discours *tenus*, soit par des cris ou menaces *proférées*... » le mot *tenus* fut supprimé sur la proposition de M. Jacquinot-Pampelune parce que le mot *proférés* se rapportant au mot discours exprimait mieux le caractère de la publicité, que le but de la loi était de prévenir d'atteindre. Chassan, t. 1, p 35.

357. Pour qu'il y ait publicité dans le sens de la loi, en matière de délit de presse, faut que la publication de l'écrit, le retentissement de la parole, la manifestation de la pensée, aient été accomplis dans les lieux ou réunions publics; il faut plus, il faut que cette manifestation de la pensée, que la parole proférée, que l'écrit exposé, publié, distribué, soit de nature à être saisi et compris par l'intelligence publique; car la publicité qu'exige la loi ne doit pas être seulement possible, il la faut réelle, effective; le moyen de publication ne doit pas seulement frapper les yeux ou les oreilles du public, mais frapper l'intelligence des auditeurs et des spectateurs, et faire parvenir le délit à leur pensée. — *Sic* Chassan, Morin, etc.

358. On entend par *lieux ou réunions publics* ceux qui sont ouverts ou accessibles à tout le monde, soit gratuitement, soit moyennant une rétribution ou certaines conditions d'admissibilité. — Sans diviser avec M. Chassan les lieux publics, en lieux publics par nature, par destination ou par accident, nous allons examiner quelques-unes des solutions que la jurisprudence souveraine a données à cet égard.

359. Sont *lieux publics* : 1° le greffe d'un tribunal; 2° les bureaux d'une sous-préfecture; 3° une classe secondaire d'ecclésiastiques dans laquelle on reçoit les externes; 4° une caserne pour l'armée; 5° l'étude d'un notaire aux heures de travail; 6° la salle des délibérations du conseil municipal lorsque la séance est levée; 7° la salle de bain d'un hospice; 8° une classe de collège composée d'externes et d'internes; 9° une auberge même exclusivement occupée par une réunion d'où sont exclus les étrangers; 10° une salle d'auberge qui n'est pas destinée au public si elle communique à la salle commune; 11° la station d'un chemin de fer; 12° une boutique. — 1° Cass., 22 août 1828 (D. P. 28. 1. 399); — 2° Cass., 4 août 1826 (D. P. 27. 1. 336):—3° Cass., 9 nov. 1832;—4° Cass., 28 nov. 1835 :—5° Paris, 19 août 1837;—6° Trib. Seine, 21 déc. 1842;—7° Angers, 4 janv. 1824 (S. *Coll. nouv.* 7. 2 285);—8° Cass., 9 nov. 1832 (S.32.1. 741); — 9° Cass., 19 fév. 1825 (S. *Coll. nouv.* 8. 51);—10° Paris, 1er août 1835; — 11° Cass., 28 avril 1843 (J. P 1843. 2. 500);—12° Cass., 17 sept. 1851. *Contrà*, Cass. 1832 (S. 32. 1. 669.)

360. Un acte déposé au greffe est un acte public. Cass., 22 août 1828. L'envoi de lettres missives anonymes à plusieurs personnes est un fait de publication. La diffamation commise par ce moyen est publique. Agen, 23 déc. 1846.

361. Jugé qu'on ne doit pas considérer comme publics : 1° des injures prononcées dans la cuisine d'une auberge lorsqu'elles n'ont pu être entendues du dehors; 2° une voiture publique allant d'un lieu à un autre. *Contrà*, Chassan. 3° un champ, une forêt, s'il n'y a ni témoins ni auditeurs; 4° la diffamation ou conversation plus ou moins offensante tenue par quelques individus causant entre eux dans une rue; 5° le greffe d'une prison et le procès-verbal des réponses d'un écroué; 6° la cour d'un presbytère servant de dépôt pour le bois des troupes en cantonnement; 7° une prison; 8° le cabinet d'un courtier de commerce; 9° une réunion de famille ou d'amis.

1° Cass., 21 avril 1838 (J. P. 1839. 1. 90); —2° Cass., 27 août 1831 (J. P. 1831. 1. 142);—3° Cass., 22 fév. 1828 (J. P. 1838.1.393);—20 sept. 1832 (D. P. 1833. 1.75); — 4° Poitiers, 29 août 1850 (J. crim., 4818); Cass., 11 janv. 1851 (J. crim., 3906); —5° Cass., 19 sept. 1846 (J. crim., 4094); — 6° Cass., 1er mars 1833 (D. P. 1833. 1. 178), —7° 31 mai 1822, 29 nov. 1829.

1789 à 1814.	1815 à 1819.
t.	2.

LIVRE III. — CRIMES, DÉLITS ET CONTRAVENTIONS PAR LA VOIE

Dispositions commune

CODE PÉNAL.

CHAP. Ier. — Des personnes punissables, excusables ou responsables.

ART. 59. **Les complices d'un crime ou d'un délit** seront punis de la même peine que les auteurs mêmes de ce crime ou de ce délit, sauf les cas où la loi en aurait disposé autrement.

ART. 60. Seront punis comme **complices** d'une action qualifiée crime ou délit, ceux qui, par dons, promesses, menaces, abus d'autorité ou de pouvoir, machinations ou artifices coupables, **auront provoqué à** cette action ou donné des instructions pour la commettre;

Ceux qui auront procuré des armes, des instruments ou tout autre moyen qui aura servi à l'action, sachant qu'ils devaient y servir;

Ceux qui auront, **avec connaissance, aidé ou assisté** l'auteur ou les auteurs de l'action dans les faits qui l'auront préparée ou facilitée, ou dans ceux qui l'auront consommée, sans préjudice des peines qui seront spécialement portées par le présent Code, contre les auteurs de complots ou de **provocations** attentatoires à la sûreté intérieure ou extérieure de l'État, même dans le cas où le crime qui était l'objet des conspirateurs ou des provocateurs n'aurait pas été commis.

—

Vendeurs, crieurs, afficheurs, distributeurs.

ART. 285. Si l'écrit imprimé (publié et distribué sans indication vraie des nom, profession et demeure de l'auteur ou de l'imprimeur) contient quelques provocations à des crimes ou délits, les crieurs, afficheurs, vendeurs et distributeurs seront punis comme **complices des provocateurs**, à moins qu'ils n'aient fait connaître ceux dont ils tiennent l'écrit contenant la provocation.

En cas de révélation, ils n'encourront que 6 jours à 3 mois de prison, et la peine de **la complicité** ne restera applicable qu'à ceux qui n'auront point fait connaître les personnes dont ils auront reçu l'écrit imprimé, et à l'imprimeur s'il est connu.

—

L. 21 octobre 1814.
TIT. II. — Police de la Presse.

Les obligations des imprimeurs sont :
Pages 9, 11, 15, 17, *suprà.*

> ART. 11. De se pourvoir d'un brevet et de prêter serment.
> ART. 13. De déclarer leurs presses.
> ART. 14. De déclarer les ouvrages avant l'impression et de les déposer avant leur publication.
> ART. 16. Et de mentionner l'indication vraie de leur nom et de leur demeure sur les imprimés.
> (*V.* art. 24, L. 17 mai 1819.)

—

DES EXCUSÉS.

ART. 64. Il n'y a ni crime, ni délit, lorsque le prévenu était en état de démence au temps de l'action, ou lorsqu'il a été contraint par une force à laquelle il n'a pas pu résister.

ART. 65. Nul crime ou délit ne peut être excusé, ni la peine mitigée, que dans les cas et dans les circonstances où la loi déclare le fait excusable et permet de lui appliquer une peine moins rigoureuse.
(*V.* p. 155, le chapitre des circonstances atténuantes.)

L. du 17 mai 1819.
Répression des crimes et délits commis par la voie de la presse et autres moyens de publica

ART. 1er. Quiconque, — soit par des discours, des cris ou menaces pro dans des lieux ou réunions publics, — soit par des écrits, des imprimés dessins, des gravures, des peintures ou emblèmes vendus ou distribués en vente ou exposés dans des lieux ou réunions publics, — soit par des cards et affiches exposés aux regards du public, — aura provoqué l'aute les auteurs de toute action qualifiée crime ou délit à la commettre, ser puté complice et puni comme tel. (365, 369.)

ART. 7. Il n'est point dérogé aux lois qui punissent la provocation complicité résultant de tous actes autres que les faits de publication p par la présente loi.

—

Des imprimeurs, vendeurs, distributeurs (569).

ART. 24. Les imprimeurs d'écrits dont les auteurs seraient mis en jugement, en vertu de la présente loi, et qui auraient rempli les obligations prescrites par le tit. II de la loi du 21 octobre 1814 (relativement aux brevet, serment, déclaration, dépôt, indication des nom et demeure, art. 11,13,14,16), ne pourront être recherchés pour le simple fait d'impression de ces écrits, à moins qu'ils n'aient **agi sciemment**, ainsi qu'il est dit en l'art. 60, § 3 du Code pénal qui définit la complicité (366).

N. B. — *V.* p. 9 à 15, les textes des articles du titre II de la loi du 21 oct. 1811.

—

L. 9 juin 1819
Sur les journaux périodiques.

ART. 2. *La responsabilité des auteurs indiqués dans la déclaration (V. et 17) s'étendra à tous les articles dans le journal ou écrit périodique, san judice de la solidarité des auteurs ou leurs desdits articles.*

(Abrogé et remplacé par l'art. 8, 18 juillet 1828, qui à la responsabil propriétaires ou éditeurs a substitué celle définie des gérants signataires du journ

---

Observations. — Les principes généraux du Code pénal sont a cables aux délits de presse, lorsqu'il n'y a pas été formellement dé

---

362. En matière de délits de presse et de publication d'écrits, le coupable n'est pas l'auteur de l'écrit, mais celui qui l'a publié, qu'il en soit ou non le rédacteur, sauf la responsabilité de l'auteur, s'il y a consenti ou s'il a participé au fait de la publication. — Tel est en général l'esprit de la loi. Chassan, t. 1, p. 34.

363. Les infractions aux lois sur la police de la presse, c'est-à-dire *les contraventions*, existent indépendamment de l'intention; mais quant aux *délits* de presse, ils ne sauraient exister sans intention coupable. 18 oct. 1850. (*J. crim.*, 1974.) (*V.* n° 574.)

364. La preuve de l'intention coupable est à la charge du ministère public, qui peut l'établir par tous arguments possibles et toutes pièces, sans qu'on puisse prétendre qu'il fait un procès de tendance. Le prévenu peut se défendre en invoquant ses antécédents et les témoignages recueillis sur sa moralité. Cass., 1er juill. 1847. 20 janv. 1848 (*J. crim.*, 4163, 4381).

COMPLICITÉ, EXCUSE. 365. L'art. 1 de la loi du 18 mai 1819, rentre dans l'esprit de l'art. 60 du Cod. pénal en ce qu'il considère la provocation comme constituant la complicité. Mais la provocation de l'art. 1, L. 1819, diffère de celle de l'art. 60 en ce qu'elle est une complicité légale, pourvu qu'elle soit *publique*, et sans le concours des manœuvres et circonstances énumérées dans l'art. 60. La publicité est son élément essentiel ainsi que l'intention. *Sic*, Chassan.

366. L'imprimeur qui n'a pas rempli les formalités prescrites par le titre II de la loi du 21 oct. 1814, et qui sont la possession d'un brevet, la prestation du serment, la possession de presses déclarées, la déclaration de son intention de vouloir imprimer, le dépôt de l'ouvrage imprimé, l'indication de ses noms et demeure sur l'imprimé, est présumé complice, et devra être condamné comme tel, à moins qu'il ne prouve qu'il n'a pas agi sciem-

ment. — Mais s'il a rempli les formalités prescrites, la présomption sera par contr n'a pas agi sciemment, et la preuve contraire incombera au ministère public. Les ont à cet égard la libre appréciation des circonstances et des preuves.

367. L'imprimeur d'une satire dont le titre seul révèle le caractère, ne peut pré avoir ignoré la portée du contenu : il a agi sciemment. Paris, 7 nov. 1835. Mais la ture d'un avocat au bas d'un mémoire met la responsabilité de l'imprimeur à couvert. corr. Toulouse, 9 août 1838. Chassan, 2, p. 139 et note. Du reste, l'imprimeur pe poursuivi comme complice s'il a agi sciemment, encore que l'auteur ne soit l'objet d'a poursuite. Cass., 15 oct. 1825 (S. 25. 1. 203).

368. L'associé d'un imprimeur pourrait être condamné comme complice des délit tenus dans un imprimé s'il était acquis qu'il en a surveillé seul l'impression. Cass., 3 1832 (S. 32. 1. 574).

369. Les vendeurs, crieurs, afficheurs et distributeurs peuvent être poursuivis c complices des provocateurs s'ils ont agi sciemment, et ils sont présumés avoir agi ment si l'imprimé ne porte ni le nom de l'auteur ni celui de l'imprimeur, et doivent êtr damnés comme complices, à moins qu'ils ne révèlent le nom de ceux dont ils tiennent l et dans ce cas encore, qui fait cesser la présomption légale de complicité, ils pourront moins être condamnés comme complices s'il est prouvé qu'ils ont agi sciemment. Cod. art. 285. Bories et Bonnassies, v° *Complicité.*

369 *bis.* Il est admis que les crieurs, vendeurs, distributeurs et afficheurs, qui ont s ment concouru à rendre public un écrit délictueux doivent être réputés complices et pu mêmes peines que l'auteur de l'écrit. — A ce principe du droit commun (art. 59 et 60 du C l'art. 5 de la loi du 10 déc. 1830, formule une dérogation, par une distinction qu'il impo

1820 à 1825. 3.	1825 à 1830. 4.	1831 à 1848. 5.	1848 à 1849. 6.	1850 à 1856. 7.	La Presse en Algérie. 8.	1856 à... NOTES. 9.

LA PRESSE OU AUTRES MOYENS DE PUBLICATION. — GÉNÉRALITÉS.

Complicité.—Excuses.

Des gérants responsables.

L. 18 juillet 1828.
Journaux périodiques.

ART. 8, § 4. Les **signataires** de chaque feuille, ou livraison, seront **responsables de son contenu** et passibles de toutes les peines portées par la loi, à raison de la **publication** des articles ou passages incriminés, sans préjudice de la poursuite contre l'auteur ou les **auteurs** desdits articles ou passages **comme complices.**
En conséquence, les poursuites judiciaires pourront être dirigées, tant contre les **signataires** des feuilles ou livraisons, que contre l'**auteur** ou les **auteurs** des passages incriminés, si ces auteurs peuvent être connus ou mis en cause (362, 370, 371).

—

Des imprimeurs et publicateurs.

L. 10 décembre 1830,
Sur les afficheurs et crieurs publics.

ART. 5. § 2... L'auteur ou l'imprimeur des faux extraits défendus par l'art. 4 (*V.* p.68) sera puni **du double de la peine infligée au crieur, vendeur ou distributeur des faux extraits.**—*V.* p. 24 (369 *bis*).
Les peines prononcées par le présent article seront appliquées sans préjudice des autres peines qui pourraient être encourues par suite des crimes et délits résultant de la nature même de l'écrit (369).

—

Comme dispositions communes aux crimes, délits et contraventions, — *V.* p. 108 ce qui est relatif aux IMMUNITÉS.

signaler : en effet, l'*imprimeur* seul, entre les agents qui ont coopéré à la publication des faux extraits défendus par l'art. 4, est puni des *mêmes peines* que l'auteur ; quant aux crieurs, vendeurs et distributeurs, ils sont bien, il est vrai, considérés comme *complices*, mais à un *degré secondaire de complicité*, puisque la loi n'édicte contre eux que des peines moitié moindres.
370. Les auteurs d'articles contenus dans un journal peuvent être poursuivis comme complices des signataires du journal, c'est-à-dire des publicateurs, à moins qu'il ne soit établi que la publication ait eu lieu à leur insu ou malgré eux. — Mais comme la responsabilité des feuilles pèse aujourd'hui sur leurs signataires ou gérants, la preuve de la complicité contre l'auteur est à la charge de la partie poursuivante.
371. L'auteur pourrait être condamné quoique le gérant fût acquitté. Paris, 26 août 1857. 30 août 1839, J. P. (1837. 2. 200.) (1839. 2. 300.)
372. Les principes du droit commun sont applicables en matière de complicité pour les délits de la presse et autres moyens de publication. Cass., 25 avril 1844. —Jugé en ce sens :
Que celui qui a sciemment fourni des notes à l'auteur d'un article diffamatoire publié dans un journal, doit être puni comme complice de la diffamation :
Que celui qui a coopéré à la publication d'un mémoire injurieux et diffamatoire, notamment celui qui a fait les frais dudit mémoire, peut être condamné solidairement avec le signataire du mémoire, aux dommages-intérêts auxquels cette publication peut donner lieu. Cass., 12 juin 1839.

373. La complicité résultant de la provocation de l'art. 1 de la loi du 17 mai 1819 est toute particulière ; elle implique par elle-même l'intention de l'agent qui doit, pour se justifier, faire la preuve du contraire. De Grattier, 1, p. 125.
374. La bonne foi n'excuse pas les contraventions matérielles en fait de presse et d'imprimerie. Cass., 12 sept. 1823. 21 fév. 1824 (*V.* n° 363).
375. L'insertion dans un journal d'un article délictueux ne peut être excusée, sur le motif que l'article a été extrait d'un autre journal qui n'avait pas été poursuivi. Assises de Maine et-Loire, 17 août 1831 (S. V. 32.2.173).
376. Les outrages publics envers les fonctionnaires publics à raison de leurs fonctions, ne peuvent être excusés sur le motif qu'il y avait eu de leur part provocation par injure. Cass., 19 août 1842 (S.V. 1842. 1. 701). 8 sept. 1837 (S.V. 37. 1. 909). *Contrà*, Grenoble, 21 avril 1825 (S.26-2. 10. Coll. nouv. 8).—*Idem.* La dénonciation faite par un maire contre un de ses administrés ne peut servir d'excuse à la dénonciation calomnieuse par ce dernier contre le maire. Nîmes, 27 nov. 1829.
377 La bonne foi n'excuse pas la diffamation et l'injure, car la parole est toujours l'expression de la pensée. Toulouse, 30 déc. 1836. *A fortiori* pour les écrits et la presse. Donai, 10 juin 1844. *Contrà*, jugé que sans intention criminelle il n'est pas de délit d'injure et de diffamation. Cass., 12 août 1842, 23 déc. 1844, 29 août 1846 et 16 mars 1850 (*J. crim.*, art. 3113, 3208, 4019 et 4724).

1789 à 1814.

1.

1815 à 1819.

2.

TITRE Ier. — CRIMES ET DÉLITS CONTRE LA CHOSE PUBLIQUE. — CHAP. Ier.

DÉCR. 18 juillet 1791.

ART. 1er. Toute personne qui aurait **provoqué le meurtre**, le pillage, l'incendie ou conseillé formellement **la désobéissance aux lois**, soit par des placards, ou affiches, soit par des écrits publiés ou colportés, soit par des discours tenus dans des lieux ou assemblées publics, sera regardée comme séditieuse ou perturbatrice de la paix publique, et en conséquence les officiers de police sont autorisés à la faire **arrêter** sur-le-champ et à la remettre aux tribunaux pour y être jugée et punie selon les lois (378).

ART. 2. Tout homme qui, dans un attroupement ou émeute, aura fait entendre un cri de provocation au meurtre sera puni de 3 ans de chaîne, si le meurtre ne s'en est pas suivi, et comme complice s'il y a lieu. (Abrogé. — V. p. 95.)

Tout citoyen présent est tenu de prêter main-forte et de s'employer pour l'arrêter.

—

CODE PÉNAL.

SECT. II. — Des crimes contre la sûreté intérieure de l'État.

ART. 86 ancien. L'attentat contre la vie ou la personne du Roi est puni de la peine du parricide. — L'attentat contre la vie ou la personne d'un membre de la famille royale est puni de mort.

Toute offense commise publiquement envers la personne du Roi sera punie de 6 mois à 5 ans de prison et de 500 fr. à 6,000 fr. d'amende.... V. p. 89 (379).

Abrogé et modifié par la loi du 10 juin 1853.

ART. 87 ancien. L'attentat dont le but serait, soit de détruire, soit de changer la forme du Gouvernement ou l'ordre de successibilité au trône, soit d'exciter les citoyens ou habitants à s'armer contre l'autorité royale, sera puni de mort (379).

Modifié par la loi du 10 juin 1853.

—

ART. 102. Seront punis comme coupables de complots, contre la sûreté intérieure de l'État, tous ceux qui, par des discours tenus dans des lieux ou réunions publics, soit par des placards ou affiches, soit par des écrits ou imprimés, auront excité directement les citoyens à les commettre.

Néanmoins, dans les cas où lesdites provocations n'auraient été suivies d'aucun effet, leurs auteurs seront simplement bannis.

Abrogé par l'art. 26, L. du 17 mai 1819.

CODE PÉNAL (suite).

ART. 217. Sera puni, comme coupable de rébellion, quiconque y aura provoqué, soit par des discours tenus dans des lieux ou réunions publics, soit par des placards affichés, soit par des écrits imprimés; dans le cas où la rébellion n'aurait pas eu lieu, le provocateur sera puni d'un emprisonnement de 6 jours au moins et de 2 ans au plus. (Abrogé par l'art. 26, L. de 1819, V. au bas de la colonne 2.)

ART. 285. Si l'écrit imprimé (publié et distribué sans indication vraie des nom, profession et demeure de l'auteur et de l'imprimeur) contient quelques **provocations à des crimes ou délits**, les **crieurs, afficheurs, vendeurs et distributeurs**, seront punis comme complices des provocateurs, à moins qu'ils n'aient fait connaître ceux dont ils tiennent l'écrit contenant provocation (380).

En cas de révélation ils n'encourront qu'un emprisonnement de 6 jours à 3 mois, et la peine de **complicité** ne restera applicable qu'à ceux qui n'auront point fait connaître les personnes dont ils auront reçu l'écrit imprimé, et à l'imprimeur s'il est connu.— V. p. 49 (380). (V. au tableau précédent.)

ART. 293. Si par discours, exhortations, invocations ou prières, en quelque langue que ce soit, ou par lecture, affiche, publication ou distribution d'écrits quelconques, il a été fait dans ces assemblées (illicites) **quelques provocations à des crimes ou à des délits**, la peine sera de **100 fr. à 300 fr.** d'amende, et de **3 mois à 2 ans** de prison contre les **chefs, directeurs et administrateurs de ces associations** (non autorisées); sans préjudice des peines plus fortes qui seraient portées par la loi contre les individus personnellement coupables de **la provocation**, lesquels, en aucun cas, ne pourront être punis d'une peine **moindre que celle** infligée aux chefs, directeurs ou administrateurs de l'association (381).

—

L. 9 nov. 1815.
Cris séditieux, provocations à la révolte.

ART. 1er. Seront poursuivis et jugés criminellement, toutes personnes coupables d'avoir ou imprimé, ou affiché, ou distribué, ou vendu, ou livré à l'impression des écrits, d'avoir dans des lieux publics, ou destiné à des réunions habituelles de citoyens, fait entendre des cris, proféré des discours, toutes les fois que ces cris, ces discours ou ces écrits auront exprimé la menace d'un attentat contre la vie ou la personne du Roi, la vie ou la personne des membres de la famille royale; toutes les fois qu'ils auront excité à s'armer contre l'autorité du Roi, ou qu'ils auront provoqué directement ou indirectement au renversement du Gouvernement ou au changement de l'ordre de successibilité au trône, lors même que ces tentatives n'auraient été suivies d'aucun effet, et n'auraient été liées à aucun complot. Les coupables seront punis de la déportation.

(Abrogé par l'art. 26, L. de 1819.)

L. 17 mai 1819.
Crimes et délits de la presse, etc.

ART. 7. Il n'est point dérogé a[ux] lois qui punissent la **provocation** e[t la] **complicité** résultant de tous actes a[u]tres que les faits de **publication** p[ré]vus par la présente loi.

ART. 1er. Quiconque, soit par [des] discours, des cris ou menaces profé[rés] dans des lieux ou réunions publi[cs,] soit par des écrits, des imprimés, [des] dessins, des gravures, des peintures[,] emblèmes, vendus ou distribués, [mis] en vente ou exposés dans des lieu[x ou] réunions publics, soit par des placa[rds] ou affiches exposés aux regards [du] public, aura provoqué l'auteur [ou] les auteurs de toute action quali[fiée] crime ou délit à la commettre, s[era] réputé **complice** et puni comme [...] (383, 385, 386, 387, 388).

—

Même loi.

ART. 2. Quiconque, par l'un [des] moyens énoncés en l'art. 1er, aura p[ro]voqué à commettre un ou plusie[urs] crimes sans que ladite **provocation** [ait] **été suivie d'aucun effet**, sera puni d[']emprisonnement qui ne pourra ê[tre] moindre de **3 mois**, ni excéder **5 a**[ns,] et d'une amende qui ne pourra ê[tre] au-dessous de **50 fr.**, ni excé[der] **6,000 fr.**

ART. 4. Sera réputée provocation au c[rime] et punis des peines portées par l'art. 2, [toute] attaque formelle par l'un des moyens én[oncés] en l'art. 1er, soit contre l'inviolabilité d[e la] personne du Roi, soit contre l'ordre de suc[ces-]sibilité au trône, soit contre l'autorité cons[ti-]tionnelle du Roi et des chambres (382).

(Abrogé comme provocation et remplacé [par] l'art. 2 de la loi du 25 mars 1822.)

—

ART. 26. Les articles 102, 217, e[tc.] du C. pénal et la loi du 9 nov. [1815] sont abrogés.

PROVOCATIONS AUX CRIMES. 378. Le décret du 18 juill. 1791 a été absorbé par les dispositions plus larges des lois postérieures, et notamment par celles de la loi du 17 mai 1819, et de l'art. 91 du Cod. pénal (*V.* p. 97); toutefois, comme l'art. 1 de la loi du 18 juillet 1791 n'est pas contraire aux lois relatives aux arrestations en cas de flagrant délit de perturbation de l'ordre public, les officiers de police pourront, conformément à ses dispositions, faire arrêter les perturbateurs.

379. Les art. 86 et 87 du Cod. pénal, qui ne figurent dans ce tableau qu'à cause de leurs relations avec l'art. 1 de la loi du 9 sept. 1835, et avec l'art. 1 de la loi du 9 nov. 1815, ont été modifiés, le 10 juin 1853, par une loi qui les a mis en harmonie avec le régime impérial. (*V.* les art. 86 et 87 nouveaux du C. pénal, p. 90.)

380. L'art. 285 du Cod. pénal est maintenu en ce qui est relatif à la révélation du nom de ceux qui ont provoqué la distribution de l'écrit provocateur; *V.* p. 20, n° 81. Quant aux imprimeurs et aux distributeurs, sa première partie est absorbée par l'art. 1 de la loi de 1819.—Ce n'est pas ici le cas d'appliquer la règle *inclusio unius, exclusio alterius*, parce que la loi spéciale déroge à la loi générale même postérieure, et que l'art. 285 spécial aux écrits anonymes, tandis que l'art. 1 est général et comprend tous les écrits.

381. L'art. 295 n'est pas abrogé; il est spécial, et comme tel il se maintient concurremment avec la loi générale; mais il renvoie aux art. 1, 2 et 3 de la loi du 17 mai 1819 quant à la punition des individus personnellement coupables des provocations.

382. L'art. 4, L. du 17 mai 1819, a été abrogé; le délit de provocation au crime prévoyait a été transformé en délit direct d'attaque par les lois de 1822, 1830 et 1848 qui à tour ont été modifiées par les différents Gouvernements qui se sont succédé depuis 18..

383-384. L'art. 1 de la loi du 17 mai 1819 ne prévoit pas les provocations à des qualifiés contraventions; dans ce cas, c'est l'art. 6 qui est applicable, car une pareille [pro]vocation constituerait le délit de provocation à la désobéissance aux lois. (*V.* p.103.)

385. L'art. 1 de la loi du 17 mai 1819 est applicable à la provocation à un crime, délit aussi bien qu'à leur tentative, si la tentative peut être assimilée au délit lui-[même.] De Grattier, I, p. 129.

PROVOCATIONS AUX CRIMES OU AUX DÉLITS. — SECT. Ire. — Provocations aux Crimes.

1820 à 1825. 3.	1825 à 1830. 4.	1831 à 1848. 5.	1848 à 1849. 6.	1850 à 1856. 7.	La Presse en Algérie. 8.	1856 à... NOTES. 9.
L. 25 mars 1822. ART. 2. Cet article transforme en délit spécial et direct d'attaque la provocation au crime de l'art. 4 de la loi du 17 mai 1819. V. p. 90. —	**CHARTE de 1830.** ART. 28. *La Chambre des pairs connaît des crimes de haute trahison et des attentats à la sûreté de l'Etat qui seront définis par la loi.* (Abrogé par les constitutions postérieures.) ART. 14. L. 1828, 18 juill. V. pour le doublement des amendes en cas de délit commis par les journaux, V. aussi art. 10, L. 9 juin 1819, et art. 26, L. 26 mai 1819, p. 131 (389). — **L. 29 nov. 1830.** ART. 1er. (Cet article maintient la transformation faite par l'art.25 de la loi de 1822 et le remplace pour le mettre en harmonie avec les institutions nouvelles de la monarchie de juillet.) (382) —	**L. 9 sept. 1835.** Crimes, délits et contraventions de la presse. ART. 1er. *Toute provocation, par l'un des moyens énoncés en l'art.1er de la loi du 17 mai 1819, aux crimes prévus par les art.86 et 87,C. pén.,soit qu'elle ait été ou non suivie d'effet, est un attentat à la sûreté de l'Etat.* *Si elle a été suivie d'effet, elle sera punie conformément à l'art. 1er de la loi du 17 mai 1819.* § 3. (V. ci-dessous.) *Dans l'un et dans l'autre cas elle pourra être déférée à la Chambre des pairs, conformément à l'art. 28 de la charte.* (Abrogé par l'art. 1er, du décret de 1848.) **Même loi.** ART. 1er *Toute provocation, par l'un des moyens énoncés en l'art.1er de la loi du 17 mai 1819, aux crimes prévus par les art.86 et 87, du C.pén.,soit qu'elle ait été ou non suivie d'effet, est un attentat à la sûreté de l'Etat.* § 2. (V. ci-dessus.) § 3. *Si elle n'a pas été suivie d'effet, elle sera punie de la détention et de 10,000 fr. à 50,000 fr. d'amende.* § 4. (V. ci-dessus). (Abrogé par le décret du 6 mars 1848.) —	**DÉCR. 6 mars 1848.** ART. 1er. La loi du 9 sept.1835, sur les crimes, délits et contraventions de la presse est abrogée. ART. 2. Les lois antérieures seront exécutées. V. p.156. V. art. 15, L. 27 juill. 1849, aggravation de peine. **DÉCR. 6 mars 1848.** ART. 1er. La loi du 9 sept. 1835 sur les crimes, délits et contraventions de la presse est abrogée. **DÉCR. 11 mars 1848.** ART. 1er. Cet article maintient la transformation du délit de provocation de l'art. 4 de la loi du 17 mai 1819, en délit direct d'attaque, et modifie grammaticalement les lois de 1822 et 1819, pour les mettre en harmonie avec le régime républicain. V. p. 90 (382). —	N. B. La loi du 10 juin 1853 a modifié les art. 86 et 87 du C. pén.; mais ces articles n'étant ici rapportés qu'à cause de leur relation avec l'art.1 de la loi du 9 sept. 1835, il serait sans utilité de donner les art.86 et 87 modifiés; on les trouvera p. 90. —		

386. L'art. 1 de la loi du 17 mai prévoit et punit la provocation suivie d'effet. Les art. 2 et 3, celle qui n'a pas été suivie d'effet.

387. Si les provocations ont lieu par la voie d'un journal, et dans le cas où il y aurait lieu à l'application de l'art. 2 de la loi du 17 mai 1819, l'art. 14 de la loi du 18 juill. 1828, et l'art. 10 de la loi du 9 juin 1819 qui permettent l'élévation de l'amende au double peuvent être appliqués. — Voir au chapitre de l'aggravation des peines, p. 131, et l'art. 26, L. du 26 mai 1819, pour les peines accessoires qui peuvent être prononcées.

388. Lorsque la provocation au crime a lieu par d'autres moyens que par ceux prévus par la loi de 1819, et sans qu'elle soit suivie d'effet, elle n'est, suivant les cas, passible d'aucune peine, à moins qu'elle ne constitue un délit spécial. (V.art. 60, Cod. pénal).

PROVOCATIONS AUX CRIMES ET AUX DÉLITS. — 389. Ce que nous avons dit de l'art.1,L.du 17 mai 1819,n°382,s'applique à l'art.5.V.tabl.suiv.

390. Les art. 1, 2 et 3 de la loi du 17 mai 1819 ont prévu les provocations au crime et au délit,l'art 6 prévoit les provocations aux infractions qui ne sont que des contraventions; dans le cas où sur une provocation à la désobéissance aux lois, une contravention a été commise, le provocateur doit être puni de la même peine que le contrevenant : cela résulte de la combinaison des art. 3 et 6, L. 1819. Sulpicy, *Code de la presse annoté*, p. 54.

391. C'est provoquer à commettre un délit que d'exciter à s'opposer à des travaux commandés par le préfet; mais si les travaux sont poussés au delà de ses ordres, il n'y a pas de délit à provoquer un obstacle à leur continuation. Cass., 3 mai 1834.

392. L'art. 3 de la loi du 17 mai 1819,en prononçant des peines particulières contre le provocateur au délit en dehors du fait de la complicité, assimile cependant jusqu'à un certain point cette provocation coupable à la complicité lorsque la peine prononcée par la loi contre l'auteur même du délit est moins grave que celle qu'il édicte contre le provocateur. — Le but de la loi n'a pas été dans ce cas de faire du provocateur un complice, mais d'empêcher seulement qu'il ne pût être puni plus sévèrement que l'auteur du délit.

393. C'est provoquer la désobéissance aux lois que d'engager les contribuables à ne point payer l'impôt voté pour solder les dettes de la commune. Cass., 7 fév. 1832.

1789 à 1814.	1815 à 1819.
1.	2.

TITRE Iᵉʳ. — CRIMES ET DÉLITS CONTRE LA CHOSE PUBLIQUE

DÉCR. 7 vendémiaire an IV
Sur l'exercice et la police du culte.

ART. 23. Sera condamné à la gêne à perpétuité tout ministre du culte qui commettra un des délits suivants, soit par ses discours, ses exhortations, prédications, invocations ou prières, en quelque langue que ce puisse être, soit en lisant, publiant, affichant, distribuant ou faisant lire, publier, afficher, distribuer, dans l'enceinte de l'édifice destiné aux cérémonies, ou à l'extérieur, un écrit dont il sera l'auteur; savoir si, par ledit écrit ou discours, il a provoqué au rétablissement de la royauté en France, ou à la dissolution de la représentation nationale, ou s'il a provoqué au meurtre ou a excité les défenseurs de la patrie à déserter leur drapeau, ou leur père et mère à les rappeler; ou s'il a blâmé ceux qui voudraient prendre les armes pour le maintien de la Constitution républicaine et la défense de la liberté, ou s'il a invité des individus à abattre des arbres consacrés à la liberté, ou à en déposer ou avilir les signes et couleurs, ou enfin s'il a encouragé des personnes quelconques à la trahison ou à la rébellion contre le Gouvernement.(V. l'art. 293 du C. pén. et § 2 de l'art. 5 de la loi du 17 mai 1819.)
(Abrogé par les lois postérieures.)

—

L. 26 germinal an IV.
Provocations contre le Gouvernement.

ART. 9. Toute personne qui paraîtra en public portant un signe de ralliement autre que la cocarde nationale sera arrêtée et punie d'une année de détention, par voie de police correctionnelle. (V. au recueil, in fine.)

CODE PÉNAL.

SECT. VI. — Délits commis par la voie d'écrits, images, gravures distribués sans nom d'auteur, d'imprimeur ou de graveur.

ART. 285. Si l'écrit imprimé [publié et distribué sans indication vraie des nom, profession et demeure de l'auteur ou de l'imprimeur] contient quelques provocations à des crimes ou à des délits, les crieurs, afficheurs, vendeurs et distributeurs seront punis comme complices des provocateurs, à moins qu'ils n'aient fait connaître ceux dont ils tiennent l'écrit contenant la provocation.

En cas de révélation, ils n'encourront qu'un emprisonnement de 6 jours à 3 mois, et la peine de complicité ne restera applicable qu'à ceux qui n'auront pas fait connaître la personne dont ils tiennent l'écrit, et à l'imprimeur s'il est connu. (V. p. 19, 25 et 69.)

SECT. III, §§ 2 et 3. — Provocations dans un discours ou dans un écrit pastoral…

ART. 202. Si le discours [prononcé par le ministre du culte dans l'exercice de son ministère et en assemblée publique, V. art. 204, p. 93], contient une provocation directe à la désobéissance aux lois ou autres actes de l'autorité publique, ou s'il tend à soulever ou armer une partie des citoyens contre les autres, le ministre du culte qui l'aura prononcé sera puni de 2 à 5 ans de prison, si la provocation n'a été suivie d'aucun effet; et du bannissement, si elle a donné lieu à la désobéissance, autre toutefois que celle qui aurait dégénéré en sédition ou révolte. (S'il y a eu sédition ou révolte, *V.* l'art. 203, p. 97.)

ART. 205. Si l'écrit mentionné en l'art. 204 [instructions pastorales dans quelque forme que ce soit, par un ministre du culte] contient une provocation directe à la désobéissance aux lois ou autres actes de l'autorité publique, ou s'il tend à soulever ou armer une partie des citoyens contre les autres, le ministre qui l'aura publié, sera puni de la détention. (Si la provocation a été suivie de sédition ou révolte, *V.* l'art. 206, p. 97.)

—

SECT. VII. — Des associations ou réunions illicites.

ART. 293. Si, par des discours, exhortations, invocations ou prières, en quelque langue que ce soit, ou par lecture, affiche, publication ou distribution d'écrits quelconques, il a été fait dans ces assemblées [non autorisées] quelque provocation à des crimes ou à des délits, la peine sera de 100 fr. à 300 fr. d'amende et de 3 mois à 2 ans de prison, contre les chefs, directeurs ou administrateurs de ces associations, sans préjudice des peines plus fortes qui seraient portées par la loi contre les individus coupables personnellement des provocations… (*V.* le texte entier au tableau précédent.)

. . . .

L. 17 mai 1819.
Crimes et délits de la presse.

ART. 7. Il n'est point dérogé aux lois [qui] punissent la provocation et la complicité [ré]sultant de tous actes autres que les faits [de] publication prévus par la présente loi.

ART. 1ᵉʳ. Quiconque, soit par des discou[rs], des cris ou menaces proférés dans des lie[ux] ou réunions publics; soit par des écrits, [des] imprimés, des dessins, des gravures, des pe[in]tures ou emblèmes vendus ou distribués, [mis] en vente ou exposés dans des lieux ou ré[u]nions publics; soit par des placards et af[fi]ches exposés aux regards du public, au[ra] provoqué l'auteur ou les auteurs de tou[te] action qualifiée crime ou délit à la commett[re], sera réputé complice et puni comme tel.

. . . .

ART. 3. Quiconque, par l'un des moye[ns] énoncés en l'art. 1ᵉʳ, aura provoqué à co[m]mettre un ou plusieurs délits, sans que ladi[te] provocation ait été suivie d'aucun effet, se[ra] puni de 3 jours à 2 ans de prison et d'u[ne] amende de 30 fr. à 4,000 fr. ou de l'u[ne] de ces deux peines seulement, selon l[es] circonstances, sauf les cas dans lesquels [la] loi prononcerait une peine moins grave cont[re] l'auteur même du délit, laquelle serait alo[rs] applicable au provocateur.

. . (ART. 7. *V.* ci-dessus.) . . . .

ART. 6. La provocation, par l'un des moye[ns] énoncés en l'art. 1ᵉʳ, à la désobéissance a[ux] lois, sera punie des peines portées en l'art.

. . . .

ART. 5. *Seront réputés provocation au délit, et pu[nis] des peines portées par l'art. 3 :*
1° Tous cris séditieux, publiquement proférés, aut[res] que ceux qui rentreraient dans les dispositions de l'art. (*V.* p. 95.)
2° L'enlèvement ou la dégradation des signes publi[cs] de l'autorité royale opérés par haine ou mépris de cet autorité (*V.* l'art. 23, in fine, du décret du 7 vend. an IV)[;]
3° Le port public de tous signes extérieurs de ralli[e]ment non autorisés par la loi ou par les règlements [de] police (*V.* p. 95);
4° L'attaque formelle, par l'un des moyens énoncés [en] l'art. 1ᵉʳ, des droits garantis par les art. 5 et 9 de [la] Charte constitutionnelle de 1814.
(Abrogés comme délits de provocation, maint[enus] comme délits directs d'attaque. *V.* L. 1822.)

L. 4 nivôse an IV. (Embauchage et provocation à la désertion.)

ART. 1. Tout embauchage pour l'étranger, pour l'ennemi ou pour les rebelles, sera puni de mort.

ART. 2. Sera réputé embaucheur celui qui, par argent ou par des liqueurs enivrantes, cherchera à éloigner de leurs drapeaux les défenseurs de la patrie pour les faire passer à l'ennemi, à l'étranger ou aux rebelles.

ART. 3. Celui qui, sans être embaucheur pour l'ennemi, pour l'étranger ou pour les rebelles, engagerait cependant les défenseurs de la patrie à quitter leur drapeau, sera puni de 9 années de détention.

. . . .

---

394. Les art. 202, 205, 203 et 206 du Code pénal, sont maintenus à l'égard des ministres du culte dans les cas spéciaux que ces articles prévoient. MM. Chauveau et Hélie, t. 2, p. 66; Chassan, 1, p. 310; Rauter, 1, p. 509; De Grattier, 1, p. 130. — *Contrà*, Carnot, 1, p. 510.

395. Pour que la provocation mentionnée en l'art. 205 soit punissable, il faut que l'écrit qui la contient ait les caractères voulus par l'art. 204 auquel il faut se rapporter, p. 93. Ainsi l'écrit doit être une *instruction pastorale* publiée par le ministre inculpé; car on ne saurait le rendre responsable d'une publication qui ne serait pas son fait, etc. Les juges sont d'ailleurs souverains pour ces appréciations de faits.

396. En défendant aux ministres du culte la critique des lois dans l'exercice de leur ministère, art. 201 et 204, et en punissant la provocation à la désobéissance aux lois, l'art. 6 de la loi du 17 mai 1819, et le Cod. pénal, ne prohibent point la discussion et la critique des lois au point de vue du droit et de la législation. L'appréciation de la justice et l'opportunité d'une loi est permise à tous les citoyens. De Grattier, 1, p. 141.

397. Le ministre du culte n'est pas fonctionnaire public, il peut être poursuivi sans autorisation du conseil d'État pour les crimes et délits commis dans l'exercice de ses fonctions. Cass., 25 juin 1831 (J. crim. 1831, p. 189.) La Cour de cassation s'est plusieurs fois prononcée en ce sens sur cette question.

398. L'art. 2 de la loi du 27 juill. 1849 prévoit et punit la provocation suivie ou non suivie d'effet; cette loi ne distingue pas, lorsque la provocation est adressée aux militaires pour les détourner de leur devoir. — « Ces tentatives coupables, dit à ce sujet une circul. minist. du 4 août 1849 (aux préfets), n'ont que trop souvent été faites; elles ont dû éveiller la sol[licitude]

1820 à 1825. 3.	1825 à 1830. 4.	1831 à 1848. 5.	1848 à 1849. 6.	1850 à 1856. 7.	La PRESSE en ALGÉRIE. 8.	1856 à... NOTES. 9.
CHAP. Iᵉʳ (SUITE). — SECT. II. — Provocations aux Crimes ou aux Délits.						
	N. B. (*V.* art. 14, L. 18 juillet 1828 ; 10, L. 9 juin 1819 ; et 15, L. 25 mars 1822. Elévation des amendes au double, en cas des délits par les journaux, p. 131. — *V.* aussi art. 26, L. du 26 mai 1819, pour les peines accessoires, p. 131.					
, 25 mars 1822. AT. 3, 8 et 9. Ces articles transformèrent en **délits spéciaux et directs d'attaque** les faits incriminés dans l'article 5 de la loi du 17 mai 1819, comme provocations aux délits. —		**L. 24 mai 1834.** Détenteurs d'armes de guerre. ART. 9. Seront punis de la détention les individus qui, dans un mouvement insurrectionnel, auront..... empêché, à l'aide de violences ou menaces, la convocation ou la réunion de la force publique, ou qui auront provoqué ou facilité les rassemblements des insurgés, soit par la distribution d'ordres ou de proclamations, soit par le port de drapeaux ou autre signe de ralliement, soit par **tout** autre moyen d'appel, etc...	**DÉCR. 11 août 1848.** ART. 6. Dans les modifications grammaticales que la République de 1848 a fait subir aux lois de 1819 et 1822, les délits de provocations aux délits n'ont point reparu; leur transformation en délits directs d'attaque, opérée en 1822, a été maintenue. — **L. 27 juillet 1849.** Sur la presse. ART. 2. Toute provocation, par l'un des moyens énoncés en l'art. 1ᵉʳ de la loi du 17 mai 1819, adressée aux militaires des armées de terre et de mer, dans le but de les détourner de leurs devoirs militaires et de l'obéissance qu'ils doivent à leurs chefs, sera punie d'un emprisonnement de **1 mois à 2 ans** et d'une amende de **25 fr. à 4,000 fr.**, sans préjudice des peines plus graves prononcées par la loi, lorsque le fait constituera une tentative d'embauchage ou une provocation à une action qualifiée crime ou délit. —			

...ude du législateur. Il importe de soustraire les citoyens armés pour la défense du pays, 'influence d'une propagande pernicieuse ; vous remarquerez que les provocations que rt. 2 a pour but de punir et de réprimer ne sont pas seulement le fait de la presse. La se réfère à l'art. 1 de la loi du 17 mai 1819, et par là elle atteint les tentatives d'embauchage pratiquées à l'égard de la troupe, non-seulement au moyen d'écrits et d'emblèmes, is encore à l'aide de discours, de cris ou menaces proférés dans des lieux publics. »

399. « Lorsque le délit de l'art. 2 de la loi du 27 juill. 1849 devient crime en prenant les proportions de la tentative d'embauchage, l'art. 2 s'en réfère à la loi de nivôse an IV. » Rapport de M. Combarel de Leyval. — Et, dans ce cas, quelle sera la juridiction compétente ? sera-ce celle des conseils de guerre ou celle des tribunaux ordinaires, comme en dernier lieu l'a décidé la jurisprudence. Cass., 17 juin 1851, J. P. 53, p. 1700. 8 avril 1851, *ib.* p. 1404, qui décident que l'art. 6 de la loi du 4 nivôse an IV a été abrogé par les lois postérieures. *V.* Merlin, Rép. v°*Embauchage*. M. Faustin Hélie, dans son savant traité de l'instruction criminelle, t. 6, p. 758. *Contrà*, Cass., 12 oct. 1820 ; 22 août 1822.

1789 à 1814.	1815 à 1819	1820 à 1825.
1.	2.	3.

TITRE Iᵉʳ (suite). — **CHAP. II. — ATTAQUES ET OFFENSES. — Sect. Iʳᵉ.**

§ Iᵉʳ. — *Attaques envers l'Empereur*

Colonne 1 (1789 à 1814)

CODE PÉNAL
Modifié par la loi du 10 juin 1853.

ART. 87. L'attentat dont le but serait, soit de détruire ou de changer la forme du gouvernement ou l'ordre de successibilité au trône, soit d'exciter les citoyens ou habitants à s'armer contre l'autorité impériale, est puni de la peine de la déportation.

ART. 88. L'exécution ou la tentative constitueront seules l'attentat.

Colonne 2 (1815 à 1819)

L. du 9 novembre 1815.
Cris séditieux.—Provocat. à la révolte.

ART. 1ᵉʳ. *Seront poursuivies et jugées criminellement toutes personnes coupables d'avoir imprimé, affiché, distribué, vendu ou livré à l'impression des écrits; d'avoir, dans des lieux publics ou destinés à des réunions habituelles de citoyens fait entendre des cris ou proféré des discours....* (V. p. 93 suite.)

. . . .
Toutes les fois que ces cris, ces discours, ces écrits auront... excité à s'armer contre l'autorité du Roi ou qu'ils auront provoqué directement ou indirectement au renversement du gouvernement ou au changement de l'ordre de successibilité au trône.... les coupables seront punis de la déportation.

(Abrogé par l'art. 26, L. 1819.)

Colonne 2 (1815 à 1819) — L. du 17 mai 1819.
Crimes et délits de presse.

ART. 1ᵉʳ. Quiconque soit par des discours, des cris ou menaces proférés dans des lieux ou réunions publics; soit par des écrits, des imprimés, des dessins, des gravures, des peintures ou emblèmes vendus ou distribués, mis en vente ou exposés dans des lieux ou réunions publics; soit par des placards et affiches exposés aux regards du public...... (*Moyens de publication, V.* suite, page 82, 83.)

ART. 4. *Sera réputée provocation au crime et punie des peines portées en l'art. 2. (p. 86) toute attaque formelle par l'un des moyens de l'art. 1ᵉʳ, soit contre l'inviolabilité de la personne du Roi, soit contre l'ordre de successibilité au trône, soit contre l'autorité constitutionnelle du Roi et des Chambres.*

(Remplacé par l'art. 2, L. 1822.)

ART. 26. La loi du 9 novembre 1815 est abrogée.

Colonne 3 (1820 à 1825)

. . . .

L. du 25 mars 1822
Répression des délits de press[e]

ART. 2. *Toute attaque par l'un[des] moyens de l'art 1ᵉʳ de la loi du 17 [mai] 1819, contre la dignité royale, les droits de successibilité au trône, les droits le Roi tient de sa naissance, ceux en vertu desquels il a donné la Charte constitutionnelle, l'inviolabilité de sa personne, les droits ou l'autorité des Chambres, punie de 3 mois à 5 ans de prison [et] 300 à 6,000 fr. d'amende.*

(Abrogé par l'art. 2 de la loi d[u] nov. 1830.)

§ II. — *Offenses envers*

Colonne 1 (1789 à 1814)

CODE PÉNAL.

ART. 86 ancien.... *Toute offense commise publiquement envers la personne du Roi sera punie d'un emprisonnement de 6 mois à 5 ans et d'une amende de 500 à 10,000 francs.*
Le coupable pourra en outre être interdit de tout ou partie des droits mentionnés en l'art. 42, pendant un temps égal à celui de l'emprisonnement auquel il aura été condamné. Ce temps courra à compter du jour où le coupable aura subi sa peine.

(Abrogé. *V.* col. 7, l'art. 86 modifié par la loi du 10 juin 1853.)

Colonne 2 (1815 à 1819)

Même Loi de 1815.

ART. 5. *Sont déclarés séditieux....., tous cris, tous discours, tous écrits, par lesquels on aura tenté d'affaiblir par des calomnies ou des injures, le respect dû à la personne ou à l'autorité du Roi ou à la personne des membres de sa famille (401). V.* p. 95, la suite.

(Abrogé par l'art. 26 de la loi du 17 mai 1819.)

Colonne 2 (1815 à 1819) — L. du 17 mai 1819.
CHAP. III.— *Des Offenses publiques envers la personne du Roi.*

ART. 9. Quiconque, par l'un des moyens énoncés en l'art. 1ᵉʳ se sera rendu coupable d'offenses envers la *personne du Roi* sera puni de 6 mois à 5 ans de prison et de 500 à 10,000 fr. d'amende (406).
Le coupable pourra en outre être interdit de tout ou partie des droits mentionnés en l'art. 42 du Code pénal, pendant un temps égal à celui de l'emprisonnement auquel il aura été condamné: ce temps courra à compter du jour où le coupable aura subi sa peine.

(*V.* art. 86 du Code pénal, modifié par la loi du 10 juin 1853.)

ART. 26. La loi du 9 novembre 1815 est abrogée.

CHAP. IV.— *Des Offenses publiques envers les membres de la famille royale, etc.*

ART. 40. L'offense par l'un des moyens de l'art. 1ᵉʳ envers les membres de *la famille royale* sera punie de 1 mois à 3 mois de prison et de 100 à 5,000 fr. d'amende.

(*V.* art. 86 du Code pénal ancien, modifié par la loi du 10 juin 1853.)

ATTAQUES ET OFFENSES ENVERS LE SOUVERAIN. —

400. L'attaque est une agression violente qui peut consister dans une voie de fait, un acte de rébellion ou qui peut être commise par voie de publication. La loi n'ayant pas défini et déterminé le caractère de cette violence, l'appréciation des faits constitutifs du délit par les tribunaux échappe à la censure de la Cour suprême. Cass., 15 oct. 1825 (S.27.1.31).

401. L'autorité impériale, par opposition à l'autorité constitutionnelle, est cette autorité de fait extérieure, s'appuyant sur la force physique, qui constitue le pouvoir exécutif. L'autorité constitutionnelle est une autorité morale qui commande le respect pendant que l'autre commande l'obéissance. L'attaque contre l'une peut être commise par une rébellion de fait ou par voie de publication, mais l'attaque contre l'autorité constitutionnelle ne peut avoir lieu que dans ce dernier mode. — V. Chassant, t. I, p. 220. Ainsi, des calomnies publiées dans le but d'affaiblir le respect dû à l'Empereur constitueraient le délit d'attaque contre son autorité constitutionnelle.

402. Le sénatus-consulte du 7 nov. 1852, en rétablissant la dignité impériale, a non-seulement rendu applicable l'art. 1 de la loi du 27 juill. 1849 aux attaques con[tre] droits et l'autorité de l'Empereur, mais il a fait revivre le délit qu'avaient prévu l[es lois] de 1822 et 1830, relativement à la *dignité*, avec cette différence qu'au lieu d'être d[istincte] de l'attaque contre les *droits* l'attaque contre la *dignité* impériale se confond ave[c], puisque cette *dignité* se trouve aujourd'hui dans ses *droits*.

403. L'offense indique un délit sans dommage, un criminel sans victime. Chass[ant] p. 335. C'est en ce sens qu'elle se différencie de la diffamation et de l'injure; car l'[Empe]reur ne peut jamais être en cause que comme Empereur, aucune injure ne peut l'att[eindre]; il ne peut être diffamé, mais il peut être offensé.

404. Sous la législation de 1835, faire remonter au Roi la responsabilité des a[ctes du] Gouvernement constituait un délit. Le Roi était alors irresponsable. Sous la nouvelle consti[tution] qui déclare l'empereur responsable, lui imputer à blâme les actes de son gouverneme[nt se]rait une offense punis par les art. 86, C.P., et 9. L. 1819: car l'Empereur n'est resp[onsable] que devant le peuple français et lui seul a droit de blâmer l'Empereur lorsqu'il lui fai[t]

1825 à 1830.	1831 à 1848.	1848 à 1849.	1850 à 1856.	La Presse en Algérie.	NOTES.
4.	5.	6.	7.	8.	9.

Attaques et Offenses envers l'Empereur, sa Famille, le Pouvoir législatif, etc.

dans sa dignité, son autorité et ses droits.

1825 à 1830	1831 à 1848	1848 à 1849	1850 à 1856	Algérie	Notes
L. du 29 nov. 1830. Attaques contre le Roi, etc. ART. 1er. *Toute attaque par l'un des moyens de l'art. 1er de la loi du 17 mai 1819, contre la dignité royale, l'ordre de successibilité au trône, les droits que le Roi tient du vœu de la nation exprimé dans la déclaration du 7 août et de la Charte constitutionnelle par lui acceptée et jurée dans la séance du 9 août 1830, son autorité constitutionnelle, l'inviolabilité de sa personne; les droits et l'autorité des Chambres, sera punie de 1 mois à 5 ans de prison et de 300 à 6,000 fr. d'amende.* ART. 2. L'art. 2 de la loi du 25 mars 1822 est abrogé. — **CHARTE de 1830.** ART. 12. *La personne du Roi est inviolable et sacrée. Ses ministres sont responsables.* — N. B. V. ci-dessous aggravation de l'amende et peines accessoires.	**L. du 3 août 1842.** De la régence. ART. 1er. Le plein et entier exercice de l'autorité royale au nom du Roi *mineur* appartient au Régent; il en est saisi au moment de l'avénement. ART. 2. L'art. 12 de la Charte et toutes les dispositions législatives qui protégent **la personne et les droits constitutionnels** *du Roi* sont applicables au Régent. — **L. du 9 sept. 1835.** Crimes, délits et contraventions de la presse. ART. 4. Quiconque fera remonter au Roi le blâme ou la responsabilité des actes du gouvernement sera puni de 1 mois à 1 an de prison et de 300 fr. à 5,000 fr. d'amende. ART. 6. *Toute autre attaque prévue par la loi du 29 nov. 1830 continuera d'être punie conformément aux dispositions de cette loi.* (Ab. V. décr. 1848.)	**DÉCR. du 11 août 1848.** Modifiant les L. de 1819 et 1822. ART. 1er. Toute attaque par l'un des moyens de l'art. 1er de la loi du 17 mai 1819 contre les **droits et l'autorité de l'Assemblée nationale**, contre les droits et l'autorité que les *membres du pouvoir exécutif tiennent des droits de l'Assemblée*, contre les institutions républicaines, contre le principe du suffrage universel sera punie de **3 mois à 1 an de prison et de 300 à 6,000 fr.** d'amende (408). — **Constitution du 4 novembre 1848.** ART. 68. *Le Président de la République, les ministres, les agents et dépositaires du pouvoir sont responsables, chacun en ce qui le concerne, de tous les actes du gouvernement et de l'administration.* (Abrogé par le fait de la Constitution de 1852.) **DÉCR. du 6 mars 1848.** ART. 1er. **La loi du 9 septembre 1835** sur les crimes, délits et contraventions de la presse.... etc..... est abrogée.	**L. du 27 juill. 1849** Sur la presse. ART. 1er. Les art 1 et 2 du décret du 11 août 1848 sont applicables aux attaques contre les droits et l'autorité que le Président de la République tient de la Constitution et aux **offenses** envers sa personne (400) (401) (402). La poursuite aura lieu d'office. — **Sénatus-Consulte 7 nov. 1852.** ART. 1er. **La dignité impériale** est rétablie. Louis-Napoléon Bonaparte est Empereur des Français sous le nom de Napoléon III (403). — **Constitution de 1852.** ART. 5. **Le Président de la République** (aujourd'hui l'Empereur, V. ci-dessus S. C. du 7 nov. 1852) **est responsable devant le peuple français auquel il a toujours droit de faire appel** (404).		

l'Empereur et la Famille impériale.

1825 à 1830	1831 à 1848	1848 à 1849	1850 à 1856	Algérie	Notes
N. B. V. art. 14, L. 17 juillet 1828. art. 10, L. 9 juin 1819, pour l'élévation au double des amendes lorsque les délits ont lieu par la voie d'un journal, et art 26, L. 26 mai 1819, pour les peines accessoires, p. 131 (406, 408).	**L. du 9 sept. 1835.** Crimes, délits et contraventions de la presse. ART. 2. *L'offense au Roi commise par l'un des moyens de l'art. 1er de la loi du 17 mai 1819, lorsqu'elle aura pour but d'exciter à la haine et au mépris de sa personne ou de son autorité constitutionnelle, est un attentat à la sûreté de l'État.* —Celui qui s'en rendra coupable sera jugé et puni conformément aux §§ 3 et 4 de l'art. 1er. ART. 3. *Toute autre offense sera punie conformément à l'art. 9 de la loi du 17 mai 1819.* N. B. Pour les offenses au Régent (V. ci-dessus, L. 3 août 1842).	**DÉCR. 11 août 1848.** Crimes et délits de presse. ART. 2 L'offense par l'un des moyens énoncés en l'art. 1er de la loi du 17 mai 1819 envers l'Assemblée nationale sera punie de **1 mois à 3 ans de prison et de 100 fr. à 5,000 fr.** d'amende. **DÉCRET 6 mars 1848.** ART. 1er..... **La loi du 9 sept. 1835** sur les crimes, délits et contraventions de la presse...... est abrogée.	**L. 27 juillet 1849** Sur la presse. ART. 1er. Les art. 1 et 2 du décret du 11 août 1848 sont applicables..... *aux offenses envers la personne du Président de la République*....(V. ci-dessus) .... La poursuite aura lieu d'office. N.B. Remplacé en partie par l'art. 86, C.P. modifié en 1853 (406). **CODE PÉNAL** Modifié par la loi du 10 juin 1853 ART. 86. **Toute offense commise publiquement envers la personne de l'Empereur est punie de 6 mois à 5 ans de prison et de 500 à 10,000 fr.** d'amende. Le coupable pourra en outre être interdit de tout ou partie des droits mentionnés à l'art. 42 pendant un temps égal à celui de l'emprisonnement auquel il aura été condamné. Ce temps courra à compter du jour où le coupable aura subi sa peine. Toute **offense** commise publiquement envers les **membres de la famille impériale** sera punie de **1 mois à 3 ans de prison et de 100 à 5,000 fr** d'amende (406).		

405. Déclarer publiquement que le Roi est incapable de sauver la nation, fouler au pied l'effigie ou le portrait du Roi, sont des offenses. C. des Pairs, 24 nov. 1830. — Cass., 31 juill. 1834.

406. Avant la loi du 27 juillet 1849, il était généralement admis que l'art. 9 de la loi du 17 mai 1819 devait être maintenu concurremment avec l'art. 86 du C.P., attendu que les moyens d'offense étant déterminés dans l'art. 9 et ne l'étant pas dans l'autre, il n'y avait entre eux aucune inconciliabilité.—Mais cet art. 9 avait été évidemment remplacé par l'art. 1 de la loi du 27 juillet 1849, qui prévoyait et punissait le délit d'offense commis par les moyens déterminés de l'art. 9.—Depuis, la loi du 10 juin 1853 ayant modifié l'art. 86 du C.P., semble être revenue au système antérieur à 1848 et avoir abrogé implicitement, en ce qui concernait les offenses envers le chef de l'État, l'art. 1 de la loi du 27 juillet 1849 Décider le contraire, ce serait maintenir pour le même délit deux peines différentes dont la plus faible, celle de l'art. 1, L. 1849, atteindrait le délit commis par les moyens les plus énergiques de publication, c'est-à-dire les offenses commises par la voie de la presse, etc. Un résultat aussi choquant me paraît contraire à l'esprit de la loi autant qu'à sa lettre; en conséquence il y aura toujours lieu d'appliquer l'art. 9 de la loi de 1819 à la place de l'art. 1 de la loi du 27 juillet 1849, lorsque l'offense aura été commise par les moyens déterminés de la loi de 1819 et les art. 14, L. 18 juillet 1828, et 10, L. 9 juin 1819, si elle a eu lieu par la voie d'un journal, ainsi que les peines accessoires de l'art. 26, L. 26 mai 1819.

407. Toute imputation contre le Roi est réputée fausse dès qu'elle est offensante, présomption juris et de jure qui ne peut être combattue par aucune preuve contraire, le fait d'attribuer au Roi des lettres fausses et de les publier, constitue le délit d'offense. Cass., 10 juillet 1841.

408. Si le délit d'attaque contre le souverain est commis par la voie d'un journal, l'amende peut être doublée aux termes des art. 10, L. 9 juin 1819, art. 13, L. 25 mars 1822 et art. 14, L. 18 juillet 1828 (V. pour les peines accessoires l'art. 26, L. 26 mai 1819, p.131.

409. Pour connaître quels sont les membres de la famille impériale (V. le S. C. du 10 nov. 1852.

1789 à 1814.	1815 à 1819	1820 à 1825.
1.	2.	3.

TITRE Ier (SUITE). — CHAP. II. — ATTAQUES ET OFFENSES. — SECT. Ire (SUITE)

1789 à 1814.	1815 à 1819	1820 à 1825.
	L. 17 mai 1819. Crimes et délits de la presse. ART. 4. *Sera réputée provocation au crime et punie des peines portées par l'art. 2...: V. p. 85. Toute attaque formelle par l'un des moyens énoncés en l'art. 1er... (V. tableau précédent)... contre... (V. au tableau précédent)... l'autorité constitutionnelle..... des Chambres.* (Remplacé par l'art. 2, L. 25 mars 1822.) ART. 11. *L'offense, par l'un des moyens énoncés en l'art. 1er,... (V. tableau précédent)... envers les Chambres ou l'une d'elles, sera punie d'un emprisonnement de 1 mois à 3 ans et d'une amende de 100 fr. à 5,000 fr.* (Remplacé par l'art. 2, décr. 11 août 1848.) —	**L. 25 mars 1822.** Poursuites et jugement des délits de la presse. ART. 2. *Toute attaque par l'un des moyens énoncés en l'art. 1er de la loi du 17 mai 1 contre...(V. au tableau précédent)... les droits et l'autorité des Chambres, sera punie de 3 à 5 ans de prison et de 300 fr. à 6,000 fr. d'amende.* (Abrogé par l'art. 2, L. du 29 nov. 1850 et remplacé par l'art. 1er.) —
CODE PÉNAL. ART. 228. Tout individu qui, même sans arme et sans qu'il en soit résulté de blessures, aura frappé... sera puni de **2 à 5 ans** de prison. ART. 229. Éloignement du lieu où siége le magistrat de **5 à 10 ans**. ART. 231. Violences avec effusion de sang, blessures ou maladies, **réclusion : bagne à perpétuité**, si la mort a suivi dans les **40** jours. ART. 232. Violences sans effusion de sang, blessures ou maladies, mais avec préméditation et guet-apens : **réclusion.** ART. 233. Coups portés, blessures faites avec intention de donner la mort : **la mort.** (*V.* le texte de ces articles aux p. 109, 111, 118 et 120.)		**Même loi.** Offenses et outrages envers les membres de l'une des Chambres. ART. 6, § 1er. L'outrage fait publiquement et d'une manière quelconque raison de leurs fonctions ou de leur qualité, soit *à un ou plusieurs* membres de *l'une des deux Chambres*, soit à... (*V.*la suite p.409-414).., sera puni de **jours à 2 ans** de prison et de **100 fr. à 4,000 fr.** d'amende. § 4. Si l'outrage... a été accompagné d'excès ou violences prévus par le de l'art. 228, C. pén., il sera puni des **peines portées audit** § et à l'art. 2 et, en outre, de l'**amende** portée au § 1er du présent article. § 5. Si l'outrage est accompagné des excès prévus... (*V.* p. 409 et 4 par les art. 231, 232 et 233 du C. pén., le coupable **sera puni** conformém audit Code. ART. 7. L'**infidélité et la mauvaise foi** dans le compte que rendent les jo naux et écrits périodiques des séances des Chambres... (*V.* p. 409-414)... ront punies d'une **amende de 1,000 fr. à 6,000 fr.** (419-420.) En cas de récidive ou lorsque le compte rendu sera **offensant** pour l'une l'autre des Chambres et pour l'*un des pairs* ou des **députés**...(*V.*p.409-414).. éditeurs du journal seront, en outre, condamnés de **1 mois à 3 ans** de pris Dans le même cas, il pourra être **interdit**, pour un temps limité ou pe toujours, aux propriétaires et éditeurs du journal ou écrit périodique co damné de rendre compte des débats législatifs... (*V.*p.409-414.) La violation de cette défense sera punie des **peines doubles** de celles p tées au présent article (421.) ART. 15 et 16. (Procédure et juridiction spéciales.— *V.* p. 139.)

§ IV. *Offenses envers les Souverains*

1789 à 1814.	1815 à 1819	1820 à 1825.
Arrêté 27 nivôse an VIII. ART. 5. *Seront supprimés sur-le-champ tous journaux qui publieront des invectives contre les Gouvernements et les nations amies ou alliées de la République.*— V. p. 33 (423). —	**Même loi.** CHAP.IV Offenses envers les souverains étrangers. ART. 12. *L'offense, par l'un des mêmes moyens de l'art. 1er, envers la personne des **souverains** ou envers celle des chefs de Gouvernements étrangers, sera punie de **1 mois à 1 an** de prison et de **100 f. à 5,000 f.** d'amende* (425).	. . . .

ATTAQUES ENVERS LE POUVOIR LÉGISLATIF. — 410.
Le terme *attaque*, dit M. Rauter, a une signification plus étendue que celui *d'outrages*, en ce sens que l'outrage est une attaque avec insulte et intention manifeste de ravaler l'objet attaqué, au lieu que l'attaque simple n'est pas accompagnée d'insulte. T. 1, n° 417.

411-412. L'offense envers les Chambres n'a pas de caractère particulier. On reconnaît ce délit à l'intention de celui qui le commet, de flétrir aux yeux du pays la représentation nationale, de la déconsidérer pour lui faire perdre sa prépondérance. MM. Bories et Bonnassies, *Dictionnaire de la presse,* v° *Offense.*

413. Si l'offense était commise envers les Chambres par un de leurs membres, l'art. 2 du décret du 11 août 1848 devrait être appliqué; sa disposition est générale et ne distingue pas. Mais *quid* si l'offense avait lieu envers la Chambre pendant une séance non publique, par un de ses membres ou toute autre personne? l'offense n'étant punissable que lorsqu'elle est publique par les moyens de l'art. 1 de la loi du 17 mai 1819, et le public n'existant pas entre la Chambre, personne morale, et celui qui l'a offensée, l'art. 2 ne serait plus applicable, un pareil mépris de la représentation nationale ne trouverait aucune peine dans la législation. — *V.* d'ailleurs l'art. 9 du décret organique du 2 fév. 1852, p. 108, au chap. des immunités.

414. Les attaques dirigées, contre les députés pris collectivement constituent le d[élit] d'offense envers les Chambres et non celui d'excitation à la haine contre une classe de p[er]sonnes. Cass., 15 janv. 1838 (J. P. 1838. 2. 494). Cette tentative d'assimilation entr[e le] délit d'offense et le délit d'excitation prévu par l'art. 8 de la loi du 9 septembre 1835, [au]jourd'hui abrogée, ne pourrait pas avoir lieu en présence des termes de l'art. 7 du dé[cret] du 11 août 1848, qui a remplacé l'art. 8 de la loi du 1835. (*V.* p. 98.)

415. Toute expression de la pensée de nature à blesser, offenser, ou humilier celui en est l'objet, si elle constitue l'injure envers le simple particulier, est un outrage pour c[elui] qui porte avec lui un caractère public; on injurie un citoyen; on outrage le fonctionna[ire].

416. L'outrage prévu par l'art 6, L. 1822, peut être fait d'une manière quelconq[ue] un charivari, aussi bien qu'une menace, une injure ou une diffamation, constituerait un [ou]trage envers un député; à la différence de l'outrage, prévu par le Cod. pénal, art. 222 n'est pas nécessaire que le fait outrageant inculpe *en rien l'honneur et la délicatesse.* M[ais] dans le cas de l'art 6, il faut qu'il soit public.

417. Il y a offense envers les Chambres lorsqu'elle est dirigée contre une fraction

1825 à 1830. (4.)	1831 à 1848. (5.)	1848 à 1849. (6.)	1850 à 1856. (7.)	La Presse en Algérie. (8.)	1856 à... NOTES. (9.)

§ III. *Attaques et offenses envers le Pouvoir législatif.—Outrage envers ses membres.*

1825 à 1830.	1831 à 1848.	1848 à 1849.	1850 à 1856.	La Presse en Algérie.	NOTES.
L. 29 nov. 1830. Attaque contre le Roi et les Chambres. ART. 1er. *Toute attaque, par l'un des moyens énoncés en l'art. 1er de la loi du 17 mai 1819, contre... (V. au tableau précédent)... les droits et l'autorité des Chambres, sera punie de 3 mois à 5 ans de prison et de 300 à 6,000 fr. d'amende.* ART. 2. L'art. 2 de la loi du 25 mars 1822 est abrogé. . . . . N. B. (*V.* art. 14, L. 18 juillet 1828, art. 10, L. 9 juin 1819, art. 15, L. 25 mars 1822, p. 131). Il y a lieu à doubler les amendes lorsque le délit a été commis par la voie d'un journal. *V.* aussi l'art. 26, L. 26 mai 1819, pour condamnation accessoire. (V. p. 131.)	**L. 9 sept. 1835.** Crimes, délits, contrav. de presse. ART. 6. *Toute autre attaque [que celles des art. 2, 3, 4 et 5]... (V. tableau précédent)..., prévue par la loi du 29 nov. 1830, continuera d'être punie conformément aux dispositions de cette loi.* Abrogé par le décr. 1848. —	**DÉCR. du 6 mars 1848.** ART 1er. La loi du 9 sept. 1835, sur les crimes, délits et contraventions de la presse, est abrogée. — **DÉCR. 11 août 1848,** Modifiant les lois de 1819 et 1822. ART. 1er. Toute attaque, par l'un des moyens énoncés en l'art. 1er de la loi du 17 mai 1849 (*V.* au tableau précédent)..., contre les droits et l'autorité de l'**Assemblée nationale** (*V.* le tableau précédent)..., sera punie de **3 mois à 5 ans** de prison et de **300 fr.** à **6,000 fr.** d'amende. ART. 2. L'offense, par l'un des moyens énoncés en l'art. 1er de la loi du 17 mai 1819, envers l'**Assemblée nationale**, sera punie de **1 mois à 3 ans** de prison et de **100 fr. à 5,000 fr.** d'amende. **DÉCR. du 11 août 1848.** Modifiant les lois de 1819 et 1822, ART. 5. L'outrage fait publiquement et d'une manière quelconque, à raison de leurs fonctions ou de leur qualité, soit à un ou plusieurs membres de l'Assemblée nationale... (*V.* p. 444)..., sera puni de **15 jours à 2 ans** de prison et de **100 fr. à 4,000 fr.** d'amende.	**Constitution de 1842.** ART. 42. Le compte rendu des séances du Corps législatif par les journaux ou tous autres moyens de publication ne consistera que dans la reproduction du procès-verbal dressé à l'issue de chaque séance par les soins du président du Corps législatif (*V.* p. 6, nos 18, 19 et 20, et 426). —	**DÉCR. 17 fév. 1852.** ART. 14. Toute contravention à l'art. 42 de la Constitution sur la publication des comptes rendus du Corps législatif sera punie de **1,000 fr. à 5,000 fr.** d'amende (449).	N. B. Le décr. du 17 février 1852 n'est pas applicable aux colonies et à l'Algérie. *V.* art. 36, décr. du 17 fév. 1852, p. 156.

et les Chefs des Gouvernements étrangers.

la Chambre, et non lorsqu'elle s'adresse à un ou quelques membres qui la composent. Chassan, p. 224, t. 1.

418. Les dispositions de l'art. 2 du décret du 11 août 1848, s'appliquent-elles au cas d'offense envers une Chambre dissoute, et dont les pouvoirs sont expirés. — On peut résoudre cette difficulté par suite d'une analogie. L'attaque contre une dynastie déchue, contre un pouvoir tombé, contre un Roi détrôné, contre un Gouvernement chassé, serait-elle punissable par les lois qui protégeaient son autorité, son inviolabilité, son principe ou sa forme. Nul n'a jamais songé à soutenir une pareille thèse. Il en est de même d'une Chambre dissoute. La discussion de ses actes et le jugement qu'on doit porter sur elle appartiennent à l'histoire. *V.* sur cette question, Cour des Pairs, 19 oct. 1827. Cass., 7 déc. 1827. (S. *Coll. nouv.*, t. 8. 1. 718).

419. Le § 1 de l'art. 7, L. du 25 mars 1822, n'est point abrogé par l'art. 42 de la Constitution de 1852 ; il n'y a pas entre eux inconciliabilité, puisque l'on peut concevoir un compte rendu fidèle et de bonne foi des séances législatives en dehors de la reproduction du procès-verbal officiel, passible des peines de l'art. 14 du décret du 17 fév. 1852, et un compte rendu infidèle et de mauvaise foi, punissable alors par l'art. 7 de la loi du 25 mars 1822. *V.* p. 126, n° 621, et p. 5, nos 18 et suivants.

420. L'art. 14 de la loi du 18 juill. 1828, édicté contre les journaux, lorsque les délits peuvent être commis par d'autres moyens de publication, n'est pas applicable dans les cas de l'art. 7, L. du 25 mars 1822, puisque les délits de compte rendus infidèles et de mauvaise foi ne peuvent être commis que par les journaux.

421. La violation de la défense faite aux journaux de rendre compte des débats législatifs, conformément à l'art. 7, de la loi du 25 mars 1822, est une contravention et non un délit, la peine doublée, portée dans cet article, ne comprend pas le doublement de la durée de l'interdiction. Chassan, n° 543.

422. L'art. 5 du décret de 1848, en ne modifiant que le premier paragraphe de l'art. 6 de la loi de 1822, a laissé subsister, tout le reste; ce décret, conçu à un point de vue tout grammatical n'a pas eu d'autre but que de mettre la rédaction des lois antérieures en harmonie avec le régime républicain, et il fut bien entendu, lors de la discussion, que les dispositions qui n'étaient pas modifiées resteraient en vigueur.

Offenses contre les souverains. 423. On trouve, dans l'arrêté du 27 nivôse an 8, l'origine de l'idée qui a formulé l'art. 12 de la loi du 17 mai 1819, idée de solidarité, de protection ou de respect réciproques pour les Gouvernements amis ou alliés.

424. Pour que les souverains étrangers puissent exercer en France une action en réparation d'offense, il n'est pourtant pas nécessaire qu'il y ait réciprocité dans la législation des deux Gouvernements. De Grattier, 1. 174. Mais il faut que le souverain offensé soit reconnu par la France ; cette distinction, qui ne résulte pas de la loi, résulte de la force des choses. De Grattier, *loc. cit.*, et Chassan, p. 380.

425. Les souverains seuls peuvent porter plainte, leurs ambassadeurs ou agents diplomatiques ne le peuvent pas. De Grattier, 1. 335.

426. Voir pour l'exercice de l'action et la procédure dans les cas d'offenses contre le Pouvoir législatif et les souverains étrangers, pag. 141, 142, 139, 140.

1789 à 1814.	1815 à 1819.	1820 à 1825.
1.	2.	3.

TITRE Ier. — CRIMES ET DÉLITS CONTRE LA CHOSE PUBLIQUE. — CHAP. II (SUITE).

1789 à 1814.	1815 à 1819.	1820 à 1825.
DÉCR. 7 vend. an IV. Sur l'exercice et la police du culte. ART. 23. *Sera condamné à la gêne à perpétuité, tout ministre du culte qui commettra un des délits suivants…* (V. p. 85, les moyens de publication)… *si par ledit écrit ou discours il a provoqué au rétablissement de la royauté en France ou à la dissolution de la Représentation nationale…, ou s'il a encouragé des personnes quelconques à la trahison ou à la rébellion contre le Gouvernement.* V. p. 87, l'art. en entier. **ARRÊTÉ du 27 nivôse an VIII.** ART. 5. *Seront supprimés sur-le-champ tous les journaux qui inséreront des articles contraires au respect dû au pacte social, à la souveraineté du peuple* [principe du Gouvernement], *alors même que ces articles seraient extraits de journaux étrangers.* — V. p. 53, l'arrêté entier. V. aussi C. pénal, art. 87, p. 87, **CODE PÉNAL.** § II. — Critiques, censures ou provocations dirigées contre l'autorité publique, dans un discours pastoral publiquement prononcé ou dans un écrit pastoral. ART. 201. Les ministres du culte qui prononceront, dans l'exercice de leur ministére et en assemblée publique, un discours contenant la **critique ou censure du Gouvernement**, d'une loi, d'un décret impérial ou de tous autres actes de l'autorité publique, seront punis d'un emprisonnement de **3 mois à 2 ans** (432, 434). ART. 204. Tout écrit contenant des instructions pastorales, en quelque forme que ce soit, et dans lequel un ministre du culte se sera ingéré de critiquer ou censurer, **soit le Gouvernement**, soit tout acte de l'autorité publique, emportera la peine du bannissement contre le ministre qui l'aura publié (432, 434).	**L. 9 nov. 1815.** Cris séditieux, provocations à la révolte. ART. 1er. *Seront poursuivies et jugées criminellement toutes personnes coupables d'avoir, ou imprimé, ou affiché, ou distribué, ou vendu, ou livré à l'impression des écrits; d'avoir, dans des lieux publics ou destinés à des réunions habituelles de citoyens, fait entendre des cris, proféré des discours, toutes les fois que ces cris, ces discours ou ces écrits auront exprimé la menace d'un attentat contre la vie ou la personne du Roi, la vie ou la personne des membres de la famille royale; toutes les fois qu'ils auront excité à s'armer contre l'autorité royale ou qu'ils auront provoqué directement ou indirectement au renversement du Gouvernement ou au changement de l'ordre de successibilité au trône, lors même que ces tentatives n'auraient été suivies d'aucun effet, et n'auraient été liées à aucun complot, les coupables seront punis de la déportation.* (Abrogé par la loi de 1819.)	**L. 17 mai 1819.** Crimes et délits de la presse. ART. 1er. Quiconque, soit par des discours, des cris ou menaces proférés dans des lieux ou réunions publics, soit par des écrits, des imprimés, des dessins, des gravures, des peintures ou emblèmes, vendus ou distribués, mis en vente ou exposés dans des lieux ou réunions publics, soit par des placards et affiches exposés aux regards du public……… Moyens de publication, (*V.* la suite, p. 82, 83.) ART. 4. *Sera réputé provocation au crime et punie des peines portées en l'art. 2 (c'est-à-dire de 5 mois à 5 ans de prison et de 50 fr. à 6,000 fr. d'amende, V. p. 85),* *Toute attaque formelle, par l'un des moyens énoncés en l'art. 1er, soit contre l'inviolabilité de la personne du Roi, soit contre l'ordre de successibilité au trône, soit contre l'autorité constitutionnelle du Roi et des chambres.* (Abrogé comme délit de provocation, remplacé comme délit direct d'attaque par l'art. 2 de la loi du 25 mars 1822.) ART. 26. La loi du 9 nov. 1815 est abrogée.	**L. 25 mars 1822,** Répression des délits de la presse. ART. 2 *Toute attaque, par l'un moyens énoncés en l'art. 1er de la du 17 mai 1819, contre la digni royale, l'ordre de successibilité trône, les droits que le Roi tient de naissance, ceux en vertu desquels donné la charte, son autorité constitutionnelle, l'inviolabilité de sa personne, les droits ou l'autorité des Chambres, sera punie d'un emprisonnement de 3 mois à 5 ans et d'une amende 300 à 6,000 fr.* (Remplacé par l'art. 1er de la du 29 nov. 1850 et abrogé par art. 2.) ART. 4. *Quiconque, par l'un mêmes moyens, aura excité à la ha ou au mépris du Gouvernement du R sera puni d'un emprisonnement de mois à 4 ans et d'une amende de 1 à 5,000 fr.* *La présente disposition ne saur porter atteinte au droit de discuss et de censure des actes des ministre* (Abrogé et remplacé par l'art du décret du 11 août 1848.)

ATTAQUES CONTRE LE GOUVERNEMENT. — 427. Le principe du Gouvernement est à la fois dans son origine, *principium* — dans le prince, par la délégation de la souveraineté nationale — et dans la déclaration des droits individuels et sociaux acceptés et garantis comme base de la constitution de l'État. La tradition et le principe de l'autorité, *omnis potestas à deo*, étaient comme origine et comme bases les principes du Gouvernement monarchique avant 1789; depuis, les différents Gouvernements qui se sont succédé ont tous plus ou moins reconnu comme principe la souveraineté nationale se manifestant par le suffrage universel ou restreint.

428. Le principe du Gouvernement impérial, en droit, c'est la souveraineté nationale, en fait, ce sont les deux plébiscites des 20 et 21 déc. 1851, et 21 et 22 nov. 1852, et le sénat.—cons. du 7 nov. 1852, conférant au prince Louis-Napoléon, le premier, le pouvoir constituant, et la présidence pour 10 ans, et l'autre, l'empire héréditaire et le titre d'Empereur, sous le nom de Napoléon III.

429. Par *forme du gouvernement* il faut entendre à la fois la source des pouvoirs, l'exercice de la représentation nationale par le suffrage universel, les institutions, et l'organisation constitutionnelle du Gouvernement. *Sic,* Chassan, 1, p. 266 à 271.

430. Les *institutions républicaines* de l'art. 1 du décret du 11 août 1848 sont aujourd'hui qualifiées *impériales,* et par là il faut entendre les grands pouvoirs de l'État, le mode de l'exercice de la représentation nationale, départementale, municipale, la responsabilité politique et la division des pouvoirs, leurs prérogatives hiérarchiques, l'ordre de successibilité au trône, la liberté du culte, des votes et l'ensemble de droits garantis par la Constitution.

431. Les institutions impériales — la constitution et ses lois organiques — et le suffrage universel, sont les trois côtés qui constituent la forme du Gouvernement impérial constitutionnel.

431 bis. « Par *attaques,* il a été dit, lors de la discussion de l'art. 1 du décret du 11 août 1848, qu'on n'avait pas entendu prohiber la liberté de discussion, mais seulement choses qui auraient un caractère agressif. » Rapport de M. Berville.

431 ter. La portée de l'art. 4 du décret du 11 août 1848 a été parfaitement défini l'époque de la discussion, en ce qui est relatif au Gouvernement. « Il ne faut pas, dit M. Favre, qu'on puisse croire que c'est au principe théorique du Gouvernement républicain que ces attaques font allusion, mais au Gouvernement en action, c'est-à-dire à toutes les forces vives qui forment le Gouvernement de la République. » Le ministre de l'intérieur ajouta : « dans l'ancienne législation que nous modifions, on avait distingué la monarchie et le Gouvernement du Roi, la monarchie, c'était le principe du Gouvernement, le Gouvernement du Roi, c'étaient toutes les forces vives du Gouvernement en action, de l'art. 1 vous avez aboli la République, la Constitution, les institutions contre toute espèce d'attaque, avec l'expression du Gouvernement de la République, on reproduit la pensée se trouvait dans l'expression du Gouvernement du Roi, c'est-à-dire toutes les forces viv du Gouvernement en action. »

432. En punissant l'attaque contre le principe du Gouvernement, la loi n'a pas interdi la libre discussion de ses actes, mais elle a voulu, comme disait M. de Serres en 183 éloigner toute discussion « *des dogmes politiques fixes.* »

433. Nous avons déjà eu l'occasion de dire que les art. 201 à 205 du Cod. pénal on été abrogés par aucune loi postérieure; mais s'il est interdit par ces articles aux ministre du culte de compromettre le caractère dont ils sont investis par une critique des actes Gouvernement, dans l'exercice de leur ministère, il ne faut pas oublier que, hors de leu fonctions, ils redeviennent citoyens et qu'ils ont en cette qualité le droit de discuter, comm tous les citoyens, l'opportunité, la sagesse des lois et l'efficacité des actes du Gouvernemen mais dans une mesure légitime et convenable; car ils doivent moins que tous autres s'a bandonner sans modération aux passions des partis.

SECT. II. — Attaques contre le Gouvernement, son principe, sa forme, son autorité.

1825 à 1830. 4.	1831 à 1848. 5.	1848 à 1849. 6.	1850 à 1856. 7.	La presse en Algérie. 8.	NOTES. 9.
L. 29 nov. 1830. ...ue au Roi et aux Chambres. 1er. *Toute attaque, par l'un [des moy]ens énoncés en l'art. 1er de la [loi du 17] mai 1819, contre la dignité [...] l'ordre de successibilité au [... contre] les droits que le Roi tient du [... de] la nation française exprimé [dans la] déclaration du 7 août 1830 [et dans l]a charte constitutionnelle par [lui ac]ceptée et jurée dans la séance [du 9 a]oût 1830, son autorité consti-[tutionn]elle, l'inviolabilité de sa per-[sonne, ...] les droits et l'autorité des [Chamb]res, sera punie de 3 mois à 5 ans [de pris]on et 300 à 6,000 fr. d'amende.* [... Rem]pl. par l'art. 1er du déc. 1848. [A]r. 2. L'art. 2 de la loi [...] mars 1822 est abrogé. — *V.* art. 14, L. 18 juill. 1828, [art.] 10, L. 9 juin 1819 et art. 13, [L.] 25 mars 1822, pour l'éléva-[tion] des amendes au double lorsque [le d]élit est commis par la voie d'un [jour]nal, p. 151. — *V.* aussi pour [les] condamnations accessoires, art. [...,] L. 26 mai 1819, p. 151.	**L. 9 sept 1835.** Crimes, délits et contrav. de la presse. ART 5. *L'attaque contre le principe ou la forme du Gouvernement établi par la charte de 1830, tels qu'ils sont définis par l'art. 1er de la loi du 29 nov. 1830, est un attentat à la sûreté de l'État, lorsqu'elle a pour but d'exciter à la destruction ou au changement du Gouvernement.* *Celui qui s'en rendra coupable sera jugé et puni conformément aux deux derniers paragraphes de l'art. 1er,* p. 86. (Abrogé par le décret du 6 mars 1848, *V. infrà,* col. 6, et remplacé par l'art. 1er du décret du 11 août 1848). — **Même loi.** ART. 7. *Seront punis des peines portées en l'art. 6 (V. p. 88)......, ceux qui auront fait publiquement acte d'adhésion à toute autre forme de Gouvernement, soit en attribuant des droits au trône de France aux personnes bannies à perpétuité par la loi du 10 avril 1832, ou à tout autre qu'à Louis-Philippe Ier et à sa descendance, soit en prenant la qualification de républicain ou toute autre incompatible avec la charte de 1830, soit en exprimant le vœu, l'espoir ou la menace, de la destruction de l'ordre monarchique constitutionnel ou de la restauration de la dynastie déchue.* (Abrogé par le décret du 6 mars 1848.)	**DÉCR. du 11 août 1848.** Modifiant les lois de 1819 et 1822. ART. 1er. Toute attaque, par l'un des moyens énoncés en l'art. 1er de la loi du 17 mai 1849, contre les droits et l'autorité de l'Assemblée nationale, contre les droits et l'autorité que les membres du Pouvoir exécutif tiennent des droits de l'Assemblée, contre les institutions républicaines, contre la Constitution, le principe de la souveraineté du peuple et du suffrage universel, sera punie de 3 mois à 5 ans de prison et de 300 fr. à 6,000 fr. d'amende (429, 234 bis et suiv., 437). — **Même décret.** ART. 4. Quiconque, par l'un des mêmes moyens, aura excité à la haine ou au mépris du Gouvernement de la République, sera puni d'un emprisonnement de 1 mois à 4 ans et d'une amende de 150 à 5,000 fr. (435, 437). La présente disposition ne peut porter atteinte au droit de discussion et de censure des actes du Pouvoir exécutif et des ministres. — **DÉCR. 6 mars 1848.** ART. 1er. La loi du 9 sept. 1835, sur les crimes, délits et contraventions de la presse, est abrogée. ART. 2. Les lois antérieures relatives aux délits et contraventions de la presse seront exécutées dans celles de leurs dispositions auxquelles il n'a pas été dérogé par le décret du Gouvernement provisoire. —	**S.-Cons. 7 nov. 1852.** Modific. de la constitution. ART. 2. **La dignité impériale est héréditaire** dans la descendance directe et légitime de L.-N. Bonaparte, de mâle en mâle, par ordre de primogéniture et à l'exclusion perpétuelle des femmes et de leur descendance (427, 428, 430, 431). —		

434. Le conseil d'État a décidé qu'il n'y avait pas lieu de traduire en justice le prêtre [préve]nu d'avoir tenu en chaire des discours propres à exciter à la haine du Gouvernement, [par]ce qu'il a rétracté devant son évêque les propos répréhensibles qu'il s'était permis, et [qu'il] s'est engagé à renouveler sa rétractation en chaire.» Ord., 16 déc. 1830, S., *Coll. nouv. J. crim.* 1851, p. 53). Cette décision n'est point une règle judiciaire; la rétraction [n'effa]ce pas le délit, elle peut être seulement une circonstance atténuante ; mais il faut en [infér]er que les parquets doivent apporter une grande modération et une grande circonspec-[tion] dans ces matières. MM. Chauveau et Hélie, t. 5, p. 71. édit. 3me.

435. A la différence du délit d'attaque au respect dû aux lois (*V.* tableaux suivants), le [délit] d'excitation à la haine ou au mépris du Gouvernement peut résulter de la critique [d'un] projet de loi, lorsqu'à cette occasion l'auteur se permet des allégations ou insi-[nua]tions qui tendent à faire mépriser le Gouvernement. Cass., 6 juill. 1850 (*J. crim.,* art. 4985).

436. Les délits prévus par l'art. 7 de la loi du 9 sept. 1835, aujourd'hui abrogée, pour-raient constituer le délit puni par l'art. 4 du décret du 11 août 1848, en ce sens qu'exprimer le vœu, la menace, l'espoir de la destruction du Gouvernement établi, c'est indirectement exciter à la haine ou au mépris de ce Gouvernement, ou constitueraient selon les circonstances les cris séditieux de l'art. 8 de la loi du 25 mars 1822. *V.* au tableau suivant.

437. Les art. 1 et 4 du décret de 1848 n'étant, en d'autres termes, que la reproduction des art. 2 et 4 de la loi de 1822, il y aura lieu, à l'occasion des délits prévus par ces articles, d'appliquer, comme avant, l'art. 14 de la loi du 18 juill. 1828, lorsque les délits seront commis par la voie d'un journal.

1789 à 1814.	1815 à 1819.	1820 à 1825.
1.	2.	3.

TITRE Ier. CRIMES ET DÉLITS CONTRE LA CHOSE PUBLIQUE. CHAP. II (SUITE). —

1789 à 1814.

DÉCR. 7 vend. an IV.
Sur l'exercice et la police du culte.

ART. 23. *Sera condamné à la gêne à perpétuité tout ministre du culte qui commettra un des délits suivants :* ... (V. p. 97 les moyens de publication)... *si par ledit écrit ou discours il a provoqué au rétablissement de la royauté en France ou à la dissolution de la représentation nationale... ou s'il a invité des individus à abattre des arbres consacrés à la liberté ou à en déposer ou avilir les signes ou les couleurs, ou enfin, s'il a encouragé des personnes quelconques... à la rébellion contre le Gouvernement.*
V. p. 87, le texte entier et p. 97.

—

DÉCR. du 18 juill. 1791.

ART. 3. *Tout cri contre la garde nationale ou la force publique tendant à lui faire baisser ou déposer les armes est un cri de sédition et sera puni d'un emprisonnement qui ne pourra excéder 2 ans.* (Abrogé).

—

(V. art. 257 du C. pén.)—La destruction, la mutilation, la dégradation des monuments, statues ou autres objets élevés par l'autorité seront punies de 1 mois à 2 ans de prison et d'une amende de 100 fr. à 500 fr.

L. 27 germinal an IV.
Provocations contre le Gouvernement.

ART. 9. *Toute personne qui paraîtra en public portant un signe de ralliement autre que la cocarde nationale, sera arrêtée et punie d'une année de détention par voie de police correctionnelle. — Celles qui, portant ces signes, seront arrêtées dans les attroupements, seront poursuivies de la manière proscrite en l'art. 8* (V. au recueil, in fine), *et si elles sont dans le cas de la peine des fers, elles seront punies d'une peine double.*

CODE PÉNAL.

ART. 419. Tous ceux qui, par des **faits faux ou calomnieux semés à dessein dans le public..** , ou qui, par des voies ou moyens frauduleux quelconques, auront opéré la **hausse ou la baisse du prix des denrées** ou marchandises ou des papiers et **effets publics au-dessus** ou au-dessous des prix qu'aurait déterminés la concurrence naturelle et libre du commerce, seront punis d'un emprisonnement de **1 mois au moins** et de **1 an au plus**, et d'une amende de **500 fr. à 10,000 fr.** Les coupables pourront de plus être mis, par l'arrêt ou le jugement, sous la surveillance de la haute police pendant **2 ans au moins et 5 ans au plus** (443).

ART. 420. La peine sera... doublée si ces manœuvres ont été pratiquées sur grains, grenailles, farines, substances farineuses, pain, vin et toute autre boisson.—V. p. 67.

1815 à 1819.

L. 9 novembre 1815.
Sur la répression des cris séditieux et des provocations à la révolte.

ART. 3. *Seront punies de la déportation toutes personnes qui feront entendre des cris séditieux dans le palais du Roi ou sur son passage.*

ART. 5. *Sont déclarés séditieux tous cris, tous discours proférés dans les lieux publics ou destinés à des réunions de citoyens, tous écrits imprimés, même tous ceux qui, n'ayant pas été imprimés, auraient été ou affichés, ou vendus, ou distribués, ou livrés à l'impression; toutes les fois que, par ces cris, ces discours ou ces écrits, on aura tenté d'affaiblir, par des calomnies ou des injures, le respect dû à la personne ou à l'autorité du Roi, ou à la personne des membres de sa famille, ou que l'on aura invoqué le nom de l'usurpateur ou d'un individu de sa famille, ou de tout autre chef de rébellion; toutes les fois encore que l'on aura, à l'aide de ces cris, de ces discours, ou de ces écrits, excité à désobéir au Roi et à la Charte constitutionnelle.*

ART. 6. *Sont aussi déclarés coupables d'actes séditieux, les auteurs, marchands, distributeurs, expositeurs de dessins ou images dont la gravure, l'exposition ou la distribution tendrait au même but que les cris, les discours, ou les écrits mentionnés en l'article précédent.* (Abrogé par l'art. 26 de la loi du 17 mai 1819.)

ART. 8. *Seront punies de la déportation toutes personnes qui feront entendre des cris séditieux dans le palais du Roi ou sur son passage.*
(Abrogé et remplacé par l'art. 5, L. 1819.)

ART. 7, § 1. *Sont déclarés actes séditieux l'enlèvement ou la dégradation du drapeau blanc, des armes de la France et autres signes de l'autorité royale.*
(Abrogé et remplacé par l'art. 5, L. 1819.)

ART. 7, § 2. *Sont déclarés actes séditieux* (V. ci-dessus), *la fabrication, le port, la distribution de cocardes quelconques et de tous autres signes de ralliement défendus ou non autorisés par le Roi.*
(Abrogé et remplacé par l'art. 5, L. 1819.)

ART. 2. *Seront punies de la déportation toutes personnes coupables d'avoir arboré dans un lieu public ou destiné à des réunions habituelles de citoyens un drapeau autre que le drapeau blanc.*
(Abrogé et remplacé par l'art. 9, L. 1922.)
N. B. Bien que cette loi ait été abrogée, son texte est important à connaître comme commentaire des lois qui l'ont remplacée.

ART. 8. *Sont coupables d'actes séditieux toutes personnes qui répandraient ou accréditeraient, soit des alarmes touchant l'inviolabilité des propriétés qu'on appelle nationales, soit des bruits d'un prétendu rétablissement des dîmes ou des droits féodaux, soit des nouvelles tendant à alarmer les citoyens sur le maintien de l'autorité légitime et à ébranler leur fidélité.*

ART. 9. *Sont encore déclarés séditieux les discours et écrits mentionnés dans l'art. 5 de la présente loi, soit qu'ils ne contiennent que des provocations indirectes aux délits énoncés aux art. 5, 6, 7, et 8 de la présente loi, soit qu'ils donnent à croire que des délits de cette nature ou même les crimes énoncés aux art. 1* (V. p 91)*, 2 et 3, seront commis ou qu'ils répandent faussement qu'ils ont été commis.*

N. B. Bien qu'abrogée, la loi de 1815 est importante à connaître, comme document historique et commentaire des lois de 1819 et 1822.—Les art. 4, 10, 11, 12, 13, étant relatifs à la poursuite sont sans intérêt ici.

1820 à 1825.

L. 17 mai 1819.
Crimes et délits de la presse.

ART. 26. La loi du 9 nov. 1815 est abrogée.
N. B. La loi de 1819 a prévu sous une autre forme et avec des qualifications différentes les cris délictueux des art. 5 et 6 de la loi de 1815. — V. art. 1, 6, 9 et 10 de 1819.

Même loi.

ART. 5. *Sont réputés provocations aux délits et punis des peines portées en l'art. 3 :*
1° *Tous cris séditieux publiquement proférés, autres que ceux qui rentreraient dans les dispositions de l'art. 4 ;*
2° *L'enlèvement ou la dégradation des signes publics de l'autorité royale, opérés par haine ou mépris de cette autorité.*
(Abrogé et remplacé. V. art. 8. L. 1822.)

3° *Le port public de tous signes extérieurs de ralliement non autorisés par le Roi ou par des règlements de police.*
— (Abrogé et remplacé.)

Même loi.
ART. 26. La loi du 9 nov. 1815 est abrogée.

—

L. 25 mars 1822.
Poursuite du délit de pr[esse].

ART. 8. Seront p[unis] de **6 jours à 2 ans** [de] prison et de **16 fr** [à] **4,000 f. d'amende**, t[ous] cris séditieux publiq[ue]ment proférés (439).

ART. 9. *Seront punis d[e ...] jours à 2 ans de prison [et de] 100 fr. à 4,000 fr. d'ame[nde]* 1° *L'enlèvement ou la dé[gra]dation des signes public[s de] l'autorité royale opérés [par] haine ou mépris de cette [au]torité ;* 2° *Le port public de[s] signes extérieurs de rallie[ment] non autorisés par le Roi ou [par] des règlements de police ;* 3° *L'exposition dans [les] lieux ou réunions publics [la] distribution ou mise en [vente] de tous signes ou symboles [des]tinés à propager l'espri[t de] rébellion ou à troubler la [paix] publique.* (Remplacé par l['art.] 6, décret 1848.)

ATTAQUES CONTRE LA PAIX PUBLIQUE. — 438. Le caractère propre et distinctif des délits compris dans cette section, c'est de porter atteinte à la paix publique.

439. On appelle cris séditieux, ceux par lesquels on aura tenté d'affaiblir le respect et la confiance dus au pouvoir, et d'exciter le désordre par des vœux, des espérances indiscrètement exprimés pour provoquer la résistance ou la violence contre l'autorité, des déclamations contre le Gouvernement et tous excès de parole de nature à soulever les passions contre l'ordre établi. Comparez art. 5, L. 1815 et art. 7, L. 1835.

440. La publicité est l'élément essentiel de ces délits : l'exposition dans l'intérieur d'une maison de signes ou symboles séditieux n'est pas punie. Cass., 20 sept. 1832. Mais la vente accomplie dans l'intérieur d'un magasin de foulards à l'effigie de Henri V constituerait le délit de l'art. 6, décret de 1848. Cass., 16 août 1853, J. P. 35. 1. 875. Chassan, t, p. 349.

441. On doit considérer comme constituant le délit de distribution de l'art. 6 3° de la loi de 1848, l'envoi dans un journal des portraits de Henri V. Cass., 22 fév. 1854, ... des signes séditieux étaient placés sur le toit d'une maison particulière, il y aurait exposi[tion] dans le sens de l'art. 6, décret de 1848. Cass., 20 sept. 1832. Chassan, t, 239.

441 bis. La distribution ou la mise en vente de pipes en terre représentant les têtes [de] plusieurs chefs du parti révolutionnaire, dans le but de troubler la paix publique, constitue le délit prévu et réprimé par l'art. 6, décret du 11 août 1848. — Les tribunaux correctionnels sont compétents pour rechercher et déterminer la qualification légale des [faits] poursuivis devant eux; en conséquence, un tribunal correctionnel, saisi par la chambre du conseil du délit d'exposition d'emblèmes séditieux, peut sans excès de pouvoir y substituer la contravention d'exposition ou mise en vente de dessins ou emblèmes prévue et punie par l'art. 42 du décret du 17 février 1852. Cass., 2 avril 1852 [B. crim. n° 118).

442. L'exposition, dans une cérémonie publique et religieuse, de fleurs de lis et [de] bannières blanches constitue le délit d'exposition d'emblèmes séditieux propres à troubl[er]...

825 à 1830. 4.	1831 à 1848. 5.	1848 à 1849. 6.	1850 à 1856. 7.	La Presse en Algérie. 8.	1856 à.... NOTES. 9.

SECT. III. — Attaques contre la paix publique. — Cris séditieux, publications fausses, excitations coupables.

825 à 1830.	1831 à 1848.	1848 à 1849.	1850 à 1856.	La Presse en Algérie.
L. 8 oct. 1830. ART. 7. Sont répu- és délits politiques, es délits prévus : 1°, 2°, *V.* au recueil *in-* *fin.* 3° Par l'art. 9 de la oi du 25 mars 1822. **L. 10 déc. 1830.** ART. 4. La vente ou distribution de aux extraits de jour- aux, jugements et ctes de l'autorité, est défendu, et sera punie des peines ci-après 443). ART. 5. Amende, 25 fr. à 500 fr.; pri- son, 6 jours à 1 mois..., etc. — *V.* p. 94	**L. 9 sept. 1835.** Crimes, délits et contraventions de la presse ART. 7. *Seront punis des peines de* *l'art. 6 (V. p. 90), ceux qui auront* *fait publiquement acte d'adhésion à toute* *autre forme de Gouvernement, soit en at-* *tribuant des droits au trône de France* *aux personnes bannies à perpétuité par* *la loi du 10 avril 1832, ou à tout autre* *qu'à L.-Philippe Ier et à sa descendance...* (*V.* la suite au tableau précédent)... (Abrogé par le décret du 6 mars 1848.) **L. 24 mai 1834.** Détention d'armes de guerre. ART. 9. Seront punis de la dé- tention les individus qui, dans un mouvement insurrectionnel..., **auront provoqué ou facilité le** **rassemblement des insurgés...** **soit par le port de drapeaux ou au-** **tres signes de ralliement**...(p.88).	**DÉCR. 6 mars 1848.** ART. 1er. La loi du 9 sept. 1835, sur les crimes, délits et contraventions de la presse, est abrogée... **DÉCR. 11 août 1848.** Modifiant les lois de 1819 et 1822. ART. 6. Seront punis de **15** **jours à 2 ans** de prison et de **100 fr. à 4,000 fr.** d'amende: 1° **L'enlèvement ou la dé-** **gradation des signes publics** **de l'autorité** du Gouvernement républicain opérés en haine ou mépris de cette autorité. 2° Le port public de tous si- gnes extérieurs de ralliement, non autorisés par la loi ou par des règlements de police; 3° L'exposition dans des lieux ou réunions publics, la distribution ou mise en vente de tous signes ou symboles destinés à propager l'esprit de rébellion ou à troubler la paix publique (441, 441 *bis*, 442). **L, 27 juillet 1849,** Sur la presse. ART. 4. *La publication ou repro-* *duction faite de mauvaise foi de nouvel-* *les fausses, de pièces fabriquées, falsi-* *fiées ou mensongèrement attribuées à* *des tiers, lorsque ces nouvelles ou piè-* *ces seront de nature à troubler la* *paix publique, sera punie d'un empri-* *sonnement d'un mois à un an et d'une* *amende de 50 fr. à 1,000 fr.* (Abrogé et remplacé par l'art. 15, décr. 17 février 1852.) *V.* p. 100 pour les faux bruits et fausses nouvelles répandus pour porter at- teinte à la liberté des élections, art. 40, L. électorale de 1852, et art. 107, L. de 1849.	N. B. La dégradation des monuments, sta- tues et autres objets élevés par l'autorité publique ou avec son autorisation est d'ail- leurs punie d'une manière générale par l'art. 257 du C. pénal **DÉCR. 17 fév. 1852.** ART. 22. (Aucuns dessins, aucunes gravures, lithographies, médailles, estampes, em- blèmes... ne peuvent d'ailleurs être pu- bliés, exposés ou mis en vente sans auto- risation du ministère ou des préfets... *V.* p. 60). **DÉCR. 17 fév. 1852.** Sur la presse. ART. 15. La publication ou la re- production de nouvelles fausses, de pièces fabriquées, falsifiées ou men- songèrement attribuées à des tiers sera punie d'une amende de **50 fr.** à **1,000 fr.** (447-448). Si la publication ou reproduction est faite de mauvaise foi, ou si elle est de **nature à troubler la paix pu-** **blique**, la peine sera de **1 mois à 1** **an** d'emprisonnement et de **500 fr.** à **1,000 fr.** d'amende. Le maximum de la peine sera ap- pliqué si la publication ou repro- duction est tout à la fois de **nature** **à troubler la paix publique** et faite de mauvaise foi (444, 445, 446).	*V.* l'art. 7 du décr. du 28 mars 1852, qui reproduit l'art. 22 du décr. du 17 fév. 1852. *V.* page 158, l'art. 3, § 6, de la loi du 7 août 1850, sur la pres- se aux co- lonies. Le décr. du 17 fév. 1852 n'est applicable ni aux co- lonies ni à l'Algérie. *V.* art. 36, p. 156.

... paix publique, prévu par l'art. 6 du décret de 1848, alors même que le jugement décla-
rait que la présence du prélat garantissait la paix publique. Cass., 18 nov. 1855 *(Bull.
crim.*, n° 546) (conformes arrêts des 23 février, et 23 mai 1834 *(Bull. crim.*,
n° 56 et 157.)
443. Les bruits ou faits faux répandus pour faire hausser les fonds publics, art. 419
du Cod. pénal, comme la vente des faux extraits prévus par l'art. 4, L. 10 déc. 1830,
peuvent être de nature à troubler la paix publique en inspirant des craintes sur le crédit
public, le maintien du Gouvernement ou la portée de ses actes; ces articles devaient en conséquence trouver leur place dans cette section, et tout au moins être mentionnés pour mémoire.
444. L'art. 15 du décret du 17 fév. 1852 n'est pas une idée entièrement nouvelle
ainsi qu'on l'avait cru : on en pourrait trouver l'origine dans les art. 8 et 9 de la loi de 1815,

qui incriminaient les alarmes, les bruits et nouvelles tendant à troubler la paix publique.
445. « L'art. 15, dit la circulaire du 30 mars aux préfets, en prononçant des peines
contre ceux qui auront publié des nouvelles fausses, établit une distinction importante entre
la reproduction simple et la reproduction de mauvaise foi, ou qui serait de nature à troubler la paix publique ; dans le premier cas une peine doit toujours être prononcée. Cette
disposition pénale a pour but de commander *aux journaux* la prudence, la réserve, la circonspection qui doivent être la règle essentielle des organes de la publicité ; dans le deuxième
cas, la peine est plus grave et s'accroît dans la proportion des dangers qui peuvent résulter
d'une publicité intentionnellement perturbatrice. »
446-447. Le 1er août 1849, le ministre de l'intérieur expliquait ainsi la portée de l'art. 4
de la loi de 1849, dans une circulaire : « On a publié ou reproduit de prétendues dépêches

1789 à 1814.	1815 à 1819.
1.	2.

TITRE Ier (SUITE). — CHAPITRE II (SUITE). — SECTION III. — Attaques contre la paix publique (SUITE).

DÉCR. 18 juillet 1791.

ART. 1er. Toutes personnes qui auront **provoqué le meurtre, le pillage, l'incendie, ou conseillé formellement la désobéissance à la loi**, soit par des placards ou affiches, soit par des écrits publiés ou colportés, soit par des discours tenus dans des lieux ou assemblées publics, seront regardées comme séditieuses ou perturbatrices de la paix publique; et, en conséquence, les officiers de police sont autorisés à les faire arrêter sur-le-champ, et à les remettre aux tribunaux pour être jugées et punies selon la loi (454).

DÉCR. 7 vendémiaire an IV
Sur l'exercice et la police du culte.

ART. 23. *Sera condamné à la gêne à perpétuité tout ministre du culte qui commettra un des délits suivants : soit par des discours, des exhortations, prédications, invocations ou prières, en quelque langue que ce puisse être, soit en lisant, publiant, affichant, distribuant ou faisant lire, publier, afficher, distribuer dans l'enceinte de l'édifice destiné aux cérémonies ou à l'extérieur un écrit dont il sera ou dont tout autre sera l'auteur : savoir si, par ledit écrit ou discours; il a provoqué au rétablissement de la royauté en France, ou à la dissolution de la représentation nationale, ou s'il a provoqué au meurtre, ou a excité les défenseurs de la Patrie à déserter leur drapeau, ou leur père et mère à les rappeler; ou s'il a blâmé ceux qui voudraient prendre les armes pour le maintien de la Constitution républicaine ou la défense de la liberté, ou s'il a invité des individus à abattre des arbres consacrés à la liberté ou à en déposer ou avilir les signes et couleurs; ou, enfin, s'il a encouragé des personnes quelconques à la trahison ou à la rébellion contre le Gouvernement.*

(Abrogé par l'ensemble de la législation postérieure et le changement de Gouvernement.)

CODE PÉNAL.

LIV. III, CHAP. Ier, SECT. II, § 2. — Des crimes tendant à troubler l'État par la guerre civile.

ART. 94 ancien. *L'attentat ou le complot dont le but sera, soit d'exciter la guerre civile en armant ou en portant les citoyens à s'armer les uns contre les autres, soit de porter la dévastation, le massacre et le pillage dans une ou plusieurs communes, sera puni de la peine de mort.*

ART. 94. **L'attentat dont le but sera, soit d'exciter la guerre civile, en armant ou en portant les citoyens ou habitants à s'armer les uns contre les autres**, soit de porter la dévastation, le massacre et le pillage dans une ou plusieurs communes, sera puni de mort (452).

Le complot ayant pour but **l'un des crimes** prévus au présent article, et la proposition de former ce complot, seront punis des peines portées en l'art. 89, suivant les distinctions qui y sont établies.

LIV. III, TIT. Ier, CHAP. III, SECT. III, § 2. — Des critiques, censures ou provocations dirigées contre l'autorité publique dans un discours pastoral et public.

ART. 402. Si le discours [prononcé par un ministre du culte dans l'exercice de ses fonctions et en assemblée publique, art. 204, *V.* p. 93] contient **une provocation directe à la désobéissance** aux lois ou autres actes de l'autorité publique (*V.* p. 85 et 103), ou **s'il tend à soulever ou à armer une partie des citoyens les uns contre les autres**, le ministre du culte qui l'aura prononcé sera puni d'un emprisonnement de **2 à 5 ans**, si la provocation n'a été **suivie d'aucun effet**; et du bannissement, si elle a donné lieu à la **désobéissance autre** toutefois que celle qui aurait dégénéré en **sédition ou révolte**.

ART. 203. Lorsque la provocation aura été suivie d'une **sédition ou révolte** dont la nature donnera lieu contre l'un ou plusieurs des coupables à une peine plus forte que celle du bannissement, **cette peine**, quelle qu'elle soit, sera appliquée au ministre coupable de **la provocation**.

§ 3. — Des critiques, censures ou provocations contre l'autorité dans un écrit pastoral.

ART. 205. Si l'écrit [contenant des instructions pastorales, art. 204, *V.* p. 93] mentionné en l'art. 204, contient une provocation directe à la désobéissance aux lois ou autres actes de l'autorité publique (*V.* p. 85 et 87), ou s'il tend à soulever ou armer une partie des citoyens contre les autres, le ministre qui l'aura publié sera puni de **la détention**.

ART. 206. Lorsque la provocation contenue dans l'écrit pastoral aura été suivie **d'une sédition ou révolte**, dont la nature donnera lieu contre l'un ou plusieurs des coupables à une peine plus forte que celle de la détention, **cette peine**, quelle qu'elle soit, sera appliquée au ministre coupable de **la provocation**.

V. art. 6, L. 17 mai 1819 sur la désobéissance aux lois, p. 103.

V. art. 6, L. 17 mai 1819 sur la désobéissance aux lois. *V.* p. 103.

L. 17 mai 1819.
Crimes et délits de la presse.

ART. 1er. Quiconque, soit par des discours, des cris ou menaces proférés dans des lieux ou réunions publics; soit par écrits, des imprimés, des dessins, des gravures, des peintures ou emblèmes, vendus ou distribués, mis en vente ou exposés dans des lieux ou réunions publics; soit par des placards et affiches exposés aux regards du public...

(Moyens de publication. *V.* la suite p. 82).

---

télégraphiques, des lettres fausses ou renfermant des faits mensongers et calomnieux, cherchant ainsi à soulever la haine contre le Gouvernement, et à fomenter des séditions; vous veillerez à ce que ces actes si dangereux ne se produisent pas impunément. Sous la dénomination de correspondance particulière, les journaux de département publient fréquemment des nouvelles fausses ou controuvées dont les journaux de Paris n'oseraient se rendre responsables, et qui presque toujours ne sont l'objet d'aucun démenti dans les moments où l'ordre est menacé; ce moyen est l'un de ceux auxquels la malveillance a le plus souvent recours; appuyé sur l'art. 4, vous vous attacherez à déjouer de semblables manœuvres. »

438. Ainsi qu'on le voit par les extraits de ces circulaires, les ministres chargés de procurer l'application de la loi ont considéré les art. 4 et 15 comme relatifs à la presse périodique; toutefois, il a été jugé que la publication ou la reproduction de fausses nouvelles par la voie de la parole étaient comprises dans l'art. 15 du décret du 17 février, et punies aussi bien que le délit commis par la voie de la presse. Cass., 28 avril 1854, *Bull., crim.*, n° 125 (D. P. 54. 1. 165). — *Contrà*, Douai, 24 août 1855 (D. P. 55. 2. 237). Nancy, Trib. corr., 26 mars 1853, longuement motivé (D. P. 55. 3. 47) — *V.* dans la *Revue critique de législation*, livraison de janv. et de mars 1855, un article de M. A. Vente, substitut à Beauvais, où la jurisprudence sur cette question est longuement analysée.

449. La mauvaise foi est-elle une condition essentielle du délit prévu par l'art. 15 du décret de 1852? le premier § semble l'exclure et assimiler la publication, dans ce cas, à un délit commis par imprudence exclusive de toute intention délictueuse. M. Amb. Vente, *loc. cit.*, fait à cet égard la comparaison suivante : « Sur une route je lance mon cheval à toute vitesse, et je blesse un enfant, j'ai commis un délit; — autre cas : au lieu d'être lancé par moi, mon cheval effrayé par la chute d'une pierre s'emporte et blesse un enfant, point de délit; — d'où

vient la différence?..... c'est que dans l'un j'ai voulu lancer mon cheval, et que j'ai assumé la responsabilité d'un acte imprudent dont la loi incrimine le mauvais résultat, que dans l'autre je n'ai point voulu accomplir cet acte. » — La différence vraie n'est point là elle est en ce que dans un cas il y a défaut de prudence, et dans l'autre accident; défaut de prudence, car en lançant votre cheval sur une grande route, vous n'étiez pas certain de ne pas rencontrer quelqu'un; il en serait autrement si, au lieu d'avoir été lancé sur une grande route, votre cheval avait été lancé dans un champ de course, l'imprudence serait alors toute la faute du celui qui s'est aventuré dans le champ de course, puisque vous ne pouviez supposer la présence d'un individu dans un lieu réservé aux exercices hippiques. Ainsi, dans le premier cas, dès lors que vous n'êtes pas certain de ne pas rencontrer un enfant sur la grande route, il y a imprudence à lancer votre cheval; dès là que vous le lancez dans un lieu interdit aux passants, si votre cheval blesse un enfant, il n'y a pas imprudence, partant point de délit. — Ainsi d'une nouvelle que vous lancez dans le champ de la publicité, si vous n'êtes pas certain qu'elle ne rencontrera pas de démenti, s'il y a doute dans votre esprit, ou s'il peut y avoir doute sur sa réalité, il y aura imprudence, et partant délit à la publier. Si au contraire il y a certitude dans votre esprit de dire une nouvelle vraie, si le fait est pour vous certain, tel par exemple que cette nouvelle : l'Empereur est dit-on, se rendre en Crimée; il n'y a pas délit quand bien même l'Empereur ne se rendrait pas en Crimée. En conséquence, la mauvaise foi n'est pas une condition de la publication punie par le § 1 de l'art. 15 de 1852, *le doute* seul ou le défaut *de certitude* vraie, lors de l'émission de la nouvelle, doit être son élément essentiel, *sic* M. Achille Morin, *J. de droit criminel*, 1855, p. 235, car il ne faut pas confondre le doute avec la mauvaise foi.

450. La maxime : *nullum falsum, nisi noxium*, s'applique à une certaine mesu

1820 à 1825. 3.	1825 à 1830. 4.	1830 à 1848. 5.	1848 à 1849. 6.	1850 à 1856. 7.	La PRESSE en Algérie. 8.	1856 à... NOTES. 9.
			— Excitation à la révolte. — Excitation au mépris et à la haine des citoyens, etc.			
			N. B. En cas de provocation au crime prévu par l'art. 91 du C. pénal, par la voie d'un journal, il y a lieu, outre les aggravations de peines ordinaires, *V.* ci-dessus, col. 4, de prononcer la suspension du journal provocateur. — V. art. 15, L. du 27 juillet 1849, p. 134.			
L. 25 mai 1822. Poursuite et répression des délits de presse. ART. 10. *Quiconque, par l'un des moyens énoncés en l'art. 1er de la loi du 17 mai 1819, aura cherché à troubler la paix publique en excitant le mépris ou la haine des citoyens contre une ou plusieurs classes de personnes, sera puni des peines portées en l'article précédent (15 jours à 2 ans de prison et 100 à 4,000 fr. d'amende).* (Abrogé et remplacé par l'art. 7 du décret du 11 août 1848.) —	N. B. *V.* art. 14, L. du 18 juillet 1828, et art.15, L. du 25 mars 1822, doublement des amendes en cas de délits par les journaux, p.131.— *V.* art. 26, L. du 26 mai 1819, pour les peines accessoires, pag. 131.	**L. 9 septembre 1835.** Crimes, délits, contraventions de presse. ART. 8... *Toute provocation à la haine entre les diverses classes de la société sera punie des peines portées en l'art. 8 de la loi du 17 mai 1819 (de 1 mois à 1 an de prison et de 16 fr. à 500 fr. d'amende). Néanmoins, dans les cas prévus par le paragraphe précédent et par l'art. 8 de la loi précitée, les tribunaux pourront, selon les circonstances, élever les peines jusqu'au double du maximum. (Abrogé par le décret du 6 mars 1848.)*	**DÉCR. du 11 août 1848** Modifiant les lois de 1819 et de 1822. ART. 7. Quiconque, par l'un des moyens énoncés en l'art. 1er de la loi du 17 mai 1819, aura cherché à troubler **la paix publique** en excitant le **mépris ou la haine** des citoyens les uns contre les autres sera puni des peines portées en l'article précédent (de **15 jours à 2 ans de prison et d'une amende de 100 f. à 4,000 f.** *V.* p.88-95.) (453 à 459). — **DÉCR. du 6 mars 1848.** ART. 1er. La loi du 9 septembre 1835 sur les crimes, délits et contraventions de la presse..... est abrogée. —			

au délit prévu par l'art. 15 du décret du 17 février 1852, en ce sens qu'il faut que la nouvelle publiée ne soit pas insignifiante; la fausseté ne suffirait pas pour la rendre délictueuse, si elle ne peut causer aucun préjudice moral ou matériel appréciable. Cass., 24 mars 1854. *Bull. crim.*, p. 93, Nantes. 28 mai 1855. *Gaz. des Trib.* du 1er juin.

Excitations coupables. 451. L'art. 1 du décret du 18 juill. 1791 doit être considéré comme maintenu ; c'est une règle utile à suivre par les agents de la police judiciaire. *V.* n° 378 *suprà.*

452. Il n'y a excitation à la guerre civile que lorsque l'agent par ses actes matériels a provoqué une faction, une classe de personnes, ou les citoyens en masse à prendre les armes pour une cause générale et de nature à altérer les rapports politiques des pouvoirs. MM.Chauveau et Hélie, *Théorie du C. pén.*, t. 2, p. 158.

453. L'art. 7 du décret du 11 août 1848 a abrogé et remplacé les art. 10 et 8 des lois de 1822 et 1835; la rédaction de l'art. 7 a satisfait aux justes susceptibilités que, dans un pays où tous les citoyens sont égaux, avait soulevées le mot *classes* des lois antérieures; mais comme au fond le délit est toujours le même, les décisions de la jurisprudence ancienne serviront d'autant mieux de guides sous la loi nouvelle que le terme de *citoyens* est plus large que celui de *classes.*

454. Les nobles, les prêtres, formaient des classes suivant M. Chiffet, rapporteur de la loi de 1822, sic les journalistes, selon M. de Peyronnet, Les cris : à bas les prêtres, les nobles, les boulangers, les juifs, les protestants, les catholiques;—ces mots : riches privilégiés et bourgeois ou la classe des riches égoïstes,—la classe des banquiers parasites,—des capitalistes et des fabricants, Cass., 27 fév. 1852, sont passibles des peines de l'art. 7 du décret du 11 août 1848.

455. Les patriotes, les libéraux, les doctrinaires, ne constituaient pas des classes dans le sens de l'art. 10 de la loi de 1822, Cass., 29 mai 1838, *contrà*, 18 mars 1831. — Il faudrait décider autrement sous l'empire de l'art. 7 du décret de 1848. Il y aurait délit en effet, si l'on excitait la haine ou le mépris les citoyens à raison de leurs opinions politiques.

457. Les gardes nationaux, l'armée de terre et de mer, le corps des officiers de la marine, les électeurs désignés sous le nom d'électeurs constitutionnels, étaient considérés comme formant une classe de personnes. Cass., 29 avril 1831, (J. P. 1832.1.21); 6 avril 1832, 18 mars 1852.

458. Si l'excitation de la haine ou du mépris perd de sa généralité, elle peut changer de nature et devenir une diffamation contre des corps constitués. Mais des attaques générales contre la magistrature française ou coloniale, contre les fonctionnaires sans désignation aucune, constitueraient le délit prévu par l'art. 7 du décret de 1848.

459. Le délit de l'art. 7 n'a en lui-même aucun rapport avec la diffamation; il existe alors même qu'il n'y a ni offense, ni injure, ni outrage, ni propos diffamatoire. Cass., 6 avril 1852 (J. P. 24, p.944). 3e édit. Chassan.—*Contrà*, de Grattier.

1789 à 1814.	1815 à 1819.	1820 à 1825.	1825 à 1830.
1.	2.	3.	4.

TITRE Ier. — CRIMES ET DÉLITS CONTRE LA CHOSE PUBLIQUE. — CHAP. II (suite).

1789 à 1814.

PRINCIPES RECONNUS EN 1789 COMME BASE DU DROIT PUBLIC :

La souveraineté de la nation et la séparation des pouvoirs qui constituent la souveraineté ; — l'égalité civile ; — la liberté des cultes ; — la liberté individuelle ; la liberté politique ou de suffrages ; — la liberté de l'industrie ; — la liberté du territoire ; — la liberté de la presse ; — le droit de réunion ; — le droit de pétition ; — le libre accès des aptitudes aux fonctions publiques ; — la non-rétroactivité des lois pénales ; — l'administration gratuite de la justice par des magistrats institués par l'autorité publique ; — la responsabilité des magistrats et des agents du pouvoir exécutif ; — le vote de l'impôt par les représentants de la nation librement élus ; — le droit d'être jugé par ses juges naturels et de ne pouvoir être condamné sans avoir été mis à même de se défendre ; — l'institution d'une force publique essentiellement obéissante ; — la publicité des débats criminels.

—

CODE PÉNAL.

LIVRE III, TITRE Ier, CHAP. II. — Crimes et délits contre la charte constitutionnelle.

SECT. Ire. — Crimes et délits relatifs à l'exercice des droits civiques.

ART. 109. Lorsque, par attroupement, voies de fait ou menaces, on aura empêché un ou plusieurs citoyens d'exercer leurs droits civiques, chacun des coupables sera puni d'un emprisonnement de **6 mois** au moins et de **2 ans** au plus, et de l'interdiction du droit de voter et d'être éligible pendant **5 ans** au moins et **10 ans** au plus (464).

—

1815 à 1819.

L. 17 mai 1819.
Répression des crimes et délits de presse.

ART. 1er. Quiconque, par des discours, des cris ou menaces proférés dans des lieux ou réunions publics, soit par des écrits, des imprimés, des dessins, des gravures, des peintures ou emblèmes, vendus ou distribués, mis en vente ou exposés dans des lieux ou réunions publics, soit par des placards et affiches exposés aux regards du public... (Moyens de publications.) (*V.* l'art. entier, p. 83, 85.)

—

CHAP. II. — ATTAQUES (suite). — SECT. IV. — 2° La liberté des cultes.

DÉC. 7 vend. an IV (1795).
Sur l'exercice et la police du culte.

ART. 12. Ceux qui tenteront par injures ou menaces de contraindre un ou plusieurs individus à contribuer aux frais d'un culte... seront punis de 50 liv. à 300 livres d'amende ; s'il y a voies de fait ou violence, la peine sera celle du Code pénal ou de 6 mois à 2 ans de prison et de 100 à 500 livres d'amende.

ART. 3. Il est défendu à tous juges ou administrateurs d'interposer leur autorité, et à tous individus d'employer les voies de fait, les injures ou les menaces, pour contraindre un ou plusieurs individus à célébrer certaines fêtes religieuses, à observer tel ou tel jour de repos ou pour les empêcher de les célébrer ou de les observer, soit en forçant à ouvrir ou fermer les magasins, boutiques ou ateliers, soit en empêchant les travaux agricoles..., sous les peines de l'art. 2 (V. au tableau suiv.).

CHARTE de 1814.

ART. 5. Chacun a le droit de professer sa religion avec une égale liberté et d'obtenir pour son culte une égale protection.

ART. 9. (Garantie des droits de propriété.) — V. p. 103.

—

CODE PÉNAL.

L. III, TIT. II, CH. III, § VIII. — Entraves au libre exercice des cultes.

ART. 260. Tout particulier qui, par des voies de fait ou des menaces, aura contraint ou empêché une ou plusieurs personnes d'exercer l'un des cultes autorisés, d'assister à l'exercice de ce culte, de célébrer certaines fêtes, d'observer certains jours de repos, et, en conséquence, d'ouvrir ou de fermer leurs ateliers, boutiques ou magasins, et de faire ou quitter certains travaux, sera puni par ce seul fait de **16 fr.** à **100 fr.** d'amende et de **6 jours** à **2 mois** de prison (468 et suiv.).

ART. 264. Ceux qui auront empêché, retardé ou interrompu les exercices d'un culte par des troubles ou désordres causés dans le temple ou autres lieux destinés ou servant actuellement à ces exercices, seront punis de **16 fr.** à **300 fr.** d'amende, et de **6 jours** à **3 mois** de prison (468 et suivants).

Même loi de 1819.

ART. 5. Sera réputée provocation au délit et punie des peines portées en l'art. 3 : (V. p. 87.) 1°, 2°, 3° (V. p. 95.) 4° L'attaque formelle par l'un des moyens énoncés en l'art. 1er des droits garantis par les art. 5 et 9 de la charte constitutionnelle.

(Abrogé et remplacé par l'art. 5 de la loi de 1822.)

—

1820 à 1825.

L. 25 mars 1822.
Poursuites des délits de presse.

ART. 3. L'attaque par l'un des moyens de l'art. 1er de la loi du 17 mai 1819, des droits garantis par les art. 5 et 9 de la charte, sera punie d'un emprisonnement de 1 mois à 5 ans et d'une amende de 100 fr. à 4,000 fr.

(Abrogé et remplacé par le décret du 11 août 1848, art. 3.)

—

1825 à 1830.

CHARTE de 1830.

ART. 5. Chacun professe sa religion avec une égale liberté et obtient pour son culte la même protection.

(Abrogé par le fait des constitutions postérieures).

—

(*V.* art. 14. L. 1828, 18 juill. pour l'aggravation des peines, p. 131.)

<hr>

ATTAQUES CONTRE LES INSTITUTIONS. — 460. Par *institutions constitutionnelles*, dit M. Chassan, il faut entendre les principes de notre droit public, qui sont énoncés dans la Constitution pour recevoir une organisation et des développements par les lois et les décrets qui les complètent : tels sont la liberté de la presse, des cultes, etc.

461. Les attaques contre les institutions républicaines et la souveraineté du peuple comme base et principe du Gouvernement républicain, sont des délits dont l'idée a été empruntée aux lois antérieures répressives des attaques contre les principes du Gouvernement. *V.* en conséquence ce que nous avons dit page 5, 93 et 94, nos 428 et suiv.

	1848 à 1849.	1850 à 1856.	La Presse en Algérie.	1856 à.... NOTES.
31 48	6.	7.	8.	9.

ART. IV. — Contre : 1° les institutions constitutionnelles et la liberté des votes ; 2° des cultes.

Colonne 1848 à 1849

DÉCR. du 11 août 1848.
Modifiant les lois de 1819 et de 1822.

ART. 1er. Toute attaque par l'un des moyens énoncés en l'art. 4er de la loi du 17 mai 1819, contre les **institutions républicaines** et la **Constitution**, contre le **principe de la souveraineté du peuple** et le **suffrage universel**, sera punie de **3 mois à 5 ans** de prison, et de **300 fr.** à **6,000 fr.** d'amende. (*V.* p. 34, l'art. entier.) (460 à 464.)

L. électorale du 15 mars 1849,
Abrogée et remplacée par la loi du 2 février 1852.

ART. 106. *Ceux qui, soit par voies de fait, violences ou menaces contre un électeur, soit en lui faisant craindre de perdre son emploi, ou d'exposer à un dommage sa personne, sa famille ou sa fortune, l'auront déterminé ou auront tenté de le déterminer à s'abstenir de voter, ou auront influencé ou tenté d'influencer un vote, seront punis de 1 mois à 1 an de prison et d'une amende de 100 fr. à 1,000 fr.; la peine sera du double si le coupable est fonctionnaire public.*

ART. 107. *Ceux qui, à l'aide de fausses nouvelles, bruits calomnieux, ou autres manœuvres frauduleuses, auront surpris ou détourné, tenté de surprendre ou de détourner des suffrages, déterminé un ou plusieurs électeurs à s'abstenir de voter, seront punis d'un emprisonnement de 1 mois à 1 an et d'une amende de 100 fr. à 2,000 fr.*

ART. 108. *Lorsque, par attroupements, clameurs ou démonstrations menaçantes, on aura troublé les opérations d'un collège électoral, porté ou tenté de porter atteinte à l'exercice du droit électoral ou à la liberté du vote, les coupables seront punis d'un emprisonnement de 3 mois à 2 ans et d'une amende de 100 f. à 1,200 f.*

ART. 112. *Les membres d'un collège électoral qui, pendant la réunion, se seront rendus coupables d'outrages ou de violences, soit envers le bureau, soit envers l'un de ses membres, ou qui par voies de fait ou menaces, auront empêché ou retardé les opérations électorales, seront punis d'un emprisonnement de 1 mois à 1 an et d'une amende de 100 fr. à 2,000 fr.*

ART. 117. *Les crimes et délits seront jugés par la Cour d'assises, l'art. 463 du C. pénal leur est applicable, etc.*

Colonne 1850 à 1856

Constitution du 14 janvier 1852.

ART. 1er. La Constitution reconnaît, confirme et garantit les grands principes proclamés en 1789, qui sont la base du droit public des Français.

ART. 25. Le sénat est le gardien du pacte fondamental et des libertés publiques...

ART. 26. Le sénat s'oppose à la promulgation : 1° des lois qui seraient contraires ou qui porteraient atteinte à la **Constitution**, à la **religion**, à la **morale**, à la **liberté des cultes**, à la liberté individuelle, à l'égalité des citoyens devant la loi, à l'inviolabilité de la propriété et à l'inamovibilité de la magistrature ; 2° (*V.* p. 2).

L. électorale du 2 février 1852.

ART. 39. Ceux qui, soit par voies de fait, violences ou menaces, contre un électeur, soit en lui faisant craindre de perdre son emploi ou d'exposer à un dommage sa personne, sa famille ou sa fortune, l'auront déterminé à **s'abstenir de voter** ou auront **influencé un vote**, seront punis de **1 mois à 1 an** de prison et d'une amende de **100 fr.** à **1,000 fr.**; la peine sera du double si le coupable est fonctionnaire public.

ART. 40. Ceux qui à l'aide de fausses nouvelles, bruits calomnieux, ou autres manœuvres frauduleuses, auront surpris ou détourné des suffrages, déterminé un ou plusieurs électeurs à **s'abstenir de voter**, seront punis d'un emprisonnement de **1 mois à 1 an** et d'une amende de **100 fr.** à **2,000 francs**.

ART. 44. Lorsque, par attroupements, clameurs ou démonstrations menaçantes, on aura troublé les opérations d'un collège électoral, **porté atteinte à l'exercice du droit électoral** ou à la **liberté du vote**, les coupables seront punis d'un emprisonnement de **3 mois à 2 ans** et d'une amende de **100 fr.** à **2,000 f.**

ART. 45. Les membres d'un collège électoral qui, pendant la réunion, se seront rendus coupables d'outrages ou de violences, soit envers le bureau, soit envers l'un de ses membres, ou qui par voies de fait ou menaces auront **empêché ou retardé** les opérations électorales, seront punis d'un emprisonnement de **1 mois à 1 an** et d'une amende de **100 fr.** à **2,000 fr.**

ART. 48. Les crimes seront jugés par la Cour d'assises, les délits par les tribunaux correctionnels, l'art. 463 du C. pénal pourra être appliqué.

utrages envers les objets des cultes et ses ministres.

Colonne 1848 à 1849

DÉCR. du 11 août 1848.
Modifiant les lois de 1819 et 1822.

ART. 3. L'attaque, par l'un des moyens énoncés en l'art. 4er de la loi du 17 mai 1849, contre la **liberté des cultes**, le principe de la propriété et les droits de la famille, sera punie d'un emprisonnement de **1 mois à 3 ans** et d'une amende de **100 fr.** à **4,000 fr.** (465, 466, 467 et suivants).

Colonne 1850 à 1856

N. B. — La liberté des cultes est un des grands principes proclamés en 1789, que la Constitution du 14 janvier 1852 reconnaît, confirme et garantit. (*V.* art. 1 et 26 ci-dessus.)

---

462. Dire publiquement : « On a envoyé au peuple une Constitution bâtarde avec cent de canons pour lui faire digérer, » constitue l'attaque prévue et punie par l'art. 1er du [décret] du 11 août 1848, Cour d'assises de la Seine du 26 déc. 1848, *Gaz. Trib.*, 27. — Le fait d'avoir procédé à la reconnaissance d'un officier au nom de la République démocratique et sociale, Cour d'assises, Seine-inférieure, 4 juin 1840, *Gaz. Trib*, n° du 5 juin.

463. L'attaque contre le principe du suffrage universel est un délit nouveau qui n'a [rien d'] analogue dans la législation antérieure ; il a été introduit dans la loi sur la demande [de M.] Lagrauge.

464. L'art. 41 du décret électoral du 2 fév. 1852 n'a pas abrogé l'art. 109 du Cod[e] : l'un prévoit *le trouble des opérations* du corps électoral, et *l'atteinte portée* au libre [exerc]ice des droits électoraux ; l'autre punit *l'empêchement radical*, et accompli de l'exercice [des] droits électoraux.

[A]TTAQUE A LA LIBERTÉ DES CULTES. — 465. La liberté de [profe]sser un culte, emporte la liberté de discuter les cultes contraires, et cette liberté appartient autant à ceux qui professent un culte légalement reconnu qu'à ceux qui, au point de vue philosophique discutent, dans les limites d'une controverse légitime, l'origine, le dogme, le rite et les principes d'une religion reconnue. *V.* Chassan.

466. La controverse n'est pas un outrage, — la critique et la discussion sans injure éclairent les esprits, mais l'outrage les irrite sans les convaincre ; l'une est une attaque au nom de la pensée et de la raison, et l'autre une voie de fait grossière au nom de la passion. *V.* Chassan.

467. Toute attaque contre les cultes peut être commise par voie de fait ou par publication. L'attaque par voie de publication s'adresse aux rites, aux personnes et aux choses; celle par voie de fait s'effectue contre les choses affectées au culte ; c'est l'objet de l'art. 262 du Code pénal, que la loi dite du sacrilège, aujourd'hui abrogée, avait, en 1826, étendu outre mesure.

468. L'art. 260 n'a en vue que les actes tyranniques exercés par les particuliers, c'est-à-dire les attentats privés; les vexations des officiers publics constitueraient des excès de [pouvoir]

1789 à 1814.

1.

1815 à 1819.

2.

Même décret, du 7 vend. an IV. (Suite.)

Art. 25. *Il a été expressément défendu aux ministres d'un culte et à leurs sectateurs de troubler les ministres d'un autre culte ou leurs sectateurs, dans l'exercice et l'usage commun des édifices, réglé en exécution de l'art. 4 de la loi du 11 prairial, à peine de 500 livres d'amende et d'un emprisonnement qui ne pourra excéder 6 mois, ni être moindre de 2.*

(Remplacé par l'art. 261 du C. pén. V. au tabl. précédent.)

Art. 3. *Ceux qui outrageraient les objets d'un culte quelconque dans les lieux destinés à son exercice, ou ses ministres en fonctions, ou interrompront par un cours public les cérémonies religieuses, de quelque culte que ce soit, seront condamnés à une amende qui ne pourra excéder 500 livres, ni être moindre de 50 par individu, et à un emprisonnement de 1 mois à 2 ans, sans préjudice d'autres peines, s'il y a lieu.*

(Reproduit par les art. 261 et 262 du Code pénal.)

CODE PÉNAL.

§ 8. — Entraves au libre exercice des cultes (Suite.)

Art. 261. Toute personne qui aura, par paroles ou gestes, **outragé** [publiquement ou non publiquement] **les objets d'un culte** dans les lieux destinés ou servant actuellement à son exercice, ou les ministres de ce culte dans leurs fonctions, sera punie d'une amende de **16 fr. à 500 fr.** et d'un emprisonnement de **15 jours à 6 mois** (472, 473, 474, 475).

Art. 264. Les dispositions du présent paragraphe ne s'appliquent qu'aux troubles, outrages ou voies de fait dont la nature ou les circonstances ne donneront pas lieu à une des plus fortes peines, d'après les autres dispositions du présent Code.

Art. 262. Toute personne qui aura, par paroles ou gestes, **outragé** [publiquement ou non publiquement]... *V.* ci-dessus..., les ministres d'un culte dans leurs fonctions, sera punie de... *V.* ci-dessus.

Art. 263. Quiconque **aura frappé** [publiquement ou non publiquement] le ministre d'un culte dans ses fonctions, sera puni de la **dégradation civique**.

Art. 228 Tout individu qui, même sans armes, et sans qu'il en soit résulté des blessures, **aura frappé**... [publiquement ou non publiquement]... (*V.* p. 409), sera puni d'un emprisonnement de **2 à 5 ans**.

Un tableau plus spécial étant consacré aux outrages envers les ministres des cultes, nous renvoyons à ce tableau les rapprochements des art. 229, 231 et 233 du Code pénal, avec le dernier paragraphe de l'art. 6 de la loi du 25 mars 1822. — Voir, en conséquence, p. 114.

L. 17 mai 1819.
Répression, crimes et délits de presse.

Art. 1er. Quiconque, soit par des cours, des cris ou menaces proférés d[ans] des lieux ou réunions publics ; soit des écrits, des imprimés, des dess[ins] des gravures, des peintures ou im[ages] mes, vendus ou distribués, mis en v[ente] ou exposés dans des lieux ou réun[is] publics ; soit par des placards et affi[ches] exposés aux regards du public... (Moy[ens] de publication. — *V.* l'art. entier, [p.] 85.)

TITRE Ier. — CRIMES ET DÉLITS CONTRE LA CHOSE PUBLIQUE. — CHAP. II (SUITE).

Règlement du 28 février 1723.
Non enregistré.

Art. 99. *Ceux qui imprimeront ou feront imprimer, vendront, exposeront, distribueront ou colporteront des livres ou libelles contre la religion, le service du Roi, le bien de l'État, la pureté des mœurs, l'honneur et la réputation des familles et des particuliers, seront punis suivant la rigueur des ordonnances; et à l'égard des imprimeurs, libraires, relieurs ou colporteurs, ils seront en outre privés et déchus de leurs priviléges et immunités, et déclarés incapables d'exercer leur profession, sans pouvoir y être jamais rétablis.* — *V.* p. 15-19.

CODE PÉNAL.

SECT. VI. — Écrits, images ou gravures distribués sans nom... etc.

Art. 287. Toute exposition ou distribution de chansons, pamphlets, figures, ou images [sans indication vraie des noms, profession et demeure des auteurs, graveurs et imprimeurs — *V.* art. 283, et la rubrique de la section VI], contraire aux bonnes mœurs, sera punie d'une amende de **16 fr. à 500 fr.**, d'un emprisonnement de **1 mois à 1 an**, et de la confiscation des planches et des exemplaires imprimés ou gravés de chansons, figures ou autres objets du délit.

N. B. — L'art. 287, absorbé par l'art. 8 de la loi du 17 mai 1819, et l'art. 26 de la loi du 26 mai 1819, nous paraît devoir être maintenu pour l'enchaînement de ces articles avec l'art. 288 ci-dessous (478 et suiv.).

Art. 288. Les peines d'emprisonnement et de l'amende, prononcées par l'article précédent, seront réduites à des peines de simple police : Art. 475.

1° A l'égard des crieurs, vendeurs ou distributeurs qui auront fait connaître la personne qui a remis l'objet du délit;

2° A l'égard de quiconque aura fait connaître l'imprimeur ou le graveur;

3° A l'égard même de l'*imprimeur ou du graveur qui auront fait connaître l'auteur ou la personne qui les aura chargés de l'impression ou de la gravure.* — *V.* p. 19 et nos 81 et suivants (478).

Art. 289. Dans tous les cas exprimés dans la présente section, où l'auteur sera **connu**, il subira le **maximum** de la peine attachée à l'espèce de délit (479). (*suprà*, n° 83.)

Art. 475. Seront punis d'une amende de **6 fr. à 10 fr.**.....
13° Les personnes mentionnées aux art. 284 et 288.

Art. 477. Seront **saisis et confisqués**, les écrits ou gravures contraires aux **bonnes mœurs**; ces objets seront mis sous le pilon.

ORD. 24 oct. 1814.

Art. 11. Il est défendu de publier aucune estampe ou gravure diffamatoire ou **contraire aux bonnes mœurs** sous les peines prononcées par le Code pénal.

L. 21 octobre 1814.

TIT. II. — Police de la presse.

Art. 17. Le défaut d'indication de la part de l'imprimeur de **son nom et sa demeure**, sera puni d'une amende de **3000 f.** — L'indication d'un faux nom et d'une fausse demeure sera punie d'une amende de **6,000 fr.**, sans préjudice de l'emprisonnement du Code pénal, art. 283. — *V.* p. 15 et 19.

L. 17 mai 1819.

Art. 8. **Tout outrage** à la morale [pu]blique et religieuse, ou **aux bo[nnes] mœurs**, par l'un des moyens énoncé[s à] l'art. 1er, sera puni de **1 mois à 1 a[n de]** prison et d'une amende de **16 [à] 500 fr.** (463, 476, 477, 478).

L. 26 mai 1819.
Poursuite et jugement des crimes et délits de p[resse].

Art. 26. Tout arrêt de condamn[ation] contre les auteurs ou complices des [cri]mes et délits commis par voie de p[ubli]cation, ordonnera la **suppression** [et] **destruction** des objets saisis ou de ceux qui pourront l'être ultérieurem[ent] en tout ou en partie, suivant qu'il y [a] lieu pour l'effet des condamnations... *V.* p. 434.

L. 17 mai 1819.

Art. 24. Les imprimeurs d'écrits [dont] les auteurs seraient mis en jugeme[nt en] vertu de la présente loi, et qui aur[ont] rempli les obligations prescrites p[ar le] titre II de la loi du 21 octobre 181[4, le] brevet, du serment, des déclaratio[ns] du dépôt. — *V.* pag. 9, 11, 15 et 19[)] pourront être recherchés pour le si[mple] fait d'impression de ces écrits, à m[oins] qu'ils n'aient agi sciemment, ainsi [qu'il] est dit à l'art. 60 du C. pénal, qui d[éfinit] la **complicité**... *V.* p. 83.

...pouvoir ou des actes arbitraires qui appartiendraient à un autre ordre de faits. *Théorie du Cod. pénal*, t. 4, p. 513.

469. Celui qui interrompt par un trouble quelconque un prêtre entendant la confession d'un fidèle, se rend coupable du délit prévu par l'art. 261, Cass., 9 ou 7 oct. 1824, (S. 25. 1. 76. *Coll. nouv.*, 7.)

470. Des cris (Vive la République!) proférés dans l'église au moment où le prêtre, allant dire la messe, se livre dans la sacristie à la prière et à la méditation, ne peuvent être considérés comme constituant le délit de l'art. 261. Montpellier, 19 mai 1851 (S. V. 51. 2. 350).

470 bis. L'individu qui s'oppose à la célébration par le ministre du culte, d'une [céré]monie funèbre, et célèbre lui-même dans l'église cette cérémonie en déclarant que [cela] appartenant à tous chacun a le droit d'y faire ce que bon lui semble, se rend coupab[le du] délit d'outrage à la religion et au ministre du culte. Art. 1 et 6, L. 1822 et 261 du [C.] pénal. Cass., 8 fév. 1852 (*Bull. crim.*, n° 47.)

471. La dérision est un outrage indirect; au lieu de la haine et de l'indignation [ou] du mépris qu'il procède, c'est le respect qu'il attaque; jugé que le prévenu d'outrage à la re[ligion] a pu être condamné pour l'avoir tournée en dérision. Cass., 15 janv. 1850 (J.P. 1850.1.)

1820 à 1825. 5.	1825 à 1830 4.	1831 à 1847 5.	1848 à 1849 7.	1850 à 1856 7.	La PRESSE en ALGÉRIE. 9.	1856 à... NOTES. 10.
L. 25 mars 1822. *Répression, poursuite des délits de la presse.* ART. 1er. Quiconque, par l'un des moyens énoncés en l'art. 1er de la loi du 17 mai 1819, aura outragé ou tourné en dérision **la religion de l'Etat**, sera puni de 3 mois à 5 ans de prison et de **300 fr.** à **6,000 fr** d'amende. Les mêmes peines seront prononcées contre quiconque aura **outragé** ou tourné en dérision toute autre religion dont l'établissement est légalement reconnu en France (475-476). —	N. B. *V.* art. 14 de la loi du 18 juil. 1828, art. 10, L. du 9 juin 1819, et art. 13, L. du 25 mars 1822, pour l'élévation des amendes au double, p. 131.					
ART. 6. L'outrage fait **publiquement**, et d'une manière quelconque, à raison de leurs fonctions ou de leur qualité... (V. p. 91, 109 et 114), soit *à un ministre de la religion de l'Etat ou de l'une des religions dont l'établissement est légalement reconnu en France*, sera puni de 15 jours à 2 ans de prison et d'une amende de **100 fr.** à **4,000 fr.** (474). § 3. L'outrage fait à un ministre de la religion de l'Etat, ou de l'une des religions légalement reconnues en France, dans l'exercice même de ses **fonctions**, sera puni des peines portées par l'art. 1er de la présente loi. § 4. Si l'outrage, dans les différents cas prévus par le présent article, a été accompagné d'**excès** ou violences prévus par le § 1er de l'art. **228** du C. pénal, il sera puni des peines portées audit paragraphe et à l'art. 229, et, en outre, de l'amende portée au § 1er du présent article. § 5. Si l'outrage est accompagné des excès prévus par le § 2 de l'art. 228 et par les art. 214, 232 et 233 du C. pénal, le coupable sera puni conformément audit Code. ART. 14. Dans les cas des §§ 1er, 2 et 4 de l'art. 6, l'art. 463 est applicable... (V. p. 114.)			**DÉCR. 11 août 1848** Modifiant les lois de 1819 et 1822. ART. 5. L'outrage fait publiquement et d'une manière quelconque, à raison de leurs fonctions ou de leur qualité, soit... (*V.* p. 109), soit à un ministre de l'un des cultes qui reçoivent un salaire de l'État, sera puni de... (comme en l'art. 6 de la loi du 25 mars 1822.) —			

SECT. V. — Attaques contre la morale publique et religieuse et les bonnes mœurs.

1820 à 1825.	1825 à 1830	1831 à 1847	1848 à 1849	1850 à 1856	La PRESSE en ALGÉRIE.	1856 à... NOTES.
Même loi du 25 mars 1822. ART. 1er. Quiconque, par l'un des moyens énoncés en l'art. 1er de la loi du 17 mai 1819, aura outragé ou tourné en dérision la religion de l'Etat, sera puni de 3 mois à 5 ans de prison et de **300 fr.** à **6,000 fr** d'amende. Les mêmes peines seront prononcées contre quiconque aura **outragé** ou tourné en dérision toute autre religion dont l'établissement est légalement reconnu en France... (475-476).	Même observation que ci-dessus. — Voir aussi l'art. 26, L., du 26 mai 1819, pour les peines accessoires, p. 131.					

472. L'art. 262 est applicable aux outrages publics et non publics; — et rapproché de l'art. 160 et du décret du 7 vendémiaire an 4, il doit être restreint aux cultes reconnus.

473. Les expressions: objets du culte, ne sont pas limitatives; ainsi, frapper un tombeau avec un bâton et outrager la personne ensevelie, se rouler sur un tombeau, sont des faits qui, accomplis hors d'une cérémonie religieuse, peuvent constituer le délit de l'art. 260; mais si c'est pendant que la tombe ou la fosse est l'objet d'une cérémonie, l'art. 262 serait applicable, *V.* Chassan. Cass., 22 août 1839, (J. P. 1840. 1. 237.) — *Id.* pour le fait de retirer l'hostie de sa bouche après avoir communié, et d'en avoir jeté par terre les débris. Trib. corr. Reims, 7 avril 1858; et le fait d'avoir porté la croix en tête d'une mascarade publique offrant le simulacre d'un enterrement, constitue non-seulement le délit d'outrage à la morale publique, art. 8 de la loi du 17 mai 1819, mais encore celui d'outrage à la religion catholique, puni par l'art. 1 de la loi du 25 mars 1822. Cass., 26 juin 1852, et 5 fév. 1852 (*Bull. crim.*, nos 209 et 47).

474. L'art 262 et 263 ont été implicitement abrogés par l'art. 6 de la loi du 25 mars 1822, pour les outrages ou les coups publics, mais ils restent en vigueur pour les outrages et coups non publics envers les ministres du culte. *Théorie du Cod. pénal*, 4, p. 521.

475. L'art. 262 doit s'entendre d'une manière générale et embrasse toutes voies de fait ou opérations pratiquées sur des objets du culte (hostie ou tableau d'église) dans le but de faire croire à l'accomplissement d'un miracle; et la publicité donnée aux résultats de ces actes après leur accomplissement ne suffit pas pour les faire rentrer sous l'application de l'art. 1 de la loi de 1822, lorsqu'ils n'ont pas été publiquement accomplis. Nîmes, 7 nov. 1831, (S. V. 52. 2. 39.)

476. L'art. 1 de la loi de 1822, a-t-il abrogé l'art. 8 de la loi de 1819? Pour l'affirmative, Parant. Cass., 15 janv. 1830 (J.P. 1830, p. 38).— *Contrà*, Chassan, de Grattier, 1, p. 159. Cass., 18 sept 1829 (S. *Coll. nouv.*, 9, p. 571) pensent que l'outrage et la dérision sont deux délits distincts et non les modifications du même délit.

ATTAQUES CONTRE LA MORALE. — 477. Par *morale publique et religieuse* il faut entendre, indépendamment des préceptes de morale que chacun sent, les principes qui sont la sanction de tous ces préceptes et la base de toutes les religions, savoir: l'existence de Dieu, l'immortalité de l'âme, la justice divine après la mort. *V.* Chassan, n° 400. *Sic* Rauter, n° 416. La négation brutale, injurieuse et méprisante, de ces dogmes, comme la dérision et l'insulte ironique de ces vérités, constituerait l'outrage de l'art. 8. L. 1819, ainsi jugé: Cour d'assises de la Seine, L. 28 mars 1834. *V.* Chassan, 314 et la note

478. L'art. 8 de la loi de 1819, remplace et absorbe, par sa généralité, l'art. 287 du C. pénal. *V.* Chassan, *contrà*. Cass., 18 sept. 1829. Mais l'art. 288 reste en vigueur; toutefois, il ne peut plus profiter aux imprimeurs depuis l'art. 17 de la loi de 1814: car, ainsi que nous l'avons dit, si, par le fait d'avoir omis son nom et sa demeure, l'imprimeur, aux termes de l'art. 24, L. 1819, n'est pas toujours complice du délit d'outrage, une révélation de sa part du nom de l'auteur ne fera pas disparaître la contravention à l'art. 17, L. de 1814. *V.* p. 19, n° 81. De même pour les libraires, l'art. 288 ne peut leur être ap-

1789 à 1814.	1815 à 1820.	1820 à 1825.
1.	2.	3.

TITRE Ier. — CRIMES ET DÉLITS CONTRE LA CHOSE PUBLIQUE. — CHAP. II. — ATTAQUES (SUITE).

1789 à 1814.	1815 à 1820.	1820 à 1825.
	L. 17 mai 1819. *Crimes et délits de la presse.* ART. 1er. Quiconque, soit par des discours, des cris ou menaces proférés dans des lieux ou réunions publics, soit par des écrits, des imprimés, des dessins, des gravures, des peintures ou emblèmes vendus ou distribués, mis en vente ou exposés dans des lieux ou réunions publics, soit par des placards et affiches exposés aux regards du public (moyens de publication)... *V.* la suite p. 83.	. . . .
Constitution de 1791. ART. 47. Sera puni celui qui aura provoqué à dessein la **désobéissance aux lois**, la résistance aux **actes** de l'autorité constituée.	ART. 6. La provocation par l'un des moyens de l'art. 1er à la **désobéissance aux lois** sera punie des peines portées en l'art. 3 [de **3 jours** à **2 ans** de prison, et de **30 fr.** à **4,000 fr.** d'amende ou de l'une de ces deux peines seulement suivant les circonstances], sauf les cas... (*V.* p. 87 la suite pour la réduction de la peine.) (485)	
DÉCR. 18 juill. 1791. ART. 1er Toute personne qui aurait **provoqué** le meurtre, le pillage, l'incendie, ou conseillé formellement la **désobéissance aux lois**, soit par des placards ou affiches, soit par des écrits publiés ou colportés, soit par des discours tenus dans des lieux ou assemblées publics sera regardée comme séditieuse et perturbatrice de la paix publique et... arrêtée (*V.* la suite, p. 85-97)·		**L. 25 mars 1822.** *Poursuite des délits de presse.* ART. 3. *L'attaque, par l'un des moyens de l'art. 1er de la loi du 17 mai 1819, des droits garantis par les art. 8 et 9 de la charte constitutionnelle, sera punie de 1 mois à 5 ans de prison et de 100 fr. à 4,000 fr. d'amende.* (Remplacé par la loi de 1849.) (483)
CODE PÉNAL. SECT. III. § II. *Provocations dirigées contre l'autorité dans un discours ou écrit pastoral.* ART. 203. Si le discours [prononcé par un ministre du culte dans l'exercice de ses fonctions et en assemblée publique, art. 204, p. 93] contient une **provocation directe** **à la désobéissance aux lois** ou autres **actes de l'autorité publique**, ou s'il tend à soulever ou armer une partie des citoyens contre les autres, le ministre du culte qui l'aura prononcé sera puni d'un emprisonnement de **2 à 5 ans** si la provocation n'a été suivie d'aucun effet; et du bannissement, si elle a donné lieu à la désobéissance autre toutefois que celle qui aurait dégénéré en sédition ou révolte. (*V.* p. 97, et décret du 7 vendémiaire an IV) (486). ART. 205. Si l'écrit [contenant des instructions pastorales... *V.* p. 93] mentionné en l'art. 204, contient une provocation directe à la **désobéissance aux lois** ou autres **actes de l'autorité publique**, ou s'il tend à soulever ou armer une partie des citoyens contre les autres, le ministre qui l'aura publié sera puni de la détention. (*V.* p. 97, et décret du 7 vendémiaire an IV, art. 23) (486.)	**Même loi.** ART. 5. *Seront réputées provocations au délit et punies des peines portées en l'art. 3 [de 3 jours à 2 ans de prison et de 30 fr. à 4,000 fr. d'amende ou de l'une de ces 2 peines seulement. V. p. 87].* 1°... *V.* p. 87. 2°... *V.* p. 87. 3°... *V.* p. 87. 4° *L'attaque formelle par l'un des moyens de l'art. 1er des droits garantis par les art. 5 et 9 de la charte.* (Abrogé et remplacé par l'art. 5, L. 1822.)	
Charte constitutionnelle de 1814. ART. 9. *Toutes les propriétés sont inviolables, sans aucune exception de celles qu'on appelle nationales, la loi ne mettant entre elles aucune différence.* (Abrogé par le fait des constitutions postérieures.)	ART. 8. Tout outrage à la morale publique et religieuse ou aux bonnes mœurs... sera puni de 1 mois à 1 an de prison et de 16 fr. à 500 fr. d'amende. (*V.* au tabl. précéd.)	
DÉCR. 18 juill. 1791. ART. 3. *Tout cri contre la garde nationale ou la force publique, tendant à lui faire baisser ou déposer les armes, sera puni d'un emprisonnement qui ne pourra excéder 2 ans.* (Abrogé comme cris séditieux, *V.* p. 95.) **L. 4 nivôse an IV.** (*Embauchage et provocation à la désertion.*) ART. 1er. Tout **embaucheur** pour l'ennemi, pour l'étranger ou pour les rebelles sera puni de **mort**. ART. 2. Sera réputé **embaucheur** celui qui, par argent ou par des liqueurs enivrantes, cherchera à éloigner de leurs drapeaux les défenseurs de la patrie pour les faire passer à l'ennemi, à l'étranger ou aux rebelles. ART. 4. Celui qui, sans être **embaucheur** pour l'ennemi, pour l'étranger ou pour les rebelles **engagerait** cependant les défenseurs de la patrie à **quitter leur drapeau** sera puni de **9 années** de détention.	. . . .	

pliqué en cas de révélation du nom de l'auteur, puisqu'aux termes de l'art. 19 de la loi de 1814, l'amende, en cas de révélation, ne peut être réduite qu'à 1,000 fr.—En résumé l'art. 287 du Cod. pénal a été absorbé comme punissant l'outrage aux bonnes mœurs par les dispositions plus larges de l'art. 8, L.1819,—et comme punissant l'impression ou la détention d'un ouvrage sans nom d'imprimeur, il est abrogé par le fait de son inconciliabilité avec les art. 17 et 19, L. de 1814 ; à tel point que l'art. 288 n'est en vigueur qu'à l'égard des crieurs, vendeurs, distributeurs, afficheurs et graveurs qui n'ont pas été, comme les libraires et les imprimeurs, soumis aux formalités et obligations des art. 17 et 19, L. de 1814; toutefois, pour l'enchaînement de l'art. 8 de la loi de 1819 avec l'art. 288, nous maintenons comme en vigueur au tableau le texte de l'art. 287. *V.* p. 19, 25 et 61, et notes.

479. L'art. 289 est en contradiction avec toutes les lois sur la matière. Carnot, Parant et Chassan, se prononcent pour son abrogation, ainsi que MM. Faustin, Hélie et Chauveau, sauf son application dans le cas de l'art. 285.

480. L'outrage aux bonnes mœurs comprend les attaques grossières qui blessent la pudeur, et qui s'adressent à l'esprit de licence et de débauche.

481. La distribution publique d'un écrit qui, sans contenir des expressions obscènes et de nature à blesser la pudeur, contient l'annonce de l'ouverture ou de la tenue d'une maison de débauche, constitue un outrage aux bonnes mœurs. Cass., 19 juill. 1858 (J. P. 58. 1. 494).

ATTAQUE CONTRE LES LOIS, LA PROPRIÉTÉ, LA FAMILLE, etc. — 482. Les attaques comprises dans cette section rentrent dans la classe des faits qui constituent des outrages à la morale publique.

483. L'art. 3 de la loi du 25 mars 1822 avait été complété par l'art. 8 de la loi du 9 sept. 1835, mais non abrogé par lui : l'un était relatif à l'attaque contre le droit, et l'autre, à l'inviolabilité de toutes les propriétés, et notamment de celles dites nationales suivant l'art. 9 de la Charte. — L'art. 3 du décret de 1848 a compris dans ses dispositions plus larges les attaques contre le principe même de la propriété, et l'art. 3 de la loi du juillet 1849 celles contre l'inviolabilité des droits que les lois ont consacrés, et, par conséquent, les droits de la propriété.

484. L'attaque dont le caractère est de pousser à la lutte brutale, de faire un appel aux passions pour que la force lui réponde, doit se distinguer de la discussion mesurée, logique, rationnelle, sur les principes de la propriété et de la famille, et les droits const-

SECT. VI. —Contre les lois, le respect dû aux lois, la propriété, la famille, les droits et la discipline militaire.

1825 à 1830. (4.)	1831 à 1848. (5.)	1848 à 1849. (7.)	1850 à 1856. (6.)	La Presse en Algérie. (8.)	1856 à... NOTES. (9.)
N. B. V. ci dessous la note.	**L. 9 sept. 1835.** Crimes, délits et contraventions de la presse. ART. 8. *Toute attaque contre... (V. ci-dessous)... le respect dû aux lois..., sera punie des peines portées en l'art. 8 de la loi du 17 mai 1819* (de 1 mois à 1 an de prison et de 16 fr. à 500 fr. d'amende) — ... *Néanmoins...* (V. ci-dessus la suite.) (Abrogé par le décret du 6 mars 1848.) (455)	**DÉCR. 6 mars 1848.** ART. 1er. La loi du 9 sept. 1835 sur les crimes, délits et contraventions de la presse..., etc., est abrogée. — **L. 27 juillet 1849** sur la presse. ART. 3. Toute attaque par l'un des moyens énoncés en l'art. 1er de la loi du 17 mai 1849 contre le **respect dû aux lois** et . (*V infrà,* la suite)... sera punie d'un emprisonnement de **1 mois à 2 ans** et d'une amende de **16 fr. à 1000 fr**... (485-490).			
N. B. Art. 14, L. du 18 juill. 1828, art. 10, L. du 9 juin 1819, et art. 13, L. du 25 mars 1822, pour le doublement de l'amende lorsque le délit est commis par un journal. V. aussi art. 86, L. 26 mai 1819, pour les peines accessoires, p. 131.	**Même loi.** ART. 8. *Toute attaque contre la propriété, le serment, le respect dû aux lois. (V. infrà, la suite.)* Abrogé par le décret du 6 mars 1848 et remplacé par l'art. 3, décret du 11 août 1848. (483.) *Toute apologie de faits qualifiés crimes et délits par la loi pénale..., sera punie des peines portées en l'art. 8 de la loi du 17 mai 1819.* *Néanmoins, dans les cas prévus par le § précédent, et par l'art. 8 de la loi précitée, les tribunaux pourront, selon les circonstances, élever les peines jusqu'au double du maximum.* (Abrogé par le décret du 6 mars 1848 et remplacé par la loi du 27 juillet 1849.)	**DÉCR. 11 août 1848,** Modifiant les lois de 1819 et 1822. ART. 3. L'attaque, par l'un des moyens de l'art. 1er, L. 17 mai 1819, contre la liberté du culte, le principe de la propriété et les droits de la famille sera punie de **1 mois à 3 ans** de prison et de **100 f. à 4,000 f** (481-490). **DÉCR. 6 mars 1848.** ART. 1er. La loi du 9 sept. 1835 sur les crimes, délits et contraventions de la presse, etc..., est abrogée. — **Même loi.** ART. 3. Toute attaque, par l'un des moyens énoncés en l'art. 1er de la loi du 17 mai 1819, contre le **respect dû aux lois** et **l'inviolabilité des droits** qu'elles ont consacrés..., etc. (*V.* ci-dessous la suite.) (487-490) ART. 3 (*suite*). Toute **apologie** de faits qualifiés **crimes** ou **délits** par la loi pénale sera punie d'un emprisonnement d'un **mois à 2 ans** et d'une amende de **16 fr. à 1000 fr.** (488 à 490). **Même loi.** ART. 2. Toute **provocation**, par l'un des moyens énoncés en l'art. 1er de la loi du 17 mai 1849, adressée aux **militaires** des armées de terre et de mer, dans le but de les détourner de leurs devoirs militaires et de l'obéissance qu'ils doivent à leurs chefs, sera punie d'un mois à **2 ans** de prison et d'une amende de **25 à 4,000 fr.** sans préjudice des peines plus graves prononcées par la loi lorsque il constituera une **tentative d'embauchage** ou une **provocation** à une action qualifiée crime ou délit (*V.* p. 87, notes 398 et 399).			

...és par les lois ; mais l'on devrait considérer comme passible des peines de l'art. 3 du décret de 1848, une déclamation qui tendrait à persuader, et qui affirmerait, par exemple, que la propriété c'est le vol, ou que le mariage c'est le viol. — Ces aphorismes socialistes, qui il est vrai de le dire, ont perdu de leur gravité, et sont tombés dans le domaine de la moquerie publique, ont pu à un moment donné avoir un caractère inquiétant pour la tranquillité publique, et constituer les attaques aux bonnes mœurs ou celles prévues par l'art. 3 du décret de 1848.

485. L'attaque contre le respect dû aux lois ne doit pas être confondue avec la provocation à la désobéissance aux lois, réprimée par l'art. 6 de la loi de 1819. Ces deux délits ont bien la même origine et le même but ; ils procèdent bien de la même idée, mais ils emploient des moyens différents : l'un a quelque chose de plus direct que l'autre. L'attaque contre le respect aboutit au mépris de la loi, la morale publique est offensée ; la provocation à la désobéissance aboutit au contraire à la violation de la loi, au désordre ; ce n'est plus la morale ici qui est troublée, c'est la paix publique qui peut l'être.

486. Sur les art. 202 et 203, qu'aucune loi postérieure n'a abrogés (*V.* p. 87 et 97).

487. L'attaque contre l'inviolabilité des droits légitimes est un délit nouveau introduit dans l'art. 3 de la loi du 27 juill. 1849, par la commission qui déclara que ce délit était implicitement contenu dans le respect dû aux lois : il aboutit en effet par le mépris de la loi au mépris des droits qu'elle a consacrés. *V.* rapport de M. Combarel de Leyval.

488. L'apologie des faits qualifiés crimes ou délits est un fait qui rentre dans la classe des outrages à la morale publique, le législateur aurait pu ne pas édicter une peine spéciale contre lui ; il en est de même de l'attaque contre le serment, prévu et puni par la loi abrogée de 1835 ; les lois postérieures n'ont point reproduit à cet égard l'art. 8, L. 1835, mais une attaque contre la sainteté du serment rétabli par la nouvelle Constitution serait aujourd'hui punie par l'art. 8, L. du 17 mai 1849, comme outrage à la morale ou à la moralité publique.

489. L'apologie d'une contravention n'est point punissable, à moins qu'elle ne fût une provocation à la désobéissance aux lois, ou une attaque au respect qui leur est dû ; mais par contravention il faut entendre ici les contraventions de simple police, et non celles de la compétence des tribunaux correctionnels que la loi assimile à des délits.

490. Les lois de 1848 et 1849, en s'appropriant les dispositions des lois antérieures, n'ont pas soustrait les délits qu'elles punissaient à l'application de l'art. 14, L. 1828, lorsqu'ils étaient commis par la presse périodique.

1789 à 1814.

I.

TITRE II. — CRIMES ET DÉLITS CONTRE LES FONCTIONNAIRES ET LES PARTICULIERS,

§ Ier. *Définitions et généralités.* — § II. *Dispositions*

ANNOTATIONS (suite).

DIFFAMATIONS, INJURES, OUTRAGES. — **491.** Il y a entre la calomnie et la diffamation cette différence : la *calomnie* est une faute *parce que les faits imputés sont faux* ; la *diffamation* est un délit, *quoique les faits imputés soient vrais*. — *Veritas convicii non excusat.* « Plus il y a de vérité dans un écrit, et plus cet écrit est un libelle, » disait lord Manfield.

492. La loi du 17 mai 1819, a substitué au délit de calomnie du Cod. pénal le délit de diffamation qui définit et exprime bien mieux l'idée de l'atteinte portée à la réputation d'autrui. « La diffamation, disait M. le garde-des-sceaux dans son exposé des motifs de la loi du 17 mai, n'implique pas nécessairement la fausseté des faits ; elle dénote seulement, d'une part, l'intention de nuire, et de l'autre le dommage causé. Ainsi une publication qu'il y aurait une espèce de contre-sens à déclarer calomnieuse, pourra fort bien être condamnée comme *diffamation.* »

493. La loi n'a pas défini ce qu'elle entendait par *honneur* et considération dans l'art. 13, L. 1819. L'honneur semble se rapporter à la capacité morale (probité, moralité, réputation), par opposition à la *considération*, qui signifierait la capacité intellectuelle, l'habileté ou le savoir dans les arts, l'industrie, les sciences, ou une profession.

494. *L'injure* est tout ce qui se dit, s'écrit, se fait, s'omet à dessein d'offenser quelqu'un dans son honneur, sa personne ou ses biens; Darreau, *Traité des injures,* p. 2.

495. Toute expression méchante de la pensée, de nature à blesser et à humilier celui qui en est l'objet, si elle constitue l'injure vis-à-vis le simple particulier, est un outrage pour celui qui porte avec lui un caractère public : le citoyen est injurié, la fonction est outragée.

496. La présence de la personne outragée n'est pas un élément essentiel du délit d'outrage. Sic Carnot, Parant, Chassan. Cass., 10 avril 1817, 12 sept. 1818.— Bordeaux, 1er fév. 1837 (J. P. 1840. 2. 249).— Cass., 15 juin 1837, 8 oct. 1842 (J. P. 1842. 1. 702), 20 déc. 1850 (*Bull. crim.,* n° 452). — *Contrà,* MM. Rauter, Chauveau et Hélie.

497. L'outrage diffère de la diffamation et de l'injure, en ce que la publicité n'est pas un élément essentiel pour le constituer, mais seulement une circonstance accidentelle.

498. La loi a distingué plusieurs sortes d'outrages suivant les moyens employés pour les commettre, et les circonstances où il se sont accomplis, ainsi :

1° Les outrages peuvent être publics ou non publics (Art. 222 du Cod. pénal);

2° Publics ou non, ils peuvent être commis par gestes, paroles, menaces (Cod. pénal, art. 222 et suivants);

3° Publics, ils peuvent être commis d'une manière quelconque (Art. 6, de la loi du 25 mars 1822);

4° Publics ou non publics, par gestes, paroles ou menaces, ils doivent être, suivant l'art. 222, de nature à inculper l'honneur ou la délicatesse;

5° Et les uns et les autres peuvent avoir été commis dans l'exercice, ou à l'occasion de l'exercice des fonctions, ou à raison des fonctions et de la qualité (Art. 222 et suivants du Cod. pénal, et art. 6, de la loi du 25 mars 1822);

6° Les injures et les diffamations par les moyens de publication de l'art. 1 de la loi de 1819 peuvent aussi constituer des outrages (Art. 5, L. du 25 mars 1822).

499. L'art. 28 du décret du 17 fév. 1852, ayant attribué aux tribunaux correctionnels la connaissance des délits de presse qui avaient été déférés au jury par les lois antérieures, a abrogé implicitement l'art. 20 de la loi du 26 mai 1819 qui autorisait la preuve des faits diffamatoires devant les Cours d'assises, lorsqu'ils étaient imputés à des fonctionnaires ou autres personnes ayant agi avec un caractère public pour des faits relatifs à leurs fonctions. Toutefois, si les faits imputés au fonctionnaire étaient punissables, et si le prévenu de diffamation en administrait la preuve devant le tribunal autrement que par témoins, l'ordre public se trouvant plus intéressé à la répression du crime ou délit reproché au fonctionnaire, qu'à la répression du délit qui aurait été commis envers lui par ce reproche, il y aurait lieu pour le tribunal de surseoir sur les réquisitions du ministère public déclarant commencer les poursuites conformément à l'art. 25, L. 26 mai 1819, bien que lié à une procédure abrogée, pourrait encore être utilement exécuté comme exprimant une règle générale d'ordre public. Sous l'empire de l'art. 18 de la loi de 1822, qui avait produit sur la législation de l'époque le même effet que l'art. 28 du décret du 17 fév. 1852, a produit sur la législation actuelle, il avait été reconnu, d'ailleurs, que l'art. 25 de la loi du 26 mai 1819, devait être maintenu ; ce qui, en conséquence, était admis sous la loi de 1822 doit, par identité de raison, l'être sous le décret de 1852, dont l'art. 28 a reproduit dans les mêmes termes et dans le même esprit l'art. 18. — L'art. 25 de la loi du 26 mai 1819 doit donc être considéré comme maintenu malgré le changement de procédure du décret de 1852.

500. La diffamation et l'injure, pour être punissables par la loi de 1819, doivent être publiques, ainsi le dit la rubrique du chap. V, et commises par les moyens de publications de l'art. 1 de la loi du 17 mai 1819, suivant l'art. 14 de la même loi.

501. Non publique, la diffamation est une injure de simple police, qu'elle ait été ou non commise envers une personne publique, à moins qu'à raison des circonstances, on étant de nature à inculper l'honneur ou la délicatesse d'un magistrat, elle lui ait été adressée dans l'exercice de ses fonctions par paroles, gestes ou menaces, art. 222, du Cod. pénal; car elle constituerait alors un outrage. Sic Bourguignon, Parault. Cass., 18 juill. 1854 (J. P. 1855. 1. 146). — Cass., 23 nov. 1843.

502. Les outrages par paroles envers un fonctionnaire ne sauraient être excusés par la provocation. Les injures du particulier n'excusent pas les outrages contre la fonction. Cass., 19 août 1842 (J. P. 42. 2. 757).

503. La maxime : *paria delicta mutuâ compensatione tolluntur* est applicable lorsque les délits d'injure et de diffamation sont égaux et instantanés, mais son application doit être restreinte aux diffamations et injures verbales, par analogie de l'art. 471, n° 11 du Cod. pénal, et ne pas être étendue aux diffamations par la voie de la presse, Cass., 1 sept. 1826, (D. P. 1827.1.17)—et 10 oct. 1827,—sic MM. Chauveau et Hélie, ni aux diffamations et injures écrites. Cass., 4 nov. 1843 (J. P. 43. 1. 163.)— *Contrà,* Cass., 17 déc. 1854, Lyon, 19 mars 1840. Cass., 26 mai 1855 (S. V. 55. 1. 793). — Malgré l'admission de la compensation, le ministère public reste libre d'ailleurs de requérir une peine si les torts réciproques ont troublé la paix publique, ou excédé la décence des habitudes locales.

CODE PÉNAL.

L. III, TIT, II, CHAP. Ier, SECT. VII, § 2. Calomnies, Injures, etc. (Abr. par l'art. 26, L. 1819)

ART. 367. *Sera coupable du délit de calomnie celui qui, soit dans des lieux ou réunions publics, soit dans un acte authentique et public, soit dans un écrit imprimé ou non, qui aura été affiché, vendu ou distribué, aura imputé à un individu quelques faits qui, s'ils existaient exposeraient celui contre lequel ils sont articulés à des poursuites criminelles, ou l'exposeraient seulement au mépris et à la haine des citoyens.* — La présente disposition n'est pas applicable aux faits dont la loi autorise la publicité, ni à ceux que l'auteur de l'imputation est par la nature de ses fonctions ou de ses devoirs obligé de révéler.

ART. 368. *Est réputée fausse toute imputation à l'appui de laquelle la preuve légale n'est pas rapportée. — En conséquence, l'auteur de l'allégation ne sera pas admis pour sa défense à demander que la preuve en soit faite ; — Il ne pourra non plus alléguer comme moyen d'excuse que les pièces et les faits sont notoires ou que les imputations qui ont donné lieu des poursuites sont copiées ou extraites de papiers étrangers.*

ART. 370. *Lorsque le fait imputé sera légalement prouvé vrai, l'auteur de l'imputation sera à l'abri de toute peine; — ne sera considérée comme preuve légale que celle qui résulte d'un jugement ou de toute autre preuve authentique.*

ART. 371. *Lorsque la preuve légale ne sera pas rapportée, le calomniateur sera puni des peines suivantes : si le fait imputé est de nature à mériter la mort, les travaux forcés à perpétuité, ou la déportation, le coupable sera puni de 2 à 5 ans de prison et de 200 fr. à 5,000 fr. d'amende. — Dans tous les autres cas, l'emprisonnement sera de 1 mois, à 6 mois et l'amende de 50 fr. à 2,000 fr.*

ART. 374. *Le calomniateur, dans tous les cas, sera, à compter du jour où il aura subi sa peine, interdit des droits mentionnés en l'art. 42 du C. pén. pendant 5 ans au moins 10 ans au plus.*

ART. 372. *Lorsque les faits imputés seront punissables selon la loi et que l'auteur de l'imputation les aura dénoncés, il sera, durant l'instruction sur ces faits, sursis à la poursuite au jugement du délit de calomnie.*

ART. 369. *Les calomnies, mises au jour par la voie des papiers étrangers, peuvent être poursuivies contre ceux qui auront envoyé les articles ou donné l'ordre de les insérer, ou contribué à la distribution ou à l'introduction de ces papiers en France.*

(Abrogé par l'art. 26, L. 17 mai 1819.)

—

Dénonciation calomnieuse. — V. p. 116.

ART. 373. Quiconque aura fait par écrit une **dénonciation calomnieuse** contre un ou plusieurs individus aux officiers de justice ou de police judiciaire ou administrative, sera puni de **1 mois à 1 an** de prison et de **10 fr. à 3,000 fr.** d'amende.

—

INJURES OU EXPRESSIONS

CODE PÉNAL (Suite).

ART. 375. *Quant aux injures ou expressions outrageantes qui ne renfermeraient l'imputation d'aucun fait précis, mais celle d'un vice déterminé, si elles ont été proférées dans des lieux ou réunions publics ou insérées dans des écrits imprimés ou non et qui auront été répandus et distribués, la peine sera de 16 fr. à 500 fr. d'amende.*

ART. 376. Toutes autres injures ou expressions outrageantes qui n'auraient pas eu ce double caractère de gravité et de publicité ne donneront lieu qu'à des peines de simple police. — Art. 471.

ART. 471. Seront punis d'une amende de 1 fr. 15 fr. exclusivement :
11° Ceux qui, sans y avoir été provoqués, auront proféré contre quelqu'un des injures autres que celles des art. 367 et 369. V. ci-dessus;
8° Les auteurs ou complices de bruits ou tapages injurieux ou nocturnes troublant la tranquillité des habitants.

—

ART. 222. Lorsqu'un ou plusieurs magistrats... auront reçu, dans l'exercice de leur fonction ou à l'occasion de cet exercice, quelque outrage [public ou non public] par paroles tendant à inculper leur honneur ou leur délicatesse.... — V. p. 409, 440 (495 et suiv.).

ART. 223 et 224. L'outrage [public ou non public] peut être fait par gestes ou menaces, ou par paroles, à un magistrat... ou agent dépositaire de la force publique dans l'exercice de ses fonctions. — V. p. 409, 440.

ART. 234. [Cet article qualifie de fonctionnaires les magistrats.—V. p. 409.

504. En matière d'outrage, de diffamation et d'injure, la bonne foi ne se présume pas; l'intention injurieuse est présumée de droit, dès que la parole est injurieuse: car la parole ou l'expression volontaire de la pensée. Chassan. Jugé cependant que l'absence d'intention méchante fait disparaître le délit. Bordeaux, 9 juin 1841. Cass., 12 août 1842, 23 sept. 1844, 29 août 1846, 16 mai 1850, J. crim., 3115, 3208, 4019 et 4721, et Cass. 8 nov. 1835 (Gaz. Trib., n° 2479), 12 et 13 oct. 1850 (Bull. crim., n°s 319, 365.)

505. L'ivresse, lorsqu'elle est une faute, ne saurait excuser un délit. La colère dans les cas des art. 321, 324 et 325 du Cod. pénal, est une excuse. La rétractation immédiate

1815 à 1819. 2.	1820 à 1825 3.	1825 à 1830 4.	1831 à 1848 5.	1848 à 1849 6.	1850 à 1856. 7.	LA PRESSE en ALGÉRIE. 8.	1856 à... NOTES. 9.

CHAP. Iᵉʳ. — DIFFAMATIONS, INJURES, OUTRAGES. — SECTION UNIQUE.

communes, immunités et interdictions.

1815 à 1819	1820 à 1825	1825 à 1830	1831 à 1848	1848 à 1849	1850 à 1856	LA PRESSE en ALGÉRIE	NOTES
17 mai 1819. — (Des crimes et délits de presse, etc.) CHAP. V. — De la diffamation et de l'injure publiques. ART. 13, §1ᵉʳ. Toute allégation ou imputation d'un fait qui porte atteinte à l'honneur ou à la considération de la personne ou du corps auquel le fait est imputé, est e diffamation. — V. infrà, la suite (491 et suiv.). ART. 26. Les art. 367 à 372, 374 à 375 et 377 du Code nal sont abrogés.							
L. 26 mai 1819. Poursuite et jugement des crimes et délits de presse. ART. 20. *Nul ne sera admis à prouver la vérité des faits diffamatoires, si ce n'est dans le cas d'imputation contre les dépositaires ou nts de l'autorité ou contre toute personne ayant agi dans un caractère public, de faits relatifs à leurs fonctions. — Dans ce cas, les s pourront être prouvés par-devant la Cour d'assises par toutes les s ordinaires, sauf la preuve contraire par les mêmes voies. a preuve des faits imputés au fonctionnaire met l'auteur de l'imation à l'abri de toute peine, sans préjudice de celles prononcées re toute injure qui ne serait pas nécessairement dépendante des es faits.* Abrogé par l'art. 18, de la loi du 25 mars 1822, remis en vigur eu 1830, et abrogé par décret du 17 fév. 1852.)	**L. 25 mars 1822.** Sur la presse. ART. 18. *En aucun cas la preuve par témoins ne sera admise pour établir la réalité des faits injurieux ou diffamatoires.* (Abrogé par l'art. 5 de la du 8 oct. 1830.) —	**L. 8 octobre 1830.** ART. 5. L'art. 18 de la loi du 25 mars 1822 est abrogé. —			**DÉC. 17 fév. 1852.** Sur la presse. ART. 28. En aucun cas la preuve par témoins ne sera admise pour établir la réalité des faits injurieux ou diffamatoires. —	**DÉCR. 28 mars 1852.** Sur la presse. ART. 15. En aucun cas la preuve par témoins ne sera admise pour établir la réalité des faits injurieux ou diffamatoires. —	
ART. 25. Lorsque les faits imputés (aux fonctionnaires désignés en l'art. 20) sont punissables par la loi et qu'il y aura des poursuites commencées à la requête du ministère public, ou que l'auteur de l'imputation a dénoncé ces faits, il sera, durant l'instruction, sis à la poursuite et au jugement du délit de diffation (499).							

La dénonciation calomnieuse fera l'objet d'un chapitre particulier ; toutefois, nous donnons ici le texte de l'article unique qui la évoit et la punit pour ne pas rompre l'unité de l'ensemble de la section VII du Code pénal dont il fait partie, et qui bien qu'abrogée par l'art. de la loi du 17 mai 1819, est pourtant indispensable par sa relation et son enchaînement avec l'art. 373 afin de faire connaître toute la rtée de cet article. — V. p. 115, 116.

OUTRAGEANTES ET OUTRAGES.

1815 à 1819	1820 à 1825	1825 à 1830	1831 à 1848	1848 à 1849	1850 à 1856	LA PRESSE en ALGÉRIE	NOTES
L. 17 mai 1819 (suite). ART. 13, §2. Toute expression outrageante, terme mépris ou invective qui ne renferme l'imputation ucun fait est une injure (494 et suiv.).							
ART. 20. Néanmoins l'injure qui ne renfermerait pas oputation d'un vice déterminé, ou qui ne serait pas blique, continuera d'être punie des peines de simple ice. Art. 471.							
ART. 14. La diffamation et l'injure commises par un s moyens (de publication) énoncés en l'art. 1ᵉʳ de présente loi (V. p. 82), seront punies d'après les tinctions suivantes (500, 501). —	**L. 25 mars 1822.**			**DÉC. 11 août 1848.**			
	ART. 6. L'outrage (peut être fait publiquement d'une manière quelconque, à raison des fonctions ou de la qualité. — V. p. 109, 110.			ART. 5. L'outrage (peut être) fait publiquement d'une manière quelconque à raison des fonctions ou de la qualité. — V. p. 114.			

, suivant le cas, effacer la diffamation et l'injure, mais non des outrages adressés aux istrats. Curasson, 1, 515, Chassan, de Grattier.

506. Un acte déposé au greffe, une pétition adressée aux Chambres et lue à la tribune, nent aux injures ou diffamations qu'ils contiennent le caractère de la publicité légale. s., 22 août 1828. Montpellier, 4 juillet 1843. Il n'en est pas de même d'un acte rié, d'un acte d'avoué à avoué, d'une requête ; leurs significations ne sont pas des dis- ations. Cass., 21 sept. 1838, 7 mars 1823 (J. P. 17—943), 27 août 1818, 25 oct. 6. V. sur la publicité, p. 82, nᵒˢ 358 et suivants et nᵒ 514, infrà.

507. Les injures contenues dans une lettre ne sont pas publiques. Cass., 10 nov. 1826 (J. P. 20, p. 915), 23 nov. 1843 (J. P. 44. 1. 588). et ne sont passibles que des peines de simple police, art. 20, L. 1819; adressées à un magistrat elles ne constituent pas le délit d'outrage de l'art. 222 du Cod. pénal, Cass., chambres réunies, 11 fév. 1839, cet arrêt fait aujourd'hui jurisprudence; mais des injures ou des diffamations contenues dans des conclusions écrites, dirigées contre un magistrat, et lues à l'audience en présence de ce magistrat, constituent des outrages par paroles punies par l'art. 222 du Cod. pénal. Cass., 11 juin 1851 (S. V. 51. 1. 546); *Bull. crim.*, nᵒ 21.

1789 à 1814.	1815 à 1819.	1820 à 1825.	1825 à 1830.
1.	2.	3.	4.

CHAP, Ier. — DIFFAMATIONS, INJURES, OUTRAGES (suite). — SECTION UNIQU[E]

L. 17 mai 1819. (Suite).

CHAP. VI. — Dispositions générales.

1789 à 1814.	1815 à 1819.	1820 à 1825.	1825 à 1830.
	ART. 21. Ne donneront ouverture à aucune action les discours tenus dans le sein de l'une des deux Chambres, ainsi que les rapports ou toutes pièces imprimées par ordre de l'une des deux Chambres (508, 541, 542).		
	ART. 22. Ne donnera lieu à aucune action (à raison des crimes et délits résultant du contenu) le compte fidèle des séances publiques de la Chambre des députés rendu de bonne foi dans les journaux. — V. p. 5, n° 23. (509.) (Modifié par l'art. 42 de la Constitution de 1852.)	**L. 25 mars 1822.** ART. 7. L'infidélité et la mauvaise foi, dans le compte que rendent les journaux et écrits périodiques des séances des Chambres et des audiences des Cours et tribunaux, seront punies d'une amende de **1,000** fr. à **6,000** fr. V. la suite, p. 125 (540).	
CODE PÉNAL. SECT. VII, § 2. — Calomnie, injure... (Suite.) ART. 377. *A l'égard des imputations ou des injures qui seraient contenues dans les écrits relatifs à la défense des parties ou dans les plaidoyers, les juges saisis de la contestation pourront, en jugeant la cause, prononcer la suppression des injures ou des écrits injurieux, ou faire des injonctions aux auteurs du délit ou les suspendre de leurs fonctions et statuer sur les dommages-intérêts.* *La durée de cette suspension ne pourra excéder 6 mois; en cas de récidive, elle sera de 1 an au moins et de 5 ans au plus.* *Si les injures ou écrits injurieux portent le caractère de calomnie grave et que les juges saisis de la contestation ne puissent connaître du délit, ils ne pourront prononcer contre les personnes qu'une suspension provisoire de leurs fonctions, et les renverront, pour le jugement du délit, devant les juges compétents.* (Abrogé par l'art. 26, L. du 17 mai 1819, et remplacé par l'art. 23.) V. art 1036 du Code de procédure civile, p. 121. —	ART. 23. Ne donneront lieu à aucune action en diffamation ou injures, les discours prononcés ou les écrits produits devant les tribunaux. — Pourront, néanmoins, les juges saisis de la cause, en statuant sur le fond, prononcer la suppression des écrits injurieux ou diffamatoires et condamner qui il appartiendra en des dommages-intérêts. (514 à 520.) Les juges pourront aussi, dans le même cas, faire des injonctions aux avocats et officiers ministériels, ou même les suspendre de leurs fonctions. — La durée de cette suspension ne pourra excéder 6 mois; en cas de récidive, elle sera d'un an au moins et de 5 ans au plus (524). Pourront, toutefois, les faits diffamatoires étrangers à la cause, donner ouverture, soit à l'action publique, soit à l'action civile des parties, lorsqu'elle leur aura été réservée par les tribunaux, et, dans tous les cas, à l'action civile des tiers (518, 519, 522). ART. 26. Les art. 367 à 372, et 374 à 377 du Code pénal sont abrogés.		**L. 18 juillet 1828.** Journaux périodiques. ART. 17. Lorsqu'aux te[rmes] du dernier paragraphe de l'article 23 de la loi du 17 mai [1819] les tribunaux auront pou[r objets] **faits diffamatoires** étra[ngers] à la cause, réservé soit l'a[ction] publique, [soit l'action civile] des particuliers, les jour[naux] ne pourront, sous [la] peine (de l'art. 16 ci-des[sus]) publier ces faits ni donner [ex]trait des mémoires qui les [con]tiendraient (523).
Charte constitutionnelle de 1814. ART. 64. Les débats sont publics en matière criminelle, à moins que cette publicité ne soit dangereuse pour l'ordre et les mœurs, et, dans ce cas, le tribunal le déclarera par un jugement. N. B. La publicité des débats en matière criminelle est un principe de droit public qu'ont accepté les Constitutions postérieures et que la Constitution de 1852 consacre et garantit dans son art. 1er. V. p. 100.			ART. 16. Dans les proc[ès] ont pour objets la **diffama**[tion] si les tribunaux ordonnen[t aux] termes de l'art. 65 de la [loi]... te, que les débats auron[t lieu] à huis clos, les journa[ux] pourront, à peine de 2,0[00] d'amende, publier les fa[its de] diffamation, ni donner l'e[xtrait] des mémoires ou écrits [quel]conques qui les contiendr[ont]. (V. la suite, p. 126.) (523.)

IMMUNITÉS. — **508.** La liberté de la tribune, la libre expression des opinions des représentants de la nation, est le droit, le principe des Gouvernements, qui reposent sur la souveraineté nationale; l'art. 21 de la loi de 1819 avait reconnu cette liberté à une époque où le Gouvernement reposait sur des bases autres que la souveraineté nationale. Le décret organique sur les élections du 2 fév. 1852 consacre ce principe dans l'art. 9. V. p. 5, n° 37, et p. 91, n° 413.

509. L'art. 22 de la loi du 17 mai 1819, a été profondément modifié par l'art. 42 de la Constitution de 1852, puisque de là qu'il ne sera pas la reproduction exacte du procès-verbal officiel, tout compte rendu des séances du Corps législatif donnera lieu à une action, et constituera une contravention punissable par l'art. 14 du décret de 1852, encore bien qu'il fût un compte rendu fidèle et de bonne foi de la séance. Mais dans ce cas, si l'immunité de l'art. 22, L. 1819, ne le protége pas contre l'application de l'art. 14 du décret du 17 février 1852, elle le protégera contre toute action à raison des diffamations et injures que les discours parlementaires exactement reproduits pourraient contenir. V. p. 5, n°s 1819 et 20.

510. L'art. 7 de la loi du 25 mars 1822 n'est pas abrogé. V. ce qui a été dit à ce sujet p. 5, n°s 18, 19 et 20, et p. 92, n° 419. V. p. 126, n° 621.

511. L'immunité n'appartiendrait pas à une pétition lue à la Chambre, si elle contenait des faits diffamatoires. Cass., 6 mars 1847. Orléans, 31 mai 1847. J. crim., 4004. 4188. V. suprà, 506.

512. L'immunité n'existe pas pour les outrages qui peuvent être proférés dans le sein des conseils généraux et locaux. Cass., 22 août 1840, 8 nov. 1844, 17 mai 1845. Ordon. du conseil d'État, 12 février 1842. Colmar, 3 mars 1843. J. crim., 2753, 5857, 3024. 5403.

513. Un candidat électoral, en exposant sa vie à la discussion des électeurs, ne se met pas hors la loi, et ne donne à personne le droit de le diffamer impunément, et le droit de voter librement ne confère à personne le mandat d'accusateur public. Cass., 16 nov. 9 mars 1850, 29 août 1846, 17 mai 1845, 20 nov. 1846. J. crim., 4774, 5551, 3897 et 4046.

514. La liberté de la défense ne doit pas excéder les bornes de la défense lé[gitime]. L'avocat est responsable des convenances à garder en pareille matière, et devien[t] passible des peines de la loi à raison de ses diffamations étrangères à la cause, alors qu'il prouverait qu'il a reçu l'ordre de plaider de tels moyens; et le client, pour av[oir] volé de pareils faits à l'avocat, et avoir adhéré aux plaidoiries en gardant le silence, [est] également responsable des diffamations. Rouen, 7 mars 1835 (J. P. 35. 2. 542).

515. Par tribunaux dans l'art. 23 de la loi de 1819, il faut comprendre les cons[eils de] préfectures, de prud'hommes, et les tribunaux arbitraux. Cass., 27 fév. 1832, 2[1] 1838. J. crim., 825, 2220; les Cours et tribunaux ordinaires, ceux de comm., etc.

516. Les expressions: *écrits produits*, comprennent les écrits imprimés ou non, ou non signés. Cass., 3 juin 1825 (J. P. 25. 1. 447); Cass., 6 fév. 1829 (J. P. 29. [...]). Peu importe que le mémoire produit devant la Cour d'assises ne soit pas signé [par] avocat attaché à cette Cour, et n'ait point été déposé. Cass., 12 sept. 1829, (J. P. 18[...] 94). Bastia, 27 déc. 1834 (J. P. 35. 2. 8). — Sic des écrits qui ont été signifiés ou ver[sés au] procès, ou seulement distribués aux juges par l'une des parties, ou avec son autori[sation] pendant l'instance. Cass., 6 février 1829. Rouen, 7 mars 1835 (J. P. 35. 2. 343). — [Sic] pour les écrits publiés à l'occasion du procès jugé, mais avant l'instance sur l'appel, c['est-à-]dire dans les délais de l'appel. Cass., 21 juill. 1831.

517. L'immunité de l'art. 23 de la loi de 1819, ne peut s'étendre aux distrib[utions] d'écrits après l'arrêt qui a mis fin au procès. Cass., 3 mai 1837, 14 déc. 1838, 1[0...] 1843, 25 mars 1844, 20 mai 1854 (Bull. crim., n°s 169 et 192, année 54). Mai[s pour] que des mémoires soient réputés produits, il n'est pas nécessaire qu'ils aient été sig[nés...]

1825 à 1830 (SUITE). — 5.	1831 à 1848. — 6.	1848 à 1849. — 7.	1850 à 1856. — 8.	La PRESSE en ALGÉRIE. — 9.	1856 à… NOTES. — 10.
			§ II. *Dispositions communes. — Immunités. — Interdictions.*		
. . .	. . .	. . .	**DÉCR. organ. du 2 fév. 1852.** Élection des députés. ART. 9. Les députés ne pourront être recherchés, accusés, ni jugés en aucun temps pour les opinions qu'ils auront émises dans le sein du Corps législatif. (508.) — **Constitution de 1852.** ART. 42. Le compte rendu des séances du Corps législatif, par les journaux ou tout autre moyen de publication, ne consistera que dans la reproduction du procès-verbal dressé à l'issue de chaque séance, par les soins du président du Corps législatif. **DÉCR. 17 fév. 1852.** ART. 44. Toute contravention à l'art. 42 de la Constitution sera punie de 1000 fr. à 5000 fr. d'amende. (*V.* p. 126 et 6.) ART. 46. Il est interdit de rendre compte des séances du Sénat autrement que par la reproduction des articles insérés au *Journal officiel.* ART. 18. Décret du 17 fév. 1852. *V.* ci-dessous pour la sanction de l'art. 16.	. . .	N.B. Le décret du 17 fév. 1852 n'est pas applicable aux colonies et à l'Algérie. V. art. 36 dudit décret, p. 156.
Charte de 1830. ART. 55. Les débats sont publics, en matière criminelle, à moins que cette publicité ne soit dangereuse pour l'ordre et les mœurs, auquel cas le tribunal le déclarera par un jugement. N. B. Implicitement maintenu par l'article 1ᵉʳ de la Constitution de 1852.	**L. 9 septembre 1835.** Crimes, délits et contraventions de presse. ART. 10. *Il est interdit aux journaux et écrits périodiques de rendre compte des procès pour outrages ou injures, et des procès en diffamation où la preuve des faits diffamatoires n'est pas admise par la loi; ils pourront seulement annoncer la plainte sur la demande du plaignant; dans tous les cas, ils pourront insérer le jugement…* (V. l'article entier, p. 126.) *L'infraction à ces diverses prohibitions sera poursuivie devant les tribunaux correctionnels, et punie d'un emprisonnement de 1 mois à 1 an et d'une amende de 500 fr. à 5,000 fr.* (Abrogé par le décret du 6 mars 1848.)	**Constitution 1848.** ART. 84. Les débats sont publics, à moins que leur publicité ne soit dangereuse pour l'ordre ou les mœurs, et, dans ce cas, le tribunal le déclarera par un jugement. — **DÉC. 6 mars 1848.** ART. 1ᵉʳ. La loi du 9 sept. 1835, sur les crimes, délits et contraventions de la presse, etc., est abrogée. — **L. 27 juillet 1849.** Sur la presse. ART. 44. Il est interdit de rendre compte du procès pour outrages ou injures, et des procès en diffamation où la preuve des faits diffamatoires n'est pas admise par la loi. La plainte pourra seulement être annoncée sur la demande du plaignant; dans tous les cas, le jugement pourra être publié… (*V.* la suite, p. 126.) (523.) L'infraction à ces dispositions sera punie d'une amende de 200 fr. à 3,000 fr.; en cas de récidive commise dans l'année, la peine pourra être portée au double.	**DÉCR. du 17 février 1852.** Sur la presse. ART. 17. Il est interdit de rendre compte des procès pour délits de presse. — La poursuite pourra seulement être annoncée; dans tous les cas, le jugement pourra être publié. (V. la suite, p. 126.) ART. 18. Toute contravention aux dispositions des art. 46 et 47 ci-dessus, sera punie d'une amende de 50 fr. à 5,000 fr., sans préjudice des peines prononcées par la loi, si le compte rendu est infidèle et de mauvaise foi. —	**DÉCR. du 28 mars 1852.** ART. 16. (Reproduit textuellement l'art. 17 du décret du 17 février. V. p. 126.)	

il suffit qu'ils aient été remis aux magistrats. — La publicité donnée à des mémoires produits en justice peut constituer une diffamation Agen, 23 déc. 1851 (D. P. 52. 2. 117).

518. Pour avoir action à raison des diffamations étrangères à la cause, on doit établir devant le juge saisi : 1° que ces diffamations étaient sans utilité pour la cause, et 2° conclure à la réserve expresse de l'action, quelle que soit la juridiction, ordinaire ou exceptionnelle. Cass., 21 juill. 1838, 23 nov 1835, 9 mars 1837. Le jugement doit porter la réserve en termes formels, et le juge est, à cet égard, souverain appréciateur des nécessités de la défense. Cass., 23 déc. 1835, 14 déc. 1838. J. crim., 2460. Cass. 20 mai 1854. Bull. crim., n° 161.

519. L'action publique, en cas de diffamations étrangères à la cause, n'est pas subordonnée à la condition d'avoir été réservé par le jugement; sic de Grattier, 1.259.265. Parant, Bories et Bonnassies, v° Mémoires, n° 106 à 113. Contrà, Mangin, Action publique, 1,129. Toulouse, 10 avril 1829, Paris, 30 juin 1847. Cass., 3 mars 1847 (S. 37. 1. 908).

520. L'art. 23 n'est pas applicable au ministère public au sujet de ses conclusions ou réquisitions criminelles ou correctionnelles. Cass., 11 janv. 1851. Bull. crim., n° 20.

521. Si les faits sont étrangers à la cause et diffamatoires, l'action pourra être poursuivie séparément par la voie ordinaire; mais le tribunal, d'office, peut prononcer des injonctions et suppression d'écrits aux termes de l'art. 1036 du C. proc. civ.

522. Qu'est-ce qu'un tiers suivant l'art. 23, L. 1819? C'est celui qui ne figure pas au procès, qui ne peut se défendre. — L'avocat, l'avoué ne sont pas des tiers, non plus que les témoins. Cass., 23 août 1838. J. crim., 2208. Contrà, Caen, 13 juin 1844. J. crim., 3686. Un témoin peut être assimilé à une pièce probante du procès; il n'est dans le procès que comme preuve, et de même qu'on peut discuter la sincérité d'une pièce, on peut discuter la véracité des dépositions. — Mais la mesure de ce droit se trouve dans l'utilité et la nécessité de la défense dont le juge est appréciateur souverain. — Or, cette liberté de la défense ne pourrait aller jusqu'à l'attaque systématique dans le but de unique de rendre pénible aux témoins le devoir de témoigner en justice. — Le défenseur, s'il est diffamé ou injurié, doit être protégé par le tribunal qui peut d'office punir le diffamateur. — Le silence du juge absout, *quoad silet non condemnat.* Rennes, 12 juin 1844 (J. P. 1835. 1. 384).

523. Il ne saurait être permis de faire indirectement ce qu'il est directement défendu de faire; l'intérêt des réputations a exigé une exception à la publicité des débats dans lesquels l'honneur des citoyens est engagé. — Les journaux ne pourront perpétuer la publicité des faits diffamatoires, art. 17 et 16, L. 1822, et L. du 27 juill. 1849.

1789 à 1814.	1815 à 1819.
1.	2.

TITRE II.— CRIMES ET DÉLITS CONTRE LES FONCTIONNAIRES ET LES PARTICULIERS. — CHAP. II.

L. 17 mai 1819.

Répression, crimes et délits de la presse, etc.

ART. 1er. Quiconque, soit par des discours, des cris ou menaces proférés dans des lieux ou réunions publics; soit par des écrits, des imprimés, des dessins, des gravures, des peintures ou emblêmes, vendus ou distribués, mis en vente ou exposés dans des lieux ou réunions publics; soit par des placards et affiches exposés aux regards du public... (*V.* la suite, p. 85-87... Moyens de publication.)

ART. 13. Toute allégation ou imputation d'un fait qui porte atteinte à l'honneur ou à la considération de la personne ou du corps à qui le fait est imputé, est **une diffamation** (524).

Toute expression outrageante, terme de mépris ou invective qui ne renferme l'imputation d'aucun fait, est **une injure** (524).

ART. 14. La diffamation et l'injure commises par l'un des moyens énoncés en l'art. 1er de la présente loi seront punies d'après les distinctions suivantes:... (524).

CODE PÉNAL.

Sect. VII, § 2. — Calomnie, injures, etc.

ART. 367. *Sera coupable du délit de calomnie, celui qui, soit dans des lieux ou réunions publics, soit dans un acte authentique et public, soit dans un écrit imprimé ou non, qui aura été affiché, vendu ou distribué, aura imputé à un individu quelques faits, qui, s'ils existaient, exposeraient celui contre lequel ils sont articulés à des poursuites criminelles ou l'exposeraient seulement au mépris ou à la haine des citoyens.* (Abrogé par l'art. 26 de la loi du 17 mai 1819. *V.* p. 105.)

ART. 375. *Quant aux injures ou expressions outrageantes qui ne renferment l'imputation d'aucun fait précis, mais celle d'un vice déterminé, si elles ont été proférées dans des lieux ou réunions publics, ou insérées dans des écrits imprimés ou non qui auraient été répandus et distribués, la peine sera de 16 fr. à 500 fr. d'amende.* (Abrogé par l'art. 26 de la loi du 17 mai 1819. *V.* p. 105.)

---

§ Ier. *Diffamations et injures envers les Cours et Tribunaux* (528),

Même loi.

ART. 15. *La diffamation ou l'injure envers les Cours et tribunaux ou autres corps constitués, sera punie d'un emprisonnement de 15 jours à 2 ans et d'une amende de 50 fr. à 4,000 fr.*
(Abrogé et remplacé par l'art. 5 de la loi du 25 mars 1822.
(V. art. 4, L. 26 mai 1819. — La poursuite est subordonnée à la réquisition de poursuites délibérée par les différents corps, p. 139).
(V. aussi art. 26, pour les condamnations accessoires, p. 131.)

CODE PÉNAL.

Injures simples ou non publiques.

ART. 376. [Toutes autres injures (*V.* ci-dessus, art. 375) ou expressions outrageantes, qui n'auraient pas eu ce double caractére de **gravité et de publicité**, ne donneront lieu qu'à des peines de simple police, art. 471.]

ART. 471. Seront punis d'une amende de 1 fr. à 15 fr. inclusivement... 11° ceux qui, sans y avoir été provoqués, auront proféré contre quelqu'un des injures.

ART. 474. Peine de **1 à 3 jours de prison**, en cas de récidive.

ART. 20. Néaumoins, l'injure qui ne renfermerait pas l'imputation **d'un vice déterminé**, ou qui ne serait pas publique, continuera d'être punie des peines de **simple police**. (Art. 471 du C. pénal.)

---

§ II. *Outrages publics et non publics envers les Magistrats et les*

DÉCR. 19-22 juillet 1791.

ART. 19. *Les outrages ou menaces par paroles ou par gestes faits aux fonctionnaires publics dans l'exercice de leurs fonctions, seront punis d'une amende qui ne pourra excéder dix fois sa contribution mobilière, et d'un emprisonnement qui ne pourra excéder 2 ans; la peine sera doublée en cas de récidive.*

ART. 17. *Quiconque aura outragé un fonctionnaire public, en le frappant au moment où il exerçait ses fonctions, sera puni de 2 ans de détention.*

CODE PÉNAL.

§ II. — Outrages [publics et non publics] et violences envers les dépositaires de l'autorité et de la force publique.

ART. 222. Lorsqu'un ou plusieurs magistrats de l'ordre administratif ou judiciaire auront reçu, dans **l'exercice de leurs fonctions** ou à l'occasion de cet exercice, quelque outrage [public ou non public] **par paroles** tendant à inculper leur honneur ou leur délicatesse, celui qui les aura ainsi outragés sera puni d'un emprisonnement **d'un mois à 2 ans.**
(Si l'outrage a eu lieu à l'audience, *V.* p. 118.) (524, 526, 532.)

ART. 223. L'outrage fait par **gestes ou menaces** à un magistrat, dans l'exercice ou à l'occasion de l'exercice de ses **fonctions**, sera puni de **1 mois à 6 mois** de prison. — (Si l'outrage a eu lieu à l'audience, *V.* p. 118.) (553.)

ART. 226. Dans les cas des art. 222, 223, l'offenseur pourra être, outre l'emprisonnement, condamné à faire **réparation**, soit à la première audience, soit par écrit; et le temps de l'emprisonnement prononcé contre lui ne sera compté qu'à dater du jour où la réparation aura eu lieu.

ART. 228. Tout individu qui, même sans armes et sans qu'il en soit résulté

DIFFAMATIONS, INJURES, OUTRAGES CONTRE LES FONCTIONNAIRES. 524. On peut distribuer en trois catégories distinctes, suivant le degré de généralités relatives des termes de la loi, les infinies variétés d'offense parlesquelles l'esprit d'invective attaque les fonctionnaires publics. — La loi les distingue entre elles par la nature de l'insulte, les moyens d'action ou de publicité et la *qualité* de la personne; de là : 1° Les insultes à raison de la fonction ou de la qualité (nature indéterminée) envers des fonctionnaires publics (classe indéterminée de personnes publiques) faites publiquement et d'une manière quelconque (moyens indéterminés d'action et de publicité), art. 6, L. 25 mars 1822; la loi les a qualifiées d'*outrages*; 2° L'insulte par diffamation ou injures pour des faits relatifs aux fonctions (nature déterminée, mais générale à l'égard de tous les fonctionnaires), envers tous dépositaires ou agents de l'autorité (classe indéterminée de fonctionnaires) par un moyen de l'art. 1er de la loi du 17 mai 1819 (moyens déterminés, mais encore généraux d'action et de publicité), art. 15 et 16, L. 17 mai 1819. 3° Les insultes tendant à inculper l'honneur et la délicatesse (nature déterminée, spéciale) envers les magistrats, les officiers ministériels et agents dépositaires de la force pu-

1820 à 1825. 3.	1825 à 1830. 4.	1831 à 1848 5.	1848 à 1849. 6.	1850 à 1856 7.	La PRESSE en ALGÉRIE. 8.	1856 à... NOTES. 9.

DIFFAMATIONS, INJURES, OUTRAGES. — SECT. Ire. — Contre les Fonctionnaires, Agents, Jurés, etc.

(col. 4) N. B. V. art. 14, L. du 28 juillet 1828, art. 10, L. 9 juin 1819, pour le doublement de l'amende, page 131, n° 560, *infrà.*

Corps constitués (529), *autorités et administrations publiques* (530).

L. 25 mars 1822. (Poursuite et répression des délits de presse.)

ART. 5. La diffamation ou l'injure, par l'un des moyens énoncés en l'art. 1er de la loi du 17 mai 1819, envers les Cours, tribunaux, corps constitués, autorités ou administrations publiques, sera punie d'un emprisonnement **de 15 jours à 2 ans et d'une amende de 150 fr. à 5,000 fr.** (528 et suiv.).

(col. 4) N. B. L'art. 14, L. 18 juillet 1828, est applicable... V. p. 131.

Injures par compte rendu d'audience.

ART. 7. L'infidélité et la mauvaise foi dans le compte rendu que rendent les journaux et écrits périodiques (*V.* p. 107) des audiences des Cours et tribunaux, seront punies **d'une amende de 1,000 fr. à 6,000 fr.** (528 et suiv. et 626 à 642.)
En cas de récidive, ou lorsque le compte rendu sera... (*V.* p. 91) injurieux pour la **Cour, le tribunal ou l'un des magistrats...** (*V.* p. 424) les éditeurs du journal seront en outre condamnés de **1 mois à 3 ans de prison.**

Dans les mêmes cas, il pourra être interdit, pour un temps limité ou pour toujours, aux propriétaires et éditeurs du journal ou écrit périodique condamné, de rendre compte des débats (*V.* p. 425) judiciaires. — La violation de cette défense sera punie de peines doubles de celles portées au présent article.

ART. 16 et 17. (Compétence, poursuites. — Règles spéciales, V. p. 159).

Fonctionnaires publics (531). — *Violences et voies de faits.*

Outrages publics, d'une manière quelconque, envers les fonctionnaires, etc.

Même loi de 1822. (Suite.)

(col. 6) **DÉCR. 11 août 1848,** Modifiant les lois de 1819 et 1822.

ART. 6. L'outrage fait **publiquement** et d'une **manière quelconque**, à raison de leurs fonctions ou de leur qualité, soit à un ou plusieurs membres de l'une des deux Chambres, soit à un fonctionnaire public, soit à un ministre *de la religion de l'État* (*V.* p. 414) sera puni **de 15 jours à 2 ans de prison et de 100 fr. à 4,000 fr. d'amende.** (524, 525, 526.)
§ 2 et 3. V. p. 413-314.
§ 4. Si l'outrage, dans les différents cas prévus par le présent

(col. 4) N. B. L'art. 14, L. 1828 est applicable... V. aussi art. 26, L. 26 mai 1819, p. 131.

(col. 6) ART. 5..... (En modifiant l'art. 6 de la loi de 1822, cet article a omis l'outrage envers **les fonctionnaires.** V. p. 92. Cette omission n'a rien d'abrogatif, n° 422.)

...lique (classe déterminée de fonctionnaires), par gestes, paroles ou menaces, publics ou non publics (moyens déterminés d'actions, mais indéterminés de publicité), art. 222, 224 et suivants du C. pén.; ces insultes ont reçu le nom *d'outrages.*

525. Prévoyant des situations différentes, les art. 5 et 6 (L. 1822), 16 et 19 (L. 1819), et 222 à 225, C. pén., ne s'abrogent pas et n'ont rien d'inconciliable d'une manière générale.

526. Il est admis que les lois spéciales dérogent aux lois générales même postérieures; à ce point de vue l'art. 6 de la loi de 1822, réglant dans ses dispositions indéterminées et générales les outrages publics quels qu'ils soient, est comme un fond commun sur lequel viennent se détacher les cas spéciaux des outrages publics du C. pénal et de la loi de 1819. L'art. 6 n'atteint que ce qu'ils ne peuvent pas punir.

Entre les deux dernières catégories, c'est-à-dire entre les cas de la loi de 1819 et ceux du C. pénal, les limites sont moins tranchées; ils ont des points si communs, ils présentent des caractères si confondus qu'il est souvent très-difficile de les distinguer au milieu du concours de circonstances qui les constituent. La difficulté vient généralement de ce que la loi n'a pas défini les termes dont elle s'est servie. — Que doit-on entendre par fonctionnaires publics opposés aux magistrats, aux dépositaires ou agents de l'autorité et réciproquement? — Les insultes tendant à inculper l'honneur et la délicatesse ne rentrent-elles pas ou ne comprennent-elles pas les injures et diffamations pour des faits relatifs aux fonctions? Ces injures et diffamations en quoi se distinguent-elles des outrages à l'occasion des fonctions? Quelle est la portée relative de ces expressions, *à raison, à l'occasion, dans l'exercice des fonctions* et *à raison de la qualité?* La loi ayant abandonné à la doctrine et à la jurisprudence le soin de fixer le sens de ces diverses expressions, nous allons donner quelques solutions des difficultés qu'ont fait naître les conflits des art. 6 (L. 1822), 15 et 16 (L. 1819), et des art. 222 et suivants du C. pénal.

1789 à 1814.	1815 à 1819.
1.	2.

1789 à 1814.

de blessures, **aura frappé** un magistrat dans l'exercice de ses fonctions ou à l'occasion de cet exercice sera puni d'un emprisonnement de **2 à 5 ans**. (Si cette voie de fait a eu lieu à l'audience... *V.* p. 420.)

ART. 229. Dans l'un et l'autre des cas exprimés en l'art. 228, le coupable pourra **de plus** être condamné à s'éloigner, pendant **5 à 10 ans**, du lieu où siége le magistrat et d'un rayon **de 2 myriamètres**. — Cette disposition aura son exécution à dater du jour où le condamné aura subi sa peine. — Si le condamné enfreint cet ordre avant l'expiration du temps fixé, il sera puni de bannissement.

ART. 231. Si les violences... ont été la cause d'effusion de sang, blessures ou maladies, la peine sera la **réclusion**; si la mort s'en est suivie dans les 40 jours, le coupable sera puni des travaux **forcés à perpétuité**.

ART. 232. Dans les cas mêmes où ces violences n'auraient pas causé d'effusion de sang, blessures ou maladies, les coups seront punis de la **réclusion** s'ils ont été portés avec préméditation ou guet-apens.

ART. 233. Si les coups ont été portés ou les blessures faites... avec intention de donner la mort... le coupable sera puni **de mort**.

ART. 231. Si les violences exercées contre les **fonctionnaires** désignés en l'art. 228.;., etc.

ART. 233. Si les coups ont été portés ou les blessures faites à un des **fonctionnaires** désignés en l'art. 228..., etc.

ART. 375. *Quant aux injures...* (*V.* ci-dessous). *la peine sera de 16 fr. à 500 fr. d'amende*.

ART. 542. (Du C. de procéd. civile.... *V.* p. 421..., injures contre les juges dans une requête.)

ART. 376. Toutes autres injures (*V.* art. 375 ci-dessous) ou expressions outrageantes qui n'auraient pas eu ce double caractère de gravité ou de publicité ne donneront lieu qu'à des injures de simple police. Art. 471.

ART. 228. Tout individu qui aura frappé **un magistrat**, etc. (*V.* p. 109).

ART. 471. Seront punis d'une amende de **1 fr. à 15 fr.** inclusivement : 11° Ceux qui, sans y avoir été provoqués, auront proféré des injures contre quelqu'un (*V.* 465).

ART. 474. Peine de **1 à 3 jours** de prison en cas de récidive.

1815 à 1819.

Diffamation et injures publiques envers les dépositaires de l'autorité

L. 17 mai 1819 (suite).

ART. 16. La diffamation envers **tout dépositaire** à agent de l'**autorité publique** pour des faits relatifs à s fonctions, sera punie **de 8 jours à 18 mois** de prison d'une amende de **50 f. à 3,000 f.** — L'emprisonnement l'amende pourront, dans ce cas, être infligés cumulativ ment ou séparément, suivant les circonstances (533 et s.

ART. 19. L'injure contre les personnes désignées p l'art. 46 (*V.* p. 445) sera punie de **5 jours à 1 an** de prison d'une amende de **25 fr. à 2,000 fr.**, ou de l'une de c deux peines seulement, selon les circonstances... (*V.* sui p. 445.) (533 et suiv.)

Injures simples ou non publiques.

ART. 20. Néanmoins, l'injure qui ne renfermerait p l'imputation d'un vice déterminé ou qui ne serait pas p blique, continuera d'être punie des peines de simple p lice. Code pénal, art. 474, n° 11 (474).

§ III. *Outrages, diffamations, injures, excès ou violences envers*

CODE PÉNAL. — § 2. Outrages [publics ou non publics] et violences.... (suite).

ART. 224. L'outrage [public ou non public] fait par **paroles, gestes ou menaces**, à tout officier ministériel ou agent dépositaire de la force publique, dans l'exercice ou à l'occasion de l'exercice de ses fonctions, sera puni de **16 f. à 200 f.** d'amende (553, 533 et s.).

ART. 225. La peine sera de **6 jours à 1 mois** de prison, si l'outrage mentionné en l'article précédent a été dirigé contre un **commandant de la force publique**.

ART. 226. (*V.* au tableau précédent. — Réparation. — Peines accessoires.)

ART. 227. Dans les cas de l'art. 224, l'offenseur pourra de même être condamné à **faire réparation** à l'officier, et s'il retarde ou refuse, il y sera contraint par corps. (Art. 5, L. 17 avril 1832, contrainte par corps.)

ART. 228. (*V.* au tableau précédent.)

ART. 230. Les violences de l'espèce exprimée en l'art. 228 (les coups) dirigées contre un officier ministériel, ou un agent de la force publique, ou un citoyen chargé d'un ministère de service public, si elles ont lieu pendant qu'il exerçaient leur ministère ou à cette occasion, seront punies de **1 mois à 6 mois** de prison.

ART. 375. Quant aux injures ou expressions outrageantes qui ne renferment l'imputation d'aucun fait précis, mais celle d'un vice déterminé, si elles ont été proférées dans des lieux ou réunions publics ou insérées dans des écrits imprimés ou non qui auraient été répandus ou distribués, la peine sera de 16 fr. à 500 fr. d'amende. (Abrogé par l'art. 26, L. 17 mai 1819. — *V.* p. 105.)

ART. 376. Toutes autres injures (*V.* ci-dessus, art. 375) ou expressions outrageantes qui n'auraient pas ce double caractère de gravité ou de publicité ne donneront lieu qu'à des peines de simple police. Art. 471.

ART. 471. Seront punis d'une amende de **1 f. à 15 f.** inclusivement..: 11° Ceux qui, sans y avoir été provoqués, auront proféré des injures contre quelqu'un (*V.* p. 105).

ART. 474. Peine de **1 à 3 jours** de prison en cas de récidive.

Diffamation et injures publiques envers les agents de l'autorité.

Même loi.

ART. 46. La diffamation envers tout **dépositaire** agent de l'**autorité publique**, pour des faits relatifs à se fonctions, sera punie de **8 jours à 18 mois** de prison d'une amende de **50 fr. à 3,000 fr.** L'emprisonnement l'amende pourront, dans ce cas, être infligés cumulativ ment ou séparément, suivant les circonstances (533 et s.

ART. 49. L'injure contre les personnes désignées p les art. 46... (*V.* p. 445)..., sera punie de **5 jours à 1 a** de prison et d'une amende de **25 fr. à 2,000 fr.**, o de l'une de ces deux peines seulement selon les circo stances... (*V.* p. 445) (533 et suiv.).

Injures simples ou non publiques.

ART. 20. Néanmoins, l'injure qui ne renfermerait pa l'imputation d'un vice déterminé ou qui ne serait pas p blique continuera d'être punie des peines de simple p lice. Code pénal, art. 474, n° 11 (474).

---

527. L'injure prend dans le C. pénal et dans la loi de 1822 la qualification d'outrage quand elle est dirigée contre un fonctionaire public ou contre une personne ayant agi avec un certain caractère public. — L'outrage se manifeste *aut re, aut verbis*, par des paroles, des gestes ou menaces et des violences. La peine, toujours plus grave que lorsqu'elle ne blesse qu'une personne privée, se gradue d'après la qualité du fonctionnaire outragé, d'après le lieu de l'outrage, d'après surtout les circonstances qui en aggravent la nature, *aut persond, aut tempore, aut re ipsâ atrocem injuriam fieri*; enfin, l'aggravation cesse dès que le délit ne se rapporte plus à l'exercice des fonctions, dès qu'il n'est plus commis pendant leur durée, *durante officio*, ou lorsqu'il n'a plus du moins pour objet cet exercice, *contemplatione officii*. MM. Chauveau et H. Élie, t. 3, p. 116.

528. Par *Cours et tribunaux*, dans l'art. 5, de la loi du 25 mars 1822, il faut entendre les tribunaux de première instance, les Cours impériales, de cassation, les justices de paix, les conseils de préfecture, les tribunaux militaires, de commerce, de simple police, les conseils de guerre, la Cour des comptes, le conseil d'État, la haute Cour, le conseil des pru d'hommes, etc...., mais non un tribunal arbitral (*V.* Chassan).

529. Sont *corps constitués :* les conseils municipaux, les chambres de commerce, le conseils généraux et d'arrondissement, les conseils de préfecture, de prud'hommes, le facultés de droit, de médecine, l'Institut, etc., mais non un collége électoral, la chambr des avoués, les gardes nationales, les régiments de l'armée, les gendarmes d'une localité Cass., 23 mai 1838 (S. 38. 1. 513). Rennes, 1838, J.P. — Douai, mars, 1831, de Grattir 1, p. 333, Cass., 25 avril 1831, J.P. — Chassan, t. 2, p. 20. — Cass., 1830, 25 fév., J.P les arbitres volontaires, Cass., 29 avril 1837. *Aliud* des arbitres forcés; ils constituen une juridiction reconnue par la loi. Cass., 15 juill. 1836 (J.P. 1836, p. 217). Cass. 7 nov. 1830 (J.P. 1830. 1. 397).

530. Par *administrations publiques*, il faut comprendre l'administration des contribu tions indirectes, la régie de l'enregistrement et des domaines, celle des tabacs, l'administra

1820 à 1825. 3.	1825 à 1830. 4.	1831 à 1848 5.	1848 à 1849. 6.	1850 à 1856 7.	La Presse en Algérie. 8.	1856 à… NOTES. 9.
ticle, a été accompagnée d'excès ou **violences** prévus par le § 1er de l'art. 228 du C. pénal, il sera uni des peines portées audit § et à l'art. 229, et en tre de l'amende portée au § 1er du présent article. § 5. Si l'outrage est accompagné **des excès** prévus ar le § 2 de l'art. 228, et par les art. 231, 232 et 33, le coupable sera puni conformément audit Code. —						
ART. 14. Dans les cas des délits correctionnels révus par les §§ 1, 2 et 4 de l'art. 6, et par… (*V.*)… de la présente loi, les tribunaux pourront ppliquer, s'il y a lieu, l'art. 463 du C. pén. —						
B. Dirigées contre des **fonctionnaires proprements dits**, à raison ou à l'occasion de leurs fonctions, la diffamation et l'injure des art. 16 et 19, constituent l'outrage de l'art. 6… (548). ART. 6. L'outrage fait **publiquement** et d'une anière quelconque à raison de leurs **fonctions** ou e leur qualité, soit à… (*V.* p. 94, 114).. , soit à un nctionnaire public, sera puni de **15 jours à 2 ans** prison et d'une amende de **50 fr. à 3,000 fr**… la suite ci-dessus).	N. B. (Application de l'art. 14, L. 1828, et art. 10, L. 10 juin 1819, p. 131. *V.* ci-dessous.) —		DÉCR. 11 août 1848. Modifiant les lois de 1819 et 1822. ART. 5. Cet article, dans la modification grammaticale qu'il a fait subir à l'art. 6, L. 1822, a omis l'outrage aux fonctionnaires. Cette omission n'a rien d'abrogatif, n° 422, *suprà*, p. 92.			

les dépositaires ou agents de l'autorité et les officiers ministériels (533 à 555).

1820 à 1825.	1825 à 1830.	1831 à 1848	1848 à 1849.	1850 à 1856	La Presse en Algérie.	1856 à…
B.—Les faits d'injures, d'outrages et de mauvais traitements envers les préposés des douanes sont spécialement punis de 500 fr. d'amende par la loi du 22 août 1791, tit. 15, art. 14. (*V.* au recueil, *in fine*, cet article, qui n'a pu trouver place dans ce tableau.) (536).						
B. Si ces dépositaires ou agents de l'autorité peuvent être considérés comme des fonctionnaires proprement dits, les diffamations et l'injure des art. 16 et 19, seront alors des outrages suivant l'art. 6, L. 1822, et rentreront dans le § précédent.	N. B. (*V.* art. 14, L. 18 juill. 1828, art. 10, L. 9 juin 1819, pour le doublement de l'amende lorsque la diffamation et l'injure ont lieu par la voie d'un journal, p. 131, et art. 26, L. 26 mai 1819, pour les peines accessoires. *V.* p. 131 et n° 560.) —					

...des postes, des eaux et forêts, des douanes, la caisse d'amortissement, les intendances ...iaires, les bureaux de bienfaisance, les administrations des hospices, l'administration de ...olice, les préfectures et sous-préfectures. Cass., 30 sept. 1836 (D. P. 1837, 1. 41) (Chassan).

531. Les expressions de *fonctionnaires publics* sont génériques et comprennent les ma-rats administratifs ou judiciaires. — On doit considérer comme fonctionnaires publics : ...ous-préfets, les maires et adjoints, les procureurs impériaux, les juges de paix, les ...missaires de police, le rapporteur d'une commission d'un conseil municipal, un officier ...gé d'un service d'ordre ou de police dans l'exercice de ses fonctions, le président d'un ...ge électoral, un juge suppléant lorsqu'il exerce ses fonctions. Cass., 16 janv. 1834, ...uin 1836. 4 juill. 1833. 28 avril 1826 (D. P. 1826, 1. 354). Cass., 8 nov. 1833. ...avril 1831 (S. 31. 1. 150). Douai, 5 sept. 1833 (D. P. 1834. 2. 404). De Grattier, ...54. Un receveur particulier ou général des finances, les receveurs de l'enregistrement, ...génieurs des ponts et chaussées, les directeurs des postes sont aussi des fonctionnaires ...ics. *V.* Chassan, MM. Bories et Bonnassies, v° *Diffamation*.

532. Sont *magistrats* : les préfets, les maires, leurs adjoints, les juges, les membres du parquet. MM. Chauveau et Hélie, 3, p. 120. Cass., 10 mai 1845 (S.V. 1846. 1. 591) ; les commissaires de police. Cass., 2 mars 1838. Ch. réun. (S.V. 38. 1. 359) ; le maire présidant son conseil. Cass., 17 mars 1845 (S.V. 45. 1. 777) ; les juges du conseil de guerre permanent. Cass., 31 janv. 1845 (S.V. 45. 1. 144) ; les magistrats qui n'ont pas encore prêté serment. Cass., 26 juin 1851 (S.V. 51. 1. 149) ; des arbitres, qu'ils soient volontaires ou forcés. Chassan, n° 117. 1385. Cass., 15 juill. 1836 (J.P. 1836. 3. 319). Amiens, 14 août 1837 (J. P. 1837. 2. 194). Cass., sect. réun., 18 mars 1838 (J. P. 1838. 1. 587). Un greffier est un magistrat. *V.* Chassan.

533. On doit considérer en général comme *agents* ou *dépositaires de l'autorité publique* ceux qui, par délégation médiate ou immédiate du Gouvernement, exercent une partie de son autorité ou font exécuter ses ordres. Paris, 31 mars 1843. Tels sont : 1° les gardes nationaux de service ; les employés des contributions indirectes qui font le service extérieur ; 3° les percepteurs des contributions directes ; 4° les médecins d'un hospice dans l'exercice ou à l'occasion de l'exercice de leurs fonctions ; 5° les agents de police de service ; 6° un maire

1789 à 1814.

1.

§ IV. *Outrages, injures envers les jurés, les témoins, les ministr*

ANNOTATIONS (SUITE).

affichant un placard; 7° les sergents de ville; 8° les porteurs de contrainte; 9° les geôliers. — Non les gardiens non assermentés.
1° Cass., 24 fév. 1832 (S. 32.1.541.); — 2° Colmar, 27 janv. 1836. Cass., 1er mars 1844.— Contrà, Paris, 29 juin 1843.; — 5° Cass., 26 juill. 1821 (S. Coll. nouv.t.6,p.478); —4° Orléans, 16 août 1836 (S. 37.1.159). Cass., 27 mai 1837 (J.P. 1837.1.557). Cass., 1841 (J. P. 1842.1.477.); — 5° Cass., 1er mars 1835. Cass., 16 juin 1832 (D. P. 1833.1.86). Cass., 9 mars 1835 (D. P. 1835.1.258); — 6° Cass., 14 août 1813 (J. P. 1843.2.587). Cass., 30 juin 1832, Bull. crim, n° 240; —7° Cass., 26 août 1824, non les gardiens non assermentés. Cass., 11 fév. 1842.—Les gardes champêtres et les gardes particuliers sont aussi des agents de l'autorité. — V. Chassan, MM. Dories et Bonnassies, v° Diffamation.

534. Sont officiers ministériels : les avoués, les huissiers, les notaires, les commissaires-priseurs, même agissant sans permission du juge lorsqu'elle est nécessaire. Cass., 20 fév., 1830 (Bull.crim., n° 50).—Id. les porteurs de contraintes des contributions directes. Cass., 30 juin 1832 (Bull.crim., n° 240).—Mais les avoués, les notaires, les huissiers, même saisissant, ne sont ni fonctionnaires publics, ni agents de l'autorité. Cass., 14 avril 1831 (J. P. 1831.1.303). Cass., 6 sept. 1836 (D. P. 1836.1.347). Cass., 25 juin 1831 (D. P. 1832.1.121). Paris, 23 juin 1836. — Et leurs chambres de discipline, pas plus que le conseil de l'ordre des avocats, ne sont point des corps constitués. — Rennes, 15 fév. 1838 (J.P. 1838.1.294). Cass., 25 mai 1838.— V. Chassan.

535. Il y a lieu de remarquer, à propos de l'art. 224 du Cod. pénal, que les outrages publics par parole envers les agents dépositaires de la force publique dans leurs fonctions, sont moins punis (16 fr. à 200 fr. d'amende) que le même délit d'outrage, c'est-à-dire l'injure publique envers les simples particuliers, prévue et punie de 16 à 500 francs d'amende par l'art. 19 de la loi du 17 mai 1819. — Ne serait-il pas utile pour entourer de plus de respect les agents de l'autorité de faire disparaître cette anomalie en abrogeant l'insignifiante pénalité de l'art. 224, pour la remplacer dans tous les cas par celle des art. 16 et 19 de la loi de 1819.—V. à ce sujet M. Bonneville sur l'Amélioration de la loi criminelle en France, p. 234.

536-537. Jugé que les faits d'injure, d'outrage et de mauvais traitements envers les préposés des douanes sont spécialement punis de 500 francs d'amende par la loi du 22 août 1791, art. 14, titre XV, et que les juges de paix sont seuls compétents pour prononcer cette peine, aux termes de l'art. 10 du décret du 14 fructidor an III et d'un arrêté du 27 thermidor an IV. Cass., chambres réunies, 10 janv. 1840 (J. P. 1840.1.750).

538. Sont agents dépositaires de la force publique dans le sens des art. 224 et 230 du C. pénal : les agents de police, les gardes particuliers; ils ont même été assimilés à des officiers de police. Cass., 16 déc. 1841 (J. P. 1842.1.604). Orléans, 20 nov. 1840 (J. P. 1841.1.33). Cass., 15 juill. 1836 (J. P. 1837.1.575).—Un gardien de prison non assermenté. Cass., 11 fév. 1842 (J. P. 1842.2.149). — V. Chassan.

539. Ne sont ni fonctionnaires, ni agents de l'autorité : les lieutenants de louveterie. Cass., 21 janv. 1837 (J. P. 1837.1.617); les entrepreneurs de pompes funèbres, les experts; Riom, 21 avril 1841 (J. P. 1841.2.572); les membres de la commission d'un hospice. Cass., 27 nov. 1840 (J. P. 1841.1.458). Ne sont revêtus d'aucun caractère public : le secrétaire d'un sous-préfet et le commis d'un sous-préfecture. Cass., 22 août 1851 (Bull. crim., n° 350).— V. Chassan.

540. Un brigadier de gendarmerie est un commandant de la force publique dans l'étendue du territoire assigné à sa brigade, lorsque, dans le service, il est à la tête d'un détachement, ce détachement fût-il d'un seul homme. Cass., 14 janv. 1826 (Bull. crim.,n° 9).—Contra MM. Chauveau et Helie. V. une autre espèce, Amiens, 30 janv. 1837. — V. Chassan.

541. Il y a outrage, aux termes du Code pénal, art. 222 à 225, dans ces mots dits à un maire dans le conseil municipal : « Vous n'êtes pas à la hauteur de votre dignité; vous êtes un menteur, je me f... de vous. » Cass., 23 août 1844. Id. dans le fait de cracher au visage d'un avoué au greffe, et de le traiter de lâche en lui adressant des invectives. Cass., 29 mars 1845 (J.Crim., 3762). Id. Dans les termes de mépris ou grossières invectives, par exemple : «Je vous emm...vous et vos procès-verbaux», que se permet un individu envers un commissaire de police inspectant un lieu public. Cass., 6 sept. 1850; 17 mars 1851 (J. crim., 4937).

542. Une imputation diffamatoire est un outrage punissable par l'art. 222, C. pén. lorsqu'elle est adressée à un magistrat dans l'exercice de ses fonctions. Cass., 9 mars 1850 (J. crim., 1850, n° 4774).

543. L'outrage fait à un fonctionnaire dans l'exercice de ses fonctions, qu'il soit ou non public, ou à l'occasion de cet exercice, mais sans publicité, est prévu et puni par les art. 222 et 225, C. pénal. Cass., 10 juill. 1851 (Bull. crim., n° 290).

544. Un maire en conseil de fabrique est dans l'exercice de ses fonctions. Cass., 28 août 1823 (Bull. crim., n°125). Id. un fonctionnaire public dans son domicile et sous son costume, relativement aux personnes qui s'adressent à lui, à l'occasion de ses fonctions. Cass., 28 déc. 1807 (D. 11, p. 96); —Cass., 26 mars 1813 (Bull. crim., n° 35). —Cass., 11 oct. 1850 (Bull. crim., n° 351).

545. L'outrage public à l'égard d'un maire dans l'exercice de ses fonctions et à raison de sa qualité tombe sous l'application de l'art. 222, C. pén. et suiv. Cass., 18 juill. 1851 (Bull. crim., n° 290).

546. Dire à un magistrat : « C'est moi, imbécile. » Est un outrage à raison ou à l'occasion de ses fonctions, si ces mots se rattachent à un acte de ses fonctions. Cass., 23 août 1844.

547. L'outrage de l'art. 6 de la loi du 25 mars 1822 peut être commis d'une manière quelconque; un charivari rentre dans les moyens outrageants de cet art. 6. Cass., 13 oct. 1836 (J. P. 1837.1.562.); 26 déc. 1834; 5 sept. 1835; 8 déc. 1832; 23 avril 1842 (J. P. 1842.2.164).

548. Jugé que s'il s'agit d'un fonctionnaire proprement dit, l'art. 6, L. 1822, remplace les art. 16 et 19 de la loi du 17 mai 1819, en cas de diffamation et d'injures.—Ces insultes deviennent des outrages dès lors qu'elles sont adressées à des fonctionnaires publics à raison de leurs fonctions ou à l'occasion de leur exercice. Si elles étaient adressées dans l'exercice des fonctions, l'art. 6 de la loi du 25 mars 1822, serait à son tour remplacé par les art. 222 et suiv., C pén. Cass., 7 déc. 1837 (J. P. 1840.1.116).

549. Jugé que l'art. 224 du C. pénal est abrogé par les art. 13, 14, 16 et 19 de la loi du 17 mai 1819, au sujet des injures publiques adressées à des gendarmes pour des faits relatifs à leurs fonctions. Orléans, 10 juill. 1843 (J. P. 1843.2.433).

CODE PÉNAL.

LIV. III, TIT. II, CHAP. III, § VII. — Entraves au libre exercice des cultes.

ART. 262. Toute personne qui aura par paroles ou gestes outragé [publiquement ou non publiquement]... (V. p. 404)... les ministres d'un [culte] dans leurs fonctions, sera puni de 15 jours à 6 mois de prison et de [16] à 500 fr. d'amende (555).

ART. 263. Quiconque aura frappé [publiquement ou non publiquement] le ministre d'un culte dans ses fonctions, sera puni de la dégradation civique...(556).

. . . .

ART. 228. Tout individu qui même sans ar[mes] sans qu'il en soit résulté de blessures aura fr[appé] [publiquement ou non publiquement] un m[agis]trat..., sera puni de 2 à 5 ans de prison (V.p.
§ 2. Si cette voie de fait a eu lieu à l'audien[ce] V. p. 420.

ART. 229. Dans l'un et l'autre des cas exprimés en l'art. 228, le coup[able] pourra de plus être condamné à s'éloigner pendant 5 à 10 ans du lie[u du] siége le magistrat et d'un rayon de 2 myriamètres. — Cette dispos[ition] aura son exécution du jour où le condamné aura subi sa peine.—Si le [con]damné enfreint cet ordre avant l'expiration du temps fixé, il sera b[anni].

ART. 231. Si les violences... ont été la cause d'effusion de sang, bless[ures] ou maladies, la peine sera la réclusion; si la mort s'en est suivie [dans] les 40 jours, le coupable sera puni des travaux forcés à perpétuité.

ART. 232. Dans le cas même où ces violences n'auraient pas causé d['effu]sion de sang, blessure ou maladie, les coups seront punis de la réclu[sion] s'ils ont été portés avec préméditation ou de guet-apens.

ART. 233. Si les coups ont été portés ou les blessures faites... avec l'[inten]tion de donner la mort, le coupable sera puni de mort.

§ V. *Diffamations et injures commises p*

DÉCR. 15 nov. 1811.

ART. 41. En conséquence du décret du 18 mars 1808, l'Université royale aura jurid[iction] sur ses membres en tout ce qui touche l'observation de ses statuts et règlements, l'a[ccom]plissement des devoirs et des obligations de chacun, les plaintes et les réclamations [de] ses membres relativement à l'exercice de leurs fonctions, les injures, diffamatio[ns] scandales entre eux, et l'application des peines encourues.

ART. 71. Entre les membres de l'Université, les injures verbales ou par écrit se[ront], sur la plainte de la partie offensée, punies par la réprimande ou la censure, suivant le[s cas]. Il sera fait, d'ailleurs, à l'offensé telle excuse ou réparation que le conseil estimera conven[able].

ART. 75. Si un membre de l'Université se rendait coupable de diffamation ou de [ca]lomnie envers un autre membre, il sera puni par la suspension de ses fonctions, [la] privation de traitement pendant 3 mois, même par radiation du tableau de l'Uni[versité], avec affiche de l'ordonnance, suivant la gravité du cas.

550. Des chants et cris proférés en présence des agents de la force publique, dans l'intention de les outrager, constituent des outrages punis par l'art. 224 du C. pén. Cass., sept. 1849 (J. crim., 4717).

1815 à 1819. 2.	1820 à 1825. 3.	1825 à 1830. 4.	1831 à 1848. 5.	1848 à 1849. 6.	1850 à 1856. 7.	La Presse en Algérie. 8.	1856 à.. NOTES. 9.

du culte, le bureau électoral ou un de ses membres (556 à 560).

Colonne 3 — 1820 à 1825 :

L. 25 mars 1822 (suite).

Art. 6. § 1. L'outrage fait publiquement et d'une manière quelconque, à raison de leurs fonctions ou de leur qualité, soit à un ou plusieurs membres *de l'une des deux Chambres*, soit à un fonctionnaire public, soit enfin *à un ministre de la religion de l'État ou de l'une des religions dont l'établissement est légalement reconnu en France*, sera puni de **15 jours à 2 ans** de prison et de **100 fr. à 4,000 fr.** d'amende (547, 555).

§ 2. Le même délit envers un juré à raison de ses fonctions ou envers un témoin à raison de sa déposition, sera puni d'un emprisonnement de **10 jours à 1 an** et d'une amende de **50 fr. à 3,000 fr.** (558).

§ 3. L'outrage fait à un **ministre de la religion** de l'État ou de l'une des religions légalement reconnues en France dans l'exercice même de ses fonctions, sera puni des peines portées en l'art. 1er de la présente loi, de **3 mois à 5 ans** de prison et d'une amende de **300 fr. à 6,000 fr.** (556).

§ 4. Si l'outrage, dans les différents cas prévus par le présent article, est accompagné des **excès ou violences** prévus par le § 1er de l'art. 228, C. pén., il sera puni des peines portées audit §, et à l'art. 229, et en outre à l'amende portée au § 1er du présent article.

§ 5. Si l'outrage est accompagné des excès prévus par le 2e § de l'art. 228, Code pén., et par les art. 231, 232 et 233, le coupable sera puni conformément audit Code.

Injures par compte rendu d'audience.

Art. 7... (*V.* p. 125, le commencement.) Lorsque le compte rendu [par les journaux des audiences des Cours et tribunaux] sera... (p. 94) **injurieux** pour... (*V.* p. 110)... l'un des jurés ou des témoins, les éditeurs du journal seront en outre [de l'amende de **1,000 fr. à 6,000 fr.**] condamnés à un emprisonnement de **1 mois à 3 ans**. Dans les mêmes cas, il pourra être interdit, pour un temps limité ou pour toujours, au propriétaire ou éditeur du journal ou écrit périodique condamné de rendre compte des débats... (p. 125)... judiciaires. — La violation de cette défense sera punie de peines doubles de celles portées au présent article (638 à 642).

Art. 11. Dans les cas de délits correctionnels, prévus par les §§ 1, 2 et 4 de l'art. 6, par l'art. 8 et le § 1er de l'art. 9 de la présente loi, les tribunaux pourront appliquer, s'il y a lieu, l'art. 463 du Code pén.

Colonne 4 — 1825 à 1830 :

N. B. *V.* art. 14, L. 18 juillet 1828, — L. 9 juin 1819, art. 10 et art. 15, L. 1822 pour le doublement des amendes, lorsque l'outrage a lieu par les journaux, p. 151, et aussi l'art. 26, L. 26 mai 1819, pour les peines accessoires. *V.* p. 131 et n° 560.

Colonne 6 — 1848 à 1849 :

DÉCR. 11 août 1848. Modifiant la loi de 1822.

Art. 5. L'outrage fait publiquement et d'une manière quelconque, à raison de leurs fonctions ou de leur qualité, soit à un ou plusieurs membres de l'Assemblée nationale soit à un **ministre** de l'un des cultes qui reçoivent un salaire de l'État, sera puni de **15 jours à 2 ans** et d'une amende de **100 fr. à 4,000 fr.**

L. électorale 15 mars 1849.

Art. 112. *Les membres d'un collège électoral qui, pendant la réunion, se seront rendus coupables d'outrages ou de violences envers le bureau, soit envers l'un de ses membres, ou qui, par voies de fait ou menaces, auront retardé ou empêché les opérations électorales, seront punis d'un emprisonnement de 1 mois à 1 an et d'une amende de 100 fr. à 2,000 fr.*

Art. 117. (*L'art. 463 du C. pén. est applicable...* V. p. 100).

Colonne 7 — 1850 à 1856 :

N. B. — L'art. 5 du décret du 11 août 1848, en ne modifiant que le § 1 de l'art. 6 de la loi du 25 mars 1822, a laissé subsister tout le reste, car il fut bien entendu, lors de la discussion, que ce qui n'était pas modifié resterait en vigueur. — *V.* n° 422.

L. électorale du 2 fév. 1852.

Art. 45. Les membres d'un collège électoral qui, pendant la réunion, se seront rendus coupables d'outrages ou de violences envers le bureau, soit envers l'un de ses membres, ou qui, par voies de fait ou menaces, auront retardé ou empêché les opérations électorales, seront punis d'un emprisonnement de **1 mois à 1 an** et d'une amende de **100 f. à 2,000 fr.**

Art. 48. (L'art. 463 du C. pén. pourra être appliqué. — *V.* p. 100).

les membres de l'Université entre eux.

N. B. Le décret du 15 nov. 1811 a été implicitement abrogé par la loi du 15 mars 1850 et le décret du 9 mars 1853, qui en ont repris toutes les dispositions pour les mettre en harmonie avec les besoins de l'époque. Mais ces diverses lois, en modifiant profondément le régime universitaire et la discipline des corps enseignants, en conférant d'abord au **conseil supérieur de l'instruction publique** les attributions du **conseil de l'Université**, en donnant ensuite au ministre une partie des pouvoirs disciplinaires, nous paraissent avoir cependant respecté le droit de juridiction exceptionnelle du décret du 15 nov. 1811 (art. 41, 71 et 73). « Toutefois, ajoute à ce sujet M. Faustin Hélie dans son savant traité sur l'instruction criminelle, t. 6, p. 788, comme les peines prévues par les art. 72 et 73, sont purement disciplinaires, que le conseil, aux termes des art. 57 et 79 du décret du 17 mars 1808, n'a pas compétence pour en prononcer d'autres, et que l'art. 74 du décret du 15 mars 1811 réserve formellement la poursuite devant les juges ordinaires, quand il y a délit commun, il y a lieu de penser que ces dispositions n'ont créé qu'une haute attribution disciplinaire, mais ne feraient point obstacle à l'action de la justice si elle était régulièrement saisie, et que les faits qualifiés diffamation ou voies de fait eussent le caractère d'un délit. » — Le conseil de l'Université connaît en outre des délits commis par les élèves dans l'intérieur des lycées et collèges, art. 76, 77, 79 du décret du 15 nov. 1811. — Consulter aussi les décrets réglementaires rendus depuis la loi de 1850, et notamment celui du 29 juillet 1850 sur les décisions contentieuses du conseil de l'instruction publique.

551. La déclaration faite par dérision à la gendarmerie d'un délit qui n'a pas été commis est un outrage, suivant l'art. 224, C. pén. Cass., 9 déc. 1809. (D. P. 11, p. 95). Contrà, Paris, chambre d'accusation, 30 déc. 1854, *Gaz. des Trib.* du 23 janv. 1855.

552. Le fait d'un prévenu d'avoir dit à ses coprévenus à l'audience qu'ils étaient condamnés d'avance, et qu'il était inutile de se défendre, constitue le délit de l'art. 222 du C. pén. Cass., 15 avril 1855 (*Bull. crim.*, n° 137). — Sic, en disant au ministère public, qu'il est partial.

553. Les art. 223 et 224 du C. pén. n'exigent pas, comme l'art. 222, que l'outrage

TITRE II. — CRIMES ET DÉLITS CONTRE LES FONCTIONNAIRES ET LES PARTICULIERS.

ANNOTATIONS (suite).

soit de nature à porter atteinte à l'honneur ou à la délicatesse. Cass., 21 mai 1853. *Bull. crim.*, n° 181.

554. Lorsqu'un outrage est commis envers un magistrat à l'occasion de ses fonctions, la plainte préalable du magistrat n'est pas nécessaire pour saisir le tribunal à l'audience duquel le délit a été commis. Cass., 1851 (*Bull. crim.*, n° 206).

555. Dire d'un député que « la croix qu'il porte est la récompense de ses votes serviles et qu'il prend part dans les fonds secrets », c'est l'outrager. De Grattier, t. 2, p. 51.

556. Les art. 262 et 263 du Cod. pénal ont été implicitement abrogés par les §§ 3 et 4 de l'art., 6, L. du 25 mars 1822, en ce qui concerne les outrages et les coups adressés *publiquement* aux ministres du culte. MM. Chauveau et Hélie, 4, p.521.—*Contrà*, Parant.— On pourrait relever en faveur de l'opinion contraire, la différence de rédaction des §§ 2 et 3. — Dans l'un, le législateur se rapportait au § 1er et dit le *même délit*, c'est-à-dire les outrages publics; mais dans le § 2, il écarte cette expression de le *même délit*, et se contente de dire d'une manière générale, comme dans l'art. 262, *l'outrage dans l'exercice même des fonctions*... Le § 2 ne s'appliquerait il pas, dès lors, aux outrages publics et non publics?... L'exposé des motifs n'explique pas suffisamment cette difficulté.

557. Le fait d'avoir tiré dans une rue, sur un ministre des cultes, à raison de sa qualité, un coup de pistolet à poudre, sans intention de le blesser, mais dans le but d'attirer sur lui l'attention publique, et de lui faire peur, est un outrage puni par l'art. 6 de la loi du 25 mars 1822. Agen, 12 février 1839. — Sic, le cri du corbeau proféré avec intention sur le passage des prêtres. Cette assimilation d'un prêtre avec un corbeau peut, suivant les circonstances, constituer un outrage.

558. L'art. 6 de la loi de 1822 s'applique au jury d'expropriation pour cause d'utilité publique, bien que ce jury ne fût pas institué lors de la loi de 1822. — Ces jurés, comme ceux des Cours d'assises, sont des citoyens chargés d'un ministère public, à raison duquel la loi leur doit une égale protection. V. Chassan, De Grattier, t. 2, p. 72.

559. Si les outrages prévus et punis par l'art. 6 de la loi de 1822 envers les jurés et témoins ne sont pas publics, ils ne sont pas punissables ou ne constituent que des injures simples.

560. A raison des délits d'outrages, de diffamations et injures commis par la voie d'un journal, l'amende peut toujours être élevée au double, aux termes *de* l'art. 10, L. 9 juin 1819, art. 13; L. 25 mars 1822, et art. 14, L. 18 juillet 1828, excepté lorsque l'injure est commise par voie de compte rendu des audiences du tribunal. — V. ce qui est dit n° 420, *supra*. — Voir aussi pour le compte rendu infidèle et de mauvaise foi, p. 125.

DIFFAMATION ET INJURES ENVERS LES NON-FONCTIONNAIRES. — 561. L'annonce *fausse*, par un journal, du suicide d'un individu, lorsque l'on attribue cet acte de désespoir à des motifs d'intérêt; Rouen, 30 déc. 1841 (J. P. 1842, 2. 570). — Reprocher à une jeune fille de s'être laissé séduire; Douai, 17 juin 1831 (*J. crim.*, 668). — Attaquer la mémoire d'un mort, si cette attaque est de nature à porter atteinte à l'honneur et à la considération de la famille; Cass., 4 mars 1839, 16 novembre 1843 (*J. crim.*, 2418, 3351); Paris, 1836 (D. P., 37. 2. 63), sont des diffamations, si elles sont publiques, suivant l'art. 1er, L. 17 mai 1819. — L'imputation de lâcheté est une diffamation, suivant les circonstances, ou une injure; Toulouse, 21 sept. 1849 (*J. crim.*,4618). V. *suprà*, p.103, n°s 491 et suivants.

562. Reprocher à un avocat, à l'occasion de sa plaidoirie, de s'être écarté de la ligne d'un honnête homme; — lui dire qu'il est un insolent, un drôle, un polisson; — les expressions de rénégat, de vénal, de sans cœur, sans générosité;—dire à quelqu'un « qu'il est un reste de chanson sur son compte »; — les termes de canaille, de polisson sont de simples injures. — *Contrà*, l'imputation d'être un fripon adressée à un avocat, lorsqu'elle est publique, est une diffamation. Cass., 8 juillet 1845 (J. P. 1844. 1. 14); 1er février 1851 (S.V. 51. 1 545); 15 février 1828 (*Bull. crim*, n° 59); 10 juillet 1840 (J. P. 41. 2. 619); 16 avril 1841 (J.P. 1841, 2. 2. 136); 20 août 1842 (S.V. 42. 1. 702). — V *supra*, p. 103; généralités, n°s 491 et suivants.

563. Un propos diffamatoire tenu dans une réunion de créanciers, présidée par un magistrat, à l'effet de procéder à un concordat, par suite de faillite, a le caractère de publicité exigé par l'art. 1er, L. 17 mai 1819, et 376 du Cod. pénal.—L'imputation d'être un fripon renferme l'imputation d'un vice déterminé, exigé par l'art. 20 de la loi de 1819, pour rendre le tribunal correctionnel compétent; Cass., 27 septembre 1831 (*Bull.crim.*, n° 414).

Dénonciations calomnieuses. 564. La dénonciation d'un fait punissable est un devoir, lorsqu'elle est inspirée par la conscience indignée d'un méfait; — elle est un délit lorsqu'elle est un moyen de vengeance ou de malice pour attirer sur un innocent les poursuites de la justice trompée par la révélation d'un fait imaginaire.

565. La dénonciation prévue par l'art. 373 du Cod. pénal doit, pour être punissable : 1° être faite par *écrit*; 2° être remise à l'*autorité compétente*; 3° avoir un caractère *calomnieux*.

566. *Écrite*, la dénonciation n'est soumise à aucune autre forme; Cass., 10 oct. 1816, 5 fév. 1830, 8 déc. 1837, 28 juin 1838 (D. P. 1830. 1. 111), *Bull. crim.*, n° 425 (S.V. 1839. 1. 694). — Les *autorités compétentes* sont aussi bien les officiers de police judiciaire, les préfets, les ministres, que les supérieurs du fonctionnaire dénoncé. Cass., 12 mai 1827 (*Bull. crim.*, 77); 7 oct. 1833, 23 juill 1835 (S. V. 1833. 1. 896). Bourges, 18 août 1838 (J.P. 1839. 1 232).

567. La dénonciation doit être calomnieuse. La calomnie se compose de deux éléments : 1° les faits reprochés doivent être de nature à occasionner, s'ils étaient prouvés, des poursuites judiciaires, disciplinaires ou des mesures administratives ou disciplinaires, ou exposer à la haine ou au mépris des citoyens. Cass., 25 fév. 1826 (*Bull. crim.*,n° 34, juill. 1839); (*J. crim*, 1839, 245). Cass., 7 déc. 1833 (*Bull. crim.*,n° 498) *Sic*, tous les auteurs. V. art. 367 du Cod. pénal; 2° les faits dénoncés doivent être faux, et cette fausseté doit être reconnue par l'autorité compétente saisie de la dénonciation, si elle a qualité pour les vérifier et les apprécier.

568. Le procureur général, la chambre du conseil ou d'accusation, le ministre, expressément ou tacitement, sont, suivant les cas, compétents pour déclarer la fausseté des

---

CODE PÉNAL. — Sect. VII. — Calomnies, injures.

ART. 367. Sera coupable du délit de calomnie celui qui, soit dans des lieux ou réunions publics, soit dans un acte authentique et public, soit dans un écrit imprimé ou non, qui aura été affiché, vendu ou distribué, aura imputé à un individu quelques faits, qui, s'ils existaient exposeraient celui contre lequel ils sont articulés à des poursuites criminelles, ou l'exposeraient seulement au mépris ou à la haine des citoyens. (Abrogé par l'art. 26; L. 17 mai 1819.)

ART. 375. Quant aux injures ou expressions outrageantes qui ne renferment l'imputation d'aucun fait précis, mais celle d'un vice déterminé, si elles ont été proférées dans des lieux ou réunions publics, ou insérées dans des écrits imprimés ou non qui auraient été répandus et distribués, la peine sera de 16 fr. à 500 fr. d'amende.(Abrogé par l'art. 26, L. 17 mai 1819.)

§ 1er. *Diffamations et injures envers les*

CODE PÉNAL.

ART. 375. Quant à l'injure... (V. ci-dessus), *la peine sera de 16 fr. à 500 fr. d'amende.*

ART. 376. Toutes autres injures ou expressions outrageantes qui n'auraient pas eu ce double caractère **de gravité et de publicité** ne donneront lieu qu'à des peines **de simple police**, art. 474, 474.	ART. 474. Seront punis d'une amende de 1 fr. à **15 fr.** inclusivement : 11° ceux qui, sans avoir été provoqué, auront proférés des injures contre quelqu'un. ART. 474. (Récidive : **3 jours de prison au plus.**)

§ II. *Diffamations et injures*

N. B. **L. du 18 germinal an X** (8 avril 1802), sur l'organisation du culte, porte : « Il y aura recours au conseil d'État dans tous les cas d'abus de la part des supérieurs et autres personnes ecclésiastiques.— Les cas d'abus sont : ....toute entreprise ou tout procédé qui, dans l'exercice du culte, **peut compromettre l'honneur** des citoyens, troubler arbitrairement leur conscience, dégénérer contre eux en oppression ou **injure**, ou **scandale public.** »

CODE PÉNAL

ART. 375. Quant à l'injure...(V. ci-dessus.) *la peine sera de 16 fr. à 500 fr. d'amende.*

ART. 376. Toutes autres injures ou expressions outrageantes qui n'auraient pas eu ce double caractère **de gravité et de publicité** ne donneront lieu qu'à des peines de simple police, art. 474, 474.	ART. 474. Seront punis d'une amende de 1 fr. à **15 fr.** : 11° ceux qui, sans y avoir été provoqués, auront proféré des injures contre quelqu'un. ART. 474. (**3 jours de prison au plus,** au cas de récidive.)

CHAP. III. — DÉNONCIATION

CODE PÉNAL.

ART. 373 Quiconque aura fait, par écrit, une dénonciation calomnieuse contre un ou plusieurs individus, aux officiers de justice ou de police administrative ou judiciaire, sera puni **de 1 mois à 1 an de prison et de 100 fr. à 3,000 fr.** d'amende.

ART. 368... est réputée fausse toute imputation à l'appui de laquelle la preuve légale n'est pas rapportée. (V. p. 105)

ART 370 .. Ne sera considérée comme preuve légale que celle résultant d'un jugement ou de tout autre acte authentique. (V. p. 105. — Abrogés par l'art. 26, L. 17 mai 1819.)

CHAP. IV. — MENACES ÉCRITES OU VERBALES

N. B. Bien que les lois, dites de presse, ne s'occupent pas des menaces adressées aux particuliers, des faux témoignages et de la révélation des secrets, ces crimes et délits pouvant être également commis par la voie de la parole et de la presse, nous croyons devoir les men-

---

faits dénoncés. Un refus de poursuivre, ainsi qu'un non-lieu fondé sur ce que les faits n'existent pas, ou que l'inculpé n'est pas le coupable, établissent suffisamment la fausseté de la dénonciation. — *Id*, une décision du préfet ou de l'évêque, à l'égard des dénonciations

1815 à 1819. 2.	1820 à 1825. 3.	1825 à 1830. 4.	1831 à 1847. 4.	1848 à 1849. 5.	1850 à 1856. 6.	La PRESSE en ALGÉRIE. 8.	1856 à... NOTES. 9.
CHAP. II. — DIFFAMATIONS, INJURES (suite). — Sect. II. — Contre les non-Fonctionnaires.							
L. 17 mai 1819. (Répression des crimes et délits de presse.) ART. 1er. Quiconque, soit par des discours, des cris ou menaces, proférés dans des lieux ou réunions publics; soit par des écrits, des imprimés, des dessins, des gravures, des peintures ou emblèmes vendus ou distribués, mis en vente ou exposés dans des lieux ou réunions publics; soit par des placards et affiches exposés aux regards du public... (Moyens de publication. *V.* p. 82 et la suite, p. 85.)							
ART. 13. Toute allégation ou imputation d'un fait qui porte atteinte à l'honneur ou à la considération de la personne ou du corps auquel le fait est imputé, est une **diffamation.** Toute expression outrageante, terme de mépris ou invective, qui ne renferme l'imputation d'aucun fait, est une **injure.**							
ART. 14. La diffamation et l'injure commises par **l'un des moyens** énoncés en l'art. 1er de la présente loi sont punies d'après les distinctions suivantes.							
ambassadeurs, agents diplomatiques, etc. ART. 17. La diffamation envers les ambassadeurs, ministres plénipotentiaires, envoyés, chargés d'affaires ou autres agents diplomatiques accrédités près du Roi, seront punis d'un emprisonnement **de 8 jours à 18 mois et d'une amende de 50 fr. à 3,000 fr.** ou de l'une de ces deux peines seulement, selon les circonstances.		N. B. *V.* art. 14, L. 18 juillet 1828, art. 10; L. 9 juin 1819, pour le doublement des amendes, en cas de délit par les journaux, p. 131. — *V.* aussi art. 26, L. 26 mai 1819, pour les peines accessoires, p. 131, n° 800. —					
ART. 19 § 1er. L'injure contre les personnes désignées par l'art. 17 sera punie d'un emprisonnement **de 5 jours à 1 an** et d'une amende **de 25 fr. à 2,000 fr.**, ou de l'une de ces deux peines seulement, selon les circonstances.. (*V.* la suite ci-dessous.) (La poursuite est subordonnée à une plainte préalable, art. 5, L. du 26 mai 1819. *V.* p. 141.)							
Injures simples ou non publiques. ART. 20. Néanmoins, l'injure qui ne renfermerait pas l'imputation d'un vice déterminé, ou qui ne serait pas **publique**, continuera d'être punie des peines de simple police.							
envers les simples particuliers. ART. 18. La diffamation envers les particuliers sera punie d'un emprisonnement **de 5 jours à 1 an** et d'une amende **de 25 à 2,000 fr.**, ou de l'une de ces deux peines seulement, selon les circonstances. (La poursuite est subordonnée à une plainte préalable, art. 5, L. du 26 mai 1819. *V.* p. 141.)		N. B. *V.* ci-dessus, même observation. —					
ART. 19, § 2. L'injure contre les particuliers sera punie d'une amende **de 16 fr. à 500 fr.** (*V.* ci-dessus le § 1er.) (La poursuite est subordonnée à une plainte préalable, art. 5, L. du 26 mai 1819. *V.* p. 141.)							
Injures simples ou non publiques. ART. 20. Néanmoins, l'injure qui ne renfermerait pas l'imputation d'un vice déterminé, ou qui ne serait pas publique, continuera d'être punie des peines de simple police.							
CALOMNIEUSE.							
L. 17 mai 1819. (Suite.) ART. 26. Les art. 367 à 372, 374 à 375 et 377 du C. pénal sont abrogés.							

— **FAUX TÉMOIGNAGE. — RÉVÉLATIONS DE SECRETS.**

tionner ici pour ordre et pour mémoire, en renvoyant au Code pénal, où ils ont été, avec la calomnie et l'injure, l'objet des art. 305, 306, 307, 308 et 436; 341, 362, 363, 364, 365 et 366; 378 et 418; — ainsi qu'à ses savants commentateurs, MM. Chauveau et Faustin Hélie, t. 4, p. 425 et suivantes; troisième édition, et au Code annoté de M. Gilbert. — *V.* d'ailleurs à la table analytique de cet ouvrage, p. 196 et suivantes. *V*° *menaces, faux témoignage, révélation de secrets,* n°s 3, 4, 5, 6, 8, 9, etc.

dont leurs subordonnés peuvent être l'objet. V. Gilbert, Cod. pénal annoté, art. 575, Chassan, De Grattier et les divers arrêts cités par les auteurs.

569. — Lorsque le dénonciateur reconnaît la fausseté de sa dénonciation, le tribunal peut se dispenser de surseoir et de statuer sur cet aveu. Cass., 24 mai 1841 (S. V., 41. 1. 889). — La poursuite peut encore suivre son cours, bien que le conseil d'État, saisi de la dénonciation contre un fonctionnaire et d'une demande en autorisation de mettre le fonction-

1789 à 1814.

1.

TITRE II. — CRIMES ET DÉLITS CONTRE LES FONCTIONNAIRES ET LES PARTICULIERS (SUITE).

SECT. 1re. — Délits commis à l'audience d'une Cour ou d'un tribunal, ou dans un li[eu]

CODE DE PROCÉDURE CIVILE.

L. I T. III.—Des audiences des juges de paix et de la comparution des parties.

ART. 10 Les parties seront tenues de s'expliquer avec modération devant le juge [de paix] et de garder en tout le respect qui est dû à la justice; —si elles y manquent, le juge [de paix] les y rappellera d'abord par un **avertissement**; en cas de récidive, elles pourront être condamnées à **une amende** qui n'excédera pas la somme de **10 fr.**, avec **affiches** du jugement, dont le nombre n'excédera pas celui des communes du canton (574).

ART. 11. Dans les cas **d'insulte ou irrévérence grave** envers le juge, il en dressera procès-verbal et pourra condamner à un emprisonnement de **3 jours au plus** (590) (574).

ART. 12. Les jugements, dans les cas prévus par les précédents articles, seront exécutoires par provision (574).

—

LIVRE II.—**Des tribunaux inférieurs** (572).

TITRE V.— Des audiences [civiles], de leur publicité et de leur police.

ART. 88. Ceux qui assisteront aux audiences se tiendront découverts, **dans le respect et le silence** : tout ce que le président ordonnera pour le maintien de l'ordre sera exécuté ponctuellement et à l'instant. — La même disposition sera observée dans les lieux où, soit les juges, soit les procureurs impériaux, exerceront les fonctions de leur état (572).

ART. 89. Si un ou plusieurs individus, quels qu'ils soient, **interrompent le silence, donnent des signes d'approbation ou d'improbation**, soit à la défense des parties, soit aux discours des juges ou du ministère public, soit aux interpellations, avertissements ou ordres des président, juge-commissaire ou procureur impérial, soit aux jugements ou ordonnances, **causent ou excitent du tumulte, de quelque manière que ce soit**, et si, après l'*avertissement* des huissiers, ils ne rentrent pas dans l'ordre sur-le-champ, il leur sera enjoint de se retirer, et les résistants seront saisis et déposés à l'instant dans la maison d'arrêt pour **24 heures**; ils y seront reçus sur l'exhibition de l'ordre du président, qui sera mentionné au procès-verbal de l'audience (572-573).

ART. 91. Ceux qui **outrageraient ou menaceraient les juges ou les officiers de justice dans l'exercice de leurs fonctions**, seront, de l'ordonnance du président, du juge-commissaire ou du procureur impérial, chacun **dans le lieu dont la police lui appartient, saisis et déposés** à l'instant dans la maison d'arrêt, interrogés dans les 24 heures et condamnés par le tribunal, sur le vu du procès-verbal qui constatera le délit, *à une détention qui ne pourra excéder le mois et à une amende qui ne pourra être moindre de 25 fr. ni excéder 300 fr.*

Si le délinquant ne peut être saisi à l'instant, le tribunal prononcera contre lui, dans les 24 heures, *les peines ci-dessus*, sauf l'opposition que le condamné pourra former dans les dix jours du jugement, en se mettant en état de détention (*V.* art. 181, C. d'instr. crim.) (574, 575 et 590).

(Modifié et abrogé en partie, *V.* art. 222 et suiv., C. pén. et art. 6, L. 1822.)

DÉC. 18-26 oct. 1790.

ART. 3. Les parties seront tenues de s'expliquer avec modération devant le juge et de ses assesseurs, et de garder tout le respect qui est dû à la justice; si elles y manquent, le juge de paix les y rappellera d'abord par un avertissement, après lequel, si elles récidivent, elles pourront être condamnées à une amende qui n'excédera pas la somme de 6 livres avec l'affiche du jugement. (Abrogé par la législation postérieure.)

ART. 4. Dans le cas d'irrévérence grave commise envers le juge de paix personnellement ou envers ses assesseurs en fonctions, il en sera dressé procès-verbal; le coupable sera envoyé à la maison d'arrêt du district et sera jugé par le tribunal du district, qui pourra le condamner à la prison jusqu'à 8 jours, suivant la gravité du délit et par forme de correction seulement.
(Abrogé par la législation postérieure.)

—

Code de brumaire an IV.

ART. 556. Si un ou plusieurs assistants interrompent le silence, donnent des signes publics d'approbation ou d'improbation, soit à la défense des parties, soit au jugement, causent ou excitent du tumulte, de quelque manière que ce soit, et si, après l'avertissement des huissiers, ils ne rentrent pas dans l'ordre sur-le-champ, le président leur enjoint de se retirer. — En cas de refus d'obéir à cette injonction, les réfractaires sont saisis aussitôt et déposés, sur le seul ordre du président conçu dans la forme des mandats d'arrêt, dans la maison d'arrêt, où ils demeurent 24 heures (Abrogé par la législation postérieure.)

ART. 557. Si quelques mauvais citoyens osaient outrager les juges, accusateurs publics, accusateurs nationaux, commissaires du Pouvoir exécutif, greffiers ou huissiers dans l'exercice de leurs fonctions, le président fait à l'instant saisir les coupables et les fait déposer dans la [...]

N. B.—Le titre IV ci-dessous du C. d'instruction criminelle ne d[ér]oguant pas entre les divers tribunaux, les art. 504, 505, 506 et sui[vants] paraissent, par la généralité de leurs termes, devoir s'appliquer aux audiences et instructions des juges de paix.

A la différence des art. 10 et 11 du C. de procédure civile, les art. 505 et suivants prévoient le cas de tumulte causé par d'autres pers[onnes] que les parties (587, 590).

ART. 504. Tumulte simple.— Expulsion.— Incarcération pendant [...] heures en cas de résistance.

ART. 505. Tumulte avec délits.—Application de la loi, séance ten[ante].

ART. 506. Crime commis.—Procédure.

En cas d'outrages et violences envers les magistrats et officiers de p[olice], application des art. 222 à 230 du C. pénal ou de l'art. 6, L. du 25 [mai] 1822, selon les circonstances Cass., 5 août 1854 (S. Dev., 54, 1. 7[..]). Cass., 25 juin 1855 (S. Dev., 55, 1. 854) (590).

—

CODE D'INSTRUCTION CRIMINELLE.

TITRE IV. CHAP. IV.—Des délits contraires au respect dû aux auto[rités] constituées.

ART. 504. Lorsqu'à **l'audience** ou en tout autre lieu où se fait publiquement une instruction judiciaire, l'un ou plusieurs des assistants donneront des **signes publics**, soit d'approbation, soit d'improbation, ou exciteront du tumu[lte] de quelque manière que ce soit, le président ou le juge fera expulser; s'ils résistent à ses ordres ou s'ils rentren[t], le président ou le juge ordonnera de les arrêter et condui[re à] la maison d'arrêt; il sera fait mention de cet ordre dan[s le] procès-verbal, et, sur l'exhibition qui en sera faite au ga[r]dien de la maison d'arrêt, les perturbateurs y seront reç[us] retenus pendant **24 heures**. (*V.* art 599, ou tableau suiva[nt]) (573.)

ART. 505. Lorsque le tumulte aura été accompagné d['in]jures ou de voies de fait donnant lieu à l'application ultér[ieure] de peines correctionnelles ou de police, ces peines pourr[ont] être, séance tenante et immédiatement après que les faits [au]ront été constatés, prononcées, savoir : — celles de sim[ple] police sans appel, de quelque tribunal ou juges qu'elles é[ma]nent; — et celles de police correctionnelle, à la charg[e de] l'appel, si la condamnation a été portée par un tribunal s[ujet] à l'appel ou par un juge seul (575-590).

ART. 484.—(Si l'outrage et la menace prévus par l'art. 91, C. de pr[océd.] civ., ont lieu pendant la durée de l'audience, le tri[bunal] ra juger sans désemparer.—*V.* ci-derrière, l'art. 18[..])

---

naire en jugement ait refusé cette autorisation. Cass., 10 mars 1842 (S. V., 42. 1. 557).

570. L'intention de nuire est encore une condition du délit, l'appréciation de cette intention est abandonnée à la sagesse des tribunaux.—La loi ne punit pas la dénonciation inconsidérée et téméraire faite cependant de bonne foi. Cass., 23 mars 1841 (*Bull. crim.*, n° 42). Dans ce cas, il y a lieu à des dommages-intérêts seulement, s'il y a eu préjudice. — Pour être punissable, la dénonciation doit être spontanée; elle n'aurait pas ce caractère si elle avait été provoquée dans un interrogatoire; mais il pourrait y avoir alors faux témoignage Cass., 3 déc. 1819 (S., 20. 1. 96). Cass., 29 juin 1838 (*J. de droit crim.*, 1839, p. 185). — *Sic*, MM. Chauveau et Hélie, et M. Chassan.

DÉLITS D'AUDIENCE. — **571.** Les art. 10, 11 et 12 du C. de procédure civile sont relatifs aux audiences civiles des juges de paix, et non aux audiences de police : — *Les parties seront tenues de s'expliquer*, ces expressions ne laissent aucun doute à cet égard.—590, *infrà.*

572. La rubrique du titre et du livre dans lesquels sont compris les art. 88, 89 et suivants du C. de procédure civile semble indiquer également que ces divers articles se rapportent plus particulièrement aux audiences *civiles* des tribunaux *inférieurs*, c'est-à-dire de première instance, qu'à leurs audiences *correctionnelles*. La rédaction de l'art. 89 confirmerait d'ailleurs cette manière de voir. Les expressions : *soit à la défense des parties, soit aux discours des juges*, indiquent les procès civils dans lesquels les juges peuvent avoir des

rapports à faire, et non des débats correctionnels dans lesquels *le prévenu*, et non pl[us les] *parties*, présente sa défense. — Toutefois, l'art. 91 paraît à certains auteurs, par sa r[édac]tion générale, être le droit commun pour tous les cas non réglés par le C. d'instr[uction] criminelle, et devoir s'appliquer aux audiences criminelles, correctionnelles et de simp[le po]lice, et encore à celle des Cours, des tribunaux de commerce, des conseils de discip[line de] la garde nationale, du conseil d'État, des tribunaux maritimes..., etc. V. Chassan.

573. L'art. 504 du C. d'instruction criminelle a dérogé à l'art. 89 du C. de pro[cédure] civile, en ce que l'*avertissement* préalable n'est plus exigé avant l'expulsion des per[turba]teurs... Mais lorsque, dans un procès civil, les parties ne peuvent retenir des signes d'a[ppro]bation et d'improbation, par suite de l'intérêt qu'elles prennent à la discussion de leur [for]tune ou de leur honneur, les juges, plus indulgents pour ces manifestations irréfléch[ies?] pour les manifestations des personnes étrangères aux débats, procédent, suivant l'art. 5[04] C. de procédure civile, par l'avertissement préalable avant l'expulsion, de même que comme dans les audiences criminelles et correctionnelles, des rigueurs de l'art. 504 d'instruction criminelle, ou des art. 10 et 11 de la loi du 9 sept. 1835.

574. L'art. 91 du C. de procédure civile a été développé et modifié par les art. [222 et] suivants du C. pénal, mais il n'a pas été abrogé par eux. — Le C. pénal doit être app[liqué] lorsque les outrages sont de nature à inculper l'honneur et la délicatesse du magist[rat, et] l'art. 91 à ceux qui ont moins de gravité.—Chassan, n° 573. Chauveau et Hélie, t. 4, [p...]

(SUITE.) 1789 à 1814. 1.	1815 à 1819 2.	1820 à 1825. 3.	1825 à 1830 4.	1830 à 1848. 5.	1848 à 1849. 6.	1850 à 1856 7.	1856 à... NOTES 8.

CHAP. V.— DÉLITS D'AUDIENCE.—CRIMES, DÉLITS, TUMULTE, TROUBLE, OUTRAGES, etc.

...où se fait publiquement une instruction judiciaire, et notamment des outrages.

Col. 1 — 1789 à 1814 :

CODE PÉNAL.

I.—Outrages [publics ou non publics] et violences envers les dépositaires de l'autorité et de la force publiques.

ART. 222. Lorsqu'un ou plusieurs magistrats de l'ordre administratif ou judiciaire [au]ront reçu, dans l'exercice de leurs fonctions, ou à l'occasion de cet exercice, quelque outrage [public ou non public] par [pa]roles, tendant à inculper leur honneur [ou] leur délicatesse, celui qui les aura ainsi [ou]tragés sera puni d'un emprisonnement [de] 1 mois à 2 ans.
Si l'outrage a eu lieu à l'audience d'une [Co]ur ou d'un tribunal, l'emprisonnement [se]ra de 2 à 5 ans (574).

ART 223... L'outrage [public ou non public] fait, par gestes ou menaces, à un magistrat dans l'exercice ou à l'occasion de [l'e]xercice de ses fonctions, sera puni de 1 [mo]is à 6 mois d'emprisonnement ; et si [l'o]utrage a eu lieu à l'audience d'une Cour [ou] d'un tribunal, il sera puni d'un empri[s]onnement de 1 mois à 2 ans.

ART. 226. Dans les cas des art. 222, 223, [l'o]ffenseur pourra être, en outre de la pri[so]n, condamné à faire réparation, soit à la [l']audience, soit par écrit, et le temps de

Col. 3 — 1820 à 1825 :

L. 25 mars 1822.

Poursuite des délits de la presse

ART. 6 §1er. L'outrage fait **publiquement et d'une manière quelconque, à raison de leurs fonctions** ou de leur qualité, soit à un ou plusieurs membres de *l'une des deux Chambres*, soit à un **fonctionnaire public** (magistrat ou autre), soit enfin à un ministre de la religion..(*V.* p. 444)...sera puni de **15 jours à 2 ans** de prison et de **100 fr. à 4,000 fr.** d'amende (574).

ART 14. Dans le cas de délits correctionnels prévus par les paragraphes 1, 2 et 4 de l'art. 6... de la présente loi, les tribunaux pourront, s'il y a lieu, appliquer l'art. 463 du C. pén.

Col. 5 — 1830 à 1848 :

Audiences criminelles et correctionnelles (art. 12).

—

L. 9 sept 1835
Sur les Cours d'assises.

ART. 40. La Cour pourra faire retirer de l'audience et reconduire en prison tout prévenu qui, par **des clameurs** ou tout autre **moyen propre à causer du tumulte**, mettrait obstacle au libre cours de la justice ; et, dans ce cas, il sera procédé aux débats et au jugement comme il est dit aux art. 8 et 9 [c'est-à-dire en son absence].
Applicable à la juridiction correctionnelle. *V.* art. 12 ci-dessous.

ART. 11. Tout prévenu ou toute personne présente à l'audience d'une Cour d'assises, qui causerait du **tumulte pour empêcher le cours de la justice**, sera, audience tenante, déclaré coupable de rébellion et puni d'un emprisonnement qui **n'excédera pas 2 ans**, sans préjudice des peines du C. pén. contre les outrages et violences envers les magistrats.— Applicable à la juridiction correctionnelle.

ART. 12. Les dispositions des art. 40 et 41 s'appliquent au jugement de tous les crimes et délits devant toutes les juridictions.

Col. 6 — 1848 à 1849 :

DÉC. 11 août 1848,

Modifiant les lois de 1819 et 1822.

ART. 5 Dans la modification purement grammaticale que l'art. 5 a fait subir au § 1er de l'art. 6 de la loi de 1822, on a omis **l'outrage aux fonctionnaires publics.** Cette omission n'a rien d'abrogatif. Il fut d'ailleurs bien entendu lors de la discussion en 1848 , que les dispositions de l'art. 6 de la loi de 1822 qui n'étaient pas modifiées resteront en vigueur (*V.* p. 92, n° 422).

—

...tra. Carré.—Mais il y a lieu de penser, avec M. de Grattier, que si la partie pénale de [l'art.] 91 n'a pas été abrogée par le C. pénal, elle l'a été par l'art. 6. de la loi de 1822, qui [pun]it les outrages d'une manière quelconque (de Grattier, t. 2, p. 89). Et d'ailleurs, quel [int]érêt y a-t-il à maintenir la peine de l'art. 91, puisque, par l'adjonction des circonstances [atté]nuantes, on peut toujours mesurer la peine à la gravité de l'infraction et abaisser la [pén]alité des art. 222 et suivants du C. pénal, et celle de l'art. 6, L. de 1822, en vertu de [l'ar]t. 14 de la même loi, même au-dessous des peines de l'art. 91. — Il ne reste donc plus [que] cet art. 91, suivant l'opinion de M. Carré, que les dispositions concernant l'arrestation, le [dép]ôt et l'interrogatoire, qui, dans certains cas encore, seront remplacées par les dispositions de l'art. 181 du C. d'instruction criminelle, puisque l'outrage peut être puni séance tenante, lorsqu'il a eu lieu dans l'enceinte et pendant la durée de l'audience. *Sic*, Cass. du 25 juin 1855, chambres réunies (D.P.1855.t.429, et la note). Cet arrêt est important sur la matière.

575. Les art. 181 et 505 du C. d'instruction criminelle, qui ont adopté une procédure plus rapide que celle de l'art. 91 du C. de procédure civile, n'ont pas abrogé, dans tous les cas, et ne remplacent pas toujours, quant au mode de procéder, cet art. 91. En effet, la loi prévoit trois cas bien distincts : 1° le tumulte accompagné d'injures et voies de fait envers les personnes composant le public de l'audience,—faculté pour les juges de procéder séance tenante. Art. 505, C. d'instruction criminelle.

1789 à 1814.

maison d'arrêt, sur l'ordre qu'il donne à cet effet, comme il est dit en l'article précédent. — Dans les 24 heures suivantes, le tribunal le condamne, par forme de punition corporelle, à un emprisonnement qui ne peut excéder 8 jours.

CODE DE PROCÉDURE CIVILE.
TIT. V. — Des audiences, de leur publicité, de leur police.

ART. 91. Ceux qui outrageraient ou menaceraient les juges ou les officiers de police dans l'exercice de leurs fonctions [délits correctionnels, aux termes des art. 222, 223 et suiv. du C. pénal.— *V.* ci-dessus], seront de l'ordonnance du président, des juges-commissaires ou du procureur impérial, chacun dans **le lieu** dont la police lui appartient, [ce n'est donc pas ici le cas spécial de l'art. 181, qui prévoit un délit commis dans l'**enceinte** ou pendant la **durée de l'audience** dont la police appartient exclusivement au président] saisis et déposés dans la maison d'arrêt, [car on ne peut les juger **séance tenante**, puisqu'il se peut que le tribunal, le président, le juge ou le procureur ne soient pas en séance] interrogés dans les 24 heures, et condamnés par le tribunal sur le vu du procès-verbal [non] à une détention qui ne peut excéder **1 mois** et à une amende de **25 à 300 fr.**, [mais aux peines de l'art. 6 de la loi de 1822 ou des art. du Code pén., suivant la nature des outrages.] (573.3°).

CODE D'INSTRUCTION CRIMINELLE.
CHAP. II. — Des tribunaux en matière correctionnelle.

ART. 184. S'il se commet un délit correctionnel [par exemple : les dé... prévus par les art. 222, 223, 224, 228, 230 du C. pén., ou par l'art. 6, L. 18... dans l'enceinte et pendant la **durée** de l'audience, le président dressera p... cès-verbal du fait, entendra le prévenu et les témoins, et le tribunal app... quera sans **désemparer**, les peines prononcées par la loi.

Cette disposition aura son exécution pour les délits correctionnels com... dans l'enceinte et pendant la **durée des audiences** de nos Cours et même... audiences du tribunal civil, sans préjudice de l'appel de droit des jugeme... rendus dans ces cas par les tribunaux civils ou correctionnels.

ART. 505. Lorsque le tumulte aura été accompagné d'**injures ou voies de f...** donnant lieu à l'application ultérieure des peines **correctionnelles** ou de p... lice, ces peines pourront être, **séance tenante** et immédiatement après que... faits auront été constatés, prononcées, savoir.... (*V.* au tableau précéden... suite.) (575.2°, 590).

N. B. Les injures ou voies de fait de l'art. 505 sont celles qui ont lieu à l'égard des indi... composant le public de l'audience. — Si la loi avait eu en vue les injures ou voies de fa... l'égard des magistrats, elle les eût qualifiées d'**outrages** comme en l'art. 91 du C. proc.

Code de brum an IV.
(Suite.)

ART. 558. *Si les outrages, par leur nature ou les circonstances, méritent une peine plus forte, les prévenus seront renvoyés à subir devant les officiers compétents, les épreuves de l'instruction correctionnelle ou criminelle.*

ART. 559. *Les administrations départementales ou municipales, lorsqu'il se trouve dans le lieu de leurs séances des assistants qui n'en sont pas membres, y exercent les mêmes fonctions de police que celles attribuées aux juges. — Après avoir fait saisir les perturbateurs, aux termes des art. 556, 557, les membres de ces administrations dressent procès-verbal du délit et l'envoient à l'officier de police judiciaire.*

CODE PROCÉDURE CIVILE (suite).

ART. 92. *Si les délits commis méritaient peine afflictive ou infamante (c'est-à-dire s'il s'agit d'un crime), le prévenu sera envoyé en état de mandat de dépôt devant le tribunal compétent, pour être poursuivi et puni suivant les règles établies par le Code d'instruction criminelle.* (Remplacé par les art. 506, 507 et 508.)

. . . .

SECT. II. — Crimes commis à l'audience d'une Cour ou d'u...

ART. 506. S'il s'agit d'un **crime** [par ex. des crimes des art. 228, 231, 2... 233 du C. pénal ou de l'art. 6, § 5 de la loi de 1822] commis à l'audience d... seul juge ou d'un tribunal sujet à l'appel, le juge ou le tribunal, après av... fait arrêter le délinquant et dressé procès-verbal des faits, enverra les piè... et le prévenu devant les juges compétents (592, 594).

ART. 507. A l'égard des voies de fait qui auraient dégénéré en cri... (*V.* art. 228, 231, du C. pénal, et art. 6, § 5 de la loi de 1822), ou de to... autres **crimes flagrants** et commis à l'audience de la Cour de cassatio... d'une Cour impériale ou d'une Cour d'assises, la Cour procédera au jugem... de suite et sans désemparer. — Elle entendra les témoins, le délinquant... le conseil qu'il aura choisi ou qui lui aura été désigné par le président; ... après avoir constaté les faits et ouï le procureur général ou son substitut... tout publiquement, elle appliquera la peine par un arrêt, qui sera mot... (593).

ART. 508. Dans le cas de l'article précédent, si les juges présents à l'... dience sont au nombre de 5 ou de 6, il faudra 4 voix pour opérer la conda... nation; — s'ils sont au nombre de 7, il faudra 5 voix pour condamner; — ... nombre de 8 et au delà, l'arrêt de condamnation sera prononcé aux tr... quarts des voix, de manière, toutefois, que, dans le calcul de ces trois quar... les fractions, s'il s'en trouve, soient appliquées en faveur de l'absolu...

ART. 509. Les préfets, sous-préfets, maires et adjoints, officiers de po... administrative ou judiciaire: lorsqu'ils rempliront publiquement quelques... tes de leur ministère, exerceront aussi les fonctions de police réglées ... l'art 504, et après avoir fait saisir les perturbateurs, ils dresseront proc... verbal du délit, et enverront ce procès-verbal, s'il y a lieu, ainsi que les p... venus, devant les juges compétents.

2° Tumulte accompagné d'injures et voies de fait envers les magistrats et dès lors constituant un délit d'outrage (il en serait de même à l'égard d'un délit quelconque commis à l'égard de toute personne), — il y a lieu de juger sans désemparer, pour ne pas laisser perdre les preuves, si le délit a été comis dans l'enceinte et pendant la durée de l'audience, art. 181, C. d'inst. crim.;

3° Le même délit d'outrage commis partout ailleurs qu'à l'audience, — c'est le cas de l'art. 91 du C. de proc. civ., et cette distinction est juste, car il importe souvent plus à la justice de procéder, sans perte de temps, à une instruction judiciaire pour ne pas donner aux preuves le temps de disparaître (dans un transport sur les lieux par exemple) que d'y surseoir afin de juger un outrage commis, peut-être avec intention, envers le magistrat enquêteur pour lui dérober un indice du crime vers lequel le magistrat portait son attention.

576. Jugé cependant que les art. 505 et 504 du C. d'inst. crim., ont accordé aux magistrats des droits plus étendus pour la répression des outrages qui leur sont faits par parole dans l'exercice ou à l'occasion de l'exercice de leurs fonctions que les art. 11, 89, 90 et 91 du C. de proc. civ., qui ont été ainsi virtuellement abrogés. — Cass., 5 août 1854; 26 janv. 1854, *Bull. crim.*, nos 20 et 248. — Cass., 8 déc. 1849, *Bull. crim.*, n° 338.

577. Les art. 504 à 5.9 sont applicables à tous les tribunaux. *Sic*, Carnot, Legraverend, Bourguignon.

579. La loi du 9 sept. 1855 n'a pas abrogé les lois antérieures; son but a été de régler les cas plus graves de tumulte causé par toute personne, et celui où il serait le fait du prévenu ou de l'accusé. — Le tumulte doit être puni conformément à l'art. 11 de la loi de 18... lorsqu'il a pour but d'empêcher le cours de la justice, et non pas lorsqu'il a lieu accidentellement par suite d'une rixe non calculée ni concertée. — C'est le tumulte systématique et médité qu'a prévu l'art. 11; dans le cas où le tumulte aura moins de gravité, on p... procéder suivant les art. 504 et suiv. du C. d'inst. crim.

580. La loi de 1855 n'est applicable qu'à l'occasion des audiences criminelles ou cor... tionnelles et non aux audiences civiles. — *V.* art. 12.

581. Lorsqu'à raison d'un tumulte prémédité, persistant, il y a lieu d'appliquer l'art... de la loi de 1855 et les peines pour outrages et violences envers les magistrats, le C... pénal est seul applicable, on violerait la loi si on cherchait dans les divers §§ de l'art. L. 1822, la peine encourue, et si l'on prononçait l'amende contre le perturbateur, conformément au § 4 de l'art. 6.

582. La loi ayant voulu protéger la majesté de l'audience ne s'est pas occupée de... la nature et de l'objet de l'outrage : étranger ou non aux fonctions ou à leur exercice... punissable. — Cass., 22 août 1840 (J.P. 1840.2.578).

583. Il n'est pas nécessaire que l'outrage ait été entendu du magistrat de l'audien... qu'il ait été prononcé autrement que sous le secret d'une confidence Cass., 24 déc. 185...

584. Dans la catégorie des officiers de police dont parle l'art. 91. C. proc. civ., il... comprendre même les avocats, ils empruntent à l'audience un caractère quasi public... barre l'avocat est presqu'un magistrat, c'est le ministère public des citoyens. *Sic* Carré...

1789 à 1814 (suite).	1815 à 1819. 2.	1820 à 1825. 3.	1825 à 1830. 4.	1831 à 1848. 5.	1848 à 1849. 6.	1850 à 1856. 7.	1856 à... NOTES. 8.
CODE PÉNAL (suite). ...mprisonnement prononcé contre lui ne lui ...ra compté qu'à dater du jour où la réparation ...ra eu lieu. ART. 224, 227. Relatifs aux outrages faits aux ...ficiers ministérie[l]s dans l'exercice ou à l'oc...sion de l'exercice de leurs fonctions. *V.* p.111.							
ART. 228. Tout individu qui, même sans armes sans qu'il en soit résulté des blessures, **aura** ...ppé un magistrat, dans l'exercice ou à l'occa...on de l'exercice de ses fonctions, sera puni ...un emprisonnement **de 2 à 5 ans.** Si cette voie de fait a lieu à l'audience d'une ...ur ou d'un tribunal, le coupable sera, en ou...e, puni de la **dégradation civique.** ART. 229. Dans l'un et l'autre des cas exprimés ...l'art. 228, le coupable pourra de plus être con...mné à **s'éloigner** pendant 5 à 10 ans, du lieu ...siége le magistrat, et d'un rayon de 2 myria...tres.— Cette disposition aura son exécution, ...dater du jour où le condamné aura subi sa ...ine.—Si le condamné enfreint cet ordre, avant ...xpiration du temps fixé, il sera puni du ban...sement. ART. 230. Les violences de l'espèce exprimée ...l'art. 228, dirigées contre un officier ministé...l, un agent de la force publique, ou un citoyen ...rgé d'un ministère de service public, si elles ...t eu lieu pendant qu'ils exerçaient leur minis...e ou à cette occasion, seront punies d'un em...sonnement **de 1 mois à 6 mois.**		**L. 25 mars 1822** (suite). ART. 6 (suite), § 4. Si l'outrage, dans les différents cas prévus par le présent article, a été accompagné **d'excès ou violences** prévus par le § 1er de l'art. 228 du C. pén., il sera puni des peines portées audit paragraphe et à l'art. 229, et, en outre, de l'amende portée au § 1er du présent article. (*V.* au tableau précédent.) ART. 14. L'art. 463 est applicable au § 4 de l'art. 6. *V.* p. 133. —		**L. 9 sept. 1835** (suite). ART. 11. **Tout prévenu ou toute personne présente à l'audience d'une Cour d'assises, qui causerait du tumulte pour empêcher le cours de la justice**, sera, audience tenante, déclaré coupable de rébellion et puni d'un emprisonnement qui n'excédera pas **2 ans**, sans préjudice des peines portées au C. pén. **contre les outrages et violences envers les magistrats** (579, 580, 582, 589).	**DÉC. 11 août 1848.** Mod. la loi de 1822 ART. 5. Cet article, en modifiant le § 1er de l'art. 6 de la loi de 1822, n'a point modifié les autres paragraphes ; il les a maintenus tels quels par son silence. Cela fut d'ailleurs ainsi entendu, lors de la discussion en 1848. *V.* p. 92, n° 422. —		
[T]ribunal, et notamment des outrages et violences. ART. 228, § 2. Si cette voie de fait... (*V.* ci-...sus)... a lieu à l'audience d'une Cour ou d'un ...unal, le coupable sera, en outre, puni de la ...gradation civique. ART. 229.... (*V.* ci-dessus.) ART. 231. Si les violences exercées contre les ...ctionnaires et agents désignés aux art. 228 ...230 ont été la cause d'effusion de sang, bles...es ou maladies, la peine **sera la réclusion** ; si ...mort s'en est suivie dans les 40 jours, le cou...le sera puni des travaux **forcés à perpétuité.** ART. 232. Dans le cas même où ces violences ...uraient pas causé d'effusion de sang, blessu...ou maladies, les coups seront punis de la **ré**...sion, s'ils ont été portés avec préméditation de guet-apens. ART. 233. Si les coups ont été portés ou les ...ssures faites à un des fonctionnaires ou agents ...ignés aux art. 228 et 230, dans l'exercice ou à ...ccasion de l'exercice de leurs fonctions, avec ...ention de donner la mort, le coupable sera ...i de mort.		**Même loi** (suite). ART. 6 (suite), § 5. Si l'outrage est accompagné des **excès** prévus par le § 2 de l'art. 228 et par les art. 231, 232 et 233, le coupable sera puni conformément audit C. pénal. L'art. 463 est applicable aux outrages prévus par le § 5 de l'art. 6.		ART. 12. Les dispositions des art. 10 et 11... (*V.* ci-dessus)... s'appliquent au jugement de tous les crimes et délits devant toutes les juridictions. —	(Décret 1848. Même observation que ci-dessus.)		

...[Nou]veau, *Quest.* 430, Chassan, n° 2078.

585. Le procès-verbal des outrages dressé par le tribunal, suivant les art. 91, C. proc., et 181, 503 et suiv. et 509 du C. d'inst. crim., fait foi jusqu'à inscription de faux. Grenoble, 26 déc. 1828 (S. 29.2.21. *Coll. nouv.* 9).

585 bis. Le procès-verbal conserve sa légalité et son authenticité, bien que par suite des actes tumultueux le tribunal ait levé la séance, et l'ait rédigé dans la chambre du conseil. Cass., 31 déc. 1812 (S. *Coll. nouv.* 4). — Morlin, v° *Procès-verbal*, n° 10.

586. Les militaires sont, comme tous les crimes, justiciables des tribunaux ordinaires en des délits d'audience. — C. d'assises du Rhône, 15 déc. 1846. (S. V. 47.2.632).

587. L'outrage commis à l'audience envers l'officier du ministère public d'un tribunal de police est passible des peines de l'art. 222, C. pén., et non pas seulement de celles portées en l'art. 10 du C. de proc. civ. — Cass., 8 nov. 1849 (S. V. 50.1.411).

588. Et dans les cas de répression de la part des tribunaux pour délits d'audience, les réquisitoires du ministère public ne sont pas de rigueur. — Carnot, 3, p. 597.

589. C'est à la Cour d'assises seule et sans le concours des jurés qu'il appartient de réprimer les délits envers le chef de l'État, les magistrats ou autres fonctionnaires, commis à l'audience, même par les accusés ou prévenus dans leurs défenses.— Sur ce point la juridiction exceptionnelle, donnée aux Cours et tribunaux par les art. 181, 505 et suiv. du C. inst. crim., n'a pas été modifiée.—Cass., 27 fév. 1832 (S. V. 32.1 161).—Assises du Rhône, 18 juin 1832 (S. V. 32.2 85). On devrait aujourd'hui appliquer l'art. 11 de la loi du 9 septembre 1835, dans les cas où les accusés se permettraient des outrages, et causeraient du tumulte à l'occasion de leur défense.

590. Si le fait dont s'est rendu coupable à l'audience l'individu condamné, constitue un délit d'outrage envers un magistrat de l'ordre judiciaire, dans l'exercice public de ses fonctions, le magistrat outragé doit, en vertu de l'art. 505, C. d'inst. crim. (*V.* p. 117), condamner le délinquant, conformément à l'art. 222, C. pén., et il viole cet article lorsqu'il ne prononce qu'un emprisonnement de **3 jours**, par application de l'art. 11, C. de proc. civ., complètement inapplicable dans ce cas. — Cass., 8 déc. 1849, *Bull. crim.*, n° 338. — Cass., 26 fév. 1854, *Bull. crim.*, n° 20 (*V.* p. 117, les lois citées).

591. La répression d'un outrage commis à l'audience peut être poursuivie par le ministère public devant les juges compétents, bien que le tribunal outragé n'ait pas jugé à propos de sévir lui-même. Cass., 15 frim. an VII (Dev. et Car., *Coll. nouv.* 1.1.158).

592. L'art. 506 s'applique au cas de crimes commis dans les lieux où se fait une instruction judiciaire. Carnot, 3, p. 399. — Ce n'est pas un mandat que le juge ou le tribunal doit décerner, mais un simple ordre d'arrestation; de sorte qu'en vertu de cet ordre, le prévenu ne pourrait être déposé dans la maison d'arrêt; il doit être conduit devant le juge d'instruction pour y être interrogé. — Carnot, 3, p. 399.

593. L'art. 507 ne peut recevoir application que quand le crime a été commis à l'audience ; il ne suffirait pas qu'il l'eût été dans le prétoire ou l'enceinte, car l'art. 507 ne renferme pas à cet égard la même disposition que l'art. 181 qui s'occupe de simples délits. — Carnot, 3. p. 400.

593 bis. Lorsqu'un outrage est commis envers un magistrat à l'occasion de ses fonctions, la plainte préalable du magistrat n'est pas nécessaire pour saisir le tribunal à l'audience duquel le délit a été commis. — Cass., 5 juin 1851, *Bull. crim.*, n° 206.

1789 à 1814.	**1815 à 1819.**
1.	2.

CHAP. V. — DÉLITS D'AUDIENCE (SUITE). — SECT. III. — Infractions commis[es]

§ Ier. *Infractions commises par des individus remplissant un[e]*

Code de procédure civile. (Suite.)

TIT. V. — Publicité des audiences ; police.

ART. 90. Si le trouble est causé par un individu remplissant une fonction près le tribunal, il pourra, outre la peine ci-dessus (art. 89, *V*. p. 117), être suspendu de ses fonctions.

La suspension, pour la première fois, ne pourra excéder le terme de 3 mois; le jugement sera exécutoire par provision, ainsi que dans le cas de l'art. 89. (*V*. ci-dessus, p. 117.)

Code de procédure civile.

ART. 512. (Dans la requête pour obtenir de prendre un juge à partie), il ne pourra être employé aucun terme injurieux contre les juges, à peine contre la partie de telle amende, et contre son avoué de telle injonction ou suspension qu'il appartiendra.

ART. 1036. Les tribunaux, suivant la gravité des circonstances, pourront, dans les causes dont ils seront saisis, prononcer, même d'office, des injonctions, supprimer des écrits, les déclarer calomnieux, et ordonner l'impression et l'affiche de leur jugement.

Même Code.

ART. 1036. Les tribunaux, suivant la gravité des circonstances, pourront, dans les causes dont ils seront saisis, prononcer, même d'office, des injonctions, supprimer des écrits, les déclarer calomnieux, et ordonner l'impression et l'affiche de leur jugement. (*V*. ci-dessus.)

DÉCR. du 30 mars 1808.

Règlement pour la police et la discipline des Cours et tribunaux.

ART. 103. Dans les Cours et dans les tribunaux de première instance, chaque chambre connaîtra des fautes de discipline qui auront été commises ou découvertes à son audience.

Les mesures de discipline à prendre sur les plaintes des particuliers ou sur les réquisitoires du ministère public, pour cause de faits qui ne se seraient point passés ou qui n'auraient pas été découverts à l'audience, seront arrêtées en assemblée générale à la chambre du conseil, après avoir appelé l'individu inculpé. Ces mesures ne seront point sujettes à l'appel, ni au recours en cassation, sauf le cas où la suspension serait l'effet d'une condamnation prononcée en jugement. (*V*. art. 25, décret do 1822, col. 3) (600).

Notre procureur général rendra compte de tous les actes de discipline à notre ministre de la justice, en lui transmettant les arrêtés avec ses observations, afin qu'il puisse être statué sur les réclamations ou que la destitution soit prononcée, s'il y a lieu.

ART. 104. (Le procureur impérial rendra, sans délai, le même compte au procureur général.)

ART. 102. Les officiers ministériels qui seront en contravention aux lois et règlements pourront, suivant la gravité des circonstances, être punis par des injonctions d'être plus exacts ou circonspects, par des défenses de récidiver, par des condamnations aux dépens en leur nom personnel, par des suspensions à temps; l'impression et même l'affiche des jugements à leurs frais pourront aussi être ordonnées; et leur destitution pourra être provoquée, s'il y a lieu.

DÉCR. du 14 décembre 1810.

ART. 39. *Si un avocat, dans ses plaidoiries ou dans ses écrits, se permettait d'attaquer les principes de la monarchie et les Constitutions de l'Empire, les lois et les autorités établies, le tribunal saisi de l'affaire prononcera sur-le-champ, sur les conclusions du ministère public, l'une des peines portées par l'art. 25 ci-dessous, sans préjudice des poursuites extraordinaires, s'il y a lieu.*

ART. 25. *Le conseil de discipline pourra, suivant l'exigence des cas, avertir, censurer, réprimander, interdire, pendant un temps qui ne pourra excéder une année, exclure ou rayer du tableau.*

(Abrogé. — Art. 45, ordonnance de 1822.)

CODE PÉNAL.

SECT. VII, § 2. — Calomnies, injures, etc.

ART. 377. *A l'égard des imputations et des injures qui seraient contenues dans les écrits relatifs à la défense des parties, ou dans les plaidoyers, les juges saisis de la contestation pourront, en jugeant la cause, ou prononcer la suppression des injures ou des écrits injurieux, ou faire des injonctions aux auteurs de ce délit, ou les suspendre de leurs fonctions, et statuer sur les dommages-intérêts. — La durée de cette suspension ne pourra excéder 6 mois; en cas de récidive, elle sera de 1 an au moins et de 5 ans au plus.*

Si les injures ou écrits injurieux portent le caractère de calomnie grave, et que les juges saisis de la contestation ne puissent connaître du délit, ils ne pourront prononcer contre les prévenus qu'une suspension provisoire de leurs fonctions, et les renverront, pour le jugement du délit, devant les juges compétents.

(Remplacé et abrogé. *V*. art. 23 et 26, L. 17 mai 1819)

L. 17 mai 1819.

Répression des crimes et délits de la presse.

ART. 23. Ne donneront lieu à aucune action en diffa[ma]tion ou injure, les discours prononcés ou les écrits prod[uits] devant les tribunaux ; pourront néanmoins les juges s[aisis] de la cause, en statuant sur le fond, prononcer la supp[res]sion des écrits injurieux ou diffamatoires, et condamner [comme] il appartiendra en des dommages-intérêts.

Les juges pourront aussi dans le même cas, faire des [in]jonctions aux avocats et officiers ministériels, ou même [les] suspendre de leurs fonctions. — La durée de cette susp[en]sion ne pourra excéder 6 mois; en cas de récidive, [elle] sera d'un an au moins et de 5 ans au plus (596, 598).

Pourront, toutefois, les faits diffamatoires étrangers [à la] cause donner ouverture, soit à l'action publique, soit à l['ac]tion civile des parties, lorsqu'elle leur aura été réservée [par] les tribunaux, et, dans tous les cas, à l'action civile des tier[s.]

ART. 26. Les art. 368, etc., et 377 du C. pénal sont abro[gés.]

§ II. *Infractions censées commises à l'audience. — Comptes rendus infidèle[s]*

594. Un avocat député, s'il commettait un crime à l'audience, pourrait être à l'instant incarcéré ; son inviolabilité ne le mettrait pas à l'abri de l'art. 506, C. d'inst. crim., sauf à demander à la Chambre l'autorisation pour continuer les poursuites; on ne pourrait donc juger sans désemparer, suivant l'art. 507. Chassan, n° 112. Mais l'autorisation ne serait pas nécessaire pour une infraction disciplinaire, la Charte ne l'exigeait qu'en matière criminelle. Le député ne pourrait donc exciper de sa qualité pour se mettre à l'abri des réquisitions du ministère public.

Infractions disciplinaires d'audience. — 595. Les avocats peuvent être cumulativement punis des peines de la loi pour le délit et, en outre, de telle peine discipli[naire] qu'il appartiendra. Grenoble, 26 déc. 1828 (J.P. 1829. 2. 547). La règle du non-c[umul] de l'art. 565 du C. d'inst. crim. ne s'applique pas en matière de discipline ; mais d[ans ce] cas, la cumulation est facultative. Orléans, 14 mars 1828 (J.P. 1829, 2. 35).

596. Si l'infraction dégénère en délit contre le tribunal ou toute autre personne, l[e tri]bunal saisi doit juger. Cass., 17 fév. 1832 (S., 32. 1. 173).

597. Le droit de prononcer des peines disciplinaires pour infractions commises à l'[au]dience peut être exercé sur les conclusions des parties ; s'il y a diffamation, sur les réqui[sitions...]

1820 à 1825.	1825 à 1830	1831 à 1847	1848 à 1849	1850 à 1856.	La Presse en Algérie.	1856 à...
5.	4.	5.	6.	7.	8.	NOTES. 9.

ou censées commises à l'audience, — infractions disciplinaires, — comptes rendus injurieux.

fonction près le tribunal, officiers ministériels ou avocats.

Colonne 1820 à 1825 :

ORD. des 20-23 novembre 1822.

ART. 16. (*V.* ci-dessous.) Qui consacre le droit qu'ont les tribunaux de réprimer les fautes disciplinaires commises à leur audience.

—

ORD. des 20-23 novembre 1822.

Exercice de la profession d'avocat. — Discipline du barreau.

ART. 45. Le décret du 14 décembre 1810 est abrogé. — Les usages du barreau sont maintenus.

ART. 13. Toute **attaque** qu'un avocat se permettrait de diriger, dans ses plaidoiries ou dans ses **écrits**, contre la **religion**, les **principes de la monarchie**, la **Charte**, les **lois du Royaume** ou les autorités établies, sera réprimée immédiatement, sur les conclusions du ministère public, par le tribunal saisi de l'affaire, lequel prononcera l'une des peines prescrites par l'art. 18, sans préjudice des poursuites extraordinaires, s'il y a lieu (594, 598).

ART. 16. Il n'est point dérogé, par les dispositions qui précèdent, au droit qu'ont les tribunaux de réprimer les fautes commises à leur audience par les avocats (594, 596, 597).

ART. 18. Les peines de discipline sont : l'avertissement, la réprimande, l'interdiction temporaire. — La radiation du tableau ; — l'interdiction temporaire, ne peut excéder le terme d'une année (595, 598).

ART. 19. Aucune peine de discipline ne peut être prononcée sans que l'avocat inculpé ait été entendu ou appelé avec délai de huitaine.

ART. 24. Dans le cas d'interdiction à temps ou de radiation, l'avocat condamné pourra interjeter appel devant la Cour du ressort. (*V.* art. 103, décret 1808 ci-dessus.) (600)

ART. 25. Le droit d'appeler des décisions rendues par le conseil de discipline, dans les cas prévus par l'art. 15 [c'est-à-dire pour la répression des infractions commises par les avocats inscrits] appartient également aux procureurs généraux (600).

(Voir pour les délais et formes de l'appel, art. 26 et suivants.)

—

Colonne 1850 à 1856 :

DÉCR. 22-27 mars 1852,

Relatif aux élections du barreau.

ART. 3. A l'avenir, l'avocat auquel sera appliquée l'une des peines disciplinaires énoncées en l'art. 18 de l'ordonnance du 20 novem. 1822, pourra, suivant les circonstances, et par la même décision, être privé du droit de faire partie du conseil de discipline pendant un temps **qui n'excèdera pas 10 années.**

et de mauvaise foi des audiences et injurieux (Art. 7, L, 25 mars 1822, *V.* p. 125).

ministère public et même d'office. Bourges, 2 juill. 1841 (J.P. 1841. 1. 678). Mais les dommages-intérêts ne peuvent être adjugés que sur la demande des parties. Chassan, n° 119.,

598. L'avocat peut être condamné à des peines plus étendues que celles de l'art. 23, 17 mai 1819, et notamment à celles édictées par les art. 18 et 43 de l'ordonnance de 1822. Cass., 5 janv. 1834 (S. 34, 1. 86), soit que l'infraction ait eu lieu par paroles ou par écrits produits à l'audience.

599. L'avocat déjà condamné par le tribunal exerçant son droit de police, à raison d'outrages envers le tribunal, peut être poursuivi pour le même fait devant le même tribunal agissant comme conseil de discipline ; il n'y a pas là violation de la règle : *non bis in idem.* Grenoble, 24 déc. 1828, S. 29. 2. 212. (*Coll. nouv.*, 9). *Sic*, Chassan, n° 124, Morin, *Discipline*, 2, 681. Mollot, n° 261.

600. Il a été plusieurs fois jugé qu'en matière de discipline l'appel n'était pas recevable lorsque le tribunal n'avait prononcé qu'une peine légère telle que l'avertissement et la réprimande. — *Contrà*, Bioche, v° *Avocat.* Morin, *Discipline.* *V.* pour l'affirmative, arrêt de Cassation de 1855, dans le recueil de M. Devill., et les arrêts cités à la note, Cass., 17 mars 1828, J. P., à sa date, en 1855 et en 1828, et annotation importante.

1789 à 1814. 1.	1815 à 1819. 2.	1820 à 1825. 3.	1825 à 1830. 4.	1850 à 1848. 5.

TITRE III. — CONTRAVENTIONS PAR LA VOIE DE LA PRESSE ET AUTRES MOYENS DE PUBLICATION

§ 1er *Insertions obligées. — Documents officiels*

Colonne 1815 à 1819

L. 9 juin 1819.
Publication de journaux périodiques.

ART. 8. *Tout journal sera tenu d'insérer les publications officielles qui lui seront adressées à cet effet par le Gouvernement, le lendemain du jour de l'envoi de ces pièces, sous la seule condition du paiement des frais d'insertion.*

ART. 12. La contravention à l'art. 78 et à l'art. 11 de la présente loi sera punie correctionnellement d'une amende de **100 fr. à 1,000 fr.**

—

Même loi du 9 juin 1819.

ART. 11. Les éditeurs du journal ou écrit périodique seront tenus **d'insérer**, dans l'une des feuilles ou des livraisons qui paraîtront **dans le mois du jugement** ou de l'arrêt intervenu contre eux, **extrait** contenant **les motifs et le dispositif** dudit jugement ou arrêt.

ART. 12. La contravention à l'art. 78 et à l'art. 11 de la présente loi sera punie correctionnellement d'une amende de **100 fr. à 1,000 fr.**

ART. 13. Les poursuites auxquelles pourront donner lieu les contraventions aux art. 7, 8 et 11 se prescriront par **le laps de 3 mois**, à compter de la contravention ou de l'interruption des poursuites, s'il y en a eu de commencées en temps utile.....
(*V.* p. 153.)

—

Colonne 1820 à 1825

L. 25 mars 1822.
Poursuite et répression des délits de la presse.

ART. 11. Les propriétaires ou éditeurs de tout journal ou écrit périodique seront tenus d'y insérer dans les **3 jours** de la réception ou dans le **plus prochain numéro**, s'il n'en était pas publié avant l'expiration des **3 jours**, la réponse de toute personne **nommée** ou **désignée** dans le journal ou écrit périodique, sous peine d'une amende de **50 fr. à 500 fr.**, sans préjudice des autres peines et **dommages-intérêts** auxquels l'article incriminé pourrait donner lieu.

Cette **insertion sera gratuite**, et la réponse pourra avoir le **double** de la longueur de l'article auquel elle sera faite (602, 603, 604 et suivants).

—

Colonne 1850 à 1848

L. 9 septembre 1835.
Sur les crimes, délits et contraventions la presse.

ART. 18. *Tout gérant sera tenu d'ins... en tête du journal, les documents officiels ...ations authentiques, renseignements et r...fications qui lui seront adressés par tou... ...ssitaire de l'autorité publique; la public... devra avoir lieu le lendemain de la récep... des pièces, sous la seule condition du ... ...ment des frais d'insertion.*

Toute autre insertion réclamée par le ...vernement, par l'intermédiaire des pré... sera faite de la même manière, sous la ... condition, dans le numéro qui suivra le ... de la réception des pièces.

Les contrevenants seront punis par les ...bunaux correctionnels, conformément à ... ...ticle 11 de la loi du 25 mars 1822.
(Abrogé par l'art. 1er du décret du 6 ... 1848.)

ART. 17. *L'insertion des réponses et ...tifications prévues par l'art 11 de la l... 25 mars 1822, devra avoir lieu dans le ...méro qui suivra le jour de la réception; ...aura lieu intégralement et sera gratuite ...out sous les peines portées par ladite loi.*
Toutefois, si la réponse a plus du doub... la longueur de l'article auquel elle sera f... le surplus de l'insertion sera payé suiva... tarif des annonces (602).
(Abrogé par le décret du 6 mars 184...)

—

INSERTIONS OBLIGÉES. 601. « L'art. 19 du décret du 17 fév. 1852, dit la circulaire ministérielle du 27 mars suivant, a abrogé en partie l'art. 13 de la loi du 27 juillet 1849, mais en laissant subsister, quant à toute autre personne nommée ou désignée dans un journal, le droit de réponse tel qu'il est réglé par cet article et par l'art. 11 de la loi du 25 mars 1822. »

602. La loi de 1835 fixait, suivant le tarif des annonces, le paiement de ce qui excédait le double de la longueur de l'article auquel la réponse était faite. — Cette disposition, aujourd'hui abrogée, peut encore être suivie comme règle d'appréciation. — Jugé qu'il n'était dû que les déboursés. Paris, 16 mai 1850 (*J. crim*, art. 4735).

603. Un représentant du Peuple nommé ou désigné dans un journal, à l'occasion d'un discours qu'il a prononcé à l'Assemblée, peut toujours exercer le droit de réponse consacré par l'art. 11 de la loi de 1822. Ce droit est général et absolu; la personne désignée est seule juge de la manière dont elle doit exercer ce droit; il peut donc consister dans l'insertion intégrale du discours prononcé, quelle que soit sa longueur, si les frais de la longueur sont payés, et le refus d'insertion ne peut être justifié que dans le cas où cette réponse serait criminelle ou délictueuse Cass., 8 février 1850 (*Bull. crim.*, n° 45). Amiens, 18 avril 1850 (G., T. des 22, 25 avril); Metz, 23 mai 1850 (J P.1850. 646).

604. Lorsque la réponse excède le double de l'article qui l'a provoquée, le gérant ne peut refuser d'insérer la réponse en exigeant que le prix de l'excédant lui soit payé d'avance ou consigné préalablement. Paris, 16 mai 1850 (G. T. du 17). Metz, 23 mai 1850, cité ci-dessus (Chassan, 1. 943).

605. Lorsque la réponse a été signifiée au bureau du journal, siège de l'administration, le gérant ne peut se justifier du défaut d'insertion en prétendant qu'il est étranger à tout ce qui se passe dans le bureau de la rédaction, et que le rédacteur en chef ne lui a rien communiqué. Metz, 23 mai 1850, déjà cité.

606. Lorsqu'un journal cesse de paraître, après avoir refusé sans motif légitime l'insertion d'une réponse, les magistrats peuvent faire usage de l'art. 26 de la loi du 26 1819 (*V.* p.131) et ordonner l'impression et l'affiche, aux frais du gérant, de l'... contenant la lettre dont l'insertion a été illégalement refusée. Metz, 23 mai 1850 (J P. 1850.2.640) (Chassan, n°s 189, 1891).

607. La loi ne déterminant pas la place où doit figurer l'insertion des réponses particuliers, il appartient aux tribunaux d'apprécier si elle est satisfaisante. On peut considérer comme telle l'insertion placée à la suite de la signature du gérant, lorsque les caractères employés pour la réponse sont égaux à ceux employés pour l'article qui l'a provoquée et s'ils ne peuvent échapper aux yeux du lecteur. Tribun. Seine, 7 janvier 18... 27 juin 1850.

608. Le gérant est fondé à refuser l'insertion en tout ou en partie, lorsque la réponse est délictueuse, ou nuisible à des tiers, ou lorsqu'elle contient des développements étrangers aux faits qui lui ont donné naissance, ou si les termes n'en sont pas convenables. — Les juges du fait sont souverains pour l'appréciation de ces divers motifs. Cass., 26 mars 1841 (D. P. 41. 1. 138); Paris, 3 juin 1841 (D. P. 42. 1. 11); Cass., 6 octobre 18... 29 janvier 1842 (J. P. 2. 437); Paris, 12 décembre 1846 (J. P. 1848. 1. 93); Chassan t. 1, p. 538.

609. Le droit de réponse existe-t-il devant une critique littéraire? — Oui, suivant M. Chassan, 1. 539; Aix, 11 sept. 1839. — Non; Paris, 20 février 1836, 6 mai 18... Devill. 45. 2. 508; cassé le 27 novembre 1845 (J.P. 1846. 1. 129). — Conforme, ... léans, 9 juin 1846 (J. P. 1848.1. 98). — Mais le droit de réponse existerait si ... une critique injuste ou déloyale, l'auteur était l'objet de personnalités blessantes ou s'il ... être exposé au ridicule par des citations inexactes ou tronquées de son œuvre.

610. Le droit de réponse existe-t-il de journaux à journaux? Oui. Douai, 16 juin 18... (J. P. 1848. 1. 93); Chassan, 950; De Grattier, p. 104. — Contrà, Cass., 30 j... vier 1836.

1848 à 1849.	1850 à 1856.	LA PRESSE EN ALGÉRIE.	1856 à… NOTES.
6.	7.	8.	9.

CHAP. Iᵉʳ. — CONTRAVENTIONS DE LA PRESSE PÉRIODIQUE ET NON PÉRIODIQUE, ETC.

réponses. — Extraits de jugements. — Annonces judiciaires.

L. 27 juillet 1849, Sur la presse.	DÉCR. du 17 février 1852, Sur la presse.	DÉCR. du 28 mars 1852.
ART. 13. *Tout gérant sera tenu d'insérer, en tête du journal, les documents officiels, relations authentiques, renseignements et rectifications qui lui seront adressés par tout dépositaire de l'autorité publique; la publication devra avoir lieu le lendemain de la réception des pièces, sous la seule condition du paiement des frais d'insertion.* *Toute autre insertion réclamée par le Gouvernement, par l'intermédiaire des préfets, sera faite de la même manière, sous la même condition, dans le numéro qui suivra le jour de la réception des pièces.* *Les contrevenants seront punis par les tribunaux correctionnels d'une amende de 50 fr. à 500 fr.* (Remplacé et abrogé par l'art. 19, décret de 1852.)	ART. 49. Tout gérant sera tenu d'insérer, en tête du journal, les documents officiels, relations authentiques, renseignements, réponses et rectifications qui lui seront adressés par un dépositaire de l'autorité publique; la publication devra avoir lieu dans le plus prochain numéro qui paraîtra après le jour de la réception des pièces (601, 602, 612, 644). **L'insertion sera gratuite.** En cas de contravention, les contrevenants seront punis d'une amende de **50 fr. à 1,000 fr.;** en outre, le journal pourra être suspendu, par voie administrative, pendant **15 jours au plus.**	ART. 10. Tout gérant sera tenu d'insérer en tête du journal, et en caractères semblables à celui du journal, les documents officiels, relations authentiques, renseignements, réponses et rectifications qui lui seront adressés, soit par l'autorité militaire, soit par l'autorité administrative. La publication devra avoir lieu dans le plus prochain numéro qui paraîtra après le jour de la réception des pièces. **L'insertion sera gratuite.** En cas de contravention, les contrevenants seront punis de **25 fr. à 500 fr.** d'amende, et l'autorisation de publication donnée au journal pourra lui être retirée par le gouverneur général, conformément à l'art. 1ᵉʳ du présent décret.
ART. 13 (*suite*). **L'insertion sera gratuite pour les réponses et rectifications** prévues par l'art. 11 de la loi du 25 mars 1822, lorsqu'elles ne dépasseront pas **le double de la longueur des articles** qui les auront provoquées; dans le cas contraire, **le prix d'insertion sera dû pour le surplus seulement** (602, 607, 604, 605, 606 et suivants, 645).		
DÉCR. du 8 mars 1848, Relatif aux annonces judiciaires. *1ᵉʳ. Le dernier paragraphe de l'art. 696 du C de proc. rectifié par la loi du 2 juin 1841 [qui donnait aux* [cours] *royales, chambres réunies, après un avis des tribu-* [naux de] *première instance respectifs, sur les réquisitions du ministère public, le droit de désigner, chaque an-* [née d]*ans la première quinzaine de décembre, pour chaque* [arrond]*issement de leur ressort, parmi les journaux qui* [s'imprim]*lient dans le département, un ou plusieurs jour-* [naux d']*annonces judiciaires, et de régler le tarif de ces* [annonc]*es…], est abrogé.* *2. Dans les cas prévus par l'art. 696 du C. de proc.* [,] *les annonces pourront être insérées, au choix des par-* [ties, d]*ans l'un des journaux publiés dans le département où* [sont si]*tués les biens. Néanmoins, toutes les annonces judi-* [ciaires] *relatives à la même saisie seront insérées dans le* [même] *journal.* (Remplacé par l'art. 23 du décret du 17 février 1852.)	**Même décret de 1852.** ART. 23. Les annonces judiciaires exigées par les lois, pour la validité ou la publicité des procédures ou des contrats, seront insérées, **à peine de nullité de l'insertion**, dans le journal ou les journaux de l'arrondissement, qui seront désignés chaque année par le préfet. — A défaut de journal dans l'arrondissement, le préfet désignera un ou plusieurs journaux du département. Le préfet réglera en même temps le tarif de l'impression de ces annonces.	**Même décret de 1852.** ART. 11. Les annonces judiciaires exigées par les lois pour la validité ou la publicité des procédures ou des contrats seront insérées, **à peine de nullité de l'insertion**, dans le journal ou les journaux de l'arrondissement ou du département qui seront désignés, chaque année, par le préfet, sous les peines portées en l'article précédent et, en outre, de la nullité de l'insertion. Le préfet réglera en même temps le tarif de l'impression de ces annonces.

1. Un journaliste n'est pas obligé d'insérer un jugement rendu dans un intérêt privé et [auquel] il est étranger, bien que l'insertion de ce jugement dans son journal ait été ordonnée [et que] la partie intéressée ait offert de payer le prix de l'insertion. — Il n'y a pas lieu d'appliquer, dans ce cas, aux jugements des tribunaux les dispositions de l'art. 19 du décret de [déc]qui concernent seulement les communications des dépositaires de l'autorité. Paris, [27 déc]embre 1839 (D. P. 40. 2. 38); tribun. Seine, 8 mars 1843.

1 (*bis*). Le gérant d'un journal dans lequel l'insertion d'un jugement étranger à ce [journal] a été ordonnée peut se refuser de faire cette insertion, même à prix d'argent. Tribun. [Seine,] 8 mai 1839 (S. 39. 2. 167.)

2. Le gérant d'un journal condamné à faire insérer, dans certaines feuilles désignées, [l'arrêt] et de condamnation rendu contre lui, n'est point passible de dommages-intérêts à [raison] du refus d'insertion qu'opposent les gérants de ces feuilles. Arg. Douai, 9 août 1843 [(S.], 43. 2. 591). — Il en est ainsi, même quand le refus d'insertion provient du gé[rant au]quel le journaliste condamné a cédé, avant l'arrêt, mais postérieurement au jugement [de pre]mière instance, la propriété du journal dans lequel avait paru l'article qui a mo[tivé la] condamnation. (Même arrêt.)

613. Par *dépositaires de l'autorité*, il faut comprendre tous ceux à qui cette qualité peut être attribuée, quel que soit leur rang hiérarchique administratif; mais il ne faut pas comprendre les agents de l'administration qui n'exercent aucune portion de cette autorité. De Grattier, 385. — (*V.* ci-dessus, p. 112 et 113, notes.)

614. Lorsque le gérant d'un journal, requis par un fonctionnaire public d'y insérer une réponse à un article précédemment publié, supprime quelques mots dans la publication de cette réponse, le tribunal correctionnel ne peut, sans violer l'art. 19 du décret du 17 février 1852, se dispenser d'appliquer l'amende édictée audit article, en se fondant sur ce que l'omission des mots supprimés dans l'insertion de l'article communiqué était sans importance et n'avait pas été faite de mauvaise foi. Cass., 5 août 1853 (*Bull. crim.*, 387 et 385)

615. Celui qui fait insérer dans un journal, moyennant un prix convenu, un article où il désigne des tiers, est obligé de payer au journal la réponse que les tiers ont le droit d'y faire insérer. Tribun. de commerce de la Seine, 5 avril 1851; le *Droit* du 4 avril.

616. Le droit de réponse comporte celui d'insertion intégrale et de réplique aux observations critiques ou commentaires dont le journaliste accompagnera l'insertion. Cass., 5 déc.

1789 à 1814 (1.)	1815 à 1819 (2.)	1820 à 1825 (3.)	1825 à 1830 (4.)	1831 à 18... (5.)
	CHAP. Ier. CONTRAVENTIONS DE LA PRESSE PÉRIODIQUE ET NON PÉRIODIQUE (su...			
	L. 9 juin 1819. ART. 7. *Les éditeurs de tout journal ou écrit périodique ne pourront rendre compte des séances secrètes des chambres ou de l'une d'elles sans autorisation* (620). ART. 12. La contravention aux art. 7, 8 et 11 de la présente loi sera punie correctionnellement de **100 fr.** à **1,000 fr.** d'amende. (Modifié par le décr. du 17 fév. 1852.) — || **L.17 mai 1819** ⋯⋯ ART. 22. Ne donnera lieu à **aucune action** [pour crimes ou délits résultant du contenu], le **compte rendu** fidèle des séances publiques de la Chambre des députés, rendu de bonne foi **dans les journaux** (621). (Modifié par le décr. de 1852.) —	⋯⋯ **L. 25 mars 1822.** Poursuite et jugement des délits de presse. ART. 7. **L'infidélité et la mauvaise foi** dans le compte que rendent les journaux et écrits périodiques des **séances des Chambres** et des audiences des **Cours et tribunaux** seront punies d'une amende **de 1,000 fr.** à **6,000 fr.** (625 à 642). En cas de récidive, ou lorsque le compte rendu sera **offensant** pour l'une ou l'autre des Chambres, ou pour l'un des pairs ou des députés, ou **injurieux** pour la Cour, le tribunal, ou l'un des magistrats, des jurés ou des témoins, les éditeurs du journal seront, en outre, condamnés à un **emprisonnement de 1 mois à 3 ans** (630, 631, 632 et suiv.). Dans les mêmes cas, il pourra être **interdit** pour un **temps limité**, ou pour toujours, aux propriétaires ou éditeurs de journal ou écrit périodique condamné **de rendre compte** des débats législatifs ou judiciaires. **La violation** de cette défense sera punie de **peines doubles** de celles portées au présent article (638 à 642). —		
CHARTE de 1814. ART. 64. Les débats sont publics en matière criminelle, à moins que cette publicité ne soit dangereuse pour l'ordre et les mœurs et, dans ce cas, le tribunal le déclare par un jugement. N. B. V. p. 109. —			**L. 18 juillet 1828.** Journaux périodiques. ART. 46. Dans les procès qui ont pour objet la diffamation, si les tribunaux ordonnent, aux termes de l'art. 64 de la Charte, que les débats auront lieu à huis clos, **les journaux ne pourront, à peine de 2,000 fr.** d'amende, **publier les faits diffamatoires**, ni donner **l'extrait des mémoires** ou écrits qui les contiendraient. Dans toutes les affaires civiles ou criminelles, où un **huis clos** aura été ordonné, ils ne pourront sous les mêmes peines publier que le prononcé du jugement. —	**L. 9 sept. 18.** Crimes, délits et contrav[entions] [de pre]sse. ⋯⋯ ART. 10 § 1er. *Il est interdit aux journaux et écrits périodiques de rendre compte des pr... outrages ou injures et ... en diffamation, où la p... faits diffamatoires n'est p... par la loi; ils pourront ... annoncer la plainte ... mande du plaignant; ... les cas ils pourront in... gement.* § 2. *Il est interdit ... les noms des jurés ex... compte rendu de l'audi... jury aura été constitué.* § 3. *Il est interdit ... compte des délibération... res, soit des jurés, soit ... et tribunaux.* § 4. *L'infraction à c... prohibitions sera pour... vant les tribunaux cor... et punie d'un empri... d'un mois à un an et d'... de 500 fr. à 5,000 fr.* (Remplacé et abrog[é] ... décret 6 mars 1848 et ... du 27 juillet 1849.) —
C. PÉNAL ART. 377. Reproduit en partie par l'art. 23 de la loi 1817, 17 mai ; est abrogé par l'art. 26 de la même loi. —	**L. 17 mai 1819.** Répression, crimes et délits de presse. ART. 23. Ne donneront lieu à aucune action en diffamation ou injure les discours prononcés ou les écrits produits devant les tribunaux .. (*V.* la suite, p. 406, § dernier) … Pourront, toutefois les faits diffamatoires étrangers à la cause donner ouverture, soit à l'action publique, soit à l'action civile des parties lorsqu'elle leur aura été réservée par les tribunaux, et, dans tous les cas, à l'action civile des tiers. — *V.* p. 107.		**Même loi** (suite). ART. 47. Lorsqu'aux termes du dernier paragraphe de l'art. 23 de la loi du 17 mai 1819, les tribunaux auront réservé, pour les faits diffamatoires étrangers à la cause, soit l'action publique, soit l'action civile des parties, les journaux ne pourront, sous la même peine, [de l'art. 46] publier ces faits ni donner l'extrait des mémoires qui les contiendraient. —	

1846 ; Cass., 24 août 1832 (S. 1833, 1. 150).

617. Si la personne désignée dans un journal est en même temps diffamée, elle a non-seulement le droit de réponse, mais le droit de porter plainte en diffamation. Cass., 18 mars 1858. Chassan, 1. 342.

618. Les tribunaux ne peuvent, dans aucun cas, dispenser l'éditeur-gérant du journal condamné de l'insertion prescrite par l'art. 11, L. 9 juin 1819. De Grattier, t. 2, p. 28.

619. Le délai de 1 mois de l'art. 11, L. 9 juin 1819, ne court pas du jour de [la notifi]cation du jugement ou de l'arrêt, mais depuis que le jugement ou l'arrêt est devenu ... Contrà., de Grattier, 2, p. 28. conformes MM. Bories et Bonnassies, v° Insertion ...

PUBLICATIONS INTERDITES, COMPTES RENDUS.
L'art. 7 de la loi du 9 juin a été implicitement abrogé par l'art. 42 de la Constitu[tion qui] porte d'une manière générale que le compte rendu des séances publiques ou se...

§ II. *Publications interdites, comptes rendus, noms des jurés, actes d'accusation, etc.*

1848 à 1849. — 6.	1850 à 1856. — 7.	LA PRESSE en ALGÉRIE. — 8.	1856 à.... NOTES. — 9.
DÉC. 6 mars 1848. ART. 1ᵉʳ. La loi du 9 sept. 1835, sur les crimes, délits et contraventions de presse, est abrogée. — **L. 27 juillet 1849.** Sur la presse. ART. 11 § 1ᵉʳ. Il est interdit de rendre compte des procès pour outrages ou injures et des procès en diffamation où la preuve des faits diffamatoires n'est pas admise par la loi. — La plainte pourra seulement être annoncée sur la demande du plaignant ; dans tous les cas, le jugement pourra être publié (643). § 2. Il est interdit de publier les noms des jurés, excepté dans le compte rendu de l'audience où le jury aura été constitué. § 3. Il est interdit de rendre compte des délibérations intérieures, soit des jurés, soit des Cours et tribunaux. § 4. L'infraction à ces dispositions sera punie d'une amende de 100 f. à 3,000 f. (644-645). En cas de récidive commise dans l'année, la peine pourra être portée au double. ART. 10. Il est interdit de publier les actes d'accusation et aucun acte de procédure criminelle avant qu'ils aient été lus en audience publique, sous peine d'une amende de 100 fr. à 2,000 fr. — En cas de récidive commise dans l'année, l'amende pourra être portée au double et le coupable condamné de 10 jours à 6 mois de prison.	**Constitution de 1852.** ART. 42. Le compte rendu des séances du Corps législatif par les journaux, ou par tout autre moyen de publication, ne consistera que dans la reproduction du procès-verbal dressé à l'issue de chaque séance par les soins du président du Corps législatif (*V.* p. 6) (622). — **DÉCR. du 17 fév. 1852.** Sur la presse. ART. 14. Toute contravention à l'art. 42 de la Constitution sur la publication des comptes rendus officiels des séances du Corps législatif sera punie d'une amende de 1,000 f. à 5,000 fr. (622 et suiv.) ART. 16. Il est interdit de rendre compte des séances du Sénat autrement que par la reproduction des articles insérés au journal officiel. — Il est interdit de rendre compte des séances non publiques du conseil d'État. ART. 18. Toute contravention aux dispositions des art. 16 et 17 de la présente loi sera punie d'une amende de 50 fr. à 5,000 fr., sans préjudice des peines prononcées par la loi [du 25 mars 1821, art. 7], si le compte rendu est infidèle et de mauvaise foi. ART. 47. Il est interdit de rendre compte des procès pour délit de presse. — La poursuite pourra seulement être annoncée ; dans tous les cas, le jugement pourra être publié (643, 643 bis). Dans toutes les affaires civiles, correctionnelles ou criminelles, les Cours ou tribunaux pourront interdire le compte rendu du procès ; cette interdiction ne pourra s'appliquer au jugement qui pourra toujours être publié. ART. 48. (Toute contravention... sera punie de... *V.* ci-dessus.) —	N. B. Le décret du 17 février 1852 n'est applicable ni à l'Algérie, ni aux colonies. — *V.* l'art. 36 dudit décret, p. 156. — **DÉCR. 28 mars 1852.** ART. 16. Il est interdit de rendre compte des procès pour délits commis par la voie de la presse ; la poursuite pourra seulement être annoncée ; dans tous les cas, le jugement pourra être publié. ART. 47. Dans toutes les affaires civiles, correctionnelles ou criminelles, les Cours et tribunaux pourront interdire le compte rendu du procès. Cette interdiction ne s'appliquera pas au jugement (643). ART. 48. Toute contravention aux dispositions du § 1ᵉʳ de l'art. 16 et à l'art. 17 du présent décret, sera punie d'une amende de 50 fr. à 5,000 fr., sans préjudice du droit de retrait de l'autorisation de publication par le gouverneur général, selon la gravité de l'infraction. ART. 16, § 2. Les autres interdictions prononcées par les art. 10 et 11 de la loi du 27 juill. 1849 sont maintenues sous les peines portées en ladite loi.	

Corps législatif ne consistera que dans le procès-verbal officiel de la séance ; il va de soi que dès lors qu'il n'y aura pas eu de procès-verbal officiel, on pourra moins encore donner un compte rendu de la séance et qu'il y aura lieu *à fortiori* d'appliquer l'art. 14 du décret de 1852. Les art. 7 et 12 de la loi de 1819 seraient donc sans application.

621. L'art. 22 de la loi du 17 mai 1819, ainsi que nous l'avons dit, n'a pas été complètement abrogé par l'art. 42 de la Constitution, puisque le compte rendu *même* fidèle et de bonne foi, si le cas est possible, sera punissable et donnera *toujours lieu à une action*, de là qu'il ne sera pas la reproduction exacte du compte rendu officiel. Toutefois, il est maintenu contre l'action publique ou civile des tiers à raison des délits qui pourraient être contenus dans les discours parlementaires reproduits avec fidélité ; à ce point de vue l'immunité de l'art. 22, L. 17 mai 1819, protège encore le compte rendu fidèle et de bonne foi en dehors de la reproduction du procès-verbal officiel tout en le laissant exposé à l'application de l'art. 14 du décret du 17 février 1852. Quant à l'art. 7, il est maintenu puisque l'on peut concevoir un compte rendu *fidèle et de bonne foi* des séances en dehors du procès-verbal officiel, punissable par l'art. 14 du décret du 17 fév. 1852 à raison seulement de cette reproduction inexacte, et en outre un compte rendu entaché d'infidélité et de mauvaise foi, passible des peines de l'art. 7 de la loi du 25 mars 1822. *V.* p. 5, nᵒˢ 19 et 20, p. 108, nᵒ 509, et p. 92, nᵒ 419. Comparez art. 18, décret de 1852.

622. Pour déterminer la véritable portée des dispositions nouvelles sur la liberté des comptes rendus des séances législatives, la circulaire ministérielle du 27 mars 1852 a transmis à MM. les procureurs généraux les instructions suivantes :

« De la combinaison des art. 42 de la Constitution et 14 du décret du 17 fév. 1852, il résulte que le procès-verbal officiel des séances ne pourrait être impunément changé, altéré ou mutilé... Aucune difficulté ne peut s'élever sur le sens et la portée de la Constitution et

1789 à 1814. 1.	1815 à 1819. 2.	1820 à 1825 3.	1825 à 1830 4.	1831 à 1848. 5.	1848 à 1849. 6.
	La publication des écrits et ouvrages condamnés est prohibée et punie du maximum de la peine qu'aurait pu encourir l'auteur. — *V.* art. 27 et 26, L. du 26 mai 1819, p. 21, 27, 70, *in fine*, le catalogue des ouvrages condamnés.			(*V.* L. 21 mai 1834, **Annonces des loteries prohibées**, p. 71.) **L. 9 sept. 1835.** Crimes, délits et contrav. de presse. ART. 11. *Il est interdit d'ouvrir ou annoncer publiquement des souscriptions ayant pour objet d'indemniser des amendes, frais, dommages-intérêts, prononcés par des condamnations judiciaires; cette infraction sera jugée et punie comme il est dit en l'art. 10 [par les tribunaux correctionnels] de 1 mois à 1 an de prison et de 500 fr. à 5,000 fr. d'amende.* (Abrogé par le décret du 6 mars 1848 et remplacé.) **L. 15 juillet 1845.** Sur les chemins de fer. ART. 13. Toute publication quelconque de la valeur des actions de chemins de fer avant l'homologation de l'adjudication (du chemin de fer), sera punie d'une amende de **500 fr. à 3,000 fr.**	**L. 27 juillet 1849.** Sur la presse. ART. 5. Il est interdit d'ouvrir ou d'annoncer publiquement des souscriptions aya[nt] pour objet d'indemniser de[s] amendes, frais, dommages-i[n]térêts, prononcés par des co[n]damnations judiciaires. La co[n]travention, sera punie, par [le] tribunal correctionnel, de [1] mois à 1 an de prison et [de] 500 fr. à 1,000 fr. d'amen[de] (648 à 642).
CODE PÉNAL. § 5. — Violation des règlements relatifs au commerce. ART. 419. Tous ceux qui, par des faits faux ou calomnieux semés à dessein dans le public, par des sur-offres faites aux prix que demandaient les vendeurs eux-mêmes... ou qui par des voies ou moyens frauduleux quelconques, auront opéré la hausse ou la baisse du prix des denrées ou marchandises, ou des papiers et effets publics au-dessus ou au-dessous des prix qu'aurait déterminés la concurrence naturelle et libre du commerce, seront punis d'un emprisonnement **de 1 mois** au moins, **de 1 an** au plus et d'une amende de **500 fr. à 10,000 fr.** Les coupables pourront de plus être mis, par l'arrêt ou le jugement, sous la surveillance de la haute police **de 2 à 5 ans.** ART. 420. La peine sera... [double] (*V* p. 67)... si les manœuvres ont été pratiquées sur grains, grenailles, farines, substances farineuses, pain, vin ou toute autre boisson .., etc. (*V.* p. 67).	**L. 9 nov. 1815.** Cris séditieux, provocations à la révolte. ART. 8. *Sont coupables d'actes séditieux toutes personnes qui répandraient, accréditeraient, soit des alarmes touchant l'inviolabilité des propriétés nationales, soit des bruits d'un prétendu établissement des dîmes ou des droits féodaux, soit des nouvelles tendant à alarmer les citoyens sur le maintien de l'autorité légitime, et à ébranler leur fidélité.* — (Abrogé.) ART. 9. *Sont encore déclarés séditieux les discours ou écrits mentionnés en l'art. 5, soit qu'ils ne contiennent que des provocations aux délits des art. 5, 6, 7 et 8, soit qu'ils donnent à croire que des délits de cette nature, ou même les crimes énoncés aux art. 1, 2, 3, seront commis ou qu'ils répandent faussement qu'ils ont été commis* (*V.* p. 95).				**L. 27 juillet 1849.** Sur la presse. ART. 6. *La publication ou reproduction, faite de mauvaise foi, de nouvelles fausses, de pièces fabriqué[es] falsifiées ou mensongèrement attribu[ées] à des tiers, lorsque ces nouvelles o[u] pièces seront de nature à troubler [la] paix publique, sera punie d'un emprisonnement de 1 mois à 1 an [et] d'une amende de 50 fr. à 1,000 f[r.]* (Remplacé, *V* déc. 1852, art. 15.)
CODE PÉNAL. ART. 123. Concert de mesures illégales pratiquées par des dépositaires de l'autorité réunis ou correspondant entre eux. PEINE : **emprisonnement de 2 à 6 mois, interdiction des droits civiques pendant 10 ans au plus.**					

La publication des ouvrages non tombés dans le domaine public, celle des manuscrits des archives des ministères..., etc., sont également interdites à la presse périodique et non périodique, et constitueraient des délits de contrefaçon. — *V.* p. 15 à 16.

---

de la loi qui défendent cette infraction matérielle, mais on peut se demander si, en dehors de ce procès-verbal, il sera permis, suivant un procédé déjà employé, d'insérer dans une autre partie du journal, soit la relation, soit l'appréciation plus ou moins hostile, plus ou moins sérieuse, de l'ensemble des séances ou même de quelque incident particulier. Il faut ici que la pensée de l'art. 42 de la Constitution et de l'art. 14 du décret du 17 févr. vous soit nettement révélée, afin de prévenir les erreurs, de déjouer les calculs et d'éviter les surprises »

« La discussion légale des actes du Pouvoir, l'examen consciencieux des matières soumises à l'élaboration publique du Corps législatif, seront toujours acceptés par le Gouvernement qui doit vouloir et qui veut en effet être éclairé. Mais, ni les passions politiques, ni la haine ou l'affection envers les personnes qui participent à l'action du pouvoir et à la confection des lois ne peuvent se produire sous un prétexte plus ou moins spécieux. Si le compte rendu était remplacé ou commenté par des discussions, des appréciations qui enlèveraient en tout ou en partie à une séance du Corps législatif sa véritable physionomie, si la force des raisons données était exagérée ou amoindrie, si l'impression produite était dénaturée, si en attribuant aux délégués du Pouvoir ou à quelques membres de l'Assemblée une attitude, un langage, des intentions témérairement supposées ou interprétées, et, à plus forte raison, à un mensonge ou l'injure, instruments des mauvaises passions qui nuisent à la presse elle-même lorsqu'elle s'en sert, exploitaient le terrain des séances, alors les sévérités de la justice seraient encourues. En un mot, M. le procureur-général, on ne peut faire indirectement ce que l'art. 42 de la Constitution empêche de faire directement. On ne peut se mettre en contradiction avec le procès-verbal officiel: la liberté de discussion ou d'appréciation a pour limite l'exactitude et la loyauté à l'égard des personnes et des choses; s'il pouvait en être autrement, l'art. 42 de la Constitution serait une disposition illusoire...»

623. « Vous remarquerez au surplus que les dispositions dont je viens de vous entretenir s'appliquent non-seulement aux journaux, mais aussi à tout autre moyen de publication. Il devait en être ainsi pour assurer l'efficacité. Si, outre la contravention, le compte rendu contenait quelque délit, il y aurait lieu évidemment à poursuite de ce chef. Les art. 16, 17 et 18 contiennent des dispositions de même nature que l'art. 14. L'art. 15,

1850 à 1856.	LA PRESSE EN ALGÉRIE.	1856 à...
7.	8.	NOTES. 9.

DÉCR. organique sur la presse du 17 février 1852.

Art. 15. La publication ou reproduction de nouvelles fausses, de pièces fabriquées, falsifiées ou mensongèrement attribuées à des tiers, sera punie d'une amende de **50 à 1,000 fr.**

Si la publication ou reproduction est faite de mauvaise foi, ou si elle est de nature à troubler la paix publique, la peine sera de **1 mois à 1 an** de prison et de **500 fr. à 1,000 fr.** d'amende.

Le **maximum** de la peine sera appliqué si la publication ou reproduction est tout à la fois de nature à troubler la paix publique et faite de mauvaise foi (*V.* p. 96) (444 à 446).

Art. 20. Si la publication d'un journal ou écrit périodique frappé de **suppression ou de suspension administrative** ou judiciaire est continuée sous le même titre ou sous un titre déguisé, les auteurs, gérants ou imprimeurs seront condamnés à la peine **de 1 mois à 2 ans** de prison, et solidairement à une amende **de 500 fr. à 3,000 fr.**, par chaque numéro ou feuille publié en contravention (*V.* p. 34 et 434).

Art. 24. La publication de tout article traitant de matières **politiques ou d'économie sociale**, et émanant d'un individu **condamné à une peine afflictive et infamante ou infamante** seulement, est **interdite.**— Les éditeurs, gérants, imprimeurs qui auront concouru à cette publication seront condamnés solidairement à une amende de **1,000 fr. à 5,000 fr.**

—

DÉCR. du 22 mars 1852. — (Corps législatif. Règlement.)

Art. 74. Tout membre du Corps législatif peut, après en avoir obtenu l'autorisation de l'assemblée, faire imprimer, à ses frais, le discours qu'il a prononcé.

L'impression et la distribution **sans autorisation** sera punie **de 500 fr. à 1,000 fr.** d'amende contre l'imprimeur et de **5 fr. à 500 fr.** contre le distributeur. — *V.* p. 74.

—

L. municipale du 5 mai 1855.

Art. 27. Tout éditeur, imprimeur, journaliste ou autre qui rendra publics les actes interdits au conseil municipal par les art. 24 et 25, sera passible **des peines** de l'art. 123 du C. pén.

Art. 24. Sont nulles toutes délibérations prises par le conseil municipal hors sa réunion légale.

Art. 26. Tout conseil municipal qui se mettrait en correspondance avec un ou plusieurs autres conseils, ou qui publierait des proclamations ou adresses, sera... suspendu par le préfet.

N. B. La loi du 7 août 1850, sur la presse aux colonies, prévoyant le même délit que celui de l'art. 15 du décret du 17 fév. 1852, se sert des expressions suivantes : « **La publication, la reproduction ou propagation....** » — *V.* art. 3, p. 158. — Il y a lieu d'observer encore, en regard de l'art. 15, que le décret du 17 fév. 1852 n'est applicable ni à l'Algérie ni aux colonies. — *V.* l'art. 36 dudit décret, p. 156.

—

DÉCR. des 28 mars, 19 avril 1852. — Sur la presse en Algérie.

Art. 5. Toute publication de journal ou écrit périodique ou non périodique faite... après que le gouverneur général aura **révoqué l'autorisation** qu'il avait précédemment **accordée**, sera punie d'une amende **de 100 fr. à 2,000 fr.** pour chaque numéro, livraison ou édition publié en contravention, et de **1 mois à 2 ans** de prison.— Celui qui aura publié le journal ou l'écrit et l'imprimeur seront solidairement responsables. — Le journal cessera de paraître. — *V.* p. 2, 34, 36.

Art. 9. Est interdite la publication de **tout écrit** traitant de matières politiques ou d'économie sociale, et émanant d'un **individu privé ou suspendu de ses droits civiques** par arrêt ou jugement définitif.— Les éditeurs, gérants, imprimeurs, qui auront concouru à cette publication, seront condamnés solidairement à une amende de **25 à 2,000 fr.**

En tous cas, les exemplaires de l'écrit seront **saisis et confisqués.**

---

dans son § 1er, est la conséquence de l'art. 24 de la Constitution relatif aux séances du Sénat. L'interdiction de rendre compte est absolue pour les séances non publiques du conseil d'État, et pour les procès de presse. Mais elle ne peut, au contraire, résulter que d'une décision spéciale de la juridiction, selon les circonstances ou la nature des procès portés à l'audience. Dans ce dernier cas, comme les jugements sont rendus publiquement, quiconque, dans les journaux ou autrement, contreviendrait à la loi en rendant compte de l'affaire, n'aurait aucune excuse pour échapper à la responsabilité nécessaire d'une publicité défendue. — L'art. 18 qui contient des sanctions pénales se réfère à l'art. 7 de la loi de 1822, pour le cas où le compte rendu serait infidèle et de mauvaise foi. — Il est évident que tout autre délit qui en résulterait devrait être également poursuivi. » Circ. min. du 27 mars 1852.

624. « Les art. 16 et 17 de la loi du 18 juill. 1828 ne sont pas abrogés par l'art. 17 de la loi du 17 fév. 1852. » Même circulaire.

625. On entend par *compte rendu* la reproduction *in extenso* résumée ou analytique des séances ou débats, sous quelque forme littéraire qu'elle soit faite, fût-elle burlesque. Cass., 18 oct. 1833 (J. P. 1833.1.904), en forme de discussion, Cass., 23 fév. 1837 (S. 57.1.629), en récit coupé de phrases et incidents, 18 oct. 1833, se bornât-il au récit d'un seul incident. Cass., 6 juin 1834 (S. 34.1.684).

626. Un article a tous les caractères d'un compte rendu, bien qu'il renferme des omis-

TITRE III. — CONTRAVENTIONS PAR LA VOIE DE LA PRESSE ET AUTRES MOYENS DE PUBLICATION (656 bis

CHAP. II. — **CONTRAVENTIONS DE LA PRESSE NON PÉRIODIQUE A LA POLICE DE L'IMPRIMERIE** (*V.* p. 9 à 22).

CHAP. III. — **CONTRAVENTIONS DE LA PRESSE PÉRIODIQUE AUX LOIS SUR LA POLICE DE LA PRESSE ET CONCERNANT L'AUTORISATION PRÉALABLE, LE CAUTIONNEMENT, LES DÉCLARATIONS, LES OBLIGATIONS DES GÉRANTS** (*V.* p. 33 à 54).

CHAP. IV. — **CONTRAVENTIONS DE LA PRESSE APPLIQUÉE AUX DESSINS, GRAVURES, IMAGES, EMBLÈMES, ET A LA FABRICATION DES MÉDAILLES, AUX LOIS SUR LA POLICE DE CES DIFFÉRENTES PUBLICATIONS** (*V.* p. 58 à 62).

CHAP. V. — **CONTRAVENTIONS AUX LOIS DE POLICE DE LA LIBRAIRIE** (*V.* p. 23 à 25).

CHAP. VI. — **CONTRAVENTIONS AUX LOIS DE POLICE DU COLPORTAGE, DE L'AFFICHAGE, DU CRIAGE, VENTE ET DISTRIBUTION DES JOURNAUX ET AUTRES IMPRIMÉS** (*V.* p. 63 à 74).

CHAP. VII. — **CONTRAVENTIONS AUX LOIS SUR LA POLICE DES THÉATRES** (*V.* p. 77 à 80).

sions et des inexactitudes et des altérations de la vérité, lorsqu'il est évident qu'elles ont été faites avec intention. Rennes, 11 oct. 1850 (J. P. 1850. 2. 593).

627. Les expressions de compte rendu d'un procès sont plus larges que celles de compte rendu d'une audience. Cass. 2 mars 1858 (S. 58. 1. 939).

628. La Cour de cassation a pouvoir d'apprécier les caractères légaux d'un compte rendu. Cass. 12 mai 1837 (D. P. 1857. 1. 529).

629. L'infidélité seule dans un compte rendu ne saurait donner lieu à une action, la loi dit *la mauvaise foi et l'infidélité*, et non pas ou. De Grattier, t. 2. p. 230. Il doit réunir ce double caractère : car l'infidélité pourrait être le résultat d'une erreur involontaire.

630. Par les expressions de Cours et tribunaux dans l'art. 7, l. 1822, il faut entendre toutes les juridictions, tribunaux ordinaires, tribunaux civils, tribunaux de commerce, tribunaux criminels, tribunaux maritimes, tribunaux de paix, les Cours impériales, les conseils de guerre, conseils de préfecture, etc.

631. L'action publique n'est pas subordonnée à une autorisation ou à une plainte préalable, pour la poursuite d'un compte rendu infidèle et de mauvaise foi, comme pour celui qui est offensant et injurieux pour les tribunaux et les Chambres. Cass. 11 mai 1835 (S. 35. 1. 357). Encore qu'il présentât ces derniers caractères, s'il était en même temps infidèle et de mauvaise foi, le ministère public pourrait poursuivre d'office. Cass. 2 août 1839 (S. 39. 1. 691). Orléans, 27 mai 1851 (D. P. 52. 2. 87).

632. Le compte rendu peut être à la fois infidèle et de mauvaise foi, injurieux et offensant, il peut encore être simplement offensant et injurieux : dans les deux cas il y a délit ; dans le premier, l'injure est une circonstance aggravante, dans le second, elle est un élément constitutif du délit. Chassan. 1. 411. De Grattier. 2. p. 82.

633. L'offense du compte rendu peut consister dans l'inconvenance des termes et le ton général du compte rendu ; il n'est pas nécessaire qu'il y ait ni outrage, ni diffamation. Les tribunaux sont juges souverains dans l'appréciation des faits. De Grattier, 2. 84.

634. C'est commettre une injure que de dire d'un président de Cour d'assises « qu'il abuse de son pouvoir discrétionnaire et qu'il entrave la défense. » Cass. 2 août 1839 (D.P. 40. 1. 354).

635. La mauvaise foi et l'infidélité du compte rendu peuvent atteindre le caractère du juge aussi bien directement qu'une injure ou une offense adressée à l'audience. Elles doivent donc être assimilées à un délit d'audience, c'est pourquoi la loi les défère au tribunal offensé. Cass. 19 avril 1850. Nancy, 16 juill. 1851. Journal le Droit du 1er août.

636. Le résumé des présidents des Cours d'assises, bien qu'il ne fasse pas partie des débats, puisque les débats sont clos à ce moment, ne doit pas être publié si le huis clos a été ordonné ; ce résumé n'étant lui-même qu'un compte rendu, ce serait un moyen facile d'éluder la loi, s'il était permis de le reproduire.

637. La récidive en matière de délit de compte rendu peut résulter d'une condamnation pour compte rendu offensant après celle prononcée pour compte rendu infidèle ; *et vice versâ*. Chassan, 1. 167. *Contrà*, De Grattier, 2. 86. Alors même que les deux comptes rendus ne se référeraient pas à la même chambre, ni au même tribunal.

638. La prohibition de rendre compte doit s'entendre d'une manière absolue, même d'un compte rendu de la déposition d'un témoin.

639. L'interdiction de rendre compte des débats d'un tribunal ne doit s'appliquer qu'aux audiences de ce tribunal. Cass. 14 déc. 1833 (S. 34. 1. 43).

640. L'interdiction doit commencer immédiatement après l'arrêt qui rejette le pourvoi et non après la signification de cet arrêt. Cass. 31 mai 1834 (S. 34. 1. 562).

641. Le tribunal qui a prononcé l'interdiction doit connaître de la violation de cette interdiction : il est même compétent pour décider si le journal est ou non la continuation du premier. Cass. 1834, 9 avril (S. 34. 1. 156).

642. La violation de la prohibition de rendre compte des débats de la Cour d'assises doit être jugée par la Cour d'assises qui l'a prononcée, mais sans le concours des jurés. Cass. 14 déc. 1833. J. P.

643. Procès de presse. Outrage. Diffamation. Interdiction. — L'art. 17 du décret du 17 fév. 1852, en prohibant le compte rendu des procès de presse, n'a pas abrogé l'art. 11, de la loi du 27 juill. 1849, spécial au compte rendu des procès pour outrage, diffamation et injures, mais il a suppléé à son insuffisance par la généralité de la défense. Les lois générales ne dérogent pas aux lois spéciales. — Le but des deux lois, du reste, est bien différent : l'une veut arrêter, pour les particuliers, ce que peut avoir de pénible et de préjudiciable la publicité des débats où leur réputation est en cause, et l'autre veut prévenir le fâcheux effet de la publicité, sur la tranquillité et sur l'esprit public, des procès de presse pour attaques et offenses qui ont toujours plus ou moins un caractère politique.

643 *bis.* L'interdiction de l'art. 17 du décret du 17 fév. 1852 est absolue ; elle s'applique aussi bien aux actes de l'instruction qu'aux débats de l'audience, ainsi qu'à une production même partielle de l'arrêt de renvoi et de l'acte d'accusation, lorsqu'elle est faite dans le corps de l'article formant un tout coordonné de manière à ce que le rapprochement de l'article avec le texte de l'arrêt démontre jusqu'à l'évidence leur similitude. Cass. 31 mars 1854, 17 mars, 27 avril 1854. (*Bull. crim.* 88. 76. 124).

644. Nom des jurés. — Ce n'est pas la liste des jurés telle qu'elle est tirée au sort la première chambre de la Cour, qu'il est défendu de publier avant les débats, mais les noms des jurés de jugement ; le but de la loi a été de mettre un terme « à ces publications affectées menaçantes qui avant et après le jugement désignaient aux vengeances ou aux craintes criminelles le nom et la demeure des jurés en gros caractères comme pour mieux montrer le chemin au crime. » Rapport de M. Sauzet en 1835.

645. Le secret est inhérent à la liberté des votes et à l'indépendance des délibérations ; ce principe est dans nos lois, et la jurisprudence n'a cessé de le proclamer. Cass. 24 1837 (J. P. 1837. 2. 154) ; il est absolu et doit être respecté à l'égard des délibérations d'ordre intérieur et de discipline.

646. Le résumé des présidents des Cours d'assises, bien qu'il ne fasse pas partie des débats, puisque les débats sont clos à ce moment, ne doit pas être publié si le huis clos a été ordonné, ce résumé n'étant lui-même qu'un compte rendu ; ce serait un moyen facile d'éluder la loi s'il était permis de le reproduire.

647. Pour la réimpression des ouvrages condamnés. (*V. à l'appendice* le catalogue).

648. Souscriptions. — La publicité coupable pour l'annonce des souscriptions interdites est celle qui résulte seulement de l'action des journaux. Paris, 14 juill. 1836 (J. 1836. 2. 18).

649. Il y a autant de délits que d'annonces de souscriptions prohibées. Cass. 1er se 1836 (S. 37. 2. 210).

650. Les souscriptions particulières, mais occultes, sont permises. Une quête publique pour indemniser des condamnations judiciaires est-elle prohibée ? — La question de publicité est abandonnée à l'appréciation des tribunaux ; la contravention se compose de deux éléments, le but et le moyen ; le but prohibé est d'indemniser les condamnés, le moyen, c'est la publicité de quelque manière qu'elle ait lieu. *V.* néanmoins les décisions rapportées aux nos 648 et 65 Cass. 26 août 1846. Paris, 15 juill. 1841.

651. On ne peut appliquer au délit d'annonce prohibée de souscription, l'aggravation de l'amende de l'art. 14 de la loi du 18 juill. 1828, parce que la loi, en édictant des peines contre ce délit, n'a eu en vue que de punir les annonces par la voie des journaux. Paris, juill. 1836 (S. 37. 2. 209).

652. La répression du fait d'annonce de souscriptions prohibées peut être poursuivie contre le gérant et contre tous ceux qui l'ont aidé sciemment comme complices. Paris, avril 1842.

---

653. La publication des fausses nouvelles peut avoir lieu par tout autre moyen de publication que par la voie de la presse. Cass. 28 avril 1854 (*Bull. crim.*, n° 125. D. 54. 1. 165). — *Contrà*, Douai, 24 août 1853 (D. 53. 2. 237). Nancy, 26 mars 1853 (D. 53. 3. 47). *V.* ce qui a été dit à ce sujet, p. 96, nos 445 à 450.

654. Le gérant d'un journal reconnu coupable d'avoir publié de fausses nouvelles, de nature à troubler la tranquillité publique, ou nuisibles pour les tiers, est passible des peines du § 2 de l'art. 15 du décret de 1852, alors même qu'il serait constant qu'elles ont été publiées sans mauvaise foi. Cass. 8 juill., 24 nov. 1853. (*Bull. crim.*, nos 548. 555).

655. Sur la publication d'un journal frappé de suppression dont la publication est continuée, pas de difficulté. (*V.* d'ailleurs, page 134).

656. Sur la définition et la portée des expressions : matière politique ou d'économie sociale (*V.* page 33, nos 139 et suiv.), le but de l'art. 21 du décret du 17 fév. 1852 a été de frapper d'une espèce d'interdiction politique les plumes notées d'infamie.

---

656 *bis.* Les contraventions aux lois réglementaires de la police de la presse et des autres moyens de publication ayant déjà été l'objet de chapitres particuliers, nous nous bornons à y renvoyer.

LIVRE III

(SUITE).

TITRE IV. — AGGRAVATION ET ATTÉNUATION DES PEINES.

1789 à 1814.	1815 à 1820.	1820 à 18
1.	2.	3.

TITRE IV. — AGGRAVATION ET ATTÉNUATION DES PEINES. — CHAP. Iᵉʳ. — AGGRAVATION DES PEIN

L. 9 juin 1819. (Publication des journaux périodiques.)

ART. 10. En cas de condamnation, les mêmes peines leur [propriétaires, éditeurs responsables d'un journal ou écrit périodique, ou autres, ou rédacteurs d'articles imprimés dans ledit journal ou écrit, *V.* art. 9, ci-dessous] seront appliquées; toutefois, les amendes pourront être **élevées au double**, et, en cas de récidive... (*V.* au tableau suivant le § de la récidive.) (657)

ART. 9. Les propriétaires ou éditeurs responsables d'un journal ou écrit périodique, ou auteurs et rédacteurs d'articles imprimés dans ledit journal ou écrit, prévenus de **crimes** ou délits pour faits de **publication**, seront poursuivis et jugés dans les formes et suivant les distinctions prescrites à l'égard de toutes les autres publications.

—

CODE PÉNAL.

LIV. Iᵉʳ, CH. II. — Des peines en matière correctionnelle.

ART. 12. Les tribunaux jugeant correctionnellement pourront, dans certains cas, interdire, en tout ou en partie, l'exercice des droits civiques, civils et de famille suivants : 1° de vote et d'élection ; — 2° d'éligibilité ; — 3° d'être appelé ou nommé aux fonctions de juré ou autres fonctions publiques, ou aux emplois de l'administration, ou d'exercer ces fonctions ou emplois ; — 4° du port d'armes ; — 5° de vote et de suffrage dans les délibérations de famille ; — 6° d'être tuteur, curateur, si ce n'est de ses enfants, et sur l'avis seulement de la famille ; — 7° d'être expert ou employé commé témoin dans les actes ; — 8° de témoignage en justice autrement que pour y faire de simples déclarations.

ART. 14. **Le renvoi sous la surveillance spéciale de** la haute police, l'amende et la **confiscation spéciale**, soit du corps du délit quand la propriété en appartient au condamné, soit des choses produites par le délit, soit de celles qui ont servi ou qui ont été destinées à le commettre, sont des peines communes aux matières criminelles et correctionnelles (658-659).

—

L. 9 novembre 1815.

ART. 12. *Les tribunaux pourront ordonner l'impression et l'affiche des jugements portant condamnation, dans tout ou partie du ressort.*
(Abrogé par l'art 26 de la loi de 1819.)

CODE D'INSTRUCTION CRIMINELLE.

ART. 365, § 2. En cas de conviction de plusieurs crimes ou délits, la peine la plus forte sera seule prononcée.

—

§ II. *Peines accessoires, confiscation, destruction*

L. 17 mai 1819. Poursuite des délits de presse et répression.

ART. 9, § dernier. [En cas d'offenses envers la personne du souverain..... *V.* p. 89.] Le coupable pourra, en outre, **être interdit de** tout ou partie **des droits** mentionnés en l'art. 42 du C. pénal, pendant un temps égal à celui de l'emprisonnement auquel il aura été condamné : ce temps courra à compter du jour où le coupable aura subi sa peine.

L. 26 mai 1819. — Répression et jugement des crimes et délits de presse, etc.

ART. 26. Tout arrêt de condamnation contre les auteurs ou complices des crimes et délits commis par voie de publication, ordonnera la suppression ou la destruction des objets saisis, ou de tous ceux qui pourront l'être ultérieurement, en tout ou en partie, suivant qu'il y aura lieu pour l'effet de la condamnation.

L'impression ou **l'affiche** de l'arrêt pourront être ordonnées aux frais du condamné... (Reproduit. de l'art. 12, L. 9 nov. 1815.)
Ces arrêts seront **rendus publics** dans la même forme que les jugements portant déclaration d'absence. (*V.* art. 118, C. Napoléon) [c'est-à-dire par leur insertion par extrait au *Moniteur*.]

L. 9 juin 1819. (Publication des journaux.)

ART. 11. Les éditeurs du journal ou écrit périodique seront tenus **d'insérer dans l'une des feuilles ou des livraisons qui paraîtront** dans le mois du jugement ou de l'arrêt intervenu contre eux, **extrait contenant les motifs et le dispositif** dudit jugement ou arrêt.
ART. 12. La contravention [*aux art.* 7, 8] à l'art. 11 de la présente loi sera punie correctionnellement, de **100 fr.** à **1,000 fr** d'amende. (*V.* p. 123-125.)

—

§ III. *Cumul des pein*

L. 25 mars 18
Poursuite des délits
et répression

ART. 13. L'art
la loi du 9 juin 1
commune à tou
dispositions du
tit. Iᵉʳ (de la répr
en tant qu'elles
quent aux propr
ou éditeurs d'un
ou écrit périodiq

—

AGGRAVATION DES PEINES. 657. La presse périodique, à raison de son influence et de l'étendue de son action sur l'esprit public, a été l'objet d'une sévérité particulière pour les infractions qu'elle pouvait commettre ; les art. 10, L. 9 juin 1819, art. 13, L. 25 mars 1822, et art. 14, L. 1828 permettent de doubler les amendes en cas de délits commis par les journaux.

658. La confiscation est l'action d'adjuger des biens ou une certaine chose au fisc et en certains cas à des particuliers par suite des condamnations judiciaires, dans le but de faire disparaître des objets nuisibles au fisc, à la morale ou aux particuliers, ou pour les indemniser du préjudice causé.

659. La confiscation, comme peine générale et principale, a été effacée de nos codes par l'art. 57 de la charte de 1830 ; mais elle a été maintenue comme peine accessoire pour assurer l'effet des condamnations. *V.* art. 427, 429, 428, 283, 286, C. P., etc.

660. « L'art. 9 de la loi de 1850 ordonne d'une manière générale la cumulation des peines pécuniaires pour crimes et délits de la presse indépendamment des dispositions spéciales en matière de contraventions. Le changement de juridiction de la loi de 1852 influence sur une disposition de cette nature. » (Circul. minist. du 27 mars 1852).

661. La règle du non-cumul des peines ne s'applique qu'aux crimes et aux non aux simples infractions. Cass., 17 mai 1851, *Le Droit*, 26 et 27 mai ; *Contrà* 26 juill. 1855 (D. P. 55, 1. 581).

662. La loi a autorisé le cumul des peines pour les délits successifs de publicat journal sans gérant légal, mais non pour les autres délits de presse. Cass, 2 a et 16 oct. 1835. Le décret du 17 février 1852, art. 5, a autorisé également le cu les faits de publication d'un journal politique non autorisé. *V.* p. 34.

663. Le principe de non-cumul ne s'applique pas aux contraventions matérie lois de police de l'imprimerie. — Les peines du Code pénal, celles de la loi de 1 oct., et celles du 27 juillet 1849, art. 7, relatives au dépôt, à la déclaration pré l'indication des nom et demeure, peuvent être cumulées. Cass., 14 août 1846 ; P juill. 1850 ; Rennes, 28 août 1850.

1825 à 1830.	1831 à 1848.	1848 à 1849	1850 à 1856.	LA PRESSE en ALGÉRIE.	1856 à... NOTES.
4.	5.	6.	7.	8.	9.

§ Ier. — *Doublement des amendes pour les journaux périodiques.*

1825 à 1830.	1831 à 1848.	1848 à 1849	1850 à 1856.	LA PRESSE en ALGÉRIE.	NOTES.
L. 18 juillet 1828, Sur les journaux. ART. 14. Les amendes autres que celles portées par la présente loi, qui auront été encourues pour délit de publication par la voie d'un journal ou écrit périodique, ne seront jamais moindres du double du minimum fixé par les lois relatives à la répression des délits de la presse (657). —	**L. 9 septembre 1835.** Crimes, délits, contraventions de la presse. ART.12 § 1er. *Les dispositions de l'art. 10 de la loi du 9 juin 1819 sont applicables à tous les cas prévus par la présente loi.* (*V.* la suite au tableau suivant.) (Abrogé par le décret du 6 mars 1848.) ART. 9. *Dans tous les cas de diffamation prévus par les lois, les peines qui y seront portées pourront, suivant la gravité des circonstances, être élevées au double du maximum, soit pour l'emprisonnement, soit pour l'amende. — Le coupable pourra, en outre, être interdit des droits mentionnés en l'art. 42 du C. pénal, pendant un temps égal à la durée de l'emprisonnement.* (Abrogé par le décret du 6 mars 1848.)	**DÉCR. du 6 mars 1848.** ART. 1er. La loi du 9 septemb. 1835, sur les crimes, délits et contraventions de la presse, etc., est abrogée. —	**Circulaire du 27 mars 1852.** N. B. « L'art. 14 de la loi du 18 juil- « let 1828, n'ayant rien d'incon- « ciliable, ni par sa nature, ni « par son objet avec les disposi- « tions nouvelles de la loi du 17 « février 1852, se trouve main- « tenu. » —		

objets saisis. — Impression et affiche du jugement.

1825 à 1830.	1831 à 1848.	1848 à 1849	1850 à 1856.	LA PRESSE en ALGÉRIE.	NOTES.
			V. art. 22, décret du 17 fév. 1852, pour la confiscation des dessins, gravures, etc., publiés sans autorisation, p. 60. **Circulaire du 27 mars 1852.** N. B. « L'art. 26 de la loi du 26 « mai 1819 est une disposition « d'ordre public et de répression « qui se rapporte **au jugement** « et non **à la poursuite.** Cette « distinction, qui résulte de la « nature des choses, se trouve ex- « plicitement consacrée par l'inti- « tulé de la loi... Il suit de là « que l'art. 27 du décret du 17 « février 1852, qui change la « **poursuite** dans ses formes et « dans ses délais, n'atteint pas « l'art. 27 de la loi du 26 mai « 1819, qui n'a rien d'incon- « ciliable par sa nature et son ob- « jet avec les dispositions nouvel- « les de la loi du 17 février, re- « latives à l'exécution du juge- « ment. »	**DÉCR. du 28 mars 1852.** ART.6,7,8,9, prononçant la saisie et la confiscation des journaux, écrits, dessins, gravures, etc., publiés en con-travention (*V.* p. 4, 34, 60, 128.) —	

§ III. *Cumul des peines.*

1825 à 1830.	1831 à 1848.	1848 à 1849	1850 à 1856.	LA PRESSE en ALGÉRIE.	NOTES.
	L. 9 septembre 1835 (suite). ART. 12. § 2. *Les peines prononcées par la présente loi et par les lois précédentes sur la presse et autres moyens de publication ne se confondront point entre elles, et seront toutes intégralement subies lorsque les faits qui y donneront lieu seront postérieurs à la première poursuite.* (Abrogé par le décret du 6 mars 1848 et remplacé par l'art. 9, L. 1850.) —	**DÉCR. du 6 mars 1848.** ART. 1er. La loi du 9 septemb. 1835, sur les crimes, délits et contraventions de la presse, est abrogée. —	**L. 16 juillet 1850.** Cautionnement des journaux et timbre. ART. 9. Les peines pécuniaires, prononcées pour crimes et délits par les lois sur la presse et autres moyens de publication, ne se confondront point entre elles, et seront toutes intégralement subies, lorsque les faits qui y donneront lieu seront postérieurs à la première poursuite (660 à 664).		

664. Lors de la discussion de la loi de 1850 sur l'art. 9, M. Rouher, ministre de la justice, dit : « Si à propos d'une première poursuite plusieurs articles sont incriminés, plusieurs délits reconnus, il est de toute évidence que la confusion s'opérera et que le maximum de l'amende sera seul appliqué. Pourquoi? parce qu'il n'y aura pas eu intermédiairement au délit un avertissement judiciaire » (*Moniteur* du 11, 1er supplément).

Récidive. — 665. La récidive en matière de presse ne doit s'entendre que d'une condamnation à plus d'un an de prison. Cass., 7 sept. 1837 (J. P. 1837. 2. 404).

666. L'application des peines de la récidive des articles du Code pénal n'est facultative que lorsque les délits successifs ont été l'un et l'autre réprimés par les lois de presse proprement dites; elle serait obligatoire si les délits avaient été punis l'un par une loi dite de presse et l'autre par le Code pénal par exemple, et *vice versâ.* Cass., 22 janv. 1824, 12 sept. 1829, 13 sept. 1829, 26 fév. 1835 (D. P. 29. I. 353. — 35. 1. 182). *Contrà,* Douai, 11 déc. 1829 (*J. crim.* 1830, p. 29). MM. Chauveau et Hélie, 1. p. 454.

Suspension, suppression. — 667. Les lois de 1828, 1835 et 1849 qui autorisaient

1789 à 1814.	1815 à 1819.	1820 à 1825.	1825 à 1830.
1.	2.	3.	4.

CHAP. Ire (SUITE). — § IV. *De la récidive. — Élévation des peines. — Suspensio[n]*

1789 à 1814.	1815 à 1819.	1820 à 1825.	1825 à 1830.
CODE PÉNAL. LIVRE Ier, CHAP. IV. — Des peines de la récidive, etc. ART. 57. Quiconque, ayant été condamné pour un crime, aura commis un délit de nature à être puni correctionnellement, sera condamné au **maximum de la peine portée par la loi, et cette peine pourra être élevée jusqu'au double.** ART. 58. Les coupables condamnés correctionnellement à un emprisonnement de plus d'une année seront aussi, en cas de nouveau délit, condamnés au **maximum** de la peine portée par la loi, et cette peine pourra être élevée **jusqu'au double ;** ils seront de plus mis sous la surveillance spéciale du Gouvernement pendant au moins **5 années et 10 ans au plus.** — **L. 19 fructidor an V.** Mesures de salut public. ART. 35. *Les journaux, les autres feuilles périodiques et les presses qui les impriment sont mis pendant un an sous l'inspection de la police qui pourra les prohiber, aux termes de l'art. 355 de l'acte constitutionnel.* — (Abrogé.) *Arrêté du 23 brum. an VI, — portant que le Directoire sera consulté sur la suspension des journaux.* — (Abrogé.) **ARRÊTÉ du 27 nivôse an VIII.** ART. 3. *Seront supprimés sur-le-champ tous les journaux qui insèreront des articles contraires au respect dû au pacte social, à la souveraineté du peuple, à la gloire des armées ou qui publieraient des invectives contre les Gouvernements et les nations alliées de la République, lors même que ces articles seraient extraits de journaux étrangers.* — (Origine du droit de suppression par mesure de sûreté générale de l'art. 32 du décret du 17 fév. 1852. — *V.* l'arrêté entier, p. 33.) (*V.* art. 26 et 27 déc. 5 fév. 1810, Droit de suspension.)	**L. 17 mai 1819.** Répression des crimes et délits de presse. ART. 25. **En cas de récidive** des crimes et délits prévus par la présente loi, il pourra y avoir lieu à l'aggravation des peines prononcées par le chap. IV, tit. Ier, du C. pén. (665-666). **L. 9 juin 1819.** Journaux périodiques. ART. 10... (*V.* au tabl. précédent le commencement.) .. Et **en cas de récidive** (les amendes pourront être) **portées au quadruple,** sans préjudice des peines de la récidive prononcées par le C. pén. — **L. 26 mai 1819.** ART. 28. Relatif à la mise en liberté sous caution. — *V.* p. 141. —	**L. 25 mars 1822.** Répress. et poursuite des délits de presse, etc. ART. 13. L'art. 10 de la loi du 9 juin 1819 est commun à toutes les dispositions du présent titre (tit. Ier de la répression), en tant qu'elles s'appliquent aux propriétaires ou éditeurs d'un journal ou écrit périodique. N. B. La loi du 17-18 mars 1822, sur la police des journaux, dite loi des tendances, donnait aux Cours royales le droit de suspendre et de supprimer, après deux suspensions, tout journal dont l'esprit serait de nature à troubler la paix ou attaquerait la religion, l'autorité du Roi, les institutions constitutionnelles, etc. — *V.* au Recueil, *in fine.* — **L. du 30 mars 1820.** Publication des journaux et écrits périodiques. *ART. 6. Lorsqu'un propriétaire ou éditeur responsable sera poursuivi en vertu de l'art. 5 [pour défaut de communication aux censeurs. V. p. 2], le Gouvernement pourra prononcer la suspension du journal ou écrit périodique jusqu'au jugement.* *ART. 7. Sur le vu du jugement de condamnation, le Gouvernement pourra prolonger pour un terme qui n'excédera pas 6 mois, la suspension du journal ou écrit périodique. En cas de récidive, il pourra en prononcer définitivement la suppression.* ART. 10. La présente loi cessera son effet à la fin de la session de 1820. —	**L. 18 juill. 1828.** Sur les journaux périodiques. ART. 15. En cas de récidive par le même gérant et (dans) les cas prévus par l'art. 5 C. pén., indépendamment (des) dispositions de l'art. 10 (de la) loi du 9 juin 1819, les tribunaux pourront, suivant la gravité du délit, prononcer (la) **suspension du journal** ou écrit périodique pour un temps qui ne pourra **excéder 2 mois** ni être moindre de **10 jours.** —Pendant ce temps, le (cau)tionnement continuera à demeurer en dépôt à la caisse des consignations, et ne pourra recevoir une autre destination. —

1789 à 1814..	1815 à 1819	1820 à 1825.
1.	2.	3.

CHAP. II. — ATTÉNUATION DES PEINES PAR L'EFFET DES CIRCONSTANCES

1789 à 1814.	1815 à 1819.	1820 à 1825.
CODE PÉNAL. — Dispositions générales. ART. 463. Les peines prononcées par la loi contre celui ou ceux des accusés reconnus coupables, en faveur de qui le jury aura déclaré les circonstances atténuantes, seront modifiées ainsi qu'il suit : (*V.* le texte au C. pén. —Dans l'échelle d'abaissement des peines en matière de crimes, les termes extrêmes sont les travaux forcés à perpétuité, et l'emprisonnement de **1 an** et l'amende de **16 fr.**) Dans tous les cas où la peine de l'emprisonnement et celle de l'amende sont prononcées par le Code pénal, si les circonstances paraissent atténuantes, les tribunaux correctionnels sont autorisés, même en cas de récidive, à réduire l'emprisonnement même au-dessous de **6 jours** et l'amende même au-dessous de **16 fr.** ; ils pourront aussi prononcer séparément l'une ou l'autre de ces peines et même substituer l'amende à l'emprisonnement, sans qu'en aucun cas elle puisse être au-dessous des peines de simple police.	**L. 9 nov. 1815.** Cris séditieux, provocations, etc. ART. 11. *Les dispositions de l'art. 463 ne pourront être appliquées dans les cas prévus par la présente loi.* (Abrogée par l'art. 26, L. du 17 mai 1819.)	**L. 25 mars 1822.** Répression et poursuite des délits de presse, etc. ART. 14. Dans le cas (de) délits correctionnels (pré)vus par les §§ 1, 2 et (3 de) l'art. 6, par l'art. 8 et (par) le § 1 de l'art. 9 de la (pré)sente loi, les tribunaux pourront appliquer s'(il y) a lieu, l'art. 463 du C. p(én).

la suspension des journaux ne portaient aucune peine contre les journaux suspendus qui continuaient leurs publications, le décret du 17 fév. 1852 a réparé cette omission par son art. 20.

668. « Les lois du 18 juill. 1828, art. 15, et du 27 juill. 1849, art. 15, avaient déjà autorisé la suspension des journaux par la voie judiciaire. Non-seulement les dispositions anciennes et les dispositions nouvelles peuvent co-exister, mais l'art. 32 lui-même le reconnaît et proclame leur co-existence en droit, puisqu'on lit dans son § 4 : un journal peut être supprimé soit après une suspension judiciaire... » Circul. Ministér. du 27 mars 1852 ; toutefois, le changement de juridiction a enlevé aux Cours d'assises la faculté de prononcer cette suspension en cas de délit, et en ce sens l'art. 15 a été modifié par l'art. 23 du décret de 1852. *V.* p. 158.

669. « Le droit accordé au Gouvernement par le § 2 de l'art. 32 du décret du 17 fév. 1852 est prescrit s'il n'en a pas usé dans le délai de 2 mois à partir du jour de la condamnation » Circul. du ministre de la police du 30 mars 1852.

670. Comme sous l'ancienne législation il faut décider que les deux condamn[ations] pour délits ou contraventions qui, aux termes du § 2 de l'art. 32 du décret du 17 fé[v.] entraînent de plein droit la suspension doivent être encourues pour délit de presse.

Atténuation des peines. — **671.** L'art. 23 de la loi du 27 juill. 1849 n'a entendu modifier l'art. 8 du décret du 11 août 1848 qui reste ainsi comme une disposition générale applicable à tous les délits de presse, tant à ceux prévus par le décret de 1[848] qu'à ceux punis par les lois postérieures et antérieures à ce décret. Cass., 28 avril 1[854] (*Bull. crim.* p. 215, n° 126). Rennes, 13 mars 1854. —*Contrà,* Bordeaux, 7 août 18[..] *Gaz. Trib.,* du 7. Nous pensons que l'art. 8 ne distinguant pas entre les délits prévus [et] ceux à prévoir est devenu le droit commun des délits de presse. Il est pour ainsi dire l'[art.] 463 du Code de la presse.

672. Ainsi l'art. 463 s'applique aux délits prévus et punis par le décret de 18[..] « Le silence du décret à ce sujet, loin d'être une abrogation implicite de l'art. 8 du dé[cret...]

1831 à 1848. 5.	1848 à 1849. 6.	1850 à 1856. 7.	LA PRESSE en ALGÉRIE. 8.	1856 à... NOTES. 9.

et suppression administratives ou judiciaires des journaux.

1831 à 1848.	1848 à 1849.	1850 à 1856.	LA PRESSE en ALGÉRIE.	1856 à... NOTES.
L. 9 sept. 1835. *Crimes, délits et contrav.* ART. 12. *Les dispositions de l'art. 10 de la loi du 9 juin 1819 sont applicables à tous les cas prévus par la présente loi. En cas de seconde ou ultérieure condamnation contre le même gérant ou contre le même journal dans le cours d'une année, les Cours et tribunaux pourront prononcer la suspension du journal pour un temps qui n'excédera pas 2 mois, suivant la loi du 18 juillet 1828. — Cette suspension pourra être portée à 4 mois si la condamnation a eu lieu pour crime.* (V. suite au tabl. précéd.) Abrogé par décr. du 6 mars 1848.	**L. 27 juillet 1849.** Sur la presse. ART. 45. **La suspension** autorisée par l'art. 45 de la loi du 18 juill. 1828 pourra être prononcée par les Cours d'assises, toutes les fois qu'une deuxième ou ultérieure condamnation pour crime *ou délit* sera encourue dans la même année par le même gérant ou par le même journal. **La suspension** pourra être prononcée par un premier arrêt de condamnation, lorsque cette condamnation sera encourue pour **provocation à l'un des crimes** prévus par les art. 87 et 94 du C. pén. (*V.* p. 85 et 97). Dans ce dernier cas, l'art. 28 de la loi du 26 mai 1849, relatif à la mise en liberté sous caution, cessera d'être applicable (668). N. B. Comme rapprochement, il y a lieu d'observer que les art. 32 et 20 de la loi du 17 fév. sont en partie reproduits des art. 5 et 6 de la loi du 7 août 1850, sur la presse aux colonies. — *V.* p. 158. —	**DÉCR.** organique sur la presse du 17 fév. 1852. CHAP. III.— Droits de suspension et de suppression. ART. 32. Une condamnation pour crime commis par la voie de la presse, deux condamnations pour délits ou contraventions commis dans l'espace de deux années, entraînent de plein droit **la suppression du journal** dont les gérants ont été condamnés. Après une condamnation prononcée pour contravention ou délit de presse contre le gérant responsable d'un journal, le Gouvernement a la faculté, pendant **les 2 mois** qui suivent cette condamnation, de prononcer, soit la **suspension temporaire**, soit la **suppression du journal** (667, 668, 669, 670). Un journal peut être **suspendu** par décision ministérielle, alors même qu'il n'a été l'objet d'aucune condamnation, mais après deux avertissements motivés et pendant un temps qui ne pourra excéder 2 mois. Un journal peut être **supprimé**, soit après une suspension judiciaire ou administrative, soit par mesure de sûreté générale, mais par un décret spécial du président de la République, publié au *Bulletin des Lois.* ART. 20. Si la publication d'un journal ou écrit périodique frappé de **suppression ou suspension administrative ou judiciaire**, est continuée sous le même titre ou sous un titre déguisé, les auteurs, gérants ou imprimeurs seront condamnés à la peine **de 1 mois à 2 ans** d'emprisonnement et solidairement à une amende **de 500 fr. à 3,000 fr.** par chaque numéro ou feuille publié en contravention.	**DÉCR. 28 mars 1852.** ART. 1er. Le gouverneur général de l'Algérie surveille l'usage de la presse, donne les autorisations de publier les journaux et **révoque ces autorisations** en cas d'abus. ART. 5 Toute publication de journal ou d'écrit périodique ou non périodique faite sans autorisation préalable.... (*V.* p. 34).. ou qui paraîtra après que le gouverneur général aura **révoqué l'autorisation** précédemment accordée, sera punie d'une amende de **100 fr. à 2,000 fr.**, pour chaque numéro, livraison ou édition, publié en contravention, et d'un emprisonnement de **1 mois à 2 ans.** Celui qui aura publié le journal ou l'écrit et l'imprimeur seront solidairement responsables. Le journal ou écrit périodique cessera de paraître. Le décret du 17 fév. 1852 n'est applicable ni à l'Algérie, ni aux colonies. — *V.* art. 16 dudit décr., p. 156.	

1825 à 1830 4.	1831 à 1848. 7.	1848 à 1849. 6.	1850 à 1856 7.	La PRESSE en ALGÉRIE. 9.	1856 à... NOTES. 9.

ATTÉNUANTES ET DE L'APPLICATION DE L'ARTICLE 463 DU CODE PÉNAL.

1825 à 1830	1831 à 1848.	1848 à 1849.	1850 à 1856	La PRESSE en ALGÉRIE.	1856 à... NOTES.
L. 10 déc. 1830. *Crieurs et afficheurs publics.* ART. 8. Dans les cas prévus par la présente loi, *les Cours d'assises* et les tribunaux correctionnels, pourront appliquer l'art. 463 du C. pén., si les circonstances leur paraissent atténuantes, *et si le préjudice causé n'excède pas 25 fr.* —	**L. 16 fév. 1834.** Sur les crieurs publics. ART. 2, § 2. Les contrevenants seront traduits devant les tribunaux correctionnels qui pourront dans tous les cas appliquer les dispositions de l'art. 463 du C. pén. — **L. 24 mai 1834.** Détenteurs d'armes de guerre. ART. 44. S'il existe des circonstances atténuantes, il sera fait application de l'art. 463.	**DÉC. 11 août 1848.** Modifiant les lois de 1819 et 1822, 25 mars. ART. 8. L'art. 463 du C. pén. est applicable aux délits de presse (672 à 673). —	**L. 27 juill. 1849.** Sur la presse. ART. 23. L'art. 463 du Code pénal est applicable aux délits prévus par la présente loi. Lorsqu'en matière de délits *le jury* aura déclaré l'existence des circonstances atténuantes, la peine ne s'élèvera jamais au-dessus de moitié du **maximum** déterminé par la loi (674 à 673). —	N. B. L'art. 25 du décret du 17 fév. 1852 a enlevé au jury la connaissance des délits de presse (*V.* p. 138).	

da 11 août 1848, doit être au contraire interprété comme une confirmation de cette partie de la législation antérieure » dit l'arrêt de Cassation déjà cité du 28 avril 1854 (*Bull. crim.*, n° 126).

672 bis. Mais l'art. 463 n'est applicable aux *contraventions* de la presse que lorsqu'une disposition formelle l'a ainsi formellement déclaré. Les principes généraux ne permettent de mitiger les peines que pour les *crimes et délits* (Arg., art. 65. 463 du C. pénal, et art. 8, déc. 11 août 1848). Cass., 6 sept. 1851 (S.V., 51. 1. 639 ; — D.P. 53. 1. 787).

672 ter. Jugé que l'art. 8 du décret du 11 août 1848 ne s'applique pas aux contraventions en matière d'imprimerie prévues par la loi de 1812, 21 oct. Cass., 9 nov. 1849 ; Caen, 29 nov. 1849 (D. P., 1850, 2. 32).

673. Les expressions générales de l'art. 23 de la loi de 1849 étendent le bénéfice de l'art. 463 à toutes les infractions prévues par cette loi, encore que les unes soient qualifiées contraventions. Il peut en conséquence être appliqué à l'imprimeur qui a omis de faire le dépôt prescrit par l'art. 7. Cass., 2 mars 1850 (S.V., 1850. 1. 313) ; *sectis,* Riom, 6 fév. 1850, à l'occasion d'une contravention à l'art. 6 de la loi de 1849 pour fait de colportage non autorisé. Cet arrêt considère le mot *délit*, dans l'art. 23, L. 1849, dans un sens restrictif et non *lato sensu.*

LIVRE IV.

POURSUITE ET JUGEMENT DES CRIMES, DÉLITS ET CONTRAVENTIONS

commis par la voie de la presse ou par tous autres moyens de publication.

JURIDICTION. — PROCÉDURE. — JUGEMENT. — PRESCRIPTION.

DE LA POURSUITE ET DU JUGEMENT.

Les lois répressives qui ont fait l'objet du livre III, *le droit pénal de la presse*, en un mot, ne serait comme tel qu'une sanction abstraite, qu'une menace inutile, s'il n'était appliqué par une *puissance* organisée pour contraindre à l'observation des lois.

Cette *puissance* ne serait à son tour qu'une création inanimée, qu'un mécanisme inerte, s'il n'existait pas un *procédé* pour la mettre en mouvement. — La *puissance* qui applique le droit, c'est la *juridiction*. — Le *procédé* qui met en action cette puissance, c'est la *procédure*.

Le livre IV devait donc, en suivant logiquement l'ordre des idées, être consacré à *la juridiction* et à *la procédure*, c'est-à-dire à l'exposition des règles de *la poursuite* et *du jugement*.

Comme expression de la pensée publique, comme intermédiaire entre le pouvoir et l'opinion, comme moyen d'action sur la masse enfin, la presse a pris en France, depuis un demi-siècle, une telle extension, que tous les gouvernements ont dû compter avec son influence, pour la réduire ou s'en servir. Tous ont laissé, dans la législation qui la régit, une trace de leur passage, à tel point que l'historique de ses alternatives de faveur ou de compression se confond avec l'histoire même de nos agitations politiques.

La juridiction, surtout, étant une partie de la puissance sociale, en a suivi les vicissitudes.

Juridiction. — Lorsque la législation de la presse se trouvait tout entière dans le Code pénal, les règles de la poursuite se trouvaient dans le Code d'instruction criminelle. Les actes punissables étaient alors, suivant la nature *criminelle*, *correctionnelle* ou de *simple police* de la peine applicable, qualifiés, sans exceptions, *crimes*, *délits* ou *contraventions*, pour le jugement desquels correspondaient *trois juridictions* : Les Cours d'assises, les tribunaux de police correctionnelle, et les tribunaux de simple police.

Telles furent les règles et la théorie suivies de 1810 à 1814.

La première modification que subit à cet égard le droit commun lui fut apportée par la loi du 21 oct. 1814; la théorie dut fléchir devant les nécessités d'une répression plus énergique, et les *contraventions* en matières d'imprimerie et de librairie frappées de la peine des *délits* furent justiciables des *tribunaux correctionnels*.

En 1815, l'art. 64 de l'acte additionnel des Cents-Jours qui déférait au juge *des crimes*, le jury, la connaissance des *délits* de la presse, passa comme une promesse stérile à travers les constitutions de l'Empire un instant relevé; elle ne devait être réalisée qu'en 1819 (1).

La loi du 26 mai 1819 confia enfin *au jury* le jugement des *délits* de publication, et la plupart des *contraventions* de la presse périodique furent attribuées aux *tribunaux correctionnels* (2).

Le jury répondit mal à la confiance du législateur : son inexpérience, sa faiblesse, et parfois même son esprit d'opposition politique, affaiblirent à ce point l'action du Pouvoir qu'il parut nécessaire de revenir aux règles du droit commun; et les tribunaux correctionnels furent de nouveau appelés par l'art. 17 de la loi du 25 mai 1822 à juger les *délits* de publication (3).

En 1830, le journalisme revisa la Charte, et déclara dans l'art. 67 que les *délits* de la presse et les *délits politiques* seraient désormais déférés au jury. La loi organique du 8 octobre 1830 fit en conséquence revivre purement et simplement la loi du 26 mai 1819 comme loi de compétence et de procédure, en abrogeant l'art. 17 de la loi du 25 mars 1822 qui en avait paralysé pendant huit ans l'application (4).

La Cour d'assises fut donc, à partir de 1830, la juridiction du droit commun pour les crimes et délits de publication. Telle était la règle générale, lorsque la loi du 9 sept. 1835, s'éloignant plus encore de la théorie du Code pénal, apporta une modification nouvelle à la législation déjà si exceptionnelle de la presse, tout en maintenant en principe la juridiction *des Cours d'assises* pour les *crimes et délits*, et celle des tribunaux correctionnels pour les *contraventions ;* quelques infractions qualifiées *d'attentat* purent être déférées, suivant les circonstances, et au gré du Gouvernement, à la juridiction extraordinaire et politique de la *Cour des Pairs*.

Les infractions dites de presse avaient ainsi suivi un mouvement ascensionnel dans l'échelle des juridictions.

La révolution de 1848 ayant abrogé la loi du 9 sept. 1835 replaça la presse sous l'empire des lois de 1819 et 1830, et le jury devint plus que jamais le juge naturel et exclusif des crimes et délits de publication.

Il n'est peut-être pas inutile de se demander ici si le jury a réalisé dans la pratique les espérances fondées sur sa brillante théorie? On s'était à ce point fait illusion, qu'il semblait que, même en matière de presse, il ne pouvait s'élever des doutes sur son aptitude à juger *les délits*, et sur les garanties que son institution donnait à la société et à l'individu.

Mais la statistique paraît avoir depuis longtemps démontré le contraire (5), et le décret du 17 février 1852 (art. 25), en revenant quant à la poursuite des délits, au système du Code d'instruction criminelle, a confirmé l'opinion de ceux qui pensent que le jury est insuffisant pour la répression des crimes légers, et des lésions de droit qui n'ont qu'une *gravité correctionnelle* (6). Les tribunaux de première instance, maintenus comme juges des *contraventions*, ont donc été de nouveau investis de la mission de juger les *délits* de la presse et des autres moyens de publication.

Procédure. — La législation en matière de procédure n'est pas restée invariable :

D'après le droit commun, le ministère public n'a qu'un seul mode de procéder dans la poursuite *des crimes*, et ce mode est celui de l'*instruction préalable*. — Dans la poursuite *des délits*, au contraire, une double voie lui est ouverte, celle de l'*instruction préalable* et celle de la *citation directe*. Telle est la règle générale à laquelle les lois du 8 octobre 1831 et du 9 septembre 1835 apportèrent une double dérogation.

Pour accélérer l'expédition des affaires en matière de publication, la loi du 8 octobre 1831 étendit à la poursuite des *crimes* la procédure facultative réservée *aux délits*, et le ministère public put agir par voie de *citation directe* devant les Cours d'assises.

La loi du 9 septembre 1835 et, après son abrogation, celle du 27 juillet 1849, allèrent plus loin encore, en autorisant l'emploi de la *citation directe même lorsqu'il y aurait eu saisie*. — C'était une dérogation à la règle : *electâ unâ viâ non regreditur ad alteram ;* mais ce commencement d'instruction, aux yeux de la loi, n'engageait pas assez la procédure dans une voie pour empêcher le retour vers un mode plus rapide de poursuite. — Le décret du 17 février 1852, en revenant au système du droit commun, a fait cesser cette anomalie. « Il faut en induire, dit M. Faustin Hélie dans son savant traité de l'instruction criminelle, que le ministère public a le choix en matière de *délits* de presse comme en toute autre matière (correctionnelle), de procéder par voie d'instruction préalable, ou par voie de citation directe, mais que dans le cas de saisie (proprement dite), la procédure doit être suivie par voie d'instruction (T. IV, p. 81).

Telles sont les principales modifications qu'a subies la législation de la presse en matières de procédure et de juridiction.

---

(1) Dans l'intervalle, une loi du 20 décembre 1815, avait déféré le jugement des *cris séditieux* et *des provocations à la révolte*, des art. 1 et 3 de la loi du 9 novembre 1815, à la juridiction des Cours prévôtales un moment rétablies. Ce fut un moment de réaction, mais il fut court (1815 à 1818); car cette loi cessa son effet à la fin de la session de 1817.

(2) Sauf l'exception énoncée en l'art. 14 de la loi du 26 mai 1819, relativement aux diffamations et injures envers les particuliers.

(3) Sauf les exceptions énoncées en l'art. 16, relatives au jugement des délits commis par compte rendu infidèle et de mauvaise foi des séances judiciaires et législatives.

(4) La loi du 10 décembre 1830 compléta celle du 8 octobre, en en déférant au jury deux délits en matière d'affichage et de criage public. — Les autres contraventions des afficheurs, crieurs et distributeurs furent confiées aux tribunaux correctionnels par la loi du 16 février 1834.

(5) V. le compte rendu de la justice criminelle pour 1850.

(6) V. deux articles sur la correctionnalisation des crimes par nous publiés dans la *Revue critique de législation*, année 1854 et 1855.

1789 à 1814.	1815 à 1819.	1820 à 1825.
1.	2.	3.

TITRE Iᵉʳ. — POURSUITES, ACTION PUBLIQUE, ACTION CIVILE. — CHAP. Iᵉʳ.

1789 à 1814.

CODE D'INSTRUCT. CRIMINELLE.

ART. 23. Sont également compétents pour remplir les fonctions déléguées par l'art. 22 [pour la poursuite et la recherche des crimes et délits] le procureur impérial du lieu du crime ou délit, celui de la résidence du prévenu, celui du lieu où le prévenu pourra être trouvé.

ART. 63. Toute personne qui se prétendra lésée par un crime ou délit pourra en rendre plainte et se constituer partie civile devant le juge d'instruction, soit du lieu du crime ou délit, soit du lieu de la résidence du prévenu, soit du lieu où il pourra être trouvé.

ART. 231. Si le fait est qualifié crime par la loi, et que la Cour trouve des charges suffisantes pour motiver la mise en accusation, elle ordonnera le renvoi du prévenu aux assises...

ACTE ADDITIONNEL AUX CONSTITUTIONS DE L'EMPIRE.

ART. 64.. *La liberté de la presse est reconnue... sauf responsabilité légale, après la publication par jugement, par jury, quand même il n'y aurait lieu qu'à une peine correctionnelle.* (V. p. 1, col. 2.)

CODE D'INSTRUCT. CRIMINELLE.

CHAP. II. — Des tribunaux en matière correctionnelle.

ART. 179. Les tribunaux de première instance, en matière civile, connaîtront en outre, sous le titre de tribunaux correctionnels, de tous les délits forestiers poursuivis à la requête de l'administration, et de tous les délits dont la peine excède 5 jours d'emprisonnement et 15 fr. d'amende.

1815 à 1819.

L. du 26 mai 1819. (Poursuite et jugement des crimes et délits de presse.)

ART. 12. Dans les cas où les **formalités** prescrites par les lois et règlement concernant le **dépôt** auront été **remplies**, les poursuites à la requête du ministère public ne pourront être faites que devant les **juges du lieu où le dépôt aura été opéré**, ou de celui de la **résidence du prévenu**.

En cas de contravention aux dispositions ci-dessus rappelées, concernant le dépôt, les poursuites pourront être faites, soit devant le **juge de la résidence du prévenu**, soit dans les **lieux** où les écrits et autres instruments de publication **auront été saisis** (674, 675 à 679).

Dans tous les cas, la poursuite à la requête de la partie plaignante pourra être portée devant les **juges de son domicile**, lorsque la **publication** y aura été **effectuée**.

§ Iᵉʳ. *Juridiction en matière de crimes commis par* [...]

L. 9 novembre 1815.
Cris séditieux, provocation à la révolte.

ART. 4. *Les Cours d'assises connaîtront des crimes énoncés aux art. 1, 2 et 3.* (V. p. 93-95.)
La loi des 20-27 déc. 1815 en attribua la connaissance aux Cours prévôtales jusqu'en 1817.

Même loi.

ART 13. Les crimes... (*V.* ci-dessous) commis par la voie de la presse ou tout autre moyen de publication...(*V.* ci-dessous) seront renvoyés par la chambre des mises en accusation de la Cour royale, devant la Cour d'assises, pour être jugés à la plus prochaine session. — L'arrêt de renvoi sera de suite notifié au prévenu.

§ II. *Juridiction en matière de délits commis par la voie* [...]

Même loi. (Suite.)

ART. 13 (*suite*). Les... (*V.* ci-dessus) et *délits* commis par la voie de la presse ou de tout autre moyen de publication, à l'exception de ceux désignés en l'article suivant, seront renvoyés par la chambre des mises en accusation de la Cour royale, devant la Cour d'assises, pour être jugés à la plus prochaine session.

L'arrêt de renvoi sera de suite notifié au prévenu.

(Abrogé, quant aux délits, par l'art. 17 de la loi de 1822. Cet article 13, remis en vigueur par l'abrogation de la loi de 1822, en 1830, est aujourd'hui de nouveau remplacé, quant aux délits, par l'art. 25 du décret du 17 février 1852.)

Même loi. (Suite.)

ART. 14. Les délits de diffamation verbale ou d'injure verbale contre toute personne, et ceux de diffamation ou d'injure par une voie de publication quelconque contre les particuliers, seront jugés par des **tribunaux de police correctionnelle**, sauf les cas attribués aux tribunaux de simple police.

1820 à 1825.

D. 25 mars 1822.
Répression et poursuite des délits de presse.

ART. 17. *Seront poursuivis devant la police correctionnelle et d'office, les délits commis par la voie de la presse, et les autres délits énoncés dans la présente loi et dans celle du 17 mai 1819, sauf les cas prévus par les art. 1 et 16* (*V.* au tableau suiv.)...

(Abrogé par l'art. 5, L. [...] 1830.)

ART. 9. Enlèvement et dégradation des signes de l'autorité. — Port public d'un signe de ralliement prohibé. — Exhibition de symbole séditieux. (*V.* p. 95.)

COMPÉTENCE ET JURIDICTION. 673 *bis.* Les mots *compétence* et *juridiction* ne sont pas synonymes, quoique dans la pratique on les confonde souvent. — En matière criminelle, *la compétence* concerne l'officier public qui poursuit aussi bien que le magistrat qui instruit et qui juge. *La juridiction* ne concerne que le tribunal à qui la loi attribue le pouvoir de connaître et de juger. Dans un sens abstrait et général, la compétence comprend en même temps le droit de juger et la matière ou les personnes sur lesquelles ce droit peut s'exercer. Dans un sens restreint, la juridiction c'est le pouvoir de juger. La compétence est la mesure de ce pouvoir, c'est-à-dire le cercle dans lequel est renfermé pour chaque tribunal l'exercice de ce pouvoir; en d'autres termes encore, et pour ramener la définition à un sens plus pratique, la compétence mise en opposition avec la juridiction désigne le territoire dans lequel le pouvoir du juge ou celui du ministère public est circonscrit. *V.* Chasson, 2, p. 104, et MM. Bories et Bonnassies, v° *Compétence*, n° 1.

674. En ce qui concerne la compétence dans ses rapports avec l'action publique, le dépôt est toujours assimilé à la publication; le lieu de l'impression indiquera toujours siat celui où le dépôt aura été fait et fixera la compétence mieux que les faits vagues de publication. Chassan, t. 2, p. 111.

675. L'art. 12 de la loi du 26 mai 1819 ne semble pas avoir été abrogé par le retour à la procédure du Cod. d'instr. crim. opéré par l'art. 27 de la loi du 17 fév. 1852. Si l'on ne confond pas les règles de *la compétence* avec celles de *la procédure*; les formes à suivre devant un tribunal avec les principes qui déterminent ce tribunal. — De même l'art. 25 du décret du 17 fév. qui détermine la compétence du tribunal à raison de la matière, c'est-à-dire la *juridiction* n'a pas abrogé non plus l'art. 12 de la loi du 26 mai qui règle la *compétence* à raison du lieu. Il n'y a entre ces articles aucune inconciliabilité radicale.

676. La loi du 26 mai 1819 par ces mots, « du lieu de la résidence du prévenu » dan[s]...

1825 à 1830. (4.)	1831 à 1848. (5.)	1848 à 1849. (6.)	1850 à 1856. (7.)	LA PRESSE en ALGÉRIE. (8.)	1856 à... NOTES. (9.)

ACTION PUBLIQUE.—COMPÉTENCE ET JURIDICTION.—EXCEPTIONS.

1825 à 1830.	1831 à 1848.	1848 à 1849.	1850 à 1856.	LA PRESSE en ALGÉRIE.	NOTES.
. . . .	. . . .	. . . .	**DÉCR.** organique du 17 février 1852 sur la presse. ART. 27. Les poursuites [des délits et contraventions commis par la voie de la presse ou tout autre moyen de publication. V. art. 25 ci-dessous] auront lieu dans les formes et délais prescrits par le **Code d'instruction criminelle** (675).	**DÉCR.** 28 mars 1852. ART. 14. Les poursuites [des contraventions et délits de presse] auront lieu selon les formes et dans les délais prescrits par le C. d'instr. crim. —	

la voie de la presse et autres moyens de publication.

1825 à 1830.	1831 à 1848.	1848 à 1849.	1850 à 1856.	LA PRESSE en ALGÉRIE.	NOTES.
. . . .	. . . .	. . . .	L'art. 13 de la loi du 26 mai 1819, conforme au Code d'instruction criminelle, est maintenu.	. . . .	

de la presse et autres moyens de publication.

1825 à 1830.	1831 à 1848.	1848 à 1849.	1850 à 1856.	LA PRESSE en ALGÉRIE.	NOTES.
Charte de 1830. ART. 69. *Il sera pourvu successivement par des lois spéciales, et dans le plus court délai possible : 1° à l'application du jury aux délits de presse et aux délits politiques.* (Abrogé par le fait des Constitutions postérieures.) **L. 8 octobre 1830.** Compétence des délits de presse et délits politiques. ART. 5. L'art. 17 de la loi du 25 mars 1822 est abrogé. ART. 1er. *La connaissance de tous les délits commis, soit par la voie de la presse, soit par tous les autres moyens de publication énoncés en l'art. 1er de la loi du 17 mai 1819, est attribuée aux Cours d'assises.* ART. 6. *La connaissance des délits politiques est pareillement attribuée aux Cours d'assises.* ART. 7. *Sont réputés politiques les délits prévus :* *1° Par les ch. I et II, du tit. I, du liv. III du C. pénal ;* *2° Par les §§ 2 et 4 de la sect. III et par la sect. VII du chap. III des mêmes livres et titres ;* *3° Par l'art. 9 de la loi du 25 mars 1822.* (Abrogés par l'art. 4 du décret du 25 février 1852.) ART. 2. Sont exceptés les cas prévus par l'art. 14 de la loi du 26 mai 1819. N. B. La règle générale de l'art. 13 de la loi du 17 mai 1819, ainsi que celle de la loi du 8 oct. 1830, art. 1er, disparaissant par suite du changement de juridiction du décret de 1852, art. 25, qui fait de l'exception la règle générale, l'art. 14 de la loi de 1819 cesse d'être une disposition exceptionnelle.	**L. 10 déc. 1830.** Crieurs et afficheurs. ART. 6. *La connaissance des délits punis par les art. 1, 4 est attribuée aux Cours d'assises....* ART. 1er. *(Affichage ou placardage d'écrits politiques, imprimés ou non)* ART. 4. *(Vente de faux extraits de journaux, jugements et actes de l'autorité.)* V. p. 68. (Abrogés par l'art. 4 du décret du 25 février 1852.) —	**Constitution de 1848.** ART. 83. *La connaissance de tous les délits politiques et de tous les délits commis par la voie de la presse appartient exclusivement au jury.* *Les lois organiques détermineront la compétence en matière de délits, d'injures et de diffamation contre les particuliers.* (Abrogé par les lois et la Constitution de 1852.) ART. 84. *Le jury statue seul sur les dommages-intérêts réclamés pour faits ou délits de presse.* (Abrogé par voie de conséquence en suite du changement de juridiction.)	**DÉCR.** du 31 décembre 1851 sur la presse. ART. 1er. La connaissance de tous les délits prévus par les lois sur la presse ou commis au moyen de la parole **est déférée aux tribunaux correctionnels.** — **DÉCR.** organique sur la presse du 17 février 1852. ART. 25 Seront poursuivis devant les tribunaux correctionnels : 1° **Les délits commis** par la voie de la presse ou par tout autre moyen de publication mentionné dans l'art. 1 de la loi du 17 mai 1849, qui avaient été attribués par les lois antérieures à la Cour d'assises ; 2° Les contraventions sur la presse prévues par les lois antérieures ; 3° Les délits et contraventions édictés par la présente loi. — **DÉCR.** du 25 février 1852. Les autres délits seront jugés par les tribunaux correctionnels. ART. 1er. Tous les **délits** dont la connaissance est actuellement attribuée aux Cours d'assises, et qui ne sont pas compris dans les décrets des 31 décembre 1851 et 17 février 1852, **seront jugés par les tribunaux correctionnels,** sauf les cas pour lesquels il existe des dispositions spéciales, à raison des fonctions ou de la qualité des inculpés (684). ART. 4. Sont et demeurent abrogées toutes dispositions relatives à la compétence, contraires au présent décret, et notamment celles qui résultent de la loi du **8 octobre 1830,** en matière de délits politiques ou réputés tels, de l'art. **6, L.** du **10 décembre 1830** relative aux afficheurs et crieurs publics....	**DÉCR.** 28 mars 1852. ART. 13. Seront poursuivis devant les tribunaux de police correctionnelle tous les délits commis par la voie de la presse, ainsi que toutes les **contraventions** aux lois sur la police de la presse. —	

[...art.] 12, § 1 et 2, a entendu une résidence habituelle résultant notamment de la part du prévenu gérant d'imprimer son journal dans l'arrondissement et d'y effectuer le dépôt. Cass. 2 avril 1852. (*Bull. crim.*, n° 117).

677. Comme sous l'empire de la législation antérieure à 1852, l'art. 12 comporte des exceptions, notamment à raison des personnes ou corps qu'atteignent certains délits de presse : ainsi, quel qu'ait été le lieu du dépôt, ou celui de la résidence de l'auteur, les Cours et tribunaux offensés par un compte rendu de leur audience sont seuls compétents pour connaître de ce délit ; il en est de même du corps législatif, à raison d'un pareil délit, dans un compte rendu de ses séances.

678. Dans le cas de poursuite à la requête de la partie plaignante, il importe peu qu'il y ait ou non dépôt effectué. V. MM. Bories et Bonnassies, v° *Compétence.*

679. Par *saisie*, l'art. 12 de la loi de 1819, entend une mainmise et non une saisie régulière ordonnée par le juge. S'il n'a été fait aucune saisie, ni opéré aucune mainmise, le juge de la résidence du prévenu est le seul compétent. Chassan, t. 2, p. 116.

1789 à 1814.	1815 à 1819.	1820 à 1825.
1.	2.	3.

§ II (SUITE). *Juridiction en matière de délits commis par la voi*

L. 25 mars 1822. — (*Répression et poursuite des délits de presse.*)

ART. 17. *Seront poursuivis devant la police correctionnelle et d'office, les délits commi la voie de la presse, etc. (V. le tableau précédent), sauf les cas prévus par les art. 15 (ci-dessous).*

ART. 15. Dans le cas d'offense envers les Chambres, ou l'une d'elles, l'un des moyens énoncés en la loi du 17 mai 1819, la Chambre offensée, la simple réclamation de l'un de ses membres, **pourra**, si mieux elle n'a autoriser les poursuites par la voie ordinaire, **ordonner que le prév sera traduit à sa barre.** Après qu'il aura été entendu ou dûment app elle le condamnera, s'il y a lieu, aux peines portées par les lois; la d sion sera exécutée sur l'ordre du président de la Chambre (681-682).

ART. 16. Les Chambres appliqueront elles-mêmes, conformément à l ticle précédent, les dispositions de l'art. 7 relatives au compte rendu les journaux de leurs séances. (*V.* p. 94.)
Les dispositions du même art. 7 relatives aux comptes rendus des diences des Cours et tribunaux seront appliquées directement par les C et tribunaux qui auront tenu ces audiences. (*V.* p. 140.) (683-684.)

§ III. *Juridiction en matière de contravention aux lois sur la polic*

1789 à 1814.	1815 à 1819.	1820 à 1825.
L. 21 octobre 1814. Liberté de la presse; police.	**L. 8 juin 1819.** Publication des journaux.	
ART. 21. Le ministère public **poursuivra d'office les contrevenants** [en matières de librairie et d'imprimerie] par-devant les tribunaux de police correctionnelle… (*V.* p. 29, la suite.)	. . . . ART. 6, 7, 8, 11… (*V.* p. 59, 125, 127, 131.) *Les contraventions aux art. 6, 7, 8 et 11, seront poursuivies devant les tribunaux correctionnels.* (*V.* art. 6 et art. 12, p. 59 et 131.) (Absorbé par l'art. 25 du décret du 17 février 1852.)	
CODE D'INSTRUCT. CRIMIN. CHAP. Ier. — Des tribunaux de simple police.		
ART. 139. Les juges de paix connaîtront exclusivement: 1° Des contraventions commises dans l'étendue de la commune chef-lieu du canton;… — 5° Des injures verbales; — 6° Des affiches, annonces, ventes ou débits d'ouvrages, écrits ou gravures contraires aux mœurs; — 7°, etc. ART. 140. Les juges de paix connaîtront aussi, mais concurremment avec les maires, de toutes autres contraventions commises dans leur arrondissement.	**L. 17 mai 1819.** Répression des crimes et délits de presse. ART. 20. L'injure qui ne renferme pas l'imputation d'un vice déterminé, ou qui ne serait pas publique, continuera d'être punie des peines de simple police.	. . . .

CHAP. II. — **ACTION CIVILE A RAISON DES FAITS**

1789 à 1814.	1815 à 1819.	1820 à 1825.
CODE D'INSTRUCT. CRIMIN. Dispositions préliminaires.		. . . .
ART. 3. L'action civile peut être poursuivie en même temps et devant les mêmes juges que l'action publique. — Elle peut l'être aussi séparément; dans ce cas, l'exercice en est suspendu, tant qu'il n'a pas été prononcé définitivement sur l'action publique intentée avant ou pendant la poursuite de l'action civile. (*V.* art. 1er, tableau suiv.)	**L. 26 mai 1819.** Poursuite et jugement des crimes et délits de presse.	
ART. 6². Toute personne qui se prétendra lésée par un crime ou délit, pourra en rendre plainte et se constituer partie civile devant le juge d'instruction, soit du lieu du crime ou délit, soit du lieu de la résidence du prévenu, soit du lieu où il pourra être trouvé.	ART. 12, § dernier. (*V.* au tableau précédent.) Dans tous les cas, la poursuite à la requête de la partie plaignante pourra être portée devant le juge de son domicile, lorsque la publication y aura été effectuée.	

680. Si le prévenu consent à être jugé par le tribunal devant lequel il est cité, ce tribunal devient par là même compétent. Amiens, 8 mars 1823.

681. L'art. 25 du décret de 1852, en revenant au système de compétence de la loi du 25 mars 1822, a implicitement abrogé les lois de 1819 et 8 oct. 1830, relatives à la compétence générale; mais il a maintenu les cas de compétence exceptionnelle en faveur des chambres offensées et des tribunaux injuriés dans les comptes rendus de leurs débats, art. 15 et 16, L. du 25 mars 1822, v. ci-dessus, de même que : « ajoute la circulaire déjà citée, en revenant au droit commun pour la compétence, la loi nouvelle n'a pas entendu déroger aux dispositions spéciales des art. 479 et suiv. du Cod. d'instr. crim. (relatifs à la poursuite des magistrats) » Jugé que l'art. 25 du décret de 1852 a implicitement maintenu l'art. de la loi du 25 mars 1822. Cass. 29 juill. 1852 (*Bull.* crim., n° 253).

682. Dans le cas de l'art. 16, L. 1822, qui doit avoir l'initiative des poursuites e qui doivent-elles être exercées? Les auteurs ne sont pas d'accord sur ce point, il y a de penser avec MM. Bories et Bonnassies que les poursuites doivent être exercées les tribunaux, et que la loi a dérogé au droit commun pour mieux protéger leur dignité. trà, Chassan, t. 2, p. 135, qui admet cependant que les chambres ont l'initiative des p suites et qu'elles ne doivent pas attendre du parquet l'exercice d'un droit exceptionnel faveur que la loi leur a reconnu.

1825 à 1830.	1831 à 1848.	1848 à 1849.	1850 à 1856.	LA PRESSE en ALGÉRIE.	1856 à... NOTES.
4.	5.	6.	7.	8.	9.

de la presse et autres moyens de publication. — Exceptions.

1825 à 1830.	1831 à 1848.	1848 à 1849.	1850 à 1856.	LA PRESSE en ALGÉRIE.	NOTES.
. 8 octobre 1830 (suite.) Art. 5. L'art. 17 de la loi du 25 mars 1822 est abrogé. . . . . Art. 1er. *La connaissance de tous les délits commis par voie de la presse (V. le tableau précédent) est attribuée aux Cours d'assises.* (Abrogé. V. le tableau précédent.) Art. 3. Sont exceptés les cas où les Chambres, Cours et tribunaux jugeraient à propos d'user des droits qui leur sont attribués par les art. 15 et 16 de la loi du 25 mars 1822.	. . . .	. . . .			

Observations. — Doivent également être compris dans le paragraphe relatif aux exceptions en matière de compétence des délits, les délits d'audience dont la connaissance reste toujours aux tribunaux devant lesquels ils ont été commis. Le changement de juridiction du décret du 17 février 1852 n'a point, quant à eux, modifié les lois antérieures.—V. p. 117 à 122.

de la presse et commises par un moyen quelconque de publication.

1825 à 1830.	1831 à 1848.	1848 à 1849.	1850 à 1856.	LA PRESSE en ALGÉRIE.	NOTES.
L. 18 juillet 1828. Journaux périodiques. Art. 3, § dernier. *Toute contravention aux art. 1 et 2 (poursuivie) conformément à l'art. 6 de la loi du 9 juin 19.* (Absorbé, quant à la poursuite, par décret de 1852.) — L. 10 décembre 1830. Crieurs et afficheurs publics. Art. 7. *Toute infraction aux art. 2 et 4 (V. 68) sera punie par la voie ordinaire de police correctionnelle...* (suite, 68.)	L. 16 février 1834. Sur les crieurs publics. Art. 2. Les contrevenants [à l'art. 1er] seront traduits devant les tribunaux correctionnels. (V. la suite, p. 434.)		DÉCR. sur la presse, 17 mars 1852. Art. 25. Seront poursuivis devant les tribunaux de police correctionnelle... 4° (V. le tableau précédent); 2° les contraventions sur la presse prévues par les lois antérieures; 3° les délits et contraventions édictés par la présente loi.	DÉCR. du 28 mars 1852. Art. 13. Seront poursuivis devant les tribunaux de police correctionnelle, les délits (V. le tableau précédent), — ainsi que toutes les contraventions aux lois sur la police de la presse. —	

DE PRESSE. — COMPÉTENCE ET JURIDICTION.

1825 à 1830.	1831 à 1848.	1848 à 1849.	1850 à 1856.	LA PRESSE en ALGÉRIE.	NOTES.
. . . . L. 28 juillet 1828. Journaux. Art. 10. Action et procédure devant les tribunaux civils, à raison des déclarations irrégulières des journaux. . (V. p. 41.) —	L. 25 mai 1836. Justice de paix. Art. 5. Les juges de paix connaissent également sans appel, jusqu'à la valeur de 100 fr, et à charge d'appel, à quelque valeur que la demande puisse s'élever: ...5° Des actions civiles pour **diffamations verbales** et pour **injures publiques ou non publiques, verbales ou par écrit**, autrement que par **la voie de la presse**; des mêmes actions pour rixes ou voies de fait; le tout lorsque les parties ne se sont pas pourvues par la voie criminelle. —	DÉCR. 22 mars 1848. Action civile pour faits de presse. Art. 1er. Les tribunaux civils sont incompétents pour connaître des **diffamations**, **injures ou autres attaques dirigées par la voie** de la presse ou par tout autre moyen de publication, contre les **fonctionnaires** ou contre tout citoyen revêtu d'un caractère public, à raison de leurs fonctions ou qualités. Ils renverront devant qui de droit toute **action** en dommages-intérêts fondée sur des faits de cette nature. Art. 2. L'action civile résultant des délits commis par la voie de la presse ou par toute autre voie de publication contre les fonctionnaires ou contre tout citoyen revêtu d'un caractère public ne pourra, dans aucun cas, **être poursuivie séparément de l'action publique**; elle **s'éteindra de plein droit par le fait de l'extinction de l'action publique**. (V. au tableau précédent, l'art. 84 de la Constitution de 1848.)	. . . .		

683. C'est la chambre injuriée qui seule est compétente, et une chambre d'un tribunal jugeant civilement, offensée à l'occasion du compte rendu d'une audience civile, ne pourrait faire citer devant elle jugeant correctionnellement. — C'est la chambre même qui a tenu l'audience qui doit juger; mais elle peut être composée de juges autres que ceux qui assistaient aux débats à raison desquels elle a été injuriée, sinon il pourrait arriver que, par suite d'un décès, le tribunal ne pourrait plus se composer. Cass. 25 fév 1837 (S. 37. 1. 629).

684. Après cassation d'un arrêt rendu contre un compte rendu infidèle et injurieux, la cause doit être renvoyée devant des juges autres que ceux qui, dans le principe, avaient été seuls compétents pour connaître du délit. La loi n'a dérogé au droit commun que pour les premières poursuites. Cass. 18 oct. 1835 (S. 34. 1. 42).

1789 à 1814.	1815 à 1819.
1.	2.

TITRE II.—PROCÉDURE, EXERCICE ET INTRODUCTION DE L'ACTION PUBLIQU[E]

CODE D'INSTRUCTION CRIMINELLE.

ART. 1er. L'action pour l'application des peines n'appartient qu'aux fonctionnaires auxquels elle est confiée par la loi. — [Cette action est dite **action publique**.]
L'action en réparation du dommage causé (**l'action civile**) par un crime, par un délit ou par une contravention, peut être exercée par tous ceux qui ont souffert le dommage. (*V.* art. 3, tableau précédent.]

ART. 22. Les procureurs impériaux sont chargés de la recherche et de la poursuite de tous les délits dont la connaissance appartient aux tribunaux de police correctionnelle ou aux Cours d'assises.

—

L. 26 mai 1819. — (Poursuite et jugement des crimes et délits de la presse, etc.)

ART. 1er. La poursuite des crimes et délits commis par la voie de la presse tout autre moyen de publication **aura lieu d'office** et à la requête du minist[ère pu]blic, sous les modifications suivantes. (*V.* art. 2, 3, 4 et 5 ci-dessous.) (690, 6[91, 692,] 695, 696.)

—

§ II. *Nécessité d'une plainte ou d'une autorisation préalable. — Offenses envers*

Même loi. — (Suite.)

ART. 2. Dans les cas d'offense envers les chambres ou l'une d'elles par voie [de pu]blication, la poursuite n'aura lieu qu'autant que la chambre qui se croira o[ffensée] l'aura autorisée (686).

L. 17 mai 1819.
Répression des crimes et délits de la presse,

ART. 3. Dans les cas du même délit contre la personne des souverains et celle des chefs des Gouvernements étrangers, la poursuite n'aura lieu que sur la **plainte ou à la requête du souverain ou du chef du Gouvernement** qui se croira **offensé** (686).

ART. 42. L'offense par l'un des moyens [énon]cés en l'art. 4er de la loi du 17 mai 1819 (art. 82), envers la personne des souverains [ou] vers celle des chefs des Gouvernements [étran]gers, sera punie d'un emprisonnement de [6 mois] à 3 ans et d'une amende de **100 f. à 5,[000 f.]**

—

ART. 5. Dans le cas des mêmes délits [de diffamation ou d'injure] contre to[ut dé]positaire ou agent de l'autorité publique, contre tout agent diplomatique étran[ger ac]crédité près du Roi, ou contre tout particulier, la poursuite n'aura lieu que [sur la] plainte de la partie qui se prétendra lésée (686, 687, 687 *bis*, 694, 698 et suiv.[)]

ART. 4. Dans les cas de diffamation ou injure contre les Cours et tribunaux, [au]tres corps constitués, la poursuite n'aura lieu qu'**après une délibération de ce**[s corps] prise en assemblée générale et **requérant les poursuites** (686, 687, 688, 689).

—

§ III. *De la mise en liber[té]*

Même loi. — (Suite.)

ART. 28. *Toute personne inculpée d'un délit commis par la voie de la presse ou par tout autre [moyen] de publication, contre laquelle il aura été décerné un mandat de dépôt ou d'arrêt, obtiendra sa [liber]té provisoire, moyennant caution. La caution à exiger de l'inculpé ne pourra être supérieure [au dou]ble du maximum de l'amende prononcée par la loi contre le délit qui lui est imputé.*
(Abrogé par suite du retour aux formes de procédure du C. d'inst. crim. opéré par l'art. 27 [du décret du 1]7 fév. 1852.)

—

CODE D'INSTRUCTION CRIMINELLE.

LIVRE Ier, CHAP. VIII. — De la liberté provisoire et du cautionnement.

ART. 113. La liberté provisoire ne peut être accordée qu'en cas de délit.

ART. 114. La chambre du conseil peut, dans ce cas, accorder la liberté provisoire moyennant caution. — Cette mise en liberté peut être demandée et accordée en tout état de cause.

ART. 118. Le prévenu peut être sa propre caution.

ART. 119. Modifié par décret du 23 mars 1848. — Le cautionnement peut être au-dessous de 500 fr., mais il doit garantir l'amende, les frais et les dommages-intérêts.

ART. 120 à 126. Procédure et conséquence de la mise en liberté provisoire.

—

---

685. S'ils reconnaissent que l'article incriminé ne présente pas les caractères d'un compte rendu infidèle et de mauvaise foi ou injurieux, les juges saisis doivent se déclarer incompétents, sauf au ministère public à se pourvoir. De Grattier, 118.
EXERCICE DE L'ACTION PUBLIQUE. — 686. L'art. 25 du décret du 17 fév. 1852, en attribuant aux tribunaux correctionnels la connaissance des délits de presse, et en revenant au Cod. d'inst. crim. pour la procédure, a fait ce que, en 1822, avait fait l'art. 17 de la loi du 25 mars. En conséquence, les art. 2, 3, 4 et 5 de la loi du 26 mai 1819 sont maintenus comme ils l'avaient été sous la loi du 25 mars 1822. Rien n'autorise à penser en effet que le législateur de 1852 ait voulu enlever aux parties intéressées le droit de décider de l'opportunité de poursuites qui pourraient n'être pas sans danger pour leur honneur et leur considération, rien n'indique qu'il ait voulu ouvrir d'office un débat dans lequel la partie offensée qu'il s'agira de venger pourrait avoir tout à perdre et la société rien à gagner. Les raisons puissantes qui introduisirent dans la législation la nécessité d'une plainte préalable, comme exception protectrice des intérêts privés, existent encore; elles existeront toujours; il faudrait un texte plus précis que celui de l'art. 27 du décret de

1852, pour abroger ces art. 2, 3, 4 et 5 de la loi de 1819, que les lois jusqu'ici [res]pectés comme une règle du droit des gens.
687. Toutefois, il est à propos de remarquer que l'assimilation du décret de 18[52 à] la loi de 1822 n'est pas absolue, l'art. 17 de la loi du 25 mars, en ne reproduisant p[as l'ex]ception des art. 4 et 5 de la loi de 1819, en faveur des Cours, des tribunaux e[t des] corps constitués et des dépositaires, quant aux Cours, tribunaux et corps consti[tués et] agents de l'autorité, avait implicitement abrogé l'art. 5 quant aux fonctionnaires, et[c.] Mais ces abrogations implicites ayant cessé leur effet par l'abrogation formelle de l'ar[t. 17 de] la loi du 25 mars 1830. La loi du 26 mai 1819 a repris son empire et se trouve, [en ce moment,] maintenue dans ses art. 1, 2, 3, 4 et 5, qui doivent ainsi continuer à être appliqu[és.]
687 bis. Le décret du 17 février ramenant la procédure du Cod. d'inst. crim., l[a plainte] de la partie offensée n'est plus nécessaire pour mettre l'action publique en mouvem[ent dans] le cas d'injures par la voie de la presse. — Il faudrait à tous égards considérer comm[e…] la démarche de la partie au parquet, signalant une enseigne contenant contre lui [des imputations] diffamatoires. Limoges, 25 juin 1852 (D.P.2.7.52.53 et note de M. Dalloz). Ce sera[…]

1820 à 1825. 3.	1825 à 1830. 4.	1831 à 1848 5.	1848 à 1849 6.	1850 à 1856 7.	LA PRESSE en ALGÉRIE. 8.	1856 à... NOTES. 9.

CHAP. Ier. — EXERCICE DE L'ACTION PUBLIQUE. — § Ier. *Poursuites d'office.*

1820 à 1825.	1825 à 1830.	1831 à 1848	1848 à 1849	1850 à 1856	LA PRESSE en ALGÉRIE.	NOTES.
L. 25 mars 1822. *Poursuite et répression des délits de presse.* ART. 17. *Seront poursuivis devant la police correctionnelle et d'office, les délits commis par la voie de la presse et les autres délits énoncés en la présente loi et dans celle du 17 mai 1819, et les cas prévus par les art. 15 et 16 ci-dessus.* (V. plus bas la suite). (Abrogé par l'art. 5, L. 8 oct. 1830.)	**L. 8 oct. 1830.** *Délits de presse et délits politiques* ART. 5. L'art. 17 de la loi du 25 mars 1822 est abrogé. ART. 4. La poursuite des délits mentionnés en l'art. 4er (délits de presse et délits politiques)... V. au tableau précédent) aura lieu d'office, à la requête du ministère public, en se conformant aux dispositions des lois des 26 mai et 9 juin 1819.	. . . .	**L. 27 juill. 1849.** *Sur la presse.* ART. 4er, § dernier. La poursuite aura lieu d'office [des délits d'attaque contre les droits et l'autorité du président de la République, l'Empereur, p. 90].	**DÉC. du 17 fév. 1852.** *Sur la presse.* ART. 27. La poursuite [des délits et contraventions de la presse et autres moyens de publication] auront lieu suivant les formes et délais prescrits par le Code d'inst. crim.	**DÉCR. 28 mars 1852.** *Presse en Algérie.* ART. 44. La poursuite [des délits et contraventions de la presse et autres moyens de publication], aura lieu suivant les formes et dans les délais prescrits par le C. d'inst. crim.	

Pouvoir législatif et les Souverains étrangers. — Diffamation et injures, etc.

1820 à 1825.	1825 à 1830.	1831 à 1848	1848 à 1849	1850 à 1856	LA PRESSE en ALGÉRIE.	NOTES.
Même loi.—(Suite.) ART. 15. Dans le cas d'offense envers les Chambres ou l'une d'elles, par l'un des moyens énoncés en la loi du 17 mai 1819, la Chambre offensée, sur la simple réclamation d'un de ses membres, pourra, si mieux elle n'aime autoriser les poursuites par la voie ordinaire, ordonner que le prévenu sera traduit à sa barre. (V. la suite au tabl. précéd.) ART. 17.... (V. ci-dessus le commencement) *...Néanmoins la poursuite n'aura lieu d'office, dans le cas prévu par l'art. 12 de la loi du 17 mai 1819 et dans celui de diffamation ou d'injure contre tout agent diplomatique étranger accrédité près du Roi, ou contre tout particulier, que sur la plainte ou à la requête, soit du Souverain ou du chef du Gouvernement qui se croira offensé, soit de l'agent diplomatique ou du particulier qui se croira diffamé ou injurié.* (V. la suite, p. 149). (Abrogé par l'art. 5, L. du 8 oct. 1830.)	**Même loi.** ART. 5. L'art. 17 de la loi du 25 mars 1822 est abrogé.					

provisoire sous caution.

1820 à 1825.	1825 à 1830.	1831 à 1848	1848 à 1849	1850 à 1856	LA PRESSE en ALGÉRIE.	NOTES.
			L. 27 juill. 1849. *Sur la presse.* ART. 15, § dernier. Dans ce dernier cas [de provocation à l'un des crimes prévus par les art. 87 et 91. du C. pén.], l'art. 28 de la loi du 26 mai 1819 cessera d'être applicable.	**Circ. min. du 27 mars 1852.** «La disposition de l'art. 28 de la loi du 26 mai 1819, contraire aux art. 114 et suiv. du C. d'inst. crim., modifié par le décret du 25 mars 1848, est donc abrogée, et la liberté provisoire, qui n'est d'ailleurs qu'un incident de la poursuite, reste facultative.»		

... trop loin les conséquences de l'art. 27 du décret de 1852 : d'après ce qui vient d'être ..., cette décision serait contraire à l'esprit de la loi.

688. Le tribunal qui, par sa délibération, a requis des poursuites à raison des injures qui lui sont adressées dans un placard, n'est pas incompétent, mais il peut être récusé pour cause de suspicion légitime. Limoges, 25 juin 1852 (D. P. 52. 2. 7. 53). — Le tribunal, en l'espèce aurait dû se récuser ; il avait manifesté son opinion et avait un intérêt trop personnel.

689. L'individu qui est prévenu d'outrage envers un tribunal ne peut être poursuivi qu'après une délibération de ce tribunal requérant la poursuite prise en assemblée générale, et cette formalité ne pourrait être remplacée par une plainte collective rédigée par les magistrats du siège. Cass. 3 août 1850 (*Bull.* crim., n° 246).

690. L'outrage envers un magistrat de l'ordre administratif, dans l'exercice ou à l'occasion de l'exercice de ses fonctions, peut être poursuivi d'office. Cass, 19 janv. 1850 (*Bull.* crim., n° 29).

691. Lorsqu'un délit de diffamation est commis à l'égard des gendarmes dans l'exercice de leurs fonctions, le ministère public peut valablement poursuivre sur la plainte du commandant de la gendarmerie. Cass. 15 juill. 1831 (*Bull. crim.,* n° 220).

692. En matière de compte rendu infidèle et de mauvaise foi, la poursuite n'est pas subordonnée à une délibération préalable des Cours et tribunaux, Colmar, 11 janv. 1836, Cass. 11 mai 1833, lors même qu'à la prévention de compte rendu infidèle se joindrait la circonstance d'outrage, si ce caractère injurieux n'était qu'une circonstance aggravante du fait principal. Cass. 2 août 1839. (Devill. 39.1.691). Chassan, 2. 41.

693. Il n'est pas besoin de plainte préalable si le délit d'outrage est commis contre un fonctionnaire public dans l'exercice de ses fonctions, 30 mai 1840 (D. P. 41. 1. 148); (*Contrà*, Paris, 7 mars 1832), ou contre un juré ou un témoin dans les conditions de l'art. 6 de la loi du 25 mars 1822; l'ordre public étant alors intéressé à la répression d'un pareil délit. Le ministère public peut agir d'office. Rauter, 2. 466. De Grattier, 1. 341.

694. Dans les cas d'outrage prévus par le Cod. pén., art. 222 et suiv., une plainte n'est pas nécessaire pour mettre l'action publique en mouvement. Cass. 22 août 1840. 17 mai 1845, 19 janv. et 9 sept. 1850, et 17 mars 1851 (*J. Crim.*, art. 2753, 3897, 4704, 4937). —

1789 à 1814.	1815 à 1819.
1.	2.

TITRE II. — EXERCICE ET INTRODUCTION DE L'ACTION PUBLIQUE. — CHAP. II. — INTRODUCTIO

SECT. Ier. — Procédu

CODE D'INSTRUCTION CRIMINELLE.
L. II. CHAP. II.— Des tribunaux en matière correctionnelle.

ART. 182. Le tribunal sera saisi, en matière correctionnelle, de la connaissance des délits de sa compétence, soit par le renvoi qui lui en sera fait, d'après les art. 130 et 160, soit par la citation donnée directement au prévenu et aux personnes civilement responsables du délit par la partie civile..., et dans tous les cas par le procureur impérial.

ART. 183. La partie civile fera, par l'acte de citation, élection de domicile dans la ville où siége le tribunal, la citation énoncera les faits et tiendra lieu de plainte.

ART. 184. Il y aura au moins un délai de 3 jours, outre 1 jour par 3 myriamètres de distance, entre la citation et le jugement, à peine de nullité de la condamnation qui serait prononcée par défaut contre la personne citée.
Néanmoins, cette nullité ne pourra être proposée qu'à la première audience et avant toute exception ou défense.

ART. 185. Dans les affaires relatives à des délits qui n'entraîneraient pas la peine d'emprisonnement, le prévenu pourra se faire représenter par un avoué; le tribunal pourra, néanmoins, ordonner sa comparution en personne.

ART. 64. Les plaintes qui auraient été adressées au procureur impérial seront, par lui, transmises au juge d'instruction avec son réquisitoire...
Dans les matières du ressort de la police correctionnelle, la partie lésée pourra s'adresser directement au tribunal correctionnel dans la forme qui sera ci-après réglée.

—

L. 21 oct. 1814.
Liberté de la presse et police.

ART. 15. Il y a lieu à saisie et séquestre d'un ouvrage :
1° Si l'imprimeur ne représente pas les récépissés de la déclaration et du dépôt ordonné en l'art. 14 (*V*. p. 14);
2° Si chaque exemplaire ne porte pas le vrai nom et la vraie demeure de l'imprimeur (*V*. p. 15);
3° Si l'ouvrage est déféré aux tribunaux pour son contenu.

—

CODE D'INSTRUCTION CRIMINELLE.
SECT. II. — Mode de procéder des procureurs impériaux dans l'exercice de leurs fonctions.

ART. 35.—Saisie des objets du délit, etc.—Procès-verbal.
ART. 36.—Visites domiciliaires.
ART. 37.—Saisie de papiers et pièces de conviction.
ART. 38 —Les objets saisis seront clos et cachetés.
ART. 39.—Le tout en présence du prévenu ou de son représentant.
ART. 45.—Les objets saisis, actes et procès-verbaux, seront transmis au juge d'instruction.

(*V*. au C. d'inst. crim. le texte de ces divers articles, dont les dispositions doivent aujourd'hui être suivies, conformément à l'art. 27 du décret du 17 février 1852.) (698)

—

SECT. II. — **Procédure par instruction, préalable** (697).

L. 26 mai 1819,
Relative à la poursuite et au jugement des crimes et délits de la presse et autres *m* de publication.

ART. 6. *La partie publique, dans son réquisitoire, si elle poursuit d'office, ou le pla dans sa plainte, seront tenus d'articuler et de qualifier les provocations, attaques, outrages, faits diffamatoires ou injures, à raison desquels la poursuite est intentée, peine de nullité de la poursuite.*—(*V*. col. 5 et 6, le N. B)(701)

N. B.— « La loi du 26 mai 1819 est abrogée dans tout ce qui touche les formes et « la poursuite. Toutefois, la formule de l'art. 6 doit être utilement suivie pour « lation et la qualification, quoique dépourvue de la sanction de nullité. » (*Circul.* du 27 mars 1852.)

SAISIE PRÉALABLE. — PÉREMPTION.

. . . .

ART. 7. *Immédiatement après avoir reçu le réquisitoire ou la plainte, le juge d'ins pourra ordonner la saisie des écrits, imprimés, placards, dessins, gravures, peintu autres instruments de publication.*
L'ordre de saisir et le procès-verbal de saisie seront notifiés, dans les 3 jours à saisie, à la personne entre les mains de laquelle la saisie aura été faite, à peine de — (*V*. ci-contre, le N. B.)

ART. 8. *Dans les 8 jours de ladite notification, le juge d'instruction est tenu de f rapport à la chambre du conseil qui procède ainsi qu'il est dit au C. d'inst. crim., ch. IX, sauf les dispositions ci-après.*—(*V*. ci-contre, le N. B.) (701)

ART. 9. Si la chambre du conseil est unanimement d'avis qu'il n'y a pas lieu à elle prononcera la mainlevée de la saisie. (Abrogé quant aux délits seulement.

ART. 10. Dans le cas contraire ou dans le cas de pourvoi du procureur *du Roi*, partie civile contre la décision de la Chambre du conseil, les pièces seront transmis délai, au procureur général, près la Cour *royale*, qui est tenu, dans les 5 jours d ception, de faire son rapport à la chambre des mises en accusation, laquelle est t prononcer dans les 3 jours dudit rapport. — (Abrogé quant aux délits seulement.)

ART. 11. A défaut, par la chambre du conseil du tribunal de 1re instance, d'ave noncé, dans les 10 jours de la notification du procès-verbal de saisie, la saisie sera d droit périmée; elle le sera également à défaut, par la Cour royale, d'avoir prononcé même saisie, dans les 10 jours, du dépôt en son greffe, de la requête que la partie e autorisée à présenter à l'appui de son pourvoi, contre l'ordonnance de la chambre du Tous les dépositaires des objets saisis seront tenus de les rendre au propriétaire sur l exhibition du certificat des greffiers respectifs, constatant qu'il n'y a pas eu d'ordonn d'arrêt dans les délais ci-dessus prescrits.
Les greffiers seront tenus de délivrer ce certificat à la première réquisition, so d'une amende de 300 fr., sans préjudice des dommages-intérêts, s'il y a lieu. — To fois qu'il ne s'agira que d'un simple délit, la péremption de la saisie entraînera celle tion publique.— (*V*. col. 5 et 6, le N. B.) (703)

ART. 34. La loi du 28 fév. 1817 est abrogée. — Les dispositions d'inst. crim., auxquelles il n'est pas dérogé par la présente loi, con ront d'être exécutées.

L. 28 fév. 1817.
Relative à la saisie des écrits, en vertu de la loi du 21 oct. 1814.

. . . .

Lorsqu'un écrit aura été saisi, en vertu de l'art. 15 de la loi du 21 oct. 1814 (V. col. 1, cet art. 15), l'ordre de saisie et le procès-verbal seront, sous peine de nullité, notifiés, dans les 24 heures, à la partie saisie qui pourra y former opposition.

En cas d'opposition, le procureur du Roi fera toute diligence pour que, dans la huitaine, à dater du jour de ladite opposition, il soit statué sur la saisie.
Le délai de huitaine expiré, la saisie, si elle n'est maintenue par le tribunal, demeurera de plein droit périmée et sans effet, et tous dépositaires de l'ouvrage saisi seront tenus de le remettre au propriétaire.

(Abrogé par l'art. 31, L. 1819.) (698)

L'outrage aux témoins et aux jurés, prévu par l'art. 6, L. 1822, peut être aussi poursuivi d'office. Cass. 8 fév. 1851. Nancy, 9 avril 1851. (*J. Crim.* 4938.)
695. Le ministère public peut agir d'office dans les cas d'outrage envers un ministre du culte dans l'exercice de ses fonctions. La diffamation dans ce cas constitue l'outrage. Cass. 22 août 1841, 17 mai 1845, 10 janv., 6 sept. 1850, 17 mars 1851. (*J. Crim.*, 2753, 3898, 4704, 4937). Si l'outrage par diffamation n'a lieu qu'à raison des fonctions, la plainte préalable est alors nécessaire, le ministre du culte offensé hors de ses fonctions n'est plus qu'un simple particulier qui est juge de l'opportunité des poursuites. Cass. 2 juin 1846. 5 juill. 1845, 25 sept. 1847 (*J. crim.*, 1677, 3901, 4196).
696. Lorsqu'un dépositaire de l'autorité est outragé dans l'exercice de ses fonctions, l'ordre public est intéressé à la répression du délit. La fonction est outragée et la vindicte publique ne doit pas dépendre du bon plaisir du particulier. La poursuite d'office est alors de droit.—De même l'injure et la diffamation adressées aux fonctionnaires dans l'exercice, ou à

l'occasion, ou à raison de l'exercice des fonctions ou de la qualité constituant l'outrage, la n'est plus nécessaire. MM. Faustin Hélie et Chauveau, t. 3, p. 125. Dans tous les plainte portée, l'action publique est en mouvement: un désistement ne pourrait l'arrêt
INTRODUCTION DE L'ACTION PUBLIQUE, PROCÉD
— **697.** Avant le décret de 1852, il y avait deux législations, deux procédures di pour la poursuite des délits de presse : celle qui était tracée par la loi du 26 mai 1 qui entraînait l'accomplissement des formalités ordinaires, réquisitoire, rapport, etc., qui avait été organisée exceptionnellement et par dérogation au droit commun, par du 8 avril 1831, 9 sept. 1835 et 27 juill. 1849.
L'une était la procédure par *instruction préalable*, l'autre était la poursuite par directe. Ces procédures particulières sont aujourd'hui remplacées par celle du Cod crim., qui permet aussi ces deux modes de procéder pour la poursuite des délits se Aux termes de la circulaire du 27 mars 1852, on devra toujours préférer comme

1820 à 1825 — 3.	1825 à 1830 — 4.	1831 à 1848. — 5.	1848 à 1849. — 6.	1850 à 1856. — 7.	LA PRESSE en ALGÉRIE. — 8.	1856 à... NOTES. — 9.

DE L'ACTION, PROCÉDURE. — CITATION DIRECTE. — INSTRUCTION PRÉALABLE.

par citation directe (697-697 bis.)

1831 à 1848 — L. 8 avril 1831.
Procédure en matière de presse, d'affichage et criage.

ART. 1er. *Le ministère public aura la faculté de saisir les Cours d'assises de la connaissance des délits commis par la voie de la presse, ou par les autres moyens de publication énoncés en l'art. 1er de la loi du 17 mai 1819, en vertu de citations données directement aux prévenus.*
La même faculté existera au cas de poursuites contre les afficheurs et crieurs publics, en exécution des art. 5 et 6 de la loi du 10 déc. 1830.
(Abrogé par suite du décret de 1852.)

ART. 2. *Le ministre public adressera son réquisitoire au président de la Cour d'assises pour obtenir indication du jour auquel le prévenu sera sommé de comparaître.*
Il sera tenu d'articuler et de qualifier les provocations, attaques, offenses, outrages, faits diffamatoires ou injures, à raison desquels la poursuite est intentée, et ce, à peine de la nullité de la poursuite.
Le président fixera le jour de la comparution devant la Cour d'assises, et commettra l'huissier qui sera chargé de la notification.
La notification du réquisitoire et de l'ordonnance du président sera faite au prévenu 10 jours au moins avant celui de la comparution, outre un jour par 5 myriamètres de distance. V. la suite au tableau suivant.—(Abrogé par suite du décr. de 1852.)

ART. 5. *Dans les cas de saisie autorisée par l'art. 7 de la loi du 26 mai 1819, les formes et délais prescrits par cette loi seront observés.*
(Abrogé par suite des art. 25 et 27 du décr. du 17 fév. 1852.)

N. B. Les dispositions des art. 6, 7, 8, 11, de la loi du 26 mai 1819, sont abrogés, aux termes de l'art. 36 du décret du 17 fév. 1852 comme contraires aux formes de procéder du C. d'inst. crim., auxquelles ce décret est revenu par son art. 27.
Elles avaient été temporairement abrogées par le changement de juridiction en 1822, mais l'art. 5 de la loi du 8 oct. 1830 les remit en vigueur en abrogeant formellement l'art. 17 de la loi du 25 mars 1822, qui en paralysait l'application.
Les art. 9 et 10 ne pourraient rester applicables qu'aux crimes. — V. circulaire du 27 mars 1852, n° 702.

1831 à 1848 — L. 9 sept. 1835.
Crimes, délits et contr. de presse.
TIT. V.—Poursuite et jugement.

ART. 24. *Le ministère public aura la faculté de faire citer directement, à 3 jours, les prévenus devant la Cour d'assises, même lorsqu'il y aura eu saisie préalable des écrits, dessins, gravures, lithographies, médailles ou emblèmes.*
Néanmoins, la citation ne pourra être donnée, dans ce dernier cas, qu'après la signification au prévenu du procès-verbal de saisie.
(Abrogé par décret du 6 mars 1848 et rempl. par déc. 1849.)

1848 à 1849 — L. 27 juillet 1849.
Sur la presse.
CH. III. — De la poursuite.

ART. 16. *Le ministère public aura la faculté de faire citer directement, à 3 jours, outre un jour par 5 myriamètres de distance, les prévenus devant la Cour d'assises, même après qu'il y aura eu saisie.*
§ 2. V. ci-dessous.
§ 3. *Dans le cas où une saisie aurait été ordonnée ou exécutée, copie de l'ordonnance ou du procès-verbal de ladite saisie sera notifiée au prévenu en tête de la citation, à peine de nullité.*
(Abrogé par suite des art. 25 et 27 du décret de 1852.)

§ 2. *La citation contiendra l'indication précise de l'écrit ou des écrits, des imprimés, placards, dessins, gravures, peintures, médailles ou emblèmes incriminés, ainsi que l'articulation et la qualification des délits qui ont donné lieu à la poursuite.*
(Abrogé par le déc. de 1852.)

1850 à 1856 — DÉC. du 17 fév. 1852.
Sur la presse.
CH. III.—Juridiction.

ART. 25. *Seront poursuivis devant les tribunaux correctionnels :*
1° Les délits commis par la voie de la presse, ou tout autre moyen de publication mentionné en l'art. 1er de la loi du 17 mai 1819, et qui avaient été attribués par les lois antérieures à la compétence des Cours d'assises.
2° Les contraventions sur la presse prévues par les lois antérieures ;
3° Les délits et contraventions édictés par la présente loi.

ART. 26. Relatif aux appels. V. 150.

ART. 27. *Les poursuites auront lieu dans les formes et délais prescrits par le Code d'inst. crim.*

ART. 36. *La présente loi n'est pas applicable à l'Algérie.—Sont abrogées les dispositions des lois antérieures contraires à la présente loi...*, etc. — V. p. 156.

LA PRESSE EN ALGÉRIE — DÉCR. du 28 mars 1852.
Presse en Algérie.

ART. 13. *Seront poursuivis devant les tribunaux de police correctionnelle, tous délits commis par la voie de la presse, ainsi que toutes contraventions aux lois sur la police de la presse.*

ART. 14. *Les poursuites auront lieu selon les formes et dans les délais prescrits par le Code d'instr. crim.*

...pée et moins onéreuse la procédure par voie de citation directe, suprà, n° 709.

697 bis. Le principe en matière de procédure criminelle, relativement à l'introduction de l'action publique, est que le ministère public ne peut, lorsqu'une instruction est commencée, la porter devant les juges de la condamnation, avant que la chambre du conseil n'ait statué et n'ait dessaisi le juge d'instruction. Une exception à cette règle fut introduite dans la législation de la presse par les art. 24 de la loi du 9 sept. 1835 et 26 de celle du 27 juill. 1849, qui autorisaient l'emploi de la citation directe *même après qu'il y avait eu saisie*, c'est-à-dire commencement d'instruction. Le décret du 17 fév. 1852, en revenant au droit commun, a abrogé la procédure exceptionnelle des lois de 1835 et 1849; « il faut en induire, dit à ce sujet M. Faustin Hélie, dans son remarquable traité de l'instruction criminelle, t. 6, p. 81, que le ministère public a le choix, en matière de délit de presse, comme en toute autre matière, de requérir la saisie *des écrits* ou de *citer directement* les prévenus, et que, dans le cas de saisie, la procédure doit être suivie *par voie d'instruction.* » Par saisie, il faut entendre ici une saisie proprement dite ordonnée comme mesure d'instruction, et non la saisie mainmise dont la procédure est organisée par la loi du 28 fév. 1817, en matière de contravention à la police de l'imprimerie, laquelle saisie n'est qu'une mesure de police dont l'accomplissement ne saurait empêcher le ministère public de procéder par voie de citation directe. V. p. 29, n° 125.

698. La loi du 26 mai ayant organisé un système complet de procédure pour la saisie et la poursuite des écrits déférés aux tribunaux à raison de *leur contenu* pour provocation, attaques, offenses, outrage, diffamation et injure, dit l'art. 6, la procédure de l'art. 1 de la loi du 28 fév. n'était plus, quant à ces écrits, qu'un duplicata inutile dont les dispositions, du reste, avaient d'ailleurs été reproduites par l'art. 11 de la loi du 26 mai. Elle fut par ce motif abrogé ; mais la loi du 26 mai, n'ayant rien statué sur la procédure à suivre en cas de saisie d'écrits en contravention aux lois sur la police de l'imprimerie, n'a point quant à eux remplacé la loi du 28 fév. 1817. Des trois cas de saisie pour lesquels cette loi avait organisé la procédure, la loi de 1819 en ayant absorbé un, la loi de 1817 restait donc applicable aux deux autres cas de l'art. 15, L. de 1814. C'est ce qu'a décidé la Cour suprême, par arrêts des 22 août 1822 et 27 mars 1828. Cette décision est aujourd'hui d'autant plus exacte, que l'art. 11 de la loi de 1819, est abrogée, et que la législation se trouve au point où elle était à l'époque où fut votée la loi de 1817. Mais il y a lieu d'observer qu'étant contraire au C. d'inst. crim., quant à la poursuite des délits de presse, cette dernière loi se trouve aussi implicitement abrogée par les art. 27 et 36, du décret du 17 fév. 1852 et remplacée par les art. 36 et suiv. du Cod. d'inst. crim. V. p. 149. et suprà, n° 709 bis.

699. Circulaire du 27 mars 1852. « § 2 bis. *Poursuites, formées.*—« La compétence détermine ordinairement par voie de conséquence le mode de poursuites, mais l'art. 27 de la loi du 27 février contient de plus à cet égard une disposition d'une grande portée, cet article est ainsi conçu : « *Les poursuites auront lieu dans les formes et délais prescrits par le Cod. d'inst. crim.* »

700. « La loi du 26 mai 1819 intitulée : *loi relative à la poursuite et au jugement des crimes et délits commis par la voie de la presse et par tout autre moyen de publication* » et le chap. III de la loi du 27 juill. 1849, intitulé : *De la poursuite* formant la législation antérieure;—les art. 17, 18 et 19 de la première de ces lois avaient déjà été abrogés par la dernière. » Même circulaire.

1789 à 1814.	1815 à 1849.	1820 à 1825.	1825 à 1830.
1.	2.	3.	4.

TITRE III. — PROCÉDURE, INSTRUCTION, MISE EN ACCUSATION OU EN

CHAP. Ier. — DES MISES EN ACCUSATION

Colonne 1 (1789 à 1814)

CODE D'INSTRUCTION CRIMINELLE.

CHAP. IX. — Du rapport quand la procédure est complète.

ART. 130. Si le délit est reconnu de nature à être puni par des peines correctionnelles, le prévenu sera renvoyé au tribunal de police correctionnelle.

ART. 133. Si, sur le rapport fait à la chambre du conseil, par le juge d'instruction, les juges ou l'un d'eux estiment que le fait est de nature à être puni de peines afflictives ou infamantes, et que la prévention contre l'inculpé est suffisamment établie, les pièces d'instruction, le procès-verbal constatant le corps du délit et un état des pièces servant à conviction, seront transmis sans délai par le procureur impérial au procureur général, pour être procédé ainsi qu'il sera dit au chapitre des mises en accusation. Les pièces de conviction resteront au tribunal d'instruction....

ART. 134. La chambre du conseil décernera, dans ce cas, contre le prévenu une ordonnance de prise de corps, qui sera adressée, avec les autres pièces, au procureur général. — Cette ordonnance contiendra le nom du prévenu, son signalement, son domicile, s'ils sont connus, l'exposé du fait et la nature du délit. —

LIV. II, TIT. II, CHAP. Ier. — Des mises en accusation.

ART. 231. Si le fait est qualifié crime par la loi, et que la Cour trouve des charges suffisantes pour motiver la mise en accusation, elle ordonnera le renvoi du prévenu aux assises. — Si le délit a été mal qualifié dans l'ordonnance de prise de corps, la Cour l'annulera et en décernera une nouvelle..., etc.

ART. 232. Toutes les fois que la Cour décernera des ordonnances de prise de corps, elle se conformera au § 2 de l'art. 134.

LIV. II, TIT. Ier, CHAP. II. — Tribunaux en matière correctionnelle.

ART. 185. Dans les affaires relatives à des délits qui n'entraîneront pas la peine de l'emprisonnement, le prévenu pourra se faire représenter par un avoué; le tribunal pourra néanmoins ordonner sa comparution en personne.

ART. 186. Si le prévenu ne comparaît pas, il sera jugé par défaut.

ART. 187. La condamnation par défaut sera comme non avenue, si dans les cinq jours de la signification qui en aura été faite au prévenu ou à son domicile, outre un jour par 5 myriamètres de distance, celui-ci forme opposition à l'exécution du jugement, et notifie son opposition, tant au ministère public qu'à la partie civile. — Néanmoins, les frais de l'expédition, de la signification du jugement par défaut et de l'opposition demeureront à la charge du prévenu.

ART. 188. L'opposition emportera de droit citation à la première audience; elle sera non avenue si l'opposant n'y comparaît pas; et le jugement que le tribunal aura rendu sur l'opposition ne pourra être attaqué par la partie qui l'aura formée, si ce n'est par appel, ainsi qu'il sera dit ci-après. — Le tribunal pourra, s'il y échet, accorder une provision, et cette disposition sera exécutoire nonobstant appel.

—

DÉCR. du 6 juillet 1810.

Règlement sur le service des Cours impériales et des Cours d'assises.

ART. 84. Dans les cas prévus par l'art. 250 du Code d'instruction criminelle, d'une tenue extraordinaire d'assises, les présidents de la dernière assise seront nommés de droit pour présider l'assise extraordinaire.

En cas de décès ou d'empêchement légitime, le président de l'assise sera remplacé à l'instant où la nécessité de la tenue de l'assise extraordinaire sera connue; le remplacement se fait par le premier président. — L'ordonnance de remplacement contiendra l'époque fixe de l'ouverture de cette assise.

Colonne 2 (1815 à 1849)

L. du 26 mai 1819. (Suite.)

ART. 43. Les crimes *et délits* commis par la voie de la presse ou tout autre moyen de publication, *à l'exception de ceux désignés en l'article suivant*, seront renvoyés par la chambre des mises en accusation de la Cour royale devant la Cour d'assises, pour être jugés à la plus prochaine session. L'arrêt de renvoi sera de suite notifié au prévenu. (704.)
(Abrogé, quant aux délits, par le décr. de 1852.—Comp. art. 133, C. pén.)

ART. 44. Les délits de diffamation verbale ou d'injure verbale contre toute personne, et ceux de diffamation ou d'injure par une voie de publication quelconque contre des particuliers, seront jugés par les tribunaux de police correctionnelle, sauf les cas attribués aux tribunaux de simple police.

ART. 45. *Sont tenues, la chambre du conseil du tribunal de première instance, dans le jugement de mise en prévention, et la chambre des mises en accusation de la Cour royale, dans l'arrêt de renvoi devant la Cour d'assises, d'articuler et de qualifier les faits à raison desquels lesdits prévention et renvoi sont prononcés, à peine de nullité desdits jugement ou arrêt. (701.)*
(Abrogé par le décret de 1852, en suite du changement de juridiction.)

—

CHAP. II. — DES ARRÊTS ET JUGEMENTS

. . . .

Même loi (suite).

ART. 16. Lorsque la mise en accusation aura été prononcée pour crimes commis par voie de publication, et que l'accusé n'aura pu être saisi ou qu'il ne se présentera pas, il sera procédé contre lui, ainsi qu'il est prescrit au Code d'instruction criminelle, chapitre *des contumaces*.

ART. 17. *Lorsque le renvoi à la Cour d'assises aura été fait pour délits spécifiés dans la présente loi, le prévenu, s'il n'est pas présent au jour fixé pour le jugement par l'ordonnance du président, dûment notifiée audit prévenu ou à son domicile, 10 jours au moins avant l'échéance, outre 1 jour par 5 myriamètres de distance, sera jugé par défaut. — La Cour statuera sans assistance ni intervention de jurés, tant sur l'action publique que sur l'action civile.*
(Abrogé par le changement de juridiction du décret de 1852, art. 25.)

ART. 18. *Le prévenu pourra former opposition à l'arrêt par défaut, dans les 10 jours de la notification qui lui en aura été faite, ou à son domicile, outre un jour par 5 myriamètres de distance, à charge de notifier son opposition, tant au ministère public qu'à la partie civile. — Le prévenu supportera, sans recours, les frais de l'expédition et de la signification de l'arrêt par défaut et de l'opposition, ainsi que de l'assignation et de la taxe des témoins appelés à l'audience pour le jugement de l'opposition.*

ART. 19. *Dans les 5 jours de la notification de l'opposition, le prévenu devra déposer au greffe une requête tendant à obtenir du président de la Cour d'assises une ordonnance fixant le jour du jugement de l'opposition : cette ordonnance fixera le jour aux plus prochaines assises; elle sera signifiée, à la requête du ministère public, tant au prévenu qu'au plaignant, avec assignation au jour fixé, 10 jours au moins avant l'échéance. Faute par le prévenu de remplir les formalités mises à sa charge par le présent article, ou de comparaître par lui-même ou par un fondé de pouvoir au jour fixé par l'ordonnance, l'opposition sera réputée non avenue et l'arrêt par défaut sera définitif.*
(Abrogés et remplacés par les lois de 1835 et 27 juillet 1849. (700.))

N. B. Les art. 17, 18 et 19 ci-dessus, ont été abrogés et remplacés par la loi du 27 juillet 1849. Ils avaient été également abrogés, d'une manière implicite, en 1822, par le changement de juridiction opéré par l'art. 47 de la loi du 25 mars; mais l'art. 5 de la loi du 8 oct. 1830, en abrogeant formellement l'art. 17, les avait remis en vigueur.

Colonne 3 (1820 à 1825)

. . . .

L. 25 mars 1822.

Poursuite et répression des délits de presse.

. . . .

ART. 17. *Seront poursuivis devant la police correctionnelle et d'office, les délits commis par la voie de la presse, etc.*
(*V.* p. 137.)

Colonne 4 (1825 à 1830)

. . . .

L. 8 octobre 1830

. . . . . .

ART. 5. L'art. 47 de la loi du 25 mars 1822 est abrogée (*V.* p. 437.)

—

CHAP. II. — DES ARRÊTS ET JUGEMENTS (renvois)

Colonne 3 : (*V.* ci-dessus, art. 17, L. du 25 mars 1852.) — (*V.* ci dessus.) — (*V.* ci-dessus.)

Colonne 4 : (*V.* ci-dessus, art. 5, L. du 8 oct. 1830.) — (*V.* ci-dessus.) — (*V.* ci-dessus.)

« L'art. 51 de la loi du 26 mai 1819 portait : « Les dispositions du Cod. d'inst. crim. auxquelles il n'est pas dérogé par la présente loi, continueront d'être exécutées. » Il y avait donc, comme l'indiquait du reste le titre de cette loi, des dispositions, quant à la poursuite, qui dérogeaient au Cod. d'inst. crim., il y en avait d'autres relatives au *jugement*, les premières résultant, soit par la nature des choses, de la compétence attribuée aux Cours d'assises, soit de dispositions particulières. Or, l'art. 27 de la loi du 17 février, en rétablissant

1831 à 1848.	1848 à 1849.	1850 à 1856.	LA PRESSE en ALGÉRIE.	1856 à.. NOTES.
5.	6.	7.	8.	9.

PRÉVENTION, ARRÊTS ET JUGEMENTS PAR DÉFAUT ET OPPOSITIONS.

ET DES MISES EN PRÉVENTION.

[Col. 7 — 1850 à 1856.]

DÉCR. 17 février 1852, Sur la presse.

ART. 25. Seront poursuivis devant les tribunaux correctionnels :

1° Les délits commis par la voie de la presse ou tout autre moyen de publication mentionné en l'art. 1er, L. du 17 mai 1846, et qui avaient été attribués par les lois antérieures à la compétence des Cours d'assises;

2° Les contraventions sur la presse prévues par les lois antérieures;

3° Les délits et contraventions édictés par la présente loi.

[Col. 8 — LA PRESSE en ALGÉRIE.]

DÉCR. du 28 mars 1852.

ART. 13. Seront poursuivis devant les tribunaux de police correctionnelle, tous délits commis par la voie de la presse, ainsi que toutes contraventions aux lois sur la police de la presse.

PAR DÉFAUT ET OPPOSITIONS.

[Col. 1 — 1831 à 1848.]

L. 8 avril 1831. (Suite.)

...cédure en matière de presse, d'affichage et criage.

art. 2, § 1. (V. au tableau précédent.) La notification du réquisitoire et de l'ordonnance... sera faite au ..., 10 jours au moins avant celui de la comparu- (V. p. 144). Si le prévenu ne comparaît pas au ..., il sera jugé par défaut; la Cour statuera sans ... ni intervention des jurés, tant sur l'action pu- ... que sur l'action civile.

art. 3. Le prévenu pourra former opposition à l'ar- ... défaut, dans les 5 jours de la notification qui en ... été faite à sa personne ou à son domicile, outre ...
... (comme en l'art. 18 de la loi du 26 mai 1819. V. col. 2). ...
... de l'opposition.

art. 4. Dans les 5 jours de la notification. ... (comme en l'art. 19 de la loi du 26 mai 1819.) ... ... le jour du jugement de l'opposition; elle sera si- ... à la requête du ministère public. ... (comme en l'art. 19). ... ... avec assignation au jour fixé, 5 jours au moins ... l'échéance, faute de ... (comme en l'art. 19). ... ou de comparaître par lui-même au jour fixé ... ordonnance ... (comme en l'art. 19). ... définitif. ...brogé par le décret de 1852.)

ASSISES EXTRAORDINAIRES.

L. 9 septembre 1835. (Suite.)

art. 27. Si, au moment où le ministère public exerce son action, la session de ... d'assises est terminée, et s'il ne doit pas s'en ouvrir d'autre à une époque ...rtable, il sera formé une Cour d'assises extraordinaire par ordonnance motivée ...remier président. Cette ordonnance prescrira le tirage au sort des jurés, con- ...ment à l'art. 388 du Code d'instruction criminelle, et elle désignera le con- ... qui doit la présider. — Dans les chefs-lieux de département où ne siègent ... Cours royales, le président du tribunal de première instance sera, de droit, ...dent de la Cour d'assises, si le ministre de la justice ou le premier président ...n'a pas désigné un autre. (Abrogé par décret du 6 mars 1848.—P. 156.)

[Col. 2 — 1848 à 1849.]

L. 9 sept. 1835. (Suite.)

Crimes, délits et contraventions de la presse.

TIT. V. — De la poursuite.

ART. 25, § 1er. Si, au jour fixé par la citation, le prévenu ne se présente pas, il sera statué par défaut.

§ 2. L'opposition à cet arrêt devra être formée dans les 5 jours, à partir de la signification, à peine de nullité.

§ 3. L'opposition emportera de plein droit citation à la première audience. (V. la suite au tableau suivant.)
(Abrogé par le décret du 6 mars 1848, p.156.)

Même loi. (Suite.)

ART. 22. Si, au moment .....
... (comme en l'art. 27 de la loi de 1835) le tirage au sort des jurés, conformé- ment à la loi.

Les dispositions de l'art. 81 du décret du 6 juillet 1810 seront ap- plicables aux Cours d'assises extraor- dinaires formées en exécution du pa- ragraphe précédent.
(Abrogé par le décret de 1852.)

L. 27 juillet 1849, Sur la presse.

CHAP. III. — De la poursuite.

ART. 17. Si le prévenu ne compa- raît pas au jour fixé par la citation, il sera jugé par défaut, par la Cour d'assises, sans assistance ni interven- tion de jurés.

L'opposition à l'arrêt par défaut devra être formée dans les trois jours de la signification, à personne ou à domicile, outre 1 jour par 5 myria- mètres de distance, à peine de nul- lité.

L'opposition emportera de plein droit citation à la première audience. Si, à l'audience où il doit être sta- tué sur l'opposition, le prévenu n'est pas présent, le nouvel arrêt rendu par la Cour sera définitif.
(Abrogé par le décret de 1852.)

[Col. 7 — 1850 à 1856.]

ART. 27. Les poursuites auront lieu dans les formes et délais prescrits par le Code d'instruction criminelle.

ART. 36. Sont abro- gées les dispositions des lois antérieures contraires à la pré- sente loi.

N. B. Les art. 2, 3 et 4 de la loi du 8 avril 1831, et les art. 17 et 22 de la loi du 27 juillet 1849, relatifs à la poursuite des délits devant la Cour d'assises restent sans application et sont im- plicitement abrogés par le changement de juri- diction opéré par l'art. 25 du décret du 17 fé- vrier 1852.

[Col. 8 — LA PRESSE en ALGÉRIE.]

ART. 14. Les poursuites au- ront lieu selon les formes et dans les délais prescrits par le Code d'instruc- tion criminelle.

—

...d'inst. crim.; a nécessairement abrogé tout ce que la loi du 26 mai 1819 avait de ...tré à ce Code quant aux formes et aux délais de la poursuite; on doit donc conclure ...manière générale que la loi du 26 mai est abrogée sous ce rapport. » (Même circulaire.)

701. « Ainsi, par exemple, les art. 6 et 15 qui avaient soumis les plaintes, les réqui- sitions, les citations ainsi que les ordonnances de la chambre du conseil et même les arrêts, à des formes qui ne sont pas celles du Cod. d'inst. crim.: ces dispositions exceptionnelles, à

1789 à 1814.	1815 à 1819.	1820 à 1825.
1.	2.	3.

TITRE III. — PROCÉDURE, INSTRUCTION (SUITE). — CHAP. I[...]

§ 1er. *Preuve des faits diffamatoir*[es]

CODE PÉNAL.

LIV. III, TIT. II, CHAP. Ier, SECT. VII, § 2. — Calomnies, injures, etc.

ART. 368. *Est réputée fausse toute imputation à l'appui de laquelle la preuve légale n'est pas rapportée. — En conséquence, l'auteur de l'allégation ne sera pas admis pour sa défense à demander que la preuve en soit faite. Il ne pourra non plus alléguer comme moyen d'excuse que les pièces ou les faits sont notoires ou que les imputations qui ont donné lieu à des poursuites sont copiées ou extraites de papiers étrangers.*

ART. 370. *Lorsque le fait imputé sera légalement prouvé vrai, l'auteur de l'imputation sera à l'abri de toute peine. — Ne sera considérée comme preuve légale que celle qui résultera d'un jugement ou de toute autre preuve authentique.* (V. p. 105.)

(Abrogés par l'art. 26 de la loi du 17 mai 1819. V. ci-dessus col. 2.)

—

L. 26 mai 1819 (suite).

Poursuite et jugement des crimes et délits de la presse, etc.

ART. 20. *Nul ne sera admis à prouver la vérité des faits diffamatoires, si ce n'est dans les cas d'imputation contre les dépositaires ou agents de l'autorité ou contre toute personne ayant agi dans un caractère public, de faits relatifs à leurs fonctions; dans ce cas, les faits pourront être prouvés par-devant la Cour d'assises par toutes les voies ordinaires, sauf la preuve contraire par les mêmes voies.*

La preuve des faits imputés met l'auteur de l'imputation à l'abri de toute peine, sans préjudice des peines prononcées contre toute injure qui ne serait pas nécessairement dépendante des mêmes faits.

(Abrogé par l'art. 28 du décret de 1852.) (705.)

ART. 21. *Le prévenu qui voudra être admis à prouver la vérité des faits, dans le cas prévu par le précédent article, devra, dans les 8 jours qui suivront la notification de l'arrêt de renvoi devant la Cour d'assises, ou de l'opposition à l'arrêt par défaut rendu contre lui, faire signifier au plaignant : 1° les faits articulés et qualifiés dans cet arrêt, desquels il entend prouver la vérité; 2° la copie des pièces; 3° les noms, professions et demeures des témoins par lesquels il entend faire sa preuve.*

Cette signification contiendra élection de domicile près la Cour d'assises, le tout à peine d'être déchu de la preuve. (Abrogé par l'art. 28 du décret de 1852.) (705.)

ART. 22. *Dans les 8 jours suivants, le plaignant sera tenu de faire signifier au prévenu, au domicile par lui élu, la copie des pièces, et les noms, professions et demeures des témoins par lesquels il entend faire la preuve contraire; le tout également sous peine de déchéance.*

(Abrogé par l'art. 28 du décret de 1852.) (705.)

ART. 23. *Le plaignant en diffamation ou injure pourra faire entendre des témoins qui attesteront sa moralité; les noms, professions et demeures de ces témoins seront notifiés au prévenu ou à son domicile, un jour au moins avant l'audition.*

Le prévenu ne sera point admis à faire entendre des témoins contre la moralité du plaignant.

(Abrogé par l'art. 28 du décret de 1852.) (705.)

ART. 24. *Le plaignant sera tenu, immédiatement après l'arrêt de renvoi, d'élire domicile près la Cour d'assises, et de notifier cette élection au prévenu et au ministère public; à défaut de quoi, toutes significations seront faites valablement au plaignant au greffe de la Cour.*

Lorsque le prévenu sera en état d'arrestation, toutes notifications, pour être valables, devront lui être faites à personne. (Abrogé par l'art. 28 du décret de 1852.) (705.)

L. 25 mars 1822.

Poursuite et répression des délits de presse, etc.

ART. 18. *En aucun cas, la preuve par témoins ne sera admise pour établir la réalité des faits injurieux ou diffamatoires.*

(Abrogé par l'article 3 de la loi du 8 octobre 1830.)

---

§ II. *Des renvois et sur*[sis]

CODE PÉNAL (suite).

ART. 372. *Lorsque les faits imputés seront punissables selon la loi, et que l'auteur de l'imputation les aura dénoncés, il sera, durant l'instruction sur ces faits, sursis à la poursuite et au jugement du délit de calomnie.*

(Abrogé par l'art. 26 de la loi du 17 mai 1819.)

Même loi (suite).

ART. 23. Lorsque les faits imputés seront punissables selon la loi, et qu'il y aura des poursuites commencées à la requête du ministère public, ou que l'auteur de l'imputation aura dénoncé ces faits, il sera, durant l'instruction, sursis à la poursuite et au jugement du délit de diffamation. (705.)

—

L. 17 mai 1819,

Relative à la répression des crimes et délits de la presse et autres moyens de publication.

ART. 26. Les art. 367, 368, 369, 370, 371, 372, 374, 375 et 377 du Code pénal et la loi du 9 novembre 1815, sont abrogés, etc. (V. la suite, p. 156.)

—

§ III. *Des jugements et arr*[êts]

(Pour la procédure publique des débats, V. au Cod. d'inst. crim. art. 154 à 462, 469 à 493.)

Et pour la rédaction du jugement, V. art. 494 à 496 du Cod. inst. crim., Codes annotés de MM. Sirey et Gilbert.

CODE NAPOL. — Déclaration d'absence.

ART. 448. Le procureur impérial enverra, aussitôt qu'ils seront rendus, les jugements, tant préparatoires que définitifs, au ministre de la justice, qui les rendra publics.

—

L. 26 mai 1819 (suite).

ART. 26. Tout arrêt de condamnation contre les auteurs ou complices des crimes et délits commis par voie de publication, ordonnera la suppression ou la destruction des objets saisis, ou de tous ceux qui pourront l'être ultérieurement en tout ou en partie, suivant qu'il y aura lieu pour l'effet de la condamnation. — L'impression ou l'affiche de l'arrêt pourront être ordonnées aux frais du condamné. — Ces arrêts seront rendus publics dans la même forme que les jugements portant déclaration d'absence. (Art. 448, Code Napoléon.) (740.)

—

l'inobservation desquelles était attachée la peine de nullité, créaient pour l'exercice de l'action publique, des difficultés qui n'auront désormais pour mesure que les droits légitimes de la défense. » (Même circulaire.)

702. « Les art. 7 et 8 qui assujettissaient également la saisie à des formalités exceptionnelles sont abrogés. — Les art. 9 et 10, par l'effet du changement de juridiction quant aux délits, ne pourraient rester applicables qu'aux crimes. » Même circulaire.

703. « L'art. 11 qui réglait le mode de statuer sur la validité de la saisie, a[...] la conséquence d'articles abrogés, et lui-même d'ailleurs, étant pleinement contrair[e] d'inst. crim., est abrogé. » (Même circulaire.)

704. « L'art. 15 ne pourrait rester applicable qu'aux crimes. » (Même circul[aire.])

705. « Les art. 20, 21, 22, 23, 24, 25 sont sans objet et nécessairemen[t] puisque l'art 28 de la loi du 17 fév. 1852 n'admet en aucun cas la preuve par tém[oins]

1830 à 1848.	1848 à 1849.	1850 à 1856.	LA PRESSE en ALGÉRIE.	1856 à... NOTES.
5.	6.	7.	8.	9.

PREUVES. — SURSIS ET RENVOIS. — JUGEMENT.

— La preuve par témoins est inadmissible.

1830 à 1848.	1848 à 1849.	1850 à 1856.	LA PRESSE en ALGÉRIE.	NOTES.
L. 8 octobre 1830. Délits de presse et politiques; compétence. ART. 5. Les art. 12, 17 et 18 de la loi du 25 mars 1822 sont abrogés. —		**DÉCR. du 17 février 1852 organique sur la presse.** ART. 28. En aucun cas, la preuve par témoins ne sera admise pour établir la réalité des faits injurieux ou diffamatoires. ART. 36. Sont abrogées les dispositions des lois antérieures contraires à la présente loi, etc.— (V. p. 156.) ART. 26. Les poursuites auront lieu dans les formes et délais prescrits par le Code d'instruction criminelle. —	**DÉCR. du 28 mars-19 avril 1852.** ART. 45. En aucun cas, la preuve par témoins ne sera admise, devant les tribunaux, pour établir la réalité des faits injurieux ou diffamatoires. ART. 44. Les poursuites auront lieu selon les formes et dans les délais prescrits par la Cour d'assises. —	

§ II. Des renvois et sursis,

1830 à 1848.	1848 à 1849.	1850 à 1856.	LA PRESSE en ALGÉRIE.	NOTES.
L. 9 septembre 1835. Crimes, délits et contraventions de presse. ART. 25 (suite.— V. ci-devant, p. 146.) § 4. *Toute demande en renvoi devra être présentée à la Cour avant l'appel et le tirage au sort des jurés.* § 5. *Lorsque cette dernière opération aura été commencée en présence du prévenu, l'arrêt à intervenir, sur le fond, sera définitif et non susceptible d'opposition, quand même il se retirerait de l'audience après le tirage du jury ou durant le cours des débats.* (Abrogé par le décret du 6 mars 1848.) —	**L. 27 juillet 1840,** Sur la presse. ART. 18. *Toute demande en renvoi, pour quelque cause que ce soit, tout incident sur la procédure suivie devront être présentés avant l'appel et le tirage au sort des jurés, à peine de forclusion.* ART. 19. *Après l'appel et le tirage au sort des jurés, le prévenu, s'il a été présent à ces opérations, ne pourra plus faire défaut.* *En conséquence, tout arrêt qui interviendra, soit sur la forme, soit sur le fond, sera définitif, quand bien même le prévenu se retirerait de l'audience et refuserait de se défendre. Dans ce cas, il sera procédé, avec le concours du jury, et comme si le prévenu était présent.* (Abrogé par suite du changement de juridiction.)	**Même décret.** ART. 25 Seront poursuivis devant **les tribunaux de police correctionnelle:** 1° **Les délits** commis par la voie de la presse ou tout autre moyen de publication mentionné en l'art. 1er de la loi du 17 mai 1849, et qui avaient été attribués par les lois antérieures à la compétence de la Cour d'assises. (1°, 2°, V. tableau précéd.) —	**Même décret.** ART. 43. Seront poursuivis devant les tribunaux correctionnels, tous les délits commis par la voie de la presse, ainsi que toutes les contraventions aux lois sur la police de la presse. —	

§ III. Des jugements et arrêts.

1830 à 1848.	1848 à 1849.	1850 à 1856.	LA PRESSE en ALGÉRIE.	NOTES.

établir la réalité des faits diffamatoires. » Quant à l'art. 25, nous répéterons ici ce que nous avons dit *suprà*, n° 499, que si les faits imputés au fonctionnaire étaient punissables, et s'il y avait des poursuites commencées, ou si le prévenu de diffamation en administrait la preuve autrement que par témoins, il y aurait lieu pour le tribunal de surseoir sur les réquisitions du ministère public déclarant commencer les poursuites conformément à cet art. 25, qui n'est pas tellement lié à la procédure abrogée des articles qui le précèdent, qu'il ne puisse être maintenu comme une disposition d'ordre public ; les pages 105 et 106 étaient imprimées lorsqu'un arrêt de la Cour d'Orléans, en date du 26 fév. 1855, a été publié dans le sens indiqué et s'appuyant sur les motifs du n° 499. Orléans, 26 fév. 1855 (D. P. 1855, 2. 228.) (V. p. 105, note 499.)

706. « La loi du 26 mai 1819, ajoute la circulaire, est abrogée dans tout ce qui touche les formes et les délais de la poursuite; toutefois la formule des art. 6 et 15 doit être uniformément suivie pour l'articulation quoique dépourvue de la sanction de nullité. »

707. « Et afin de vous conformer, M. le procureur général, à ce qu'exige la nature des délits de presse qui se compliquent d'éléments très-divers et d'assurer en même temps l'exercice complet du droit de défense, vous devrez avoir soin de faire adopter pour règle des réquisitoires et des citations la formule de l'articulation et de la qualification qui sera naturellement reproduite par les jugements et arrêts. Ainsi, des habitudes utiles et déjà anciennes subsisteront, mais le rétablissement du Code d'inst. crim. en ne les rendant pas désormais absolument obligatoires, aura du moins pour effet de faire disparaître la peine de nullité, trop sévèrement prononcée par la loi du 26 mai 1819. » (Même circulaire ministérielle du 28 mars 1852.)

1789 à 1814. 1.	1815 à 1819. 2.	1820 à 1825. 3.	1825 à 183 4.

TITRE IV. VOIES A PRENDRE CONTRE LES JUGEMENTS ET ARRÊTS.

CODE D'INSTRUCTION CRIMINELLE.

L. II, TIT. Ier. CHAP. II. — Des tribunaux en matière correctionnelle.

ART. 199. Les jugements rendus en matière correctionnelle pourront être attaqués par la voie d'appel.

ART. 200. **Les appels** des jugements rendus en police correctionnelle seront portés, des tribunaux d'arrondissement, **au tribunal du chef-lieu** du département. — Les appels des jugements rendus en police correctionnelle au chef-lieu du département seront portés au **tribunal du chef-lieu** du département voisin, quand il sera dans le ressort de la même Cour impériale, sans néanmoins que les tribunaux puissent, dans aucun cas, être respectivement juges d'appel de leurs jugements.

Il sera formé un tableau des tribunaux de chefs-lieux auxquels les appels seront portés.

ART. 201. Dans le département où siége la Cour impériale, les appels des jugements rendus en police correctionnelle seront portés à la même Cour. — Seront également portés à ladite Cour, les appels des jugements rendus en police correctionnelle dans le chef-lieu d'un département voisin, lorsque la distance de cette Cour ne sera pas plus forte que celle du chef-lieu d'un autre département.

ART. 202. La faculté d'appeler appartiendra : 1° aux parties prévenues ou responsables; — 2° à la partie civile, quant à ses intérêts civils seulement; — 3° à l'administration forestière; — 4° au procureur impérial près le tribunal de première instance, lequel, dans le cas où il n'appellerait pas, sera tenu, dans le délai de quinzaine, d'adresser un extrait du jugement (aujourd'hui un bulletin du cahier judiciaire suffit) au magistrat du ministère public près la tribunal ou la Cour qui doit connaître de l'appel; — 5° au ministère public près le tribunal ou la Cour qui doit prononcer sur l'appel.

ART. 203. Il y aura, sauf l'exception portée en l'art. 205 ci-après, déchéance de l'appel, si la déclaration d'appeler n'a pas été faite au greffe du tribunal qui a rendu le jugement 10 jours au plus tard après celui où il a été prononcé, et, si le jugement est rendu par défaut, 10 jours au plus tard après celui de la signification qui en aura été faite à la partie condamnée ou à son domicile, outre 1 jour par 3 myriamètres. — Pendant ce délai et pendant l'instance d'appel, il sera sursis à l'exécution du jugement.

ART. 205. Le ministère public près le tribunal ou la Cour qui doit connaître de l'appel, devra notifier son recours, soit au prévenu, soit à la personne civilement responsable du délit, dans les 2 mois, à compter du jour de la prononciation du jugement, ou, si le jugement lui a été légalement notifié par l'une des parties, dans le mois du jour de cette notification, sinon il sera déchu.

ART. 204 à 216. Ces articles règlent les formalités de l'appel et la procédure.... — *V.* Codes annotés de MM. Sirey et Gilbert sur ces articles.

CHAP. Ier, § III. — De l'appel des jugements de police.

ART. 177. Le ministère public et les parties pourront, s'il y a lieu, se pourvoir en cassation contre les jugements rendus en dernier ressort par le tribunal de police ou contre les jugements rendus par le tribunal correctionnel sur l'appel des jugements de police.

Le recours aura lieu dans les formes et **dans les délais** qui seront **prescrits** (716).

—

ART. 216. La partie civile, le prévenu, la partie publique, les personnes civilement responsables du délit **pourront se pourvoir en cassation contre le jugement.**

ART. 416. Le recours en cassation contre les arrêts préparatoires et d'instruction, ou les jugements en dernier ressort de cette qualité, ne sera ouvert qu'après l'arrêt ou jugement définitif; l'exécution volontaire de tels arrêts ou jugements préparatoires ne pourra, en aucun cas, être opposée comme fin de non-recevoir.

La présente disposition ne s'applique point aux arrêts ou jugements rendus sur la compétence.

—

ART. 373. Le condamné **aura 3 jours francs**, après celui où son arrêt lui aura été prononcé, pour déclarer au greffe qu'il se pourvoit en cassation.

Le procureur général pourra, dans le même délai, déclarer au greffe qu'il demande la cassation de l'arrêt. — La partie civile aura aussi le même délai; mais elle ne pourra se pourvoir que quant aux dispositions relatives à ses intérêts civils. — Pendant **ces 3 jours**, et s'il y a eu recours en cassation, jusqu'à la réception de l'arrêt de la Cour de cassation, il sera sursis à l'exécution de l'arrêt de la Cour (716).

L. 25 mars 1822.

Répression et poursuite des délits de presse.

ART. 17, § 2. (*V.* ci-devant les p. 137-142.) *Les appels des jugements rendus par les tribunaux correctionnels, sur les délits commis par des écrits imprimés par un procédé quelconque, seront portés directement, sans distinction de la situation locale desdits tribunaux, aux Cours royales, pour y être jugés par la 1re chambre civile et la chambre correctionnelle réunies, dérogeant, quant à ce, aux art. 200 et 201 du C. d'inst. crim.* (Abrogé par l'art. 5, L. 8 oct. 1830.)

ART. 17, § 3. *Les appels des jugements rendus par les mêmes tribunaux sur tous les autres délits prévus par la présente loi et celle du 17 mai 1819 seront jugés dans la forme ordinaire fixée par le Code pour les délits correctionnels.* (Abrogé par l'art. 5, L. 8 oct. 1830.)

—

L. 8 oct. 1830.

Compétence.

ART. 5. Les art. 12, 17 et de la L. du 25 mars 1822 sont abrogés.

Même loi.

ART. 5. Les art. 12, 17 et de la loi du 25 mars 1822 sont abrogés.

—

§ II. *Des pourvois contre*

---

708. Les art. 25 et 27 du décret organique de 1852 ayant voulu que les délits commis par la voie de la presse fussent poursuivis devant les tribunaux correctionnels dans les formes prescrites du Code d'inst. crim., ont virtuellement abrogé les art. 6 et 15 de la loi du 26 mai 1819. Cass., 21 mai 1853, 23 fév. 1854 (*Bull. crim.*, nᵒˢ 181 et 49), dans les années 53 et 54.

709. « Dans l'intérêt d'une prompte répression, continue la circulaire, vous préférerez généralement la citation directe à la voie de l'instruction, la saisie même d'un journal ou d'un écrit quelconque en cas de flagrant délit ne devra donner lieu à d'autres formalités que celles des art. 36 et suivant du Code d'inst. crim. »

710. « Les art. 26 et 27 de la loi du 26 mai 1819 sont des dispositions d'ordre public et de répression qui se rapportent au *jugement* et non à la *poursuite*. Cette distinction, qui résulte de la nature des choses, se trouve implicitement consacrée par la loi du 26 mai intitulée : Loi relative à la *poursuite* et au *jugement*..., etc.; il suit de là que l'art. 27 de la loi du 17 février, qui change la poursuite dans ses formes et dans ses délais, n'atteint pas les art. 26 et 27 de la loi de 1819; d'un autre côté, ces derniers articles n'ont rien d'inconciliable, ni par leur nature, ni par leur objet, avec les dispositions nouvelles de la loi du 17 février relativement à l'exécution des jugements, ils ne sont donc pas abrogés. » Circul. minist. du 27 mars 1852.

APPELS ET POURVOIS. — 711. « L'art. 26 du décret organique, dit la circulaire déjà citée, constitue une dérogation unique au Code d'inst. crim., art 200; mais vous aurez remarqué qu'elle ne s'applique qu'à une sorte de délits, ceux de la presse, et qu'elle ne s'applique point aux contraventions. » Cette disposition est d'ailleurs renouvelée de l'art. 17, § 2, de la loi du 25 mars 1822.

712. L'art. 26 du décret du 17 fév. 1852 ne doit pas être étendu aux délits de la parole qui continuent d'être régis par l'art. 200, Cod. d'inst. crim. L'art. 26 ne s'applique qu'aux délits de la presse. Cass., 3 déc. 1852. (*Bull. crim.*, nᵒ 388.)

713. L'appel est *suspensif* et n'est pas *aggravatif*, en ce sens que les juges d'appel ne peuvent *aggraver* la peine lorsqu'il n'y a eu appel que de la part du prévenu et non de la

1830 à 1848. 5.	1848 à 1849. 6.	1850 à 1856. 7.	La Presse en Algérie. 8.	NOTES. 9.

CHAP. UNIQUE. — APPELS, POURVOIS. — § Ier. *Des appels contre les jugements.*

1830 à 1848.	1848 à 1849.	1850 à 1856.	La Presse en Algérie.	NOTES.
		DÉC. organique du 17 fév. 1852, Sur la presse. ART. 26. **Les appels des jugements** rendus par les tribunaux correctionnels sur les délits commis par **la voie de la presse seront portés** directement, sans distinction de la situation locale de ces tribunaux, devant **la chambre correctionnelle de la Cour d'appel** (741-742).	N. B.— Le décret du 17 fév. 1852 n'est applicable ni aux colonies ni à l'Algérie (*V.* art. 36 dudit décret, p. 156). —	
		Même décret. ART. 27. Les poursuites auront lieu dans les **formes et délais** prescrits par le C. d'instruction criminelle. —	**DÉC. 28 mars 1852.** ART. 14. Les poursuites auront lieu selon les formes et dans les délais prescrits par le C. d'inst. crim.	
les jugements et arrêts. **L. 9 sept. 1835.** Crimes, délits et contraventions de presse. ART. 26. *Le pourvoi en cassation contre les arrêts qui auront statué, soit sur les questions de compétence soit sur des incidents, ne sera formé qu'après l'arrêt définitif, en même temps que le pourvoi contre cet arrêt. Aucun pourvoi formé auparavant ne pourra dispenser la Cour d'assises de statuer sur le fond.* (Abrogé par déc. du 6 mars 1848.)	**L. 27 juillet 1849,** Sur la presse. ART. 20. *Aucun pourvoi en cassation sur les arrêts qui auront statué, soit sur les demandes en renvoi, soit sur les incidents de procédure, ne pourra être formé qu'après l'arrêt définitif, et en même temps que le pourvoi contre cet arrêt, à peine de nullité* (Abrogé par suite du changement de juridiction.) ART. 21. Le pourvoi en cassation devra être formé dans les **24 heures** au greffe de la Cour d'assises ; 24 heures après les pièces seront envoyées à la Cour de cassation. Dans les 10 jours qui suivront l'arrivée des pièces au greffe de la Cour de cassation, l'affaire sera instruite et jugée d'urgence, toutes autres affaires cessantes (715).	(*V.* ci-dessus l'art. 27 du décret du 17 février 1852.) Néanmoins, aucun appel ou pourvoi en cassation sur les jugements ou arrêts rendus, soit sur les demandes en renvoi sur la compétence, soit sur les incidents de procédure, ne pourra être formé qu'après le jugement ou l'arrêt sur le fond, à peine de nullité. En outre, il devra être statué sur l'appel dans les 8 jours de l'arrivée des pièces au greffe de la juridiction supérieure, et le pourvoi en cassation devra être formé et jugé dans les délais prescrits par l'art. 24 de la loi du 27 juill. 1849 (715).		

part du ministère public, ni le renvoyer devant le juge d'instruction pour procéder par la voie criminelle, si le fait pour lequel le délinquant a été condamné prend en appel les proportions d'un crime. Mais, si le ministère public a interjeté appel, le tribunal se trouve alors investi du droit de connaître de l'action entière et de la juger comme auraient pu le faire les premiers juges (jurisprudence constante), et il en est ainsi même au cas de simple appel à minimâ... *V.* sur cette question les auteurs cités par le Code annoté de M. Gilbert, art. 200, 201, Cod. d'inst. crim., nos 6, 8, 36 et 37.

714. « En ce qui touche la loi du 27 juill. 1849, Ch. III, art. 16 à 22, dit la circulaire, ses dispositions sont inapplicables par suite du changement de juridiction, et le rétablissement du Cod. d'inst. crim. n'a laissé évidemment subsister *aucune des dispositions de ce chapitre.* » Lorsque la circulaire a été publiée, le décret du 28 mars 1852 n'avait pas encore été promulgué. L'art. 14 de ce décret, par son dernier §, a remis en vigueur, quant à l'Algérie seulement, l'art. 21 de la loi du 27 juill. 1849.

715. On ne peut se pourvoir que contre un jugement définitif. Cass., 1er août 1855 (*Bull. crim.*, nos 308 et 311), à moins que ce ne soit un jugement d'acquittement ; il faut alors qu'il soit en dernier ressort, parce que dans ce cas il n'y a pas lieu à opposition. Cass., 26 déc. 1839 (*Bull. crim.*, n° 389), jugé que le condamné qui n'a pas appelé d'un premier jugement n'est pas recevable à se pourvoir contre le jugement qui est devenu par son fait définitif et en dernier ressort. Cass., 25 mars 1850 (S. V. 50, 1. 788), 6 déc. 1849, 10 août 1844.

716. Le délai du pourvoi sur les décisions correctionnelles et de police est de trois jours, par analogie avec les pourvois des jugements criminels. Comp. art. 177, § dernier, et art. 373, qui est le seul qui prescrive un délai et qui réalise dans le Cod. d'inst. crim. la promesse faite dans l'art. 177, § dernier. Cass., 24 déc. 1824 (S. *Coll. nouv.*,7.), 2 août 1828 (S. 29. 1. 159.), 19 novembre 1835 (S. V. 36. 1. 236.), 5 décembre 1846 (S. V. 47. 1. 157). Sic Bourguignon, de Molènes, Berriat Saint-Prix, et tous les auteurs.

717. Le prévenu contre lequel a été rendu un jugement correctionnel ou de police après un délibéré ordonné par le tribunal n'est tenu de former son pourvoi dans les trois jours de ce jugement, qu'autant qu'il s'est trouvé présent à sa prononciation, ou qu'il avait été mis légalement en demeure d'y assister ; hors ces deux hypothèses, le délai du recours ne court que par la notification du jugement. Cass., 14 sept. 1844, (S. V. 45. 1. 317).

1789 à 1814.	1815 à 1819.	1820 à 1825.	1825 à 1830.
1.	2.	3.	4.

TITRE V. — CHAP. UNIQUE. — EXÉCUTION

Colonne 1 (1789 à 1814)

CODE D'INSTRUCTION CRIMINELLE.

LIV. II, TIT. II, CH. IV, Sect. II. Du jugement et de l'exécution,

ART. 365, § 2. En cas de conviction de plusieurs crimes ou délits, la peine la plus forte sera seule prononcée.

—

CODE D'INSTRUCTION CRIMINELLE.

LIV. II, TIT. Ier, CH. II. Des tribunaux en matière correctionnelle.

ART. 197. Le jugement sera exécuté à la requête du procureur impérial et de la partie civile, chacun en ce qui le concerne.

Néanmoins les poursuites pour le recouvrement des amendes et confiscations seront faites au nom du procureur impérial par **le directeur de la régie des droits d'enregistrement et des domaines** (727).

—

Tarif criminel. — Décret 18 juin 1811.

ART. 407. **Les placards destinés à être affichés seront transmis aux maires** qui les feront apposer dans les lieux accoutumés.

—

CODE NAPOLÉON. — (Déclarations d'absence.)

ART. 448. Le procureur impérial transmettra aussitôt qu'ils seront rendus les jugements tant préparatoires que définitifs au ministre de la justice qui les rendra publics.

—

L. 22 frimaire an VII.

ART. 63. La poursuite appartient à la Régie. — *V.* p. 55.

ART. 64. Le premier acte est une contrainte..., etc. — *V.* p. 55 (724).

ART. 65. Les tribunaux civils sont seuls compétents..., etc. — *V.* p. 55.

—

L. 27 ventôse an IX.

ART. 47. L'instruction des instances que la régie aura à suivre pour toutes les perceptions qui lui sont confiées se fera par simple mémoire respectivement signifié sans plaidoirie. — Les parties ne seront pas obligées d'employer le ministère des avoués.

Colonne 2 (1815 à 1819)

L. 9 juin 1819.

Publication des journaux ou écrits périodiques.

ART. 3. Le cautionnement sera **affecté par privilége aux dépens, dommages-intérêts et amendes** auxquels *les propriétaires ou éditeurs* [aujourd'hui les gérants], pourront être condamnés ; le prélèvement s'opérera dans l'ordre indiqué au présent article.

En cas d'insuffisance, il y aura lieu à recours solidaire sur les biens des propriétaires ou éditeurs déclarés responsables du journal ou écrit périodique et des auteurs et rédacteurs des articles condamnés.

ART. 4. *Les condamnations encourues devront être acquittées et le cautionnement libéré ou complété dans les 15 jours de la notification de l'arrêt ; — les 15 jours révolus sans que la libération ou le complétement aient été opérés, et jusqu'à ce qu'ils le soient, le journal ou écrit périodique cessera de paraître* (723).

(Abrogé par la loi de 1850 et le décret du 17 fév. 1852.)

—

Même loi.

ART. 6. *Quiconque publiera un journal ou écrit périodique sans avoir satisfait aux conditions prescrites par l'art. 1er (relatif au cautionnement. V. p. 35, art. 1er.]..., sera puni correctionnellement de 1 à 6 mois de prison et de 200 fr. à 1,200 fr. d'amende.*

(Abrogé et remplacé par l'art. 5 du décr. du 17 fév. 1852.)

L. 26 mai 1819.

Poursuites et jugement des crimes et délits de presse.

ART. 26..., § 2. L'impression ou l'affiche de l'arrêt pourront être ordonnés aux frais du condamné. — Ces arrêts seront rendus publics dans la même forme que les jugements portant déclaration d'absence. Art. 118, C. Nap.

Exécution des jugements en matière de timbre

L. 28 avril 1816. — (Finances.)

ART. 76. Le recouvrement des droits de timbre et des amendes de contraventions y relatives sera poursuivi par voie de contrainte ; et, en cas d'opposition, les instances seront instruites et jugées selon les formes prescrites par les lois des 22 frimaire an VII et 27 ventôse an IX sur l'enregistrement.

En cas de décès des contrevenants, lesdits droits et amendes seront dus par leurs successeurs et jouiront, soit dans les successions, soit dans les faillites ou tous autres cas, du privilége des contributions directes.

—

Colonne 4 (1825 à 1830)

L. 18 juillet 1828.

Journaux ou écrits périodiques

ART. 43. Les condamnations pécuniaires prononcées, soit contre les signataires responsables, soit contre l'auteur [ou] les auteurs des passages incriminés, **seront prélevées** :

1° Sur la portion du cautionnement appartenant en propre aux signataires responsables ;

2° Sur le **restant** du cautionnement dans le cas où celle-ci serait insuffisante, sans préjudice pour le surplus des règles établies par les art. 3 [et] 4 de la loi du 9 juin 1819 (72...

—

EXÉCUTION DES JUGEMENTS. — 718. « Les art. 29, 30 et 31 de la loi du 17 fév. 1852, fixent le délai d'exécution des condamnations pécuniaires prononcées par tout jugement définitif pour *contraventions* de presse. » (Circulaire ministérielle du 27 mars 1852.)

« Les art. 6, 7 et 8 de la loi du 16 juill. 1850, contiennent des dispositions semblables pour les *crimes et délits* de la presse. Ces articles, loin d'être abrogés, sont complétés par les dispositions de la loi nouvelle qui étend aux contraventions les dispositions antérieures. » (Circulaire ministérielle déjà citée.)

719. « L'art. 9 ordonne d'une manière générale la cumulation des peines pour crimes et délits commis par la voie de la presse, indépendamment des dispositions spéciales en matière de contravention ; le changement de juridiction est sans influence sur une disposition de cette nature, puisque les peines restent les mêmes. »

« La difficulté pourrait naître de ce que l'art. 9 de la loi du 16 juill. 1850 est postérieur à l'art. 365 du Code d'inst. crim., mais ce dernier article ne se trouve pas rétabli pour les crimes et délits de presse, par la raison qu'il appartient au *jugement*, et non à la poursuite (V. ci-dessus n° 710) ; il faut bien le remarquer, en effet, l'art. 365 est placé sous le r...

1830 à 1848. 5.	**1848 à 1849** 6.	**1850 à 1856.** 7.	**La Presse en Algérie.** 8.	**1856 à....** NOTES. 9.

DES JUGEMENTS ET ARRÊTS.

L. 16 juillet 1850. — (Cautionnement des journaux et timbre)

ART. 9. Les peines pécuniaires prononcées pour crimes et délits par les lois sur la presse et autres moyens de publication, ne se confondront pas entre elles et seront toutes intégralement subies, lorsque les faits qui y donneront lieu seront postérieurs à la première poursuite. (719, 720.)

1830 à 1848.	1848 à 1849.	AMENDES POUR CRIMES OU DÉLITS.	AMENDES POUR CONTRAVENTIONS.	DÉC. du 5 janv. 1853.	La Presse en Algérie.	NOTES.
L. 9 sept. 1835. crimes, délits, contraventions. ART. 12, § 2. *Les peines prononcées par la présente loi et par les lois précédentes sur la presse et autres moyens de publication, ne se confondront pas entre elles et seront toutes intégralement subies lorsque les faits qui y donneront lieu seront postérieurs à la première poursuite.* — (Abrogé). — **L. 17 avril 1832.** T. V. — Exécution des jugements par voie de contrainte par corps. ART. 33. Les arrêts, jugements et exécutoires, portant condamnation au profit de l'Etat des amendes, restitutions, dommages-intérêts et frais, en matière criminelle, correctionnelle et de police, ne pourront être exécutés par la voie de contrainte par corps, que 5 jours après le commandement qui sera fait aux condamnés, à la requête du receveur de l'enregistrement et des domaines (724, 725 à 727). V. cette loi pour les formalités à suivre. Art. 32 à 41 (726). —	**DÉC. 6 mars 1848.** ART. 1er. La loi du 9 sept. 1835 est abrogée.. — V. p. 156	**L. 16 juin 1850.** Cautionnement des journaux et timbre. ART. 6. Dans les 3 jours de tout arrêt de condamnations pour crime ou délit de presse, le **gérant** du journal **devra** acquitter le montant des condamnations qu'il aura encourues. En cas de pourvoi en cassation, le montant des condamnations sera consigné dans le même délai (748). ART. 7. La consignation ou le paiement prescrit par l'article précédent sera constaté par une quittance délivrée en duplicata par le receveur des domaines. Cette quittance sera le 4e jour au plus tard, soit de l'arrêt rendu par la Cour d'assises, soit de la notification de l'arrêt de la chambre des mises en accusation, remise au procureur de la République qui en donnera récépissé. ART. 8. Faute par le gérant d'avoir remis la quittance dans les délais ci-dessus fixés, le journal cessera de paraître, sous les **peines portées** contre tout journal publié sans cautionnement par l'art. 6 de la loi du 9 juin 1819).	**DÉC. org. du 17 fév. 1852.** Sur la presse. ART. 29. Dans les 3 jours de tout jugement ou arrêt définitif de contraventions de **presse** le **gérant** du journal **devra** acquitter le montant des condamnations qu'il aura encourues ou dont il sera responsable. — En cas de pourvoi en cassation, le montant des condamnations sera consigné dans le même délai (748, 720). ART. 30. La consignation ou le paiement prescrit par l'article précédent, sera constaté par une quittance délivrée en duplicata par le receveur des domaines. Cette quittance sera le 4e jour au plus tard remise au procureur de la République qui en donnera récépissé (748, 720). ART. 31. Faute par le gérant d'avoir remis la quittance dans les délais ci-dessus fixés, le journal cessera de paraître, sous les **peines portées** par l'art. 5 de la présente loi. (748, 720, 721.) ART. 5. Toute publication du journal sans cautionnement (*V.* p. 40) sera punie d'une amende de **100 fr. à 2,000 fr.** pour chaque numéro publié en contravention et d'un emprisonnement de **1 mois à 2 ans.**, etc. — *V.* p. 34, 40.	**DÉC. du 5 janv. 1853.** Amendes pour délits de presse. — Paiement. ART. 1er. Les amendes à acquitter, en exécution du § 1er de l'art. 6 de la loi du 16 juill. 1850, et de l'art. 29 du déc. du 17 fév. 1852, seront versées à l'avenir à la caisse des consignations à Paris, et à celle de ses préposés dans les départements, elles y resteront déposées pendant 3 mois avec leur affectation spéciale au profit du Trésor. Les sommes consignées, en cas de pourvoi en cassation, conformément au § 2 des articles ci-dessus mentionnés, resteront également déposées pendant le même délai de 3 mois, à partir de la date, soit du désistement, soit de l'arrêt du rejet, soit du jugement ou de l'arrêt définitif à intervenir. ART. 2. A l'expiration du délai de 3 mois, dans les deux cas prévus en l'article précédent, si le droit de grâce n'a pas été exercé, les sommes consignées seront irrévocablement acquises à l'Etat, et elles seront versées par la caisse des consignations au bureau du receveur de l'enregistrement chargé de la recette des amendes et frais de justice dans la ville où se publiait le journal.	N. B Le décr. du 17 février 1852 n'est applicable ni aux colonies, ni à l'Algérie. — V. art. 38 du dit décret, p. 156.	

et de recouvrements de droits et amendes.

1830 à 1848.	1848 à 1849.	L. 16 juin 1850 (suite).	DÉCR. 17 fév. 1852.	La Presse en Algérie.
		ART. 23. *Le recouvrement des droits de timbre et des amendes des contraventions sur le timbre, sera poursuivi et les instances seront jugées conformément à l'art.* 76, L. 28 avril 1816. Remplacé par l'art. 12, déc. 1852.	ART. 42. Le recouvrement des droits de timbre et des amendes de contraventions sur le timbre sera poursuivi, et les instances seront jugées conformément à l'art. 76, L. 28 avril 1846.	**DÉCR. du 28 mars 1852.** ART. 4. Les art. 40, 41, 42, du décr. du 17 fév. sont exécutoires en Algérie.

...que du jugement et de l'exécution, tandis que l'art. 27 de la loi du 17 février 1852 est limité à la poursuite, dont il change les *formes* et les délais réglés par d'autres parties du Code d'inst. crim. »

720. « Enfin les art. 29, 30 et 31, loi 17 fév., qui s'occupent de l'exécution des jugements, conformément à une partie de la rubrique du chap. III, et exigent que les peines pécuniaires soient acquittées dans un bref délai en matière de contraventions, n'ont assurément rien d'inconciliable avec la disposition de l'art. 9 de la loi du 16 juill. 1850, qui ordonne la cumulation de ces peines en matière de crimes et délits. »

721. Nous avons vu, p. 38, n° 161, que l'art. 5 de la loi du 16 juillet 1850 n'était plus applicable dans les poursuites au cas de délits de presse, par suite du changement de juridiction ; il y a lieu de remarquer à ce sujet que le § 2 de l'art. 7, n'étant que la conséquence de cet art. 5, n'est comme lui applicable qu'à l'occasion de deux mises en accusation successives du même gérant pour crimes commis par la voie de la presse.

722. L'art. 8 de la loi de 1850, et l'art. 31 du décret du 17 fév., édictent contre des contraventions de même nature des peines différentes, l'art. 8, en prononçant pour peines celles portées contre tout journal paraissant sans cautionnement, a accepté comme sanction de ses dispositions l'art. 6 de la loi du 9 juin 1819, puisque c'était à cette époque le seul article qui portât des peines contre un journal paraissant sans cautionnement, tandis que

TITRE VI. — EXTINCTION DE L'ACTION PUBLIQUE. — CHAP. UNIQUE. — DE LA PRESCRIPTIO[N]

1789 à 1814.	1815 à 1819.	1820 à 182[0].
1.	2.	3.

1789 à 1814.	1815 à 1819.	1820 à 182[0].
CODE D'INSTRUCTION CRIMINELLE. TIT. VII. — De quelques objets d'intérêt public et de sûreté générale. CHAP. V. — De la prescription. ART. 637. L'action publique et l'action civile résultant d'un crime de nature à entraîner la peine de mort ou des peines afflictives perpétuelles, ou de tout autre crime emportant peine afflictive ou infamante, **se prescriront après 10 années révolues**, à compter du jour où le crime aura été commis, si dans cet intervalle il n'a été fait aucun acte d'instruction ni de poursuite. — S'il a été fait dans cet intervalle, des actes d'instruction ou de poursuite non suivis de jugement, l'action publique et l'action civile ne se prescriront qu'**après 10 années révolues**, à compter du dernier acte, à l'égard même des personnes qui ne seraient pas impliquées dans cet acte d'instruction ou de poursuite. ART. 638. Dans les deux cas exprimés en l'article précédent, et suivant les distinctions d'époque qui y sont établies, la durée de la prescription sera réduite à **3 années révolues**, s'il s'agit d'**un délit** de nature à être puni correctionnellement. ART. 643. Les dispositions du présent chapitre **ne dérogent point aux lois particulières relatives à la prescription des actions** résultant de certains délits ou de certaines contraventions.	**L. du 26 mai 1819.** Poursuite et jugement des crimes et délits de presse et autres moyens de publication. ART. 29. **L'action publique** contre **les crimes et délits** commis par la voie de la presse, ou tout autre moyen de publication, se prescrira **par 6 mois** révolus, à compter du fait de publication qui donnera lieu à la poursuite. Pour faire courir cette prescription **de 6 mois**, la publication d'un écrit devra être **précédée du dépôt et de** la déclaration que l'éditeur entend le publier. S'il a été fait dans cet intervalle un acte de poursuite ou d'instruction, l'action publique ne **se prescrira qu'a**près **un an**, à compter du dernier acte, à l'égard même des personnes qui ne seraient pas impliquées dans ces actes d'instruction ou de poursuite. Néanmoins, dans le cas d'offense envers les Chambres, **le délai ne courra pas dans l'intervalle de leurs sessions.** (728, 729.) L'action civile ne se prescrira, dans tous les cas, **que** par la révolution **de 3 années**, à compter du **fait de la publication.**	**DE LA PRESCRIPTIO[N]**
ART. 640. L'action publique et l'action civile pour une contravention de police seront prescrites après **une année révolue**, à compter du jour où elle aura été commise, même lorsqu'il y **aura eu procès-verbal, saisie, instruction ou poursuite**, si, dans cet intervalle, il n'est point intervenu de condamnations; s'il y a eu un jugement définitif de première instance, de nature à être attaqué par la voie de l'appel, l'action publique et l'action civile se prescriront après **une année révolue**, à compter de la notification de l'appel qui en aura été interjeté. ART. 643. Les dispositions du présent chapitre **ne dérogent point aux lois particulières relatives à la prescription des actions** résultant de certains délits ou de **certaines contraventions.**	**SECT. II. — Prescripti[on]** **L. du 9 juin 1819.** Publication des journaux ou écrits périodiques. ART. 13. Les poursuites auxquelles pourront donner lieu les contraventions aux articles: 7. (Compte rendu infidèle et de mauvaise foi. *V.* p. 125.) 8. (Omission d'une insertion obligée. *V.* p. 123.) 11. (Omission d'une insertion obligée. *V.* p. 123.) Se prescriront par **le laps de 3 mois**, à compter de la **contravention** ou de l'**interruption des poursuites**, s'il y en a de commencées en temps utile. L'art. 8 a été successivement remplacé par l'art. 18 de la loi de 1833, par l'art. 13 de la loi de 1849, et enfin par l'art. 19 de la loi du 17 février 1852. — *V.* p. 123, 125. Les contraventions aux lois sur **le timbre** se prescrivent par 2 ans. — (*V.* p. 55.)	**L. 25 mars 182[2]** ART. 11. (Omission [d'une] insertion obligée dan[s le] délai de... — Contra[ven]tion analogue à cel[le de] l'art. 11 de la loi du 9 [juin] 1819. — *V.* art. 13 [...] 1819, et art. 19, L[...] 1852, p. 123.) (733[...]
PRESCRIPTION DES PEINES. ART. 635. — (Les peines criminelles se prescrivent par 20 ans, à compter de la date des jugements ou arrêts.) ART. 636. — (Les peines correctionnelles se prescrivent par 5 ans, à compter de la date des jugements ou arrêts rendus en dernier ressort ou définitifs.) ART. 639. — (Les peines pour contraventions de police se prescrivent par 2 ans, à compter du jour où le jugement est définitif.)	**Observations.** — Les lois spéciales de la presse n'ayant point dérog[é] aux règles du droit commun pour la prescription des peines prononcées p[ar] des arrêts ou jugements en matière criminelle, correctionnelle ou de sim[ple] police, — Voir, en conséquence, les art. 635, 636, 639 et suivants, a[ux] Codes annotés de MM. Sirey et Gilbert.	

l'art. 31 s'en réfère comme sanction à l'art. 5 du décret du 17 fév, dont les peines sont plus fortes que celles de l'art. 6 de la loi du 9 juin 1819.

723. Le nouveau système d'exécution des jugements prononcés contre les gérants quant au paiement des amendes a abrogé le système du paiement par prélèvement sur le cautionnement des art. 4 de la loi du 9 juin 1819, et 13 de la loi du 18 juill. 1828. Toutefois l'art. 13 de la loi de 1828 pouvant encore être utilement appliqué dans le cas où le gérant condamné disparaîtrait en abandonnant le journal et son cautionnement, ne nous paraît pas abrogé d'une manière absolue, puisqu'il faudrait alors procéder à la distribution du cautionnement.

724. Les contraintes décernées par la régie pour le recouvrement des amendes sont assujetties au visa du juge de paix, à peine de nullité. Cass., 8 mai 1809 (*S., Coll. nouv.* 9. 1. 273). Mais cette nullité peut être couverte par le silence des parties. Cass., 7 août 1807, 14 nov. 1815. L'obligation du visa s'applique aux contraintes pour recouvrement des amendes de contraventions, et des amendes de condamnation (inst. gén. du 5 juin 1837). La contrainte visée par le juge de paix, mais non déclarée par lui exécutoire, doit être annulée.

725. La contrainte revêtue du visa et de l'exécutoire vaut jugement pour l'exécution, sauf le droit d'opposition, sauf encore qu'elle ne donne pas hypothèque. Amiens, 28 janv. 1825.

726. Le premier acte de poursuite pour le recouvrement des amendes de condamna[tion], à la différence de celle de contravention, est un commandement en vertu d'un jugement définitif. *V.* art. 33, loi 17 avril 1832.

727. Décidé que c'est à la requête de la direction générale de l'enregistrement, et [non] à la requête du procureur impérial, que doivent être faites les poursuites en recouvrement [des] frais et des amendes prononcées par les tribunaux correctionnels. Cass., 20 janv. 18[..] (*S.* 26.1.536. *Coll. nouv.*, 8). *Contrà*, Cass., 8 janv. 1822 (*S.* 22. 1. 201, *Coll. nouv.*)

DE LA PRESCRIPTION. — **728.** L'art. 27 du décret du 17 fév. 1852 soumettant la poursuite aux formes et *délais* du Code d'instruction criminelle, a-t-il impli[cite]ment abrogé les dispositions de l'art. 29 de la loi du 26 mai 1819, qui règlent la durée de [l'ac]tion publique contrairement aux art. 637 et 638 du Code d'instruction criminelle? Il [semble] qu'on doive se prononcer pour la négative, et d'abord que faut-il entendre par cette expr[es]sion *délais* sur laquelle s'appuie la circulaire du 27 mars pour conclure à l'abrogation [de] l'art. 29? Par *délais* il faut entendre ceux suivant lesquels doit procéder l'action pub[lique] dans ses poursuites, lorsqu'elle est en exercice et en mouvement, tels que les délais [des ci]tations, des significations, de la mise en état de procédure, de l'appel, etc., et non ce[ux qui] règlent la condition de l'existence même de l'action publique. Avant d'être en poursui[te...] d'avoir à suivre les délais de la poursuite, l'action publique doit être et exister: or, l[...]

DES CRIMES, DÉLITS ET CONTRAVENTIONS. — SECT. Ire. — Prescription des crimes et délits.

1825 à 1830. 4.	1830 à 1847. 5.	1848 à 1849. 6.	1850 à 1856. 7.	LA PRESSE EN ALGÉRIE. 8.	1856 à... NOTES. 9.
			Circulaire 27 mars 1852. N. B. « Les dispositions de l'article 29 de la loi du 26 mai 1819, relatives à la durée de l'action publique, sont entièrement contraires aux articles 657 et 658 du Code d'instruction criminelle. — Il y a ici une cause spéciale d'abrogation, qui résulte de cette partie de l'art. 27 de la loi du 17 février 1852, portant que **la poursuite aura lieu dans les délais prescrits par le Code d'instruction crimin.** — La prescription de droit commun se trouve ainsi rétablie, et l'art. 29 de loi de 1819 est abrogé. » (728-729.)	**DÉCR. 28 mars 1852.** ART. 19. L'action publique contre les crimes et délits commis par la voie de la presse ou par un autre moyen de publication s'éteindra conformément aux règles prescrites par l'art. 29 de la loi du 26 mai 1849 (728).	

des contraventions.

1825 à 1830. 4.	1830 à 1847. 5.	1848 à 1849. 6.	1850 à 1856. 7.	LA PRESSE EN ALGÉRIE. 8.	1856 à... NOTES. 9.
L. 18 juillet 1828. ART. 16, 17. (Publications interdites.(*V.* p.125) Ne se prescrivent-elles pas par trois mois ? (733.)	**L. 9 septembre 1835.** ART. 18. (Omission d'une insertion obligée. — Cet article avait remplacé l'article 8 de la loi du 9 juin 1819. Il relève et punit la même contravention. — Abrogé et remplacé par l'art. 13 de la loi du 27 juillet 1849. *V.* p. 125.)	**L. 17 juillet 1849.** ART. 13. (Omission d'une insertion obligée. — Cet article a remplacé l'art. 18 de la loi de 1835, qui avait remplacé l'article 8 de la loi de 1819. Même contravention, même prescription par analogie et identité. — L'art. 13 a été modifié par l'article 19 du décret de 1852. *V.* p. 125.) (733.)	**DÉCR. 27 février 1852.** ART. 19. (Omission d'insertion obligée. Cet article a remplacé en partie l'art. 13 de la loi de 1849... Il relève et punit la même contravention que celle qui était prévue par l'art. 8 de la loi de 1819... Même contravention, même prescription. *V.* p. 123.) (732.)	**DÉCR. 28 mars 1852.** ART. 10. (Même contravention que celle prévue par l'art. 19 du décret du 17 fév. 1852. Même observation. *V.* p. 125.)	

qui règle les conditions de son existence, de sa vitalité, ne peut être abrogée par celle qui détermine les conditions des formes de procéder de cette action légalement en exercice, et dont le but a été d'abroger plutôt les lois de 1819, 1831 et 1849, quant aux délais et aux formes de la procédure, que d'effacer l'art. 29 de la loi du 26 mai de la législation de la presse.

D'ailleurs, en distinguant, comme l'a déjà fait la circulaire précitée, entre les dispositions relatives à la poursuite, et celles particulières au jugement, n° 710, *suprà*, il était naturel de penser que la prescription pouvait jusqu'à un certain point être considérée comme étrangère à la poursuite, puisque le titre sous lequel elle est traitée dans le Code est intitulé : *de quelques objets d'intérêt public et de sûreté générale*, et qu'à ce point de vue l'art. 29 n'avait pas été atteint par l'art. 27, qui change la poursuite dans ses formes et dans ses délais. — D'un autre côté l'argument tiré du mot *délais*, qui pouvait paraître très-décisif au 27 mars 1852, se présente comme très-insignifiant après le décret des 28 mars et 19 avril 1852 sur la presse en Algérie qui, rendu dans les mêmes conditions et le même esprit que son aîné du 17 fév. reproduisant la plupart de ses dispositions, adoptant le même système de procédure, est venu protester contre l'opinion de la circulaire, en maintenant l'art. 29 de la loi du 26 mai 1819, par une disposition formelle. Et cette manière de voir n'est rien moins que logique; en effet, le décret du 28 mars n'est-il pas la suite *cum commento* du décret du 17 fév. Inspiré par la même pensée d'assurer l'ordre, et de donner plus de force à l'autorité, il a reproduit avec des éclaircissements la plupart des articles du décret du 17 fév.; appliquant à l'Algérie le système de procédure et de juridiction décrété pour la métropole, il en devient à cette partie l'interprétation la plus authentique : or que dit cette loi qui dispose cependant aussi que la poursuite aura lieu *dans les délais* du Code d'instruction criminelle; que statue-t-elle sur la prescription ? elle établit dans l'art. 19 que l'action publique s'éteindra conformément aux règles prescrites par l'art. 29, L. du 26 mai 1819 : il nous répugnait en conséquence de voir cet article maintenu en Algérie et abrogé pour la métropole sans utilité bien démontrée, et par un texte aussi peu précis que celui de l'art. 27 de la loi du 17 février.

729. La Cour de cassation a suivi l'interprétation de la circulaire, et consacré cette abrogation de l'art. 29 pour la métropole par la décision suivante : « L'article 29 de la loi du 26 mai 1819, qui avait admis la prescription de six mois pour les délits commis par la voie de la presse, et tous autres moyens de publication, est abrogé par l'art. 27 du décret du 17 fév. 1852, qui les a soumis aux règles et délais prescrits par les art. 658 et 657 du Code d'instruction criminelle, c'est-à-dire à la prescription de trois ans. Cass., 23 janvier 1854 (*Bull. crim.*, n° 49). » Ne faudrait-il pas décider aussi, pour être logique, que, si l'art. 29 est abrogé par l'art. 27 du décret du 17 fév., il ne l'est que relativement aux *délits* de presse, et qu'il est maintenu en vigueur à l'égard des *crimes*, puisque l'art. 27 ne prescrit le retour aux formes de procéder du C. d'inst. crim. que pour les *délits* seulement et non pour les *crimes?* la Cour de cassation ne reculerait-elle pas devant cette conséquence de son arrêt?

730. Le bénéfice de la prescription de six mois, établie par la loi du 26 mai 1819, n'est pas applicable à l'éditeur prévenu d'avoir réimprimé des écrits condamnés par décision ayant acquis l'autorité de la chose jugée. Cass., 19 nov. 1852 (*Bull. crim.*, n° 377).

731. La prescription de la réimpression d'un écrit délictueux condamné, court non pas du jour où la première édition a été publiée, mais du jour de la publication de la seconde. Toulouse, 30 déc. 1836, J P. 37. 1715.

732. En admettant que l'évolution qu'a fait subir au mode de procéder de la législation antérieure le décret de 1852 ait eu pour effet d'abroger l'art. 29, qui était alors le droit commun en matière de prescription des crimes et délits, la prescription particulière de trois mois de l'art. 13 de la loi du 9 juin étant spéciale et exceptionnelle, même sous l'empire de l'ancienne législation, n'a pas été abrogée par la nouvelle, parce qu'il est admis en doctrine comme en jurisprudence que les lois spéciales dérogent aux lois générales, même lorsqu'elles sont postérieures.

733. Les contraventions prévues par les art. 19 du décret du 17 fév. 1852, 13, L. 27 juill. 1849, n'étant autres que celles de l'art. 8 de la loi du 9 juin 1819 auquel les modifications législatives les ont substituées, doivent continuer à jouir du bénéfice de la prescription de trois mois ; l'analogie conduit à décider de la même manière à l'égard des contraventions prévues par les art. 11, L. 25 mars 1822, 16 et 17, L. 18 juill. 1828, dont la nature est identique à celles punies par les art. 19 et 13 des lois précitées.

1789 à 1814. 1.	1815 à 1819. 2.	1820 à 1825. 3.	1825 à 1830. 4.	1831 à 18[..] 5.

DISPOSITIONS GÉNÉRALES, TRANSITOIRES, ABROGATIVES

§ Ier. *Relativement à la police de la [presse]*

1789 à 1814.	1815 à 1819.	1820 à 1825.	1825 à 1830.	1831 à 18[..]
L. 21 octobre 1814, Relative à la liberté de la presse. ART. 22. Les dispositions du tit. Ier (articles 1 à 10) cesseront d'avoir leur effet à la fin de la session de 1816, à moins qu'elles n'aient été renouvelées par une loi, si les circonstances le faisaient juger nécessaire. —	**ORD. du 20 juillet 1815,** Relative à la censure et à la poursuite des délits de presse. ART. 1er. *(Notre directeur général de la librairie et nos préfets n'useront point de la liberté qui leur est laissée par les art. 3, 4 et 5 de la loi du 21 octobre 1814.)* ART. 2. Toutes les autres dispositions de la loi du 21 octobre seront exécutées suivant leur forme et teneur. ART. 3. *Provisoirement, et en attendant qu'une loi ait réglé la poursuite des délits de la presse, nos procureurs généraux, nos préfets et nos procureurs de première instance, tiendront la main à l'exécution des dispositions actuelles du Code pénal contre cette nature de délit. (Transitoire.)* —	**L. 31 mars 1820,** Sur la publication des journaux et écrits périodiques. ART. 9. *Les dispositions des lois du 17 mai, du 26 mai et du 9 juin 1819, auxquelles il n'est pas dérogé par les articles ci-dessus, continueront à être exécutées.* ART. 10. *La présente loi cessera de plein droit d'avoir son effet à la fin de la session de 1820.* **L. 28 juillet 1821,** Relative à la censure des journaux. ART. 1er. *La loi du 31 mars 1820 (ci-dessus) continuera d'avoir son effet jusqu'à la fin du troisième mois qui suivra l'ouverture de la session de 1821.* ART. 2. *Les dispositions de la loi du 31 mars 1820, sauf en ce qui concerne le cautionnement, s'appliqueront à l'avenir à tous les journaux ou écrits périodiques, paraissant, soit à jour fixe, soit irrégulièrement ou par livraisons, quels que soient leur titre et leur objet.* **L. 17 mars 1822,** Dite des tendances. ART. 5. *Les dispositions des lois antérieures auxquelles il n'est point dérogé par la présente loi continueront à être exécutées.* —	**L. 18 juillet 1828,** Sur les journaux. ART. 18. La loi du 17 mars 1822, sur la police des journaux, est abrogée.	**L. 10 déc. 183[.]** Sur les afficheurs, crieurs publics. ART. 9. La l[oi] du 5 nivôse an [..] relative aux crieurs public[s] et l'art. 290 d[u] Code pénal so[nt] abrogés.

§ II. *Relativement à la répression des crimes, délits et [...]*

1789 à 1814.	1815 à 1819.	1820 à 1825.	1825 à 1830.	1831 à 18[..]
CODE PÉNAL. LIV. IV. — Disposition générale. ART. 484. Dans toutes les matières qui n'ont pas été réglées par le présent Code, et qui sont régies par des lois et réglements particuliers, les Cours et tribunaux continueront de les observer. —	**L. 9 novembre 1815.** Cris séditieux, provocation à la révolte. ART. 13. *Les dispositions du Code d'instruction criminelle et du Code pénal continueront d'être exécutées dans tout ce à quoi il n'est pas dérogé par la présente loi, et notamment en ce qui touche les attentats et complots contre la personne du Roi et contre sa famille, et les crimes tendant à troubler l'Etat par la guerre civile, tels qu'ils sont désignés par la sect. II du chap. Ier du liv. III du Code pénal.* —	**L. 17 mai 1819.** Répression des crimes et délits. ART. 26. Les art. 102, 247, 367, 368, 369, 370, 371, 372, 374, 375 et 377 du Code pénal et la loi du 9 nov. 1815 sont abrogés. Toutes les autres dispositions du Code pén., auxquelles il n'est pas dérogé par la présente loi, continueront d'être exécutées. —	**L. 8 octobre 1830.** ART. 5. Les art. 12... (*V.* ci-dessous) de la loi du 25 mars 1822 sont abrogés. — **L. 29 nov. 1830.** Attaques contre le Roi, etc. ART. 2. L'art. 2 de la loi du 25 mars 1822 est et demeure abrogé. —	**L. 9 sept. 1835.** Crimes, délits, contraventions. Dispositions générales. ART. 28. *Les dispositions des lois antérieures, qui ne sont pas contraires à la présente loi, continueront d'être exécutées selon leur forme et teneur.* —

§ III. *Relativement à la poursuite des crimes, délits [...]*

1789 à 1814.	1815 à 1819.	1820 à 1825.	1825 à 1830.	1831 à 18[..]
	L. 26 mai 1819. Poursuite et jugement des crimes et délits de presse, etc. ART. 34. La loi du 28 février 1817 est abrogée. — Les dispositions du Code d'instruction criminelle auxquelles il n'est pas dérogé par la présente loi continueront d'être exécutées. —		**L. 8 octobre 1830.** Compétence des délits de presse. ART. 5. Les art 12, 17 et 18 de la loi du 25 mars 1822 sont abrogés. —	**L. 9 sept. 1835.** TIT. V. — Poursuite et jugement. ART. 28. (*V.* ci-dessus.) —

1848 à 1849.	1850 à 1856.	LA PRESSE en Algérie.	1856 à... NOTES.
6.	7.	8.	9.

...OU MODIFICATIVES DES LOIS SUR LA PRESSE.

...presse périodique et non périodique.

Colonne 6 — 1848 à 1849.

DÉCR. du 9 août 1848,
...latif au cautionnement des journaux et écrits périodiques.

ART. 1er. *Les dispositions des lois ...istantes relatives au cautionnement à ...rnir par les propriétaires de jour-...ux et écrits périodiques politiques, ...nt modifiées comme il suit, à compter ... ce jour jusqu'au 1er mai 1849, épo-...se à partir de laquelle ces dispositions ... celles du présent décret concernant ...obligation du cautionnement seront de ...lein droit abrogées.*

ART. 4. *Les dispositions des lois des ... juin 1819, 18 juillet 1828, qui ne ...nt pas contraires au présent décret, ...ontinueront à être exécutées.*

—

L. 21-23 avril 1849.
Prorogation de l'art. 1er du décret du 9 août 1848, et relatif au cautionne-ment.

ART. 1er. *Les dispositions de l'art. 1er du décret du 9 août relatif au cautionne-ment des journaux et écrits périodiques sont prorogées jusqu'au 1er août 1839.*

—

L. 27 juillet 1849,
Sur la presse.

ART. 8. Le décret du 9 août 1848, relatif au cautionnement des journaux et écrits pério-diques, est prorogé jusqu'à la promulgation de la loi organi-que sur la presse.

—

Colonne 7 — 1850 à 1856.

L. 16 juillet 1850,
Sur le cautionnement des jour-naux et le timbre des écrits périodiques et non périodiques.

L'Assemblée nationale a adopté d'urgence la loi dont la teneur suit :

ART. 11. Les dispositions des lois du 9 juin 1819 et 18 juillet 1828, qui ne sont pas contraires à la présente loi, continueront à être exé-cutées.
Les lois des 9 août 1848 et 24 avril 1846 sont abrogées.

—

DÉCR. organique sur la presse du 17 fév. 1852.

ART. 36. La présente loi n'est pas applicable à l'Algérie et aux colonies.
Sont abrogées les dis-positions des lois anté-rieures contraires à la présente loi et notamment les art. 14 et 48 de la loi du 16 juillet 1850.

—

Colonne 8 — LA PRESSE en Algérie.

DÉCR. du 28 mars 1852.
La presse en Algérie.

ART. 20. Dans les territoires militaires, les attributions conférées aux préfets des dé-partements se-ront exercées par les géné-raux comman-dants.

ART. 21. Le ministre de la guerre est char-gé de l'exécu-tion du présent décret.

—

...contraventions en matière de presse et de publication.

Colonne 6 — 1848 à 1849.

DÉCR. du 6 mars 1848.

ART. 1er. La loi du 9 septembre 1835, sur les crimes, délits et contraventions de la presse et des autres moyens de publication, est abrogée.

ART. 2. Jusqu'à ce qu'il ait été statué par l'Assemblée natio-nale constituante, les lois antérieures relatives aux délits et con-traventions en matière de presse, sont exécutées dans les dispo-sitions auxquelles il n'a pas été dérogé par les décrets du Gou-vernement provisoire.

DÉCR. du 11 août 1848.
Répression des crimes et délits de la presse.

Les lois des 17 mai 1819 et 25 mars 1822 sont modifiées ainsi qu'il suit :

et contraventions de la presse et de tous autres moyens de publication.

Colonne 7 — 1850 à 1856.

L. 25 février 1852.
Compétence des délits attribués aux Cours d'assises par les lois antérieures.

ART. 4. Sont et demeurent abrogées, toutes dispo-sitions relatives à la compétence, contraires au présent décret, et notamment celles qui résultent de la loi du 8 oct. 1830 en matière de délits politiques ou réputés tels ; de l'art. 6 de la loi du 10 décembre 1830, relative aux afficheurs et crieurs publics... (Le reste est étran-ger aux lois dites de presse.)

| 1848 à 1849. | 1850 à 1851. | 1852 à 1856. |
| 1. | 2. | 3. |

DE LA LÉGISLATION DE LA PRESSE DANS LES COLONIES.

a législation coloniale se compose d'un nombre considérable d'actes qui se sont succédé et ont été modifiés suivant le degré de civilisation et de lumières auquel les habitants sont parvenus. Appropriée progressivement à la situation morale, économique et politique de chaque colonie, cette législation est par-dessus tout spéciale ; de là l'impossibilité de présenter sans confusion le rapprochement complet des lois nouvelles avec les textes anciens. — D'un autre côté, prévoyant des délits particuliers, dans des dispositions dont il aurait été le plus souvent difficile de saisir les relations avec les lois de la métropole, les lois coloniales eussent ainsi embarrassé sans utilité le cadre déjà si chargé de nos tableaux de concordance. Il fallait se borner et rester clair. — Ce double motif nous a déterminé à consacrer un tableau spécial à la législation de la presse dans les colonies, et à prendre pour point de départ, dans cette exposition, les actes de 1848 et 1850, qui ont commencé pour elles une ère nouvelle de liberté et d'assimilation avec la presse métropolitaine.—Nous ajouterons que le Code pénal et le Code d'instruction criminelle ont été, à des époques diverses, et par des ordonnances et décrets qu'il est inutile de reproduire, publiés avec quelques modifications dans la plupart de nos possessions et y ont été déclarés exécutoires.

1848 à 1849.

DÉC. du 2 mai 1848.
rté de la presse dans les colonies.

e Gouvernement provisoire, con-
rant que la liberté de la presse
le premier besoin d'un pays libre ;
ue les colonies sont appelées dé-
mais à jouir de tous les droits pu-
s de la nation ; — que si les so-
ts coloniales, en présence de l'es-
age, redoutaient la libre discus-
, elles doivent être affranchies de
e oppression de la pensée comme
oute servitude de l'homme, décrète :

RT. 1er. La censure des jour-
x et autres écrits confiés à l'auto-
administrative par les art. 44 et
de l'ordonnance organique du 9
ier 1827 est abolie.
A l'avenir, tous les journaux pour-
t être imprimés et publiés sans au-
sation préalable, et ne pourront
suspendus ou révoqués administra-
ment.
(Abrogé par le § 2 de l'art. 1er, du
ret du 12 mars 1852, col. 3.)

Art. 2. Sont exécutoires aux lonies, jusqu'à ce qu'il ait été tué par l'Assemblée natio-le, et sous les modifications ultant des décrets du Gou-nement provisoire, les lois ordonnances concernant la ice de la presse et de l'im-merie, la répression et la ursuite des crimes, délits ou atraventions commis par la e de la presse ou autres yens de publication des rnaux ou écrits périodi-es.

Art. 3. Néanmoins, les dis-sitions des lois incompati-s avec l'organisation judi-ire actuelle resteront sans t. Les Cours d'appel, ju-nt correctionnellement, naitront des simples con-ventions. Les Cours d'assi-, composées conformément art. 67 de l'ordonnance or-ique du 24 septembre 1828, naitront de tous crimes *et ts* commis par la voie de resse ou tous autres moyens publication. L'art. 176 de donnance du 24 septembre 8 est abrogé.

1850 à 1851.

L. des 7-13 août 1850,
Sur la presse aux colonies.

Art. 1er. Les lois et ordonnances qui font l'objet de l'art. 2 du décret du 2 mai 1848, et les lois du 30 sept. 1830, du 44 août 1848, et les lois du 27 juill. 1849 sur l'affichage et sur la presse, continueront à être exécutées ou seront exécutoires dans les colonies de La Martinique, de La Guadeloupe et dépendances, de l'île de La Réunion et de la Guyane française, sous les modifications suivantes.

Art. 2. La reproduction, par voie de publication, dans les colonies, des articles des journaux ou écrits périodiques et de tous autres écrits publiés dans la métropole, pourra être poursuivie et punie, en vertu de la présente loi, comme si la **première publication** avait eu lieu dans les **colonies.**

Art. 3. La provocation directe ou indirecte au rétablissement de l'esclavage ;
L'excitation au mépris ou à la haine entre les anciennes classes de la population coloniale ;
L'excitation à la résistance contre l'autorité métropolitaine ;
Commises par l'un des moyens énoncés en l'art. 4er de la loi du 17 mai 1849. — (V. p. 82.)
L'outrage fait publiquement, d'une manière quelconque, au représentant du Gouvernement métropolitain ;
La publication, la reproduction ou propagation faites de mauvaise foi, de nouvelles fausses impliquant le rétablissement de l'esclavage ; — Seront poursuivies d'office et punies de **3 mois à 2 ans** d'emprisonnement et d'une amende de **500 fr. à 4,000 fr.**, sans préjudice de peines plus graves pour tous autres crimes et délits prévus par les lois.

Art. 4. Seront poursuivis, en vertu de la présente loi, et punis des peines portées en l'art. 3, ceux qui auront, avec connaissance, publié ou distribué, dans les colonies, des journaux ou écrits périodiques ou non périodiques, imprimés dans la métropole ou à l'étranger, qui contiendront l'un des délits prévus par ledit article.

Art. 5. Dans le cas où une feuille périodique compromettrait gravement l'ordre public, le Gouvernement pourra, par arrêté motivé et sous sa responsabilité, **en suspendre la publication** pour un mois au plus ; il rendra immédiatement compte de cette mesure au Gouvernement.

Art. 6. Si, nonobstant la suspension, le journal ou écrit périodique continue de paraître, cette infraction sera punie, correctionnellement des mêmes peines que s'il avait paru sans cautionnement. — (Reproduits par les art. 20 et 52 du décret du 17 fév. 1852. — V. p. 134).

Art. 7. L'art. 463 du C. pén. est applicable aux délits prévus par les art. 2, 3, 4 et 6 de la présente loi.

—

TITRE III. — Dispositions diverses.

Art. 8. La juridiction correctionnelle continuera de connaître **des délits de diffamation verbale ou d'injure verbale** contre toute personne, et de ceux de **diffamation** et **d'injure** par une voie de publication quelconque **contre les particuliers, sur la plainte de la partie lésée,** après instruction, ou sur citation directe au jour indiqué, par ordonnance du président, sauf les cas attribués aux tribunaux de simple police.

Art. 9. Le décret du 2 mai 1848 cessera d'avoir ses effets dans les établissements coloniaux autres que ceux énumérés en l'art 1er. Ces établissements seront de nouveau soumis à la législation qui les régissait avant ledit décret.
Les lois relatives aux écrits non périodiques et à la police de l'imprimerie, de la librairie, de l'affichage et de la vente ou distribution des écrits ou imprimés, pourront être rendues, en tout ou en partie, applicables à ces établissements par des règlements d'administration publique.
(Cette loi a été abrogée le 22 mars 1852 et remise en vigueur le 30 avril 1852.)

1852 à 1856.

DÉC. 20 fév. et 12 mars 1852
Sur la presse aux colonies.

L.-Napoléon, *président de la République, vu l'art. 56 du déc. du 17 fév. 1852 (V. p. 156) ; — considérant que les colonies, en attendant que leur Constitution spéciale soit réglée par un sénatus-consulte, aux termes de l'art. 27 de la Constitution, ne peuvent rester soumises, quant au régime de la presse, au décret du Gouvernement provisoire du 2 mai 1848 et à la loi du 7 août 1850, — décrète :*

Art. 1er. *Sont abrogés, le décret du 2 mai 1848 et la loi du 7 août 1850.*

§ 2. Sont remis en vigueur et seront exécutés jusqu'à ce qu'il en soit autrement ordonné, l'art. 42 de l'ordonnance du 24 août 1825, sur le gouvernement de La Réunion ; l'art. 44 de l'ordonnance du 9 février 1827, sur le gouvernement des Antilles, et l'art. 43 de l'ordonnance du 27 août 1828, sur le gouvernement de La Guyane française, lesdits articles portant :
« Le Gouvernement surveille l'usage de la presse, commissionne les imprimeurs, donne les autorisations de publier les journaux et les révoque en cas d'abus. Aucun écrit, autres que les jugements, arrêts, actes publics par autorité de justice ne peut être imprimé sans sa permission. »

Est maintenue, toutefois, l'exception prévue en matière de publication par la voie de la presse aux colonies, dans l'art. 46 du décret du 3 février 1854 sur les évêchés coloniaux.

—

D. 30 avril 1852.
La presse aux colonies.

L. - Napoléon, président de la République, vu le décret du 20 février 1852 ; considérant que la législation actuelle laisse sans moyen de répression judiciaire certains délits dont la punition importe au maintien de l'ordre dans les colonies.... ;
Décrète :

Art. 1er. Le décret du 2 mai 1848 et la loi du 7 août 1850 continueront à recevoir leur exécution en ce qui n'est pas contraire aux art. 42 de l'ordonnance du 24 août 1825 sur le gouvernement de La Réunion, 44 de l'ordonnance du 9 fév. 1827 sur le gouvernement des Antilles, et 43 de l'ordonnance du 27 août 1828 sur le gouvernement de La Guyane française.

Art. 2. La connaissance de tous les délits prévus par les lois sur la presse en vigueur aux colonies sera déférée aux tribunaux de police correctionnelle.

nsi qu'on peut le remarquer, le régime sous lequel est placée la presse aux colonies est, à peu de chose près, le même que celui qui est en vigueur en Algérie. — Les principales lois gouvernent la presse métropolitaine sont, par suite de l'art. 2 du décret de 1848 et de la loi de 1850, applicables à la presse coloniale, il n'est, en conséquence, besoin ici que de oyer aux différents chapitres de nos précédents tableaux de concordance pour la répression des crimes, délits et contraventions autres que ceux prévus par la loi du 7 août qui peuvent être commis par la voie de la presse et les autres moyens de publication, et, quant à la poursuite, on suivra les formes ordinaires du C. d'instr. criminelle, sous les fications que l'organisation judiciaire coloniale lui a imposées. (V. aussi l'observation qui termine la table analytique des pénalités, p. 256.)

FIN DU TABLEAU SPÉCIAL AUX COLONIES.

APPENDICE

1° **DÉVELOPPEMENTS** sur l'article 6 de la loi du 27 juillet 1849, relativement à l'autorisation préfectorale en matière de colportage et de distribution d'écrits et imprimés (suite aux annotations du tableau, p. 65, 66);

2° **CIRCULAIRES MINISTÉRIELLES**, du 27 mars 1852, à MM. les procureurs généraux, et du 30 mars 1852, à MM. les préfets, sur la loi organique de la presse ;

3° **CATALOGUES** des ouvrages condamnés depuis 1814.

COLPORTAGE ET DISTRIBUTION DE LIVRES, ÉCRITS, BROCHURES...

OU

de l'autorisation préfectorale (art. 6, L. 27 juill. 1849) dans ses rapports avec la liberté des élections et la propriété littéraire.

(Appendice aux annotations de la page 65, note 278 *bis.*)

1. — L'ART. 6 de la loi du 27 juillet 1849, qui subordonne à l'autorisation préalable des préfets la distribution et le colportage de livres, écrits, brochures, etc., a fait naître et soulève dans l'application des difficultés sur la solution desquelles les cours et tribunaux ne sont point d'accord et dont l'examen demande quelques développements.

2. — Avant toute chose, voici rapprochés les uns des autres les différents textes dont nous allons peser les termes, étudier l'esprit et tenter de concilier les dispositions réciproques :

DÉCR. du 19 juillet 1791.

Droit de propriété des auteurs d'écrits en tout genre.

ART. 1. Les auteurs *d'écrits en tout genre*, les compositeurs de musique, les peintres et les dessinateurs qui feront graver des tableaux ou dessins, jouiront durant leur vie entière, *du droit* exclusif de vendre, faire vendre, DISTRIBUER *leurs* ouvrages dans *tout le territoire* de la République, et d'en céder la propriété en tout ou en partie.

—

L. du 16 février 1834.

Sur les crieurs publics.

ART. 1. Nul ne pourra exercer, même temporairement, la *profession de crieur*, de vendeur, ou de *distributeur sur la voie publique*, d'écrits, dessins, ou emblème, imprimés, lithographiés, autographiés, moulés, gravés ou à la main, SANS AUTORISATION PRÉALABLE DE L'AUTORITÉ MUNICIPALE. — Cette autorisation pourra être retirée.

Les dispositions ci-dessus sont applicables aux chanteurs sur la voie publique.

ART. 2. Toute contravention à la disposition ci-dessus sera punie de 6 jours à 2 mois de prison, pour la 1re fois, et de 2 mois à 1 an de prison, en cas de récidive.

L. 21 avril 1849 (Abrogée).

... Affichage, criage et distributions des écrits... électoraux.

ART. 2. Pendant les 45 jours précédant les élections générales, tout citoyen pourra, sans avoir besoin D'AUCUNE AUTORISATION MUNICIPALE, *afficher*, crier, *distribuer* et vendre tous journaux, feuilles quotidiennes ou périodiques, et *tous autres écrits ou imprimés relatifs aux élections.* Ces écrits ou imprimés autres que les journaux, doivent être signés de leurs auteurs.

Ces écrits ou imprimés autres que les journaux devront être *déposés* dans chaque arrondissement, *au parquet* du procureur de la République, avant qu'on puisse les *afficher*, crier, vendre ou *distribuer.*

Les afficheurs, crieurs, vendeurs et distributeurs feront connaître leurs nom, profession et domicile, aux maires des communes où la publication aura lieu.

L'infraction aux dispositions des deux précédents §§ sera punie d'une amende de 16 à 200 fr. et d'un emprisonnement de 10 jours à 1 an.

Dans tous les cas il pourra être fait application de l'art. 463 du C. p.

(Abrogé par l'art. 11 de la loi du 16 juillet 1850.)

L. 27 juillet 1849.

Sur la presse.

ART. 6. Tous *distributeurs* ou *colporteurs* de livres *écrits*, brochures, gravures et lithographies, devront être POURVUS D'UNE AUTORISATION qui leur sera délivrée, pour le département de la Seine, par le *préfet* de police, et, pour les autres départements, par *les préfets.*

Ces autorisations pourront être retirées.

Les contrevenants seront condamnés, par les tribunaux correctionnels, de 1 mois à 6 mois de prison et à une amende de 25 fr. à 500 fr., sans préjudice des poursuites qui pourraient être dirigées pour crimes ou délits soit contre les auteurs ou éditeurs de ces écrits, soit contre les distributeurs ou colporteurs eux-mêmes.

—

L. 16 juillet 1850.

Adoptée d'urgence.

ART. 10. Pendant les 20 jours qui précéderont les élections, les *circulaires* et *professions de foi* signées des candidats pourront, après *dépôt au parquet* du procureur de la République, être *affichées* et *distribuées* SANS AUTORISATION DE L'AUTORITÉ MUNICIPALE.

ART. 11. La loi du 21 avril 1849 est abrogée.

—

3. — Les principales difficultés que dans ses conflits avec les lois antérieures peut rencontrer l'art. 6 de la loi du 27 juillet 1849 se rapportent à la liberté électorale et à la propriété littéraire, et se posent de la manière suivante :

1° La publication des circulaires et des professions de foi des candidats pendant les vingt jours précédant les élections, affranchie *de l'autorisation municipale* par l'art. 10 de la loi du 16 juillet 1850, est-elle soumise à l'autorisation préalable du préfet en vertu de l'art. 6 de la loi du 27 juillet 1849 ? — Réponse, NON.

2° La distribution des bulletins électoraux contenant sans commentaires le nom des candidats est-elle soumise à l'autorisation préfectorale de l'art. 6 pendant les vingt jours précédant l'ouverture du scrutin ? — Réponse, OUI.

3° L'auteur d'un ouvrage non encore tombé dans le domaine public peut-il le distribuer sans autorisation du préfet ? — Réponse, OUI.

Sur les deux premières questions, le doute qui a saisi certains esprits a son origine dans les habitudes non encore perdues, ou dans les souvenirs trop récents des licences électorales de 1848 et 1849. Il est pénible ou difficile à ces esprits d'admettre que dans un pays où l'on a usé si largement d'une liberté presque illimitée de publication, où l'on pouvait répandre avec une profusion qui touchait à l'excès des écrits de toute nature, il répugne, dis-je, de penser qu'on ne puisse encore aujourd'hui, sous l'empire du suffrage universel, dans l'intérêt des candidatures et de la sincérité des élections, répandre et distribuer des bulletins, des circulaires de candidats, sans l'autorisation préalable de l'administration.

Ces répugnances qui, dans un autre ordre d'idées, pourraient jusqu'à un certain point se justifier, ne sont fondées qu'en partie en présence de la loi ; et c'est pour faire exactement la part de l'exagération et du droit que nous allons à trois points de vue différents nous en permettre l'analyse.

Disons d'abord que ces questions, toutes voisines qu'elles puissent être du domaine de la politique, ne doivent trouver ici d'autre place et d'autre accueil que ceux que l'étude des lois réserve à l'examen de toute difficulté juridique. — Les partis ne veulent et ne connaissent le plus souvent du droit que l'apparence qui peut servir leurs intérêts, et nous cherchons la vérité qui doit servir à tout le monde.

I.

4. — La distribution des circulaires et des professions de foi dans les conditions de l'art 10 de la loi du 16 juillet 1850 est-elle soumise à l'autorisation préalable des préfets ? — Oui, si l'on ne consulte que la lettre de l'art. 6 de la loi du 27 juillet 1849. — Non, si l'on s'attache à l'esprit des dispositions dont il s'agit de concilier les termes.

C'est à l'origine des lois qu'il faut rechercher leur principe :

Avant le 21 avril 1849, les distributeurs et les distributions d'écrits ou imprimés... etc., n'étaient soumis qu'à *une seule* autorisation préalable : *l'autorisation municipale* prescrite par l'art. 1 de la loi du 16 février 1834.

La loi n'en exigeait alors pas d'autres. — Cela n'est pas contesté.

Que fit la loi du 21 avril 1849 en affranchissant la publication des écrits électoraux de cette autorisation municipale pendant les 45 jours précédant les élections ? — Elle suspendait momentanément l'empire de la loi de 1834, elle relevait la seule barrière qui retenait la liberté. — La liberté électorale passa, les abus s'élançaient à la suite.

« Tout citoyen, dit l'art. 2, *pourra, sans avoir besoin* D'AUCUNE AUTORISATION MUNICIPALE, *afficher, distribuer*, etc. » Fixons bien le sens de ces mots SANS AUCUNE AUTORISATION MUNICIPALE. C'est sur eux que porte toute la difficulté, c'est sur eux que doit rouler la discussion. — Eh bien ! n'est-il pas évident comme une démonstration mathématique que, si cette formalité était LA SEULE à laquelle fût subordonnée la liberté de publication des écrits et imprimés, etc., ces expressions : *sans aucune autorisation municipale*, sont dans l'art. 2 de la loi du 21 avril 1849 synonymes de « SANS AUCUNE ESPÈCE D'AUTORISATION ADMINISTRATIVE ? » — Notons bien cela, car, si c'était alors là leur véritable sens, cette signification est également celle des mêmes expressions dans l'art. 10 de la loi du 16 juillet 1850, à moins d'avoir été altérées par les modifications qui peuvent leur avoir été implicitement ou explicitement apportées par une loi intermédiaire.

Il s'agit donc de déterminer qu'elle a pu être sur la portée des termes de la loi du 21 avril 1849 et de l'art. 10 de celle de 1850 l'influence de l'art. 6 de la loi intermédiaire du 27 juillet 1849, qui vint subordonner à *l'autorisation-préfectorale* la distribution de toute espèce d'écrits.

5. — La liberté trop large des 45 jours électoraux avait, dès le principe, donné lieu à de graves abus.

En 1849, lors de l'élaboration de l'art. 6 de la loi du 27 juillet, songea-t-on à les prévenir et à préciser dans de plus sages limites les exceptions que comportait la liberté des élections ? — On y songea, mais le moment n'était pas venu de soumettre à une police plus sévère, à des mesures plus étroites de surveillance, la distribution accidentellement libre des écrits électoraux.

Ce qui préoccupait alors le législateur, ce qu'il voulait arrêter en rédigeant l'art. 6, c'était la propagation toujours croissante des livres dangereux pour l'ordre et la moralité; c'étaient les abus du colportage en général et non ceux qu'avait fait naître la loi du 21 avril. Ce n'était pas la liberté électorale qui se trouvait alors en cause, mais la trop libre pratique des colporteurs dans les campagnes; écoutez le rapporteur :

« Il a été proposé dans le sein de la commission de vous « soumettre une disposition précise portant exception en fa-« veur *de la publication* et *de la distribution des circulaires* « *électorales et des écrits relatifs aux élections.* — La com-« mission regarde comme le *premier devoir du législateur* « *de conserver entière et complète la liberté des élections,* « c'est la garantie de leur sincérité, premier élément d'un « Gouvernement libre. Mais il est à remarquer que les dis-« tributions des publications électorales n'ont pas lieu au « moyen de colporteurs et de distributeurs de profession. « *Chaque citoyen a le droit, sous sa responsabilité, de dis-*

« *tribuer ou faire distribuer ce qu'il croit utile à l'élection :* « *ce n'est pas contre ces distributions accidentelles que l'art.* « **6** *est dirigé.* Tout le monde reconnaît les abus auxquels « a donné lieu la loi du 21 avril; et lorsque cette loi sera « soumise à révision, ce sera le lieu de préciser et sagement « limiter les exceptions que comporte et nécessite la sincé-« rité des élections. »

Il est donc bien entendu à ce moment que l'art. 6 de la loi du 27 juillet respectera l'art. 2 de la loi du 21 avril, même *dans les abus auxquels il donnera lieu;* ce n'est point contre *les distributions accidentelles* qu'il protège *qu'est dirigé* et voté l'art. 6. — L'Assemblée nationale était à cette époque dans une voie encore trop avancée pour songer à restreindre d'une manière aussi absolue que l'eût fait l'art. 6 une liberté qu'elle avait reconnue et donnée avec tant de latitude quelques mois auparavant.

6. — La franchise des 45 jours électoraux reste donc après la loi du 27 juillet ce qu'elle était avant, « *une liberté entière et complète* » affranchie de *toute autorisation administrative.* Les choses n'ayant pas changé, le sens des mots est resté le même.

Les circulaires ministérielles n'ont pas compris d'ailleurs autrement la portée de l'art. 6.

En veut-on la preuve?— Eh bien! admettez que la pratique administrative ait accepté et appliqué l'art. 6 dans un sens contraire à la liberté des élections et que la distribution des écrits électoraux ait été soumise à l'autorisation préfectorale.—Mais cet art. 6 eût paré à tout, il eût mis un terme aux excès des 45 jours électoraux comme il en avait mis un aux abus du colportage; il eût même implicitement abrogé la loi du 21 avril, et l'on ne s'expliquerait plus dès lors sa révision et son abrogation formelle, votée d'urgence en 1850, pour mettre fin, disait le rapporteur, « au libre cours de toute espèce d'écrits au moment où les passions étaient le plus excitées (V. § 8.). » Car de deux choses l'une : ou les abus signalés par le rapporteur étaient réels, et l'art. 6 alors n'avait pas été appliqué contre le *libre cours* des écrits électoraux; ou son efficacité y avait mis un terme, et dans ce cas le rapporteur en imposait à l'Assemblée en motivant l'urgence et la nécessité d'abroger la loi du 21 avril sur des dangers qui sous la loi du 27 juillet avaient cessé d'être possibles.

Il faut donc se rendre à l'évidence des faits et à la réalité du vraisemblable — les abus étaient réels — il y avait abus parce qu'il y avait liberté et il y avait liberté, parce que la pratique administrative n'avait pas autrement compris que nous la portée légale de l'art. 6; à ses yeux comme aux nôtres la distribution des écrits électoraux devait rester affranchie de l'autorisation préfectorale. Ce n'était pas contre ces distributions accidentelles que l'art. 6 avait *été dirigé.* — La loi du 27 juillet était une *loi générale* qui n'avait en rien dérogé aux dispositions *spéciales* de la loi du 21 avril. — C'est ce qu'il fallait démontrer.

7.— Nous voici donc en 1850, en présence de l'art. 2 de la loi du 21 avril et de ses abus.—Le moment est enfin venu, comme disait le rapporteur de 1849, de préciser par de sages limites les exceptions que comportait la sincérité des élections : quels en seront le caractère et l'étendue?

La durée de la liberté électorale était trop longue : de 45 jours elle est réduite à 20.

Le cercle des écrits dont elle permettait sans prévoyance la propagation était trop large : on définit les termes trop élastiques *d'écrits relatifs aux élections*, et la liberté électorale restreinte à la liberté des candidatures ne conserve plus que la faculté de publier des circulaires et professions de foi, sous la seule condition d'en déposer comme avant un exemplaire signé au parquet.

D'autorisation, pas un mot; ce n'est pas là-dessus que porte la réforme, et de l'art. 2 aux trois quarts rejeté on ne conserve intactes que les formalités de la *signature*, du *dépôt*, et les expressions inaltérées de : SANS AUCUNE AUTORISATION MUNICIPALE. — Voilà tout.

Dans cette révision de la loi du 21 avril, le législateur, il faut le reconnaître, n'a point procédé par voie de création, mais par voie d'exclusion; l'art. 10 de la loi du 16 juillet 1850 n'est pas un article nouveau, c'est l'article 2 de la loi ancienne simplifié, restreint, amoindri; c'est l'art. 2 dont on a élagué, si je puis m'exprimer ainsi, les membres dangereux ou inutiles, pour ne conserver d'entier que le cœur, la *libre publication de certains écrits* électoraux.

Mais, si les modifications n'ont porté que sur le cercle des écrits et sur la durée de la période électorale, si l'on abroge tout le reste en n'acceptant de l'art. 2 que les formalités de la *signature*, du *dépôt*, et ces mots *sans aucune autorisation municipale*, n'est-il pas évident, comme deux et deux font quatre, qu'ils sont entrés dans la loi de 1850 avec *la signification* qu'ils avaient dans celle du 21 avril, signification qu'avait respectée la loi du 27 juillet 1849, et que dès lors la distribution des circulaires et des professions de foi des candidats est et reste affranchie de toute autorisation administrative préalable pendant les vingt jours qui précéderont l'ouverture du scrutin? Pour ces écrits, et pour ces *écrits seuls*, liberté sans contrôle, liberté entière et absolue. — Voilà l'esprit et la portée de l'art. 10 de la loi du 16 juillet 1850 ; il n'en a pas et ne pouvait en avoir d'autre.

8. — Tels ont été la portée et l'esprit de la loi de 1850 ; en abrogeant et révisant la loi du 21 avril, le rapporteur, M. de Chasseloup-Laubat, a pris soin de dissiper à cet égard tous les doutes : « Que l'on doive, dit-il, donner *toute liberté* pour « l'envoi des listes électorales et des professions de foi des « candidats, c'est ce qui ne peut être contesté par personne, « mais qu'à propos des élections il soit donné un libre cours « au colportage de toute espèce d'écrits, que l'on facilite « l'appel aux passions à l'époque où les passions sont les « plus excitées, c'est ce que la raison ne peut admettre. » Garantie et maintien de la liberté entière et complète des candidatures par la libre publication des circulaires et des professions de foi, c'est le but clairement indiqué par l'exposé des motifs que le législateur a voulu atteindre; et, il ne faut pas se le dissimuler, ce but aurait été complétement manqué, l'art. 10 serait d'une duplicité machiavélique, si les candidats qu'il affranchit de *l'autorisation locale* restaient soumis d'ailleurs à la sollicitation d'une *autorisation* plus difficile et plus éloignée.

9. — Nous avons consulté les travaux préparatoires de la loi, interrogeons maintenant la loi elle même, elle nous livrera infailliblement le secret de sa véritable signification.

« ART. 10. Les circulaires et professions de foi des candidats pourront, après *dépôt* au parquet.... » Quelle est la signification de ce dépôt (1)? On en comprend l'utilité sous le régime des publications affranchies de toutes entraves, mais on ne le comprend plus sous le régime de l'art. 6 de la loi du 27 juillet. Quoi! vous dites hautement que l'on doit « *donner toute liberté pour l'envoi des listes électorales et des professions de foi des candidats,* » et ces écrits, qui entre tous, par la garantie morale que peuvent présenter leurs auteurs, méritent de votre aveu même le plus de faveur, vous les soumettez à plus de formalités? Quoi ! tout individu pourra, après s'être pourvu de l'autorisation préfectorale, répandre en tout temps le premier écrit venu sans plus de formalités, et moi, candidat, ancien député peut-être, dès là que je voudrai produire ma candidature, il faudra pour distribuer mes circulaires *signées* obtenir d'abord l'autorisation du préfet et aller ensuite au chef-lieu de l'arrondissement *en déposer* un exemplaire au parquet? — Il faut avouer que la loi a été bien malheureuse dans les marques de faveur et les facilités qu'elle a voulu donner à la liberté des candidatures, ou que telle n'est pas le vrai mot de sa protection à cet égard.

L'absurdité de cette conséquence suffirait seule pour démontrer le vice du système que nous combattons.

Ce n'est pas tout :

Nous avons dit que l'art. 10 serait un mensonge et la liberté qu'il accorde pendant vingt jours une véritable illusion, si la publication des circulaires et professions de foi n'était pas affranchie de toute autorisation préalable. En effet, admettez une candidature tardive : n'est-il pas d'avance hors de doute pour qui n'ignore pas les lenteurs administratives que, suivant les ressources et l'éloignement des localités, l'autorisation sollicitée n'arrivera jamais en temps utile? et alors quel sera le moyen que dans le peu de jours qui lui restent pourra employer le candidat pour révéler à ses concitoyens ses prétentions et ses principes? Un seul dont la libre pratique est affranchie *de toute autorisation préalable du préfet et de l'autorité locale*, et c'est ici qu'apparaît dans son résultat le plus choquant l'opinion contraire à la notre.

Il est reconnu, admis, en matière de publication, que *l'affichage*, au point de vue des dangers qu'il entraîne et de la publicité qu'il atteint, est *au moins* sur la même ligne que la *distribution*, car l'affichage est à la distribution ce qu'est la lecture collective à la lecture individuelle, la communication simultanée de la pensée à sa communication successive : eh bien ! ce que le candidat ne pourra pas distribuer *librement* à chacun, il pourra *librement* le distribuer, le communiquer tout à la fois à tout le monde..... EN L'AFFICHANT. — Cela vous étonne peut-être : lisez, là où la distribution libre est interdite, le libre affichage est permis en toute lettre dans la loi. — « Art. 10, loi du 16 juillet 1850. — Ces circulaires et professions de foi signées des candidats pourront..... être *affichées et distribuées* sans autorisation municipale. » « Art. 6, loi du 27 juillet 1849. — Tous distributeurs ou colpor-

---

(1) Ce dépôt n'est pas le même que celui que l'article 7 de la loi du 27 juillet 1849 met à la charge de l'imprimeur, bien que d'or-dinaire le caractère politique des professions de foi et des circulaires des candidats les assujettisse à ce dépôt. — La formalité prescrite par l'article 10 de la loi de 1850 semble être mise ou plutôt laissée à la charge du candidat ou des afficheurs et distributeurs, et être empruntée à l'article 2 de la loi du 21 avril, que le législateur avait alors sous les yeux.—Rien dans les travaux préparatoires n'autorise à penser le contraire, et tout dans la rédaction de l'article 10 indique et trahit la tradition de la loi du 21 avril 1849, qui avait voulu mettre le parquet à même d'arrêter la publication des écrits délictueux, et de connaître l'auteur et l'agent de la publication.

teurs.... [mais pas les *afficheurs*] devront être pourvus d'une autorisation du préfet.... » Les afficheurs n'étant point soumis à l'autorisation préalable de l'art. 6, l'affichage des circulaires et professions de foi étant dispensé de *l'autorisation municipale* par l'art. 10 de la loi de 1850, les circulaires électorales signées des candidats pourront en conséquence être librement affichées après dépôt au parquet, pendant les vingt jours qui précéderont l'ouverture du scrutin. (1).

En résumé :

Dans l'art. 2 de la loi du 21 avril 1849, les expressions : SANS AUTORISATION MUNICIPALE, signifiaient : *liberté entière affranchie de* TOUTE AUTORISATION PRÉALABLE ADMINISTRATIVE. Rien n'autorise à penser que les lois postérieures en aient voulu restreindre la portée. — Tout dans la préparation, la discussion et les termes des lois des 27 juill. 1849 et 16 juill. 1850, concourt à démontrer que ces expressions ont été conservées dans l'art. 10 avec leur signification originaire, et nous croyons en conséquence être dans le vrai et devancer les décisions de la jurisprudence, qui n'a jamais été appelée à se prononcer sur cette difficulté, en disant que pendant les vingt jours précédant les élections les circulaires et professions de foi signées des candidats peuvent être, après dépôt au parquet, affichées et distribuées *sans autorisation*

---

(1) On nous fait observer à l'instant que la liberté des vingt jours électoraux n'en sera pas moins toujours illusoire pour les candidats dont les circulaires et professions de foi ne seront pas autorisées :

1° Par suite du refus des imprimeurs à prêter leurs presses, s'ils craignent de se mettre en opposition avec l'administration;

2° Par suite du refus ou du retard des bureaux ou du préfet à délivrer en temps utile les certificats de déclaration et de dépôt, sans lesquels les imprimeurs ne peuvent régulièrement passer outre à l'impression et à la délivrance des ouvrages imprimés.

Dans le premier cas, fera-t-on copier les circulaires à la main ? le moyen, suivant les localités, serait borné ou impraticable.

Dans le second, l'imprimeur cherchera-t-il à suppléer les récépissés qu'on lui refuse par une sommation ou tout autre acte extrajudiciaire, destiné à constater l'accomplissement des formalités de la déclaration et du dépôt ?

Ce n'est pas ici le lieu ni la place de discuter en détail de pareilles objections; nous nous bornerons à dire, au sujet de la résistance ou du refus des imprimeurs, que, si leur ministère n'est pas absolument forcé comme celui des officiers publics, il n'est pas non plus absolument libre : l'imprimerie est un monopole, et comme tel doit être au service de toutes les publications, toutes les fois que l'objet à imprimer ne contient rien de condamnable, et que, suivant les circonstances, les tribunaux ordinaires appelés à statuer sur un refus arbitraire de la part d'un imprimeur peuvent condamner ce dernier à procéder à l'impression de l'ouvrage, d'après les conventions faites ou les usages reçus. Moulins, 15 mars 1830; Dijon, 25 janv. 1839,—S. V. 1839.2.90, coll. nouv. 9.2.365 et 423.

Quant à l'obstacle indirect qui pourrait venir du retard ou du refus de l'administration à délivrer les récépissés de la déclaration ou du dépôt, nous ne pouvons admettre une pareille supposition sans nous faire injure, car il serait odieux de penser qu'un administrateur fût assez mal inspiré pour employer des moyens aussi détournés, et l'imprimeur ne le serait pas moins, s'il cherchait en dehors des usages reçus la preuve des formalités dont l'accomplissement, aux termes de l'article 16 de la loi du 21 octobre 1814, semble ne devoir résulter que de la présentation des récépissés qu'on lui refuse ; ce serait de sa part suspecter légèrement la bonne foi des fonctionnaires, qui n'agissent jamais sans de graves motifs, sur la responsabilité desquels porte le lourd fardeau de la tranquillité publique, et qui sont plus jaloux de favoriser l'application de la loi dans l'intérêt de tous que d'y mettre obstacle par une inertie coupable ou un regrettable abus de pouvoir.

préfectorale et municipale, car ce n'est *pas contre ces publications accidentelles qu'a été dirigé l'art. 6 de la loi du 27 juill.* 1849.

II.

10. — La même faveur doit-elle être accordée à la distribution des bulletins électoraux portant sans commentaire le nom des candidats?—Cette question, qui divise actuellement les cours et les tribunaux, me paraît devoir être résolue négativement, malgré les autorités dont se prévaut l'opinion contraire, mais que la Cour de cassation n'a cependant point partagée.

Le premier argument qu'on nous oppose peut se tirer de la solution qui précède pour conclure du plus au moins, *de majori adminus.*—S'il est en effet permis de distribuer sans autorisation préfectorale des circulaires et des professions de foi des candidats, il doit être, *à fortiori,* permis, dira-t-on, de répandre des bulletins électoraux qui n'en sont que les accessoires.—Cette déduction semble logique et nous placer en contradiction avec nous-même ; il n'en est rien.

N'avons-nous pas démontré que les modifications apportées par la loi du 16 juillet 1850 à la loi du 21 avril 1849 s'étaient bornées à restreindre *la durée* des quarante-cinq jours électoraux et à réduire *le cercle des écrits* que l'on pouvait alors librement distribuer?— N'avons-nous pas reconnu que les circulaires et professions de foi étaient les SEULS *écrits* dont la publication avait été, pendant les vingt jours électoraux, affranchie de toute autorisation préalable (v. n° 7.), et ne sommes-nous pas conséquents avec nous même en disant que, si ces *écrits* SEULS sont affranchis des formalités de l'art. 6 de la loi de 1849, tous *autres écrits,* quelle que soit avec les premiers leur relation intime, y restent forcément soumis sans exception aucune. Loin de se tourner contre nous, notre précédente argumentation repousse d'une manière péremptoire l'objection préjudicielle que soulève la seconde proposition. — Mais cette réponse serait insuffisante, si nous n'allions au cœur même de la difficulté chercher la démonstration de la solution que l'on conteste. Qu'il nous soit donc permis d'entrer à ce sujet dans quelques développements; ils ne seront pas sans intérêt, puisqu'ils nous serviront d'ailleurs de transition pour aborder la dernière partie de cette rapide trilogie.

11.— Appelée à se prononcer sur cette question, la Cour suprême a décidé que :

« La disposition de l'art. 6 de la loi du 27 juillet 1849 était générale et exclusive de toute distinction; que l'expression *d'écrits* comprenait sans distinction *tous écrits* ou *imprimés,* quelles que fussent leur forme, leur nature, leur étendue ou leur brièveté, et que la distribution d'imprimés ou bulletins de listes pour les élections comprenant sans commentaire le nom des candidats, était en conséquence soumise à la nécessité d'une autorisation préalable des préfets. » — Cass. 20 mai 1854. Bull. Cass., n° 168. — D. P. — 54. 1. 209,—et Cass. 27 sept. 1855.—D. P. 55. 1. 38,— et 16 nov. 1855 Cass. d'un jugement d'appel du tribunal de Beauvais.

A ce point de vue tout spécial, la décision de la Cour suprême semble au premier abord manquer de largeur et de puissance. Cette qualification *d'écrits* appliquée à des bulletins électoraux apparaît comme une interprétation étroite et forcée qui a été plutôt demandée au dictionnaire de l'Académie qu'à l'esprit de la loi (1). Tel est pourtant le sens vrai de l'art. 6 de la loi du 27 juillet 1849, — dans les dispositions absolues duquel les tribunaux ne pourraient introduire des exceptions sans le frapper d'impuissance et ouvrir une porte dérobée aux abus que le législateur a voulu proscrire.

Des exceptions, mais quelle en serait la limite? Où s'arrêtera-t-on dans cette voie? Depuis les cartes de visites, les adresses des commerçants, jusqu'aux images, prières et livres d'heures que les ecclésiastiques *distribuent* en récompense aux enfants qui suivent leurs instructions, il est une infinité d'écrits qui prétendraient à l'exception avec autant de droit et non moins de bonnes raisons que les bulletins électoraux.— Quelle serait la règle des tribunaux dans une pareille occurrence?— Serait-elle dans l'appréciation du contenu de l'écrit qui, suivant son peu d'importance ou sa gravité, serait ou non soumis à l'autorisation préfectorale.—Je n'en vois pas d'autre possible. Eh bien! voyez les conséquences inattendues de ce système! pour échapper aux prescriptions trop générales de l'art. 6, vous arriverez purement et simplement à constituer les tribunaux en bureaux de censure.— Vous aboutirez à la censure judiciaire, puisque les juges ne pourront admettre des exceptions à la suite de l'examen du contenu de l'écrit que par l'arbitraire d'une appréciation dont le moindre inconvénient serait de soumettre l'action préfectorale au contrôle des tribunaux. — Telle n'a pas été certainement, sous une constitution qui abolissait la censure, l'intention du législateur en 1849 (2).

Laissons donc l'esprit de la loi sévèrement renfermé dans le sens que sa lettre indique, et n'hésitons pas à reconnaître à cet égard le bien jugé des décisions de la Cour suprême, et à dire de son interprétation ce qu'on peut dire de la loi :— *Dura, sed vera.*

12. — La distribution non autorisée des bulletins électoraux est un fait complexe qui doit être considéré au double point de vue de l'objet distribué, *l'écrit*, et du sujet distributeur, *l'agent*, ou *l'acte* en lui-même.

On nous accuserait avec raison d'être incomplet, si, après avoir examiné la question relativement *aux écrits* en euxmêmes, nous n'exposions pas les arguments que l'on pourrait opposer pour et contre *le fait* de leur libre distribution.

C'est donc ici le lieu de vérifier si l'art. 6 est bien réellement une disposition générale qui, sans distinction aucune, s'applique à tout *fait* de colportage et de distribution, quel qu'en puisse être l'auteur, ou s'il est spécial aux distributeurs et colporteurs de profession.

Le doute ne nous paraît pas possible en présence des termes si absolus de l'art. 6.— *Accidentel* ou *habituel*, c'est *le fait seul* de la propagation que la loi a voulu soumettre à l'autorisation préfectorale; où la loi ne distingue pas, *nec nos distinguere debemus.*

Reportons-nous d'ailleurs au milieu des idées qui ont élaboré l'art. 6, au sentiment des causes qui l'ont rendu nécessaire; dégageons de l'esprit du législateur l'esprit de la loi, le but qu'elle devait atteindre, et à notre tour, placé en face des abus qui l'ont provoquée, déterminons sa portée vraie comme moyen et comme principe.

13. — En 1849, les campagnes avaient été inondées de brochures, de manifestes et d'écrits de toute nature, aussi dangereux pour l'ordre public que pour la moralité des masses. — Les colporteurs de profession étaient les agents ordinaires de ces distributions.

Voilà les faits dont il s'agit de prévenir le retour et les abus. — *La propagation toujours croissante des mauvais livres.* — Il s'agit de mettre un terme aux dangers que cet état de choses présente, tel est le but, ne le perdons point de vue. — Quel en sera le moyen? — Plusieurs propositions vent être faites : soumettra-t-on *les colporteurs de profession* à la nécessité d'un brevet ou à l'autorisation préfectorale,— ou bien assujettira-t-on sans distinction aucune *tous les distributeurs et colporteurs* à cette même formalité? Pas d'autre alternative.

Soumettre les colporteurs de profession seuls à l'autorisation préalable, borner l'application d'une mesure préventive dont on ne contestait point l'excellence à une classe déterminée et *particulière de propagateurs*, c'était n'atteindre *qu'en partie le fait de propagation* qu'il s'agissait de prévenir d'une manière *absolue* et dans *tous ses moyens.*

Pour être efficace, la loi devra donc être *générale* et embrasser dans des expressions *absolues* les moyens connus et inconnus, déterminés et indéterminés de distribution, la profession et l'accident, — solution forcée et logique en présence du *postulat* de la proposition.—*Toute distribution, tous distributeurs*, dira la loi. — Voilà son caractère intentionnel vrai et l'esprit qui a présidé à sa rédaction. — La Cour suprême ne s'y est point trompée, les divers arrêts qu'elle a rendus en sont le témoignage authentique (3).

---

(1) M. Dalloz, dans une note à la suite de l'arrêt du 20 mai 1854, ne pense pas que le mot *écrit* doive être interprété d'une manière aussi absolue, et s'en réfère à cet égard à ce qui a été dit par le rapporteur de la commission (v. n°ˢ 5 et 8 ci-dessus). L'honorable annotateur laisse entrevoir que dans sa pensée le mot *écrit*, rapproché des expressions : *Livres* et *brochures*, indique un écrit ayant une importance analogue à celle des ouvrages d'imprimerie, entre lesquels il se trouve placé comme une transition dans cette énumération descendante, c'est-à-dire être un écrit occupant le milieu entre les livres et les brochures, et contenant comme eux l'expression d'une pensée suivie, ce qui ne serait pas un bulletin électoral. Cet argument ingénieux tiré de la place du mot dans le texte de la loi me paraît au fond manquer de justesse; et d'ailleurs un bulletin électoral, par les noms qu'il contient, peut apparaître dans certains cas avec une grande portée, être l'expression bien significative d'un parti, et avoir sur l'esprit public une action considérable.

(2) Nous ne contesterons pas cependant que le pouvoir donné au préfet par l'article 6 ne soit un pouvoir discrétionnaire. — Mais il ne faut ni étendre ni restreindre et moins encore déplacer sans nécessité, au profit de l'autorité judiciaire, un moyen exceptionnel d'action que, dans l'intérêt de l'ordre général, le législateur a cru devoir confier à l'autorité administrative.

(3) Outre les arrêts que nous rapportons ci-dessus, la Cour de cassation a dans cet esprit décidé que l'autorisation préfectorale était nécessaire aux individus non libraires, pour la vente ou distribution à leur propre domicile, aussi bien que pour la vente ou distribution faite au dehors. — Les Cours et tribunaux ont aussi reconnu à l'article 6 de la loi du 27 juillet 1849 un caractère de généralité qui embrassait les faits quelconques de distribution. Ainsi :

1° La vente à domicile d'un nombre considérable d'exemplaires à tout venant après publicité donnée à cette vente au moyen d'affiches constitue la distribution dont parle la loi. Corbeil, jugement du 13 février 1850. — *Sic* tribunal correctionnel de la Seine (Affaire L'herminier), 7 mai 1850. *Gazette des Tribunaux* du 8.

Que dans l'esprit des législateurs l'idée de la propagation toujours croissante des mauvais livres ne fût point séparée des moyens de propagation par les colporteurs de profession, et que leur intention de réprimer *en général* l'abus se soit trouvée indivisément confondue ou liée à l'idée *spéciale* de réglementer ainsi la profession du colportage, cela peut être vrai sans doute; mais cette intention exclurait-elle la pensée mère et générale d'atteindre les abus en eux-mêmes et dans tous leurs moyens possibles d'action? Non certainement, et d'ailleurs, quand même notre opinion n'eût pas été celle de quelques législateurs, l'esprit de la loi devrait plus se rechercher dans les causes qui l'ont provoquée, dans les faits à prévenir, dans le but à réaliser, que dans l'esprit d'une commission, d'un exposé des motifs ou d'un orateur quelconque. — Or, la fin que se proposait le législateur était de soumettre à la mesure préventive de l'autorisation préfectorale le fait de la *propagation* de tous les écrits sans exception par quelque personne que ce fût, et non de réglementer *la profession du colportage*, qui n'était ici en cause que comme un des moyens de propagation. — *Tout* distributeur, *toute* distribution (*accidentelle* ou *habituelle*, sauf pourtant une seule exception en faveur de la propriété littéraire, ainsi que nous l'établirons plus loin), doit en conséquence être autorisé pour ne pas être punissable; telle est la loi.

14. Examinons sur ce point les décisions de la jurisprudence.

Les tribunaux de Nogent-le-Rotrou et de Dreux, et, sur appel, le tribunal de Chartres, le 26 décembre 1849, avaient méconnu ces principes à propos de la distribution non autorisée d'une lettre de M. Noël Parfait à ses électeurs, et admis la distinction entre la distribution *accidentelle et habituelle.* — Sur le pourvoi formé par le ministère public, voici quel fut le système de la défense :

« On veut qu'en vertu de l'art. 6 de la loi de 1849 un avocat ne puisse distribuer un mémoire, un académicien un discours académique, un magistrat une mercuriale, sans la permission du préfet. On ajoute, il est vrai, qu'il est bien certain que jamais les distributions innocentes dont nous venons de parler ne seront poursuivies : mais où est la garantie? Il n'y en a pas. En sorte que, dans le système du ministère public, il serait impossible de faire remettre à ses amis, autrement que par la poste, même à ceux qui demeureraient dans la même ville, quelques exemplaires d'un ouvrage littéraire ou scientifique dont on serait l'auteur. — L'art. 6

2° L'exposition ou vente devant les fenêtres d'un local occupé par un individu (dans l'espèce un cafetier), avec annonces dans un journal indiquant que ces brochures se vendent chez lui, constitue une distribution dans le sens légal, quand même il serait allégué par le prévenu qu'il a donné dans un but de propagande, et non vendu les brochures dont il était détenteur, la loi ne distinguant pas entre la distribution gratuite et celle à prix d'argent. — Paris, 16 janvier 1850. — S. Devil., — 1850, 2. 213.

3° La simple remise faite à une personne de deux exemplaires d'un écrit peut, *d'après les circonstances* qui ont précédé ou suivi le fait, être considérée comme une distribution qui, si elle n'a pas été autorisée, est passible des peines de l'article 6 de la loi du 27 juillet 1849. Bourges, 21 mars 1850. — S. Dev., 1850, 2. 213.

4° Doit être réputé distributeur celui qui agit pour le compte d'autrui et comme agent ou commis d'un tiers, chargé lui-même par un libraire de la vente de l'ouvrage distribué. Paris, 23 avril 1850. *Gazette des Tribunaux* et *le Droit* du 26.

Tous les arrêts rapportés ci-dessus se trouvent cités dans une note à la suite de l'arrêt de cass. du 15 février 1850, dans le recueil de M. Devilleneuve, année 1850, 1. 304.

de la loi de 1849 consacre-t-il un tel système? Évidemment non. Voici, en effet, dans quels termes il est conçu : « Tous « distributeurs ou colporteurs de livres, écrits, brochures, « gravures et lithographies, devront être pourvus d'une au-« torisation qui leur sera délivrée, pour le département de « la Seine, par le préfet de police, et, pour les autres dépar-« tements, par les préfets. Ces autorisations pourront tou-« jours être retirées par les autorités qui les auront délivrées. « Les contrevenants seront condamnés, etc. » Il est clair que cet article ne s'applique pas à une distribution purement accidentelle, gratuite, à domicile, d'un écrit non délictueux. — La loi du 10 décembre 1830, la loi du 16 février 1834, n'ont pas été abrogées par cet art. 6, en sorte que l'on doit très-bien admettre que la distribution accidentelle sur la voie publique, ou la distribution à domicile d'un écrit délictueux, serait un acte coupable; mais, encore une fois, dans l'espèce, il n'en est pas ainsi. Le jugement attaqué constate qu'il n'y a eu qu'une distribution accidentelle à domicile, purement gratuite, d'une lettre de M. Noël Parfait à ses électeurs, écrit qui n'a jamais été incriminé. Lorsque la loi a dit : tous distributeurs ou colporteurs, elle a entendu parler des distributeurs ou colporteurs de profession; d'abord, parce que être colporteur, dans le langage de la loi aussi bien que dans celui de la grammaire, c'est exercer un état. — Voyez la loi du 16 février 1834, qui dit : « Nul ne pourra exercer, même temporairement, la profession de distribuer, etc... » Ensuite, dans notre droit criminel, toutes les fois que le législateur veut punir un fait isolé, il dit : « Tout individu qui aura, etc. Quiconque aura fait, etc. » C'est ainsi que le législateur s'exprime constamment dans le Code pénal. Si donc notre article 6 avait voulu atteindre même un fait isolé, il aurait été rédigé ainsi : « Tout individu qui aura distribué ou colporté. » Ou bien il y aurait été dit : « Quiconque aura distribué ou colporté. » — A s'en tenir donc au texte de la loi, le fait de distribution accidentelle et gratuite à domicile n'est pas répréhensible; que si maintenant nous consultons le véritable commentaire de la loi, c'est-à-dire l'exposé des motifs, le rapport de la commission et la discussion au sein de l'Assemblée législative, qu'y voyons-nous? Qu'on a voulu atteindre seulement la profession ou l'habitude de la distribution et du colportage. En effet, dans le projet du Gouvernement, il était demandé seulement d'astreindre au brevet, comme les libraires, l'exercice de la profession de colporteur. Cette disposition fut jugée insuffisante par la commission, qui substitua l'article 6 actuel à celui du Gouvernement (V. n° 13). Et que disait le rapporteur, l'honorable M. Combarel de Leyval, pour justifier le système de la commission? qu'il s'agissait de réglementer la profession de distributeur et de colporteur, et qu'il n'y avait d'autre moyen de la réglementer efficacement qu'en ne permettant de l'exercer qu'à ceux qui y seraient autorisés par les préfets. — Le projet de loi est discuté à l'Assemblée législative. M. Pascal Duprat propose un amendement par lequel il demandait que les distributeurs de circulaires électorales et autres écrits relatifs aux élections parlementaires ne fussent pas assujettis à la nécessité de l'autorisation. Cet amendement est rejeté par suite des observations du rapporteur et de M. Baroche, qui firent remarquer que les circulaires électorales ne se distribuent ni sur la voie publique, ni par les colporteurs; que les distributions d'écrits électoraux sont libres en temps d'élection, mais qu'il fallait se garder d'écrire dans la loi une exemption qui permettrait de l'éluder facilement (V. n° 5). Que dirons-nous de plus? et n'est-il pas clair comme le jour que l'Assemblée législative n'a entendu soumettre à la nécessité de l'autorisation que l'habitude de la distribution ou du colportage, et la profession de distributeur ou de colporteur? Mais ce n'est pas tout : quelques jours après l'adoption de la loi, le ministre de l'intérieur écrit une circulaire aux préfets, afin de la faire exécuter. Que dit M. Dufaure dans cette circulaire? « Nul ne pourra, sans autorisation, exercer la profession de distributeur ou de colporteur, etc... » Ainsi, l'un des auteurs de la loi, le ministre qui est le plus spécialement chargé d'en procurer l'exécution, la comprend et l'explique comme le jugement attaqué. La démonstration est complète.—Mais, dit-on, avec cette interprétation on pourra éluder la loi. Il n'y a pas de loi, messieurs, qui ne puisse être éludée quelquefois. D'ailleurs, comment un fait de distribution accidentel et isolé pourrait-il nuire à l'ordre social? Nous ne plaidons pas pour le cas où il s'agirait d'un écrit délictueux : dans ce cas, un seul fait de distribution sera répréhensible, en vertu de la législation antérieure de 1849. Nous ne plaidons pas pour le cas de distribution sur la voie publique : la loi du 16 février 1834 y a pourvu. Mais, lorsqu'un citoyen aura distribué accidentellement, sans scandale et sans bruit, un écrit non incriminé, où sera le mal, où sera le danger pour la société? »

M. Plougoulm, avocat général, a combattu ces moyens et conclu à la cassation par les considérations suivantes :

« C'est à tort, dit ce magistrat, que, dans l'article 6 de la loi du 27 juillet 1849, on veut créer des distinctions que n'autorisent ni le texte de la loi ni l'intention évidente du législateur. — Des plaintes nombreuses avaient signalé au Gouvernement l'existence d'un fléau véritable : la distribution dans nos campagnes d'ouvrages destinés à propager des doctrines anti-sociales, d'écrits pernicieux, véritables catéchismes d'immoralité que des mains coupables faisaient circuler et répandaient à profusion jusque dans la chaumière du laboureur. Voilà quel était le mal. — Par quels moyens a-t-on voulu, a-t-on pu le combattre? Une loi spéciale, commandée par d'impérieuses nécessités, a assujetti tout colportage, toute distribution d'écrits ou d'imprimés à l'autorisation préalable du préfet. Est-ce là, comme l'a décidé le tribunal de Chartres, une mesure destinée uniquement à régler le commerce du colportage? Rien ne peut logiquement le faire croire, puisque aucune expression sortie de la bouche du législateur n'a exprimé cette intention de ne régler que les conditions d'un trafic d'une profession habituelle. D'ailleurs, les termes de la loi, sur lesquels on a essayé de soulever des équivoques, sont tellement explicites, que le doute à ce sujet n'est pas possible. A qui la loi s'adresse-t-elle? A tout distributeur ou colporteur d'écrits : or, évidemment, le distributeur est celui qui distribue, soit habituellement, soit accidentellement; sous ce terme générique sont compris tous les faits de distribution quels qu'ils soient. — On a souvent répété, ajoute M. l'avocat général, qu'en France nous ne savons pas vouloir le bien complètement. Dans les temps difficiles, quand le mal est parvenu à ce degré d'intensité qui effraie les plus aveugles, nous faisons des lois, et puis, le calme revenant, nous nous efforçons, dans un faux esprit de libéralisme, à en atténuer les effets, à les éluder. Voilà le reproche qu'à nous, Français, on a bien souvent adressé. — Eh bien! interpréter la loi de juillet 1849 dans le sens du tribunal de Chartres, c'est en méconnaître l'esprit, c'est l'éluder, c'est mériter le reproche que je signalais à l'instant. On a dit que décider le contraire, c'est mettre aux mains du pouvoir une arme terrible, lui accorder une sorte de puissance absolue sur la presse, puissance dont il pourrait abu-

ser un jour. Non, tel ne sera pas le résultat de l'interprétation que vous donnerez à la loi ; et d'ailleurs, dans les temps où nous vivons, s'il est une crainte que doivent manifester les esprits honnêtes, un scrupule qui puisse les arrêter, ce serait plutôt celui d'enlever au pouvoir une force dont il a besoin, d'affaiblir dans ses mains les armes qui lui servent à protéger la société. »

15.—Dans une espèce analogue, où il s'agissait de savoir si l'art. 6 soumettait à l'autorisation préfectorale une distribution *accidentelle* d'écrits, livres ou brochures, faite à domicile par un individu non colporteur ni distributeur de profession, les mêmes principes se trouvèrent en discussion :

Le 25 janvier 1850, le commissaire de police de Valenciennes procéda à la saisie d'une affiche que le sieur Duquesnes avait placée dans l'intérieur de son habitation contre un des carreaux de ses fenêtres, et par laquelle il annonçait que, moyennant 50 centimes par livraison, on s'abonnait chez lui à l'ouvrage ayant pour titre les *Mystères du Peuple*, par Eugène Sue. — Par suite de cette saisie, le ministère public fit citer Duquesnes devant le tribunal correctionnel de Valenciennes, sous la prévention d'avoir contrevenu à l'article 6 de la loi du 27 juillet 1849. — A l'audience, le prévenu déclara avoir vendu et remis chez lui à diverses personnes et à des reprises différentes plusieurs livraisons des *Mystères du Peuple*.—Sur cet aveu, le tribunal le déclara convaincu d'avoir, sans autorisation, distribué l'ouvrage dont il s'agit, et, admettant en sa faveur l'existence de circonstances atténuantes, le condamna à 3 francs d'amende.

Entre autres motifs le jugement portait que : « le législateur voulant arrêter le plus sûrement possible la propagation toujours croissante des livres contraires à la morale et à l'ordre social, a dans l'article 6 de cette loi prohibé la distribution faite sans autorisation préalable de tous les écrits sans distinction de quelque nature qu'ils fussent et de quelque manière que la distribution en fût faite, etc. »— C'était là l'exposition des vrais principes dont les autres motifs et le dispositif étaient les logiques corollaires.

Ce jugement frappé d'appel fut confirmé par arrêt de la Cour de Douai du 19 mars 1850.

POURVOI en cassation par le sieur Duquesnes, pour violation de l'article 6 de la loi du 27 juillet 1849. — « Il s'agit de savoir, a-t-on dit, si les mots *colporteurs* ou *distributeurs*, employés dans cet article, ont, comme l'a pensé et décidé la Cour de Douai, un sens tellement général, tellement large, tellement élastique, que la loi de 1849, sous le prétexte de réprimer les abus du colportage et de la distribution des écrits réputés dangereux, aurait placé le droit de manifester sa pensée, la liberté de la presse et des industries qui s'y rattachent, sous le bon plaisir des préfets, et soumis les écrivains à un régime pire que le régime si détesté et si détestable de la censure. — Dans le système de l'arrêt attaqué, il n'est personne qui puisse être certain de n'être pas poursuivi un jour ou l'autre comme distributeur d'écrits. Non-seulement les entreprises de journaux, de publications périodiques, ne pourront pas faire remettre au domicile de leurs abonnés les exemplaires auxquels ils ont souscrit, mais quiconque remettra chez lui, dans son propre domicile, des exemplaires d'une œuvre dont il est l'auteur, d'une consultation qu'il a délibérée comme avocat, sera exposé à des poursuites, faute de s'être préalablement pourvu d'une autorisation préfectorale.—Nous le disons sans crainte d'être taxé d'erreur, quelque sévères, quelque rigoureuses que soient les prescriptions de la loi de 1849, la Cour de Douai a encore ajouté à leur rigueur.— Le but que la loi du 27 juillet 1849 s'est proposé est très nettement indiqué dans le rapport présenté, le 19 juillet 1849, à l'Assemblée nationale, par M. Combarel de Leyval. Après avoir rappelé dans ce rapport qu'à Paris les libraires et étalagistes doivent être munis d'une autorisation du préfet, M. Combarel ajoute : « Que font les colporteurs quand ils assistent aux foires et marchés, si ce n'est ce que font exactement les libraires étalagistes à Paris? Ils exposent leur marchandise sur la place ou sur la voie publique. Pourquoi ne seraient-ils pas soumis aux mêmes règlements? Pourquoi ce qui se fait à Paris sans dommage pour la liberté du commerce ne se ferait-il pas dans les départements! Il y a plus : *Le colporteur ne se borne pas, comme l'étalagiste, à exposer dans les lieux publics l'objet de son commerce. Il va trouver le citoyen dans sa demeure, le sollicite, le presse et l'entraîne à des achats que celui-ci n'eût point faits sur la voie publique.* Déterminée par ces considérations, votre commission vous propose de prescrire que les colporteurs devront être pourvus d'une autorisation révocable, qui sera donnée à Paris par le préfet de police, dans les départements par les préfets. *L'article ne s'appliquant point aux vendeurs à domicile,* le commerce de la librairie n'a point à s'en préoccuper. »

« Voilà le sens, voilà le véritable esprit de la loi. On a voulu atteindre ces agents de propagation qui vont trouver le citoyen sur la voie publique, ou dans sa demeure, pour le solliciter, le presser et l'entraîner à se procurer des écrits qu'il n'aurait pas songé à se procurer par les voies ordinaires. — Et c'est de la même manière que la loi a été comprise par le ministre de l'intérieur, M. Dufaure, ainsi que l'attestent deux circulaires, en date des 1er août et 6 septembre 1849. Nous citerons seulement la dernière, car elle rappelle et reproduit presque textuellement celle du 1er août : « M. le préfet, je vous disais dans ma circulaire du 1er août dernier : L'autorité administrative supérieure se trouve investie, par l'article 6 de la loi du 27 juillet 1849, d'un pouvoir en quelque sorte discrétionnaire et qui doit lui permettre de réprimer *les abus du colportage.* Vous aurez le droit d'interdire *sur la voie publique* le colportage des écrits ou emblèmes de toute nature qui vous paraîtront contraires à l'ordre, à la morale, à la religion. Vous ne délivrerez donc la permission de colporter des écrits qu'aux individus bien famés ; vous leur enjoindrez de ne distribuer ou de ne colporter aucun écrit ou emblème contraire aux principes sur lesquels notre société repose, et aux institutions qui la régissent.... Le meilleur moyen qu'auront les colporteurs de justifier de leurs bonnes intentions et d'obtenir les concessions qu'ils veulent réclamer, ce sera de produire à la préfecture un catalogue complet et sincère des livres qu'ils veulent *colporter ou vendre sur la voie publique,*» etc. (1).

La Cour de cassation ne se laissa pas entraîner par ces argumentations spécieuses, qui tentaient de transformer en demi-mesure la mesure générale qui seule pouvait atteindre le but que s'était proposé le législateur : la propagation toujours croissante des mauvais livres ; la Cour comprit qu'introduire une exception dans la loi, au nom du principe de la liberté de l'industrie, de la liberté de la presse ou de la sincérité des élections, c'était frapper d'impuissance l'article 6 par une interprétation arbitraire. Voici quelle fut sa décision : « LA COUR ;—Vu l'article 6 de la loi du 27 juill. 1849; — Attendu que la loi du 10 décembre 1830, qui n'exigeait pour la distribution des écrits sur la voie publique qu'une déclaration préalable, n'imposait cette obligation qu'à ceux qui exerçaient la profession de distributeur; que la loi du 16 février 1834, qui prescrit la nécessité d'une autorisation de l'autorité municipale, ne s'applique également qu'à l'exercice de la profession; — Attendu que le législateur de 1849, qui, par un ordre de faits nouveaux, a créé des moyens nouveaux de surveillance, n'a pas reproduit dans l'article 6 de la loi du 27 juill. la condition de la profession, et n'emploie que des expressions générales et absolues : « Tous distributeurs ou colporteurs de livres, écrits, brochures, etc., devront être pourvus d'une autorisation qui leur sera délivrée, » et qu'il distingue ainsi la qualité de distributeur de la profession de colporteur; — Attendu qu'en présence de termes aussi généraux, il n'y a plus lieu de rechercher si l'agent de distribution exerce ou non la profession de distributeur, mais seulement si les faits imputés aux prévenus sont de nature à constituer une distribution illégale;

« Attendu, en fait, que le jugement attaqué reconnaît et constate que les prévenus ont distribué un écrit, et qu'il est également établi qu'ils n'étaient pas pourvus d'une autorisation; qu'il les renvoie néanmoins de la poursuite par le motif qu'ils n'exerçaient pas la profession de distributeur; en quoi le jugement a méconnu les termes formels de la loi nouvelle, introduit une distinction qui était supprimée, et violé, en ne l'appliquant pas, l'article 6 de la loi ci-dessus visée;—Par ces motifs, casse, etc.»—Arrêt du 15 fév. 1850.

Au point de vue de *l'objet distribué,* comme à celui de *l'agent distributeur,* la distribution non autorisée (accidentelle ou habituelle) des bulletins électoraux contenant avec ou sans commentaire le nom des candidats est en conséquence passible des peines de l'article 6 de la loi du 27 juillet 1849 (2).— Telle est l'opinion de la jurisprudence supérieure, telle est la loi, quelque dure qu'en puisse être quelquefois l'application.

L'article 6 de la loi du 27 juillet 1849 ne distingue pas entre les distributeurs, et la jurisprudence a été même jusqu'à décider que les auteurs mêmes étaient soumis à l'au-

---

(1) V. l'arrêt confirmatif de la Cour de Douai. Cass. — S. Dev. 1850, 1. 311.

(2) De ce principe que c'est le fait matériel en lui-même de propagation qui doit être autorisé, il faut déduire que l'autorisation n'est donnée ni à la personne ni à la profession ni même à l'écrit, mais à l'acte en lui-même dans ses rapports avec l'écrit, et c'est en ce sens que s'expliquent et qu'ont été rendus les arrêts suivants :

1° L'autorisation du préfet donnée à un colporteur peut être restreinte à certains livres ou écrits désignés, et le colporteur est passible des peines portées par la loi, s'il vend des ouvrages autres que ceux spécifiés dans son autorisation. Jug. du trib. de Saint-Omer, 9 janvier 1850. — S. Devil, 1850. 2. 214. Le tribunal dans son jugement décide expressément que : « L'autorisation préfectorale n'est point relative uniquement *à la personne et à la profession* du colporteur, mais nécessairement et principalement à la *nature des ouvrages à colporter.* »

2° La vente (de journaux) avant l'heure fixée par l'autorisation préfectorale constitue une vente sans autorisation ; l'heure fixée était 7 heures du soir, et la vente avait eu lieu à 3 heures.—Jug. trib. de la Seine du 23 avril 1850. *Gazette des Tribunaux* du 24 avril.

3° L'autorisation donnée pour le colportage ne contient pas celle de crier sur la voie publique les imprimés pour lesquels l'autorisation a été obtenue. Caen, 13 mars 1851. D. P. 51. 2. 41.

torisation préfectorale, à raison de la propagation de leurs propres écrits.—Nous rencontrons ici l'exagération du principe, car, si le législateur n'a pas défini le terme *écrit* dans l'article 6 de la loi du 27 juillet 1849, il ne l'a pas défini non plus dans la loi des 19-24 juillet 1793, qui consacre et garantit au nom de la propriété littéraire le droit qu'ont les auteurs « *de distribuer librement* leurs écrits dans tout le territoire de la République;» et nous nous trouvons tout naturellement amené à traiter la troisième question, non pas au point de vue de la propriété d'un bulletin électoral, et, pour conclure à sa libre distribution par l'auteur, ce bulletin fût-il l'accessoire signé d'une circulaire d'un candidat (1), mais à un point de vue général et dans l'intérêt de la véritable propriété littéraire et *des droits du génie*, comme disait le rapporteur Lakanal dans l'exposé des motifs de la loi du 19 juillet 1793.

III.

16.—L'auteur d'un ouvrage non encore tombé dans le domaine public peut-il le distribuer sans l'autorisation préfectorale?

En d'autres termes, quelle est la nature des restrictions que l'article 6 de la loi du 27 juillet 1849 a imposées à l'exploitation de la propriété littéraire?

Dans deux arrêts, la Cour de cassation s'est prononcée à ce sujet; sans aborder franchement la question qui nous

---

(1) Si les principes tour à tour invoqués de la liberté de l'industrie, de la presse ou des élections, ont été impuissants à introduire dans l'article 6 de la loi de 1849 une exception en faveur de la libre distribution des bulletins électoraux, il n'en serait peut-être pas de même de la liberté des candidatures si spécialement protégée déjà par la loi du 16 juillet 1850. — Qu'on nous permette à ce sujet et sous toute réserve une simple et courte observation :

Nous avons établi et amplement démontré que les circulaires et professions de foi des candidats pouvaient, dans les conditions de l'article 10 de la loi du 16 juillet 1850, être distribuées sans autorisation pendant les 20 jours précédant les élections. — Cela admis, il nous semble que ce que l'on ne pourra pas faire directement au moyen des bulletins de listes, on pourra le faire indirectement au moyen des circulaires et des professions de foi signées des candidats.

Ne peut-on pas concevoir, en effet, qu'un candidat dans sa circulaire, entre autres conseils à ses électeurs, en vînt à désigner à leur choix les noms des autres candidats qu'il croirait les plus aptes à concourir avec lui à l'accomplissement du mandat commun qui leur serait confié? — ne peut-on pas concevoir aussi que cette désignation pût être faite de manière à ce que les noms des candidats recommandés fussent au bas de la circulaire disposés en forme de liste qui pourrait facilement être détachée, pour servir de bulletin électoral?

Que répondrait-on à ce moyen légal d'éluder la loi à la faveur de la signature du candidat? — Voudrait-on aller jusqu'à scinder une profession de foi dont le tout indivisible (garanti par le nom du candidat qui viendrait en signature clore la liste qu'il a proposée) ne pourrait-être tronqué sans perdre à la fois son unité et sa signature? — Je ne le pense pas :—car, si la loi n'a pas défini le mot *écrit* dans l'article 6 de la loi de 1849, elle n'a pas défini davantage les expressions de *circulaires et professions de foi* dans la loi de 1850, elle n'a pas déterminé ce que ces écrits devaient contenir, et que, dans une loi comme dans l'autre, on doit, pour être logique, admettre une égale ampleur d'interprétation.

occupe, la difficulté y a été évitée aussitôt qu'entrevue, de telle manière que ces deux arrêts serviront plutôt de prétexte que de texte pour engager la discussion. Voici quels ont été les motifs et le dispositif du premier de ces arrêts : « LA COUR; — Vu l'article 6 de la loi du 27 juillet 1849; — Attendu que la disposition de cet article, loin d'être restreinte, comme la loi du 10 décembre 1830 et celle du 16 février 1834, aux crieurs, vendeurs ou distributeurs de profession, comprend même le simple fait accidentel de la distribution ou du colportage de livres, écrits, brochures, gravures et lithographies, *puisqu'elle est générale et absolue;* — Qu'elle s'applique conséquemment, par la même raison, aussi bien à *l'auteur qui colporte son propre écrit qu'à l'individu qui ne répand que l'écrit d'autrui;* — Et attendu que le jugement dénoncé reconnaît, dans l'espèce, qu'Amable Bruchet a colporté dans sa commune des exemplaires imprimés d'une lettre par lui adressée à ses concitoyens, sans avoir préalablement obtenu l'autorisation du préfet;—Que ce fait constitue une infraction manifeste à l'article 6 de la loi précitée;—Qu'il suit de là que ledit jugement a commis une violation expresse de cet article, en refusant de lui appliquer les peines qu'il prononce;—Casse, etc.»— Arrêt du 6 juin 1850 (2).

Le second arrêt décide que la distribution manuelle faite par l'auteur de l'écrit, lorsqu'elle n'est que la continuation de la distribution par la voie de la poste, ne constitue pas une distribution illicite d'écrit, bien que l'auteur n'ait pas obtenu d'autorisation. — Dans l'espèce il s'agissait de la remise d'un seul exemplaire faite personnellement par l'auteur. — La Cour dans sa décision n'a, pas plus que dans la précédente, examiné quelles ont été la nature et l'étendue des modifications que la loi de 1849 a apportées aux droits des auteurs. — Cass. 17 août 1850, D. P. 51, 1. 301.

« Au surplus, ajoute au sujet de cet arrêt M. Chassan dans son supplément à son traité si complet des délits de la parole et de la presse, p. 110, § 18, il ne faut pas confondre les communications d'auteur, hommage rendu par l'amitié ou par la déférence (3), avec le fait de distribution interdit par la loi. *Mais il en serait autrement, si l'auteur se livrait à la propagation de son livre* : dans ce cas, alors même qu'on n'aurait pas la preuve de la remise d'un certain nombre d'exemplaires, *le fait pourrait être considéré comme constituant une distribution illicite.* »

L'arrêt de Besançon, que la Cour suprême a cassé dans sa décision du 6 juin 1850 rapportée ci-dessus, est donc la seule opinion judiciaire que nous puissions mentionner en faveur de notre manière de penser; nous regrettons de n'avoir trouvé dans aucun recueil les motifs de cet arrêt, dont M. Devilleneuve se borne à indiquer brièvement la date (du 22 décembre 1849) dans la note qui suit l'arrêt plus haut rapporté du 15 février 1850. — V. S. dev. 1850. 1.311.

17.—La doctrine qui tendrait à considérer comme illicite la

---

(2) Recueil de jurisprudence. S. Dev. 1850, 1. 633.

(3) La Cour de cassation a jugé dans ce sens, en se fondant sur ce qu'un pareil fait de distribution ne présentait pas les caractères du délit, faute d'intention coupable de la part de l'auteur qui avait transmis quelques exemplaires de sa brochure à des fonctionnaires, comme marque de déférence ou d'amitié. — Cass. 1849, D. P. 49, 1. 121.— On pourrait observer à ce sujet que la bonne foi ne peut servir d'excuse à une contravention matérielle, d'après la jurisprudence constante de la Cour de cassation elle-même, et que l'infraction prévue et punie par l'article 6 est une contravention.

distribution d'un écrit faite par l'auteur, en admettant que cet écrit ait par lui-même une valeur littéraire, industrielle ou commerciale quelconque, paraît ne pas faire une part assez large à cette *sacro-sainte* propriété littéraire, dont tout homme qui pense et écrit doit défendre les limites légitimes. — Un mot d'historique à cet égard.

Le règlement du 23 février 1723 *défendait à toutes personnes autres que les libraires* et *imprimeurs de faire le commerce de livres, en vendre et débiter aucuns.... soit qu'ils s'en disent les auteurs ou autrement.* — Voilà le principe.— A cette règle trop absolue, l'arrêt du conseil du 30 août 1777 admit une exception ainsi conçue : « Article 5.—*Tout auteur qui obtiendra en son nom le privilège de son ouvrage* (c'est-à-dire le titre de propriété légale), *aura le droit de le vendre chez lui, sans qu'il puisse sous aucun prétexte vendre ou négocier d'autres livres... etc.* » La loi du 19-24 juill. 1793 étendit ce droit à tout le territoire (voir le texte n° 2 ci-dessus), et la propriété littéraire se trouva ainsi constituée de deux éléments principaux :

1° Le droit exclusif de vendre, faire vendre, *distribuer* l'ouvrage dans tout le territoire (*Usus et fructus*) ;

2° Le droit d'en céder la propriété (*Abusus*).

Depuis cette époque les efforts du législateur ont constamment tendu à consacrer et à garantir les droits des auteurs, et à les protéger tantôt contre la contrefaçon indigène ou étrangère, et tantôt contre l'absorption par le domaine public. — V. la loi du 5 avril 1844, et décret de 1852.

Au milieu de cette tendance à favoriser cette propriété littéraire, le législateur aurait-il eu la pensée de l'asservir au point d'en enlever le libre usage à ceux mêmes dont il prenait tant de soin de défendre les droits contre les entreprises privées? — Nous ne le croyons pas, et nous inclinons à penser que la Cour suprême, dans sa décision du 6 juin 1850, s'est laissé trop entraîner par l'habitude d'un motif qui devait, en présence d'un droit particulier, subir une exception rationnelle et légitime.—Rationnelle et légitime, car cette exception se trouve à la fois dans la raison et dans la loi.

Suivant le triple principe que l'on peut invoquer pour conclure à la libre propagation des écrits ou imprimés, il faut distinguer trois sortes de distributions et de distributeurs :

1° Les distributeurs de profession;

2° Les distributions accidentelles par des distributeurs autres que les auteurs mêmes;

3° Les distributions faites par les auteurs.

Les deux premières catégories réclament ou peuvent réclamer l'affranchissement de toute mesure préventive au nom de *la liberté du commerce, de l'industrie ou de la publication de la pensée*, mais, le droit du pouvoir à réglementer l'exercice de ces libertés dans toutes leurs conséquences pratiques étant incontestable et incontesté, ces deux classes de distributeurs doivent sans exception aucune se soumettre et s'incliner devant l'article 6 de la loi du 27 juillet 1849. V. notre introduction.

Quant à la troisième, un privilège spécial de la loi les protège contre l'application de l'article 6. — La liberté qu'à cet égard l'intelligence revendique n'est pas une conséquence d'un droit public et général, c'est un des éléments mêmes essentiels et constitutifs d'un droit personnel et privé de propriété. — Ce n'est point comme citoyen que l'auteur repousse la formalité de l'autorisation préalable; c'est comme propriétaire, car pour lui l'article 6 n'est pas seulement une réglementation de sa liberté, mais la violation et l'anéantissement d'un droit reconnu et garanti expressément par les constitutions et les lois civiles. — Une véritable expropriation sans cause d'utilité publique et sans indemnité, une spoliation arbitraire, une odieuse confiscation.—La loi, pour avoir une pareille portée, aurait dû être plus formelle. car il est admis en jurisprudence que les lois *spéciales* dérogent aux lois *générales* même postérieures et que tel est le caractère de la loi de 1793, en regard de l'article 6 de la loi de 1849. — Cass. 26 août 1816, J. P. à sa date. — Cass. 19 février 1831, J. P. 11-152,— V. l'arrêt ci-dessus rapporté.

18. — Que la faculté de colporter des livres ne soit pas *un droit*, mais *une concession*, comme dit une circulaire ministérielle du 1er août 1849, cela peut être vrai pour le *colportage-profession*, mais non pour le *colportage-propriété*.—Le droit des auteurs n'est certes pas une concession, puisque l'intelligence n'est pas en puissance de la loi. — C'est le droit de la pensée, c'est le droit le plus saint et le plus précieux de l'homme.—Que pour celui donc qui fait du commerce des livres d'autrui un métier le colportage soit une tolérance, cela se comprend dans l'intérêt de l'ordre et de la morale, en face surtout des abus auxquels cette industrie a donné lieu; qu'elle soit en conséquence subordonnée à une autorisation préalable et même à la formalité du brevet, rien de mieux, nous ne verrons là que des mesures préventives de la plus grande utilité, mais il n'en saurait être ainsi de l'auteur qui, *faute d'un éditeur ou d'un libraire dans la localité qu'il habite*, vend lui-même le produit spontané ou réfléchi de son génie ou de ses veilles.

Si au marchand colporteur vous pouvez dire : Place tes capitaux ailleurs, ou prends un brevet; ou munis-toi d'une autorisation pour vendre les livres d'autrui, vous ne pouvez pas dire à l'auteur : Munis-toi d'un brevet, d'une autorisation pour avoir le droit d'avoir des idées, de penser et de faire un livre.— Le marchand peut bien, il est vrai, placer ailleurs ses capitaux, mais le capital intellectuel peut-il produire autre chose que des œuvres d'esprit, peut-elle ne pas penser, l'intelligence?— La pensée est sa vie et son droit, et le livre est le produit légitime et naturel de ce droit ; bon ou mauvais, il a le droit de le vendre, sauf la responsabilité légale en cas d'abus, sinon vous supprimez une propriété dont, après le dépôt, la loi par des mesures répressives garantit l'inviolabilité.

Bon ou mauvais, il a le droit de le vendre, manuscrit ou imprimé, à un ou plusieurs libraires d'abord.—Exigerez-vous de lui une autorisation préfectorale pour cette première distribution?

Comme marque d'estime et d'amitié ou de déférence, il le distribuera à ses parents, à ses amis, à ses supérieurs, à ses concitoyens. Cette distribution sera-t-elle illicite?

Mais, faisant exception pour ces cas, vous direz peut-être que, faute d'intention coupable (ainsi que dans l'arrêt de Cass. 1849, D. P. 49, 1. 121.), ces distributions ne présentent pas les caractères d'un délit. — Mais vous oubliez donc à votre tour que l'infraction à l'article 6 de la loi du 27 juillet 1849 n'est qu'une simple *contravention* et qu'il est généralement admis en doctrine et en jurisprudence qu'en matière de *contravention* la bonne foi n'est pas une excuse.

Reconnaissez donc, c'est plus logique et plus légal, que la distribution d'un écrit par l'auteur lui-même est l'exercice le plus légitime du droit de la propriété artistique ou littéraire, et que, s'il n'y a pas identité de situation entre le colporteur et l'auteur, la loi n'a pas entendu les confondre dans les expressions génériques de l'article 6 en 1849, lorsque d'ailleurs un texte formel non abrogé les plaçait comme distributeurs dans une condition exceptionnelle.

19.—Il n'y a pas identité de situation, car la loi qui favorise les productions de la pensée serait en contradiction avec elle-même, si elle leur refusait les débouchés les plus naturels sous prétexte de réglementer l'exercice d'une liberté dont la propriété littéraire n'a certainement jamais abusé. Car vous avez d'un côté l'homme irresponsable des livres d'autrui, et de l'autre l'homme responsable de son propre livre. Est-ce donc bien le cas de dire ici *timeo hominem unius libri*, je crains l'homme des livres inconnus, mais je ne crains point l'homme d'un livre dont la loi elle-même conserve et protége la propriété? Dès lors donc qu'après le dépôt préalable suivant la loi de 1814 ou de la loi de 1849, art, 7, l'auteur a obtenu de l'autorité un sauf-conduit pour publier son ouvrage, dès lors qu'une saisie n'est pas venue en arrêter la publication, il peut le vendre et le distribuer dans tout le territoire, aux termes de l'article 1 de la loi du 19-24 juillet 1793, *en toute franchise et liberté* : c'est là un privilége que l'article 6 de la loi du 27 juillet 1849 ne peut avoir effacé de nos codes.

20.—Et voyez d'ailleurs à quelle contradiction ou plutôt à quelle conséquence aboutirait une autre interprétation.

L'article 12 du décret sur la presse en Algérie porte que *l'auteur qui vend son livre ne fait pas le commerce de la librairie, et n'est par conséquent pas tenu de se pourvoir d'un brevet.*

Cet article 12, explicatif de l'article 24 du décret du 17 février 1852, dont il est d'ailleurs la reproduction, s'applique par analogie à la métropole (1).

------

(1) L'art. 24 du décret organique sur la presse, du 17 fév. 1852, est ainsi conçu : « Tout individu qui exerce le commerce de la librairie, sans avoir obtenu le brevet exigé par l'art. 11 de la loi du 21 oct. 1814, sera puni de 1 mois à 2 ans d'emprisonnement et d'une amende de 100 fr. à 2,000 fr. L'établissement sera fermé.»—L'art. 12 du décret du 28 mars 1852 sur la presse en Algérie, après avoir reproduit textuellement l'art. 24 ci-dessus, ajoute : « Sont considérés comme faisant le commerce de la librairie les éditeurs autres que les auteurs des publications. »

Ce qui veut dire que l'auteur qui vend son livre exerce licite-

Qu'en faut-il conclure? c'est que l'auteur qui vend son livre est, par rapport à ce livre, sur la même ligne que le libraire vis-à-vis les livres d'autrui, avec cette seule différence que l'un est comme *breveté* par le droit de propriété littéraire et que l'autre est *breveté* par le Gouvernement. — Voilà deux situations bien identiques, voilà bien deux libraires avec des droits égaux à la faveur de la loi. — L'assimilation est complète, mais, si vous l'acceptez, j'ai gagné ma cause, puisqu'il a été jugé et qu'il est généralement reconnu que les libraires brevetés ne sont pas soumis à l'autorisation préfectorale ; et si vous ne l'acceptez pas, il faudra décider, au mépris de l'article 12 du décret du 28 mars-19 avril 1852, que *l'auteur qui vend son livre fait illicitement le commerce de la librairie*, et ce ne sera plus alors la peine de un mois à six mois de prison, et d'une amende de 25 à 500 fr. qu'il s'agira d'appliquer, aux termes de l'article 6 de la loi du 27 juillet 1849, mais bien celle de un mois à deux ans de prison et d'une amende de 100 à 2,000 fr., suivant l'article 24 du décret du 17 février 1852. — La logique de votre interprétation ne vous laisse pas d'autre alternative. — Ira-t-on jusque-là? — Nous ne le pensons pas.

Placé sur la même ligne que le libraire, l'auteur qui vend son livre doit être comme lui affranchi de l'autorisation préfectorale.— La propriété littéraire est donc fondée à protester au nom de la raison et de la loi contre une décision qui ne tendrait à rien moins qu'à la déposséder sans indemnité de son plus précieux privilége ; nous osons espérer que la doctrine et la jurisprudence ne s'engageront pas plus avant dans un voie qui aboutirait à de si étranges résultats.

En concluant à la libre distribution des écrits par les auteurs eux-mêmes, nous ferons toutefois observer que la protection de la loi ne doit être acquise qu'aux écrits susceptibles d'une propriété privée, ayant une valeur intrinsèque appréciable au point de vue artistique, littéraire ou commerciale, dont la propriété réelle se conserve par l'accomplissement du dépôt prescrit par l'article 6 de la loi de 1793, ou de l'article 14 de celle du 21 octobre 1814, et que les distributeurs de bulletins électoraux ne pourraient pour leur défense argumenter de leur droit d'auteur.

------

ment le commerce de la librairie relativement à son livre, et qu'il n'a pas besoin de brevet pour exercer ce droit inhérent à sa qualité d'auteur.

FIN DE L'APPENDICE.

CIRCULAIRE

DU MINISTRE DE LA JUSTICE A MM. LES PROCUREURS GÉNÉRAUX.

Paris, le 27 mars 1852.

Monsieur le Procureur général,

La loi organique sur la presse, du 17 février dernier, a apporté à la législation existante de notables modifications. Quelques difficultés peuvent naître moins peut-être des dispositions nouvelles que de leur combinaison avec les dispositions des lois précédentes. De vagues incertitudes ont été exprimées à cet égard, et quelques-uns d'entre vous m'ont signalé certains points qui leur ont paru susceptibles d'être expliqués. J'ai tenu compte de ces communications qui n'étaient pas inattendues, et mes instructions ont pu recevoir ainsi tout à la fois plus de développement et de maturité. Le moment est venu de donner à l'action du ministère public une direction uniforme et motivée, en expliquant la pensée de la loi. Il faut le reconnaître, l'inconvénient de la législation sur la presse résulte de la dissémination de lois et d'articles de lois maintenus à la suite de changements successifs. Des recherches faites avec soin sont souvent indispensables pour réunir les éléments d'une solution juridique. Aussi la question très-complexe que l'on pose généralement est-elle de savoir quelles sont les dispositions en vigueur, quelles sont les dispositions abrogées.

L'abrogation qui résulte de la loi du 17 février n'est explicite qu'à l'égard de deux articles. En effet, l'article 36 de cette loi porte : « Sont abrogées les dispositions des lois antérieures contraires à la présente loi, et notamment les art. 14 et 18 de la loi du 16 juillet 1850. » Il s'agit donc d'appliquer cette règle de droit que *les lois nouvelles se réfèrent aux lois anciennes en tant qu'elles ne leur sont pas contraires.* Cette application aura lieu par le rapprochement de la comparaison des diverses dispositions entr'elles ; elle aura lieu à l'aide de quelques textes de la dernière loi, plus précis et plus explicites à certains égards que l'art. 36. Mais, dans tous les cas, la question se simplifie en se divisant.

La loi du 17 février, composée de quatre chapitres, forme comme autant de lois distinctes par leur objet spécial, dont l'examen doit avoir lieu séparément.

CHAPITRE Ier.

Le chap. 1er est intitulé : *De l'autorisation préalable et du cautionnement des journaux ou écrits périodiques.*

§ 1er — *De l'autorisation préalable.*

Si des instructions peuvent être utiles pour assurer l'exécution administrative des dispositions de ce chapitre, ce n'est pas de mon département ministériel qu'elles doivent émaner.

Je n'ai pas, d'ailleurs, d'observations à faire sur les dispositions très-claires et très-précises de cette partie de la loi relative à l'autorisation préalable. Mais y a-t-il un effet quelconque d'abrogation attaché à cette condition nouvelle imposée aux journaux ?

L'art. 1er du chap. 1er porte qu'aucun journal paraissant dans les conditions spécifiées ne pourra être *créé* ou *publié* sans l'autorisation du Gouvernement. D'un autre côté, la création et la publication d'un journal étaient déjà soumises à d'autres obligations, les unes préalables, les autres concomitantes, par les lois des 9 juillet 1849 (chap. II) et 16 juillet 1850, art. 3 et 4. Ces lois ne seraient abrogées que pour les cas où elles ne pourraient se concilier avec la dernière loi. Or, les lois antérieures ne sont inconciliables ni dans leur ensemble ni dans aucune disposition particulière avec l'autorisation préalable du Gouvernement. Cette autorisation est une garantie puissante que la loi a voulu ajouter à d'autres garanties reconnues trop peu efficaces, et qu'il s'agissait non d'abandonner, mais de compléter. Comme la responsabilité de la presse est maintenue devant la justice répressive, il est évident que tout ce qui a été établi pour rendre cette responsabilité sérieuse est également maintenu. Au surplus, dans le dernier paragraphe de l'art. 1er, la nécessité de l'autorisation est imposée à raison de tous changements opérés dans le personnel des *gérants*, *rédacteurs en chef*, *propriétaires* ou *administrateurs* d'un journal. Ces énonciations confirment la législation antérieure à laquelle elles se réfèrent d'une manière qui paraît plus qu'implicite.

Ainsi, sont encore en vigueur toutes les dispositions législatives qui existaient avant le 17 février relativement à la création et à la publication d'un journal, et par conséquent celles qui régissent les déclarations préalables à faire par les parties intéressées : la régularité et la sincérité de ces déclarations ; la capacité et la responsabilité du gérant, sa signature au bas du journal ; la signature des auteurs de tout article rentrant dans les spécifications des art. 3 et 4 de la loi du 16 juillet 1850 ; le dépôt au parquet d'un exemplaire-minute ; enfin, et en dernière analyse, les diverses obligations relatives à la publication d'un journal coexistant avec la nécessité de l'autorisation, si elles sont préalables et, à plus forte raison, si elles ne sont que concomitantes.

§ 2. — *Cautionnements.*

En ce qui touche le cautionnement, la loi nouvelle contient les dispositions formelles sur l'obligation, sur la sanction, sur la responsabilité; et si la condition du versement préalable à la publication n'est pas écrite dans la loi du 17 février, elle subsiste dans toute sa force en vertu des lois antérieures qui n'ont fait, du reste, que consacrer cette règle essentielle d'où dépend l'utilité même du cautionnement. Une question particulière m'a été soumise sur le sens de l'art. 4. On m'a demandé si le journal assujetti au cautionnement à raison de la nature de ses publications, qui paraît régulièrement de deux jours l'un, doit verser le cautionnement de 50,000 fr., comme paraissant plus de trois fois par semaine, et non le cautionnement de 30,000 fr. déterminé pour les journaux qui ne paraissent que trois fois. L'affirmative, quant au cautionnement de 50,000 fr., ne me paraît pas douteuse. En effet, la périodicité semi-quotidienne entraîne nécessairement, pour une semaine sur deux, la publication de quatre numéros, lorsque, par exemple, le journal paraît le dimanche, le mardi, le jeudi et le samedi.

CHAPITRE II.

DU TIMBRE DES JOURNAUX PÉRIODIQUES.

Les dispositions édictées par la loi nouvelle, et l'abrogation formelle et spéciale, par son article 36, des art. 14 et 18 de la loi du 27 juillet 1850, ne laissent place à aucune observation. Je me bornerai à appeler votre attention et celle de vos substituts et de leurs auxiliaires sur l'art. 10, qui confère aux officiers de police judiciaire le droit de saisir les journaux ou écrits qui seraient en contravention aux dispositions sur le timbre. Les formalités de la constatation et de la poursuite, ainsi que la compétence, sont clairement établies par les art. 10 et 12.

CHAPITRE III.

Le chap. III est intitulé : *Délits et Contraventions non prévus par les lois antérieures. Juridiction. Exécution des jugements. Droit de suspension et de suppression.*

§ 1er. — *Délits et contraventions.*

Les art. 14 à 24 inclusivement créent ou complètent et sanctionnent diverses dispositions dont quelques-unes sont d'un intérêt d'autant plus grand qu'elles se réfèrent à la Constitution elle-même. L'art. 14 punit toute contravention à l'art. 42 de la Constitution. Ce dernier article détermine en quoi doit consister exclusivement le compte-rendu des séances du Corps législatif.

De la combinaison de ces deux articles, il résulte que le procès-verbal officiel des séances ne pourrait être impunément changé, altéré ou mutilé... Aucune difficulté ne peut s'élever sur le sens et la portée de la Constitution et de la loi qui défendent cette infraction matérielle; mais on peut se demander si, en dehors de ce procès-verbal, il sera permis, suivant un procédé déjà employé, d'insérer dans une autre partie du journal, soit la relation, soit l'appréciation, plus ou moins hostile, plus ou moins sérieuse de l'ensemble des séances, ou même de quelque incident particulier. Il faut ici que la pensée des art. 42 de la Constitution et 14 de la loi du 17 février vous soit nettement révélée, afin de prévenir les erreurs, de déjouer les calculs, et d'éviter les surprises. La discussion loyale des actes du pouvoir, l'examen consciencieux des matières soumises à l'élaboration publique du Corps législatif seront toujours acceptés par le Gouvernement qui doit vouloir et qui veut, en effet, être éclairé. Mais

ni les passions politiques, ni la haine ou l'affection envers les personnes qui participent à l'action du pouvoir et à la confection des lois ne peuvent se produire sous un prétexte plus ou moins spécieux. Si le compte-rendu était remplacé ou commenté par des discussions, des appréciations qui enlèveraient en tout ou en partie à une séance du Corps législatif sa véritable physionomie, si la force des raisons données était exagérée ou amoindrie, si l'impression produite était dénaturée, si on attribuait aux délégués du pouvoir ou à quelque membre de l'assemblée un langage, une attitude, des intentions témérairement supposées ou interprétées, et à plus forte raison si le mensonge ou l'injure, instruments de mauvaises passions qui nuisent à la presse elle-même lorsqu'elle s'en sert, exploitaient le terrain des séances, alors les sévérités de la justice seraient encourues. En un mot, monsieur le procureur général, on ne peut faire indirectement ce que l'art. 42 de la Constitution empêche de faire directement. On ne peut se mettre en contradiction avec le procès-verbal officiel. La liberté de discussion et d'appréciation a pour limites l'exactitude et la loyauté à l'égard des personnes et des choses. S'il pouvait en être autrement, l'art. 42 de la Constitution serait une disposition illusoire. Votre prudence vous fera reconnaître les circonstances dans lesquelles un intérêt légitime devra appeler l'intervention de la justice.

Vous remarquerez, au surplus, que les dispositions dont je viens de vous entretenir s'appliquent non-seulement aux journaux, mais aussi à tout autre moyen de publication. Il en devait être ainsi pour en assurer l'efficacité. Si, outre la contravention, un compte-rendu contenait quelque délit, il y aurait lieu évidemment à poursuites de ce chef. Les art. 16, 17 et 18 contiennent des dispositions de même nature que l'art. 14. L'art. 16 est, dans son premier paragraphe, la conséquence de l'art. 24 de la Constitution relatif aux séances du Sénat. L'interdiction de rendre compte est absolue pour les séances non publiques du conseil d'État et pour les procès de presse. Mais elle ne peut, au contraire, résulter que d'une décision spéciale de la juridiction, selon les circonstances ou la nature des procès portés à l'audience. Dans ce dernier cas, comme les jugements sont rendus publiquement, quiconque, dans les journaux ou autrement, contreviendrait à la loi en rendant compte de l'affaire, n'aurait aucune excuse pour échapper à la responsabilité nécessaire d'une publicité défendue. L'art. 18, qui contient des sanctions pénales, se réfère à l'art. 7 de la loi du 25 mars 1822 pour le cas où le compte-rendu serait infidèle et de mauvaise foi. Il est évident que tout autre délit qui en résulterait devrait être également poursuivi. L'art. 15, sur la publication ou la reproduction de fausses nouvelles, contient des dispositions complètes qui ont abrogé l'art. 4 de la loi du 27 juillet 1849.

L'art. 19, relatif aux insertions requises par un dépositaire de l'autorité publique, a abrogé en cette partie l'art. 13 de la loi du 27 juillet 1849, mais en laissant subsister, quant à toute autre personne nommée ou désignée dans un journal, le droit de réponse tel qu'il est réglé par cet article et par l'art. 11 de la loi du 25 mars 1822.

Enfin l'art. 22, relatif à l'autorisation nécessaire pour la publication, exposition ou mise en vente de dessins, gravures, lithographies, médailles, estampes ou emblèmes, a abrogé le décret du 6 mars 1848. Mais l'art. 6 de la loi du 27 juillet 1849, relatif aux *distributeurs* ou *colporteurs* de livres, écrits, brochures, gravures et lithographies, subsiste à côté de la nouvelle disposition de l'art. 22.

Il est bien entendu, et il ne peut être contesté, que l'autorisation ne dispensant pas de la responsabilité légale, il y a toujours lieu de poursuivre l'application des lois répressives qui pourraient atteindre, comme contenant des délits, les objets publiés, exposés ou mis en vente, de même que les objets distribués ou colportés, quoique les autorisations requises aient été accordées.

§ 2. — *Juridiction.*

L'art. 25 détermine la compétence et attribue aux tribunaux de police correctionnelle la connaissance de tous les faits punissables des peines applicables aux délits. Cette disposition se trouve complétée par les décrets des 31 décembre 1851 et 25 février 1852. En revenant au droit commun pour la compétence, la loi nouvelle n'a pas entendu déroger aux dispositions spéciales des articles 479 et suivants du Code d'instruction criminelle.

L'art. 26 attribue à la chambre correctionnelle de la Cour d'appel, dans chaque ressort, la connaissance des appels de tous les jugements rendus par les tribunaux correctionnels sur les délits commis *par la voie de la presse*, sans distinction de la situation locale de ces tribunaux. Cette disposition constitue une dérogation unique en cette matière à l'art. 220 du Code d'instruction criminelle. Vous avez remarqué qu'elle ne s'applique qu'à une sorte de délits, ceux de la presse, et qu'elle ne s'applique point aux contraventions.

§ 2 bis. — *Poursuites, formes.*

La compétence détermine ordinairement par voie de conséquence le mode de poursuite. Mais l'art. 27 de la loi du 17 février contient de plus, à cet égard, une disposition d'une grande portée; cet article est ainsi conçu : *Les poursuites auront lieu dans les formes et délais prescrits par le Code d'instruction criminelle.*

La loi du 26 mai 1849 intitulée : *Loi relative à la poursuite et au jugement des crimes et délits commis par la voie de la presse et par tout autre moyen de publication*, et le chapitre III de la loi du 27 juillet 1849, intitulé : *De la poursuite*, formaient la législation antérieure. Les art. 17, 18 et 19 de la première de ces lois avaient déjà été abrogés par la dernière.

L'art. 31 de la loi du 26 mai 1849 portait : « Les dispositions du Code d'instruction criminelle auxquelles il n'est pas dérogé par la présente loi continueront d'être exécutées. » Il y avait donc, comme l'indiquait du reste le titre de cette loi, des dispositions, quant à la poursuite, qui dérogeaient au Code d'instruction criminelle. Il y en avait d'autres qui étaient relatives au jugement. Les premières résultaient, soit, par la nature des choses, de la compétence attribuée aux Cours d'assises, soit de dispositions particulières. Or, l'art. 27 de la loi du 17 février, en rétablissant le Code d'instruction criminelle, a nécessairement abrogé tout ce que la loi du 26 mai 1819 avait établi de contraire à ce Code quant aux formes et aux délais de la poursuite; on doit donc conclure d'une manière générale que la loi du 26 mai est abrogée sous ce rapport.

Ainsi, par exemple, les art. 6 et 15, qui avaient soumis les plaintes, les réquisitions, les citations, ainsi que les ordonnances de la chambre du conseil, et même les arrêts, à des formes qui ne sont pas celles du Code d'instruction criminelle; ces dispositions exceptionnelles, à l'inobservation desquelles était attachée la peine de nullité, créaient, pour l'exercice de l'action publique, des difficultés qui n'auront désormais pour mesure que les droits légitimes de la défense. Les art. 7 et 8, qui assujettissaient également la saisie à des formalités exceptionnelles, sont abrogées. Les art. 9 et 10, par l'effet du changement de juridiction quant aux délits, ne pourraient rester applicables qu'aux crimes.

L'art. 11, qui réglait le mode de statuer sur la validité de la saisie, n'était que la conséquence d'articles abrogés, et lui-même, d'ailleurs, étant pleinement contraire au Code d'instruction criminelle, est abrogé.

L'art. 13 ne pourrait rester applicable qu'aux crimes. Les art. 20, 21, 22, 23, 24, 25, sont sans objet et nécessairement abrogés, puisque l'art. 28 de la loi du 17 février n'admet, en aucun cas, la preuve par témoins pour établir la réalité des faits injurieux ou diffamatoires.

L'art. 28 de la loi du 26 mai dispose que toute personne inculpée d'un délit commis par la voie de la presse ou par tout autre moyen de publication obtiendra sa mise en liberté provisoire moyennant caution, et que la caution à exiger de l'inculpé ne peut être supérieure au double de l'amende prononcée par la loi contre le délit qui lui est imputé. Cette disposition est contraire aux art. 114 et suivants du Code d'instruction criminelle, modifiés par le décret du 23 mars 1848 ; l'art. 28 de la loi du 26 mai 1819 est donc abrogé, et la mise en liberté provisoire, qui n'est d'ailleurs qu'un incident de la poursuite, reste facultative. En ce qui touche la loi du 27 juillet 1849 (chapitre III), ses dispositions sont inapplicables par suite du changement de juridiction, et le rétablissement du Code d'instruction criminelle n'a laissé évidemment subsister aucune des dispositions de ce chapitre.

§ 2 ter. — *Poursuites et délais.*

L'art. 29 de la loi du 26 mai dispose que l'action publique contre les crimes et délits commis par la voie de la presse ou tout autre moyen de publication se prescrit par six mois, pourvu, quant aux écrits, que la publication ait été précédée du dépôt et de la déclaration de l'éditeur qu'il entend *le publier*. L'action civile ne se prescrit toutefois que par trois ans à compter du fait de la publication. Les dispositions relatives à la durée de l'action publique sont entièrement contraires aux art. 637 et 638 du Code d'instruction criminelle. Il y a ici une raison spéciale d'abrogation qui résulte de cette partie de l'art. 27 de la loi du 17 février, portant que la poursuite aura lieu dans les délais prescrits par le Code d'instruction criminelle ; la prescription de droit commun se trouve ainsi rétablie, et l'art. 29 de la loi du 26 mai 1819 est abrogé.

§ 3. — *Exécution des jugements.*

Les art. 29, 30 et 31 de la loi du 17 février fixent le délai d'exécution des condamnations pécuniaires prononcées par tout jugement ou arrêt définitif pour *contravention* de presse.

Les art. 6, 7 et 8 de la loi du 16 juillet 1850 contiennent les dispositions semblables pour les *crimes* et *délits* de la presse. Ces articles, loin d'être abrogés, sont complétés par les dispositions de la nouvelle loi qui étend aux contraventions les dispositions antérieures.

Mais la solution se présente moins directe, quoique également certaine, pour les art. 5 et 9 de la même loi.

L'art. 5 ordonne des consignations qui doivent suivre les arrêts de la chambre des mises en accusation. Le changement de juridiction laisse désormais sans application des mesures en harmonie seulement avec la procédure qui aboutissait à la Cour d'assises. Cet article se trouve donc abrogé par voie de conséquence. Il en est autrement de l'art. 9; cet article ordonne d'une manière générale la cumulation des peines pécuniaires pour crimes et délits commis par la voie de la presse, indépendamment des dispositions spéciales en matière de contravention. Le changement de juridiction est sans influence sur une disposition de cette nature, puisque les peines restent les mêmes.

La difficulté pourrait naître de ce que l'art. 9 de la loi du 16 juillet 1850 est contraire à l'art. 365 du Code d'instruction criminelle, mais ce dernier article ne se trouve pas rétabli pour les crimes et délits de la presse par la raison qu'il appartient au *jugement* et non à la *poursuite*. Il faut bien le remarquer, en effet, l'art. 365 du Code d'instruction criminelle est placé sous la rubrique du *jugement* et de l'*exécution*, tandis que l'art. 27 de la loi du 17 février est limité à la poursuite dont il change les *formes* et les *délais* réglés dans d'autres parties du Code d'instruction criminelle.

Enfin, les art. 29, 30 et 31 de la loi du 17 février qui s'occupent de l'exécution des jugements, conformément à une partie de la rubrique du chapitre III, et exigent que les peines pécuniaires soient acquittées dans un bref délai en matière de contravention, n'ont assurément rien d'inconciliable avec la disposition de l'art. 9 de la loi de 1850 qui ordonne la cumulation de ces mêmes peines en matières de crimes et délits.

Les art. 26 et 27 de la loi du 26 mai 1819 ordonnent la suppression ou destruction des objets saisis, la publication légale de la condamnation et l'application du maximum de la peine en cas de réimpression, vente ou distribution d'un écrit déjà condamné. Ces dispositions d'ordre public et de répression se rapportent au *jugement* et non à la *poursuite*. Cette distinction, qui résulte de la nature des choses, se trouve explicitement consacrée par la loi du 26 mai 1819 intitulée : *Loi relative à la* POURSUITE *et au* JUGEMENT *des crimes et délits commis par la voie de la presse ou tout autre moyen de publication*. Il suit de là que l'art. 27 de la loi du 17 février, qui change la poursuite dans ses formes et dans ses délais, n'atteint pas les art. 26 et 27 de la loi du 26 mai. D'un autre côté, ces derniers articles n'ont certainement rien d'inconciliable, ni par leur nature, ni par leur objet, avec les dispositions nouvelles de la loi du 17 février relative à l'exécution des jugements. Ils ne sont donc pas abrogés. Par les mêmes raisons, l'art. 14 de la loi du 18 juillet 1828, qui prescrit d'élever au double du minimum les peines d'amende lorsque les délits ont été commis par la voie de la presse périodique, se trouve maintenu; les art. 16 et 17 de la même loi ne sont pas non plus abrogés par l'art. 17 de la loi du 17 février.

§ 4. — *Droit de suspension et de suppression.*

L'art. 32 détermine les cas dans lesquels un journal est supprimé de plein droit, et ceux dans lesquels il peut être suspendu ou supprimé par mesures administrative ou gouvernementale.

Les lois du 18 juillet 1828 (art. 15) et du 27 juillet (art. 15) avaient déjà autorisé la suspension des journaux par la voie judiciaire. Non-seulement les dispositions anciennes et les dispositions nouvelles peuvent coexister, mais l'art. 32 lui-même reconnaît et proclame leur coexistence en droit, puisqu'on lit dans le paragraphe 4 : « Un journal peut être

« supprimé, soit après une suspension *judiciaire* ou administrative, soit, etc. »

CHAPITRE IV.

DISPOSITIONS TRANSITOIRES.

Ces dispositions ne paraissent pas de nature à appeler l'attention de l'autorité judiciaire, si ce n'est pour veiller à ce que les nouvelles prescriptions de la loi soient exécutées aux époques fixées pour leur mise en vigueur.

Je résume les solutions principales que je viens de déduire :

1° Les lois des 9 juin 1819, 18 juillet 1828, 27 juillet 1849 (chap. II), et les art. 3 et 4 de la loi du 16 juillet 1850 ne sont pas abrogés ;

2° Les journaux qui paraissent de deux jours l'un doivent être placés dans la catégorie des journaux qui paraissent plus de trois fois par semaine ; ils sont, en conséquence, assujettis au cautionnement de cette périodicité ;

3° Non-seulement le procès-verbal officiel des séances du Corps législatif ne peut être changé, altéré ou mutilé, mais aucune discussion, aucune appréciation faite en dehors de ce procès-verbal ne peut le contredire.

4° L'art. 13 de la loi du 27 juillet 1849 est abrogé en ce qui touche les insertions requises par un dépositaire de l'autorité publique; mais cet article est maintenu avec l'art. 11 de la loi du 25 mars 1822, auquel il se réfère en ce qui touche le droit de réponse accordé à toute personne autre qu'un dépositaire de l'autorité publique ;

5° Le décret du 6 mars 1848 est abrogé; l'art. 6 de la loi du 27 juillet 1849 est maintenu ;

6° La loi du 26 mai 1819 est abrogée dans tout ce qui touche les formes et les délais de la poursuite. Toutefois, la formule des art. 6 et 15 doit être utilement suivie pour l'articulation et la qualification, quoique dépourvue de la sanction de nullité ;

7° L'art. 5 de la loi du 16 juillet 1850 est abrogé, les art. 6, 7 et 8 sont maintenus ;

8° Est également maintenu l'art. 9 de la même loi ;

9° Est maintenu l'art. 14 de la loi du 18 juillet 1828 ;

10° Les art. 15, 16 et 17 de la loi du 18 juillet 1848, et l'art. 15 de la loi du 27 juillet 1849 sont maintenus ;

11° L'art. 29 de la loi du 26 mai 1819, relatif à la prescription, est abrogé.

Les instructions que je pourrais vous donner résultent suffisamment des solutions qui précèdent. J'ajouterai spécialement qu'afin de vous conformer à ce qu'exige la nature des délits de presse qui se compliquent d'éléments très-divers, et d'assurer en même temps l'exercice complet du droit de défense, vous devrez avoir soin de faire adopter pour règle des réquisitoires et des citations la formule de l'articulation et de la qualification qui sera naturellement reproduite dans les jugements et arrêts. Ainsi, des habitudes utiles et déjà anciennes subsisteront, mais le rétablissement du Code d'instruction criminelle, en ne les rendant pas désormais absolument obligatoires, aura du moins pour effet de faire disparaître la peine de nullité, trop sévèrement prononcée par la loi du 29 mai.

Dans l'intérêt d'une prompte répression, vous préférerez généralement la citation directe à la voie de l'instruction; la saisie même d'un journal ou d'un écrit quelconque, en flagrant délit, ne devra donner lieu à d'autres formalités que celles des art. 36 et suivants du Code d'instruction criminelle. Lorsque les circonstances vous le permettront, vous m'en référerez avant de poursuivre des délits de presse; vous serez vigilant, toutefois; et pour vous bien pénétrer de votre mission, vous vous rappellerez que celle de la presse est de fonder, non de détruire; d'éclairer, non de corrompre; de discuter, non de conspirer.

Je vous prie, Monsieur le procureur général, de m'accuser réception de la présente circulaire, dont je vous adresse deux exemplaires pour votre parquet, et un pour chacun de vos substituts près les tribunaux de première instance de votre ressort.

Recevez, Monsieur le procureur général, l'assurance de ma considération très-distinguée.

Le Garde des Sceaux, Ministre secrétaire d'État au département de la justice, Abbatucci.

CIRCULAIRE

DU MINISTRE DE LA POLICE GÉNÉRALE A MM. LES PRÉFETS.

Paris, le 30 mars 1852.

Monsieur le Préfet,

Dans une circulaire insérée au *Moniteur* du 28 mars, le ministre de la justice a donné ses instructions à MM. les procureurs généraux sur l'exécution du décret organique du 17 février, relatif à la presse. M. le garde des sceaux s'est principalement attaché à développer l'esprit et la portée des dispositions de la loi qui rentrent dans les attributions de son département, je dois aujourd'hui, pour ce qui me concerne, vous tracer la marche que vous aurez à suivre dans l'application des règles posées sur cette importante matière.

La pensée du décret organique ne saurait être méconnue: le Gouvernement, tout en réservant une liberté légitime à l'expression des opinions et aux manifestations de l'intelligence, à voulu sauvegarder la société contre les abus et les excès qui, tant de fois, l'avaient mise en péril. Il a fait la part du droit et celle de l'ordre; il a considéré la mission de la presse comme une haute fonction qui ne devait s'exercer qu'au profit des intérêts sérieux, et qui, si on voulait en abuser pour soulever les passions et réveiller les mauvais instincts, devait rencontrer dans la loi des obstacles insurmontables. En agissant ainsi, le Gouvernement a donné satisfaction aux réclamations des gens honnêtes, et il n'a paru sévère qu'à ceux qui, de la presse, voulaient se faire une arme destructive des éléments de l'organisation sociale. L'opinion publique lui a su gré de n'avoir point reculé devant les difficultés de cette tâche et de s'être mis au-dessus des traditions et des préjugés du faux libéralisme.

Désormais, aux termes du décret organique, « aucun « journal ou écrit périodique traitant de matières politiques « ou d'économie sociale, et paraissant, soit régulièrement et « à jour fixe, soit par livraisons et irrégulièrement, ne pourra « être créé ou publié sans l'autorisation préalable du Gou- « vernement. » (Art. 1er, § 1er.)

La même autorisation sera nécessaire à raison de tous changements opérés dans le personnel des gérants, rédacteurs en chef, propriétaires ou administrateurs d'un journal. (Art. 1er, § 3.)

Toutes les demandes d'autorisation devront être adressées au ministre de la police générale.

Le Gouvernement ne veut user du droit de refus que dans l'intérêt de la société, de l'ordre et de la morale. Son intention est de refuser l'autorisation exigée par l'art. 1er du décret chaque fois que, sous prétexte de journaux, il s'agira de créer des tribunes politiques, soi-disant sociales, dans un but de mauvaise propagande. Pour prendre à cet égard une détermination équitable et juste, j'aurai besoin de recueillir des appréciations locales qui seules pourront me permettre d'agir en parfaite connaissance de cause, et c'est à vous, M. le préfet, que je demanderai d'éclairer et de préparer mes résolutions par des rapports et des documents circonstanciés, lorsqu'il s'agira d'une demande provenant de votre département. Vous aurez, dès lors, sur les communications qui vous seront faites, soit par les demandeurs eux-mêmes, soit par moi, à vous enquérir des antécédents et de la moralité des écrivains et des gérants responsables qui réclameront l'autorisation de faire paraître un journal. Vous vous souviendrez que l'administration trahirait les intérêts placés sous sa sauvegarde si elle usait d'une indulgence ou d'un laisser-aller qui ne sont ni dans la pensée, ni dans le but de la loi. Je crois superflu d'insister à cet égard.

C'est également au ministre de la police générale qu'il appartient de donner ou de refuser l'autorisation de laisser circuler en France les journaux politiques ou d'économie sociale publiés à l'étranger.

La loi ne fait aucune distinction entre les journaux publiés en langue française ou en langue étrangère.

Vous ferez exécuter rigoureusement les mesures qui auront pour objet d'empêcher l'introduction clandestine en France des journaux étrangers non autorisés, et vous veillerez à la stricte exécution des dispositions de l'art. 2, qui frappent d'une peine les individus reconnus coupables d'avoir introduit ou distribué un journal étranger dont l'importation ne sera pas permise. Je vous recommande particulièrement de me signaler, parmi les journaux étrangers admis en France, ceux qui, à raison de leur polémique ou de leurs attaques, devraient être l'objet d'un retrait d'autorisation.

Les art. 3 et 4 déterminent la quotité des cautionnements qui devront être réalisés par les différents journaux avant leur publication. Les cautionnements varient suivant la fréquence de la publication, suivant l'importance de la population au milieu de laquelle elle se produit. L'art. 5 indique les peines applicables en cas de contravention aux prescriptions établies dans les articles précédents. Ces dispositions sont claires, précises, et ne semblent devoir donner matière à aucune difficulté.

Quant aux journaux qui ne traitent pas les matières politiques, ils sont dispensés de l'autorisation préalable et de l'obligation du cautionnement, conformément aux dispositions de la loi du 16 juillet 1850, mais les propriétaires restent soumis, comme par le passé, à la déclaration prescrite par l'art. 6 de la loi du 18 juillet 1828, qui les oblige à faire connaître : 1° le titre du journal ou écrit périodique, et les époques auxquelles il doit paraître; 2° le nom de tous les propriétaires autres que les commanditaires, leur demeure et leur part dans l'entreprise; 3° l'indication de l'imprimerie dans laquelle le journal ou écrit périodique doit être imprimé.

Les dispositions du chap. II établissent les droits de timbre auxquels doivent être soumis les journaux, écrits périodiques ou autres publications. Je n'ai pas à m'occuper particulièrement de l'exécution de cette partie de la loi, qui d'ailleurs doit être l'objet d'un règlement d'administration publique.

Quoique le chap. III rentre presque entier dans les attributions du ministre de la justice, cependant je dois appeler votre attention sur quelques-unes de ses dispositions, car vous devez vous préoccuper de tout ce qui peut porter atteinte à l'ordre et à la tranquillité publique, et l'art. 10 du Code d'instruction criminelle vous donne le droit de provoquer la poursuite des crimes, délits ou contraventions, et d'en livrer les auteurs aux tribunaux chargés de les punir.

L'art. 14 du décret prononce une peine contre quiconque aurait contrevenu à l'art. 42 de la Constitution, concernant la publication des comptes rendus des séances du Corps législatif. Vous tiendrez la main à ce que cette disposition ne soit point éludée, comme on pourrait le faire sous le prétexte de publier des correspondances particulières ou des articles extraits des journaux étrangers. Cette observation s'applique naturellement aux art. 16 et 17, qui interdisent de rendre compte des séances du Sénat, et, en certains cas déterminés,

des séances du conseil d'État et des procès criminels ou correctionnels.

L'art. 15, en prononçant des peines contre ceux qui auront publié de fausses nouvelles ou des pièces mensongères, établit une distinction importante entre la reproduction simple et la reproduction de mauvaise foi, ou qui serait de nature à troubler la paix publique. Dans le premier cas, une peine doit toujours être prononcée. Cette disposition pénale a pour but de commander aux journaux la prudence, la réserve, la circonspection qui doivent être la règle essentielle des organes de la publicité; dans le deuxième cas, la peine est plus grave et s'accroît dans la proportion des dangers qui peuvent résulter d'une publicité intentionnellement perturbatrice.

L'art. 19, en permettant à l'autorité de faire insérer gratuitement en tête d'un journal les documents officiels et les rectifications utiles, offre à la société et au pouvoir l'une des garanties les plus efficaces qu'il soit possible d'invoquer contre les abus de la presse. Vous vous conformerez, pour la notification de ces insertions et documents, à la marche qui vous a été tracée par une circulaire du ministre de l'intérieur, du 17 octobre 1850.

Vous exigerez que les gérants des journaux n'emploient pas, pour la publication de ces réponses ou articles officiels, un caractère d'imprimerie à peine lisible. — Le vœu de la loi est que, pour les publications requises par l'autorité, on fasse usage d'un caractère dont le journal se sert pour les articles généraux de polémique. On peut tout au moins exiger que la réponse officielle soit composée typographiquement à l'aide de caractères semblables à ceux qui ont été employés pour l'attaque. Toute contravention systématique à ces dispositions signalera à l'autorité le mauvais esprit et les tendances malveillantes du journal.

L'art. 22 du décret interdit la publication, l'exposition ou la mise en vente, sans l'autorisation préalable du ministre de la police à Paris, ou des préfets dans les départements, de tous dessins, gravures, lithographies, etc. C'est la reproduction exacte de l'art. 20 de la loi du 9 septembre 1835. Une circulaire du ministre de l'intérieur, du 23 septembre suivant, a donné les explications qui sont nécessaires pour lever tous les doutes qui pourraient surgir sur la saine interprétation de cette disposition. Je dois, toutefois, ajouter qu'un arrêt de la Cour de cassation, du 10 mars 1837, a reconnu que l'autorisation donnée par le ministre s'appliquait à toute la France, et que celle donnée par le préfet n'a d'effet que pour son département.

J'appelle toute votre attention, M. le préfet, sur l'exercice de ce droit d'autorisation préalable. Depuis longtemps la morale publique s'est offensée de la reproduction incessante et progressive des gravures obscènes ou indécentes qui, chaque jour, sont exposées publiquement chez les marchands étalagistes. Parmi les moyens employés pour ébranler et détruire les sentiments de réserve et de moralité qu'il est si essentiel de conserver au sein d'une société bien ordonnée, la gravure est un des plus dangereux. C'est qu'en effet la plus mauvaise page d'un mauvais livre a besoin de temps pour être lue, et d'un certain degré d'intelligence pour être comprise, tandis que la gravure offre une sorte de personnification de la pensée, elle lui donne du relief, elle lui communique, en quelque façon, le mouvement et la vie, présentant ainsi spontanément, dans une traduction à la portée de tous les esprits, la plus dangereuse de toutes les séductions, celle de l'exemple.

Il faut, Monsieur le préfet, faire disparaître ces provocations au vice, au désordre, à la débauche, et vous en avez le moyen dans la faculté que vous donne l'art. 22 du décret du 17 février. Non-seulement vous pouvez exercer votre action protectrice à l'occasion de toutes les gravures qui vous seront présentées avant leur publication, mais vous pouvez encore atteindre celles qui ont été publiées antérieurement. La Cour de cassation, par un arrêt du 9 décembre 1836, a fixé la jurisprudence sur ce point, en décidant que l'art. 20 de la loi du 9 septembre 1835 était applicable aux publications antérieures à cette loi. Toutefois, cette jurisprudence ne doit pas s'appliquer aux anciens dessins et gravures qui ne présentent aucun inconvénient au triple point de vue politique, moral ou religieux.

Quelques incertitudes se sont élevées sur l'application de l'art. 23 relatif aux annonces judiciaires; il me suffira de vous faire connaître à cet égard :

1° Que les préfets désignent eux-mêmes, pour recevoir les annonces judiciaires d'un arrondissement, un ou plusieurs d'entre les journaux politiques qui sont publiés dans cet arrondissement.

2° Que, indépendamment de ces feuilles politiques, ils peuvent également désigner les journaux d'annonces ou insertions judiciaires qui existeraient déjà dans les arrondissements, ou qui viendraient à y être publiés ;

3° Qu'un journal ne peut obtenir le droit de publier les annonces judiciaires de tout un département que lorsqu'il n'existe point de journaux dans les arrondissements.

4° Que la loi, en ce qui concerne l'insertion des annonces judiciaires, comprend, sans distinction aucune, les journaux politiques et non politiques.

L'exercice du commerce de la librairie était depuis longtemps exposé à de nombreux abus. La loi du 21 octobre 1814 avait établi des principes destinés à les écarter, et dans son art. 11, elle avait déclaré que nul ne serait imprimeur ou libraire s'il n'était pourvu d'un brevet et assermenté. Mais cette disposition n'avait, dans la loi même, aucune sanction pénale. Le règlement du 28 février 1723 avait bien établi une amende de 500 fr. contre toute personne qui exercerait la librairie sans brevet, mais cette pénalité avait cessé d'être applicable après la loi du 17 mars 1791. Trois arrêts de la Cour de cassation l'avaient fait revivre après la loi du 21 octobre 1814, et cependant les abus n'en continuaient pas moins. L'art. 24 du décret du 17 février donne une sanction à la défense inscrite dans l'art. 14 de la loi de 1814, et permet ainsi de ramener l'ordre dans l'exercice d'une profession qui se lie essentiellement au maintien de la morale publique.

Après avoir déterminé la juridiction et les voies d'exécution des jugements prononcés contre les délits de presse, le décret attribue au Gouvernement le droit de prendre, par voie administrative, des mesures de répression contre les journaux. Ces mesures de répression dérivent du droit d'autorisation attribué au Gouvernement. Du moment, en effet, qu'un journal ne remplit pas les conditions qui lui avaient fait obtenir son autorisation; du moment que, sans tenir compte des condamnations prononcées contre lui, il persiste dans une polémique qui en fait un instrument de désordre et de trouble; du moment qu'il peut compromettre la sûreté publique, le Gouvernement, qui ne l'eût pas certainement autorisé dans de telles conditions, a le droit de retirer son autorisation ; c'est la conséquence logique du principe posé dans l'art. 1er.

Ainsi, désormais, la supression est de plein droit à l'égard de tout journal qui, dans la personne de son gérant, aura subi, soit une condamnation pour crime, soit deux condamnations pour délits ou contraventions commis dans l'espace de deux années.

Quant aux journaux qui n'auront subi qu'une condamnation pour contravention ou délit de presse, le Gouvernement pourra les supprimer ou les suspendre; mais son droit à cet égard sera prescrit, s'il n'en a pas usé dans le délai de deux mois à partir du jour de la condamnation. Vous voudrez bien tenir compte de ce délai et me mettre en mesure de statuer en temps opportun.

Le droit de suspension par décision ministérielle, après deux avertissements motivés, sera l'une des garanties les plus efficaces auxquelles l'administration aura recours contre les feuilles systématiquement malveillantes. Vous en userez avec une juste fermeté lorsque les journaux, sans s'exposer précisément et d'une manière définie aux condamnations judiciaires, n'en seront pas moins, par les habitudes de leur rédaction, dangereux pour l'ordre, la religion et la morale. On a fait preuve, à l'égard de ces feuilles, d'une indulgence qui a trop longtemps favorisé leurs écarts; il faut enfin rentrer dans une meilleure voie et donner une satisfaction légitime au sentiment public qui la réclame.

Quant à la suppression par voie de décret spécial du Président de la République, cette mesure extrême ne devra être provoquée que bien rarement et que lorsque les autres moyens d'action seront devenus impuissants. C'est surtout dans les circonstances où il y aurait péril imminent pour la sûreté publique, et danger à différer une décision, que le chef de l'État, protecteur des intérêts sociaux, se verra dans l'obligation d'user du droit considérable, mais nécessaire, que le décret organique lui réserve.

L'art. 23 du décret dispense les journaux et écrits périodiques politiques actuellement existants de l'autorisation exigée par l'art. 1er de la même loi. Cette disposition transitoire ne doit s'entendre que des journaux qui existaient de fait et qui étaient réellement publiés au moment de la promulgation du décret. Ceux qui, par ordre de l'autorité, et dans l'intérêt de la sûreté publique, avaient cessé de paraître depuis le 2 décembre, ne peuvent être publiés de nouveau sans une autorisation préalable.

Plusieurs de MM. les préfets m'ont demandé si la signature des articles publiés resterait obligatoire. L'affirmative ne peut être douteuse, en présence surtout des dispositions combinées des art. 21 et 36 du décret. L'art. 21, qui interdit à certains condamnés de participer à la rédaction des journaux, n'aurait pas de sens si les rédacteurs n'étaient pas tenus de signer leurs articles; et quant à l'art. 36, en se bornant à abroger deux dispositions de la loi du 16 juillet 1850, il a implicitement maintenu les autres.

Je vous prie, M. le préfet, de m'accuser réception de la présente circulaire. Je vous en adresse un exemplaire pour chacun de MM. les sous-préfets de votre département, ainsi qu'un modèle des autorisations à délivrer pour les dessins, gravures et emblèmes.

Agréez, Monsieur le préfet, l'assurance de ma considération distinguée.

Le Ministre de la police générale, DE MAUPAS.

CATALOGUE

des ouvrages condamnés depuis **1814** jusqu'au **1er** janv. **1850.**

Ce catalogue contient en outre la désignation des auteurs, éditeurs, imprimeurs, distributeurs et colporteurs qui ont été poursuivis à l'occasion de la publication de ces ouvrages.

L'article 26 de la loi du 26 mai 1819 porte : « que tous les « arrêts de condamnation contre les auteurs ou complices « des crimes et délits commis par voie de publication se-« ront rendus publics dans la même forme que le jugement « portant déclaration d'absence; » c'est-à-dire, par leur insertion en extrait au *Moniteur*. Cod. Nap., art. 118, voy. page 131.

Cet article n'a pas été abrogé par le changement de juridiction des délits de presse (art. 25, décret du 17 fév. 1852); la même raison de prescrire ces insertions existe donc, que les décisions s'appellent *arrêts* ou *jugements*, puisque, avant le décret du 17 fév. 1852, les jugements de condamnation étaient également insérés.

L'art. 27 de la même loi punit ensuite, du *maximum* de la peine qu'aurait pu encourir l'auteur, quiconque réimprimerait, vendrait ou distribuerait un écrit, un dessin ou une gravure condamnée, dont la condamnation aurait été rendue publique par l'insertion au *Moniteur* prescrite par l'art. 26 : nous avons, en conséquence, pensé qu'il n'était pas inutile de donner ici le catalogue des ouvrages condamnés depuis 1814, avec l'indication de la publication de leur condamnation au *Moniteur*.

Ce catalogue, reproduit d'un numéro du *Moniteur* publié en 1850, a été complété d'ailleurs par les renseignements que nous nous sommes procurés. (*V. Supplément*, n° 298, du vendredi 25 octobre 1850.)

A bon entendeur, salut, ou *Description topographique.* Arrêt de la Cour royale de Paris du 16 novembre 1822, inséré au *Moniteur* du 26 mars 1825, qui, tout en acquittant le prévenu (Jean-Baptiste Rousseau), libraire, chez lequel cet ouvrage a été saisi, en ordonne la destruction, ainsi que la mise au pilon d'autres écrits également trouvés chez lui.

Abrégé de l'origine des cultes, par Dupuis. Cour royale de Paris, 26 juin 1823 (*Moniteur* du 26 mars 1825).
Tribunal de première instance de la Seine; 31 mai 1826. (Jugement inséré au *Moniteur* du 6 août 1826.)
L'arrêt et le jugement ont ordonné la destruction des exemplaires saisis et de ceux qui pourraient l'être.
Deux jugements du tribunal de la Seine, du 24 novembre 1826, ont ordonné la destruction d'exemplaires saisis.

Académie des dames, avec gravures obscènes. Cour royale de Paris du 16 novembre 1822 (*Moniteur* du 26 mars 1825), qui ordonne la destruction de l'ouvrage, du consentement du prévenu (Jean-Baptiste Rousseau), libraire, chez lequel il a été saisi, et qui a été acquitté.

Accents (les) de la Liberté au tombeau de Napoléon, par Frédéric. Arrêt de la Cour d'assises de Paris, du 10 novembre 1821, qui ordonne la destruction de l'écrit. (Point d'insertion au *Moniteur*.)

Adolphine de Rostange ou *la Mère qui ne fut point épouse*, par Desforges.

Aigle (l') captif. Arrêt de la Cour royale de Paris, du 23 avril 1819.

Aline et Valcour, ou *le Roman philosophique*, par de Sade. Outrage à la morale publique et aux bonnes mœurs. Arrêt de Paris, du 19 mai 1815. (Pas d'insertion au *Moniteur*.)

Allemande (la belle).

Almanach populaire de la France pour 1839. Délit d'exci-

tation à la haine et au mépris du Gouvernement; provocation à la haine et à la désobéissance aux lois. Roquemaure, imprimeur : six mois de prison, 1,000 fr. d'amende. Destruction dudit almanach. Arrêt de la Cour d'assises de la Seine, du 25 mars 1839.

Almanach de la France démocratique. Ouvrage contenant les délits : 1° d'attaque contre la propriété ; 2° de provocation à la haine des citoyens entre eux et au mépris des lois du Gouvernement. Bouton, libraire : un an de prison et 500 fr. d'amende. Destruction de l'ouvrage. Arrêt de la Cour d'assises de la Seine du 7 septembre 1846 (*Moniteur*, 1er août 1847).

Amant (l') heureux. Gravure obscène. Arrêt de la Cour d'assises de Paris, 14 janvier 1822. (Pas d'insertion au *Moniteur*.)

Amant (l') pressant. Gravure obscène. Arrêt de la Cour d'assises de Paris, 14 janvier 1822. (Pas d'insertion au *Moniteur*.)

Amants (les) missionnaires, ou *Albert* par Victor Ducange.

Amants (les) surpris. Gravure obscène. Destruction ordonnée par arrêt de la Cour d'assises de la Seine, le 14 janvier 1822. (Pas d'insertion au *Moniteur*.)

Amélie de Saint-Phar, ou *la Fatale erreur*, par Mme de Choiseul-Meuse.

Amnistie accordée par l'ordonnance du 13 novembre 1816 aux militaires qui ont suivi le roi à Gand. Tribunal de 1re instance de la Seine, 13 mars 1817. Destruction de l'écrit comme séditieux (imprimé chez Patris). (Pas d'insertion au *Moniteur*.)

Amour (l') au grand trot, ou *la Gaudriole en diligence* (vélocifère.)

Amour (l') et la guerre, ou *Thélène*; 4 vol., par Ducange. Jugement du tribunal de première instance de la Seine, 29 janvier 1824, qui ordonne la destruction de l'ouvrage (*Moniteur* du 7 novembre 1826).

Amoureux (l') des onze mille vierges.

Amours (les) de Bonaparte; un vol., in-18. Jugement du tribunal de première instance de la Seine, du 3 avril 1823. Destruction ordonnée du consentement du prévenu, acquitté faute de preuves de la publication dans le sens de la loi. (Pas d'insertion au *Moniteur*.)

Amours (les) de Louis XIV.

Amours (les) de notre saint-père le pape, avec figures. Arrêt de la Cour royale de Paris, du 16 novembre 1822, qui ordonne la destruction de l'ouvrage du consentement du prévenu acquitté. (Inséré au *Moniteur* du 26 mars 1825.)

Amours (les) des dieux païens. Outrages aux bonnes mœurs. Destruction ordonnée par arrêt de la Cour d'assises de la Seine, le 9 août 1842 (*Moniteur*, 15 déc. 1843).

Amours (les) secrètes de M. Mayeux, écrites par lui-même. Outrage à la morale publique et aux bonnes mœurs. Destruction ordonnée. Arrêt de la Cour d'assises de la Seine-Inférieure, du 8 septembre 1844 (*Moniteur* du 5 décembre 1844).

Amour et plaisir, ou Eglay.

Ange (l') gardien, chanson de Béranger, dont la saisie a été déclarée valable par jugement correctionnel du 10 décembre 1828, confirmé par arrêt du 10 février 1829. (Pas d'insertion au *Moniteur*.)

Angola et Acajou, par Crébillon fils.

Anguille (l'), chanson de Pradel. Arrêt de la Cour royale de Paris, 11 juillet 1822; inséré au *Moniteur* des 26 juillet 1822 et 26 mars 1825. Autre arrêt de la Cour royale de Paris, 11 novembre 1825; inséré au *Moniteur* du 26 mars 1825. Ces deux arrêts ordonnent la destruction de l'écrit.

Année (Antoine), auteur d'un article intitulé *Tablettes romaines*, condamné à trois mois de prison et à 300 fr. d'amende par le tribunal correctionnel de la Seine, le 15 juillet 1824. Sur son appel, la Cour royale, par arrêt du 25 novembre 1824, a maintenu la condamnation pour un mois de prison et 300 fr. d'amende, et ordonné la destruction de l'écrit, comme outrageant la morale publique et religieuse (*Moniteur* du 26 mars 1825).

Anthologie érotique; un vol. Jugement du tribunal de la Seine, du 7 mars 1823, qui ordonne la suppression de l'ouvrage. (Pas d'insertion au *Moniteur*.)

Antiquité (l') dévoilée, par Boulanger.

Aperçus historiques. Arrêt de la Cour d'assises de la Seine, 28 juin 1820 (*Moniteur* du 20 août 1820). Billotey, auteur de cet ouvrage, a été condamné à trois mois de prison, 1,000, d'amende, etc. La destruction a été ordonnée.

Apologie de la conduite des prêtres français, confesseurs de la foi, depuis vingt-cinq ans, par l'abbé Fleury (Nouvelles alarmantes). Jugement du tribunal de première instance, du 28 novembre 1816. Appel, 3 décembre. (Point d'insertion au *Moniteur*.)

Apothéose de Bonaparte (gravure). Arrêt de la Cour royale de Paris, du 26 août 1823, qui ordonne la destruction de la gravure. (Point d'insertion au *Moniteur*.)

Apothéose des quatre condamnés de La Rochelle, avec cette inscription : *Pro patriâ*. Arrêt de la Cour royale de Paris, du 26 août 1823, qui ordonne la destruction de la gravure. (Point d'insertion au *Moniteur*.)

Appius Priapus (Histoire du prince).

Apprêts (les) du bal. Gravure obscène. Destruction ordonnée par arrêt de la Cour d'assises du 9 août 1842 (*Moniteur* du 15 déc. 1843).

Appui (l') des braves, cantate en douze chants. Arrêt de la Cour royale de Paris, du 22 mars 1823, qui ordonne la destruction de l'écrit (*Moniteur* du 26 mars 1825). Perrint (Pierre-Augustin), architecte, auteur de cette cantate, a été renvoyé de la prévention par jugement du tribunal correctionnel; mais, sur l'appel du procureur du Roi, la Cour, chambres réunies, l'a condamné à trois jours de prison et 100 fr. d'amende par arrêt du 22 mars 1823, et sur

l'appel de Pillet (Jean-Baptiste-Armand), imprimeur, qui avait été condamné par ledit jugement à 3,000 fr. d'amende, etc., le même arrêt a confirmé cette sentence purement et simplement.

Après la victoire, gravure obscène. Destruction ordonnée par arrêt de la Cour d'assises de Seine, du 25 novembre 1845 (*Moniteur* du 9 juin 1846).

Arétin (l') français, avec figures; 1 vol. Arrêt de la Cour royale de Paris, du 19 mai 1815. Jugement du tribunal de première instance de la Seine du 25 février 1825. La destruction de l'ouvrage ordonnée par le jugement et l'arrêt; le jugement inséré au *Moniteur* du 7 novembre 1826. MM. Bourrut, Besson, Cottenet, Merlot, condamnés, savoir : Bourrut, à un an de prison et 3,600 fr. d'amende, et les trois autres à chacun trois mois de prison et 2000 fr. d'amende; le premier comme fabricant, vendant et distribuant, et les trois autres comme ses complices : les ouvrages saisis ci-après : 1° *l'Arétin* ; 2° *la Fille de joie* ; 3° *Thérèse philosophe, le Meursius français* ; 4° *l'Extase de l'amour* (estampe) et *la Lanterne magique*.

Arétin (histoire et vie de l') ou *Entretien de Madelon et de Julie.*

Aristhénète français, par Nogaret.

Assurance (projet d') mutuelle entre les auteurs, par Lenoir. Arrêt de la Cour royale de Paris du 6 mars 1827, qui ordonne la destruction des exemplaires saisis et à saisir. (Point d'insertion au *Moniteur*.)

Atrocité, sottise et fourberie ; écrit condamné par arrêt de la Cour d'assises de la Seine du 6 mai 1833. Attaque à la personne du Roi. (*Moniteur* du 30 août 1833.)

Attente (l') voluptueuse; gravure obscène. Jugement du tribunal de première instance de la Seine du 7 mars 1823, qui en ordonne la destruction (*Moniteur* du 15 décembre 1843).

Attention! Ecrit séditieux, par Bousquet-Deschamps. Arrêt de la Cour d'assises de la Seine, du 23 juin 1820, qui condamne le libraire et ordonne la destruction des exemplaires saisis et à saisir. Arrêt de la Cour d'assises de la Seine, du 23 juin 1820 contre l'auteur. Ces deux arrêts insérés au *Moniteur*, l'un du 15, l'autre du 20 août 1820.

Auguis, auteur des *Extraits du Moniteur*, écrit poursuivi. Arrêt du 28 décembre 1814 (Point d'insertion au *Moniteur*).

Aventures divertissantes du duc de Roquelaure, etc. Jugement du tribunal de première instance de la Seine, l'un du 12 août et l'autre du 8 novembre 1826, qui ordonne la destruction des exemplaires. Le jugement du 12 août est inséré au *Moniteur* du 10 septembre 1826. Par le jugement du 12 août 1826, Lottin (Jean-Pierre-Auguste), imprimeur, et Bouquin (Paul-Joseph), libraire, ont été condamnés à 16 fr. d'amende et aux frais.

Balai (le), poëme héroï-comique en dix-huit chants, par Dulaurent.

Bal (le) et la guillotine, chanson. Arrêt de la Cour d'assises de la Seine, du 11 août 1849, qui condamne Leroy, auteur de ladite chanson, à six mois de prison et à 200 fr. d'amende. Destruction des exemplaires saisis et à saisir. Le même arrêt a acquitté Beaulé et Maignant, imprimeurs de ladite chanson (*Moniteur* du 7 déc. 1849).

Barat, marchand de cirage, condamné par la Cour d'assises d'Alençon (Orne), le 4 juillet 1820, à quatre mois de prison et 16 fr. d'amende pour mise en vente d'ouvrages et gravures obscènes (*Moniteur* du 24 août 1820).

Barba (Jean-Nicolas), libraire à Paris, condamné, par jugement de police correctionnelle du 3 décembre 1824, à un mois de prison et 500 fr. d'amende, pour réimpression, publication et distribution de l'ouvrage intitulé, *M. de Roberville*, comme coupable d'outrage à la morale publique et religieuse. La Cour, sur son appel, a infirmé ledit jugement, mais a ordonné la suppression et la mise au pilon dudit ouvrage, qui contient des outrages à la morale publique (*Moniteur* du 26 mars 1825).

Le même, condamné à huit jours de prison, 16 fr. d'amende, par jugement du tribunal correctionnel du 25 juin 1825, pour vente de *l'Enfant du carnaval*, par Pigault-Lebrun; ouvrage présentant les caractères d'outrages à la morale publique et religieuse (*Moniteur* du 6 septembre 1825).

Barruel de Beauvert, auteur de *Lettres sur quelques particularités secrètes*. V. plus loin *lettres*.

Baudoin l'aîné (Alexandre), libraire, condamné par jugement correctionnel du 10 décembre 1828, confirmé sur son appel par arrêt du 10 février 1829, à six mois de prison et 500 fr. d'amende, pour avoir fait imprimer et vendre les trois chansons de Béranger ayant pour titres: *L'Ange gardien, le Sacre de Charles-le-Simple*, et *les Infiniments petits* ou *la Gérontocratie*, lesquelles présentent les délits d'outrages à la religion de l'Etat, d'offenses envers la personne du Roi, et d'excitation à la haine et au mépris du Gouvernement du Roi; ladite condamnation solidairement avec ledit sieur de Béranger, condamné par ledit jugement correctionnel à neuf mois de prison et 1,000 fr. d'amende, lequel n'a point appelé.

Bellemain (Jean-Louis), imprimeur, condamné par arrêt de la Cour d'assises du 11 février 1831, à quinze jours de prison et 100 fr. d'amende, comme coupable d'avoir imprimé *la Guerre des dieux*, par Parny.

Belle (la) allemande, ou *Galanterie de Thérèse*.

Belle (la) main, Chanson de Debraux. Destruction ordonnée. Arrêt de la Cour royale de Paris du 29 mai 1823 (*Moniteur* du 26 mars 1825).

Belle (la) sans chemise.

Belluc (Jean-Pierre), libraire à Toulon (Var), condamné par arrêt de la Cour d'assises du Var, à Draguignan, en date du 18 août 1820, à un mois de prison et 100 fr. d'amende, pour avoir exposé en vente *l'Histoire des missionnaires*, laquelle contient des outrages à la morale publique et religieuse (*Moniteur* du 7 septembre 1820).

Béranger (de) (Pierre-Jean), condamné par arrêt de la Cour d'assises de la Seine du 8 décembre 1821, à trois mois de prison et 50 fr. d'amende, pour composition, impression, vente et distribution d'un ouvrage en 2 vol., ayant pour titre *Chansons*, contenant outrage à la morale publique et religieuse. Suppression et destruction des exemplaires saisis et à saisir (*Moniteur* du 17 mars 1822; *idem* du 26 mars 1825; *idem* du 6 août 1826).

Berlue (la), ouvrage ou écrit poursuivi.

Bernard (Victor), imprimeur. Condamné par arrêt de la Cour d'assises de la Seine du 21 mai 1833, à quatre mois de prison, comme coupable d'outrages aux bonnes mœurs par vente de gravures dont la destruction est ordonnée (*Moniteur* du 30 octobre 1833).

Besson (André), marchand colporteur, condamné à trois mois de prison et 200 fr. d'amende par jugement correctionnel du 25 février 1825, comme complice de fabrication de vente de divers ouvrages obscènes, tels que *la Fille de joie, Thérèse philosophe, l'Arétin, le Meursius français*, et les gravures sous le titre de *Extase de l'amour, Lanterne magique*, également obscènes, dont la destruction a été ordonnée par le même jugement inséré au (*Moniteur* du 7 novembre 1826.)

Bibliothèque historique, par Chevalier et Raynaud. La Cour royale de Paris, par arrêt du 14 décembre 1818, a ordonné la destruction des 2e, 4e et 5e cahiers du 1er vol. et 1er, 3e et 6e cahiers du 2e vol.

Le même ouvrage (supplément). Par jugement de première instance de Paris du 7 janvier 1819, la destruction a été ordonnée.

Bibliothèque des romans, cahier de gravures obscènes, destruction ordonnée par arrêt de la Cour d'assises de la Seine du 11 avril 1843. (*Moniteur* du 15 décembre 1843.)

Bibliothèque des paillards.

Bible (la) de la liberté. Arrêt de la Cour d'assises de la Seine du 11 mai 1841; ouvrage contenant attaque à la propriété et outrage à la morale publique. Constant, auteur de l'ouvrage, huit mois de prison et 300 fr. d'amende; Legallois, libraire-éditeur, trois mois de prison et 300 fr. d'amende. Destruction de l'ouvrage (*Moniteur* du 12 mars 1842).

Bignon (Jacques), coutelier, condamné à deux mois de prison, 16 fr. d'amende, comme coupable d'outrage à la morale publique et aux bonnes mœurs, en vendant et distribuant, dans un lieu public, des gravures obscènes dont la destruction a été ordonnée. Arrêt de la Cour d'assises, du 27 avril 1820 (*Moniteur* du 27 juillet 1820).

Bijou (le) de société, ouvrage dont la destruction a été ordonnée. Arrêt de la Cour royale de Paris, du 19 mai 1815. (Point d'insertion au *Moniteur*.)

Bijoux (les) indiscrets, roman érotique et satirique, par Diderot (*Moniteur* du 7 août 1835).

Boisdin (Emile), ouvrier, condamné, par arrêt de la Cour d'assises du 18 décembre 1830, à un mois de prison et 16 fr. d'amende, comme coupable d'outrage à la morale publique et aux bonnes mœurs en mettant en vente des gravures obscènes.

Bonaparte et Murat ravisseurs d'une jeune femme; mémoire injurieux et diffamatoire contre la dame Denelle-Laplagne, comtesse de Luxembourg, par Revel. Police correctionnelle, 12 janvier 1816; Cour royale, 19 juin 1819.

Bon Dieu (le). V. *Chansons de Béranger* (*Moniteur* du 17 mars 1822; 26 mars 1825 et 6 août 1826).

Bonne (la) manière.

Bon sens (le) du curé Meslier. Destruction ordonnée. Jugement du 25 août 1824. Arrêt de la Cour d'assises du Nord, arrêt de Douai 1er septembre 1837 (*Moniteur* du 7 août 1825 et 18 mai 1838).

Bordel (le), ou *Parapilla*; poëme licencieux et obscène.

Bout (le) ou *les Caprices d'un abbé*.

Brière (Jean-Louis), libraire, condamné par le tribunal correctionnel de Paris, le 23 décembre 1823, à 500 fr. d'amende, comme coupable d'outrages à la morale publique et religieuse, en publiant l'ouvrage intitulé : *Mémoires historiques et philosophiques sur la vie et les ouvrages de Diderot*, par S. A. Naigeon. Destruction de l'ouvrage (*Moniteur* du 7 nov. 1837).

Caducité des religions, écrit contraire aux mœurs et à la religion. Michel, auteur de l'écrit, six mois de prison, 2,000 francs d'amende. Cour d'assises de la Seine, du 15 mars 1845 (*Moniteur* du 23 juin 1845).

Ça ira, ou *le Pince-cul*.

Cahaigne, auteur de l'ouvrage intitulé *la Missionide*, dont la destruction a été ordonnée par arrêt du 5 déc. 1826.

Canapé (le) couleur de feu.

Capucinade (la).

Capucinière (la).

Capucins (les) ou *le Secret du cabinet noir*; ouvrage dont l'arrêt du 21 décembre 1822 a ordonné la destruction. (Point d'insertion au *Moniteur*.)

Carlier (Jean-François), compagnon serrurier, déclaré coupable, par la Cour d'assises, du 25 mai 1820, d'outrages aux bonnes mœurs en mettant en vente des gravures obscènes, n'a été condamné qu'à 10 fr. d'amende et aux frais attendu qu'il a fait connaître celui de qui il tenait ces gravures (*Moniteur*, 26 juillet 1820).

Carline et Belval, ou *les Leçons de la volupté*; 2 vol. in-18; ouvrage licencieux.

Carnot, par Rioust. La destruction de cet écrit ordonnée par arrêt du 30 avril 1817. (Point d'insertion au *Moniteur*.)

Caroline de Saint-Hilaire, ou *les P*** du Palais-Royal*; ouvrage licencieux.

Catéchisme (le) libertin ; ouvrage licencieux.

Cauchois-Lemaire, auteur des *Opuscules,* ouvrage séditieux ; destruction ordonnée. Arrêt de la Cour d'assises du 31 août 1821. (Point d'insertion au *Moniteur.*)

Cécile, ou la Nouvelle Félicia. Jugement du 12 Juillet 1827, qui ordonne la destruction de cet ouvrage. Arrêt du 5 août 1828, qui confirme le jugement. (Point d'insertion au *Moniteur.*)

Censeur (le) européen, recueil périodique publié par Comte et Dunoyer. Jugement du 19 août 1817, confirmé par arrêt du 7 octobre suivant. Suppression du 3e volume. (Point d'insertion au *Moniteur.*)

Censures (documents historiques). Jugement correctionnel, du 6 mai 1820.

Cent jours (Protestation de la chambre des). Provocation à la révolte. Jugement du 20 août 1823, qui ordonne la destruction des exemplaires saisis et à saisir. (Point d'insertion au *Moniteur.*)

Cent jours (histoire des), ou *le Dernier règne de l'empereur Napoléon ;* ouvrage traduit de l'anglais, par Jean-Baptiste-Innocent-Philadelphe Regnault-Warin, qui s'en est rendu l'éditeur, et dont la destruction a été ordonnée par arrêt de la Cour d'assises, du 25 octobre 1819 (*Moniteur* du 23 juin 1820).

Ce que j'aime et ce que je n'aime pas, article inséré dans le journal *le Sylphe.* Arrêt de la Cour royale d'Aix, du 13 décembre 1825, confirmant le jugement du tribunal correctionnel de Draguignan, du 6 août précédent, qui condamne Hippolyte Roubaud fils à un mois de prison, 16 fr. d'amende, comme coupable d'outrages à la morale publique et religieuse, pour avoir publié la pièce de vers portant ce titre, et en ordonne en outre la saisie et la destruction (*Moniteur* du 2 février 1828).

C'est du nanan, chanson de Debraux. Jugement du 21 fév. 1823, confirmé par arrêt du 29 mai suivant, qui en ordonne la destruction (*Moniteur* du 26 mars 1825).

Champs élysées (Réception d'un homme illustre aux), gravure. Jugement correctionnel du 8 décembre 1821. (Point d'insertion au *Moniteur.*)

Chandelle (la) d'Arras, poëme en dix-huit chants, dont la destruction est ordonnée par arrêt du 21 décembre 1822. — Autre arrêt de la Cour d'assises de la Seine, du 17 septembre 1835; destruction (*Moniteur* du 26 juin 1836).

Chansonnier (le) de la table et du lit ; ouvrage dont la destruction est ordonnée par jugement de première instance de Vannes, du 29 avril 1822 (*Moniteur* des 24 et 25 mai 1822).

Chansons de Béranger : Mon curé ; — Deo gratias ; — Descente aux enfers ; — Le bon Dieu ; — Les Capucins ; — Le Roi Christophe ; — Les Missionnaires ; — Les Chantres de paroisse. Arrêt de la Cour d'assises de Paris, du 8 décembre 1821 (*Moniteur* du 17 mars 1822). — Arrêt de la Cour royale de Paris, du 16 novembre 1822 (*Moniteur* du 26 mars 1825). Jugement du première instance de la Seine, du 31 mai 1826 (*Moniteur* du 26 août 1826). — Ces arrêts et jugements ont ordonné la destruction des exemplaires saisis et à saisir.

Id. (supplément. (*Le Cri de France,* commençant par ces mots : *Plus de B...*, et finissant par ceux-ci : *Plus de B... — C'est le roi, le roi. — Peuple français,* finissant par ces mots : *Ne tremblons pas devant des émigrés.* Destruction ordonnée par arrêt de la Cour d'assises du 31 mars 1822.

Casquette (la) du père Duchêne, pamphlet socialiste par Montréal de Bassignac.—Excitation à la haine et au mépris des citoyens les uns contre les autres. Destruction ordonnée par arrêt de la Cour d'assises de la Seine, du 27 nov. 1848 (*Moniteur,* du 26 mars 1849).

Cadran (le) de la volupté, 1 vol. Outrage à la morale publique et aux bonnes mœurs. Destruction ordonnée par arrêt du 9 août 1842 (*Moniteur* du 15 déc. 1843).

Chansonnier (le) du B... recueil avec gravures obscènes. Destruction ordonnée. Arrêt du 23 novembre 1845 (*Moniteur* du 9 juin 1846).

Chansonnier (le) des B......., recueil, outrages aux bonnes mœurs et à la morale publique. Arrêt du 9 août 1842. Destruction ordonnée (*Moniteur* du 15 déc. 1843).

Chansonnier (le) des filles d'amour, 1 vol. in-18. Outrage à la morale publique et aux bonnes mœurs. Destruction ordonnée. Arrêts de la Seine, du 9 août 1842, et de la Seine-Inférieure, du 8 septembre 1844 (*Moniteur* du 15 déc. 1843, et 3 déc. 1844).

Chansons joyeuses, 1 vol. Outrages à la morale publique et religieuse. Destruction ordonnée par jugement du tribunal correctionnel de Vannes, du 29 avril 1822 (*Moniteur* des 24 et 25 mai 1849).

Chemise (la) de la courtisane. — Chemise de la grisette, deux lithographies. Outrage aux bonnes mœurs. Destruction ordonnée. Arrêt du 27 novembre 1832. (Pas d'insertion au *Moniteur.*)

Chansons de Debraux. V. *C'est du Nanan ; la Belle main ; Lisa ; Mon cousin Jacques.* Suppression de ces quatre chansons ordonnée par arrêt du 29 mai 1823.

Chansons de Piron, Collé et Gallet. Destruction de ce recueil ordonnée par arrêt du 21 décembre 1822. (Pas d'insertion au *Moniteur.*)

Chanson (la) au 19e siècle. Recueil de chansons contraires aux bonnes mœurs. Arrêt de la Cour d'assises de la Seine, du 10 février 1847. Durand (Louis-Charles), fondeur, un mois de prison et 100 fr. d'amende. Destruction des numéros saisis (*Moniteur* du 1er août 1847).

Chant patriotique. Destruction ordonnée par arrêt de la Cour d'assises, du 12 juin 1820 (*Moniteur* du 1er août 1820).

Chartreux (le), par Diderot.

Chat (le) chéri, gravure obscène. Cour d'assises, du 14 janvier 1822. (Pas d'insertion au *Moniteur.*)

Chénier (M.-J.), auteur de l'*Epître à Voltaire,* dont la destruction est ordonnée par arrêt du 21 novembre 1826.

Chiffon (le), chanson de Pradel, dont la destruction est ordonnée par jugement du 23 mai 1822. Arrêt du 11 juillet suivant (*Moniteur* des 26 juillet 1822 et 26 mars 1825).

Citateur (le), par Pigault-Lebrun, traduction espagnole. Destruction ordonnée par arrêt du 26 février 1827. (Point d'insertion au *Moniteur.*)

Clémentine orpheline androgyne, ou *les Caprices de la nature et de la fortune,* par Cuisin ; avec figures.

Code (le) de Cythère.

Cœur (le) humain dévoilé, ou *Monsieur Nicolas,* par Rétif de la Bretonne.

Compère (le) Mathieu, ou *les Bigarrures de l'esprit humain,* par l'abbé Dulaurent.

Concordat (le) expliqué au Roi, suivant la doctrine de l'Église, par l'abbé Vinson. Destruction ordonnée par arrêt du 28 novembre 1816. Cet ouvrage avait déjà été condamné par jugement du 3 septembre 1816. (Pas d'insertion au *Moniteur.*)

Confessions (les) de Clémentine, suivies d'*Ormin et Azéma,* ouvrages dont la destruction est ordonnée par arrêt du 16 novembre 1822 (*Moniteur* du 26 mars 1825).

Confessions (les) du chevalier de Wilfort. Destruction ordonnée par jugement du 12 juillet 1827. Arrêt du 5 août 1828. (Pas d'insertion au *Moniteur.*)

Confidence (la).

Contes (les) de La Fontaine.

Contes (les) de la princesse de Navarre ; 3 vol. in-8, avec figures.

Contes érotiques et poésies de Grécourt ; recueil dont la destruction est ordonnée par arrêt du 16 novembre 1822 (*Moniteur* du 26 mars 1825).

Conversion (ma), par Mirabeau.

Correspondance administrative et politique; 2e partie, par Fiévée. Arrêt du 29 juin 1818, qui ordonne la suppression de cet écrit. (Pas d'insertion au *Moniteur*.)

Coteries (*les*), par Lagarde. Destruction ordonnée par arrêt du 21 novembre 1826. (Pas d'insertion au *Moniteur*.)

Coup (*le*) *de vent*, gravure obscène. Destruction ordonnée par jugement du 7 mars 1823 (*Moniteur* du 15 décembre 1838).

Coup (*le*) *de sabre*, brochure. Arrêt de la Cour d'assises de la Seine, du 14 décembre 1838, qui acquitte Barbet, auteur de ladite brochure.

Courtisanes (*les*).

Cousin Jacques (*mon*), chanson de Debraux, dont la destruction est ordonnée.

Cousin (*le*) *de Mahomet*.

Cousin Mathieu (*mon*). L'auteur, Louis-François Raban, homme de lettres, a été condamné, par jugement du 19 octobre 1824, à deux mois de prison et 16 fr. d'amende, tant pour cet ouvrage que pour celui : *le Curé capitaine* (*Moniteur* du 26 mars 1825).

Cri (*le*) *de la France*, chanson de Béranger, dont la destruction est ordonnée.

Cri (*le*) *de la France*, par Grand, Cour d'assises de Paris, du 11 octobre 1821.

Cri (*le*) *de la nation*, par Crevel. Arrêt de la Cour royale de Paris, du 2 mai 1818, qui en ordonne la destruction. (Pas d'insertion au *Moniteur*.)

Cri (*le*) *des peuples*, par Crevel. Arrêt du même jour, qui ordonne la destruction de l'écrit. (Pas d'insertion au *Moniteur*.)

Crimes des reines de France depuis la monarchie jusqu'à Marie-Antoinette, par Prudhomme.

Crimes des rois de France depuis Clovis jusqu'à Louis XVI, par Lavicomterie.

Crimes des papes depuis saint Pierre jusqu'à Pie VI, par Lavicomterie.

Culte de Phallus, par Dulaure. V. *Divinités génératrices*.

Culte secret (*Monuments du*) *des dames romaines*, avec gravures. Destruction ordonnée par arrêt de la chambre d'accusation, du 19 septembre 1826. (Pas d'insertion au *Moniteur*.)

Curé capitaine (*le*). V. *le Cousin Mathieu*. (*Moniteur* du 3 oct. 1825.)

Décrets (*les*) *des sens sanctionnés par la volupté*.

Défense (*la*) *de Scheffer*. Arrêt du 4 avril 1818.

Délices (*les*) *de la jouissance*, ou *l'Enfant du plaisir*, 1 vol. in-18. Cour royale, chambre d'accusation; arrêt du 28 juin 1825. (Point d'insertion au *Moniteur*.)

Despotisme (*le*) *en état de siége*, ou *la Royauté sans prestiges*. Arrêt de la Cour d'assises du 7 novembre 1820, qui ordonne la destruction de l'ouvrage. (Point d'insertion au *Moniteur*.)

Despujolets (*Dominique*), marchand colporteur, condamné, par jugement du tribunal correctionnel de Bar-sur-Aube, en date du 12 juin 1830, à trois mois de prison et 2,600, d'amende pour vente des œuvres badines d'Alexis Piron, dont le texte et les gravures étaient contraires à la morale publique. Ce jugement a été confirmé, sur son appel, par arrêt du 7 juin 1831. (Point d'insertion au *Moniteur*.)

Deux Tartufes (*les*), ou *l'Incrédule*, roman en deux vol., par Raban. Destruction ordonnée par arrêt du 14 mars 1825, confirmatif du jugement correctionnel, du 10 décembre précédent qui condamne l'auteur (*Moniteur* du 26 mars 1825).

Diable (*le*) *peint par lui-même*, par Collin de Plancy.

Diable au corps (*le*), 6 vol. in-8, par l'auteur de Félicia et de Monrose. Arrêt, chambre d'accusation qui ordonne la destruction de l'ouvrage (*Moniteur* du 15 décembre 1843).

Dictionnaire féodal, par Collin de Plancy. Arrêt du 16 nov. 1822 qui en ordonne la destruction, du consentement du prévenu, le sieur Rousseau, libraire, chez lequel il a été saisi. Inséré au *Moniteur* du 26 mars 1825.

Dictionnaire (*le petit*) *ministériel*, par Magallon. Arrêts des 5 et 12 décembre 1826. Celui du 5 décembre en ordonne la destruction. (Point d'insertion au *Moniteur*.)

Dictionnaire philosophique, par Voltaire.

Dictionnaire des nymphes du Palais-Royal, par Lepage. Un jugement du 15 décembre 1826 ordonne la destruction de cet ouvrage. (Point d'insertion au *Moniteur*.)

Dissertation foutromanique.

Divinités génératrices (*des*), ou *du Culte de Phallus chez les anciens et chez les modernes*, par Dulaure, 1 vol. in-8. Jugement du 27 octobre 1826 qui ordonne la destruction des exemplaires saisis. (Point d'insertion au *Moniteur*.)

Dominicain (*le*). Jugement du 12 juillet 1827, confirmé par arrêt du 5 août 1828 qui ordonne la destruction de cet ouvrage, dont le second titre est : ou *les Crimes de l'intolérance et les effets du célibat religieux*. (Point d'insertion au *Moniteur*.)

Douze Césars (*Monuments de la vie privée des*), avec gravures. Arrêt de la Cour, ch. d'accusation, du 19 sept. 1826, qui, tout en déclarant n'y avoir lieu à suivre contre le libraire, ordonne la destruction de l'ouvrage. (Point d'insertion au *Moniteur*.)

Duel (*le*), ou *l'Homme à la grande barbe*, brochure par Eliçagaray. Supprimée par jugement correctionnel du 2 avril 1839, confirmé par arrêt du 23 juin suivant, comme injurieux et diffamatoire envers la famille La Rochejaquelein. (Pas d'insertion au *Moniteur*.)

Dix ans de la vie d'une femme, 1 vol. avec figures. Outrages à la morale publique et aux bonnes mœurs. Destruction ordonnée par arrêt de la Seine-Inférieure, du 8 septembre 1844 (*Moniteur* du 5 décembre 1844).

Don (*le*) *du mouchoir*. Lithographie obscène. Destruction ordonnée par arrêt de la Seine, du 9 août 1842 (*Moniteur* du 5 déc. 1843).

Écumoire (*l'*), ou *Ranzaï et Néadarmé*, histoire japonaise, par Crébillon fils.

Éducation de Laure, ou *le Rideau levé*. Arrêt du 19 mai 1815 qui ordonne la destruction de cet ouvrage (*Moniteur* du 9 déc. 1839).

Égarements du cœur et de l'esprit.

Égarements (*les*) *de Julie*, par Dorat. Arrêt de Paris, du 5 août 1828. (Point d'insertion au *Moniteur*.)

Égide contre le mal de Vénus, par Morel. Ouvrage dont la destruction est ordonnée par jugement du 10 janvier 1827. (Point d'insertion au *Moniteur*.)

Élections (*des*), ou *Ce qu'il faut faire*. Écrit dont la destruction est ordonnée par arrêt de la Cour royale, du 10 nov. 1821. (Point d'insertion au *Moniteur*.)

Éléonore, ou *l'Heureuse personne*.

Élève (*l'*) *des révérends pères jésuites*, ou *Hic, Hoc*, 1 vol. in-8.

Éloge du sein des femmes.

Embarras (*l'*) *du choix*, gravure obscène dont la destruction est ordonnée par arrêt de la Cour d'assises, du 14 janvier 1822. (Point d'insertion au *Moniteur*.)

Enfant (*le nouvel*) *de la goguette*, recueil de chansons licencieuses. Arrêt de Paris, du 29 mai 1823 (*Moniteur* du 26 mars 1825).

Enfant (*l'*) *du bordel*. 2 vol. in-12, avec gravures. Cour d'assises de la Vienne, du 12 décembre 1838 (*Moniteur* du 9 juin 1839).

Enfant (l') du carnaval, par Pigault-Lebrun. Ouvrage dont la destruction est ordonnée par jugement du 25 juin 1825. Ce même ouvrage, traduit en espagnol, a été l'objet d'une ordonnance de destruction. Arrêt de la Cour royale, du 26 février 1827 (*Moniteur* du 6 déc. 1822).

Enfant (l') du mardi gras. Ouvrage dont la destruction est ordonnée par jugement du 12 juillet 1827, confirmé par arrêt du 5 août 1828. (Point d'insertion au *Moniteur*.)

Enfant (l') du régiment, gravure dont la destruction est ordonnée par jugement, du 30 juin 1818. (Point d'insertion au *Moniteur*.)

Entre chien et loup, par Mme de Choiseul-Meuse.

Entretien de deux amants, brochure. Outrages aux bonnes mœurs. Confiscation ordonnée par jugement correctionnel de Lons-le-Saulnier, du 14 décembre 1826. (Pas d'insertion au *Moniteur*.)

Épitre à mon curé, par Lagarde. Écrit outrageant envers les mœurs et contre les ministres de la religion de l'Etat, les missionnaires et les frères des écoles chrétiennes (*Moniteur* du 26 mars 1825).

Érotika biblion, par Mirabeau. Arrêt de la Cour royale de Paris, chambre d'accusation, en date du 19 septembre 1826, qui en ordonne la destruction. L'inculpé a été renvoyé des poursuites. (Pas d'insertion au *Moniteur*.)

Esquisses morales. Outrages à la morale publique et aux bonnes mœurs. Destruction ordonnée par arrêt de la Seine, du 9 août 1843 (*Moniteur* du 15 déc. 1843).

État de liberté en France, par Scheffer. Ecrit dont la suppression a été ordonnée par arrêt du 30 mars 1818. (Pas d'insertion au *Moniteur*.)

Étincelles (les), par Pradel. Destruction ordonnée par jugement du 23 mai 1822. Arrêt du 11 juillet 1822. Ce recueil contient les chansons suivantes : l'*Orphelin royal*; — le *Chiffon*; — les *Prémices de Javotte*; — l'*Anguille et les Missionnaires en goguette*.

Étrennes aux amateurs de Vénus. Ouvrage dont la destruction a été ordonnée par arrêt du 19 mai 1815. (Point d'insertion au *Moniteur*.)

Études législatives. Outrages contre toutes les religions. Destruction ordonnée par arrêt de Paris du 7 nov. 1822 (*Moniteurs* des 17 décembre et 26 mars 1850).

Eugénie, ou N'est pas femme de bien qui veut, par Mme de Choiseul-Meuse.

Évangile (l'), partie morale et historique; Touquet, éditeur. Ouvrage dont la destruction est ordonnée par arrêt du 26 décembre 1826.

Évangile (l') du peuple. Arrêt de la Cour d'assises de la Seine du 30 janvier 1841. Ecrit contenant outrage à la morale publique et religieuse. Esquiros et Legallois, auteurs de l'ouvrage, Esquiros, huit mois de prison et 500 fr. d'amende; Legallois, acquitté. Destruction de l'ouvrage (*Moniteur* du 12 mars 1843).

Exercice de dévotion de M. Roch avec Mme la duchesse de Condor.

Extase de l'amour, ouvrage dangereux. Destruction ordonnée par jugement du 25 février 1825 (*Moniteur* du 7 novembre 1825).

Extase de l'amour, 1 vol. de gravures obscènes, dont la destruction est ordonnée par jugement du 7 mars 1823.

Faublas (le chevalier de), par Louvet. Ouvrage licencieux, dont la destruction a été ordonnée par jugement correctionnel de Vannes, du 29 avril 1822. Jugement correctionnel de Paris, du 16 décembre 1825 (*Moniteur* du 9 février 1826).

Réimpression de cet ouvrage. Arrêt de la Cour de Paris, du 14 mars 1840, qui acquitte Lavigne, Mallet, Tilliard et Béthune, et qui ordonne la destruction des exemplaires saisis.

Félicia. Ouvrage licencieux, dont la destruction est ordonnée, par arrêt du 21 décembre 1822 (*Moniteur* du 26 mars 1826 et du 15 déc. 1843).

Femme (la) jésuite, histoire véritable écrite par une victime du jésuitisme ; ouvrage dont la destruction a été ordonnée par arrêt du 21 avril 1827. (Point d'insertion au *Moniteur*.)

Fêtes et courtisanes de la Grèce, par Chausard.

Fastes, ruses et intrigues de la galanterie, ou Tableau de l'amour et du plaisir, brochure immorale. Destruction ordonnée par arrêt de la Seine, du 8 décembre 1835 (*Moniteur* du 7 nov. 1837).

Fille (la) de joie, 2 vol, avec figures. Ouvrage immoral. Destruction ordonnée par arrêt de Paris du 16 novembre 1822 (*Moniteur* du 26 mars 1825).

Foutromanie (la), poëme en six chants; ouvrage dont la destruction est ordonnée par arrêt du 19 mai 1815. (Pas d'insertion au *Moniteur*.)

France (la) galante, ou Histoire amoureuse de la cour de Louis XIV.

Francs-maçons (lettre de Satan aux). Jugement du 22 fév. 1826, qui ordonne la suppression de l'écrit.

Fredaines (mes), ou Félicia, 4 vol. Ouvrage licencieux dont la destruction est ordonnée par arrêt du 21 décembre 1822. V. *Félicia*.

Furet (le), pamphlet séditieux dont la destruction a été ordonnée par jugement du 9 mars 1818, confirmé par arrêt du 2 avril suivant. (Point d'insertion au *Moniteur*.)

Galanterie (les) de la Bible. Arrêt de la Cour d'assises de la Seine, du 23 février 1843. Outrage à la religion. Terry, libraire, cinq ans de prison et 6,000 fr. d'amende. Veuve Fatout, acquittée (*Moniteur* du 5 décembre 1843).

Gambart (Claude-Marie), libraire, condamné par jugement correctionnel du 12 juillet 1827, à un an de prison et 50 fr. d'amende pour avoir distribué et donné en lecture des livres et ouvrages contenant des outrages à la morale et aux bonnes mœurs (intitulé *Mille et une faveurs*). Ce jugement a été confirmé par arrêt du 5 août 1828. (Pas d'insertion au *Moniteur*.)

Gaudrioles (les) de M. Gaillard. Arrêt de la Cour d'assises de la Seine, du 30 mars 1843. Outrage à la morale publique. Rameau, colporteur, un mois de prison et 16 fr. d'amende (*Moniteur* du 15 déc. 1843).

Gaudrioles (les petites). Destruction ordonnée par jugement du tribunal de Vannes.

Gravures obscènes. Destruction ordonnée par arrêts de la Cour d'assises des 27 avril et 25 mai 1820, insérés au *Moniteur* du 27 juillet 1820, n° 209.

Gravures et ouvrages obscènes. Arrêt de la Cour d'assises de l'Orne, du 4 juillet 1820. Exposition et vente de gravures obscènes. Barrat, marchand de cirage, quatre mois de prison, 16 fr. d'amende (*Moniteur* du 24 août 1820).

Gravures. Arrêt de la Cour d'assises de la Seine, du 23 mars 1833. Outrage aux bonnes mœurs par la mise en vente en public de gravures. Bouilly, femme Peignier, trois mois de prison, 150 fr. d'amende. Destruction (*Moniteur* du 29 juin 1833).

Arrêt de la Cour d'assises de la Seine, du 30 août 1837. Outrage aux bonnes mœurs par la vente en public de gravures obscènes. Danty (Augustin-Emmanuel), un an de prison et 500 fr. d'amende. Destruction.

Arrêt de la Cour d'assises de la Seine, du 6 septembre 1837. Delaunay (Auguste), un an de prison et 100 fr. d'amende.

Arrêt de la Cour d'assises de la Seine, du 27 décembre 1837. Lelièvre (Frédéric-Célestin), un mois de prison et 16 fr. d'amende.

Arrêt de la Cour d'assises de la Seine, du 13 février 1838. Salagnat, acquitté.

Arrêt de la Cour d'assises de la Seine, du 23 juillet 1838. Bouchez, acquitté.

Arrêt de la Cour d'assises de la Seine, du 9 février 1842. Salagnat, dix-huit mois de prison et 100 fr. d'amende.

Arrêt de la Cour d'assises de la Seine, du 4 mars 1842. Bourguin, quinze mois de prison et 50 fr. d'amende.

Arrêt de la Cour d'assises de la Seine, du 9 août 1842. Seguier-Becker, commissionnaire en marchandises, six mois de prison et 200 fr. d'amende.

Arrêt de la Cour d'assises de la Seine, du 19 septembre 1842. Gonon, un an de prison et 3,000 fr. d'amende.

Arrêt de la Cour d'assises de la Seine, du 23 septembre 1842. Indice, acquitté.

Arrêt de la Cour d'assises de la Seine, du 29 septembre 1842. Rameau, trois mois de prison et 50 fr. d'amende.

Arrêt de la Cour d'assises de la Seine, du 10 mars 1843. Gonon (Joseph-Claude), colporteur, acquitté.

Arrêt de la Cour d'assises de la Seine, du 10 décembre 1844, qui acquitte Rouquin.

Arrêt de la Cour d'assises de la Seine, du 29 avril 1845. Valade, quatre mois de prison et 500 fr. d'amende; Maréchal, six mois de prison et 500 fr. d'amende; Ropothe, femme Herbont, six mois de prison et 16 fr. d'amende.

Arrêt de la Cour d'assises de la Seine, du 28 novembre 1845. Deshayes, huit mois de prison et 500 fr. d'amende; femme Goin, quatre mois de prison et 200 fr. d'amende.

Arrêt de la Cour d'assises de la Seine, du 23 juin 1846. Maréchal, six mois de prison et 200 fr. d'amende; Madigné, deux mois de prison et 50 fr. d'amende.

Gaudrioles (les) petites. 1 vol. Jugement corrrectionnel de Vannes, du 29 avril 1822 (*Moniteur* du 24 et 25 mai 1822). V. *Chansons joyeuses.*

Guerre (la) des dieux, par Parny, ouvrage dont la destruction est ordonnée par arrêt de la Cour d'assises du 29 décembre 1821, par jugement du 31 mai 1826, et par arrêt de la Cour royale du 19 juin 1826. Le nommé Furcy-Devaux, déclaré coupable d'outrage à la morale publique et religieuse, pour avoir colporté et mis en vente cet ouvrage et les trois autres intitulés : *Jacques le fataliste, l'Abrégé de l'origine des cultes* et *les Chansons de Béranger,* a été condamné à un mois de prison et 16 fr. d'amende, par jugement du 31 mai (*Moniteur* du 26 juillet 1827, du 9 juin 1839, du 15 décembre 1843, 5 décembre 1844.)

Guerre (la) des dieux, même ouvrage que dessus. Les nommés Leloutre et Prodhomme, libraires associés, ont été condamnés contradictoirement, par arrêt du 19 juin 1827, chacun à deux mois de prison et 50 fr. d'amende, pour vente de cet ouvrage, dont la destruction a été ordonnée (*Moniteur* du 26 juillet 1827).

Cet ouvrage a d'ailleurs été condamné par arrêt des Cours d'assises de la Vienne, le 12 décembre 1838 ; de la Seine , du 9 août 1843 et 8 septembre 1844 (*Moniteur* du 15 déc. 1843 et 5 déc. 1844).

Arrêt de la Cour d'assises de la Seine, du 24 novembre 1834. Délits d'outrage aux bonnes mœurs, pour la mise en vente des ouvrages intitulés : *la Guerre des dieux,* par Evariste Parny ; *le Théâtre gaillard, les Œuvres badines de Piron, Voltaire, Grécourt, Mirabeau, etc.;* outrage contre la religion catholique et gravures obscènes. Auguste Jean, commis libraire, trois mois de prison et 300 fr. d'amende. Destruction (*Moniteur* du 26 juin 1836).

Arrêt de la Cour d'assises de la Seine, du 24 février 1843. Outrage à la religion. Terry, libraire, cinq ans de prison et 6,000 fr. d'amende; veuve Fatout, porteuse de journaux, acquittée (*Moniteur* 5 décembre 1843). V. ci-dessus Galanteries de la Bible.

Guignolet (Saint) (fragment d'un poëme intitulé). Article inséré dans le journal *les Annales du commerce,* contenant outrage à la morale publique, et à l'occasion duquel le sieur Gilbert, directeur de ce journal, a été condamné,

par défaut , à cinq ans de prison et 6,000 fr. d'amende, par jugements des 6 juillet et 20 août 1828, confirmés par arrêt du 29 avril 1830, aussi rendu par défaut, ledit sieur Gilbert n'ayant pas comparu sur son appel. (Point d'insertion au *Moniteur.*)

Henri, duc de Bordeaux, ou *Choix d'anecdoctes sur la vie de ce prince,* écrit condamné. Cour d'assises de la Seine, 6 mai 1833 (*Moniteur* du 30 octobre 1833).

Histoire véritable de Tchen-Cheouli, composée par Barginet. Excitation à la haine et au mépris du Gouvernement du Roi, offenses envers les membres de la famille royale, et attaques contre les droits du Roi. Arrêt de Paris, 19 août 1822. Destruction ordonnée (*Moniteur* du 26 mars 1825).

Histoire de la première quinzaine de juin 1820, par Bourquet-Deschamps (Assises de la Seine du 26 juillet 1820).

Histoire de Bonaparte, depuis sa naissance jusqu'à sa dernière abdication, contenant le détail des faits mémorables qui ont illustré les Français sous son règne, par Collot, avec cette épigraphe : *Impartialité.* Écrit séditieux. Jugement de première instance, du 26 janvier 1816. Arrêt de la Cour royale, du 20 février 1816. (Point d'insertion au *Moniteur.*)

Hic et Hoc, 1 vol. sans nom d'imprimeur. Outrages à la morale publique et aux bonnes mœurs. Destruction ordonnée par arrêt de Paris, sur appel, du 7 mars 1830. (Point d'insertion au *Moniteur.*)

Histoire du mal de Naples, ou *la Cacomonade,* par Linguet. Destruction ordonnée par arrêt de Paris, du 16 novembre 1822 (*Moniteur* du 26 mars 1825).

Histoire des missionnaires, suivie d'un écrit intitulé : *les Missionnaires,* poëme héroï-comique, par Guyon, ex-lieutenant au 58e de ligne, dont la destruction a été ordonnée par arrêt de la Cour d'assises du 27 juin 1820, qui condamne l'auteur et le libraire chacun en deux mois de prison, 200 fr. d'amende et aux frais solidairement, comme coupables d'outrage à la morale publique et religieuse, par l'impression et la mise en vente de cet ouvrage. (L'arrêt inséré au *Moniteur* du 20 août 1820.)

Histoire du législateur des chrétiens, sans fard et sans miracles, par Mouneron, 1 vol. in-8°; Dabin, imprimeur.

Homme gris (l'), petite chronique, par Ferret. Par arrêt du 27 juillet 1818, la destruction des nos 6, 7 et 8 du premier volume a été ordonnée. Un autre arrêt du 19 août 1822 a ordonnée la destruction des nos 3, 4, 5 et 6 du deuxième volume, par Creton. (Point d'insertion au *Moniteur.*)

Idem. Jugement du 22 mai 1818, confirmé par arrêt du 27 juillet suivant, qui ordonne la destruction des nos 6, 7 et 8 du tome Ier. (Point d'insertion.)

Idem. Jugement du 29 août 1818, confirmé par arrêt du 8 décembre suivant, qui ordonne la destruction des 3e, 4e, 5e et 6e livraisons du deuxième volume, par Creton. (Point d'insertion au *Moniteur.*)

Homme illustre (réception d'un) aux champs-élysées. Jugement correctionnel du 8 décembre 1821, qui ordonne la destruction de cette gravure. V. *Champs-Élysées* ci-dessus.

Homme (l') à la grande barbe, ou *le Duel,* par Éliçagaray, brochure dont la suppression a été ordonnée par jugement du 2 avril 1829, confirmé par arrêt du 23 juin suivant, comme injurieuse et diffamatoire envers la famille La Rochejaquelein. V. *Le Duel* ci-dessus.

Ile d'amour, outrages aux bonnes mœurs et à la morale publique. Destruction ordonnée. Arrêt de la Seine du 9 août 1842 (*Moniteur* du 15 décembre 1843).

Il n'est pas mort, par un ami de la patrie. Brochure dont la destruction a été ordonnée par arrêt de la Cour d'assises du 15 novembre 1821. (Point d'insertion.)

Immortalité (à l') française, ou *Français, encore un effort,* brochure contenant outrage à la morale et à la religion. Arrêt de la Cour d'assises de la Seine du 20 novembre 1848. Rouannet, libraire, six mois de prison et 2,000 fr. d'amende; Blondeau, imprimeur, acquitté; destruction de l'ouvrage (*Moniteur* du 26 mars 1849).

Imprimeurs et libraires (bibliographie des), par Imbert. Un arrêt du 28 avril 1827 ordonne la destruction de cet ouvrage. (Point d'insertion au *Moniteur*.)

Indiscret (l'), gravure obscène dont la destruction est ordonnée par arrêt de la Cour d'assises du 14 janvier 1822. (Point d'insertion au *Moniteur*.)

Infiniment (les) petits, ou *la Gérontocratie*, chanson de Béranger, dont la saisie a été déclarée valable par jugement correctionnel du 10 décembre 1828, confirmé par arrêt du 10 février 1829. (Point d'insertion au *Moniteur*.)

Intrigue dans les tribunaux, par Pinet, avocat. Jugement correctionnel du 15 juillet 1824, qui ordonne la destruction de cet ouvrage, comme contenant des outrages à la morale publique et des injures envers les cours et tribunaux, et condamne l'auteur à un mois de prison et 16 fr. d'amende (*Moniteur* du 15 novembre 1826).

Invocations à l'amour, ouvrage in-4°, contenant 16 figures.

Jacques le Fataliste et son maître, par Diderot; ouvrage dont la destruction a été ordonnée par jugement du 31 mai 1826, inséré au *Moniteur* du 6 août 1826.

Jérôme, par Pigault-Lebrun.

Jésuites (précis de l'histoire générale des), passage extrait d'un ouvrage publié en 1726, par Hercule Rasiel de Selva, dont la suppression a été ordonnée par jugement du 22 août 1826.

Jeu (le petit) de société, gravure séditieuse, dont la destruction est ordonnée par jugement du 18 mai 1819.

Jeunesse et folie, ou *Maître Pierre*.

Joujou (le) des demoiselles, ouvrage dont un arrêt du 19 mai 1815 a ordonné la destruction. (Point d'insertion au *Moniteur*.)

Julie, ou *J'ai sauvé ma rose*. Jugement du 12 juillet 1827, confirmé par arrêt du 5 août 1828, qui ordonne la destruction de cet ouvrage. (Point d'insertion au *Moniteur*.)

Juliette ou *la nouvelle Justine*; suite de *Justine*, ou *les malheurs de la vertu*. Outrage à la morale publique et religieuse, et aux bonnes mœurs. Destruction ordonnée par arrêt de la Cour d'assises de la Seine du 9 août 1842 (*Moniteur* du 15 décembre 1843).

Justine, ou *les Malheurs de la vertu*, 4 vol., par de Sades. Arrêt du 19 mai 1815, qui ordonne la destruction de cet ouvrage.

Le même. Arrêt de la Cour d'assises de la Seine du 15 mars 1836. François-Marie-Jules Bordeaux, six mois de prison, 3,000 fr. d'amende; destruction (*Moniteur* du 26 juin 1836).

Lagier (Pierre), libraire, déclaré, par jugement du 18 octobre 1822, avoir commis le délit d'outrage à la morale publique et aux bonnes mœurs, en mettant en vente des ouvrages tels que : *Felicia, la Chandelle d'Arras, les Trois moines, la Pucelle* et autres, a été condamné à un mois de prison, 100 fr. d'amende; mais l'arrêt de la Cour royale du 21 décembre suivant, rendu sur son appel, l'a renvoyé de la plainte, en déclarant néanmoins lesdits ouvrages contraires aux bonnes mœurs et en ordonnant leur destruction. (Jugement et arrêt insérés au *Moniteur* du 26 mars 1825.)

Lamentations, ou *Renaissance sociale*, écrit contenant excitation à la haine des citoyens les uns contre les autres, outrage à la morale et à la religion. Arrêt de la Cour d'assises de la Seine du 12 mars 1842; de Bonnal, auteur, quatre mois de prison et 200 fr. d'amende (*Moniteur* du 12 novembre 1842).

Langue (la) du r.. fourré, ouvrage licencieux et obscène.

Lauriers (les) ecclésiastiques.

Ledoux (Paul-Charles-Marie), libraire, condamné par jugement du 22 août 1826, à un mois de prison et 25 fr. d'amende, pour avoir fait composer et imprimer la petite *Biographie des gens de lettres vivants*, écrit contenant outrage à la morale publique et aux bonnes mœurs.

Lettres normandes. Arrêt de la Cour d'assises du 1er juillet 1820, qui considère comme provocation à la désobéissance à la loi sur la liberté individuelle, l'insertion dans cet ouvrage périodique d'un article intitulé : *Souscription nationale*, dans lequel on propose de souscrire en faveur des personnes arrêtées pour délit de presse. (Point d'insertion au *Moniteur*.)

Lettre à Raspail, écrit contenant le délit d'excitation à la haine des citoyens les uns contre les autres. Arrêt de la Cour d'assises de la Seine du 20 décembre 1848, qui condamne Marchal, auteur de l'écrit, à trois mois de prison et 200 fr. d'amende, et ordonne la destruction des exemplaires saisis (*Moniteur* du 26 mars 1849).

Lettres sur quelques particularités secrètes de l'histoire pendant l'interrègne des Bourbons, par Barruel-Beauvet, ouvrage dont la destruction a été ordonnée par jugement du tribunal de première instance de la Seine, en date du 13 août 1816. (Point d'insertion au *Moniteur*.)

Lettre à M. Carrère, par Benjamin Constant. Destruction ordonnée par jugement du 28 novembre 1822. (Point d'insertion au *Moniteur*.)

Lettre du même au procureur général de Poitiers. Destruction ordonnée par arrêt du 6 février 1823.

Lettres aux prolétaires, commençant par ces mots : Les 33 millions d'individus..., et finissant ainsi : Avec les maux effrayants; par Laponneraye.

Lettre à M. Decazes, ministre de la police générale, par Chevallier. Destruction ordonnée; arrêt du 17 juin 1817. (Point d'insertion au *Moniteur*.)

Lettres de MM. Dargenson, Bignon, Lafayette, et Kœchlin à leurs commettants, condamnés par arrêt de la Cour de Colmar du 20 novembre 1823.

Lettres (nouvelles) provinciales, par d'Erbigny, dont la destruction est ordonnée par arrêt du 20 juin 1826, qui condamne l'auteur à trois mois de prison et 300 fr. d'amende, comme coupable d'outrages envers la religion de l'Etat et la dignité royale (*Moniteur* du 7 novembre 1826).

Lettre à M. d'Hermopolis, par M. de Lamennais, insérée dans le journal *le Drapeau blanc*, du 22 août 1823. Jugement du 11 décembre 1823, confirmé par arrêt du 11 décembre suivant, qui en prononce la suppression et ordonne que les motifs de la condamnation soient insérés dans ledit journal. (Point d'insertion au *Moniteur*.)

Lettre à M. Grégoire, ancien évêque de Blois. Arrêt de la Cour d'assises du 29 décembre 1820 qui en ordonne la suppression. (Point d'insertion au *Moniteur*.)

Liaisons (les) dangereuses, par Laclos. Jugement correctionnel du 8 novembre 1823, confirmé par arrêt du 22 janvier 1824, qui ordonne la destruction de cet ouvrage. (Point d'insertion au *Moniteur*.)

Lettres sur les élections de la Nièvre. Arrêt de la Cour royale de Bourges du 20 janvier 1823 qui en ordonne la suppression.

Libertin (le) de qualité. Ouvrage licencieux. Assises de la Seine du 9 août 1842. (*Moniteur* du 15 décembre 1843.)

Libertin (le) par fatalité, ou *Monrose; suite de Félicia.* Ouvrage licencieux.

Lejeune (Antoine-Hubert), condamné à un mois de prison et 16 fr. d'amende par arrêt de la Cour d'assises du 3 février 1831, comme coupable d'outrage à la morale publique, en vendant des gravures obscènes.

Liberté d'enseignement. Procès de l'abbé Combalet. Ecrit contenant le délit de provocation à la désobéissance aux lois, et d'apologie de faits qualifiés crimes par la loi.

Veuillot et Barrier, chacun un mois de prison et 3,000 fr. d'amende (*Moniteur* du 23 juin 1845).

Lisa, chanson licencieuse par Debraux. Arrêt du 29 mai 1825 qui en ordonne la destruction (*Moniteur* du 26 mars 1825).

Louis XVI. Écrit attentatoire à sa mémoire, par Jean Paul Béranger.

Louis XIV (*Mémoire sur la cour de*). Ouvrage dont la suppression a été ordonnée par jugement correctionnel du 22 mars 1823, confirmé sous ce rapport par arrêt du 26 juin suivant, comme renfermant des outrages à la morale publique et religieuse. (Jugement et arrêt insérés au *Moniteur* du 26 mars 1825.)

Lunes parisiennes (*les*). Jugement correctionnel du 1er avril 1823.

Madame, Nantes, Blaye, etc. Arrêt de la Cour d'assises de la Seine du 5 mars 1833. Excitation à la haine et au mépris du Gouvernement. Hyvert, libraire, et Fortuné de Chollet, homme de lettres, deux mois de prison, 1,000 fr. d'amende; destruction (*Moniteur* du 29 juin 1833).

Main (*la belle*). Chanson de Debraux dont la destruction est ordonnée. Jugement du 21 février 1823, confirmé par arrêt du 29 mai suivant (*Moniteur* du 26 mars 1825).

Mandement de MM. les vicaires généraux de Paris. Chanson manuscrite dont la suppression a été ordonnée par jugement du 22 mai 1817. (Point d'insertion au *Moniteur*.)

Manuscrit de Sainte-Hélène. Ouvrage inséré dans le troisième volume du *Censeur européen*, et dont la destruction est ordonnée. Arrêt du 7 octobre 1817. Le pourvoi en cassation a été rejeté par arrêt du 20 novembre 1817. (Point d'insertion au *Moniteur*.)

Margot la ravaudeuse et ses aventures galantes. 1 vol. in-18. Arrêt du 19 mars 1815 et du 16 novembre 1822, qui en ordonne la destruction (*Moniteur* du 26 mars 1825).

Médecins (*bibliographie des*), par Morel. Un jugement du 17 octobre 1826 a ordonné la destruction de cet ouvrage. (Point d'insertion au *Moniteur*.)

Mélanges occitaniques. Arrêt de la Cour d'assises du Gard, du 13 février 1833. Diffamation publique envers les dépositaires et agents de la force publique. Aimé Chambon, gérant et avocat à Montpellier; trois mois de prison, 300 fr. d'amende (*Moniteur* du 14 mars 1833).

Mémoires de René Levasseur, de la Sarthe, ex-conventionnel. Ouvrage incriminé comme présentant le caractère du délit d'attaque contre l'autorité royale, d'outrage à la religion de l'État et à la morale publique, et contenant, en outre, l'apologie et la souveraineté du peuple, de l'égalité absolue, et l'éloge du régime de 93, etc. L'arrêt de la Cour de Paris du 13 mai 1830, ordonne sa destruction. (Point d'insertion au *Moniteur*.)

Ma tante Geneviève. 1 vol. in-18. Outrage aux bonnes mœurs et à la morale publique et religieuse. Destruction ordonnée par arrêt de Paris, du 5 août 1828. (Point d'insertion au *Moniteur*.)

Mémoires de Sirzon. 1 vol. Ouvrage immoral. Destruction ordonnée par arrêt de la Seine du 9 août 1842 (*Moniteur* du 15 décembre 1843).

Mémoires sur la Cour de Louis XIV. Extraits d'une correspondance allemande de Mme Elisabeth Charlotte de Bavière, duchesse d'Orléans, précédés d'une notice sur cette princesse, et accompagnés de notes.— 1 vol. in-8°, imprimerie de Plassan à Paris. Destruction ordonnée par arrêt de Paris du 26 juin 1823 (*Moniteur* du 26 mars 1825).

Messaline (*la*) *française.* 1 vol. in-8°. Ouvrage immoral. Destruction ordonnée par arrêt de la Seine du 9 août 1842 (*Moniteur* du 15 décembre 1843).

Mille (*les*) *et une faveurs.* Outrage aux bonnes mœurs et à la morale publique. Destruction ordonnée par arrêt de Paris du 25 août 1825. (Point d'insertion au *Moniteur*.)

Mœurs de Paris par arrondissement (*les*). 12 dessins. Destruction ordonnée par arrêts de la Seine et de la Seine-Inférieure, les 9 août 1842 et 8 septembre 1844 (*Moniteur* des 15 décembre 1843, et 3 décembre 1844).

Mémoires sur la vie et les ouvrages de Diderot. Jugement du tribunal correctionnel de Paris, du 23 décembre 1823. Outrages à la morale publique et religieuse, par S.-A. Naigeon. Jean-Louis Brière, libraire, 500 fr. d'amende; destruction (*Moniteur* du 7 novembre 1826).

Mémoire aux évêques et aux pères de famille sur la guerre faite à l'Eglise et à la société par l'Université. Délit de diffamation envers une administration publique; provocation à la haine et au mépris du Gouvernement; excitation contre les classes de la société. Combalot, quinze jours de prison et 4,000 fr. d'amende. Arrêt du 6 mars 1844, Cour d'assises de la Seine (*Moniteur* du 25 juin 1845).

Mémoires sur les finances et réfutation du budget de 1816. Ecrit dont la destruction a été ordonnée par jugement du 12 mars 1816. (Point d'insertion au *Moniteur*.)

Mémoire justificatif présenté par Fournier Verneuil, dont la suppression a été ordonnée par arrêt du 13 juin 1826 (*Moniteur* du 7 novembre 1826).

Mémoire confidentiel à MM. les députés. Jugement du 12 mars 1816. (Point d'insertion au *Moniteur*.)

Mémoires de Saturnin, portier des Chartreux. Ouvrage dont la destruction a été ordonnée par arrêt du 29 décembre 1821, et par un autre arrêt de la Cour, chambre d'accusation du 28 juin 1825. (Point d'insertion au *Moniteur*.)

Mémoires de la princesse de Bavière, duchesse d'Orléans.

Mémoires pour servir à l'histoire de France. Ouvrage compris au nombre de ceux saisis chez le sieur Rousseau, libraire, et dont la destruction a été ordonnée par arrêt du 16 novembre 1822 (*Moniteur* du 26 mars 1825).

Mémoires sur les élections du Lot. Jugement correctionnel du 7 mars 1817. (Point d'insertion au *Moniteur*.)

Messager (*le*) *Boiteux des électeurs de France*, par Grand. Jugement correctionnel de Belfort, du 9 novembre 1823.

Merlot (*Jean-Jacques*), peintre, condamné par jugement du 25 février 1825, inséré au *Moniteur* du 7 novembre 1826, à trois mois de prison et 200 fr. d'amende, comme coupable d'outrage aux bonnes mœurs, en contribuant à la fabrication, vente et distribution de livres et gravures obscènes intitulés : *l'Arétin français, la Fille de joie, Meursius français, Thérèse philosophe, esclave de l'amour, la Lanterne magique*, dont la destruction a été ordonnée (*Moniteur* du 7 novembre 1826).

Mercure de Landernau, écrit sans nom d'auteur ni d'imprimeur. 6 février 1816.

Messe (*la*) *de Cythère.*

Meursius (*le*) *français*, ouvrage dangereux, dont la destruction a été ordonnée par jugement du 25 février 1825. Cet ouvrage, avec figures obscènes, a été condamné à la destruction, par arrêt de la Cour d'assises du 29 décembre 1821, par jugement du 6 juin 1822 (*Moniteur* du 7 novembre 1826).

Missionnaires (*les*), chanson de Béranger, dont la destruction est ordonnée. V. *Chansons de Béranger*.

Missionnaires (*les*) *en Goguette*, chanson contenant excitation à la haine et au mépris d'une classe de citoyens, par Pradel; destruction ordonnée. Jugement du 23 mai, et arrêt du 11 juillet 1822.

Missionide (*la*), par Cahaigne. Arrêt du 5 décembre 1826, qui ordonne la destruction de cet ouvrage. (Point d'insertion au *Moniteur*.)

Missionnaires (*histoire des*), suivie d'un écrit ayant pour titre : *les Missionnaires*, poëme héroïque, par Guyon. Arrêt de la Cour d'assises du Var, du 18 août 1820, qui condamne Belluc, libraire à Toulon, à un mois de prison et 100 fr. d'amende, pour avoir mis cette brochure en vente, laquelle contient des outrages à la morale publique et religieuse.

Le même ouvrage, dont la destruction a été ordonnée par arrêt de la Cour d'assises de la Seine du 27 juin 1820, qui a condamné Guyon, auteur, et Plancher, libraire, chacun à deux mois de prison et 200 fr. d'amende, comme coupables d'outrage à la morale publique et religieuse, par la composition, l'impression et la mise en vente de cet ouvrage. (*Moniteur* du 20 août 1820.)

Mitraille (à), ouvrage contenant le délit d'outrage à la religion et d'excitation à la haine et au mépris du Gouvernement et des classes de la société entre elles. Arrêt de la Cour d'assises de la Seine du 30 mars, confirmé sur opposition le 13 avril 1847. Vermasse, auteur de l'écrit : un an de prison et 3,000 fr. d'amende ; et Théodore et Edmond Albert, libraires : chacun trois mois de prison et 1,000 fr. d'amende ; destruction de l'écrit (*Moniteur* du 9 novembre 1847).

Moines (*les trois*), ouvrage licencieux, dont la destruction est ordonnée par arrêt du 21 décembre 1822 (*Moniteur* du 26 mars 1825).

Momus Redivivus, avec figures, ouvrage obscène faisant partie de ceux saisis chez Rousseau, et dont la destruction a été ordonnée par arrêt du 16 novembre 1822, inséré au *Moniteur* du 26 mars 1825.

Mon curé, chanson de Béranger, dont la destruction est ordonnée.

Mon cousin Jacques, chanson licencieuse de Debraux.

Mort de Bonaparte (gravure représentant la). Jugement correctionnel du 30 novembre 1821.

Mort du dernier soldat, cantate en douze chants, sur l'*Appui des braves*, par Perrint. Arrêt du 22 mars 1823, qui en ordonne la destruction. V. *Appui des braves*.

Mouvement (*le*) *perpétuel*, ou *le Pousse-pousse*.

Moyen (*le*) *de parvenir*.

Nacelle (*la*),

Nain (*le*) *tricolore*. Arrêt de la Cour d'assises du 11 juin 1816.

Nec plus-ultrà (*le*) *du plaisir*, ou *la Nuit merveilleuse*.

Nom (*le*) *de famille*, écrit contenant excitation à la haine et au mépris du Gouvernement, outrage à la religion. Arrêt de la Cour d'assises de la Seine, du 10 mars 1842 ; Luchet, deux ans de prison et 1,000 fr. d'amende ; Souverain, acquitté (*Moniteur* du 12 décembre 1842).

Nouvel (*le*) *enfant de la Goguette*, recueil contenant quatre chansons outrageantes aux bonnes mœurs, lesquelles sont : *Ç'est du nanan* ; — *La belle main* ; — *Lisa* ; — et *Mon cousin Jacques*, dont le sieur Debraux s'est reconnu l'auteur et le sieur Lecouvey l'éditeur. Un jugement correctionnel du 21 février 1823, confirmé par un arrêt du 29 mai suivant, a prononcé la suppression de ces chansons (*Moniteur* du 26 mars 1825).

Nouvelle légende dorée, ou *Dictionnaire des Saints*.

Nouvel ordre du jour, chanson de Béranger ; destruction ordonnée.

Nouvelles galantes et critiques, par B..., traduites de l'italien, 4 vol. in-24, 1823.

Nugent (*de*) [*Nicolas-Charles*], ancien auditeur au conseil d'Etat, condamné par arrêt de la Cour d'assises du 6 décembre 1830, à trois mois de prison et 300 fr. d'amende, comme auteur d'un écrit reconnu par le jury contenir une attaque contre l'autorité constitutionnelle du Roi et une excitation à la haine et au mépris du Gouvernement du Roi, intitulé *Considérations politiques*. (Point d'insertion au *Moniteur*.)

Odes et stances sur la mort de Lallemand, par Roch. Arrêt de la Cour d'assises de Paris, du 14 décembre 1822, qui en ordonne la destruction. (Point d'insertion au *Moniteur*.)

Œuvres badines d'Alexis Piron, ouvrage licencieux, dont la destruction a été ordonnée par jugement du 13 novembre 1827, confirmé par arrêt du 5 janvier 1828, par arrêts des Cours d'assises de la Seine du 24 novembre 1834, du Nord, 7 août 1835, et de la Vienne, 12 décembre 1835 (*Moniteur* des 26 juin 1836, 7 août 1835, 9 juin 1839.)

Œuvres de la marquise de Palmarez.

Œuvres complètes de Béranger. Arrêt de la Cour d'assises de la Seine du 24 octobre 1834 et du 9 août 1842 ; outrage à la morale publique et aux bonnes mœurs pour la vente et distribution d'un ouvrage intitulé : *Œuvres complètes de Béranger*, tome V, supplément, chansons érotiques. Chantpie fils, principal inculpé, et Chantpie père, déclaré complice, chacun un mois de prison, 500 fr. d'amende ; destruction des exemplaires saisis (*Moniteur* du 30 décembre 1834 et du 15 décembre 1843).

Opuscules, par Cauchois-Lemaire. Destruction ordonnée comme ouvrage séditieux. Arrêt de la Cour d'assises du 31 août 1821.

Organisation des patriotes de 1816. Charles, imprimeur. Arrêt de la Cour d'assises du 6 juillet 1816. (Point d'insertion au *Moniteur*).

Origine des puces, ou *les Pucelages conquis*, ouvrage obscène et licencieux dont la destruction a été ordonnée par arrêt du 19 mai 1815. (Point d'insertion au *Moniteur*.)

Organisation (*l'*) *sociale*, almanach. Délit d'excitation à la haine des classes de la société ; outrage à la morale publique et à la religion ; attaque contre la propriété et le respect dû aux lois. Dezamy, auteur, quatre mois de prison et 200 fr. d'amende, par arrêt de la Cour d'assises de la Seine du 22 mars 1844 (*Moniteur* du 23 juin 1845).

Ormin et Azéma, faisant suite aux *Confessions de Clémentine*. Destruction ordonnée ; arrêt du 16 novembre 1822. Cet ouvrage est l'un de ceux qui ont été saisis chez Jean-Baptiste Rousseau. L'arrêt a été inséré au *Moniteur* du 26 mars 1825.

Orphelin (*l'*) *royal*, par Pradel ; chanson factieuse. Destruction ordonnée. Jugement du 23 mai 1822. Arrêt du 11 juillet suivant (*Moniteur* des 26 juillet 1822, et 25 mars 1825).

Pairs de France (*Biographie pittoresque des*) par Montgalve. Arrêt du 28 novembre 1826, qui ordonne la destruction de cet ouvrage. (Point d'insertion au *Moniteur*.)

Pairs (*petite biographie des*) par Raban ; 1 vol. in-32 ; ouvrage dont un arrêt du 12 décembre 1826 a ordonné la destruction. (Point d'insertion au *Moniteur*.)

Pandémonium (*le*) *français*, almanach de l'Antéchrist pour 1846 ; ouvrage contenant les délits d'offense envers la personne du Roi, et d'excitation à la haine envers sa personne. Blanc, auteur de l'écrit : un an de prison et 4,000 fr. d'amende. Vrayet de Surcy, imprimeur : acquitté. Cour d'assises de la Seine, 30 avril 1846 (*Moniteur* 9 juin 1846).

Parapluie (*le*) *patrimonial*, brochure, dont Léonard-Charles-André-Gustave Gallois s'est reconnu l'auteur. Jugement du 5 juin 1822, confirmé par arrêt du 11 novembre suivant, qui ordonne la destruction de l'ouvrage et prononce contre l'auteur l'emprisonnement et l'amende (insertion au *Moniteur* des 17 décembre 1822 et 26 mars 1825). Le jugement attaqué, en date du 5 juin 1822, rendu par le tribunal de la Seine, avait déclaré que l'écrit contenait le délit d'offense envers la personne du Roi, et prononçait un an de prison et 1,500 fr. d'amende. (Ce chef a été écarté et la peine réduite.)

Parc (*le*) *aux cerfs*, ou *Histoire de jeunes personnes renfermées*, par Faverolles.

Paris, tableau moral et philosophique ; ouvrage contenant des peintures indécentes et des expressions obscènes, par Fournier-Verneuil. Destruction ordonnée par jugement correctionnel du 19 avril 1826, confirmé par arrêt du 13 juin suivant. La Cour a, de plus, ordonné la suppression du mémoire justificatif présenté par l'auteur, comme étant la continuation du délit dont il était prévenu (*Moniteur*).

Panorama des paillards; gravure obscène. Destruction ordonnée par arrêt de la Seine du 11 août 1843 (*Moniteur* du 15 décembre 1843).

Plaisirs (les) de tous les âges. Ouvrage licencieux. Destruction ordonnée par arrêt de la Seine du 9 août 1842 (*Moniteur* du 15 décembre 1843).

Plan (le) de Paris. Destruction ordonnée par arrêt de la Seine du 9 août 1842. Outrages aux mœurs (*Moniteur* du 15 décembre 1843).

Progrès du libertinage. Ouvrage licencieux. Destruction ordonnée. Arrêt de la Seine du 9 août 1852 (*Moniteur* du 15 décembre 1843).

Parchemins (les) et la livrée, par Eugène Garay de Montgalve. Par jugement correctionnel du 30 juin 1825, qui ordonne la destruction de cet ouvrage, l'auteur a été condamné à quinze jours de prison, 300 fr. d'amende, comme coupable d'outrage à la morale publique et religieuse et aux bonnes mœurs, en le composant, le faisant imprimer et publier (ce jugement inséré au *Moniteur* du 20 septembre 1825).

Pastorale (une). Arrêt de la Cour d'assises de la Seine du 4 novembre 1840. Complot ayant pour but la destruction du Gouvernement, excitation à la guerre civile, offense envers la personne du Roi, excitation à la haine et au mépris du Gouvernement, provocation non suivie d'effet à la destruction d'icelui par divers écrits autographiés en 1832 et 1833, intitulés *A la France de juillet.* Hébert s'étant dit baron de Richemont, douze années de détention. Destruction (*Moniteur* du 30 décembre 1834).

Paysan (le) perverti, ou les Dangers de la ville, par Rétif de la Bretonne.

Pays (le) et le Gouvernement (écrit). Arrêt de la Cour d'assises de la Seine du 26 décembre 1840. Délit d'excitation à la haine et au mépris du Gouvernement; apologie de faits qualifiés crimes par la loi. Pagnerre (Antoine-Laurent), éditeur : acquitté. Lamennais (Félicité-Robert), auteur : un an de prison et 2,000 fr. d'amende (*Moniteur* du 12 mars 1842).

Père (le) Michel, par Tartarin. Jugement correctionnel du 6 juin 1818, qui ordonne la suppression des exemplaires de cet écrit qui ont été saisis; le second titre de cet ouvrage est *le Petit livre à* 15 *sous,* dont les tomes I, II et III ont été saisis. (Point d'insertion au *Moniteur.*)

Perfidies (les) assassines. Jugement du 18 octobre 1822 et arrêt du 21 décembre suivant, qui ordonnent la destruction de cet écrit. (Point d'insertion au *Moniteur.*)

Petit (le) commis.

Petite biographie des gens de lettres vivants, ouvrage dont la destruction est ordonnée par jugement correctionnel du 22 août 1826, qui condamne le libraire et les auteurs des articles incriminés (*Moniteur* du 7 novembre 1826).

Pie VI et Louis XVIII, ouvrage dont la destruction est ordonnée par arrêt de la Cour d'assises du 31 mars 1822 (*Moniteur* du 11 avril 1822 et 26 mars 1825).

Piqueuse (la) d'épingles.

Plaisirs (les) de l'ancien régime.

Plus d'exercice à domicile, écrit contenant provocation à la désobéissance aux lois. Arrêt de la Cour d'assises de la Seine du 24 juillet 1849, qui condamne Figuet à 300 fr. d'amende et acquitte Virlouvet et Martin; destruction des numéros saisis.

Plus de Bourbons (Chanson de Béranger). Destruction.

Politique (la) et le socialisme. Arrêt de la Cour d'assises de la Seine du 23 juin 1849, qui condamne Mortillet, ingénieur civil, auteur dudit écrit, à deux ans d'emprisonnement et 2,000 fr. d'amende; destruction des exemplaires saisis. Attaque contre la propriété et provocation au crime de vol (*Moniteur* du 7 décembre 1849).

Prenons-y-garde, par Pontignac de Villars; écrit dont la destruction a été ordonnée par arrêt de la Cour d'assises du 14 septembre 1820. (Point d'insertion au *Moniteur.*)

Prémices de Javotte, chansons licencieuses, par Pradel. Destruction ordonnée. Jugement du 23 mai et arrêt du 11 juillet 1822 (jugement et arrêt insérés au *Moniteur* des 26 juillet 1822 et 26 mars 1825).

Pucelle (la), ouvrage licencieux dont la destruction est ordonnée par arrêts du 21 décembre 1822, de la Cour d'assises de la Seine du 9 août 1842 et 28 novembre 1845 (*Moniteur* des 26 mars 1825, 15 décembre 1843, et 9 juin 1846).

Putains (les) cloîtrées, avec figures obscènes. Destruction ordonnée; arrêt du 16 novembre 1822, inséré au *Moniteur* du 26 mars 1825.

Quatre hommes et un caporal, entretien de Jean Pichet. Provocation à la désobéissance aux lois; excitation à la haine et au mépris du Gouvernement de la République. Destruction ordonnée par arrêt de la Seine du 20 juin 1849 (*Moniteur* du 26 juin 1849).

Quinade (la), écrit contenant outrage aux bonnes mœurs et à la morale publique, et dessins obscènes. Arrêt de la Cour d'assises du 30 juin. Bouffard, auteur, six mois de prison et 100 fr. d'amende.

Reichstadt (le duc de). Bustes en bronze, avec des attributs propres à en faire un symbole destiné à troubler la paix publique, et dont la saisie a été déclarée valable par jugement correctionnel du 10 novembre 1823, confirmé par arrêt du 11 décembre suivant.

Recueil de pièces authentiques sur le captif de Sainte-Hélène, par Barthélemy. Jugement correctionnel du 4 mars 1823, qui ordonne la destruction de l'article inséré au dixième volume de cet ouvrage ayant pour titre : *Napoléon dans l'exil* ou *l'Echo de Sainte-Hélène.* Autre jugement correctionnel du 23 décembre 1824 qui a également ordonné la destruction des vol. 6 et 7. (Point d'insertion au *Moniteur.*)

Réflexions d'un patriote, par Bousquet. Destruction ordonnée par arrêt de la Cour d'assises du 12 juin 1820, inséré au *Moniteur* du 1er août 1820.

Réflexions sur le procès de Scheffer, par Esnaux. Brochure condamnée par jugement du 22 février 1818, confirmé par arrêt du 4 avril suivant. (Point d'insertion au *Moniteur.*)

Réflexions (quelques) sur la trahison, par Darbonville; ouvrage contenant excitation à la haine et au mépris du Gouvernement du Roi, dont la saisie a été déclarée valable par arrêt du 7 décembre 1822, et qui a condamné l'auteur à un mois de prison et 500 fr. d'amende. (Insertion de l'arrêt au *Moniteur* du 26 mars 1825.)

Religieuse (la), par Diderot. Destruction ordonnée par jugement des 20 août 1824 et 24 novembre 1826. (Point d'insertion au *Moniteur.*)

Relation exacte de ce qui s'est passé le 3 juin, anniversaire de la mort de Lallemand. Destruction ordonnée par jugement du 3 août 1822, confirmé par arrêt du 16 novembre suivant (*Moniteur* des 17 décembre 1822 et 26 mars 1825).

Relation historique des événements qui ont eu lieu à Colmar, les 2 et 3 juillet 1822, suivie de la pétition aux Chambres, par 132 citoyens du département du Haut-Rhin, par M. Kœclin, député. Ecrit condamné à la destruction par arrêt du 17 juillet 1823, ainsi qu'un mémoire justificatif distribué par M. Kœclin, qui a été considéré comme une aggravation du délit (*Moniteur* du 26 mars 1825).

Religion (de la) considérée dans ses rapports avec l'ordre politique et civil, par l'abbé de Lamennais; ouvrage dont la destruction a été ordonnée par jugement correctionnel du 22 avril 1826, qui condamne l'auteur à 30 fr. d'amende et aux frais, comme coupable, en le publiant, de provocation à la désobéissance aux lois (*Moniteur* du 31 mai 1826).

Religieux (Lettre d'un vieux); pamphlet contenant des outrages aux bonnes mœurs.

Réponse au chevalier Alphonse de Viggier. Arrêt de la Cour d'assises de Lyon du 14 mars 1817.

Rhétorique (la) des P...

Rideau (le) levé ou *Éducation de Laure;* 2 vol. in-12, avec figures. Arrêt du 19 mai 1815, qui ordonne la destruction de cet ouvrage.

Roberville (M. de); ouvrage contenant des outrages à la morale publique saisi chez le sieur Barba, libraire. Arrêt du 15 janvier 1825 (*Moniteur* du 26 mars 1825).

Rocambole (la) ou *les Travaux.*

Rognures faites au censeur. Jugement correctionnel du 21 juin 1820.

Roi (le) Christophe; chanson de Béranger, dont la destruction a été ordonnée. Arrêt du 16 novembre 1822, et jugement de la Seine du 31 mai 1826 (*Moniteur* du 6 août 1826).

Royauté (la) sans prestige, ou *le Despotisme en état de siége.* Destruction ordonnée par la Cour d'assises de Paris, le 7 novembre 1820.

Ruines (les), par Volney.

Revue dramatique. Ouvrage immoral; destruction ordonnée. Arrêt de la Seine du 9 août 1842 (*Moniteur* du 15 décembre 1843).

Rosée (la). Gravure obscène.

Rosée de toutes les saisons. Gravures obscènes. Destruction ordonnée par arrêt de la Seine du 11 avril 1843 (*Moniteur* du 15 décembre 1843).

Sacre (le) de Charles-le-Simple; chanson de Béranger, dont la saisie a été déclarée valable par jugement correctionnel du 10 décembre 1828, confirmé par arrêt du 10 février 1829. (Point d'insertion au *Moniteur.*)

Satan (Lettre de) aux francs-maçons. Jugement du 22 février 1826, qui en ordonne la suppression. (Point d'insertion au *Moniteur.*)

Savoie (Eugène), cuisinier, condamné par arrêt de la Cour d'assises du 22 mars 1831, à cinq jours de prison, pour vente de gravures obscènes.

Séance (Gravure représentant la) du 4 mars 1823 de la Chambre des députés. Destruction ordonnée par arrêt du 26 août 1823.

Séjour de Bonaparte à l'île d'Elbe; ouvrage dont la destruction a été ordonnée par jugement du 20 mars 1816.

Sentinelles (les) en défaut; gravure dont la destruction a été ordonnée par arrêt du 14 septembre 1821.

Serre-tête (mon).

Serment (le) des maréchaux de France, précédé d'un préambule, sous la date du 15 mars 1815, par Gilion; imprimé chez Chassaignon, ainsi qu'un écrit contenant le discours du Roi aux Chambres. Jugement du 19 novembre 1816 et arrêt du 30 décembre suivant.

Simple discours de Paul-Louis Courier, vigneron de la Chavonnière. Arrêt de la Cour d'assises du 28 août 1821. (Point d'insertion au *Moniteur.*)

Simple rapprochement; écrit contenant le délit d'excitation à la haine et au mépris du Gouvernement de la République et à la haine des citoyens les uns contre les autres. Arrêt de la Cour d'assises de la Seine du 22 janvier 1849, confirmatif, sur opposition, d'un autre par défaut du 13 décembre 1848, qui condamne Bellanger, auteur dudit écrit, à six mois de prison et 200 fr. d'amende.

Situation de la France (Lettres sur la). Jugement correctionnel du 16 décembre 1820, et arrêt du 27 novembre suivant, qui en ordonnent la suppression.

Socialistes (les), ou *Rattier aux socialistes;* chanson politique. Arrêt de la Cour d'assises de la Seine qui condamne Durand (Louis-Charles), éditeur, à six mois de prison et 500 fr. d'amende, pour excitation à la guerre civile et attaque contre la propriété. Destruction des exemplaires saisis. Lemillé et Maignand, imprimeurs : acquittés. (L'arrêt est du 29 décembre 1849.)

Songe (le) trompeur; gravure obscène, dont la destruction a été ordonnée par arrêt du 14 janvier 1822. (Point d'insertion au *Moniteur.*)

Songe (le) de Marie-Louise; gravure séditieuse, dont la destruction a été ordonnée par arrêt du 25 février 1825. L'auteur, Né-Cardon, a été acquitté. (Insertion au *Moniteur* du 7 décembre 1826.)

Sopha (le), par Crébillon fils.

Strophes aux manes de Lallemand; écrit dont la destruction a été ordonnée par jugement du 14 décembre 1822. (Point d'insertion au *Moniteur.*)

Sainte-Nitouche. Outrage aux bonnes mœurs et à la morale publique. Destruction ordonnée par arrêt de la Seine, du 9 août 1842 (*Moniteur* du 15 déc. 1843).

Saints-Simoniens. Recueil de gravures obscènes. Destruction ordonnée par arrêt de la Seine, du 11 avril 1843 (*Moniteur* du 15 déc. 1843).

Scènes de la vie intime, ouvrage immoral. Destruction ordonnée par arrêt de la Seine, du 9 août 1842 (*Moniteur* du 15 déc. 1842).

Siége (le) du Paradis, ouvrage immoral. Destruction ordonnée par jugement de Senlis, le 9 décembre 1829. (Pas d'insertion au *Moniteur.*)

Soirées lubriques. Destruction ordonnée par arrêt de la Seine, du 9 août 1842 (*Moniteur* du 15 déc. 1843).

Source (la) du plaisir. La source des plaisirs, ouvrages licencieux et immoraux. Destruction ordonnée par arrêt du 9 août 1842 (*Moniteur* du 15 déc. 1843).

Sur la crise actuelle; lettre à S. A. R. le duc d'Orléans, par Cauchois-Lemaire; écrit dont la destruction a été ordonnée par jugement correctionnel, du 17 janvier 1828, confirmé par arrêt du 14 février suivant (*Moniteur* du 18 janv. 1829).

Surveillant (le) politique et littéraire. Deuxième cahier, article : *Quelques mots sur l'affaire de Wilfrid Regnault,* par Darmaing. Jugement correctionnel, du 17 juillet 1818.

Système de la nature et des lois du monde physique et moral, par le baron d'Holbach; ouvrage renfermant des outrages à la morale publique et aux bonnes mœurs. Domère (Paul), éditeur : condamné par jugement correctionnel, du 5 mars 1823, confirmé par arrêt du 29 mai suivant, à six mois de prison et 1,000 fr. d'amende (*Moniteur* du 26 mars 1825).

Système social, ou *Principe naturel de la morale et de la politique,* par le baron d'Holbach, ouvrage en deux volumes, dont la destruction a été ordonnée par jugement correctionnel, du 29 novembre 1822. Arrêt par défaut du 30 janvier 1823, et autre arrêt contradictoire, du 1er mars 1823 (*Moniteur,* 15 mars 1823 et 26 mars 1825).

Synode (le) conjugal, ouvrage en deux volumes, dont l'arrêt du 19 mai 1815 a ordonné la destruction. (Point d'insertion au *Moniteur.*)

Systema de la naturaliza. Arrêt du 15 novembre 1823, qui déclare bonne et valable la saisie de cet ouvrage.

Tableau (le) transparent, gravure séditieuse, dont la destruction est ordonnée, ainsi que de celle ayant pour titre : *Pour le père et pour le fils,* etc., par arrêt de la Cour d'assises, du 22 juin 1820, inséré au *Moniteur* du 15 août suivant.

Tablettes romaines, par le comte Joseph-Hippolyte de Santo-Domingo; ouvrage dont la destruction a été ordonnée par jugement correctionnel, du 23 mai 1824 et arrêt du 24 novembre suivant, comme contenant des outrages envers la religion de l'Etat et les ministres du culte (*Moniteur* du 26 mars 1825).

Tablettes romaines, par Antoine Aimée, condamné à trois

mois de prison et à 300 fr. d'amende par le tribunal correctionnel de la Seine, le 15 juillet 1824. Sur son appel, la Cour royale, par arrêt du 25 novembre 1824, a maintenu la condamnation pour un mois de prison et 300 fr. d'amende et ordonné la destruction de l'écrit comme outrageant la morale publique et religieuse (*Moniteur* du 26 mars 1825).

Tablettes universelles, 46e livraison, article intitulé : *Bulletin politique*, dont la destruction est ordonnée par jugement, du 24 décembre 1823, confirmé par arrêt de la Cour du 6 mai 1824 (*Moniteur* du 26 mars 1825).

Tableau de l'amour conjugal, avec figures obscènes. Outrage aux bonnes mœurs. Destruction ordonnée par arrêt du 8 juin 1843 (*Moniteur* du 3 déc. 1844).

Tant mieux : ça va mal.

Tante (ma) Geneviève, ouvrage dont la destruction a été ordonnée par jugement du 12 juillet 1827 et par arrêt du 5 août 1828.

Tape-Tape, ou *Mauri*.

Tapis (le).

Tartufes (les deux), ou l'*Incrédule*, roman en deux volumes, par Raban ; ouvrage dont la destruction est ordonnée par jugement correctionnel, du 10 décembre 1824, confirmé par arrêt du 14 mars 1825, qui condamne l'auteur à six mois de prison et 300 fr. d'amende (*Moniteur* du 26 mars 1825).

Touzai et Néadarmé, ou l'*Écumoire*, par Crébillon fils.

Temps (le) qui court, brochure condamnée par arrêt de la Cour d'assises, du 28 juin 1820 (*Moniteur* du 20 août 1820).

Théâtre gaillard, l'un des ouvrages saisis chez le libraire Rousseau, et dont la destruction a été ordonnée, par arrêt des 16 novembre 1822, et arrêt du 24 novembre 1836 (*Moniteur* du 26 juin 1836).

Thérèse philosophe, ouvrage obscène, destruction ordonnée par jugement correctionnel, du 25 février 1825 (*Moniteur* du 7 nov. 1826).

Thémidore, ou *mon histoire et celle de ma maîtresse* ; ouvrage obscène, dont la destruction est ordonnée par arrêt des 19 mai 1815 et 16 novembre 1822, inséré au *Moniteur* du 26 mars 1825.

Travaux (les) d'Hercule.

Travaux (les), ou *la Rocambole*.

Tysiphone. Arrêt de la Cour d'assises de la Seine, du 7 novembre 1835 ; provocation, non suivie d'effet, à détruire, à changer la forme du Gouvernement et à exciter les citoyens à s'armer contre l'autorité royale par ledit écrit ; Louis Barthel et Elisabeth Bastide : à un an de prison, 1,000 fr. d'amende, et Jean-Désiré Henel, imprimeur : à trois mois de prison, 200 fr. d'amende ; destruction (*Moniteur* du 26 juin 1836).

Valentine, ou *le Pasteur d'Uzès*, par Henri-Joseph-Victor Brahain Ducange ; ouvrage dont la destruction est ordonnée par arrêt de la Cour d'assises, du 26 juin 1821, qui condamne l'auteur à six mois de prison et 500 fr. d'amende (*Moniteur* du 24 mars 1822).

Veillée (une) de jeune fille, gravure licencieuse. Destruction ordonnée par arrêt de la Cour, du 9 août 1842 (*Moniteur* du 15 déc. 1843).

Vie du dandy en Europe, ouvrage immoral (*id.*).

Vie (la) du soldat (id.).

Vingt ans de la vie d'un jeune homme (id.).

Vingt ans de la vie d'une femme (id.).

Variétés historiques. Arrêt de la Cour d'assises du 13 juin 1820. (Point d'insertion au *Moniteur*.)

Vénus en rut.

Vénus physique.

Vérité (la) sur le parti démocratique. Arrêt de la Cour d'assises de la Seine, du 8 décembre 1840, confirmé par arrêt du 8 janvier 1841 : délits d'apologie de faits qualifiés crimes par la loi, attaque contre la propriété. Thoré, auteur de l'article, un an de prison et 1,000 fr. d'amende : destruction de l'ouvrage (*Moniteur* du 12 mars 1842).

Vie (ma) de garçon. Jugement correctionnel, du 12 juillet 1827, qui ordonne la destruction de cet ouvrage licencieux, et qui est confirmé par arrêt du 5 août 1828 (Point d'insertion au *Moniteur*).

Vie privée de Louis XV.

Vie privée de Marie-Antoinette.

Vie voluptueuse des capucins et des nonnes.

Vierges (les) nouvelles, ou *la Nuit aux aventures*, un volume in-18.

Vingt et un janvier. Arrêt de la Cour d'assises, du 17 mars 1820, qui ordonne la destruction de la *Lettre normande* relative au service funèbre de ce jour, comme provoquant à la désobéissance à la loi portant que ce jour sera férié.

Voix (la) de la famine. Arrêt de la Cour d'assises de la Seine, du 5 février 1847, qui acquitte Maistrasse (Auguste-Constant), imprimeur (*Moniteur* des 9 août et 9 novembre 1847).

Volupté (la) prise sur le fait.

Vous avez la clef, gravure dont la destruction a été ordonnée par arrêt du 14 septembre 1821. (Point d'insertion au *Moniteur*.)

Vues arrachées à un homme d'État, 2e édition augmentée d'une note...., du 21 déc. 1816.

Wilfort (les confessions du chevalier de). Jugement correctionnel, du 12 juillet 1827, confirmé par arrêt, du 5 août 1828, qui ordonne la destruction de cet ouvrage. (Pas d'insertion au *Moniteur*).

Depuis 1850, les insertions au *Moniteur*, prescrites par l'art. 26 de la loi du 26 mai 1819, ayant cessé d'être faites d'une manière officielle, la continuation de ce Catalogue par l'indication des ouvrages condamnés après 1850 jusqu'en 1856 n'eût été d'aucune utilité au point de vue de l'application de l'art. 27 de la loi du 26 mai 1819, et n'aurait pu d'ailleurs être qu'inexacte en l'absence de renseignements officiels. Ce double motif nous a paru plus que suffisant pour nous arrêter dans le relevé des condamnations qui, depuis 1850, n'ont été parfois mentionnées officieusement dans les colonnes du *Moniteur* que comme des nouvelles ordinaires.

TABLE ANALYTIQUE

ALPHABÉTIQUE

DES CRIMES, DÉLITS ET CONTRAVENTIONS DE LA PAROLE, DE L'ÉCRITURE,

DE LA PRESSE ET DE TOUS AUTRES MOYENS DE PUBLICATION.

AVERTISSEMENT.

Les infractions commises par la voie de la presse ou par tous autres moyens de publication ont été alphabétiquement classées dans la table analytique en *crimes*, *délits* et *contraventions*.

Toutefois, la théorie de cette division, reproduite du Code pénal, ayant subi dans les lois dites de presse, une notable modification, il est indispensable de déterminer la véritable portée des expressions de la loi pour que leur application n'en paraisse pas arbitraire.

Si, dans le Code pénal, la nature des peines applicables détermine d'une manière nette et pratique la nature des méfaits et leur qualification légale, s'ils sont *crimes*, *délits* ou *contraventions*, dès lors que la peine est *criminelle*, *correctionnelle* ou de *simple police*, il n'en est plus de même dans la législation de la presse.—Cessant ici de tenir compte de la *nature* du châtiment, pour ne s'attacher qu'au caractère *intentionnel* ou *matériel* de l'acte, le législateur frappe de la peine des *délits* des faits qu'il qualifie formellement de *contraventions*, et crée ainsi une classe intermédiaire, qui se confond avec les *délits* par la gravité de la peine, et n'est qu'une *contravention* par la nature de l'acte en lui-même.

A quel signe reconnaître le caractère de chaque infraction ? D'après quel système de classement seront-elles réparties dans leur catégorie respective, et suivant quel principe seront-elles considérées comme *crimes*, *délits* ou *contraventions* ?

Quant aux crimes, délits et contraventions *proprement dits*, pas de difficultés.—L'embarras n'existe que pour cette classe intermédiaire de *contraventions* que la loi punit d'un châtiment correctionnel, en effet la pénalité cessant alors d'être un indice distinctif du caractère de la faute, il faut chercher dans l'intention de l'agent ou dans la nature de l'acte en lui-même la règle de méthode pour déterminer son exacte qualification, et distinguer les délits intentionnels, de ceux non intentionnels que la loi qualifie de *contraventions* (1).

« A la différence des délits de presse, dit à ce sujet; « M. Chassan (t. 1, p. 500), les *contraventions*, en matière « de presse, n'ont rien de commun avec la nature et le sens « de l'écrit ou de la parole; elles consistent uniquement dans « le défaut *matériel* d'accomplissement d'une obligation, ou « dans la violation *matérielle* d'une formalité, d'une inter- « diction imposée par la loi » (1).

Cette distinction est vraie, elle a été le *criterium* suivi dans la confection de cette table analytique ; en conséquence, toutes les fois que la loi, par une expression positive et formelle, n'a point spécifié la nature de l'infraction, elle a été considérée comme une *contravention* ou un *délit*, suivant que l'élément punissable s'est trouvé être *extérieur* ou *intérieur* à l'agent. En d'autres termes, lorsque le fait ne violait qu'une mesure préventive de police ou la disposition réglementaire d'une profession prescrivant des formalités ou prononçant une défense, il a été classé parmi les *contraventions*, sans égard pour la peine applicable, mais lorsqu'indépendamment de toute loi de police, l'acte était en lui-même l'expression agressive ou frauduleuse d'une pensée *méchante*, et *nuisible* au double point de vue des intérêts individuels et sociaux. La théorie du droit commun a repris son empire et l'infraction a été portée dans la catégorie des *crimes* ou des *délits* suivant la nature *criminelle* ou *correctionnelle* de la peine encourue. Voilà quelle a été notre règle (2).

Ainsi se justifient la classification adoptée et la division des infractions de presse en *crimes*, *délits* et *contraventions* lesquelles ont été distinguées en *contraventions correctionnelles* et *contraventions de simple police*.

---

(1) Les délits non intentionnels, remarque M. Ortolan dans son nouvel ouvrage, intitulé *des Éléments de droit pénal*, portent dans plusieurs textes de nos lois, surtout dans les lois spéciales et dans le langage pratique qui s'y réfère, le nom de contravention ; ce mot paraissant indiquer le simple fait matériel d'être venu contre la loi (*Contrevenir*), abstraction faite de l'intention, p. 247, § 610.

(1) *Les délits de publication* consistent toujours dans une manifestation d'opinion par l'un des moyens, à l'aide desquels il est donné à l'homme de reproduire sa pensée. L'appréciation morale ne porte pas sur le fait matériel de cette manifestation, sur son mode de publicité : elle comprend l'opinion qui a été manifestée, ses motifs, son but, ses conséquences, et l'intention de celui qui l'a publiée.

Les contraventions, au contraire, ne consistant jamais que dans l'infraction matérielle à la disposition de la loi, et étant dépouillées de tout caractère d'intention et de moralité, ne donnent lieu à d'autre appréciation que celle de l'existence matérielle de cette infraction ; elles peuvent être commises de bonne foi, par négligence, et souvent même contre l'intention de leurs auteurs (De Grattier, t. Ier, p. 400).

(2) *V.* l'avertissement qui précède le livre III.

TABLE ANALYTIQUE
ALPHABÉTIQUE
DES CRIMES, DÉLITS ET CONTRAVENTIONS DE LA PAROLE, DE L'ÉCRITURE, DE LA PRESSE ET DE TOUS AUTRES MOYENS DE PUBLICATION.

N° D'ORDRE.	QUALIFICATION DES INFRACTIONS.	COMPÉTENCE.	PEINES ENCOURUES.	APPLICABILITÉ de l'art. 463.	OBSERVATIONS.
	DES CRIMES (1).				
1	**Attentat** dont le but est d'exciter la guerre civile en portant les citoyens ou habitants à s'armer les uns contre les autres, ou de porter la dévastation, le massacre et le pillage dans une ou plusieurs communes. C. pén., art. 91, § 1er, p. 97.	Cour d'assises. — Art. 251, C. d'instr. crim. Art. 15, L. 26 mai 1819, p. 158.	*Mort.*—(Dégradation civique.—Interdiction légale.—Incapacité de recevoir.) C. pén., 91, p. 97; L. 31 mai 1854, art. 2.	Applicable aux crimes. *V.* art. 463, p. 133.	La peine de mort n'est-elle pas remplacée par la déportation dans une enceinte fortifiée ? Cela paraît certain si l'attentat a un but politique;—d'après l'art. 2 de la loi du 8 juin 1850, et si l'art. 5 de la Constitution du 4 nov. 1848 est encore en vigueur. — *V. Droit Constitutionnel* de M. Félix Berriat – Saint-Prix, n°° 462 à 471, 1427 et p. 776.
	Complot dans le même but, suivi d'actes préparatoires (discours, écrits, proclamations). C. pén., art. 91, § 2, et art. 89, § 1er, p. 97.	Id.	*Déportation simple.* — (Dégradation civique.—Interdiction légale.—Incapacité de recevoir.) C. pén., 91, p. 97; L. 31 mai 1854, art. 2.	Id.	
	Non suivi d'actes préparatoires. C. pén., art. 91, § 2.—*V.* 89-2°, p. 97.	Id.	*Détention de 5 à 20 ans.*—(Dégradation civique.—Interdiction légale.—Surveillance à vie.) Mêmes lois, p. 97.	Id.	
	Proposition du même complot. C. pén., art. 91-2°, 89-4°, p. 97.	Id.	*Prison de 1 à 5 ans.* — (Interdiction civique.—Surveillance pendant un temps égal à celui de l'emprisonnement. C. pén., 91-2°, 89-4°, 49.—*V.* p. 97.	Id.	
2	**Engager** les défenseurs de la patrie à quitter leurs drapeaux, sans être embaucheur pour l'ennemi ou pour les rebelles. L. 4 niv. an 4, art. 3, p. 87.	Cours d'assises. Cass. 12 oct. 1820, 22 août 1822, 17 juin 1831. *V.* p. 87, n° 398.	*Détention pendant 9 ans.* L. 4 niv. an 3, p. 87.	Applicable aux crimes. *V.* p. 133.	La juridiction compétente, suivant l'art. 6 de la loi du 4 niv., serait cependant les conseils de guerre.—*V.* p. 87, n° 398.
3	**Faux témoignage** en matière criminelle pour ou contre l'accusé, ou subornation de témoin avec ou sans récompense en argent ou en promesse. Art. 361-1°, 364-3°, 365, C. pén.	Cour d'assises. Art. 251, C. d'inst. crim., p. 158.	*Travaux forcés de 5 à 20 ans.*—Confiscation des valeurs reçues.—(Dégradat. civique.—Interd. légale.—Surv. à vie.) Art. 361-1°, 364-3°, 365, 28, 29, 48, C. pén.	Id.	La subornation étant la simple complicité du faux témoignage, elle n'est punissable que lorsque le faux témoignage a eu lieu. Cass. 18 fév. 1813. — La confiscation des valeurs reçues pour faux témoignage en matière crimin. doit être prononcée par analogie de l'art. 364, dont le silence à cet égard est un vice de rédaction.
	Mêmes crimes ayant occasionné la condamnation de l'accusé à mort, Aux travaux forcés à perpétuité, A la déportation. Art. 361-2°, 364-3°, 365, C. pén.—*V.* p. 115, 116.		*Mort.*—Confiscation des valeurs reçues. *Travaux forcés à perpétuité.*—Confiscation des valeurs. *Déportation simple.*—Confiscation des valeurs reçues, et dans les trois cas ci-dessus (Dégradation civique. — Interdiction légale.—Incapacité de recevoir). Art. 361-2°, 364-3°, 365, 28, 29, C. pén.		
	Avec ou sans récompense, en argent ou en promesse.—Art. 364.				
4	**Faux témoignage** ou subornation de témoin en matière correctionnelle pour ou contre l'accusé, Art. 362-1°, C. pén.—*V.* p. 115, 116.	Id.	*Réclusion de 5 à 10 ans.*—(Dégradation civique.—Interdiction légale.—Surveillance à vie). Art. 362-1°, 28, 29, 48, C. pén.	Id.	
	Même crime en matière civile. Art. 363, 365, C. pén.—*V.* p. 115 et 116.	Id.	Idem.	Id.	»
	Même crime en matière de police. Art. 362-2°, 365, C. pén. — *V.* p. 115, 116.	Id.	*Emprisonnement 1 à 5 ans.*—(Dégradation jusqu'à réhabilitation). Art. 362-2°, 365, C. pén.	Id.	

(1) NOTE GÉNÉRALE, *commune à tous les crimes commis par la voie de la presse périodique :* Une condamnation pour crime entraîne de plein droit la suppression du journal dont les gérants ont été condamnés, art. 52, décret du 17 février 1852, p. 134.

N° D'ORDRE.	QUALIFICATION DES INFRACTIONS-	COMPÉTENCE.	PEINES ENCOURUES.	APPLICABILITÉ de l'art. 463.	OBSERVATIONS.
5	**Faux témoignage** en matière civile ou correctionnelle, avec récompense, en argent ou en promesse. Art. 364-1°, 3°, 365, C. pén.—*V.* p. 115, 116.	Cour d'assises. Art. 231, C. d'inst. crim., p. 138.	*Travaux forcés de 5 à 20 ans.*—Confiscation des valeurs reçues.—(Dégradation civique.—Interdict. légale.—Surveillance à vie.) Art. 364-1°-2°, 365, 28, 29, 48, C. pén.	Applicable aux crimes, p. 133.	»
6	**Faux témoignage** en matière de police, avec récompense en argent ou en promesse. Art. 364-2°-3°, 365, C.pén.—*V.* p. 115, 116.	Id.	*Réclusion de 5 à 10 ans.*—Confiscation des valeurs reçues.—(Dégrad. civique.—Interdict. légale.—Surveillance.) Art. 364-2°-3°, 365, 28, 29, 48, C. pén.	Id.	»
7	**Prestation de faux serment**, déféré ou référé en matière civile. Art. 366, C. pén.—*V.* p. 115, 116.	Id.	*Dégradation civique.*— Prison de 0 à 5 ans pour les citoyens, et de 1 jour à 5 ans pour les non citoyens. Art. 366, 35, C. pén.	Id.	»
8	**Menace écrite** (anonyme ou signée). — D'attentat personnel punissable de peine perpétuelle (Mort, travaux forcés à perpétuité, déportation). — Avec ordre de déposer une somme d'argent dans un lieu indiqué, ou de remplir toute autre condition. Art. 305, C. pén.	Id.	*Travaux forcés de 5 à 20 ans.*—Dégradation civique. — Interdiction légale. —Surveillance à vie. Art. 365, C. pén., 28, 29, 48, C. pén.	Id.	Ce crime de droit commun peut se classer parmi les crimes dits de presse par la nature des moyens employés pour le commettre (les écrits).
	Même menace écrite sans condition ou même menace verbale avec condition. Art. 306, 307 et 308, C. pén.	Id.	*Délit.*—*V.* n. 63 *bis.*	Id.	
9	**Menace écrite** d'incendier une habitation ou toute autre propriété avec ordre de déposer une somme d'argent dans un lieu indiqué, ou de remplir toute autre condition. Art. 436 et 305, C. pén.	Id.	Idem.	Id.	Idem.
	Même menace écrite sans condition ou même menace verbale avec condition. Art. 496, 306 et 307, C. pén.	Id.	*Délit.*—*V.* n. 63 *bis.*	Id.	
10	**Outrage** fait publiquement d'une manière quelconque à raison de leurs fonctions ou de leur qualité : 1° A un député ou sénateur ; 2° A un fonctionnaire public ; 3° A un ministre de l'un des cultes salariés ; 4° A un juré à raison de ses fonctions ; 5° A un témoin à raison de sa déposition, Accompagné de coups, suivis d'effusion de sang, de blessures ou de maladies. Art. 6, §§ 1, 2, 4, L. 25 mars 1822; et art. 5, décret 11 août 1848, p. 91 et 113.	Cour d'assises. Art. 231, C. d'instr. crim. Art. 13, L. 26 mai 1819, p. 138.	*Réclusion de 5 à 10 ans.*—(Dégradation civique.—Interdiction légale.—Surveillance à vie.) Art. 6, § 4, de la loi du 25 mars 1822, p. 91 et 113 ; et art. 28 et 29, C. pén.	Applicable aux crimes. Art. 14, L. 22 mars 1822, p. 133.	»
	Même crime ayant causé la mort dans les quarante jours. Art. 6, §§ 1, 2, 4, L. 25 mars 1822; et art. 5, décret du 11 août 1848, p. 91 et 113.	Id.	*Travaux forcés à perpétuité.*—(Dégradation civique. — Interdiction légale. — Incapacité de recevoir.) Art. 6, § 4, L. 25 mars 1822; art. 231, 28 et 29, C. pén., p. 91 et 113; L. 31 mai 1853, art. 2.)	Id.	
	Même crime de guét-apens avec préméditation même sans blessures. Art. 6, §§ 1, 2, 4, L. 25 mars 1822; art. 5, décret du 11 août 1848, p. 91 et 113.	Id.	*Réclusion de 5 à 10 ans.*—(Dégradation civique.— Interdiction légale.— Surveillance à vie.) Art. 6, § 4, L. 25 mars 1822; art. 232, C. pén., p. 91 et 113, art. 28 et 29 et art. 47, C. pén.	Id.	

(1) NOTE GÉNÉRALE, *commune à tous les crimes commis par la voie de la presse périodique :* Une condamnation pour crime entraîne de plein droit la suppression du journal dont les gérants ont été condamnés, art. 32 du décret du 17 février 1852, p. 134.

N° D'ORDRE.	QUALIFICATION DES INFRACTIONS.	COMPÉTENCE.	PEINES ENCOURUES.	APPLICABILITÉ de l'art. 463.	OBSERVATIONS.
10 (Suite.)	Même crime commis avec intention de donner la mort. Art. 6, §§ 1, 2, 4, L. 25 mars 1822; art. 5, décret du 11 août 1838, p. 91 et 113.	C. d'assises. Art. 231, C. d'instr. crim. Art. 13, L. 26 mai 1819, p. 138.	*Mort.* — (Dégradation civique. — Interdict. légale. — Incapacité de recevoir.) Art. 6, § 4, L. 25 mars 1822, art. 233, C. pén., p. 91 et 113, et art. 2°, L. 31 mai 1854.	Applicable aux crimes. Art. 14, L. 25 mars 1822, p.133.	»
11	**Outrage** en frappant non publiquement un ministre d'un culte dans ses fonctions. Art. 263 du C. pén., p. 113.	Id.	*Dégradation civique.* — Prison de 0 à 5 ans pour les citoyens. Prison de 1 jour à 5 ans pour les étrangers ou les Français ayant perdu la qualité de citoyen. C. pén., art. 263, p. 113, et art. 35 du C. pén.	Id. V. art. 463, C. pén., p. 133.	Si l'outrage était public il rentrerait dans l'un des cas spécifiés par l'art. 6 de la loi de 1822. — V. ci-dessus n° 10 et n° 77, au mot *Outrage*.
12	**Outrage** en frappant à l'audience un magistrat dans l'exercice ou à l'occasion de l'exercice de ses fonctions. Art. 228-2°, art. 229-1°, C. pén., p. 120.	Id.	*Dégradation civique* jusqu'à réhabilitation. Prison de 2 à 5 ans. — Eloignement de 2 myriam. du siége pendant 0,5 ou 10 ans. Art. 228-2° et 229, C. pén., p. 120.	Id.	»
13	**Outrage** en frappant un magistrat, un officier ministériel, un agent de la force publique ou un citoyen chargé d'un service public, dans l'exercice ou à l'occasion de l'exercice de leurs fonctions, ministère ou service, si ces coups ont été cause d'effusion de sang, blessures ou maladies. Art. 231, 228, 230 du C. pén., p. 120, 109 et 111.	Id.	*Réclusion de 5 à 10 ans.* (Dégradation civique.— Interdiction légale.— Surveillance à vie.) Art. 251-28, 29 et 47, C. pén.—*V.* p. 109, 111, 120.	Id.	»
	Même crime de guet-apens, avec préméditation, même sans blessure. Art. 232, C. pén., p. 109 111, 120,	Id.	*Réclusion de 5 à 10 ans.* (Dégradation civique.— Interdiction légale.— Surveillance à vie.) Art. 232, 28, 29 et 47 du C. pén. *V.* p. 109, 111, 120.	Id.	
14	**Provocation**, par l'un des moyens de publication énoncés en l'art. 1 de la loi du 17 mai 1819, à commettre toute action qualifiée crime par la loi. Art. 1, L. 17 mai 1819, p. 85.	Id.	*Le provocateur* sera reputé complice et puni comme tel. Art. 1, L. 17 mai 1819, p. 85. Suppression ou destruction des objets saisis ou à saisir, suivant qu'il y a lieu pour l'effet de la condamnation. — Impression et affiches facultatives de l'arrêt. Art. 26, L. 26 mai 1819.—*V.* p. 131.	Applicable aux crimes. V. art. 8, décret du 11 mars 1848, p. 134.	Lorsque la provocation a lieu par la voie d'un journal, l'amende, s'il en est prononcé, ne sera jamais moindre du double du minimum et pourra être élevée au double du maximum. — Art. 10, L. 9 juin 1819; et art. 14, L. 18 juill. 1828. — *V.* p. 131, 132.
	Si le crime auquel on a provoqué est un de ceux prévus par les art. 87 et 91 du C. pén., et si la provocation a eu lieu par la voie d'un journal. Art. 15, § 2, L. 27 juillet 1849, p. 133, 85, 97.	Id.	Le journal pourra être en outre suspendu de 10 jours à 2 mois. Art. 15, § 2, L. 27 mai 1849, art. 15, L. 28 juill. 1828, p. 134 et 133, 85 et 97.	Id.	
15	**Provoquer ou faciliter** le rassemblement des insurgés, dans un mouvement insurrectionnel par distribution d'ordres ou de proclamations, soit par le port de drapeaux ou autres signes de ralliement, soit par tout autre moyen d'appel. Art. 9, § 2, L. 24 mai 1834, p. 88.	Id.	*Détention de 5 à 20 ans.*— (Dégradation civique.— Interdiction légale.—Surveillance à vie.) Art. 9, L. 24 mai 1834, art. 28, 29, 34, 36, C. pén.—*V.* p.88	Id.	Ce crime, prévu par une loi spéciale rentre dans la catégorie du crime de provocation, prévu et puni par les lois de la presse lorsqu'il a lieu par le moyen de la parole, de l'écriture ou de la presse.
	Menaces dans le même cas, pour empêcher la convocation ou la réunion de la force publique. Même article, p. 88.	Id.	Même peine.	Id.	
16	**Provocation directe** à la désobéissance aux lois ou autres actes de l'autorité, ou tendant à soulever ou armer	Id.	*Bannissement de 5 à 10.*—(Dégradation civique. — Interdiction légale.—Surveillance à vie.)	Id. V. art. 463, p. 134.	Lorsque la provocation n'a été suivie d'aucun effet elle est

NOTE GÉNÉRALE, *commune à tous les crimes commis par la voie de la presse périodique :* Une condamnation pour crime entraîne de plein droit la suppression du journal dont les gérants ont été condamnés, art. 32 du décret du 17 février 1852, p. 134.

N° D'ORDRE.	QUALIFICATION DES INFRACTIONS.	COMPÉTENCE.	PEINES ENCOURUES.	APPLICABILITÉ de l'art. 463.	OBSERVATIONS.
	une partie des citoyens contre les autres par un ministre du culte, dans un discours prononcé en assemblée publique et dans l'exercice de son ministère, lorsque la provocation a été suivie de désobéissance sans sédition. Art. 201 et 202 du C. pén., p. 97, 93, 87.		Art. 202, 28, 29, 48 du C. pén. p. 97, 87, 93.		un simple délit, n° 93. — V. *Provocation.*
16	Lorsque la provocation a été suivie de sédition entraînant contre un des coupables : La mort. Les travaux forcés à perpétuité. La déportation. Les travaux forcés à temps. La détention. La réclusion. Art. 202, 203, C. pén. — V. p. 97, 93, 87.	Cour d'assises. Art. 251, C. d'instr. crim. Art. 19, L. 26 mai 1819, p. 138.	On appliquera au ministre coupable de la provocation : La mort. { Dégradation civique. Les travaux forcés à perpétuité. } Interdiction légale. Incapac. de recevoir. La déportation. Les travaux forcés à temps. } Dégradation civique. La détention. { Interdiction légale. La réclusion. { Surveillance à vie. Art. 202, 203, 28, 29, C. pén. — V. p. 87, 93, 97.	Applicable aux crimes. V. art. 463, p. 134.	
17	**Provocation directe** à la désobéissance aux lois ou autres actes de l'autorité ou tendant à soulever ou armer une partie des citoyens contre les autres, par un ministre du culte, dans un écrit publié, contenant des instructions pastorales en quelque forme que ce soit. Même sans effet, ou suivie de désobéissance sans sédition. Art. 204, 205, p. 87, 93, 97. Lorsque la provocation a été suivie de sédition entraînant contre un des coupables : La mort. Les travaux forcés à perpétuité. La déportation. Les travaux forcés à temps. La détention. La réclusion. Art. 204, 205, 206, C. pén., p. 87, 93, 97.	Id. Id.	*Détention de 5 à 20 ans.* — (Dégradation civique. — Interdiction légale. — Surveillance à vie.) Art. 205, 28, 29, 34, 36, C. pén. — V. p. 87, 97. On appliquera au ministre coupable de la provocation : La mort. { Dégradation civique. Les travaux forcés à perpétuité. } Interdiction légale. Incapac. de recevoir. La déportation. Les travaux forcés à temps. } Dégradation civique. La détention. { Interdiction légale. La réclusion. { Surveillance à vie. Art. 204, 205, 206, C. pén. V. p. 87, 93, 97.	Id. Id.	» »
18	**Publication** par un ministre du culte de tout écrit contenant des instructions pastorales en quelque forme que ce soit, et dans lequel il se sera ingéré de critiquer ou censurer, soit le Gouvernement, soit tout acte de l'autorité publique. Art. 204, C pén. — V. p. 93.	Id.	*Bannissement de 5 à 10 ans.* — (Dégradation civique. — Interdiction légale et surveillance.) Art. 204, 28, 29, 48. C. pén. V. — p. 93.	Id.	»
19	**Publication ou distribution** d'écrit imprimé sans indication vraie des noms, profession et demeure de l'auteur ou de l'imprimeur (art. 283, C. pén.), contenant quelques provocations à des crimes ou délits. Art. 285, C. p. — V. p. 85. En cas de révélation de la personne qui a donné l'écrit à publier. Art. 285, C. pén., p. 85. La peine de la complicité, même en cas de révélation reste applicable à ceux qui n'ont pas révélé, et à l'imprimeur s'il est connu. Art. 285, C. pén. — V. p. 85.	Id. Trib. correct. Art. 179, C. d'instr. crim., p. 138.	*Les crieurs, vendeurs, afficheurs et distributeurs,* seront punis comme complices des provocateurs. Confiscation des exemplaires saisis. Art. 285 et 286, C. pén. — V. p. 85. *Prison, de 6 jours à 3 mois.* — Confiscation des exemplaires saisis. Art. 285 et 286, p. 85. Dans tous les cas, l'auteur, s'il est connu, subira le maximum de la peine. Art. 289. — V. p. 85. Peines accessoires de l'art. 26, L. 26 mai 1849. — V. n° 14.	Id. Id.	L'art. 1 de la loi du 17 mai 1819 n'abroge pas et ne se substitue pas à l'art. 285, du C. pénal et le confirme en étendant ses dispositions à des moyens de publication que n'avait pas prévus cet art. 285. Les peines accessoires de l'art. 26 de la loi du 26 mai 1819, sont applicables pour assurer l'effet de la condamnation. — V. n° 14.

NOTE GÉNÉRALE, *commune à tous les crimes commis par la voie de la presse périodique :* Une condamnation pour crime entraîne de plein droit la suppression du journal dout les gérants ont été condamnés, art. 32 du 17 février 1852, p. 134.

N° D'ORDRE.	QUALIFICATION DES INFRACTIONS.	COMPÉTENCE.	PEINES ENCOURUES.	APPLICABILITÉ de l'art. 463.	OBSERVATIONS.
	DES DÉLITS (1).				
»	**Adhésion** publique à une autre forme de Gouvernement. — Suivant les moyens employés, le fait peut constituer un délit d'attaque ou des cris séditieux.	»	V. *Attaques*, nᵒˢ 21, 22 et 23. V. *Cris séditieux*, nᵒ 39.	»	La loi abrogée du 9 sept. 1835, art. 7, prévoyait spécialement ce délit. — V. p. 98.
20	**Apologie** par l'un des moyens de publication de l'art. 1 de la loi du 17 mai 1819, de faits qualifiés crimes ou délits par la loi pénale. L. 27 juill. 1849, art. 3, §2. — V. p. 104. ——— Commis par d'autres moyens, ce délit n'est pas puni.	Tribunal correctionnel. Art. 25 du décret du 17 fév. 1852. V. p. 138.	*Prison,* 1 *mois à* 2 *ans.* — Amende, 16 fr. à 1,000 fr. *Peines accessoires.* — Suppression ou destruction des objets saisis ou à saisir, en tout ou en partie, suivant qu'il y a lieu, pour assurer l'effet des condamnations. Facultativement, impressions et affiches de la décision. Art. 3, L. 27 juill. 1849, art. 26, L. 26 mai 1819. V. — p. 104 et 131.	Applicable. V. art. 8, décret du 11 août 1848, p. 134.	Lorsque le délit est commis par la voie d'un journal, amende de 32 fr. à 2000 fr. Art. 10, L. 9 juin 1819 et art. 14, L. 18 juillet 1828. — V. p. 151.
21	**Attaques** par l'un des moyens de publication de l'art. 1 de la loi du 17 mai 1819, contre *les droits et l'autorité* que le président de la République, aujourd'hui l'Empereur, tient de la Constitution. Art. 1, L. 27 juill. 1849, et art. 1 du décret du 11 août 1848. — V. p. 90. ——— Commis par d'autres moyens, ce délit rentre dans la classe des offenses.	Id.	*Prison,* 3 *mois à* 5 *ans.* — Amende, 300 fr. à 6,000 fr. *Peines accessoires.* — Suppression ou destruction des objets saisis ou à saisir, en tout ou en partie, suivant qu'il y a lieu pour assurer l'effet des condamnations. Facultativement, impressions et affiches de la décision. Art. 1, décret du 11 août 1848, art. 1, L. 27 juill. 1849 et art. 26, L. 26 mai 1819. V. — p. 90 et 131.	Applicable. Art. 23, L. 27 juillet 1849. V. p. 134.	Lorsque le délit est commis par la voie d'un journal, amende de 600 f. à 12,000 fr. Lois citées ci-dessus. ——— Commis par d'autres moyens, ce délit rentrerait dans la classe des offenses. — V. n. 64.
22	**Attaques** par l'un des moyens de publication de l'art. 1 de la loi du 17 mai 1849, *contre la dignité impériale* (comme droit de l'Empereur en vertu du S.-C. du 7 nov. 1852, et attribut de son autorité.) Même délit que ci-dessus. — V. p. 90.	Id.	Même peine.	Id.	Idem.
23	**Attaques** par l'un des moyens de publication de la loi du 17 mai 1819, *contre la Constitution, les institutions républicaines,* aujourd'hui impériales, et comprenant *l'ordre de successibilité au trône* en vertu du S.-C. du 7 nov. 1852, contre le principe de *la souveraineté du peuple et du suffrage universel.* Art. 1, décret du 11 août 1848, et S.-C. du 7 nov. 1852, art. 2. — V. p. 100.	Id.	*Prison,* 3 *mois à* 5 *ans.* — Amende, 500 fr. à 6,000 fr. *Peines accessoires.* — Suppression ou destruction des objets saisis ou à saisir, en tout ou en partie, suivant qu'il y a lieu pour assurer l'effet des condamnations. Facultativement, impressions et affiches de la décision. Art. 1, décret du 11 août 1848 et art. 26, L. du 26 mai 1819. V. p. 100.	Applicable. Art. 8, décr. du 11 août 1848, p. 134.	Si le délit a lieu par la voie d'un journal, l'amende sera double. Art. 10, L. 9 juin 1819 et art. 14, L. 18 juillet 1828. — V. p. 131.
24	**Attaque** par l'un des moyens de publication du 17 mai 1819, contre *la forme et le principe de Gouvernement.* ——— Jusqu'à un certain point ce délit rentre dans la classe des attaques des nᵒˢ 22 et 23 ci-dessus.	Id.	Id. V. p. 93, 94 et notes.	Id.	Idem.
25	**Attaques** *contre la liberté des suffrages,* en déterminant ou tendant à déterminer un électeur à s'abstenir de voter, soit en influençant son vote par menaces, violences ou voies de fait, soit en lui faisant craindre de perdre son emploi, ou d'exposer à un dommage sa fortune ou sa famille. Art. 39, décret électoral du 2 fév. 1852. — V. p. 100.	Id. Art. 48, décr. électoral du 2 fév. 1852. V. p. 100.	*Prison,* 1 *mois à* 1 *an.* — Amende, 100 fr. à 2,000 fr. pour les non fonctionnaires. *Prison,* 2 *mois à* 2 *ans.* — Amende, 200 fr. à 4,000 fr. pour les fonctionnaires. Art. 39, décret électoral du 2 février 1852. V. p. 100.	Applicable. Art. 48, décret du 2 févr. 1852. V. p. 100.	Ce délit, prévu par une loi spéciale, peut se classer parmi les délits de presse à cause des moyens employés pour le commettre. — La parole ou les écrits.

(1) NOTE GÉNÉRALE *pour les délits de la presse ;* Après une condamnation pour délit de presse contre le gérant responsable, le Gouvernement a, pendant les deux mois qui suivent la condamnation, le droit de supprimer ou de suspendre le journal, art 32 du décret du 17 février 1852. — V. p. 134.

N° D'ORDRE.	QUALIFICATION DES INFRACTIONS.	COM-PÉTENCE.	PEINES ENCOURUES.	APPLI-CABILITÉ de l'art. 463	OBSERVATIONS.
26	**Attaque ou atteinte** *à la liberté des suffrages* en surprenant ou détournant des suffrages, déterminant un ou plusieurs électeurs à s'abstenir de voter, à l'aide de fausses nouvelles, bruits calomnieux ou autres manœuvres frauduleuses. Art. 40, décret électoral du 2 fév. 1852. — *V.* p. 100. Lorsque le délit a eu lieu par voie de publication on applique l'art. 26 de la loi du 26 mai 1819.	Tribunal correctionnel. Art. 48, décr. électoral du 2 février 1852. *V.* p. 100.	*Prison, 1 mois à 1 an.* — Amende, 100 à 2,000 fr. Art. 40, décret électoral du 2 fév. 1852. *V.* p. 100. *Peines accessoires.* — Suppression ou destruction des objets saisis ou à saisir, en tout ou en partie, suivant qu'il y a lieu pour assurer l'effet des condamnations. Facultativement, impressions et affiches de la décision. Art. 26, L. 26 mai 1819. — *V.* p. 131.	Applicable. Art. 48, décret du 2 fév. 1852. *V.* p. 100.	Si la publication des fausses nouvelles a lieu par la voie d'un journal, l'amende pourra être double. Et sera de 200 fr. à 4,000 fr. — *V.* n° 20 les lois citées. Voir l'observation des n°s 25 et 28.
27	**Attaque ou atteinte** *portée à l'exercice du droit électoral* ou à *la liberté du vote* par clameurs, démonstrations menaçantes ou attroupements, et trouble apporté dans les opérations électorales. Art. 41, décret électoral du 2 fév. 1852. — *V.* p. 100.	Id.	*Prison, 3 mois à 2 ans.* — Amende, 100 fr. à 2,000 fr. Art. 41, décret électoral du 2 fév. 1852. — *V.* p. 100.	Id.	Voir l'observation des n°s 25 et 28.
28	**Attaque ou atteinte** *portée à la liberté du vote,* en empêchant un ou plusieurs électeurs d'exercer leurs droits civiques par menaces, voies de fait ou attroupement. Art. 109, C. pén. — *V.* p. 99.	Id.	*Prison, 6 mois à 2 ans.* — Interdiction de vote et d'être éligible. Art. 109, C. pén. — *V.* p. 93.	Applicable aux délits de droit communs.	Ce délit de droit commun, rentre dans la catégorie des attaques contre le suffrage universel, punies par une loi spéciale de la presse. — *V.* n° 25.
29	**Attaque ou atteinte** portée *au libre exercice du droit électoral,* en retardant ou empêchant par des menaces ou voies de fait les opérations électorales. Art. 45, décret 2 fév. 1852. — *V.* p. 100.	Id.	*Prison, 1 mois à 1 an.* — Amende, 100 fr. à 2,000 fr. Art. 45, décret du 2 février 1852. — *V.* p. 100.	Applicable. Art. 48, décret du 2 fév. 1852. *V.* p. 100.	Voir l'observation des n°s 25 et 28.
30	**Attaque** par l'un des moyens de publication de l'art. 1 de la loi du 17 mai 1849, contre la *liberté du culte, le principe de la propriété* et *les droits de la famille.* Art. 2, décret du 11 août 1848. — *V.* p. 100, 104. Le même délit par d'autres moyens n'est pas puni. *V.* cependant les cas des numéros suivants.	Id.	*Prison, 1 mois à 3 ans.* — Amende, 100 fr. à 4,000. Art. 3 du décret du 11 août 1848. — *V.* p. 100 et 104. *Peines accessoires.* — Suppression ou destruction des objets saisis ou à saisir, en tout ou en partie, suivant qu'il y a lieu pour assurer l'effet des condamnations. Facultativement, impressions et affiches de la décision. Art. 26, L. 26 mai 1819. — *V.* p. 100.	Applicable Art. 8, décr. du 11 août 1848, p. 131.	Si le délit est commis par la voie d'un journal, amende de 200 à 8,000 fr. Art. 10, L. 9 juin 1819; art. 14, L. 18 juillet 1828. — *V.* p. 131.
31	**Attaque** par l'un des moyens de publication de l'art. 1 loi du 17 mai 1819, contre le *respect dû aux lois* et *l'inviolabilité des droits* qu'elles ont consacrés. Art. 3, loi 27 juill. 1849. — *V.* p. 104. Commis par d'autres moyens, ce délit n'est pas puni.	Art. 25, décr. du 17 févr. 1852. *V.* p. 138.	*Prison, 1 mois à 2 ans.* — Amende, 16 fr. à 1,000. *Peines accessoires.* — Suppression ou destruction des objets saisis ou à saisir, en tout ou en partie, suivant qu'il y a lieu pour assurer l'effet des condamnations. Facultativement, impressions et affiches de la décision. Art. 3, L. 27 juill. 1849. *V.* p. 104.	Id.	Si le délit a lieu par la voie d'un journal, amende de 32 à 2,000 fr. Art. 9, L. 9 juin 1819, et art. 14, L. 18 juillet 1828. — *V.* p. 131.
32	**Attaques** par *les avocats* dans leurs plaidoiries ou dans leurs écrits contre la *religion,* les *principes de la monarchie,* et les *lois* du royaume. Art. 42, ordonn. du 23 nov. 1822. — *V.* p. 122.	Chambre du tribunal où l'attaque a eu lieu. — Art. 16, ord. 1822, et art. 10 du décr. de 1808. *V.* p. 121, 122.	*Peine.* — Suivant la nature de l'attaque, avertissement, réprimande, interdiction temporaire de 1 an au plus, radiation du tableau, exclusion du conseil de discipline pendant 10 ans au plus, sans préjudice de poursuites extraordinaires s'il y a lieu. Ordonnance 22 nov. 1822, art. 18 et décret du 27 mars 1852, art. 3. *V.* p. 122.	Non applicable. *V.* art. 463, p. 134.	
33	**Attaque** par l'un des moyens de publication de l'art. 1 loi 17 mai 1819, contre les droits et l'autorité *de l'Assemblée nationale* (aujourd'hui le Corps législatif).	Tribunal correctionnel. Art. 25, décr. 17 fév.	*Prison, 3 mois à 5 ans.* — Amende, 300 fr. à 6,000 fr. Art. 1, décret 11 août 1848. *V.* p. 92. *Peines accessoires.* — Suppression ou	Applicable. Art. 8, décret 11 août 1848.	Si le délit a lieu par la voie d'un journal, l'amende sera de 600 f. à 12,000 fr.

NOTE GÉNÉRALE *pour les délits de la presse :* Après une condamnation pour délit de presse contre le gérant responsable, le Gouvernement a, pendant les deux mois qui suivent la condamnation, le droit de supprimer ou de suspendre le journal, art. 32, décret du 17 février 1852. — *V.* p. 134.

N° D'ORDRE.	QUALIFICATION DES INFRACTIONS.	COMPÉTENCE.	PEINES ENCOURUES.	APPLICABILITÉ de l'art. 463.	OBSERVATIONS.
33 *Suite.*	Art. 1, décret 11 août 1848. — *V.* p. 91, 92. Commise par d'autres moyens cette attaque n'est pas punie.	1852. *V.* p. 158.	destruction des ouvrages saisis ou à saisir, en tout ou en partie, suivant qu'il y a lieu pour assurer l'effet des condamnations. Facultativement, impressions et affiches de la décision. Art. 26, L. 26 mai 1819.—*V.* p. 131.	*V.* p. 134.	*V.* art. 19, L. du 9 juin 1819; art. 13, L. du 25 mai 1822; art. 14, L. du 18 juillet 1828, p. 131.
33 *bis.*	**Attaques** qu'un avocat se permettrait dans ses plaidoiries ou dans ses écrits contre *la religion*, les principes de la monarchie, la charte, les lois du royaume, ou les autorités constituées. Répression immédiate sur les conclusions du ministère public. Art. 43, ordonn. des 20 et 23 nov. 1822. — *V.* p. 122.	Tribunal saisi de l'affaire. Art. 43, ordonn. du 20 nov. 1822, et art. 11 du décret de 1848. *V.* p. 122.	*Peines disciplinaires :* — Avertissements,—réprimande,—interdiction temporaire d'une année au plus, — radiation du tableau,—privation du droit de faire partie du conseil de discipline pendant 10 ans au plus ; sans préjudice de poursuites extraordinaires s'il y a lieu. Art. 18, ord. du 20, 23 nov. 1822, et art. 3 du décret du 22 mars 1852. *V.* p. 122.	Non applicable aux infractions disciplinaires.	Aucune peine disciplinaire ne peut être prononcée sans que l'avocat ait été appelé ou entendu. Art. 19, ord. du 23 mars 1822. Ce numéro forme duplicata avec le n° 37, qui par inadvertance a été maintenu dans la forme précédente ; il devrait être remplacé par la rédaction plus complète du n° 33 *bis.*
»	**Attaques** contre la paix publique par des cris séditieux publiquement proférés.	»	*V. Cris séditieux,* n° 39.	»	
»	**Attaques** contre la paix publique par publications de fausses nouvelles.	»	*V. Fausses nouvelles,* n° 53.	»	
»	**Avocats et avoués.** Délit commis par les avocats et officiers ministériels à l'audience.	»	*V. Attaque,* n° 33 bis, et *Diffamation,* n° 47. V. *Délits d'audience,* et les n°s 100 à 106.	»	
34	**Compte rendu** infidèle et de mauvaise foi par les journaux des *séances des Chambres et des audiences* des Cours et tribunaux. Art. 7, L. 25 mars 1822. — *V.* p. 91, 110, 127.	Tribunal correctionnel ou chambre des députés ou chambre de la Cour ou du tribunal, que le compte rendu concerne.—Art. 16, L. du 25 mars 1822, p. 159.	Amende, 1,000 fr. à 6,000. Art. 7, L. 25 mai 1822.—*V.* p. 127. *Peines accessoires.* — Suppression ou destruction des objets saisis ou à saisir, en tout ou en partie, suivant qu'il y a lieu pour assurer l'effet des condamnations. Facultativement, impressions et affiches du jugement. Art. 26, L. 26 mai 1819.—*V.* p. 131. En cas de récidive ou si le compte rendu est offensant ou injurieux.	Applicable. Art. 8, décret du 11 août 1848. *V.* p. 134.	Cette infraction doit être classée parmi les délits à cause de la mauvaise foi qui est un de ses éléments constitutifs. — *V.* n° 182.
34 *bis.*	**Compte rendu** par les journaux des séances parlementaires ou des audiences des tribunaux, *offensant* pour l'une ou l'autre des Chambres ou pour l'un des membres du Pouvoir législatif ou *injurieux* pour l'un des magistrats, jurés ou témoins. Art. 7, L. 25 mars 1822. — *V.* p. 91 et 110. Violation de la défense faite au journal condamné de rendre compte des débats législatifs ou judiciaires. Art. 7, L. 25 mars 1822. — *V.* p. 127.	Tribunal correctionnel, à moins que les chambres ou le tribunal n'évoquent et ne jugent eux-mêmes. Art. 16, L. 25 mars 1822, p. 159. Juridiction qui a prononcé la défense.	*Prison de 1 mois à 3 ans.* — Amende de 1,000 à 6,000 fr. — Interdiction pour un temps limité ou pour toujours, de rendre compte des débats législatifs ou judiciaires. Art. 7, L. 25 mars 1822. — *V.* p. 91, 110. *Peines accessoires.* — Suppression ou destruction des ouvrages saisis ou à saisir, en tout ou en partie, suivant qu'il y a lieu pour assurer l'effet des condamnations. Facultativement, impressions et affiches du jugement. Art. 26, L. 26 mai 1819.—*V.* p. 131. *Prison de 2 mois à 6 ans.* — Amende de 2,000 à 12,000 fr. Art. 7, L. 25 mars 1822.—*V.* p. 127.	Id. Non applicable aux contraventions.	C'est le tribunal qui a prononcé l'interdiction de rendre compte qui doit connaître de la violation de cette interdiction. —Et cette violation étant une contravention et non un délit, l'art. 463, ne pourra être appliqué.
35	**Conseils municipaux.**—Publication des actes interdits aux conseils municipaux tels que délibérations hors réunions légale, correspondances des conseils municipaux entre eux, proclamations ou adresses. Art. 25, 26, 27, L. municipale du 5 mai 1855. — *V.* p. 22, 28, 72, 128.	Tribunal correctionnel. Art. 179, C. d'inst. crim., p. 158.	*Prison de 2 mois à 6 mois.*—Interdiction des droits civiques et de tout emploi pendant 10 ans contre tout éditeur, imprimeur, journaliste ou autres. Art. 27, L. municipale du 5 mai 1855 et 123, C. pén.—*V.* p. 22, 28, 72, 128. *Peines accessoires.* — Suppression ou destruction des ouvrages saisis ou à saisir,	Applicable. *V.* art. 463, p. 135.	L'art. 26 de la loi du 26 mai 1819 est générale ; doit être appliqué à l'occasion de tout délit et crime par voie de publication.—*V.* p. 131.

NOTE GÉNÉRALE *pour tous les délits de la presse :* Après une condamnation pour délit de presse contre le gérant responsable, le Gouvernement a, pendant les deux mois qui suivent la condamnation, le droit de supprimer ou de suspendre le journal : art. 32 du décret du 17 février 1852.—*V.* p. 134.

N° D'ORDRE.	QUALIFICATION DES INFRACTIONS.	COMPÉTENCE.	PEINES ENCOURUES.	APPLICABILITÉ de l'art. 463.	OBSERVATIONS.
35 Suite.			en tout ou en partie, suivant qu'il y a lieu pour assurer l'effet des condamnations. Facultativement, impression et affiche du jugement. Art. 26, L. 26 mai 1819.—*V.* p. 131.		
»	**Constitution** (Attaques contre la).	»	*V. Attaque,* n° 23.	»	
36	**Contrefaçon par impression,** gravure ou édition d'écrits, de compositions musicales, de dessins, de peintures ou de toutes autres productions imprimés ou gravés au mépris des lois et règlements relatifs à la propriété des auteurs. Art. 425 et suivants du C. pén.— *V.* p. 14.	Tribunal correctionnel. Art. 179, C. d'inst. crim., p. 138.	*Amende de* 100 à 1,000 *fr.* — Contre le contrefacteur, imprimeur, graveur ou éditeur. Confiscation des objets contrefaits, ainsi que des planches, moules ou matrices. Indemnité calculée d'après le dommage causé. Art. 425, 427 et 429, C. pén.-*V.* p. 14.	Applicable aux délits de droit commun. *V.* art. 463, p. 134.	Les tribunaux peuvent arbitrer eux-mêmes les dommages-intérêts. Cass. 10 janv. 1818, J. P., t. 20.1.72. —
37	**Contrefaçon** en France d'ouvrages étrangers. Art. 1, décret 28 mars 1852.—*V.* p. 14.	Id.	Même peine. Art. 425, 427 et 429, C. pén., et art. 3, décr. du 28 mars 1852.—*V.* p. 14.	Id. Art. 3, décr. 1852. *V.* p. 14.	Idem.
38	**Contrefaçon par débit** d'ouvrages contrefaits, ou par introduction en France d'ouvrages français contrefaits à l'étranger, ou par exportation, expédition ou débit d'ouvrages étrangers déposés et contrefaits en France. Art. 425, 426 du C. pén., et art. 1 et 2 du décret du 28 mars 1852. — *V.* p. 14, 73, 74.	Id.	*Amende de* 25 à 500 *fr.* — Contre le débitant, colporteur, distributeur, importateur, expéditeur ou exportateur. — Confiscation des ouvrages contrefaits, planches, moules, matrices au profit de l'auteur, et dommages-intérêts calculés d'après ce dommage. Art. 426, 427, 429, C. pén.; art. 3, décret 28 mars 1852.—*V.* p. 14, 73, 74.	Id.	Idem.
39	**Cris séditieux** publiquement proférés. Art. 8, L. 25 mars 1852.—*V.* p. 95.	Trib. correct. Art. 25, décr. 1852, p. 138.	*Prison de* 6 *jours à* 2 *ans.*—Amende de 16 à 4,000 fr. Art. 8, L. 25 mars 1822.—*V.* p. 95.	Applicable. Art. 8, décr. 11 août 1848, p. 134.	
40	**Critique ou censure** du Gouvernement, d'une loi, d'un décret impérial, ou de tout autre acte de l'autorité publique contenue dans un discours public prononcé par un ministre du culte dans l'exercice de ses fonctions. Art. 201, C. pén.— *V.* p. 93.	Tribunal correctionnel. Art. 179, C. d'inst. crim., p. 138.	*Prison de* 3 *mois à* 2 *ans.* Art. 201, C. pén.—*V.* p. 93.	Applicable aux délits de droit commun. *V.* art. 463, p. 134.	Ce délit rentre dans la catégorie des cris séditieux et des infractions dites de presse; la publicité est un de ses éléments constitutifs.
»	**Culte** (Attaques contre la liberté du).	»	*V. Attaques,* n°s 30. — *Entraves,* n°s 49, 50.—*Outrages,* n°s 72 et s.	»	
»	**Dégradation** des signes de l'autorité.	»	*V. Enlèvements,* n° 48.	»	
»	**Délits d'audience.**	»	*V. Trouble, tumulte,* n°s 100 à 106.—*Attaque des avocats,* n° 33 *bis.*	»	
41	**Dénonciation calomnieuse** par écrit remise aux officiers de police administrative ou judiciaire, ou aux officiers de justice contre un ou plusieurs individus. Art. 373, C. pén.—*V.* p. 115-116.	Tribunal correctionnel. Art. 179, C. d'inst. crim., p. 137.	*Prison de* 1 *mois à* 1 *an.* — Amende, 100 à 3,000 fr. Art. 373, C. pén.— *V.* p. 115-116.	Applicable aux délits de droit commun. *V.* art. 463, p. 133.	La dénonciation calomnieuse est un délit de droit commun, qui par sa nature se rattache aux délits de diffamation.
42	**Diffamation** ou injure par l'un des moyens de publication de l'art. 1 de la loi du 17 mai 1819, envers : 1° Les Cours et tribunaux; 2° Les Corps constitués; 3° Les autorités et administrations publiques.	Tribunal correctionnel. Art. 25, décr. 17 fév. 1852. *V.* p. 138.	*Prison de* 15 *jours à* 2 *ans.*—Amende, 150 à 5.000 fr. Art. 5, L. 25 mars 1822.— *V.* p. 109-110. *Peines accessoires.* — Suppression ou destruction des objets saisis ou à saisir, en tout ou en partie, suivant qu'il y a lieu	Applicable. Art. 8, décr. 11 août 1848. *V.* p. 134.	Si le délit est commis par la voie d'un journal, l'amende sera de 300 à 10.000 fr.—*V.* lois citées au n° 43. — Une plainte préala-

NOTE GÉNÉRALE *pour tous les délits de la presse* : Après une condamnation pour délit de presse contre le gérant responsable, le Gouvernement a, pendant les deux mois qui suivent la condamnation, le droit de supprimer ou de suspendre le journal : art. 32 du décret du 17 février 1852.—*V.* p. 134.

N° D'ORDRE.	QUALIFICATION DES INFRACTIONS.	COM-PÉTENCE.	PEINES ENCOURUES.	APPLICABILITÉ de l'art. 463.	OBSERVATIONS.
42 *Suite.*	Art. 5, L. 25 mars 1822.—*V.* p. 109-110. Commise par d'autres moyens, la diffamation devient une injure simple ou verbale si elle n'est pas publique.—*V. Injure* du n° 61. Et si, commise par d'autres moyens, la diffamation est néanmoins publique, elle constituera l'outrage fait publiquement et d'une manière quelconque.—*V. Outrages.*		pour assurer l'effet des condamnations. Facultativement, impression et affiche de la décision. Art. 26, L. 26 mai 1819.—*V.* p. 131.		ble est nécessaire pour mettre l'action publique en mouvement. *V.* p. 141.
43	**Diffamation** par l'un des moyens de publication de l'art. 1 de la loi du 17 mai 1819, envers tout dépositaire ou agent de l'autorité publique pour des faits relatifs à ses fonctions. Art. 16, 13 et 14, L. 17 mai 1819.—*V.* p. 111-112. Commise par d'autres moyens, la diffamation, si elle n'est pas publique, est une injure verbale ou simple.—*V.* n° 61. Si elle est néanmoins publique, elle constituera un outrage fait publiquement et d'une manière quelconque, si le dépositaire de l'autorité est un fonctionnaire proprement dit.—*V. Outrage,* n° 81.	Tribunal correctionnel. Art. 25, décret du 17 févr. 1852. *V.* p. 138.	*Prison de 8 jours à 18 mois.*—Amende, 50 à 3,000 fr., ensemble ou séparément. Art. 16, L. 17 mai 1819.—*V.* p. 111-112. *Peines accessoires.* — Suppression ou destruction des objets saisis ou à saisir, en tout ou en partie, suivant qu'il y a lieu pour assurer l'effet des condamnations. Facultativement, impression et affiche de la décision. Art. 26, L. 26 mai 1819.—*V.* p. 131.	Applicable. Art. 8, décret du 11 août 1848. *V.* p. 134.	Si le délit est commis par la voie d'un journal, l'amende sera de 100 à 6,000 fr.—*V.* art. 10, L. du 9 juin 1819, et 14 de la loi du 18 juillet 1828, p. 131. Une plainte préalable est nécessaire pour mettre l'action publique en mouvement.—*V.* p. 141.
44	**Diffamation** et injures par les membres de l'Université entre eux. Art. 71 et 72, décret du 15 nov. 1811.—*V.* p. 113.	Conseil de l'instruction publique.	*Peines disciplinaires :*—Réprimande, — Censure, — Excuses, — Réparation, — Suspension et radiation. Art. 71 et 72, décret du 15 nov. 1811.—*V.* p. 113.	Non applicable en matière disciplinaire.	
45	**Diffamation** ou injure par l'un des moyens de publication de l'art. 1 de la loi du 17 mai 1819, envers les ambassadeurs, ministres plénipotentiaires, chargés d'affaires, envoyés ou autres agents diplomatiques accrédités près du Roi. Art. 17, 13 et 14, L. 17 mai 1819.— *V.* p. 116. Commise par d'autres moyens, la diffamation publique ou non publique devient une injure verbale ou simple.—*V. Injure,* n° 61.	Tribunal correctionnel. Art. 25, décret du 17 février 1852, et art. 14, L. 26 mai 1819. *V.* p. 137.	*Prison de 8 jours à 18 mois.*—Amende 50 à 3,000 fr. Art. 17, L. 17 mai 1819.—*V.* p. 116. *Peines accessoires :* — Suppression ou destruction des objets saisis ou à saisir, en tout ou en partie, suivant qu'il y a lieu pour assurer l'effet des condamnations. Facultativement, impression et affiche de la décision. Art. 26, L. 26 mai 1819.—*V.* p. 131.	Applicable. Art. 8, décret du 11 août 1848. *V.* p. 134.	Même observation qu'au n° 43. Amende de 100 fr. à 6,000 fr. pour les journaux.—*V.* lois citées au n° 45. Une autorisation ou plainte préalable est nécessaire à la poursuite. — *V.* p. 141.
46	**Diffamation** par l'un des moyens de publication de l'art. 1 de la loi du 17 mai 1819, envers les particuliers. Art. 18, 13 et 14, L. 17 mai 1819. — *V.* p. 116. Commise par d'autres moyens, la diffamation publique ou non publique n'est plus qu'une injure verbale.— *V. Injure,* n° 61.	Id.	*Prison de 5 jours à 1 an.*—Amende, 25 à 2,000 fr. Art. 18, L. 17 mai 1819.—*V.* p. 116. *Peines accessoires :* — Suppression ou destruction des objets saisis ou à saisir, en tout ou en partie, suivant qu'il y a lieu pour assurer l'effet des condamnations. Facultativement, impression et affiche de la décision. Art. 26, L. 26 mai 1819.—*V.* p. 131.	Id.	Si le délit a lieu par la voie d'un journal, l'amende sera de 50 fr. à 4,000 fr. *V.* lois citées au n° 43. Une plainte préalable est nécessaire à la poursuite.-*V.* p. 141.
47	**Diffamation** et injures, même non étrangères à la cause, contenues dans les écrits produits ou dans les discours prononcés pour la défense des parties devant les tribunaux. Art. 23, L. 17 mai 1819.—*V.* p. 121-109 et s.	Chambre du tribunal saisi de la cause. *V.* art. 23, L. 17 mai 1819. *V.* p. 137.	Les juges saisis, en statuant sur le fond, pourront prononcer la *suppression des écrits* injurieux ou diffamatoires, et prononcer s'il y a lieu des *dommages-intérêts,* faire des *injonctions* aux avocats et officiers ministériels, et même les suspendre de leurs fonctions pour 6 mois, et, en cas de récidive, de 1 à 5 ans. Art. 23, L. 17 mai 1819. — *V.* p. 121-109 et s.	Non applicable en matière disciplinaire.	Sans préjudice de poursuite extraordinaire s'il y avait lieu.

NOTE GÉNÉRALE *pour tous les délits de la presse* : Après une condamnation pour délit de presse contre le gérant responsable, le Gouvernement a, pendant les deux mois qui suivent la condamnation, le droit de supprimer ou de suspendre le journal : art. 32, décret du 17 février 1852.—*V.* p. 134.

N° D'ORDRE.	QUALIFICATION DES INFRACTIONS.	COMPÉTENCE.	PEINES ENCOURUES.	APPLICABILITÉ de l'art. 463.	OBSERVATIONS.
»	**Droits de l'Empereur** (Attaques contre les).	»	V. *Attaque*, n° 21.	»	
»	**Écrits anonymes** (Publication d').	«	V. *Publication d'ouvrages, écrits, etc.*, n° 95 ; *Imprimés sans noms*, n° 56.	»	
48	**Enlèvement ou dégradation** des signes publics de l'autorité du Gouvernement impérial opéré en haine ou mépris de cette autorité. Art. 6-1°, décret du 11 août 1848. — *V.* p. 96.	Tribunal correctionnel. Art. 25, décret du 17 févr. 1852, p. 138.	*Prison de 15 jours à 2 ans.*—Amende, 100 à 4,000 fr. Art. 6, décret du 11 août 1848. — *V.* p. 96.	Applicable. Art. 8, décret du 11 août 1848, p. 134.	
49	**Entraves au libre exercice** d'un culte autorisé, par voies de fait ou menaces, en contraignant ou empêchant une ou plusieurs personnes d'assister à l'exercice de ce culte, de célébrer certaines fêtes, d'observer certains jours de repos. Art. 260, C. pén.— *V.* p. 99.	Id. Art. 179, C. d'inst. crim., P. 137.	*Prison de 6 jours à 2 mois.*—Amende, 16 à 200 fr. Art. 260, C. pén.— *V.* p. 99.	Applicable aux délits de droit commun. *V.* Art. 463, C. pén., p. 134.	Ce délit, par ses conséquences, peut se classer dans la catégorie des délits d'attaque contre la liberté du culte prévus et punis par une loi spéciale dite de presse.
50	**Entraves au libre exercice** d'un culte en retardant ou interrompant les exercices par des désordres et des troubles dans le temple ou dans les lieux servant actuellement à ces exercices. Art. 261, C. pén.— *V.* p. 99.	Id.	*Prison de 6 jours à 3 mois.*—Amende, 16 à 300 fr. Art. 261, C. pén.— *V.* p. 99.	Id.	Idem.
51	**Excitation à la haine** ou au mépris du Gouvernement par l'un des moyens de publication de l'art. 1 de la loi du 17 mai 1819. Art. 4, décret du 11 août 1848.—*V.* p. 94.	Tribunal correctionnel. Art. 25, décret du 17 févr. 1852, p. 138.	*Prison de 1 mois à 4 ans.*—Amende, 150 à 5,000 fr. Art. 4, décret du 11 août 1848. — *V.* p. 94. *Peines accessoires.* — Suppression ou destruction des objets saisis ou à saisir, en tout ou en partie, suivant qu'il y a lieu pour assurer l'effet des condamnations. Facultativement, impressions et affiches de la décision. Art. 26, L. 26 mai 1819.—*V.* p. 131.	Applicable. Art. 8, décret du 11 août 1848, p. 134.	Si le délit est commis par la voie d'un journal, l'amende pourra être doublée et sera de 300 fr. à 10,000 fr. — *V.* art. 10, L. 9 juin 1819 ; art. 14, L. 18 juillet 1828, p. 131.
52	**Excitation du mépris ou de la haine** des citoyens les uns contre les autres, dans le but de troubler la paix publique et commise par un des moyens de l'art. 1 de la loi du 17 mai 1819. Art. 7, décret du 11 août 1848.—*V.* p. 98.	Id.	Mêmes peines. Art. 7, décret du 11 août 1848. — *V.* p. 98.	Id.	Si le délit a été commis par la voie d'un journal, l'amende pourra être doublée et sera de 300 à 8,000 fr.—*V.* au numéro précédent les lois citées.
»	**Famille** (Attaque contre les droits de la famille).	»	V. *Attaque*, n° 30.	»	
»	**Fautes** commises par les avocats à l'audience.	»	V. *Attaque*, n° 33 *bis*, et *Diffamation*, n° 47. V. *Tumulte*, n°s 100 à 106.	»	
53	**Faux bruits, fausses nouvelles,** pièces falsifiées, ou fabriquées, ou mensongèrement attribuées à des tiers (publication ou reproduction sans mauvaise foi de). Art. 15, § 1, décret du 17 fév. 1852.—*V,* p. 96. Même délit avec mauvaise foi, ou lorsque la publication est de nature à troubler la paix publique. Art. 15, § 2, décret du 17 fév. 1852.—*V.* p. 96.	Tribunal correctionnel. Art. 25, décret du 17 fév. 1852, p. 138.	*Amende de 50 à 1,000 fr.* Art. 15, § 1, du décret du 17 fév. 1852. —*V.* p. 96. *Prison de 1 mois à 1 an.* — Amende, 500 à 1,000 fr. Art. 15, § 2, décret du 17 fév. 1852.—*V.* p. 96.	Id. Art. 8, décret du 11 mars 1848, p. 134.	Si le délit est commis par la voie d'un journal, l'amende pourra être doublée et sera de 100 fr. à 2,000 fr. dans le premier cas et de 1,000 à 2,000 dans le second. — *V.* art. 10, L. 9 juin 1819 ; art. 14, L. 18 juillet 1828, p. 131.

NOTE GÉNÉRALE *pour tous les délits de la presse* : Après une condamnation pour délit de presse contre le gérant responsable, le Gouvernement a, pendant les deux mois qui suivent la condamnation, le droit de supprimer ou de suspendre le journal, art. 32 du décret du 17 février 1852. — *V.* p. 134.

N° D'ORDRE.	QUALIFICATION DES INFRACTIONS.	COMPÉTENCE.	PEINES ENCOURUES.	APPLICABILITÉ de l'art. 463.	OBSERVATIONS.
53 Suite.	Même délit avec mauvaise foi et de nature à troubler la paix publique. Art. 15, § 3, décret du 17 fév. 1852.—V. p. 96.		Prison à 1 an.—Amende, 1,000 fr. Art. 15, § 3, décret du 17 fév. 1852.—V. p. 96. Peines accessoires : — Suppression ou destruction des objets saisis ou à saisir, en tout ou en partie, suivant qu'il y a lieu pour assurer l'effet des condamnations. Facultativement, impression et affiche de la décision. Art. 26, L. 26 mai 1819.—V. p. 131.	Applicable. Art. 8 du décret du 11 août 1848.	L'art. 26 de la loi du 26 mai 1819, est applicable à tous les crimes ou délits commis par voie de publication, sans distinction de ceux qui ont été prévus par les lois antérieures ou postérieures.
»	**Faux bruits**, fausses nouvelles, employés contre la liberté des élections.	»	V. *Attaques à la liberté des suffrages*, n° 26.	«	
»	**Faux bruits, fausses nouvelles**, employés contre la liberté du commerce et des opérations industrielles.	»	V. *Hausse et baisse*, n° 55.	»	
54	**Faux extraits de journaux.**— Jugements et actes de l'autorité publique. (Vente ou distribution de). Art. 4 et art. 5, § 1, L. 10 déc. 1830.—V. p. 67. **Fabrication ou impression** des faux extraits (contre l'auteur ou l'imprimeur). Art. 4 et art. 5, § 2, L. 10 déc. 1830.—V. p. 67. Sans préjudice des autres peines qui pourraient être encourues par suite des crimes ou délits résultant de la nature même de l'écrit.	Tribunal correctionnel. Art. 179, C. d'instr. crim., p. 138.	Prison de 6 jours à 2 mois.—Amende, 25 à 500 fr., cumulativement ou séparément, contre le crieur, vendeur ou afficheur. Art. 5. L. 10 déc. 1830.—V. p. 67. Prison de 12 jours à 2 mois.—Amende, 50 à 1,000 fr., séparément ou cumulativement. Art. 5, L. 10 déc. 1830.—V. p. 67. Peines accessoires : — Suppression ou destruction des objets saisis ou à saisir, en tout ou en partie, suivant qu'il y a lieu pour assurer l'effet des condamnations. Facultativement, impression et affiche de la décision. Art. 26, L. 26 mai 1819.—V. p. 131.	Applicable. Art. 8, L. 10 déc. 1830, p. 134.	Même observation que ci-dessus, n° 53.
»	**Forme et principe** du Gouvernement attaqués.	»	V. *Attaques*, n° 24.	»	
55	**Hausse et baisse** du prix des valeurs industrielles, commerciales ou effets publics, au-dessous ou au-dessus du cours qu'aurait déterminé la concurrence libre et naturelle du commerce, opérées par la publication de faits faux ou calomnieux, ou des sur-offres, ou autres voies ou moyens frauduleux. Art. 419, C. pén.—V. p. 66-95. Même délit appliqué aux substances alimentaires, grains, farines, boissons. Art. 420, C. pén.—V. p. 66-95.	Id.	Prison de 1 mois à 1 an. — Amende, 500 à 10,000 fr.—Surveillance facultative de 2 à 5 ans. Art. 419, C. pén.—V. p. 66 95. Prison de 2 mois à 2 ans.—Amende, 1,000 à 20,000 fr.—Surveillance facultative de 5 à 10 ans. Art. 420, C. pén.—V. p. 66-95.	Applicable aux délits de droit commun. V. art. 463, p. 133.	Ce délit, par ses conséquences, rentre dans la catégorie des faux bruits et fausses nouvelles de nature à troubler la paix publique, prévus et punis par une loi spéciale de la presse.— V. décret du 17 février 1852, art. 15, n° 53.
56	**Imprimés** (ouvrages, avis, bulletins, affiches, journaux, feuilles périodiques ou autres écrits), dans lesquels ne se trouve pas l'indication des nom, profession et demeure de l'auteur ou de l'imprimeur, ou avec une indication fausse (publication ou distribution d'). Art. 283, C. pén.—V. p. 15-21. Même délit par l'auteur. A l'égard des crieurs, afficheurs, vendeurs et distributeurs qui auront fait con-	Id. Tribunal de simple	Prison de 6 jours à 6 mois.—Confiscation des exemplaires saisis (contre toute personne ayant concouru à la publication ou distribution). Art. 283 et 286, C. pén.—V. p. 21. Prison de 6 mois. — Confiscation des exemplaires saisis. Art. 283, 286 et 289, C. pén.—V. p. 21. Amende de 6 à 10 fr.—Confiscation des exemplaires saisis.	Id. Non applicable	L'art. 284, C. pén réduisait la peine de l'art. 283, à des peines de simple police, même à l'égard de l'imprimeur qui révélait le nom de l'auteur de l'écrit anonyme.— Mais l'art. 17 de la loi du 21 oct. 1814 ayant édicté une peine plus forte contre l'imprimeur pour *le fait de l'impression* sans nom ; une révélation de sa part effacera bien le fait de compli-

NOTE GÉNÉRALE pour *les délits de la presse* : Après une condamnation pour délit de presse contre le gérant responsable, le Gouvernement a, pendant les deux mois qui suivent la condamnation, le droit de supprimer ou de suspendre le journal, art. 32, décret du 17 février 1852.—V. p. 134.

N° D'ORDRE.	QUALIFICATION DES INFRACTIONS.	COMPÉTENCE.	PEINES ENCOURUES.	APPLICABILITÉ de l'art. 463.	OBSERVATIONS.
56 *Suite.*	naître la personne de laquelle ils tiennent l'écrit imprimé. Et à l'égard de toute personne qui aura fait connaître l'imprimeur. Art. 284, C. pén.—*V.* p. 21.	police.	Art. 284, 286 et 475-13°, C. pén.—*V.* p. 21.	aux contraventions. *V.* art. 463, p. 131.	cité *de la publication*, mais non celui *de l'impression irrégulière*, qui constitue une contravention matérielle (*V.* n° 129), que le Code pénal a classé parmis les délits.
57	**Injures dans un compte rendu** par les journaux des audiences des Cours et Tribunaux, envers la Cour, le Tribunal, ou l'un des magistrats, jurés ou témoins. Art. 7, § 2, L. 25 mars 1822. — *V.* p. 110-114. —— Pour violation de la défense faite au journal condamné de rendre compte des débats judiciaires, les peines seront doublées. Même article.—*V.* p. 110-114.	Cours et tribunaux qui ont tenu les audiences. Art. 16, § 2, L. 25 mars 1822. *V.* p. . Cours et tribunaux qui ont prononcé la défense.	Contre les éditeurs responsables du journal : *Prison de 1 mois à 3 ans.*—Amende, 1,000 à 6,000 fr.—Interdiction temporaire ou définitive de rendre compte des débats judiciaires de la Cour ou du tribunal. Art. 7, § 2, L. 25 mars 1822.— *V.* p. 110-114. *Peines accessoires :*—Suppression ou destruction des objets saisis ou à saisir, en tout ou en partie, suivant qu'il y a lieu pour assurer l'effet des condamnations. Facultativement, impression et affiche de la décision. Art. 26, L. 26 mai 1819.—*V.* p. 131. *Prison de 2 mois à 6 ans.*—Amende, 2,000 à 12,000 fr. Même article.—*V.* p. 110-114.	Applicable. Art. 8, décret 11 août 1848, p. 134. Non applicable aux contraventions.	Lorsque le journal condamné viole la défense qui lui est faite de rendre compte des débats judiciaires de la Cour ou du tribunal, il commet *une contravention* et non *un délit.*—En conséquence, l'art. 463 n'est pas applicable.—*V.* art. 8, décret du 11 août 1848.
»	**Injures envers les Cours et tribunaux,** corps constitués, autorités et administrations publiques.	»	*V. Diffamation,* n° 42.	»	
58	**Injures** par l'un des moyens de publication de l'art. 1 de la loi du 17 mai 1819, envers tous dépositaires ou agents de l'autorité publique pour des faits relatifs à leurs fonctions. Art. 19, 13 et 14, L. 17 mai 1819. — *V.* p. 111. —— Pour les injures commises par d'autres moyens.—*V.* n° 61.	Tribunal correctionnel. Art. 25, décr. du 17 févr. 1852, et art. 14, L. 26 mai 1819.	*Prison de 5 jours à 1 an.*—Amende, 25 à 2,000 fr., ensemble ou séparément. Art. 13, 14 et 19, L. 17 mai 1819.—*V.* p. 111. *Peines accessoires :* — Suppression ou destruction des objets saisis ou à saisir, en tout ou en partie, suivant qu'il y a lieu pour assurer l'effet des condamnations. Facultativement, impression et affiche de la décision. Art. 26, L. 26 mai 1819.—*V.* p. 131.	Applicable. Art. 8, décr. du 11 août 1848, p. 134.	Si le délit est commis par la voie d'un journal, l'amende sera de 50 à 4,000 fr.—*V.* art. 10, L. du 9 juin 1819 et art. 14, L. du 18 juillet 1828, p. 131. —— Plainte préalable. *V.* p. 141.
59	**Injures** par l'un des moyens de publication de l'art. 1 de la loi du 17 mai 1819, envers les ambassadeurs, ministres plénipotentiaires, envoyés, chargés d'affaires ou autres agents diplomatiques accrédités près de l'Empereur. Art. 19, 13 et 14, L. 17 mai 1819. — *V.* p. 116.	Id.	*Prison de 5 jours à 1 an.*—Amende, 25 à 2,000 fr., ensemble ou séparément. Art. 13, 14 et 19, L. 17 mai 1819.—*V.* p. 116. *Peines accessoires :* — (Comme ci-dessus).	Id.	Id. Plainte préalable. *V.* p. 141.
60	**Injures** par l'un des moyens de publication énoncés en l'art. 1 de la loi du 17 mai 1819, envers les simples particuliers. Art. 19, 13 et 14, L. 17 mai 1819. — *V.* p. 116. —— Pour les injures commises par d'autres moyens.—*V.* n° 61.	Id.	*Amende de 16 à 500 fr.* Art. 13, 14 et 19, L. 17 mai 1819.—*V.* p. 116. *Peines accessoires :*— Suppression ou destruction des objets saisis ou à saisir, en tout ou en partie, suivant qu'il y a lieu pour assurer l'effet des condamnations. Facultativement, impression et affiche de la décision. Art. 26, L. 26 mai 1819.—*V.* p. 131.	Id.	Si le délit est commis par la voie d'un journal, l'amende sera de 32 à 1,000 fr. Voir les lois citées au n° 58. —— Plainte préalable. *V.* p. 141.
61	**Injures** contre toutes personnes, commises par d'autres moyens que ceux de l'art. 1 de la loi du 17 mai 1819, ou qui	Id.	*V. Contraventions de police,* n° 215, *V. Injures simples ou verbales et Outrages,* n°s 78, 79.	Id.	Si, commise par d'autres moyens, l'injure a été publique et adressée à un fonc-

NOTE GÉNÉRALE *pour tous les délits de la presse :* Après une condamnation pour délit de presse contre le gérant responsable, le Gouvernement a, pendant les deux mois qui suivent la condamnation, le droit de supprimer ou de suspendre le journal, art. 32 du décret du 17 février 1852.—*V.* p. 154.

N° D'ORDRE.	QUALIFICATION DES INFRACTIONS.	COMPÉTENCE.	PEINES ENCOURUES.	APPLICABILITÉ de l'art. 463.	OBSERVATIONS.
61 Suite.	ne sont pas publiques, ou qui n'ont pas de gravité ; ce sont alors des injures simples ou verbales, et, dans certains cas, des outrages.	»	N. B. — Les faits d'injure, d'outrage et les mauvais traitements envers les préposés des douanes, sont d'ailleurs punis de 500 francs d'amende par la loi du 22 août 1791, art. 14, titre XV. (Cass. 10 janv. 1840.)	»	tionnaire proprement dit, elle peut constituer l'outrage public fait d'une manière quelconque. — V. nos 78, 79, *Outrage*.
62	**Injures ou termes injurieux** contre les juges, contenus dans la requête présentée pour obtenir l'autorisation de prendre un juge à partie. Art. 512, C. proc. civ.—*V.* p. 121.	La Chambre du tribunal à qui la requête est présentée. Art. 103, décret 30 mars 1808. V. p. 121.	*Peines.*—Contre la partie, telle amende qu'il appartiendra.—V. *Injure.* Contre l'avoué, suspension ou telle injonction qu'il appartiendra. Art. 512, C. proc. civ.—*V.* p. 121.	Non applicable.	
»	**Injures** dans les discours prononcés ou dans les écrits produits devant les tribunaux.	»	V. *Diffamation*, n° 47.	»	
»	**Injures** des membres de l'Université entre eux.	»	V. *Diffamation*, n° 44.	»	
»	**Institutions impériales** (Attaques contre les).	»	V. *Attaque*, n° 23.	»	
»	**Inviolabilité des droits** consacrés par les lois (Attaques contre l').	»	V. *Attaque*, n° 31.	»	
»	**Liberté des cultes.**	»	V. *Attaque.—Entraves*, nos 29, 49.	»	
»	**Liberté des votes.**	»	V. *Attaques*, nos 25, 26, 27, 28 et 39.	»	
63	**Loteries non autorisées.**—Colportage et distribution des billets. — Avis, annonces, affiches faisant connaître l'existence de ces loteries ou facilitant l'émission des billets. Art. 4, L. 21 mai 1836.—*V.* p. 71.	Tribunal correctionnel. Art. 179, C. d'inst. crim., p. 137.	*Prison de 15 jours à 3 mois.*—Amende, 100 à 2,000 fr. Art. 4, L. 21 mai 1836; art. 411, C. pén. —*V.* p. 71.	Applicable. Art. 3, L. 21 mai 1836. *V.* p. 71.	En cas de récidive, les peines pourront être élevées au double du maximum. Art. 4, L. 21 mai 1836.
»	**Menaces** ayant retardé ou empêché les élections.	»	V. *Attaques.—Atteinte*, n° 27,	»	
63 bis.	**Menace écrite** (anonyme ou signée) d'attentat personnel punissable de peines perpétuelles (mort, travaux forcés à perpétuité, déportation), sans ordre ni condition. Art. 306, C. pén. Même menace faite verbalement avec ordre ou condition. Art. 308, C. pén. Même menace écrite, sans ordre ni condition, d'incendier une propriété. Même menace faite verbalement avec ordre ou condition.	Id.	*Prison de 2 à 5 ans.* — Amende, 100 à 600 fr.—Surveillance facultative de 5 à 10 ans. Art. 306 et 308, C. pén. *Prison de 6 mois à 2 ans.*—Amende, 25 à 300 fr.—Surveillance facultative de 5 à 10 ans. Art. 307 et 308, C. pén. *Prison de 2 à 5 ans.* — Amende, 100 à 600 fr.—Surveillance facultative de 5 à 10 ans. Art. 436, 306 et 307, C. pén. *Prison de 6 mois à 2 ans.*—Amende, 25 à 300 fr.—Surveillance facultative de 5 à 10 ans. Art. 436, 307 et 308, C. pén.	Applicable aux délits de droit commun. Art. 463.	Ces délits ne sont pas à proprement parler des délits de presse, mais ils peuvent être considérés comme tels par la nature des moyens employés pour les commettre. (la parole et l'écriture).
64	**Offenses** commises publiquement envers *la personne de l'Empereur.* Art. 86, C. pén.—*V.* p. 90.	Tribunal correctionnel. Art. 179, C. d'instr. crim. *V.* p. 137.	*Prison de 6 mois à 5 ans.* — Amende, 500 à 10,000 fr.—*Interdiction civique.* —0 ou pendant un temps égal à celui de l'emprisonnement.—Surveillance. Art. 86 et 49, C. pén.—*V.* p. 90.	Applicable. *V.* art. 463, p. 153.	L'art. 86 étant compris sous le titre 1er, sect. ii, crimes et délit contre la sûreté intérieure de l'Etat,— L'art. 49, C. pénal, est applicable.

NOTE GÉNÉRALE *pour tous les délits de la presse* ; Après une condamnation pour délit de presse contre le gérant responsable, le Gouvernement a, pendant les deux mois qui suivent la condamnation, le droit de supprimer ou de suspendre le journal, art. 32 du décret du 17 février 1852.—*V.* p. 134.

N° D'ORDRE.	QUALIFICATION DES INFRACTIONS.	COMPÉTENCE.	PEINES ENCOURUES.	APPLICABILITÉ de l'art. 463.	OBSERVATIONS.
65	**Offense** commise par l'un des moyens de publication de l'art. 1 de la loi du 17 mai 1819, envers *la personne de l'Empereur.* Art. 9, L. 17 mai 1819.—*V.* p. 89. Lorsqu'elle est commise publiquement par d'autres moyens de publication, l'offense envers la personne de l'Empereur est punie par l'art. 86 du Cod. pénal.— *V.* n° 64, et la colonne d'observations.	Tribunal correctionnel. Art. 179, C. d'inst. crim. *V.* p. 137.	*Même pénalité* qu'au numéro précédent.—Plus, *peines accessoires :*—Suppression ou destruction des objets saisis ou à saisir, en tout ou en partie, suivant qu'il y a lieu pour assurer l'effet des condamnations. Facultativement, impression et affiche de la décision. Et si le délit a été commis par la voie d'un journal, l'amende sera de 1,000 à 20,000 fr. Art. 9, L. 17 mai 1819 ; art. 26, L. 26 mai 1819 ; art. 10, L. 9 juin 1819 ; et art. 14, L. 18 juill. 1828.—*V.* p. 89, 131.	Applicable. Art. 8, décr. du 11 août 1848, p. 134.	Entre le délit d'offense de l'art. 86 du C. pén., et celui de l'art. 9, L. 1819, la différence se trouve dans les moyens de publication qui dans l'un sont déterminés et dans l'autre ne le sont pas. —
66	**Offense** commise publiquement envers les membres de *la famille impériale.* Art. 86, C. pén.—*V.* p. 90.	Id.	*Prison de 1 mois à 3 ans.*—Amende, 100 à 5,000 fr.—Surveillance. Art. 86 et 49, C. pén.—*V.* p. 90.	Id.	Même observation qu'au n° 64.
67	**Offense** commise par l'un des moyens de publication de l'art. 1 de la loi du 17 mai 1819, envers les membres de *la famille impériale.* Art. 10, L. 17 mai 1819.—*V.* p. 89. Lorsqu'elle est commise publiquement mais par d'autres moyens de publication, cette offense est punie par l'art. 86 du C. pénal.—*V.* n° 66. Voir aussi l'observation du n° 65.	Id.	*Prison de 6 mois à 5 ans.*—Amende, 500 à 10,000 fr.—Interdiction civique de 0 ou pendant un temps égal à celui de l'emprisonnement.—Surveillance. Art. 10, L. 17 mai 1819. Et si le délit a été commis par la voie d'un journal, l'amende sera de 200 à 10,000 fr. V. au n° 65 les lois citées. *Peines accessoires.*—Suppression ou destruction des objets saisis ou à saisir, en tout ou en partie, suivant qu'il y a lieu pour assurer l'effet des condamnations. Facultativement, impression et affiche de la décision. Art. 26, L. 26 mai 1819.—*V.* p. 131.	Id.	Même observation qu'au n° 65.
68	**Offense** par l'un des moyens de publication de l'art. 1 de la loi du 17 mai 1819, envers *l'Assemblée nationale* (aujourd'hui le *Corps législatif.*) Art. 2, décret du 11 août 1848.—*V.* p. 92. Commise par d'autres moyens, mais publiquement, *l'offense* pourrait alors, suivant les cas, constituer *l'outrage* fait publiquement et d'une manière quelconque envers les membres du Corps législatif.—*V.* n° 78.	Id.	*Prison de 1 mois à 3 ans.*—Amende, 100 à 5,000 fr. Art. 2, décret du 11 août 1848.—*V.* p. 92. *Peines accessoires :*—Suppression ou destruction des objets saisis ou à saisir, en tout ou en partie, suivant qu'il y a lieu pour assurer l'effet des condamnations. Facultativement, impression et affiche de la décision. Art. 26, L. 26 mai 1819.—*V.* p. 131.	Id.	Si l'offense a lieu par la voie d'un journal, l'amende sera de 200 à 1,000 fr.—*V.* art. 10, L. 18 juin 1819, et L. 18 juillet 1828, p. 131.
69	**Offense** par les journaux dans un *compte rendu* des séances législatives, envers l'un des membres du Pouvoir *législatif.* Art. 7, L. 25 mai 1822.—*V.* p. 91. En cas de violation de la défense faite au journal condamné de rendre compte des séances du Corps législatif. Art. 7, L. 25 mai 1822.—*V.* p. 91.	Tribunal correctionnel, à moins que le corps législatif n'évoque et ne juge lui-même. Art. 16, L. 25 mars 1822, p. 139. La juridiction qui a prononcé la défense.	Contre les éditeurs responsables du journal : *Prison de 1 mois à 3 ans.*—Amende, 1,000 à 6,000 fr.—Interdiction temporaire ou définitive de rendre compte des débats parlementaires. Art. 7, § 2, L. 25 mars 1822.—*V.* p. 91. *Peines accessoires :*—Suppression ou destruction des objets saisis ou à saisir, en tout ou en partie, suivant qu'il y a lieu pour assurer l'effet des condamnations. Facultativement, impression et affiche de la décision. Art. 26, L. 26 mai 1819.—*V.* p. 131. *Prison de 2 mois à 6 ans.*—Amende, 2,000 à 12,000 fr. Même article, L. 25 mars 1822.	Applicable. Art. 11, décret du 11 août 1848, p. 134. Non applicable aux contraventions.	La violation de la défense, faite au journal condamné, de rendre compte des séances législatives étant une *contravention* et non un *délit,* l'art. 463 n'est pas applicable, arg. de l'art. 8 du décret du 11 août 1848.

NOTE GÉNÉRALE *pour tous les délits de la presse :* Après une condamnation pour délit de presse contre le gérant responsable, le Gouvernement a, pendant les deux mois qui suivent la condamnation, le droit de supprimer ou de suspendre le journal, art. 32 du décret du 17 février 1852 —*V.* p. 134.

N° D'ORDRE.	QUALIFICATION DES INFRACTIONS.	COM-PÉTENCE.	PEINES ENCOURUES.	APPLI-CABILITÉ de l'art. 463.	OBSERVATIONS.
70	**Offense**, par l'un des moyens de publi-cation de l'art. 1 de la loi du 17 mai 1819, envers la personne des *souverains* ou en-vers celles des chefs des Gouvernements étrangers. Art. 12, L. 17 mai 1819.—*V*. p. 91. Commise par d'autres moyens, l'offense n'est pas punie ou constitue une injure simple ou verbale.—*V*, n° 61.	Tribunal correctionnel. Art. 25, décr. 17 fév. 1852. *V*. p. 138.	*Prison de 1 mois à 3 ans.*—Amende, 100 à 5.000 fr. Art. 12, L. 17 mai 1819.—*V*. p. 91. *Peines accessoires :* — Suppression ou destruction des objets saisis ou à saisir, en tout ou en partie, suivant qu'il y a lieu pour assurer l'effet des condamnations. Facultativement, impression et affiche de la décision. Art. 26, L. 26 mai 1819.—*V*. p. 131.	Applicable. Art. 11, décret du 11 août 1848. *V*. p. 134.	Si le délit a lieu par la voie d'un jour-nal, l'amende sera de 200 f. à 10,000 fr. — Art. 9, L. 9 juin 1819 et art. 14, L. 28 juillet 1828, p. 131. —
»	**Ordre de successibilité** au trône (Attaque contre l').	»	V. *Attaque*, n° 23.	»	
71	**Outrages ou violences** par les membres d'un collége électoral pendant la réunion, soit envers le *bureau*, soit envers l'un des *membres du bureau*. Art. 45, décret électoral du 2 fév. 1852.—*V*. p. 100.	Tribunal correctionnel. Art. 48, décret du 2 fév. 1852. *V*. p. 100.	*Prison de 1 mois à 1 an.* — Amende, 100 à 2,000 fr. Art. 45, décret électoral du 2 fév. 1852.—*V*. p. 100.	Applicable. Art. 48, décret du 2 février 1852, p. 100.	
72	**Outrager** publiquement ou non pu-bliquement, par *paroles* ou *gestes*, les *objets d'un culte reconnu* dans les lieux destinés ou servant actuellement à son exercice. Art. 262, C. pén.—*V*. p. 101.	Tribunal correctionnel. Art. 179, C. d'inst. crim., p. 137.	*Prison de 15 jours à 6 mois.*—Amende, 16 à 500 fr. Art. 262, C. pén.—*V*. p. 101. ——	Applicable aux délits de droit commun. *V*. art. 463, p. 133.	Ce délit rentre dans la classe des ou-trages et des attaques contre la liberté des cultes, prévus et pu-nis par une loi spé-ciale de la presse.
73	**Outrages** non publics, commis par *gestes* ou *paroles*, envers les *ministres d'un culte* dans leurs fonctions. Art. 262, C. pén.—*V*. p. 101.	Id.	*Prison de 15 jours à 6 mois.*—Amende, 16 à 500 fr. Art. 262, C. pén.—*V*. p. 101.	Id.	Pour les outrages publics envers les mi-nistres d'un culte dans l'exercice de leurs fonctions. *V*. n° 75.
74	**Outrages** faits *publiquement*, d'une manière quelconque, à raison de ses fonctions ou de sa qualité, à un ministre d'un culte salarié par l'État. Art. 6, L. 25 mars 1822, et art. 6, décret du 11 août 1848.—*V*. p. 113-114. Si l'outrage a lieu par voie *de publica-tion*, on appliquera l'art. 26 de la loi du 26 mai 1819. — V. *Peines accessoires*, 4° colonne. *V*. ci-contre.	Id. Art. 25, décret du 17 févr. 1852, p. 138.	*Prison de 15 jours à 2 ans.*—Amende, 100 à 4,000 fr. Art. 4 du décret du 11 août 1848.—*V*. p. 114. *Peines accessoires :*— Suppression ou destruction des objets saisis ou à saisir, en tout ou en partie, suivant qu'il y a lieu pour assurer l'effet des condamnations. Facultativement, impression et affiche de la décision. Art. 26, L. 26 mai 1819.—*V*. p. 131.	Applicable. Art. 14, L. 25 mars 1822, p. 134.	Si le délit est com-mis par la voie d'un journal, l'amende sera de 200 fr. à 8,000 fr. — *V*. art. 19, L. 25 mars 1822 et art. 14. L. 28 juill. 1828, p. 131.
75 76	**Outrages** faits *publiquement* au mi-nistre d'un culte légalement reconnu en France, dans l'exercice de ses fonctions. Art. 6, § 3, L. 25 mars 1822.—*V*. p. 114. L'art. 6 de la loi du 25 mars 1822 a abrogé l'art. 262 du C. pénal relativement aux outrages *publics* ; mais l'a laissé sub-sister en ce qui concerne les outrages non *publics*. — *V*. ci-dessus, n° 73.	Id. Art. 25, décret du 17 févr. 1852. *V*. p. 138.	*Prison de 15 jours à 2 ans.*—Amende, 100 à 4,000 fr. Art. 6, §§ 1 et 3, L. 25 mars 1848.—*V*. p. 114. ——	Non applicab. Argument *a contrario* de l'art. 14 de la loi du 25 mars 1822. *V*. cependant l'art. 8, décret du 11 août 1848. *V*. p. 134.	Idem.
77	**Outrages** publics, *d'une manière quelconque*, accompagnés de coups *publi-quement* donnés à un *ministre d'un culte* dans ses fonctions. Art. 6, § 4, L. 25 mars 1822.—*V*. p. 114. Si les coups publiquement donnés à un ministre d'un culte dans ses fonctions ne sont point accompagnés d'outrages, ou s'ils ne sont pas publics. Quoique outra-geants les coups constitueraient alors non plus un délit, mais un crime passible de la dégradation civique.	Id. »	*Prison de 2 à 5 ans.*—Amende, 500 à 4,000 fr. — Éloignement à 2 myriamètres de la résidence du ministre outragé, de 5 à 10 ans facultativement. Art. 6, § 4, L. 25 mars 1822; art. 228, 229, C. pén.—*V*. p. 114. V. *Outrages*, n° 11.	Applicable. Art. 14, L. 25 mars 1822. *V*. p. 123. »	Il est à remarquer ici, comme anomalie, que les outrages ac-compagnés de coups, prévus par l'art. 6 de la loi du 25 mars 1822, sont moins sé-vèrement punis que les coups publics ou non, mais sans outra-ges contre lesquels l'art. 263 du C. pénal prononce une peine criminelle.—*V*. n° 11.

NOTE GÉNÉRALE pour *tous les délits de la presse* : Après une condamnation pour délit de presse contre le gérant responsable, le Gouvernement a, pendant les deux mois qui suivent la condamnation, le droit de supprimer ou de suspendre le journal : art. 32 du décret du 17 février 1852.—*V*. p. 134.

N° D'ORDRE.	QUALIFICATION DES INFRACTIONS.	COMPÉTENCE.	PEINES ENCOURUES.	APPLICABILITÉ de l'art. 463.	OBSERVATIONS.
78	**Outrages** faits *publiquement* et d'une manière quelconque à raison de leurs fonctions ou qualité : 1° A un *député* ou *sénateur*. 2° A un *fonctionnaire public*. 3° A un *ministre de l'un des cultes salariés.*—*V.* ci-dessus, n° 74. 4° A un *juré* à raison de ses fonctions. 5° A un *témoin* à raison de sa déposition. Art. 6, L. 25 mars 1822.—*V.* p. 114. Si l'outrage est accompagné de coups sans qu'il en soit résulté des blessures. Art. 6, § 4, L. 25 mars 1822.—*V.* p. 114. S'il en était résulté des blessures, l'outrage constituerait un crime.—V. *Outrages*, n° 10.	Tribunal correctionnel. Art. 25, décret du 17 février 1852. *V.* p. 158. Id.	*Prison de 15 jours à 2 ans.*—Amende, 100 à 4,000 fr. Art. 6, L. 25 mars 1822, et art. 1, décret du 11 août 1848.—*V.* p. 114. *Peines accessoires :*— Suppression ou destruction des objets saisis ou à saisir, en tout ou en partie, suivant qu'il y a lieu pour assurer l'effet des condamnations. Facultativement, impression et affiche de la décision. Art. 26, L. 26 mai 1819.—*V.* p. 131. *Prison de 2 à 5 ans.*—Amende, 100 à 4,000 fr.—Eloignement facultatif, à 2 myriamètres du siége ou de la résidence de l'offensé, de 5 à 10 ans. Art. 6, § 4, L. 25 mars 1822; art. 228 et 229, C. pén.—*V.* p. 114.	Applicable, Art. 8, décr. 11 août 1848. *V.* p. 134. Art. 14, L. 25 mars 1822. *V.* p. 133.	Lorsque l'outrage a été commis par une voie de publication, il y a lieu d'appliquer l'art. 26 de la loi du 25 mars 1819. — *V.* ci-contre, *Peines accessoires.* —
79	**Outrages** en *diffamant ou injuriant* publiquement, par des moyens autres que ceux énoncés en l'art. 1 de la loi du 17 mai 1819, un fonctionnaire public pour des faits relatifs à ses fonctions. — *V.* n° précédent 2°. Les diffamations et injures envers les fonctionnaires proprement dits, constituent des outrages.—*V.* p. 112.	Id.	*Prison de 15 jours à 2 ans.*—Amende, 100 à 4,000 fr. Art. 6, L. 25 mars 1822.—*V.* p. 112. —	Id.	*V.* n° 43, *Diffamation et Injures.* L'injure et la diffamation publiques, par des moyens autres que ceux de l'art. 1, L. 17 mars 1819, constituent dans ce cas, le délit d'outrage d'une manière quelconque, de l'art. 6, L. 1822.
80	Le même délit, commis en diffamant ou injuriant, par des moyens autres que ceux de l'art. 1 de la loi du 17 mai 1819, 1° Les *Cours et tribunaux*; 2° Les *Corps constitués*; 3° Les *Autorités ou administration publiques* : Outrage prévu et puni par l'art. 6 de la loi du 22 mars 1822.—*V.* p. 111.	Id.	Même peine. Même loi.	Id.	*V.* n° 42, *Diffamation et Injures.* Même observation que ci-dessus. —
81	**Outrages** publics ou non publics par *paroles*, tendant à *inculper leur honneur ou leur délicatesse*, envers un ou plusieurs *magistrats* de l'ordre administratif ou judiciaire, dans l'exercice ou à l'occasion de l'exercice de leurs fonctions. Art. 222, C. pén.—*V.* p. 109. Même outrage à l'audience d'une Cour ou d'un tribunal. Même article.—*V.* p. 118.	Id. Art. 179, C. d'inst. crim., p. 137. Tribunal ou la Cour tenant l'audience. Art. 181, C. d'instr. crim., p. 117.	*Prison de 1 mois à 2 ans.*—Réparation verbale ou écrite à la première audience.—Facultativement. Art. 222 et 226, C. pén.—*V.* p. 109. *Prison de 2 à 5 ans.* — Réparation comme ci-dessus. Mêmes articles.	Applicable aux délits du Code pénal, p. 135.	Ce délit de droit commun rentre par sa nature dans la classe des outrages envers les fonctionnaires dans l'exercice de leurs fonctions, prévus et punis par une loi spéciale dite de presse.—*V.* la loi de 1822 et décret de 1848. —
82	**Outrages** non publics, *faits par gestes ou menaces*, à un *magistrat* dans l'exercice de ses fonctions ou à l'occasion de cet exercice. Art. 223, C. pén.—*V.* p. 109. Le même délit commis publiquement. Art. 6, L. 25 mars 1822, § 1, 2°. — *V.* p. 110. Si l'outrage a eu lieu à l'audience d'une Cour ou d'un tribunal. Art. 223, C. pén.—*V.* p. 118.	Tribunal correctionnel. Art. 179, C. d'inst. crim., p. 157. Id. Tribunal ou la Cour tenant l'audience Art. 181, C. d'instr. crim *V.* p. 117.	*Prison de 1 mois à 6 mois.* — Réparation comme au numéro précédent. Art. 223 et 226, C. pén.—*V.* p. 109 et 111. *Prison de 15 jours à 2 ans.*—Amende, 100 à 4,000 fr. Art. 6, L. 25 mars 1825.—*V.* p. 109. *Prison de 1 mois à 2 ans.*—Réparation comme ci-dessus. Art. 223 et 226, C. pén.— *V.* p. 118 et 120.	Applicable aux délits de droit commun. *V.* art. 463, p. 131. Id. Id.	Le magistrat est un fonctionnaire public, les outrages publics d'une manière quelconque dont il est l'objet, peuvent être punis par l'art. 6 de la loi du 25 mars 1822.—Ce délit, de droit commun, se rattache ainsi aux délits d'outrage, prévus et punis par les lois spéciales dites de presse. —

NOTE GÉNÉRALE *pour tous les délits de la presse :* Après une condamnation pour délit de presse contre le gérant responsable, le Gouvernement a, pendant les deux mois qui suivent la condamnation, le droit de supprimer ou de suspendre le journal, art. 32 du décret du 17 février 1852.—*V.* p. 134.

N° D'ORDRE.	QUALIFICATION DES INFRACTIONS.	COMPÉTENCE.	PEINES ENCOURUES.	APPLICABILITÉ de l'art. 463.	OBSERVATIONS.
83	**Outrages** publics, ou non publics, faits par *paroles, gestes* ou *menaces*, à tout officier ministériel ou agent dépositaire de la force publique, dans l'exercice ou à l'occasion de l'exercice de ses fonctions. Art. 224, C. pén.—*V.* p. 111.	Tribunal correctionnel. Art. 179, C. d'instr. crim. *V.* p. 137.	*Amende, 16 à 200 fr.* — Réparation à l'offensé.—Facultativement. Art. 224 et 227, C. pén.—*V.* p. 111.	Applicable aux délits de droit commun. *V.* Art. 463, p. 151.	Lorsqu'au fait d'outrage, se joint le fait de rébellion sans armes par une seule personne, la peine sera de 6 jours à 6 mois.—Art. 212, C. pén. Nous remarquerons ici, comme anomalie, que l'injure publique envers un simple particulier est punie de 16 à 500 fr. d'am.—*V. Injure.*
	Même délit contre un commandant de la force publique. Art. 225, C. pén.—*V.* p. 111.		*Prison de 6 jours à 1 mois.*—Et réparation comme ci-dessus. Mêmes articles et art. 225, C. pén.		
84	**Outrages** en frappant *publiquement* ou non *publiquement*, même sans armes et sans qu'il en soit résulté des blessures, un *magistrat* dans l'exercice ou à l'occasion de l'exercice de ses fonctions. Art. 228, C. pén.—*V.* p. 111.	Id.	*Prison de 2 à 5 ans.*—Éloignement de 2 myriamètres du siége de 5 à 10 ans.—Facultativement. Art. 228 et 229, C. pén.—*V.* p. 111.	Id.	Ce délit de droit commun rentre par sa nature dans la catégorie des outrages envers un fonctionnaire à raison de ses fonctions, délits prévus et punis par une loi spéciale dite de presse. — *V.* art. 6, L. de 1822. *V.* n° 78.
	Si l'outrage a eu lieu à l'audience d'un tribunal, ou si les coups ont été cause de blessures ou d'effusion de sang.		*Crimes.* — *V.* n° 10. — *Peines criminelles.*		
85	Même délit contre un *officier ministériel,* un *agent de la force publique,* ou un *citoyen chargé d'un ministère de service public,* pendant qu'ils exerçaient leur ministère ou à cette occasion. Art. 230, C. pén.—*V.* p. 111.	Id.	*Prison de 1 à 6 mois.* Art. 230, C. pén.—*V.* p. 111.	Id.	Nous remarquerons ici comme anomalie, que l'injure publique envers les mêmes agents, serait punie de 5 jours à 1 an de prison et amende de 25 à 2,000 fr. *V.* n° 58. Comparer aussi les n°* 84 et 60.
	Si les violences ont été cause d'effusion de sang, blessures ou maladies,—*V.* n°		*Peines criminelles.*—*V.* n° 10.		
85 bis.	**Outrages,** injures, mauvais traitements envers les préposés des douanes dans l'exercice de leurs fonctions. L. 22 août 1791, art. 14, tit. XV. — *V.* au recueil *in fine.*	Juge de paix. Art. 10, décret du 14 fruct. an III.	*Amende de 500 fr.* L. 22 août 1891, art. 14, tit. XV.—*V.* recueil *in fine.*	Non applicable.	Ces faits sont qualifiés délits par la loi et par exception sont de la compétence des tribunaux de paix. Cass. 10 fév. 1840. *V. Contraventions de simple police.*
86	**Outrages** par l'un des moyens de publication de l'art. 1 de la loi du 17 mai 1819, à la *morale publique et religieuse, ou aux bonnes mœurs.* Art. 8, L. 17 juillet 1819.—*V.* p. 101.	Tribunal correctionnel. Art. 25, décret du 23 fév. 1852, p. 138.	*Prison de 1 mois à 1 an.* — Amende, 16 à 500 fr. Art. 8, L. 17 mai 1819. *Peines accessoires :* — Suppression ou destruction des objets saisis ou à saisir, en tout ou en partie, suivant qu'il y a lieu pour l'effet de la condamnation. Impressions et affiches facultatives aux frais du condamné. Art. 26, L. 26 mai 1819.	Applicable. Art. 11, décret du 11 août 1848. *V.* p. 134.	Si le délit a lieu par la voie d'un journal, l'amende sera 32 fr. à 1,000 fr.—*V.* art. 9, L. 9 juin 1819; art. 14, L. 18 juill. 1828, p. 131.
	Le même délit d'outrage aux bonnes mœurs par publication ou distribution de chansons, pamphlets, figures ou images, *sans nom d'auteur ou d'imprimeur* ou avec *indication fausse* de leurs noms, profession et demeure. Art. 287, C. pén., absorbé par l'art. 8 ci-dessus.—*V.* p. 101.	Id.]	Mêmes peines.	Id.	*L'imprimeur,* en omettant sur l'imprimé l'indication de son nom et de sa demeure, est présumé complice s'il ne prouve pas qu'il n'a pas agi sciemment. En révélant le nom de l'auteur, il ne fait pas disparaître sa complicité, et moins encore le fait matériel de l'omission de ses nom et demeure; de telle façon que, quand bien même il prouverait qu'il n'a pas agi sciemment, il ne pourrait encore par sa révélation profiter de la réduction de la peine que le § 3 de l'art. 288 prononçait à son égard avant la loi de
	1° *En cas de révélation,* par les crieurs, vendeurs ou distributeurs, du nom de la personne qui leur a remis l'objet du délit. —Révélation par toute autre personne du nom de l'auteur ou de l'imprimeur.	Simple police. Art. 138, C. d'inst. crim., p. 137.	*Amende, 6 à 10 fr.*—Confiscation. Art. 288 et 475-13°, C. pén.	Non applicable aux contraventions.	
	2° *En cas de révélation* du nom de l'auteur ou de l'imprimeur par le libraire, si l'ouvrage vendu était sans nom d'imprimeur.	Tribunal correctionnel. Art. 24,	*Amende, 1,000 fr.*—Confiscation. Art. 286, C. pén., et art. 19, L. 21 oct. 1814.—*V.* p. 101.	Id.	

NOTE GÉNÉRALE *pour tous les délits de la presse :* Après une condamnation pour délit de presse contre le gérant responsable, le Gouvernement a, pendant les deux mois qui suivent la condamnation, le droit de supprimer ou de suspendre le journal : art. 52, décret du 17 février 1852.—*V.* p. 134.

N° D'ORDRE.	QUALIFICATION DES INFRACTIONS.	COMPÉTENCE.	PEINES ENCOURUES.	APPLICABILITÉ de l'art. 463.	OBSERVATIONS.
86 Suite.	Art. 283, C. pén., et art. 19, L. 21 oct. 1814.—*V.* p. 101. 3° *En cas de révélation* par l'imprimeur du nom de l'auteur ou de la personne qui l'a chargé de l'impression. S'il est par lui établi en outre qu'il n'a pas agi *sciemment;* car s'il ne fait pas cette preuve, il restera *complice* du publicateur ou de l'auteur de l'outrage. Arg. art. 24, L. 17 mai 1819. 4° *En cas de révélation* par le graveur du nom de la personne qui l'aura chargé de la gravure. Art. 288, § 3.—*V.* p. 101.	L. 21 octobre 1814, p. 28. Id. Simple police. Art. 138, C. d'instr. crim. *V.* p. 137.	*Amende,* 3,000 *fr.,* si l'écrit est sans nom. *Amende,* 6,000 *fr.,* et prison de 6 jours à 6 mois, si l'écrit porte une indication fausse des nom et demeure. Art. 17, L. 21 oct. 1814. Et confiscation. Art. 286, et ci-dessus. *Amende,* 6 à 10 *fr.* Art. 475 et 288, C. pén. Dans tous les cas ci-dessus, confiscation des planches et exemplaires; ils seront mis sous le pilon. Art. 471 et 286, C. pén.—*V,* p. 101.	Non applicable aux contraventions. Id.	1814; puisqu'il restera toujours à sa charge la contravention matérielle, prévue par l'art. 17, L. 21 oct. 1814.—Quant à lui seulement, le dernier paragraphe de l'art. 288 est donc abrogé. Le § 2 par la même raison est abrogé pour les libraires. Le § 3 profite encore aux graveurs, qui ne sont pas soumis aux formalités des imprimeurs.
87	**Outrager ou tourner en dérision,** par l'un des moyens de publication de l'art. 1 de la loi du 17 mai 1819, une religion dont l'établissement est légalement reconnu en France. Art. 1, L. 25 mars 1822.—*V.* p. 102.	Tribunal correctionnel. Art. 25, décret du 17 févr. 1852, p. 138.	*Prison de 3 mois à 5 ans.*— Amende, 300 à 4,000 fr. Art. 1, L. 25 mai 1822—*V.* p. 102. *Peines accessoires :* — Suppression ou destruction des objets saisis ou à saisir, en tout ou en partie, suivant qu'il y a lieu pour assurer l'effet des condamnations. Facultativement, impression et affiche de la décision. Art. 26, L. 26 mai 1819.—*V.* p. 131.	Applicable. Art. 14, L. 25 mars 1822, p. 135.	Si le délit a lieu par la voie d'un journal, l'amende sera de 600 fr. à 12,000 fr. Art. 9, L. 9 juin 1819, et art. 14, L. 18 juillet 1828.—*V.* p. 131.
88	**Ouvrages condamnés,** réimprimés, vendus ou distribués, après que la condamnation en est réputée connue par insertion au *Moniteur* d'un extrait de l'arrêt ou jugement. Art. 27, L. 26 mai 1819.—*V.* p. 21, 26, 71, 127.	Id.	*Maximum* de la peine qu'aurait pu encourir l'auteur de l'ouvrage condamné. Art. 27, L. 26 mai 1819.—*V.* p. 21, 26, 71, 127.	Applicable. Art. 8, du décret du 11 août 1848, p. 134.	*V. in fine,* le catalogue des écrits condamnés de 1814 à 1850.
»	**Provocation** à des crimes ou délits par écrits anonymes.	»	*V. Publication,* 95-19.	»	
89	**Provocation,** par l'un des moyens de publication de l'art. 1 de la loi du 17 mai 1819, à commettre un ou plusieurs *crimes,* sans qu'elle ait été suivie d'*aucun effet.* Art. 1 et 2, L. 17 mai 1819.—*V.* p. 85. Si elle a été *suivie d'effet.*—*V.* nos 14, 90. La provocation par d'autres moyens peut, dans les cas des crimes prévus par les art. 86, 87 et 91, C. pén., constituer le complot.—*V.* art. 89, C. pén.	Id.	*Prison de 3 mois à 5 ans.*— Amende, 50 à 6,000 fr. Art. 2, L. 17 mai 1819.—*V.* p. 85. *Peines accessoires :* — Suppression ou destruction des objets saisis ou à saisir, en tout ou en partie, suivant qu'il y a lieu, pour assurer l'effet des condamnations. Facultativement, impression et affiche de la décision. Art. 26, L. 26 mai 1819.—*V.* p. 131.	Id.	Si le délit a eu lieu par la voie d'un journal, l'amende sera de 100 fr. à 12,000 fr. *V.* lois citées au n° 87.
90	**Provocation,** par les mêmes moyens, à commettre un ou plusieurs *délits,* lorsque cette provocation a été *suivie d'effet.* Art. 1, L. 17 mai 1819.—*V.* p. 87. Si elle n'a pas été *suivie d'effet.* Art. 3, L. 17 mai 1819.—*V.* p. 89.	Id. Id.	*Le provocateur* sera réputé complice et puni comme tel. Art. 1, L. 17 mai 1819.—*V.* p. 85. *Peines accessoires :* — Suppression ou destruction des objets saisis ou à saisir, en tout ou en partie, suivant qu'il y a lieu pour assurer l'effet des condamnations. Facultativement, impression et affiche de la décision. Art. 26, L. 26 mai 1819.—*V.* p. 131. *Prison de 3 jours à 2 ans.*—Amende, 30 à 4,000 fr.—Cumulativement ou séparément.—Sauf les cas où la loi prononcerait une peine moins grave contre l'auteur même du délit. — Cette peine sera alors appliquée au provocateur.	Id. Id.	Si le délit est commis par la voie d'un journal, l'amende sera de 60 fr. à 8,000 fr. Art. 9, L. 9 juin 1819 et art. 14, L. 18 juillet 1828. — *V.* p. 131.

NOTE GÉNÉRALE *pour tous les délits de la presse :* Après une condamnation pour délit de presse contre le gérant responsable, le Gouvernement a, pendant les deux mois qui suivent la condamnation, le droit de supprimer ou de suspendre le journal : art. 32 du décret du 17 février 1852.—*V.* p. 134.

N° D'ORDRE.	QUALIFICATION DES INFRACTIONS.	COMPÉTENCE.	PEINES ENCOURUES.	APPLICABILITÉ de l'art. 463.	OBSERVATIONS.
91	**Provocation** par l'un des mêmes moyens de publication de l'art. 1 de la loi du 17 mai 1819, à la *désobéissance* aux lois. Art. 6, L. 17 mai 1819.—*V.* p. 103.	Tribunal correctionnel. Art. 25, décret du 17 févr. 1852, p. 138.	*Prison de 3 jours à 2 ans.*—Amende, 30 à 4,000 fr.—Cumulativement ou séparément.—Sauf les cas où la loi prononcerait une peine moins grave contre l'auteur même du délit.—Cette peine sera alors appliquée au provocateur. Art. 6, L. 17 mai 1849.—*V.* p. 103. *Peines accessoires :* — Suppression ou destruction des objets saisis ou à saisir, en tout ou en partie, suivant qu'il y a lieu pour assurer l'effet des condamnations. Facultativement, impression et affiche de la décision. Art. 26, L. 26 mai 1819.—*V.* p. 131.	Applicable. Art. 8, décret du 11 août 1848, p. 134.	Si le délit est commis par la voie d'un journal, l'amende sera de 60 fr. à 8,000 fr.—Art. 9, L. 9 juin 1819 et art. 14, L. 18 juillet 1828. — *V.* p. 131.
92	**Provocation** à des *crimes* ou à des *délits*, par discours, exhortations, invocations ou prières, en quelque langue que ce soit, ou par lecture, affiches, publication ou distribution d'écrits quelconques dans des *assemblées illicites et non autorisées de plus de vingt personnes.* Art. 293, C. pén.—*V.* p. 69, 85.	Id. Art. 179, C. d'inst. crim., p. 137.	*Prison de 2 mois à 2 ans.*—Amende, 100 à 300 fr.—Contre les chefs, directeurs et administrateurs de ces associations. Art. 293, C. pén.—*V.* p. 69 et 85. Sans préjudice de peines plus fortes contre les auteurs des provocations, lesquels, en aucun cas, ne pourront être punis de peines moindres que celles infligées aux sus-nommés.	Applicable aux délits du Code pénal.	Ce délit de droit commun rentre par ses moyens d'action autant que par son but dans la classe des provocations à des crimes ou délits, prévus et punis par les lois de la presse.—*V.* L. de 1819, art. 1, 2 et 3, et n° 67 ci-dessus.
93	**Provocation directe** à la *désobéissance aux lois* ou autres actes de l'autorité publique ou tendant à *soulever ou armer* une partie des citoyens contre les autres, par un ministre du culte, dans l'exercice de son ministère, au moyen d'un discours prononcé en assemblée publique, sans que la provocation ait *été suivie d'aucun effet.* Art. 201 et 202, C. pén.—*V.* p. 93, 95.	Id.	*Prison de 2 à 5 ans.* Art. 201 et 202, C. pén.—*V.* p. 93, 95. Si la provocation a été suivie d'effet, elle sera criminelle.—*V.* n°s 16 et 17.	Id.	Même observation que ci-dessus. — *V.* n° 91.
94	**Provocation**, par l'un des moyens de publication de l'art. 1 de la loi du 17 mai 1819, adressée aux *militaires ou marins* dans le but de les détourner de leurs devoirs militaires et de l'obéissance qu'ils doivent à leur chef. Art. 2, L. 27 juillet 1849.—*V.* p. 88-104.	Tribunal correctionnel. Art. 25 du décret du 17 fév. 1852. *V.* p. 138.	*Prison de 1 mois à 2 ans.* — Amende, 25 à 4,000 fr. Art. 2, L. 27 juill. 1849. — *V.* p. 88 et 104. *Peines accessoires :*—Suppression ou destruction des objets saisis ou à saisir, en tout ou en partie, suivant qu'il y a lieu pour assurer l'effet des condamnations. Facultativement, impression et affiche de la décision. Art. 26, L. 26 mai 1819.—*V.* p. 131. Sans préjudice de peines plus graves s'il y avait tentative d'embauchage. — *V.* n° 2. — Ou provocation aux crimes ou aux délits, n°s 14 et 90.	Applicable. Art. 8, décret du 11 août 1848, et art. 23, L. 27 juillet 1849. *V.* p. 134	Si le délit est commis par la voie d'un journal, l'amende sera de 50 à 8,000 fr. — *V.* lois citées au n° 91.
95	**Publication ou distribution** d'ouvrages, écrits, avis, bulletins, affiches, journaux ou autres imprimés, sans indication vraie des noms, profession et demeure de l'auteur ou de l'imprimeur (art. 283, C. pén.), contenant quelques provocations à des délits. Art. 285, C. pén.—*V.* p. 85. En cas de révélation de la personne qui a donné l'écrit à publier. Art. 285, C. pén.—*V.* p. 85. La peine de la complicité reste applicable à ceux qui n'ont pas révélé, et à l'imprimeur s'il est connu. Art. 285, C. pén.—*V.* p. 85.	Id. Art. 179, C. d'inst. crim., p. 137.	*Les crieurs, vendeurs, afficheurs et distributeurs,* seront punis comme complices des provocateurs. Confiscation des exemplaires saisis. Art. 285 et 286, C. pén.—*V.* p. 85. *Prison de 6 jours à 3 mois.*—Confiscation des exemplaires saisis. Art. 285 et 286, C. pén.—*V.* p. 85 et 69. Cette faveur de la loi ne doit pas tourner contre le révélateur, qui peut toujours renoncer au bénéfice de l'art. 285, lorsque la peine de la complicité doit être plus légère.—*V.* la colonne d'observations.	Applicable aux délits du Code pénal, p. 133.	En cas de révélation on devrait aussi appliquer le principe de l'art. 5 de la loi du 17 mai 1819, c'est-à-dire que, lorsque la loi prononce contre l'auteur même du délit une peine moins grave, cette peine doit être appliquée au distributeur.—Sinon, en en certains cas (lorsque la peine du délit sera moindre de 6 jours à 3 mois), il aurait plus d'intérêt à garder le silence et à être complice qu'à se faire révélateur. La loi est ici vicieuse.

NOTE GÉNÉRALE *pour les délits de la presse :* Après une condamnation pour délit de presse contre le gérant responsable, le Gouvernement a, pendant les deux mois qui suivent la condamnation, le droit de supprimer ou de suspendre le journal, art. 32, décret du 17 février 1852.—*V.* p. 134.

N° D'ORDRE.	QUALIFICATION DES INFRACTIONS.	COMPÉTENCE.	PEINES ENCOURUES.	APPLICABILITÉ de l'art. 463.	OBSERVATIONS.
96	**Publication**, vente ou distribution d'un écrit, de dessins ou gravures *condamnés*, après que la condamnation en est réputée connue par l'insertion d'un extrait du jugement ou de l'arrêt au *Moniteur*. Art. 27, L. 26 mai 1819.—*V*. p. 71.	Tribunal correctionnel. Art. 25, décret du 25 févr. 1852, p. 138.	*Maximum* de la peine qu'aurait pu encourir l'auteur. Art. 27, L. 26 mai 1819.—*V*. p. 71. ———	Applicable. Art. 11, décr. du 11 août 1848, p. 134.	*V*. à l'appendice le catalogue des écrits condamnés depuis 1814.
»	**Principe et forme** du Gouvernement (Attaque des).	»	V. *Attaque*, n° 24.	»	
»	**Propriété** (Attaque contre le principe de la).	»	V. *Attaque*, n° 30.	»	
»	**Réimpression** d'un ouvrage condamné.	»	V. *Ouvrages condamnés*, n° 88.	»	
97	**Représentations illicites** d'un ouvrage dramatique, c'est-à-dire non autorisé formellement par l'auteur, ou ses héritiers ou ayants cause. Art. 428, C. pén.—*V*. p. 80.	Tribunal correctionnel. Art. 179, C. d'inst. crim., p. 137.	*Amende*, 50 à 500 *fr*.—Confiscation des recettes et indemnité calculée d'après le dommage. Contre les entrepreneurs de spectacle ou associations d'artistes. Art. 428 et 429, C. pén.—*V*. p. 80.	Applicable aux délits du Code pénal, p. 135.	Les tribunaux peuvent arbitrer eux-mêmes les dommages-intérêts. Cass. 10 janvier 1818, J. P., t. 20, p. 72.
97 bis.	**Révélation de secrets,** par les médecins, chirurgiens et autres officiers de santé, par les pharmaciens, les sages-femmes et toutes autres personnes dépositaires, par état ou profession, des secrets qu'on leur confie, hors les cas où la loi les oblige à se porter dénonciateurs. Art. 378, C. pén.—*V*. p. 115-116.	Id.	*Prison de 1 mois à 6 mois.*—Amende, 100 à 500 fr. Art. 378, C. pén.—*V*. p. 115-116. ———	Id.	Ce délit de droit commun peut rentrer, par ses conséquences et ses moyens d'action, dans la catégorie des délits de diffamation, prévus et punis par les lois spéciales dite de presse.
»	**Signes de l'autorité** (Dégradation ou enlèvement des).	»	V. *Enlèvement*, n° 48.	»	
98	**Signes de ralliement** extérieur non autorisé (Port public de). Art. 6, § 2, décret du 11 août 1848.—*V*. p. 96. ——— Le port de drapeau ou d'autres signes de ralliement est un crime, lorsqu'il provoque ou facilite un mouvement insurrectionnel.	Tribunal correctionnel. Art. 25, décr. du 17 févr. 1852, p. 138.	*Prison de 15 jours à 2 ans.*—Amende, 100 à 4,000 fr. Art. 6, décret du 11 août 1848. — *V*. p. 96. ——— *V*. n° 15.	Applicable. Art. 11, du décret du 11 août 1848, p. 134.	
99	**Signes ou symboles** propres à propager l'esprit de rébellion ou à troubler la paix publique (Exposition dans des lieux ou réunions publics, exposition ou mise en vente de). Art. 6, § 3, décret de 11 août 1848.—*V*. p. 96.	Id.	Même peine. Même lois.	Id.	
»	**Souveraineté du peuple** (Attaque au principe de la).	»	V. *Attaque*, n° 23.	»	
»	**Suffrage universel** (Attaque contre le principe du).	»	V. *Attaque*, n° 23.	»	
100	**Trouble** causé pendant *les audiences* par un individu remplissant une fonction près le tribunal. Art. 90, C. proc. civ.—*V*. p. 121. Si l'auteur du tumulte est un officier ministériel, on appliquera, suivant la gravité des circonstances, les peines de l'art. 102 du décret du 30 mars 1808.—*V*. p. 121.	Chambre du tribunal où le trouble a eu lieu, décret du 30 mars 1808, art. 105, p. 121.	*Suspension* de 3 mois au plus pour la première fois, outre les peines portées contre tout autre individu. Art. 90, C. proc. civ. — *V*. p. 121. Injonction d'être plus exact ou circonspect à l'avenir, défense de récidiver, suspension à temps, impression et affiche du jugement. Art. 102, décret de 1808.—*V*. p. 121.	Non applicable aux infractions disciplinaires.	Applicable à toutes les juridictions. —

NOTE GÉNÉRALE *pour tous les délits de la presse* : Après une condamnation pour délit de presse contre le gérant responsable, le Gouvernement a, pendant les deux mois qui suivent la condamnation, le droit de supprimer ou de suspendre le journal, art. 32 du décret du 17 février 1852.—*V*. p. 134.

N° D'ORDRE.	QUALIFICATION DES INFRACTIONS.	COM-PÉTENCE.	PEINES ENCOURUES.	APPLI-CABILITÉ de l'art. 463.	OBSERVATIONS.
»	**Trouble** des opérations électorales.	»	V. *Attaque*, n° 27.	»	
»	**Trouble** de l'exercice d'un culte.	»	V. *Entraves*, n° 50.	»	
101	**Trouble**, interruption du silence, signes d'approbation ou d'improbation, pendant *les audiences civiles* des Cours et tribunaux. Art. 89, C. proc. civ.—*V.* p. 117. — Si le trouble est commis par un individu remplissant une fonction près le tribunal.	Les juges du siége. Art. 89, C. proc. civ., p. 117.	*Expulsion* après avertissement des huissiers.—En cas de résistance, prison de 24 heures sur l'ordre du président. Art. 89, C. proc. civ.—*V.* p. 117. — *V.* n° 100.	Non applicable aux infractions disciplinaires.	L'avertissement n'est pas obligatoire; mais lorsque le trouble n'est pas grave, il doit précéder l'expulsion. —
102	**Trouble** des opérations judiciaires, par outrages ou menaces, *ailleurs qu'à l'audience* d'une Cour ou d'un tribunal. Art. 91, C. proc. civ.—*V.* p. 117.	Id. Art. 91, C. proc. civ., p. 117.	L'arrestation immédiate du délinquant sera ordonnée par le magistrat qui aura la police du lieu où le délit a été commis. Art. 91, C. proc. civ.	»	
103	**Tumulte**, trouble, signes d'approbation ou d'improbation, pendant *toutes audiences* des Cours et tribunaux et en *tous lieux* où se fait une instruction judiciaire. Art. 504, C. inst. crim.—*V.* p. 117. — Si le trouble est commis par un individu remplissant une fonction près le tribunal.	Id. Art. 504, C. d'instr. crim. p. 117.	*Expulsion* sans avertissement. — En cas de résistance, prison de 24 heures sur l'ordre du président. Art. 504, C. inst. crim.—*V.* p. 117. — *V.* n° 100.	Non applicable aux infractions disciplinaires.	Applicable à toutes les juridictions. —
104	**Tumulte**, trouble, etc., par le prévenu, *pour empêcher le cours de la justice* à l'audience d'une Cour d'assises ou d'un tribunal correctionnel. Art. 10 et 12, L. 9 sept. 1835.—*V.* p. 118.	Id. Art. 10, L. 9 sept. 1835, p. 118.	Le prévenu sera reconduit en prison, ou expulsé s'il n'est pas détenu, et il sera procédé contre lui en son absence.—*V.* le numéro suivant s'il y a lieu d'appliquer une peine. Art. 10 et 12, L. 9 sept. 1835. — *V.* p. 118.	»	Idem. *V.* le numéro suivant s'il y a lieu d'appliquer une peine.
105	Même délit commis par toute personne (prévenue ou non) *pour empêcher le cours de la justice.*—L'auteur du tumulte sera déclaré coupable de rébellion. Art. 11 et 12, L. 9 sept. 1835.—*V.* p. 118. — Si le trouble est causé par un individu remplissant une fonction près le tribunal.	Id.	*Prison de 2 ans au plus.* Art. 11 et 12, L. 9 sept. 1835. — *V.* p. 118. Sans préjudice de peines plus graves au cas d'outrages et violences contre les magistrats. — *V.* n° 100.	Applicable aux délits du C. pénal.	L'art. 465 est applicable puisque l'art. 11 assimile le fait à la rébellion. —
106	**Tumulte** accompagné d'injures, outrages ou voies de fait à l'audience. Art. 505, 181, C. inst. crim.—*V.* p. 117-119. — Si le trouble est causé par un individu remplissant une fonction près le tribunal.	Id. Art. 505 et 181, d'instr. crim., p. 117-119.	Le tribunal appliquera séance tenante les peines de la loi. Art. 505 et 181, C. inst. crim. — *V.* p. 117-119. — *V.* n° 100.	Id.	Applicable à toutes les juridictions. —
»	**Vente et distribution** d'ouvrages condamnés.	»	V. *Ouvrages condamnés*, n° 88.	»	

NOTE GÉNÉRALE *pour tous les délits de la presse* : Après une condamnation pour délit de presse contre le gérant responsable, le Gouvernement a, pendant les deux mois qui suivent la condamnation, le droit de supprimer ou de suspendre le journal, art. 32 du décret du 17 février 1832.—*V.* p. 134.

N° D'ORDRE.	QUALIFICATION DES INFRACTIONS.	COM-PÉTENCE.	PEINES ENCOURUES.	APPLI-CABILITÉ de l'art. 463.	OBSERVATIONS.
			DES CONTRAVENTIONS CORRECTIONNELLES. 1° CONTRAVENTIONS EN MATIÈRES D'IMPRIMERIE (1), DE LIBRAIRIE (2) ET DE FABRICATION DES MÉDAILLES.		
107	**Achat de livres** des enfants de famille et domestiques, non autorisés par leurs parents, tuteurs ou maîtres, et des personnes inconnues. Art. 1, ord. du 8 nov. 1780.—*V.* p. 23.	Tribunal correctionnel. Art. 179, C. d'inst. crim. *V.* p. 137.	*Amende de* 400 *fr.* contre tous marchands ou artisans. Art. 1, Ord. du 8 mai 1780.—*V.* p. 23.	Non applicable aux contraventions.	Le maintien de cette ordonnance peut être contesté. —
108	**Affiches privées**, sur papier blanc ordinaire réservé aux affiches de l'autorité (Impression d'). Art. 77, L. 25 mars 1817.—*V.* p. 73.	Tribun. civil. Art. 76, L. 28 avril 1816, p. 151.	*Amende de* 20 *fr.*, contre l'imprimeur. Art. 77, L. 25 mars 1817, et art. 10, L. 16 juin 1824.—*V.* p. .	Id.	
»	**Affiches privées**, sur papier non timbré (Impression d').	»	V. *Timbre*, n° 141.	»	
109	**Articles politiques** ou d'économie sociale, émanés d'un individu condamné à une peine afflictive et infamante, ou infamante seulement (Impression d'). Art. 21, décret du 17 fév. 1852. — *V.* p. 128.	Tribunal correctionnel. Art. 25, décret du 17 févr. 1852, p. 138.	*Amende de* 1,000 *à* 5,000 *fr.*, contre l'imprimeur qui aura imprimé sciemment. Même article.—*V.* p. 128.	Non applicable aux contraventions.	
110	**Autorisation des auteurs.** — Impression d'un ouvrage sans cette autorisation.	»	V. aux délits, v° *Contrefaçon*, n° 36.	»	.
111	**Brevet.** Exercice de l'imprimerie ordinaire, lithographique ou en taille-douce, sans être breveté ni assermenté. Art. 11, décret du 21 oct. 1814; art. 1, ord. 8 oct. 1817; art. 1, décret du 22 mars 1852.—*V.* p. 9 et 10.	Trib. correct. Art. 21, L. 1814 et art. 25, décr. de 1852. *V.* p. 29.	*Prison de* 6 *mois.*—Amende, 10,000 fr.—Destruction de l'imprimerie. Art. 13, L. 21 oct. 1814.— *V.* p. 11.—Art. 2, décret du 22 mars 1852.—*V.* p. 11 et 12.	Non applicable aux contraventions.	Ne serait-il pas prudent de soumettre les photographes à se pourvoir d'un brevet comme les lithographes ?
112	**Brevet** Commerce de la librairie sans être breveté ni assermenté. Art. 24, décret du 17 fév. 1852. — *V.* p. 24.	Id.	*Prison de* 1 *mois.* — Amende, 100 à 2,000 fr.—Fermeture de l'établissement. Art. 24, décret du 17 fév. 1852.—*V.* p. 24.	Id.	On doit assimiler aux libraires fixes les libraires ambulants ou colporteurs de livres. Jurisprudence, *V.* p. 24 notes.
113	**Cartes à jouer** (Fabrication ou impression de), sans autorisation de la régie. Art. 166, L. 28 avril 1816.—*V.* p. 15, 16 et 61.	Tribunal correctionnel. Art. 9, L. 5 ventôse an v.	*Prison de* 1 *mois.* — Amende, 10,000 à 3,000 fr. — Confiscation des objets de fraude. Art. 166, L. 28 avril 1816.— *V.* p. 15, 16 et 61.	Id.	En récidive, l'amende sera toujours de 3,000 fr. Même loi.
»	**Clandestinité.**	»	V. *Imprimerie clandestine*, n° 128.	»	
114	**Colporteur.** Exercice du colportage sans brevet. (Voir *Brevet de libraire*, n°112, lorsqu'il ne colporte que des livres.)	»	Les colporteurs sont en outre soumis à l'obtention de l'autorisation préfectorale. —*V.* n° 155.	»	
115	**Déclaration**, *au moment du dépôt au parquet*, du nombre d'exemplaires tirés de tous écrits politiques ou d'économie sociale ayant moins de dix feuilles d'impression, autres que les journaux (omission ou refus de). Art. 7, L. 27 juill. 1849.—*V.* p. 18.	Tribunal correctionnel. Art. 7, L. 27 juillet 1849. *V.* p. 18.	*Amende de* 100 *à* 500 *fr.*, contre l'imprimeur. Art. 7, L. 27 juillet 1849.—*V.* p. 18.	Applicable. Art. 23, L. 27 juillet 1849. *V.* p. 134. Jurisprud.	

(1 et 2) NOTE GÉNÉRALE *commune aux contraventions des imprimeurs et des libraires* : Le brevet peut être retiré par le Gouvernement, à tout imprimeur ou libraire convaincu par un jugement de contravention aux lois et règlements.—Art. 12, L. 21 oct. 1814.

N° D'ORDRE.	QUALIFICATION DES INFRACTIONS.	COMPÉTENCE.	PEINES ENCOURUES.	APPLICABILITÉ de l'art. 463.	OBSERVATIONS.
116	**Déclaration**. Impression, sans déclaration préalable de l'imprimeur, de son intention d'imprimer l'ouvrage.—Cette déclaration doit être conforme à l'inscription faite sur le registre prescrit par l'ordonnance de 1814. Art. 14, L. 21 oct. 1814; art. 2, ord. du 24 oct. 1814.—*V*. p. 11-12.	Tribunal correctionnel. Art. 21, L. 21 oct. 1814. *V*. p. 29.	*Amende*, 1,000 fr. pour la première fois et 2,000 fr. pour la seconde fois. Art. 16, L. 21 oct. 1814.—*V*. p. 11-12.	Non applicable aux contraventions.	La circulaire ministérielle du 16 juin 1830 dispense de la déclaration préalable l'impression des ouvrages dits labeurs ou bilboquets. (*V*. p. 12, n° 25.)
117	*Id*. pour les planches ou estampes gravées *accompagnées d'un texte*. Art. 3, Ord. du 24 oct. 1814.—*V*. p. 11. *Id*. pour les impressions lithographiques. Art. 2, Ord. du 8 oct. 1817.—*V*. p. 12.	Id.	Même peine. Même loi.	Id.	Les planches ou estampes gravées non accompagnées d'un texte ne sont pas soumises à la déclaration préalable.—(*V*. p. 17, n° 62.)
118	**Déclaration** à la préfecture de police à Paris, aux préfets dans les départements, de possession de presses, fontes et autres ustensiles d'imprimerie par les détenteurs ou possesseurs, dans le mois de leur détention ou possession (Omission de). Art. 1, décret du 18 nov. 1810.—*V*. p. 11.	Tribunal correctionnel. Art. 43, décret du 5 févr. 1810. Arg., p. 29.	*Prison de 6 jours à 6 mois*, et confiscation. Art. 5, décret du 18 nov. 1810; art. 45, décret du 5 fév. 1810. Arg.—*V*. p. 11.	Id.	
»	**Déclaration** d'imprimerie.	»	V. *Imprimerie clandestine*, n° 128.	»	
»	**Déclaration** de presses de petites dimensions. (Omission de).	»	V. *Presse*, n° 136.	»	
119	**Déclaration** des ventes de presses, caractères ou autres ustensiles d'imprimerie par l'envoi, au ministre de l'intérieur à Paris, aux préfets dans les départements, d'une copie de l'inscription faite sur le registre prescrit (V. au n° 139).—(Défaut de, par les fondeurs de caractères, clicheurs, stéréotypeurs, fabricants et marchands desdits ustensiles d'imprimerie). Art. 4, décret du 22 mars 1852.—*V*. p. 12.	Tribunal correctionnel. Art. 179, C. d'inst. crim., p 137.	*Amende de 50 à 200 fr.* Art. 4, décret du 22 mars 1852.—*V*. p. 12.	Non applicable aux contraventions.	V. *Registre de vente*.
»	**Déclaration** de médailles à frapper. L'art. 4 du décret du 5 germ. an XII a assimilé cette fabrication à l'impression des écrits.—*V*. p. 61.	»	V. *Déclaration d'impression*, n° 116.	»	
120	**Dépôt** *au parquet*, 24 heures avant la publication ou distribution de tous écrits *politiques* ou d'*économie sociale* ayant moins de dix feuilles, autres que les journaux (Omission de). Art. 7, L. 27 juill. 1849.—*V*. p. 18.	Tribunal correctionnel. Art. 7, L. 27 juillet 1849. *V*. p. 18.	*Amende de 100 à 500 fr.*, contre l'imprimeur. Même article.—*V*. p. 18.	Applicable. Art. 23, L. 27 juillet 1849, p. 134. Jurisprud.	Ce dépôt est indépendant du dépôt ordinaire, en vertu de l'art. 16 de la loi de 1814.—*V*. art. 7, L. 27 juillet 1849.
121	**Dépôt** à la préfecture dans les départements et au ministère de l'intérieur à Paris, et avant toute publication, de deux exemplaires de tous ouvrages imprimés ou lithographiés autres que ceux dits *labeurs* ou *bilboquets*. Art. 16, L. 21 oct. 1814, art. 2, ord. du 8 oct. 1817; circ. minist. et ord. du 9 janv. 1828.—*V*. p. 17 et 18.	Tribunal correctionnel. Art. 21, L. 21 octobre 1814. *V*. p. 29.	*Amende*, 1,000 fr. pour la première fois et 2,000 fr. la seconde fois, contre l'imprimeur. Art. 16, L. 21 oct. 1814.—*V*. p. 17-18.	Non applicable aux contraventions.	Une circulaire ministérielle dispense du dépôt les ouvrages dits labeurs ou bilboquets.—*V*. Circ. min. du 16 juin 1830. (P. 12, n° 25.)
122	*Id*. pour les *gravures, planches* ou *estampes* gravées *accompagnées d'un texte*. (Omission du dépôt de trois épreuves).	Id.	Idem.	Id.	L'une des épreuves déposées doit être avant la lettre ou en

NOTE GÉNÉRALE *commune aux contraventions des imprimeurs et des libraires* : Le brevet peut être retiré par le Gouvernement, à tout imprimeur ou libraire convaincu par un jugement de contravention aux lois et règlements.—Art. 19, L. 21 oct. 1814.

N° D'ORDRE.	QUALIFICATION DES INFRACTIONS.	COMPÉTENCE.	PEINES ENCOURUES.	APPLICABILITÉ de l'art. 463.	OBSERVATIONS.
122 *Suite.*	Art. 16, L. 21 oct. 1814; art. 3, 8 et 10, ord. du 24 oct. 1814; et ord. du 9 janv. 1828. —*V.* p. 17 et 18. Les planches ou estampes gravées non accompagnées d'un texte sont-elles soumises au dépôt ?—*V.* p. 17, n° 62.				couleur, s'il en a été tiré de cette espèce: —Ordonn. de 1814, art 8. *V.* p. 17.
123	**Dépôt** de deux exemplaires en bronze à la monnaie du Louvre et deux à la Bibliothèque nationale des médailles frappées. Art. 2, décret du 5 germ. an XII. — *V.* p. 61.	Tribunal correctionnel. Art. 179, C. d'inst. crim., p. 137.	*Amende de 1,000 fr.;* en cas de récidive 2,000 fr. Art. 3, même décret.—*V.* p. 61.	Non applicable aux contraventions.	
124	**Discours** d'un député (Impression non autorisée par l'Assemblée du). Art. 74, décret du 22 mars 1852.— *V.* p. 16.	Id.	*Amende de 500 à 5,000 fr.* — Contre l'imprimeur. Art. 74, décret du 22 mars 1852.— *V.* p. 16.	Id.	
»	**Écrits** sans nom d'auteur ou d'imprimeur (Distribution, vente, publication d').	»	V. n°s 56 et 95 aux délits, et 129 ci-dessous.	«	Cette contravention a été classée parmi les délits par le Code pénal; elle figure ainsi dans la catégorie des délits et des contrav.
125	**Enseigne.** Absence d'enseigne à la porte de l'imprimerie. Art. 7, déclaration du 10 mai 1728.—*V.* p. 9.	Tribunal correctionnel. Art. 179, C. d'inst. crim., p. 137.	*Amende de 500 fr.* qui ne pourra être modérée. Même article.—*V.* p. 9.	Non applicable aux contraventions.	Le maintien de cette disposition peut être contesté.
126	**Fabrication non autorisée,** ou ailleurs que dans les ateliers de la Monnaie, des médailles, jetons ou pièces de plaisir. Art. 1, décret du 5 germ. an XII. — *V.* p. 61.	Id.	*Amende de 1,000 fr.;* en cas de récidive 2,000 fr. Art. 3, même décret.—*V.* p. 61.	Id.	
127	**Imagiers, tapissiers, dominotiers,** détenteurs de presses, caractères ou autres ustensiles non déclarés à la préfecture.—V. *Déclaration,* n° 118. Art. 3, décret du 18 nov. 1810.—*V.* p. 11.	Trib. correct. Art. 45, décret du 5 février 1810. Argument. *V.* p. 29.	*Prison de 6 jours à 6 mois.*—Confiscation. Art. 5, décret du 18 nov. 1810, et art. 45, décret du 5 fév. 1810.—*V.* p. 11.	Id.	
128	**Imprimerie clandestine,** c'est-à-dire ni déclarée, ni autorisée. Art. 13, L. 20 oct. 1814.—*V.* p. 11.	Trib. correct. Art. 21, L. 21 oct. 1814. *V.* p. 29.	*Prison de 6 mois.*—Amende, 10,000 fr. —Destruction de l'imprimerie. Art. 13, L. 21 oct. 1814.—*V.* p. 11.	Id.	Presses de petites dimensions non autorisées, possession ou usage.-*V.* n° 136.
»	**Impression sans déclaration.**	»	V. *Déclaration,* n° 116.	»	
»	**Impression d'affiches privées** sur *papier blanc* ou *non timbré.*	»	V. *Affiches et Timbre,* n°s 108 et 141.	»	
»	**Impressions interdites** (V. Articles politiques.—Discours de députés. — Autorisation des auteurs. — Livres d'église.—Manuscrits).	»	V. aussi *Conseils municipaux,* n° 39.	»	
129	**Indication** sur l'imprimé du nom et de la demeure de l'imprimeur. (Impression sans). Art. 17, L. 21 oct. 1814.—*V.* p. 15. Indication d'un *faux nom* et d'une *fausse demeure.* Même article.—*V.* p. 15.	Tribunal correctionnel. Art. 21, L. 21 octobre 1814. *V.* p. 29.	*Amende de 3,000 fr.,* contre l'imprimeur. Art. 17, L. 21 oct. 1814.—*V.* p. 15. *Prison de 6 jours à 6 mois.*—Amende, 6,000 fr. Art. 17, L. 21 oct. 1814, et art. 283, C. pén.—*V.* p. 15.	Non applicable aux contraventions.	Les impressions lithographiques étant assimilées par l'ord. du 8 oct. 1817 aux impressions ordinaires, sont soumises aux mêmes formalités. —*V.* n° 56.

NOTE GÉNÉRALE *commune aux contraventions des imprimeurs et des libraires :* Le brevet peut être retiré par le Gouvernement, à tout imprimeur ou libraire convaincu par un jugement de contravention aux lois et règlements.—Art. 12, L. 21 oct. 1814.

N° D'ORDRE.	QUALIFICATION DES INFRACTIONS.	COM-PÉTENCE.	PEINES ENCOURUES.	APPLICABI-LITÉ de l'art. 463.	OBSERVATIONS.
130	**Journal** politique ou d'économie sociale *non autorisé* ou *sans cautionnement* (Impression de). Art. 5, décret du 17 fév. 1852.—*V.* p. 22.	Trib. correct. Art. 25, décret du 17 fév. 1852. *V.* p. 138.	*Amende de* 100 à 2,000 *fr.* par chaque numéro publié en contravention.—Prison de 1 mois à 2 ans. Art. 5, décret du 17 fév. 1852.—*V.* p. 22.	Non applicable aux contraventions.	Le publicateur est solidairement responsable. Art. 5, décret du 17 fév. 1852.
131	**Journal** suspendu ou supprimé (Impression de), sous le même titre ou sous un titre déguisé. Art. 20, décret du 17 fév. 1852.—*V.* p. 22.	Id.	*Prison de 1 mois à 2 ans.*—Amende, 500 à 3,000 fr. par chaque numéro ou feuille en contravention. Art. 20, décret du 17 fév. 1852. — *V.* p. 22.	Id.	
»	**Journal**. Signature.	»	V. *Signature*, n° 140.	»	
»	**Librairie** (Exercice sans brevet de).	»	V. *Brevet*, n° 112.	»	
»	**Libraires ambulants** ou colporteurs sans brevet.	»	V. *Colporteurs*, n° 114, et *Colportage*.	»	
131 bis.	**Livres d'église**.—Impression ou réimpression de livres d'église, heures et prières, *sans permission* de l'évêque textuellement rapportée en tête de chaque exemplaire. Art. 1, décret du 7 germ. an XIII.—*V.* p. 13.	Tribunal correctionnel. Décr. 15 juin 1819. Art. 179, C. d'instr. crim. *V.* p. 138.	*Confiscation des exemplaires.*—Dommages-intérêts calculés par le tribunal d'après le dommage causé. Arg. art. 2, décret du 7 germ. an XIII; art. 4 et 5, décret des 19-21 juill. 1793, modifié par décret de 1810 et par le Code pénal.— *V.* p. 13.	Non applicable aux contraventions.	Le décret du 19 juillet 1793, dans ses art. 4 et 5, évaluait les dommages-intérêts. Cette arbitration a été laissée aux tribunaux, par le décret de 1810, et le C. pénal, art. 429.
132	**Livres** autres que des A B C, des almanachs et petits livres d'heures vendus par des marchands merciers, grossiers, joailliers. Cette vente constitue le fait de commerce de la librairie sans brevet. Art. 10, Arrêt du cons. d'Etat, 10 sept. 1735.—*V.* p. 23.	Tribunal correctionnel. Art. 21, L. 21 octobre 1814. *V.* p. 29.	*Prison de 1 mois à 2 ans.*—Amende, 100 à 2,000 fr. Art. 21, décret du 17 fév. 1854, et art. 11, L. 21 oct. 1814.—*V.* p. 23.	Id.	Le maintien de l'arrêt du cons. d'Etat de 1735 peut être contesté.
133	**Manuscrits des archives** du ministère des affaires étrangères ou des bibliothèques publiques sans autorisation ministérielle (Impression des). Art. 1 et 2, décret du 20 fév. 1809.—*V.* p. 13.	Id.	*Confiscation des exemplaires.* Arg. des art. 4 et 5 de la loi du 19 juill. 1793, et art. 41, décret de 1810.— *V.* p. 13 et 15.	Id.	
»	**Médailles**. Déclaration. — Fabrication.—Dépôt.—Contrairement à la loi.	»	V. *Déclaration, Dépôt, Fabrication*, n°s 116 et 126.	»	
»	**Nom et demeure**. — Impression sans indication des nom et demeure de l'imprimeur.	»	V. *Indication des nom et demeure*, n° 129.	»	
134	**Ouvrage sans nom** d'imprimeur (Mise en vente ou distribution par un libraire d'un). Art. 19, L. 21 oct. 1814.—*V.* p. 25. Si le libraire fait connaître l'imprimeur. Même article.—*V.* p. 25.	Tribunal correctionnel. Art. 21, L. 21 octobre 1814, *V.* p. 29.	*Amende de* 2000 *fr.* Art. 19, L. 21 oct. 1814. — *V.* p. 25. *Amende de* 1,000 *fr.* Même article.—*V.* p. 25.	Non applicable aux contraventions.	A moins que le libraire ne prouve que le livre a été imprimé avant la loi de 1814. Mais alors, il y aura lieu à l'application de l'art. 283 du C. pén. —*V.* n° 56.
»	**Papier de couleur** pour les affiches.	»	V. *Affiche*, n° 108.	»	
135	**Porte fermée** d'atelier d'imprimerie autrement qu'au loquet (Fait d'avoir la). Art. 7, déclaration du 10 mai 1728.—*V.* p. 9.	Trib. correct. Art. 179, C. d'instr. crim., p. 137.	*Amende de* 500 *fr.* qui ne pourra être modérée. Art. 7, déclaration du 10 mai 1728. — *V.* p. 9.	Non applicable aux contraventions.	Ce sont là des obligations de police dont le décret de 17 mars 1791 ne paraît pas

NOTE GÉNÉRALE *commune aux contraventions des imprimeurs et des libraires :* Le brevet peut être retiré par le Gouvernement, à tout imprimeur ou libraire convaincu par un jugement de contravention aux lois et règlements.—Art. 12, L. 21 oct. 1814.

N° D'ORDRE.	QUALIFICATION DES INFRACTIONS.	COMPÉTENCE.	PEINES ENCOURUES.	APPLICABILITÉ de l'art. 463.	OBSERVATIONS.
135 Suite.	**Porte dérobée** dans la maison de travail de l'imprimerie (Fait d'avoir une). Même article.—*V.* p. 9.		Dans tous les cas, si l'amende ne peut être prononcée comme inapplicable sous le Code, le jugement se borne à constater la contravention, et le brevet pourra être retiré à l'imprimeur en vertu de l'art. 12 de la loi de 1814.		avoir affranchi l'industrie des imprimeurs.—*V.* n° 12, p. 9. —
136	**Presses** de petite dimension (*Possession* ou *usage* de), *sans autorisation* du ministre de l'intérieur à Paris et des préfets dans les départements. Art. 2, décret du 22 mars 1852.—*V.* p. 12.	Tribunal correctionnel. Art. 179, C. d'instr. crim. *V.* p. 137.	*Prison de 6 mois.*—Amende de 10,000 francs.—Destruction de la presse. Art. 13, L. 21 oct. 1814, et art. 3, décret du 22 mars 1852.—*V.* p. 12.	Non applicable aux contraventions.	
137	**Registre d'achat et vente**, coté et parafé, prescrit à tous marchands et artisans (Fait de ne pas avoir un). Art. 1, Ord. de police du 8 nov. 1780. Refus de montrer ce registre une fois par mois. Même ordonnance.—*V.* p. 23.	Id.	*Amende de 400 fr.* Art. 1, ord. du 8 nov. 1780.—*V.* p. 23.	Id.	L'existence de cette ordonnance est contestée. — La présentation et la tenue de ces registres sont tombées en désuétude. *V.* cependant le n° 139. —
138	**Registre d'inscription** des ouvrages à imprimer, coté et parafé par le maire (Fait par l'imprimeur de ne pas tenir un). Art. 2, Ord. 24 oct. 1814.—*V.* p. 11.	»	Point de sanction.	»	
139	**Registre de vente**, coté et parafé par le maire, et dans lequel doivent être inscrites les livraisons par ordre de dates, avec les noms, qualités et demeures des acheteurs (Fait par les fondeurs de caractères, clicheurs, stéréotypeurs, marchands-fabricants de presses et d'ustensiles d'imprimerie de ne pas tenir un). Art. 4, décret du 22 mars 1852.—*V.* p. 12.	Tribunal correctionnel. Art. 179, C. d'inst. crim., p. 137.	*Amende de 50 à 200 fr.* Même art. 4.—*V.* p. 12.	Non applicable aux contraventions.	*V. Déclaration des ventes.*
140	**Signature.** Omission de l'impression de *la signature* du propriétaire ou gérant du journal au bas de tous les exemplaires. Art. 8, L. 18 juill. 1828.—*V.* p. 21.	Trib. correct. Art. 25, décret du 17 fév. 1852, p. 137.	*Amende de 500 fr.* contre l'imprimeur. Art. 8, L. 18 juill. 1828.—*V.* p. 21.	Id.	Sans que la révocation du brevet puisse s'ensuivre.
»	**Signature.** Impression d'un journal signé par un représentant du peuple comme gérant.	»	V. aux contraventions de la presse périodique, v° *Signature*, n° 209.	»	
141	**Timbre.** Défaut de présentation au timbre avant l'impression : 1° Des *affiches privées*. Art. 56, L. 9 vend. au VI ; art. 65 et 68, L. 28 avril 1816 ; et art. 76. L. 25 mai 1828.—*V.* p. 73 et 51. 2° Des *avis* qui se crient et se distribuent, ou que l'on fait circuler dans les rues et lieux publics, autres que les *adresses* ou *avis* de simple *changement* de domicile. Art. 1, L. 6 prair. an VII, et art. 66 et 68, L. 28 avril 1816.—*V.* p. 73 et 51.	Tribunal civil, Art. 76, L. 28 avril 1816 et L. du 22 frim. an 7 ; et du 17 vent. an 9. *V.* p. 55.	*Amende*, contre l'imprimeur, de 50 fr. Contre les afficheurs et distributeurs : 20 fr., amende solidaire avec contrainte par corps.—Prison de 1 à 3 jours. Art. 69, L. 28 avril 1816 ; art. 474, C. pén. ; et art. 10, L. 16 juin 1824. — *V.* p. 73 et 53.	Non applicable aux contraventions.	La restitution des droits est le droit commun en matière de timbre. —*V.* toutefois, l'art. 60 de la loi du 9 vend. an 6, qui, en prononçant la lacération des objets soustraits au droit semble par là renoncer à la restitution, p. 73.
	3° Des *cartes à jouer*. Art. 8, décret du 13 fruct. an XIII.—Ord. 4 juill. 1821.—*V.* p. 51.	Tribunal correctionnel. Art. 90, L. ventôse an 12.	*Amende de 1000 fr.*—Confiscation des objets de fraude. Art. 9, décret du 13 fruct. an XIII ; décret du 4 prair. an XIII ; Ord. du 4 juill. 1821.	Id.	—

NOTE GÉNÉRALE *commune aux contraventions des imprimeurs et des libraires :* Le brevet peut être retiré par le Gouvernement, à tout imprimeur ou libraire convaincu par un jugement de contravention aux lois et règlements.—Art. 12, L. du 21 oct. 1814.

N° D'ORDRE.	QUALIFICATION DES INFRACTIONS.	COM-PÉTENCE.	PEINES ENCOURUES.	APPLI-CABILITÉ de l'art. 463.	OBSERVATIONS.
141 bis.	4° Des *journaux périodiques* ou *recueils périodiques* de gravures ou lithographies politiques de moins de dix feuilles de 25 à 32 décimètres carrés ou de moins de cinq feuilles de 50 à 72 décimètres carés, étrangers ou français. Art. 6, 8 et 11, décret du 17 fév. 1852.—*V.* p. 52.	Tribunal correctionnel. Art. 90, L. de ventôse an 12.	*Amende de 50 fr.* par feuille ou fraction de feuille non timbrée. — Restitution des droits frustrés. Amende de 100 fr. en cas de récidive. Art. 11, même décret.—*V.* p. 54.	Non applicable aux contraventions.	Le total des amendes ne pourra dépasser le chiffre du cautionnement. —
	5° Des *écrits ordinaires* non périodiques, traitant de *matières politiques* ou *d'économie sociale*, de moins de dix feuilles de 25 à 32 décimètres carrés, étrangers ou français. Art. 8, 9 et 11, décret du 17 fév. 1852.—*V.* p. 52.	Id.	*Amende* double des droits frustrés qui ne pourra être inférieure à 200 fr., ni dépasser 50,000 fr.—Restitution des droits. Même article.—*V.* p. 54.	Id.	Les auteurs, éditeurs, gérants, imprimeurs et distributeurs, sont solidairement tenus de l'amende.-L. 16 juill. 1850, art. 24, § 3. *V.* p. 54. —
	6° Des *écrits périodiques* ou *non périodiques* exempts de timbre, et qui accidentellement s'occuperont de politique. Art. 2, décret du 28 mars 1852.—*V.* p. 54.	Id.	*Peines* ci-dessus, suivant que l'écrit sera ou non *périodique* et, en outre, les peines de l'art. 5, du décr. du 17 fév. 1852, seront applicables au journal paraissant sans cautionnement. Art. 2, même décret.—*V.* p. 54.	Id.	*V. Journaux sans timbre.* —
»	**Usage** ou simple détention de presses de petite dimension ni déclarées, ni autorisées.	»	*V. Imprimerie clandestine,* n° 128, et *Presses de petite dimension,* n° 136.	»	
»	**Ustensiles d'imprimerie** (Détention ou possession des), sans autorisation ni déclaration. Art. 1, décret du 10 nov. 1810.—*V.* p. 11.	»	*Prison de 6 mois.* Art. 6, décret du 10 nov. 1810. — *V.* p. 11.	»	

DES CONTRAVENTIONS CORRECTIONNELLES.

2° AUX LOIS DE POLICE EN MATIÈRE DE PUBLICATION, DE DISTRIBUTION, DE CRIAGE, D'AFFICHAGE, DE COLPORTAGE, DE VENTE, ETC., ET DES THÉATRES.

N° D'ORDRE.	QUALIFICATION DES INFRACTIONS.	COM-PÉTENCE.	PEINES ENCOURUES.	APPLI-CABILITÉ de l'art. 463.	OBSERVATIONS.
142	**Actions des chemins de fer.** Publication de leur valeur avant l'homologation de l'adjudication. Art. 13, L. 15 juill. 1845.—*V.* p. 71.	Trib. correct. Art. 179, C. d'inst. crim. *V.* p. 137.	*Amende de 500 à 3,000 fr.* Art. 13, L. 15 juill. 1845.—*V.* p. 71. ——	Non applicable aux contraventions.	
143	**Affichage** ou placardage, dans un lieu public, d'écrits à la main, gravés, lithographiés ou imprimés, autres que les actes de l'autorité et traitant d'objets politiques ou contenant des nouvelles politiques. Art. 1, L. 10 déc. 1830.—*V.* p. 68.	Tribunal correctionnel. Art. 25, décret du 17 févr. 1852, p. 138.	*Prison de 6 jours à 1 mois.*—Amende, 25 à 500 fr.—Ensemble ou séparément. Art. 1 et 5, L. 10 déc. 1830.—*V.* p. 68. ——	Applicable. Art. 8, L. 10 déc. 1850. *V.* p. 131, 134.	L'art. 463 n'est pas applicable aux contraventions, à moins d'une disposition formelle.
144	**Affichage** dans un lieu public, sans avoir obtenu de l'autorité municipale dans les départements et du préfet de police à Paris, l'autorisation ou permis d'afficher. Art. 1, décret du 25 août 1852.—*V.* p. 66, 68 et 74.	Id. Art. 25, décret du 17 févr. 1852, p. 140.	*Amende de 100 à 500 fr.* --Prison de 1 à 5 jours.—Ensemble ou séparément. Art. 8, décret du 25 août 1852, art. 30, L. 8 juill. 1852, et art. 464, C. pén.—*V.* p. 66, 68 et 74.	Non applicable aux contraventions.	Restitution du droit d'affichage frustré. — Art. 8, décret du 25 août.
145	**Affichage** d'un exemplaire d'affiche d'une dimension supérieure à celle pour laquelle le droit d'affichage a été payé. Art. 4, décret 25 août 1852. — *V.* p. 74.	Id.	Idem.	Id.	
146	**Affiches** faites sous le titre d'arrêté de délibération ou sous une forme impérative quelconque. Art. 14, décr. 19 mars 1791.—*V.* p. 69.	Tribunal de police correctionnel. Art. 15, même décret.	*Amende de* 100 fr. Art. 15, décret du 19 mai 1791. — *V.* p. 69. ——	Id.	

NOTE GÉNÉRALE *commune aux contraventions des imprimeurs et des libraires :* Le brevet peut être retiré par le Gouvernement, à tout imprimeur ou libraire convaincu par un jugement de contravention aux lois et règlements.—Art. 12, L. 21 oct. 1814.

N° D'ORDRE.	QUALIFICATION DES INFRACTIONS.	COMPÉTENCE.	PEINES ENCOURUES.	APPLICABILITÉ de l'art. 463.	OBSERVATIONS.
147	**Affiches** sous un nom collectif et non signées de ceux qui y ont coopéré. Art. 14, même décret.—*V.* p. 69.	Trib. de police correctionnel. Art. 15, même décret.	*Amende de* 100 *fr.* Art. 15, décret du 19 mai 1791.—*V.* p. 69.	Non applicable aux contraventions.	
»	**Affiche** inscrite sans avoir payé le droit d'affichage.	»	V. *Droit d'affichage,* n° 162.	»	
148	**Affiche** inscrite sans indication au bas du numéro du permis d'affichage, ou avec une indication illisible. Art. 3, décret du 25 août 1852.—*V.* p. 74.	Trib. correct. Art. 23, décret du 17 févr. 1852, p. 140.	*Amende de* 100 *à* 500 *fr.* — Prison de 1 à 5 jours.—Ensemble ou séparément. Art. 8, décret du 25 août 1852; art. 30, L. 8 juill. 1852; et art. 464, C. pén.—*V.* p. 74.	Non applicable aux contraventions.	
149	**Affiche** posée dans un emplacement autre que celui indiqué dans la déclaration prescrite pour obtenir le permis d'afficher. Art. 2 et 8, décret du 25 août 1852.—*V.* p. 74.	Id.	Idem.	Id.	
150	**Affiches** posées avec l'*autorisation* et après le paiement des droits prescrits, mais à la suite d'une déclaration fausse des noms et domicile des intéressés. Art. 2, même décret.—*V.* p. 74.	Id.	Point de sanction.	Id.	
151	**Afficheurs**, crieurs, distributeurs ou vendeurs.—Exercice même temporaire de ces professions *sur la voie publique* avant la déclaration à la municipalité et d'avoir indiqué son domicile. Art. 2, L. 10 déc. 1830.—*V.* p. 68. En cas de changement de domicile, ces déclarations et indications devront être renouvelées.	Tribunal correctionnel. Art. 7, L. 10 déc. 1830. *V.* p. 140.	*Prison de* 6 *jours à* 1 *mois.*—Amende, 25 à 200 fr.—Ensemble ou séparément. Art. 7, L. 10 déc. 1830.—*V.* p. 68.	Applicable. Art. 10, L. 10 déc. 1830. *V.* p. 131, 154.	Les distributeurs sont en outre soumis à l'autorisation préfectorale. — V. *Colporteur.* V. l'observation du numéro suivant.
152	**Annonce de journaux**, feuilles quotidiennes ou périodiques, jugements ou autres actes d'une autorité constituée, dans les rues et autres lieux publics, autrement que par leur titre. Art. 3, L. 10 déc. 1830.—*V.* p. 68.	Id.	*Amende de* 25 *à* 200 *fr.* — Prison de 6 jours à 1 mois. — Cumulativement ou séparément. Art. 7, L. 10 déc. 1830.—*V.* p. 68.	Id.	L'art. 463 n'est pas applicable aux contraventions à moins d'une disposition formelle de la loi.
153	**Application d'affiches** privées dans les lieux réservés aux actes de l'autorité. Art. 13, décret 19 mars 1791.—*V.* p. 69.	Trib. de police correctionnel. Art. 15, même décret.	*Amende de* 100 *fr.* Art. 15, décret du 19 mars 1791. — *V.* p. 69.	Non applicable aux contraventions.	
154	**Autorisation municipale.** — Exercice même temporaire, sans autorisation préalable de l'autorité municipale, de *la profession* de : 1° crieur / 2° vendeur / 3° distributeur — sur la voie publique, d'écrits, dessins ou emblèmes, imprimés ou lithographiés, autographiés, moulés, gravés ou à la main. Art. 1, L. 16 fév. 1834.—*V.* p. 66.	Tribunal correctionnel. Art. 2, L. 16 février 1834, p. 140.	*Prison de* 6 *jours à* 2 *mois*, pour la première fois, et 2 *mois à* 1 *an*, en cas de récidive. Art. 2, L. 16 fév. 1834.—*V.* p. 66. Les dispositions des art. 1 et 2 de la loi du 16 février 1834, sont applicables aux chanteurs sur la voie publique. Art. 1, L. 16 fév. 1834.—*V.* p. 66.	Applicable. Art. 2, L. 16 février 1834, p. 134.	Cette autorisation pourra toujours être retirée. L'art. 463 n'est pas applicable aux contraventions à moins d'une disposition formelle de la loi.
»	**Autorisation municipale** ou permis d'afficher.	»	V. *Affichage,* n° 144.	»	
155	**Autorisation** préfectorale.—Distribution ou colportage de livres, écrits, brochures, gravures, lithographies, sans cette autorisation. Art. 6, L. 27 juill. 1849.—*V.* p. 66.	Tribunal correctionnel. Art. 6, L. 27 juillet 1849. *V.* p. 66.	*Prison de* 1 *à* 6 *mois.*—Amende, 25 à 500 fr. Art. 6, L. 27 juill. 1849.—*V.* p. 66. Sans préjudice de plus forte peine pour crime ou délit à raison du contenu des objets distribués ou colportés.	Applicable. Art. 23, L. 27 juillet 1849. *V.* p. 134. Jurisprud.	V. Obser. du n° 154. L'art. 463 n'est pas applicable aux contraventions à moins d'une disposition formelle de la loi.

N° D'ORDRE.	QUALIFICATION DES INFRACTIONS.	COM-PÉTENCE.	PEINES ENCOURUES.	APPLI-CABILITÉ de l'art. 463.	OBSERVATIONS.
156	**Autorisation** préfectorale préalable.—Publication, exposition ou mise en vente de dessins, gravures, lithographies, estampes ou emblèmes, sans cette autorisation. Art. 22, décret du 17 fév. 1852.—*V.* p. 60.	Tribunal correctionnel. Art. 25, décret du 17 févr. 1852. *V.* p. 138.	*Prison de 1 mois à 1 an.*—Amende, 100 à 1,000 fr. — Confiscation facultative des objets du délit. Art. 22, décret du 17 fév. 1852. — *V.* p. 60.	Non applicable aux contraven-tions.	
»	**Autorisation du Gouvernement**. Journal. Distribution.	»	*V. Journal étranger, Circulation, Théâtre,* nᶜˢ 163 et 167.	»	
»	**Autorisation des auteurs**. Distribution. Débit.	»	*V. Contrefaçon,* n° 38.	»	
»	**Autorisation de la régie.**	»	*V. Cartes à jouer,* n° 158.	»	
»	**Autorisation du Corps législatif**. Distribution.	»	*V. Discours,* n° 161.	»	
157	**Breveté**. Prise ou annonce de la qualité de breveté sans ajouter les mots de *sans garantie du Gouvernement.* Art. 33, L. 5 juill. 1845.—*V.* p. 71.	Tribunal correctionnel. Art. 179, C. d'inst. crim., p. 137.	*Amende de 50 à 1,000 fr.;* en cas de récidive, 100 à 2,000 fr. Art. 33, L. 5 juill. 1845.—*V.* p. 71.	Non applicable aux contraven-tions.	
158	**Cartes à jouer**. Distribution, colportage, introduction dans le royaume, sans autorisation de la régie. Art. 166, L. 28 avril 1816.—*V.* p. 71.	Id.	*Prison de 1 mois.*—Amende, 1,000 à 3,000 fr. — Confiscation des objets de fraude. Art. 166, L. 28 avril 1816.— *V.* p. 71.	Id.	En cas de récidive l'amende sera toujours de 3,000 fr.
»	**Chanteur** sur la voie publique. Autorisation.	»	*V. Autorisation,* n° 154.	»	
»	**Colportage** de livres, écrits, dessins.	»	*V. Autorisation,* n° 155.	»	
»	**Criage** sur la voie publique. Autorisation. Déclaration.	»	*V. Autorisation municipale* et *Déclaration,* nᵒˢ 154 et 160.	»	
»	**Criage** sur la voie publique et autres lieux publics de journaux, jugements, etc., autrement que par leurs titres.	»	*V. Annonce,* n° 152.	»	
159	**Déclaration** à l'autorité municipale du titre sous lequel aura lieu l'annonce ou criage d'écrits imprimés, lithographiés, gravés ou à la main, sur la voie publique (Omission de). Art. 3, L. 10 déc. 1830.—*V.* p. 66.	Tribunal correctionnel. Art. 7, L. 10 déc. 1830. p. 140.	*Prison de 6 jours à 1 mois.*—Amende 25 à 200 fr. Art. 7, L. 10 déc. 1830.—*V.* p. 66.	Applicable. Art. 8, L. 10 déc. 1830. *V.* p. 134.	L'art. 463 n'est pas applicable aux contraventions, à moins d'une disposition formelle de la loi.
160	**Déclaration** à l'autorité municipale et indication de domicile avant d'exercer, même temporairement, la profession d'afficheur, crieur, vendeur ou distributeur (Omission de). Art. 1, L. 10 déc. 1830.—*V.* p. 66.	Tribunal correctionnel. Art. 25, décr. du 17 févr. 1852, p. 138.	*Prison de 6 jours à 1 mois.*—Amende, 25 à 500 fr. Art. 5, L. 10 déc. 1830.—*V.* p. 66.	Id.	
	En cas de changement de domicile, ces déclarations et indications doivent être renouvelées.	»	Sous les mêmes peines.	»	
»	**Déclaration**. Ouverture d'un théâtre sans déclaration préalable à la municipalité du lieu.	»	*V. Théâtre,* n° 167.	»	
»	**Dessin**, gravure, lithographie, estampes, emblèmes (Publication de).	»	*V. Autorisation,* n° 156.	»	

N° D'ORDRE.	QUALIFICATION DES INFRACTIONS.	COM-PÉTENCE.	PEINES ENCOURUES.	APPLI-CABILITÉ de l'art. 463.	OBSERVATIONS.
161	**Discours d'un député** (Distribution du), sans autorisation préalable du Corps législatif. Art. 74, décret du 22 mars 1852. — *V.* p. 74.	Trib. correct. Art. 25, décret du 17 févr. 1852, p. 138.	*Amende de 5 à 500 fr.* Art. 74, décret du 22 mars 1852. — *V.* p. 74. ————	Non applicable aux contraventions.	*V. Contre l'imprimeur,* n° 124. —
»	**Distributions non autorisées.**	»	*V. Autorisation,* n°ˢ 154 et 155.	»	
»	**Distributeur** (Profession de). Autorisation.	»	*V. Autorisation,* n° 154.	»	
162	**Droit d'affichage.**—Affichage sans avoir payé le droit d'affichage en suite de la déclaration prescrite par l'art. 2. Art. 1, décret du 28 août 1852.—*V.* p. 74.	Trib. correct. Art. 25 du décret du 17 fév. 1852, p. 138.	*Amende de 100 à 500 fr.*— Prison de 1 à 5 jours.—Ensemble ou séparément. Art. 8, décret du 25 août 1852; art. 30, L. 8 juill. 1852; et art. 464, C. pén.— *V.* p. 74.	Non applicable aux contraventions.	Restitution des droits frustrés.—Art. 8, même décret de 1852, p. 74. —
»	**Écrits anonymes.** Publication. Distribution.	»	*V. Imprimés sans nom,* n° 56; *Publication* ou *Distribution,* n° 95.	»	
163	**Journal** étranger, traitant de matières politiques ou d'économie sociale (Introduction en France et distribution non autorisées d'un). Art. 2, décret du 17 fév. 1852.—*V.* p. 72.	Trib. correct. Art. 25, décret du 17 février 1852, p. 140.	*Prison de 1 mois à 1 an.*—Amende, 100 à 5,000 fr. Art. 2, même décret.—*V.* p. 72. ————	Non applicable aux contraventions.	
»	**Journal** politique français (Publication d'un).	»	*V. Autorisation,* n° 172.	»	
164	**Remèdes secrets** (Indication dans des affiches ou annonces de). L. 21 germ. an X.—*V.* p. 69.	Trib. correct. Art. 25, décret du 17 fév. 1852, p. 140.	*Amende de 25 à 600 fr.* — Récidive: prison de 3 à 10 jours. Art. 1, L. interprétative du 29 pluv. an XIII.—*V.* p. 69.	Non applicable aux contraventions.	
165	**Remise** à l'autorité municipale, avant publication ou annonce, de tout écrit imprimé, lithographié, gravé ou à la main, d'un exemplaire de cet écrit (Omission d'avoir fait la). Art. 3, L. 10 déc. 1830.—*V.* p. 68.	Trib. correct. Art. 7, L. 10 déc. 1830, p. 140.	*Prison de 6 jours à 1 mois.* - Amende, 25 à 200 fr. — Cumulativement ou séparément. Art. 7, L. 10 déc. 1830.—*V.* p. 68. ————	Applicable. Art. 8, L. 10 déc. 1830. *V.* p. 134.	L'art. 463 n'est pas applicable aux contraventions, [à moins d'une disposition formelle de la loi.
166	**Représentation dramatique** sans l'autorisation préalable du ministre d'Etat à Paris et des préfets dans les départements. Art. 1, L. 20 juill. 1850; art. 1, décret du 14 juill. 1853.—*V.* p. 78.	Tribunal correctionnel. Art. 25, décret du 17 fév. 1852, p. 140.	*Amende de 100 à 1,000 fr.* Art. 1, L. 20 juill. 1850. - *V.* p. 78. ———— Sans préjudice des poursuites auxquelles pourrait donner lieu la pièce représentée.	Non applicable aux contraventions.	
»	**Représentation dramatique** sans autorisation d'auteur.	»	*V.* aux délits, v° *Représentations illicites,* n° 97.	»	
167	**Théâtre.** Ouverture d'un théâtre sans déclaration préalable à la municipalité du lieu ou sans autorisation du Gouvernement. L. 13 janv. 1791; décret du 8 juin 1806. —*V.* p. 78.	Trib. correct. Art. 25, décret du 17 fév. 1852, p. 140.	*Prison de 2 à 6 mois.*—Amende, 100 à 1,000 fr.—Interdiction civique de 5 à 10 ans. — Confiscation des objets et effets mobiliers garnissant les lieux. Art. 12, décret du 13 août 1811; et art. 410, C. pén.—*V.* p. 78.	Non applicable aux contraventions.	
»	**Timbre.** Apposition d'affiches non timbrées. Distribution d'avis et annonces et autres écrits non timbrés.	»	*V.* ci-devant *Timbre,* n° 141. Les distributeurs sont solidaires de l'amende. Art. 24, § 1, L. 16 juill. 1850.	»	

DES CONTRAVENTIONS CORRECTIONNELLES (1).

3° AUX LOIS RÉGLEMENTAIRES DE POLICE DE LA PRESSE PÉRIODIQUE.

N° D'ORDRE.	QUALIFICATION DES INFRACTIONS.	COM-PÉTENCE.	PEINES ENCOURUES.	APPLICABILITÉ de l'art. 463.	OBSERVATIONS.
168	**Actions de chemins de fer.**—Publication de leur valeur avant l'homologation de l'adjudication. Art. 13, L. 15 juill. 1845.—*V.* p. 127.	Trib. correct. Art. 25, décret du 17 fév. 1852. *V.* p. 140.	*Amende de 500 à 3,000 fr.* Art. 13, L. 15 juill. 1845.— *V.* p. 127. ————	Non applicable aux contraventions.	
169	**Actes d'accusation** ou toutes autres pièces d'une procédure criminelle avant leur lecture à l'audience (Publication d'). Art. 10, L. 27 juill. 1849.—*V.* p. 126.	Id.	*Amende de 100 à 2,000 fr.* En cas de récidive dans l'année : — Amende de 200 à 4,000 fr.—Prison de 10 jours à 6 mois.—Facultativement. Art. 10, L. 27 juill. 1849.—*V.* p. 126.	Applicable. Art. 23, L. 27 juillet 1849, p. 134. Jurisprud.	L'art. 463 n'est pas applicable aux contraventions, à moins d'une disposition formelle de la loi.
170	**Annonces judiciaires** insérées dans un journal autre que celui désigné par l'autorité pour ces sortes de publications. Art. 23, décret du 17 fév. 1852. — *V.* p. 124.	Tribunal civil.	Nullité de l'insertion. Art. 23, décret du 17 fév. 1852. — *V.* p. 124. ————	»	
»	**Annonces** et ouverture de souscriptions.	»	*V. Souscription,* n° 210.	»	
171	**Articles politiques** ou d'économie sociale émanant d'un individu condamné à une peine afflictive et infamante, ou infamante seulement (Publication d'). Art. 21, décret du 17 fév. 1852. — *V.* p. 128.	Tribunal correctionnel. Art. 25. décret du 17 fév. 1852, p. 140.	*Amende de 1,000 à 5,000 fr.*— Solidairement contre éditeur, gérant et imprimeur. Art. 20, décret du 17 fév. 1852. — *V.* p. 128.	Non applicable aux contraventions.	
172	**Autorisation** du Gouvernement.—Journal politique ou d'économie politique publié sans cette autorisation. Art. 1, décret du 17 fév. 1852.—*V.* p. 34.	Id.	*Prison de 1 mois à 2 ans.*—Amende, 100 à 2,000 fr. — Solidairement contre l'imprimeur et le publicateur.—Le journal cessera de paraître. Art. 5, même décret.—*V.* p. 34.	Id.	L'amende est encourue pour chaque numéro ou livraison publié en contravention.
173	**Autorisation** nouvelle du Gouvernement à raison de tous changements dans le personnel des gérants, rédacteurs, propriétaires ou administrateurs du journal.—Journal publié sans cette autorisation dans les conditions indiquées. Art. 1, décret du 17 fév. 1852.—*V.* p. 34.	Id.	Idem,	Id.	
»	**Autorisation** du Gouvernement.—Journal étranger.	»	*V. Journal étranger, Distribution,* n° 163.	»	
174	**Cautionnement.** Journal politique et d'économie sociale publié sans cautionnement ou sans que son cautionnement soit complété. Art. 3, décret du 17 fév. 1852.—*V.* p. 36.	Trib. correct. Art. 25, décret du 17 fév. 1852, p. 138.	*Prison de 1 mois à 2 ans.*—Amende, 100 à 2,000 fr. — Solidairement contre l'imprimeur et le publicateur.—Le journal cessera de paraître. Art. 5, décret 17 fév. 1852.—*V.* p. 36.	Non applicable aux contraventions.	L'amende est encourue pour chaque numéro ou livraison publié en contravention.
175	**Compte rendu** par les journaux des délibérations intérieures, soit des jurés, soit des Cours et tribunaux. Art. 11, L. 27 juill. 1849.—*V.* p. 126.	Id.	*Amende de 200 à 3,000 fr.* En cas de récidive.—Amende de 400 à 6,000 fr. Art. 11, L. 27 juill. 1849.—*V.* p. 126.	Applicable. Art. 23, L. 29 juillet 1849, p. 134. Jurisprud.	L'art. 462 n'est pas applicable aux contraventions, à moins d'une disposition formelle de la loi.

(1) L'art. 32, décret du 17 février 1852, donne au Gouvernement la faculté de suspendre temporairement ou même de supprimer tout journal condamné pour contravention.—Mais le Gouvernement est déchu de cette faculté s'il n'en a pas usé dans les deux mois de la condamnation.—*V.* p. 134.

N° D'ORDRE.	QUALIFICATION DES INFRACTIONS.	COM-PÉTENCE.	PEINES ENCOURUES.	APPLICABI-LITÉ de l'art. 463.	OBSERVATIONS.
176	**Compte rendu** par les journaux des séances secrètes des chambres sans autorisation. Art. 7, L. 9 juin 1819.—*V.* p. 125.	Trib. correct. Art. 25, décret du 17 fév. 1852, p. 158.	*Amende de* 1,000 *à* 5,000 *fr.* Art. 14, décret du 17 fév. 1852. — *V.* p. 126.	Applicable. Art. 25, L. 29 juillet 1849.	Cette contravention se confond aujourd'hui avec la suivante.
177	**Compte rendu** des séances publiques du Corps législatif, sans infidélité ni mauvaise foi, mais autrement que par la reproduction du procès-verbal officiel de la séance. Art. 42, Constit. de 1852.—*V.* p. 126.	Id.	Idem.	Id.	Sans préjudice des peines encourues, si le compte rendu est infidèle ou de mauvaise foi.—Arg., art. 18, même décret.
178	**Compte rendu** des séances du Sénat, sans infidélité ni mauvaise foi, mais autrement que par la reproduction des articles insérés dans le journal officiel. Art. 17, décret du 17 fév. 1852. — *V.* p. 126.	Id.	*Amende de* 50 *à* 5,000 *fr.* Art. 18, décret du 17 fév. 1852. — *V.* p. 126.	Id.	Sans préjudice des peines encourues, si le compte rendu est infidèle et de mauvaise foi. — Art. 18, même décret.
179	**Compte rendu** des séances non publiques du conseil d'État. Art. 17, décret du 17 fév. 1852. — V. p. 126.	Id.	Idem.	Id.	
180	**Compte rendu**, sans infidélité ni mauvaise foi, des procès pour délit de presse autrement que par l'annonce de la poursuite et la publication du jugement. Art. 18, décret du 17 fév. 1852. — *V.* p. 126.	Id.	Idem.	Id.	Sans préjudice des peines encourues, si le compte rendu est infidèle et de mauvaise foi. — Art. 18 du décret du 17 fév. 1852.
181	**Compte rendu** d'un procès civil, correctionnel ou criminel, dont le compte rendu aura été interdit aux journaux, autrement que par l'annonce de la poursuite et la publication du jugement. Art. 17, décret du 17 fév. 1852. — *V.* p. 126.	Id.	Idem.	Id.	Sans préjudice des peines encourues, si le compte rendu est infidèle ou de mauvaise foi. — Art. 18 du décret du 17 fév. 1852.
182	**Compte rendu** infidèle et de mauvaise foi par les journaux des séances des chambres et des audiences des tribunaux. Art. 7, L. 25 mars 1822.—*V.* p. 125. — — — Compte rendu en violation de la défense faite au journal condamné de rendre compte des débats parlementaires ou de ceux de certains tribunaux. Art. 7, L. 25 mars 1822.—*V.* p. 125.	Trib. correct. à moins que les chambres ou le tribunal dont l'audience a fait l'objet du compte rendu n'évoquent l'affaire. — Art. 16, L. 25 mars 1822. *V.* p. 139. — Juridiction qui a prononcé la défense.	*Amende de* 1,000 *à* 6,000 *fr.* Art. 7, L. 25 mars 1822.—*V.* p. 125. En cas de récidive.— Prison de 1 mois à 3 ans.—Amende de 1,000 à 6,000 fr.— Et interdiction facultative pour un temps limité ou pour toujours de rendre compte des débats législatifs ou judiciaires. — — — *Prison de 2 mois à 6 ans.*—Amende, 2,000 à 12,000 fr. Art. 7, L. 25 mars 1822.—*V.* p. 125.	Applicable. Art. 8, décret du 11 août 1848. *V.* p. 154. — Non applicable aux contraventions.	Cette infraction a déjà figuré parmi les délits à cause de la mauvaise foi qui lui donne un caractère délictueux; elle doit figurer aussi parmi les contraventions par sa liaison avec les infractions suivantes, touchant la violation de la défense faite au journal condamné dans les cas prévus par la loi. — *V.* observation du n° 184.
183	**Compte rendu** par les journaux de débats dans lesquels un huis clos a été ordonné, autrement que par le prononcé du jugement. Art. 16, §2, L. 18 juill. 1828.—*V.* p. 125.	Trib. correct. Art. 25, décret du 17 fév. 1852, p. 158.	*Amende de* 2,000 *fr.* Art. 16, L. 18 juill. 1828.—*V.* p. 125.	Id.	
184	**Compte rendu** des procès pour outrages ou injures, et des procès en diffamation autrement que par l'annonce de la plainte et la publication du jugement. Art. 11, L. 27 juill. 1849.—*V.* p. 126.	Id.	*Amende de* 100 *à* 3,000 *fr.* En cas de récidive dans l'année, — Amende de 200 à 6,000 fr. Art. 11, L. 27 juill. 1849.—*V.* p. 126.	Applicable. Art. 23, L. 27 juillet 1849. *V.* p. 154. Jurisprud.	L'art. 463 n'est pas applicable aux contraventions, à moins d'une disposition formelle de la loi.

L'art. 32, décret 17 février 1852, donne au Gouvernement la faculté de suspendre temporairement ou même de supprimer tout journal condamné pour contravention.—Mais le Gouvernement est déchu de cette faculté s'il n'en a pas usé dans les deux mois de la condamnation.—*V.* p. 154.

Nº D'ORDRE.	QUALIFICATION DES INFRACTIONS.	COM-PÉTENCE.	PEINES ENCOURUES.	APPLI-CABILITÉ de l'art. 463.	OBSERVATIONS.
»	**Conseils municipaux.** Actes interdits.—Publication.	»	V. aux délits, vº *Conseil municipal*, nº 35.	»	
185	**Déclaration.** Publication sans déclaration préalable au secrétariat de la préfecture dans les départements, et, à Paris, au ministère de l'intérieur, avec dépôt des pièces justificatives, d'un journal soumis au cautionnement. Art. 6 et 7, L. 18 juill. 1828.— *V.* p. 41.	Tribunal correctionnel. Art. 6, L. 9 juin 1819.	*Prison de 1 à 6 mois.*—Amende, 200 à 1,200 fr., contre les propriétaires fondateurs du journal. Art. 6, L. 9 juin 1819.—*V.* p. 41.	Non applicable aux contraventions.	La loi de 1828 s'en est référée à la loi de 1819, dont elle était le prolongement et le développement pour la sanction de ses art. 6 et 7.—*V.* p. 41, nº 175.
186	**Déclaration.** Même contravention par un journal non soumis au cautionnement. Art. 6 et 7, L. 18 juill. 1828.—*V.* p. 41.	Id.	Point de sanction.—*V.* p. 41 (nº 175).	Id.	L'art. 6 de la loi du 9 juin n'est applicable qu'aux journaux cautionnés. *V.* p. 41, nº 175.
187	**Déclaration.** Défaut par les gérants de déclarer devant l'autorité compétente, avec dépôt des pièces, les changements survenus ou les mutations opérées dans l'administration du journal dans les quinze jours qui suivent les mutations ou changements. Art. 6, §§ 7 et 8, L. 18 juill. 1828.—*V.* p. 43.	Id.	*Amende de* 500 *fr.* contre le gérant. Art. 6, §§ 7 et 8, L. 18 juill. 1828.—*V.* p. 43.	Id.	
188	**Déclarations** fausses et frauduleuses en quelques-unes de leurs parties par les journaux. Art. 11, L. 18 juill. 1828.—*V.* p. 41.	Id.	*Amende au minimum* d'une somme égale au dixième, et *au maximum* égale à la moitié du cautionnement, pour les journaux cautionnés.—Le journal cessera de paraître. Art. 11, L. 18 juill. 1828.—*V.* p. 41.	Id.	
»	**Délibération** intérieure des jurés et des tribunaux.	»	V. *Compte rendu*, nº 175.	»	
189	**Dépôt.** Publication sans dépôt, *au moment de la publication*, au parquet ou à la mairie, suivant les localités, d'un exemplaire signé en minute par le propriétaire ou le gérant, d'un journal soumis au cautionnement. Art. 8, L. 18 juill. 1828.—*V.* p. 49.	Tribunal correctionnel. Art. 6, L. 9 juin 1819.	*Amende de* 500 *fr.* contre le gérant. Art. 8, § 2, L. 18 juill. 1828.—*V.* p. 49.	Non applicable aux contraventions.	
190	**Dépôt.** Publication d'un journal non soumis au cautionnement, sans dépôt, *avant la publication*, par l'imprimeur au ministère de l'intérieur à Paris, ou à la préfecture dans les départements. Art. 14, L. 21 oct. 1814.—*V.* p. 17.	Tribunal correctionnel. Art. 21, L. 21 octobre 1814.	*Amende de* 1,000 *fr.* pour la première fois et 2,000 fr. pour la seconde, contre l'imprimeur. Art. 16, L. 21 oct. 1814.—*V.* p. 17.	Id.	Les journaux non cautionnés , n'ayant pas de gérant, leur dépôt reste à la charge des imprimeurs, comme tout ouvrage d'imprimerie.—*V.* p. 49.
»	**Dépôt** d'écrits politiques au parquet par les imprimeurs.	»	V. *Contraventions des imprimeurs*, *Dépôt*, nº 121.	»	
»	**Discours d'un député** publié sans autorisation.	»	V. *Discours de député*, *Impressions et Distribution*, nºˢ 124 et 161.	»	
»	**Écrit** émané d'un individu privé des droits civiques.	»	V. *Article politique*, nº 171.	»	
191	**Faits diffamatoires** d'un procès de diffamation dont les débats ont eu lieu à huis clos (Publication par les journaux des). Art. 16, L. 18 juill. 1828.—*V.* p. 125.	Trib. correct. Art. 23, décret du 17 février 1852. *V.* p. .	*Amende de* 2,000 *fr.* Art. 16, L. 18 juill. 1828.—*V.* p. 125.	Non applicable aux contraventions.	

L'art. 32, décret du 17 février 1852, donne au Gouvernement la faculté de suspendre temporairement ou même de supprimer tout journal condamné pour contravention.—Mais le Gouvernement est déchu de cette faculté, s'il n'en a pas usé dans les deux mois de la condamnation.—*V.* p. 134.

N° D'ORDRE.	QUALIFICATION DES INFRACTIONS.	COM-PÉTENCE.	PEINES ENCOURUES.	APPLI-CABILITÉ de l'art. 463.	OBSERVATIONS.
192	**Faits diffamatoires** étrangers à la cause ou extraits des mémoires qui les contiendraient, lorsque les tribunaux ont réservé l'action publique ou l'action civile des parties, aux termes de l'art. 23 de la loi du 17 mai 1819 (Publication des). *V.* p. 125.	Tribunal correctionnel. Art. 25, décret du 17 fév. 1852. *V.* p. 138.	*Amende de* 2,000 *fr.* Art. 17, L. 18 juill. 1828.—*V.* p. 125.	Non applicable aux contraventions.	
»	**Faux bruits, fausses nouvelles.**—Reproduction.—Propagation.	»	V. aux délits, *Faux bruits, fausses nouvelles,* n° 53.	»	
193	**Gérants responsables.** Omission par les associés en nom collectif, ou en commandite, ou en participation pour la fondation d'un journal cautionné de nommer un, deux ou trois gérants responsables. Art. 4, L. 18 juill. 1828.—*V.* p. 43.	»	La publication d'un journal dans ces conditions constituerait des infractions diverses, et notamment une publication de journal sans déclaration, ou avec une déclaration irrégulière ou fausse.—V. *Déclaration,* n° 188.	»	Mais dans ce cas, le Gouvernement n'accorderait pas l'autorisation préalable.—V. d'ailleurs, n° 195, observation.
194	**Gérant responsable.** Défaut de remplacer, dans le délai de deux mois, le gérant qui cesse ses fonctions, ou de réduire le nombre des gérants par un nouvel acte de société. Art. 4, L. 18 juill. 1828.—*V.* p. 43.	»	Point de sanction directe. ——— Mais si après le changement dans le personnel, le journal n'obtenait pas une autorisation nouvelle, sa publication constituerait la contravention du n° 173.	»	
195	**Gérant responsable.** Défaut par le propriétaire de remplacer, dans les quinze jours, le gérant unique qui vient à cesser ses fonctions par décès ou par une autre cause quelconque. Art. 4, L. 18 juill. 1828.—*V.* p. 43.	Tribunal correctionnel. Art. 25, décret du 17 févr. 1852. *V.* p. 138.	*Amende de* 1.000 *fr.* pour chaque feuille publiée après l'expiration des quinze jours. Art. 4, § dern., L. 18 juill. 1828.—*V.* p. 43. ——— Sans préjudice d'autres contraventions si, par exemple, une autorisation nouvelle n'est pas accordée.—*V.* n° 173.	Non applicable aux contraventions.	La publication que punit la loi dans cet article est la publication d'un journal cautionné sans gérant.
196	**Gérant responsable** condamné. Publication du journal pendant l'emprisonnement du gérant unique dans le délai d'un mois donné aux propriétaires du journal pour choisir un autre gérant, et sans qu'ils aient encore désigné un rédacteur responsable, conformément à la loi. Art. 14, L. 27 juill. 1849.—*V.* p. 43.	Id.	Point de sanction directe. ——— Mais si le journal paraît sans s'être pourvu d'une autorisation nouvelle à raison de ce changement dans le personnel, il y aura publication d'un journal non autorisée, contravention punie par le décret de 1852.—*V.* n° 173.	Id.	
197	**Gérant responsable.** Omission par les propriétaires du journal de présenter, dans le délai d'un mois, un gérant en remplacement du gérant devenu indigne par suite d'une condamnation. Art. 14, L. 27 juill. 1849.—*V.* p. 43.	Id.	*Amende de* 1,000 *fr.* pour chaque feuille publiée après l'expiration du délai accordé par la loi. Art. 4, § dern., L. 18 juill. 1828.—*V.* p. 43. ——— Sans préjudice de la contravention pour le fait de publication sans autorisation nouvelle, à raison du changement dans le personnel de l'administration.—*V.* n° 173.	Id.	Faute par les propriétaires d'exécuter la loi, ils se sont placés dans les conditions de l'art. 4.—*V.* n° 195, c'est-à-dire dans le cas d'une publication de journal cautionné sans gérant. — *V.* p. 45, n° 190.
198	**Gérant responsable** propriétaire. Négligence de la veuve ou des héritiers à présenter, dans les trois mois du décès du propriétaire gérant unique du journal, un gérant en remplacement. Art. 12, L. 18 juill. 1828.—*V.* p. 45. ——— Mais si, dans le délai de dix jours après le décès, ils n'ont pas présenté un rédacteur responsable, ils doivent être censés avoir renoncé au bénéfice de la loi et s'être placés dans les conditions du n° 195.	»	Point de sanction directe. ——— Conformément à l'art. 1 du décret du 17 février 1852, la veuve ou les héritiers seraient tenus de se pourvoir d'une autorisation nouvelle du Gouvernement, à raison du changement dans le personnel de l'administration du journal.—*V.* n° 173.	»	Même observation que ci-dessus, la veuve et les héritiers seront réputés avoir renoncé au bénéfice de la loi, *V.* p. 45, n° 190, — si, aux termes de l'art. 12, L. 1828, ils ne nomment pas un rédacteur responsable dans les dix jours du décès.

L'art. 32, décret du 17 février 1852 donne au Gouvernement la faculté de suspendre temporairement ou même de supprimer tout journal condamné pour contravention.—Mais le Gouvernement est déchu de cette faculté, s'il n'en a pas usé dans les deux mois de la condamnation.—*V.* p. 134.

N° D'ORDRE.	QUALIFICATION DES INFRACTIONS.	COMPÉTENCE.	PEINES ENCOURUES.	APPLICABILITÉ de l'art. 463.	OBSERVATIONS.
»	**Gérant** n'ayant pas les qualités de l'art. 980 du C. Nap., ou qui n'est pas propriétaire d'une part dans l'entreprise et d'une partie du cautionnement (Publication d'un journal avec un).	»	La publication d'un journal dans ces conditions constituerait le fait de publication avec *déclaration fausse et frauduleuse.—V.* n° 188.	»	
199	**Insertion** par le gérant, en tête du journal et dans le plus prochain numéro après la réception des pièces, des documents officiels, relations authentiques, renseignements et rectifications adressés par l'autorité (Refus ou négligence d'). Art. 19, décret du 17 fév. 1852. — *V.* p. 124.	Tribunal correctionnel. Art. 25, décret du 17 févr. 1852, p. 140.	*Amende de 50 à 1,000 fr.* contre le gérant. Art. 19, décret du 17 fév. 1852. — *V.* p. 124.	Non applicable aux contraventions.	Le journal pourra en outre être suspendu par voie administrative pendant 15 jours au plus.
200	**Insertion** gratuite de la réponse de toute personne nommée ou désignée dans le journal dans le numéro qui suivra celui de la réception de la réponse (Refus ou négligence d'). Art. 13, L. 27 juill. 1849.—*V.* p. 124.	Id.	*Amende de 50 à 500 fr.* contre le gérant. Art. 11, L. 25 mars 1822.—*V.* p. 123.	Id.	Sans préjudice d'autres peines et dommages-intérêts s'il y a lieu.
201	**Insertion** dans l'une des feuilles ou livraisons du journal qui paraîtrait dans le mois d'une condamnation rendue contre le gérant, d'un extrait contenant les motifs et le dispositif de l'arrêt ou jugement (Refus ou négligence d'). Art. 12, L. 9 juin 1819.—*V.* p. 123.	Id.	*Amende de 100 à 1,000 fr.* Art. 12, L. 9 juin 1819.—*V.* p. 123.	Id.	
202	**Journal** suspendu ou supprimé.—Publication continuée d'un journal suspendu ou supprimé, sous le même titre ou sous un titre déguisé. Art. 20, décret du 17 fév. 1852. — *V.* p. 128.	Id.	*Prison de 1 mois à 2 ans.*—Amende, 500 à 3,000 fr. par chaque numéro ou feuille publié en contravention et solidairement contre le gérant, les auteurs et les imprimeurs. Art. 20, décret du 17 fév. 1852.— *V.* p. 128.	Id.	
»	**Jurés.** Publication des noms des jurés.	»	V. *Noms des jurés,* n° 203.	»	
»	**Nom et demeure** de l'imprimeur. —Publication d'un journal sans indication ou avec indication fausse des noms et demeure de l'imprimeur.	»	V. *Contraventions des imprimeurs,* v° *Indication des noms et demeure,* n° 129.	»	
203	**Noms des jurés.**—Publication par les journaux des noms des jurés avant le compte rendu de l'audience où le jury a été constitué, ou ailleurs que dans ce compte rendu. Art. 11, L. 27 juill. 1849.—*V.* p. 126.	Id.	*Amende de 200 à 3,000 fr.* En cas de récidive dans l'année. — Amende de 400 à 6,000 fr. Art. 11, L. 27 juill. 1849.—*V.* p. 126.	Applicable. Art. 25, L. 27 juillet 1849. *V.* p. 134. Jurisprud.	L'art. 463 n'est pas applicable aux contraventions, à moins d'une disposition formelle de la loi.
»	**Ouvrages condamnés.** Publication dans un journal d'un écrit, dessin ou gravure condamné.	»	V. aux délits, v° *Ouvrages condamnés,* n° 88.	»	
204	**Quittance** du paiement du montant des condamnations encourues pour crimes ou délits.—Défaut par le gérant de remettre au parquet cette quittance le quatrième jour après la condamnation. Art. 8, L. 16 juill. 1850.—*V.* p. 40 et 152. Même contravention. Au cas de condamnations encourues pour contraventions. Art. 31, décret du 17 fév. 1852.—*V.* p. 40 et 152.	Tribunal correctionnel. Art. 25, décret du 17 fév. 1852, p. 140.	*Prison de 1 à 6 mois.* — Amende, 200 à 1,200 fr. Art. 6, L. 9 juin 1819.—*V.* p. 40 et 152. *Prison de 1 mois à 2 ans.*—Amende, 100 à 2,000 fr., par chaque numéro publié en contravention.—Le journal cessera de paraître. Art. 5, décret du 17 fév. 1852—*V.* p. 40 et 152.	Non applicable aux contraventions.	La loi du 16 juillet 1850, art. 8, et le déc. du 17 fév. 1852, art. 31, s'en réfèrent pour la sanction à la peine portée contre tout journal paraissant sans cautionnement ; or cette peine se trouvait, en 1849, dans l'art. 9 de la loi de 1819. En 1852, elle s'est trouvée dans l'art. 5 du décret du 17 fév. 1852.

L'art. 32, décret du 17 février 1852, donne au Gouvernement la faculté de suspendre temporairement ou même de supprimer tout journal condamné pour contravention.—Mais le Gouvernement est déchu de cette faculté, s'il n'en a pas usé dans les deux mois de la condamnation.—*V.* p. 134.

N° D'ORDRE	QUALIFICATION DES INFRACTIONS.	COMPÉTENCE.	PEINES ENCOURUES.	APPLICABILITÉ de l'art. 463.	OBSERVATIONS.
205	**Rédacteur responsable.**—Négligence par les propriétaires de journaux d'avoir désigné un rédacteur responsable dans le délai d'un mois qui leur est accordé pour présenter un nouveau gérant en remplacement du gérant unique condamné. Art. 14, L. 27 juill. 1849.—*V*. p. 44.	»	Point de sanction directe. ── Mais les propriétaires par leur négligence sont censés avoir renoncé au bénéfice de la loi, et la publication du journal sans gérant ni rédacteur responsable, est alors une contravention prévue et punie par l'art. 4 de la loi du 18 juill. 1828.—*V. Gérants responsables*, n° 195.	»	Et si d'un autre côté, à raison de ce changement dans le personnel, le journal n'a pas reçu une nouvelle autorisation, sa publication constituera une autre contravention. *V*. n° 175.
206	**Rédacteur responsable.**—Négligence de la veuve ou des héritiers de nommer, dans les dix jours après le décès du propriétaire gérant unique du journal, un rédacteur responsable pour surveiller la publication du journal pendant les trois mois accordés à la veuve ou aux héritiers pour trouver un gérant responsable. Art. 12, L. 18 juill. 1828.—*V*. p. 45.	»	Point de sanction directe. ── Mais par leur négligence, la veuve ou les héritiers sont censés avoir renoncé au bénéfice des trois mois de délai pour présenter un gérant, et la publication du journal sans gérant ni rédacteur responsable après les 10 jours du décès, est une publication du journal sans gérant, qui peut constituer la contravention du n° 195.	»	Et si, à raison de ce changement dans le personnel, le journal n'a pas reçu une nouvelle autorisation, sa publication non autorisée constituera une nouvelle contravention.—*V. Autorisation*, n° 175.
207	**Signature** en minute par le propriétaire du journal, s'il est unique, ou par l'un des gérants responsables de chaque numéro du journal (Omission de). Art. 8, L. 18 juill. 1828.—*V*. p. 47-48.	Trib. correct. Art. 25, décret du 17 février 1852, p. 138.	*Amende de* 500 à 3,000 *fr.* contre les imprimeurs et les propriétaires. Art. 9, L. 27 juill. 1849.—*V*. p. 47-48.	Non applicable aux contraventions.	*V*. p. 48, note 205.
208	**Signature** du journal en minute par un représentant comme gérant. Le journal sera considéré comme non signé, et sa publication comme celle d'un journal sans signature. Art. 9, L. 27 juill. 1849.—*V*. p. 48.	Tribunal correctionnel. Art. 5, L. 27 juillet 1849.	Idem.	Id.	
209	**Signature** des auteurs. Articles de discussion philosophique, politique ou religieuse, ou dans lesquels seraient discutés des actes ou opinions des citoyens, insérés sans la signature de leur auteur dans des feuilles politiques ou non politiques. Art. 3 et 4, L. 16 juill. 1850.—*V*. p. 48.	Id.	*Amende de* 500 *fr.* pour la première *fois.*—En cas de récidive, 1,000 *fr.* contre l'auteur. Art. 3, L. 16 juill. 1852. — *V*. p. 48.	Id.	
210	**Signature** fausse des auteurs dans le même cas. Art. 3, § 2, L. 16 juill. 1850.—*V*. p. 48.	Trib. correct. Art. 25, décret du 17 février 1852, p. 138.	*Amende de* 1,000 *fr.*—Prison de 6 mois. — Contre l'auteur de la fausse signature, l'auteur de l'article et l'éditeur responsable du journal. Même article.—*V*. p. 48.	Id.	
211	**Souscription.**—Annonce ou ouverture, par un journal, d'une souscription ayant pour objet d'indemniser des amendes, frais et dommages-intérêts prononcés par des condamnations judiciaires. Art. 5, L. 27 juill. 1849.—*V*. p. 127.	Id.	*Prison de 1 mois à 1 an.* — Amende, 500 à 1,000 fr. Art. 5, L. 27 juill. 1849.—*V*. p. 127. Pour les peines accessoires.—*V*. p. 131.	Applicable. Art. 23, L. 27 juillet 1849. *V*. p. 134. Jurisprud.	Il n'y a pas lieu, dans ce cas, à l'aggravation de l'amende prononcée par les art. 10, L. 9 juin 1819 et 14, L. 1828, qui ne sont applicables qu'aux crimes et délits par voie de publication.
»	**Suspension** ou suppression du journal.—Publication continuée malgré la suppression ou suspension.	»	*V. Journal suspendu ou supprimé,* n° 202.	»	
212	**Timbre.**—Journal exempt de timbre à raison de la nature de ses publications (lettres, arts, sciences, agriculture), s'occupant accidentellement de matières politiques ou d'économie sociale. Art. 1 et 2, décret du 28 mars 1852.—*V*. p. 52. ── Et comme paraissant alors sans cautionnement ni autorisation.	Tribunal correctionnel. Art. 5, L. 27 juillet 1849,	*Amende de* 50 *fr.* par feuille ou fraction de feuille non timbrée. — Restitution des droits frustrés. — En récidive, amende double. Les auteurs, éditeurs, gérants et imprimeurs sont solidairement tenus de l'amende. Art. 11, décret du 17 fév. 1852; art. 2, décret du 28 mars 1852; et art. 24, § dern., L. 16 juill. 1850.—*V*. p. 54. *V. Autorisation*, n° 172; *Cautionnement*, n° 174.	Non applicable aux contraventions.	Le journal s'occupant de politique et n'étant point cautionné ni autorisé, est en outre passible des peines portées contre les journaux politiques, publiés sans cautionnement ni autorisation par l'art. 5 du décret du 17 fév. 1852. *V*. n°s 172, 174.

L'art. 32, décret du 17 février 1852, donne au Gouvernement la faculté de suspendre temporairement ou de supprimer tout journal condamné pour contravention.—Mais le Gouvernement est déchu de cette faculté, s'il n'en a pas usé dans les deux mois de la condamnation.

N° D'ORDRE.	QUALIFICATION DES INFRACTIONS.	COM-PÉTENCE.	PEINES ENCOURUES.	APPLI-CABILITÉ de l'art. 463.	OBSERVATIONS.
213	**Timbre.**—Publication sans timbre des journaux périodiques ou recueils périodiques de gravures ou lithographies politiques, de moins de dix feuilles de 25 à 32 décim. carrés, ou de moins de cinq feuilles de 50 à 72 décim. carrés, étrangers ou français. Art. 6, 8 et 11, décret du 17 fév. 1852.—*V.* p. 52.	Tribunal correctionnel. Art. 5, L. 27 juillet 1849.	*Amende de 50 fr.* par feuille ou fraction de feuille non timbrée. — Restitution des droits frustrés. — Récidive, 100 fr. par feuille. Les auteurs, éditeurs, gérants et imprimeurs sont solidairement tenus de l'amende. Art. 11, décret du 17 fév. 1852; art. 21, § 3, L. 16 juill. 1850.—*V.* p. 52 et 54.	Non applicable aux contraventions.	Le total des amendes ne pourra dépasser le chiffre du cautionnement. —

CONTRAVENTIONS DE SIMPLE POLICE.

N° D'ORDRE.	QUALIFICATION DES INFRACTIONS.	COM-PÉTENCE.	PEINES ENCOURUES.	APPLI-CABILITÉ de l'art. 463.	OBSERVATIONS.
»	**Délits d'audience.**	»	V. aux délits, v^s *Trouble, tumulte,* n°s 100 et s.	»	
214	**Diffamations** et injures contenues dans les écrits produits ou dans les discours prononcés pour la défense des parties devant le tribunal de simple police ou de justice de paix. Art. 23, L. 17 mai 1819.—*V.* p. 121.	Tribunal de simple police. Art. 155, C. d'inst. crim.	*Suppression des écrits.*— Dommages-intérêts s'il y a lieu. Art. 23, L. 17 mai 1819 ; et art. 1036, C. proc. civ.—*V.* p. 121.	Non applicable aux contraventions.	
214 bis.	**Injures**, outrages, mauvais traitements envers les préposés des douanes, ou troubles dans l'exercice de leurs fonctions. Art. 14, tit. 13, décret des 6-22 août 1791.	Tribunaux de paix. Décret du 14 frutid. an 3.	*Amende de 500 fr.* Art. 14, tit. 13, décret des 6-22 août 1791. —	Non applicable.	*V.* p. 113, note 536., —
215	**Injures** simples ou non publiques, et diffamations non publiques autres que celles constituant des outrages. Art. 376, C. pén.; art. 20, L. 17 mai 1819. —*V.* p. 116.	Tribunal de simple police. Art. 155, C. d'instr. crim.	*Amende de 1 à 15 fr.* inclusivement.— En cas de récidive.—Prison de 1 à 3 jours. Art. 471, n° 11, et 474, C. pén.—*V.* p. 115.	Non applicable aux contraventions.	
216	**Injures** envers le tribunal ou l'un des magistrats contenues dans un compte rendu d'audience d'un tribunal de simple police.	Tribunal qui a tenu l'audience.	V. aux délits, *Injures dans les comptes rendus d'audience*, n° 57. —	Id.	
217	**Insultes ou irrévérences** graves envers un juge de paix par les parties dans leurs explications. Art. 11, C. proc. civ.—*V.* p. 117.	Le juge de paix. Art. 10, Code pénal.	*Prison de 1 à 3 jours.* Art. 11, C. proc. civ.—*V.* p. 117. —	Id.	Il en dressera procès-verbal.
218	**Manque de respect** envers un juge de paix par les parties dans leurs explications, mais après un avertissement. Art. 10, C. proc. civ.—*V.* p. 117.	Id.	*Amende de 10 fr.*—Et facultativement, affiches du jugement dont le nombre n'excédera pas celui des communes du canton. Art. 10, C. proc. civ. — *V.* p. 117.	Id.	
219	**Outrages** aux bonnes mœurs, par exposition ou distribution de chansons, pamphlets, figures ou images contraires aux bonnes mœurs, sans nom d'auteur ou d'imprimeur. Art. 287, C. pén.—*V.* p. 69 et 101. En cas de non-révélation, les crieurs, vendeurs et distributeurs seront considérés comme complices de l'auteur. *V.* dans ce cas, p. 86.	Tribunal de simple police. Art. 155, C. d'inst. crim., p. 159.	*Amende de 6 à 10 fr.*—Confiscation et destruction des objets contraires aux mœurs. 1° Contre les crieurs, vendeurs et distributeurs qui auront fait connaître la personne qui leur a remis l'objet du délit ; 2° Contre quiconque autre que le libraire qui aura fait connaître l'imprimeur ; 3° Contre le graveur qui aura fait connaître celui qui l'a chargé de la gravure. Art. 287, 288, 475-13° et 477, C. pén. — *V.* p. 101 et 69.	Id.	*V. Outrage*, n° 86. —
220	**Publication ou distribution** d'ouvrages, écrits, avis, bulletins, affiches, journaux et autres imprimés, sans indication vraie des noms, profession et demeure de l'auteur ou de l'imprimeur. Art. 283, C. pén.—*V.* p. 69. En cas de non-révélation, ils seront complices de l'auteur. *V.* dans ce cas, n° 95.	Id.	*Amende de 6 à 10 fr.*—Et confiscation des exemplaires saisis. Contre les crieurs, afficheurs, vendeurs et distributeurs qui auront fait connaître l'auteur.— Et contre toutes personnes autres que les libraires qui auront fait connaître l'imprimeur. Art. 284 et 475-13°, C. pén.—*V.* p. 69.	Id.	*V. Publication d'écrits*, n° 95 et *Imprimés sans noms*, n° 56. —

N° D'ORDRE.	QUALIFICATION DES INFRACTIONS.	COM-PÉTENCE.	PEINES ENCOURUES.	APPLI-CABILITÉ de l'art. 463.	OBSERVATIONS.
	INFRACTIONS EN MATIÈRE DE PRESSE ET AUTRES MOYENS DE PUBLICATION Spéciales à l'Algérie, à La Martinique, à La Guadeloupe, à La Réunion et à La Guyane (1).				
	1° DES CRIMES.				
	Le Code pénal et toutes nos lois sur la presse, antérieures à 1850, ayant été publiés et rendus exécutoires dans les colonies de La Martinique, de La Guadeloupe, de La Réunion et de La Guyane, leur législation ne présente ici rien de particulier. En conséquence, la première partie de cette table analytique étant commune à la métropole et à ces colonies, nous nous bornons à y renvoyer.				
	2° DES DÉLITS.				
	Sauf les décrets des 17 fév. et du 22 mars 1852, qui, l'un dans son art. 36, et l'autre dans son art. 6 disent expressément que ces lois ne sont pas applicables à l'Algérie et aux colonies, toutes les autres lois antérieures sont aujourd'hui exécutées aux colonies. En nous référant, à cet égard, au relevé analytique des délits pour la métropole, nous allons présenter ici ce que la législation coloniale présente de spécial en cette matière.				
221	**Esclavage.**—Provocation directe ou indirecte, par l'un des moyens de publication énoncés en l'art. 1 de la loi du 17 mai 1819, au rétablissement de l'esclavage dans les colonies. Art. 3, L. 7 août 1850.—*V.* p. 158.	Tribunal correctionnel. Art. 2, décret du 30 avril 1852, p. 158.	*Prison de 3 mois à 2 ans.*—Amende, 500 à 4,000 fr. Art. 3, L. 7 août 1850.—*V.* p. 158. Sans préjudice de peines plus graves pour tous autres crimes ou délits.	Applicable. Art. 7, L. 7 août 1850, p. 134 et 158.	
222	**Excitation** au mépris et à la haine entre les anciennes classes de la population coloniale, par l'un des moyens de publication énoncés en l'art. 1 de la loi du 17 mai 1819. Art. 3, L. 7 août 1850.—*V.* p. 158.	Id.	Idem.	Id.	
223	**Excitation** à la résistance contre l'autorité métropolitaine, par l'un des moyens de publication énoncés en l'art. 1 de la loi du 17 mai 1819. Art. 3, L. 7 août 1850.—*V.* p. 158.	Id.	Idem.	Id.	
224	**Faux bruits, fausses nouvelles.**—Publication, reproduction ou propagation faite de mauvaise foi de nouvelles fausses impliquant le rétablissement de l'esclavage. Art. 3, L. 7 août 1850.—*V.* p. 158.	Id.	Idem.	Id.	
225	**Outrages** faits publiquement et d'une manière quelconque au représentant du Gouvernement métropolitain. Art. 3, L. 7 août 1850.—*V.* p. 158.	Id.	Idem.	Id.	
226	**Publication ou distribution** faite sciemment d'écrits périodiques ou non périodiques, imprimés dans la métropole ou à l'étranger, et contenant : Soit une provocation directe ou indirecte au rétablissement de l'esclavage ; Soit une excitation au mépris et à la	Id.	Idem.	Id.	

(1) Les autres établissements coloniaux ont été remplacés par la loi du 7 août 1850 sous le régime des lois antérieures dont l'exposition synoptique n'aurait, avons-nous déjà dit, aucune utilité générale.—(*V.* le tableau de la p. 158.)

N° D'ORDRE.	QUALIFICATION DES INFRACTIONS.	COMPÉTENCE.	PEINES ENCOURUES.	APPLICABILITÉ de l'art. 463.	OBSERVATIONS.
226 Suite.	haine entre les anciennes classes de la population coloniale ou à la résistance contre l'autorité métropolitaine ; — Soit un outrage au représentant du Gouvernement métropolitain. Art. 3 et 4, L. 7 août 1850.—*V.* p. 158.				

3° DES CONTRAVENTIONS CORRECTIONNELLES.

Ce que nous avons dit des crimes et délits doit se dire aussi des contraventions en matière de presse relativement aux colonies de La Martinique, de La Guadeloupe, de La Réunion et de La Guyane. Quant à l'Algérie, le décret du 28 mars-19 avril 1852 ayant prévu et puni des contraventions à la police de la presse, nous nous bornerons au relevé de ces infractions en renvoyant pour le surplus à la législation métropolitaine relativement à la police de l'imprimerie, de l'affichage, du criage, de la distribution et de la vente des écrits ou imprimés, et à la police des théâtres et autres moyens de publication. — *V.* cependant l'observation qui termine la présente table analytique, p. 236.

N° D'ORDRE.	QUALIFICATION DES INFRACTIONS.	COMPÉTENCE.	PEINES ENCOURUES.	APPLICABILITÉ de l'art. 463.	OBSERVATIONS.
227	**Acte d'accusation**, ou toute autre pièce d'une procédure criminelle, avant leur lecture à l'audience (Publication en Algérie des). Art. 10, L. 27 juill. 1849 ; et art. 16, décret du 28 mars 1852.—*V.* p. 126.	Tribunal correctionnel. Art. 13, décret du 28 mars 1852. *V.* p. 140.	*Amende de* 100 à 2,000 *fr.*—En cas de récidive.—Amende de 200 à 4,000 fr.—Prison de 10 jours à 6 mois.—Cumulativement ou séparément. Art. 10, L. 27 juill. 1849.—*V.* p. 126.	Applicable. Art. 23, L. 27 juillet 1849. *V.* p. 154. Jurisprud.	L'art. 463 n'est pas applicable aux contraventions, à moins d'une disposition formelle de la loi.
228	**Annonces judiciaires** pour la validité et la publicité des procédures et des contrats insérés dans un journal autre que celui désigné par le préfet (en Algérie). Art. 11, décret du 28 mars 1852. — *V.* p. 124.	Id.	Contre le publicateur du journal. — *Amende de* 25 à 500 *fr.*—Nullité de l'insertion. Art. 10 et 11, décret du 28 mars 1852. —*V.* p. 124.	Non applicable aux contraventions.	Retrait de l'autorisation accordée au journal. —
229	**Autorisation**.-Impression d'un écrit autre que les jugements, arrêts et actes publiés par autorité de justice, ou émanés de l'autorité militaire ou de l'évêque diocésain ; sans la permission du gouverneur général ou de celle du préfet délégué à cet effet (en Algérie). Art. 3, décret du 28 mars 1852.—*V.* p. 2 et 16.	Id.	Point de sanction.	Id.	Le fait de l'impression dégagé du fait de la publication n'est pas puni. *V.* p. 2 et p. 16, note 46. —
230	**Autorisation**.—Publication, exposition, mise en vente ou distribution de dessins, gravures, lithographies, médailles ou emblèmes sans l'autorisation préalable du préfet (en Algérie). Art. 7, décret du 28 mars 1852. — *V.* p. 60.	Id.	*Prison de* 1 *mois à* 1 *an.* — Amende, 100 à 1,000 fr.—Confiscation des objets du délit. Art. 7, décret du 28 mars 1852.— *V.* p, 60.	Id.	
231	**Autorisation**.—Introduction ou circulation en Algérie, sans autorisation du gouverneur général, de journaux et écrits politiques ou d'économie sociale publiés à l'étranger. Art. 8, décret du 28 mars 1852.— *V.* p. 34 et 72.	Id.	*Prison de* 1 *mois à* 1 *an.* — Amende, 100 à 5,000 fr.—Saisie et confiscation des exemplaires introduits, vendus ou distribués. Art. 8, décret du 28 mars 1852. — *V.* p. 34 et 72.	Id.	
232	**Autorisation**. — Publication d'un journal ou autres imprimés, sans autorisation préalable ou après que l'autorisation précédemment accordée aura été révoquée, en Algérie. Art. 5, décret du 28 mars 1852. — *V.* p. 34.	Id.	*Prison de* 1 *mois à* 2 *ans.* — Amende, 100 à 2,000 fr. par chaque numéro, livraison ou édition publié en contravention. —Le journal ou écrit cessera de paraître et sera saisi. Art. 5 et 6, décret du 28 mars 1852.— *V.* p. 34.	Id.	Le publicateur et l'imprimeur sont solidairement responsables. —

N° D'ORDRE.	QUALIFICATION DES INFRACTIONS.	COM-PÉTENCE.	PEINES ENCOURUES.	APPLICABI-LITÉ de l'art. 463.	OBSERVATIONS.
233	**Brevet**. Exercice sans brevet du commerce de la librairie en Algérie. Art. 12, décret du 28 mars 1852. — *V.* p. 24.	Trib. correct. Art. 13, décret du 28 mars 1852. *V.* p. 140.	*Prison de 1 mois à 2 ans.*—Amende, 100 à 2,000 fr. Art. 12, décret du 28 mars 1852.—*V.* p. 24.	Non applicable aux contraventions.	L'établissement sera fermé.
234	**Cautionnement**. Publication d'un journal sans cautionnement régulier, en Algérie. Art. 4 et 5, décret du 28 mars 1852.—*V.* p. 36. Le taux du cautionnement est fixé pour l'Algérie par la loi du 16 juillet 1850.—*V.* p. 36.	Id.	*Prison de 1 mois à 2 ans.*—Amende, 1,000 à 2,000 fr., par numéro, livraison ou édition publié en contravention. — Saisie.—Le journal cessera de paraître. Art. 5 et 6, décret du 28 mars 1852.—*V.* p. 36.	Id.	Le publicateur et l'imprimeur sont solidairement responsables.
235	**Compte rendu** de débats judiciaires autrement que par la publication du jugement, lorsque le compte rendu en a été interdit (en Algérie). Art. 17, décret du 28 mars 1852. — *V.* p. 126.	Id.	*Amende de 50 à 5,000 fr.* Art. 18, décret du 28 mars 1852.—*V.* p. 126.	Id.	Retrait de l'autorisation de publication du journal.
236	**Compte rendu** des procès pour délits de presse autrement que par l'annonce de la poursuite ou de la publication du jugement (en Algérie). Art. 16, décret du 28 mars 1852. — *V.* p. 126.	Id.	*Amende de 50 à 5,000 fr.* Art. 18, décret du 28 mars 1852.—*V.* p. 126.	Id.	Retrait de l'autorisation de publication du journal.
»	**Dessins**, gravures, lithographies, écrits, etc.	»	V. *Autorisation*, n° 230.	»	
»	**Écrits** d'individus privés des droits civiques.	»	V. *Publication*, n° 240.	»	
237	**Exemplaires d'écrits** ou numéros de journal saisis, exposés en vente, vendus ou distribués (en Algérie). Art. 6, décret du 28 mars 1852. — *V.* p. 4 et 34.	Tribunal correctionnel. Art. 13, décret du 28 mars 1852. *V.* p. 140.	*Prison de 1 mois à 2 ans.*—Amende, 1,000 à 2,000 fr. par numéro, livraison ou édition en contravention.—Saisie.—Le journal cessera de paraître. Art. 5 et 6, décret du 28 mars 1852.— *V.* p. 36.	Non applicable aux contraventions.	Le publicateur et l'imprimeur sont solidairement responsables.—V. lois citées.
238	**Insertion** gratuite, en tête du journal et en caractères semblables à celui du corps du journal, des documents officiels, relations authentiques, réponses, etc., adressés par l'autorité militaire ou administrative, dans le plus prochain numéro qui suivra la réception des pièces. Omission, refus ou négligence du gérant de faire cette insertion (en Algérie). Art. 10, décret du 28 mars 1852. — *V.* p. 124.	Id.	*Amende de 25 à 500 fr.* contre le gérant. Art. 10, décret du 28 mars 1852.—*V.* p. 124.	Id.	
»	**Journaux** étrangers.	»	V. *Autorisation*, n° 231.	»	
»	**Journaux** sans visa ni autorisation.	»	V. *Autorisation*, n° 232; *Publication*, n° 241.	»	
»	**Jurés**. Publication des noms des jurés.	»	V. *Noms des jurés*, n° 239.	»	
»	**Libraires** sans brevets.	»	V. *Brevets*, n° 233.	»	
239	**Noms des jurés**. Publication par les journaux des noms des jurés avant le compte rendu de l'audience où le jury a été constitué et ailleurs que dans ce compte rendu (en Algérie). Art. 11, L. 27 juill. 1849; art. 16, décret du 28 mars 1852.—*V.* p. 126.	Tribunal correctionnel. Art. 13, décret du 28 mars 1852. *V.* p. 140.	*Amende de 200 à 3,000 fr.*—En cas de récidive dans l'année. — Amende de 400 à 6,000 fr. Art. 11, L. 27 juill. 1849.— *V.* p. 126.	Applicable. Art. 27, L. 27 juillet 1849, p. 154. Jurisprud.	L'art. 463 n'est pas applicable aux contraventions, à moins d'une disposition formelle de la loi.

N° D'ORDRE.	QUALIFICATION DES INFRACTIONS.	COMPÉTENCE.	PEINES ENCOURUES.	APPLICABILITÉ de l'art. 463.	OBSERVATIONS.
240	**Publication** de tout écrit traitant de matières politiques ou d'économie sociale, et émanant d'un individu privé ou suspendu de ses droits civiques par arrêt ou jugement définitif (en Algérie). Art. 9, décret du 28 mars 1852. — *V.* p. 128.	Tribunal correctionnel. Art. 13, décret du 28 mars 1852. *V.* p. 140.	*Amende de* 25 *à* 2,000 *fr.* — Saisie et confiscation des écrits. Contre les éditeurs, gérants, imprimeurs qui auront sciemment concouru à la publication. Art. 9, décret du 28 mars 1852.	Non applicable aux contraventions.	
241	**Publication** continuée d'un journal qui a été suspendu par le gouverneur dans les colonies. Art. 5, L. 7 août 1850.—*V.* p. 158. ———	Tribunal correctionnel. Art. 6, L. 7 août 1850. *V.* p. 158.	*Prison de* 1 *à* 6 *mois.* — Amende, de 200 à 1,200 fr. Art. 6, L. du 9 juin 1819.—*V.* p. 37. *Peines* prononcées contre un journal paraissant sans cautionnement. Art. 6, L. 7 août 1850.—*V.* p. 158. ——— L'art. 5 du décret du 17 février 1852, qui prononce de nouvelles peines contre les journaux paraissant sans cautionnement, n'étant point, aux termes mêmes de son art. 56, applicable aux colonies n'a point quant à elle, remplacé l'art. 6 de la loi du 9 juin 1819 qui reste maintenue quant à ce.	Applicable. Art. 7, L. 7 août 1850. *V.* p. 158.	L'art. 463 n'est pas applicable aux contraventions, à moins d'une disposition formelle de la loi.
242	**Publication** d'un numéro de journal sans visa préalable de l'autorité (en Algérie). Art. 2, décret du 28 mars 1852. — *V.* p. 21, 34 et 134. ———	Id.	*Prison de* 1 *mois à* 2 *ans.* — Amende, 100 à 2,000 fr. par chaque numéro, livraison ou édition publié en contravention.— Le journal cessera de paraître. — Saisie des écrits. Art. 5 et 6, décret du 28 mars 1852.— *V.* p. 2, 34 et 134.	Non applicable aux contraventions.	Le publicateur et l'imprimeur seront solidairement responsables. —
243	**Signature des auteurs**. Articles de discussion philosophique, politique ou religieuse, ou dans lesquels seront discutés des actes ou opinions des citoyens, insérés sans la signature de leurs auteurs dans des feuilles politiques ou non politiques. Art. 4, § 3, décret du 28 mars 1852.—*V.* p. 48. ——— Signature fausse. Art. 4, § 3, décret du 28 mars 1852.—*V.* p. 48. ———	Id.	*Amende de* 500 *fr.* pour la première fois.—En cas de récidive, 1,000 fr. contre l'auteur. Art. 3, L. 16 juill. 1850.—*V.* p. 48. ——— *Prison de* 6 *mois.*—Amende, 1,000 fr. — Contre l'auteur de la fausse signature, l'auteur de l'article et l'éditeur responsable du journal. Art. 3, L. 16 juill. 1850.—*V.* p. 48.	Id.	
»	**Vente**, distribution d'écrits saisis.	»	*V. Exemplaires d'écrits*, n° 237.	»	
»	**Visa**. Journal publié sans visa.	»	*V. Publication*, n° 242.	»	

OBSERVATION.— Le décret du 17 février 1852, ainsi que celui du 22 mars 1852 (*V.* au recueil *in fine*, les art. 6 et 36 de ces deux décrets), n'étant point exécutoires en Algérie et aux colonies, les peines prononcées contre les infractions comprises sous les n°° 53, 109, 111, 112, 119, 130, 136, 139, 156, 163, 170, 171, 172, 173, 174, 178, 179, 180, 181, 199, 202, 204, 213 de la présente table analytique ne sont point en conséquence applicables dans les possessions françaises ni en Algérie

FIN DE LA TABLE ANALYTIQUE
DES CRIMES, DÉLITS ET CONTRAVENTIONS DE LA PAROLE, DE L'ÉCRITURE, DE LA PRESSE ET DE TOUS AUTRES MOYENS DE PUBLICATION.

RECUEIL CHRONOLOGIQUE

DE TOUTES LES LOIS DITES DE LA PRESSE,

depuis 1723 jusqu'en 1856,

POUR LA FRANCE, L'ALGÉRIE ET LES COLONIES,

AVEC DES RENVOIS AUX TABLEAUX DE CONCORDANCE.

RECUEIL CHRONOLOGIQUE

DES

LOIS, ORDONNANCES ET DÉCRETS

CONTENUS DANS LES TABLEAUX DE CONCORDANCE.

N. B. — Ne figurent dans ce recueil que par leur titre seulement les lois, décrets et ordonnances qui ont été rapportés en entier dans les tableaux de concordance, sans altération de l'ordre officiel de leurs articles.

RÈGLEMENT DU 23 FÉVRIER 1723

POUR LA LIBRAIRIE ET L'IMPRIMERIE DE PARIS.

Extrait des registres du Conseil d'État.

LE ROY s'étant fait représenter en son Conseil sa déclaration du 10 décembre 1720, contenant règlement pour la librairie et imprimerie de Paris; Sa Majesté étant informée, qu'encore que ce règlement eût été composé avec grand soin, cependant lorsqu'il fut porté en son Parlement, avec les lettres de cachet ordinaires pour y être enregistré, il s'y trouva matière à plusieurs observations, qui ont paru judicieuses et mériter qu'il fût apporté quelques changements à un grand nombre d'articles. Que, d'ailleurs, quelques nouveaux abus qui se sont introduits parmi ceux qui exercent l'art de la librairie et imprimerie, ayant exigé qu'on y insérât quelques nouveaux articles, pour y remédier et prévenir ceux qui pourroient s'introduire à l'avenir, Sa Majesté auroit jugé à propos de faire retirer sadite déclaration, et de faire travailler à la réformation dudit règlement, lequel ayant été de nouveau rapporté et approuvé en son Conseil, il ne reste plus qu'à se revêtir de son autorité pour lui donner une pleine exécution; à quoi voulant pourvoir, Ouy le rapport, SA MAJESTÉ, ÉTANT EN SON CONSEIL, a ordonné et ordonne ce qui ensuit : '

TITRE PREMIER. — DES FRANCHISES, EXEMPTIONS ET IMMUNITÉS DES IMPRIMEURS ET LIBRAIRES DE PARIS.

ART. 1er.—Les libraires et les imprimeurs seront censés et réputés du corps et des suppôts de l'Université de Paris, distingués et séparés des arts mécaniques ; maintenus, gardés et confirmés en jouissance de tous les droits, franchises, immunités, prérogatives et priviléges attribués à ladite Université et auxdits libraires et imprimeurs; et en cette qualité sera et demeurera la communauté des imprimeurs et libraires, franche, quitte et exempte de toutes contributions, prêts, taxes, levées, subsides et impositions mises et à mettre, imposées et à imposer sur les arts et métiers, desquels Sa Majesté l'a entièrement exceptée, distinguée et séparée, même sous prétexte de confirmation desdits droits, priviléges, prérogatives, dont Sa Majesté veut qu'elle jouisse franchement, paisiblement et sans aucun trouble. — (Abrogé V. p. 9.)

2.—Les livres, tant manuscrits qu'imprimés ou gravés, reliés ou non reliés, vieux ou neufs, estampes, cartes géographiques, soit qu'ils viennent des pays étrangers et des villes et provinces du royaume, soit qu'ils soient transportés hors du royaume, seront et demeureront exempts, comme ils l'ont toujours été, et conformément aux édits et déclarations des rois prédécesseurs de Sa Majesté, de tous droits de douane. péage, ponts, chaussées, domaines, traites, impositions foraines, acquits, subsides, resves, prêts, octrois, passages, haut-passage, rivières, détroits,

(1) Ce règlement a été abrogé par l'ensemble des lois postérieures qui ont proclamé et organisé la liberté du commerce et de l'industrie ; toutefois, malgré cette abrogation et par suite des habitudes reçues, quelques-unes de ses prescriptions continuent d'être exécutées dans l'intérêt même des imprimeurs et des libraires.

entrées, sorties, barrage, travers, doubles droits, garde-nuit, boute-à-port, et autres taxes et impositions que ce soit, mises et à mettre, sous quelque titre que ce soit, encore qu'elles ne soient ici précisément exprimées et déclarées. Fait Sa Majesté défense aux fermiers généraux, fermiers des provinces et villes du royaume, sous-fermiers, traitants, commis, receveurs, députés, gardes, et à tous autres employés pour la régie et perception des droits dans toutes les douanes, romaines et autres bureaux des provinces, villes et autres lieux de son obéissance, de lever aucuns deniers sur les marchandises de librairie ; et leur enjoint de les laisser aller et venir, entrer et sortir franchement et quittement sans pouvoir les arrêter pour payer aucune chose, à peine du quadruple, et de plus grande amende s'il y échet. Les fontes, lettres et caractères d'imprimerie, vieux ou neufs, et l'encre servant à imprimer, venant des pays étrangers et des villes et provinces du royaume, jouiront aussi de la même exemption. — (Abrogé.)

3.—Et, afin que les marchandises de la qualité ci-dessus exprimée jouissent desdites exemptions, veut Sa Majesté que sur chaque balle, ballot, tonne, tonneau, caisse, coffre, malle, banne ou paquet, il y ait une déclaration portant que ce sont des livres, fontes, caractères, lettres ou encre servant à l'imprimerie, en ces termes : *livres. caractères d'imprimerie, encre d'imprimerie.* — (Abrogé.)

TITRE II.—DES IMPRIMEURS ET LIBRAIRES EN GÉNÉRAL.

4. — Défenses sont faites à toutes personnes de quelque qualité et condition qu'elles soient, autres que les libraires et imprimeurs, de faire le commerce de livres, en vendre et débiter aucuns, les faire afficher pour les vendre en leurs noms, soit qu'ils s'en disent les auteurs ou autrement ; tenir boutique ou magasin de livres, acheter pour revendre en gros et en détail, en chambre et autres lieux, même sous prétexte de les vendre à l'encan, aucuns livres en blanc ou reliés, gros ou petits, neufs ou frippés, même de vieux papiers qu'on appelle à la rame, et vieux parchemins, à peine de 500 liv. d'amende, de confiscation et de punition exemplaire. Défend aussi Sa Majesté aux imprimeurs et aux afficheurs, d'imprimer et de poser aucunes affiches portant indication de la vente des livres ailleurs que chez les libraires et les imprimeurs, sous pareilles peines ; comme aussi aux auteurs et à toutes personnes autres que lesdits imprimeurs d'avoir et tenir en quelque lieu que ce soit, et sous quelque titre et prétexte que ce puisse être, aucunes presses, caractères et ustensiles d'imprimerie à peine de punition exemplaire, de confiscation des presses et caractères, et de 3,000 liv. d'amende.—(Abrogé, V. p. 9, 11, 13.)

5.—Et d'autant que certains porteurs de balles, et soi-disant merciers, sous prétexte de vendre des heures et des petits livres, ont souvent apporté, vendu et débité des libelles diffamatoires, mémoires contre l'état et la religion, et des livres défendus ou contrefaits, au préjudice des priviléges par nous accordés ; défenses sont faites auxdits porteurs de balles et prétendus merciers, ou autres qui ne sont reçus libraires, d'avoir, vendre, ni débiter aucuns livres imprimés, de quelque nature et qualité qu'ils puissent être, à peine de punition corporelle, et de

confiscation desdits livres et marchandises qui y seront jointes. N'entend néanmoins Sa Majesté empêcher les marchands merciers-grossiers de la ville de Paris, de vendre des A B C, almanachs et petits livres d'heures et prières imprimés dehors ladite ville, sans qu'ils puissent vendre aucuns autres livres; et, en cas de contravention, permet Sa Majesté aux syndic et adjoints de les faire saisir en conséquence d'une permission du lieutenant général de police. — (Abrogé.)

6.—Permet Sa Majesté aux femmes et veuves des relieurs, et à celles des compagnons imprimeurs, libraires et relieurs, d'acheter et revendre les papiers à la rame, et les vieux parchemins à l'usage des imprimeurs, libraires et relieurs, après, toutefois des syndic et adjoints, desquelles permissions, ensemble des noms et demeures desdites femmes, il sera fait mention sur le livre de la communauté, à peine contre les contrevenans de confiscation et d'amende arbitraire, et seront en outre lesdits femmes et veuves obligées de tenir un livre de leurs achats, et d'observer le contenu en l'art. suivant.— (Abrogé V. l'art. 4 ci-devant.)

7.—Défenses sont faites à tous libraires d'acheter aucuns livres des enfants ou serviteurs des autres libraires, des enfants de famille, des écoliers, des serviteurs, domestiques, et de toutes personnes inconnues, s'ils ne sont certifiés par d'autres personnes domiciliées et capables d'en répondre ; ce qui sera pareillement observé à l'égard des vieux papiers et parchemins, même de ceux qui sont apportés de province pour être vendus à Paris.—(Abrogé, V. p. 23.)

8.—Ceux qui auront fait achat desdits livres, papiers et parchemins, feront mention de leurs noms et qualités sur leurs registres, comme aussi de la qualité, nom et demeure des particuliers qui les auront vendus. Enjoint Sa Majesté auxdits libraires, et à tous autres, de retenir les livres qui leur seront présentés par personnes inconnues et suspectes, et de les remettre dans les vingt-quatre heures entre les mains des syndic et adjoints, qui seront tenus d'en avertir le lieutenant-général de police; le tout à peine, contre les libraires, d'être civilement responsables des livres volés ou détournés qui se trouveront chez eux, d'amende arbitraire, et d'interdiction pendant trois mois pour la première fois, et même de punition corporelle en cas de récidive; et contre les personnes autres que lesdits libraires, de punitions corporelles dès la première fois.—(Abrogé, V. p. 23.)

9.—Tous les imprimeurs et libraires feront imprimer les livres en beaux caractères, sur de bon papier et bien corrects, avec le nom et la demeure du libraire qui aurait fait faire l'impression pour son compte et à ses dépens. Et à l'égard des livres et autres écrits de la qualité de ceux dont le lieutenant général de police peut permettre l'impression, ensemble des factums, requêtes, mémoires, arrêts, jugements, placards, etc., seront tenus lesdits libraires et imprimeurs de mettre leurs noms et demeures au commencement ou à la fin desdits livres, écrits et mémoires, etc., le tout à peine de confiscation, d'amende, et de plus grande peine s'il y échet. Sera tenu l'imprimeur qui aura fait une impression pour le compte du libraire, de mettre son nom seulement à la fin du livre, outre le nom et la demeure du libraire qui seront au commencement, à peine de confiscation et d'amende. (V. l'art. 111.) — (Abrogé, V. p. 15.)

40.—Défenses sont faites à tous imprimeurs et à tous libraires, de supposer aucun autre nom d'imprimeur ou de libraire, et de le mettre au lieu ou leur en aucun livre, comme aussi d'y apposer la marque d'aucun autre imprimeur ou libraire, à peine d'être puni, comme faussaire, de 3,000 livres d'amende, et de confiscation des exemplaires. — (Abrogé, V. p. 15.)

11.—Les libraires et imprimeurs ou leurs veuves, ne prêteront leur nom à qui que ce soit pour tenir imprimerie ou boutique de librairie, vendre ou négocier des livres, à peine de confiscation des imprimés et des livres au profit de la communauté, et de 500 livres d'amende, et de pareille somme contre ceux qui se seront servis du nom des imprimeurs ou libraires. — (Abrogé.)

12.—Les libraires qui auront imprimerie et boutique ou magasin ouvert de librairie, les tiendront dans les quartiers de l'Université, en même lieu et non séparément, s'ils n'en ont obtenu de Sa Majesté une permission particulière, qui ne sera accordée qu'en cas d'une nécessité absolue; et à l'égard des libraires qui auront imprimerie, ils pourront tenir leurs boutiques dans le quartier de l'Université ou au-dedans du Palais, et non ailleurs; à l'exception néanmoins de ceux qui voudront se restreindre à ne vendre que des heures et des petits livres de prières, des édits, déclarations et arrêts seulement, auquel cas ils pourront encore demeurer aux environs du Palais, dans la rue et parvis Notre-Dame, pont au Change et quai de Gèvres; à peine de confiscations des autres livres dont ils se trouveront saisis, et d'amende arbitraire. Et, afin que sous le mot d'Université, quelques libraires et imprimeurs n'affectent pas d'aller demeurer dans les lieux les plus écartés de l'étendue du quartier de l'Université, veut Sa Majesté qu'ils soient tenus d'établir leurs demeures depuis l'extrémité et y compris le pont Saint-Michel, (ici est la désignation du quartier surnommé le *pays latin*) et au dedans de toutes les rues qui sont enfermées dans l'enceinte de celles ci-dessus désignées, à l'exception toutefois des collèges et communautés tant régulières que séculières, lieux prétendus privilégiés et renfermés, dans lesquels Sa Majesté défend auxdits imprimeurs et auxdits libraires de tenir leurs imprimeries et boutiques, ni d'y faire leurs demeures, à peine de confiscation des livres, presses, caractères et ustensiles servant à l'imprimerie, de privation de la maîtrise, et de punition corporelle en cas de récidive.— (Abrogé.)

43. — Permet Sa Majesté, néanmoins, à tous libraires d'avoir des magasins de librairie non ouverts dans les collèges, maisons religieuses et autres lieux, hors de leur demeure, pourvu qu'ils soient dans les limites des lieux spécifiés en l'article précédent, à la charge par eux d'en faire la déclaration expresse aux syndic et adjoints, dont sera fait mention sur un registre particulier de la communauté, à peine de confiscation des livres qui se trouveraient dans les lieux non déclarés, et de 1,500 liv. d'amende; et aussi à la charge de la visite que Sa Majesté permet auxdits syndic et adjoints de faire es-dits magasins, en avertissant les principaux et autres supérieurs desdits lieux, auxquels Sa Majesté enjoint de prêter le secours de leurs ministère, à peine de désobéissance. —(Abrogé.)

44. — Tous les libraires exerçant librairie seront obligés de mettre un écriteau ou tableau portant qu'ils tiennent imprimerie, et ne le pourront mettre ailleurs que dans le lieu où sera actuellement leur imprimerie, à peine de 300 liv. applicables au profit de la communauté. (Abrogé, V. p. 9 et déclaration du 10 mai 1728, *infrà*.)

15. — Ne pourront les libraires avoir plus d'une boutique ou d'un magasin ouvert pour la vente de leurs livres, laquelle ne sera faite en aucuns autres lieux. Veut Sa Majesté qu'au défaut de leur boutique ou magasin ouvert, ils soient tenus de mettre un écriteau ou tableau portant le nom du libraire ou de l'imprimeur, ou autre indication qui désigne qu'il s'y vend des livres. Fait pareillement défenses auxdits imprimeurs et libraires d'avoir aucun étalage et boutique portatifs sur les ponts, quais, parapets, et dans les maisons privilégiées, ou en quelque endroit que ce puisse être, à peine de confiscation, d'amende arbitraire et de punition exemplaire, si le cas y échet. (Abrogé, V. p. 9 et 23, et déclaration de 1728, *infrà*.)

16. — Enjoint auxdits libraires et imprimeurs de tenir leurs boutiques, magasins et imprimeries fermés les dimanches et jours de fêtes commandées par l'Eglise, à peine d'amende. (V. l'art. 40. — V. ord. 25 sept. 1742) — (Abrogé.)

TITRE III. — DES SOUSCRIPTIONS.

17. — Veut Sa Majesté qu'il ne puisse être proposé au public aucun ouvrage par souscription que par un libraire ou imprimeur, qui sera garant des souscriptions envers le public en son propre et privé nom; et les deniers qui seront reçus pour les souscriptions ne pourront être remis en d'autres mains qu'en celles des libraires ou imprimeurs au nom desquels se feront les souscriptions, et ils en demeureront responsables envers les souscrivants.— (Abrogé.)

18. — Ordonne qu'avant de proposer aucun ouvrage par souscription, le libraire ou l'imprimeur qui se charge de l'entreprise sera tenu de présenter à l'examen au moins la moitié de l'ouvrage, et d'obtenir la permission d'imprimer par lettres scellées du grand sceau. — (Abrogé.)

19. — Veut que le libraire ou imprimeur ne puisse proposer aucune souscription qu'après en avoir préalablement obtenu l'agrément de M. le garde-des-sceaux, et qu'il distribue avec le *prospectus* qu'il publiera, au moins une feuille d'impression de l'ouvrage qu'il proposera par souscription; laquelle feuille sera imprimée des mêmes formes, caractères et papier qu'il s'engagera d'employer dans l'exécution de l'ouvrage qu'il sera tenu de livrer dans le temps porté par la souscription. — (Abrogé.)

TITRE IV. — DES APPRENTIS IMPRIMEURS ET LIBRAIRES.

20. — Aucun ne pourra être admis à faire apprentissage pour parvenir à la maîtrise de librairie et d'imprimerie, s'il n'est congru en langue latine, et s'il ne sait lire le grec, dont il sera tenu de rapporter le certificat du recteur de l'Université, à qui l'aspirant sera présenté par le syndic ou l'un de ses adjoints; et de ladite présentation mention sera faite dans ledit certificat (V. p. 9). — (Abrogé.)

21. — Le temps de l'apprentissage sera au moins de quatre années entières et consécutives, et le brevet en sera passé par-devant notaires en la chambre de la communauté, en présence et du consentement des syndic et adjoints, après qu'il leur sera apparu du certificat du recteur de l'Université comme ledit apprenti est congru en langue latine et sait le grec, et qu'il a été présenté au recteur par l'un desdits syndic et adjoints; et sera tenu ledit apprenti de remettre ès mains du syndic, pour les affaires de la communauté, la somme de 30 liv. lors de la passation du brevet, qui sera transcrit sur le livre de la communauté, à la diligence du maître duquel l'apprenti sera obligé, et ce dans un mois sans tout délai, à peine de nullité du brevet et des dommages et intérêts de l'apprenti contre le maître. — (Abrogé.)

22. — Il ne sera permis aux imprimeurs et libraires de faire, pour quelque cause que ce soit, aucune remise ni composition du temps de quatre années, porté par le brevet d'apprentissage, à peine de 1,000 liv. d'amende contre le maître, et contre l'apprenti de servir le double du temps qui lui aura été remis. — (Abrogé.)

23. — Les libraires et imprimeurs n'auront qu'un apprenti à la fois et n'en pourront prendre un nouveau, si le temps du premier n'est expiré, ou au moins avant la dernière année de l'apprentissage commencée. Ceux qui n'exerceront point actuellement l'imprimerie ou la librairie ne pourront avoir aucun apprenti. — (Abrogé.)

24. — Défend Sa Majesté auxdits imprimeurs et libraires de prendre et garder aucuns apprentis qui soient mariés, à peine de nullité des brevets. — (Abrogé.)

25. — L'apprenti, s'absentant de la maison de son maître, sera tenu de faire le double du temps de son absence pour la première fois; et, pour la seconde fois, il sera déchu de son apprentissage, sans qu'il puisse y être reçu à l'avenir. A cet effet, les maîtres seront tenus d'avertir les syndic et adjoints du jour de l'absence de leurs apprentis, pour en être fait mention sur le livre de la communauté et sur le brevet d'apprentissage, à peine de 200 livres au profit de la communauté. (V. l'art. 88, et L. 22 germ. an XI). — (Abrogé.)

26. — L'apprenti, après le temps de son brevet d'apprentissage achevé, retirera quittance de son maître au bas dudit brevet, pour preuve qu'il aura servi le temps y contenu; et ladite quittance ne pourra être donnée qu'en la chambre de la communauté, et en présence des syndic et adjoints, qui en feront mention sur le livre de la communauté et sur ledit brevet (V. l'art. 100, et arrêt du conseil du 30 août 1777, art. 14). — (Abrogé.)

27. — Les fils des libraires et des imprimeurs ne seront tenus de faire aucun apprentissage; mais ils ne pourront être reçus maîtres, s'ils n'ont les qualités requises en ceux qui doivent être admis à la maîtrise (V. les art. 33 et 46). — (Abrogé.)

TITRE V. — DES COMPAGNONS IMPRIMEURS ET DES COMPAGNONS LIBRAIRES.

28. — Les apprentis seront tenus, après leur apprentissage achevé, de servir les maîtres en qualité de compagnons durant trois années (V. l'art. 43). — (Abrogé.)

29. — Il sera permis aux imprimeurs et à leurs veuves de recevoir en leurs imprimeries tels compagnons et ouvriers que bon leur semblera, quand même ils n'auraient pas de brevet d'apprentissage; seront néanmoins les compagnons qui auront fait apprentissage à Paris préférés aux compagnons étrangers, comme aussi aux ouvriers de Paris, lorsqu'ils voudront se contenter du même salaire, et qu'ils auront, d'ailleurs la docilité, l'expérience et la capacité requises (V. l'art. 30). —(Abrogé.)

30. — Pourront aussi lesdits imprimeurs prendre tels sujets qu'ils voudront pour devenir ouvriers et travailler dans les imprimeries, pourvu qu'ils sachent lire et écrire; en faisant par lesdits imprimeurs, aux syndic et adjoints, leur déclaration, qui sera inscrite sur un registre particulier, et servira auxdits ouvriers pour leur donner préférence au commencement de chaque labeur, sur ceux des provinces du royaume ou pays étrangers, aux conditions portées dans l'article précédent; et i s ne pourront jouir de ladite préférence, s'ils n'ont servi au moins pendant deux années leurs maîtres, et ne rapportent un certificat qui sera registré par syndic, en payant par lesdits ouvriers la somme de 10 liv., pour les affaires de la communauté : sans néanmoins que, par lesdites déclarations et inscriptions, ils puissent sous aucun prétexte acquérir le droit du parvenir à la maîtrise d'imprimeur ou de libraire, s'ils ne rapportent un brevet d'apprentissage, suivant qu'il est porté par les précédents articles. Défend Sa Majesté aux compagnons et autres, d'empêcher, troubler, ni molester lesdits ouvriers, sous quelque prétexte que ce soit, à peine de punition exemplaire. — (Abrogé.)

31. — Les imprimeurs et les veuves d'imprimeurs ne pourront faire travailler chez eux aucun compagnon ou ouvrier qui ait travaillé dans une autre imprimerie de Paris, qu'ils n'aient su du dernier maître ou veuve de maître d'où ledit compagnon ou ouvrier sera sorti, si ledit compagnon ou ouvrier est libre et en état de travailler où bon lui semblera, à peine contre les contrevenants, pour la première fois, de 500 liv. d'amende, et de 3 liv. par jour au profit du maître ou maîtresse que le compagnon ou ouvrier aura quitté sans congé, à compter du jour qu'ils auront commencé de s'en servir; et en cas de récidive, d'interdiction pendant un an; et pour la troisième fois, d'interdiction pour toujours; lesquelles peines ne pourront être réputées comminatoires ni modérées sous quelque prétexte que ce soit. Et pour prévenir de pareils abus, les maîtres imprimeurs et les veuves seront tenus de déclarer de semaine en semaine, à la chambre syndicale, les compagnons ou ouvriers qui manqueront dans leurs imprimeries, ou ceux qu'ils y auront agréés pendant le cours de la semaine, afin qu'aucun maître ou veuve ne puissent prétexter qu'ils ignorent d'où peuvent sortir lesdits compagnons ou ouvriers qui se présenteront dans leurs imprimeries pour y travailler, le tout sous les peines que dessus : et sera le présent article exécuté pareillement à l'égard de ceux qui tiennent les fonderies de caractères d'imprimeries, et de leurs compagnons et ouvriers. (V. arrêt du conseil du 27 août 1731). — (Abrogé.)

32. — Les imprimeurs seront tenus de faire continuer les ouvrages commencés, sans les pouvoir interrompre, si ce n'est pour cause raisonnable, auquel cas ils seront tenus de donner aux compagnons ou ouvriers quelque autre ouvrage de pareille qualité, en attendant que le premier puisse être repris et continué; et si la discontinuation dure plus d'un mois, il sera permis auxdits compagnons ou ouvriers, huit jours après en avoir averti le maître, de se retirer, et d'entreprendre d'autres ouvrages chez un autre maître, sans qu'ils puissent être contraints de retourner chez le premier, qui sera tenu audit cas de leur donner un congé par écrit. —(Abrogé.)

33. — Les imprimeurs pourront congédier les compagnons et ouvriers, en les avertissant huit jours auparavant, même avant ledit terme pour des causes justes et raisonnables; hors que lesdits compagnons et ouvriers ne travaillent en conscience chez lesdits

imprimeurs, et à l'égard desquels il sera ci-après pourvu (V. *infrà*, art. 37). — (Abrogé).

34. — Ne pourront les compagnons et ouvriers, à peine de 50 liv. d'amende, laisser, sans le consentement du maître qui les aura employés, les ouvrages par eux commencés, ou sur lesquels ils auront travaillé, soit que lesdits ouvrages aient un ou plusieurs volumes, lorsque l'impression en est faite sans une interruption qui dure plus d'un mois; et seront lesdits compagnons et ouvriers tenus, lorsqu'ils finiront leurs labeurs, d'avertir leurs maîtres huit jours auparavant que de les quitter, à peine de 20 liv. au profit du maître (V. arrêt du conseil, du 9 oct. 1724). — (Abrogé).

35. — Sera loisible au maître qui voudra accélérer l'ouvrage commencé, d'en donner partie aux autres ouvriers et compagnons, sans qu'il soit permis à ceux qui l'auront commencé de le quitter, sous quelque prétexte que ce soit, à peine de 50 liv. d'amende, et de tous dépens, dommages-intérêts envers le maître. — (Abrogé).

36. — Si l'un desdits ouvriers et compagnons laisse son labeur pour quelque occasion ou prétexte que ce puisse être, le maître, ne pouvant le faire revenir, aura la liberté de substituer en son lieu et place tel ouvrier et compagnon que bon lui semblera, sans que ceux qui travaillent sur le même ouvrage puissent le discontinuer, sous pareilles peines que dessus. — (Abrogé).

37. — Les directeurs des imprimeries, compagnons et ouvriers, qui travailleront à la journée, et qu'on appelle vulgairement *travaillant en conscience*, ne pourront quitter leurs maîtres qu'en les avertissant deux mois auparavant; et s'ils avaient commencé quelque labeur, ils seront tenus de le finir, sous les peines portées par l'art. 34. Et les maîtres ne pourront congédier lesdits ouvriers qu'en les avertissant un mois auparavant, si ce n'est pour cause juste et raisonnable. — (Abrogé).

38. — Enjoint Sa Majesté à tous compagnons et ouvriers travaillant chez les imprimeurs, de garder et conserver les copies tant manuscrites qu'imprimées sur lesquelles ils auront travaillé, pour être par eux rendues à leurs maîtres, et remises par lesdits maîtres aux libraires, ou à ceux qui auront fait faire les impressions, sans que, pour raison de ce, lesdits compagnons et ouvriers puissent prétendre aucun paiement ou récompense (V. art. 104 ci-après). — (Abrogé).

39. — Les imprimeurs et leurs compagnons et ouvriers ne pourront retenir plus de quatre copies ou exemplaires de tous les livres qu'ils imprimeront, savoir : une copie pour le libraire qui fera imprimer le livre, une pour le maître imprimeur, une pour le correcteur, qui lui servira pour faire les tables, et la quatrième et dernière pour les compagnons et ouvriers, qui seront tenus néanmoins de présenter ladite copie à celui qui aura fait faire l'impression, et qui pourra, si bon lui semble, la retenir en payant; en sorte que les compagnons et ouvriers n'aient la faculté d'en disposer qu'à son refus (V. arrêt du conseil du 30 août 1777, art. 19). — (Abrogé).

40. — Il est expressément défendu à tous les imprimeurs de faire travailler dans leurs imprimeries les dimanches et jours de fêtes, et aux compagnons et ouvriers d'y travailler à la composition ou impression d'aucuns ouvrages, à peine, contre les maîtres, de cent livres d'amende, et de dix livres contre chacun des compagnons et ouvriers : pourront néanmoins, en cas de nécessité seulement, préparer et tremper le papier, hors les heures du service divin (Art. 16 n. 1er). — (Abrogé).

41. — Les compagnons, ouvriers et apprentis ne feront aucun festin ou banquet, soit pour entrée, issue d'apprentissage, ou autrement, pour quelque cause et raison que ce soit. — (Abrogé).

42. — Défenses sont faites à tous compagnons, ouvriers et apprentis, de faire aucune communauté, confrérie, assemblée, cabale ni bourse commune; d'avoir aucun livre ni registre de confrérie; d'élire aucun marguillier, syndic, prévôt, chef, préposé, ni autres officiers; de faire aucune collecte, ni levée de deniers; et d'agir en nom collectif pour quelque cause et occasion que ce soit, à peine de prison, de punition corporelle, et de trois cents livres d'amende. — (Abrogé).

TITRE VI. — DE LA RÉCEPTION DES LIBRAIRES ET DE CELLE DES IMPRIMEURS.

43. — Aucun ne pourra tenir imprimerie ou boutique de libraire à Paris, ni même prendre qualité de libraire ou d'imprimeur en conséquence d'aucune lettre ou d'autre privilège, tel qu'il puisse être, s'il n'a été reçu maître en ladite communauté, à laquelle maîtrise il ne pourra être admis qu'après avoir fait un apprentissage pendant le temps et espace de quatre années entières et consécutives, et servi les maîtres en qualité de compagnon au moins durant *trois années* après le temps de son apprentissage achevé, comme il est dit ci-dessus par les art. 20 et 28, qu'il n'ait au moins vingt ans accomplis; qu'il ne soit congru en langue latine et qu'il ne sache lire le grec, dont il sera tenu de rapporter un certificat du recteur de l'Université, en la matière prescrite par le même art. 20, ou de justifier comme il l'aura produit lors de son brevet apprentissage; et ce, avant de se présenter à la maîtrise. N'entend Sa Majesté comprendre dans le présent article les fils et gendres des maîtres. ou ceux qui épouseront une veuve de maître, lesquels seront reçus suivant l'art. 46 ci-après. — (Abrogé, V. p. 9).

44. — Et comme il est important que ceux qui exercent lesdites professions d'imprimeur et de libraire soient pourvus d'une capacité et d'une expérience suffisantes, veut Sa Majesté que les fils et gendres des maîtres, ainsi que les apprentis qui auront fait leur apprentissage et servi les maîtres, avant que d'être admis à la maîtrise de librairie ou imprimerie, outre le certificat du recteur de l'Université qu'ils doivent rapporter, suivant l'art. 43, soient encore tenus de subir, savoir : ceux qui aspireront à être reçus libraires, un examen sur le fait de la librairie; et ceux qui aspireront à être imprimeurs, après ledit examen sur le fait de la librairie, une épreuve de leur capacité au fait de l'imprimerie et choses en dépendantes : ce qu'ils seront tenus de faire par-devant les syndics et adjoints en charge, accompagnés de quatre anciens officiers de leur communauté, dont deux exerçant l'imprimerie et quatre autres libraires, qui n'auront pas passé les charges, mais qui auront au moins dix années de réception, dont deux également exerçant l'imprimerie, lesquels susdits huit examinateurs seront tirés au sort par l'aspirant, dans le nombre tant desdits officiers de la communauté que des libraires et imprimeurs ayant dix années au moins de réception. Ordonne auxdits examinateurs ainsi nommés de se trouver avec les syndic et adjoints à la chambre syndicale, pour procéder tous ensemble par voie de scrutin auxdits examen et épreuve, lequel examen durera au moins deux heures, et ne pourra l'aspirant être reçu. s'il n'a les deux tiers des voix en sa faveur. Il sera dressé du tout à l'instant un procès-verbal par les syndic et adjoints. Et pour droit de présence, chacun des syndic et adjoints et autres examinateurs aura six jetons valant six livres tournois. qui leur seront distribués par l'aspirant (V. arrêt du 10 déc. 1725, art. 5, et ci-après art. 46). — (Abrogé, V. p. 9).

45. — Les aspirants à la librairie qui auront les qualités requises seront reçus par les syndic et adjoints en charge, après qu'il leur sera apparu de leur capacité par l'examen ci-dessus ordonné de leurs bonnes vie et mœurs, et profession de la religion catholique par la certification de quatre maîtres de la communauté, dont deux exerçant l'imprimerie; et, à l'égard des aspirants à l'imprimerie, le procès-verbal qui aura été dressé par les syndic et adjoints de leurs examen et épreuve, ensemble l'information de vie et mœurs, et le certificat de catholicité en la forme ci-dessus, seront remis par les syndic et adjoints entre les mains du lieutenant général de police pour être par lui envoyé avec son avis à M. le garde-des-sceaux, et être en conséquence expédié un arrêt du conseil, sur lequel (et non autrement) il sera procédé à la réception de l'aspirant; laquelle ensemble celle des aspirants à la librairie seront faites dans la chambre de ladite communauté, en présence des anciens syndics et adjoints : à condition par l'aspirant à la maîtrise de librairie seulement de mettre ès-mains du syndic la somme de mille livres, et par l'aspirant à la librairie et imprimerie la somme de quinze cents livres, lesquelles le syndic emploiera dans son compte pour être employées aux affaires de ladite communauté. Et, si celui qui aura été reçu libraire vient dans la suite à être reçu à la maîtrise d'imprimerie, il sera tenu, outre la somme de mille livres ci-dessus, de payer celle de cinq cents livres, et seront tenus les uns et les autres de donner, lors de leur réception, pour droit de présence. au syndic, douze jetons d'argent, six à chacun des adjoints, et deux à chaque ancien. — (Abrogé V. p. 9).

46. — Les fils de maîtres qui auront les qualités requises seront reçus libraires à leur première réquisition, en remettant au syndic, pour les affaires de la communauté, savoir : pour la réception à la librairie, la somme de six cents livres; et, s'ils sont admis par la suite à la maîtrise de l'imprimerie, celle de trois cents livres, outre celle desdites six cents livres par eux payée lorsqu'ils auront été reçus libraires; et, s'ils sont reçus en même temps imprimeurs et libraires, ils seront tenus de remettre la somme de neuf cents livres. Les compagnons qui, après avoir fini leur apprentissage, épouseront la fille ou la veuve d'un maître, seront aussi reçus à la première demande, pourvu qu'ils aient les qualités requises, en remettant au syndic, savoir : pour être reçus libraires, la somme de six cents livres, et pour être admis ensuite à la maîtrise d'imprimeur celle de trois cents livres. outre celle desdites six cents livres par eux payée lors de leur réception de libraire, et s'ils sont reçus conjointement imprimeurs et libraires, ils paieront la somme de neuf cents livres : le tout à la charge par lesdits fils et gendres de maîtres, et ceux qui épouseront des filles ou veuves; de subir l'examen et d'observer les formalités prescrites par les articles précédents. — (Abrogé).

47. — Les nouveaux maîtres prêteront serment par-devant le lieutenant-général de police sans aucuns frais, en présence des syndic et adjoints, qui en feront mention sur les lettres de maîtrise.—(Abrogé, V. p. 9).

48. — Ceux qui auront été reçus maîtres à Paris pourront aller demeurer et exercer la librairie en toutes les villes et autres lieux du royaume, sans être par ce tenus de faire apprentissage et nouveau serment auxdits lieux; mais seulement de faire apparoir de leurs lettres de maîtrise et réception, et de faire enregistrer lesdites lettres au greffe de la justice ordinaire du lieu où ils iront demeurer.— (Abrogé, V. p. 9).

49. — Sa Majesté étant informée que l'art de l'imprimerie, qui mérite une attention principale par rapport à l'ordre public, à l'intérêt de la religion et au bien de son service. est tombé depuis plusieurs années dans un dépérissement considérable, et même dans une licence très-préjudiciable par la faiblesse ou l'avidité du gain de quelques-uns de ceux qui exercent cette profession, et l'exécution des règlements ci-devant faits sur cette matière, elle veut et ordonne qu'à l'avenir lesdits règlements, et notamment celui du mois d'août 1686, soient fidèlement exécutés en tous les articles auxquels il n'aura pas été dérogé par le présent règlement. — (Abrogé).

50. — Et, attendu que la préférence accordée par ledit règlement de 1686, aux fils et aux gendres des imprimeurs pour être reçus en leur place, n'a servi qu'à y admettre souvent des sujets faibles ou incapables, et en exclure ceux qui, par leur capacité et l'état de leur fortune, auraient mieux mérité cette préférence, ordonne Sa Majesté qu'à l'avenir les fils ou gendres des imprimeurs ne pourront prétendre de droit aucune préférence avec d'autres sujets capables, si ce n'est dans le cas d'un mérite égal, et de la vacance de la place de leur père ou beau-père, auquel cas la preuve du mérite égal sera établie par un procès-verbal dressé en présence dudit sieur lieutenant-général de police, par les syndic et adjoints et les examinateurs (V. L. 21 oct. 1815, art. 11). — (Abrogé, V. p. 9).

51. — Veut Sa Majesté que l'aspirant à l'imprimerie, qui se trouvera par l'examen avoir toutes les qualités ci-dessus requises, soit tenu d'avoir une imprimerie composée de quatre presses au moins, et de neuf sortes des caractères romains avec leurs italiques, depuis le *gros-canon* jusqu'au *petit-texte* inclusivement; desquels caractères les fontes seront neuves et de la quantité qui suit, savoir : les *gros-romain, saint-augustin* et *cicéro*, de quantité suffisante pour faire au moins trois feuilles chacun; le *petit-romain* deux feuilles, et les autres à proportion de l'usage dont elles sont : desquelles presses et fontes les syndic et adjoints dresseront leur procès-verbal, qu'ils remettront entre les mains du lieutenant-général de police avec celui de l'examen et épreuve, pour sur iceux être procédé par-devant lui à la prestation de serment; et jusqu'à ce les vis des presses seront déposées en la chambre syndicale de la communauté (V. décr. 5 fév. 1810, art. 6). — (Abrogé, V. p. 9).

52. — Défend à tous imprimeurs, sous peine de confiscation au profit de ladite communauté, et de déchéance de la maîtrise, de prêter aux aspirants à l'exercice de l'imprimerie aucunes presses, casses, ni fontes; veut à cet effet que tous les imprimeurs soient tenus de faire graver leurs noms sur lesdites presses et casses, et enjoint aux syndic et adjoints d'y tenir la main; défend pareillement aux aspirants, à peine d'être déchus de toute espérance de parvenir à la maîtrise, d'emprunter aucunes presses, casses ni fontes pour former leur établissement.—(Abrogé).

53. — Veut Sa Majesté que les imprimeurs déjà

reçus, dont les imprimeries ne sont pas complètes, aient à conformer leur imprimerie à la police établie dans l'art. 51 ci-dessus; en conséquence, enjoint aux syndic et adjoints de faire une visite générale de toutes les imprimeries, trois mois ou plus tard après la publication du présent règlement, et d'en dresser un procès-verbal qui contienne exactement tout ce qui se trouvera, y manquer des presses, fontes, caractères et ustensiles nécessaires et prescrits, lequel procès-verbal ils remettront au lieutenant-général de police; et seront tenus les propriétaires des imprimeries qui se trouveront défectueuses de se défaire de leurs imprimeries, si dans le cours de deux années ils ne se sont conformés à ladite police (V. les art. 55 et 87, et la note de l'article précédent). — (Abrogé).

54. — Et enfin que les imprimeries qui se trouveront complètes et en bon état lors de ladite visite générale, et celles qui se formeront dans la suite, se maintiennent toujours conformes au présent règlement; les syndic et adjoints seront tenus de faire tous les trois mois la visite des imprimeries en la manière prescrite ci-après par les art. 85 et 87, et la note de l'art. 52. — (Abrogé).

TITRE VII. — DES VEUVES DES LIBRAIRES ET DES VEUVES DES IMPRIMEURS.

55. — Les veuves des imprimeurs et celles des libraires pourront continuer le travail dans leurs imprimeries, et tenir leurs boutiques de librairie, avoir des compagnons, et faire achever aux apprentis de leurs maris défunts le temps de l'apprentissage, sans pouvoir prendre de nouveaux apprentis; mais ne pourront lesdites veuves continuer l'exercice dudit art d'imprimerie, qu'à la charge et condition d'avoir le nombre des presses en caractères fixé par le présent règlement, à peine de déchéance de leur droit; et au cas qu'elles se remarient, elle ne pourront tenir boutique de librairie ni imprimerie, si leurs seconds maris, ayant les qualités requises, n'ont été reçus maîtres dans ladite communauté (V. les art. 53 et 87, et V. p. 9).

TITRE VIII. — DES CORRECTEURS.

56. — Les imprimeurs qui ne pourront eux-mêmes vaquer à la correction de leurs ouvrages se serviront de correcteurs capables, lesquels seront tenus de bien et soigneusement corriger les livres, et de rendre, aux heures accoutumées, les épreuves corrigées; en sorte que si, par leur faute, il y avait nécessité de réimprimer les feuilles qui leur auront été données pour corriger, elles seront réimprimées aux dépens desdits correcteurs. — (Abrogé).

TITRE IX. — DES FONDEURS DE CARACTÈRES D'IMPRIMERIE.

57. — Toutes personnes pourront exercer l'art et profession de fondeurs de caractères et lettres d'imprimerie; et ce faisant seront réputés du corps de la communauté des libraires et imprimeurs, pour jouir des mêmes immunités, franchises, exceptions et privilèges qui ont été attribués auxdits libraires et imprimeurs par les trois premiers articles du présent règlement. — (Abrogé).

58. — Seront lesdits fondeurs tenus avant que de faire ladite profession, de se présenter aux syndic et adjoints, de se faire inscrire sur le registre de la communauté en qualité de fondeurs de caractères; ce qui sera fait sans aucun frais. Ne pourra néanmoins ladite inscription donner auxdits fondeurs aucun droit d'exercer la librairie ou imprimerie, s'ils n'ont été reçus libraires ou imprimeurs dans ladite communauté. Seront pareillement tenus lesdits fondeurs de faire leur résidence et de travailler dans le quartier de l'Université, désigné dans l'art. 12. — (Abrogé).

59. — Veut Sa Majesté que six mois après la publication du présent règlement, tous les caractères, vignettes, réglets et autres ornements de fonte, servant à l'imprimerie, depuis le *gros-canon* jusqu'à la *nompareille*, tant gros œil qu'ordinaire, soient fondus d'une même hauteur en papier, fixée à dix lignes et demie géométriques, et que le *gros* et *petits canons*, tous les *gros* et *petits-parangons*, les *gros-romains*, les *saint-augustins*, les *cicéros*, les *petits-romains*, les *petits textes* et les *nompareilles*, tant romains qu'italiques, de toutes les fonderies, se rapportant pour la susdite hauteur de dix lignes et demie, et chacun en particulier pour le corps qui lui est propre, en sorte que le petit-canon porte deux saint-augustins; le gros-parangon, un cicéro et un petit-romain; le petit-parangon, deux petits-romains; le gros-romain, un petit-romain et un petit-texte; le saint-augustin, un petit-texte et une nompareille; et le cicéro, deux nompareilles; tous lesquels caractères seront à l'avenir conformes pour lesdites hauteurs et corps à la lettre (m) de chaque corps de fonte, de laquelle lettre (m) sera déposé nombre suffisant en la chambre syndicale, dont les syndic et adjoints en délivreront aux fondeurs trente de chaque corps pour servir de modèle; et les fondeurs rapporteront en ladite chambre après la justification de leurs moules, le même nombre de ladite lettre (m) du bas de casse de leurs frappes, afin que la justesse de chaque corps soit plus parfaitement vérifiée; à peine contre lesdits fondeurs de 50 liv. d'amende et de confiscation des fontes, vignettes et autres ornements qui ne se trouveront pas conformes. — (Abrogé).

60. — Les caractères d'imprimerie, et tous les ornements de fonte en dépendant, seront faits de bonnes matières fortes et cassantes. Les fondeurs à qui les imprimeurs fourniront de vieilles matières seront tenus de les renforcer, en sorte qu'elles soient de même fortes et cassantes. Toutes les lettres en particulier seront fendues droites et d'equerre en tous sens, d'une égale hauteur, bien en ligne, sans penchement ni renversement, ni fortes en pied, ni fortes en tête; coupées de manière que les deux extrémités du pied de la lettre contiennent ensemble la moitié du corps, bien ébarbées, douces au frotter et au ratisser, d'un cran apparent, bien marqué et à l'ordinaire, qu'on appelle cran dessous. — Elles seront aussi d'une égale distance pour l'épaisseur des corps ordinaires, en sorte que trois (i) ou trois (l), ou une (h) ou une (n) jointe à un (i) ou à un (l), fassent l'épaisseur d'un (m), et les autres lettres à proportion; le tout sous les peines portées par l'article précédent. — (Abrogé).

61. — N'entend Sa Majesté empêcher les fondeurs de mettre leurs frappes sur d'autres corps qu'on appelle *philosophie*, *gaillarde*, *mignonne*, et autres interrompus et plus rapprochés en corps et en épaisseur que les corps ordinaires, en observant, néanmoins, toujours la même hauteur en papier, fixée à dix lignes et demie, excepté seulement les fontes pour imprimer en rouge, qui pourront être d'un tiers de ligne ou environ plus hautes que les autres; et pour distinguer plus particulièrement lesdites fontes hautes et de corps interrompus des corps ordinaires, lesdits fondeurs seront tenus d'y mettre le cran dessus, à peine d'amende arbitraire. — (Abrogé).

62. — Attendu le petit nombre desdits fondeurs qui se trouvent présentement dans la ville de Paris, veut Sa Majesté qu'ils soient tenus de travailler pour les imprimeurs de ladite ville par préférence à ceux des provinces. Et ne pourront lesdits fondeurs fournir ni envoyer aucunes fontes ni aucuns caractères hors ladite ville de Paris, qu'après les avoir déclarés avant l'envoi sur le registre de la communauté, qui fera mention de la qualité, poids et quantité des fontes et caractères, comme aussi des noms et lieux de la résidence des imprimeurs pour qui elles seront destinées; le tout à peine de confiscation des fontes et caractères. — (Abrogé, V. décret du 22 mars 1852, art. 4, p. 126).

63. — Permet, néanmoins, auxdits fondeurs, pendant deux années, à compter du jour des présentes, de fondre tous les assortiments dont les imprimeurs auront besoin pour les fontes qui leur ont été fournies ci-devant par lesdits fondeurs; lesquels, après ledit temps passé, n'y pourront être obligés sous quel prétexte que ce puisse être, à peine de 50 liv. d'amende, tant contre lesdits fondeurs, que contre les imprimeurs qui en auraient fait faire après l'expiration desdites deux années. — (Abrogé).

64. — Et afin que toutes les fontes se trouvent de la hauteur prescrite par l'art. 59, ordonne Sa Majesté que celles qui viendront des pays étrangers et des provinces soient portées directement par les voitures à la douane, et ensuite à la chambre syndicale, pour y être visitées par les syndic et adjoints, et être vérifié si elles sont fondues sur ladite hauteur; et au cas qu'elles ne se trouvent pas conformes, elles seront pour la première fois renvoyées sur les lieux, à la diligence des syndic et adjoints, aux frais de qui il appartiendra; et en cas de récidive, elles seront refondues et la matière confisquée au profit de la communauté. — (Abrogé).

65. — Comme il est important au bien et la tranquilité de l'État, qu'aucune personne autre que ceux ayant droit de tenir imprimerie, n'ait en sa possession des caractères qui puissent y servir, ordonne Sa Majesté que les fondeurs ne pourront, à peine de 500 liv. d'amende et de punition exemplaire, délivrer leurs fontes qu'aux imprimeurs ou à leurs veuves en exercice; et à l'égard de celles qui seront envoyées dans les provinces et dans les pays étrangers, elles seront déclarées par les fondeurs ou imprimeurs qui les enverront, sur le livre de la communauté, et conduites au lieu de leur destination sous acquit à caution, qui sera rapporté aux syndic et adjoints après qu'il aura été déchargé sur lieux, à peine de pareille amende de 500 liv, contre lesdits fondeurs ou imprimeurs. — (Abrogé).

66. — Pourront, ceux qui exerceront ledit art, prendre et avoir telles personnes qu'ils voudront dans leurs fonderies, pour être élèves et devenir ouvriers, à condition d'en faire aux syndic et adjoints leur déclaration qui sera inscrite sans frais sur un registre particulier. Défend aux autres ouvriers fondeurs de les empêcher, troubler, ni molester dans leur travail sous quelque prétexte que ce soit, à peine de punition exemplaire (V. l'article ci-après). — (Abrogé).

67. — Seront, lesdits ouvriers fondeurs, tenus d'achever les fontes par eux commencées, et sur lesquelles ils auront travaillé; et lorsqu'ils voudront quitter leurs maîtres, ils ne le pourront faire qu'en les avertissant un mois avant que les fontes par eux commencées soient achevées. Veut, au surplus, que les articles ci-devant établis pour la police et discipline des compagnons et ouvriers imprimeurs aient lieu à l'égard desdits ouvriers fondeurs, et soient par eux observés sous les peines y exprimées (V. l'art. 31). — (Abrogé).

68. — Ne pourront, lesdits fondeurs, leurs veuves et héritiers, vendre, céder ou transporter leurs poinçons, frappes et matrices, en tout ou en partie, à d'autres qu'aux imprimeurs, aux libraires, ou aux fondeurs, et seront tenus d'en donner la préférence à ceux de Paris, et d'en faire leurs déclarations sur le registre de la communauté, à peine de confiscation et d'amende; leur défend, Sa Majesté, de les vendre pour être transportés dans les pays étrangers sous quelque prétexte que ce soit, à peine d'amende arbitraire, de confiscation et de plus grande peine, s'il y échoit. — (Abrogé).

TITRE X. — DES COLPORTEURS ET DES AFFICHEURS.

69. — Aucun ne pourra faire le métier de colporteur, s'il ne sait lire et écrire, et qu'après avoir été présenté, par les syndic et adjoints de libraires et imprimeurs, au lieutenant général de police, et par lui reçu sur les conclusions du procureur de Sa Majesté au Châtelet, ce qui sera fait sans frais. — (Abrogé, V. p. 64).

70. — Les maîtres imprimeurs, libraires, fondeurs de caractères ou relieurs, leurs fils, compagnons et apprentis qui, par pauvreté, infirmité d'âge ou de maladie, ne pourront exercer leurs professions, seront préférés à tous autres pour être colporteurs. Tous les colporteurs seront tenus, trois jours après qu'ils auront été reçus, de faire enregistrer leurs noms et leurs demeures dans le livre de la communauté, avec soumission d'y venir déclarer les maisons où ils iront loger, dans le cas de changement de domicile; et ils feront pareille déclaration aux commissaires des quartiers où ils demeureront; à peine d'interdiction et de 50 livres d'amende (V. arrêt du conseil des 13 sept.-29 oct. 1722). — (Abrogé, V. p. 64).

71. — Le nombre des colporteurs demeurera réduit et fixé à cent vingt, dont les huit premiers plus anciens reçus auront leurs départements dans les cours et salles du palais, où les autres ne pourront aller vendre que par succession et en la place de ceux qui seront décédés; mais il leur sera permis de vendre par la ville et les faubourgs, et les lieux qu'ils trouveront les plus avantageux pour le débit; sans qu'au surplus ni les uns ni les autres puissent avoir aucuns imprimés ailleurs que dans leurs maisons; le tout à peine d'interdiction, de 50 livres d'amende, et de prison (V. l'art. 73). — (Abrogé, V. p. 64).

72. — Fait, Sa Majesté, défenses auxdits colporteurs de colporter, vendre et débiter aucuns livres, factums, mémoires, feuilles ou libelles sur quelque matière ou de quelque volume que ce soit, à l'exception des édits, déclarations, ordonnances, arrêts ou autres mandements de justice, dont la publication aura été ordonnée, des almanachs et des tarifs, comme aussi des petits livres qui ne passeront huit feuilles, brochés et reliés à la corde, imprimés avec privilège ou permission par les seuls imprimeurs de Paris, avec le nom du libraire; le tout à peine de prison, de confiscation et de punition corporelle, selon l'exigence des cas. — (Abrogé, V. p. 64).

73. — Ne pourront, lesdits colporteurs, tenir boutique ou magasin, ni faire imprimer aucune chose en leur nom ou pour leur compte (V. L.

21 oct. 1814, art. 11, n. 37). — (Abrogé, V. p. 64).

74. — Seront tenus iceux colporteurs de porter une marque ou écusson de cuivre au-devant de leurs habits, où sera écrit *colporteur*, et chacun d'eux aura une malle, dans laquelle ils porteront les imprimés qu'ils exposeront en vente, tels qu'ils sont ci-dessus énoncés, et qu'il leur est permis de colporter, vendre et débiter ; le tout à peine d'amende, de prison, de confiscation et de punition exemplaire. Fait défenses à toutes personnes sans exception, qui ne seront du nombre des cent vingt colporteurs, de colporter, exposer en vente, crier par les rues, et débiter en particulier dans cette ville et fauhourgs de Paris, en aucune manière, ni sous quelque prétexte que ce soit, aucuns écrits, livres ou livrets, ou autres imprimés, à peine de prison et de punition corporelle. — (Abrogé, V. p. 64).

TITRE XI. — DES LIBRAIRES FORAINS.

75. — Les libraires forains ne pourront tenir boutique, magasin ou imprimerie, ni faire afficher leurs livres en la ville de Paris, par le moyen des facteurs, commissionnaires ou autres personnes qu'ils pourraient interposer. Défend, Sa Majesté, à tous libraires, imprimeurs et relieurs de cette ville de Paris et à tous autres, de faire aucune facture pour les libraires demeurant dans les autres villes du royaume ou étrangères ; et ne pourront, lesdits marchands forains, séjourner, pour la distribution de leurs livres, plus de trois semaines, depuis le jour de l'ouverture et visite de leurs balles, à peine de confiscation des marchandises qui se trouveront après ledit temps expiré et d'amende arbitraire. — (Abrogé).

76. — Et pour remédier aux abus qui se commettent dans le commerce des livres apportés à Paris par les libraires étrangers ou par ceux des provinces, veut, Sa Majesté. que lesdits libraires forains aient leurs marchandises de livres dans le quartier de l'Université exprimé dans l'art 12 et non ailleurs ; qu'ils déclarent aux syndic et adjoints les lieux où ils les tiendront ; et qu'ils ne puissent faire échange ou vente de leurs livres qu'aux libraires de ladite ville de Paris et non à autres ; le tout à peine de confiscation et d'amende. — (Abrogé).

77. — Aucuns libraires de ladite ville de Paris, des provinces de ce royaume, étrangers, ni autres, ne pourront tenir boutique ou magasins de livres aux foires de Saint-Germain et de Saint-Laurent et autres foires, ni vendre, exposer ou débiter ès-dits lieux aucuns livres ou livrets, à peine de confiscation et de punition exemplaire ; et en cas de contravention, les syndic et adjoints seront tenus de les faire saisir et enlever. — (Abrogé).

TITRE XII. — DES SYNDIC ET ADJOINTS ET DES ADMINISTRATEURS DE CONFRÉRIE.

78. — Il sera procédé, suivant l'usage, le 8 mai de chaque année, à l'élection de deux adjoints, en la place de ceux qui, après deux années de service et fonction dans ladite charge, en devront sortir ; et sera audit jour, procédé, de deux ans en deux ans, à l'élection d'un syndic qui sera pris dans le nombre des anciens adjoints, à condition, néanmoins, qu'alternativement il sera élu pour syndic un desdits adjoints libraire ou libraire imprimeur, ou que du moins le syndicat ne pourra être rempli que deux fois de suite par des sujets pris dans le nombre des dits anciens adjoints libraires, ou desdits anciens adjoints libraires-imprimeurs ; et lorsque le syndic sera libraire-imprimeur, il n'y aura qu'un adjoint exerçant l'imprimerie en charge, en sorte que des cinq officiers qui composent le bureau, il y ait toujours deux libraires exerçant l'imprimerie. — (Abrogé).

79. — Seront lesdites élections faites dans la chambre de la communauté, en présence du lieutenant-général de police ou du procureur de Sa Majesté au Châtelet, à la pluralité des voix, par les syndic et adjoints en charge, les anciens syndics et adjoints et seize mandés qui n'auront point été dans les charges, dont huit exerçant l'imprimerie, lesquels mandés seront nommés par les officiers et par les anciens. Les syndic et adjoints nouvellement élus prêteront le serment à l'instant de bien et fidèlement se comporter en leurs charges, de quoi il leur sera donné acte sans frais. — (Abrogé).

80. — Lorsqu'il sera nécessaire d'assembler ladite communauté, pour délibérer sur les affaires extraordinaires, les syndic et adjoints appelleront auxdites assemblées les anciens syndics et adjoints, et pareil nombre de seize mandés, dont huit exerçant l'imprimerie, qui seront pareillement nommés par les officiers en charge et par les anciens, et qui représenteront toute la communauté : lesdits mandés seront tenus de se rendre auxdites assemblées convoquées pour lesdites élections ou affaires extraordinaires, à peine de 12 liv. applicables au profit des pauvres de ladite communauté. — (Abrogé).

81. — Les anciens syndics et adjoints garderont entre eux, dans les assemblées de la communauté, leur rang, séance, et voix délibérative, suivant l'ordre de leurs élections ; bien entendu que les syndics auront toujours la préséance sur les adjoints, et les adjoints sur ceux qui n'ont point été dans les charges. — (Abrogé).

82. — Sera la confrérie administrée par les deux adjoints derniers en charge, dont le plus ancien de réception sera le premier et aura l'administration des deniers d'icelle confrérie. Il leur sera payé annuellement par chacun maître et veuve 30 sols au jour de Saint-Jean-Porte-Latine, et 24 liv. une fois payées par chacun des maîtres qui seront reçus. Seront lesdits deux adjoints tenus de rendre compte de leur administration par-devant les syndic et adjoints en charge, et les anciens syndics et adjoints, trois mois après leur dite administration finie. — (Abrogé).

83. — Le syndic rendra compte de la recette et administration des deniers et effets de la communauté, en présence de ladite communauté assemblée en la manière prescrite ci-dessus, art. 80, dans trois mois au plus tard, du jour qu'il sera sorti de charge, à peine d'être exclu, d'avoir aucun rang ni voix délibérative dans les assemblées de ladite communauté ; et ledit compte, après avoir été examiné tant par les syndic et adjoints en charge, que par les anciens syndics et adjoints, sera ensuite rapporté dans la communauté assemblée, par un ancien syndic ou adjoint, que les syndic et adjoints en charge nommeront pour cet effet. — (Abrogé).

84. — Enjoint aux imprimeurs, libraires, fondeurs, relieurs, doreurs, compagnons, ouvriers, apprentis, colporteurs et autres, de porter honneur aux syndic et adjoints, et de leur obéir en faisant leurs charges ; leur défend de les injurier, leur méfaire ou médire, à peine de 50 liv. d'amende, et de punition exemplaire, si le cas le requiert. — (Abrogé).

TITRE XIII. — DE LA VISITE DES IMPRIMERIES ET LIBRAIRIES, ET CELLES DES LIVRES VENANT DE DEHORS EN LA CHAMBRE SYNDICALE.

85. — Les syndic et adjoints pourront faire leur visite toutes et quantes fois qu'ils le trouveront nécessaire, dans tous les lieux où seront les imprimeries, boutiques ou magasins des libraires, et fonderies, même dans les collèges, maisons religieuses, et autres endroits prétendus privilégiés. Enjoint aux supérieurs, principaux et autres, d'ouvrir leurs portes, et de souffrir ladite visite, à peine de désobéissance. Seront tenus lesdits syndic et adjoints de faire une fois au moins tous les trois mois la visite générale des imprimeries, et de dresser un procès-verbal des ouvrages qui s'imprimeront, des apprentis, compagnons et ouvriers ; du nombre des presses et de la qualité et quantité des caractères de chaque maître imprimeur ; et des malversations, si aucunes y a : lequel procès-verbal ils remettront entre les mains du lieutenant-général de police, pour y être par lui pourvu. Enjoint aux imprimeurs de tenir leurs imprimeries ouvertes, ou seulement fermées d'un loquet pendant le temps du travail, à peine de 50 liv. d'amende, payable un tiers par le directeur ou conducteur de l'imprimerie, et le surplus par les compagnons, apprentis et ouvriers. Et, pour subvenir aux besoins de la communauté, sera payé 30 sols par chacun maître et par chaque veuve de maître, pour le droit de chacune des quatres visites que lesdits syndic et adjoints seront tenus de faire par chacun an chez tous les maîtres et veuves de ladite communauté ; et ce conformément à la déclaration du 11 septembre 1705, jusqu'à ce qu'il en ait été par Sa Majesté autrement ordonné (V. l'art. 15 ci-devant, et l'art. 86 pour les visites du palais). — (Abrogé).

86. — Au cas que lors des visites qui seront faites chez les libraires et imprimeurs, ou dans les magasins étant dans les collèges, ou autres lieux prétendus privilégiés, il soit fait refus d'ouvrir les portes, il en sera par les syndic et adjoints dressé procès-verbal, qu'ils référeront au lieutenant-général de police, à l'effet d'obtenir main-forte, et même permission de faire procéder par bris et rupture des portes, en se conformant à l'ordonnance ; ce qui sera exécuté aux frais et dépens des principaux et supérieurs des collèges et maisons privilégiées, qui seront contraints au paiement par saisie, tant de leurs biens personnels que de revenu desdites maisons et collèges. — (Abrogé).

87. — S'il ne se trouve dans quelqu'une desdites imprimeries le nombre des presses et caractères ci-devant prescrit, les syndic et les adjoints en dresseront un procès-verbal particulier, qu'ils remettront au plus tard dans trois jours au lieutenant-général de police, pour y être par lui pourvu immédiatement dans l'audience suivante (V. les art. 41, 43 et 44 ; décr. 5 fév. 1810, art. 6, et ord. 24 oct. 1814, art. 7). — (Abrogé).

88. — Les syndic et adjoints, en faisant leurs visites, tiendront la main à ce qu'il ne soit employé à l'impression aucuns mauvais caractères, ni aucun papier de mauvaise qualité ; et en cas qu'ils en trouvent, ils seront tenus de les saisir, et de les faire transporter en la chambre de la communauté : ils veilleront pareillement à ce que les apprentis, tant imprimeurs que libraires, soient en exercice actuel chez leurs maîtres (V. les art. 9 et 25). — (Abrogé).

89. — Tous les libraires, ou autres personnes de quelque qualité et condition qu'elles soient sans aucune exception, qui feront venir à Paris des livres imprimés dans le royaume, ou dans les pays étrangers, ou des estampes, seront tenus de les faire apporter dans la chambre syndicale de la communauté au même état qu'ils seront arrivés ; et ne pourront les retirer de la douane, des voituriers par terre ou par eau, et des messagers, sans un billet du syndic ou de deux de ses adjoints. Seront pareillement tenus les marchands merciers, grossiers, qui vendent des alphabets, almanachs, heures et petits livres de prières imprimés hors de cette ville de Paris, de faire apporter leurs balles ou paquets desdits livres en ladite chambre, pour y être visités, à peine de confiscation et d'amende. Veut Sa Majesté que trois au moins desdits syndic et adjoints se transportent en ladite chambre pour ladite visite tous les mardis et vendredis de chaque semaine, deux heures de relevée, et retiennent par-devers eux les factures des livres contenus dans lesdites balles, caisses et paquets, lesquelles factures leur seront préalablement remises, signées de ceux qui retireront lesdites balles, et qui en donneront leur reçu sur le registre desdites visites, et où il se trouverait des livres ou estampes contraires à la religion, au bien et au repos de l'État, et à la pureté des mœurs, ou libelles diffamatoires contre l'honneur et la réputation de quelques-uns des sujets de Sa Majesté, ou imprimés dans le royaume sans privilège ni permission, et sans nom de libraire et de la ville où ils auront été imprimés, ou contrefaits sur ceux imprimés, avec privilège, ou continuation de privilège ; les syndic et adjoints arrêteront tous lesdits livres et estampes, ensemble ceux qui y seront joints, et les marchandises, s'il y en a, qui auront servi de couverture ou de prétexte pour faire passer lesdits livres ; desquels dits livres et estampes ainsi saisis et arrêtés, ils tiendront un registre particulier (V. l'art. 90, à la fin, au sujet de la confiscation des autres marchandises). — (Abrogé).

90. — Défend Sa Majesté à tous maîtres et conducteurs de carrosses, coches et messagers, charretiers. rouliers et autres voituriers, tant par eau que par terre, qui amèneront en cette ville de Paris des balles, ballots ou paquets de livres ou estampes, gros et petits, et des fontes et caractères servant à l'imprimerie, comme aussi à leurs facteurs, de les délivrer à leurs adresses, et même de les décharger aux environs de Paris ou ailleurs. Défend pareillement à toutes personnes, de quelque qualité et condition qu'elles soient, de recevoir ni souffrir qu'il soit envoyé dans leurs maisons aucuns livres, estampes, ni caractères d'imprimerie par entrepôt ni autrement. Veut qu'ils soient, ou conduits directement à la douane, ou délivrés sur le billet du syndic ou de deux de ses adjoints, pour être portés en la chambre de la communauté desdits libraires et imprimeurs, afin d'y être visités, ainsi qu'il est dit ci-dessus, à peine contre les contrevenants de confiscation de leurs bateaux, coches, carrosses, harnais et chevaux, de mille liv. d'amende, et de répondre en leurs propres et privés noms, tant des abus qui en pourront arriver, que de tous dépens, dommages et intérêts envers les libraires, même de punition exemplaire en cas de récidive. Ordonne et enjoint à tous directeurs, contrôleurs, commis et gardes des bureaux d'entrées et barrières de la ville et banlieue de Paris, de tenir la main à ce que les balles, ballots ou paquets de livres et estampes, et de fontes ou caractères d'imprimerie, soient sûrement conduits à la douane, et où il se trouverait des balles ou paquets de livres, estampes, ou caractères d'imprimerie, qui n'auraient pas été déclarés par les conducteurs des voitures, ou passants en fraude par des lieux détournés, veut que lesdites voitures soient arrêtées, dont il sera aussitôt donné avis aux syndic et adjoints des libraires et imprimeurs, qui feront transporter lesdits balles ou paquets de livres, estampes ou caractères en ladite chambre syndicale, et s'en chargeront sur le procès-verbal desdits officiers et commis. Fait pareillement défenses à tous libraires, imprimeurs, fondeurs, et autres personnes de recevoir aucuns livres, estampes, ou caractères d'imprimerie, quand même ils se trouveraient mêlés avec d'autres marchandises, s'ils n'ont été préalablement visités dans ladite chambre, à peine de confiscation, tant des livres, estampes et caractères de quelque nature qu'ils soient, que des autres marchandises qui s'y trouveront jointes, de 3,000 livres d'amende et de tous dépens, dommages et intérêts (V. l'art. 89 ci-devant). — (Abrogé).

94. — Défend aux inspecteurs et préposés au bureau de la douane de la ville de Paris, ensemble aux commis employés aux ports et barrières, maîtres des coches, carrosses, messageries et tous autres, de délivrer aucunes balles, ballots, caisses ou paquets de livres ou estampes à aucunes personnes de quelque qualité et condition, et sous quelque prétexte que ce soit, et ce nonobstant tous arrêts, ordres ou permissions à ce contraires, auxquels Sa Majesté a dérogé et déroge à cet égard, même en l'art. 6 de l'arrêt du conseil du 11 octobre 1720, portant règlement pour la bibliothèque de Sa Majesté, le tout à peine, contre les contrevenants, d'en répondre en leur propre et privés noms, de 500 livres d'amende, et d'être déchus et privés de leurs emplois ou priviléges. — (Abrogé).

92. — Défend Sa Majesté à tous syndic et adjoints, gardes et autres officiers des communautés des libraires et imprimeurs des villes des provinces du royaume, ensemble à tous directeurs commis, gardes, inspecteurs et autres employés dans les douanes, romaines et bureaux, d'ouvrir ni visiter aucunes balles, ballots, caisses ou paquets de livres, d'estampes ou de caractères d'imprimerie, venant des pays étrangers ou des provinces du royaume en la ville de Paris, et de les arrêter dans leurs routes ; ainsi leur enjoint de les laisser passer avec acquits-à-caution jusqu'au lieu de leur destination ; à l'effet de quoi les voituriers qui seront chargés des balles ou paquets de livres, d'estampes ou de caractères d'imprimerie, seront tenus de prendre ledit acquit-à-caution, savoir : pour les livres, estampes et caractères venant des pays étrangers, dans les premiers bureaux d'entrée du royaume, et pour ceux venant des provinces du royaume, dans le bureau du lieu d'où l'envoi sera fait, ou, s'il n'y en avait point, dans le plus prochain par où ils passeront ; dans lequel bureau lesdits ballots ou paquets seront plombés par les commis des fermes de Sa Majesté, et les voituriers y feront sur les registres des acquits-à-caution leurs soumissions par lesquelles ils s'obligeront ou feront pour eux obliger personnes solvables, de représenter au bureau de la douane de la ville de Paris lesdits ballots ou paquets plombés, et de rapporter au plus tard dans deux mois un certificat qui sera écrit au dos dudit acquit-à-caution, portant que lesdits ballots ou paquets y ont été représentés et remis ès-mains des syndic et adjoints de ladite ville, qui mettront pareillement sur lesdits acquits-à-caution leur certificat que lesdites balles, ballots ou paquets ont été portés en leur chambre syndicale. Veut que tous les livres et livrets qui viendront des pays étrangers ne puissent entrer dans le royaume que par les villes de Paris, Rouen, Nantes, Bordeaux, Marseille, Lyon, Strasbourg, Metz, Amiens et Lille. Fait défenses à toutes sortes de personnes de les traduire par aucune autre ville ni par aucun autre bureau ou passage, à peine de confiscation. — (Abrogé).

93. — Les syndic et adjoints, lorsqu'ils en seront requis, délivreront leur certificat de l'état auquel ils auront trouvé les livres ou estampes, lors de l'ouverture des balles, ballots, caisses ou paquets, pour servir à ceux qui auront fait venir lesdits livres ou estampes, contre les voituriers et messagers, en cas de dépérissement desdits livres ou estampes, par leur faute ou négligence. — (Abrogé).

94. — Les syndic et adjoints, en faisant la visite ordinaire des livres dans la chambre de la communauté, n'en pourront acheter ou faire acheter aucuns pour leur compte, ni mettre à part pour changer ; pourront néanmoins, vingt-quatre heures après ladite visite, acheter ou échanger pour leur compte lesdits livres visités, ainsi que les autres libraires. — (Abrogé).

95. — Les ballots ou paquets non réclamés et non retirés de la chambre syndicale, après un an du jour qu'ils auront été apportés en ladite chambre, seront

ouverts en conséquence d'une ordonnance du lieutenant-général de police, par les syndic et adjoints, en présence d'un commissaire qu'il commettra à cet effet, lequel dressera son procès-verbal, tant des livres que des autres effets qui s'y trouveront, pour, sur ledit procès-verbal, être statué par le lieutenant-général de police ainsi qu'il appartiendra. — (Abrogé).

96. — Les syndic et adjoints visiteront toutes et quantes fois qu'ils jugeront à propos, les boutiques, maisons et ouvroirs des doreurs et relieurs, de même que celles des libraires et des imprimeurs, et s'ils y trouvent des livres défendus ou contrefaits, ou imprimés dans le royaume sans permission ou privilége, ils les saisiront, et les feront transporter sur-le-champ en la chambre de la communauté, pour être ensuite procédé contre ceux qui s'en trouveront saisis, ainsi qu'il appartiendra. — (Abrogé).

97. — Les syndic et adjoints visiteront les tapissiers, dominotiers et imagers, à ce qu'ils n'aient à imprimer ni vendre aucuns placards ni peintures et images dissolus, et ne puissent avoir dans leurs maisons que des presses uniquement propres à imprimer des planches gravées en bois ou en cuivre. Défend auxdits tapissiers, dominotiers et imagers d'avoir par devers eux aucunes presses, ni aucuns caractères de fonte, propres à imprimer des livres. Veut que, quand ils voudront mettre au-dessous de leurs estampes et figures quelque explication imprimée et non gravée, ils aient recours aux imprimeurs, et que ladite explication ne puisse excéder le nombre de six lignes, ni passer jusqu'au revers desdites estampes et figures. Seront tenus lesdits tapissiers, dominotiers et imagers faire apporter en la chambre de la communauté des libraires et imprimeurs les marchandises de leurs arts, qu'ils feront venir des pays étrangers et des provinces du royaume, pour y être visitées par les syndics et adjoints ; le tout à peine de confiscation au profit de ladite communauté et d'amende arbitraire. Et afin que ceux qui feront profession de dominoterie et imagerie soient connus par lesdits syndic et adjoints, veut que tous lesdits tapissiers, dominotiers et imagers soient tenus de faire inscrire sans frais, sur le registre de la communauté, leurs noms et leurs demeures, à peine de 100 livres d'amende ; sans que ladite inscription puisse leur donner le droit de vendre aucun livre ou livret, ni d'exercer ladite profession d'imprimerie ou librairie, en quelque manière et sous quelque prétexte que ce soit, sous les peines portées par les précédents articles (V. art. 112). — (Abrogé, V. p. 58).

98. — Les marchandises de librairie qui seront saisies pour contravention, seront déposées en la chambre de la communauté des libraires et imprimeurs : le syndic et adjoints s'en chargeront par les procès-verbaux de saisies, pour les garder sans frais, jusqu'à ce qu'il ait été statué sur lesdites saisies, sans que les marchandises puissent être transportées ailleurs, ou laissées en la garde d'aucun autre gardien ou officier (V. déc. 5 fév. 1810, art. 46). — (Abrogé).

TITRE XIV. — DES LIBELLES DIFFAMATOIRES ET AUTRES LIVRES PROHIBÉS ET DÉFENDUS.

99. — Ceux qui imprimeront ou feront imprimer, vendront, exposeront, distribueront ou colporteront des livres ou libelles contre la religion, le service du roi, le bien de l'État, la pureté des mœurs, l'honneur et la réputation des familles et des particuliers, seront punis suivant la rigueur des ordonnances. Et à l'égard des imprimeurs, libraires, relieurs ou colporteurs, ils seront en outre privés et déchus de leur priviléges et immunités, et déclarés incapables d'exercer leur profession, sans pouvoir y être jamais rétablis (V. L. 26 mai 1819, art. 24, et C. pén., art. 60). — (Abrogé, V. p. 19, 25, 69, 101).

100. — Les apprentis et compagnons ne pourront vendre et négocier aucuns livres pour leur compte particulier, à peine de confiscation des livres et de 500 livres d'amende pour la première fois ; et, en cas de récidive, d'être déclarés incapables de parvenir à la maîtrise, même de punition exemplaire (V. L. 21 oct. 1814, art. 11). — (Abrogé.)

TITRE XV. — DES PRIVILÉGES ET CONTINUATIONS D'ICEUX POUR L'IMPRESSION DES LIVRES.

101. — Aucuns libraires ou autres ne pourront faire imprimer ou réimprimer, dans toute l'étendue du royaume, aucuns livres, sans se avoir préalablement obtenu la permission par lettres scellées du grand sceau : lesquelles ne pourront être demandées ni expédiées, qu'après qu'il aura été remis au chan-

celier ou garde-des-sceaux de France une copie manuscrite ou imprimée du livre pour l'impression duquel lesdites lettres seront demandées (V. art. 105) — (Abrogé, V. p. 11, 13).

102. — Ne pourront pareillement lesdits libraires, ou autres, faire imprimer ou réimprimer aucuns livres, ni même des feuilles volantes ou fugitives, sans en avoir obtenu permission du lieutenant-général de police, et sans une approbation de personnes capables et choisies par lui pour l'examen ; et sous ledit nom de livre, ne pourront être compris que les ouvrages dont l'impression n'excédera pas la valeur de deux feuilles en caractère de cicéro (V. art. 105). — (Abrogé, V. p. 13).

103. — Aucuns livres ou livrets ne pourront être imprimés ou réimprimés sans y insérer au commencement ou à la fin des copies entières, tant des priviléges et permissions sur lesquelles ils auront été imprimés ou réimprimés, que de l'approbation de ceux qui les auront lus et examinés avant l'obtention desdits priviléges et permissions (V, art. 105, et l'arrêt du Conseil du 18 fév. 1715). — (Abrogé).

104. — Si les ouvrages, pour l'impression desquels on demande des priviléges et permissions, contiennent plusieurs traités, parties ou volumes, dont il n'y aura que les premiers d'achevés quand les permissions seront accordées, aucuns libraires, imprimeurs, ou autres ne pourront imprimer ou faire imprimer en vertu desdites permissions aucunes parties desdits ouvrages, avant que lesdites parties qui n'ont pas été examinées avant l'obtention desdites permissions aient été examinées et approuvées ; ce qui sera exécuté même à l'égard des préfaces, avertissements, épîtres dédicatoires, suppléments, tables et autres : les imprimés seront entièrement conformes aux exemplaires vus par les examinateurs, sans qu'on puisse rien changer, ajouter ou diminuer aux titres desdits livres ou livrets, dans les affiches ou placards qui en seront mis aux lieux accoutumés ; et pour cet effet les imprimeurs, libraires et autres, seront obligés, après l'impression achevée, de remettre ès-mains du garde-des-sceaux l'exemplaire manuscrit sur lequel elle aura été faite, ou un exemplaire parafé par l'examinateur (V. les art. 58 et 105). — (Abrogé).

105. — Les quatre articles ci-dessus seront ponctuellement exécutés, à peine, contre les contrevenants, de demeurer déchus de tous les droits portés par les permissions ou priviléges, et d'être procédé contre eux par confiscation d'exemplaires, amende, clôture de boutique, et autres plus grandes peines, s'il y échoit. — (Abrogé, V. p. 11).

106. — Lesdites lettres ou priviléges de permission seront, dans les trois mois du jour de leur obtention, enregistrées sur le registre de la communauté des imprimeurs et libraires de Paris, fidèlement, tout au long, sans interlignes, ni ratures, à peine de nullité d'icelles ; et aucun livre ne pourra sous la même peine être affiché ni exposé en vente, qu'après ledit enregistrement. Les cessions desdites lettres seront pareillement registrées sur le même registre, au plus tard trois mois après la date desdites cessions, et tout au long, à peine de nullité. Veut Sa Majesté que la même chose soit observée à l'égard des permissions accordées pour l'impression des livrets, avant qu'elle puisse avoir été commencée. Et sera ledit registre de la communauté des libraires et imprimeurs de Paris comuniqué à toutes personnes, pour y faire telles recherches et tels extraits que chacun avisera ; au moyen de quoi lesdites lettres seront censées avoir été suffisamment signifiées, nonobstant toutes dispositions à ce contraires, auxquelles Sa Majesté déroge expressément. — (Abrogé).

107. — Pourront les livres pour lesquels auront été obtenues lettres de privilége ou permission, être imprimés dans l'étendue du royaume. Défend Sa Majesté d'en faire imprimer aucun hors d'icelui, à peine de confiscation des exemplaires, et de 1,500 liv. applicables moitié au profit de l'Hôtel-Dieu, et l'autre moitié au profit de la communauté. — (Abrogé).

108. — Tous libraires, graveurs et autres personnes, qui obtiendront des priviléges ou permissions du grand sceau pour l'impression, réimpression ou gravure des livres, feuilles, estampes, seront tenus, avant que de les pouvoir afficher et exposer en vente, de remettre sans frais entre les mains des syndic et adjoints, cinq exemplaires brochés de chaque des livres, feuilles et estampes qu'ils auront imprimés ou fait imprimer en vertu desdites lettres de privilége ou permission : desquels cinq exemplaires lesdits syndic et adjoints seront tenus de se charger sur un registre particulier, et d'en donner un reçu, pour être par eux lesdits exemplaires remis huitaine après, savoir : deux au garde de la bibliothèque publique

de Sa Majesté, un au garde du cabinet du château du Louvre, un en la bibliothèque du garde des sceaux de France, et un à celui qui aura été choisi pour l'examen desdits livres, feuilles ou estampes ; comme aussi lesdits imprimeurs, libraires, graveurs ou autres, remettront sans frais entre les mains desdits syndic et adjoints des libraires et imprimeurs de Paris trois exemplaires brochés de toutes les impressions et réimpressions de livres, feuilles et estampes ; desquels exemplaires lesdits syndic et adjoints se chargeront pour être employés aux affaires et besoins de ladite communauté ; le tout à peine de nullité des lettres de privilége ou permission, de confiscation des exemplaires, et de 1,500 liv. d'amende. Enjoint auxdits syndic et adjoints d'y tenir la main, et de saisir tous les exemplaires des livres, feuilles et estampes qui seront mis en vente et affichés avant qu'il ait été satisfait à ce qui est ordonné par le présent article ; ce qui sera pareillement observé pour les livres et autres écrits imprimés avec permission des juges de police. — (Abrogé, V p. 17).

409. — Défend Sa Majesté à tous imprimeurs et libraires du royaume de contrefaire les livres, pour lesquels il aura été accordé des priviléges ou continuations de priviléges, et de vendre et débiter ceux qui seront contrefaits, sous les peines portées par lesdits priviléges ou continuations de priviléges, qui ne pourront être modérées ni diminuées par les juges ; et en cas de récidive, les contrevenants seront punis corporellement, et déchus de la maîtrise, sans qu'ils puissent directement ni indirectement s'entremettre du fait de l'imprimerie et du commerce de livres (V. L. du 19 juillet 1793, p. 13). — (Abrogé)

410. — Ne pourront lesdits libraires et imprimeurs, ni autres, demander aucun privilége pour l'impression des factums, mémoires, requêtes, placets, billets d'enterrements, pardons, indulgences, monitoires, et seront lesdits ouvrages différemment imprimés par les imprimeurs dont les particuliers voudront se servir. Pourront les imprimeurs et les libraires imprimer ou faire imprimer les pardons, indulgences et autres ouvrages propres à chaque diocèse sur les priviléges spéciaux qu'en auront obtenus les évêques (V. le décret du 11 juillet 1812, art. 2). — (Abrogé).

411. — Veut néanmoins Sa Majesté, que les factums, requêtes ou mémoires ne puissent être imprimés, si les copies qui seront remises entre les mains des imprimeurs ou libraires ne sont signées d'un avocat inscrit sur le tableau, ou d'un procureur.— Les arrêts de la Cour de parlement et de la Cour des aides de Paris ne pourront être imprimés sans permission particulière desdits Cours obtenue par arrêt sur requête présentée à cet effet, à peine, contre les contrevenants, de 200 liv. d'amende pour la première fois, et à l'egard des imprimeurs, en cas de récidive, d'être suspendus de leurs fonctions pendant trois mois, à l'exception néanmoins des arrêts de règlement, et de tous ceux qui concernent l'ordre et la discipline publique, qui doivent être imprimés par les soins des procureurs généraux de Sa Majesté ; comme aussi des arrêts d'ordre et d'homologation des contrats pour être signifiés aux parties (V. l'art. 9 ; arrêts du conseil des 9 mars 1723, 17 oct. 1740 et 18 mars 1774). — (Abrogé).

412. — Défend Sa Majesté à tous graveurs, imagers et dominotiers, d'imprimer ou faire imprimer, vendre et débiter aucunes cartes de géographie, et autres planches en explication étant au bas d'icelles, sans priviléges du grand sceau ou permissions du lieutenant-général de police, qui seront enregistrés sur le livre de la communauté des libraires et imprimeurs de Paris, ainsi qu'il est prescrit par l'art. 106 ci-dessus (V. l'art. 97, p. 13). — Abrogé.

TITRE XVI. — DES VENTES, INVENTAIRES ET PRISÉES DES BIBLIOTHÈQUES, DES IMPRIMERIES ET FONDS DE LIBRAIRIE.

413. — Défend Sa Majesté aux huissiers-priseurs de s'immiscer à faire aucune prisée ou description de livres : ordonne qu'elles seront faites par deux libraires, lorsqu'ils en seront requis par les héritiers, légataires ou autres parties intéressées, et sera l'inventaire ainsi fait par lesdits libraires, mis et annexé par les notaires à l'inventaire des autres meubles, dont il sera fait mention, par un seul article, dans la minute et dans la grosse de l'inventaire général des autres effets qui sera fait par lesdits notaires. Défend à tous les libraires de s'ingérer de faire lesdites descriptions et prisées autrement que dans la forme prescrite ci-dessus, à peine de 500 liv. d'amende, et d'interdiction pendant six mois. Enjoint aux syndic et adjoints d'y tenir la main, à peine d'en répondre en leurs propres et privés noms ; leur ordonne en outre d'envoyer chaque année aux syndics des notaires et des huissiers-priseurs la liste de ceux qui composent leur communauté, qui pourront seuls être appelés auxdites descriptions et prisées, sans préjudice néanmoins du jugement de l'instance qui est pendante au conseil entre l'université de Paris et la communauté de libraires : et sera payé à chacun desdits libraires qui seront appelés, 6 liv. par chacune vacation. — (Abrogé).

414. — Défend à toutes personnes de telles qualités et condition qu'elles soient, autres que les libraires compris dans ledit tableau, de s'immiscer à faire aucune description ou prisée de bibliothèques et cabinets de livres en quelque sorte et manière que ce soit, à peine de nullité desdites descriptions et prisées, et de 500 liv. d'amende ; et aux huissiers-priseurs de procéder à la vente des livres des personnes décédées, avant que la prisée en ait été faite par les libraires, à peine de nullité, d'interdiction et de pareille amende ; comme aussi aux notaires de recevoir aucunes prisées faites par les huissiers, ou autres personnes que les libraires dénommés dans ledit tableau, à peine de semblable amende. — (Abrogé).

415. — Ne pourront les ventes volontaires des bibliothèques ou cabinets de livres, sous quelque prétexte que ce soit, être faites par aucun particulier, publiquement, par affiches et en détail. — (Abrogé).

416. — Avant qu'il soit procédé à la vente des bibliothèques ou cabinets de livres qui auront appartenu à des personnes décédées, les syndic et adjoints seront appelés pour en faire la visite, et en donneront leur certificat, sur lequel il sera obtenu une permission du lieutenant-général de police, pour faire ladite vente; seront tenus lesdits syndic et adjoints, lors de ladite visite, de mettre à part et de faire un catalogue des livres défendus ou imprimés sans permission, qu'ils remettront au lieutenant-général de police, pour être envoyé au garde-des-sceaux, duquel catalogue ils laisseront aux parties intéressées un double signé d'eux, et se chargeront lesdites parties desdits livres contenus audit catalogue. Défend à tous libraires de faire l'achat desdites bibliothèques, s'il ne leur est apparu de certificat des syndic et adjoints, pour justifier que la visite en aura par eux été faite, à peine de 500 liv. d'amende et d'interdiction pendant six mois : dispense néanmoins de la formalité de ladite visite les bibliothèques ou cabinets de livres qui seront légués ou donnés, si ce n'est que les legs ou donations en aient été faits à la charge de vente. — Et sera le contenu au présent article exécuté, même dans les lieux privilégiés de la ville et faubourgs de Paris, et du ressort des justices particulières et seigneuriales, sans que, sous quelque prétexte que ce soit, aucunes ventes de livres puissent être faites par la permission d'autres juges que du lieutenant général de police (V. l'arrêt du conseil du 24 novembre 1742) — (Abrogé).

417. — Ladite visite sera faite par deux desdits syndic et adjoints, à chacun desquels il sera payé six livres. — (Abrogé).

418. — Les libraires qui auront acheté en compagnie une bibliothèque ou un cabinet de livres en feront transporter les livres ou manuscrits, après la visite ci-dessus ordonnée, et incontinent après l'achat, dans la chambre de la communauté, pour faire entre eux et en présence desdits syndic et adjoints, le partage desdits livres ; lequel temps de partage ne pourra excéder l'espace de huit jours, quelque nombreuse que soit la bibliothèque, et pendant le cours dudit temps, il n'en sera vendu aucun livre, sous quelque prétexte que ce soit. — (Abrogé).

419. — Les libraires qui auront acheté en compagnie des livres ne pourront les faire transporter dans aucune maison religieuse, aucun collége ni autres lieux prétendus priviléges, ou ailleurs qu'en la chambre de ladite communauté, à l'effet dudit partage, et dans aucun autre lieu que dans leurs maisons, après ledit partage fait, à peine de confiscation et de 1,500 liv. d'amende. — (Abrogé).

420. — Pourra néanmoins le libraire, qui achètera pour lui seul une bibliothèque ou cabinet de livres, en faire transporter les livres dans sa maison, pour les y vendre, et non ailleurs, après qu'ils auront été visités par les syndic et adjoints sur le lieu de la vente, avant que de les déplacer, conformément à l'art. 16. — (Abrogé).

421. — Les inventaires et prisées des fonds de librairie et des imprimeries seront faits en la manière accoutumée par deux libraires ou imprimeurs ; et ledit inventaire sera annexé par les notaires à l'inventaire des autres meubles, ainsi qu'il est dit par l'art. 113. La vente desdits fonds de librairie, ainsi que des livres en blanc ou reliés, vieux ou neufs, appartenant aux libraires, ne pourra être faite ailleurs qu'en la chambre de la communauté, en présence des syndic et adjoints. — (Abrogé).

422. — La vente des imprimeries ou de partie d'icelles ne pourra être faite sans la permission du lieutenant-général de police, et qu'en la présence des syndic et adjoints, qui tiendront un registre de ladite vente, sur lequel les imprimeurs auxquels seuls les presses et caractères pourront être vendus et adjugés, s'en chargeront, à peine de confiscation et d'amende arbitraire contre les contrevenants. Les imprimeurs qui vendront des presses ou partie de leurs imprimeries à d'autres imprimeurs, seront tenus seulement d'en faire la déclaration sur le même registre, avant que le transport en puisse être fait, et seront obligés d'en donner la préférence aux imprimeurs de Paris, sous pareille peine. — (Abrogé).

423. — Avenant le décès d'un imprimeur sans veuve ou sans enfants qui aient qualité pour exercer l'imprimerie, les vis des presses de son imprimerie seront portées, à la diligence des syndic et adjoints, en la chambre de la communauté, pour y être déposées jusqu'à la vente de ladite imprimerie. — (Abrogé).

DÉCLARATION DU 10 MAI 1728,
Concernant les imprimeurs.

7. — Défendons très-expressément à tous imprimeurs de travailler ou faire travailler ailleurs que dans les maisons où ils demeurent, ou dans celles à la porte desquelles sera posée une enseigne publique d'imprimerie ; ordonnons que, conformément aux anciens règlements, la porte de leur imprimerie ne sera fermée, pendant tout le temps de leur travail, que par un simple loquet; comme aussi leur faisons très-expressément inhibitions et défenses d'avoir dans leur maison ou autres lieux où ils imprimeront aucunes portes de derrière, par lesquelles ils puissent faire sortir clandestinement aucuns imprimés, le tout à peine d'*interdiction pendant six mois*, et de 500 liv. d'amende, qui ne pourra être remise ni modérée par nos juges, *même de déchéance de la maîtrise, ou autre plus grande punition en cas de récidive* — (V. p. 9).

8. — Défendons à tous imprimeurs de se servir pour leur imprimerie de rouleaux, à peine d'interdiction pendant six mois, et de 500 liv. d'amende, même de la déchéance de la maîtrise, et avec plus grande punition en cas de récidive. — (Abrogé par le système des lois postérieures).

9. — Enjoignons à tous imprimeurs de marquer au bas de leurs ouvrages le nom de la ville dans laquelle ils les auront imprimés, et la date de l'année où l'impression en aura été faite, à peine de 500 liv. d'amende pour chaque contravention ; leur faisons très-expresses inhibitions et défenses de supposer le nom d'une autre ville, ni aucunes dates fausses, à peine d'être poursuivis extraordinairement, et punis comme faussaires — (V. p 15).

10. — Toutes les peines portées par les art. 2, 3, 5, 6, 7, 8 et 9 de notre présente déclaration contre les imprimeurs, auront également lieu, suivant les différents cas, contre les protes, correcteurs et compositeurs, ensemble contre les distributeurs et colporteurs de libelles, dans ce qui peut les regarder. — (Abrogé par le système des lois postérieures).

12. — Défendons très expressément à toutes personnes, de quelque état et condition qu'elles soient, et à toutes communautés ecclésiastiques ou laïques, séculières ou régulières, d'avoir dans leurs maisons, à la ville ou à la campagne, des imprimeries privées, soit avec presses, rouleaux ou autrement, le tout à peine, savoir : contre les particuliers, de 3,000 liv. d'amende, dont les propriétaires, s'ils demeurent dans la maison, ou les principaux locataires des maisons seront responsables, et contre les communautés, de la même peine de 3,000 liv. d'amende, et d'être, en outre, déchus de tous les privileges et immunités à elles accordées, tant par nous que par les rois nos prédécesseurs (V. p. 11). — (Abrogé par le système des lois postérieures).

ORDONNANCE DU ROI DU 29 OCTOBRE 1752.

ART. 1er. — Sa Majesté fait très-expresses inhibitions et défenses à tous colporteurs de la ville et faubourgs de Paris, de crier dans les rues, ni d'y vendre et débiter aucuns imprimés dont les permissions seront de plus ancienne date que d'un mois, à moins que ladite permission n'en ait été renouvelée ; et ce sous peine d'emprisonnement de leurs personnes et de 50 liv. d'amende (V. p. 59). — (Abrogé).

2. — Leur défend, sous les mêmes peines, de crier, vendre ni débiter aucuns ouvrages de quelque espèce et nature qu'ils soient, même aucunes sentences rendues par des juges hors du ressort de ladite ville de Paris, ni aucuns arrêts du conseil, que préalablement ils n'en aient obtenu la permission du lieutenant général de police ; et ne pourront, sous les mêmes peines, publier et crier lesdites sentences et arrêts plus de quatre jours après ladite permission (V. p. 61). — (Abrogé).

4. — Leur fait Sa Majesté très-expresses défenses d'annoncer au public les différents imprimés qu'ils auront la permission de crier et débiter dans ladite ville, sous d'autres titres et dénominations que ceux qui sont mis en tête des imprimés, et ce sous les mêmes peines d'emprisonnement de leurs personnes et de 50 liv. d'amende (V. p. 61). — (Abrogé).

ARRÊT DU CONSEIL DU 10 SEPTEMBRE 1735,

Qui fait défense à toutes personnes, autres que les libraires, de faire le commerce des livres, livrets et almanachs, imprimés à Paris.

Ouï le rapport, le roi, étant en son conseil, a ordonné et ordonne que les arrêts du conseil d'État privé, servant de règlements pour les libraires et imprimeurs des villes de Paris, Rouen, Rennes et Saint-Quentin, et les marchands merciers-grossiers-joailliers desdites villes, seront exécutés selon leur forme et teneur ; en conséquence, fait Sa Majesté très-expresses défenses à tous marchands merciers-grossiers-joailliers de chacune des villes du royaume, ni de débiter à l'avenir aucuns livres imprimés, à l'exception néanmoins des A B C, des almanachs, et des petits livres d'heures, de prières, imprimés hors de la ville de leur résidence ordinaire, qui n'excèderont pas deux feuilles d'impression du caractère dit cicéro, sous peine de confiscation et de cinq cents livres d'amende, conformément à l'art. 4 de l'arrêt du conseil du 28 fév. 1723, servant de règlement pour la librairie et l'imprimerie (V. règlement du 28 février 1723, art. 5 ; arrêt du conseil du 13 mars 1730, et L. 21 oct. 1814, art. 11). — (V. p. 23).

ARRÊT DU CONSEIL DU 24 MARS 1744,

Qui ordonne que le règlement fait pour les imprimeurs et libraires de Paris sera exécuté dans tout le royaume. — Non registré.

Le roi, étant en son conseil, de l'avis de M. le chancelier, a ordonné et ordonne que l'arrêt de son conseil du 28 fév. 1723, portant règlement général sur le fait de l'imprimerie et de la librairie, sera exécuté selon sa forme et teneur dans toutes les villes du royaume où il se fait un commerce de livres, et dans celles où il y a des imprimeries établies. Fait défenses à tous les libraires et autres, de contrevenir audit règlement, sous les peines y portées : enjoint aux lieutenants généraux de police, ou autres officiers exerçant la police dans lesdites villes, de se conformer audit règlement, et aux sieurs commissaires départis dans les provinces du royaume pour l'exécution des ordres de Sa Majesté, de tenir la main à l'exécution d'icelui. — (Abrogé).

DÉCLARATION DU 18 MARS 1774 (1),

Registrée au parlement le 26.

ART. 1er. — Il ne pourra être imprimé aucuns mémoires, consultations ou autres écrits, que sur les affaires contentieuses, et seulement lorsque l'affaire sera devenue contradictoire : à l'effet de quoi, l'imprimeur sera tenu, avant qu'il puisse en commencer l'impression, de se faire remettre et de conserver pour sa décharge un certificat signé de l'avocat, du procureur de la partie, ou du greffier du tribunal où l'affaire aura été portée, contenant qu'il y a contestation en cause. — (Abrogé).

2. — Faisons pareillement très-expresses inhibitions et défenses aux parties de faire imprimer, et aux imprimeurs d'imprimer aucuns mémoires à consulter, quand même ils seraient signés, sauf aux avocats à rappeler dans leurs consultations les faits et les questions sur lesquels ils sont consultés, en

(1) Abrogée par l'ensemble de la législation postérieure.

observant toutefois la modération et la décence convenables à la noblesse de leur profession. — (Abrogé).

3. — En cas de contravention aux deux articles précédents, les imprimeurs seront condamnés en 500 liv. d'amende pour la première fois, et en cas de récidive ils seront déclarés déchus de la maîtrise, à temps, ou même à perpétuité ; et à l'égard des parties, elles seront condamnées en 500 liv. d'amende et aux dommages et intérêts envers la partie intéressée ; pourront en outre lesdits imprimeurs et lesdites parties être poursuivis extraordinairement, suivant l'exigence des cas. — (Abrogé).

4. — Défendons pareillement, et sous les mêmes peines, à toutes personnes, sans exception, de vendre ou de faire vendre ; et aux imprimeurs, libraires et autres quelconques, d'exposer en vente aucuns mémoires, consultations et autres imprimés concernant des affaires pendantes actuellement en justice, avant qu'il soit intervenu sur icelles un jugement définitif, et même pendant l'année qui suivra ledit jugement. — (Abrogé).

5. — Il ne pourra être imprimé aucuns mémoires, consultations et autres écrits, sous quelque titre et dénomination que ce puisse être s'ils ne sont signés d'un procureur ou d'un avocat, comme par le passé.

Défend Sa Majesté à tous graveurs, imagers et dominotiers, d'imprimer ou faire imprimer, vendre et débiter aucunes cartes de géographie et autres planches, ni explications étant au bas d'icelles, sans privilége du grand sceau, ou permission du lieutenant-général de police, qui seront enregistrés sur le registre de la communauté des libraires et imprimeurs de Paris, ainsi qu'il est prescrit par l'art. 106 ci-dessus. — (Abrogé).

ARRÊT DU CONSEIL DU 30 AOUT 1777 (1),

Sur la durée des priviléges et sur la propriété des ouvrages.

ART. 1er. — Aucuns libraires et imprimeurs ne pourront imprimer, ou faire imprimer aucuns livres nouveaux, sans en avoir préalablement obtenu le privilége ou lettres scellées du grand sceau (V. p. 13). — (Abrogé).

2. — Défend Sa Majesté à tous libraires, imprimeurs ou autres, qui auront obtenu des lettres de privilége pour imprimer un livre nouveau, de solliciter aucune continuation de ce privilége, à moins qu'il n'y ait dans le livre augmentation au moins d'un quart, sans que pour ce sujet on puisse refuser aux autres la permission d'imprimer les anciennes éditions non augmentées (V. décr. 5 février 1810, art. 40, n° 8). — (Abrogé).

3. — Les priviléges qui seront accordés à l'avenir pour imprimer des livres nouveaux ne pourront être d'une moindre durée que de dix années (V. décr. 5 fév. 1810, art. 39). — (Abrogé, V. p. 13).

4. — Ceux qui auront obtenu des priviléges en jouiront, non-seulement pendant tout le temps qui y sera porté, mais encore pendant la vie des auteurs, en cas que ceux-ci survivent à l'expiration des priviléges (V. *ibid*). — (Abrogé, V. p. 13).

5. — Tout auteur qui obtiendra en son nom le privilége de son ouvrage aura le droit de le vendre chez lui, sans qu'il puisse, sous aucun prétexte, vendre ou négocier d'autres livres, et jouira de son privilége pour lui et ses hoirs à perpétuité, pourvu qu'il ne le rétrocède à aucun libraire, auquel cas la durée du privilége sera, par le fait seul de la cession, réduite à celle de la vie de l'auteur (V. L. 21 oct. 1814, art. 11, n° 28). — (Abrogé, V. p. 13).

6. — Tous libraires et imprimeurs pourront obtenir, après l'expiration du privilége d'un ouvrage et la mort de son auteur, une permission d'en faire une édition, sans que la même permission accordée à un ou à plusieurs puisse empêcher aucun autre d'en obtenir une semblable (V. décr. 13-19 janv. 1791, art. 2 et 3). — (Abrogé).

7. — Les permissions portées en l'article précédent seront expédiées sur la simple signature de la personne à laquelle M. le chancelier ou garde des sceaux aura confié la direction générale de la librairie ; et pour faciliter les spéculations de commerce, il sera donné à ceux qui solliciteront une permission de cette espèce, connaissance de toutes les permissions du même genre, qui auront été données à d'autres pour ce même ouvrage et du nombre

(1) Abrogé par l'ensemble des lois postérieures (V. p. 13).

d'exemplaires qu'il leur aura été permis de tirer. — (Abrogé).

8. — Sa Majesté, ne voulant pas permettre que l'obtention de ces permissions soit illusoire, et qu'on en obtienne sans l'intention de les réaliser, ordonne qu'elles ne seront accordées qu'à ceux qui auront acquitté le droit porté au tarif qui sera arrêté par M. le garde des sceaux. — (Abrogé).

9. — Les sommes auxquelles monteront ces droits seront payées entre les mains des syndic et adjoints de la chambre syndicale de Paris, ou de celui qu'ils commettront à ladite recette, sans qu'ils puissent se dessaisir de ces deniers, que sur les ordres de M. le chancelier ou garde des sceaux, pour les émoluments des inspecteurs et autres personnes préposées à la manutention de la librairie. — (Abrogé).

10. — Lesdites permissions seront enregistrées, dans le délai de deux mois, sur les registres de la chambre syndicale, dans l'arrondissement de laquelle seront domiciliés ceux qui les auront obtenues, à peine de nullité. — (Abrogé).

11. — Sa Majesté, désirant traiter favorablement ceux qui ont obtenu, antérieurement au présent arrêt, des priviléges ou continuation d'iceux, veut qu'ils soient tenus de remettre, savoir : les libraires et imprimeurs de Paris, dans deux mois, les libraires et imprimeurs de province, dans trois mois, pour tout délai, les titres sur lesquels ils établissent leur propriété, entre les mains du sieur Le Camus de Néville, maître des requêtes, que Sa Majesté a commis et commet à cet effet, pour, sur le compte qu'il en rendra, leur être accordé par M. le chancelier ou garde des sceaux, s'il y échet, un privilége dernier et définitif. — (Abrogé).

12. — Ledit délai de deux mois pour les libraires et imprimeurs de Paris, et de trois mois pour les libraires et imprimeurs des provinces étant expiré, ceux qui n'auront pas représenté leurs titres ne pourront plus espérer aucune continuation de privilége. — (Abrogé).

13. — Les priviléges d'usage des diocèses et autres de cette espèce ne seront point compris dans le présent. Ordonne Sa Majesté que le présent arrêt sera enregistré dans toutes les chambres syndicales, imprimé et affiché partout où besoin sera (V. décr. 7 germin. an XIII). — (Abrogé).

ARRÊT DU CONSEIL DU 30 AOUT 1777 (1),

Concernant les contrefaçons des livres, soit antérieures au présent arrêt, soit celles qui seraient faites en contravention des défenses portées audit arrêt.

ART. 1er. — Défend Sa Majesté à tous imprimeurs-libraires du royaume, de contrefaire les livres pour lesquels il aura été accordé priviléges, pendant la durée desdits priviléges, ou même de les imprimer sans permission après leur expiration et le décès de l'auteur, à peine de 6,000 liv. d'amende pour la première fois, de pareille amende et de déchéance d'état en cas de récidive. — (Abrogé, V. p. 13).

2. — Les éditions faites en contravention à l'article 1er seront saisissables sur le libraire qui les vendra, comme sur l'imprimeur qui les aura imprimées ; et le libraire, qui en aura été trouvé saisi, sera soumis aux mêmes peines. — (Abrogé, V. p. 13).

3. — Les peines portées en l'art. 1er n'empêcheront pas les possesseurs du privilége, au préjudice duquel une édition aura été faite, de former, tant contre l'imprimeur qui aura contrefait l'ouvrage, que contre le libraire qui aura été trouvé saisi d'exemplaires de ladite contrefaçon, sa demande en dommages-intérêts, et d'en obtenir de proportionnés au tort que ladite contrefaçon lui aura fait éprouver dans son commerce. — (Abrogé, V. p. 13).

4. — Autorise Sa Majesté tout possesseur ou cessionnaire de priviléges, ou de portion d'iceux, à se faire assister, sans autre permission que le présent arrêt, d'un inspecteur de librairie ou, à son défaut, d'un juge ou commissaire de police, pour visiter, à ses risques, périls et fortunes, les imprimeries, boutiques ou magasins des imprimeurs, libraires ou colporteurs, où il croirait trouver des exemplaires contrefaits des ouvrages dont il a le privilége ou partie : à la charge cependant qu'avant de procéder à aucune visite, il exhibera à l'inspecteur ou au juge ou commissaire de police, l'original du privilége ou son duplicata collationné. Autorise aussi Sa Majesté,

(1) Abrogé par l'ensemble de la législation postérieure (V. p. 13).

ceux chez qui on fera de semblables visites, à se pourvoir en dommages-intérêts contre ceux qui les feront, s'ils ne trouvent pas des contrefaçons des ouvrages dont ils auront exhibé le privilége, encore qu'ils en eussent trouvé d'autres. — (Abrogé, V. p. 13).

5. — Les exemplaires saisis, tant des éditions faites au préjudice d'un privilége que de celles faites sans permission, seront transportés à la chambre syndicale dans l'arrondissement de laquelle la saisie aura été faite, pour y être mis au pilon en présence de l'inspecteur. — (Abrogé, V. p. 13).

6. — Quant aux contrefaçons antérieures au présent arrêt, Sa Majesté, voulant user d'indulgence, relève ceux qui s'en trouveront saisis des peines portées par les règlements, en remplissant par eux les formalités prescrites par l'article suivant. — (Abrogé, V. p. 13).

7. — Les possesseurs des contrefaçons antérieures au présent arrêt seront tenus de les représenter, dans le délai de deux mois, à l'inspecteur et à l'un des adjoints de la chambre syndicale dans l'arrondissement de laquelle ils sont domiciliés, pour être, la première page de chaque exemplaire, estampillée par l'adjoint et signée par l'inspecteur. — (Abrogé, V p. 13).

8. — Le délai de ces deux mois de grâce commencera à courir contre les imprimeurs ou libraires domiciliés dans l'arrondissement des différentes chambres syndicales du royaume à compter du jour de l'enregistrement du présent arrêt dans chacune d'icelles. — (Abrogé, V. p. 13).

9. — Ledit délai de deux mois expiré, l'inspecteur renverra à M. le garde des sceaux l'estampille qu'il en aura reçue avec le procès-verbal de ses opérations; et dès ce moment, tous les livres contrefaits qui seront trouvés dénués de la signature de l'inspecteur et de la marque de l'estampille, seront regardés comme nouvelles contrefaçons, et ceux sur lesquels ils seront saisis soumis aux peines portées par l'art. 1er. — (Abrogé, V. p. 13).

ARRÊT DU CONSEIL DU 16 AVRIL 1785 (1),

Portant règlement pour assurer le dépôt en la chambre syndicale de Paris de neuf exemplaires de tout ouvrage imprimé ou gravé, et prévenir l'annonce des ouvrages prohibés ou non permis.

ART. 1er. — Les édits de 1617, 1618 et 1686; les arrêts du Conseil des 21 octobre 1618, 29 mars 1656, 17 mai 1672, 1er mai 1676, 31 janvier 1685, 17 octobre 1704, 9 mai 1707, 16 décembre 1715, et notamment les art. 101 et 108 du règlement de la librairie, du 28 février 1723, seront exécutés selon leur forme et teneur; en conséquence, tous auteurs, libraires, imprimeurs, graveurs, marchands d'estampes et de cartes, compositeurs ou éditeurs, et marchands de musique, et autres personnes de quelque qualité et condition qu'elles soient, même les archevêques et évêques pour les usages de leurs diocèses; ensemble les académies, corps et communautés, maisons religieuses et autres qui obtiendront des priviléges, permission du sceau ou des juges de police, et autres de quelque espèce qu'elles puissent être, pour l'impression ou réimpression, ou gravure des livres, estampes, musique, cartes, etc., remettront ou feront remettre à la chambre syndicale de Paris neuf exemplaires brochés et complets desdits livres, estampes, musique, cartes, etc., pour lesquels ils auront obtenu privilége ou une permission quelconque. (V. p. 17) — (Abrogé).

2. — Lesdits neuf exemplaires, dont trois pour la bibliothèque du roi, un pour celle de M. le chancelier, un pour celle de M. le garde des sceaux, un autre pour le censeur qui aura examiné l'ouvrage, et les trois autres pour la chambre syndicale, seront réunis sans frais à ladite chambre, huit jours après l'impression finie, à peine de déchéance du privilége, ou de la permission, de confiscation de l'édition entière, et de 1,500 livres d'amende; annule, Sa Majesté, tous priviléges et toutes permissions dans lesquels il se trouverait quelques dispositions à ce contraires. (V. p. 17) — (Abrogé).

3. — A chaque fourniture qui sera faite à la chambre syndicale, les syndic et adjoints en donneront un certificat sans frais, dans lequel certificat ils feront mention du numéro, de la date, de l'es-

(1) Abrogé par l'ensemble de la législation postérieure.

pèce de permission qui aura été accordée pour l'ouvrage, dont il s'agira; et en outre y désigneront, avec le titre dudit ouvrage, le nombre de volumes, le format, l'année de l'édition, le nom de l'auteur ou éditeur connu, ainsi que celui de l'imprimeur qui l'aura faite. — (Abrogé).

4. — Dans le cas où il y aurait plusieurs auteurs ou plusieurs libraires intéressés à un même ouvrage, ils seront tenus solidairement, et l'un d'eux pour le tout, de satisfaire à la remise desdits neuf exemplaires, sauf à celui qui aura fait ladite fourniture à s'en faire tenir compte par ses co-intéressés; il en sera de même à l'égard des graveurs, auteurs ou marchands de musique, pour les ouvrages de leur profession, composition ou commerce. — (Abrogé).

5. — Les livres, estampes, cartes, ouvrages de musique et autres ouvrages imprimés ou gravés, venant des pays étrangers, dont la vente aura été autorisée dans le royaume, seront également sujets à la même obligation: Enjoint à cet effet, Sa Majesté, aux officiers, tant de la chambre syndicale de Paris que de celles des provinces, de retenir, lors des visites qu'ils feront des caisses, balles, ballots et paquets d'ouvrages d'impression ou de gravures, nationaux ou étrangers, déposés dans leurs dites chambres, et dont toutefois la vente et distribution aura été permise, lesdits neuf exemplaires, à peine de 500 livres d'amende, et d'être personnellement obligés de se procurer à leurs frais lesdits neuf exemplaires; ordonne de plus aux officiers des chambres syndicales des provinces de faire passer, au commencement de chaque année, à la chambre syndicale de Paris, les exemplaires qu'ils auront ainsi retenus pendant le cours de l'année précédente, sur lesquels Sa Majesté les autorise à retenir alors un de chaque ouvrage, pour leur chambre, de manière que la chambre syndicale de Paris n'en aura en ce cas que deux à son profit. — (Abrogé).

6. — Entend néanmoins Sa Majesté que, si le nombre d'exemplaires que l'on fera venir n'excède pas celui de cinquante, la chambre syndicale, au lieu de neuf, n'en retiendra que quatre, dont un pour la bibliothèque de Sa Majesté, un pour celle de M. le chancelier, un pour celle de M. le garde des sceaux, et le quatrième pour la chambre syndicale ou de Paris ou de province, qui fera ladite retenue, sauf à compléter le nombre de neuf exemplaires lors des envois subséquents. — (Abrogé).

7. — Les syndic et adjoints de la chambre syndicale de Paris tiendront un livre-journal particulier, et à ce destiné, dans lequel ils enregistreront, jour par jour et sans aucun blanc ni interligne et avec les indications et renseignements mentionnés en l'art. 3, tous les ouvrages à eux remis, ou qu'ils retiendront lors de leurs visites des balles, ballots et paquets envoyés à ladite chambre, et ils continueront de faire porter au commencement de chaque mois, en la bibliothèque de Sa Majesté, en celles de M. le chancelier et de M. le garde des sceaux, et aux censeurs, les exemplaires qui leur sont dus, en en fournissant, suivant l'usage, un état extrait de leur registre, et signé d'eux: Veut, en outre, qu'il soit loisible à l'inspecteur, chargé desdits recouvrements par M. le chancelier ou M. le garde des sceaux, de prendre communication dudit registre, toutes fois et quantes il le jugera nécessaire. — (Abrogé).

8. — Ne pourront les auteurs vendre leurs ouvrages ni les distribuer, et les libraires, imprimeurs, graveurs et marchands d'estampes ou de musique, se charger de la vente ou distribution d'aucun ouvrage, soit pour le compte d'un auteur, imprimeur, graveur ou d'un compositeur de musique, soit pour toute autre personne que ce puisse être, que préalablement ils n'aient en main, outre la permission d'imprimer ou de graver, vendre et distribuer, le certificat de la fourniture desdits neuf exemplaires, le tout à peine de révocation de leurs priviléges ou permissions, de saisie et confiscation des exemplaires, et de 1,500 livres d'amende, même de telle autre plus grande peine qu'il appartiendra, suivant l'exigence des cas, s'il s'agissait d'ouvrages non permis ou défendus. — (Abrogé).

9. — Veut également, Sa Majesté, que tous les auteurs, éditeurs, libraires, imprimeurs et graveurs, ensemble les compositeurs et marchands de musique, qui proposent quelques ouvrages par souscription, soit pour être imprimés, soit pour être gravés, remettront à la chambre syndicale de Paris, et avant l'ouverture de la souscription, une soumission de fournir à ladite chambre neuf exemplaires desdits ouvrages, à mesure des livraisons qu'ils en feront au public; fait défenses à tous imprimeurs d'imprimer aucun projet de souscription s'il n'est revêtu

d'une permission de police, laquelle ne pourra être accordée qu'après que la souscription aura été autorisée par M. le chancelier ou le garde des sceaux, et le privilége ou permission scellé et enregistré, et ensuite de commencer d'imprimer l'ouvrage, que la remise de ladite soumission n'ait été faite à la chambre syndicale, à peine de 500 livres d'amende pour la première fois et, en cas de récidive, d'interdiction, même de plus grandes peines s'il s'agissait d'ouvrages prohibés ou non permis — (Abrogé).

10. — Seront pareillement obligés ceux qui auront des souscriptions actuellement ouvertes de fournir à la chambre syndicale, quinze jours après la publication du présent arrêt, la soumission prescrite par l'article précédent, et d'y remettre, si fait n'a été, les neuf exemplaires prescrits de chacune des livraisons par eux déjà fournies à leurs souscripteurs; et ce, sous les peines ci-devant énoncées: défend en conséquence Sa Majesté à tous imprimeurs de continuer l'impression dudit ouvrage, et à tous journalistes, auteurs, directeurs ou rédacteurs de gazettes ou autres papiers publics, d'en annoncer la suite, qu'il ne leur ait été justifié auparavant qu'il a été satisfait à la remise, tant de la soumission que des volumes déjà publiés. — (Abrogé).

11. — Pour faciliter et multiplier aux libraires et marchands d'estampes, de musique, cartes, etc., ainsi qu'aux auteurs, directeurs et rédacteurs de gazettes, journaux et autres feuilles périodiques, les moyens d'être assurés qu'un ouvrage est permis, et que la fourniture des exemplaires dus a été faite, il sera, à compter du 1er juillet prochain, formé sur le registre prescrit par l'art. 7, tous les mardi et vendredi de chaque semaine, par les officiers de la chambre de Paris, un état, avec deux copies, contenant les indications et renseignements mentionnés aux art. 3 et 7 ci-dessus, de tous les ouvrages imprimés ou gravés qui auront été permis et pour lesquels il aura été satisfait à ladite obligation; lequel état, dûment signé et certifié, sera par eux remis au magistrat chargé par M. le chancelier ou garde des sceaux de la direction générale de la librairie; et lesdites deux copies, également signées et certifiées, seront envoyées, savoir: l'une à l'inspecteur chargé par M. le chancelier ou garde des sceaux du recouvrement desdits neuf exemplaires, et l'autre aux propriétaires du privilége du *Journal des Savants*; et seront lesdits propriétaires du *Journal des Savants* tenus de publier sur-le-champ ledit état, à peine de déchéance de leur privilége, par la voie dudit journal, et subsidiairement par celle du *Journal de Paris*, ce dont, en aucun cas, ils ne pourront se dispenser, si ce n'est du consentement des auteurs, éditeurs ou autres ayant droit à la propriété de l'ouvrage non annoncé. — (Abrogé).

12. — Et en même temps Sa Majesté, voulant d'autant mieux assurer la remise desdits neuf exemplaires, et en outre prévenir plus efficacement que par le passé la publicité des ouvrages prohibés ou non permis, a défendu et défend à tous auteurs et éditeurs, directeurs et rédacteurs de gazettes, journaux, affiches, feuilles périodiques et autres papiers publics tant à Paris que dans les provinces, même de ceux étrangers dont la distribution est permise dans le royaume, d'annoncer, sous tel prétexte que ce puisse être, aucun ouvrage imprimé ou gravé, national ou étranger, si ce n'est après qu'il aura été annoncé par le *Journal des Savants*, ou subsidiairement par celui de Paris, à peine d'être tenus, en leur propre et privé nom, d'acquérir ladite fourniture, et, en outre, de 100 livres d'amende pour la première contravention, de 300 liv. pour la seconde, et d'amende arbitraire, ainsi que de déchéance de leurs priviléges ou permissions pour la troisième, même de telle autre peine qu'il appartiendra, s'il s'agissait d'ouvrages non permis ou prohibés (V. page 29). — (Abrogé).

13. — Tous les auteurs, imprimeurs, libraires et autres, tant de Paris que des provinces, même des pays étrangers, qui ont obtenu depuis vingt années des priviléges ou permissions pour faire imprimer des livres ou graver des estampes, cartes et musique et qui depuis ce temps n'ont pas fourni les exemplaires dus, seront tenus, conformément aux arrêts du conseil des 17 mai 1672, 31 janvier 1685, et autres subséquents, de rapporter et remettre, quinze jours après la publication du présent arrêt, lesdits exemplaires à la chambre syndicale de Paris, autrement et faute de ce faire, et ledit délai expiré, ordonne Sa Majesté aux syndic et adjoints de saisir tous les exemplaires dudit ouvrage qu'ils trouveront dans les magasins desdits auteurs, imprimeurs, libraires, marchands d'estampes, musique, cartes, etc.; lesquels ouvrages seront confisqués au profit de ladite chambre, en satisfaisant par elle aux fournitures

prescrites envers la bibliothèque de Sa Majesté et celles de M. le chevalier et de M. le garde des sceaux, et envers les censeurs desdits ouvrages. — (Abrogé).

DÉCLARATION DU 26 AOUT 1789.

Voir déclaration des droits de l'homme, des 3-14 septembre 1791.

LOI DES 13-19 JANVIER 1791,
Relative aux spectacles (1).

Art. 1er. — Tout citoyen pourra élever un théâtre public, et y faire représenter des pièces de tous les genres, en faisant préalablement à l'établissement de son théâtre, sa déclaration à la municipalité des lieux — (V. L. 16 24 août 1790, lit. 13, art. 4, V. p. 77).

2. — Les ouvrages des auteurs morts depuis cinq ans et plus sont une propriété publique, et peuvent, nonobstant tous anciens privilèges, qui sont abolis, être représentés sur tous les théâtres indistinctement. — (Abrogé, V. p. 79).

3. — Les ouvrages des auteurs vivants ne pourront être représentés sur aucun théâtre public, dans toute l'étendue de la France, sans le consentement formel et par écrit des auteurs, sous peine de confiscation du produit total des représentations au profit des auteurs — (V. p. 79).

4. — La disposition de l'art. 3 s'applique aux ouvrages déjà représentés, quels que soient les anciens règlements ; néanmoins, les actes qui auraient été passés entre des comédiens et des auteurs vivants, ou des auteurs morts depuis moins de cinq ans, seront exécutés — (V. p. 79).

5. — Les héritiers, ou les cessionnaires des auteurs, seront propriétaires de leurs ouvrages, durant l'espace de cinq années après la mort de l'auteur — (V. C. pén., art. 428, et décret 8 juin 1806, art. 12, V. p. 79).

6. — Les entrepreneurs ou les membres de différents théâtres seront à raison de leur état, sous l'inspection des municipalités ; ils ne recevront des ordres que des officiers municipaux, qui ne pourront pas arrêter ni défendre la représentation d'une pièce, sauf la responsabilité des auteurs et des comédiens, et qui ne pourront rien enjoindre aux règlements de police : règlements sur lesquels le comité de constitution dressera incessamment un projet d'instruction. Provisoirement les anciens règlements seront exécutés — (V. décr. 16 janv. 1793, et arrêté du 25 pluv. an IV, p. 79).

7. — Il n'y aura au spectacle qu'une garde extérieure, dont les troupes de ligne ne seront point chargées, si ce n'est dans le cas où les officiers municipaux leur en feraient la réquisition formelle. Il y aura toujours un ou plusieurs officiers civils dans l'intérieur des salles, et la garde n'y pénétrera que dans le cas où la sûreté publique serait compromise, et sur la réquisition expresse de l'officier civil, lequel se conformera aux lois et règlements de police. Tout citoyen sera tenu d'obéir provisoirement à l'officier civil — (V. p. 79).

EXTRAIT DU DÉCRET DES 18-22 MAI 1791,
Relatif au droit de pétition, etc.

Art. 11. — Dans les villes et dans chaque municipalité, il sera, par les officiers municipaux, désigné des lieux exclusivement destinés à recevoir les affiches des lois et des actes de l'autorité publique. Aucun citoyen ne pourra faire des affiches particulières dans lesdits lieux, sous peine d'une amende de 100 liv., dont la condamnation sera prononcée par voie de police — (V. p. 71).

13. — Aucun citoyen et aucune réunion de citoyens ne pourront rien afficher sous le titre d'arrêtés, de délibérations, ni sous toute autre forme obligatoire ni impérative — (V. p 71).

14. — Aucune affiche ne pourra être faite sous un nom collectif; tous les citoyens qui auront coopéré à une affiche seront tenus de la signer (V. p. 71).

15. — La contravention aux deux articles précédents sera punie d'une amende de 100 liv., laquelle

(1) Les dispositions de cette loi ont été modifiées et remplacées en grande partie par les lois postérieures sur la matière (V. p. 77 et 79).

---

ne pourra être modérée, et dont la condamnation — sera prononcée par voie de police (V. p. 71).

DÉCRET DU 18 JUILLET 1791,
Relative aux cris séditieux.

Art. 1er. — Toutes personnes qui *auront provoqué* le meurtre, le pillage, l'incendie ou conseillé formellement la désobéissance aux lois, soit par des placards ou affiches, soit par des écrits publiés ou colportés, soit par des discours tenus dans des lieux ou assemblées publics, seront regardées comme séditieuses ou perturbatrices de la paix publique, et en conséquence les officiers de police sont autorisés à les faire arrêter sur-le-champ et à les remettre aux tribunaux pour être jugées et punies selon les lois. — (V. p. 85, 97).

2. — Tout homme qui, dans un attroupement ou émeute, aura fait entendre un cri de provocation au meurtre, sera puni de trois ans de chaîne, si le meurtre ne s'en est pas suivi, et comme complice s'il a eu lieu. — Tout citoyen présent est tenu de s'employer et de prêter mainforte pour l'arrêter. — (Abrogé, V. p. 85).

3. — Tout cri contre la garde nationale ou la force publique tendant à lui faire baisser et déposer les armes est un cas de sédition, et sera puni d'un emprisonnement qui ne pourra excéder deux ans.— (Abrogé, V. p. 93).

DÉCRET DES 19 JUILLET, 6 AOUT 1791,
Relatif aux spectacles (1).

Art. 1er. — Conformément aux dispositions des art. 3, 4, décret du 13 janvier dernier, concernant les spectacles, les ouvrages des auteurs vivants, même ceux qui étaient représentés avant cette époque, soit qu'ils fussent ou non gravés ou imprimés, ne pourront être représentés sur aucun théâtre public, dans toute l'étendue du royaume, sans le consentement formel et par écrit des auteurs, ou sans celui de leurs héritiers ou cessionnaires pour les ouvrages des auteurs morts depuis moins de cinq ans, sous peine de confiscation du produit total des représentations au profit de l'auteur ou de ses héritiers cessionnaires. — (Abrogé).

2. — La contravention entre les auteurs et les entrepreneurs des spectacles sera parfaitement libre, et les officiers municipaux, ni aucun autre fonctionnaire public, ne pourront taxer lesdits ouvrages, ni modérer ou augmenter le prix convenu ; et la rétribution des auteurs, convenue entre eux ou leurs ayants cause et les entrepreneurs de spectacles, ne pourra être ni saisie ni arrêtée par les créanciers des entrepreneurs de spectacle. — (Abrogé).

DÉCRET DES 22-28 JUILLET 1791,
Qui règle la couleur des affiches.

Art. 1er. — L'assemblée nationale décrète que les affiches des actes émanés de l'autorité publique seront seules imprimées sur papier blanc ordinaire ; et celles faits par des particuliers ne pourront l'être que sur du papier de couleur, sous peine de l'amende ordinaire de police municipale.

DÉCRET DES 6 ET 22 AOUT 1791,
Sur les douanes.

Chapitre XIII de la police générale.

14. — Lesdits préposés de la régie (des douanes) sont sous la sauvegarde spéciale de la loi : il est défendu à toutes personnes de les injurier ou maltraiter et même de les troubler dans l'exercice de leurs fonctions, à peine de 500 livres d'amende, et sous telle autre peine qu'il appartiendra, suivant la nature du délit — (V. pour la compétence le décret du 14 fructidor an III, et p. 113, n° 530).

DÉCLARATION DES DROITS DE L'HOMME ET DU CITOYEN DES 3-14 SEPTEMBRE 1791.

Les représentants du peuple français, constitués en Assemblée nationale, considérant que l'ignorance,

(1) Abrogé et remplacé par les lois postérieures (V. p. 79).

---

l'oubli ou le mépris des droits de l'homme, sont les seules causes des malheurs publics et de la corruption des Gouvernements, ont résolu d'exposer dans une déclaration solennelle les droits naturels, inaliénables et sacrés de l'homme, afin que cette déclaration, constamment présente à tous les membres du corps social, leur rappelle sans cesse leurs droits et leurs devoirs ; afin que les actes du pouvoir législatif et ceux du pouvoir exécutif, pouvant être à chaque instant comparés avec le but de toute institution politique, en soient plus respectés: afin que les réclamations des citoyens, fondées désormais sur des principes simples et incontestables, tournent toujours au maintien de la constitution et au bonheur de tous.

En conséquence, l'Assemblée nationale reconnaît et déclare, en présence et sous les auspices de l'Etre suprême, les droits suivants de l'homme et du citoyen.

11.—La libre communication des pensées et des opinions est un des droits les plus précieux de l'homme ; tout citoyen peut donc parler, écrire, imprimer librement, sauf à répondre de l'abus de cette liberté dans les cas déterminés par la loi — (V. p 1).

TITRE Ier. — DISPOSITIONS FONDAMENTALES GARANTIES PAR LA CONSTITUTION.

La constitution garantit, comme droits naturels et civils :

La liberté à tout homme de parler, d'écrire, d'imprimer et publier ses pensées, sans que ces écrits puissent être soumis à aucune censure ni inspection avant leur publication, et d'exercer le culte religieux auquel il est attaché.

DÉCRET DU 12 JANVIER 1793,
Portant qu'il n'y a point de loi qui autorise la censure des pièces de théâtre.

DÉCRET DU 16 JANVIER 1793,
Portant que la représentation d'une pièce de théâtre ne peut être défendue, sauf la responsabilité des auteurs et des comédiens.

DÉCRET DES 9-14 MARS 1793,
Pour l'option entre les fonctions de député et celles de rédacteur de journal.

La Convention décrète que les membres de la Convention qui rédigent des journaux seront tenus d'opter entre les fonctions de député et celles de rédacteur de journal — (V. p. 47).

DÉCRET DES 2-3 AVRIL 1793,
Concernant les députés feuillistes.

Sur la proposition d'un de ses membres, la Convention nationale considérant combien doit être grand le respect dû à la pensée, a rapporté le décret qui enjoint à ses membres d'opter entre la qualité de membre de la Convention et celle de feuilliste — (V. p. 47).

ACTE CONSTITUTIONNEL ET DÉCLARATION DES DROITS DE L'HOMME, DU 24 JUIN 1793.

Déclaration des droits de l'homme et du citoyen.

Le peuple français, convaincu que l'oubli et le mépris des droits naturels de l'homme sont les seules causes des malheurs du monde, a résolu d'exposer, dans une déclaration solennelle, ces droits sacrés et inaliénables, afin que tous les citoyens, pouvant comparer sans cesse les actes du Gouvernement avec le but de toute institution sociale, ne se laissent jamais opprimer et avilir par la tyrannie; afin que le peuple ait toujours devant les yeux les bases de sa liberté et de son bonheur ; le magistrat la règle de ses devoirs, le législateur l'objet de sa mission.

En conséquence, il proclame, en présence de l'Etre suprême, la déclaration suivante des droits de l'homme et du citoyen.

7. — Le droit de manifester sa pensée et ses opinions, soit par la voie de la presse, soit de toute autre manière; le droit de s'assembler paisible-

ment, le libre exercice des cultes, ne peuvent être interdits.

La nécessité d'énoncer ses droits suppose ou la présence ou le souvenir récent du despotisme — (V. p. 1).

DÉCRET DES 19-24 JUILLET 1793,
Sur la propriété littéraire.
RAPPORT DE LAKANAL A LA CONVENTION.

(Séance du 18 juillet 1793. — *Moniteur* du 21 juill.)

De toutes les propriétés, la moins susceptible de contestation, celle dont l'accroissement ne peut ni blesser l'égalité républicaine, ni donner d'ombrage à la liberté, c'est sans contredit celle des productions du génie; et si quelque chose doit étonner, c'est qu'il ait fallu reconnaître cette propriété, assurer son libre exercice par une loi positive; c'est qu'une aussi grande révolution que la nôtre ait été nécessaire pour nous ramener sur ce point, comme sur tant d'autres, aux simples éléments de la justice la plus connue.

Le génie a-t-il ordonné, dans le silence, un ouvrage qui recule les bornes des connaissances humaines, des pirates littéraires s'en emparent aussitôt, et l'auteur ne marche à l'immortalité qu'à travers les horreurs de la misère. Et ses enfants!... Citoyens, la postérité du grand Corneille s'est éteinte dans l'indigence!...

L'impression peut d'autant moins faire des productions d'un écrivain une propriété publique, dans le sens où les corsaires littéraires l'entendent, que l'exercice utile de la propriété de l'auteur ne pouvant se faire par ce moyen, il s'ensuivrait qu'il ne pourrait en user sans la perdre à l'instant même.

Par quelle fatalité faudrait-il que l'homme de génie, qui consacre ses veilles à l'instruction de ses concitoyens, n'eût à se promettre qu'une gloire stérile, et ne pût revendiquer le tribut légitime d'un si noble travail!

C'est après une délibération réfléchie que votre comité vous propose de consacrer les dispositions législatives qui forment, en quelque sorte, la déclaration du droit du génie :

ART. 1er.—Les auteurs d'écrits en tout genre, les compositeurs de musique, les peintres et les dessinateurs qui feront graver des tableaux ou dessins, jouiront, durant leur vie entière, du droit exclusif de vendre, faire vendre, distribuer leurs ouvrages dans le territoire de la République, et d'en céder la propriété en tout ou en partie (V. décr. 5 fév. 1810, art. 39). — (V. p. 13).

2.—Leurs héritiers ou cessionnaires jouiront du même droit durant l'espace de dix ans après la mort des auteurs (V. déc. 5 fév. 1810, art. 40). — (V. p. 13).

3.—Les officiers de paix seront tenus de faire confisquer, à la réquisition et au profit des auteurs, compositeurs, peintres ou dessinateurs et autres, leurs héritiers ou cessionnaires, tous les exemplaires des éditions imprimées ou gravées, sans la permission formelle et par écrit des auteurs (V. décr. 5 fév. 1810, art. 45 et 46). — (V. p. 13).

4.—Tout contrefacteur sera tenu de payer au véritable propriétaire une somme équivalente au prix de trois mille exemplaires de l'édition originale (V. C. pén., art. 427 et 429). — Abrogé (V. p. 13).

5.—Tout débitant d'édition contrefaite, s'il n'est pas reconnu contrefacteur, sera tenu de payer au véritable propriétaire une somme équivalente au prix de cinq cents exemplaires de l'édition originale (V. C. pén., art. 426). — (Abrogé, V. p. 13).

6.—Tout citoyen qui mettra au jour un ouvrage, soit de littérature ou de gravure, dans quelque genre que ce soit, sera obligé d'en déposer deux exemplaires à la bibliothèque nationale ou au cabinet des estampes de la République, dont il recevra un reçu signé par le bibliothécaire; faute de quoi il ne pourra être admis en justice pour la poursuite des contrefacteurs (V. ord. 24 oct. 1814, art. 4, et ord. 9 janv. 1828). — (V. p. 13).

7.—Les héritiers de l'auteur d'un ouvrage de littérature ou de gravure ou de toute autre production de l'esprit ou du génie qui appartiennent aux beaux-arts, en auront la propriété exclusive pendant dix années (V. *suprà*, art. 1er, et C. pén., art. 427). — (V. p. 13).

DÉCRET DU 3 AOUT 1793,
Ordonnant la fermeture de tout théâtre, sur lequel seraient représentées des pièces tendant à dépraver l'esprit public.

DÉCRET DU 14 AOUT 1793.
Portant que les conseils des communes sont autorisés à diriger les spectacles.

CONSTITUTION DE LA RÉPUBLIQUE FRANÇAISE DU 5 FRUCTIDOR AN III.
Déclaration des droits et des devoirs de l'homme et du citoyen.

Le peuple français proclame, en présence de l'Être suprême, la déclaration suivante des droits et des devoirs de l'homme et du citoyen.

Dispositions générales.

353.—Nul ne peut être empêché de dire, écrire, imprimer et publier sa pensée.

Les écrits ne peuvent être soumis à aucune censure avant leur publication.

Nul ne peut être responsable de ce qu'il a écrit ou publié, que dans les cas prévus par la loi.

355.—Il n'y a ni priviléges, ni maîtrise, ni jurande, ni limitation à la liberté de la presse.

DÉCRET DU 14 FRUCTIDOR AN III,
Sur les douanes.

40.—Les tribunaux de paix jugeront en première instance... les autres affaires relatives aux douanes. — (V. p. 113, n. 456.)

LOI 27 GERMINAL AN IV,
Portant que les peines contre toute espèce de provocation à la dissolution du gouvernement républicain, et tout crime attentatoire à la sûreté publique et individuelle (1).

ART. 1er. — Sont coupables de crime contre la sûreté intérieure de la République et contre la sûreté individuelle des citoyens, et seront punis de la peine de mort, conformément à l'art. 612 du Code des délits et des peines, tous ceux qui, par leurs discours ou par leurs écrits imprimés, soit distribués, soit affichés, provoquent la dissolution de la représentation nationale ou celle du Directoire exécutif, ou le meurtre de tous ou aucun des membres qui les composent, ou le rétablissement de la royauté, ou celui de la Constitution de 1793, ou celui de la Constitution de 1791, ou de tout gouvernement autre que celui établi par la Constitution de l'an III, acceptée par le peuple français, ou l'invasion des propriétés publiques, ou le pillage ou le partage des propriétés particulières, sous le nom de loi *agraire*, ou de toute autre manière.

La peine de mort mentionnée au présent article sera commuée en celle de la déportation, si le jury déclare qu'il y a dans le délit des circonstances atténuantes. — (Abrogé).

2. — Les délits énoncés en l'article précédent seront poursuivis immédiatement par le directeur du jury faisant fonctions d'officier de police, de la manière prescrite par l'article 243 de l'acte constitutionnel, et soumis à des jurés spéciaux d'accusation et de jugement, conformément aux dispositions du titre XIII du Code des délits et des peines. — (Abrogé).

3. — Les directeurs du jury d'accusation procéderont, sous peine de forfaiture, à l'instruction de ces affaires, sans délai, sans discontinuation et toutes affaires cessantes. — (Abrogé).

4. — Immédiatement après la traduction des accusés aux tribunaux criminels, le président du tribunal les entendra, ou commettra un juge pour les entendre.

Il procédera de suite à la formation du tableau des jurés, et convoquera le jury de jugement pour un jour très-prochain, et sans attendre l'époque ordinaire de l'ouverture des sessions. La contravention à cet article est une forfaiture, et est punie comme telle. — (Abrogé).

5. — Tout rassemblement où se feraient des provocations de la nature de celles mentionnées en l'article 1er prend le caractère d'un *attroupement séditieux*. Les bons citoyens qui en sont les témoins arrêteront les coupables, ou, s'ils sont trop faibles, ils avertiront la force armée la plus voisine. — (Abrogé)

6. — Tous ceux qui se trouveront dans ces rassemblements seront tenus de se retirer aussitôt après la première sommation qui leur en sera faite par le magistrat ou par le commandant de la force armée.

Ceux qui resteraient après cette sommation seront saisis et punis, savoir : les étrangers, ou déportés rentrés en France, de la peine mentionnée en l'article 1er de la présente résolution; ceux qui, ayant rempli des fonctions publiques, soit au choix du peuple, soit à tout autre titre, et ayant été mis en accusation ou hors la loi, n'ont pas été acquittés, par un jugement, de la peine de déportation; et tous autres de la peine de cinq années de fers. — (Abrogé).

7. — Si les attroupés opposent la résistance à la garde qui se met en devoir de les arrêter, la résistance sera vaincue. — Abrogé.

8. — Ceux qui, n'ayant pas obéi à la sommation prescrite par l'article précédent, auront été saisis, seront poursuivis et jugés en la forme et de la manière prescrite par les art. 2, 3, 4 et 5 ci-dessus. — (Abrogé).

9. — Toute personne qui paraîtra en public portant un signe de ralliement autre que la cocarde nationale sera arrêtée et punie d'une année de détention, par voie de police correctionnelle. Celles qui, portant ces signes, seront arrêtées dans les attroupements, seront poursuivies de la manière prescrite par l'art. 8; et si elles sont dans le cas de la peine des fers, elles seront punies d'une peine double. — Abrogé (V. p. 93).

LOI DU 28 GERMINAL AN IV,
Contenant des mesures répressives des délits qui peuvent être commis par la voie de la presse (1).

ART. 1er. — Il ne doit être imprimé aucuns journaux, gazettes ou autres feuilles périodiques que ce soit, distribué aucun avis dans le public, imprimé ou placardé aucune affiche, qu'ils ne portent le nom de l'auteur ou des auteurs, le nom et l'indication de la demeure de l'imprimeur. — (Abrogé. V. p. 13).

2. — La contravention à cette disposition, soit par le défaut de mention du nom de l'auteur ou du nom et de la demeure de l'imprimeur, soit par l'expression d'un faux nom ou d'une fausse demeure, sera poursuivie par les officiers de police, et punie, indépendamment de ce qui pourrait donner lieu aux poursuites dont il sera parlé ci-après, d'un emprisonnement, par forme de police correctionnelle, du temps de six mois pour la première fois; en cas de récidive, du temps de deux années. — (Abrogé V. p. 13).

3. — S'il est inséré dans les écrits mentionnés ci-dessus quelque article non signé, ou extrait ou supposé extrait de papiers étrangers, celui qui fait publier le journal ou autre écrit sous son nom en sera responsable. — (Abrogé).

4 — Les mêmes peines seront applicables aux distributeurs, vendeurs, colporteurs et afficheurs d'écrits imprimés en contravention à l'article précédent. — (Abrogé).

5. — Les auteurs qui se permettraient de composer, et généralement toutes personnes qui imprimeraient, distribueraient, vendraient, colporteraient, afficheraient des écrits contenant les provocations déclarées criminelles par la loi du 27 germinal, présent mois, seront poursuivis de la manière qu'il est porté dans ladite loi contre les auteurs de ces provocations. — (Abrogé, V. p. 19).

6. — Ceux qui seront trouvés vendant, distribuant, colportant ou affichant aucuns desdits écrits, seront arrêtés et conduits devant le directeur du jury d'accusation; ils seront tenus de nommer les personnes qui leur auront remis lesdits écrits. Les personnes déclarées seront successivement appelées, jusqu'à ce que le directeur du jury parvienne à l'imprimeur ou à l'auteur. — (Abrogé, V. p. 19).

7. — Dans le cas où l'auteur serait arrêté, il sera poursuivi et jugé conformément à la loi du 27 germinal an IV, et puni des peines portées en ladite loi. — (Abrogé).

8. — Dans le cas où l'auteur ne serait point indiqué par les imprimeurs, vendeurs, distributeurs, colporteurs et afficheurs, ainsi que dans le cas où les indications qu'ils auraient données se trouveraient fausses, ou porteraient, soit sur un étranger, soit sur une personne non domiciliée, ils seront punis de

(1) Abrogée par l'ensemble de la législation postérieure et le changement de gouvernement.

(2) Abrogée par l'ensemble des lois postérieures.

deux années de fers ; en cas de récidive, ils seront punis de la déportation. — (Abrogé, V. p. 19).

9. — Si le jury déclare qu'il y a dans le délit des circonstances atténuantes, la peine prononcée par l'article précédent contre les personnes y dénommées pourra être commuée en une détention par forme de police correctionnelle, qui ne pourra être moindre de six mois. — (Abrogé).

40. — Lesdits imprimeurs, distributeurs, vendeurs, colporteurs et afficheurs, arrêtés en exécution de la présente loi, ne seront jugés et ils ne pourront, en aucun cas, être mis en liberté qu'après le jugement de l'auteur, s'il a été dénoncé et saisi, ou après que l'inutilité des recherches pour le découvrir et le saisir aura été constatée, soit par un procès-verbal de perquisition, soit par la déclaration des imprimeurs, distributeurs, vendeurs, colporteurs et afficheurs, que l'auteur leur est inconnu. — (Abrogé).

LOI DU 5 NIVÔSE AN V (1),

Portant défenses d'annoncer publiquement les journaux et les actes des autorités constituées, autrement que par leurs titres.

ART. 1er. — Il est défendu à tout individu d'annoncer dans les rues, carrefours et autres lieux publics, aucun journal ou écrit périodique, autrement que par le titre général et habituel qui le distingue des autres journaux. — (Abrogé, V. p. 69).

2. — Il est également défendu d'annoncer aucune loi, aucun jugement, ou autres actes d'une autorité constituée, autrement que par le titre donné auxdits actes, soit par l'autorité de laquelle ils émanent, soit par celle qui a le droit de les publier — (Abrogé, V. p. 69).

3. — La contravention aux deux précédents articles sera punie, par voie correctionnelle, d'un emprisonnement de deux mois pour la première fois, et de six en cas de récidive. — (Abrogé, V. p. 69).

LOI DU 19 FRUCTIDOR AN V (2),

Contenant des mesures de salut public prises relativement à la conspiration royale.

ART. 35. — Les journaux, les autres feuilles périodiques, et les presses qui les impriment sont mis, pendant un an, sous l'inspection de la police, qui pourra les prohiber, aux termes de l'art. 355 de l'acte constitutionnel. — (Abrogé, V. p. 51).

36. — La loi du 7 thermidor dernier, relative aux sociétés particulières s'occupant de questions politiques, est rapportée.

37. — Toute société particulière s'occupant de questions politiques, dans laquelle il serait professé des principes contraires à la constitution de l'an III, acceptée par le peuple français, sera fermée ; et ceux de ses membres qui auraient professé ces principes seront poursuivis et punis conformément à la loi du 27 germinal an IV. — (Abrogé).

EXTRAIT DE LA LOI DU 9 VENDÉMIAIRE AN VI (3),

Relative aux fonds nécessaires pour les dépenses générales, etc.

ART. 56. — Les lettres de voitures, les connaissements, chartes-parties et police d'assurances, les cartes à jouer, les journaux, gazettes, feuilles périodiques ou papiers-nouvelles, les feuilles de papier-musique, toutes les affiches autres que celles d'actes émanés d'autorité publique, quelle que soit leur nature ou leur objet, seront assujettis au timbre fixe ou de dimension — (V. p. 51 et 73).

57. — Sont exceptés les ouvrages périodiques relatifs aux sciences et aux arts, ne paraissant qu'une fois par mois et contenant au moins deux feuilles d'impression — (V. p. 53).

58. — Le droit de timbre fixe ou de dimension pour les journaux et affiches sera de cinq centimes (ou un sou) ; — pour chaque feuille de vingt-quatre centimètres sur trente-huit, feuilles ouvertes, ou environ ; — et pour chaque demi-feuille de cette

dimension, de trois centimes (ou sept deniers un cinquième) — (V. p. 51).

60. — Ceux qui auront répandu des journaux ou papiers-nouvelles et autres objets compris dans l'art. 56 ci-dessus, et apposé ou fait apposer des affiches, sans avoir fait timbrer leur papier, seront condamnés à une amende de 100 liv. pour chaque contravention ; les objets soustraits aux droits seront lacérés — (V. p. 53).

64. — Les auteurs, afficheurs, distributeurs et imprimeurs desdits journaux et affiches seront solidairement tenus de l'amende, sauf leur recours les uns contre les autres — (V. p. 53 et 73).

ARRÊTÉ DU 3 BRUMAIRE AN VI,

Concernant la perception du droit de timbre sur le papier-musique, les journaux et affiches (V. p. 51 et 75). (1)

ART. 1er. — Dans la quinzaine de la publication du présent arrêté, tous les auteurs, imprimeurs, graveurs, marchands et dépositaires de papier-musique, seront tenus de faire timbrer en débet tous ceux de ces papiers qui sont en leur possession ; passé ce délai, l'amende et la peine de la lacération prononcées par l'art. 60, dite L. 9 vendém., seront encourues. — (Abrogé).

2. — Il sera fait un inventaire double des quantités timbrées ; le marchand donnera sur l'un d'eux sa soumission de compter au préposé de la régie de l'enregistrement, à l'expiration de chaque trimestre, du droit de timbre des quantités qu'il se trouverait, par la représentation du papier restant, avoir débitées. — (Abrogé).

3. — Hors le cas ci-dessus, les papiers destinés à la musique ne pourront être gravés ou imprimés, qu'ils n'aient été timbrés, avant la gravure ou l'impression de la musique, d'un titre différent de celui qui sera employé pour le timbre des papiers compris en l'art. 1er. — Les journaux, gazettes, feuilles périodiques ou papiers nouvelles, et les affiches, assujettis au timbre par la loi du 9 vendém., ne pourront également être imprimés que sur du papier timbré avant l'impression. — (Abrogé).

4. — Les imprimeurs et graveurs qui imprimeront ou graveront des journaux, gazettes, feuilles périodiques ou papiers-nouvelles, des affiches et papier-musique, sur papier non timbré, encourront l'amende et la peine de lacération prononcées par l'art. 60, dite loi. — (Abrogé).

5. — Dans le cas de contravention, les préposés de la régie retiendront les feuilles imprimées ou gravées qui ne seront pas timbrées, pour les joindre au procès-verbal qu'ils seront tenus de rapporter contre l'imprimeur ou graveur. — (Abrogé).

6. — Les préposés qui appliqueront le timbre sur des feuilles imprimées ou gravées, seront contraints au paiement de l'amende portée en l'art. 16, L. 11 fév. 1791. En cas de récidive, ils seront destitués. — (Abrogé).

LOI DU 2 FLORÉAL AN VI,

Interprétative de l'art. 57, loi 9 vendém. an VI, concernant le droit de timbre.

ART. 1er. — L'art. 57, L. 9 vendém. an VI, concernant le droit de timbre, n'est applicable qu'aux feuilles périodiques de musique, quelle que soit leur étendue, et à toute œuvre de musique qui n'excédera pas deux feuilles d'impression — (V. p. 53).

2. — Toutes poursuites et saisies qui pourraient avoir été faites par une fausse interprétation de l'art. 57, L. précitée, cesseront et n'auront aucun effet à compter de la publication de la présente loi. — (V. p. 53).

EXTRAIT DE LA LOI DU 13 BRUMAIRE AN VII (2).

TITRE PREMIER.

De l'établissement et de la fixation des droits.

ART. 1er. — La contribution du timbre est établie sur tous les papiers destinés aux actes civils et judi-

ciaires, et aux écritures qui peuvent être produites en justice et y faire foi.

Il n'y a d'autres exceptions que celles *nommément* exprimées dans la présente.

2. — Cette contribution est de deux sortes :

La première est le droit de timbre imposé et tarifé en raison de la dimension du papier dont il est fait usage ;

La seconde est le droit de timbre créé pour les effets négociables ou de commerce, et gradué en raison des sommes à y exprimer, sans égard à la dimension du papier.

3. — Les papiers destinés au timbre, qui seront débités par la régie, seront fabriqués dans les dimensions déterminées suivant le tableau ci-après :

DIMENSIONS, en partie du mètre, de la feuille déployée (supposée rognée).		
Hauteur.	Largeur	Superficie
Grand-registre.. 0,4204	0,5946	0,2500
Grand papier. 0,3536	0,5000	0,1768
Moyen papier (moitié du grand-registre). 0,2973	0,4204	0,1250
Petit papier (moitié du grand papier). 0,2500	0,3536	0,0884
Demi-feuille (moitié du petit papier). 0,2500	0,1768	0,0442
Effets de commerce (moitié de la demi-feuille du petit papier, coupé en long). 0,0884	0,2500	0,0221

Ils porteront un filigrane particulier, imprimé dans la pâte même à la fabrication.

4. — Il y aura des timbres particuliers pour les différentes sortes de papiers.

Les timbres pour le droit établi sur la dimension seront gravés pour être appliqués *en noir*.

Ceux pour le droit gradué, en raison des sommes, seront gravés pour être frappés *à sec*.

Chaque timbre portera distinctement son prix, et aura pour légende les mots : *République française*.

5. — Les timbres pour le droit établi sur la dimension porteront, en outre, le nom du département où ils seront employés.

Cette distinction particulière n'aura pas lieu pour les timbres relatifs aux effets de commerce.

6. — L'empreinte à apposer sur les papiers que fournira la régie sera appliquée au haut de la partie gauche de la feuille (non déployée), de la demi-feuille et du papier pour effets de commerce.

7. — Les citoyens qui voudront se servir de papiers autres que ceux de la régie, ou de parchemin, seront admis à les faire timbrer avant d'en faire usage.

On emploiera pour ce service les timbres relatifs ; mais l'empreinte sera appliquée au haut du côté droit de la feuille.

Si les papiers ou le parchemin se trouvent être de dimensions différentes de celles des papiers de la régie, le timbre, quant au droit établi en raison de la dimension, sera payé au prix du format supérieur.

LOI DU 6 PRAIRIAL AN VII (4),

Qui assujettit au droit de timbre les avis imprimés, etc.

ART. 1er. — Les avis imprimés, quel qu'en soit l'objet, qui se crient et distribuent dans les rues et lieux publics, et que l'on fait circuler de toute autre manière, seront assujettis au droit de timbre, à l'exception des adresses contenant la simple indication de domicile ou le simple avis de changement — (V. p. 51).

2. — Le droit établi par l'article précédent sera de 5 cent. pour la feuille d'impression ordinaire au-dessous de trente décimètres carrés ; — de 3 cent. pour la demi-feuille et au-dessous ; — de 8 cent. pour la feuille de trente décimètres carrés et au-dessous ; — et de 4 cent. pour la demi-feuille ; — sans qu'en aucun cas le droit puisse être moindre de 3 cent. pour chaque annonce ou avis. — (Abrogé, V. p. 51).

3. — Les feuilles de supplément, jointes aux journaux et papiers-nouvelles, paieront le droit de timbre comme les journaux mêmes, et selon le tarif porté en la loi du 9 vendém. an VI. — (Abrogé, V. p. 53).

4. — Les contraventions aux dispositions de la

---

(1) Abrogée par l'article 9 de la loi du 10 déc. 1830.

(2) Loi de circonstance et transitoire.

(3) Abrogée en partie par les lois postérieures (V. p. 51 et 73).

(1) Abrogé comme la loi dont il réglementait l'exécution.

(2) Abrogée par les lois postérieures qui ont adopté d'autres bases et un autre système de tarif (V. p. 51 t. 73).

(1) Abrogée en partie par les lois postérieures.

présents seront punies, indépendamment de la restitution des droits fraudés, d'une amende de 25 fr. pour la première fois, de 50 fr. pour la seconde, et de 100 fr. pour chacune des autres récidives. — (Abrogé, V. p. 53).

LOI DU 18 GERMINAL AN X (8 avril 1802),

Relative à l'organisation du culte.

TITRE Iᵉʳ. — DU RÉGIME DE L'ÉGLISE CATHOLIQUE DANS SES RAPPORTS GÉNÉRAUX AVEC LES DROITS ET LA POLICE DE L'ÉTAT.

Art. 6. — Il y aura recours au conseil d'Etat, dans tous les cas d'abus de la part des supérieurs et autres personnes ecclésiastiques.

Les cas d'abus sont : l'usurpation ou l'excès de pouvoir. La contravention aux lois et règlements de la République, l'infraction des règles consacrées par les canons reçus en France, l'attentat aux libertés, franchises et coutumes de l'Eglise gallicane, et toute entreprise ou tout procédé qui, dans l'exercice du culte, peut compromettre l'honneur des citoyens, troubler arbitrairement leur conscience, dégénérer contre eux en oppression ou injure ou en scandale public. — (V. p. 115.)

8. — Le recours compétera à toute personne intéressée ; à défaut de plainte particulière, il sera exercé d'office par le préfet.

Le fonctionnaire public, l'ecclésiastique ou la personne qui voudra exercer ce recours, adressera un mémoire détaillé et signé, au conseiller d'Etat chargé de toutes les affaires concernant les cultes, lequel sera tenu de prendre dans le plus court délai tous les renseignements convenables ; et, sur son rapport, l'affaire sera suivie et définitivement terminée dans la forme administrative ou renvoyée selon l'exigence des cas aux autorités compétentes.

LOI DU 18 GERMINAL AN X (8 avril 1802),

Relative à l'organisation du culte.

Art. 6. — Le conseil d'Etat connaîtra de toutes les entreprises des ministres du culte et de toutes les discussions qui pourront s'élever entre ses ministres.

ORDONNANCE DU PRÉFET DE POLICE DU 17 GERM. AN XI,

Concernant les colporteurs.

Art. 3. — Nul individu ne peut être colporteur s'il ne sait lire et écrire.

4. — Tout colporteur est tenu d'avoir sur son habit une plaque de cuivre sur laquelle sera gravé le mot *colporteur*, avec le numéro de sa permission.

5. — Il est défendu aux colporteurs de céder ou prêter leurs plaques ou permissions, sous quelque prétexte que ce soit.

6. — Les colporteurs sont tenus de représenter leur permission chaque fois qu'ils en seront requis par les commissaires de police, officiers de paix, préposés de la préfecture de police, et par tous autres chargés de tenir la main à l'exécution de la présente ordonnance.

7. — Dans le cas de changement de demeure, les colporteurs doivent en faire la déclaration à la préfecture. Ils la feront, en outre, savoir : ceux qui demeurent à Paris, devant les commissaires de leurs ancien et nouveau domiciles, et ceux qui résident dans les communes rurales, devant les maires de leurs ancienne et nouvelle habitations.

11. — Les colporteurs ne pourront s'arrêter sur la voie publique.

12. — Dans tous les cas de contravention aux dispositions ci-dessus, les colporteurs seront amenés à la préfecture de police, et il sera pris envers les contrevenants, etc., etc. (V. C. pén., art. 471, n. 15).

LOI DU 21 GERMINAL AN X (11 AVRIL 1803),

Contenant organisation des écoles de pharmacie art. 36 (V. p. 69)

ARRÊTÉ DU 5 GERMINAL AN XII,

Relatif à la fabrication des médailles.

Art. 1ᵉʳ. — Il est expressément défendu à toutes personnes, quelles que soient les professions qu'elles exercent, de frapper ou faire frapper des médailles, jetons ou pièces de plaisir, d'or, d'argent et d'autres métaux, ailleurs que dans l'atelier destiné à cet effet dans la galerie du Louvre, à Paris, à moins d'être munies d'une autorisation spéciale du Gouvernement. — (V. p. 61).

2. — Néanmoins, tout dessinateur ou graveur, ou autre individu, pourra dessiner ou graver, faire dessiner ou graver des médailles ; et elles seront frappées avec le coin qu'ils remettront à la Monnaie des médailles. — (V. p. 61).

Les frais de fabrication seront réglés par le ministre de l'intérieur.

Il sera déposé deux exemplaires de chaque médaille en bronze à la Monnaie du Louvre et deux à la Bibliothèque nationale. — (V. p. 61).

3. — Conformément à l'arrêt du conseil du 18 janvier 1685, chacun des contrevenants aux dispositions contenues dans les articles précédents sera condamné à une amende de 1,000 francs, et à une somme double en cas de récidive. — (V. p. 61).

4. — Les particuliers qui feront frapper des médailles ou jetons seront, au surplus, assujettis aux lois et règlements généraux de police qui concernent les arts et l'imprimerie. — (V. p. 61).

5. — Le ministre de l'intérieur est chargé de l'exécution du présent arrêté.

L. 23 PLUVIOSE AN XIII (18 février 1805),

Interprétative de l'article 36 de la loi du 21 germ. an x. — (V. p. 69).

DÉCRET DU 1ᵉʳ GERMINAL AN XIII,

Concernant les droits des propriétaires d'ouvrages posthumes.

Vu les lois sur les propriétés littéraires ;

Considérant qu'elles déclarent propriétés publiques les ouvrages des auteurs morts depuis plus de dix ans ;

Que les dépositaires, acquéreurs, héritiers ou propriétaires des ouvrages posthumes d'auteurs morts depuis plus de dix ans, hésitent à publier ces ouvrages, dans la crainte de s'en voir contester la propriété exclusive, et dans l'incertitude de la durée de cette propriété ;

Que l'ouvrage inédit est comme l'ouvrage qui n'existe pas ; et que celui qui le publie a les droits de l'auteur décédé, et doit en jouir pendant sa vie ;

Que cependant, s'il réimprimait en même temps et dans une seule édition, avec les œuvres posthumes, les ouvrages déjà publiés du même auteur, il en résulterait en sa faveur une espèce de privilége pour la vente d'ouvrages devenus propriété publique ;

Le conseil d'Etat entendu, décrète :

Art. 1ᵉʳ. — Les propriétaires, par succession ou à autre titre, d'un ouvrage posthume, ont les mêmes droits que l'auteur, et les dispositions des lois sur la propriété exclusive des auteurs et sur sa durée leur sont applicables ; toutefois, à la charge d'imprimer séparément les œuvres posthumes, et sans les joindre à une nouvelle édition des ouvrages déjà publiés et devenus propriété publique. — (V. p. 13).

DÉCRET DU 7 GERMINAL AN XIII,

Concernant l'impression des livres d'église, des heures et des prières.

Art. 1ᵉʳ. — Les livres d'église, les heures et prières ne pourront être imprimés ou réimprimés que d'après la permission donnée par les évêques diocésains, laquelle permission sera textuellement rapportée et imprimée en tête de chaque exemplaire (V. L. 19 juillet 1791, art. 1ᵉʳ). — (V. p. 13).

2. — Les imprimeurs, libraires, qui feraient imprimer, réimprimer des livres d'église, des heures ou prières, sans avoir obtenu cette permission, seront poursuivis conformément à la loi du 19 juillet 1793 — (V. p. 13).

DÉCRET DU 8 JUIN 1806, CONCERNANT LES THÉATRES.

TITRE Iᵉʳ. — DES THÉATRES DE LA CAPITALE.

Art. 1ᵉʳ. — Aucun théâtre ne pourra s'établir dans la capitale sans notre autorisation spéciale, sur le rapport qui nous en sera fait par notre ministre de l'intérieur. — (V. p. 77).

2. — Tout entrepreneur qui voudra obtenir cette autorisation sera tenu de faire la déclaration prescrite par la loi, et de justifier, devant notre ministre de l'intérieur, des moyens qu'il aura pour assurer l'exécution de ses engagements. — (V. p. 77).

3. Le théâtre de l'impératrice sera placé à l'Odéon, aussitôt que les réparations seront achevées.

Les entrepreneurs du théâtre Montansier, d'ici au 1ᵉʳ janvier 1807, établiront leur théâtre dans un autre local. — (V. p. 77.)

4. — Les répertoires de l'Opéra, de la Comédie-Française et de l'Opéra-Comique seront arrêtés par le ministre de l'intérieur ; et nul autre théâtre ne pourra représenter, à Paris, des pièces comprises dans les répertoires de ces trois grands théâtres, sans leur autorisation, et sans leur payer une rétribution qui sera réglée de gré à gré et avec l'autorisation du ministre. — (V. p. 77).

5. — Le ministre de l'intérieur pourra assigner à chaque théâtre un genre de spectacle dans lequel il sera tenu de se renfermer — (V. p. 77).

6. — L'Opéra pourra seul donner des ballets ayant les caractères qui sont propres à ce théâtre, et qui seront déterminés par le ministre de l'intérieur. Il sera le seul théâtre qui pourra donner des bals masqués. — (V. p. 77).

TITRE II. — THÉATRES DES DÉPARTEMENTS.

7. — Dans les grandes villes de l'Empire, les théâtres seront réduits au nombre de deux. Dans les autres villes, il n'en pourra subsister qu'un. Tous devront être munis de l'autorisation du préfet, qui rendra compte de leur situation au ministre de l'intérieur. — (V. p. 77).

8. — Aucune troupe ambulante ne pourra subsister sans l'autorisation des ministres de l'intérieur et de la police. Le ministre de l'intérieur désignera les arrondissements qui leur sont destinés, et en préviendra les préfets. — (V. p. 77).

9. — Dans chaque chef-lieu de département, le théâtre principal jouira seul du droit de donner des bals masqués. — (V. p. 77).

TITRE III. — DES AUTEURS.

10. Les auteurs et les entrepreneurs seront libres de déterminer entre eux, par des conventions mutuelles, les rétributions dues aux premiers par somme fixe ou autrement (V. décr. 19 juill.-6 août 1791, art. 2) — (V. p. 79).

11. — Les autorités locales veilleront strictement à l'exécution de ces conventions — (V. p. 79).

12. — Les propriétaires d'ouvrages dramatiques posthumes ont les mêmes droits que l'auteur ; et les dispositions sur la propriété des auteurs et sur sa durée leur sont applicables, ainsi qu'il est dit au décret du 1ᵉʳ germin. an XIII (V. les notes de ce décret. — (V. p. 79).

13. — Tout entrepreneur qui aurait fait faillite ne pourra plus rouvrir de théâtres — (V. p. 77).

14. — Une pièce ne pourra être jouée sans l'autorisation du ministre de la police générale. — (V. p. 77).

15. — Les spectacles de curiosité seront soumis à des règlements particuliers, et ne porteront plus le titre de théâtres. — (V. p. 77).

DÉCRET DU 29 JUILLET 1807, SUR LES THÉATRES.

TITRE Iᵉʳ. — DISPOSITIONS GÉNÉRALES.

Art. 1ᵉʳ. — Aucune représentation à bénéfice ne pourra avoir lieu que sur le théâtre même dont l'administration ou les entrepreneurs auront accordé le bénéfice de ladite représentation.

Les acteurs de nos théâtres impériaux ne pourront jamais paraître dans ces représentations sur le théâtre auquel ils appartiennent.

2. — Les préfets, sous-préfets et maires sont tenus de ne pas souffrir que, sous aucun prétexte, les acteurs desdits quatre grands théâtres qui auront obtenu un congé pour aller dans les départements, y prolongent leur séjour au delà du temps fixé par le congé : en cas de contravention, les directeurs de spectacles seront condamnés à verser à la caisse des pauvres le montant de la recette des représentations qui auront eu lieu après l'expiration du congé.

3. — Aucune nouvelle salle de spectacle ne pourra être construite ; aucun déplacement d'une troupe d'une salle dans une autre ne pourra avoir lieu dans notre bonne ville de Paris, sans une autorisation donnée par nous, sur le rapport de notre ministre de l'intérieur.

TITRE II. — DU NOMBRE DES THÉÂTRES, ET DES RÈGLES AUXQUELLES ILS SONT ASSUJETTIS.

4. — Le *maximum* du nombre des théâtres de notre bonne ville de Paris est fixé à huit ; en conséquence, sont seuls autorisés à ouvrir, afficher et représenter, indépendamment des quatre grands théâtres mentionnés en l'art. 1er du règlement de notre ministre de l'intérieur, en date du 25 avril dernier, les entrepreneurs ou administrateurs des quatre grands théâtres suivants :

1° Le théâtre de la Gaîté, établi en 1760 ; celui de l'Ambigu-Comique, établi en 1772, boulevard du Temple ; lesquels joueront concurremment des pièces du même genre, désignées aux paragraphes 3 et 4 de l'art. 5 du règlement de notre ministre de l'intérieur ;

2° Le théâtre des Variétés, boulevard Montmartre, établi en 1777, et le théâtre du Vaudeville, établi en 1792 ; lesquels joueront concurremment des pièces du même genre, désignées aux paragraphes 3 et 4 de l'art. 3 du règlement de notre ministre de l'intérieur. (Code d'instruction criminelle, promulgué dans les mois de novembre et décembre 1808).

5. — Tous les théâtres non autorisés par l'article précédent seront fermés avant le 15 août.

En conséquence, on ne pourra représenter aucune pièce sur d'autres théâtres, dans notre bonne ville de Paris, que ceux ci-dessus désignés, sous aucun prétexte, ni y admettre le public, même gratuitement ; faire aucune affiche, distribuer aucun billet imprimé ou à la main, sous les peines portées par les lois et règlements de police.

6. Le règlement susdaté, fait par notre ministre de l'intérieur, est approuvé, pour être exécuté dans toutes les dispositions auxquelles il n'est pas dérogé par le présent décret.

DÉCRET DU 30 MARS 1808,

Sur la police et la discipline des Cours et tribunaux.

ART. 103, 104. — V. p. 121.

DÉCRET DU 20 FÉVRIER 1809,

Concernant les manuscrits des bibliothèques et autres établissements publics.

ART. 1er. — Les manuscrits des archives de notre ministère des relations extérieures, et ceux des bibliothèques impériales, départementales et communales, ou des autres établissements de notre Empire, soit que ces manuscrits existent dans les dépôts auxquels ils appartiennent, soit qu'ils en aient été soustraits, ou que leurs minutes n'y aient pas été déposées, aux termes des anciens règlements, sont la propriété de l'État, et ne peuvent être imprimés et publiés sans autorisation. — (V. p. 13).

2. — Cette autorisation sera donnée par notre ministre des relations extérieures, pour la publication des ouvrages dans lesquels se trouveront des copies, extraits ou citations des manuscrits qui appartiennent aux archives de son ministère, et par notre ministre de l'intérieur, pour celle des ouvrages dans lesquels se trouveront des copies, extraits ou citations des manuscrits qui appartiennent à l'un des autres établissements publics mentionnés dans l'article précédent — (V. p. 13).

Articles des différents Codes cités dans les tableaux de concordance.

CODE DE PROCÉDURE DE 1806.

Articles.	Pages.	Articles.	Pages.
10	117	90	121
11	id.	91	117
12	id.	92	119
88	id.	512	121
89	id.	1036	id.

CODE D'INSTRUCTION CRIMINELLE.

Articles.	Pages.	Articles.	Pages.
1	141	186	145
3	139	187	id.
22	141	188	145
25	157	197	151
43	137-139	199	149
64	143	200	141
81	145	201	id.
113	id.	202	id.
114	id.	203	id.
118	id.	205	id.
119	id.	231	137
130	id.	365	151-153
133	id.	373	149
134	id.	504	117
139	139	505	117-119
141	id.	506	id.
177	149	507	id.
179	137	508	id.
181	118	509	id.
182	143	637	153
183	id.	638	id.
184	id.	640	id.
185	141	643	id,

CODE PÉNAL DE 1810 MODIFIÉ EN 1832 ET EN 1852.

Articles.	Pages.	Articles.	Pages.
11	134	261	90
42	id.	252	101-113
57	133	263	101
58	83-id.	264	id.
59	id.	283	69
60	83	284	69-83-85
64	id.	285	id. id. id.
65	id.	286	69-101
85	89	287	61-id. id.
86	85-89	288	61-id. id.
87	85	289	id. id.
91	97	290	59-65-71
102	85	293	69-85-87
109	99	367	105-109
201	93	398	id.-147
202	87-97-93-103	369	105
203	87-97	370	105-147
204	id.-93	371	105
205	87-97-103	371	id.
286	97	373	105-115
217	85	374	105
222	105-109-118	375	185-109-111
223	id. id. id.	376	id. id. id.
224	111	377	107-121
225	id.	410	71
226	109-120	419	67-94-127
227	id. id.	421	id. id. id.
228	id. id.	463	133
229	111-113-120	464	65
230	id. id. id.	465	id.
231	id. id. id.	471	105-109
232	id. id. id.	475	61-101
233	id. id. id.	477	61-101
260	90	484	155

DÉCRET DU 5 FÉVRIER 1810 (1),

Contenant règlement sur l'imprimerie et la librairie.

TITRE Ier. — DE LA DIRECTION DE L'IMPRIMERIE ET DE LA LIBRAIRIE.

ART. 1er. — Il y aura un directeur général, chargé, sous les ordres de notre ministre de l'intérieur, de tout ce qui est relatif à l'imprimerie et à la librairie. — (V. p. 9).

2. — Six auditeurs seront placés auprès du directeur général (V. p. 9). — (Abrogé).

TITRE II. — DE LA PROFESSION D'IMPRIMEUR.

3. — À dater du 1er janvier 1811, le nombre des imprimeurs, dans chaque département, sera fixé, et celui des imprimeurs, à Paris, sera réduit à soixante.

4. — La réduction dans le nombre des imprimeurs ne pourra être effectuée sans qu'on ait préalablement pourvu à ce que les imprimeurs actuels qui seront supprimés reçoivent une indemnité de ceux qui seront conservés. — (Abrogé, V. p. 9).

5. — Les imprimeurs seront brevetés et assermentés. — (Abrogé, V. p. 9).

6. Ils seront tenus d'avoir, à Paris, quatre presses, et dans les départements, deux. — (V. p. 9).

(1) Abrogé en partie par les constitutions qui ont aboli le système de la censure et remplacé par les lois postérieures.

7. — Lorsqu'il viendra à vaquer des places d'imprimeurs, soit par décès, soit autrement, ceux qui leur succéderont ne pourront recevoir leurs brevets et être admis au serment qu'après avoir justifié de leur capacité, de leurs bonnes vie et mœurs, et de leur attachement à la patrie et au souverain. — (V. p. 9).

8. — On aura, lors des remplacements, des égards particuliers pour les familles des imprimeurs décédés. — (V. p. 9).

9. Le brevet d'imprimeur sera délivré par notre directeur général de l'imprimerie, et soumis à l'approbation de notre ministre de l'intérieur ; il sera enregistré au tribunal civil du lieu de la résidence de l'impétrant, qui y prêtera serment de ne rien imprimer de contraire aux devoirs envers le souverain et à l'intérêt de l'État. — (V. p. 9).

TITRE III. — DE LA POLICE DE L'IMPRIMERIE.

SECT. Ire. — *De la garantie de l'administration.*

10. — Il est défendu de rien imprimer ou faire imprimer qui puisse porter atteinte aux devoirs des sujets envers le souverain et à l'intérêt de l'État. Les contrevenants seront traduits devant nos tribunaux et punis conformément au Code pénal, sans préjudice du droit qu'aura notre ministre de l'intérieur, sur le rapport du directeur général, de retirer le brevet à tout imprimeur qui aura été pris en contravention. — (Abrogé, V. p. 1).

11. — Chaque imprimeur sera tenu d'avoir un livre coté et parafé par le préfet du département, où il inscrira, par ordre de date, le titre de chaque ouvrage qu'il voudra imprimer, et le nom de l'auteur, s'il lui est connu. Ce livre sera représenté à toute réquisition, et visé, s'il est jugé convenable, par tout officier de police. — (Abrogé, V. p. 11).

12. — L'imprimeur remettra ou adressera sur-le-champ au directeur général de l'imprimerie et de la librairie, et, en outre, aux préfets, copie de la transcription faite sur son livre, et la déclaration qu'il a l'intention d'imprimer l'ouvrage ; il lui en sera donné récépissé.

Les préfets donneront connaissance de chacune de ces déclarations à notre ministre de la police générale. — (Abrogé, V. p. 11).

13. — Le directeur général pourra ordonner, si bon lui semble, la communication et l'examen de l'ouvrage, et surseoir à l'impression. — (Abrogé, V. p. 1).

14. — Lorsque le directeur général aura sursis à l'impression d'un ouvrage, il l'enverra à un censeur choisi parmi ceux que nous nommerons, pour remplir cette fonction, sur l'avis du directeur général et la proposition de notre ministre de l'intérieur. — (Abrogé, V. p. 1).

15. — Notre ministre de la police générale et les préfets dans leurs départements feront surseoir à l'impression de tous les ouvrages qui leur seront en contravention à l'art. 10. En ce cas, le manuscrit sera envoyé, dans les vingt-quatre heures, au directeur général, comme il est dit ci-dessus. — (Abrogé, V. p. 1).

16. — Sur le rapport du censeur, le directeur général pourra indiquer à l'auteur les changements ou suppressions jugés convenables, et sur son refus de les faire, défendre la vente de l'ouvrage, faire rompre les formes et saisir les feuilles ou exemplaires déjà imprimés. — (Abrogé, V. p. 1).

17. En cas de réclamation de l'auteur, elle sera adressée à notre ministre de l'intérieur, et il sera procédé à un nouvel examen. — (Abrogé, V. p. 1).

18. — Un nouveau censeur en sera chargé, il rendra compte au directeur général, lequel, assisté du nombre de censeurs qu'il jugera à propos de s'adjoindre, décidera définitivement. — (Abrogé, V. p. 1).

19. — Lorsque le directeur général jugera qu'un ouvrage qu'on se propose d'imprimer intéresse quelque partie du service public, il en préviendra le ministre du département auquel l'objet de cet ouvrage sera relatif, et sur la demande de ce ministre, il en ordonnera l'examen. — (Abrogé, V. p. 1).

20. — Si nos ministres sont informés, autrement que par le directeur général, qu'un auteur ou un imprimeur se propose d'imprimer un ouvrage qui intéresse quelque partie de leurs attributions et qui doive être soumis à l'examen, ils requerront le directeur général d'ordonner qu'il soit examiné.

Le résultat de cet examen sera communiqué au ministre du département ; et, en cas de diversité d'opinions, il nous en sera rendu compte par notre ministre de l'intérieur. — (Abrogé, V. p. 1).

SECT. II. — *De la garantie des auteurs et imprimeurs.*

21. — Tout auteur ou imprimeur pourra, avant l'impression, soumettre à l'examen l'ouvrage qu'il veut imprimer ou faire imprimer : il lui en sera donné un récépissé, à Paris, au secrétariat du directeur général, et dans les départements, au secrétariat de la préfecture. — (Abrogé, V. p. 1).

22. — Il en sera usé dans ce cas comme il est dit aux art. 14, 15, 16, 17 et 18.—(Abrogé, V.p.1).

SECT. III. — *Dispositions relatives à l'exécution des deux sections précédentes.*

23. — Lorsque le directeur général pensera qu'il n'y a pas lieu à examiner un ouvrage et qu'aucun de nos ministres n'en aura provoqué l'examen, le directeur général enverra un récépissé de la feuille de transcription du registre de l'imprimeur ; et il pourra alors être donné suite à l'impression. — (Abrogé, V. p. 3).

24. — Lorsque l'ouvrage que l'imprimeur aura déclaré vouloir imprimer aura été examiné, soit d'office, soit sur la demande d'un de nos ministres, soit d'après un sursis ordonné par le ministre de la police et les préfets dans leurs départements, soit enfin sur la demande de l'auteur, et qu'il n'y aura été rien trouvé de contraire aux dispositions de l'art. 10, il en sera dressé procès-verbal par le censeur qui parafera l'ouvrage, et copie du procès-verbal, visée par le directeur général, sera transmise, selon le cas, à l'auteur ou à l'imprimeur. — (Abrogé, V. p 3).

25. — Si le directeur général, sur l'avis du censeur, a décidé qu'il y a lieu à des changements ou suppressions, il en sera fait mention audit procès-verbal, et l'auteur ou l'imprimeur seront tenus de s'y conformer. — (Abrogé, V. p. 3).

26. — La vente et circulation de tout ouvrage dont l'auteur ou éditeur ne pourra représenter un tel procès-verbal pourra être suspendue ou prohibée, en vertu d'une décision de notre ministre de la police, ou de notre directeur de l'imprimerie, ou des préfets, chacun dans son département; et, en ce cas, les éditions ou exemplaires pourront être saisis ou confisqués entre les mains de tout imprimeur ou libraire. — (Abrogé, V. p. 3).

27. — La vente et circulation de tout ouvrage dont l'auteur, éditeur ou imprimeur, pourra représenter le procès-verbal dont il est parlé à l'art. 24, ne pourront être suspendues, et les exemplaires, provisoirement mis sous le séquestre, que par notre ministre de la police.

En ce cas, et dans les vingt-quatre heures, notre ministre de la police transmettra à la commission du contentieux de notre conseil d'État, un exemplaire dudit ouvrage, avec l'exposé des motifs qui l'ont déterminé à en ordonner la suspension. — (Abrogé, V. p. 3).

28. — Le rapport et l'avis de la commission du contentieux seront renvoyés à notre conseil d'État pour être statué définitivement.—(Abrogé, V. p. 3).

TITRE IV. — DES LIBRAIRES.

29. — A dater du 1er janvier 1811, les libraires seront brevetés et assermentés (V. L. 21 oct. 1814, art. 11, V. p. 23).

30. — Les brevets de libraires seront délivrés par notre directeur général de l'imprimerie et soumis à l'approbation de notre ministre de l'intérieur ; ils seront enregistrés au tribunal civil du lieu de la résidence de l'impétrant, qui y prêtera serment de ne vendre, débiter et distribuer aucun ouvrage contraire aux devoirs envers le souverain et à l'intérêt de l'État.— (V. p. 23).

31. — La profession de libraire pourra être exercée concurremment avec celle d'imprimeur.—(V. p. 23).

32. — L'imprimeur qui voudra réunir la profession de libraire sera tenu de remplir les formalités qui seront imposées au libraire. — Le libraire qui voudra réunir la profession d'imprimeur sera tenu de remplir les formalités qui sont imposées aux imprimeurs. — (V. p. 23).

33. — Les brevets ne pourront être accordés aux libraires qui voudront s'établir à l'avenir qu'après qu'ils auront justifié de leurs bonnes vie et mœurs et de leur attachement à la patrie et au souverain. — (V. p. 23).

TITRE V. — DES LIVRES IMPRIMÉS A L'ÉTRANGER.

34. — Aucun livre en langue française ou latine imprimé à l'étranger ne pourra entrer en France sans payer un droit d'entrée.—(V. p. 57).

35. — Ce droit ne pourra être au-dessous de cinquante pour cent de la valeur de l'ouvrage. — Le tarif en sera rédigé par le directeur général de la librairie, et délibéré en notre conseil d'État, sur le rapport de notre ministre de l'intérieur. — (Abrogé, V. p. 57).

36. — Indépendamment des dispositions de l'article 34, aucun livre imprimé ou réimprimé hors de la France ne pourra être introduit en France sans une permission du directeur général de la librairie, annonçant le bureau de douane par lequel il entrera. — (Abrogé, V. p. 57).

37. — En conséquence, tout ballot de livres venant de l'étranger sera mis, par le préposé des douanes, sous corde et sous plomb, et envoyé à la préfecture la plus voisine. — (Abrogé, V. p. 57).

38. — Si les livres sont reconnus conformes à la permission, chaque exemplaire, ou le premier volume de chaque exemplaire, sera marqué d'une estampille au lieu du dépôt provisoire, et ils seront remis au propriétaire. — (Abrogé, V. p. 57).

TITRE VI. — DE LA PROPRIÉTÉ ET DE SA GARANTIE.

39. — Le droit de propriété est garanti à l'auteur et à sa veuve pendant leur vie, si les conventions matrimoniales de celle-ci lui en donnent le droit, et à leurs enfants pendant vingt ans.—(V. p. 13).

40. — Les auteurs, soit nationaux, soit étrangers, de tout ouvrage imprimé ou gravé, peuvent céder leur droit à un imprimeur ou libraire, ou à toute autre personne, qui est alors substituée en leur lieu et place pour eux et leurs ayants cause, comme il est dit à l'article précédent.—(V. p. 13).

TITRE VII. — SECT. Ire. — *Des délits en matière de librairie, et du mode de les punir et de les constater.*

41. — Il y aura lieu à confiscation et amende au profit de l'État, dans les cas suivants, sans préjudice des dispositions du Code pénal : 1° Si l'ouvrage est sans nom d'auteur ou d'imprimeur ; — 2° Si l'auteur ou l'imprimeur n'a pas fait, avant l'impression de l'ouvrage, l'enregistrement de la déclaration prescrite aux art. 11 et 12 ; — 3° Si, l'ouvrage ayant été demandé pour être examiné, on n'a pas suspendu l'impression ou la publication ; — 4° Si, l'ouvrage ayant été examiné, l'auteur ou l'imprimeur se permet de le publier, malgré la défense prononcée par le directeur général ; — 5° Si l'ouvrage est publié malgré la défense du ministre de la police générale, quand l'auteur, éditeur ou imprimeur, n'a pu représenter le procès-verbal dont il est parlé, art. 24 ; — 6° Si, étant imprimé à l'étranger, il est présenté à l'entrée sans permission, ou circule sans être estampillé ; — 7° Si c'est une contrefaçon, c'est-à-dire si c'est un ouvrage imprimé sans le consentement et au préjudice de l'auteur ou éditeur, ou de leurs ayants cause. — (Abrogé en justice, V. p. 3, 11, 15, 13 et 57).

42. — Dans ce dernier cas, il y aura lieu en outre à des dommages-intérêts envers l'auteur ou éditeur, ou leurs ayants cause, et l'édition ou les exemplaires contrefaits seront confisqués à leur profit.—(V. C. pén., art. 420; V. p. 13).

43. — Les peines seront prononcées, et les dommages-intérêts seront arbitrés par le tribunal correctionnel ou criminel, selon les cas et d'après les lois (V. C. pén., art 429; V. p. 13).

44. — Le produit des confiscations et des amendes sera appliqué, ainsi que le produit du droit, sur les livres venant de l'étranger, aux dépenses de la direction générale de l'imprimerie et de la librairie. — (V. C. pén., art. 429; V. p. 13).

SECT. II. — *Du mode de constater les délits et contraventions.*

45. — Les délits et contraventions seront constatés par les inspecteurs de l'imprimerie et de la librairie, les officiers de police, et en outre par les préposés aux douanes, pour les livres venant de l'étranger.—(V. p. 29).

Chacun dressera procès-verbal de la nature du délit et contravention, des circonstances et dépendances, et le remettra au préfet de son arrondissement, pour être adressé au directeur général. — (V. L. 21 oct. 1814, art. 20; V. p. 29).

46. — Les objets saisis seront déposés provisoirement au secrétariat de la mairie ou commissariat général de la sous-préfecture, ou de la préfecture la plus voisine du lieu où le délit ou la contravention sont constatés, sauf l'envoi ultérieur à qui de droit. — (V. p. 29).

47. — Nos procureurs généraux ou impériaux seront tenus de poursuivre d'office, dans tous les cas prévus à la section précédente, sur la simple remise qui leur sera faite d'une copie des procès-verbaux dûment affirmés.—(V. L. 21 oct. 1814, art. 21; V. p. 29).

TITRE VIII. — DISPOSITIONS DIVERSES.

48. — Chaque imprimeur sera tenu de déposer à la préfecture de son département, et à Paris à la préfecture de police, cinq exemplaires de chaque ouvrage, savoir : un pour la bibliothèque impériale, un pour le ministre de l'intérieur, un pour la bibliothèque de notre conseil d'État, un pour le directeur général de la librairie. — (V. L. 21 oct. 1814, art. 14, et ord. 24 même mois, art. 4). — (Abrogé, V. p. 17).

49. — Il sera statué par des règlements particuliers, comme il est dit à l'art. 3, sur ce qui concerne : — 1° les imprimeurs et libraires, leur réception et leur police ; — 2° les libraires-étaleurs, lesquels ne sont pas compris dans les dispositions ci-dessus ;— 3° les fondeurs de caractères ; — 4° les graveurs ;— 5° les relieurs et ceux qui travaillent dans toutes les autres parties de l'art ou du commerce de l'imprimerie et librairie.—(V. p. 60).

50. — Ces règlements seront proposés et arrêtés en conseil d'État, sur la proposition du directeur général de la librairie et le rapport de notre ministre de l'intérieur. — (V. C. pén., promulgué en février 1810).

CIRCULAIRE

De M. le Directeur général de la Librairie, du 23 juin 1810.

..... Il est bon de rappeler ici que les heures, livres d'église ou de prières sont de plus assujettis à une formalité spéciale. Suivant le décret impérial du 7 germinal an XIII, on ne peut les imprimer ou réimprimer qu'avec permission des évêques diocésains, laquelle doit être textuellement rapportée et imprimée en tête de chaque exemplaire. Cette disposition subsiste dans toute sa force ; il est expressément recommandé à MM. les imprimeurs de s'y conformer. Il est bien entendu que la permission dont il est question n'est point un privilége, et que tout imprimeur peut imprimer les heures, prières ou livres d'église permis par l'évêque de son diocèse. — (V. p. 13).

DÉCRET DU 6 JUILLET 1810 (1),

Portant défenses à toutes personnes d'imprimer et débiter les sénatus consultes, codes, lois et règlements d'administration publique, avant leur publication par voie du Bulletin des Lois.

Des spéculateurs avides se hâtent de faire imprimer et débiter les lois avant même qu'elles aient été adoptées par le corps législatif : il résulte de là des éditions fautives qui peuvent égarer les parties, leurs conseils et même quelquefois les juges ; mais, en réprimant cet abus, nous n'entendons, en aucune manière, priver nos sujets de l'avantage de connaître, comme par le passé, par la voie des journaux, l'objet des sénatus-consultes, lois et règlements, au moment où ils sont annoncés ;

Nous avons, en conséquence, sur le rapport de notre grand juge ministre de la justice et notre conseil d'État entendu, décrété et décrétons ce qui suit :

ART. 1er.—Il est défendu à toutes personnes d'imprimer et débiter les sénatus-consultes, codes, lois et règlements d'administration publique, avant leur insertion et publication par la voie du bulletin au chef-lieu de département.— (Abrogé, V. p. 19, 25).

2.—Les éditions faites en contravention de l'article précédent seront saisies à la requête de nos procureurs généraux, et la confiscation en sera prononcée par le tribunal de police correctionnelle. — (Abrogé, V. p. 19, 25).

DÉCRET DU 3 AOUT 1810 (1),
Relatif aux journaux des départements.

ART. 1er. — Il n'y aura qu'un seul journal dans

chacun des départements autres que celui de la Seine. — (Abrogé, V. p. 33).

2.—Ce journal sera sous l'autorité du préfet, et ne pourra paraître que sous son approbation. — (Abrogé, V. p. 33).

3. — Néanmoins, les préfets pourront autoriser provisoirement, dans nos grandes villes, la publication de feuilles d'affiches ou d'annonces pour les mouvements des marchandises, pour ventes d'immeubles, les journaux qui traitent exclusivement de littérature, sciences et arts ou agriculture. Lesdites feuilles ne pourront contenir aucun article étranger à leur objet. — (Abrogé, V. p. 33).

4.—Notre ministre de l'intérieur nous fera, le 1er septembre prochain, un rapport sur lesdites feuilles d'affiches ou d'annonces dont la publication pourra être définitivement déterminée. — (Abrogé).

5. — Nos ministres de l'intérieur et de la police générale sont chargés de l'exécution du présent décret. — (Abrogé).

DÉCRET DU 18 NOVEMBRE 1810,

Concernant les presses, fontes, caractères et autres ustensiles d'imprimerie, qui se trouveront en la possession d'individus non breveté.

ART 1er.—A dater du 1er janvier 1811, ceux de nos sujets qui cesseront d'exercer la profession d'imprimeurs, et généralement tous ceux qui, n'exerçant pas ladite profession, se trouveront propriétaires, possesseurs ou détenteurs de presses, fontes, caractères ou autres ustensiles d'imprimerie, devront, dans le délai d'un mois, faire la déclaration desdits objets, dans le département de la Seine, au préfet de police, et dans les autres départements au préfet.

Sont exceptés de cette disposition les presses à cylindre, servant à tirer des copies.— (V. p. 11).

2.—Le préfet de police à Paris, et les préfets des départements, transmettront lesdites déclarations à notre conseiller d'Etat directeur général de l'imprimerie et de la librairie, avec leur avis sur les demandes d'être autorisé à conserver lesdites presses et ustensiles pour continuer d'en faire usage, qui pourront être jointes qux déclarations. —(V. p. 11).

3.— Notre directeur général de l'imprimerie et de la librairie rendra compte du tout à nos ministres de l'intérieur et de la police, sur le rapport desquels il sera statué par nous.— (V. p. 11).

4. — Sont sujets aux dispositions de l'art. 1er du présent décret les imagers, dominotiers et tapissiers — (V. p. 11).

5. — Les conventions au présent décret seront punies d'un emprisonnement de six jours à six mois, et constatées et poursuivies conformément aux dispositions de la section 2, titre 7, décr. 5 fév. 1810.— (V. p. 11).

DÉCRET DU 14 DÉCEMBRE 1810 (1),

Qui fixe les droits à percevoir sur livres imprimés à l'étranger et revenant de l'étranger.

ART. 1er. — Le droit de cinquante pour cent, établi par notre décret du 5 février 1810, sur les livres imprimés à l'étranger en langue latine ou en langue française, est fixé à 150 fr. pour 100 kil. pesant. — (Abrogé).

2.—Les ouvrages nationaux, ou leur traduction en langue étrangère, et qui sont imprimés à l'étranger, seront assujettis au même droit.—(Abrogé).

3.—Les ouvrages composés par des étrangers en langue étrangère, et imprimés hors de France, ne seront soumis qu'à un simple droit d'estampillage de 2 cent. par kil. pesant — (Abrogé).

4.—Les livres imprimés en France et revenant de l'étranger ne seront soumis qu'au droit de la balance du commerce. — (Abrogé).

5.—Les droits dont il est fait mention au présent décret seront perçus par les receveurs des douanes, et versés par eux, comme fonds spécial, à la caisse d'amortissement, à la charge de donner avis de l'époque et du montant de chaque versement au directeur général de la librairie. Ils jouiront de la même remise qui leur est accordée sur la perception de la taxe pour l'entretien des ports. — (Abrogé).

6 — Les livres introduits en fraude du droit à l'aide d'un faux frontispice seront confisqués ; et les auteurs de la fraude seront poursuivis et punis conformément aux dispositions de l'art. 287 du Code pénal. — (Abrogé).

7.—Les contraventions au présent décret seront constatées et poursuivies comme il est prescrit par la section 2 du titre 7 de notre décret du 5 février 1810. — (Abrogé).

8. — Notre ministre de l'intérieur pourra, sur la proposition du directeur général de la librairie, accorder, dans l'intérêt des arts, des sciences et des lettres, à des compagnies de science, littérature et arts, ou à des individus ne faisant pas le commerce de librairie, l'exemption ou la modération des droits ci-dessus fixés, pour les ouvrages d'art, littérature, science, ou d'érudition, imprimés à l'étranger, soumis au droit fixé par les art. 1 et 2 ; et la permission fixera le nombre des exemplaires.—(Abrogé).

9. — Notre grand juge, ministre de la justice, et nos ministres de l'intérieur et des finances, sont chargés de l'exécution du présent décret. — (Abrogé).

DÉCRET DU 14 DÉCEMBRE 1810,

Qui donne aux censeurs de l'imprimerie le titre de censeurs impériaux et qui leur accorde un traitement fixe et une rétribution proportionnelle (1).

ART. 1er. — Les censeurs, dont il est fait mention à l'art. 14 de notre décret du 5 février dernier, porteront le titre de *censeurs impériaux*.—(Abrogé).

2. — Ils recevront un traitement annuel et fixe de 1,200 fr.

Ils recevront, en outre, une rétribution annuelle proportionnée à leurs travaux.— (Abrogé).

3. — Le montant du traitement des censeurs impériaux et de la rétribution qui pourra leur être allouée, sera imputé sur les fonds des dépenses du service extérieur de la direction générale de la librairie, et ordonnancé par notre ministre de l'intérieur. — (Abrogé).

4. — Notre ministre de l'intérieur arrêtera l'état des rétributions supplémentaires qui pourraient être accordées, chaque année, aux censeurs impériaux, sur l'avis du directeur général de la librairie. — (Abrogé).

5. — Notre ministre de l'intérieur est chargé de l'exécution du présent décret. — (Abrogé).

DÉCRET DU 2 FÉVRIER 1811 (2),

Qui fixe l'indemnité accordée aux imprimeurs supprimés de Paris.

TITRE Ier. — DES PRESSES SUPPRIMÉES.

ART. 1er. — Les imprimeurs conservés dans notre bonne ville de Paris sont tenus d'acheter les presses des imprimeurs supprimés ; ils les paieront au prix de l'estimation qui en sera faite, en un an et en quatre termes.

2. — Chacun des imprimeurs conservés paiera un soixantième du prix total de cette acquisition.

3. — Les imprimeurs conservés s'entendront entre eux pour se partager les presses ainsi acquises.

4. — Immédiatement après la publication du présent décret, les scellés seront apposés sur les caractères appartenant aux imprimeurs supprimés.

Ils pourront les vendre à leur gré, pourvu que cette vente ne soit faite qu'à des imprimeurs et fondeurs brevetés.

TITRE II. — DE L'INDEMNITÉ ACCORDÉE AUX IMPRIMEURS SUPPRIMÉS.

5. — Il sera payé par les imprimeurs conservés aux imprimeurs supprimés une indemnité.

6 —Cette indemnité est fixée sur le pied de quatre mille francs par imprimeur supprimé.

7. — Il en sera fait une somme totale qui sera répartie entre les imprimeurs supprimés, proportionnellement à l'importance et à l'activité de leur établissement, dûment constatée.

8. — A cet effet, les imprimeurs supprimés seront divisés en plusieurs classes. On placera dans la première ceux dont l'établissement sera reconnu avoir le plus d'importance, et dans la dernière ceux qui seront trouvés avoir l'établissement le moins considérable en valeur mobilière et en occupations.

9. — Cette division en classes sera faite et l'indemnité sera fixée par une commission dont il sera parlé ci-après.

10. — Chacun des soixante imprimeurs conservés paiera un soixantième de la somme totale fixée pour l'indemnité due aux imprimeurs supprimés.

11. — Les sommes payées par les imprimeurs conservés, tant pour l'achat des presses que pour l'indemnité des imprimeurs supprimés, seront versées à la caisse d'amortissement, savoir : le premier quart, comptant et en espèces ; les trois autres quarts, en effets payables à quatre, huit et douze mois : les valeurs n'en seront tirées pour être réparties aux imprimeurs supprimés que sur les mandats du président de la commission, visés par le directeur général de la librairie.

12. — Tout créancier des imprimeurs supprimés pourra faire opposition à la caisse d'amortissement pour la conservation de ses droits.

TITRE III. — DE LA COMMISSION.

13. — La commission dont il est parlé à l'art. 9 sera composée de l'inspecteur de l'imprimerie impériale, qui la présidera, d'un auditeur au conseil d'Etat, de deux inspecteurs de la librairie, et de deux imprimeurs brevetés.

14. — Cette commission sera chargée de faire et d'ordonner toutes les opérations nécessaires à la fixation du prix de l'acquisition des presses, à la fixation des indemnités, et à leur répartition entre les imprimeurs supprimés.

15. — Toutes les décisions de la commission seront soumises à notre directeur général pour être approuvées par lui, s'il y a lieu, après avoir entendu les parties intéressées.

En cas de réclamation, elles seront portées devant notre ministre de l'intérieur, qui décidera définitivement.

CIRCULAIRE

De M. le directeur général de la librairie, du 13 mars 1811.

. . . . . . Si les déclarations sont relatives à des livres de prières, heures d'église ou de liturgie, comme ces sortes d'ouvrages, en vertu du décret impérial du 7 germinal an XIII, ne peuvent être imprimés ou réimprimés qu'après avoir été soumis à l'examen et revêtus de l'approbation de l'évêque diocésain, cette approbation, *en original*, devra toujours accompagner la déclaration de l'imprimeur ; son omission arrêterait l'envoi du récépissé, qui seul peut autoriser à commencer l'impression, même après l'approbation épiscopale. Il est à remarquer que cette censure ecclésiastique, applicable seulement aux livres de prières destinés au culte public, ne porte que sur le fond des ouvrages, qu'elle ne confère aucun privilége, et que l'administration conserve toujours la plénitude de son droit de permettre ou de suspendre l'impression du livre approuvé ; mais comme il est juste que MM. les évêques puissent s'assurer que l'ouvrage imprimé est en tout conforme à l'ouvrage qu'ils ont approuvé, un exemplaire doit être déposé à leur secrétariat, suivant la décision de Son Excellence le ministre de l'intérieur, en date du 10 octobre 1810. — (V. p. 13).

DÉCRET DU 13 AOUT 1811,

Qui assujettit les théâtres de second ordre à payer une redevance à l'Académie impériale de musique.

SECT. Ire. — *De la quotité du droit et de ceux qui devront l'acquitter.*

ART. 1er. — L'obligation à laquelle étaient assujettis tous les théâtres du second ordre, les petits théâtres, tous les cabinets de curiosités, machines, figures, animaux, toutes les joutes et jeux, et en général tous les spectacles de quelque genre qu'ils fussent, tous ceux qui donnaient des bals masqués ou des concerts dans notre bonne ville de Paris, de payer une redevance à notre Académie impériale de musique, est rétablie à compter du 1er septembre prochain.

Les Panoramas, Cosmoramas, Tivoli et autres établissements nouveaux y sont de même assujettis,

---

ainsi que le Cirque-Olympique, comme théâtre où l'on joue des pantomimes.

Nos théâtres français de l'Opéra-Comique et de l'Odéon sont exceptés de la disposition concernant les théâtres.

2. — Ne sont pas compris dans l'obligation imposée à ceux qui donnent des bals, tous les bals et danses qui ont lieu hors des murs d'enceinte, ou dans les guinguettes des faubourgs, même dans l'enceinte des murs.

3. — Cette redevance sera, pour les bals, concerts, fêtes champêtres de Tivoli et autres du même genre, du cinquième brut de la recette, déduction faite du droit des pauvres; et pour les théâtres et tous les autres spectacles ou établissements, du vingtième de la recette, sous la même déduction.

Sect. II. — Du mode de paiement.

4. — Tous les individus soumis au paiement de la redevance pourront faire un abonnement avec notre Académie impériale de musique.

5. — La quotité de cet abonnement sera discutée et consentie contradictoirement entre les redevables, d'une part, et le directeur de notre Académie impériale de musique, conjointement avec l'administration comptable, d'autre part. Il ne sera obligatoire qu'après l'approbation de notre surintendant des théâtres.

6. — Il sera payable par douzième et par mois.

7. — Il aura lieu pour trois ans au plus, pour un an au moins, pour les théâtres; et, pour les autres établissements, par mois, et même par représentation, ou par jour d'ouverture de fête, bal ou concert.

8. — Le paiement, quand il n'y aura pas d'abonnement, se fera par douzième et par mois, pour les théâtres; pour les autres établissements débiteurs, il pourra être exigé par semaine, et même par jour, selon le cas.

9. — Le directeur de notre Académie impériale de musique se concertera avec la régie du droit des pauvres pour rendre commune la surveillance qu'elle exerce; et il autorisera les employés nécessaires pour assurer la perception et opérer le recouvrement.

En cas de contestation, elle sera portée devant les tribunaux, et jugée sommairement à la chambre du conseil, comme il est dit à l'article suivant.

Sect. III. — Des poursuites.

10. — L'administrateur comptable de notre Académie impériale de musique, en cas de retard de paiement pour dette non contestée, dressera, sur les états arrêtés par le directeur, une contrainte qui sera rendue exécutoire, s'il y a lieu, par le préfet du département; et en cas de contestation sur l'exécution, elle sera portée devant nos Cours et tribunaux, et jugée comme affaire sommaire à la chambre du conseil, sur simples mémoires, nos gens du parquet entendus.

DISPOSITIONS GÉNÉRALES.

11. — Aucun concert ne sera donné sans que le jour ait été fixé par le surintendant de nos théâtres après avoir pris l'avis du directeur de notre Académie impériale de musique.

12. — Toute contravention au présent décret, en ce qui touchera l'ouverture d'un théâtre ou spectacle sans déclaration ou permission, sera poursuivie devant nos Cours et tribunaux par voie de police correctionnelle, et punie des peines portées à l'art. 410, C. pén., § 1er. — (V. p. 77).

13. — Nos procureurs près nos Cours et tribunaux seront chargés d'y tenir la main, et de faire, même d'office, toutes poursuites nécessaires, selon les cas.

DÉCRET DU 12 SEPTEMBRE 1811,

Relatif aux droits d'entrée à percevoir sur les ouvrages en langue française ou autres langues vivantes, imprimés à l'étranger.

ART. 1er. — Les droits à l'entrée en France, établis par les art. 34 et 35 de notre décret du 5 février 1810, sur les livres latins et français imprimés à l'étranger, et réglés par les art. 1 et 2 de celui du 14 décembre suivant, à raison de 150 fr. par quintal métrique, ne seront perçus à l'avenir que sur les ouvrages en langue française.

2. — Il sera perçu sur les ouvrages en langues vivantes étrangères, imprimés à l'étranger, un droit de 75 cent. par kil. pesant.

---

3. — Il n'est rien changé à celles des dispositions de nos décrets précités, non abrogées par le présent.

4. — Nos ministres de l'intérieur et des finances sont chargés de l'exécution du présent décret

---

DÉCRET DU 14 OCTOBRE 1811,
Qui autorise la direction générale de l'imprimerie et de la librairie à publier un journal d'annonces, de toutes les éditions d'ouvrages imprimés ou gravés. — (V. p. 29).

DÉCRET DU 15 NOVEMBRE 1811,
Concernant le régime de l'Université, art. 71, 73.
(V. p. 113.)

DÉCRET DU 11 JUILLET 1812,

Qui déclare communes aux libraires les dispositions de celui du 2 février 1811, relatives aux brevets des imprimeurs.

ART. 1er. — Les dispositions de notre décret du 2 février 1811 relatives aux brevets des imprimeurs sont déclarées applicables et reconnues communes aux libraires. (V. p. 23).

2. — Leur brevet sera conforme au modèle ci-annexé.

3. — Ne sont pas compris dans ces dispositions les libraires étaleurs-bouquinistes. — (V. p. 23).

TEXTE DE LA LOI DU 21 OCTOBRE 1814,
Relative à la liberté de la presse.

TITRE 1er (1). — DE LA PUBLICATION DES OUVRAGES.

ART. 1er. — Tout écrit de plus de vingt feuilles d'impression pourra être publié librement et sans examen ou censure préalable. — (Abrogé, V. p. 5).

2. — Il en sera de même, quel que soit le nombre des feuilles :

1° Des écrits en langues mortes et en langues étrangères; 2° des mandements, lettres pastorales, catéchismes et livres de prières; 3° des mémoires sur procès, signés d'un avocat ou d'un avoué près les Cours et tribunaux; 4° des mémoires de sociétés littéraires et savantes établies ou reconnues par le roi; 5° des opinions des membres des deux chambres. — (Abrogé, V. p. 5).

3. — À l'égard des écrits de vingt feuilles et au-dessous non désignés en l'article précédent, le directeur-général de la librairie de Paris, et les préfets dans les départements, pourront ordonner, selon les circonstances, qu'ils soient communiqués avant l'impression. — (Abrogé, V. p. 1).

4. — Le directeur-général de la librairie fera examiner par un ou plusieurs censeurs, choisis entre ceux que le roi aura nommés, les écrits dont il aura requis la communication, et ceux que les préfets lui auront adressés. — (Abrogé, V. p. 1).

5. — Si deux censeurs au moins jugent que l'écrit est un libelle diffamatoire, ou qu'il peut troubler la tranquillité publique, ou qu'il est contraire à la Charte constitutionnelle, ou qu'il blesse les bonnes mœurs, le directeur-général de la librairie pourra ordonner qu'il soit sursis à l'impression. — (Abrogé, V. p. 1).

6. — Il sera formé, au commencement de chaque session des deux chambres, une commission composée de trois pairs, trois députés des départements élus par leur chambre respective, et trois commissaires du roi. — (Abrogé, V. p. 1).

7. — Le directeur-général de la librairie rendra compte à cette commission des sursis qu'il aura ordonnés depuis la fin de la cession précédente, et il mettra sous ses yeux l'avis des censeurs. — (Abrogé, V. p. 1).

8. — Si la commission estime que les motifs d'un sursis sont insuffisants, ou qu'ils ne subsistent plus, il sera levé par le directeur de la librairie. — (Abrogé, V. p. 1).

9. — Les journaux et écrits périodiques ne pourront paraître qu'avec l'autorisation du roi. — (Abrogé, V. p. 4 et 33).

10. — Les auteurs et imprimeurs pourront requérir, avant la publication d'un écrit, qu'il soit exa-

---

(1) Le titre 1er a été abrogé par la charte et la constitution qui ont aboli la censure. — (V. p. 1).

---

miné en la forme prescrite par l'article 4; s'il est approuvé, l'auteur et l'imprimeur seront déchargés de toute responsabilité, si ce n'est envers les particuliers lésés. — (Abrogé, V. p. 1).

TITRE II. — DE LE POLICE DE LA PRESSE.

11. — Nul ne sera imprimeur ni libraire s'il n'est breveté par le roi, et assermenté — (V. décr. 5 fév. 1810, art. 5 et suiv.; 9, 29 et suiv.; décr. 2 fév. 1811; 11 juill. 1812; ord. 24 oct. 1814, art. 11 et 12; L. 11 oct. 1814, art. 21, et ord. 1er sept. 1827; V. p. 9).

12. — Le brevet pourra être retiré à tout imprimeur ou libraire qui aura été convaincu, par un jugement, de contravention aux lois et règlements — (V. décr. 5 fév. 1810, art. 10 et suiv.; L. 28 juill. 1828, art. 8; Loi 17 mai 1819, art. 24, et L. 28 avr. 1816, art. 69; — V. p. 19-29).

13. — Les imprimeries clandestines seront détruites, et les possesseurs et dépositaires punis d'une amende de 10,000 fr. et d'un emprisonnement de six mois.

Sera réputée *clandestine* toute imprimerie non déclarée à la direction générale de la librairie, et pour laquelle il n'aura pas été obtenu de permission — (V. déc. 2 fév. 1811 et 18 nov. 1810; — V. p. 11).

14. — Nul imprimeur ne pourra imprimer un écrit avant d'avoir déclaré qu'il se propose de l'imprimer, ni le mettre en vente ou le publier, de quelque manière que ce soit, avant d'avoir déposé le nombre prescrit d'exemplaires, savoir : à Paris, au secrétariat de la direction générale, et dans les départements, au secrétariat de la préfecture — (V. décr. 5 fév. 1810, art. 12 et 28; ord. 24 oct. 1814, art. 2, 3, 4, 8, 9, 10 et 12; décr. 14 oct. 1811, et ord. 9 janv. 1828, art. 1; — V. p. 11).

15. — Il y a lieu à saisie et séquestre d'un ouvrage : 1° Si l'imprimeur ne représente pas les récépissés de la déclaration et du dépôt ordonnés en l'article précédent; — 2° Si chaque exemplaire ne porte pas le vrai nom et la vraie demeure de l'imprimeur; — 3° Si l'ouvrage est déféré aux tribunaux pour son contenu — (V. L. 21 oct. 1814, art. 17; décr. 5 fév. 1810, art. 12, 41 et 46; ord. 8 oct. 1814, art. 2, 3 et 4; ord. 9 janv. 1728, art. 1er; ord. 1566, art. 78; règlem. 28 fév. 1723, art. 9; déclar. 10 mai 1728, art. 9, et Code pén., art. 283 et suiv.; — V. p. 11, 15, 17).

16. — Le défaut de déclaration avant l'impression et le défaut de dépôt avant la publication, constatés, comme il est dit en l'article précédent, seront punis chacun d'une amende de 1,000 fr. pour la première fois, et de 2,000 f. pour la seconde — (V. L. 21 oct. 1814, art. 14 et 15; ord. 24 oct. 1814, art. 2 et 3; décr. 5 fév. 1810, art. 48, et L. 17 mai 1819, art. 24; — V. p. 11 et 17).

17. — Le défaut d'indication, de la part de l'imprimeur, de son nom et de sa demeure, sera puni d'une amende de 3,000 fr. L'indication d'un faux nom et d'une fausse demeure sera punie d'une amende de 6,000 fr., sans préjudice de l'emprisonnement prononcé par le Code pén. — (V. L. 21 oct. 1814, art. 15, 18 et 20; décr. 5 fév. 1810, art. 41, et C. pén., art. 283 et suiv.; — V. p. 15).

18. — Les exemplaires saisis par simple contravention à la présente loi seront restitués après le paiement des amendes — (V. L. 21 oct. 1814, art. 14, 15, 16 et 17, et C. pén., art. 386; — V. p. 11, 15, 71).

19. — Tout libraire chez qui il sera trouvé ou qui sera convaincu d'avoir mis en vente ou distribué un ouvrage sans nom d'imprimeur, sera condamné à une amende de 2,000 fr., à moins qu'il ne prouve qu'il a été imprimé avant la promulgation de la présente loi. L'amende sera réduite à 1,000 fr. si le libraire fait connaître l'imprimeur — (V. L. 21 oct. 1814, art. 15 et 17, C. pén., art. 283; — V. p. 25).

20. — Les contraventions seront constatées par les procès-verbaux des inspecteurs de la librairie, et des commissaires de police. (V. L. 21 oct. 1814, art. 15; ord. 24 oct. 1814, art. 7; décr. 5 fév. 1810, art. 45, et ord. 13 sept. 1829; C. inst. crim., 22 et suiv., 48 et suiv.; V. p. 29).

21. — Le ministère public poursuivra d'office les contrevenants par-devant les tribunaux de police correctionnelle, sur la dénonciation du directeur-général de la librairie et la remise d'une copie des procès-verbaux — (V. L. 21 oct. 1814, art. 11 et suiv., et L. 9 sept. 1835, art. 12; C. inst. crim., art. 1er, 22 et suiv., et décr. 5 fév. 1810, art. 47; — V. p. 29).

22. — Les dispositions du titre 1er cesseront d'avoir leur effet à la fin de la session 1816, à moins qu'elles n'aient été renouvelées par une loi, si les circonstances le faisaient juger nécessaire. — (V. p. 157).

ORDONNANCE DU 24 OCTOBRE 1814,

Contenant des mesures relatives à l'impression, au dépôt et à la publication des ouvrages, etc.

ART. 1er. — Les brevets d'imprimeur et de libraire délivrés jusqu'à ce jour sont confirmés : les conditions auxquelles il en sera délivré, à l'avenir, seront déterminées par un nouveau règlement — (V. L. 21 oct. 1814, art. 11; décr. 5 fév. 1810, art. 3 et suiv., et décr. 1er-11 fév. 1811).

2. — Chaque imprimeur sera tenu, conformément aux règlements, d'avoir un livre coté et paraffé par le maire de la ville où il réside, où il inscrira, par ordre de dates et avec une série de numéros, le titre littéral de tous les ouvrages qu'il se propose d'imprimer, le nombre des feuilles, des volumes et des exemplaires, et le format de l'édition. Ce livre sera représenté, à toute réquisition, aux inspecteurs de la librairie et aux commissaires de police, et visé par eux, s'ils le jugent convenable.
La déclaration prescrite par l'art. 14, L. 21 oct. 1814, sera conforme à l'inscription portée au livre—(V. L. 21 oct.1814, art.14, 15, 16 et 18; ord. 8 oct. 1817, art. 1er; décr. 5 fév. 1810, art. 11, 12 et 41, et L. 28 avril 1816, art. 72, et 16 juin 1824, art. 9; —V. p. 11).

3. — Les dispositions dudit article s'appliquent aux estampes et aux planches gravées accompagnées d'un texte (V. ord. 8 oct. 1817, art. 3; V. p. 11. —V. p. 17).

4. — Le nombre d'exemplaires qui doivent être déposés, ainsi qu'il est dit au même article, reste fixé à cinq, lesquels seront répartis ainsi qu'il suit : un pour notre bibliothèque, un pour notre aîné et féal chevalier le chancelier de France, un pour notre ministre secrétaire d'Etat au département de l'intérieur, un pour le directeur général de la librairie, et le cinquième pour le censeur qui aura été ou qui sera chargé d'examiner l'ouvrage —(V. décr. 5 fév. 1810, art. 48; ord. 9 janv. 1828 et 30 juill. 1833, et L. 21 oct 1814, art. 14; —V. p. 17).

5. — Si un écrit a été examiné sur la réquisition de l'auteur ou de l'imprimeur, et qu'il soit approuvé, il leur sera délivré un procès-verbal d'*approbation*; et la remise de ce procès-verbal les déchargera de toute responsabilité, si ce n'est envers les particuliers lésés, conformément à l'art 10.—(Abrogé avec le titre de la censure de la loi précédente.)

6. — Si l'examen d'un écrit n'a eu lieu que par ordre du directeur général de la librairie ou du préfet du département, la permission d'imprimer pourra être donnée sans approbation; et, en ce cas, elle sera seulement constatée par la délivrance du récépissé de la déclaration.—(Abrogé avec le titre de la censure de la loi précédente.

7. — En exécution de l'art. 20, les commissaires de police rechercheront et constateront d'office toutes les contraventions; et ils seront tenus ainsi de déférer à toutes les réquisitions qui leur seront adressées à cet effet par les préfets. sous-préfets et maires, et par les inspecteurs de la librairie. Ils enverront, dans les vingt-quatre heures, tous les procès-verbaux qu'ils auront dressés, à Paris, au directeur général de la librairie; et dans les départements aux préfets, qui les feront passer sur-le-champ au directeur général, seul chargé par l'art. 21 de dénoncer les contrevenants aux tribunaux —(V. L. 21 oct. 1814, art. 20 et 21, et ord. 24 mars 1815; —V. p. 29).

8. — Le nombre d'épreuves des estampes et planches gravées, sans texte, qui doivent être déposées pour notre bibliothèque, reste fixé à deux, dont une avant la lettre ou en couleur, s'il en a été tiré ou imprimé de cette espèce. — Il sera déposé, en outre, trois épreuves, dont une pour notre aîné et féal chevalier le chancelier de France, une pour notre ministre secrétaire d'Etat au département de l'intérieur, et la troisième pour le directeur général de la librairie — (V. L. 21 oct. 1814, art. 14, et ord. 9 janv. 1828 et 9 sept 1833). (Abrogé, V. p. 17).

9. — Le dépôt ordonné en l'article précédent sera fait, à Paris, au secrétariat de la direction générale; et dans les départements au secrétariat de la préfecture. Le récépissé détaillé qui sera délivré à l'auteur formera son titre de propriété, conformément aux dispositions de la loi du 19 juill. 1793 —(V. L. 21 oct. 1814, art. 14 et 15, et décr. 5 fév. 1810, art. 48;—V. p. 17).

10. — Toute estampe ou planche gravée, publiée ou mise en vente avant le dépôt de cinq épreuves constaté par le récépissé, sera saisie par les inspecteurs de la librairie et les commissaires de police, qui en dresseront procès-verbal—(V. ord. 24 oct. 1814, art. 7, et L. 21 oct. 1814, art. 15 et 16; —V. p. 17, 29).

11. — Il est défendu de publier aucune estampe et gravure diffamatoire ou contraire aux bonnes mœurs sous la peine prononcée par le Code pén. —(V. L. 17 mai 1749, art. 8, 13 et suiv.; C. pén. art. 287;—V. p. 17).

12. — Conformément aux dispositions de l'art. 12 de l'arrêt du conseil du 16 avril 1785, et à l'art. 3, décr. 14 oct. 1811, il est défendu à tous auteurs et éditeurs de journaux, affiches et feuilles périodiques, tant à Paris que dans les départements, sous peine de déchéance de l'autorisation qu'ils auraient obtenue, d'annoncer aucun ouvrage imprimé ou gravé, si ce n'est après qu'il aura été annoncé par le *Journal de la Librairie* (V. décr.14 oct.1811.—Abrogé, V. p. 29).

DÉCRET IMPÉRIAL DU 24 MARS 1815 (100 JOURS),

Qui supprime la direction générale de l'imprimerie et de la librairie (V. p. 10).

ORDONNANCE DU 20 JUILLET 1815,

Relative à la censure et à la poursuite des délits de la presse (V. p. 1).

LOI DU 9 NOVEMBRE 1815 (1),

Relative à la répression des cris séditieux et des provocations à la révolte.

Louis, etc.
Nous eussions voulu laisser toujours à l'action sage et mesurée des tribunaux ordinaires la répression de tous les délits; mais après de si longs troubles, au milieu de tant de malheurs, de grandes passions s'agitent encore. Il faut, pour les comprimer, pour arrêter les désordres que produirait leur explosion, des formes plus simples, une justice plus rapide, et des peines qui concilient les droits de la clémence et la sûreté de l'Etat. Notre Charte constitutionnelle a réservé, par l'art. 63. le tribunal que réclament les circonstances. La juridiction prévôtale a eu sa faveur l'expérience des temps passés, et nous promet les heureux résultats qu'elle a produits sous les rois, nos ancêtres. Mais, tandis que notre conseil prépare avec maturité les dispositions de la loi qui doit la rétablir, nous avons cru devoir chercher un remède momentané dans une législation provisoire.
Nous avons proposé, les Chambres ont adopté:
Nous avons ordonné et ordonnons ce qui suit :

ART. 1er. — Seront poursuivies et jugées criminellement toutes personnes coupables d'avoir ou imprimé, ou affiché, ou distribué, ou vendu, ou livré à l'impression des écrits; d'avoir, dans des lieux publics ou destinés à des réunions habituelles de citoyens, fait entendre des cris ou proféré des discours, toutes les fois que ces cris, ces discours, ou ces écrits auront exprimé la menace d'un attentat contre la vie, la personne du roi, la vie ou la personne des membres de la famille royale; toutes les fois qu'ils auront excité à s'armer contre l'autorité royale, ou qu'ils auront provoqué directement ou indirectement au renversement du Gouvernement, ou au changement de l'ordre de successibilité au trône, lors même que ces tentatives n'auraient été suivies d'aucun effet, et n'auraient été liées à aucun complot. Les coupables des crimes ci-dessus énoncés seront punis de la peine de la déportation. — (Abrogé, V. p. 85, 93).

2. — Seront punies de la même peine toutes personnes coupables d'avoir arboré, dans un lieu public ou destiné à des réunions habituelles de citoyens, un drapeau autre que le drapeau blanc. — (Abrogé, V. p. 93).

3. — Seront punies de la déportation toutes personnes qui feront entendre des cris séditieux dans le palais du roi ou sur son passage.—(Abrogé, V. p.93).

4. — Les Cours d'assises connaîtront des crimes énoncés aux articles précédents.—(Abrogé, V. p.93).

5. — Sont déclarés séditieux tous cris, tous discours proférés dans les lieux publics ou destinés à des réunions de citoyens, tous écrits imprimés, même tous ceux qui, n'ayant pas été imprimés, auraient été ou affichés, ou vendus, ou distribués, ou livrés à l'impression, toutes les fois que, par ces cris, ces discours ou ces écrits, on aura tenté d'affaiblir, par des calomnies ou des injures, le respect dû à la personne ou à l'autorité du roi, ou à la personne des membres de sa famille, ou que l'on aura invoqué le nom de l'usurpateur, ou d'un individu de sa famille, ou de tout autre chef de rébellion; toutes les fois encore que l'on aura, à l'aide de ces cris, de ces discours ou de ces écrits, excité à désobéir au roi et à la Charte constitutionnelle. — (Abrogé, V. p.95.

6. — Sont aussi déclarés coupables d'actes séditieux les auteurs, marchands, distributeurs, expositeurs de dessins ou images dont la gravure, l'exposition ou la distribution tendrait au même but que les cris, les discours et les écrits mentionnés en l'article précédent.—(Abrogé, V p. 95).

7. — Sont déclarés actes séditieux l'enlèvement ou la dégradation du drapeau blanc, des armes de France et autres signes de l'autorité royale; la fabrication, le port, la distribution de cocardes quelconques et de tous autres signes de ralliement défendus ou même nonautorisés par le roi.—(Abrogé, V. p. 95).

8. — Sont coupables d'actes séditieux toutes personnes qui répandraient ou accréditeraient, soit des alarmes touchant l'inviolabilité des propriétés qu'on appelle nationales, soit des bruits d'un prétendu rétablissement des dîmes ou des droits féodaux, soit des nouvelles tendant à alarmer les citoyens sur le maintien de l'autorité légitime et à ébranler leur fidélité.—(Abrogé, V. p. 95, 67, 127).

9. — Sont encore déclarés séditieux les discours et écrits mentionnés en l'art. 5 de la présente loi, soit qu'ils ne contiennent que des provocations indirectes aux délits énoncés aux art. 5, 6, 7, 8 de la présente loi soit qu'ils donnent à croire que des délits de cette nature, ou même les crimes énoncés aux art. 1, 2 et 3 seront commis, ou qu'ils répandent faussement qu'ils ont été commis.—(Abrogé, V. p. 95, 127).

10. — Les auteurs et complices des délits prévus par les art. 5, 6, 7, 8 et 9 de la présente loi seront poursuivis et jugés par les tribunaux de police correctionnelle; ils seront punis d'un emprisonnement de cinq ans au plus et de trois ans au moins. Ils seront, en outre, condamnés à une amende, dont le *minimum* sera de cinquante francs, qui pourra être élevée jusqu'à la somme de vingt mille francs.
Tout condamné qui se trouvera jouir d'une pension de retraite civile ou militaire, ou d'un traitement quelconque de non-activité, sera privé de tout ou partie de sa pension de retraite, ou de tout ou partie de son traitement de non-activité, pour un temps qui sera déterminé par le tribunal.
L'interdiction mentionnée en l'art. 42 du Code pénal pourra être ajoutée à la condamnation, pour dix ans au plus et cinq ans au moins.
Les condamnés demeureront, en outre, après l'expiration de la peine, sous la surveillance de la haute police, pendant un temps qui sera déterminé par le jugement, et qui ne pourra excéder cinq années, le tout conformément au chapitre III du livre 1er du Code pénal, sans préjudice des poursuites criminelles et de l'application des peines plus graves prescrites par le Code pénal, dans le cas où les cris, les discours, écrits et actes séditieux auraient été suivis de quelque effet ou liés à quelques complots.
En cas de récidive, les coupables seront punis d'une peine double, de telle manière que l'emprisonnement pourra être de dix années, et la mise en surveillance de dix années pareillement.—(Abrogé).

11. — Les dispositions de l'art. 114 du Code d'instruction criminelle, et celles de l'art. 463 du Code pénal, ne pourront être appliquées dans les cas prévus par la présente loi.— (Abrogé).

12. — Les tribunaux pourront ordonner l'impression et l'affiche des jugements portant condamnation, dans tout ou partie du ressort de l'arrondissement. Abrogé (V. p. 131).

13. — Les dispositions du Code d'instruction criminelle et du Code pénal continueront d'être exécutées dans tout ce à quoi il n'est pas dérogé par la présente loi, notamment en ce qui touche les attentats et complots contre la personne du roi et contre sa famille, et les crimes tendant à troubler l'Etat par la guerre civile, tels qu'ils sont désignés dans la section II du chapitre 1er du livre III du Code pénal. —(Abrogé V. p. 155).

---

(1) Abrogée par l'art. 26 de la loi du 26 mai 1819.

LOI DU 20-27 DÉCEMBRE 1815,

Qui rétablit les juridictions prévôtales (1).

ART. 40. — Elles (les cours prévôtales) procéderont également contre toutes personnes coupables d'avoir affiché, distribué ou vendu des écrits ; d'avoir, dans des lieux publics ou destinés à des réunions habituelles de citoyens, fait entendre des cris, proféré des discours, toutes les fois que ces cris, ces discours ou ces écrits auront exprimé la menace d'un attentat contre la personne du roi, ou la personne des membres de la famille royale ; toutes les fois qu'ils auron excité à s'armer contre l'autorité royale ou qu'ils auront provoqué directement ou indirectement au renversement du Gouvernement ou au changement de l'ordre de successibilité au trône.

44. — Elles procéderont contre toutes personnes prévenues d'avoir arboré dans un lieu public ou destiné à des réunions habituelles de citoyens, un drapeau autre que le drapeau blanc, et contre toutes personnes qui feront entendre des cris séditieux dans le palais du roi ou sur son passage.

EXTRAIT DE LA LOI DU 28 AVRIL 1816,

Sur les finances.

ART. 65. — Toutes les affiches, quel qu'en soit l'objet, seront sur papier timbré, qui sera fourni par la régie, et dont le débit sera soumis aux mêmes règles que celui du papier timbré destiné aux actes.

Conformément à la loi du 28 juillet 1791, ce papier ne pourra être de couleur blanche : il portera le même filigrane que les autres papiers timbrés.

Le prix de la feuille, portant vingt-cinq décimètres carrés de superficie, sera de 10 cent ; celui de la demi-feuille de 5 cent. — (V. p. 51 et 73).

66. — Les avis et autres annonces, de quelque nature et espèce qu'ils soient, assujettis au timbre par la loi du 6 prairial an VII, qui ne sont pas destinés à être affichés, pourront être imprimés sur papier blanc.

Le prix de la feuille sera de 10 cent.; celui de la demi-feuille, de 5 cent; celui du quart de feuille, de 2 cent. 1/2 ; celui du demi-quart, cartes et autres de plus petite dimension, sera de 1 cent.

Le papier sera fourni par la régie; les cartes seront fournies par les particuliers, mais timbrées avant tout emploi. — (V. p. 51).

67. — La subvention du dixième ne sera point ajoutée aux droits de timbre énoncés aux cinq articles précédents. — (V. p. 73).

68. — Il est défendu aux imprimeurs de tirer aucun exemplaire desdites annonces, affiches ou avis sur papier non timbré, sous prétexte de les faire frapper d'un timbre extraordinaire. Une ordonnance déterminera l'époque à laquelle l'approvisionnement de la régie permettra de faire exécuter le présent article. — (V. p. 53 et 73).

69. — La contravention d'un imprimeur à ces dispositions sera punie d'une amende de 500 fr., sans préjudice du droit de Sa Majesté de lui retirer sa commission (V. L. 21 oct. 1814, art. 12). — (V. p. 53).

70. — Les autres dispositions des lois du timbre relatives aux prospectus, catalogues de livres, tableaux et objets de sciences et journaux, continueront d'être exécutées. Celles qui concernent le timbre de journaux s'appliqueront à tous ouvrages, de quelque étendue qu'ils soient, qui paraîtraient, soit régulièrement, soit irrégulièrement, par semaine, soit par numéro, quand même le service n'en serait pas régulier. — (Abrogé, V. p. 51).

76. — Le recouvrement des droits de timbre et des amendes de contraventions y relatives sera poursuivi par voie de contrainte ; et, en cas d'opposition, les instances seront instruites et jugées selon les formes prescrites par les lois des 22 frim. an vii et 27 vent. an ix sur l'enregistrement.

En cas de décès des contrevenants, lesdits droits et amendes seront dus par leurs successeurs, et jouiront, soit dans les successions, soit dans les faillites ou tous autres cas, du privilège des contributions directes. — (V. p. 55 et 151).

LOI DU 28 FÉVRIER 1817,

Relative aux écrits saisis en vertu de la loi du 21 oct. 1814. — (V. p. 29-30).

(1) Cette loi a cessé son effet après la session de 1817, conformément à l'art. 55 de ladite loi.

LOI DU 28 FÉVRIER 1817,

Portant que les journaux ne paraîtront qu'avec l'autorisation du roi. — (V. p. 33).

EXTRAIT DE LA LOI DU 25 MARS 1817,

Sur les finances.

ART. 76. — Les ouvrages périodiques relatifs aux sciences et aux arts, ne paraissant qu'une fois par mois ou à des intervalles plus éloignés, et contenant au moins deux feuilles d'impression, seront exempts du timbre. — (Abrogé, V. p. 55).

Seront également exempts les annonces, prospectus et catalogues de librairie (V. L. 2 flor. an vi ; L. 9 vendém. an vi, art. 57, et L. 28 avril 1816, art. 70). — (V. p. 53).

77. — Les particuliers qui voudront se servir pour affiches, avis ou annonces, d'autre papier que celui de l'administration de l'enregistrement, seront admis à le faire timbrer avant l'impression.

La contravention à la disposition de l'art. 65, L. 28 avril 1816, qui défend de se servir, pour les affiches, de papier de couleur blanche, sera punie d'une amende de 100 fr. à la charge de l'imprimeur, qui sera toujours tenu d'indiquer son nom et sa demeure au bas de l'affiche. — (V. p. 55 et 73).

ORDONNANCE DU 8 OCTOBRE 1817,

Relative aux impressions lithographiques.

L'art de la lithographie a reçu, depuis une époque très-récente, de nombreuses applications qui l'assimilent entièrement à l'impression en caractères mobiles et à celle en taille douce ; et il s'est formé, pour la pratique de cet art, des établissements de la même nature que les imprimeries ordinaires, sur lesquelles il a été statué par la loi du 21 octobre 1814.

A ces causes, voulant prévenir les inconvénients qui résulteraient de l'usage clandestin des presses lithographiques ;

Vu les art. 11, 13 et 14, L. 21 octobre 1814 ;

Nous avons ordonné et ordonnons ce qui suit :

ART. 1er. — Nul ne sera imprimeur-lithographe, s'il n'est breveté et assermenté (V. p. 10).

2. — Toutes les impressions lithographiques seront soumises à la déclaration et au dépôt avant la publication, comme tous les autres ouvrages d'imprimerie (V. p. 11 et 17).

EXTRAIT DE LA LOI DU 15 MAI 1818,

Sur les finances.

ART. 76. — A compter du 1er juillet prochain, le papier pour affiches, avis ou annonces, ne sera plus fourni par la régie de l'enregistrement

Conformément à l'art. 58, L. 30 septembre 1797 (9 vendém. an vi), les particuliers feront timbrer le papier dont ils voudront faire usage.

Ils acquitteront le droit réglé par les art. 65, 66 et 67, L. 28 avril 1816.

Le papier sera présenté au timbre avant l'impression, sous les peines portées par l'art. 69 de cette dernière loi.

Néanmoins la disposition de l'art. 77, L. 25 mars 1817, qui défend de se servir, pour les affiches, de papier de couleur blanche, et qui prononce une amende de 100 fr. contre l'imprimeur, en cas de contravention, est et demeure maintenue. — (V. p. 73).

83. — L'exemption du timbre, portée en l'art. 76, L. 25 mars 1817, en faveur des annonces, prospectus et catalogues de librairie, est étendue aux annonces, prospectus et catalogues d'objets relatifs aux sciences et aux arts. — (Abrogé, V. p. 55).

LOI DU 17 MAI 1819,

Sur la répression des crimes et délits commis par la voie de la presse, ou par tout autre moyen de publication.

CHAPITRE Ier. — DE LA PROVOCATION PUBLIQUE AUX CRIMES ET DÉLITS.

ART. 1er. — Quiconque, soit par des discours, des cris ou menaces proférés dans des lieux ou réunions publics, soit par écrits, des imprimés, des dessins, des gravures, des peintures ou emblèmes vendus ou distribués, mis en vente ou exposés dans des lieux ou réunions publics, soit par des placards et affiches exposés aux regards du public, aura provoqué l'auteur ou les auteurs de toute action qualifiée crime ou délit à la commettre, sera réputé complice et puni comme tel (V. C. pén., art. 60, 202, 203, 205, 267 et suiv., et 293, et L. 9 sept. 1835, art. 1er). — (V. p. 82, 84, 85).

2. — Quiconque aura, par l'un des moyens énoncés en l'art. 1er, provoqué à commettre un ou plusieurs crimes sans que ladite provocation ait été suivie d'aucun effet, sera puni d'un emprisonnement qui ne pourra être de moins de trois mois, ni excéder cinq années, et d'une amende qui ne pourra être au-dessous de 50 fr.. ni excéder 6,000 fr. (V. art. 1, et L. 9 sept. 1835, art. 1er). — (V. p. 85).

3. — Quiconque aura, par l'un des mêmes moyens, provoqué à commettre un ou plusieurs délits, sans que ladite provocation ait été suivie d'aucun effet, sera puni d'un emprisonnement de trois jours à deux années, et d'une amende de 50 fr. à 4.000 fr. ; ou de l'une de ces deux peines seulement, selon les circonstances, sauf les cas dans lesquels la loi prononcerait une peine moins grave contre l'auteur même du délit, laquelle sera alors appliquée au provocateur. — (V. p 87).

4. Sera réputée provocation ou crime et punie des peines portées par l'art. 2, toute attaque formelle par l'un des moyens énoncés en l'art. 1er, soit contre l'inviolabilité de la personne du roi, soit contre l'ordre de successibilité au trône, soit contre l'autorité constitutionnelle du roi et des Chambres. — (Abrogé, V. p. 89, 91).

5. — Seront réputés provocations et punis des peines portées par l'art. 3 : — 1° tous cris séditieux publiquement proférés, autres que ceux qui rentreraient dans la disposition de l'art. 4 ; — 2° l'enlèvement ou la dégradation des signes publics de l'autorité royale, opérés par haine ou mépris de cette autorité ; — 3° le port public de tous signes extérieurs de ralliement non autorisés par le roi ou par des règlements de police ; — 4° l'attaque formelle, par l'un des moyens énoncés en l'art. 1er, des droits garantis par les art. 5 et 9 de la Charte constitutionnelle (V. L. du 25 mars 1822, art. 2, 8 et 9). — (Abrogé, V. p. 87).

6. La provocation, par l'un des mêmes moyens, à la désobéissance aux lois, sera également punie des peines portées en l'art. 3 (V. L. 9 sept. 1835, art. 8). — (V. p.   ).

7. — Il n'est point dérogé aux lois qui punissent la provocation et la complicité résultant de tous les actes autres que les faits de publication prévus par la présente loi (V. C pén., art. 60 et suiv.). — (V. p. 83).

CHAPITRE II. — DES OUTRAGES A LA MORALE PUBLIQUE ET RELIGIEUSE, OU AUX BONNES MŒURS.

8. — Tout outrage à la morale publique et religieuse, ou aux bonnes mœurs, par l'un des moyens énoncés en l'art. 1er, sera puni d'un emprisonnement d'un mois à un an, et d'une amende de 16 fr. à 500 fr. (V. C. pén., art. 287 ; L. 25 mars 1822, art. 1er). — (V. p. 101).

CHAPITRE III. — DES OFFENSES PUBLIQUES ENVERS LA PERSONNE DU ROI.

9. — Quiconque, par l'un des moyens énoncés en l'art. 1er de la présente loi, se sera rendu coupable d'offenses envers la personne du roi, sera puni d'un emprisonnement qui ne pourra être de moins de six mois, ni excéder cinq années, et d'une amende qui ne pourra être au-dessous de 500 fr. ni excéder 10,000 fr.

Le coupable pourra, en outre, être interdit de tout ou partie des droits mentionnés en l'art. 42 du C. pén., pendant un temps égal à celui de l'emprisonnement auquel il aura été condamné : ce temps courra à compter du jour où le coupable aura subi sa peine (V. C. pén., art. 86, et L. 9 sept. 1835, art. 2 et 3). — (V. p. 89).

CHAPITRE IV. — DES OFFENSES PUBLIQUES ENVERS LES MEMBRES DE LA FAMILLE ROYALE, LES CHAMBRES, LES SOUVERAINS ET LES CHEFS DES GOUVERNEMENTS ÉTRANGERS.

10. — L'offense, par l'un des moyens énoncés

en l'art. 1er, envers les membres de la famille royale, sera punie d'un emprisonnement d'un mois à trois mois, et d'une amende de 500 fr. à 5,000 fr. — (V. p. 89).

11. — L'offense, par l'un des mêmes moyens, envers les Chambres ou l'une d'elles, sera punie d'un emprisonnement d'un mois à trois ans, et d'une amende de 100 fr. à 5,000 fr. (V. L. 25 mars 1828, art. 15; L. 26 mai 1819, art. 2, et L. 8 oct. 1830). — (Abrogé, V. p. 91).

12. — L'offense, par l'un des mêmes moyens, envers des souverains ou envers celle des chefs des gouvernements étrangers, sera punie d'un emprisonnement d'un mois à trois ans, et d'une amende de 100 fr. à 5000 fr. (V. L. 26 mai 1819, art. 3). — (V. p. 91).

CHAPITRE V. — DE LA DIFFAMATION ET DE L'INJURE PUBLIQUES.

13. — Toute allégation ou imputation d'un fait qui porte atteinte à l'honneur ou à la considération de la personne ou du corps auquel le fait est imputé est une diffamation.

Toute expression outrageante, terme de mépris ou invective, qui ne renferme l'imputation d'aucun fait, est une injure (V. art. 18 et 19, et C. pén., art. 367 et suiv., et 471, n. 11). — (V. p. 105).

14. — La diffamation et l'injure commises par l'un des moyens énoncés en l'art. 1er de la présente loi, seront punies d'après les distinctions suivantes. — (V. p. 105).

15. — La diffamation ou l'injure envers les Cours, tribunaux ou autres corps constitués, sera punie d'un emprisonnement de quinze jours à deux ans, et d'une amende de 50 fr. à 4,000 fr. (V. L. 25 mars 1822, art. 5).—(Abrogé, V. p. 109).

16. — La diffamation envers tout dépositaire ou agent de l'autorité publique, pour des faits relatifs à ses fonctions, sera punie d'un emprisonnement de huit jours à dix-huit mois, et d'une amende de 50 fr. à 3,000 fr. — (V. p. 111).

L'emprisonnement et l'amende pourront, dans ce cas, être infligés cumulativement ou séparément, selon les circonstances (V. L. 26 mai 1819, art. 20). — (V. p. 111).

17. — La diffamation envers les ambassadeurs, ministres plénipotentiaires, envoyés, chargés d'affaires ou autres agents diplomatiques accrédités près du roi, sera punie d'un emprisonnement de huit jours à dix-huit mois, et d'une amende de 50 fr. à 3,000 fr., ou de l'une de ces deux peines seulement, selon les circonstances (V. L. 26 mai 1819, art 5).—(V. p. 111).

18. — La diffamation envers les particuliers sera punie d'un emprisonnement de cinq jours à un an et d'une amende de 25 fr. à 2,000 fr., ou de l'une de ces deux peines seulement, selon les circonstances. — (V. p. 116).

19. — L'injure contre les personnes désignées par les art. 16 et 17 de la présente loi sera punie d'un emprisonnement de cinq jours à un an et d'une amende de 25 fr. à 2,000 fr., ou de l'une de ces deux peines seulement, selon les circonstances. — L'injure contre les particuliers sera punie d'une amende de 16 fr. à 500 fr. — (V. les art. 13, 16, 17, 18 et 20, V. p. 116).

20. — Néanmoins, l'injure qui ne renfermerait pas l'imputation d'un vice déterminé, ou qui ne serait pas publique, continuera d'être punie des peines de simple police (V. art. 19, C. pén., art. 471, n. 11, et L. 25 mars 1822, art. 6).—(V. p. 105, 116).

CHAPITRE VI. — DISPOSITIONS GÉNÉRALES.

21. — Ne donneront ouverture à aucune action, les discours tenus dans l'une des deux Chambres, ainsi que les rapports ou toutes autres pièces imprimées par ordre de l'une des deux Chambres. — (V. p. 5, 107).

22. — Ne donnera lieu à aucune action, le compte fidèle des séances publiques de la Chambre des députés, rendu de bonne foi dans les journaux (V L. 25 mars 1822, art. 7).—(Modifié, V. p. 5 et 125).

23. — Ne donneront lieu à aucune action en diffamation ou injure, les discours prononcés ou les écrits produits devant les tribunaux : pourront, néanmoins, les juges saisis de la cause, en statuant sur le fond, prononcer la suppression des écrits injurieux ou diffamatoires, et condamner qui il appartiendra en des dommages-intérêts. — (V. p. 5, 107, 125).

Les juges pourront aussi, dans le même cas, faire des injonctions aux avocats et officiers ministériels, ou même les suspendre de leurs fonctions.

La durée de cette suspension ne pourra excéder six mois; en cas de récidive, elle sera d'un an au moins et de cinq ans au plus.

Pourront, toutefois, les faits diffamatoires étrangers à la cause donner ouverture, soit à l'action publique, soit à l'action civile des parties, lorsqu'elle leur aura été réservée par les tribunaux, et, dans tous les cas, à l'action civile des tiers (V. décr. 30 mars 1808, art. 102 et suiv.; ord. du 20 nov. 1822, art. 16 et suiv.; C. procéd., art. 90 1036; C. inst. crim., art. 504 et suiv., et C. pén., art. 377).—(V. p. 107-125).

24. — Les imprimeurs d'écrits dont les auteurs seraient mis en jugement, en vertu de la présente loi, et qui auraient rempli les obligations prescrites par le titre 2, L. 21 oct 1814, ne pourront être recherchés pour le simple fait d'impression de ces écrits, à moins qu'ils n'aient agi sciemment, ainsi qu'il est dit à l'art. 60, C. pén., qui définit la complicité (V. L. 21 oct. 1814, art. 11 et suiv., et C. pén., art. 59 et suiv.).—(V. p. 19, 85).

25. — En cas de récidive des crimes et délits prévus par la présente loi, il pourra y avoir lieu à l'aggravation des peines prononcées par le chapitre 4, liv. 1er, C. pén. (V. L. 9 juin 1819, art. 10, L. 25 mars 1822, art. 7; L. 18 juill. 1828, art. 15, et L. 9 sept. 1835, art. 12).—(V. p. 133).

26. — Les art. 102, 217, 367, 368, 369, 370, 371, 372, 374, 375 et 377, C. pén., et la loi du 9 nov. 1815, sont abrogés.

Toutes les autres dispositions du Code pénal, auxquelles il n'est pas dérogé par la présente loi, continueront d'être exécutées (V. L. 9 sept. 1835, art. 28). — (V. p. 155).

LOI DU 26 MAI 1819 (1),

Relative à la poursuite et au jugement des crimes et délits commis par la voie de la presse, ou par tout autre moyen de publication.

ART. 1er. — La poursuite des crimes et délits commis par la voie de la presse, ou par tout autre moyen de publication, aura lieu d'office et à la requête du ministère public, sauf les modifications suivantes (V. C. inst. crim., art. 1er, et L. 8 oct. 1830, art. 4). —(V. p. 141).

2. — Dans le cas d'offense envers les Chambres ou l'une d'elles par voie de publication, la poursuite n'aura lieu qu'autant que la Chambre, qui se croira offensée, l'aura autorisée (V.L. 17 mai 1819, art. 11, et L. 25 mars 1822, art. 15).—(V. p 141).

3. — Dans le cas du même délit contre la personne des souverains et celle des chefs des gouvernements étrangers, la poursuite n'aura lieu que sur la plainte ou la requête du souverain ou du chef du gouvernement qui se croira offensé (V. L. 17 mai 1819, art. 12). — (V. p. 141).

4. — Dans les cas de diffamation ou d'injure contre les Cours, tribunaux, ou autres corps constitués, la poursuite n'aura lieu qu'après une délibération de ces corps, prise en assemblée générale et requérant les poursuites (V. L. 17 mai 1819, art. 13, et L. 25 mars 1822, art 15). — (V. p. 141).

5. — Dans le cas des mêmes délits contre tout dépositaire ou agent de l'autorité publique, contre tout agent diplomatique étranger, accrédité près du roi, ou contre tout particulier, la poursuite n'aura lieu que sur la plainte de la partie qui se prétendra lésée (V. L. 17 mai 1819, art. 16, 17, 18 et 19, et L 25 mars 1822, art. 6). — (V. p. 141).

6. — La partie publique, dans son réquisitoire, si elle poursuit d'office, ou le plaignant, dans sa plainte, seront tenus d'articuler et de qualifier les provocations, attaques, offenses, outrages, faits diffamatoires ou injures, à raison desquels la poursuite est intentée, et ce, à peine de nullité de la poursuite (V. C. inst. crim, art. 182 et 183; L. 8 avril 1831, art. 2, et L. 9 sept. 1835, art. 5). —(Abrogé, V. p. 147).

7. — Immédiatement après avoir reçu le réquisitoire ou la plainte, le juge d'instruction pourra ordonner la saisie des écrits, imprimés, placards, dessins, gravures, peintures, emblèmes ou autres instruments de publication. — L'ordre de saisir et le procès-verbal de saisie seront notifiés, dans les trois jours de ladite saisie, à la personne entre les mains de laquelle la saisie aura été faite, à peine de nullité (V. L. 28 avril 1831, art. 3, et L. 9 sept. 1835, art. 24. — (Abrogé, V. p. 143).

8. — Dans les huit jours de ladite notification, le juge d'instruction est tenu de faire son rapport à la chambre du conseil, qui procède ainsi qu'il est dit au Code d'inst. crim., liv. 1er, chap. 9, sauf les dispositions ci après (V C. inst. crim., art. 127, et L. 9 sept. 1835, art. 24. — (Abrogé, p. 14).

9. — Si la chambre du conseil est unanimement d'avis qu'il n'y a pas lieu à poursuivre, elle prononce la mainlevée de la saisie (V. C. inst. crim., art. 128 et 133).— (V. p. 143).

10. — Dans le cas contraire, ou dans le cas de pourvoi du procureur du roi ou de la partie civile contre la décision de la chambre du conseil, les pièces sont transmises, sans délai, au procureur général près la Cour royale, qui est tenu, dans les cinq jours de la réception, de faire son rapport à la chambre des mises en accusation, laquelle est tenue de prononcer dans les trois jours dudit rapport (V. C. inst. crim., art. 35, et loi 9 sept. 1835, art. 3). — (V. p. 143).

11. — A défaut par la chambre du conseil du tribunal de première instance d'avoir prononcé dans les dix jours de la notification du procès-verbal de saisie, la saisie sera de plein droit périmée. Elle le sera également à défaut par la Cour royale d'avoir prononcé sur cette même saisie dans les dix jours du dépôt en son greffe de la requête que la partie saisie est autorisée à présenter, à l'appui de son pourvoi, contre l'ordonnance de la chambre du conseil. Tous les dépositaires des objets saisis seront tenus de les rendre au propriétaire, sur la simple exhibition du certificat des greffiers respectifs, constatant qu'il n'y a pas eu d'ordonnance ou d'arrêt dans les délais ci-dessus prescrits.

Les greffiers sont tenus de délivrer ce certificat à la première réquisition, sous peine d'une amende de 300 fr., sans préjudice des dommages-intérêts, s'il y a lieu.

Toutes les fois qu'il ne s'agira que d'un simple délit, la péremption de la saisie entraînera celle de l'action publique (V. C. inst. crim., art. 217, 637 et suiv.). — (Abrogé, V. p. 140).

12. — Dans le cas où les formalités prescrites par les lois et règlements concernant le dépôt auront été remplies, les poursuites à la requête du ministère public ne pourront être faites que devant les juges du lieu où le dépôt aura été opéré, ou de la résidence du prévenu.

En cas de contravention aux dispositions ci-dessus rappelées concernant le dépôt, les poursuites pourront être faites soit devant le juge de la résidence du prévenu, soit dans les lieux où les écrits et autres instruments de publication auront été saisis.

Dans tous les cas, la poursuite à la requête de la partie plaignante pourra être portée devant les juges de son domicile, lorsque la publication y aura été effectuée (V. C. inst. crim., art. 23, 63 et 69, et L. 21 oct. 1814, art. 14) — (Abrogé, V. p. 143).

13. — Les crimes et délits commis par la voie de la presse ou tout autre moyen de publication, à l'exception de ceux désignés dans l'art suivant, seront renvoyés par la chambre des mises en accusation de la Cour royale devant la Cour d'assises, pour être jugés à la plus prochaine session. L'arrêt de renvoi sera de suite notifié au prévenu (V. C. inst. crim., art 42, et L.L. 8 oct. 1830 et 8 nov. 1831).—(V. p. 143).

14. — Les délits de diffamation verbale ou d'injure verbale contre toute personne, et ceux de diffamation ou d'injure par voie de publication quelconque contre les particuliers, seront jugés par les tribunaux de police correctionnelle, sauf les cas attribués aux tribunaux de simple police (V. C. inst. crim., art. 157; L. 25 mars 1822, art. 15 et 17, et L. 8 oct. 1830, art. 2). — (V. p. 143).

15. — Sont tenues, la chambre du conseil du tribunal de première instance, dans le jugement de mise en prévention, et la chambre des mises en accusation de la Cour royale, dans l'arrêt de renvoi devant la Cour d'assises, d'articuler ou de qualifier les faits à raison desquels lesdits prévention ou renvoi sont prononcés, à peine de nullité desdits jugements ou arrêt (V. C. inst. crim., art. 134 et 232, et supra, art. 6). — (V. p. 143).

16. — Lorsque la mise en accusation aura été prononcée pour crimes commis par voie de publication, et que l'accusé n'aura pu être saisi, ou qu'il ne se présentera pas, il sera procédé contre lui, ainsi qu'il est prescrit au liv. 2, tit. 4, C. inst. crim., chap. des Contumaces (V. C. inst. crim., art.465 et suiv.). — (V. p. 143).

17. Lorsque le renvoi à la Cour d'assises aura été fait pour délits spécifiés dans la présente loi, le

(1) Cette loi a été en grande partie abrogée par l'art. 25 du décret du 17 fév. 1852, qui a attribué aux tribunaux correctionnels la connaissance des délits de presse et fait retour aux règles du C. d'instruction criminelle pour les formes et délais de la procédure.

prévenu, s'il n'est présent au jour fixé pour le jugement par l'ordonnance du président, dûment notifiée audit prévenu ou à son domicile, dix jours au moins avant l'échéance, outre un jour par myriamètre de distance, sera jugé par défaut. La Cour statuera sans assistance ni intervention de jurés, tant sur l'action publique que sur l'action civile (V. C. inst. crim., art. 185 ; L. 8 avril 1831, art. 2, L. 9 sept. 1835, art. 24 et 25).— (Abrogé, p. 145).

18. — Le prévenu pourra former opposition à l'arrêt par défaut dans les dix jours de la notification qui lui en aura été faite ou à son domicile, outre un jour par cinq myriamètres de distance, à charge de notifier son opposition, tant au ministère public qu'à la partie civile.

Le prévenu supportera, sans recours, les frais de l'expédition, ainsi que de l'assignation et de la taxe des témoins appelés à l'audience par le jugement de l'opposition (V. C. inst. crim., art. 187 et 188; L. 8 avril 1831, art. 3, et L. 9 sept. 1835, art. 25). —(Abrogé, V. p. 145).

19. — Dans les cinq jours de la notification de l'opposition et de signification de l'arrêt par défaut, et de l'opos.tion, le prévenu devra déposer au greffe une requête tendant à obtenir du président de la Cour d'assises une ordonnance fixant le jour du jugement de l'opposition : cette ordonnance fixera le jour aux plus prochaines assises, elle sera signifiée, à la requête du ministère public, tant au prévenu qu'au plaignant, avec assignation au jour fixé, dix jours au moins avant l'échéance —Faute par le prévenu de remplir les formalités mises à sa charge par le présent article, ou de comparaître par lui-même ou par un fondé de pouvoir au jour fixé par l'ordonnance, l'opposition sera réputée non avenue, et l'arrêt par défaut sera définitif (V. C. inst. crim., art. 151 et 188; L. 8 avril 1831, art. 3, et L. 9 sept. 1835, art. 25). — (Abrogé, V. p. 145).

20. — Nul ne sera admis à prouver la vérité des faits diffamatoires, si ce n'est dans le cas d'imputation contre des dépositaires ou agents de l'autorité, ou contre toutes personnes ayant agi dans un caractère public, de faits relatifs à leurs fonctions. Dans ce cas, les faits pourront être prouvés par-devant la Cour d'assises par toutes les voies ordinaires, sauf la preuve contraire par les mêmes voies.

La preuve des faits imputés sera l'auteur de l'imputation à l'abri de toute peine, sans préjudice des peines prononcées contre toute injure qui ne serait pas nécessairement dépendante des mêmes faits (V. C. pén., art. 370 ; L. 25 mars 1822, art. 18, et L. 8 oct. 1830, art. 151). —(Abrogé. V. p. 147).

21. — Le prévenu qui voudra être admis à prouver la vérité des faits, dans le cas prévu par le précédent article, devra, dans les huit jours qui suivront la notification de l'arrêt de renvoi devant la Cour d'assises, ou de l'opposition à l'arrêt par défaut rendu contre lui, faire signifier au plaignant : — 1° les faits articulés et qualifiés dans cet arrêt, desquels il entend prouver la vérité ; — 2° la copie des pièces ; — 3° les noms, professions et demeures des témoins par lesquels il entend faire sa preuve. — Cette signification contiendra élection de domicile près la Cour d'assises; le tout, à peine d'être déchu de la preuve (V. infrà, art 24; L. 8 avril 1831, art. 3, et L. 9 sept. 1835, art. 25). —(Abrogé, V. p. 147).

22. — Dans les huit jours suivants, le plaignant sera tenu de faire signifier au prévenu, au domicile par lui élu, la copie des pièces, et les noms, professions et demeures des témoins par lesquels il entend faire la preuve contraire ; le tout également sous peine de déchéance (Voy. art. 21 et 23).—Abrogé, V. p. 147).

23. — Le plaignant en diffamation ou injure pourra faire entendre des témoins qui attesteront sa moralité ; les noms, professions et demeures de ces témoins seront notifiés au prévenu ou à son domicile, un jour au moins avant l'audition.

Le prévenu ne sera point admis à faire entendre des témoins contre la moralité du plaignant (V. art. 20, 21 et 22 suprà, et C. inst. crim., art. 321 et 315). —(Abrogé, V. p. 147).

24. — Le plaignant sera tenu, immédiatement après l'arrêt de renvoi, d'élire domicile près la Cour d'assises, et de notifier cette élection au prévenu et au ministère public ; à défaut de quoi toutes significations seront faites valablement au plaignant au greffe de la Cour.

Lorsque le prévenu sera en état d'arrestation, toutes notifications, pour être valables, devront lui être faites à personne (V. suprà, art. 12, et C. inst. crim. art. 68). — (Abrogé, V. p. 147).

25. — Lorsque les faits imputés seront punissables selon la loi, et qu'il y aura des poursuites commencées à la requête du ministère public, ou que

l'auteur des imputations aura dénoncé ces faits, il sera, durant l'instruction, sursis à la poursuite et au jugement du délit de diffamation (V. C. pén., art. 372 et 373). — (V. p. 105 et 147).

26. — Tout arrêt de condamnation contre les auteurs ou complices des crimes et délits commis par voie de publication, ordonnera la suppression ou la destruction des objets saisis, ou de tous ceux qui pourront l'être ultérieurement, en tout ou en partie, suivant qu'il y aura lieu pour l'effet de la condamnation.

L'impression ou l'affiche de l'arrêt pourront être ordonnées aux frais du condamné.

Ces arrêts seront rendus publics dans la même forme que les jugements portant déclaration d'absence (V. C. civ., art. 118 ; C. pén., art. 11 et 36, et infrà art. 27). — (V. p. 151).

27. — Quiconque, après que la condamnation d'un écrit, de dessins ou gravures, sera réputée connue par la publication dans les formes prescrites par l'article précédent, les réimprimera, vendra ou distribuera, subira le maximum de la peine qu'aurait pu encourir l'auteur (V. suprà, art. 26, et C. pén., art. 36 et suiv.). — (V. p. 21, 70).

28. — Toute personne inculpée d'un délit commis par la voie de la presse, ou par tout autre moyen de publication, contre laquelle il aura été décerné un mandat de dépôt ou d'arrêt, obtiendra sa mise en liberté provisoire, moyennant caution. La caution à exiger de l'inculpé ne pourra être supérieure au double du maximum de l'amende prononcée par la loi contre le délit qui lui est imputé (V. C. inst. crim., art. 113 et suiv., 91 et suiv.). — (V. p. 141).

29. — L'action publique contre les crimes et délits commis par la voie de la presse ou tout autre moyen de publication, se prescrira par six mois révolus, à compter du fait de publication qui donnera lieu à la poursuite.

Pour faire courir cette prescription de six mois, la publication d'un écrit devra être précédée du dépôt et de la déclaration que l'éditeur entend le publier.

S'il a été fait, dans cet intervalle, un acte de poursuite ou d'instruction, l'action publique ne se prescrira qu'après un an, à compter du dernier acte, à l'égard même des personnes qui ne seraient pas impliquées dans ces actes d'instruction ou de poursuite.

Néanmoins, dans le cas d'offense envers les chambres, le délai ne courra pas dans l'intervalle de leurs sessions.

L'action civile ne se prescrira, dans tous les cas, que par la révolution de trois années, à compter du fait de la publication (V. C. inst. crim., art. 637 et suiv., et L. 9 juin 1819, art. 13). — (V. p. 153).

30. — Les délits commis par la voie de la presse ou par tout autre moyen de publication, et qui ne seraient point encore jugés, le seront suivant les formes prescrites par la présente loi.

31. — La loi du 28 février 1817 est abrogée.

Les dispositions du Code d'inst. crim., auxquelles il n'est pas dérogé par la présente loi, continueront d'être exécutées. — (V. p. 157).

LOI DU 9 JUIN 1819 (1).

Relative à la publication des journaux ou écrits périodiques.

Art. 1er. — Les propriétaires ou éditeurs de tout journal ou écrit périodique, consacré en tout ou en partie aux nouvelles ou matières politiques, et paraissant, soit à jour fixe, soit par livraison et irrégulièrement, mais plus d'une fois par mois, seront tenus : — 1° de faire une déclaration indiquant le nom, au moins, d'un propriétaire ou éditeur responsable, sa demeure et l'imprimerie, dûment autorisée, dans laquelle le journal ou l'écrit périodique doit être imprimé ; — 2° de fournir un cautionnement qui sera, dans les départements de la Seine, de Seine-et-Oise et Seine-et-Marne, de 10,000 fr. de rente pour les journaux quotidiens, et de 5,000 fr. pour les journaux ou écrits périodiques paraissant à des termes rapprochés ; — 3° et dans les autres départements, le cautionnement relatif aux journaux quotidiens sera de 2,500 fr. de rente dans les villes de cinquante mille âmes et au-dessus, de 1,500 fr. de rente dans les villes au-dessous, et de la moitié de ces rentes pour les journaux ou écrits périodiques qui paraissent à des termes moins rapprochés.

(1) Abrogé en grande partie par les lois postérieures de 1828, 1830, 1835, 1848 et 1852.

Les cautionnements pourront être également effectués à la Caisse des consignations, en y versant le capital de la rente au cours du jour du dépôt (V. L. 18 juillet 1821, art. 1er et 6, et L. 9 sept. 1835, art. 13). —(Abrogé, V. p. 55).

2. — La responsabilité des auteurs ou éditeurs indiqués dans la déclaration s'étendra à tous les articles insérés dans le journal ou écrit périodique, sans préjudice de la solidarité des auteurs ou rédacteurs desdits articles.—(Abrogé, V. p. 41, 83).

3. — Le cautionnement sera affecté, par privilège, aux dépens, dommages-intérêts et amendes auxquels les propriétaires ou éditeurs pourront être condamnés: le prélèvement s'opérera dans l'ordre indiqué au présent article. En cas d'insuffisance, il y aura lieu à recours solidaire sur les biens des propriétaires ou éditeurs déclarés responsables du journal ou écrit périodique, et des auteurs et rédacteurs des articles condamnés (V. C. civ., art. 2101, et C. pén., art. 55). —(V. p. 59).

4. — Les condamnations encourues devront être acquittées et le cautionnement libéré ou complété dans les quinze jours de la notification de l'arrêt : les quinze jours révolus sans que la libération ou le complètement ait été opéré, et jusqu'à ce qu'il le soit, le journal ou écrit périodique cessera de paraître (V. L. 9 sept. 1835, art. 15, et ordon. 18 nov. 1835, art. 7).— (Abrogé, V. p. 59).

5. — Au moment de la publication de chaque feuille ou livraison du journal ou écrit périodique, il en sera remis, à la préfecture pour les chefs-lieux de département, à la sous-préfecture pour ceux d'arrondissement, et dans les autres villes, à la mairie, un exemplaire signé d'un propriétaire ou éditeur responsable (V. L. 18 juill. 1828, art. 8, et L. 9 sept. 1835, art. 16). — (Abrogé, V. p. 49).

Cette formalité ne pourra ni retarder ni suspendre le départ ou la distribution du journal ou écrit périodique. — (V. p. 49).

6. — Quiconque publiera un journal ou écrit périodique sans avoir satisfait aux conditions prescrites par les art. 1er, 4 et 5 de la présente loi, sera puni correctionnellement d'un emprisonnement d'un mois à six mois, et d'une amende de 200 à 1,200 fr. (V. L. 18 juill. 1828, art. 6 et 8).—(Abrogé, V. p. 55, 41).

7. — Les éditeurs de tout journal ou écrit périodique ne pourront rendre compte des séances secrètes des Chambres, ou de l'une d'elles, sans leur autorisation (V. L. 18 juill. 1828, art. 16 et 17, et L. 9 sept. 1835, art. 10). — (V. p. 125).

8. — Tout journal sera tenu d'insérer les publications officielles qui lui seront adressées, à cet effet, par le Gouvernement, le lendemain du jour de l'envoi de ces pièces, sous la seule condition du paiement des frais d'insertion (V. L. 25 mars 1822, art. 11, et L. 9 sept. 1835, art. 17 et 18).—(Abrogé, V. p. 123).

9. — Les propriétaires ou éditeurs responsables d'un journal ou écrit périodique, ou auteurs ou rédacteurs d'articles imprimés dans ledit journal ou écrit, prévenus de crimes ou délits pour faits de publication seront poursuivis et jugés dans les formes et suivant les distinctions prescrites à l'égard de toutes les autres publications (V. L. 26 mai 1819). — (V. p. 131).

10. — En cas de condamnation, les mêmes peines leur seront appliquées ; toutefois, les amendes pourront être élevées au double, et, en cas de récidive, portées au quadruple, sans préjudice des peines de la récidive prononcées par le Code pénal (V. L. 9 sept. 1835, art. 12 ; L. 18 juill. 1828, art. 15 ; L. 17 mai 1819, art. 25, et C. pén. art. 58.) — (V. p. 131).

11. — Les éditeurs du journal ou écrit périodique seront tenus d'insérer dans l'une des feuilles ou des livraisons qui paraîtront dans le mois du jugement ou de l'arrêt intervenu contre eux, extrait contenant les motifs et le dispositif dudit jugement ou arrêt (V. L. 25 mars 1822, art. 11, et L. 9 sept. 1835, art. 10).—(V. p. 123).

12. — La contravention aux art. 7, 8 et 11 de la présente loi sera punie correctionnellement d'une amende de 100 fr. à 1,000 fr. (V. L. 9 sept. 1835, art. 18). — (V. p. 123).

13. — Les poursuites auxquelles pourront donner lieu les contraventions aux art. 7, 8 et 11 de la présente loi se prescriront, par le laps de trois mois, à compter de la contravention, ou de l'interruption des poursuites, s'il y en a de commencées en temps utile. — (V. p. 123 et 153).

ORDONNANCE DU 9 JUIN 1819 (1),

Concernant l'exécution de la loi relative à la publication des journaux ou écrits périodiques.

Vu la loi de ce jour, sur les journaux et écrits périodiques :
Notre conseil entendu,
Nous avons ordonné et ordonnons ce qui suit :

Art. 1er. — L'éditeur ou propriétaire d'un journal ou écrit périodique, de la nature de ceux désignés par l'art. 1er de la loi de ce jour, qui voudra fournir en rentes le cautionnement prescrit par la loi, déclarera à l'agent judiciaire du trésor royal qu'il affecte l'inscription dont il est propriétaire au cautionnement de son entreprise. L'acte de cautionnement sera fait en double entre l'agent judiciaire et le titulaire de l'inscription.
L'inscription donnée au cautionnement sera déposée à la Caisse centrale du trésor royal. Les arrérages continueront à être payés sur la représentation d'un bordereau délivré par l'agent judiciaire.
Lorsque le cautionnement sera fourni en inscription départementale, le directeur de l'enregistrement remplira, pour le département, et au livre auxiliaire duquel appartient la rente, les fonctions ci-dessus attribuées à l'agent judiciaire; l'inscription sera déposée à la caisse du receveur des domaines du chef-lieu.
Les mêmes formalités devront être remplies par tout propriétaire d'une rente qui déclarerait l'affecter au cautionnement de l'entreprise formée par un éditeur ou propriétaire de journal (V. ordonn. du 18 nov. 1835, art. 2 et suiv.). — (Abrogé, V. p. 57).

2. — Toute inscription directe ou départementale, affectée à un cautionnement, devra être visée pour cautionnement, soit par le directeur du grand-livre, soit par le receveur général, avant d'être présentée à l'agent judiciaire ou au directeur de l'enregistrement, à l'appui de la déclaration prescrite par l'article précédent.

3. — Lorsque le cautionnement aura été, soit versé à la Caisse des dépôts et consignations, soit fourni en rentes, l'éditeur ou propriétaire fera, devant le préfet du département, ou, à Paris, devant le préfet de police, la déclaration prescrite par le nº 1, art. 1er de la loi. Il représentera en même temps, soit le reçu de la Caisse des consignations, soit l'acte constatant qu'il a fourni son cautionnement en rentes.
Le préfet donnera sur-le-champ acte de la déclaration et de la justification du cautionnement.
La publication du journal ou de l'écrit périodique pourra commencer immédiatement (V. ordonn. du 18 nov. 1835, art. 3 et 5). — (Abrogé, V. p. 57).

4. — La remise au moment de la publication de chaque feuille ou livraison du journal ou écrit périodique, exigée par l'art. 5 de la loi, sera faite à la préfecture de police (V. L. 9 juin 1819, art. 5, et L. 10 juill. 1828, art. 8). — (Abrogé, V. p. 49).

5. — Sur le vu du jugement ou de l'arrêt qui, par défaut par la partie condamnée d'avoir acquitté le montant des condamnations contre elle prononcées dans le délai prescrit par l'art. 4 de la loi, aurait ordonné la vente de l'inscription affectée au cautionnement, cette inscription sera vendue jusqu'à concurrence, à la requête de la partie plaignante, ou, en cas d'amende, à celle du préposé de la régie de l'enregistrement, chargé de la perception des amendes.
Cette vente sera opérée par les soins de l'agent judiciaire, le lendemain de la notification à lui faite du jugement ou de l'arrêt.
Les rentes départementales seront, dans le même cas, transmises par le directeur de l'enregistrement à l'agent judiciaire, lequel en fera faire immédiatement la vente, et en enverra le produit au directeur de l'enregistrement en un mandat de la caisse centrale du Trésor sur le receveur général. Il y joindra le bordereau de l'agent de change pour justification des frais de courtage.
Le prélèvement sur le capital résultant de la vente sera fait ainsi qu'il est dit à l'art. 3 de la loi (V. ordonnance du 18 nov. 1855, art. 7). — (Abrogé, V. p. 57).

6. — Le complément ou le remplacement d'un cautionnement aura lieu dans les formes prescrites par le cautionnement primitif (V. ordonnance du 18 nov. 1855, art. 2 à 7).

* (1) Cette ordonnance, rendue en exécution de la loi du 9 juin, a été, comme la loi dont elle était l'accessoire, profondément modifiée par les lois postérieures.

7. — Le propriétaire ou éditeur de journal ou écrit périodique qui voudra cesser son entreprise, en fera déclaration au préfet du département, ou, à Paris, au préfet de police. Le préfet lui donnera acte de ladite déclaration : sur le vu de cette pièce, et après un délai de trois mois, son cautionnement sera remboursé ou libéré, à moins que, par suite de condamnations ou de poursuites commencées, des oppositions n'aient été faites, soit à la caisse des consignations, soit entre les mains de l'agent judiciaire ou du directeur de l'enregistrement (V. ordonnance du 18 nov. 1835, art. 8). — (Abrogé, V. p. 39).

8. — Il est accordé aux éditeurs ou propriétaires des journaux et écrits périodiques désignés par l'article 1er de la loi, actuellement existants, un délai de quinze jours pour accomplir les formalités prescrites par la loi de ce jour et par la présente ordonnance (V. ordonnance du 18 nov. 1835, art. 8). — (Transitoire. Abrogé).

LOI DU 31 MARS 1820 (1),

Sur la publication des journaux et écrits périodiques.

Art. 1er. — La libre publication des journaux et écrits périodiques consacrés en tout ou en partie aux nouvelles et aux matières politiques, paraissant soit à jour fixe, soit irrégulièrement et par livraisons, est suspendue temporairement jusqu'au terme ci-après fixé. — (Abrogé, V. p. 2).

2. — Aucun desdits journaux et écrits périodiques ne pourra être publié qu'avec l'autorisation du roi.
Toutefois, les journaux et écrits périodiques actuellement existants continueront de paraître, en se conformant aux dispositions de la présente loi. — (Abrogé, V. p. 2).

3. — L'autorisation exigée par l'article précédent ne pourra être accordée qu'à ceux qui justifieront s'être conformés aux conditions prescrites à l'art. 1er de la loi du 9 juin 1819. — (Abrogé, V. p. 2 et 23).

4. — Avant la publication de toute feuille ou livraison, le manuscrit devra être soumis, par le propriétaire ou l'éditeur responsable, à un examen préalable. — (Abrogé, V. p. 2).

5. — Tout propriétaire ou éditeur responsable qui aurait fait imprimer et distribuer une feuille ou une livraison d'un journal ou écrit périodique sans l'avoir communiquée au censeur avant l'impression, ou qui aurait inséré dans une desdites feuilles ou livraisons un article non communiqué ou non approuvé, sera puni correctionnellement d'un emprisonnement d'un mois à six mois, et d'une amende de deux cents francs à douze cents francs, sans préjudice des poursuites auxquelles pourrait donner lieu le contenu de ces feuilles, livraisons et articles. — (Abrogé, V. p. 2).

6. — Lorsqu'un propriétaire ou éditeur responsable sera poursuivi en vertu de l'article précédent, le Gouvernement pourra prononcer la suspension du journal ou écrit périodique jusqu'au jugement. — (Abrogé, V. p. 133).

7. — Sur le vu du jugement de condamnation, le Gouvernement pourra prolonger, pour un terme qui n'excédera pas six mois, la suspension dudit journal ou écrit périodique. En cas de récidive, il pourra en prononcer définitivement la suppression. — (Abrogé, V. p. 133).

8. — Nul dessin imprimé, gravé ou lithographié, ne pourra être publié, exposé, distribué ou mis en vente, sans l'autorisation préalable du Gouvernement.
Ceux qui contreviendraient à cette disposition seront punis des peines portées en l'art. 5 de la présente loi. — (Abrogé, V. p. 59).

9. — Les dispositions des lois du 17 mai, du 26 mai et du 9 juin 1819, auxquelles il n'est point dérogé par les art. ci-dessus, continueront à être exécutées. — (Abrogé, V. p. 59).

10. — La présente loi cessera de plein droit d'avoir son effet à la fin de la session de 1820. — (Abrogé, V. p. 2)

LOI DU 28 JUILLET 1821 (2),

Relative à la censure des journaux.

Art. 1er. — La loi du 31 mars 1820, relative à la publication des journaux et écrits périodiques,

(1) Abrogée par l'art. 18 de la loi du 18 juillet 1828
(2) Abrogée par suite de l'abrogation de la loi du 31 mai 1820.

continuera d'avoir son effet jusqu'à la fin du troisième mois qui suivra l'ouverture de la session de 1821.

2. — Les dispositions de la loi du 31 mars 1820, sauf en ce qui concerne le cautionnement, s'appliqueront, à l'avenir, à tous les journaux ou écrits périodiques, paraissant soit à jour fixe, soit irrégulièrement ou par livraison, quels que soient leur titre et leur objet.

LOI DES 17-18 MARS 1822 (1),

Relative à la police des journaux et écrits périodiques

(dite *loi de tendance*).

Art. 1er. — Nul journal ou écrit périodique, consacré en tout ou en partie aux nouvelles ou matières politiques, et paraissant soit régulièrement et à jour fixe, soit par livraison et irrégulièrement, ne pourra être établi et publié sans l'autorisation du roi. — Cette disposition n'est pas applicable aux journaux et écrits périodiques existants le 1er janvier 1822. — (Abrogé, V. p. 3 et 33).

2. — Le premier exemplaire de chaque feuille ou livraison des écrits périodiques et journaux sera à l'instant même de son tirage remis et déposé au parquet du procureur du roi du lieu de l'impression. — Cette remise tiendra lieu de celle qui était prescrite par l'art. 5 de la loi du 9 juin 1819 — (Abrogé, V. p. 49).

3. — Dans le cas où l'esprit d'un journal ou écrit périodique résultant d'une succession d'articles, serait de nature à porter atteinte à la paix publique, au respect dû à la religion de l'État ou aux autres religions légalement reconnues en France, à l'autorité du roi, et à la stabilité des institutions constitutionnelles, à l'inviolabilité des ventes des domaines nationaux et à la tranquille possession de ces biens, les Cours royales, dans le ressort desquelles ils seront établis pourront, en audience solennelle de deux Chambres, et après avoir entendu le procureur général et les parties, prononcer la suspension du journal ou écrit périodique pendant un temps qui ne pourra excéder un mois pour la première fois, et trois mois pour la seconde fois. Après ces deux suspensions, et en cas de nouvelle récidive, la suppression définitive pourra être ordonnée. — (Abrogé, V. p. 133, le *Nota bene*).

4. — Si dans l'intervalle des sessions des Chambres, des circonstances graves rendaient momentanément insuffisantes les mesures de garanties et de répression établies, les lois des 31 mars 1820 et 26 juillet 1821 pourront être remises immédiatement en vigueur en vertu d'une ordonnance du roi délibérée en conseil, contresignée par trois ministres.
Cette disposition cessera de plein droit un mois après l'ouverture de la session des Chambres, si pendant ce délai elle n'a pas été convertie en loi.
Elle cessera pareillement de plein droit le jour où serait publiée une ordonnance qui prononcerait la dissolution de la Chambre des députés. — (Abrogé).

5. — Les dispositions antérieures auxquelles il n'est pas dérogé par les présentes continueront d'être exécutées.

LOI DU 25 MARS 1822 (2),

Relative à la répression et à la poursuite des délits commis par la voie de la presse, ou par tout autre moyen de publication.

TITRE Ier. — DE LA RÉPRESSION.

Art. 1er. — Quiconque, par l'un des moyens énoncés en l'art. 1er, L. 17 mai 1819, aura outragé ou tourné en dérision la religion de l'État sera puni d'un emprisonnement de trois mois à cinq ans, et d'une amende de 300 fr. à 6,000 fr.
Les mêmes peines seront prononcées contre quiconque aura outragé ou tourné en dérision toute autre religion dont l'établissement est légalement reconnu

(1) Cette loi a été abrogée par l'art. 18 de la loi du 18 juillet 1828, mais son texte est important à connaître comme document historique.
(2) Cette loi a été en grande partie abrogée et modifiée par les lois postérieures.

en France (V. L. 20 avr. 1825, art. 15, et L. 17 mai 1819, art. 8, et Charte constit.). — (V. p. 102.)

2. — Toute attaque, par l'un des mêmes moyens, contre la dignité royale, l'ordre de successibilité au trône, les droits que le roi tient de sa naissance, ceux en vertu desquels il a donné la Charte, son autorité constitutionnelle, l'inviolabilité de sa personne. les droits ou l'autorité des chambres, sera punie d'un emprisonnement de trois mois à cinq ans et d'une amende de 300 fr. à 6,000 fr. (V. L. 20 nov. 1830). — (Abrogé, V. p. 89.)

3. — L'attaque, par l'un de ces moyens, des droits garantis par les art. 5 et 9 de la Charte constitutionnelle, sera punie d'un emprisonnement d'un mois à trois ans et d'une amende de 100 fr. à 4,000 fr. (V. L. 17 mai 1819, art. 5, et L. 9 sept. 1835, art. 8). — (Abrogé, V. p. 99, 103.)

4. — Quiconque, par l'un des mêmes moyens, aura excité à la haine ou au mépris du Gouvernement du roi, sera puni d'un emprisonnement d'un mois à quatre ans, et d'une amende de 150 fr. à 5,000 fr.

La présente disposition ne saurait porter atteinte au droit de discussion et de censure des actes des ministres (V. L. 17 mai 1819, art. 71; L. 9 sept. 1835, art. 4 et 5, et C. pén., art. 201 et 204). — (Abrogé, V. p. 93.)

5. — La diffamation ou l'injure, par l'un des mêmes moyens, envers les Cours, tribunaux, corps constitués, autorités ou administrations publiques, sera punie d'un emprisonnement de 15 jours à 2 ans, et d'une amende de 150 fr. à 4,000 fr. (V. L. 26 mai 1819, art. 4; L. 17 mai 1819, art. 15; L. 8 oct. 1830, art. 15, et infrà art. 17).—(V. p. 110.)

6. — L'outrage fait publiquement, d'une manière quelconque, à raison de leurs fonctions ou de leur qualité, soit à un ou plusieurs membres de l'une des deux chambres, soit à un fonctionnaire public, soit enfin à un ministre de la religion de l'Etat ou de l'une des religions dont l'établissement est légalement reconnu en France, sera puni d'un emprisonnement de quinze jours à deux ans, et d'une amende de 100 fr. à 4,000 fr. — (Modifié, V. p. 91, 102, 110, 114, 118.)

Le même délit envers un juré, à raison de ses fonctions, ou envers un témoin, à raison de sa déposition, sera puni d'un emprisonnement de dix jours à un an, et d'une amende de 50 fr. à 3,000 fr. —(V. p. 114.)

L'outrage fait à un ministre de la religion de l'Etat, ou de l'une des religions légalement reconnues en France, dans l'exercice même de ses fonctions, sera puni des peines portées par l'art. 1er de la présente loi. — (V. p. 114)

Si l'outrage, dans les différents cas prévus par le présent article, a été accompagné d'excès ou violences prévus par le premier paragraphe de l'art. 228, C. pén., il sera puni des peines portées audit paragraphe et à l'art. 229, et, en outre, de l'amende portée au premier paragraphe du présent article.

Si l'outrage est accompagné des excès prévus par le second paragraphe de l'art. 228, et par les art. 231, 232 et 233, le coupable sera puni conformément audit Code (V. C. pén., art. 222 et suiv.; L 17 mai 1819, art. 11, 16, 17, 19 et 23; L. 16 mai 1819, art. 20; L. 9 sept. 1835. — (V. p. 91, 102, 110, 114, 118, 120.)

7. — L'infidélité et la mauvaise foi dans le compte que rendent les journaux et écrits périodiques des séances des chambres et des audiences des Cours et tribunaux, seront punies d'une amende de 1,000 fr. à 6,000 fr. — (V. p. 5, 91, 110, 114, 125.)

En cas de récidive, ou lorsque le compte rendu sera offensant pour l'une ou l'autre des chambres, ou pour l'un des pairs ou des députés, ou injurieux pour la Cour, le tribunal, ou l'un des magistrats, des jurés ou des témoins, les éditeurs du journal seront, en outre, condamnés à un emprisonnement d'un mois à trois ans.

Dans les mêmes cas, il pourra être interdit, pour un temps limité ou pour toujours, aux propriétaires et éditeurs du journal ou écrit périodique condamné, de rendre compte des débats législatifs ou judiciaires. La violation de cette défense sera punie de peines doubles de celles portées au présent article (V. infrà art. 16; Loi 17 mai 1819, art. 21; L. 26 mai 1819, art. 6; L. 18 juill. 1828, art. 16, et L. 9 sept. 1835, art. 10). — (V. p. 91, 110, 114, 125.)

8. — Seront punis d'un emprisonnement de six jours à deux ans, et d'une amende de 16 fr. à 4,000 fr., tous cris séditieux publiquement proférés (V. L. 17 mai 1819, art. 5). — (V. p. 95.)

9. — Seront punis d'un emprisonnement de quinze jours à deux ans, et d'une amende de 100 à 4,000 fr. : — 1° l'enlèvement ou la dégradation des signes publics de l'autorité royale, opérés en haine ou mépris de cette autorité; — 2° le port public de tous signes extérieurs de ralliement non autorisés par le roi ou par des règlements de police; — 3° l'exposition, dans les lieux ou réunions publics, la distribution ou la mise en vente de tous signes ou symboles destinés à propager l'esprit de rébellion ou à troubler la paix publique (V. L. 17 mai 1819, art. 1er et 5, et C. pén., art. 257). — (Abrogé, V. p. 95.)

10. — Quiconque, par l'un des moyens énoncés en l'art. 1er, L. 17 mai 1819, aura cherché à troubler la paix publique en excitant le mépris ou la haine des citoyens contre une ou plusieurs classes de personnes, sera puni des peines portées à l'article précédent (V. L. 9 sept. 1835, art. 8). — (Abrogé, V. p. 98.)

11.—Les propriétaires ou éditeurs de tout journal ou écrit périodique seront tenus d'y insérer, dans les trois jours de la réception, ou dans le plus prochain numéro, s'il n'en était pas publié avant l'expiration des trois jours, la réponse de toute personne nommée ou désignée dans le journal ou écrit périodique, sous peine d'une amende de 50 fr. à 500 fr., sans préjudice des autres peines et dommages-intérêts auxquels l'article incriminé pourra donner lieu. Cette insertion sera gratuite, et la réponse pourra avoir le double de la longueur de l'article auquel elle sera faite (V. L. 9 juin 1819, art. 8 et 11, et L. 9 sept. 1835, art. 17 et 18).— (V. p. 123.)

12. — Toute publication, vente ou mise en vente, exposition, distribution sans autorisation préalable du Gouvernement, de dessins gravés ou lithographiés, sera, pour ce seul fait, punie d'un emprisonnement de trois jours à six mois, et d'une amende de 10 fr. à 500 fr., sans préjudice des poursuites auxquelles pourrait donner lieu le sujet du dessin (V. L. 8 oct. 1830, art. 5, et L. 9 sept. 1835, art. 20). — (Abrogé, V. p. 59.)

13. — L'art. 10, L. 9 juin 1819, est commun à toutes les dispositions du présent titre, en tant qu'elles s'appliquent aux propriétaires ou éditeurs d'un journal ou écrit périodique (V. L. 18 juill. 1828, art. 14 et 15, et L. 9 sept. 1835, art. 12).—(V. p. 131).

14. — Dans les cas de délits correctionnels prévus par les premier, second et quatrième paragraphes de l'art. 6, par l'art. 8, et par le premier paragraphe de l'art. 9 de la présente loi, les tribunaux pourront appliquer, s'il y a lieu, l'art. 463, C. pén. — (V. p. 133).

TITRE II. — DE LA POURSUITE.

15. — Dans les cas d'offense envers les chambres ou l'une d'elles, par l'un des moyens énoncés en la loi du 19 mai 1819, la chambre offensée, sur la simple réclamation d'un de ses membres, pourra, si mieux elle n'aime autoriser les poursuites par la voie ordinaire, ordonner que le prévenu sera traduit à sa barre. Après qu'il aura été entendu ou dûment appelé, elle le condamnera, s'il y a lieu, aux peines portées par les lois. La décision sera exécutée sur l'ordre du président de la chambre. (V. L. 10 nov. 1819, art. 11; L. 16 mai 1819, art. 6; L. 8 oct. 1830, art. 5, et infrà, art. 16).— (V. p. 139, 141).

16 — Les chambres appliqueront elles-mêmes, conformément à l'article précédent, les dispositions de l'art. 7 relatives au compte rendu par les journaux de leurs séances.

Les dispositions du même art. 7, relatives au compte-rendu des audiences des Cours et tribunaux, seront appliquées directement par les Cours et tribunaux qui auront tenu ces audiences. (V. art. 7 et 15). — (V. p. 139).

17. — Seront poursuivis, devant la police correctionnelle, et d'office, les délits commis par la voie de la presse, et les autres délits énoncés en la présente loi et dans celle du 17 mai 1819, sauf les cas prévus par les art. 15 et 16 ci-dessus. Néanmoins, la poursuite n'aura lieu d'office, dans le cas prévu par l'art. 12, L. 17 mai 1819, et dans celui de diffamation ou d'injure contre tout agent diplomatique étranger accrédité près du roi, ou contre tout particulier, que sur la plainte ou à la requête, soit du souverain ou du chef du Gouvernement qui se croira offensé, soit de l'agent diplomatique ou du particulier qui se croira diffamé ou injurié.—(V. p. 141.)

Les appels des jugements, rendus par les tribunaux correctionnels, sur les délits commis par des écrits imprimés par un procédé quelconque, seront portés directement, sans distinction de la situation locale desdits tribunaux, aux Cours royales, pour y être jugés par la première chambre civile et la chambre correctionnelle réunies, dérogeant, quant à ce, aux art. 200 et 201, C. inst. crim.

Les appels de jugements rendus par les mêmes tribunaux sur tous les autres délits prévus par la présente loi et celle du 17 mai 1819, seront jugés dans la forme ordinaire fixée par le Code pour les délits correctionnels. (V. L. 8 oct. 1830). — (Abrogé, V. p. 149).

18. — En aucun cas, la preuve par témoins ne sera admise pour établir la réalité des faits injurieux ou diffamatoires. (V. L. 8 oct. 1830, art. 5). — (Abrogé, V. p. 147).

ORDONNANCE DU 1er MAI 1822,

Concernant l'exécution de l'art. 12 de la loi précédente relative à la publication des dessins, gravures et lithographies.—(V. p. 59.)

ORDONNANCE DU 20 NOVEMBRE 1822,

Sur l'exercice de la profession d'avocat.
(V. p. 121, art. 10).

EXTRAIT DE LA LOI DU 16 JUIN 1824,

Relative aux droits d'enregistrement et de timbre
(V. p. 73, art. 10).

ORDONNANCE DU 15 AOUT 1824,

Qui remet en vigueur les lois des 31 mars 1820 et 26 juillet 1821 relatives à la censure des journaux.

ORDONNANCE DU 29 SEPTEMBRE 1824,

Qui arrête l'effet de la précédente.

EXTRAIT DE LA LOI DU 13 MARS 1827,

Relative au tarif de la poste aux lettres.

Art. 8, 9.

ORDONNANCE DU 27 MARS 1828,

Qui prescrit la formation d'un dépôt des ouvrages destinés à la bibliothèque du ministre de l'intérieur.

Art. 1er. — Il sera formé à la bibliothèque de Sainte-Geneviève un dépôt particulier pour y recevoir l'exemplaire des livres du dépôt légal qui, en vertu de notre ordonnance du 9 janvier dernier, est destiné à la bibliothèque du ministère de l'intérieur. (V. L. 21 oct. 1814, art. 14, ord. 30 juill. 1835). — (V. p. 18.)

2. — Chaque année, notre ministre de l'intérieur fera dans ce dépôt un choix des ouvrages qu'il jugera convenable de répandre, et il les répartira entre les bibliothèques publiques du royaume, suivant leur besoin et leur importance (V. ord. 30 juill. 1835).

LOI DU 18 JUILLET 1828,

Sur les journaux et écrits périodiques.

Art. 1er. — Tout Français majeur, jouissant des droits civils, pourra, sans autorisation préalable, publier un journal ou écrit périodique, en se conformant aux dispositions de la présente loi. — (V. Charte de 1830, art. 7. — (Modifié par le décret de 1852.—V. p. 34).

2. — Le propriétaire ou les propriétaires de tout journal ou écrit périodique seront tenus, avant sa publication, de fournir un cautionnement.

Si le journal ou écrit périodique paraît plus de deux fois par semaine, soit à jour fixe, soit par livraisons et irrégulièrement, le cautionnement sera de 6,000 fr. de rentes.

Le cautionnement sera égal aux trois quarts du taux fixé, si le journal ou écrit périodique ne paraît que deux fois par semaine.

Il sera égal à la moitié du cautionnement, si le journal ou écrit périodique ne paraît qu'une fois par semaine. Il sera égal au quart, si le journal ou écrit périodique paraît seulement plus d'une fois par mois.

Le cautionnement des journaux quotidiens publiés dans les départements autres que ceux de la Seine, Seine-et-Oise et de Seine-et-Marne, sera de 2,000 fr. de rentes dans les villes de 50,000 âmes et au-dessus, de 1,200 fr. de rentes dans les autres villes, et de la moitié de ces rentes pour les journaux ou écrits périodiques qui paraissent à des termes moins rapprochés. (V. L. 14 déc. 1830, art. 1er, et L. 9 sept. 1835, art. 13). — (Abrogé, V. p. 33.)

3. — Seront exempts de tout cautionnement, 1° les journaux ou écrits périodiques qui ne paraissent qu'une fois par mois ou plus rarement; — 2° les journaux ou écrits périodiques exclusivement consacrés, soit aux sciences mathématiques, physiques et naturelles, soit aux travaux et recherches d'érudition, soit aux arts mécaniques et libéraux, c'est-à-dire aux sciences et aux arts dont s'occupent les trois académies des sciences, des inscriptions et des beaux-arts de l'Institut royal; — les journaux ou écrits périodiques étrangers aux matières politiques, et exclusivement consacrés aux lettres ou à d'autres branches de connaissances non spécifiées précédemment, pourvu qu'ils ne paraissent au plus que deux fois par semaine; — 4° tous les écrits périodiques étrangers aux matières politiques et qui seront publiés dans une autre langue que la langue française; — 5° les feuilles périodiques exclusivement consacrées aux avis, annonces, affiches judiciaires, arrivages maritimes, mercuriales et prix courants. — Toute contravention aux dispositions du présent article et du précédent sera punie conformément à l'art. 6 de la loi du 9 juin 1819. (V. L. du 9 sept. 1835, art. 13.)—(Abrogé, V. p. 35).

4. — En cas d'association, la société devra être l'une de celles qui sont définies et réglées par le Code de commerce.

Hors le cas où le journal serait publié par une société anonyme, les associés seront tenus de choisir entre un, deux ou trois gérants, qui, aux termes des art. 22 et 24, C. comm., auront chacun individuellement la signature.

Si l'un des gérants responsables vient à décéder ou à cesser ses fonctions par une cause quelconque, les propriétaires seront tenus, dans le délai de deux mois, de le remplacer, ou de réduire, par un acte revêtu des mêmes formalités que celui de la société, le nombre de leurs gérants. Ils auront aussi, dans les limites ci-dessus déterminées, le droit d'augmenter ce nombre en remplissant les mêmes formalités. S'ils n'en avaient constitué qu'un seul, ils seront tenus de le remplacer dans les quinze jours qui suivront son décès ; faute par eux de le faire, le journal ou écrit périodique cessera de paraître, à peine de 1,000 fr. d'amende pour chaque feuille ou livraison qui serait publiée après l'expiration de ce délai. (V. C. comm., art. 19 et suiv., et L. 9 sept. 1835, art. 19, V. p. 43).

5. — Les gérants responsables, ou l'un ou deux d'entre eux, surveilleront et dirigeront par eux-mêmes la rédaction du journal ou écrit périodique.

Chacun des gérants responsables devra avoir les qualités requises par l'art. 980, C. civ., être propriétaire au moins d'une part ou action dans l'entreprise, et posséder, en son propre et privé nom, un quart au moins du cautionnement (V. art. 1er et 8, et L. 9 sept. 1835, art. 15). — (V. p. 37, 43.)

6. — Aucun journal ou écrit périodique soumis au cautionnement par les dispositions de la présente loi ne pourra être publié, s'il n'a été fait préalablement une déclaration contenant : 1° le titre du journal ou écrit périodique, les époques auxquelles il doit paraître; 2° le nom de tous les propriétaires autres que les commanditaires, leur demeure, leur part dans l'entreprise; 3° le nom et la demeure des gérants responsables; 4° l'affirmation que ces propriétaires et gérants réunissent les conditions de capacité prescrites par la loi; 5° l'indication de l'imprimerie dans laquelle le journal ou écrit périodique devra être imprimé.— (V. p. 41.)

Toutes les fois qu'il surviendra quelque mutation, soit dans le titre du journal ou dans les conditions de sa périodicité, soit parmi les propriétaires ou les gérants responsables, il en sera fait déclaration devant l'autorité compétente dans les quinze jours qui suivront la mutation, à la diligence des gérants responsables. En cas de négligence, ils seront punis d'une amende de 500 fr.— (V. p. 41, 43.)

Il en sera de même si le journal ou écrit périodique venait à être imprimé dans une autre imprimerie que celle qui a été originairement déclarée.— (V. p. 41.)

Dans le cas où l'entreprise aurait été formée par une seule personne, le propriétaire, s'il réunit les qualités requises par le § 2, art. 5, sera, en même temps, le gérant responsable du journal.—(V. p. 43.)

Dans le cas contraire, il sera tenu de présenter un gérant responsable, conformément à l'art. 5.—(V. p. 43.)

Les journaux exceptés du cautionnement seront tenus de faire la déclaration préalable prescrite par les numéros 1, 2 et 5, du premier paragraphe du présent article (V. Ordonn. du 18 nov. 1835, art. 3). —(V. p. 41.)

7. — Ces déclarations seront accompagnées du dépôt des pièces justificatives; elles seront signées par chacun des propriétaires du journal ou écrit périodique, ou par le fondé de pouvoir de chacun d'eux. Elles seront reçues à Paris à la direction de la librairie, et dans les départements au secrétariat général de la préfecture (V. Ordonn. du 18 nov. 1835, art. 3). — (V. p. 41.)

8. — Chaque numéro de l'écrit périodique sera signé en minute par le propriétaire, s'il est unique; par l'un des gérants responsables, si l'écrit périodique est publié par une société en nom collectif ou en commandite; et par l'un des administrateurs, s'il est publié par une société en nom collectif ou en commandite; et par l'un des administrateurs, s'il est publié par une société anonyme.—(V. 41, 47.)

L'exemplaire signé pour minute sera, au moment de la publication, déposé au parquet du procureur du roi du lieu de l'impression, ou à la mairie dans les villes où il n'y a pas de tribunal de première instance, à peine de 500 fr. d'amende contre les gérants. Il sera donné récépissé du dépôt.—(V. p. 49.)

La signature sera imprimée au bas de tous les exemplaires, à peine de 500 fr. d'amende contre l'imprimeur, sous la révocation du brevet puisse s'ensuivre.—V. p. 21, 47.)

Les signataires de chaque feuille ou livraison seront responsables de son contenu et passibles de toutes les peines portées par la loi à raison de la publication des articles ou passages incriminés, sans préjudice de la poursuite contre l'auteur ou les auteurs desdits articles ou passages, comme complices. En conséquence, les poursuites judiciaires pourront être dirigées, tant contre les signataires des feuilles ou livraisons, que contre l'auteur ou les auteurs des passages incriminés, si ces auteurs peuvent être connus ou mis en cause (V. L. 9 sept. 1835, art. 16).—(V. p. 41, 84.)

9. — Il est accordé aux propriétaires actuels des journaux existants, un délai de six mois, à dater de la promulgation de la présente loi, pour présenter un , deux ou trois gérants responsables, réunissant les conditions requises par les articles précédents, et faire la déclaration prescrite par l'art. 6.

Si ces gérants responsables ne possèdent pas en propre le quart du cautionnement, ils seront admis à justifier que, outre leur part dans l'entreprise, ils sont vrais et légitimes propriétaires d'immeubles payant au moins 500 fr. de contributions directes, si le journal est publié dans les départements de la Seine, de Seine-et-Oise et de Seine-et-Marne, et, 150 fr. dans les autres départements. Ces immeubles devront être libres de toute hypothèque.

En ce cas, il sera fait mention expresse de cette circonstance dans la déclaration (V. L. 9 sept. 1835, art. 15, et ordonn. 18 nov. 1835, art. 5 et 19).

10. — En cas de contestation sur la régularité ou la sincérité de déclaration prescrite par l'art. 6. et des pièces à l'appui, il sera statué par les tribunaux, à la diligence du préfet, sur mémoire, sommairement et sans frais, la partie ou son défenseur et le ministère public entendus.

Si le journal n'a point encore paru, il sera sursis à la publication jusqu'au jugement à intervenir, lequel sera exécutoire nonobstant appel (V. ordonn. 9 juin 1819, art. 3).—(V. p. 41.)

11. — Si la déclaration prescrite par l'art. 6 est reconnue fausse et frauduleuse en quelqu'une de ses parties, le journal cessera de paraître. Les auteurs de la déclaration seront punis d'une amende dont le minimum sera d'une somme égale au dixième, et le maximum d'une somme égale à la moitié du cautionnement (V. L. 9 sept. 1835, art. 19).—(V. p. 41.)

12. — Dans le cas où un journal ou écrit périodique est établi et publié par un seul propriétaire, si ce propriétaire vient à mourir, la veuve ou ses héritiers auront un délai de trois mois pour présenter un gérant responsable; ce gérant devra être propriétaire d'immeubles libres de toute hypothèque, et payant au moins 500 fr. de contributions directes, si le journal est publié dans le département de la Seine, de Seine-et-Oise et de Seine-et-Marne, et de 150 fr. dans les autres départements.—(V. p. 43.)

Le gérant, que la veuve ou les héritiers seront admis à présenter, devra réunir les conditions requises par l'art. 980, C. civ.

Dans les dix jours du décès, la veuve ou les héritiers seront tenus de présenter un rédacteur, qui sera responsable du journal jusqu'à ce que le gérant soit accepté.

Le cautionnement du propriétaire décédé demeurera affecté à la gestion (V. L. 9 sept. 1835, art. 19).—(V. p. 43.)

13. —Les condamnations pécuniaires prononcées, soit contre les signataires responsables, soit contre l'auteur ou les auteurs des passages incriminés, seront prélevées : 1° sur la portion du cautionnement appartenant en propre aux signataires responsables ; 2° sur le reste du cautionnement, dans le cas où celle-ci serait insuffisante, sans préjudice, pour le surplus, des règles établies par les art. 3 et 4, L. 9 juin 1819 (V. L. 9 sept. 1835, art. 11). — (V. p. 39, 151).

14. — Les amendes, autres que celles portées par la présente loi, qui auront été encourues pour délit de publication par la voie d'un journal ou écrit périodique, ne seront jamais moindres du double du minimum fixé par les lois relatives à la répression des délits de la presse (V. L. 9 sept. 1835, art. 12, 18 et 19).—(V. p. 151).

15. — En cas de récidive par le même gérant et dans les cas prévus par l'art. 68, C. pén., indépendamment des dispositions de l'art. 10, L. 9 juin 1819, les tribunaux pourront, suivant la gravité du délit, prononcer la suspension du journal ou écrit périodique, pour un temps qui ne pourra excéder deux mois, ni être moindre de dix jours. Pendant ce temps le cautionnement continuera à demeurer en dépôt à la caisse des consignations, et il ne pourra recevoir une autre destination (V. L. 17 mai 1819, art. 25, et L. 9 sept. 1835, art. 12).—(V. p. 133).

16. — Dans les procès qui ont pour objet la diffamation, si les tribunaux ordonnent, aux termes de l'art. 64 de la Charte, que les débats auront lieu à huis clos, les journaux ne pourront, à peine de deux mille francs d'amende, publier les faits de diffamation, ni donner l'extrait des mémoires ou écrits quelconques qui les contiendraient.

Dans toutes les affaires civiles ou criminelles où un huis clos aura été ordonné, ils ne pourront, sous la même peine, publier que le prononcé du jugement (V. Charte de 1830, art. 55, et L. 9 juin 1819, art. 7).—(V. p. 107, 125).

17. — Lorsqu'aux termes du dernier paragraphe de l'art. 23, L. du 17 mai 1819, les tribunaux auront, pour les faits diffamatoires étrangers à la cause, réservé, soit l'action publique, soit l'action civile des parties, les journaux ne pourront, sous la même peine, publier ces faits, ni donner l'extrait des mémoires qui les contiendraient (V. suprà, art. 16).—(V. p. 107, 125).

18. — La loi du 17 mars 1822, relative à la police des journaux et écrits périodiques, est abrogée.—(V. p. 155).

ORDONNANCE DU 29 JUILLET 1828,

Concernant l'exécution de la loi du 18 juillet 1828, sur les journaux et écrits périodiques.

Vu la loi du 18 juillet 1828 sur les journaux et écrits périodiques;

Sur le rapport de notre garde des sceaux, ministre d'État au département de la justice ;

Notre conseil d'État entendu,

Nous avons ordonné et ordonnons ce qui suit :

ART. 1er. — Avant toute publication d'un journal ou écrit périodique, soumis au cautionnement par les dispositions de la loi du 18 juillet 1828, il sera justifié au procureur du roi du lieu de l'impression du versement du cautionnement auquel ce journal ou écrit périodique est soumis, et de la déclaration prescrite par l'art. 6 de ladite loi. Le procureur du roi donnera acte sur-le-champ de cette justification et en tiendra registre (V. ordonn. des 18 nov. 1835, art. 2 et 3, et 9 juin 1819, art. 3). — (V. p. 37, 42.)

2. — Les propriétaires de journaux et écrits périodiques existants qui étaient exempts de fournir le cautionnement en vertu des dispositions de la loi du 9 juin 1819, et qui ne se trouvent point compris dans les exceptions spécifiées en l'art. 3, L. 18 juillet 1828, seront tenus, dans le délai de quinze jours, à compter de la promulgation de la présente ordon-

nance, de déposer à Paris à la direction de la librairie, et, dans les départements, au secrétariat général de la préfecture, un certificat constatant qu'ils ont fourni le cautionnement exigé par l'article 2 de la même loi.

Ce certificat sera délivré, à Paris, par l'agent judiciaire du Trésor, et, dans les départements, par le directeur de l'enregistrement, conformément aux dispositions de l'ordonnance du 9 juin 1819.

Il en sera justifié au procureur du roi du lieu de l'impression, ainsi qu'il est dit en l'art. 1 (V. L. 9 juin 1819, art. 3).

3. — Les propriétaires des journaux et écrits périodiques existants, qui sont exceptés du cautionnement par l'art. 5 de ladite loi, feront, dans le même délai, les déclarations prescrites par les nᵒˢ 1, 2 et 3 de l'art. 6.

4. — A l'expiration du délai ci-dessus fixé, ceux des journaux ou écrits périodiques actuellement existants sans cautionnement, qui n'auraient pas fait les justifications et déclarations prescrites, cesseront de paraître.

ORDONNANCE DU 13 SEPTEMBRE 1829,

Qui supprime les inspecteurs de la librairie.
(V. p 50).

ORDONNANCE DU 10 JANVIER 1830,

Relative à la taxe des journaux, gazettes et imprimés, tant originaires qu'à destination des colonies françaises et autres pays d'outre-mer, dont le transport est effectué par les bâtiments ordinaires du commerce et de ceux qui sont transmis par les postes espagnoles.

Art. 1ᵉʳ. — Les journaux, gazettes et imprimés, tant originaires qu'à destination des colonies françaises et des autres pays d'outre-mer (excepté l'Angleterre, l'Écosse et l'Irlande) dont le transport sera effectué par les bâtiments ordinaires du commerce, seront taxés à raison de : 1° 5 cent. pour parcours intérieur; 2° 5 cent. pour rétribution aux capitaines. — Total, 10 centimes par feuille de 50 décimètres carrés et au-dessous, sans acception de fractions, et quelle que soit la nature de l'imprimé.

2. — Les journaux, gazettes et imprimés originaires d'Espagne, de Portugal et de Gibraltar, entrés en France par l'un des bureaux de Saint-Jean-de-Luz, Perpignan et Oléron, comme ceux des pays du continent avec lesquels ou pour lesquels il n'a point été conclu de conventions, ou dont les conventions portent que l'affranchissement des journaux et imprimés est restreint aux frontières respectives, seront considérés comme journaux et imprimés nés à la frontière française, et taxés 5 c. par feuille de trente décimètres carrés, sans acception de fractions et quelle que soit la nature de l'imprimé.

Sont exceptés les journaux et imprimés originaires d'Autriche, qui sont taxés 10 c. par feuille.

3. — Les journaux et imprimés ne jouiront de la modération de taxe accordée par les deux articles qui précèdent, qu'autant qu'ils seront sous bande, non reliés, et enveloppés de manière qu'on en puisse aisément constater le nombre de feuilles.

Ils ne devront, d'ailleurs, contenir ni chiffres ni aucune espèce d'écriture à la main, si ce n'est la date et la signature.

Tous ceux qui ne réuniraient pas les conditions ci-dessus exprimées, seront considérés comme lettres, et taxés en conséquence.

4. — Il sera payé aux capitaines des navires ordinaires de commerce, par les directeurs des postes des ports maritimes, au départ, soit à l'arrivée desdits navires, 5 c. par chaque feuille d'impression des journaux et imprimés de toute nature dont ils seront chargés.

ORDONNANCE DU 25 JUILLET 1830 (1),

Qui suspend la liberté de la presse périodique et semi-périodique.

Art. 1ᵉʳ. — La liberté de la presse périodique est suspendue. — (Abrogé).

2. — Les dispositions des art. 1, 2 et 9 du titre Iᵉʳ de la loi du 21 octobre 1814 sont remises en vigueur.

---

(1) Abrogée par les ordonnances du 1ᵉʳ août 1830.

En conséquence, nul journal et écrit périodique, établi ou à établir, sans distinction des matières qui y seront traitées, ne pourra paraître, soit à Paris, soit dans les départements. qu'en vertu de l'autorisation qu'en auront obtenue de nous séparément les auteurs et l'imprimeur.

Cette autorisation devra être renouvelée tous les trois mois.

Elle pourra être révoquée. — (Abrogé).

3. — L'autorisation pourra être provisoirement accordée et provisoirement retirée par les préfets, aux journaux et ouvrages périodiques ou semi-périodiques publiés ou à publier dans les départements. — (Abrogé).

4. — Les journaux et écrits publiés en contravention à l'art. 2 seront immédiatement saisis.

Les presses et caractères qui auront servi à leur impression seront placés dans un dépôt public et sous scellés, ou mis hors de service. — (Abrogé).

5. — Nul écrit au-dessous de vingt feuilles d'impression ne pourra paraître qu'avec l'autorisation de notre ministre secrétaire d'État de l'intérieur à Paris, et des préfets dans les départements.

Tout écrit de plus de vingt feuilles d'impression qui ne constituera pas un même corps d'ouvrage sera également soumis à la nécessité de l'autorisation.

Les écrits publiés sans autorisation seront immédiatement saisis.

Les presses et caractères qui auront servi à leur impression seront placés dans un dépôt public et sous scellés et mis hors de service. — (Abrogé).

6. — Les mémoires sur procès et les mémoires des sociétés savantes ou littéraires sont soumis à l'autorisation préalable, s'ils traitent en tout ou en partie de matières politiques, cas auquel les mesures prescrites par l'art. 5 leur seront applicables. (Abrogé).

7. — Toute disposition contraire aux présentes restera sans effet. (Abrogé).

8. — L'exécution de la présente ordonnance aura lieu en conformité de l'art. 4 de l'ordonnance du 27 nov. 1816, et de ce qui est prescrit par celle du 18 janv. 1817. — (Abrogé).

9. — Nos ministres secrétaires d'État sont chargés de l'exécution des présentes. — (Abrogé).

ORDONNANCE DE POLICE DU 26 JUILLET 1830 (1),

Sur les écrits imprimés.

Nous, conseiller d'État, préfet de police;

Vu l'ordonnance du roi en date du 25 de ce mois, qui remet en vigueur les art. 1, 2 et 9 de la loi du 21 oct. 1814;

Les art. 283 et suiv. du C. pénal, qui punissent de peines correctionnelles toute publication ou distribution d'écrits, dans lesquels on ne trouvera pas l'indication vraie des noms, profession et demeure de l'auteur ou de l'imprimeur.

Les art. 46 et 50 de la loi du 24 décembre 1789, et le nᵒ 3 de l'art. 5, titre 11 de la loi du 24 août 1790, qui chargent l'autorité municipale de faire des règlements pour le maintien du bon ordre dans les lieux publics;

Avons ordonné et ordonnons ce qui suit :

Art. 1ᵉʳ. — Tout individu qui distribuera des écrits imprimés dans lesquels ne se trouvera pas l'indication vraie des noms, profession et demeure de l'auteur ou de l'imprimeur, ou qui donnera à lire au public les mêmes écrits, sera immédiatement conduit devant la commissaire de police du quartier, et les écrits seront saisis. — (Abrogé).

2. — Tout individu, tenant cabinet de lecture, café, etc., qui y donnera à lire des journaux ou autres écrits imprimés en contravention à l'ordonnance du roi du 25 de ce mois sur la presse, sera poursuivi comme complice des délits que ces journaux ou écrits pourraient constituer, et son établissement sera provisoirement fermé — (Abrogé).

3. — La présente ordonnance sera imprimée, publiée et affichée. — (Abrogé).

4. — Le commissaire chef de la police municipale, les commissaires de police, les officiers de paix et les préposés sous leurs ordres sont chargés de tenir la main à son exécution.

Elle sera adressée à M. le colonel commandant la gendarmerie royale de la ville de Paris, pour en assurer l'exécution en ce qui le concerne. — (Abrogé).

---

(1) Abrogé par les ordonnances du 1ᵉʳ août 1830.

CHARTE CONSTITUTIONNELLE.

Publiée le 14 août 1830.

Art. 5, 7, 55, 69 (V. p. 2, 90, 108, 137.)

LOI DU 8 OCTOBRE 1830 (1),

Sur l'application du jury aux délits de la presse et aux délits politiques.

Art. 1ᵉʳ. — La connaissance de tous les délits commis, soit par la voie de la presse, soit par tous autres moyens de publication énoncés en l'art. 1ᵉʳ, L. 17 mai 1819, est attribuée aux Cours d'assises (V. Charte 1830, art. 69; L. 26 mai 1819, art. 13; 25 mars 1822, art. 17, et 10 déc. 1830, art. 6).— (Abrogé, V. p. 138).

2. — Sont exceptés les cas prévus par l'art. 14, L. 26 mai 1819. — (Abrogé, V. p. 138.)

3. — Sont pareillement exceptés les cas où les chambres, Cours et tribunaux, jugeraient à propos d'user des droits qui leur sont attribués par les art. 15-16, L. 25 mars 1822. — (Abrogé, V. p. 140).

4. — La poursuite des délits mentionnés en l'art. 1ᵉʳ de la présente loi aura lieu d'office et à la requête du ministère public, en se conformant aux dispositions des lois des 26 mai et 9 juin 1819 (V. L. 26 mai 1819, art. 4 et 5; L. 8 avril 1831; L. 9 sept. 1835, art. 24). — (Abrogé, V. p. 141).

5. — Les art. 12, 17 et 18, L. 25 mars 1822, sont abrogés.—(V. p. 138.)

6. — La connaissance des délits politiques est pareillement attribuée aux Cours d'assises (V. art. 7, et Charte const., art. 28).

7. — Sont réputés politiques les délits prévus, 1° par les chap. 1 et 2, tit. 1ᵉʳ, liv. 3, C. pén.;— 2° par les paragraphes 2 et 4, sect. 3, et par la sect. 7, chap. 3 des mêmes livre et titre;— 3° par l'art. 6, L. 25 mars 1822.— (Abrogé. V. p. 96, 138.)

8. — Les délits mentionnés dans la présente loi, qui ne seraient pas encore jugés, le seront suivant les formes qu'elle prescrit (V. L. 16 mai 1818, art. 30).

LOI DU 29 NOVEMBRE 1830,

Qui punit les attaques contre les droits et l'autorité du roi et des Chambres par la voie de la presse (V. p. 90).

LOI DU 10 DÉCEMBRE 1830,

Sur les afficheurs et les crieurs publics.

Art. 1ᵉʳ. — Aucun écrit, soit à la main, soit imprimé, gravé, ou lithographié, contenant des nouvelles politiques ou traitant d'objets politiques, ne pourra être affiché ou placardé dans les rues, places ou autres lieux publics.

Sont exceptés de la présente disposition les actes de l'autorité publique (V. L. 14 déc. 1830, 18 juillet 1791, 15 mai 1818, art. 76, 16 févr. 1834, et C. pén., art. 290 et 479, n° 9). — (V. p. 68).

2. — Quiconque voudra exercer, même temporairement, la profession d'afficheur ou crieur, de vendeur ou distributeur, sur la voie publique, d'écrits imprimés, lithographiés, gravés ou à la main, sera tenu d'en faire préalablement la déclaration devant l'autorité municipale, et d'indiquer son domicile.

Le crieur ou afficheur devra renouveler cette déclaration chaque fois qu'il changera de domicile (V. L. 10 déc. 1830, art. 1ᵉʳ et 7; C. pén., art. 290). — (V. p. 68).

3. — Les journaux, feuilles quotidiennes ou périodiques, les jugements et autres actes d'une autorité constituée, ne pourront être annoncés dans les rues, places et autres lieux publics, autrement que par leur titre.

Aucun autre écrit imprimé, lithographié, gravé ou à la main, ne pourra être crié sur la voie publique qu'après que le crieur ou distributeur aura fait connaître à l'autorité municipale le titre sous lequel il veut l'annoncer, et qu'après avoir remis à cette autorité un exemplaire de cet écrit (V. L. 5 niv. an v, art. 1 et 2, et L. 10 déc. 1830, art. 7). — (V. p. 68).

4. — La vente ou distribution de faux extraits de

---

(1) Abrogée par suite du changement de juridiction de l'art. 25 du décret du 17 février 1852 (V. p. 138.)

journaux, jugements et actes de l'autorité publique, est défendue, et sera punie des peines ci-après (V. L. 10 déc. 1830, art. 5). —(V. p. 21, 27, 68.)

5. — L'infraction aux dispositions des art. 1 et 4 de la présente loi sera punie d'une amende de 25 à 500 fr., et d'un emprisonnement de six jours à un mois, cumulativement ou séparément.

L'auteur ou l'imprimeur des faux extraits défendus par l'article ci-dessus sera puni du double de la peine infligée au crieur, vendeur ou distributeur de faux extraits.

Les peines prononcées par le présent article seront appliquées sans préjudice des autres peines qui pourraient être encourues par suite des crimes et délits résultant de la nature même de l'écrit (V. C. instr. crim., art. 365). — (V. p. 21, 27, 68, 84).

6. — La connaissance des délits punis par le précédent article est attribuée aux Cours d'assises. Ces délits seront poursuivis conformément aux dispositions de l'art. 4 de la loi du 8 oct. 1830 (V. L. 26 mai 1819 et 9 sept. 1835, tit. 5).—(Abrogé, V. p. 138).

7. — Toute infraction aux art. 2 et 5 de la présente loi sera punie, par la voie ordinaire de police correctionnelle, d'une amende de 25 à 200 fr. et d'un emprisonnement de six jours à un mois, cumulativement ou séparément (V. L. 16 fév. 1834). — (V. p. 68).

8. — Dans les cas prévus par la présente loi, les Cours d'assises et les tribunaux correctionnels pourront appliquer l'art. 463 du Code pénal, si les circonstances leur paraissent atténuantes, et si le préjudice causé n'excède pas 25 fr. (V. L. 16 fév. 1834, art. 2). — (V. p. 134)

9. — La loi du 5 nivôse an v, relative aux crieurs publics, et l'art. 290 du Code pénal, sont abrogés. — (V. p. 67, 156).

LOI DU 14 DÉCEMBRE 1830,

Sur le cautionnement, le droit de timbre et le port des journaux ou écrits périodiques.

ART. 1er. — Si un journal ou écrit périodique paraît plus de deux fois par semaine, soit à jour fixe, soit par livraisons et régulièrement, le cautionnement sera de deux mille quatre cents francs de rente.

Le cautionnement sera égal aux trois quarts du taux fixé, si le journal ou écrit périodique ne paraît que deux fois par semaine.

Il sera égal à la moitié, si le journal ou écrit périodique ne paraît qu'une fois par semaine.

Il sera égal au quart, si le journal ou écrit périodique paraît seulement plus d'une fois par mois.

Le cautionnement des journaux quotidiens publiés dans les départements autres que ceux de la Seine et de Seine-et-Oise sera de huit cents francs de rente dans les villes de cinquante mille âmes et au-dessus, de cinq cents francs de rente dans les autres villes, et respectivement de la moitié de ces deux rentes pour les journaux ou écrits périodiques qui paraissent à des termes moins rapprochés.

Le gérant responsable du journal devra posséder en son propre et privé nom la totalité du cautionnement.

Il est accordé aux gérants responsables des journaux qui auront déposé leur cautionnement à l'époque où la présente loi sera promulguée un délai de six mois pour se conformer à ses dispositions.

La partie du cautionnement déjà fournie qui excède le taux ci-dessus fixé sera remboursée (V. L. 9 sept. 1835, art. 13, et L. 8 avr. 1831). — (Abrogé, V. p. 55).

2. — Le droit de timbre fixe ou de dimension sur les journaux ou écrits périodiques sera de six centimes pour chaque feuille de trente décimètres carrés et au-dessus, et de trois centimes pour chaque demi-feuille de quinze décimètres carrés et au-dessous.

Tout journal ou écrit périodique imprimé sur une demi-feuille de plus de quinze décimètres carrés, paiera un centime en sus pour chaque cinq décimètres carrés.

Il ne sera perçu aucune augmentation de droit pour fraction au-dessous de cinq décimètres carrés.

Il ne sera perçu aucun droit pour un supplément qui n'excédera pas trente décimètres carrés publié par les journaux, imprimé sur une feuille de trente décimètres carrés et au-dessus.

La loi du 13 vendém. an vi, et l'art. 89, L. 15 mai 1818, sont et demeurent abrogés.

La loi du 6 prair. an vii est abrogée, en ce qui concerne le droit de timbre sur les journaux ou feuilles périodiques (V. L. 9 vendém. an vi, art. 5 et suiv.; L. 6 prair. an iv). — (Abrogé, V. p. 51).

3. — Le droit de cinq centimes fixé par l'art. 8 de la loi du 15 mars 1827, pour le port sur les journaux et autres feuilles transportés hors des limites du département dans lequel ils sont publiés, sera réduit à quatre centimes.

Les mêmes feuilles ne paieront que deux centimes toutes les fois qu'elles seront destinées pour l'intérieur du département où elles auront été publiées. — (Modifié, V. p. 55).

4. — Les journaux imprimés en langues étrangères et ceux venant des pays d'outre-mer seront taxés au maximum du tarif établi pour les journaux français. — (V. p. 55).

LOI DU 8 AVRIL 1831,

Sur le cautionnement des journaux ou écrits périodiques paraissant même irrégulièrement.

ART. 1er. — Si un journal ou écrit périodique paraît plus de deux fois par semaine, soit à jour fixe, soit par livraisons irrégulièrement, le cautionnement sera de 2,400 fr. de rente. — (Abrogé, V. p. 55).

2. — Le premier § de l'art. 1er, L. 14 déc. 1830, est abrogé.

LOI DU 8 AVRIL 1831 (1).

Sur la procédure en matière de délits de la presse, d'affichage et de criage publics.

ART. 1er. — Le ministère public aura la faculté de saisir les Cours d'assises de la connaissance des délits commis par la voie de la presse, ou par les autres moyens de publication énoncés en l'art. 1er de la loi du 17 mai 1819, en vertu de citation donnée directement au prévenu.

La même faculté existera au cas de poursuites contre les afficheurs et crieurs publics, en exécution des art. 5 et 6 de la loi du 10 déc. 1830 (V. L. 26 mai 1819, art. 7 et suiv., art. 15; L. 9 sept. 1835). — (Abrogé, V. p. 144)

2. — Le ministère public adressera son réquisitoire au président de la Cour d'assises pour obtenir indication du jour auquel le prévenu sera sommé de comparaître.

Il sera tenu d'articuler et de qualifier les provocations, attaques, offenses, outrages, faits diffamatoires ou injures à raison desquels la poursuite est intentée, et ce, à peine de nullité de la poursuite. Le président fixera le jour de la comparution devant la Cour d'assises et commettra l'huissier qui sera chargé de la notification.

La notification du réquisitoire et de l'ordonnance du président sera faite au prévenu dix jours au moins avant celui de la comparution, outre un jour par cinq myriamètres de distance.

Si le prévenu ne comparaît pas au jour fixé, il sera jugé par défaut: la Cour statuera sans assistance ni intervention de jurés, tant sur l'action publique que sur l'action civile (V. L. 26 mai 1819, art. 6 et 13, et L. 9 sept. 1835, art. 5, 24 et 25). — (Abrogé, V. p. 144.)

3. — Le prévenu pourra former opposition à l'arrêt par défaut dans les cinq jours de la notification qui en aura été faite à sa personne ou à son domicile, outre un jour par cinq myriamètres de distance, à charge de notifier son opposition tant au ministère public qu'à la partie civile.

Le prévenu supportera sans recours les frais de l'expédition et de la signification de l'arrêt par défaut, et de l'opposition, ainsi que de l'assignation et de la taxe des témoins appelés à l'audience pour le jugement de l'opposition (V. L. 26 mai 1840, art. 48; L. 9 sept. 1835, art. 25, et C. inst. crim., art. 187). — (Abrogé, V. p. 146).

4. — Dans les cinq jours de la notification de l'opposition, le prévenu devra déposer au greffe une requête tendant à obtenir du président de la Cour d'assises une ordonnance fixant le jour du jugement de l'opposition; elle sera signifiée à la requête du ministère public, tant au prévenu qu'au plaignant, avec assignation au jour fixé, cinq jours au moins avant l'échéance. Faute par le prévenu de remplir les formalités mises à sa charge par le présent art., ou de comparaître par lui-même au jour fixé par l'or-

(1) Abrogée par le changement de juridiction et le retour aux règles du C. d'instruction criminelle pour la poursuite des délits de presse. (Décret du 17 fév. 1852, p. 144.)

donnance, l'opposition sera réputée non avenue et l'arrêt par défaut sera définitif (V. L. 26 mai 1819, art. 19, et L. 9 sept. 1835, art. 25). — (Abrogé, V. p. 146).

5. — Dans le cas de saisie autorisée par l'art. 7 de la loi du 26 mai 1819, les formes et délais prescrits par cette loi seront observés.—(Abrogé, V. p. 144).

ORDONNANCE DU 24 MARS 1832,

Qui réunit la monnaie des médailles à la commission des monnaies.

Louis-Philippe, etc.,

Vu la loi en date du 2 mars 1832 sur la liste civile ; vu l'arrêté du Gouvernement du 5 germinal an XII ; sur le rapport de nos ministres secrétaires d'Etat des finances, du commerce et des travaux publics, etc.,

ART. 1er. — La monnaie des médailles est réunie à la commission des monnaies dans les attributions de notre ministre des finances. Néanmoins, il ne sera procédé à la fabrication des médailles, jetons et pièces de plaisir, que sur la remise qui devra être faite à la commission des monnaies, d'une autorisation de notre ministre du commerce et des travaux publics. (V. p. 62).

2. — Les frais de fabrication seront fixés par un tarif délibéré par la commission des monnaies, et soumis à l'approbation de notre ministre des finances.

3. — Conformément à l'article 5 de la loi du 2 mars sur la liste civile, il sera remis sur inventaire à l'agent désigné par l'intendant général de notre liste civile, six collections des médailles existant au musée de la monnaie des médailles, frappées antérieurement au 1er janvier 1832. Six exemplaires des médailles frappées depuis le 1er janvier dernier et qui seront frappées à l'avenir, continueront d'être remises, comme il a été d'usage jusqu'à ce jour, pour servir aux collections du roi.

4. — Seront également remis au même agent, comme faisant partie de la dotation mobilière de la couronne, les meubles meublants placés dans l'hôtel de la monnaie des médailles et qui sont compris dans les inventaires du garde-meuble.

5. — Il sera tenu compte par le Trésor public à notre liste civile des avances de toute nature faites pour le service de la monnaie des médailles depuis le 1er janvier dernier.

6. — Les coins ou matrices appartenant à l'Etat ou aux graveurs, maintenant déposés à la monnaie des médailles, seront remis sur inventaire au musée monétaire des monnaies. Les balanciers, laminoirs et autres ustensiles employés à la fabrication des médailles, ainsi que les matières et médailles, destinées à la vente, distraction faite des collections mentionnées en l'art. 3 de la présente ordonnance, seront remis, sur inventaire préalable, au directeur de la monnaie de Paris.

7. — Nos ministres des finances, du commerce et des travaux publics (MM. Louis et d'Argout) sont chargés, etc.

EXTRAIT DE L'INSTRUCTION GÉNÉRALE SUR LE SERVICE DES POSTES, MAI 1832 (1). — (V. p. 56, col. 5.)

Des Taxes fixes.

ART. 485. — Les taxes sont de deux sortes,

SAVOIR :

La taxe à 25 centimes ;

La taxe des avis de naissance, mariage ou décès, présentés sous forme de lettre.

486.—Seront taxés à 25 centimes pour tout droit fixe, autant qu'elles auront été affranchies, et qu'elles n'atteindront pas le poids de 7 grammes 1/2, les lettres adressées aux sous-officiers, soldats et marins présents sous les drapeaux ou pavillons (V. la nomenclature des sous-officiers et soldats, et les conditions d'affranchissement, *article 256. Affranchissements à 25 centimes*).

487. — La taxe des avis imprimés, gravés, lithographiés ou autographiés, de naissance, mariage, ou décès, est de un décime fixe pour chaque avis expédié sous forme de lettre, quelle que soit la distance à

(1) Les caractères italiques indiquent les changements apportés au texte primitif par les circulaires ou décisions postérieures.

parcourir hors de l'arrondissement du bureau d'où il est expédié; et de cinq centimes seulement pour chaque avis, présenté aussi sous forme de lettre, lorsqu'il est destiné pour l'arrondissement de ce bureau.

Ces avis doivent être affranchis.

188. — La dimension de la feuille d'impression de ces avis ne peut excéder 11 décimètres carrés. Le port sera double pour les feuilles qui excéderaient cette dimension (V. affranchissement des imprimés, art. 275 et suiv.).

Ces avis ne doivent point contenir d'écriture à la main. Ils devront être pliés de manière qu'ils puissent être facilement vérifiés.

Quand deux de ces avis seront réunis sous le même pli, il sera perçu un port pour chaque avis.

De la taxe des journaux et imprimés de toute nature. — Règles générales.

198. — La taxe des journaux, ouvrages périodiques, livres brochés, brochures et autres imprimés ou écrits lithographiés ou autographiés, transportés par la poste, est une taxe de dimension.

199. — La taxe de dimension des journaux et imprimés de toute nature désignés dans l'article précédent se divise ainsi qu'il suit, savoir :

1° Taxe des journaux, feuilles ou gazettes quotidiennes et ouvrages périodiques, traitant en tout ou en partie de politique ;

2° Taxe des recueils, annales, mémoires et bulletins périodiques uniquement consacrés aux arts, aux sciences et à l'industrie ;

3° Taxe des livres brochés, brochures, catalogues, prospectus, papiers de musique, annonces et avis divers, imprimés, gravés, lithographiés ou autographiés.

200. — La taxe des journaux et autres imprimés publiés en France doit toujours être payée d'avance.

Tout objet compris dans l'une des trois catégories établies en l'article précédent, qui serait jeté à la boîte par les envoyeurs, sera taxé comme lettre.

201. — La taxe de dimension des journaux, livres brochés, brochures et autres imprimés, n'est applicable que lorsque ces objets sont expédiés sous bande.

Ces bandes ne doivent pas couvrir plus du tiers de la surface du paquet.

202. — Les journaux, livres brochés, brochures et autres objets affranchis d'après la taxe de dimension, ne doivent contenir ni chiffres ni aucune espèce d'écriture à la main, si ce n'est la date et la signature.

Des chiffres ou mots ajoutés après le tirage, en caractères d'impression, au moyen d'un timbre, n'ôtant pas aux imprimés le caractère de circulaire, ne doivent pas les faire exclure du bénéfice de la modération de taxe. — (Circ. du 24 mars 1843, n° 206.)

—

TAXE DES JOURNAUX, FEUILLES ET GAZETTES.

203. — La taxe des journaux, gazettes et ouvrages périodiques, transportés hors des limites du département où ils sont publiés, et quelle que soit la distance à parcourir dans le royaume, est de quatre centimes par chaque feuille ou fraction de feuille de la dimension de trente décimètres carrés et au-dessous.

Cette taxe sera augmentée de quatre centimes, pour chaque trente décimètres ou fraction de trente décimètres excédant.

204. — Les mêmes feuilles ne paient que la moitié de la taxe fixée par l'article ci-dessus, toutes les fois qu'elles sont destinées pour l'intérieur du département où elles ont été publiées.

205. — Un seul supplément qui n'excède pas trente décimètres carrés, publié par un journal imprimé sur une feuille de *toute dimension*, est admis en exemption de port. — (Circ. du 28 août 1841, n° 251.)

206. — Les journaux venant des pays étrangers paient, pour le parcours en France, la même taxe que celle qui est fixée par les articles précédents pour les journaux, gazettes et ouvrages périodiques publiés en France.

La taxe à percevoir en France sur les journaux ou gazettes publiés en feuilles et venant de l'étranger, colonies et pays d'outre-mer, sera établie sans égard à la dimension du format de ces journaux, ni à l'addition du supplément dont ils pourraient être accompagnés. — (Circ. du 3 octobre 1843, n° 225.)

207. — La taxe des journaux, gazettes et ouvrages périodiques, publiés en France et destinés pour les pays étrangers, doit être perçue d'après un tarif spécial.

On ajoute au port dû pour le parcours en France le prix dû pour le parcours sur le territoire étranger ou pour la voie de mer...

—

TAXE DES RECUEILS, ANNALES, MÉMOIRES ET BULLETINS PÉRIODIQUES, UNIQUEMENT CONSACRÉS AUX ARTS, AUX SCIENCES ET A L'INDUSTRIE.

208. — La taxe des recueils, annales, mémoires et bulletins périodiques publiés en France, uniquement consacrés aux arts, aux sciences et à l'industrie, est de quatre centimes par feuille d'impression, et de deux centimes par demi-feuille d'impression, quelle que soit la distance parcourue dans le royaume.

209. — Ceux des imprimés désignés dans l'article précédent, qui comportent moins d'une demi-feuille d'impression, paient la taxe d'une demi-feuille.

210. — Les mêmes imprimés, réunis en volumes brochés, sont passibles de la taxe fixée par l'article 208, tant que l'ouvrage est en cours de publication. Lorsque l'ouvrage n'est plus en cours de publication, les volumes brochés sont soumis à la taxe établie par l'article 213 ci-après.

211. — Les feuilles qui recouvrent les imprimés désignés dans l'art. 208, lorsque ces imprimés sont réunis en forme de recueils, sont comptés au nombre des feuilles soumises à la taxe, mais seulement dans le cas où elles contiennent des caractères imprimés.

212. — La taxe des imprimés désignés dans la présente section, publiés en France et destinés pour les pays étrangers, doit être perçue conformément *aux tarifs applicables aux imprimés passant à l'étranger.*

—

TAXE DES LIVRES BROCHÉS, BROCHURES, CATALOGUES, PROSPECTUS, PAPIERS DE MUSIQUE, ANNONCES ET AVIS DIVERS, IMPRIMÉS, GRAVÉS, LITHOGRAPHIÉS OU AUTOGRAPHIÉS.

213. — La taxe des livres brochés, brochures, catalogues, prospectus, papiers de musique, annonces et avis divers, imprimés, gravés, lithographiés ou autographiés, est fixée ainsi qu'il suit :

Pour la feuille d'impression, 5 centimes ;
Pour la demi-feuille d'impression, 2 cent. 1|2 ;
Pour le quart de feuille d'impression, 1 cent. 1|4.

214. — Ceux des imprimés désignés dans l'article précédent, qui comportent moins d'un quart de feuille d'impression, paient la taxe d'un quart de feuille.

215. — La taxe des imprimés désignés dans la présente section, publiés en France et destinés pour les pays étrangers, doit être perçue conformément *aux tarifs dressés à cet effet.*

216. — L'admission des imprimés est soumise à des conditions de timbre. — (V. art. 263 et suivants, pour la réception des imprimés à l'affranchissement.)

—

AFFRANCHISSEMENT DES JOURNAUX, OUVRAGES PÉRIODIQUES ET IMPRIMÉS DE TOUTE NATURE.

260. — Les journaux et ouvrages périodiques et les imprimés de toute nature, publiés en France, ne sont admis à circuler avec modération de port qu'autant qu'ils ont été affranchis.

261. — Les journaux et imprimés trouvés à la boîte seront taxés comme lettres, et le directeur écrira sur la suscription ces mots : *Trouvé dans la boîte.* Ils seront frappés du timbre ordinaire du bureau.

262. — Les directeurs préviennent les éditeurs de l'heure précise à laquelle il est nécessaire que les journaux, ou ouvrages périodiques, recueils, etc., soient apportés à leur bureau. En cas de contestation, ils en réfèrent à l'administration.

263. — Aucun imprimé soumis au timbre ne peut être admis à circuler par la poste, s'il n'est timbré ou visé pour valoir timbre.

264. — Le préposé qui admet, expédie ou distribue des imprimés non timbrés et qui auraient dû l'être, encourt, solidairement avec les auteurs ou éditeurs de ces imprimés, l'amende prononcée par la loi du 9 vendémiaire an VI.

264 bis. — *Lorsque le préposé reconnaîtra que les imprimés présentés à son bureau sont sujets au droit du timbre, il devra retenir les imprimés ou journaux non timbrés, etc.* — (Circ. du 6 août 1842, n° 193.)

Les journaux et imprimés trouvés en contravention seront saisis dans tous les bureaux de poste, qu'ils y aient été déposés, qu'ils y parviennent en poste ou qu'ils y soient adressés. — (Circ. du 3 avril 1843, n° 208.)

265. — Les imprimés exempts du droit de timbre sont :

1° Les pétitions adressées aux Chambres ;

2° Les livres brochés, *pourvu qu'ils ne contiennent pas d'avis ou annonces sur la couverture.* — (Circ. du 12 sept. 1841, n° 172.)

3° Les ouvrages périodiques uniquement relatifs aux sciences et aux arts.

Pour jouir de cette exemption, il faut que ces ouvrages réunissent les conditions suivantes :

Qu'ils ne paraissent qu'une fois par mois ou à des intervalles plus éloignés ;

Que chacun de leurs numéros ou livraisons comporte au moins deux feuilles d'impression ;

Ces conditions sont indivisibles ;

Les écrits périodiques consacrés à l'agriculture, lors même qu'ils paraîtront plus d'une fois par mois, pourvu qu'ils restent étrangers à la politique. — (Circ. du 24 fév. 1841, n° 164.)

4° Les suppléments qui n'excèdent pas trente décimètres carrés, publiés par un journal imprimé sur une feuille de trente décimètres carrés et au-dessus, *et ayant acquitté le droit de timbre de 0 fr. 6 cent.;*

5° Les journaux et les imprimés étrangers ;

6° Les adresses contenant la simple indication de domicile ou les simples avis de changement de domicile ;

7° *Les avis ou annonces, catalogues et prospectus de librairie ;*

Les avis ou annonces, prospectus et catalogues d'objets relatifs aux arts et aux sciences ;

Les prospectus de journaux politiques et autres, non exclusivement consacrés aux sciences et aux arts, sont sujets au timbre. — (Circ. du 13 sept. 1841, n° 172.)

Les prospectus de journaux doivent être soumis au timbre. — (Décision du 20 déc. 1839 ; Circ., n° 11.)

8° Les avis de naissance, mariages ou décès ;

9° Les lettres circulaires, par lesquelles un notaire, avoué, ou tout autre officier ministériel, fait part de sa nomination ;

10° Les lettres circulaires ou avis adressés à une seule classe de personnes, et qui ne se rapportent ni à un établissement de commerce, ni à une entreprise quelconque ;

11° Les exemplaires de plaidoyers, mémoires ou consultations, imprimés pour le public, quand ils ne sont ni signés à la main par un avocat, ni produits devant les tribunaux ;

12° *Toutes les œuvres de musique périodiques ou non, quel que soit le nombre de feuilles d'impression dont ils se composent.* — (Circ. du 24 fév. 1841, n° 164.)

Les journaux et écrits périodiques consacrés à l'art musical continuent à être admis à l'exemption du timbre, pourvu qu'ils ne paraissent pas plus d'une fois par mois et soient composés de deux feuilles d'impression au moins. — (Circ. du 12 sept. 1841, n° 172.)

266. — Sont soumis au timbre les journaux imprimés en France en langue étrangère.

267. — Les journaux, ouvrages périodiques et autres imprimés de toute nature, ne peuvent être reçus dans les bureaux de poste aux prix fixés par les lois sur les imprimés, qu'autant qu'ils ne contiennent ni chiffres, ni aucune espèce d'écriture à la main, si ce n'est la date et la signature.

Des chiffres ou mots ajoutés après le tirage au moyen d'un timbre n'ôtant pas le caractère de circulaire, ne doivent pas faire exclure les imprimés du bénéfice de la modération de taxe. — (Circ. du 24 mars 1843, n° 206.)

268. — Les imprimés qui peuvent être reçus à l'affranchissement dans les bureaux de poste sont divisés en trois classes :

La première comprend les journaux, feuilles ou gazettes quotidiennes ;

La deuxième comprend les recueils, annales, mémoires et bulletins périodiques, uniquement consacrés aux arts, aux sciences et à l'industrie ;

La troisième comprend les livres brochés, catalogues, prospectus, papiers de musique, annonces et avis divers, imprimés, gravés, lithographiés ou autographiés.

269. — Les avis de naissance, de mariage ou de décès peuvent être présentés sous deux formes, savoir : 1° comme imprimés et sous bandes, alors ils rentrent dans la troisième classe des imprimés ; 2° sous forme de lettre, alors ils sont taxés ainsi qu'il est dit à l'art. 187.

270. — Le port des imprimés de la première classe est indiqué art. 203 et suiv.

Un seul supplément qui n'excède pas trente décimètres carrés, publié par un journal imprimé sur une feuille de trente décimètres carrés et au-dessus, est exempt de port.

271. — Le port des imprimés de la deuxième classe, c'est-à-dire des recueils, annales, mémoires et bulletins périodiques uniquement consacrés aux arts, aux sciences et à l'industrie, est de 4 centimes par feuilles d'impression. — (Voir art. 208.)

Les imprimés de cette classe, qui comportent moins d'une demi-feuille, paient comme demi-feuille.

Les mêmes imprimés réunis en volumes brochés ne paient également qu'un droit de 4 centimes par feuille d'impression, tant que l'ouvrage est en cours de publication. Dans le cas contraire, ces volumes brochés rentrent dans la troisième classe.

272. — Les feuilles qui recouvrent les imprimés de la première et de la deuxième classe, lorsque ces imprimés sont réunis en forme de recueils, sont comptées au nombre des feuilles dont l'affranchissement doit être perçu, mais seulement dans le cas où elles contiennent des caractères imprimés.

273. — Le port des imprimés de la troisième classe, c'est-à-dire des livres brochés, catalogues, prospectus, papiers de musique, annonces et avis divers, imprimés, gravés ou lithographiés, est indiqué à l'art. 215.

Les imprimés de cette classe, au-dessous d'un quart de feuille, paient comme quart de feuille.

274. — Les imprimés compris dans ces trois classes doivent être expédiés sous bandes. Ces bandes ne doivent pas recouvrir plus du tiers de la surface que présente l'imprimé plié, *ni porter d'autre écriture que celle de l'adresse*, *soit à l'intérieur*, *soit à l'extérieur*.

275. — Le port des avis de naissance, de mariage ou de décès, gravés, lithographiés ou autographiés, lorsqu'ils sont expédiés sous forme de lettres, est établi à l'art. 187.

276. — Quand les envoyeurs réunissent deux de ces avis sous le même pli et sous forme de lettres, il est dû un port pour chacun de ces avis, quoique leur dimension soit au-dessous de onze décimètres carrés.

277. — Les mêmes avis, étant expédiés *sous bandes*, rentrent dans la catégorie des imprimés de la troisième classe, et paient 5 centimes par feuille d'impression, 2 centimes 1/2 par demi-feuille, et 1 centime 1/4 par quart de feuille, quelle que soit la distance à parcourir.

278. — *Le port des journaux, ouvrages périodiques* et autres imprimés, destinés pour l'étranger ou pour les pays d'outre-mer, est réglé, pour le parcours intérieur, suivant la classe à laquelle ils appartiennent. Les directeurs ajouteront à ce port le prix du parcours extérieur, tel qu'il est fixé par le tableau.

279. — Les dispositions des art. 275 et 276 ne sont pas applicables aux avis imprimés, de naissance, mariage ou décès, destinés à l'étranger, qui seraient présentés sous formes de lettres : mais ces avis peuvent être affranchis pour l'étranger, comme imprimés et sous bandes, conformément au tableau.

280. — Le nombre des feuilles qui existent dans un paquet d'imprimés à la même adresse, et pour lesquelles l'affranchissement aura été perçu, soit que ce nombre se compose de plusieurs feuilles avec ou sans fractions, soit qu'il se compose d'une feuille isolée, ou seulement de fractions de feuilles, sera indiqué au dos du paquet.

281. — Les journaux et imprimés affranchis seront frappés du timbre P P et du timbre ordinaire du bureau.

LOI DU 16 FÉVRIER 1834,

Sur les crieurs publics. — (V. p. 74).

———

ORDONNANCE DU 6 AVRIL 1834,

Qui détermine les attributions du ministère de l'intérieur relativement à l'imprimerie et à la librairie. — (V. p. 10).

ORDONNANCE DU 30 JUILLET 1835,

Relative à l'exemplaire des livres de dépôt légal qui doit être remis au ministère de l'instruction publique. — (V. p. 18).

Vu l'art. 14, L. 21 octobre 1814, en vertu duquel aucun écrit ne peut être publié, de quelque manière que ce soit, sans dépôt préalable de plusieurs exemplaires entre les mains du Gouvernement;

Vu l'art. 4, ordonnance du 24 octobre même année, qui fixe à cinq le nombre des exemplaires qui doivent être déposés conformément aux dispositions de la loi précitée;

Vu l'art. 1er de l'ordonnance du 9 janvier 1828, qui réduit à deux le nombre de ces exemplaires, et dispose que l'un d'eux sera destiné à la bibliothèque royale, et l'autre à la bibliothèque du ministère de l'intérieur ;

Vu l'ordonnance du 27 mars de la même année, qui prescrit (art. 1er) la formation d'un dépôt particulier à la bibliothèque Sainte-Geneviève, pour y recevoir l'exemplaire des livres du dépôt légal qui était antérieurement destiné à la bibliothèque du ministère de l'intérieur ; et qui autorise (art. 2) le ministre de l'intérieur à faire chaque année, dans ce dépôt, un choix des ouvrages qu'il jugera convenables de répandre, et à les répartir, entre les bibliothèques publiques du royaume, suivant leurs besoins et leur importance ;

Vu l'ordonnance du 11 octobre 1832, qui place le dépôt légal de Sainte-Geneviève dans les attributions du ministère d'instruction publique :

Nous avons ordonné et ordonnons ce qui suit :

ART. 1er. — L'exemplaire des livres du dépôt légal qui, en vertu des ordonnances des 9 janvier 1828 et 11 octobre 1832, doit être remis au ministère de l'instruction publique, restera désormais déposé audit ministère. — (V. p. 18).

2. — Notre ministre de l'instruction publique est autorisé à faire dans ce dépôt, un choix des ouvrages qu'il jugera utile de répartir entre les bibliothèques du royaume et les divers établissements, soit scientifiques et littéraires, soit d'instruction publique. — (V. p. 18).

3. — Toutes les dispositions contraires à la présente ordonnance sont et demeurent rapportées.

LOI DU 9 SEPTEMBRE 1835 (1),

Sur les crimes, délits et contraventions de la presse, et des autres moyens de publication.

TITRE PREMIER. — DES CRIMES, DÉLITS ET CONTRAVENTIONS.

ART. 1er. — Toute provocation par l'un des moyens énoncés en l'article 1er de la loi du 17 mai 1819, aux crimes prévus par les art. 86 et 87, C. pén., soit qu'elle ait été ou non suivie d'effet, est un attentat à la sûreté de l'Etat.

Si elle a été suivie d'effet, elle sera punie conformément à l'art. 1, L. 17 mai 1819.

Si elle n'a pas été suivie d'effet, elle sera punie de la détention et d'une amende de 10,000 à 50,000 fr. Dans l'un comme dans l'autre cas, elle pourra être déférée à la chambre des pairs, conformément à l'art. 28 de la Charte (V. L. 17 mai 1819, art. 2, et L. 29 nov. 1830). — (Abrogé, V. p. 86).

2. — L'offense au roi, commise par les mêmes moyens, lorsqu'elle a pour but d'exciter à la haine ou au mépris de sa personne ou de son autorité constitutionnelle, est un attentat à la sûreté de l'Etat.

Celui qui s'en rendra coupable sera jugé et puni conformément aux deux derniers paragraphes de l'article précédent (V. L. 17 mai 1819, art. 9, et C. pén., art. 66). — (Abrogé, V p. 90).

3. — Toute autre offense au roi sera punie conformément à l'art. 9, L. 17 mai 1819. — (Abrogé, V. p. 90).

4. — Quiconque fera remonter au Roi le blâme ou la responsabilité des actes de son gouvernement, sera puni d'un emprisonnement d'un mois à un an, et d'une amende de 500 à 5,000 fr. — (Abrogé, V. p. 90).

5. — L'attaque contre le principe ou la forme du Gouvernement établi par la Charte de 1830, tels qu'ils sont définis par la loi du 29 novembre 1830, est un attentat à la sûreté de l'Etat, lorsqu'elle a pour but d'exciter à la destruction ou au changement du Gouvernement.

Celui qui s'en rendra coupable sera jugé et puni

———

(1) Abrogé par le décret du 6 mars 1848.

conformément aux deux derniers paragraphes de l'art. 1. — (Abrogé, V. p. 94).

6. — Toute autre attaque prévue par la loi du 29 novembre 1830, continuera d'être punie conformément aux dispositions de cette loi (V. L. 17 mai 1819, art. 1). — (Abrogé, V. p. 90, 92).

7. — Seront punis des peines prévues par l'article précédent, ceux qui auront fait publiquement acte d'adhésion à toute autre forme de Gouvernement, soit en attribuant des droits au trône de France aux personnes bannies à perpétuité par la loi du 10 avril 1832, ou à tout autre que Louis-Philippe 1er et sa descendance ;

Soit en prenant la qualification de républicain ou toute autre incompatible avec la Charte de 1830 ;

Soit en exprimant le vœu, l'espoir ou la menace de la destruction de l'ordre monarchique constitutionnel, ou de la restauration de la dynastie déchue. — (Abrogé, V. p. 94, 96.)

8. — Toute attaque contre la propriété, le serment, le respect dû aux lois ; toute apologie de faits qualifiés crimes et délits par la loi pénale ; toute provocation à la haine entre les diverses classes de la société, sera punie des peines portées par l'art. 8, L. 17 mai 1819.

Néanmoins, dans les cas prévus par le paragraphe précédent, et par l'art. 8 de la loi précitée, les tribunaux pourront, selon les circonstances, élever les peines jusqu'au double du maximum. — (Abrogé, V. p. 98).

9. — Dans tous les cas de diffamation prévus par les lois, les peines qui y sont portées pourront, suivant la gravité des circonstances, être élevées au double du maximum, soit pour l'emprisonnement, soit pour l'amende. Le coupable pourra, en outre, être interdit, en tout ou en partie, des droits mentionnés dans l'art. 42, C. pén., pendant un temps égal à la durée de l'emprisonnement. — (Abrogé, V. p. 132).

10. — Il est interdit aux journaux et écrits périodiques de rendre compte des procès pour outrages ou injures, et des procès en diffamation, où la preuve des faits diffamatoires n'est pas admise par la loi ; ils pourront seulement annoncer la plainte sur la demande du plaignant ; dans tous les cas, ils pourront insérer le jugement.

Il est interdit de publier les noms des jurés, excepté dans le compte-rendu de l'audience où le jury aura été constitué.

Il est interdit de rendre compte des délibérations intérieures, soit des jurés, soit des Cours et tribunaux.

L'infraction à ces diverses prohibitions sera poursuivie devant les tribunaux correctionnels, et punie d'un emprisonnement d'un mois à un an et d'une amende de 500 à 5,000 fr. — (Abrogé, V. p. 108, 125).

11. — Il est interdit d'ouvrir ou annoncer publiquement des souscriptions ayant pour objet d'indemniser des amendes, frais, dommages-intérêts prononcés par des condamnations judiciaires. Cette infraction sera jugée et punie comme il est dit à l'article précédent. — (Abrogé, V. p. 125, 71).

12. — Les dispositions de l'art. 10, L. 9 juin 1819, sont applicables à tous les cas prévus par la présente loi. En cas de seconde ou ultérieure condamnation contre le même gérant ou contre le même journal, dans le cours d'une année, les Cours et tribunaux pourront prononcer la suspension du journal pour un temps qui n'excédera pas deux mois, suivant la loi du 18 juillet 1828. — Cette suspension pourra être portée à quatre mois, si la condamnation a eu lieu pour crime. — (Abrogé, V. p. 134).

Les peines prononcées par la présente loi et par les lois précédentes sur la presse et autres moyens de publication, ne se confondront point entre elles et seront toutes intégralement subies lorsque les faits qui y donneront lieu seront postérieurs à la première poursuite. — (Abrogé, V. p. 132, 134).

TITRE II. — DU GÉRANT DES JOURNAUX ET ÉCRITS PÉRIODIQUES.

13. — Le cautionnement que les propriétaires de tout journal ou écrit périodique sont tenus de fournir, sera versé, en numéraire, au Trésor, qui en paiera l'intérêt au taux réglé pour les cautionnements.

Le taux de ce cautionnement est fixé comme il suit :

Si le journal ou écrit périodique paraît plus de deux fois par semaine, soit à jour fixe, soit par livraison et irrégulièrement, le cautionnement sera de 100,000 fr.

Le cautionnement sera de 75,000 fr. si le journal ou écrit périodique ne paraît que deux fois par semaine.

Il sera de 50,000 fr. si le journal ou écrit périodique ne paraît qu'une fois par semaine.

Il sera de 25,000 fr. si le journal ou écrit périodique paraît seulement plus d'une fois par mois.

Le cautionnement des journaux quotidiens publiés dans les départements autres que ceux de la Seine, Seine-et-Oise, Seine-et-Marne, sera de 25,000 fr. dans les villes de cinquante mille âmes et au-dessus.

Il sera de 15,000 fr. dans les villes au-dessous, et respectivement de la moitié de ces deux sommes, pour les journaux et écrits périodiques qui paraissent à des termes moins rapprochés.

Il est accordé aux propriétaires de journaux ou écrits périodiques actuellement existants un délai de quatre mois pour se conformer à ces dispositions.—(Abrogé, V. p. 35).

14. — Continueront à être dispensés de tout cautionnement les journaux et écrits périodiques mentionnés en l'art. 3, L. 18 juillet 1828.—(Abrogé, V. p. 35).

15. — Chaque gérant responsable d'un journal ou écrit périodique devra posséder, en son propre et privé nom, le tiers du cautionnement. — (Abrogé, V. p. 44.)

Dans le cas où, soit des cessions partielles ou totales de la portion du cautionnement appartenant à un gérant, soit des jugements passés en force de chose jugée, prononçant la validité de saisies-arrêts formées sur ce cautionnement, seraient signifiés au Trésor, le gérant sera tenu de rapporter, dans les quinze jours de la notification qui lui en sera faite, soit la rétrocession, soit la mainlevée de la saisie-arrêt, faute de quoi le journal devra cesser de paraître, sous les peines portées en l'art. 6, L. 9 juin 1819 (V. L. 9 juin 1819, art. 3, 4 et 6 ; L. 18 juillet 1828, art. 4 et 13 ; L. 14 déc. 1830 et ordonnance 18 nov. 1835, art. 6, 7 et 8).—(Abrogé, V. p. 44).

16.—Conformément à l'art. 8, L. 18 juill. 1828, le gérant d'un journal ou écrit périodique sera tenu de signer, en minute, chaque numéro de son journal.

Toute infraction à cette disposition sera poursuivie devant les tribunaux correctionnels, et punie d'une amende de 500 à 3,000 fr.—(Abrogé, V. p. 48).

17.— L'insertion des réponses et rectifications prévues par l'art. 11, L. 25 mars 1822, devra avoir lieu dans le numéro qui suivra le jour de la réception ; elle aura lieu intégralement et sera gratuite ; le tout, sous les peines portées par ladite loi. Toutefois, si la réponse a plus du double de la longueur de l'article auquel elle sera faite, le surplus de l'insertion sera payé suivant le tarif des annonces (V. L. 9 juin 1819, art. 8, 11 et 13 et L. 25 mars 1822, art. 11).—(Abrogé, V. p. 123).

18.—Tout gérant sera tenu d'insérer, en tête du journal, les documents officiels, relations authentiques, renseignements et rectifications qui lui seront adressés par tout dépositaire de l'autorité publique ; la publication devra avoir lieu le lendemain de la réception des pièces, sous la seule condition du paiement des frais d'insertion ; toute autre insertion réclamée parle Gouvernement, par l'intermédiaire des préfets, sera faite de la même manière, sous la même condition, dans le numéro qui suivra le jour de la réception des pièces. Les contrevenants seront punis par les tribunaux correctionnels, conformément à l'art. 11, L. 25 mars 1822 (V. L. 9 juin 1819, art. 17, 18 et 19 ; L. 8 avril 1831, art. 2, 3 et 4, et L. 9 sept. 1835, art. 8, 9, 10 et 11 ;—C. inst. crim., art. 149, 151, 152, 185, 186, 187 et 188).—(Abrogé, V. p. 144).

19. — En cas de condamnation contre un gérant pour crime, délit ou contravention de la presse, la publication du journal ou écrit périodique ne pourra avoir lieu, pendant toute la durée des peines d'emprisonnement et d'interdiction des droits civils, que par un autre gérant remplissant toutes les conditions exigées par la loi.

Si le journal n'a qu'un gérant, les propriétaires auront un mois pour en présenter un nouveau, et, dans l'intervalle, ils seront tenus de désigner un rédacteur responsable. Le cautionnement entier demeurera affecté à cette responsabilité (V. L. 18 juill. 1828).—(Abrogé, V. p. 44).

TITRE III. — DES DESSINS, GRAVURES, LITHOGRAPHIES ET EMBLÈMES.

20.—Aucun dessin, aucunes gravures, lithographies, médailles et estampes, aucun emblème, de quelque nature qu'ils soient, ne pourront être publiés, exposés ou mis en vente sans l'autorisation préalable du ministre de l'intérieur, à Paris, et des préfets dans les départements.

En cas de contravention, les dessins, gravures, lithographies, médailles, estampes ou emblèmes pourront être confisqués, et le publicateur sera condamné, par les tribunaux correctionnels, à un em-

prisonnement d'un mois à un an, et à une amende de cent francs à mille francs, sans préjudice des poursuites auxquelles pourraient donner lieu la publication, l'exposition et la mise en vente desdits objets (V. ordonn 9 sept. 1835, art. 1er et suiv.).—(Abrogé, V. p. 59, 71).

TITRE IV.—DES THÉATRES ET DES PIÈCES DE THÉATRE.

21. — Il ne pourra être établi, soit à Paris, soit dans les départements, aucun théâtre ni spectacle, de quelque nature qu'ils soient, sans l'autorisation préalable du ministre de l'intérieur, à Paris, et des préfets, dans les départements.

La même autorisation sera exigée pour les pièces qui y seront représentées.

Toute contravention au présent article sera punie, par les tribunaux correctionnels, d'un emprisonnement d'un mois à un an, et d'une amende de 1,000 francs à 5,000 fr., sans préjudice, contre les contrevenants, des poursuites auxquelles pourront donner lieu les pièces représentées (V. Décr. 8 juin 1806, art. 14).—Abrogé, V. p. 78).

22.—L'autorité pourra toujours, pour des motifs d'ordre public, suspendre la représentation d'une pièce, et même ordonner la clôture provisoire du théâtre.

Ces dispositions, et celles contenues en l'article précédent sont applicables aux théâtres existants (V. art. 21 et 23).—(Abrogé, V. p. 78).

23. Il sera pourvu, par un règlement d'administration publique, qui sera converti en loi dans la session de 1837, au mode d'exécution des dispositions précédentes, qui n'en demeureront pas moins exécutoires à compter de la promulgation de la présente loi (V. art. 21 et 22).—(Abrogé, V. p. 78).

TITRE V. — DE LA POURSUITE ET DU JUGEMENT.

24. — Le ministère public aura la faculté de faire citer directement, à trois jours, les prévenus devant la Cour d'assises, même lorsqu'il y aura eu saisie préalable des écrits, dessins, gravures, lithographies, médailles ou emblèmes. Néanmoins, la citation ne pourra être donnée, dans ce dernier cas, qu'après la signification, au prévenu, du procès-verbal de saisie (V. L. 26 mai 1819, art. 7 ; L. 8 avril 1831, art. 1, 2 et 3, et L. 9 sept. 1835, art. 14).—(Abrogé, V. p. 144).

25. — Si, au jour fixé par la citation, le prévenu ne se présente pas, il sera statué par défaut.

L'opposition à cet arrêt devra être formée dans les cinq jours, à partir de la signification, à peine de nullité.

L'opposition emportera, de plein droit, citation à la première audience.

Toute demande en renvoi devra être présentée à la Cour, avant l'appel et le tirage au sort des jurés.

Lorsque cette dernière opération aura commencé en présence du prévenu, l'arrêt à intervenir sur le fond sera définitif et non susceptible d'opposition, quand même il se retirerait de l'audience après le tirage du jury ou durant le cours des débats (V. L. 26 mai 1819, art. 17, 18 et 19 ; L. 8 avril 1831, art. 2, 3 et 4, et L. 9 sept. 1835, art. 8, 9, 10 et 11 ;—C. inst. crim., art. 149, 151, 152, 185, 186, 187 et 188).—(Abrogé, V. p. 144).

26. — Le pourvoi en cassation contre les arrêts qui auront statué sur les questions de compétence que sur des incidents ne sera formé qu'après l'arrêt définitif et en même temps que le pourvoi contre cet arrêt.

Aucun pourvoi formé auparavant ne pourra dispenser la Cour d'assises de statuer sur le fond.—(Abrogé, V. p. 150).

27.—Si, au moment où le ministère public exerce son action, la session de la Cour d'assises est terminée, et s'il ne doit pas s'en ouvrir d'autre à une époque rapprochée, il sera formé une Cour d'assises extraordinaire par ordonnance motivée du premier président. Cette ordonnance prescrira le tirage au sort des jurés, conformément à l'art. 388, C. inst. crim., et elle désignera le conseiller qui doit présider.

Dans les chefs-lieux des départements où ne siégent pas les Cours royales, le président du tribunal de première instance sera, de droit, président de la Cour d'assises, si le ministre de la justice ou le premier président n'en ont pas désigné un autre. — (Abrogé, V. p. 146).

DISPOSITION GÉNÉRALE.

28. — Les dispositions des lois antérieures qui ne sont pas contraires à la présente continueront d'être exécutées selon leur forme et teneur. — (Abrogé, V. p. 158).

ORDONNANCE DU 9 SEPTEMBRE 1835,

Concernant l'exécution des diverses dispositions de la loi du 9 septembre 1835, relatives à la publication des dessins, gravures, lithographies, estampes ou emblèmes.—(V. p. 59).

LOI DU 9 SEPTEMBRE 1835 (1),

Sur les Cours d'assises.—(V. p. 118).

ART. 9.—Si les prévenus n'obtempèrent point à la sommation, le président pourra ordonner qu'ils soient amenés par la force devant la Cour ; il pourra également, après lecture faite à l'audience, du procès-verbal constatant leur résistance, ordonner que, nonobstant leur absence, il soit passé outre aux débats.

Après chaque audience, il sera, par le greffier de la Cour d'assises, donné lecture aux prévenus qui n'auront point comparu, du procès-verbal des débats, et il leur sera signifié copie des réquisitoires du ministère public ainsi que des arrêts rendus par la Cour, qui seront tous réputés contradictoires.

10. — La Cour pourra faire retirer de l'audience et reconduire en prison tout prévenu qui, par des clameurs ou par tout autre moyen propre à causer du tumulte, mettrait obstacle au libre cours de la justice, et dans ce cas, il sera procédé aux débats et au jugement, comme il est dit aux articles précédents.—(V. p. 118).

11. — Tout prévenu ou toute personne présente à l'audience d'une Cour d'assises, qui causerait du tumulte pour empêcher le cours de la justice, sera, audience tenante, déclaré coupable de rébellion et puni d'un emprisonnement qui n'excèdera pas deux ans, sans préjudice des peines portées au C. pén. contre les outrages et violences envers les magistrats.—(V. p. 118, 120.)

12. — Les dispositions des art. 8, 9, 10 et 11, s'appliquent au jugement de tous les crimes et délits devant toutes les juridictions.—(V. p.118,120.)

ORDONNANCE DU 18 NOVEMBRE 1835 (2),

Relative au cautionnement des journaux ou écrits périodiques.

Vu la loi du 9 sept. 1835 ; — Vu les lois des 12 juill. 1828 et 9 juin 1819 ; — Vu les ord. des 29 juill. 1828 et 9 juin 1819 ;

Notre conseil d'Etat entendu ;

Nous avons ordonné et ordonnons ce qui suit :

ART. 1er. — Notre ministre de l'intérieur adressera à notre ministre des finances la liste de tous les journaux ou écrits périodiques qui se publient actuellement, et qui sont assujettis à l'obligation d'un cautionnement. Cette liste, dressée par département, indiquera les conditions et le mode de leur publication, le nom des gérants admis par l'administration, le montant des cautionnements qu'ils doivent fournir en exécution de la loi du 9 septembre 1835, et les bases d'après lesquelles ces cautionnements auront été fixés.

Il lui fera parvenir les mêmes renseignements pour chacun des journaux qui viendront à s'établir, et il l'informera des mutations qui pourront survenir à l'égard des journaux existants. — (Abrogé.)

2. — Les cautionnements que les propriétaires de journaux ou écrits périodiques doivent fournir en numéraire, conformément à la loi du 9 sept. 1835, seront versés à la caisse du caissier central du Trésor, à Paris, ou à la caisse des receveurs des finances dans les départements.

Il en sera fourni des récépissés à talon. — (V. L. 9 sept. 1835, art. 1er.)

3. — Lorsque le cautionnement aura été versé, les propriétaires feront, à la direction de la librairie, à Paris, et dans les départements au secrétariat gé-

(1) Abrogée en partie par le décret du 6 mars 1848.

(2) Abrogée avec la loi de 1835, dont cette ordonnance réglait l'exécution.

néral de la préfecture, la déclaration prescrite par l'art. 6 de la loi du 18 juill. 1828.

Les propriétaires des journaux actuellement existants justifieront devant les mêmes autorités, dans le délai de quatre mois, à compter de la promulgation de la loi du 9 septembre 1835, du versement de leur cautionnement.

Il sera justifié du versement des cautionnements par la production des récépissés, soit du caissier central du Trésor, soit des receveurs des finances.

Dès que la déclaration ci-dessus rappelée aura été faite, et dès qu'il aura été justifié du versement des cautionnements, il en sera donné acte aux parties intéressées. — (V. ord. 29 juill. 1828, art. 1er.)

4. — Après l'accomplissement de ces formalités, les récépissés seront adressés à notre ministre des finances pour être convertis, conformément à l'arrêté du Gouvernement du 24 germinal an VIII, en certificats d'inscriptions sur les livres du Trésor. Les titulaires toucheront, au moyen de ces certificats, les intérêts afférents aux cautionnements qu'ils auront fournis.

Ces intérêts courront du jour des versements.

5. — Les propriétaires des journaux ou écrits périodiques actuellement existants qui voudront convertir en numéraire les cautionnements précédemment fournis en rentes, adresseront leurs demandes avec le certificat et le bordereau annuel qu'ils auront reçus lors du dépôt de ces rentes, à notre ministre des finances, qui fera opérer la conversion par l'agent de change du Trésor, sur la déclaration de transfert signée par le titulaire de l'inscription ou par son fondé de pouvoirs.

Dans les départements, les demandes en conversion et les certificats de dépôt seront remis aux receveurs-généraux des finances.

La demande en conversion devra être présentée et le supplément de cautionnement devra être versé dans le délai fixé par l'art. 13 de la loi du 9 septembre 1835. — (V. ord. du 29 juill. 1828, art. 2.)

6. — Il ne pourra être admis aucune déclaration de privilége du second ordre sur le tiers du cautionnement que chaque gérant doit posséder en son propre et privé nom, aux termes de l'art. 15 de la loi du 9 septembre 1835.

7. — Dans le cas où des cessions totales ou partielles de la portion du cautionnement appartenant à un gérant, seront signifiées au Trésor, notre ministre des finances les notifiera immédiatement au gérant.

Il en sera de même à l'égard des jugements signifiés au Trésor qui prononceraient la validité des saisies-arrêts formées sur un cautionnement aussitôt qu'il aura été justifié au Trésor que lesdits jugements ont acquis force de chose jugée.

La notification de ces jugements sera faite au gérant immédiatement après ladite justification, ou, en tous cas, dans le délai de trois mois, à compter de la signification au Trésor.

Notre ministre des finances donnera avis à notre ministre de l'intérieur des notifications qui seraient faites aux gérants, en exécution du présent article.

Si, dans les quinze jours qui suivront la notification, le gérant ne justifie pas au bureau des oppositions établies au Trésor public (direction du contentieux), soit qu'il y ait eu rétrocession ou mainlevée des saisies-arrêts, soit que le jugement signifié n'ait pas acquis l'autorité de la chose jugée, notre ministre des finances en donnera avis à notre garde des sceaux, ministre de la justice, à l'effet d'assurer, s'il y a lieu, l'application des peines portées par l'art. 6 de la loi du 9 juin 1849. — (V. ord. 9 juin 1819, art. 7.)

8. — Les gérants qui renonceront à leurs fonctions, et les propriétaires qui cesseront leur entreprise, en feront la déclaration à la direction de la librairie, à Paris, et dans les départements au secrétariat-général de la préfecture ; il leur sera donné acte de cette déclaration.

Après un délai de trois mois, à partir du jour où il y aura eu réellement cessation, soit des fonctions du gérant, soit de la publication du journal, sur le vu de la déclaration préindiquée, et de la demande spéciale qui lui sera adressée par l'ayant droit, le ministre des finances ordonnera le remboursement dudit cautionnement, à moins que, par suite de condamnations ou de poursuites commencées, des oppositions n'aient été faites au Trésor.

LOI DU 21 MAI 1836,
Portant prohibition des loteries.

Art. 1er. — Les loteries de toute espèce sont prohibées.

2. — Sont réputées loteries et interdites comme telles :

Les ventes d'immeubles, de meubles ou de marchandises effectuées par la voie du sort, ou auxquelles auraient été réunies des primes ou autres bénéfices dus au hasard, et généralement toutes opérations offertes au public pour faire naître l'espérance d'un gain qui serait acquis par la voie du sort.

3. — La contravention à ces prohibitions sera punie des peines portées à l'art. 410 du Code pénal.

S'il s'agit de loteries d'immeubles, la confiscation prononcée par ledit article sera remplacée, à l'égard du propriétaire de l'immeuble mis en loterie, par une amende qui pourra s'élever jusqu'à la valeur estimative de cet immeuble.

En cas de seconde ou ultérieure condamnation, l'emprisonnement et l'amende portés en l'article 410 pourront être élevés au double du maximum.

Il pourra, dans tous les cas, être fait application de l'art. 463 du Code pénal.

4. — Ces peines seront encourues par les auteurs, entrepreneurs ou agents des loteries françaises ou étrangères, ou des opérations qui leur sont assimilées.

Ceux qui auront colporté ou distribué les billets, ceux qui, par des avis, annonces, affiches, ou par tout autre moyen de publication, auront fait connaître l'existence de ces loteries ou facilité l'émission des billets, seront punis des peines portées en l'article 411 du Code pénal : il sera fait application, s'il y a lieu, des deux dernières dispositions de l'article précédent. — (V. p. 71)

5. — Sont exceptées des dispositions des articles 1er et 2 ci-dessus, les loteries d'objets mobiliers exclusivement destinées à des actes de bienfaisance ou à l'encouragement des arts, lorsqu'elles auront été autorisées dans les formes qui seront déterminées par des règlements d'administration publique. — (V. p. 71.)

LOI DU 4 JUILLET 1837,
Relative aux poids et mesures.

Art. 5. — Les anciennes dénominations des poids et mesures sont interdites dans les affiches et annonces. — (V. p. 71, col. 5.)

LOI DES 16 ET 25 JUILLET 1840,
Portant fixation du budget des recettes pour l'exercice 1841.

Art. 3 et 4 relatifs au timbre.—V. p. 51 et 54, col. 5.

LOI DES 30 ET 31 AOUT 1842,
Sur la régence.

Art. 1 et 2. — (V. p. 90, col. 5.)

LOI DU 5 JUILLET 1844,
Sur les brevets d'invention.

Art. 33. — (V. p. 71, col. 5)

LOI DU 15 JUILLET 1845,
Sur les chemins de fer de Paris à la frontière de Belgique.

Art. 13. — (V. p. 71-127, col. 5.)

DÉCRET DU 4 MARS 1848.

Le Gouvernement provisoire à ses concitoyens. .
. . . .

La presse, cet instrument si puissant de civilisation, de liberté, et dont la voix doit rallier à la République tous les citoyens, la presse ne pouvait rester en dehors de la sollicitude du Gouvernement provisoire : résolu comme il l'est à maintenir tous les impôts pour acquitter tous les engagements et assurer le service de l'État, il ne pouvait considérer comme un simple revenu fiscal une taxe essentiellement politique. Le timbre des écrits périodiques ne saurait être continué au moment où la prochaine convocation des assemblées électorales exige l'expression libre de toutes les opinions, de tous les sentiments et de toutes les idées. La pleine liberté de discussion est un élément indispensable de toute élection sincère.

Le Gouvernement provisoire, embrassant dans leur ensemble les intérêts les plus pressants, a décrété les mesures suivantes :

Art. 1er. . . . .
Art. 2. . . . .
Art. 3. — L'impôt du timbre sur les écrits périodiques est supprimé (V. p. 51).

Les Membres du Gouvernement provisoire,
Signé : DUPONT (de l'Eure), LAMARTINE, MARIE, GARNIER-PAGÈS, LEDRU-ROLLIN, ARAGO, AD. CRÉMIEUX, LOUIS BLANC, FLOCON, ARMAND MARRAST, ALBERT (ouvrier).

DÉCRET DU 6 MARS 1848.

Au nom du peuple français,
Le Gouvernement provisoire de la République,
Sur le rapport du ministre de la justice,
Considérant que les lois de septembre, violation flagrante de la constitution jurée, ont excité, dès leur présentation, la réprobation unanime des citoyens;
Considérant que la loi du 9 septembre 1835 sur les crimes, délits, contraventions de la presse et autres moyens de publication, est un attentat contre la liberté de la presse : qu'elle a inconstitutionnellement changé l'ordre des juridictions, enlevé au jury la connaissance des crimes et des délits de la presse, appliqué, contre tous les principes du droit, à des faits appelés contraventions, les peines qui ne doivent frapper que des délits;
Considérant que, dans la loi du même jour sur les Cours d'assises, plusieurs dispositions sont à la fois contraires à la liberté ou à la sûreté de la défense, et à tous les principes du droit public ; que la condamnation par le jury à la simple majorité est une disposition que réprouvent à la fois la philosophie et l'humanité, et qui est en opposition complète avec tous les principes proclamés dans nos diverses assemblées nationales,
Décrète :

Art. 1er. — La loi du 9 septembre 1835 sur les crimes, délits et contraventions de la presse et des autres moyens de publication est abrogée. — (V. p. 156.)

2. — Jusqu'à ce qu'il ait été statué par l'Assemblée nationale constituante, les lois antérieures relatives aux délits et contraventions en matière de presse seront exécutées dans les dispositions auxquelles il n'a pas été dérogé par les décrets du Gouvernement provisoire. — (V. p. 156.)

3. — Sont abrogés les art. 4, 5, 7, de la loi du 9 septembre 1835 sur les Cours d'assises, le quatrième paragraphe de l'art. 341 du Code d'instruction criminelle, l'art. 347 du même Code, tels qu'ils ont été rectifiés par la loi du 9 septembre 1835 sur la rectification des art. 341, 343, 346, 347 et 352 du Code d'instruction criminelle et de l'art. 17 du Code pénal.

4. — La condamnation aura lieu à la majorité de neuf voix ; la décision du jury portera ces mots : *Oui, l'accusé est coupable à la majorité de plus de huit voix*, à peine de nullité.

5. — La discussion dans le sein de l'assemblée du jury avant le vote est de droit.

Les Membres du Gouvernement provisoire de la République française.
(Signé, comme ci-dessus.)

DÉCRET DU 8 MARS 1848.

Au nom du peuple français,
Sur le rapport du ministre de la justice,
Le Gouvernement provisoire,
Vu l'art. 696 du Code de procédure civile, rectifié par la loi du 2 juin 1841, et portant dans son deuxième paragraphe :
« Les Cours royales, chambres réunies, après un « avis motivé des tribunaux de première instance « respectifs et sur les réquisitions du ministère pu- « blic, désigneront, chaque année, dans « la première quinzaine de décembre, pour chaque « arrondissement de leur ressort, parmi les jour- « naux qui se publient dans le département, un ou « plusieurs journaux où devront être insérées les « annonces judiciaires. Les Cours royales régle- « ront en même temps le tarif de l'impression de

« ces annonces. Néanmoins toutes les annonces ju-
« diciaires relatives à la même saisie seront insérées
« dans le même journal. »

Attendu que ces dispositions dirigées contre la presse indépendante des départements avait pour but, comme elle a eu pour résultat. de créer le monopole des annonces judiciaires au profit exclusif des journaux dévoués au Pouvoir.

Attendu, d'ailleurs, que la loi conférait aux Cours d'appel un droit d'intervention dans les affaires privées, inconciliable avec la dignité de la magistrature, un véritable pouvoir d'administration, incompatible avec le pouvoir judiciaire, et qu'elle substituait la passion politique à la justice,

Décrète : — Art. 1er. — Le dernier paragraphe de l'art. 696 du Code de procédure civile, rectifié par la loi du 2 juin 1841, est abrogé. — (Abrogé, V. p. 124.)

2. — Dans le cas prévu par l'art. 696 du Code de procédure civile, les annonces pourront être insérées, au choix des parties, dans l'un des journaux publiés dans le département où sont situés les biens. Néanmoins, toutes les annonces judiciaires relatives à la même saisie seront insérées dans le même journal. — (Abrogé, V. p. 124.)

Le ministre de la justice est chargé de l'exécution du présent décret.

Les Membres du Gouvernement provisoire.
(Signé, comme ci-dessus.)

DÉCRET DU 22 MARS 1848.

Au nom du peuple français,

Le Gouvernement provisoire de la République française, — Sur le rapport du ministre de la justice,

Considérant que les fonctions publiques sont exercées sous la surveillance et le contrôle des citoyens; que chaque citoyen a le droit et le devoir de faire connaître à tous, par la voie de la presse ou par tout autre moyen de publication, les actes blâmables des fonctionnaires ou des personnes revêtues d'un caractère public, sauf à répondre légalement de la vérité des faits publiés;

Considérant que le débat entre le fonctionnaire et le citoyen touche nécessairement à des intérêts publics, et ne peut dès lors être jugé que par le jury; que si un préjudice, un dommage, résulte d'une attaque déclarée injurieuse ou diffamatoire, c'est la Cour d'assises seule qui doit prononcer;

Considérant que la Charte de 1830 avait exclusivement attribué au jury la connaissance de ces délits; que la jurisprudence qui s'était établie, autorisant l'action civile devant les tribunaux ordinaires, indépendante de l'action devant le jury, n'était qu'une entrave nouvelle à la liberté de la presse et une cause de ruine pour les journaux et pour les citoyens courageux,

Décrète : — Art. 1er. — Les tribunaux civils sont incompétents pour connaître des diffamations, injures ou autres attaques dirigées par la voie de la presse ou par tout autre moyen de publication contre les fonctionnaires ou contre tout citoyen revêtu d'un caractère public, à raison de leurs fonctions ou de leur qualité. Ils renverront qui aura de droit toute action en dommages-intérêts fondée sur des faits de cette nature. — (V. p. 139.)

2. — L'action civile résultant des délits commis par la voie de la presse ou par toute autre voie de publication contre les fonctionnaires ou contre tout citoyen revêtu d'un caractère public ne pourra, dans aucun cas, être poursuivie séparément de l'action publique. Elle s'éteindra de plein droit par le seul fait de l'extinction de l'action publique. — (V. p. 139.)

Les Membres du Gouvernement provisoire.
(Signé, comme ci-dessus)

DÉCRET DU 2 MAI 1848. — (V. p. 158).

DÉCRET DU 9 AOUT 1848.

L'Assemblée nationale a adopté et le chef du Pouvoir exécutif promulgue le décret dont la teneur suit :

Art. 1er. — Les dispositions des lois existantes, relatives au cautionnement à fournir par les propriétaires de journaux ou écrits périodiques politiques, sont modifiées comme il suit à compter de ce jour jusqu'au 1er mai 1849, époque à partir de laquelle ces dispositions et celles du présent décret concernant l'obligation du cautionnement seront de plein droit abrogées :

Le cautionnement que les propriétaires de tout journal ou écrit périodique sont tenus de fournir sera versé en numéraire au Trésor, qui en paiera l'intérêt au taux réglé pour les cautionnements.

Le taux du cautionnement pour les départements de la Seine, de Seine-et-Oise et de Seine-et-Marne est fixé comme il suit :

Si le journal ou écrit périodique paraît plus de deux fois par semaine, soit à jour fixe, soit par livraisons et irrégulièrement, le cautionnement sera de vingt-quatre mille francs.

Le cautionnement sera de dix-huit mille francs, si le journal ou écrit périodique ne paraît que deux fois par semaine.

Il sera de douze mille francs, si le journal ou écrit périodique ne paraît qu'une fois par semaine.

Il sera de six mille francs, si le journal ou écrit périodique paraît seulement plus d'une fois par mois.

Le cautionnement des journaux quotidiens publiés dans les départements autres que ceux de la Seine, Seine-et-Oise, Seine-et-Marne, sera de six mille francs dans les villes de cinquante mille âmes et au-dessus. Il sera de trois mille six cents francs dans les villes au-dessous, et respectivement de la moitié de ces deux sommes pour les journaux et écrits périodiques qui paraissent à des termes moins rapprochés. — (Abrogé, V. p. 56).

2. — Il est accordé aux propriétaires des journaux ou écrits périodiques actuellement existants, et n'ayant pas encore versé de cautionnement, un délai de vingt jours, à compter de la promulgation du présent décret, pour se conformer aux dispositions qui précèdent.

Les propriétaires de journaux qui ont versé des cautionnements en cédant tout ou partie de leur entreprise pourront céder tout ou partie de leur cautionnement, et les cessionnaires, par la notification de la cession au Trésor, seront dispensés du versement d'un nouveau cautionnement, sauf le privilège et le droit du tiers, et sous toutes réserves, à raison des délits commis antérieurement à la signification de la cession. — (Abrogé, V. p. 40).

3. — Les propriétaires des journaux ou écrits périodiques qui, en exécution de la loi du 9 septembre 1835, ont versé un cautionnement supérieur au taux fixé par l'art. 1er du présent décret, seront remboursés de la portion excédante par le Trésor public, dans un délai qui ne dépassera pas six mois, à compter de la promulgation du présent décret.

Les Président et Secrétaires (Suivent les noms).
Le chef du Pouvoir exécutif,
Signé : E. Cavaignac.

DÉCRET DU 11 AOUT 1848.

L'Assemblée nationale a adopté et le chef du Pouvoir exécutif promulgue le décret dont la teneur suit :

Les lois des 17 mai 1819 et 25 mars 1822 sont modifiées ainsi qu'il suit :

Art. 1er. — Toute attaque par l'un des moyens énoncés en l'article 1er de la loi du 17 mai 1819 contre les droits et l'autorité de l'Assemblée nationale, contre les droits et l'autorité que les membres du Pouvoir exécutif tiennent des décrets de l'Assemblée, contre les institutions républicaines et la Constitution, contre le principe de la souveraineté du peuple et du suffrage universel, sera punie d'un emprisonnement de trois mois à cinq ans, et d'une amende de trois cents francs à six mille francs. — (V. p. 90, 92, 94).

2. — L'offense, par l'un des moyens énoncés en l'article 1er de la loi du 17 mai 1819, envers l'Assemblée nationale, sera punie d'un emprisonnement d'un mois à trois ans, et d'une amende de cent francs à cinq mille francs. — (V. p. 90 92).

3. — L'attaque par l'un de ces moyens contre la liberté des cultes, le principe de la propriété et les droits de la famille, sera punie d'un emprisonnement d'un mois à trois ans, et d'une amende de cent francs à quatre mille francs. — (V. p. 104).

4. — Quiconque, par l'un des moyens énoncés en l'article 1er de la loi du 17 mai 1819, aura excité à la haine ou au mépris du Gouvernement de la République, sera puni d'un emprisonnement d'un mois à quatre ans, et d'une amende de cent cinquante francs à cinq mille francs.

La présente disposition ne peut porter atteinte au droit de discussion et de censure des actes du Pouvoir exécutif et des ministres. — (V. p. 94).

5. — L'outrage fait publiquement d'une manière quelconque, à raison de leurs fonctions ou de leur qualité, soit à un ou plusieurs membres de l'Assemblée nationale, soit à un ministre de l'un des cultes qui reçoivent un salaire de l'État, sera puni d'un emprisonnement de quinze jours à deux ans, et d'une amende de cent francs à quatre mille francs. — (V. p. 92, 102, 114).

6. — Seront punis d'un emprisonnement de quinze jours à deux ans, et d'une amende de cent francs à quatre mille francs :

1° L'enlèvement ou la dégradation des signes publics de l'autorité du Gouvernement républicain, opéré en haine ou mépris de cette autorité;

2° Le port public de tous signes extérieurs de ralliement non autorisés par la loi ou par les règlements de police;

3° L'exposition dans les lieux ou réunions publiques, la distribution ou la mise en vente de tous signes ou symboles propres à propager l'esprit de rébellion ou à troubler la paix publique. — (V. p. 96).

7. — Quiconque, par l'un des moyens énoncés en l'article 1er de la loi du 17 mai 1819, aura cherché à troubler la paix publique en excitant le mépris ou la haine des citoyens les uns contre les autres sera puni des peines portées en l'article précédent. — (V. p. 98).

8. — L'article 463 du Code pénal est applicable aux délits de la presse — (V. p. 134).

Les Président et Secrétaires Suivent les noms).
Le chef du Pouvoir exécutif,
Signé : E. Cavaignac.

EXTRAITS DE LA CONSTITUTION DU 4 NOVEMBRE 1848.

Art. 1er. . . . .

8. Les citoyens ont le droit de s'associer, de s'assembler paisiblement et sans armes, de pétitionner, de manifester leurs pensées par la voie de la presse ou autrement.

. . . .

82. — Le jury continuera d'être appliqué en matière criminelle.

83. — La connaissance de tous les délits politiques et de tous les délits commis par la voie de la presse appartient exclusivement au jury.

Les lois organiques détermineront la compétence en matière de délits d'injures et de diffamation contre les particuliers — (Abrogé. V. p. 138).

84. — Le jury statue seul sur les dommages-intérêts réclamés pour faits ou délits de presse — (Abrogé. V. p. 138).

Le Président et les Secrétaires de l'Assemblée nationale,
Signé : Armand Marrast, Peupin, Léon Jobert, Landrin, Bérard, Em. Péan, Degeorge.
Le Président de l'Assemblée nationale,
Signé : Armand Marrast.

CONVENTION DE POSTE
Entre la France et l'Espagne, du 1er avril 1849.

Le Président de la République française et Sa Majesté la reine des Espagnes, désirant resserrer les liens d'amitié qui unissent si heureusement les deux nations et régler leurs communications postales sur les bases les plus libérales et les plus avantageuses, ont voulu assurer, au moyen d'une convention, cet important résultat, et ont nommé pour leurs plénipotentiaires à cet effet, savoir :

Le Président de la République française : le sieur *Ferdinand de Lesseps*, officier de la Légion d'honneur, etc.

Et Sa Majesté la reine des Espagnes : don *Pedro-José Pidal*, marquis de Pidal, grand'croix de l'ordre royal et distingué d'Espagne, etc.,

Lesquels, après avoir échangé leurs pleins pouvoirs, trouvés en bonne et due forme, sont convenus des articles suivants :

Art. 1er. . . . .

Les journaux, gazettes, ouvrages périodiques, prospectus, catalogues, annonces et avis divers imprimés et lithographiés, devront être préalablement affranchis dans l'office de réception, sans qu'on puisse les frapper d'aucune espèce de rétribution ou de taxe dans l'office de destination.

Les livres, brochures et autres imprimés non mentionnés dans le paragraphe précédent, les gravures et les lithographies, à l'exception de celles qui font partie des journaux, et les papiers de musique, continueront d'être assujettis aux dispositions du tarif des douanes. . . . .

Art. 5. . . . .

Les journaux et imprimés compris dans le second paragraphe de l'art. 1er qui seront envoyés sous bandes, et qui ne contiendront aucune écriture, chiffre ou signe quelconque à la main, paieront un affranchissement de dix centimes en France, et de douze maravédis en Espagne par feuille d'impression. Ceux qui ne réuniraient pas ces conditions seront considérés comme lettres et taxés en conséquence.

6. — La présente convention est conclue pour six ans. A l'expiration de ce terme, elle demeurera en vigueur pendant quatre autres années, et ainsi de suite, à moins de notification contraire faite, par l'une des hautes parties contractantes, un an avant l'expiration de ce terme. Pendant cette dernière année, la convention continuera d'avoir son exécution pleine et entière.

7. — La présente convention sera ratifiée et les ratifications seront échangées à Madrid, dans le terme d'un mois, ou plus tôt si faire se peut, et elle sera mise à exécution le 1er du mois de mai prochain.

En foi de quoi, les plénipotentiaires respectifs ont signé la présente convention en double original, et y ont apposé le sceau de leurs armes.

Madrid, 1er avril 1849.

Signé :   (Suivent les noms.)

LOI DU 2 AVRIL 1849,

Concernant le cautionnement des journaux, les affiches, les crieurs publics et les distributeurs.

L'assemblée nationale a adopté et le président de l'Assemblée promulgue la loi dont la teneur suit :

ART. 1er. — Les dispositions de l'art. 1er du décret du 9 août 1848, relatif au cautionnement des journaux et écrits périodiques, sont prorogées jusqu'au 1er août 1849 — (V. p. 156).

2. — Pendant les quarante-cinq jours précédant les élections générales, tout citoyen pourra, sans avoir besoin d'aucune autorisation municipale, afficher, crier, distribuer et vendre tous journaux, feuilles quotidiennes ou périodiques, et tous autres écrits ou imprimés relatifs aux élections. Ces écrits ou imprimés, autres que les journaux, doivent être signés de leurs auteurs.

Ces écrits ou imprimés, autres que les journaux, devront être déposés, dans chaque arrondissement, au parquet du procureur de la République, avant qu'on puisse les afficher, crier, vendre ou distribuer.

Les afficheurs, crieurs vendeurs et distributeurs feront connaître leurs noms, professions et domiciles aux maires des communes où la publication aura lieu.

L'infraction aux dispositions des deux précédents paragraphes sera punie d'une amende de seize à deux cents francs, et d'un emprisonnement de dix jours à un an.

Dans tous les cas, il pourra être fait application de l'art. 463 du Code pénal. —(Abr. V. p. 5 et 66).

3. — Les afficheurs, crieurs, vendeurs et distributeurs, devront préalablement remettre au maire de la commune dans laquelle ils voudront afficher, crier, vendre et distribuer des journaux, écrits ou imprimés, un exemplaire de chacun desdits journaux, écrits ou imprimés. — (Abrogé, V. p 66).

Le Président et les Secrétaires de l'Assemblée nationale.

(Suivent les noms.)

Le Président de l'Assemblée nationale,

Signé : Jules GRÉVY, *vice-président.*

DÉCRET DU 22 JUIN 1849,

Relatif à l'exécution de la convention de poste conclue le 1er avril 1849 entre la France et l'Espagne.

Le Président de la République,

Vu l'art. 85 de la Constitution ; —Vu la loi adoptée par l'Assemblée nationale dans la séance du 8 mai dernier ; —Sur le rapport du ministre des affaires étrangères,

DÉCRÈTE :

ART. 1er. — La convention de poste conclue, le 1er avril 1849, entre la France et l'Espagne, et dont la teneur suit, ayant été approuvée par l'Assemblée nationale, dans la séance du 8 mai dernier, et ratifiée par les deux Gouvernements, le 9 du présent mois, recevra sa pleine et entière exécution.

Convention de poste.

Le Président de la République française et Sa Majesté la reine des Espagnes, désirant re-serrer les liens d'amitié qui unissent si heureusement les deux nations, et régler leurs communications postales sur les bases les plus libérales et les plus avantageuses, ont voulu assurer, au moyen d'une convention, cet important résultat, et ont nommé pour leurs plénipotentiaires à cet effet, savoir :

Le Président de la République française : le sieur Ferdinand de Lesseps, officier de la Légion d'honneur, commandeur de Charles III, chevalier des ordres de Saint-Maurice et Saint-Lazare de Sardaigne, de François Ier des Deux-Siciles, de l'Etoile polaire de Suède et du Lion néerlandais, envoyé extraordinaire et ministre plénipotentiaire de la République française près Sa Majesté la reine des Espagnes, etc.;

Et Sa Majesté la reine des Espagnes : don Pedro-José Pidal, marquis de Pidal, grand'croix de l'ordre royal et distingué d'Espagne de Charles III, de celui de Saint-Ferdinand et du Mérite des Deux-Siciles, de celui du Lion néerlandais et de celui de Pie IX, membre numéraire de l'Académie espagnole de l'Histoire et de celle de Saint-Ferdinand, et, en titre, de celle de Saint-Charles de Valence, député de la nation et premier secrétaire d'Etat au département des affaires étrangères, etc.;

Lesquels, après avoir échangé leurs pleins pouvoirs, trouvés en bonne et due forme, sont convenus des articles suivants :

ART. 1er. — Les lettres ordinaires et les échantillons de marchandises de la France et de l'Algérie pour l'Espagne et ses îles adjacentes, et, réciproquement, les lettres et les échantillons de marchandises de l'Espagne et de ses îles adjacentes, pour la France et l'Algérie, seront toujours envoyés sans affranchissement préalable, et le port des deux parcours sera payé dans les offices de destination.

Les journaux, gazettes, ouvrages périodiques, prospectus, catalogues, annonces et avis divers imprimés et lithographiés devront préalablement affranchis dans l'office de réception, sans qu'on puisse les frapper d'aucune espèce de rétribution ou de taxe dans l'office de de-tination.

Les livres, brochures et autres imprimés non mentionnés dans le paragraphe précédent, les gravures et lithographies, à l'exception de celles qui font partie des journaux, et les papiers de musique, continueront d'être assujettis aux dispositions du tarif des douanes.

2 . . . .

5

Les journaux et imprimés, compris dans le second paragraphe de l'article premier, qui seront envoyés sous bandes, et qui ne contiendront aucune écriture, chiffre ou signe quelconque à la main, paieront un affranchissement de dix centimes en France, et de douze maravédis en Espagne, par feuille d'impression. Ceux qui ne réuniraient pas ces conditions seront considérés comme lettres, et taxés en conséquence.

6. — La présente convention est conclue pour six ans. A l'expiration de ce terme, elle demeurera en vigueur pendant quatre années, et ainsi de suite, à moins de notification contraire faite par l'une des hautes parties contractantes, un an avant l'expiration de ce terme. Pendant cette dernière année, la convention continuera d'avoir son exécution pleine et entière

7. — La présente convention sera ratifiée, et les ratifications seront échangées à Madrid, dans le terme d'un mois ou plus tôt, si faire se peut, et elle sera mise à exécution le 1er du mois prochain.

En foi de quoi, les plénipotentiaires respectifs ont signé la présente convention en double original, et y ont apposé le sceau de leurs armes.

Madrid, 1er avril de l'an 1849.

(L. S) Signé : FERD. DE LESSEPS.
(L. S) Signé : PEDRO J. PIDAL.

2. — Le garde des sceaux, ministre de la justice, le ministre des affaires étrangères et le ministre des finances sont chargés, chacun en ce qui le concerne, de l'exécution du présent décret.

Signé : LOUIS-NAPOLÉON BONAPARTE.

Le ministre des affaires étrangères,

Signé : ALEXIS DE TOCQUEVILLE.

Le garde des sceaux, ministre de la justice,

Signé : ODILON BARROT.

ARRÊTÉ DU 27 JUIN 1849,

Pour l'exécution de la convention de poste conclue, le 1er avril 1849, entre la France et l'Espagne.

Le Président de la République,

Vu la convention de poste entre la France et l'Espagne conclue à Madrid, le 1er avril 1849, et ratifiée le 9 de ce mois ; — Vu la loi du 8 mai 1849 ;— Vu la loi du 14 floréal an x (4 mai 1802); — Vu les lois des 15 mars 1827, 14 décembre 1830 et 24 août 1848;

Sur le rapport du ministre des finances,

ARRÊTE : ART. 1er. . . . .

3. — Les taxes française et espagnole applicables sur les journaux, gazettes, ouvrages périodiques, prospectus, catalogues, annonces et avis divers imprimés ou lithographiés, qui seront expédiés de la France ou de l'Algérie pour l'Espagne, le Portugal et Gibraltar, devront toujours être acquittées d'avance par les envoyeurs.

Ces objets ne pourront être acheminés que par la voie de terre.

9.—Les journaux, gazettes, ouvrages périodiques, prospectus, catalogues, annonces et avis divers, imprimés ou lithographiés, qui seront expédiés de la France ou de l'Algérie pour l'Espagne, le Portugal ou Gibraltar, supporteront, à raison de leur parcours sur les territoires français et espagnols, une taxe d'affranchissement de dix centimes par journal ou par feuille d'impression.

Pour jouir de la modération du port accordée par le présent article aux journaux et autres imprimés ci-dessus désignés, ces objets devront être mis sous bandes et ne contenir aucune écriture, chiffre ou signe quelconque à la main. Ceux qui ne réuniraient pas ces conditions seraient considérés comme lettres et taxés en conséquence.

10. — Les journaux, gazettes et imprimés de toute nature expédiés de la France et de l'Algérie pour l'Espagne, pour le Portugal et Gibraltar, et vice versá, ne seront reçus ou distribués par les bureaux dépendants de l'administration des postes de France qu'autant qu'il aura été satisfait, à leur égard, aux lois, ordonnances ou arrêtés qui fixent les conditions de leur publication et de leur circulation en France.

15. — Sont et demeurent abrogées les dispositions des ordonnances des 4 janvier 1833 et 22 février 1837 concernant la taxe des lettres et des journaux échangés entre la France et l'Espagne.

16. — Le ministre des finances est chargé de l'exécution du présent arrêté qui sera inséré au *Bulletin des Lois.*

Signé : LOUIS-NAPOLÉON BONAPARTE.

Le ministre des finances,

Signé : H. PASSY.

LOI DU 27 JUILLET 1849.

L'Assemblée nationale législative a adopté la loi dont la teneur suit : ,

CHAPITRE Ier. — DÉLITS COMMIS PAR LA VOIE DE LA PRESSE OU PAR TOUTE AUTRE VOIE DE PUBLICATION.

ART. 1er. — Les articles 1 et 2 du décret du 11 août 1848 sont applicables aux attaques contre les droits de l'autorité que le Président de la République tient de la Constitution, et aux offenses envers sa personne.

La poursuite sera exercée d'office par le ministère public.—(V. p. 90 et 142).

2.—Toute provocation, par l'un des moyens énoncés en l'article 1er de la loi du 17 mai 1819, adressée aux militaires des armées de terre et de mer, dans le but de les détourner de leurs devoirs militaires et de l'obéissance qu'ils doivent à leurs chefs, sera punie d'un emprisonnement d'un mois à deux ans, et d'une amende de vingt-cinq francs à quatre mille francs, sans préjudice des peines plus graves prononcées par la loi, lorsque le fait constituera une tentative d'embauchage ou une provocation à une action qualifiée crime ou délit.—(V. p. 88, 104).

3. — Toute attaque par l'un des mêmes moyens contre le respect dû aux lois et l'inviolabilité des droits qu'elles ont consacrés, toute apologie de faits qualifiés crimes ou délits par la loi pénale sera punie d'un emprisonnement d'un mois à deux ans, et d'une amende de seize francs à mille francs.—(V. p. 104).

4. — La publication ou reproduction, faite de

mauvaise foi, de nouvelles fausses, de pièces fabriquées, falsifiées, ou mensongèrement attribuées à des tiers, lorsque ces nouvelles ou pièces seront de nature à troubler la paix publique, sera punie d'un emprisonnement d'un mois à un an, et d'une amende de cinquante francs à mille francs.—(Abrogé, V. p. 96, 127, 68).

5. — Il est interdit d'ouvrir ou annoncer publiquement des souscriptions ayant pour objet d'indemniser des amendes, frais, dommages et intérêts prononcés par des condamnations judiciaires. La contravention sera punie, par le tribunal correctionnel, d'un emprisonnement d'un mois à un an, et d'une amende de cinq cents francs à mille francs. — (V. p. 127).

6. — Tous distributeurs ou colporteurs de livres, écrits, brochures, gravures et lithographies devront être pourvus d'une autorisation qui leur sera délivrée, pour le département de la Seine, par le préfet de police, et, pour les autres départements, par les préfets.

Ces autorisations pourront toujours être retirées par les autorités qui les auront délivrées.

Les contrevenants seront condamnés, par les tribunaux correctionnels, à un emprisonnement d'un mois à six mois et à une amende de vingt-cinq francs à cinq cents francs, sans préjudice des poursuites qui pourraient être dirigées pour crimes ou délits, soit contre les auteurs ou éditeurs de ces écrits, soit contre les distributeurs ou colporteurs eux-mêmes. —(V. p. 66).

7. — Indépendamment du dépôt prescrit par la loi du 21 octobre 1814, tous écrits traitant de matières politiques ou d'économie sociale et ayant moins de six feuilles d'impression, autres que les journaux ou écrits périodiques, devront être déposés par l'imprimeur, au parquet du procureur de la République du lieu de l'impression, vingt-quatre heures avant toute publication et distribution.

L'imprimeur devra déclarer, au moment du dépôt, le nombre d'exemplaires qu'il aura tirés.

Il sera donné récépissé de la déclaration.

Toute contravention aux dispositions du présent article sera punie, par le tribunal de police correctionnelle, d'une amende de cent francs à cinq cents francs.—(V. p. 48, 50).

CHAPITRE II. — DISPOSITIONS RELATIVES AUX JOURNAUX ET ÉCRITS PÉRIODIQUES.

8.—Le décret du 9 août 1848, relatif au cautionnement des journaux et écrits périodiques, est prorogé jusqu'à la promulgation de la loi organique sur la presse.—(V. p. 156).

9.—Aucun journal ou écrit périodique ne pourra être signé par un représentant du peuple en qualité de gérant responsable. En cas de contravention, le journal sera considéré comme non signé, et la peine de cinq cents francs à trois mille francs d'amende sera prononcée contre les imprimeurs et propriétaires. — (V. p. 48).

10.—Il est interdit de publier les actes d'accusation et aucun acte de procédure criminelle avant qu'ils aient été lus en audience publique, sous peine d'une amende de cent francs à deux mille francs.

En cas de récidive commise dans l'année, l'amende pourra être portée au double et le coupable condamné à un emprisonnement de dix jours à six mois.—(V. p. 126).

11.—Il est interdit de rendre compte des procès pour outrages ou injures et des procès en diffamation où la preuve des faits diffamatoires n'est pas admise par la loi.

La plainte pourra seulement être annoncée sur la demande du plaignant. Dans tous les cas, le jugement pourra être publié.

Il est interdit de publier les noms des jurés, excepté dans le compte rendu de l'audience où le jury aura été constitué,

De rendre compte des délibérations intérieures, soit des jurés, soit des Cours et tribunaux.

L'infraction à ces dispositions sera punie d'une amende de deux cents francs à trois mille francs.

En cas de récidive commise dans l'année, la peine pourra être portée au double. — (V. p. 108, 126, 72).

12. — Les infractions aux dispositions des deux articles précédents seront poursuivies devant les tribunaux de police correctionnelle.

13.—Tout gérant sera tenu d'insérer en tête du journal les documents officiels, relations authentiques, renseignements et rectifications qui lui seront adressés par tout dépositaire de l'autorité publique. La publication devra avoir lieu le lendemain de la réception des pièces, sous la seule condition du paiement des frais d'insertion. Toute autre insertion réclamée par l'intermédiaire des préfets sera faite de la même manière, sous la même condition, dans le numéro qui suivra le jour de la réception des pièces. Les contrevenants seront punis, par les tribunaux de police correctionnelle, d'une amende de cinquante à cinq cents francs. — (Abrogé, V. p. 124).

L'insertion sera gratuite pour les réponses et rectifications prévues par l'art. 11 de la loi du 25 mars 1822, lorsqu'elles ne dépasseront pas le double de la longueur des articles qui les auront provoquées ; dans le cas contraire, le prix d'insertion sera dû pour le surplus seulement. – (V. p. 124).

14. — En cas de condamnation du gérant pour crime, délit ou contravention de la presse, la publication du journal ou écrit périodique ne pourra avoir lieu, pendant toute la durée des peines d'emprisonnement et d'interdiction des droits civiques et civils, que par un autre gérant remplissant toutes les conditions exigées par la loi. Si le journal n'a qu'un gérant, les propriétaires auront un mois pour en présenter un nouveau, et, dans l'intervalle, ils seront tenus de désigner un rédacteur responsable. Le cautionnement entier demeurera affecté à cette responsabilité.—(V. p. 44, 46).

15.—La suspension, autorisée par l'art. 15 de la loi du 18 juill. 1828, pourra être prononcée par les Cours d'assises toutes les fois qu'une deuxième ou ultérieure condamnation pour crime ou délit sera encourue, dans la même année, par le même gérant ou par le même journal.

La suspension pourra être prononcée, même sur un premier arrêt de condamnation, lorsque cette condamnation sera encourue pour provocation à l'un des crimes prévus par les articles 87 et 91 du Code pénal.

Dans ce dernier cas, l'article 28 de la loi du 26 mai 1819 cessera d'être applicable. – (V. p. 134).

CHAPITRE III. — DE LA POURSUITE.

16. — Le ministère public aura la faculté de faire citer directement à trois jours, outre un jour par cinq myriamètres de distance, les prévenus devant la Cour d'assises, même après qu'il y aura eu saisie.

La citation contiendra l'indication précise de l'écrit ou des écrits, des imprimés, placards, dessins, gravures, peintures, médailles ou emblèmes incriminés, ainsi que l'articulation et la qualification des délits qui ont donné lieu à la poursuite.

Dans le cas où une saisie aurait été ordonnée ou exécutée, copie de l'ordonnance ou du procès-verbal de ladite saisie sera notifiée au prévenu en tête de la citation, à peine de nullité.—(V. p. 144).

17.—Si le prévenu ne comparaît pas au jour fixé par la citation, il sera jugé par défaut par la Cour d'assises, sans assistance ni intervention de jurés.

L'opposition à l'arrêt par défaut devra être formée dans les trois jours de la signification à personne ou à domicile, outre un jour par cinq myriamètres de distance, à peine de nullité.

L'opposition emportera de plein droit citation à la première audience.

Si, à l'audience où il doit être statué sur l'opposition, le prévenu n'est pas présent, le nouvel arrêt rendu par la Cour sera définitif.—(V. p. 146).

18. — Toute demande en renvoi, pour quelque cause que soit, tout incident sur la procédure suivie, devront être présentés avant l'appel et le tirage au sort des jurés, à peine de forclusion.—(V. p. 148).

19.—Après l'appel et le tirage au sort des jurés, le prévenu, s'il a été présent à ces opérations, ne pourra plus faire défaut.

En conséquence, tout arrêt qui interviendra, soit sur la forme, soit sur le fond, sera définitif, quand bien même le prévenu se retirerait de l'audience et refuserait de se défendre. Dans ce cas, il sera procédé avec le concours du jury, et comme si le prévenu était présent. —(V. p. 148).

20. — Aucun pourvoi en cassation sur les arrêts qui auront statué, soit sur les demandes en renvoi, soit sur les incidents de procédure, ne pourra être formé qu'après l'arrêt définitif, et en même temps que le pourvoi contre cet arrêt, à peine de nullité. —(V. p. 150).

21. — Le pourvoi en cassation devra être formé dans les vingt-quatre heures au greffe de la Cour d'assises ; vingt-quatre heures après, les pièces seront envoyées à la Cour de cassation. Dans les dix jours qui suivront l'arrivée des pièces au greffe de la Cour de cassation, l'affaire sera instruite et jugée d'urgence, toutes autres affaires cessantes.—(V. p. 151).

22.—Si, au moment où le ministère public exerce son action, la session de la Cour d'assises est terminée, et s'il ne doit pas s'en ouvrir d'autres à une époque rapprochée, il pourra être formé une Cour d'assises extraordinaire par ordonnance motivée du premier président. Cette ordonnance prescrira le tirage au sort des jurés, conformément à la loi.

Les dispositions de l'art. 81 du décr. du 6 juillet 1810 seront applicables aux Cours d'assises extraordinaires formées en exécution du paragraphe précédent.—(V. p. 146).

23.—L'art. 463 du Code pénal est applicable aux délits prévus par la présente loi.

Lorsqu'en matière de délits, le jury aura déclaré l'existence des circonstances atténuantes, la peine ne s'élèvera jamais au-dessus de moitié du maximum déterminé par la loi.—(V. p. 134).

La présente loi sera promulguée.

Les Président et Secrétaires (Suivent les noms).
Le Président de la République,
Signé : LOUIS-NAPOLÉON BONAPARTE.
Le Garde des sceaux, Ministre de la justice,
Signé : ODILON BARROT.

LOI DU 30 JUILLET 1849,

Relative à la convention de poste conclue entre la France et la Belgique.

L'Assemblée nationale législative a adopté d'urgence la loi dont la teneur suit :

ART. UNIQUE.—Le Président de la République est autorisé à ratifier et, s'il y a lieu, à faire exécuter la convention de poste additionnelle conclue à Bruxelles entre la France et la Belgique, et dont une copie authentique demeure annexée à la présente loi.

La présente loi sera promulguée et scellée du sceau de l'État.

Le Président et les Secrétaires (Suivent les noms).
Le Président de la République,
Signé : LOUIS-NAPOLÉON BONAPARTE.
Le garde des sceaux, Ministre de la justice,
Signé : ODILON BARROT.

Convention additionnelle à la convention de poste du 3 novembre 1847 entre la France et la Belgique.

Le Président de la République française et Sa Majesté le roi des Belges désirant modifier, d'un commun accord, les conditions de l'échange des correspondances établies entre la France et la Belgique, afin d'imprimer une activité nouvelle aux relations qui subsistent entre les deux pays, des plénipotentiaires ont été nommés à l'effet d'introduire les améliorations reconnues utiles dans les stipulations de la convention de poste en date du 3 novembre 1847, savoir :

De la part du Président de la République française,
M. *Édouard-James Thayer*, officier de l'ordre national de la Légion d'honneur, directeur de l'administration des postes ;

Et de la part de Sa Majesté le roi des Belges,
M. *Charles-Félix-Joseph Barret*, chevalier de l'ordre de Léopold, commandeur de l'ordre de la Légion d'honneur, chevalier de deuxième classe de l'ordre de l'Aigle rouge, secrétaire général du ministère des travaux publics,

Lesquels, après s'être communiqué leurs pleins pouvoirs, trouvés en bonne et due forme, sont convenus des articles additionnels suivants :

ART. 1er . . . .

7. - Les journaux, gazettes, ouvrages périodiques, livres brochés, brochures, papiers de musique, catalogues, prospectus, annonces et avis divers, imprimés, lithographiés ou autographiés, publiés en France, en Algérie et dans les parages de la Méditerranée où la France entretient des bureaux de poste, qui seront adressés dans le royaume de Belgique, et, réciproquement, les objets de même nature publiés dans le royaume de Belgique qui seront adressés en France, en Algérie et dans les parages de la Méditerranée où la France entretient des établissements de poste, devront être affranchis de part et d'autre jusqu'à destination.

8. — La taxe d'affranchissement des journaux, gazettes et ouvrages périodiques expédiés de France et d'Algérie pour la Belgique, et *vice versâ*, sera de cinq centimes pour chaque feuille ou fraction de feuille de soixante décimètres carrés et au dessous. Cette taxe sera augmentée de cinq centimes pour chaque trente décimètres ou fraction de trente décimètres excédant.

La taxe d'affranchissement des livres brochés, brochures, papiers de musique, catalogues, prospectus, annonces et avis divers, imprimés, lithographiés ou authographiés, expédiés de France et d'Algérie pour la Belgique, *et vice versá*, sera de cinq centimes par feuille de trente décimètres carrés ou fraction de trente décimètres carrés.

Les taxes perçues en vertu des dispositions du présent article seront réparties entre les administrations des postes des deux pays, dans la proportion de trois cinquièmes au profit de l'administration des postes de France, et de deux cinquièmes au profit de l'administration des postes belges.

9. — La taxe d'affranchissement des journaux, gazettes et ouvrages périodiques expédiés de Belgique pour les parages de la Méditerranée où la France possède des établissements de poste, *et vice versá*, sera de dix centimes pour chaque feuille ou fraction de feuille de soixante décimètres carrés et au-dessous. Cette taxe sera augmentée de dix centimes pour chaque trente décimètres ou fraction de trente décimètres excédant.

La taxe d'affranchissement des livres brochés, brochures, papiers de musique, catalogues, prospectus, annonces et avis divers, imprimés, lithographiés ou autographiés, expédiés de Belgique pour les parages de la Méditerranée où la France possède des établissements de poste, *et vice versá*, sera de dix centimes par feuille de trente décimètres carrés ou fraction de trente décimètres carrés.

Les taxes perçues en vertu des dispositions du présent article seront réparties entre les administrations des postes des deux pays, dans la proportion de quatre cinquièmes au profit de l'administration des postes de France, et de un cinquième au profit de l'administration des postes belges.

10 — Il est entendu que pour jouir des modérations de port accordées, par les deux articles précédents, aux journaux et autres imprimés, ces objets devront être mis sous bandes, non reliés, et ne contenir aucune écriture, chiffre ou signe quelconque à la main, si ce n'est la date et la signature. Les journaux et autres imprimés qui ne réuniraient pas ces conditions seront considérés comme lettres et taxés en conséquence.

11. — Sont abrogées les dispositions contenues dans les art. 9, 11, 12, 13, 14, 15, 16, 17, 18, 19, 20, 23, 24, 25, 26, 28, 29, 30, 31, 34, 35, 36, 37, 38, 39, 41, 42, 43, 44, 45, 46, 47, 49, 50, 51, 52, 53, 57, 65 et 66 de la convention du 3 novembre 1847.

La présente convention, qui sera considérée comme additionnelle à la convention du 3 novembre 1847, et qui aura la même durée que cette convention, sera ratifiée, et les ratifications en seront échangées à Bruxelles, aussitôt que faire se pourra. Elle sera mise à exécution un mois au plus tard après l'échange desdites ratifications.

En foi de quoi, les plénipotentiaires respectifs ont signé la présente convention additionnelle, et y ont apposé leurs cachets.

Fait à Bruxelles, en double original, le 27ᵉ jour du mois d'avril de l'an de grâce 1849.

Signé : (L. S.) E.-J. Thayer.
Signé : (L. S.) C. Bareel.

DÉCRET DU 15 AOUT 1849.

Relatif au cautionnement de l'agent comptable de l'imprimerie nationale.

Le Président de la République,

Sur le rapport du garde des sceaux, ministre de la justice,

Décrète ce qui suit :

Art. 1ᵉʳ. — Le cautionnement de l'agent comptable de l'imprimerie nationale, fixé à cinquante mille francs par l'arrêté du 17 sept 1848, sera, à l'avenir, versé en numéraire, conformément aux dispositions de l'art. 97 de la loi du 28 avril 1816.

2. — Le garde des sceaux, ministre de la justice, et le ministre des finances, sont chargés, chacun en ce qui le concerne, de l'exécution du présent décret.

Signé : Louis-Napoléon Bonaparte.
Le garde des sceaux, Ministre de la justice,
Signé : Odilon Barrot.

DÉCRET DU 17 SEPTEMBRE 1849,

Relatif à l'exécution de la convention de poste du 3 novembre 1847, entre la France et la Belgique.

Le Président de la République,

Vu la convention de poste conclue et signée à Bruxelles, le 3 novembre 1847, entre la France et la Belgique, et la convention additionnelle à cette convention, conclue et signée à Bruxelles, le 27 avril 1849, et ratifiée le 5 de ce mois ; — Vu la loi du 30 juillet 1849 ; — Vu les lois des 14 floréal an x (4 mai 1802) et 30 mai 1838 ; — Vu le décret du 24 août 1848 ;— Sur le rapport du ministre des finances,

Décrète : — Art. 1ᵉʳ. . . . .

11. — Les journaux, gazettes, ouvrages périodiques, livres brochés, brochures, papiers de musique, catalogues, prospectus, annonces et avis divers, imprimés, lithographiés ou autographiés, publiés en France, en Algérie et dans les parages de la Méditerranée où la France entretient des bureaux de poste, qui seront adressés dans le royaume de Belgique, et, réciproquement, les objets de même nature publiés dans le royaume de Belgique qui seront adressés en France, en Algérie et dans les parages de la Méditerranée où la France entretient des établissements de poste, devront être affranchis de part et d'autre jusqu'à destination.

12. — La taxe d'affranchissement des journaux, gazettes et ouvrages périodiques expédiés de France et d'Algérie pour la Belgique, et *vice versá*, sera perçue d'après les dimensions réunies des feuillets composant chaque numéro du journal, de gazette ou d'ouvrage périodique, sans égard au nombre ou au format de ces feuillets, conformément au tarif ci-après :

Jusqu'à soixante décimètres carrés inclusivement, cinq centimes ;

De soixante à quatre-vingt-dix décimètres carrés inclusivement, dix centimes ;

De quatre-vingt-dix à cent vingt décimètres carrés inclusivement, quinze centimes ;

Et ainsi de suite, en ajoutant cinq centimes pour chaque trente décimètres carrés ou fraction de trente décimètres carrés excédant.

13. — La taxe d'affranchissement des livres brochés, brochures, papiers de musique, catalogues, prospectus, annonces et avis divers imprimés, lithographiés ou autographiés expédiés de France et d'Algérie pour la Belgique, *et vice versá*, sera perçue d'après les dimensions réunies des feuillets existant dans chaque paquet portant une adresse particulière, à raison de cinq centimes par trente décimètres carrés ou fraction de trente décimètres carrés.

14. — La taxe d'affranchissement des journaux, gazettes et ouvrages périodiques expédiés des parages de la Méditerranée où la France possède des établissements de poste pour la Belgique, *et vice versá*, sera perçue d'après les dimensions réunies des feuillets composant chaque numéro de journal, de gazette ou d'ouvrage périodique, sans égard au nombre ou au format de ces feuillets, conformément au tarif ci-après :

Jusqu'à soixante décimètres carrés inclusivement, dix centimes ;

De soixante à quatre-vingt-dix décimètres carrés inclusivement, vingt centimes ;

De quatre-vingt-dix à cent vingt décimètres carrés inclusivement, trente centimes ;

Et ainsi de suite, en ajoutant dix centimes pour chaque trente décimètres carrés ou fraction de trente décimètres carrés excédant.

15. — La taxe d'affranchissement des livres brochés, brochures, papiers de musique, catalogues, prospectus, annonces et avis divers imprimés, lithographiés ou autographiés, expédiés des parages de la Méditerranée où la France possède des établissements de poste pour la Belgique, *et vice versá*, sera perçue d'après les dimensions réunies des feuillets existant dans chaque paquet portant une adresse particulière, à raison de dix centimes par feuille de trente décimètres ou fraction de trente décimètres carrés.

16 — Pour jouir des modérations de port accordées par les art. 12, 13, 14 et 15, précédents, aux journaux et autres imprimés, ces objets devront être mis sous bandes, non reliés, et ne contenir aucune écriture, chiffre, ou signe quelconque à la main, si ce n'est la date et la signature. Les journaux et autres imprimés qui ne réuniraient pas ces conditions seront considérés comme lettres et taxés en conséquence.

17. — Les journaux et autres imprimés expédiés de la France et de l'Algérie pour la Belgique, et *vice versá*, ne seront reçus ou distribués par les bureaux dépendant de l'administration des postes de France qu'autant qu'il aura été satisfait à leur égard aux lois, ordonnances ou arrêtés qui fixent les conditions de leur publication et de leur circulation en France.

. . . .

22. — Sont et demeurent abrogées les dispositions de l'ordonnance du 26 décembre 1847 concernant la taxe des lettres, journaux et autres imprimés échangés entre l'administration des postes de France et l'administration des postes de Belgique.

23. — Le ministre des finances est chargé de l'exécution du présent décret, qui sera inséré au *Bulletin des Lois.*

Signé : Louis-Napoléon Bonaparte.
Par le Président :
Le Ministre des Finances,
Signé : H. Passy.

DÉCRET DU 6 JUIN 1850,

Relatif à la convention de poste du 25 novembre 1849 entre la France et la Suisse.

Le Président de la République,

Vu la convention de poste conclue et signée à Paris, le 25 novembre 1849, entre la France et la Suisse, et ratifiée le 25 avril 1850 ; — Vu la loi des 27 février, 8 et 16 mars 1850 ; — Vu les lois des 14 floréal an x (4 mai 1802) et 30 mai 1838 ; — Vu le décret du 24 août 1848 et la loi du 18 mai 1850 ; — Sur le rapport du ministre des finances,

Décrète : — Art. 1ᵉʳ. . . . .

10. — Les journaux, gazettes, ouvrages périodiques, livres brochés, brochures, papiers de musique, catalogues, prospectus, annonces et avis divers imprimés, lithographiés ou autographiés, publiés en France, en Algérie et dans les parages de la Méditerranée où la France entretient des bureaux de poste, qui seront adressés en Suisse, et, réciproquement, les objets de même nature publiés en Suisse qui seront adressés en France, en Algérie et dans les parages de la Méditerranée où la France entretient des bureaux de poste, devront être affranchis de part et d'autre jusqu'à destination.

11. — La taxe d'affranchissement des journaux, gazettes et ouvrages périodiques expédiés de France et d'Algérie pour la Suisse sera perçue d'après les dimensions réunies des feuillets composant chaque numéro de journal, de gazette ou d'ouvrage périodique, sans égard au nombre ou au format de ces feuillets, conformément au tarif ci-après :

Jusqu'à soixante décimètres carrés inclusivement, cinq centimes ;

De soixante à quatre-vingt-dix décimètres carrés inclusivement, dix centimes ;

De quatre-vingt-dix à cent vingt décimètres carrés inclusivement, quinze centimes ;

Et ainsi de suite, en ajoutant cinq centimes pour chaque trente décimètres ou fraction de trente décimètres carrés excédant.

12. — La taxe d'affranchissement des livres brochés, brochures, papiers de musique, catalogues, prospectus, annonces et avis divers imprimés, lithographiés ou autographiés, expédiés de France ou d'Algérie pour la Suisse, sera perçue d'après les dimensions réunies des feuillets existant dans chaque paquet portant une adresse particulière, à raison de cinq centimes par trente décimètres carrés ou fraction de trente décimètres carrés.

13. — La taxe d'affranchissement des journaux, gazettes, ouvrages périodiques, livres brochés, brochures, papiers de musique, catalogues, prospectus, annonces et avis divers imprimés, lithographiés ou autographiés, originaires des parages de la Méditerranée où la France possède des établissements de poste et adressés en Suisse, sera double de celle fixée par les art. 11 et 12 précédents pour les objets de même nature originaires ou à destination de la France et de l'Algérie.

14. — Pour jouir des modérations de port accordées par les art. 11, 12 et 13 précédents, aux journaux et autres imprimés, ces objets devront être mis sous bandes, non reliés, et ne contenir aucune écriture, chiffre ou signe quelconque à la main, si ce n'est la date et la signature. Les journaux et autres imprimés qui ne réuniraient pas ces conditions seront considérés comme lettres et taxés en conséquence.

15. — Les journaux et autres imprimés, expédiés de la France et de l'Algérie pour la Suisse, et *vice versá*, ne seront reçus ou distribués par les bureaux dépendants de l'administration des postes de France, qu'autant qu'il aura été satisfait, à leur égard, aux lois, ordonnances ou arrêtés qui fixent les conditions de leur publication et de leur circulation en France.

. . . .

49. — Sont et demeurent abrogées, en ce qu'elles ont de contraire au présent décret, les dispositions de l'ordonnance du 26 novembre 1845, et des arrêtés

du 4 juillet 1849 concernant la taxe des lettres, journaux et autres imprimés échangés entre les postes
de France et les postes de la Confédération suisse.

20. — Le ministre des finances est chargé de
l'exécution du présent décret, qui sera inséré au
Bulletin des Lois.

Signé : LOUIS-NAPOLÉON BONAPARTE.
Le Ministre des finances, Signé : A. FOULD.

LOI DU 16 JUILLET 1850,
*Sur le cautionnement des journaux et le timbre
des écrits périodiques et non périodiques.*

L'Assemblée nationale a adopté d'urgence la loi
dont la teneur suit :

TITRE Ier. — DU CAUTIONNEMENT.

ART. 1er. — Les propriétaires de journaux ou
écrits périodiques politiques seront tenus de verser
au Trésor un cautionnement en numéraire dont
l'intérêt sera payé au taux réglé pour les cautionnements.

Pour les départements de la Seine, de Seine-et-
Oise, de Seine-et-Marne et du Rhône, le cautionnement des journaux est fixé comme suit :

Si le journal ou écrit périodique paraît plus de
trois fois par semaine, soit à jour fixe, soit par livraisons irrégulières, le cautionnement sera de vingt-
quatre mille francs.

Le cautionnement sera de dix-huit mille francs si
le journal ne paraît que trois fois par semaine ou à
des intervalles plus éloignés.

Dans les villes de cinquante mille âmes et au-
dessus, le cautionnement des journaux paraissant
plus de cinq fois par semaine sera de six mille francs.
Il sera de trois mille six cents francs dans les autres
départements, et respectivement de la moitié de ces
deux sommes pour les journaux et écrits périodiques
paraissant cinq fois par semaine ou à des intervalles
plus éloignés. — (V. p. 36).

2. — Il est accordé aux propriétaires des journaux ou écrits périodiques politiques, actuellement
existants, un délai d'un mois, à compter de la promulgation de la présente loi, pour se conformer aux
dispositions qui précèdent.

3. — Tout article de discussion politique, philosophique ou religieuse, inséré dans un journal, devra
être signé par son auteur, sous peine d'une amende
de cinq cents francs pour la première contravention,
et de mille francs en cas de récidive.

Toute fausse signature sera punie d'une amende
de mille francs et d'un emprisonnement de six mois,
tant contre l'auteur de la fausse signature que contre
l'auteur de l'article et l'éditeur responsable du journal. — (V. p. 48).

4. — Les dispositions de l'article précédent seront
applicables à tous les articles, quelle que soit leur
étendue, publiés dans des feuilles politiques ou non
politiques, dans lesquels seront discutés des actes
ou opinions des citoyens, et des intérêts individuels
ou collectifs. — (V. p. 48).

5. — Lorsque le gérant d'un journal ou écrit périodique, paraissant dans les départements autres
que ceux de la Seine, de Seine-et-Oise, de Seine-et-
Marne et du Rhône, aura été renvoyé devant la Cour
d'assises par un arrêt de mise en accusation pour
crime ou délit de presse, si un nouvel arrêt de mise
en accusation intervient contre les gérants de la
même publication avant la décision définitive de la
Cour d'assises, une somme égale à la moitié du
maximum des amendes édictées par la loi, pour le
fait nouvellement incriminé, devra être consignée
dans les trois jours de la notification de chaque
arrêt, et nonobstant tout pourvoi en cassation.

En aucun cas, le montant des consignations ne
pourra dépasser un chiffre égal à celui du cautionnement. — (Abrogé quant aux délits, V. p. 38
et 46).

6. — Dans les trois jours de tout arrêt de condamnation pour crime ou délit de presse, le gérant du
journal devra acquitter le montant des condamnations qu'il aura encourues.

En cas de pourvoi en cassation, le montant des
condamnations sera consigné dans le même délai.
— (V. p. 40, 46 et 152).

7. — La consignation ou le paiement prescrit
par les articles précédents sera constaté par une
quittance délivrée en duplicata par le receveur des
domaines.

Cette quittance sera, le quatrième jour, au plus
tard, soit de l'arrêt rendu par la Cour d'assises, soit
de la notification de l'arrêt de la chambre des mises
en accusation, remise au procureur de la République, qui en donnera récépissé. — (V. p. 40, 46 et
152).

8. — Faute par le gérant d'avoir remis la quittance
dans les délais ci-dessus fixés, le journal cessera de
paraître, sous les peines portées contre tout journal
publié sans cautionnement. — (V. p. 40, 46 et 152).

9. — Les peines pécuniaires prononcées pour
crimes et délits par les lois sur la presse et autres
moyens de publication ne se confondront pas entre
elles, et seront toutes intégralement subies, lorsque
les faits qui y donneront lieu seront postérieurs à la
première poursuite. — (V. p. 132 et 152).

10. — Pendant les vingt jours qui précéderont les
élections, les circulaires et professions de foi signées
des candidats pourront, après dépôt au parquet du
procureur de la République, être affichées et distribuées sans autorisation de l'autorité municipale. —
(V. p. 36).

11. — Les dispositions des lois des 9 juin 1819
et 18 juillet 1828, qui ne sont pas contraires à la
présente loi, continueront à être exécutées. — (V.
p. 156).

La loi du 9 août 1848 et celle du 21 avril 1849
sont abrogées. — (V. p. 66 et 156).

TITRE II (†). — DU TIMBRE.

12. — A partir du 1er août prochain, les journaux ou écrits périodiques, ou les recueils de gravures ou lithographies politiques, de moins de dix
feuilles de vingt-cinq à trente-deux décimètres carrés, ou de moins de cinq feuilles de cinquante à
soixante-douze centimètres carrés, seront soumis à
un droit de timbre.

Ce droit sera de cinq centimes par feuille de
soixante-douze centimètres carrés et au-dessous,
dans les départements de la Seine et de Seine-et-
Oise, et de deux centimes pour les journaux, gravures ou écrits périodiques publiés partout ailleurs.
— (Abrogé, V. p. 52).

13. — Les écrits non périodiques traitant de matières politiques ou d'économie sociale qui ne sont
pas actuellement en cours de publication, ou qui,
antérieurement à la présente loi, ne sont pas tombés
dans le domaine public, s'ils sont publiés en une ou
deux livraisons ayant moins de trois feuilles d'impression de vingt-cinq à trente deux centimètres
carrés, seront soumis à un droit de timbre de cinq
centimes.

Par chaque dix décimètres carrés ou fraction en
sus, il sera perçu un centime et demi.

Cette disposition est applicable aux écrits non périodiques publiés à l'étranger, lesquels seront, à
l'importation, soumis aux droits de timbre fixés pour
ceux publiés en France. — (Abrogé, V. p. 52).

14. — Tout roman-feuilleton publié dans un
journal ou dans son supplément sera soumis à un
timbre de un centime par numéro.

Ce droit ne sera que d'un demi-centime pour les
journaux des départements autres que ceux de la
Seine et de Seine-et-Oise. — (Abrogé, V. p. 52).

15. — Le timbre servira d'affranchissement au
profit des éditeurs de journaux et écrits, savoir :

Celui de cinq centimes pour le transport et la
distribution sur tout le territoire de la République.

Celui de deux centimes pour le transport des
journaux et écrits périodiques dans l'intérieur du
département (autre que ceux de la Seine et de Seine-
et-Oise où ils sont publiés, et dans les départements
limitrophes.

Les journaux ou écrits seront transportés et distribués par le service ordinaire de l'administration des
postes. — (Abrogé, V. p. 56).

16. — Les journaux ou écrits périodiques frappés du timbre de deux centimes devront, pour être
transportés et distribués hors des limites déterminées par le troisième paragraphe de l'article précédent, payer un supplément de prix de trois centimes.

Ce supplément de prix sera acquitté au bureau
de poste du département, et le journal sera frappé
d'un timbre constatant l'acquittement de ce droit.
— (Abrogé, V. p. 56).

17. — L'affranchissement résultant du timbre ne
sera valable, pour les journaux ou écrits périodiques, que pour le jour et pour le départ du lieu de
leur publication.

Pour les autres écrits, il ne sera également vala-

ble que pour un seul transport, et le timbre sera
maculé au départ, par les soins de l'administration.

Toutefois, les éditeurs des journaux ou écrits périodiques auront le droit d'envoyer en franchise, à
tout abonné, avec la feuille du jour, les numéros
publiés depuis moins de trois mois. — (Abrogé, V.
p. 56).

18. — Un supplément qui n'excèdera pas soixante-
douze centimètres carrés, publié par les journaux
qui paraissent plus de deux fois par semaine, sera
exempt de timbre, sous la condition qu'il sera uniquement consacré aux nouvelles politiques, aux débats de l'Assemblée nationale et des tribunaux, à la
reproduction et la discussion des actes du Gouvernement.

Les suppléments du *Moniteur universel,* quel que
soit leur nombre, seront exempts de timbre. —
(Abrogé, V. p. 54).

19. — Quiconque, autre que l'éditeur, voudra
faire transporter un journal ou écrit par la poste
sera tenu d'en payer l'affranchissement à raison de
cinq centimes ou de deux centimes par feuille, selon les cas prévus par la présente loi.

Le journal sera frappé, au départ, d'un timbre
indiquant cet affranchissement.

A défaut de cet affranchissement, le journal sera,
à l'arrivée, taxé comme lettre simple. — (Abrogé,
V. p. 56).

20. — Une remise de un pour cent sur le timbre
sera accordée aux éditeurs de journaux et d'écrits
périodiques pour déchets de maculature.

Il sera fait remise d'un centime par feuille de
journal qui sera transportée et distribuée aux frais
de l'éditeur dans l'intérieur de la ville, et en outre,
à Paris, dans l'intérieur de la petite banlieue.

Les conditions à observer pour jouir de cette remise seront fixées par un arrêté du ministre des finances. — (Abrogé, V. p. 56).

21. — Un règlement déterminera le mode d'apposition du timbre sur les journaux ou écrits, la
place où devra être indiqué le jour de leur publication, le mode de pliage, enfin les conditions à observer pour la remise à la poste des journaux ou
écrits, par les éditeurs qui voudront profiter de l'affranchissement. — (Abrogé, V. p. 56).

22. — Les recueils et écrits périodiques qui
étaient dispensés du timbre avant le décret du 4
mars 1848 continueront à jouir de cette exemption.
— (Abrogé, V. p. 54.)

23. — Les préposés de l'enregistrement, les officiers de police judiciaire et les agents de la force
publique, sont autorisés à saisir ceux de ces journaux ou écrits qui seraient en contravention, sauf à
constater cette saisie par des procès-verbaux dont
la signification sera faite aux contrevenants dans le
délai de trois jours. — (Abrogé, V. p. 56 et 152).

24. — Pour les journaux, gravures ou écrits périodiques, chaque contravention aux dispositions de
la présente loi sera punie, indépendamment de la
restitution des droits frustrés, d'une amende de
cinquante francs pour chaque feuille ou fraction de
feuille non timbrée. L'amende sera de cent francs
en cas de récidive.

Pour les autres écrits, chaque contravention sera
punie, indépendamment de la restitution des droits
frustrés, d'une amende égale au double desdits droits,
sans que, dans aucun cas, cette amende puisse être
moindre de cent francs.

Les auteurs, éditeurs, gérants, imprimeurs et
distributeurs desdits journaux ou écrits soumis au
timbre, seront solidairement tenus de l'amende,
sauf leur recours les uns contre les autres. —
(Abrogé, V. p. 54).

25. — Le recouvrement des droits de timbre
et des amendes de contravention sera poursuivi,
les instances seront instruites et jugées conformément à l'art. 76 de la loi du 28 avril 1816. —
(Abrogé, V. p. 56).

Dispositions transitoires.

26. — Le droit de timbre afférent aux abonnements contractés avant la promulgation de la présente loi sera remboursé aux propriétaires de journaux ou écrits périodiques.

Un règlement déterminera le délai et la forme
des réclamations, ainsi que les justifications à produire.

Cette dépense sera imputée sur le crédit alloué
au chapitre 70 du budget des finances, concernant
les remboursements sur produits indirects et divers.

Un crédit supplémentaire de trente-cinq mille
francs sur l'exercice 1850 est ouvert au ministre
des finances pour l'exécution de la présente loi.

(†) Ce titre a été presque entièrement abrogé et remplacé par le décret du 17 février 1852 (V. p. 52, 54
et 56).

27. — Il est accordé aux journaux actuellement existant, pour se conformer aux conditions imposées par les art. 3 et 4, un délai de deux mois, à partir du jour de la promulgation de la présente loi.

— Le ministre des finances est autorisé à tenir compte aux éditeurs de journaux du prix du timbre pour les feuilles timbrées avant le décret du 4 mars 1848, et qui n'ont pas été employées. — (Transitoire.)

28. — Sont affranchis du cautionnement et du timbre tous journaux ou publications imprimés en France, en langues étrangères, mais destinés à être publiés et distribués dans les pays étrangers. — (V. p. 54).

La présente loi sera promulguée et scellée du sceau de l'État.

Le Président et les Secrétaires,
(Suivent les noms).
Le Président de la République,
Signé : Louis-Napoléon Bonaparte.
Le Garde des sceaux, Ministre de la justice,
Signé : E. Rouher.

LOI DU 30 JUILLET 1850,
Sur la police des théâtres.

L'Assemblée nationale a adopté d'urgence la loi dont la teneur suit :

Art. 1er. — Jusqu'à ce qu'une loi générale, qui devra être présentée dans le délai d'une année, ait définitivement statué sur la police des théâtres, aucun ouvrage dramatique ne pourra être représenté sans l'autorisation préalable du ministre de l'intérieur à Paris, et du préfet dans les départements.

Cette autorisation pourra toujours être retirée pour des motifs d'ordre public. — (V. p. 78).

2. — Toute contravention aux dispositions qui précèdent est punie, par les tribunaux correctionnels, d'une amende de cent francs à mille francs, sans préjudice des poursuites auxquelles pourraient donner lieu les pièces représentées. — (V. p. 78).

3. — Pour l'exécution de la présente loi, il est ouvert au ministre de l'intérieur un crédit de douze mille quatre-vingt-trois francs trente centimes (12,083 fr. 30 c.) en addition au chapitre des subventions aux théâtres pour l'exercice de 1850.

4. — Le crédit ouvert en vertu de la présente loi sera imputé sur les ressources de l'exercice 1850.

Le Président et les Secrétaires,
(Suivent les noms).
La présente loi sera promulguée et scellée du sceau de l'État.

Le Président de la République,
Signé : Louis Napoléon Bonaparte.
Le Garde des sceaux, Ministre de la justice,
Signé : E. Rouher.

DÉCRET DU 31 JUILLET 1850,
Relatif à la taxe postale des journaux et autres imprimés échangés entre la France et les pays étrangers.

Le Président de la République,
Vu la loi du 16 juillet 1850 ; — Vu les conventions de poste qui règlent l'échange des journaux et autres imprimés entre la France et les pays étrangers ; — Sur le rapport du ministre des finances,

Décrète :

Art. 1er. — Les journaux et écrits imprimés en France et adressés à l'étranger, qui auraient payé les droits de timbre voulus par les art. 12 et 13 de la loi du 10 juillet 1850, et qui seront remis à la poste par les éditeurs dans les délais fixés par l'art. 17 de ladite loi, n'auront à payer que le supplément de prix nécessaire pour combler la différence qui pourra exister entre le montant de ces droits et le montant de la taxe d'affranchissement exigible d'après les tarifs actuellement en vigueur.

2. — Les imprimés non périodiques publiés à l'étranger et adressés en France par la voie de la poste n'auront à payer aucun droit de timbre en sus de la taxe postale.

Afin que les imprimés de cette catégorie qui auraient payé ladite taxe puissent circuler légalement dans l'intérieur, l'administration des postes les fera frapper d'un timbre à date portant, à l'encre rouge, le nom du bureau de poste par lequel ils seront entrés sur le territoire français.

3. — Le ministre des finances est chargé de l'exécution du présent décret qui sera inséré au *Bulletin des Lois.*

Le Président de la République,
Signé : Louis-Napoléon Bonaparte.
Le Garde des sceaux, Ministre de la justice,
Signé : E. Rouher.

LOI DU 7 AOUT 1850,
Relative à la liberté de la presse et à l'affichage dans les colonies.

DÉCRET DU 27 DÉCEMBRE 1850,
Relatif aux taxes des lettres et journaux originaires ou à destination de la Californie.

Le Président de la République,
Vu la convention de poste conclue le 3 avril 1843 entre la France et la Grande-Bretagne ; — Vu les lois des 14 floréal an X (4 mai 1802), 30 mai 1838 et 18 mai 1850 ; — Vu les arrêtés du 4 juillet 1849 qui fixent les taxes à percevoir en France, en Algérie et dans les parages de la Méditerranée où la France entretient des bureaux de poste pour les lettres originaires ou à destination de divers pays étrangers ; — Sur le rapport du ministre des finances,

Décrète :

Art. 1er. — A dater du 1er janvier 1851, les lettres et les journaux originaires de la France, de l'Algérie et des parages de la Méditerranée où la France entretient des bureaux de poste à destination de la Californie pourront être dirigés par la voie de l'Angleterre et de l'isthme de Panama.

Les lettres et les journaux que les envoyeurs voudront faire diriger par cette voie devront porter en tête de l'adresse les mots *par Panama*, et être affranchis jusqu'à San Francisco.

2. . . . .

8. — Les journaux à destination de la Californie, que les envoyeurs voudront faire diriger par la voie de l'Angleterre et de Panama, et, réciproquement, les journaux originaires de la Californie qui auront été transmis par la voie de Panama et de l'Angleterre supporteront en France et en Algérie une taxe de vingt-cinq centimes par journal.

Toutefois, les journaux imprimés en France, qui auront payé les droits de timbre voulus par les art. 12 et 13 de la loi du 16 juillet 1850, et qui seront remis à la poste par les éditeurs dans les délais fixés par l'art. 17 de ladite loi, n'auront à payer que le supplément de prix nécessaire pour combler la différence existant entre le montant de ces droits et le montant de la taxe d'affranchissement exigible en vertu du premier alinéa du présent article.

9. — La taxe à percevoir par les bureaux français établis à Alexandrie, Beyrouth, Constantinople, les Dardanelles et Smyrne, sur les journaux à destination ou provenant de la Californie, transmis par la voie de l'Angleterre et de Panama et reçus ou distribués par lesdits bureaux, sera de trente centimes par journal.

10. — Pour jouir des modérations de port accordées par les art. 8 et 9 précédents, les journaux devront être mis sous bandes et ne contenir aucune écriture, chiffre ou signe quelconque à la main. Les journaux qui ne réuniraient pas ces conditions seront considérés comme lettres et taxés en conséquence.

11. — Le ministre des finances est chargé de l'exécution du présent décret qui sera inséré au *Bulletin des Lois.*
Signé : Louis-Napoléon Bonaparte.

LOI DU 30 DÉCEMBRE 1850,
Relative à la convention littéraire du 5 novembre 1850 entre la France et la Sardaigne. — Propriété littéraire.

L'Assemblée nationale a adopté d'urgence la loi dont la teneur suit :

Article unique. — Le Président de la République est autorisé à ratifier et, s'il y a lieu, à faire exécuter la convention littéraire conclue entre la France et la Sardaigne le 5 novembre 1850, et dont une copie authentique demeure annexée à la présente loi.

Convention littéraire conclue, le 5 novembre 1850, entre la France et la Sardaigne.

Le Président de la République française et Sa Majesté le roi de Sardaigne ayant reconnu que des circonstances indépendantes de la volonté des hautes parties contractantes ont jusqu'ici empêché que les conventions spéciales signées à Turin, le 28 août 1843 et le 22 avril 1846, pour la garantie réciproque, en France et en Sardaigne, de la propriété des œuvres d'art et d'esprit, produisissent les résultats avantageux qui en avaient inspiré la conclusion, et voulant régler d'un commun accord les difficultés pratiques que l'expérience a fait ressortir ; d'un autre côté, Sa Majesté le roi de Sardaigne ayant consenti à faciliter l'entrée dans ses États des livres, gravures, lithographies et ouvrages de musique publiés en France, en abaissant les droits actuellement perçus d'après la loi pour l'importation desdits articles : le Président de la République française et Sa Majesté le roi de Sardaigne ont jugé convenable de conclure, dans ce but, une convention spéciale, et ont nommé pour plénipotentiaires, savoir :

Le Président de la République française, M. *Ferdinand Barrot*, représentant du peuple, chevalier de la Légion d'honneur, envoyé extraordinaire et ministre plénipotentiaire de France près la cour de Turin ;

Et Sa Majesté le roi de Sardaigne, M. le chevalier *Louis Cibrario*, sénateur du royaume, chevalier des ordres des saints Maurice et Lazare, et du Mérite civil de Savoie, commandeur et chevalier de plusieurs autres ordres étrangers,

Lesquels, après s'être communiqué leurs pleins pouvoirs respectifs, trouvés en bonne et due forme, sont convenus des articles suivants :

Art. 1er. — Les deux hautes parties contractantes, voulant assurer la stricte exécution des dispositions de l'art. 6 de la convention du 28 août 1843, qui prononcent la prohibition à l'entrée, dans chacun des deux États, de tous ouvrages ou objets de contrefaçon définis par les art. 1, 2 et 3 de ladite convention, s'obligent à tenir la main à ce que toute tentative faite pour introduire en fraude de semblables ouvrages ou objets de contrefaçon par les frontières des deux pays soit repoussée d'une manière absolue.

2. — Afin de faciliter l'exacte exécution de l'engagement stipulé dans l'art. 1er précédent, il est, en outre, expressément convenu :

1° Que tout envoi fait d'un des deux pays dans l'autre d'ouvrages d'esprit ou d'art devra être accompagné d'un certificat délivré en France par les préfets ou sous-préfets établis dans la ville la plus voisine du lieu d'expédition ; et en Sardaigne, par les intendants généraux et intendants de province.

Ce certificat, dont le coût ne pourra respectivement dépasser cinquante centimes, quel que soit le nombre d'ouvrages composant chaque envoi, devra, d'une part, énoncer la liste complète, le titre, le nombre d'exemplaires des ouvrages auxquels il s'applique, et, de l'autre, constater que ces mêmes ouvrages sont tous édition non contrefaite et propriété française ou sarde, selon le pays d'où l'exportation s'effectue, ou qu'ils y ont été nationalisés par le paiement des droits d'entrée.

2° Que tous ouvrages expédiés à destination de l'un des deux États d'ailleurs que de l'autre État devront, lorsqu'ils seront rédigés dans la langue de ce dernier État, être accompagnés de certificats délivrés par les autorités compétentes du pays de provenance, libellés dans la forme indiquée ci-dessus, et constatant que lesdits ouvrages sont tous publication non contrefaite d'ouvrages français ou piémontais.

3. — La reconnaissance et la vérification de la nationalité des envois d'ouvrages d'art ou d'esprit se fera dans les bureaux de douane respectifs spécialement ouverts à cet effet, et avec le concours des agents chargés, dans les deux pays, de l'examen des livres arrivant de l'étranger.

4. — Tout ouvrage d'esprit ou d'art, dans les cas prévus par le précédent article, qui ne sera point accompagné de certificats en due forme, sera retenu à la douane ; procès-verbal en sera dressé, et une expédition dûment légalisée sera envoyée, dans le plus bref délai possible, aux agents diplomatiques ou consulaires respectifs, ainsi qu'aux parties intéressées, à la diligence de l'administration des douanes où la retenue a été opérée.

Les parties auront cinquante jours pour se pourvoir, soit devant l'autorité judiciaire, soit devant l'autorité administrative, afin de faire valoir leurs droits. Ce délai expiré sans qu'aucune réclamation ait été signifiée à l'administration des douanes, les livres retenus pourront être introduits, sauf aux parties à faire valoir ultérieurement leurs droits, conformément aux lois sur la contrefaçon.

5. — Au moment de la mise à exécution de la

présente convention, les hautes parties contractantes se communiqueront réciproquement la liste exacte des bureaux de douanes maritimes et terrestres auxquels sera limitée, de part et d'autre, la faculté de recevoir et de reconnaître les envois d'ouvrages d'esprit ou d'art.

6. — Pendant la durée de la présente convention, les droits actuellement établis à l'importation lie te, dans le royaume de Sardaigne, des livres, gravures, dessins ou ouvrages de musique publiés dans toute l'étendue du territoire de la République française, demeureront réduits et fixés au taux ci-après établi :

Livr. . . { blancs reliés, à 65 fr. par 100 kilog.
{ imprimés reliés, à 60 fr. par 100 kilog.
{ imprimés brochés, à 50 fr. par 100 kilog.

Musique { manuscrite, à 50 fr. par 100 kilog.
{ gravée, à 60 fr. par 100 kilog.

Papier. . { imprimé avec images, figures { sur cuivre et lithographié, à 100 fr. par 100 kilog.
{ et points de vue { sur bois, à 60 fr. p. 100 kil.

Il est entendu que le taux des droits ci-dessus spécifiés ne sera pas augmenté pendant la durée de la présente convention, et que si, avant l'expiration de celle-ci, ce taux était réduit en faveur des livres, gravures, dessins ou ouvrages de musique publiés dans tout autre pays étranger, cette réduction s'étendra en même temps aux objets similaires publiés en France.

7. — La présente convention, considérée comme supplémentaire à ce les des 28 août 1843 et 22 avril 1846, dont la durée est prorogée pour le même laps de temps, restera en vigueur pendant six années, à partir du jour où les hautes parties contractantes seront convenues de la mettre à exécution, et après qu'elle aura été promulguée, conformément aux règlements de chaque pays. Dans le cas où aucune des deux parties ne signifierait, six mois avant l'expiration des six années sus-indiquées, son intention d'en faire cesser les effets, la présente convention et celles des 28 août 1843 et 22 avril 1846 continueront à rester en vigueur encore une année, et ainsi d'année en année, jusqu'à l'expiration d'une année à partir du jour où l'une ou l'autre des parties les auront simultanément dénoncées.

Les hautes parties contractantes se réservent cependant la faculté d'apporter, d'un commun accord, à la présente convention, toute modification dont l'expérience viendrait à démontrer l'opportunité.

8. — Les hautes parties contractantes, voulant assurer des garanties analogues à la propriété des marques et dessins de fabrique, sont convenues d'en faire l'objet d'un accord spécial dès que la législation sur cette matière aura reçu dans les deux pays son complément nécessaire.

9. — La présente convention sera ratifiée, et les ratifications en seront échangées à Turin dans le délai de deux mois, ou plus tôt, si faire se peut.

En foi de quoi, les plénipotentiaires respectifs l'ont signée et y ont apposé leurs cachets.

Fait à Turin, le 5 du mois de novembre, l'an 1850.

Signé : FERDINAND BARROT,
CIBRARIO.

DÉCRET DU 10 FÉVRIER 1851,

Pour l'exécution de la convention littéraire du 5 novembre 1850 entre la France et la Sardaigne.

Le Président de la République, — Sur le rapport du ministre de l'agriculture et du commerce; — Vu la loi du 30 décembre 1850 qui a approuvé la convention littéraire conclue entre la France et la Sardaigne le 5 novembre précédent; — Vu l'échange des ratifications opéré le 6 février 1851; — Vu les art. 5 et 5 de ladite convention relatifs à la désignation des bureaux d'importation,

Décrète :

ART. 1er. — Les livres en langue italienne ne pourront être importés, pour l'acquittement des droits ou pour le transit, que par les bureaux ouverts à l'entrée des livres en langue française.

2. — Le présent décret aura son effet à dater du 1er mars prochain.

Le ministre de l'agriculture et du commerce et le ministre des finances sont chargés, chacun en ce qui le concerne, d'en assurer l'exécution.

Signé : LOUIS-NAPOLÉON BONAPARTE.
Le Ministre de l'agriculture et du commerce,
Signé : SCHNEIDER.

Relative à la convention de poste conclue le 15 mars 1851 entre la France et la Toscane.

L'Assemblée nationale a adopté d'urgence la loi dont la teneur suit :

ARTICLE UNIQUE. — Le Président de la République est autorisé à ratifier et, s'il y a lieu, à faire exécuter la convention de poste conclue, le 15 mars 1851, entre la France et la Toscane, et dont une copie authentique demeure annexée à la présente loi.

Délibéré en séance publique, à Paris, le 20 mai 1851.

Le Président et les Secrétaires,
Signé : DUPIN, LACAZE, CHAPOT, PEUPIN,
BERARD, YVAN, MOULIN.

La présente loi sera promulguée et scellée du sceau de l'État.

Le Président de la République,
Signé : LOUIS-NAPOLÉON BONAPARTE.
Le Garde des sceaux, Ministre de la justice,
Signé : E. ROUHER.

Convention de poste entre la France et la Toscane.

Louis Napoléon Bonaparte, Président de la République française, et S. A. I. et R. Léopold II, prince impérial d'Autriche, prince royal de Hongrie et de Bohême, archiduc d'Autriche, grand-duc de Toscane, également animés du désir de resserrer les liens d'amitié qui unissent les deux pays et d'améliorer, au moyen d'une nouvelle convention, le service des correspondances entre la France et la Toscane, ont nommé pour leurs plénipotentiaires à cet effet, savoir :

Louis-Napoléon Bonaparte, Président de la République française, M. Rodolphe-Auguste-Gustave de Montessuy, commandeur de l'ordre national de la Légion d'honneur, chevalier du nombre extraordinaire de l'ordre noble et distingué de Charles III d'Espagne, commandeur de l'ordre de François 1er des Deux-Siciles, officier de l'ordre de la Tour et de l'Épée de Portugal, chevalier de l'ordre de Léopold de Belgique ;

Et S. A. I. et R. le grand-duc de Toscane, le Sénateur don André des princes de Corsini, duc de Casigliano, chevalier de l'ordre insigne et militaire de Saint-Etienne, pape et martyr, grand'croix de l'ordre impérial de Léopold d'Autriche, grand'croix décoré du grand cordon de l'ordre religieux et militaire des saints Maurice et Lazare de Sardaigne, grand'croix de l'ordre royal et distingué de Charles III d'Espagne et de l'ordre pontifical de saint Grégoire le Grand, grand cordon de l'ordre de saint Janvier des Deux-Siciles, décoré du grand nichan de Tunis, son ministre secrétaire d'État au département des affaires étrangères ;

Lesquels, après s'être communiqué leurs pleins pouvoirs respectifs, trouvés en bonne et due forme, sont convenus des articles suivants :

ART. 1er. — Il y aura entre l'administration des postes de France et l'administration des postes de Toscane un échange quotidien de lettres, de journaux et d'imprimés de toute nature, par l'intermédiaire des postes de Sa Majesté le roi de Sardaigne.

Les lettres, journaux et autres imprimés ci-dessus désignés seront transportés en dépêches closes par l'administration des postes sardes.

Les droits et redevances revenant à l'administration des postes de Sardaigne, pour le transit ou le transport desdites dépêches à travers le territoire sarde, seront acquittés par l'office envoyeur.

2. — Indépendamment des correspondances qui seront échangées entre les administrations des postes des deux pays, par la voie indiquée dans l'article précédent, ces administrations pourront s'expédier réciproquement des lettres, des journaux et des imprimés de toute nature par les différentes voies ci-après désignées, savoir :

1° Par les paquebots que le gouvernement français et le gouvernement toscan pourront respectivement juger à propos d'entretenir ou de fréter pour opérer le transport des correspondances dans la Méditerranée ;

2° Par les paquebots du commerce naviguant entre les ports français et les ports toscans.

. . . .

18. — Les prix de port dont l'administration des postes de France et l'administration des postes de Toscane auront à se tenir réciproquement compte sur les journaux et autres imprimés que ces deux administrations se livreront de part et d'autre à découvert seront établis, pour chaque paquet portant une adresse particulière, conformément à l'échelle de progression de poids ci-après :

Seront considérés comme simples les paquets dont le poids n'excédera pas quarante-cinq grammes ;

Les paquets pesant de quarante-cinq grammes à quatre-vingt-dix grammes inclusivement paieront deux fois le port du paquet simple ;

Ceux de quatre-vingt-dix à cent trente-cinq grammes inclusivement, paieront trois fois le port du paquet simple ; et ainsi de suite en ajoutant de quarante-cinq grammes en quarante-cinq grammes un port simple en sus.

19. — Les journaux, gazettes, ouvrages périodiques, livres brochés, brochures, papiers de musique, catalogues, prospectus, annonces et avis divers imprimés, lithographiés ou autographiés, publiés en France, en Algérie et dans les parages de la Méditerranée où la France entretient des bureaux de poste, qui seront adressés dans le grand-duché de Toscane, et *vice versâ*, devront être affranchis de part et d'autre jusqu'à destination.

20. — La taxe d'affranchissement des journaux et autres imprimés expédiés de la France, de l'Algérie et des parages de la Méditerranée où la France entretient des bureaux de poste pour le grand-duché de Toscane, et *vice versâ*, sera perçue à raison de douze centimes par paquet simple.

Les cinq douzièmes des taxes d'affranchissement fixées par le présent article seront perçus au profit ou pour le compte de celle des deux administrations qui supportera les frais résultant du transit par la Sardaigne ou du transport par mer des journaux et autres imprimés ci-dessus désignés. Quant aux sept douzièmes restants, ils seront répartis entre les administrations des postes des deux pays, dans la proportion des cinq douzièmes au profit de l'administration des postes de France, et de deux douzièmes au profit de l'administration des postes de Toscane.

. . . .

22. — Les journaux et autres imprimés expédiés à découvert par la voie de France, soit des pays empruntant l'intermédiaire des postes françaises pour le grand-duché de Toscane, soit du grand-duché de Toscane pour les pays empruntant l'intermédiaire des postes françaises, seront échangés entre l'administration des postes de France et l'administration des postes de Toscane aux conditions énoncées dans le tableau B annexé à la présente convention.

L'échange, entre les deux administrations des postes de France et du grand-duché de Toscane, des journaux et autres imprimés auxquels s'appliquent les dispositions du présent article ne pourra s'effectuer que par la voie de terre.

23. — Pour jouir des modérations de port accordées par les art. 19, 20 et 22 précédents, aux journaux et autres imprimés, ces objets devront être mis sous bandes, non reliés, et ne contenir aucune écriture, chiffre ou signe quelconque à la main, si ce n'est la date et la signature. Les journaux et autres imprimés qui ne réuniraient pas ces conditions seront considérés comme lettres et taxés en conséquence.

Il est entendu que les dispositions contenues dans les articles sus-mentionnés n'infirment en aucune manière le droit qu'ont les administrations des postes des deux pays de ne pas effectuer, sur leurs territoires respectifs, le transport et la distribution de ceux des objets désignés auxdits articles à l'égard desquels il n'aurait pas été satisfait aux lois, ordonnances ou décrets qui règlent les conditions de leur publication et de leur circulation tant en France que dans le grand-duché de Toscane.

. . . .

27. — Il est formellement convenu entre les deux parties contractantes que les lettres, journaux, gazettes et ouvrages périodiques que l'administration des postes de France et l'administration des postes du grand-duché de Toscane se livreront réciproquement affranchis jusqu'à destination, conformément aux dispositions de la présente convention, ne pourront, sous aucun prétexte et à quelque titre que ce soit, être frappés, dans le pays de destination, d'une taxe ou d'un droit quelconque à la charge des destinataires.

28. — Les lettres ordinaires ou chargées, les journaux, gazettes, ouvrages périodiques et imprimés de toute nature, mal adressés ou mal dirigés, seront, sans aucun délai, réciproquement renvoyés par l'intermédiaire des bureaux d'échange respectifs pour les poids et prix auxquels l'office envoyeur aura livré ces objets en compte à l'autre office.

Les objets de même nature qui auront été adressés à des destinataires ayant changé de résidence seront respectivement livrés ou rendus chargés du port qui aurait dû être payé par les destinataires.

42. — La présente convention sera ratifiée, et les ratifications en seront échangées aussitôt que faire se pourra.

En foi de quoi, les plénipotentiaires respectifs ont signé la présente convention et y ont apposé leurs cachets.

Fait à Florence, en double original, le quinzième jour du mois de mars de l'an de grâce mil huit cent cinquante-un.

Signé : G. DE MONTESSUY.
Signé : Le duc DE CASIGLIANO.
*Le Président et les Secrétaires de l'Assemblée
nationale,*
Signé : DUPIN, LACAZE, CHAPOT, PEUPIN, BÉRARD,
YVAN, MOULIN.

LOI DU 17 JUIN 1851,

*Sur la convention additionnelle au traité du
5 novembre 1850 entre la France et la
Sardaigne.*

L'Assemblée nationale a adopté d'urgence la loi dont la teneur suit :

ART. 1er. — Le Président de la République est autorisé à ratifier et, s'il y a lieu, à faire exécuter la convention additionnelle au traité de commerce et de navigation entre la France et la Sardaigne qui a été conclue à Turin le 20 mai 1851, et dont une copie authentique demeure annexée à la présente loi.

. . . .

*Convention additionnelle au Traité de commerce
et de navigation du 5 novembre 1850, conclue, le
20 mai 1851, entre la France et la Sardaigne.*

Le Président de la République française et Sa Majesté le roi de Sardaigne prenant en considération les principes consacrés par le traité de commerce et de navigation conclu entre les deux pays, le 5 novembre 1850, et les changements introduits dans la législation douanière des États-Sardes, par les conventions spéciales avec la Belgique et la Grande-Bretagne, des 24 janvier et 27 février 1851, et étant également animés du désir d'accroître les relations commerciales entre la France et la Sardaigne, sont convenus de conclure dans ce but une convention additionnelle au traité précité du 5 novembre 1850, et ont, à cet effet, nommé pour leurs plénipotentiaires, savoir :

Le Président de la République française, M. *Charles Ilis de Butenval,* commandeur de la Légion d'honneur, chevalier de la Grand-Croix de la Rose du Brésil, chevalier de l'ordre de Saint-Jean de Jérusalem, commandeur de l'ordre de la Conception du Portugal, décoré de l'ordre Ottoman du Nichan Iftihar de première classe, envoyé extraordinaire et ministre plénipotentiaire de France près la cour de Turin ;

Et Sa Majesté le roi de Sardaigne, M. le comte *Camille Benso de Cavour,* grand officier de la Légion d'honneur, membre de la Chambre des Députés, ministre de la marine, de l'agriculture et du commerce, et chargé du portefeuille des finances ;

Lesquels, après avoir échangé leurs pleins pouvoirs, trouvés en bonne et due forme, sont convenus des articles suivants :

ART. 1er. — Sa Majesté le roi de Sardaigne s'engage à étendre à partir du premier juin prochain, aux produits du sol et de l'industrie de la France, importés directement de France en Sardaigne, les réductions douanières stipulées par les traités conclus avec la Belgique le 24 janvier, et avec l'Angleterre le 27 février 1851.

2. — Sa Majesté le roi de Sardaigne s'engage en outre à abaisser, à partir de la même époque, les droits :

1°
2° Sur les livres importés de France, dans la proportion suivante, savoir :

Livres reliés blancs, de 55 fr. } à trente-cinq fr.
Livres imprimés, de . . 60 fr. } les cent kilog.

Livres imprimés brochés, de trente à dix-huit francs les cent kilogrammes.

Fait en double original à Turin, le vingt du même mois de mai 1851.

(L. S.) *Signé :* J. BUTENVAL.
(L. S.) *Signé :* J. C. DE CAVOUR.
Pour copie conforme,
Le ministre des affaires étrangères,
Signé : J. BAROCHE.
*Le Président et les Secrétaires de l'Assemblée
nationale,*
. . . . (Suivent les noms).

DÉCRET DU 23 JUIN 1851,

*Pour l'exécution de la convention de poste du 9
novembre 1850 entre la France et la Sardaigne.*

Le Président de la République,

Vu la convention de poste conclue et signée à Paris, le 9 novembre 1850, entre la France et la Sardaigne, et ratifiée le 8 mars 1851 ; — Vu la loi des 23, 30 janvier, et 8 février 1851 ; — Vu la loi du 14 floréal an 2 (4 mai 1802) ; — Vu le décret du 24 août 1848, et les lois des 15 mai 1850 et 16 juillet 1850 ; — Vu les dispositions de l'ordonnance du 28 novembre 1838, et de l'arrêté du 4 juillet 1849 concernant les correspondances échangées entre la France et divers pays étrangers ; — Sur le rapport du ministre des finances,

Décrète : ART. 1er. — A dater du 1er juillet prochain, les correspondances expédiées de la France et de l'Algérie pour le royaume de Sardaigne pourront, au choix des envoyeurs, être dirigées, soit par la voie de terre, soit par la voie de mer au moyen des paquebots à vapeur naviguant entre les ports français et les ports sardes. Les correspondances qui ne porteront sur l'adresse aucune indication de direction seront exclusivement acheminées par la voie de terre.

A dater également du 1er juillet prochain, à moins d'indication contraire portée sur l'adresse par les envoyeurs, les correspondances déposées dans les bureaux de poste de la France et de l'Algérie, à destination des duchés de Parme et de Modène, du grand-duché de Toscane, des États Pontificaux, de la république de Saint-Marin, des principautés de Bénévent et de Ponte-Corvo, et du royaume des Deux-Siciles, seront transmises par la voie de la Sardaigne toutes les fois qu'elles pourront être dirigées avec avantage par cette voie.

A partir de la même époque, les habitants de la France et de l'Algérie pourront adresser des lettres dans les pays d'outre-mer, sans distinction de parages, par la voie des bâtiments de commerce naviguant entre les États Sardes et lesdits pays d'outre-mer. Les lettres que les envoyeurs voudront faire transporter par ces bâtiments devront porter en tête de l'adresse ces mots : *Voie de Sardaigne.* . . . . . .

8. — Les journaux, gazettes, ouvrages périodiques, livres brochés, brochures, papiers de musique, catalogues, prospectus, annonces et avis divers, imprimés, lithographiés ou autographiés, publiés en France et en Algérie, qui seront adressés dans les États-Sardes, et, réciproquement, les objets de même nature publiés dans les États-Sardes, qui seront adressés en France et en Algérie, devront être affranchis de part et d'autre jusqu'à destination.

9. — La taxe d'affranchissement des journaux, gazettes et ouvrages périodiques expédiés de France pour les États-Sardes, par la voie de terre, sera perçue d'après les dimensions réunies de feuillets composant chaque numéro de journal, de gazette ou d'ouvrage périodique sans égard au nombre ou au format de ces feuillets, à raison de six centimes par soixante-douze décimètres carrés ou fraction de soixante-douze décimètres carrés.

La taxe d'affranchissement des livres brochés, brochures, papiers de musique, catalogues, prospectus, annonces et avis divers, imprimés, lithographiés ou autographiés, expédiés de la France pour les États-Sardes, par la voie de terre, sera perçue d'après les dimensions réunies des feuillets existant dans chaque paquet, portant une adresse particulière, à raison de six centimes par trente-deux décimètres carrés ou fraction de trente-deux décimètres carrés.

10. — La taxe d'affranchissement des journaux, gazettes, ouvrages périodiques, livres brochés, brochures, papiers de musique, catalogues, prospectus, annonces et avis divers, imprimés, lithographiés ou autographiés expédiés de la France par la voie de mer pour les États-Sardes, sera double de celle fixée par l'art. 9 précédent.

11. — Les journaux et autres imprimés qui seront expédiés de France et de l'Algérie, par l'intermédiaire des postes sardes à destination des duchés de Parme et de Modène, du grand-duché de Toscane, des États pontificaux, de la république de Saint-Marin, des principautés de Bénévent et de Ponte-Corvo, et du royaume des Deux-Siciles, devront être affranchis jusqu'à la frontière de sortie de France.

Les objets de même nature, expédiés des États de l'Italie précités, pour la France et l'Algérie, par la voie de la Sardaigne, seront affranchis jusqu'à la frontière d'entrée des États-Sardes.

12. — La taxe d'affranchissement des journaux, gazettes et ouvrages périodiques qui seront expédiés de France par l'intermédiaire des postes sardes à destination du duché de Parme et de Modène, du grand-duché de Toscane, des États pontificaux, de la république de Saint-Marin, des principautés de Bénévent et de Ponte-Corvo, et du royaume des Deux-Siciles, sera perçue d'après les dimensions réunies des feuillets composant chaque numéro de journal, de gazette ou d'ouvrage périodique, sans égard au nombre ou au format de ces feuillets, à raison de cinq centimes par soixante-douze décimètres carrés ou fraction de soixante-douze décimètres carrés.

La taxe d'affranchissement des livres brochés, brochures, papiers de musique, catalogues, prospectus, annonces et avis divers imprimés, lithographiés ou authographiés, qui seront expédiés de France par l'intermédiaire des postes sardes, à destination des États de l'Italie susmentionnés, sera perçue d'après les dimensions réunies des feuillets existants dans chaque paquet portant une adresse particulière, à raison de cinq centimes par trente-deux décimètres carrés ou fraction de trente-deux décimètres carrés.

13. — Tout paquet portant une adresse particulière et contenant, soit un ou plusieurs journaux, soit d'autres imprimés admis à jouir d'une modération de port, qui sera adressé en France ou en Algérie, par la voie de la Sardaigne, et qui proviendra de l'un des États de l'Italie mentionnés dans l'article précédent, supportera, à raison de son parcours, tant sur le territoire sarde que sur le territoire français, une taxe de dix centimes par vingt-cinq grammes ou fraction de vingt-cinq grammes ; cette taxe sera payée par le destinataire.

14. — Par exception aux dispositions des art. 9, 10 et 12 précédents, les journaux et écrits imprimés en France qui auront payé les droits de timbre voulus par les articles 12 et 13 de la loi du 16 juillet 1850, et qui seront remis à la poste par les éditeurs dans les délais déterminés par l'article 17 de ladite loi, ne supporteront, au profit du Trésor français, d'autres taxes que celles fixées par cette même loi.

Le port étranger ou de voie de mer à percevoir à l'affranchissement en sus des taxes susmentionnées, sur ceux desdits journaux et écrits qui seront à destination des États-Sardes, est fixé ainsi qu'il suit, savoir :

1° A deux centimes par soixante-douze décimètres carrés, sans acception de fractions, pour chaque numéro de journal, de gazette ou d'ouvrage périodique qui sera adressé dans les États-Sardes par la voie de terre ;

2° A deux centimes par trente-deux décimètres carrés, sans acception de fractions, pour chaque paquet de tous autres imprimés adressés dans les États-Sardes par la même voie ;

3° A huit centimes par soixante-douze décimètres carrés, sans acception de fractions, pour chaque numéro de journal, de gazette ou ouvrage périodique qui sera adressé dans les États-Sardes par la voie de mer ;

4° Et à huit centimes par trente-deux décimètres carrés, sans acception de fractions, pour chaque paquet de tous autres imprimés qui sera adressé dans les États-Sardes par cette dernière voie.

15. — Pour jouir des modérations de port accordées par les art. 10, 12, 13 et 14 précédents aux journaux et autres imprimés, ces objets devront être mis sous bandes non reliés, ne contenir aucune écriture, chiffre ou signe quelconque à la main, si ce n'est la date et la signature, et être, en outre, affranchis jusqu'aux limites respectivement fixées par les articles 8 et 11 précédents du présent décret. Les journaux et autres imprimés qui ne réuniraient pas ces conditions seront considérés comme lettres et taxés en conséquence.

16. — Les journaux et autres imprimés, expédiés de la France et de l'Algérie pour le royaume de Sardaigne et les États auxquels la Sardaigne sert d'intermédiaire, et *vice versâ,* ne seront reçus ou distribués par les bureaux dépendant de l'administration des postes de France qu'autant qu'il aura été satisfait, à leur égard, aux lois, ordonnances ou arrêtés qui fixent les conditions de leur publication et de leur circulation en France.....

20. — Sont et demeurent abrogées, en ce qu'elles ont de contraire au présent décret, les dispositions de l'ordonnance du 28 novembre 1838 et de l'arrêté du 4 juillet 1849, concernant les correspondances échangées entre l'administration des postes de France et l'administration des postes sardes.

21. — Le ministre des finances est chargé de l'exécution du présent décret qui sera inséré au *Bulletin des Lois.*

Signé : (*ut sup.*).

DÉCRET DU 23 JUIN 1851,

Concernant la correspondance entre la France et la Sardaigne par les paquebots de la Méditerranée.

Le Président de la République,

Vu la convention de poste conclue et signée à Paris, le 9 novembre 1850, entre la France et la Sardaigne, et ratifiée le 8 mars 1851 ; — Vu la loi des 25, 30 janvier et 8 février 1851 ;—Vu la loi du 30 mai 1838 ; — Vu les dispositions de l'ordonnance du 30 mai 1838, et l'arrêté du 4 juillet 1849 concernant les correspondances transportées par les paquebots français de la Méditerranée ; — Sur le rapport du ministre des finances,

Décrète : ART. 1er

4. — Les journaux, gazettes, ouvrages périodiques, livres brochés, brochures, papiers de musique, catalogues, prospectus, annonces et avis divers imprimés, lithographiés ou autographiés, qui seront expédiés au moyen des paquebots français, soit des parages de la Méditerranée où la France possède des bureaux de poste pour le royaume de Sardaigne, soit du royaume de Sardaigne pour ces mêmes parages, devront être affranchis de part et d'autre jusqu'à destination.

5. — La taxe d'affranchissement des journaux, gazettes et ouvrages périodiques qui seront déposés dans les bureaux français susmentionnés à destination du royaume de Sardaigne, sera perçue d'après les dimensions réunies des feuillets composant chaque numéro de journal, de gazette ou d'ouvrage périodique, sans égard au nombre ou au format de ces feuillets, à raison de neuf centimes par soixante-douze décimètres carrés ou fraction de soixante-douze décimètres carrés.

La taxe d'affranchissement des livres brochés, brochures, papier de musique, catalogues, prospectus, annonces et avis divers imprimés, lithographiés ou autographiés qui seront également déposés dans lesdits bureaux pour la même destination, sera perçue d'après les dimensions réunies des feuillets existant dans chaque paquet portant une adresse particulière, à raison de neuf centimes par trente-deux décimètres carrés ou fraction de trente-deux décimètres carrés.

6.—Pour jouir des modérations de port accordées par l'art. 5 précédent, aux journaux et autres imprimés, ces objets devront être mis sous bandes, non reliés, et ne contenir aucune écriture, chiffre ou signe quelconque à la main, si ce n'est la date et la signature. Les journaux et autres imprimés qui ne réuniraient pas ces conditions seront considérés comme lettres et taxés en conséquence.

7.—Sont et demeurent abrogées, en ce qu'elles ont de contraire au présent décret, les dispositions de l'ordonnance du 30 mai 1838 et de l'arrêté du 4 juill. 1849, concernant la taxe des lettres, journaux et autres imprimés transportés par les paquebots français de la Méditerranée.

8.—Le ministre des finances est chargé de l'exécution du présent décret, qui sera inséré au *Bulletin des Lois.*

Signé : (*ut sup.*).

<hr>

LOI DU 30 JUIN 1851.

Relative à la convention conclue, le 12 avril 1851, entre la France et le Portugal.—Propriété littéraire.

L'Assemblée nationale a adopté d'urgence la loi dont la teneur suit :

ARTICLE UNIQUE.—Le Président de la République est autorisé à ratifier, et, s'il y a lieu, à faire exécuter la convention littéraire entre la France et le Portugal qui a été signée à Lisbonne, le 12 avril 1851, et dont une copie authentique demeure annexée à la présente loi.

Convention conclue, le 12 avril 1851, entre la France et le Portugal, pour garantir dans les deux pays la propriété des œuvres d'art et d'esprit, et celle des marques de fabrique.

Le Président de la République française et Sa Majesté très-fidèle la reine de Portugal et des Algarves, également animés du désir de protéger les arts, les sciences et les belles-lettres, et d'encourager les entreprises utiles qui s'y rapportent, ont, à cette fin, résolu d'adopter, d'un commun accord, les mesures qui leur ont paru le plus propres à garantir aux auteurs ou à leurs ayants cause la propriété de leurs œuvres littéraires ou artistiques, dont la publication aurait lieu dans les deux États respectifs.

Dans ce but, ils ont nommé pour leurs plénipotentiaires, savoir :

Le Président de la République française, M. *Adolphe Barrot*, envoyé extraordinaire et ministre plénipotentiaire de la République française près Sa Majesté très-fidèle, commandeur de l'ordre national de la Légion d'honneur, etc.;

Et Sa Majesté la reine de Portugal et des Algarves, M. *Jean-Baptiste de Almeida-Garrett*, gentilhomme de sa maison, de son conseil, grand historiographe du royaume, son envoyé extraordinaire et ministre plénipotentiaire, commandeur et chevalier de divers ordres, etc., etc.;

Lesquels, après avoir échangé leurs pleins pouvoirs, qui ont été trouvés en bonne et due forme, sont convenus des articles suivants :

ART. 1er.—Le droit de propriété sur les ouvrages d'esprit ou d'art, comprenant la publication d'écrits, de compositions musicales, de peinture, de sculpture, de gravure, de lithographie ou de toutes autres productions analogues, en tout ou en partie, tel que ce droit est réglé par les législations respectives, est reconnu et réciproquement garanti, sur le territoire des deux États, aux auteurs ou à leurs ayants cause pendant la vie entière desdits auteurs, et à leurs héritiers ou ayants cause pendant vingt ans au moins à partir du jour du décès desdits auteurs.

Il est entendu que si les lois de l'un des deux États respectifs viennent à accorder à ses nationaux un délai plus long, cette augmentation de délai sera également concédée aux nationaux de l'autre État, s'ils l'y réclament.

2.—L'exercice de ce droit est subordonné, toutefois, à l'accomplissement des formalités qui, dans chacun des deux États, sont ou viendront à être prescrites par les lois, et, en outre, à un dépôt réciproque destiné à constater d'une manière précise le jour de la publication desdits ouvrages, et qui devra s'effectuer de la manière suivante :

Si l'ouvrage a paru pour la première fois en France ou dans ses dépendances, il en sera déposé un exemplaire à la bibliothèque publique de Lisbonne.

Si l'ouvrage a paru pour la première fois dans les États de Sa Majesté très-fidèle, il en sera déposé un exemplaire au bureau de la librairie du ministère de l'intérieur à Paris.

Ce dépôt, et l'enregistrement qui en sera fait sur les registres spéciaux tenus à cet effet, ne donneront respectivement ouverture à la perception d'aucune taxe autre que celle du timbre, et le certificat qui en sera délivré fera foi tant en jugement que hors, dans toute l'étendue des territoires respectifs, et constatera le droit exclusif de propriété, de publication ou de reproduction, aussi longtemps que quelque autre personne n'aura pas fait admettre en justice un droit mieux établi.

3.—La traduction faite, dans l'un des deux États, d'un ouvrage publié dans l'autre État, est assimilée à sa reproduction et comprise dans les dispositions de l'art. 1er, pourvu que l'auteur ait fait connaître, par une déclaration placée en tête de l'ouvrage, qu'il entend le traduire lui-même ou le faire traduire, et que cette traduction ait effectivement paru dans le délai d'un an à partir de la date du dépôt et de l'enregistrement du texte original. Il sera accordé aux auteurs, pour effectuer ce dépôt, un terme de rigueur qui ne pourra excéder trois mois après la publication de l'original.

À l'égard des ouvrages qui se publient par livraisons, il suffira que cette déclaration soit faite sur la première livraison ; toutefois, le terme fixé pour l'exercice de ce droit ne commencera à courir qu'à dater de la publication de la dernière livraison, pourvu d'ailleurs qu'il ne s'écoule pas plus de trois ans entre la publication de la première livraison et celle de la dernière.

Quant aux ouvrages de plus d'un volume, dont les tomes se publieraient les uns après les autres, le délai dont il s'agit se calculera, pour chacun desdits volumes, de la même manière que s'il formait par lui-même une œuvre complète.

Relativement aux ouvrages publiés par livraisons, l'indication de la date du dépôt devra être apposée sur la dernière livraison, à partir de laquelle commencera le délai fixé pour l'exercice du droit de traduction.

4.—Sont également comprises dans les dispositions de l'art. 1er et assimilées aux productions originales, en ce qui concerne leur reproduction dans la même langue, les traductions faites dans l'un des deux États d'ouvrages publiés hors du territoire des deux États.

Toutefois, ne sont pas comprises dans lesdites dispositions les traductions faites dans une langue qui ne serait pas celle de l'un des deux États.

Sont exceptées néanmoins de cette dernière règle les traductions qui seraient faites dans une des langues mortes ou scientifiques, lesquelles entreront dans la règle générale établie par le présent article *in principio.*

5.—Les dispositions de l'art. 1er sont applicables à la représentation des pièces de théâtre sur lesquelles les auteurs ou leurs ayants cause percevront les droits d'auteur qui sont ou qui seront déterminés par la législation du pays où elles sont représentées.

Les dispositions de l'art. 3 ne sont pas applicables aux pièces de théâtre, lesquelles pourront être librement traduites dans les deux États respectifs, dès qu'elles auront paru dans l'un d'eux. Les auteurs de l'œuvre originale auront droit à percevoir un quart des honoraires alloués aux traducteurs dans le pays où la traduction sera représentée, soit par la loi, soit par des conventions particulières.

Sa Majesté très-fidèle convient qu'à cet égard, s'il se rencontre quelque lacune dans la législation portugaise, on aura recours à la législation française, qui sera appliquée subsidiairement en conformité avec les lois et les coutumes du royaume.

6.—Les articles extraits des journaux ou écrits périodiques publiés dans l'un des deux États pourront être reproduits librement en original ou en traduction par la presse de l'autre État, pourvu que l'origine en soit indiquée, à moins, toutefois, que les auteurs desdits articles ou leurs ayants cause n'aient formellement déclaré, dans le numéro même du journal ou de l'écrit périodique où ils les auront insérés, qu'ils en interdisent la reproduction ou qu'ils se réservent le droit de les traduire ou de les faire traduire dans le délai légal.

7. — Les dispositions de l'art. 2 ne s'étendront pas aux journaux et écrits périodiques ; mais, si on article, une série d'articles ou une œuvre quelconque qui aurait paru pour la première fois, dans un journal ou dans un ouvrage périodique, vient à être reproduit plus tard sous une forme différente, les auteurs ou leurs ayants cause jouiront des droits garantis par les art. 1er et 3 ci-dessus, pourvu qu'ils satisfassent au dépôt prescrit par l'art. 2.

8. — L'introduction et la vente, dans chacun des deux États, d'ouvrages ou d'objets de contrefaçon définis par les art. 1er, 3 et 4 ci-dessus, sont prohibées, lors même que les contrefaçons auraient été faites dans un pays étranger.

9. — Toute contravention aux dispositions des articles précédents sera assimilée en tout à l'introduction et à la vente de marchandises qualifiées contrebande par la législation fiscale des deux pays, et sera considérée comme telle dans tous les établissements de douane respectifs. Les objets saisis seront confisqués, et le délinquant sera frappé d'une amende de cinq cents francs au moins, si le délit a été commis en France, et de quatre-vingt mille reis au moins, s'il a été commis en Portugal, laquelle amende sera de moitié au profit des capteurs et moitié au profit du trésor de l'État où elle aura été imposée, et ce, sans préjudice des dommages-intérêts que les tribunaux pourront arbitrer en faveur de qui de droit.

10. — Pour assurer plus efficacement l'exécution de l'article précédent, il est, en outre, expressément stipulé :

1° Que tout envoi fait d'un pays dans l'autre, d'ouvrages d'esprit ou d'art, devra être accompagné d'un certificat délivré en France par les préfets ou sous-préfets établis dans la ville la plus voisine de celle-ci ; et, en Portugal, par le gouverneur civil du district d'où l'envoi aura lieu. Ce certificat, dont le coût ne pourra dépasser cinquante centimes en France, et quatre vingts reis en Portugal, quelque soit le nombre d'ouvrages composant chaque envoi, devra, d'une part, énoncer le titre, la liste complète et le nombre d'exemplaires de chacun des ouvrages auxquels il s'applique, et, de l'autre, constater que ces mêmes ouvrages sont tous édition et propriété nationales du pays d'où l'expédition s'effectue, ou qu'ils ont été nationalisés par le paiement des droits d'entrée.

Les certificats délivrés par les autorités locales ci-dessus mentionnées seront traduits et visés gratuitement par les agents diplomatiques ou agents consulaires respectifs.

2° Que tous ouvrages expédiés en douane, même en transit ou par transbordement, à destination de l'un des deux États, d'ailleurs que de l'autre État, devront, lorsqu'ils seront rédigés dans la langue de ce dernier État, être accompagnés de certificats délivrés par les autorités compétentes du pays de provenoncé, libellés dans la forme indiquée ci-dessus, et constatant que lesdits ouvrages sont tous publication originale dudit pays ou de toute autre contrée dans laquelle ces mêmes ouvrages ont été édités.

Tout ouvrage d'esprit ou d'art qui, dans les cas prévus par le présent article. ne serait pas accompagné du certificat ci-dessus énoncé, en due forme, sera, par cela seul, réputé contrefait, assimilé comme tel à une marchandise de contrebande, et traité conformément aux dispositions de l'art. 9 ci-dessus.

11. — La reconnaissance et la vérification de nationalité des importations d'ouvrages d'esprit ou d'art se feront dans les bureaux de douane respectifs spécialement ouverts à cet effet, et avec le concours des agents particuliers chargés, dans les deux pays. de l'examen des livres arrivant de l'étranger. Il sera dressé procès-verbal de toute contravention aux dispositions prescrites par l'art. 10, et les poursuites judiciaires auxquelles il y aurait lieu de recourir seront dirigées. de part et d'autre, comme il est dit ci-dessus, dans les formes établies par la législation respective en matière de contrebande.

12. — Au moment de la mise à exécution de la présente convention, les hautes parties contractantes se communiqueront réciproquement la liste exacte des bureaux de douane maritime et terrestre auxquels sera limitée, de part et d'autre, la faculté de recevoir et de vérifier les envois d'ouvrages d'esprit ou d'art.

13. — Pour prévenir toute difficulté ou complication judiciaire quant au passé, à raison de la possession par les libraires, éditeurs ou imprimeurs respectifs, de contrefaçons d'ouvrages français ou portugais reproduits ou importés par eux, il est stipulé et convenu que les détenteurs actuels de ces contrefaçons ne pourront les vendre en gros ou en détail, ni les réexporter en pays étranger ou pour un port quelconque dépendant de la métropole, ni se soustraire aux poursuites judiciaires de la part des auteurs desdits ouvrages ou de leurs ayants cause, qu'après avoir fait revêtir chaque exemplaire de ces contrefaçons, par les autorités compétentes du pays, d'un timbre spécial et dont le coût ne pourra dépasser, en France, vingt-cinq centimes, et en Portugal quarante reis.

Un délai de trois mois, à partir de l'échange des ratifications, est respectivement accordé pour l'accomplissement de ces formalités, sans que, cependant, on puisse dans l'intervalle, et sous aucun prétexte, introduire de l'étranger de nouveaux exemplaires des ouvrages contrefaits, ou publier dans le pays de nouvelles contrefaçons.

Passé ce délai, tout exemplaire contrefait d'un ouvrage d'esprit ou d'art publié dans l'un ou l'autre pays, et dont la propriété aura été justifiée dans la forme prévue par l'art. 2, sera considéré comme ayant été introduit en fraude, et pourra être confisqué à la requête des propriétaires de l'ouvrage original ou de leurs ayants cause, sans préjudice des dommages-intérêts, amendes, dépens et autres peines déterminées. ou qui viendraient à être déterminées par la législation respective de chacun des deux États, si ledit exemplaire n'est pas revêtu du timbre spécial ci-dessus mentionné.

14. — Les dispositions de la présente convention ne pourront porter préjudice, en quoi que ce soit, au droit que se réserve expressément chacun des deux États de permettre, surveiller et interdire, par des mesures de légi-lation et de police intérieure, la circulation, la représentation ou l'exposition de tels ouvrages ou productions sur lesquels il jugera convenable de l'exercer.

15. — La présente convention aura force et vigueur pendant six années à partir du jour dont les hautes parties contractantes conviendront pour son exécution simultanée, dès que la promulgation en sera faite, d'après les lois particulières à chacun des deux États, lequel jour ne pourra dépasser de trois mois l'échange des ratifications.

Si, à l'expiration des six années, elle n'est pas dénoncée, six mois à l'avance, par des hautes parties contractantes, elle continuera à être obligatoire d'année en année jusqu'à ce que l'une des parties contractantes ait annoncé à l'autre, un an à l'avance, son intention d'en faire cesser les effets.

Les hautes parties contractantes se réservent cependant la faculté d'apporter, d'un commun accord, à la présente convention. toute modification qui ne serait pas incompatible avec l'esprit et les principes qui en sont la base, et dont l'expérience viendrait à démontrer l'opportunité.

16. — Les hautes parties contractantes s'engagent réciproquement, si l'une d'elles vient à signer avec un autre État une convention quelconque ou traité sur cette même matière, à ce que celle qui la si-

gnera fasse tous ses efforts et emploie ses bons offices pour que l'autre partie présentement contractante soit admise à stipuler des conventions semblables ou à adhérer à celles qui auraient été faites.

17. — Les hautes parties contractantes désirant, en outre, protéger l'application à l'industrie manufacturière des travaux d'esprit et d'art, profitent de cette occasion pour déclarer, d'un commun accord, que la reproduction, dans l'un des deux pays, des marques de fabrique apposées dans l'autre ·ur certaines marchandises pour constater leur origine et leur qualité, sera assimilée à la contrefaçon des œuvres d'art, poursuivie comme telle, et que les dispositions relatives à la répres-ion de ce délit, insérées dans la présente convention, seront également applicables à la reproduction desdites marques de fabrique.

Les marques de fabrique dont les citoyens ou les sujets de l'un des deux États voudront s'assurer la propriété dans l'autre devront être déposées exclusivement, savoir : les marques d'origine portugaise, à Paris, au greffe du tribunal de la Seine, et les marques de fabrique française, à Lisbonne, au greffe du tribunal de commerce de première instance.

Les hautes parties contractantes s'engagent également à assurer dans les deux États respectifs, aussitôt que les circonstances le permettront, par des dispositions spéciales prises d'un commun accord, la propriété et les droits des individus qui, selon les lois de chacun des deux États, y auraient obtenu un brevet d'invention pour toute découverte faite par eux.

18. — La présente convention sera ratifiée, et les ratifications en seront échangées à Lisbonne dans le délai de trois mois ou plus tôt, si faire se peut.

En foi de quoi, les plénipotentiaires respectifs l'ont signée et y ont apposé le sceau de leurs armes.

Fait à Lisbonne, le douzième jour du mois d'avril de l'an de Notre-Seigneur 1851.

Signé : ADOLPHE BARROT.
Signé, J.-B. DE ALMEIDA-GARRETT.
Pour copie conforme :
Le Ministre des affaires étrangères,
Signé : J. BAROCHE.
Le Président et les Secrétaires de l'Assemblée nationale.

(Suivent les noms.)

DÉCRET DU 19 SEPTEMBRE 1851,

Pour l'exécution de la convention du 15 mars 1851 entre la France et la Toscane.

Le Président de la République,

Vu la convention de poste conclue et signée à Florence, le 15 mars 1851, entre la France et la Toscane, et ratifiée le 8 juillet suivant ; — Vu la loi du 20 mai 1851 ; — Vu la loi du 14 floréal an x (4 mai 1804) ; — Vu le décret du 24 août 1848, et les lois des 18 mai et 16 juillet 1850 ; — Vu les dispositions de l'ordonnance du 30 juin 1838, de l'arrêté du 4 juillet 1849, et du décret du 23 juin 1851, concernant les correspondances échangées entre la France et la Toscane ; — Sur le rapport du ministre des finances,

Décrète :

ART. 1er. — A dater du 1er octobre prochain. .

. . . .

6. — Les journaux, gazettes, ouvrages périodiques, livres brochés, brochures, papiers de musique, catalogues, prospectus, annonces et avis divers imprimés, lithographiés ou autographiés, publiés en France et en Algérie, qui seront adressés dans le grand-duché de Toscane, ou, réciproquement, de même nature, publiés dans le grand-duché de Toscane, qui seront adressés en France et en Algérie, devront être affranchis de part et d'autre jusqu'à destination.

7. — La taxe d'affranchissement des journaux et autres imprimés désignés dans l'article précédent sera perçue d'après le poids de chaque paquet portant une adresse particulière, à raison de douze centimes par quarante-cinq grammes ou fraction de quarante-cinq grammes.

Toutefois, les journaux et écrits imprimés en France qui auront payé les droits de timbre voulus par les art. 12 et 13 de la loi du 16 juillet 1850, et qui seront remis à la poste par les éditeurs dans les délais déterminés par l'art. 17 de ladite loi, ne supporteront, au profit du Trésor français, d'autres taxes que celles fixées par cette même loi, et ne paieront, à raison de leur parcours hors du territoire français, qu'une taxe de sept centimes par quarante-cinq grammes ou fraction de quarante-cinq grammes.

8. — Pour jouir des modérations de port accordées par l'art. 7 précédent aux journaux et autres impri-

més, ces objets devront être mis sous bandes, non reliés, ne contenir aucune écriture, chiffre ou signe quelconque à la main. si ce n'est la date et la signature. Les journaux et autres imprimés qui ne réuniraient pas ces conditions seront considérés comme lettres et taxés en conséquence

9. — Les journaux et autres imprimés expédiés de la France et de l'Algérie pour le grand-duché de Toscane, et *vice versâ*, ne seront reçus ou distribués par les bureaux dépendants de l'administration des postes de France qu'autant qu'il aura été satisfait à leur égard aux lois, décrets, ordonnances ou arrêtés qui fixent les conditions de leur publication et de leur circulation en France ..

12. — Il ne sera reçu dans les bureaux dépendants de l'administration des postes de France aucune lettre ou paquet à destination du grand-duché de Toscane qui contiendrait. soit de l'or ou de l'argent monnayé, soit des bijoux ou effets précieux, ou tout autre objet passible des droits de douane.

13. — Sont et demeurent abrogées, en ce qu'elles ont de contraire au présent décret, les dispositions de l'ordonnance du 30 juin 1838, de l'arrêté du 4 juillet 1849, et du décret du 23 juin 1851, concernant les correspondances de ou pour la Toscane.

14. — Le ministre des finances est chargé de l'exécution du présent décret qui sera inséré au *Bulletin des Lois.*

Signé : (ut sup.).

DÉCRET DU 19 SEPTEMBRE 1851,

Relatif aux correspondances entre la France et la Toscane par les paquebots de la Méditerranée.

Le Président de la République,

Vu la convention de poste conclue et signée à Florence, le 15 mars 1851, entre la France et la Toscane, et ratifiée le 8 juillet suivant : — Vu la loi du 20 mai 1851 ; — Vu la loi du 30 mai 1838 ; — Vu les dispositions des ordonnances des 30 mai et 30 juin 1838, et de l'arrêté du 4 juillet 1849, concernant les correspondances transportées par les paquebots français de la Méditerranée ; — Sur le rapport du ministre des finances,

Décrète :

ART. 1er. — A dater du 1er octobre prochain. .

. . . .

4. — Les journaux, gazettes, ouvrages périodiques, livres brochés, brochures, papiers de musique, catalogues, prospectus, annonces et avis divers imprimés, lithographiés ou autographiés, qui seront expédiés au moyen des paquebots français, soit des parages de la Méditerranée où la France possède des bureaux de poste pour le grand-duché de Toscane, soit du grand-duché de Toscane pour ces mêmes parages. devront être affranchis de part et d'autre jusqu'à destination.

5. — La taxe d'affranchissement des journaux et autres imprimés désignés dans l'art. 4 précédent sera perçue d'après le poids de chaque paquet portant une adresse particulière, à raison de douze centimes par quarante-cinq grammes ou fraction de quarante-cinq grammes.

6. — Pour jouir des modérations de port accordées par l'article 5 précédent aux journaux et autres imprimés, ces objets devront être mis sous bandes, non reliés, et ne contenir aucune écriture, chiffre ou signe quelconque à la main si ce n'est la date et la signature. Les journaux et autres imprimés qui ne réuniraient pas ces conditions seront considérés comme lettres et taxés en conséquence.

7. — Sont et demeurent abrogées. en ce qu'elles ont de contraire au présent décret, les dispositions des ordonnances des 30 mai et 30 juin 1838, et de l'arrêté du 4 juillet 1849, concernant la taxe des lettres, journaux et autres imprimés transportés par les paquebots français de la Méditerranée.

8. — Le ministre des finances est chargé de l'exécution du présent décret qui sera inséré au *Bulletin des Lois.*

Signé : (ut sup.).

CONSTITUTION DU 14 JANVIER 1852.

ART. 42 (relatif aux comptes-rendus des séances du Corps législatif). — (V. p. 6).

DÉCRET DU 16 JANVIER 1852,

Relatif à la promulgation de la convention du 20 octobre 1851 entre la France et le Hanovre. — Propriété littéraire ou artistique.

LOUIS-NAPOLÉON, Président de la République française,

Sur le rapport du ministre des affaires étrangères,

Décrète :

ART. 1er. — La convention conclue, le 20 octobre 1851, entre la France et le Hanovre pour la garantie réciproque de la propriété des œuvres de littérature et d'art ayant été ratifiée le 13 décembre dernier, et les actes de ratification des deux Gouvernements ayant été échangés le 23 dudit mois de décembre, cette convention, dont la teneur suit, recevra sa pleine et entière exécution.

Convention.

Le Président de la République française et Sa Majesté le roi de Hanovre, également animés du désir de protéger les sciences et les arts, et d'encourager les entreprises utiles qui s'y rapportent, ont, à cette fin, résolu d'adopter, d'un commun accord, les mesures les plus propres à garantir, dans les deux pays, aux auteurs ou à leurs ayants cause, la propriété des œuvres littéraires ou artistiques publiées pour la première fois en France ou dans le royaume de Hanovre.

Dans ce but, ils ont nommé pour leurs plénipotentiaires, savoir :

Le Président de la République : le sieur *Arthur de Gobineau*, son chargé d'affaires près la cour de Hanovre, chevalier de l'ordre national de la Légion d'honneur, commandeur de l'ordre royal de Léopold de Belgique ;

Et Sa Majesté le roi de Hanovre, le sieur *Alexandre*, baron *de Münchhausen*, son président du conseil des ministres, ministre de la maison royale et des affaires étrangères, commandeur de première classe de l'ordre royal des Guelphes, et le sieur *Chrétien-Guillaume Lindemann*, docteur en droit, ministre d'État et de l'intérieur, chevalier de l'ordre royal des Guelphes,

Lesquels, après s'être communiqué leurs pleins pouvoirs respectifs, trouvés en bonne et due forme, sont convenus des articles suivants :

ART. 1er. — Le droit exclusif des auteurs de publier (*verviel faltigen*) leurs ouvrages d'esprit ou d'art, tels que livres, écrits, œuvres dramatiques, compositions musicales, tableaux, gravures, lithographies, dessins, travaux de sculpture et autres productions littéraires et artistiques, sera protégé réciproquement dans les deux États, de telle sorte que la réimpression et la reproduction illicites des œuvres publiées primitivement dans l'un d'eux seront assimilées dans l'autre à la réimpression et à la reproduction illicites des ouvrages nationaux ; et, dès lors, toutes les lois, ordonnances et stipulations aujourd'hui existantes ou qui pourraient, par la suite, être promulguées au sujet du droit exclusif de publication des œuvres littéraires et artistiques, seront applicables à cette contrefaçon.

Les représentants légaux ou les ayants cause des auteurs d'œuvres intellectuelles ou artistiques jouiront, sous tous les rapports, des mêmes droits que les auteurs eux-mêmes.

2. — Les stipulations de l'art. 1er s'appliqueront également à la représentation ou exécution des œuvres dramatiques ou musicales, en tant que les lois de chacun des deux États garantissent ou garantiront par la suite protection aux œuvres susdites exécutées ou représentées pour la première fois sur les territoires respectifs.

3. — Pour assurer à tous ouvrages intellectuels ou artistiques la protection stipulée dans les articles précédents, leurs auteurs devront établir, au besoin, par un témoignage émanant d'une autorité publique, que l'ouvrage en question est une œuvre originale qui, dans le pays où elle a été publiée, jouit de la protection légale contre la contrefaçon ou réimpression illicite.

4. — L'exposition et la vente de réimpressions et reproductions illicites des œuvres indiquées dans l'art. 1er sont prohibées dans les deux États, sans qu'il y ait à distinguer si ces réimpressions et reproductions proviennent de l'un des deux États mêmes, ou de tout autre pays.

5. — Les deux hautes parties contractantes s'engagent à assurer, par tous les moyens en leur pouvoir, l'exécution des stipulations contenues dans les articles précédents, et à faire jouir réciproquement leurs ressortissants de la protection légale assurée aux nationaux.

Les tribunaux de chaque pays auront à décider, d'après la législation existante, la question de contrefaçon ou de reproduction illicite.

6. — La présente convention ne pourra faire obstacle à la publication ou à la vente des réimpressions ou reproductions qui auraient été déjà publiées, introduites ou commandées, en tout ou en partie, dans chacun des deux États, antérieurement à sa publication.

Les deux hautes parties contractantes se réservent de s'entendre sur la fixation d'un délai après lequel la vente des réimpressions et reproductions indiquées dans le présent article ne pourra plus avoir lieu.

7. — Pour faciliter l'exécution de ce traité, les deux hautes parties contractantes se communiqueront respectivement les lois et ordonnances que chacune d'elles aurait ou pourrait, à l'avenir, promulguer pour garantir le commerce légitime contre la réimpression et reproduction illicites.

8. — Les stipulations de ce traité ne sauraient infirmer le droit des deux hautes parties contractantes de surveiller, de permettre ou d'interdire, à leur convenance, par des mesures législatives ou administratives, le commerce, la représentation, l'exposition (*feilhaltung*), ou la vente des productions littéraires ou artistiques.

De même, aucune des stipulations de la présente convention ne saurait être interprétée de manière à contester le droit des hautes parties contractantes de prohiber l'importation, sur leur propre territoire, des livres que leur législation intérieure ou des traités avec d'autres États feraient entrer dans la catégorie des reproductions illicites.

9. — Les États germaniques qui seraient disposés à adhérer à la présente convention y seront admis.

Le Gouvernement de Sa Majesté le roi de Hanovre s'engage à employer ses bons offices pour déterminer, dans le plus bref délai possible, l'accession des autres Gouvernements germaniques, et cela dans la forme qui lui paraîtra la plus propre à amener ce résultat.

10. — La présente convention restera en vigueur jusqu'au 1er novembre 1856, et à partir de cette époque, pendant un an encore après la dénonciation qui pourrait en avoir été faite par l'une ou l'autre des hautes parties contractantes, postérieurement à cette date.

Un an après l'échange des ratifications, le présent traité sera l'objet d'un travail de révision, et si, contre toute attente, les nouvelles stipulations qui seraient alors jugées nécessaires ne pouvaient y être introduites d'un commun accord, les deux hautes parties contractantes auraient respectivement la faculté d'en faire cesser les effets.

La même faculté existera également dans le cas où les tarifs respectifs des droits perçus actuellement pour l'importation des livres et autres œuvres désignés dans l'art. 1er subiraient des augmentations.

11. — La présente convention sera ratifiée, et l'échange des ratifications aura lieu à Hanovre dans le délai de deux mois au plus tard.

Après l'échange des ratifications, le présent traité sera publié par les deux hautes parties contractantes aussitôt que possible, et il sera mis en vigueur après la publication accomplie dans les deux États.

Fait à Hanovre, ce 20 octobre 1851.

(L. S.) *Signé :* ARTHUR DE GOBINEAU.
(L. S.) *Signé :* A. DE MUNCHHAUSEN.
(L. S.) *Signé :* C. W. LINDEMANN.

2. — Le garde des sceaux, ministre de la justice, et le ministre des affaires étrangères, sont chargés, chacun en ce qui le concerne, de l'exécution du présent décret.

Signé : LOUIS-NAPOLÉON.

Par le Président,

Le Ministre des affaires étrangères,
Signé : TURGOT.

Vu et scellé du grand sceau :

Le garde des sceaux, Ministre de la justice,
Signé : E. ROUHER.

DÉCRET DU 22 JANVIER 1852,

Relatif à la promulgation de la convention du 3 novembre 1851 entre la France et l'Angleterre. — Propriété littéraire ou artistique.

LOUIS-NAPOLÉON, Président de la République française,

Sur le rapport du ministre des affaires étrangères,

Décrète :

ART. 1er. — La convention conclue, le 3 novembre 1851, entre la France et le Royaume-Uni de la Grande-Bretagne et d'Irlande, pour la garantie réciproque de la propriété des œuvres de littérature et d'art, ayant été ratifiée par nous, le 23 décembre dernier, et les actes de ratification des deux Gouvernements ayant été échangés le 8 du présent mois de janvier, ladite convention, suivie du procès-verbal d'échange contenant quelques explications et modifications, desquels convention et procès-verbal la teneur suit, recevra sa pleine et entière exécution.

Convention.

Le Président de la République française et Sa Majesté la reine du Royaume-Uni de la Grande-Bretagne et d'Irlande, également animés du désir d'étendre dans les deux pays la jouissance des droits d'auteur pour les ouvrages de littérature et de beaux-arts qui pourront être publiés pour la première fois dans l'un des deux, et Sa Majesté britannique ayant consenti à étendre aux livres, gravures et œuvres musicales publiés en France, la réduction que la loi l'autorise à accorder, sous certaines conditions, dans le taux des droits actuellement perçus à l'importation, dans le Royaume-Uni, de ces mêmes articles publiés en pays étranger,

Le Président de la République française et Sa Majesté britannique ont jugé à propos de conclure, dans ce but, une convention spéciale, et ont nommé à cet effet pour leurs plénipotentiaires, savoir :

Le Président de la République française,

M. *Louis-Félix-Étienne Turgot*, officier de l'ordre national de la légion d'Honneur, chevalier de l'ordre royal de Saint-Ferdinand d'Espagne, de deuxième classe, etc., ministre au département des affaires étrangères ;

Et Sa Majesté la reine du Royaume-Uni de la Grande-Bretagne et d'Irlande,

M. *Constantin* (*Henry*) marquis *de Normanby*, pair du Royaume-Uni, chevalier du très-noble ordre de la Jarretière, grand'croix du très-honorable ordre du Bain, etc., son ambassadeur extraordinaire et plénipotentiaire près de la République française,

Lesquels, après s'être communiqué leurs pleins pouvoirs, trouvés en bonne et due forme, sont convenus des articles suivants :

ART. 1er. — A partir de l'époque à laquelle, conformément aux stipulations de l'art. 14 ci-après, la présente convention deviendra exécutoire, les auteurs d'œuvres de littérature ou d'art auxquels les lois de l'un des deux pays garantissent actuellement et garantiront à l'avenir le droit de propriété ou d'auteur, auront la faculté d'exercer ledit droit sur les territoires de l'autre pays, pendant le même espace de temps et dans les mêmes limites que s'exercerait dans cet autre pays lui-même le droit attribué aux auteurs d'ouvrages de même nature qui y seraient publiés, de telle sorte que la reproduction ou la contrefaçon, dans l'un des États, de toute œuvre de littérature ou d'art publiée dans l'autre sera traitée de la même manière que le serait la reproduction ou la contrefaçon d'ouvrages de même nature originairement publiés dans cet autre État, et que les auteurs de l'un des deux pays auront, devant les tribunaux de l'autre, la même action et jouiront des mêmes garanties contre la contrefaçon ou la reproduction non autorisée que celles que la loi accorde ou pourrait accorder à l'avenir aux auteurs de ce dernier pays.

Il est entendu que ces mots : « œuvres de littérature ou d'art, » employés au commencement de cet article, comprennent les publications de livres, d'ouvrages dramatiques, de composition musicale, de dessin, de peinture, de sculpture, de gravure, de lithographie et de toute autre production quelconque de littérature et de beaux-arts.

Les mandataires ou ayants cause des auteurs, traducteurs, compositeurs, peintres, sculpteurs ou graveurs, jouiront à tous égards des mêmes droits que ceux que la présente convention accorde aux auteurs, traducteurs, compositeurs, peintres, sculpteurs ou graveurs eux-mêmes.

2. — La protection accordée aux ouvrages originaux est étendue aux traductions. Il est bien entendu, toutefois, que l'objet du présent article est simplement de protéger le traducteur par rapport à sa propre traduction, et non pas de conférer le droit exclusif de traduction au premier traducteur d'un ouvrage quelconque, hormis dans le cas et les limites prévus par l'article suivant.

3. — L'auteur de tout ouvrage publié dans l'un des deux pays, qui aura entendu réserver son droit de traduction, jouira pendant cinq années, à partir du jour de la première publication de la traduction

de son ouvrage autorisée par lui, du privilége de protection contre la publication, dans d'autres pays, de toute traduction du même ouvrage non autorisée par lui, et ce, sous les conditions suivantes :

1° L'ouvrage original sera enregistré et déposé dans l'un des deux pays, dans un délai de trois mois, à partir du jour de la première publication dans l'autre pays;

2° Il faudra que l'auteur ait indiqué en tête de son ouvrage l'intention de se réserver le droit de traduction;

3° Ladite traduction autorisée devra avoir paru, au moins en partie, dans le délai d'un an à compter de la date de l'enregistrement et du dépôt de l'original, et en totalité dans le délai de trois ans à partir dudit dépôt;

4° La traduction devra être publiée dans l'un des deux pays, et être enregistrée et déposée conformément aux dispositions de l'art. 8.

Pour les ouvrages publiés par livraisons, il suffira que la déclaration de l'auteur, qu'il entend se réserver le droit de traduction, soit exprimée dans la première livraison. Toutefois, en ce qui concerne le terme de cinq ans assigné par cet article pour l'exercice du droit privilégié de traduction, chaque livraison sera considérée comme un ouvrage séparé; chacune d'elles sera enregistrée et déposée dans l'un des deux pays, dans les trois mois à partir de sa première publication dans l'autre.

4. — Les stipulations des articles précédents s'appliqueront également à la représentation des ouvrages dramatiques et à l'exécution des compositions musicales, en tant que les lois de chacun des deux pays sont ou seront applicables, sous ce rapport, aux ouvrages dramatiques et de musique représentés ou exécutés publiquement dans ces pays pour la première fois.

Toutefois, pour avoir droit à la protection légale, en ce qui concerne la traduction d'un ouvrage dramatique, l'auteur devra faire paraître sa traduction trois mois après l'enregistrement et le dépôt de l'ouvrage original.

Il est bien entendu que la protection stipulée par le présent article n'a point pour objet de prohiber les imitations faites de bonne foi, ou les appropriations des ouvrages dramatiques aux scènes respectives de France et d'Angleterre, mais seulement d'empêcher les traductions en contrefaçon.

La question d'imitation ou de contrefaçon sera déterminée dans tous les cas par les tribunaux des pays respectifs d'après la législation en vigueur dans chacun des deux États.

5. — Nonobstant les stipulations des art. 1er et 2 de la présente convention, les articles extraits de journaux ou de recueils périodiques publiés dans l'un des deux pays pourront être reproduits ou traduits dans les journaux ou recueils périodiques de l'autre pays, pourvu qu'on y indique la source à laquelle on les aura puisés.

Toutefois, cette permission ne saurait être comprise comme s'étendant à la reproduction, dans l'un des deux pays, des articles de journaux ou de recueils périodiques publiés dans l'un des deux pays, dont les auteurs auraient déclaré d'une manière évidente, dans le journal ou le recueil même où ils les auront fait paraître, qu'ils en interdisent la reproduction.

6. — Sont interdites l'importation et la vente, dans l'un ou l'autre des deux pays, de toute contrefaçon d'ouvrages jouissant du privilége de protection contre la contrefaçon, en vertu des art. 1, 2, 3 et 5 de la présente convention, que ces contrefaçons soient originaires du pays où l'ouvrage a été publié, ou bien de toute autre contrée étrangère.

7. — En cas de contravention aux dispositions des articles précédents, les ouvrages ou objets contrefaits seront saisis ou détruits, et les individus qui se seront rendus coupables de ces contraventions seront passibles, dans chaque pays, de la peine et des poursuites qui sont ou seraient prescrites par les lois de ce pays contre le même délit commis à l'égard de tout ouvrage ou production d'origine nationale.

8. — Les auteurs, traducteurs, de même que leurs représentants ou ayants cause, légalement désignés, n'auront droit, dans l'un et l'autre pays, à la protection stipulée par les articles précédents, et le droit d'auteur ne pourra être réclamé dans l'un des deux pays qu'après que l'ouvrage aura été enregistré de la manière suivante, savoir :

1° Si l'ouvrage a paru pour la première fois en France, il faudra qu'il ait été enregistré à l'hôtel de la corporation des libraires (stationers hall) à Londres;

2° Si l'ouvrage a paru pour la première fois dans les États de Sa Majesté britannique, il faudra qu'il ait été enregistré au bureau de la librairie du ministère de l'intérieur à Paris.

La susdite protection ne sera acquise qu'à celui qui aura fidèlement observé les lois et règlements en vigueur dans les pays respectifs par rapport à l'ouvrage pour lequel cette protection serait réclamée. Pour les livres, cartes, estampes ou publication musicales, la susdite protection ne sera acquise qu'autant que l'on aura remis gratuitement dans l'un ou l'autre des dépôts mentionnés ci-dessus, suivant les cas respectifs, un exemplaire de la meilleure édition, ou dans le meilleur état, destiné à être déposé au lieu indiqué à cet effet dans chacun des deux pays, c'est-à-dire, en France, à la bibliothèque nationale de Paris, et dans la Grande-Bretagne, au musée britannique, à Londres.

Dans tous les cas, les formalités du dépôt et de l'enregistrement devront être remplies sous les trois mois qui suivront la première publication de l'ouvrage dans l'autre pays. A l'égard des ouvrages publiés par livraisons, le délai de trois mois ne commencera à courir qu'à dater de la publication de la dernière livraison, à moins que l'auteur n'ait indiqué, conformément aux dispositions de l'art. 3, son intention de se réserver le droit de traduction, auquel cas chaque livraison sera considérée comme un ouvrage séparé.

Une copie authentique de l'inscription sur le registre de la corporation des libraires à Londres conférera dans les États britanniques le droit exclusif de reproduction jusqu'à ce que quelque autre personne ait fait admettre devant un tribunal un droit mieux établi.

Le certificat délivré conformément aux lois françaises, et constatant l'enregistrement d'un ouvrage dans ce pays, aura la même force et valeur dans toute l'étendue du territoire de la République française.

Au moment de l'enregistrement d'un ouvrage dans l'un des deux pays, il en sera délivré, si on le demande, un certificat ou copie certifiée; et ce certificat relatera la date précise à laquelle l'enregistrement aura eu lieu.

Le coût d'enregistrement d'un seul ouvrage, conformément aux stipulations du présent article, ne pourra pas dépasser la somme de un franc vingt-cinq centimes en France, et d'un shelling en Angleterre; et les frais additionnels pour le certificat d'enregistrement ne devront pas excéder la somme de six francs vingt-cinq centimes en France, ou de cinq shellings en Angleterre.

Les présentes stipulations ne s'étendront pas aux articles de journaux ou de recueils périodiques pour lesquels le simple avertissement de l'auteur, ainsi qu'il est prescrit à l'art. 5, suffira pour garantir son droit contre la reproduction ou la traduction. Mais si un article ou un ouvrage qui aura paru pour la première fois dans un journal ou dans un recueil périodique est ensuite reproduit à part, il restera alors soumis aux stipulations du présent article.

9. — Quant à ce qui concerne tout objet autre que les livres, estampes, cartes et publications musicales, pour lesquels on pourrait réclamer la protection, en vertu de l'art. 1er de la présente convention, il est entendu que tout mode d'enregistrement autre que le mode prescrit par l'article précédent, qui est ou qui pourrait être appliqué par la loi dans un des deux pays, à l'effet de garantir le droit de propriété à toute œuvre quelconque ou article mis pour la première fois au jour dans ce pays, ledit mode d'enregistrement sera étendu, sous des conditions égales, à toute œuvre ou objet similaire mis au jour pour la première fois dans l'autre pays.

10. — Pendant toute la durée de la présente convention, les droits actuellement établis à l'importation licite dans le Royaume-Uni de la Grande-Bretagne et d'Irlande, des livres, gravures, dessins ou ouvrages de musique publiés dans toute l'étendue du territoire de la République française, demeurent réduits et fixés aux taux ci-après établis, savoir :

1° Droits sur les livres et œuvres de musique :

A. Ouvrages publiés pour la première fois dans le Royaume-Uni, et reproduits en France, par quintal anglais. 2 10 0

B. Ouvrages non publiés pour la première fois dans le Royaume-Uni, par quintal anglais. . . 0 15 0

2° Gravures ou dessins :

A. Coloriés ou non, chaque pièce. 0 0 0 1/2

B. Reliés ou brochés, la douzaine. 0 0 1 1/2

Il est convenu que le taux des droits ci-dessus spécifiés ne sera pas augmenté pendant la durée de la présente convention, et que si, par la suite, pendant la durée de cette convention, ce taux était réduit en faveur des livres, gravures, dessins ou ouvrages de musique publiés dans tout autre pays, cette réduction s'étendra en même temps aux objets similaires publiés en France.

Il est, en outre, bien entendu que tout ouvrage publié en France, et dont une partie aura été mise au jour pour la première fois dans le Royaume-Uni, sera considéré comme « ouvrage publié pour la première fois dans le Royaume-Uni, et reproduit en France, » et, à ce titre, il sera soumis aux droits de cinquante shellings par quintal anglais, alors même qu'il contiendrait encore des additions originales publiées ailleurs que dans le Royaume-Uni, à moins que ces additions originales ne soient d'une étendue pour le moins égale à celle de la partie de l'ouvrage publiée originairement dans le Royaume-Uni, auquel cas l'ouvrage ne serait soumis qu'aux droits de quinze shellings par quintal anglais.

11. — Pour faciliter l'exécution de la présente convention, les deux hautes parties contractantes s'engagent à se communiquer mutuellement les lois et règlements qui pourront être ultérieurement établis dans les États respectifs, à l'égard des droits d'auteurs, pour les ouvrages et productions protégés par les stipulations de la présente convention.

12. — Les stipulations de la présente convention ne pourront en aucune manière porter atteinte au droit que chacune des deux hautes parties contractantes se réserve expressément de surveiller et de défendre, au moyen de mesures législatives ou de police intérieure, la vente, la circulation, la représentation et l'exposition de tout ouvrage ou de toute production à l'égard desquels l'un ou l'autre pays jugerait convenable d'exercer ce droit.

13. — Rien dans cette convention ne sera considéré comme portant atteinte au droit de l'une ou de l'autre des deux hautes parties contractantes, de prohiber l'importation dans ses propres États des livres qui, d'après ses lois intérieures ou des stipulations souscrites avec d'autres puissances, sont ou seraient déclarés être des contrefaçons ou des violations du droit d'auteur.

14. — Sa Majesté britannique s'engage à recommander au parlement d'adopter une loi qui l'autorise à mettre en vigueur celles des dispositions de la présente convention qui ont besoin d'être sanctionnées par un acte législatif. Lorsque cette loi aura été adoptée, la convention sera mise à exécution à partir d'un jour qui sera alors fixé par les deux hautes parties contractantes.

Dans chaque pays, le Gouvernement fera dûment connaître d'avance le jour ainsi convenu, et les stipulations de la convention ne seront applicables qu'aux œuvres et articles publiés après cette date. La présente convention restera en vigueur pendant dix années, à partir du jour où elle pourra être mise en vigueur, et, dans le cas où aucune des deux parties n'aurait signifié, douze mois avant l'expiration de ladite période de dix années, son intention d'en faire cesser les effets, la convention continuerait à rester en vigueur encore une année, et ainsi de suite, d'année en année, jusqu'à l'expiration d'une année, à partir du jour où l'une ou l'autre des parties l'aura dénoncée.

Les hautes parties contractantes se réservent cependant la faculté d'apporter à la présente convention, d'un commun accord, toute modification qui ne serait pas incompatible avec l'esprit et les principes qui en sont la base, et dont l'expérience aurait démontré l'opportunité.

15. — La présente convention sera ratifiée, et les ratifications en seront échangées à Paris, dans le délai de trois mois, à partir du jour de la signature, ou plus tôt si faire se peut.

En foi de quoi, les plénipotentiaires respectifs l'ont signée et y ont apposé leurs cachets respectifs.

Fait à Paris, le troisième jour du mois de novembre de l'an de grâce mil huit cent cinquante-un.

(L. S.) Signé : TURGOT.
(L. S.) Signé : NORMANBY.

Procès-verbal d'échange.

Les soussignés s'étant réunis pour procéder, au nom du Président de la République française et de Sa Majesté la reine du Royaume-Uni de la Grande-Bretagne et d'Irlande, à l'échange des ratifications réciproques sur la convention signée à Paris, le 3 novembre dernier, entre la France et la Grande-Bretagne, dans le but de garantir mutuellement, dans les deux pays, la propriété des œuvres de littérature et d'art, les instruments respectifs des ratifications ont été produits, et, après avoir été soigneusement collationnés et trouvés exactement conformes l'un à l'autre, l'échange en a été opéré dans les formes usitées.

Toutefois, 1° nonobstant les termes de l'art. 14, stipulant que la convention ne sera exécutoire en aucune de ses dispositions qu'à partir du jour où celles qui ont besoin d'être validées dans la Grande-Bretagne par un acte législatif auront reçu cette sanction, il a été convenu, d'un commun accord, que celles des dispositions qui ne sont point de nature à y être soumises, et que l'état actuel de la législation autorise dès à présent la couronne britannique à valider, auront, le plus tôt possible, leur plein et entier effet, de part et d'autre;

2° Il a été également convenu que les dispositions contenues dans l'art. 3, lesquelles interdisent la reproduction dans l'un des deux pays des articles de journaux ou de recueils périodiques publiés dans l'autre, et dont les auteurs auraient déclaré dans le journal ou le recueil même où ils les auront fait paraître qu'ils en interdisent la reproduction, ne seront pas applicables aux articles de discussion politique.

Les précédentes interprétations et explications auront la même force et valeur que si elles étaient insérées dans le texte même de la convention.

En foi de quoi, les soussignés ont signé le présent procès-verbal, en double copie, à Paris, le huitième jour du mois de janvier de l'an de grâce mil huit cent cinquante-deux.

(L. S.) *Signé* : TURGOT.
(L. S.) *Signé* : NORMANBY.

2, — Le garde des sceaux, ministre de la justice, et le ministre des affaires étrangères, sont chargés, chacun en ce qui le concerne, de l'exécution du présent décret.

Signé. LOUIS-NAPOLÉON.

Par le Prince Président,

Le ministre des affaires étrangères,
Signé : TURGOT.

Vu et scellé du grand sceau :

Le garde des sceaux, ministre de la justice,
Signé : ABBATUCCI.

DÉCRET ORGANIQUE DU 2 FÉVRIER 1852.

Élection des Députés.

ART. 9. — (Immunité des opinions des Députés). — (V. p. 108).

ART. 39, 40, 44, 45, 48. — (Attaques contre la liberté des votes, troubles des opérations électorales. — (V. p. 100, 111).

DÉCRET DU 17 FÉVRIER 1852.

Organique sur la presse, journaux et écrits périodiques, délits de la presse.

LOUIS-NAPOLÉON, Président de la République française ;

Décrète :

CHAPITRE Ier. — DE L'AUTORISATION PRÉALABLE ET DU CAUTIONNEMENT DES JOURNAUX ET ÉCRITS PÉRIODIQUES.

ART. 1er. — Aucun journal ou écrit périodique traitant de matières politiques ou d'économie sociale, et paraissant, soit régulièrement et à jour fixe, soit par livraison et irrégulièrement, ne pourra être créé ou publié sans l'autorisation préalable du Gouvernement.

Cette autorisation ne pourra être accordée qu'à un Français majeur, jouissant de ses droits civils et politiques.

L'autorisation préalable du Gouvernement sera pareillement nécessaire, à raison de tous changements opérés dans le personnel des gérants, rédacteurs en chef, propriétaires ou administrateurs d'un journal. — (V. p. 34, 72).

2. — Les journaux politiques ou d'économie sociale publiés à l'étranger ne pourront circuler en France qu'en vertu d'une autorisation du Gouvernement.

Les introducteurs ou distributeurs d'un journal étranger dont la circulation n'aura pas été autorisée seront punis d'un emprisonnement d'un mois à un an, et d'une amende de cent francs à cinq mille francs. — (V. p. 34).

3. — Les propriétaires de tout journal ou écrit périodique traitant de matières politiques ou d'économie sociale seront tenus, avant sa publication, de verser au Trésor un cautionnement en numéraire dont l'intérêt sera payé au taux réglé pour les cautionnements. — (V. p. 36).

4. — Pour les départements de la Seine, de Seine-et-Oise, de Seine-et-Marne et du Rhône, le cautionnement est fixé ainsi qu'il suit :

Si le journal ou écrit périodique paraît plus de trois fois par semaine, soit à jour fixe, soit par livraisons irrégulières, le cautionnement sera de cinquante mille francs (50,000 fr.)

Si la publication n'a lieu que trois fois par semaine ou à des intervalles plus éloignés, le cautionnement sera de trente mille francs (30,000 fr.)

Dans les villes de cinquante mille âmes et au-dessus, le cautionnement des journaux ou écrits périodiques paraissant plus de trois fois par semaine sera de vingt-cinq mille francs (25,000 fr.)

Il sera de quinze mille francs dans les autres villes, et, respectivement, de moitié de ces deux sommes pour les journaux ou écrits périodiques paraissant trois fois par semaine ou à des intervalles plus éloignés. — (V. p. 36).

5. — Toute publication de journal ou écrit périodique sans autorisation préalable, sans cautionnement ou sans que le cautionnement soit complété, sera punie d'une amende de cent à deux mille francs pour chaque numéro ou livraison publié en contravention, et d'un emprisonnement d'un mois à deux ans.

Celui qui aura publié le journal ou écrit périodique et l'imprimeur seront solidairement responsables.

Le journal ou écrit périodique cessera de paraître. — (V. p. 22, 28, 34, 36, 40, 46, 152).

CHAPITRE II. — DU TIMBRE DES JOURNAUX PÉRIODIQUES.

6. — Les journaux ou écrits périodiques et les recueils périodiques de gravures ou lithographies politiques de moins de dix feuilles de vingt-cinq à trente-deux décimètres carrés, ou de moins de cinq feuilles de cinquante à soixante-douze décimètres carrés, seront soumis à un droit de timbre.

Ce droit sera de six centimes par feuille de soixante-douze décimètres carrés et au-dessous dans les département de la Seine et de Seine-et-Oise, et de trois centimes pour les journaux, gravures ou écrits périodiques publiés partout ailleurs.

Pour chaque fraction en sus de dix décimètres carrés et au-dessous, il sera perçu un centime et demi dans les départements de la Seine et de Seine-et-Oise, et un centime partout ailleurs.

Les suppléments du journal officiel, quel que soit leur nombre, sont exempts de timbre. — (V. p. 52).

7. — Une remise de un pour cent sur le timbre sera accordée aux éditeurs de journaux ou écrits périodiques pour déchets de maculature. — (V. p. 52).

8. — Les droits de timbre imposés par la présente loi seront applicables aux journaux et écrits périodiques publiés à l'étranger, sauf les conventions diplomatiques contraires.

Un règlement d'administration publique déterminera le mode de perception de ce droit. — (V. p. 52 et 57).

9. — Les écrits non périodiques traitant de matières politiques ou d'économie sociale qui ne sont pas actuellement en cours de publication, ou qui, antérieurement à la présente loi, ne sont pas tombés dans le domaine public, s'ils sont publiés en une ou plusieurs livraisons ayant moins de dix feuilles d'impression de ving-cinq à trente-deux décimètres carrés, seront soumis à un droit de timbre de cinq centimes par feuille.

Il sera perçu un centime et demi par chaque fraction en sus de dix décimètres carrés et au-dessous.

Cette disposition est applicable aux écrits non périodiques publiés à l'étranger. Ils seront, à l'importation, soumis aux droits de timbre fixés pour ceux publiés en France. — (V. p. 52).

10. — Les préposés de l'enregistrement, les officiers de police judiciaire et les agents de la force publique, sont autorisés à saisir les journaux ou écrits qui seraient en contravention aux présentes dispositions sur le timbre.

Ils devront constater cette saisie par des procès-verbaux qui seront signifiés aux contrevenants dans le délai de trois jours. — (V. p. 56).

11. — Chaque contravention aux dispositions de la présente loi, pour les journaux, gravures ou écrits périodiques, sera punie, indépendamment de la restitution des droits frustrés, d'une amende de cinquante francs par feuille ou fraction de feuille non timbrée. Elle sera de cent francs en cas de réci-dive. L'amende ne pourra, au total, dépasser le chiffre du cautionnement.

Pour les autres écrits, chaque contravention sera punie, indépendamment de la restitution des droits frustrés, d'une amende égale au double desdits droits.

Cette amende ne pourra, en aucun cas, être inférieure à deux cents francs, ni dépasser en total cinquante mille francs. (V. p. 54).

12. — Le recouvrement des droits de timbre et des amendes de contraventions sera poursuivi, et les instances seront instruites et jugées conformément à l'article 76 de la loi du 28 avril 1816. — (V. p. 56 et 152).

13. — En outre des droits de timbre fixés par la présente loi, les tarifs existant antérieurement à la loi du 16 juillet 1850, pour le transport par la poste des journaux et autres écrits, sont remis en vigueur. — (V. p. 56).

CHAPITRE III. — DÉLITS ET CONTRAVENTIONS NON PRÉVUS PAR LES LOIS ANTÉRIEURES. — JURIDICTION. — EXÉCUTION DES JUGEMENTS. — DROIT DE SUSPENSION ET DE SUPPRESSION.

14. — Toute contravention à l'article 42 de la Constitution sur la publication des comptes-rendus officiels des séances du Corps législatif sera punie d'une amende de mille à cinq mille francs. — (V. p. 6, 126).

15. — La publication ou la reproduction de nouvelles fausses, de pièces fabriquées, falsifiées ou mensongèrement attribuées à des tiers, sera punie d'une amende de cinquante à mille francs.

Si la publication ou reproduction est faite de mauvaise foi, ou si elle est de nature à troubler la paix publique, la peine sera d'un mois à un an d'emprisonnement, et d'une amende de cinq cents à mille francs. Le maximum de la peine sera appliqué si la publication ou reproduction est tout à la fois de nature à troubler la paix publique et faite de mauvaise foi. — (V. p. 68, 128).

16. — Il est interdit de rendre compte des séances du Sénat autrement que par la reproduction des articles insérés au journal officiel.

Il est interdit de rendre compte des séances non publiques du conseil d'État. — (V. p. 126).

17. — Il est interdit de rendre compte des procès pour délits de presse. La poursuite pourra seulement être annoncée; dans tous les cas, le jugement pourra être publié.

Dans toutes les affaires civiles, correctionnelles ou criminelles, les Cours et tribunaux pourront interdire le compte-rendu du procès. Cette interdiction ne pourra s'appliquer au jugement qui pourra toujours être publié. — (V. p. 108, 126).

18. — Toute contravention aux dispositions des art. 16 et 17 de la présente loi sera punie d'une amende de cinquante francs à cinq mille francs, sans préjudice des peines prononcées par la loi, si le compte-rendu est infidèle et de mauvaise foi. — (V. p. 108, 126).

19. — Tout gérant sera tenu d'insérer en tête du journal les documents officiels, relations authentiques, renseignements, réponses et rectifications qui lui seront adressés par un dépositaire de l'autorité publique.

La publication devra avoir lieu dans le plus prochain numéro qui paraîtra après le jour de la réception des pièces.

L'insertion sera gratuite.

En cas de contravention, les contrevenants seront punis d'une amende de cinquante francs à mille francs. En outre, le journal pourra être suspendu par voie administrative pendant quinze jours au plus. — (V. p. 124).

20. — Si la publication d'un journal ou écrit périodique frappé de suppression ou de suspension administrative ou judiciaire est continuée sous le même titre ou sous un titre déguisé, les auteurs, gérants ou imprimeurs seront condamnés à la peine d'un mois à deux ans d'emprisonnement, et, solidairement, à une amende de cinq cents francs à trois mille francs par chaque numéro ou feuille publiée en contravention. — (V. p. 22, 34, 128).

21. — La publication de tout article traitant de matières politiques ou d'économie sociale, et émanant d'un individu condamné à une peine afflictive et infamante ou infamante seulement, est interdite.

Les éditeurs, gérants, imprimeurs qui auront concouru à cette publication seront condamnés solidairement à une amende de mille à cinq mille francs. — (V. p. 22, 128).

22. — Aucuns dessins, aucunes gravures, lithographies, médailles, estampes, ou emblèmes, de

quelque nature et espèce qu'ils soient, ne pourront être publiés, exposés ou mis en vente sans l'autorisation préalable du ministre de la police à Paris ou des préfets dans les départements.

En cas de contravention, les dessins, gravures, lithographies, médailles, estampes ou emblèmes pourront être confisqués, et ceux qui les auront publiés seront condamnés à un emprisonnement d'un mois à un an et à une amende de cent francs à mille francs. — (V. p. 28, 60, 72.)

23. — Les annonces judiciaires exigées par les lois pour la validité ou la publicité des procédures ou des contrats seront insérées, à peine de nullité de l'insertion, dans le journal ou les journaux de l'arrondissement, qui seront désignés, chaque année, par le préfet.

A défaut du journal dans l'arrondissement, le préfet désignera un ou plusieurs journaux du département.

Le préfet règlera en même temps le tarif de l'impression de ces annonces. — (V. p. 124).

24. — Tout individu qui exerce le commerce de la librairie sans avoir obtenu le brevet exigé par l'article 11 de la loi du 2 octobre 1814 sera puni d'une peine d'un mois à deux ans d'emprisonnement, et d'une amende de cent francs à deux mille francs. L'établissement sera fermé. (V. p. 24).

25. — Seront poursuivis devant les tribunaux de police correctionnelle : 1° les délits commis par la voie de la presse ou tout autre moyen de publication mentionné dans l'art. 1er de la loi du 17 mai 1819, et qui avaient été attribués par les lois antérieures à la compétence des Cours d'assises; 2° les contraventions sur la presse prévues par les lois antérieures; 3° les délits et contraventions édictées par la présente loi. — (V. p. 138, 140, 144, 146, 148.)

26. — Les appels des jugements rendus par les tribunaux correctionnels sur les délits commis par la voie de la presse seront portés directement, sans distinction de la situation locale de ces tribunaux, devant la chambre correctionnelle de la Cour d'appel. (V. p. 150).

27. — Les poursuites auront lieu dans les formes et délais prescrits par le Code d'instruction criminelle. — (V. p. 138, 142, 144, 146, 148.)

28. — En aucun cas, la preuve par témoins ne sera admise pour établir la réalité des faits injurieux ou diffamatoires. — (V. p. 106, 148.)

29. — Dans les trois jours de tout jugement ou arrêt définitif de contravention de presse, le gérant du journal devra acquitter le montant des condamnations qu'il aura encourues ou dont il sera responsable.

En cas de pourvoi en cassation, le montant des condamnations sera consigné dans le même délai. — (V. 40, 46, 152.)

30. — La consignation ou le paiement prescrit par l'article précédent sera constaté par une quittance délivrée en duplicata par le receveur des domaines.

Cette quittance sera, le quatrième jour au plus tard, remise au procureur de la République qui en donnera récépissé. — (V. p. 40, 46, 152.)

31. — Faute par le gérant d'avoir remis la quittance dans les délais ci-dessus fixés, le journal cessera de paraître, sous les peines portées par l'article 5 de la présente loi. — (V. p. 40, 46, 152).

32. — Une condamnation pour crime commis par la voie de la presse, deux condamnations pour délits ou contraventions commis dans l'espace de deux années, entraînent de plein droit la suppression du journal dont les gérants ont été condamnés.

Après une condamnation prononcée pour contravention ou délit de presse contre le gérant responsable d'un journal, le Gouvernement a la faculté, pendant les deux mois qui suivent cette condamnation, de prononcer, soit la suspension temporaire, soit la suppression du journal.

Un journal peut être suspendu par décision ministérielle, alors même qu'il n'a été l'objet d'aucune condamnation, mais après deux avertissements motivés, et pendant un temps qui ne pourra excéder deux mois.

Un journal peut être supprimé, soit après une suspension judiciaire ou administrative, soit par mesure de sûreté générale, mais par un décret spécial du Président de la République, publié au *Bulletin des Lois.* — (V. p. 154).

CHAPITRE IV. — DISPOSITIONS TRANSITOIRES.

33. — Les propriétaires de journaux ou écrits périodiques politiques actuellement existants sont dispensés de l'autorisation exigée par l'article 1er de la présente loi. Il leur est accordé un délai de deux mois pour compléter leur cautionnement. A l'expiration de ce délai, si le cautionnement n'est pas complété et si la publication continue, l'article 5 de la présente loi sera appliqué.

34. — Les dispositions de la présente loi relatives au timbre des journaux ou écrits périodiques ne seront exécutoires qu'à partir du 1er mars prochain.

Les droits de timbre et de poste afférents aux abonnements contractés avant la promulgation de la présente loi seront remboursés aux propriétaires des journaux ou écrits périodiques.

Les réclamations et justifications nécessaires seront faites dans les formes et délais déterminés par le décret réglementaire du 27 juillet 1850.

Cette dépense sera imputée sur le crédit alloué au chapitre LXX du budget des finances, concernant les remboursements sur produits indirects et divers.

35. — Un délai de trois mois est accordé pour obtenir un brevet de libraire à ceux qui n'en ont pas obtenu et font actuellement le commerce de la librairie.

Après ce délai, ils seront passibles, s'ils continuent leur commerce, des peines édictées par l'article 24 de la présente loi.

36. — La présente loi n'est pas applicable à l'Algérie et aux colonies.

Sont abrogées les dispositions des lois antérieures contraires à la présente loi, et notamment les art. 14 et 18 de la loi du 16 juillet 1850. — (V. p. 156).

37. — Les ministres sont chargés, chacun en ce qui le concerne, de l'exécution du présent décret.
Signé : LOUIS-NAPOLÉON.
Par le Président de la République :
Le Ministre d'Etat,
Signe : X. DE CASABIANCA.

DÉCRET DU 19 FÉVRIER 1852,
Relatif à la convention postale entre la France et le grand-duché de Luxembourg.

LOUIS-NAPOLÉON, Président de la République française,
Vu la convention de poste, conclue et signée les 26 et 28 novembre 1851, entre la France et le grand-duché de Luxembourg; — Vu les lois des 14 floréal an x (4 mai 1802) et 30 mai 1838; — Vu le décret du 24 août 1848, les lois des 18 mai et 16 juillet 1850, et le décret du 17 février 1852; — Vu les ordonnances des 29 juillet 1818 et 11 décembre 1836; — Sur le rapport du ministre des finances,
Décrète :

ART. 1er. . . . .

9. — Les journaux, gazettes, ouvrages périodiques, livres brochés, brochures, papiers de musique, catalogues, prospectus, annonces et avis divers imprimés, lithographiés ou autographiés, publiés en France, en Algérie et dans les parages de la Méditerranée où la France entretient des bureaux de poste, qui seront adressés dans le grand-duché de Luxembourg, et réciproquement, de même nature publiés dans le grand-duché de Luxembourg, qui seront adressés en France, en Algérie, et dans les parages de la Méditerranée où la France entretient des établissements de poste, devront être affranchis, de part et d'autre, jusqu'à destination.

10. — La taxe d'affranchissement des journaux, gazettes et ouvrages périodiques expédiés de France et d'Algérie pour le grand-duché de Luxembourg, et *vice versd*, sera perçue d'après les dimensions réunies des feuillets composant chaque numéro de journal, de gazette ou d'ouvrage périodique, sans égard au nombre ou au format de ces feuillets, à raison de huit centimes par soixante-douze décimètres carrés ou fraction de soixante-douze décimètres carrés.

La taxe d'affranchissement des livres brochés, brochures, papiers de musique, catalogues, prospectus, annonces et avis divers imprimés, lithographiés ou autographiés, expédiés de France et d'Algérie pour le grand-duché de Luxembourg, et *vice versd*, sera perçue d'après les dimensions réunies des feuillets existant dans chaque paquet portant une adresse particulière, à raison de huit centimes par trente-deux décimètres carrés ou fraction de trente-deux décimètres carrés.

11. — La taxe d'affranchissement des journaux, gazettes et ouvrages périodiques, expédiés des parages de la Méditerranée où la France possède des établissements de poste, pour le grand-duché de Luxembourg, et *vice versd*, sera perçue d'après les dimensions réunies des feuillets composant chaque numéro de journal, de gazette ou d'ouvrage périodique, à raison de douze centimes par soixante-douze décimètres carrés ou fraction de soixante-douze décimètres carrés.

La taxe d'affranchissement des livres brochés, brochures, papiers de musique, catalogues, prospectus, annonces et avis divers imprimés, lithographiés ou autographiés, expédiés des parages de la Méditerranée où la France possède des établissements de poste, pour le grand-duché de Luxembourg, et *vice versd*, sera perçue d'après les dimensions réunies des feuillets existant dans chaque paquet portant une adresse particulière, à raison de douze centimes par trente-deux décimètres carrés ou fraction de trente-deux décimètres carrés.

42. — Pour jouir des modérations de port accordées par les art. 10 et 11 précédents aux journaux et autres imprimés, ces objets devront être mis sous bandes, non reliés, et ne contenir aucune écriture, chiffre ou signe quelconque à la main, si ce n'est la date et la signature. Les journaux et autres imprimés qui ne réuniraient pas ces conditions seront considérés comme lettres et taxés en conséquence.

43. — Les journaux et autres imprimés expédiés de la France et de l'Algérie pour le grand-duché de Luxembourg, et *vice versd*, ne seront reçus et distribués par les bureaux dépendants de l'administration des postes de France qu'autant qu'il aura été satisfait, à leur égard, aux lois, décrets, ordonnances ou arrêtés qui fixent les conditions de leur publication et de leur circulation en France.

. . . .

47. — Sont et demeurent abrogées, en ce qu'elles ont de contraire au présent décret, les dispositions des ordonnances des 29 juillet 1818 et 14 décembre 1836.

48. — Le ministre des finances est chargé de l'exécution du présent décret, qui sera inséré au *Bulletin des Lois.*

(*Signé : ut sup.*).

DÉCRET DU 20 FÉVRIER 1852
Sur la presse aux colonies. — (V. p. 158).

DÉCRET DU 25 FÉVRIER 1852,
Attribuant aux tribunaux correctionnels la connaissance de certains délits actuellement soumis aux Cours d'assises.

LOUIS-NAPOLÉON, Président de la République française,
Sur le rapport du garde des sceaux, ministre secrétaire d'Etat au département de la justice; — Considérant que la règle de compétence posée par l'art. 179 du Code d'instruction criminelle forme le droit commun; que déjà la connaissance des délits commis au moyen de la parole ou de la presse a été restituée aux tribunaux de police correctionnelle par les décrets des 31 décembre 1851 et 17 février 1852; — Qu'on ne saurait, sans une véritable anomalie, laisser encore aux Cours d'assises la connaissance de quelques autres délits analogues par leur nature ou assimilés par le législateur à ceux qui sont déjà rentrés dans la règle commune; — Considérant qu'il est de principe que les lois de procédure et de compétence sont immédiatement applicables aux affaires à l'égard desquelles il n'y a pas jugement ou dessaisissement,
Décrète :

ART. 1er. — Tous les délits dont la connaissance est actuellement attribuée aux Cours d'assises, et qui ne sont pas compris dans les décrets des 31 décembre 1851 et 17 février 1852, seront jugés par les tribunaux correctionnels, sauf les cas pour lesquels il existe des dispositions spéciales à raison des fonctions ou de la qualité des inculpés. — (V. p. 158).

2. — Ces juridictions connaîtront de ceux de ces délits qui ont été commis antérieurement au présent décret et sur lesquels il n'aurait pas été statué autrement.

3. — Les poursuites seront dirigées selon les formes et les règles prescrites par le Code d'instruction criminelle.

4. — Sont et demeurent abrogées toutes les dispositions relatives à la compétence, contraires au présent décret, et notamment celles qui résultent de la loi du 8 octobre 1830, en matière de délits politiques ou réputés tels; de l'art. 6 de la loi du 10 décembre 1830, relative aux crieurs et crieurs publics; de l'art. 10 du décret du 7 juin 1848 sur les délits d'attroupements; de l'art. 16, paragraphe 2 de la loi du 28 juillet 1848 sur les clubs et les sociétés

secrètes ; de l'art. 117 de la loi électorale du 15 mars 1849. — (V. p. 158).

5. — Le garde des sceaux, ministre secrétaire d'État au département de la justice, est chargé de l'exécution du présent décret.

(Signé : ut sup.).

DÉCRET DU 1ᵉʳ MARS 1852,

Relatif au timbre des journaux et écrits périodiques traitant de matières politiques et d'économie sociale, publiés à l'étranger et importés en France. — (V. p. 57).

DÉCRET DU 19 MARS 1852,

Relatif à la convention postale, du 1ᵉʳ mars 1851, entre la France et les Pays-Bas.

LOUIS-NAPOLÉON, Président de la République française,

Vu la convention de poste conclue et signée à La Haye, le 4ᵉʳ novembre 1851, entre la France et les Pays-Bas ; — Vu les lois du 14 floréal an x (4 mai 1802) et 30 mai 1838 ; — Vu le décret du 24 août 1848 et la loi du 18 mai 1850 ; — Vu les ordonnances des 29 juillet 1818 et 14 décembre 1836 ; — Sur le rapport du ministre des finances,

Décrète :

ART. 1ᵉʳ. — A dater du 1ᵉʳ avril prochain, les lettres ordinaires, les journaux et imprimés de toute nature expédiés de France pour les Pays-Bas pourront, au choix des envoyeurs, être dirigés, soit par la voie de terre, soit par la voie de mer, au moyen des paquebots à vapeur naviguant entre les ports français et les ports néerlandais. Les lettres, journaux et imprimés qui ne porteront sur l'adresse aucune indication de direction seront exclusivement acheminés par la voie de terre.

A partir de la même époque, les habitants de la France et de l'Algérie pourront adresser des lettres ordinaires, des journaux et des imprimés de toute nature dans les pays d'outre-mer, sans distinction de parages, par la voie des bâtiments de l'État ou du commerce partant des ports des Pays-Bas pour lesdits pays d'outre-mer. Les lettres, journaux et imprimés que les envoyeurs voudront faire transporter par ces bâtiments devront porter, en tête de l'adresse, les mots : *voie des Pays-Bas.*

11. — Les journaux, gazettes, ouvrages périodiques, livres brochés, brochures, papiers de musique, catalogues, prospectus, annonces et avis divers imprimés, lithographiés et autographiés, publiés en France, en Algérie et dans les parages de la Méditerranée où la France entretient des bureaux de poste, qui seront adressés dans les Pays-Bas, et, réciproquement, les objets de même nature, publiés dans les Pays-Bas, qui seront adressés en France, en Algérie et dans les parages de la Méditerranée où la France entretient des bureaux de poste, devront être affranchis, de part et d'autre, jusqu'à destination.

12. — Le port des journaux, gazettes et ouvrages périodiques expédiés, soit de la France ou de l'Algérie et des parages de la Méditerranée où la France entretient des bureaux de poste pour les Pays-Bas, soit des Pays-Bas pour la France, l'Algérie et les parages de la Méditerranée où la France entretient des bureaux de poste, sera perçu d'après le poids brut de chaque paquet portant une adresse particulière, conformément à l'échelle de progression ci-après :

Seront considérés comme simples les paquets dont le poids n'excédera pas quarante-cinq grammes ;

Les paquets pesant de quarante-cinq à quatre-vingt-dix grammes inclusivement paieront deux fois le port du paquet simple ;

Ceux de quatre-vingt-dix à cent trente-cinq grammes inclusivement, trois fois le port du paquet simple ; et ainsi de suite, en ajoutant, de quarante-cinq grammes en quarante-cinq grammes, un port simple en sus.

Toutefois, lorsque plusieurs numéros d'une même ou de différentes publications périodiques seront réunis dans un seul paquet, il sera perçu, pour chaque numéro dont le poids n'atteindrait pas quarante-cinq grammes, la même taxe que s'il était envoyé isolément.

13. — Le port des livres brochés, brochures, papiers de musique, catalogues, prospectus, annonces et avis divers imprimés, lithographiés ou autogra-

phiés, expédiés, soit de la France, de l'Algérie et des parages de la Méditerranée ou la France entretient des bureaux de poste pour les Pays-Bas, soit des Pays-Bas pour la France, l'Algérie et les parages de la Méditerranée où la France entretient des bureaux de poste, sera perçu d'après le poids brut de chaque paquet portant une adresse particulière, conformément à l'échelle de progression ci-après :

Seront considérés comme simples les paquets dont le poids n'excédera pas vingt-cinq grammes ;

Les paquets pesant de vingt-cinq à cinquante grammes paieront deux fois le port du paquet simple.

Ceux de cinquante à soixante-quinze grammes, trois fois le port du paquet simple ; et ainsi de suite, en ajoutant, de vingt-cinq grammes en vingt-cinq grammes, un port simple en sus.

14. — Le port des journaux, gazettes, ouvrages périodiques, livres brochés, brochures, papiers de musique, catalogues, prospectus, annonces et avis divers imprimés, lithographiés ou autographiés, expédiés de la France et de l'Algérie pour les Pays-Bas, sera perçu par l'administration des postes de France, à raison de huit centimes par paquet.

15. — Le port des journaux, gazettes, ouvrages périodiques, livres brochés, brochures, papiers de musique, catalogues, prospectus, annonces et avis divers imprimés, lithographiés ou authographiés, expédiés des bureaux de poste français établis en Turquie, en Syrie et en Egypte pour les Pays-Bas, sera perçu à raison de douze centimes par paquet simple.

16. — Les journaux, gazettes, ouvrages périodiques, livres brochés, brochures, papiers de musique, catalogues, prospectus, annonces et avis divers imprimés, lithographiés ou authographiés, qui seront expédiés de la France et de l'Algérie pour les colonies et autres pays d'outre-mer par la voie des Pays-Bas, devront être affranchis jusqu'au port néerlandais d'embarquement, et il en sera acquitté par les envoyeurs, conformément aux art. 12, 13 et 14 du présent décret.

Les objets de même nature expédiés des pays d'outre-mer pour la France et l'Algérie, par la voie des Pays-Bas, supporteront aussi les taxes fixées par les articles sus-mentionnés, et ces taxes seront acquittées par les destinataires.

17. — Pour jouir des modérations de port accordées par les art. 12, 13, 14, 15, 16 précédents, aux journaux et autres imprimés, ces objets devront être mis sous bandes, non reliés, ne contenir aucune écriture, chiffre ou signe quelconque à la main, si ce n'est la date et la signature.

Les journaux et autres imprimés qui ne réuniraient pas ces conditions seront considérés comme lettres et taxés en conséquence.

18. — Les journaux ou autres imprimés expédiés de la France et de l'Algérie pour les Pays-Bas, et *vice versâ*, ne seront reçus ou distribués par les bureaux dépendants de l'administration des postes de France qu'autant qu'il aura été satisfait à leur égard aux lois, décrets, ordonnances ou arrêtés, qui fixent les conditions de leur publication et de leur circulation en France.

. . . .

22. — Sont et demeurent abrogées les dispositions des ordonnances des 29 juillet 1818 et 14 décembre 1836, concernant les lettres ordinaires ou chargées, les échantillons de marchandises, les journaux et imprimés de toute nature échangés entre l'administration des postes de France et l'administration des postes des Pays-Bas.

23. — Le ministre des finances est chargé de l'exécution du présent décret qui sera inséré au *Bulletin des Lois.*   *Signé : (ut sup.).*

DÉCRET DU 22 MARS 1852.

Libraires. — Brevets. — (V. p. 11).

DÉCRET DU 22 MARS 1852,

Réglant la profession d'imprimeur en taille douce.

LOUIS-NAPOLÉON, Président de la République,

Vu le décret du 5 février 1810 ; — Vu les art. 11, 12, 13, 14, 15 et 16 de la loi du 21 octobre 1814 ; — Vu les art. 2 et 5 de l'ordonnance du 24 octobre 1814 ; — Vu l'ordonnance du 8 octobre 1817 : — Sur le rapport du ministre de la police générale,

Décrète :

ART. 1ᵉʳ. — Nul ne sera imprimeur en taille douce s'il n'est breveté et assermenté. — (V. p. 10.)

2. — Nul ne pourra, pour des impressions

privées, être possesseur ou faire usage de presses de petite dimension, de quelque nature qu'elles soient, sans l'autorisation préalable du ministre de la police générale, à Paris, et des préfets dans les départements.

Cette autorisation pourra toujours être révoquée, s'il y a lieu — (V. p. 12.)

3. — Les contrevenants seront punis des peines édictées par l'art. 13 de la loi du 21 octobre 1814. —(V. p. 12.)

4. — Les fondeurs de caractères, les clicheurs ou stéréotypeurs, les fabricants de presses de tous genres, les marchands d'ustensiles d'imprimerie seront tenus d'avoir un livre coté et parafé par le maire, sur lequel seront inscrites, par ordre de date, les ventes par eux effectuées, avec les noms, qualités et domiciles des acquéreurs. Au fur et à mesure de chaque livraison, ils auront à transmettre, sous forme de déclaration, au ministère de la police générale, à Paris, et à la préfecture, dans les départements, copie de l'inscription faite au registre.

Chaque infraction à l'une de ces dispositions sera punie d'une amende de cinquante à deux cents francs.—(V. p. 12.)

5. — Les maires, les commissaires inspecteurs de la librairie et les commissaires de police constateront les contraventions par des procès-verbaux.—(V. p. 12, 30.)

6. — Un délai de trois mois est accordé aux imprimeurs en taille douce, aux détenteurs de presses et aux industriels mentionnés dans l'art. 4 pour se conformer aux obligations ci-dessus relatées.

Après ce délai, ils seront passibles des peines édictées par le présent décret, lequel n'est applicable ni à l'Algérie, ni aux colonies.

7. — Le ministre de la police générale est chargé de l'exécution du présent décret.

Signé : (ut sup.).

DÉCRET DU 22 MARS 1852,

Sur le Corps législatif.

ART. 73 et 74. — (Relatifs à l'impression des discours des députés.)—(V. p. 6, 22, 28, 74, 128).

DÉCRET DU 28 MARS 1852,

Exemptant du timbre les journaux et écrits exclusivement consacrés aux lettres, sciences, arts et à l'agriculture. — (V. p. 34).

DÉCRET DU 28 MARS 1852,

Sur la contrefaçon en France d'ouvrages publiés à l'étranger. — (V. p. 14).

DÉCRET DU 28 MARS 1852

Réglementaire de la presse en Algérie.

LOUIS-NAPOLÉON, Président de la République,

Vu l'art. 36 du décret du 17 février 1852 ; — Vu l'avis du comité consultatif de l'Algérie ; — Sur la proposition du ministre secrétaire d'État de la guerre,

Décrète :

ART. 1ᵉʳ. — Le gouverneur général de l'Algérie surveille l'usage de la presse, donne les autorisations de publier les journaux et révoque ces autorisations en cas d'abus. — (V. p. 2, 34, 134.)

2. — Aucun numéro de journal ne pourra paraître sans le visa préalable de l'autorité déléguée à cette fin par le gouverneur général. — (V. p. 2, 34.)

3. — Aucun écrit autre que les jugements, arrêts et actes publiés par autorité de justice ou émanés de l'autorité militaire ou de l'évêque diocésain, ne peut être imprimé sans la permission du gouverneur général, ou sans celle du préfet délégué à cet effet.—(V. p. 2, 6, 16).

4. — Les cautionnements et les droits de timbre des journaux et écrits périodiques ou non périodiques sont maintenus tels qu'ils sont fixés par la loi du 16 juillet 1850.—(V. p. 36)

Néanmoins, les journaux et écrits venant de France ou de l'étranger ne pourront circuler en Algérie qu'après le paiement des droits de timbre et autres qui leur sont imposés par les art. 6, 7, 8, 9, 10, 11, 12 et 15 du décret du 17 février 1852, lesquels sont, à cet effet seulement, rendus exécutoires pour l'Algérie, et ce, sous les peines édictées audit décret.—(V. p. 52, 54, 56.)

Sont également maintenus les art. 3 et 4 de la loi

du 16 juillet 1850 sur la signature des articles par leurs auteurs. — (V. p. 48).

5. — Toute publication de journal ou d'écrit périodique ou non périodique faite sans autorisation préalable, ou sans cautionnement régulier, ou sans le visa exigé par l'art. 2 du présent décret, ou qui paraîtra après que le gouverneur général aura révoqué l'autorisation précédemment accordée, sera punie d'une amende de cent à deux mille francs pour chaque numéro, livraison ou édition publié en contravention, et d'un emprisonnement d'un mois à deux ans.

Celui qui aura publié le journal ou l'écrit, et l'imprimeur, seront solidairement responsables.

Le journal ou écrit périodique cessera de paraître. —(V. p. 2, 22, 28, 54, 56, 128, 134).

6. — Les numéros du journal ou les exemplaires de tout écrit quelconque publiés en contravention aux dispositions des art. 2, 3, 4 et 5 du présent décret, seront saisis et ne pourront être ni exposés en vente, ni vendus, ni distribués sous les peines portées en l'article précédent. — (V. p .2, 28, 34).

7. — A l'avenir, aucun dessin, gravure, lithographie, médaille, estampe ou emblème, quelle qu'en soit la nature, ne pourra être publié, exposé, mis en vente ou distribué, sans l'autorisation préalable du préfet du département, alors même que l'impression ou la publication serait antérieure au présent décret.

En cas de contravention, les dessins, gravures, lithographies, médailles, estampes et emblèmes seront saisis et confisqués, et ceux qui les auront publiés, distribués ou exposés en vente seront condamnés à un emprisonnement d'un mois à un an, et à une amende de cent à mille francs. — (V. p. 28, 60, 72).

8. — Les journaux et écrits politiques ou d'économie sociale publiés à l'étranger ne pourront être introduits ni circuler en Algérie qu'en vertu d'une autorisation du gouverneur général.

Les introducteurs, vendeurs ou distributeurs d'un journal ou écrit étranger dont l'introduction ou la circulation n'aura pas été autorisée seront punis de l'emprisonnement d'un mois à un an, et d'une amende de cent francs à cinq mille francs.

En tous cas, les exemplaires introduits, vendus ou distribués, seront saisis et confisqués. — (V. p. 28, 60, 72).

9. — Est interdite la publication de tout écrit traitant de matières politiques ou d'économie sociale, et émanant d'un individu privé ou suspendu de ses droits civiques par arrêt ou jugement définitif.

Les éditeurs, gérants, imprimeurs qui auront concouru, sciemment, à cette publication, seront condamnés solidairement à une amende de vingt-cinq à deux mille francs.

En tous cas, les exemplaires de l'écrit seront saisis et confisqués. — (V. p. 22, 28).

10. — Tout gérant sera tenu d'insérer, en tête du journal et en caractères semblables à celui du corps de ce journal, les documents officiels, relations authentiques, renseignements, réponses et rectifications qui lui seront adressés, soit par l'autorité militaire, soit par l'autorité administrative.

La publication devra avoir lieu dans le plus prochain numéro qui paraîtra après le jour de la réception des pièces.

L'insertion sera gratuite.

En cas de contravention, les contrevenants seront punis d'une amende de vingt-cinq à cinq cents francs, et l'autorisation de publication donnée au journal pourra être retirée par le gouverneur général, conformément à l'art. 1er du présent décret. — (V. p. 124).

11. — Les annonces judiciaires exigées par les lois pour la validité ou la publicité des procédures ou des contrats seront insérées dans le journal ou les journaux de l'arrondissement ou du département qui seront désignés chaque année par le préfet, sous les peines portées à l'article précédent, et en outre, de la nullité de l'insertion.

Le préfet réglera en même temps le tarif de l'impression de ces annonces. — (V. p. 124).

12. — Tout individu qui exerce le commerce de la librairie sans en avoir obtenu le brevet exigé par l'art. 11 de la loi du 20 octobre 1814 sera puni d'un mois à deux ans d'emprisonnement, et d'une amende de cent à deux mille francs.

L'établissement sera, en outre, fermé.

Sont considérés comme faisant le commerce de la librairie les éditeurs autres que les auteurs des publications. — (V. p. 24, 66).

13. — Seront poursuivis devant les tribunaux de police correctionnelle tous délits commis par la voie de la presse, ainsi que toutes contraventions aux lois sur la police de la presse. — (V. p. 138, 140, 144, 146, 148).

14. — Les poursuites auront lieu selon les formes et dans les délais prescrits par le Code d'instruction criminelle. — (V. p. 138, 142, 144, 146, 148, 150.)

Néanmoins, aucun appel ou pourvoi en cassation sur les jugements et arrêts rendus, soit sur les demandes en renvoi, soit sur la compétence, soit sur les incidents de procédure, ne pourra être formé qu'après le jugement ou l'arrêt sur le fond, à peine de nullité. — (V. p. 150).

En outre, il devra être statué sur l'appel dans les huit jours de l'arrivée des pièces au greffe de la juridiction supérieure, et le pourvoi en cassation devra être formé et jugé dans les délais prescrits par l'art. 21 de la loi du 27 juillet 1849. — (V. p. 150).

15. — En aucun cas, la preuve par témoins ne sera admise, devant les tribunaux, pour établir la réalité des faits injurieux ou diffamatoires. — (V. p. 106, 148).

16. — Il est interdit de rendre compte des procès pour délits commis par la voie de la presse ; la poursuite pourra seulement être annoncée. Dans tous les cas, le jugement pourra être publié.

Les autres interdictions prononcées par les art. 10 et 11 de la loi du 27 juillet 1849 sont maintenues sous les peines portées en ladite loi. — (V. p. 126).

17. — Dans toutes affaires civiles, correctionnelles ou criminelles, les Cours ou tribunaux pourront interdire le compte-rendu du procès. Cette interdiction ne s'appliquera pas au jugement.— (V. p. 126).

18. — Toute contravention aux dispositions du paragraphe 1er de l'art. 16 et à l'art. 17 du présent décret sera punie d'une amende de cinquante à cinq mille francs, sans préjudice du droit de retrait de l'autorisation de publication par le gouverneur général, selon la gravité de l'infraction. —(V. p. 126.)

19. — L'action publique contre les crimes et délits commis par la voie de la presse, ou par un autre moyen de publication, s'éteindra conformément aux règles prescrites par l'art. 29 de la loi du 26 mai 1819. — (V. p. 154.)

20. — Dans les territoires militaires, les attributions conférées par le présent décret aux préfets des départements seront exercées par les généraux commandants. - (V. p. 156.)

21. — Le ministre de la guerre est chargé de l'exécution du présent décret. *Signé : (ut sup.)*.

DÉCRET DU 30 AVRIL 1852
Sur la presse aux colonies. — (V. p. 158).

DÉCRET DU 25 AOUT 1852
Portant règlement sur l'affichage. — (V. p. 74).

DÉCRET DU 30 DÉCEMBRE 1852,
Relatif à la représentation des ouvrages dramatiques.—(V. p. 78.)

DÉCRET DU 5 JANVIER 1853
Relatif au versement des amendes en matière de presse, qui seront versées à la caisse des consignations. — (V. p. 152).

DÉCRET DU 6 JUILLET 1853,
Relatif à l'autorisation des ouvrages dramatiques. — (V. p. 78.)

DÉCRET DU 4 FÉVRIER 1854
Sur la garantie réciproque de la propriété littéraire entre la France et l'Espagne.

ART. 1er. — La convention conclue, le 15 novembre 1853, entre la France et l'Espagne pour la garantie réciproque de la propriété des œuvres d'esprit et d'art, ayant été ratifiée par les deux gouvernements contractants, et les ratifications respectives ayant été échangées le 25 janvier 1854, ladite convention dont la teneur suit recevra sa pleine et entière exécution.

CONVENTION.

ART. 1er.— Les auteurs exerceront simultanément, dans toute l'étendue des deux pays, leur droit de propriété sur les œuvres littéraires, scientifiques et artistiques, conformément aux lois, ordonnances et règlements qui le leur garantissent ou garantiront par la suite, dans chaque Etat, contre les contrefaçons.

Le droit de propriété littéraire des Espagnols en France et des Français en Espagne durera pour les auteurs toute leur vie, et se transmettra, pour vingt ans, à leurs héritiers directs ou testamentaires, et, pour dix ans, à leurs héritiers collatéraux.

Les représentants légaux, les ayants cause ou mandataires légitimes des auteurs d'œuvres littéraires, scientifiques et artistiques, seront à tous égards traités sur le même pied que les auteurs eux-mêmes.

Seront considérés comme œuvres littéraires, scientifiques et artistiques, les livres, les compositions dramatiques et musicales, les tableaux, les dessins, les gravures, les lithographies, les sculptures, les cartes géographiques et toutes autres productions analogues.

Les hautes parties contractantes feront concorder leurs législations respectives, et devront, en attendant, faciliter, au moyen d'un règlement spécial, l'exercice du droit de propriété artistique dans les deux pays.

Les objets d'art destinés à l'agriculture et à l'industrie manufacturière ne se trouvent pas compris dans ce traité.

2. — La protection accordée aux œuvres originales s'étend aux traductions.

Toutefois, l'objet du présent article est simplement de protéger le traducteur, sous les conditions ci-après exprimées, par rapport à sa propre traduction, et non pas de conférer le droit exclusif de traduction au premier traducteur d'un ouvrage quelconque, hormis dans le cas et les limites prévus par les dispositions suivantes.

3. — L'auteur de tout ouvrage publié dans l'un des deux pays, qui aura entendu réserver son droit de traduction, jouira pendant cinq années, à partir du jour de la première publication de la traduction de son ouvrage autorisée par lui, du privilége de protection contre la publication, dans l'autre pays, de toute traduction du même ouvrage non autorisée par lui, pourvu que la sienne soit publiée dans le délai de six mois, à partir de la publication de l'œuvre originale, et que l'auteur ait rempli toutes les formalités prescrites à cet effet dans le présent traité.

4. — La traduction des œuvres dramatiques confère ces mêmes droits à l'auteur de l'original, si, toutefois, la traduction faite pour son compte ou avec son consentement est publiée dans les trois premiers mois, et qu'il ait rempli les autres formalités.

Le droit de subvention des auteurs dramatiques sur les représentations, dans les pays où la traduction de leur ouvrage sera mise en scène, est fixé au quart des droits que les lois du pays accordent aux traducteurs. Ce quart se trouve compris dans le montant total des droits que les entreprises théâtrales auront à payer aux traducteurs.

Les droits des compositeurs de musique sont assimilés à ceux des auteurs originaux, pourvu que le poème soit écrit dans la langue originale.

5. — La protection et les droits stipulés dans les deux articles précédents n'ont pas pour objet d'interdire les imitations et les appropriations faites de bonne foi des œuvres littéraires, scientifiques, dramatiques, de musique et d'art, en France et en Espagne, mais seulement d'en prévenir les contrefaçons, les réimpressions, les représentations et copies faites au préjudice des intérêts et des droits spécialement réservés aux auteurs et aux inventeurs.

Les tribunaux compétents de l'un et de l'autre Etat, et conformément à la législation en vigueur dans chacun d'eux, seront compétents pour résoudre, dans tous les cas, les questions auxquelles donneraient lieu les contrefaçons, falsifications, imitations ou copies desdites œuvres.

6. — Les stipulations de l'art. 1er s'appliqueront également aux ouvrages publiés pour la première fois dans un journal, ainsi qu'aux sermons, mémoires, leçons et autres discours prononcés en public et ne formant pas collection, à partir du moment où les lois des deux Etats garantiront à ces productions la protection spécifiée par l'article précité.

Dans aucun cas, un ouvrage publié pour la première fois dans un journal ne pourra être reproduit dans un autre, sans qu'il y soit fait mention du journal original et du nom de l'auteur de l'ouvrage, s'il s'y trouve indiqué.

7. — Pour que les auteurs et leurs ayants droit puissent jouir de la protection qui leur est accordée par l'art. 1, il est nécessaire qu'ils se conforment, au préalable, aux dispositions suivantes : ils feront la déclaration de leur ouvrage et en déposeront gratuitement deux exemplaires aux lieux ci-après désignés, savoir :

1° Si l'ouvrage a paru pour la première fois en France, à l'établissement public désigné à cet effet à Madrid;

2° Si l'ouvrage a paru pour la première fois en Espagne, au bureau de la librairie du ministère de l'intérieur à Paris.

Ce dépôt et l'enregistrement qui en sera fait sur les registres spéciaux ouverts, à cet effet, dans les deux établissements, ne donneront lieu à aucuns frais autres que le prix du papier timbré du certificat.

Ce certificat fera foi, tant en jugement que hors, dans toute l'étendue des territoires respectifs, et constatera le droit exclusif de propriété, de publication ou de reproduction, aussi longtemps que quelque autre personne n'aura pas fait admettre en justice un droit mieux établi.

Ces formalités du dépôt et de l'enregistrement devront être remplies dans les trois mois qui suivront la première publication de l'ouvrage dans le pays où il aura été publié.

Ces formalités ne seront naturellement pas applicables aux ouvrages de peinture et de sculpture, qui seront l'objet d'un règlement spécial, ainsi qu'il a été dit dans le § 5 de l'art. 1.

A l'égard des ouvrages publiés séparément par volumes ou par livraisons, chaque volume ou chaque livraison sera considéré comme un ouvrage séparé.

8. — Pour que le droit des auteurs sur les traductions de leurs ouvrages puisse être exercé conformément à ce qui est établi dans les art. 2 et 3 du présent traité, il est nécessaire de remplir préalablement les formalités suivantes : l'auteur d'un ouvrage original, lorsqu'il le fera paraître, devra déclarer, en tête dudit ouvrage, qu'il se réserve le droit de traduction, et, en conséquence de cette déclaration, sera tenu de la publier, si l'ouvrage ne se compose que d'un seul volume, dans les premiers six mois qui en suivront la publication.

Si l'auteur publie à la fois deux ou plusieurs volumes d'un même ouvrage, le délai sera augmenté d'autant de fois six mois que l'ouvrage publié comprendra de volumes, de telle sorte que le deuxième volume devra paraître dans les douze mois au moins qui suivront l'accomplissement desdites formalités de dépôt, et ainsi de suite. A l'égard des ouvrages qui paraissent par volumes séparés ou par livraisons, il suffira que cette déclaration soit faite en tête du premier volume ou de la première livraison.

Cependant, la traduction d'un ouvrage publié par livraisons devra paraître, au plus tard, dans les trois premiers mois qui suivront le dépôt de chacune d'elles.

9. — La réserve du droit de traduction d'une œuvre dramatique, avec obligation de la faire paraître dans un temps déterminé, est fixée à une durée de trois mois à compter du jour du dépôt et de l'enregistrement, par assimilation, sous ce rapport, des œuvres aux livraisons des ouvrages dramatiques de toute autre nature.

10. — Le propriétaire d'un ouvrage dont la publication se fera par volumes ou par livraisons qui ne remplira pas les formalités de dépôt et d'enregistrement prescrites par les articles précédents, celui également qui, dans les six mois au plus tard qui suivront le dépôt et l'enregistrement, s'il s'agit d'un volume, et dans les trois mois, s'il s'agit d'une livraison ou d'un ouvrage dramatique, n'aura pas publié sa traduction, perdront leur droit de traduction sur le volume ou sur la livraison qui n'aura pas été soumis à l'une quelconque des formalités prescrites par les articles précédents.

Ils perdront également ce droit de traduction sur tous les volumes ou livraisons du même ouvrage qui auront été déjà publiés, ainsi que sur tous les volumes ou livraisons à publier. Par suite, le droit de traduction de l'ouvrage entier tombera dans le domaine public.

11. — L'introduction, même en transit, la vente et l'exposition des ouvrages ou objets reproduits en contrefaçon, contrairement aux droits consignés dans ce traité, demeurent interdites dans chacun des deux pays, soit que ces reproductions viennent de l'un des deux pays, soit qu'elles viennent de quelque autre pays étranger.

Toute tentative pour introduire en fraude de semblables ouvrages ou objets sera traitée et réprimée comme toute autre opération ordinaire quelconque de commerce interlope.

12. — Au moment de la mise à exécution de la présente convention, les deux hautes parties contractantes se communiqueront respectivement la liste exacte des bureaux des douanes maritimes et terrestres auxquels sera limitée, de part et d'autre, la faculté de recevoir et de reconnaître les envois d'ouvrages littéraires, scientifiques et d'art, ainsi que les lois et règlements spéciaux actuellement en vigueur, et ceux que chacune d'elles pourra adopter par la suite, relativement à la propriété des ouvrages ou productions spécifiés dans les articles précédents.

La reconnaissance et la vérification de nationalité desdits ouvrages se feront dans les bureaux désignés à cet effet avec le concours des agents particuliers chargés, dans les deux pays, de l'examen des livres arrivant de l'étranger ou destinés à l'exportation.

En cas d'infraction aux dispositions du présent traité, il en sera dressé procès-verbal, lequel, dûment légalisé, sera adressé, dans le plus bref délai possible, aux agents diplomatiques ou consulaires respectifs et aux parties intéressées par l'entremise des autorités compétentes de l'État sur le territoire duquel la contravention aura été commise.

13. — Pour faciliter l'exacte exécution des dispositions renfermées dans les deux articles précédents, il est, en outre, expressément convenu que tous les ouvrages expédiés, même en transit, à destination de l'un des deux États ou de tout autre État quelconque, d'ailleurs que de l'autre État, devront, lorsqu'ils seront rédigés dans la langue de l'un de ces deux États, être accompagnés de certificats délivrés par les autorités supérieures compétentes du pays de leur provenance. Ce certificat devra, d'une part, expressément énoncer le titre, la liste complète et le nombre d'exemplaires des ouvrages auxquels il s'applique, et constater que ces mêmes ouvrages sont tous publication originale et propriété légale des pays de provenance ou qu'ils y ont été naturalisés par le paiement des droits d'entrée.

Toute œuvre littéraire, scientifique ou artistique qui, dans les cas prévus par le présent article, ne sera pas accompagnée de certificats en due forme, sera, par cela seul, et conformément aux prescriptions de l'article précédent, réputée contrefaite, et l'importation ou l'exportation en sera rigoureusement interdite aux frontières ou ports respectifs.

14. — Les clauses du présent traité ne pourront cependant faire obstacle à la libre continuation de la vente, publication ou introduction dans les États respectifs, des ouvrages qui auraient déjà été publiés, en tout ou en partie, dans l'un des deux ou dans tout autre pays, avant la promulgation de ladite convention.

Bien entendu qu'on ne pourra publier aucun de ces mêmes ouvrages, ni exporter ou introduire de l'étranger des exemplaires de ceux-ci autres que ceux destinés à compléter les expéditions ou souscriptions précédemment commencées.

Les auteurs ou les éditeurs légitimes de l'un des deux États, dont les ouvrages publiés en tout ou en partie n'auraient pas été reproduits ou traduits en entier, ou pour la portion déjà publiée dans l'autre nation contractante, lors de la promulgation de la présente convention, pourront être admis au bénéfice de ses dispositions, en annonçant que telle est leur intention, en tête de la première livraison ou du volume qui suivra, si l'ouvrage se trouve en voie de publication, ou en ajoutant, s'il a déjà été publié, une note imprimée sur chacun des exemplaires en vente.

Dans l'un comme dans l'autre cas, ils sont tenus de se soumettre aux formalités prescrites.

15. — L'infraction aux dispositions des articles précédents donnera lieu à la saisie des contrefaçons, et les tribunaux appliqueront les peines déterminées par les législations respectives de la même manière que si le délit avait été commis au préjudice d'un ouvrage ou d'une production d'origine nationale.

16. — Les dispositions de la présente convention ne pourront, en quoi que ce soit, porter préjudice au droit que chacune des deux hautes parties contractantes se réserve expressément de permettre, de surveiller ou d'interdire par des mesures législatives ou administratives la circulation, la représentation ou l'exposition de tout ouvrage ou production à l'égard duquel l'un ou l'autre État jugera convenable d'exercer ce droit.

Aucune des clauses de cette convention ne pourra être considérée comme portant atteinte au droit qui appartient à chacune des deux hautes parties contractantes de prohiber la circulation et l'introduction dans ses propres États des livres qui, conformément à ses lois intérieures ou à des stipulations en vigueur avec d'autres puissances, sont ou seraient par la suite déclarés être des contrefaçons du droit d'auteur.

17. — La présente convention restera en vigueur pendant quatre années consécutives, à partir du jour où les deux hautes parties contractantes seront convenues de la mettre à exécution.

Si, à l'échéance des quatre années sus-indiquées, elle n'a pas été dénoncée six mois à l'avance, elle continuera de rester obligatoire d'année en année, jusqu'à ce que l'une des deux parties contractantes ait notifié à l'autre, un an à l'avance, son intention d'en faire cesser les effets.

Les hautes parties contractantes se réservent cependant la faculté d'apporter, d'un commun accord, à la présente convention toute amélioration ou modification dont l'expérience aurait démontré l'opportunité.

18. — La présente convention sera ratifiée, et les ratifications en seront échangées à Madrid, dans le délai de trois mois, ou plus tôt, si faire se peut.

En foi de quoi, nous, les plénipotentiaires respectifs, avons signé la présente convention en double original, et y avons apposé le sceau de nos armes.

Fait au palais de Madrid, le 15 novembre 1853.
(L. S.) *Signé :* TURGOT.
(L. S.) *Signé :* ANGEL CALDERON DE LA BARCA.

2. — Notre garde des sceaux, ministre secrétaire d'État de la justice, et notre ministre secrétaire d'État des affaires étrangères, sont chargés, chacun en ce qui le concerne, de l'exécution du présent décret.

LOI DU 8 AVRIL 1854
Sur le droit de propriété garanti aux veuves et aux enfants des auteurs, des compositeurs et des artistes. — (V. p. 14 et 80).

DÉCRET DU 13 AVRIL 1854,
Portant garantie réciproque de la propriété des œuvres d'esprit et d'art entre la France et la Belgique.

ART. 1er. — La convention et la déclaration y annexée, qui en fait partie intégrante, signées, le 22 août 1852, entre la France et la Belgique, pour la garantie réciproque de la propriété des œuvres d'esprit et d'art, ainsi que pour l'encouragement des entreprises qui se rattachent aux lettres, aux arts et aux sciences dans les deux pays, ayant été ratifiée par les gouvernements contractants, et les ratifications respectives ayant été échangées le 12 avril 1854, lesdites convention et déclaration, dont la teneur suit, recevront leur pleine et entière exécution.

Convention.

Le Prince-Président de la République française et Sa Majesté le Roi des Belges, également animés du désir de protéger les sciences, les arts et les lettres, et d'encourager les entreprises utiles qui s'y rapportent ;

Le Prince-Président voulant, en outre, assurer aux sujets de Sa Majesté le Roi des Belges la conservation des garanties dont ils jouissent déjà en France en vertu du décret du 28 mars 1852, relatif à la contrefaçon des ouvrages étrangers ;

Les deux hautes parties contractantes voulant, d'ailleurs, assurer et consolider le maintien des bons rapports existants entre les deux pays,

Ont, à ces fins, résolu d'adopter, d'un commun accord, les mesures qui leur ont paru le plus propres à garantir aux auteurs ou à leurs ayants cause la propriété des œuvres de littérature ou d'art, publiées, pour la première fois, en France ou dans le royaume de Belgique, et ont nommé, à cet effet, pour leurs plénipotentiaires respectifs, savoir :

Le Prince-Président de la République française, M. *Edouard Drouyn de Lhuys*, grand officier de l'ordre national de la Légion d'honneur, etc. ;

Et Sa Majesté le Roi des Belges, M. *Firmin Rogier*, chevalier de l'ordre de Léopold, etc. ;

Et M. *Charles Liedts*, commandeur de l'ordre de Léopold, etc. ;

Lesquels, après s'être communiqué leurs pleins pouvoirs respectifs, trouvés en bonne et due forme, sont convenus des articles suivants :

ART. 1er. — Les auteurs de livres, brochures ou autres écrits, de compositions musicales, d'œuvres de dessin, de peinture, de sculpture, de gravure, de lithographie et de toutes autres productions analogues du domaine littéraire ou artistique, jouiront, dans chacun des deux États réciproquement, des avantages qui y sont ou y seront attribués par la loi à la propriété des ouvrages de littérature ou d'art, et ils auront la même protection et le même recours légal contre toute atteinte portée à leurs droits, que si cette atteinte avait été commise à l'égard d'auteurs d'ouvrages publiés pour la première fois dans le pays même.

L'exception qui résulte, pour certaines catégories de productions, de l'art. 5 de la loi du 25 janvier 1817, sera levée, en ce qui concerne les auteurs français, à partir de la mise à exécution de la présente convention.

Il est entendu que la propriété des œuvres musicales s'étend aux morceaux dits *arrangements*, composés sur des motifs extraits de ces mêmes œuvres. Les contestations qui s'élèveraient sur l'application de cette clause demeureront naturellement réservées à l'appréciation des tribunaux respectifs.

Il est également entendu que tout privilége ou avantage qui serait accordé ultérieurement par l'un des deux pays à un pays tiers, en matière de propriété d'œuvres de littérature ou d'art, dont la définition a été donnée dans le présent article, sera acquis de plein droit aux citoyens de l'autre pays.

2. — La jouissance du bénéfice de l'art. 1er est subordonnée à l'accomplissement, dans le pays d'origine, des formalités qui sont prescrites par la loi pour assurer la propriété des ouvrages de littérature ou d'art.

Pour les livres, cartes, estampes ou œuvres musicales, publiés pour la première fois dans l'un des deux Etats, l'exercice du droit de propriété dans l'autre Etat sera en outre subordonné à l'accomplissement préalable, dans ce dernier, de la formalité du dépôt et de l'enregistrement, effectué de la manière suivante :

Si l'ouvrage a paru pour la première fois en France, un exemplaire devra en être déposé gratuitement et enregistré, soit à Bruxelles, au ministère de l'intérieur, soit à Paris, à la chancellerie de la légation de Sa Majesté le Roi des Belges en France.

Si l'ouvrage a paru pour la première fois en Belgique, un exemplaire devra être déposé gratuitement et enregistré, soit à Paris, à la direction de l'imprimerie, de la librairie et de la presse, au ministère de la police générale, soit à Bruxelles, à la chancellerie de la légation de France en Belgique.

Dans tous les cas, le dépôt et l'enregistrement devront être accomplis dans les trois mois qui suivront la publication de l'ouvrage dans l'autre pays, pour les ouvrages publiés postérieurement à la mise en vigueur de la présente convention, et dans les trois mois qui suivront cette mise en vigueur pour les ouvrages publiés antérieurement.

A l'égard des ouvrages qui paraissent par livraisons, le délai de trois mois ne commencera à courir qu'à dater de la publication de la dernière livraison, à moins que l'auteur n'ait indiqué, conformément aux dispositions de l'art. 5, son intention de se réserver le droit de traduction, auquel cas chaque livraison sera considérée comme un ouvrage séparé.

La double formalité du dépôt et de l'enregistrement, qui en sera fait sur des registres spéciaux tenus à cet effet, ne donnera, de part et d'autre, ouverture à la perception d'aucune taxe, si ce n'est au remboursement des frais résultant de l'expédition, jusqu'à Bruxelles ou Paris respectivement, des livres, cartes, estampes ou publications musicales qui seraient déposés à la chancellerie de la légation de France en Belgique, ou à la chancellerie de la légation de Belgique en France.

Les intéressés pourront se faire délivrer un certificat authentique du dépôt et de l'enregistrement; le coût de cet acte ne pourra dépasser cinquante centimes.

Le certificat relatera la date précise à laquelle l'enregistrement et le dépôt auront eu lieu; il fera foi dans toute l'étendue des territoires respectifs, et constatera le droit exclusif de propriété et de reproduction aussi longtemps que quelque autre personne n'aura pas fait admettre en justice un droit mieux établi.

3. — Les stipulations de l'art. 1er s'appliqueront également à la représentation ou exécution des œuvres dramatiques ou musicales publiées ou représentées pour la première fois dans l'un des deux pays après la mise en vigueur de la présente convention.

Le droit des auteurs dramatiques ou compositeurs sera perçu d'après les bases qui seront arrêtées entre les parties intéressées; à défaut d'un semblable accord, le taux exigible de ce droit ne pourra respectivement dépasser les chiffres suivants :

	A Paris à Bruxelles.	Dans les villes de 80,000 âmes et au-dessus.	Dans les villes de moins de 80,000 âmes.
… pièces en … actes …	18	14	9
… ces en 3 …	14	10	8
… en 2 …	10	8	6
… en 1 …	6	5	4

Toutefois, il est entendu que la perception des droits dont il s'agit au présent article ne pourra respectivement être réclamée qu'à dater du 31 janvier 1853.

4. — Sont expressément assimilées aux ouvrages originaux les traductions, faites dans l'un des deux Etats, d'ouvrages nationaux ou étrangers. Ces traductions jouiront, à ce titre, de la protection stipulée par l'art. 1er, en ce qui concerne leur reproduction non autorisée dans l'autre Etat. Il est bien entendu, toutefois, que l'objet du présent article est simplement de protéger le traducteur, par rapport à la version qu'il a donnée de l'ouvrage original, et non pas de conférer le droit exclusif de traduction au premier traducteur d'un ouvrage quelconque, écrit en langue morte ou vivante, hormis le cas et les limites prévus par l'article ci-après.

5. — L'auteur de tout ouvrage publié dans l'un des deux pays, qui aura entendu se réserver le droit de traduction, jouira pendant cinq années, à partir du jour de la première publication de la traduction de son ouvrage autorisée par lui, du privilége de protection contre la publication, dans l'autre pays, de toute traduction du même ouvrage non autorisée par lui, et ce, sous les conditions suivantes :

1° L'ouvrage original sera enregistré et déposé, dans l'un des deux pays, dans un délai de trois mois, à partir du jour de la première publication dans l'autre pays, conformément aux dispositions de l'art. 2 précédent ;

2° Il faudra que l'auteur ait indiqué en tête de son ouvrage l'intention de se réserver le droit de traduction ;

3° Il faudra que ladite traduction autorisée ait paru, au moins en partie, dans le délai d'un an à compter de la date de l'enregistrement et du dépôt de l'original effectués ainsi qu'il vient d'être prescrit, et, en totalité, dans le délai de trois ans à partir dudit dépôt ;

4° La traduction devra être publiée dans l'un des deux pays et être elle-même enregistrée et déposée, conformément aux dispositions de l'art. 2 précédent.

Pour les ouvrages publiés par livraisons, il suffira que la déclaration de l'auteur, qu'il entend se réserver le droit de traduction, soit exprimée dans la première livraison.

Toutefois, en ce qui concerne le terme de cinq ans assigné par cet article pour l'exercice du droit privilégié de traduction, chaque livraison sera considérée comme un ouvrage séparé ; chacune d'elles sera enregistrée et déposée, dans l'un des deux pays, dans les trois mois à partir de sa première publication dans l'autre.

Relativement à la traduction des ouvrages dramatiques, l'auteur qui voudra se réserver le droit exclusif dont il s'agit au présent article devra faire paraître sa traduction trois mois après l'enregistrement et le dépôt de l'ouvrage original.

6. — Les mandataires légaux ou ayants cause des auteurs, traducteurs, compositeurs, dessinateurs, peintres, sculpteurs, graveurs, lithographes, etc., jouiront à tous égards des mêmes droits que ceux que la présente convention accorde aux auteurs, traducteurs, compositeurs, dessinateurs, peintres, sculpteurs, graveurs et lithographes eux-mêmes.

7. — Nonobstant les stipulations des art. 1 et 4 de la présente convention, les articles extraits des journaux ou recueils périodiques publiés dans l'un des deux pays pourront être reproduits ou traduits dans les journaux ou recueils périodiques de l'autre pays, pourvu qu'on y indique la source à laquelle on les aura puisés.

Toutefois, cette permission ne s'étendra pas à la reproduction, dans l'un des deux pays, des articles de journaux ou de recueils périodiques publiés dans l'autre, lorsque les auteurs auront formellement déclaré, dans le journal ou le recueil même où ils les auront fait paraître, qu'ils en interdisent la reproduction.

En aucun cas, cette interdiction ne pourra atteindre les articles de discussion politique.

8. — L'introduction, la circulation, la vente et l'exposition, dans chacun des deux Etats, d'ouvrages ou objets de reproduction non autorisés définis par les art. 1er, 3, 4 et 5 ci-dessus, sont prohibées, sauf ce qui est dit ci-après aux art. 13 et suivants, soit que lesdites reproductions non autorisées proviennent de l'un des deux pays, soit qu'elles proviennent d'un pays étranger quelconque.

Les dispositions qui précèdent s'appliqueront également aux livres expédiés en transit dans les limites et conditions fixées par la législation de chacun des deux Etats.

9. — En cas de contravention aux dispositions des articles précédents, la saisie des objets de contra-

vention sera opérée, et les tribunaux appliqueront les peines déterminées par les législations respectives, de la même manière que si l'infraction avait été commise au préjudice d'un ouvrage ou d'une production d'origine nationale.

Les caractères constituant la contrefaçon seront déterminés par les tribunaux de l'un et de l'autre pays, d'après la législation en vigueur dans chacun des deux Etats.

10. — Les livres d'importation licite venant de Belgique seront admis en France, tant à l'entrée qu'au transit direct ou par entrepôt, par les bureaux de Givet et Longwy, sans préjudice des autres bureaux qui leur sont déjà actuellement ouverts ou qui pourraient le devenir par la suite.

Si les intéressés le désirent, les livres déclarés à l'entrée seront expédiés directement, en France, sur la direction de l'imprimerie, de la librairie et de la presse, du ministère de la police générale, et, en Belgique, sur l'entrepôt de Bruxelles, pour y subir les vérifications nécessaires, qui auront lieu dans le plus bref délai possible.

Les certificats d'origine accompagnant les livres expédiés d'un pays dans l'autre seront délivrés dans la forme et par les autorités que chacun des deux gouvernements aura désignées à cet effet.

11. — Dans le cas où un impôt de consommation viendrait à être établi sur le papier, dans l'un des deux pays, il est bien entendu que cet impôt atteindrait proportionnellement les livres, papiers, estampes, gravures, lithographies, importés de l'autre pays, et qu'il s'ajouterait au droit normal d'entrée fixé à l'art. 18.

Néanmoins, en ce qui concerne les livres, la surtaxe ne sera éventuellement appliquée qu'à ceux qui auront été publiés dans l'un ou l'autre pays postérieurement à la création de l'impôt de consommation dont il s'agit.

12. — Les dispositions de la présente convention ne pourront porter préjudice en quoi que ce soit au droit qui appartiendrait à chacune des deux hautes parties contractantes de permettre, de surveiller ou d'interdire, par des mesures de législation ou de police intérieure, la circulation, la représentation ou l'exposition de tout ouvrage ou production à l'égard desquels l'autorité compétente aurait à exercer ce droit.

Rien dans cette convention ne sera non plus considéré comme portant atteinte au droit de l'une ou de l'autre des deux hautes parties contractantes, de prohiber l'importation dans ses propres Etats des livres qui, d'après ses lois intérieures ou des stipulations souscrites avec d'autres puissances, sont ou seraient déclarés être des contrefaçons.

13. — Les deux Gouvernements prendront, par voie de règlements d'administration publique, les mesures nécessaires pour prévenir toute difficulté ou complication quant au passé, à raison de la possession et de la vente, par les éditeurs, imprimeurs ou libraires français ou belges, de réimpressions d'ouvrages de propriété belge ou française non tombés dans le domaine public, fabriquées ou importées par eux antérieurement à la mise en vigueur de la présente convention, ou actuellement en cours de fabrication et de réimpression non autorisée.

14. — Les éditeurs français et belges pourront publier les volumes ou livraisons nécessaires pour l'achèvement des ouvrages de reproduction non autorisée, en cours de publication, dont une partie aurait déjà paru avant la date de la signature de la présente convention.

Pour prix de cette autorisation, l'éditeur français ou belge paiera à l'éditeur original une indemnité qui est, dès à présent, fixée à dix pour cent du prix fort de chaque volume ou livraison en France ou en Belgique.

Dans aucun cas, le tirage des volumes ou livraisons à paraître ne pourra dépasser le chiffre le plus faible du tirage des volumes ou livraisons déjà parus.

Ces nouveaux volumes ne pourront être mis en vente qu'après que les conditions à déterminer, en vertu de l'art. 13, auront été dûment remplies.

15. — Pour les revues ou recueils périodiques réimprimés jusqu'ici en France ou en Belgique, les éditeurs français ou belges sont autorisés à publier les livraisons destinées à compléter, jusqu'au 31 décembre 1852, les souscriptions de leurs abonnés, ainsi que les collections non vendues existant en magasin, sans indemnité au profit de l'éditeur original.

16. — Les règlements d'administration publique mentionnés à l'art. 13 s'appliqueront également aux clichés, bois et planches gravées de toute sorte, ainsi qu'aux pierres lithographiques existant en magasin chez les éditeurs ou imprimeurs français ou belges,

et constituant une reproduction non autorisée de modèles belges ou français.

Il est accordé un délai d'un an pour la reproduction, à l'aide de clichés, des ouvrages imprimés ou en voie d'impression au moyen de ce procédé, antérieurement à la mise en vigueur de la présente convention. Le nombre des exemplaires qui pourront être tirés pendant ce délai est limité à quinze cents.

Les éditeurs français ou belges qui voudront user de cette faculté paieront aux éditeurs belges ou français une indemnité fixée à dix pour cent du prix fort de chaque exemplaire en France ou en Belgique.

Il en sera de même pour les planches gravées de toute sorte et les lithographies publiées isolément; les éditeurs français ou belges pourront, aux mêmes conditions et dans le même délai que les propriétaires de clichés, en tirer un nombre d'exemplaires nouveaux, également limité à quinze cents.

Il est d'ailleurs entendu que les éditeurs français ou belges qui voudraient profiter des dispositions qui précèdent ne pourront, dans aucun cas, mettre en vente les exemplaires de leurs clichés, bois, planches gravées ou lithographiées, imprimés ou tirés après la mise en vigueur de la présente convention, sans avoir préalablement satisfait aux prescriptions des règlements mentionnés à l'art. 13.

Quant aux bois, planches gravées et lithographies destinées à orner le texte d'un livre imprimé, il est accordé aux éditeurs français ou belges un délai de deux ans pour faire tirer les épreuves nécessaires pour compléter les volumes du texte imprimé, sans indemnité au profit de l'éditeur original.

47. — Il demeure formellement entendu que les stipulations des art. 13, 14, 15 et 16, ne seront obligatoires pour les parties intéressées qu'autant qu'elles n'y auront pas dérogé par des conventions particulières intervenues, d'un commun accord, avant ou après la conclusion de la présente convention.

48. — Pendant la durée de la présente convention, les droits actuellement établis à l'importation licite, par terre ou par mer, dans le royaume de Belgique, des livres, papiers de toutes sortes, autres que les papiers de tenture, estampes, gravures, musique, lithographies, cartes géographiques ou marines, planches gravées publiées dans toute l'étendue du territoire de la République française, ainsi que des caractères et d'encre destinés à l'impression, demeureront réduits et fixés au taux ci-après :

Livres — en langue française, en feuilles, brochés, cartonnés ou reliés...	10f 00c les 100 kil.
Papiers — de toute espèce, blanc, gris, bleu, à l'usage des raffineries de sucre, et tous autres papiers, sauf ceux compris sous les rubriques ci-après, et à l'exception aussi des papiers de tenture et des papiers gaufrés, moirés, ou présentant des dessins en relief...	12 50 par 100 kil.
Papier colorié ou maroquiné...	9 00 par 100 kil.
Papier — rayé pour musique, destiné à la fabrication des cartes à jouer.	4 50 par 100 kil.
Carton en feuilles...	4 50 par 100 kil.
Estampes / Gravures / Lithographies / Cartes géographiques ou marines / Musique / Planches gravées destinées à l'impression sur papier autre que du papier de tenture...	10 00 par 100 kil.
Caractères d'imprimerie neufs ou clichés...	15 00 par 100 kil.
Encre d'imprimerie...	2 00 par 100 kil.

Les droits établis à l'importation licite, par terre ou par mer, dans le territoire de la République française, des livres, papiers de toute sorte, autres que les papiers de tentures, estampes, gravures, musique, lithographies, cartes géographiques ou marines, planches gravées, publiées dans toute l'étendue du royaume de Belgique, ainsi que des caractères et d'encre destinés à l'impression, demeureront réduits et fixés au taux ci-après :

Livres — en langue française, brochés, cartonnés ou reliés...	20f 00c par 100 kil.
Papiers — de toute espèce, blanc, rayé pour musique, à pâte de couleur, colorié ou maroquiné, et tous autres, hormis les papiers de tenture et le papier gaufré, moiré, ou présentant des dessins en relief.	25 00 par 100 kil.
Carton en feuilles...	25 00 par 100 kil.
Estampes / Gravures / Lithographies / Cartes géographiques ou marines / Musique, etc...	20 00 par 100 kil.
Planches gravées destinées à l'impression sur papier autre que du papier de tenture... / Caractères d'imprimerie neufs ou clichés...	30 00 par 100 kil.
Encre d'imprimerie...	25 00 par 100 kil.

Il est convenu que le taux des droits ci-dessus spécifiés ne sera augmenté, pendant la durée de la présente convention, ni en France, ni en Belgique.

49. — La présente convention restera en vigueur pendant dix années, à partir du 1er janvier prochain; et, dans le cas où aucune des deux parties n'aurait notifié, douze mois avant l'expiration de ladite période de dix années, son intention d'en faire cesser les effets, la convention continuera à rester en vigueur encore une année, et ainsi de suite, d'année en année, jusqu'à l'expiration d'une année à partir du jour où l'une ou l'autre des parties l'aura dénoncée.

20. — La présente convention sera ratifiée, et les ratifications en seront échangées à Paris, le 10 décembre prochain, ou plus tôt, si faire se peut.

En foi de quoi, les plénipotentiaires respectifs l'ont signée, et y ont apposé le cachet de leurs armes.

Fait à Paris, le vingt-deuxième jour du mois d'août de l'an de grâce 1852.

(L. S.) *Signé :* DROUYN DE LHUYS.
(L. S.) *Signé :* FIRMIN ROGIER.
(L. S.) *Signé :* LIEDTS.

Déclaration.

Au moment de signer la convention pour la garantie réciproque de la propriété littéraire et artistique, les plénipotentiaires soussignés sont mutuellement convenus de ce qui suit :

1° Les règlements d'administration publique, sous forme de décrets présidentiels ou d'arrêtés royaux, qui sont mentionnés dans l'art. 13 de la convention littéraire et artistique en date de ce jour, comprendront les dispositions suivantes :

A. Il sera procédé, par les soins et diligence du Gouvernement français ou belge, immédiatement après la mise en vigueur de la présente convention, et simultanément, autant que possible, chez tous les libraires, éditeurs et imprimeurs, à l'inventaire de tous les livres publiés ou en cours de publication en Belgique et en France, d'après les ouvrages originairement édités en France ou en Belgique et non encore tombés dans le domaine public.

B. Dans un délai de trois mois, à dater du moment de l'échange des ratifications de la convention en date de ce jour, et sauf prolongation en cas d'impossibilité matérielle, l'administration française ou belge fera apposer gratuitement, par ses délégués, un timbre uniforme sur tous les ouvrages inventoriés chez chaque libraire détaillant. Quant aux éditeurs, un compte leur sera ouvert pour chaque ouvrage publié par eux, ou dont ils auront acquis la propriété, d'après l'inventaire général des ouvrages brochés ou non qu'ils possèdent en magasin, et les timbres seront délivrés pour chacun des ouvrages, sur la demande desdits éditeurs, au fur et à mesure de leurs besoins, jusqu'à concurrence du nombre d'exemplaires porté à leur compte dans l'inventaire général.

C. Après l'expiration du délai mentionné au paragraphe précédent pour l'apposition du timbre, toute réimpression non autorisée de livres français ou belges, brochés ou en feuilles, mis en vente ou expédiés par l'éditeur, sera passible de saisie, si elle n'est pas revêtue du timbre, et, en ce qui concerne les détaillants, toute réimpression non autorisée et dépourvue de timbre dont, à partir de la même époque, ils seront trouvés détenteurs, pourra être saisie et confisquée.

Toute reproduction frauduleuse ou falsification des timbres sera passible des peines édictées par le Code pénal des deux pays.

D. L'apposition des timbres ne pourra faire obstacle, en France ou en Belgique, à l'importation des livres qui auront été soumis à cette formalité, lorsque cette importation se fera du gré des auteurs et éditeurs français ou belges intéressés, ou que l'ouvrage original sera tombé dans le domaine public.

E. En ce qui concerne les ouvrages en cours de publication mentionnés dans l'art. 14 de la convention, les éditeurs belges ou français seront tenus, dans les dix jours qui suivront la mise en vigueur du traité en date de ce jour, de faire le dépôt, pour la France, au ministère de la police générale à Paris, ou à la chancellerie de la légation de France à Bruxelles, et, pour la Belgique, au ministère de l'intérieur à Bruxelles, ou à la chancellerie de la légation belge à Paris, d'un exemplaire de tous les volumes ou livraisons parus des ouvrages dont il s'agit. Ce dépôt sera accompagné d'une déclaration du nombre des exemplaires tirés pour chaque volume ou livraison, soit en une, soit en plusieurs éditions.

F. Les nouveaux volumes mentionnés à l'art. 14 de la convention ne pourront respectivement être mis en vente qu'après que les conditions de dépôt et de l'apposition de timbres spéciaux auront été remplies, et la délivrance de ces timbres par les administrations respectives sera subordonnée à l'acquittement de l'indemnité de 10 pour 100 due à l'éditeur français ou belge.

G. Les clichés, bois et planches gravées de toute sorte, ainsi que les pierres lithographiques existant en magasin chez les éditeurs ou imprimeurs français ou belges, constituant une reproduction non autorisée de modèles belges ou français, seront également inventoriés par les soins du Gouvernement.

Les impressions, gravures ou lithographies, qu'elles soient isolées, fassent partie de collections, ou appartiennent à des corps d'ouvrages, qui seront produites ou tirées à l'aide de ces clichés, bois, planches gravées ou pierres lithographiques, ne pourront respectivement être mises en vente qu'après avoir été munies du timbre mentionné *sub. litt.* B, et après paiement de l'indemnité de 10 pour 100 due à l'éditeur français ou belge, sauf ce qui est dit au dernier paragraphe de l'art. 16 de la convention littéraire.

2° Les règlements d'administration publique précités seront respectivement promulgués en même temps que la convention spéciale d'où ils découlent; ils demeureront obligatoires pendant toute la durée de celle-ci.

3° Les deux Gouvernements s'engagent l'un vis-à-vis de l'autre :

(a) A échanger le texte de ces règlements en même temps que les ratifications de l'arrangement signé à la date de ce jour;

(b) A se communiquer en copie authentique, dès qu'il sera achevé, l'inventaire général des ouvrages de toute nature reproduits sans autorisation des ayants droit respectifs qui existent actuellement dans les magasins particuliers de l'un ou de l'autre pays.

Fait à Paris, le 22e jour du mois d'août de l'an de grâce 1852.

(L. S.) *Signé :* DROUYN DE LHUYS.
(L. S.) *Signé :* FIRMIN ROGIER.
(L. S.) *Signé :* LIEDTS.

2. — Notre garde des sceaux, ministre secrétaire d'Etat au département de la justice, et notre ministre et secrétaire d'Etat au département des affaires étrangères, sont chargés, chacun en ce qui le concerne, de l'exécution du présent décret.

DÉCRET DU 13 AVRIL 1854,

Portant promulgation d'un article additionnel aux conventions sur la propriété des œuvres de l'esprit et de l'art entre la France et la Belgique.

NAPOLÉON, etc.,

Sur le rapport de notre ministre secrétaire d'Etat au département des affaires étrangères,

Avons décrété et décrétons ce qui suit :

Art. 1er. — L'article additionnel aux conventions conclues, le 22 août 1852, entre la France et la Belgique, ayant été ratifié par les deux Gouvernements contractants, et les actes des ratifications respectives ayant été échangés le 12 du présent mois d'avril, ledit article additionnel dont la teneur suit recevra sa pleine et entière exécution.

Article additionnel.

L'échange des ratifications des conventions, l'une littéraire, l'autre commerciale, signées entre la

France et la Belgique, le 22 août 1852, ayant été de commun accord ajourné jusqu'à ce qu'il intervînt un traité de commerce définitif entre les deux pays, et cet événement s'étant réalisé aujourd'hui, les dispositions suivantes ont été arrêtées entre les hautes parties contractantes :

La perception des droits d'auteur pour la représentation ou exécution des œuvres dramatiques ou musicales (art. 3 *in fine*) ne pourra respectivement être réclamée qu'à dater du trente-unième jour après la mise à exécution de la convention littéraire.

Le terme *actuellement* employé à l'article 13 de la même convention s'entendra de la date du présent article additionnel.

La même date est substituée à celle du 22 août 1853 dans le cas prévu par l'article 14.

Pour les revues ou recueils périodiques réimprimés jusqu'ici en France ou en Belgique (art. 15), les éditeurs français ou belges sont autorisés à publier les livraisons destinées à compléter jusqu'au 30 juin 1854 les souscriptions de leurs abonnés, ainsi que les collections non vendues existant en magasin, sans indemnité, au profit de l'auteur original.

Les délais d'un et de deux ans laissés par l'article 16 pour la reproduction, à l'aide des clichés, des ouvrages imprimés ou en voie d'impression, et pour le tirage des bois, planches gravées et lithographiées, courront à partir de la mise en vigueur de la convention.

Il est entendu que les deux conventions du 22 août 1852 entreront en vigueur à la même date que le traité de commerce signé aujourd'hui entre les hautes parties contractantes, et que le terme de dix années pour lequel elles ont été conclues courra à partir de leur mise à exécution.

Le présent article additionnel aura la même force et valeur que s'il était inséré mot pour mot dans le texte même des conventions du 22 août 1852.

En foi de quoi, les plénipotentiaires respectifs l'ont signé et y ont apposé le cachet de leurs armes.

Fait à Bruxelles, en double original, le 27e jour du mois de février de l'an de grâce 1854.

(L. S.) *Signé* : A. BARROT.
(L. S.) *Signé* : H. DE BROUCKÈRE.

DÉCRET DU 13 AVRIL 1854,

Promulguant la convention du 13 avril entre la France et la Belgique.

NAPOLÉON, etc.,

Ayant vu et examiné la déclaration signée, le 12 du présent mois d'avril, par notre envoyé extraordinaire et ministre plénipotentiaire à Bruxelles, et le plénipotentiaire de Sa Majesté le roi des Belges, et les deux Gouvernements contractants ayant approuvé cette déclaration dont la teneur suit :

Déclaration.

Au moment de procéder à l'échange des ratifications de la convention littéraire conclue entre les deux pays le 22 août 1852, les plénipotentiaires soussignés sont convenus que leurs gouvernements respectifs prendront les mesures nécessaires pour interdire l'entrée sur leurs territoires des ouvrages que les éditeurs français ou belges auraient acquis le droit de réimprimer, avec la réserve que ces réimpressions ne seraient autorisées que pour la vente en France ou en Belgique et sur des marchés tiers. Les ouvrages auxquels cette disposition sera applicable devront porter sur leurs titres et couvertures les mots : *édition interdite en Belgique (en France), et autorisée pour la France (la Belgique) et l'étranger.*

Fait à Bruxelles, en double original, le 12 avril 1854.

(L. S.) *Signé* : A BARROT.
(L. S.) *Signé* : H. DE BROUCKÈRE.

Nous avons décrété et décrétons ce qui suit :

ART. 1er.—La susdite déclaration est ratifiée et recevra sa pleine et entière exécution.

DÉCRET DU 19 AVRIL 1854

Réglant l'exécution de la convention littéraire entre la France et la Belgique.

NAPOLÉON, etc.,

Sur le rapport de notre ministre secrétaire d'État au département de l'intérieur; — Vu la convention littéraire conclue, le 22 août 1852, entre la France et la Belgique, et notamment les art. 10, 13, 14, 15, 16 et 17;—Vu la déclaration en date du même jour annexée à ladite convention;—Vu l'article additionnel en date du 27 février 1854;—Notre conseil d'État entendu,

Avons décrété et décrétons ce qui suit :

ART. 1er. — Immédiatement après la mise en vigueur de la convention du 22 août 1852, il sera procédé, par les soins de notre ministre secrétaire d'État au département de l'intérieur, chez tous les libraires, éditeurs et imprimeurs, à l'inventaire de tous les livres publiés ou en cours de publication en France, d'après des ouvrages originairement édités en Belgique et non encore tombés dans le domaine public.

2.—Dans un délai de trois mois, à dater du jour de la publication du présent règlement, sauf prolongation en cas d'impossibilité matérielle, il sera apposé gratuitement, par les délégués de notre ministre secrétaire d'État au département de l'intérieur, un timbre uniforme sur tous les ouvrages inventoriés chez chaque libraire détaillant. Quant aux éditeurs, un compte leur sera ouvert au ministère de l'intérieur pour chaque ouvrage publié par eux, ou dont ils auront acquis la propriété, d'après l'inventaire général des ouvrages, brochés ou non, qu'ils possèdent en magasin. Les timbres seront apposés pour chacun des ouvrages, sur la demande desdits éditeurs, au fur et à mesure de leurs besoins, jusqu'à la concurrence du nombre d'exemplaires porté à leur compte dans l'inventaire général mentionné à l'art. 1er.

3.—Après l'expiration du délai mentionné à l'article 2 pour l'apposition du timbre, toute réimpression non autorisée de livres belges, brochés ou en feuilles, mise en vente ou expédiée par l'éditeur, sera passible de saisie, si elle n'est pas revêtue du timbre, et, en ce qui concerne les détaillants, toute réimpression non autorisée et dépourvue de timbre, dont, à partir de la même époque, ils seront trouvés détenteurs, pourra être saisie et confisquée.

4.—Toute contrefaçon, falsification ou tout usage frauduleux des timbres sera passible des peines portées par les art. 142 et 143 du Code pénal.

5.—En ce qui concerne les ouvrages en cours de publication mentionnés dans l'art. 14 de la convention, les éditeurs français seront tenus, dans les dix jours qui suivront la mise en vigueur du traité, de faire le dépôt, au ministère de l'intérieur, à Bruxelles, ou à la chancellerie de la légation belge, à Paris, d'un exemplaire de tous les volumes ou livraisons parus des ouvrages dont il s'agit. Ce dépôt sera accompagné d'une déclaration du nombre des exemplaires tirés pour chaque volume ou livraison, soit en une, soit en plusieurs éditions.

6.—Les nouveaux volumes mentionnés à l'art. 14 de la convention ne pourront être mis en vente qu'après que les conditions de dépôt et de l'apposition des timbres spéciaux auront été remplies. L'apposition de ce timbre par les délégués de notre ministre secrétaire d'État au département de l'intérieur sera subordonnée à l'acquittement de l'indemnité de dix pour cent due à l'éditeur belge.

7.—Les clichés, bois et planches gravées de toute sorte, ainsi que les pierres lithographiques existant en magasin chez les éditeurs ou imprimeurs français, constituant une reproduction non autorisée de modèles belges, seront également inventoriés par les soins du département de l'intérieur.

8.—Les impressions, gravures ou lithographies, qu'elles soient isolées, qu'elles fassent partie de collections ou qu'elles appartiennent à des corps d'ouvrage, qui seront produites ou tirées à l'aide de ces clichés, bois, planches gravées ou pierres lithographiques, ne pourront être mises en vente qu'après avoir été revêtues du timbre spécial, et après paiement de l'indemnité de dix pour cent due à l'éditeur belge, sauf le délai de deux ans accordé par le dernier paragraphe de l'art. 16 de la convention, afin de faire tirer les épreuves nécessaires pour compléter les volumes du texte imprimés sans indemnité au profit de l'éditeur original.

9.—L'importation de Belgique en France des livres de réimpression non autorisée qui auront été soumis à la formalité du timbre ne pourra être effectuée qu'avec le consentement des auteurs et éditeurs français intéressés, ou lorsque l'ouvrage original sera tombé dans le domaine public.

10.—Aucun ouvrage imprimé en Belgique et portant sur le titre ou la couverture la mention : *Édition autorisée pour la Belgique et l'étranger*, ne pourra être introduit en France sous les peines portées par les lois.

11.—Les livres d'importation licite venant de Belgique seront admis en France, conformément au premier paragraphe de l'art. 10 de la convention, tant à l'entrée qu'au transit direct ou par entrepôt, par les bureaux de Givet et de Longwy, sans préjudice des autres bureaux déjà actuellement ouverts, et qui sont ceux de Lille, Valenciennes, Strasbourg, les Rousses, Pont-de-Beauvoisin, Marseille, le Havre, Bayonne et Bastia.

12.—Le certificat d'origine prescrit par le dernier paragraphe de l'art. 10 précité sera souscrit par l'expéditeur, confirmé et dûment légalisé par l'autorité administrative du lieu de l'expédition.

13.—Nos ministres secrétaires d'État aux départements des affaires étrangères, des finances et de l'intérieur, sont chargés, chacun en ce qui le concerne, de l'exécution du présent décret.

DÉCRET DU 29 AVRIL 1854,

Sur le droit auquel sont soumis les certificats de dépôt de livres, gravures, en vertu des traités sur la propriété littéraire.

NAPOLÉON, etc.,—Vu l'ordonnance du 6 novembre 1842 sur le tarif des chancelleries consulaires; —Sur le rapport de notre ministre secrétaire d'État au département des affaires étrangères,

Avons décrété et décrétons ce qui suit :

ART. 1er. — Les certificats destinés à constater le dépôt légal de livres, gravures, lithographies, compositions musicales, etc., effectué dans nos chancelleries diplomatiques et consulaires, en vertu de dispositions spéciales inscrites dans les traités sur la propriété littéraire et artistique, seront soumis à un droit uniforme de cinquante centimes (0 fr. 50 c.) par certificat.

LOI DU 5 MAI 1855,

Sur l'organisation municipale.

ART. 27 (relatif à la publication des actes interdits au conseils municipaux). — V. p. 22, 23, 71, 128.

TABLE ALPHABÉTIQUE DES MATIÈRES.

On trouvera dans la Table analytique alphabétique des infractions de la parole, de l'écriture, de la presse, etc., tout ce qui est relatif aux crimes, délits et contraventions commis par un moyen quelconque de publication.

CONCORDANCE SYNOPTIQUE ET ANNOTÉE.

LIVRE Ier. — DU DROIT.

Liberté de la pensée et de la presse. — Préambule.

TITRE UNIQUE.

Du droit de la pensée à se manifester librement, d'une manière compatible avec les droits de tous. — Négation, restrictions, exceptions.

LIVRE II. — EXERCICE DU DROIT.

Moyens d'expression et de transmission de la pensée.

Première partie. — Moyens d'expression de la pensée par la voie de la presse périodique et non périodique. — Police.

TITRE Ier.

De l'imprimerie typographique, lithographique, en taille-douce et de la librairie. — Professions. — Police..

TITRE II.

De la presse périodique. — Création, publication, administration des journaux. — Police.

APPENDICE contenant : 1° Des développements sur l'art. 6 de la loi
du 27 juillet 1849, relativement à l'autorisation préfectorale en matière
de colportage et de distribution d'écrits ou imprimés ;

2° La circulaire ministérielle du 27 et celle du 30 mars 1852, sur la
loi organique de la presse ;

3° Le catalogue des ouvrages condamnés depuis 1814 jusqu'en 1850.

TABLE ANALYTIQUE ALPHABÉTIQUE des crimes, délits et contraventions de la parole, de l'écriture, de la presse et de tous autres moyens
de publication.

RECUEIL CHRONOLOGIQUE des lois , ordonnances et décrets, depuis
1723 jusqu'en 1856, sur la matière, avec des renvois aux tableaux de
concordance.